中共太原市委党史研究室
（太原市地方志研究室）
编

太原年鉴 2022

TAIYUAN YEARBOOK

山西出版传媒集团
三晋出版社

图书在版编目（CIP）数据

太原年鉴．2022 / 中共太原市委党史研究室（太原市地方志研究室）编．-- 太原：三晋出版社，2022.11
ISBN 978-7-5457-2634-3

Ⅰ．①太… Ⅱ．①中… Ⅲ．①太原—2022—年鉴
Ⅳ．①Z522.51

中国版本图书馆 CIP 数据核字（2022）第 227696 号

太原年鉴（2022）

编　　者： 中共太原市委党史研究室（太原市地方志研究室）
责任编辑： 张仲伟

出 版 者： 山西出版传媒集团・三晋出版社
地　　址： 太原市建设南路 21 号
电　　话： 0351-4956036（总编室）
0351-4922203（印制部）
网　　址： http://www.sjcbs.cn

经 销 者： 新华书店
承 印 者： 正念印刷（太原）有限公司

开　　本： 880mm × 1230mm　1/16
印　　张： 30.75　彩页 32
字　　数： 1180 千字
印　　数： 1-1500 册
版　　次： 2022 年 12 月　第 1 版
印　　次： 2022 年 12 月　第 1 次印刷
书　　号： ISBN 978-7-5457-2634-3
定　　价： 380.00 元

如有印装质量问题，请与本社发行部联系　电话：0351-4922268

太原市地方志编纂委员会

主　　任：裴耀军　中共太原市委常委、秘书长
副 主 任：齐宏明　太原市委办公室二级巡视员
王一飞　太原市纪委常委、秘书长
白进联　太原市委组织部常务副部长
杨云龙　太原市委党史研究室（市地方志研究室）主任
杨宏林　太原市退役军人事务局副局长

成员单位：市委办公室　市委宣传部　市委政研室　市直工委　市委老干部局
市委党校　市委党史研究室（市地方志研究室）　市教育局
市民政局　市财政局　市文旅局　市退役军人事务局
太原社科院（市政府发展研究中心　市社科联）　市档案馆

《太原年鉴（2022）》编纂人员

主　　编：杨云龙
执行主编：陈向荣
副 主 编：宋忠庆　张彩丽　任文忠　张五堂　薛红宣
执行副主编：张艳民
编　　辑：单　伟　刘　敏
审　　稿：中共山西省委党史研究院（山西省地方志研究院）
图片提供：宿晓健　韩双喜　梁　琛　贾　鹏　王旭宏　郭勇智等
办公地址：太原市杏花岭区府西街30号
办公电话：0351—4030228　4942581
电子信箱：tynj4942581@163.com

微信公众号

延伸阅读

山西省测绘地理信息院编制 审图号：晋 AS（2021）009 号

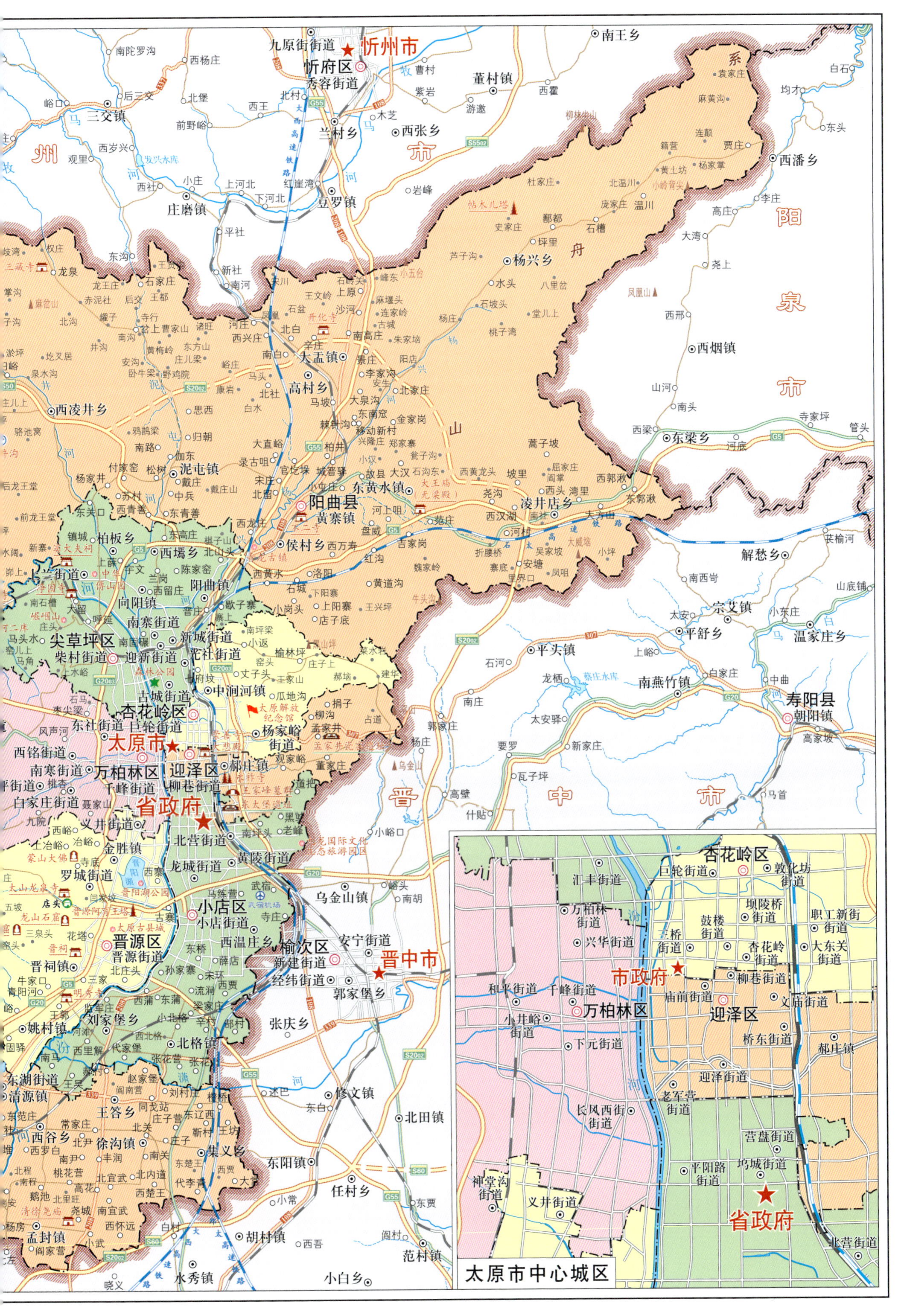

忻州市
忻府区
九原街街道
秀容街道
董村镇
南王乡
西张乡
兰村乡
豆罗镇
庄磨镇
三交镇
西潘乡
杨兴乡
西烟镇
东梁乡
阳泉市
舟山
大盂镇
高村乡
阳曲县
黄寨镇
东黄水镇
凌井店乡
侯村乡
泥屯镇
西凌井乡
柏板乡
西墕乡
阳曲镇
向阳镇
解愁乡
宗艾镇
平舒乡
温家庄乡
平头镇
南燕竹镇
寿阳县
朝阳镇
尖草坪区
柴村街道
迎新街道
新城街道
光社街道
中涧河镇
杏花岭区
古城街道
东社街道
巨轮街道
太原市
杨家峪街道
郝庄镇
西铭街道
南寨街道
万柏林区
迎泽区
千峰街道
柳巷街道
白家庄街道
省政府
义井街道
北营街道
金胜镇
罗城街道
龙城街道
黄陵街道
乌金山镇
小店区
小店街道
西温庄乡
晋源区
晋源街道
晋祠镇
榆次区
新建街道
安宁街道
晋中市
经纬街道
郭家堡乡
姚村镇
刘家堡乡
北格镇
张庆乡
修文镇
北田镇
清源镇
东湖街道
王答乡
西谷乡
徐沟镇
集义乡
东阳镇
任村乡
孟封镇
胡村镇
水秀镇
小白乡
范村镇
晋中市
太原市中心城区
汇丰街道
巨轮街道
杏花岭区
敦化坊街道
万柏林街道
坝陵桥街道
职工新街街道
兴华街道
鼓楼街道
三桥街道
杏花岭街道
大东关街道
市政府
和平街道
千峰街道
万柏林区
庙前街道
柳巷街道
文庙街道
迎泽区
小井峪街道
下元街道
桥东街道
郝庄镇
迎泽街道
老军营街道
长风西街街道
营盘街道
平阳路街道
坞城街道
神堂沟街道
义井街道
省政府
北营街道

综　合

地区生产总值	5121.61 亿元
第一产业	44.80 亿元
第二产业	2113.09 亿元
第三产业	2963.72 亿元
人均地区生产总值	95646 元

人　口

常住人口	539.10 万人
城镇（户籍常住人口）	197.07 万人
乡村（户籍常住人口）	198.04 万人

对外经济贸易

进出口总额	1852.35 亿元
出口总额	1153.14 亿元
进口总额	699.21 亿元

能　源

一次能源产量	3407.74 万吨标准煤
二次能源产量	4984.48 万吨标准煤
煤炭消费量	5477.09 万吨
焦炭消费量	469.84 万吨
全社会用电量	319.09 亿千瓦时

物　价

居民消费价格总指数	101.0
食品烟酒	100.7
衣着	100.2
居住类	99.4
商品零售价格总指数	102.8

社会从业人员和劳动报酬

社会从业人员	262.21 万人
第一产业	24.61 万人
第二产业	63.53 万人
第三产业	174.07 万人
城镇非私营单位在岗职工年平均工资	98099 元

固定资产

固定资产投资	1611.21 亿元
全社会新增固定资产	868.53 亿元

人民生活

城镇居民家庭人均可支配收入	41377 元
城镇居民家庭人均消费性支出	23748 元
农村常住居民人均可支配收入	21551 元
农村住户人均生活消费支出	16295 元

农村经济

农作物播种面积	8.04 万公顷
粮食面积	6.38 万公顷
粮食产量	25.06 万吨
油料产量	0.06 万吨
肉类产量	3.27 万吨

工　业

规模以上工业企业单位	807 个
规模以上工业企业总产值	4654.12 亿元
原煤产量	4750.58 万吨
发电量	332.72 亿千瓦时
生铁产量	1107.10 万吨
粗钢产量	1466.20 万吨
水泥产量	748.90 万吨

建筑业

建筑施工单位	1835 个
建筑竣工产值	1187.68 亿元
建筑施工产值	3781.18 亿元
建筑企业房屋建筑竣工面积	3015 万平方米

住宿、餐饮业和旅游

住宿、餐饮业营业额	636728.6 万元
重点监测景区接待人数	532.87 万人次
门票收入	10368.44 万元
旅游经营收入	12439.19 万元

财政、金融

公共财政预算收入	423.44 亿元
公共财政预算支出	628.99 亿元
住户储蓄存款余额	6566.40 亿元

交通运输、通信业

公路通车里程	6865.79 千米
固定电话用户数	69.64 万户
移动电话户数	774.19 万户
宽带用户	275.64 万户

批发和零售业

社会消费品零售总额	1873.90 亿元
城镇消费品零售额	1741.18 亿元
乡村消费品零售额	132.72 亿元

教育　科技

高等学校	50 所
高等学校在校学生数	61.96 万人
高等学校专任教师数	23270 人
中等职业学校	46 所
中等职业学校在校学生数	6.09 万人
中等职业学校专任教师数	4347 人
获国家科学技术进步奖	7 项
获山西省科学技术奖	165 项

文化　卫生　环保

群艺文化馆数	11 个
公共图书馆数	12 个
卫生机构数（不含卫生室）	3218 个
医疗床位	45589 张
市区二级以上空气质量天数	224 天

（太原市统计局供稿）

太忻大道

（宿晓健 摄）

2021年9月26日，中国共产党太原市第十二次代表大会在太原工人文化宫开幕

（梁琛、赵世凯 摄）

2021年11月25日，山西省委常委、太原市委书记韦韬赴中北高新技术产业开发区调研

（梁琛 摄）

2021 年 12 月 8 日，太忻经济区（太原片区）建设启动大会在规划的大盂产业新城召开

（梁琛 摄）

2021 年 11 月 24 日，太原市委副书记、市长张新伟在清徐县调研灾后重建工作

（赵世凯 摄）

2021年，中国电子科技集团公司第二研究所的微店组装订单式生产车间　　（柴杰梁、张昊宇 摄）

2021年，万柏林区哈工大机器人集团华北总部基地项目建成　（赵世凯 摄）

2021年的中国宝武太钢集团型材厂生产车间

2021年的罗克佳华科技集团股份有限公司数据中心（韩双喜 摄）

（王旭宏 摄）

2021 年的认一力饭店　　（韩双喜 摄）

2021 年 5 月 21 日，第十二届中

2021 年 9 月 19 日，太原市钟楼街开街运营

部投资贸易博览会在太原开幕

（柴杰梁、米国伟 摄）

2021 年的清和元饭店

（韩双喜 摄）

（米国伟、贾鹏 摄）

万柏林区王化街道小卧龙村全貌　（万柏林区档案馆供图）

清徐县北录树村文化墙　（邓寅明 摄）

醋坊酿造车间　（宿晓健 摄）

光伏产业　　（市乡村振兴局供图）

规模化种植　　（市乡村振兴局供图）

2021 年 9 月 7 日，地铁大南门站 1、2 号线联

2021 年，扩建后的太原动物园

2021 年的长治路 （姚腾飞 摄）

施工现场　（米国伟 摄）

2021 年 5 月 13 日，地铁 1 号线小井峪站施工现场　（李晓并 摄）

（宿晓健 摄）

2021 年 9 月 30 日，太原市汾河生态修复治理四期工程完工开园

2021 年 7 月 9 日，双塔公园开园　　（宿晓健 摄）

（宿晓健 摄）

2021 年 9 月 1 日，晋阳里开业运营　　（米国伟 摄）

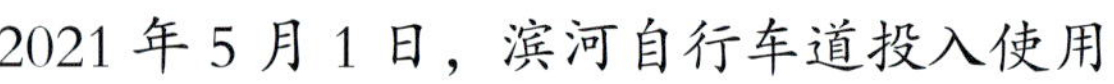
2021 年 5 月 1 日，滨河自行车道投入使用

（宿晓健 摄）

2021 年 5 月 1 日，太原古县城对外开放

（王韵菲、邓寅明、米国伟 摄）

2021 年的太原市晋阳湖共享书房　（米国伟 摄）

2021 年 6 月 29 日，中共太原历史展览馆开馆　（贾鹏 摄）

2021 年

原市迎泽区桥东街道党群服务中心　（赵世凯 摄）

2021年7月24日，天龙山石窟佛首回归仪式在太原举行，同日"复兴路上，国宝归来"回归佛

天龙山全景

展在太原市天龙山石窟博物馆开展

（宿晓健 摄）

（宿晓健 摄）

2021年11月，复建的首义门　　（宿晓健 摄）

五一广场雕塑　　（杨云龙 摄）

编辑说明

一、《太原年鉴》是中共太原市委、太原市人民政府主办，中共太原市委党史研究室（太原市地方志研究室）编纂的市级年度资料性文献。创刊于1989年，《太原年鉴（2022）》为第32部。《太原年鉴（2022）》全面、客观、系统地记载2021年太原市境内自然、政治、经济、文化、社会和生态建设等各个领域的基本情况，反映年度重要事项与发展变化。

二、《太原年鉴（2022）》坚持以马克思列宁主义、毛泽东思想、邓小平理论、“三个代表”重要思想、科学发展观、习近平新时代中国特色社会主义思想为指导，坚持辩证唯物主义和历史唯物主义的立场、观点、方法，实事求是，详细准确记述太原市的新发展、新变化。

三、《太原年鉴（2022）》记述时限为2021年1月1日至12月31日，专文下延至2022年。

四、《太原年鉴（2022）》采用分类编排法，以类目、分目、条目组成主体部分，个别分目增加了次分目。全书共36个类目、194个分目、77个次分目和1580个条目，随文插图300余幅，统计表36页。

五、《太原年鉴（2022）》框架在保持相对稳定的基础上，突出年度特点，增加“乡村振兴”类目和“党史学习教育”分目。

六、《太原年鉴（2022）》涉及的数据由各行业、各部门提供，由于统计口径不同，如有数据不一致，以太原市统计局公开发布的统计数据为准。凡计量单位，原则上采用法定单位，个别遵从习惯。“特载”“专文”“附录”等类目内容照原文登载，不做编辑规范方面的处理。

七、《太原年鉴（2022）》稿件由太原市各党、政、军机关和企事业单位撰写，并经撰稿单位领导审核。图片除署名的外，由太原日报社、太原市乡村振兴局提供。

总目

General Catalogue

comprehensive table of contents

目　录
CONTENTS

统一战线工作

巡　察

政策研究

网信工作

台港澳事务

机构编制管理

市直机关党建

机关事务管理

老干部工作

精神文明建设

党校工作

民主党派　工商联

群众团体

法　院

司法行政

法律援助

军　事

太原警备区

武警山西总队太原支队

人民防空

经济管理

宏观经济管理

农业水利

乡村振兴

工　业

交通运输

公路交通

铁路运输

民用航空

城乡建设与管理

城乡规划

城乡建设

城乡管理

市政建设

科学技术

科技管理

气象服务

地震监测

大数据应用

文　化

综　述

大众传媒

文化场馆

社会科学研究

卫生健康

综　述

妇幼保健

老年健康

公共卫生

疾病防控

医疗急救

中医中药

社会生活

应急管理

人　物

区县概览

小店区

迎泽区

杏花岭区

尖草坪区

万柏林区

晋源区

古交市

特载

太原高质量发展吹响冲锋号

——太忻经济区（太原片区）建设正式启动

2021年12月8日，是一个令人欢欣鼓舞的好日子。随着太忻经济区（太原片区）建设的正式启动，太原高质量发展“一体两翼”中的“北引擎”徐徐启动，为太原集聚高质量发展提供新动能。

太忻经济区（太原片区）的规划范围为阳曲县、古交市、尖草坪区、杏花岭区、万柏林区和迎泽区，国土面积4433平方千米。太忻经济区（太原片区）将成为对全省具有示范引领驱动意义的现代产业集聚区、创新发展标杆区、开放合作先行区、人才落地首善区和政策改革试验区。

太忻经济区（太原片区）维育“三山两脉”的保护格局，巩固太原东、西、北三山的生态屏障功能，发挥汾河、杨兴河两条水脉的生态联通作用，形成山水联通、功能复合的蓝绿生态体系，构建高质量发展生态涵养空间。

“一轴两带”的开发格局，强化了108国道区域发展轴的引领作用，推动太忻经济区各县（市、区）协同发展，大盂至迎泽的东部产业发展带与大盂至古交的西部产业发展带，将成为促进“两带”沿线产业板块融合发展的催化剂。

高端装备制造、新材料、信息技术、绿色能源、现代服务业、生态文旅休闲、现代都市农业七大产业集群，犹如太忻经济区（太原片区）的7颗璀璨明珠，点缀其上——做大做强高端装备制造、新材料、信息技术、绿色能源四大产业集群，打造大盂战略性新兴产业增长极、11个战略性新兴产业集聚板块、4个传统优势产业提升板块；提质升级现代服务业产业集群，打造4个总部经济集聚区、6个市级重点商圈、多个区级重点商圈，建设大盂国家级综合物流枢纽与7处现代物流园；大力发展生态文旅休闲产业集群，打造府城文道、青龙古镇、牛驼寨战斗遗址、1898“太原兵工厂”文化产业园等一批精品文旅项目，叫响千年府城、诗意汾河、生态西山、休闲东山、红色太原、关堡驿道、山地康养、工业遗产八大旅游品牌；优化提升现代都市农业产业集群，打造北部有机旱作农业示范区、西部山地特色农业示范区、中部都市农业融合发展区，发展有机旱作农业，培育壮大农产品精深加工等十大产业。

2021年12月8日，太忻经济区（太原片区）建设启动大会在规划的大盂产业新城召开

（太报视觉供图）

同时，位于阳曲县大盂镇的大盂产业新城也将焕发夺目光彩。这座产业新城规划面积76平方千米（11.4万亩），启动区面积29平方千米（4.4万亩），核心区面积4平方千米（0.6万亩）。核心区主要规划创新中心、人才公寓、污水处理厂、能源中心及新材料、高端制造产业集群。

太忻经济区（太原片区）的产业布局为一轴、双核、两组团七集群。

一轴，指串联太原、忻州两市的区域发展轴，即以108国道、阳兴大道、滨河路为主轴，带动太忻经济区内各县（市、区）、周边城镇及产业密集区联动发展，推动两市发展空间紧密联通。

2021年12月29日，省委常委、市委书记韦韬（左），市委副书记、市长张新伟（右）为太忻经济一体化发展太原区运营中心揭牌

（太报视觉供图）

双核，即以中北高新技术产业开发区、阳曲转型发展产业园区为两大核心区。两大核心区既有发展基础，又有发展空间，且位于两市主城区连线中间区域，对太忻经济区高质量发展具有强劲的辐射带动作用。

两组团七集群，即按照“产业合理集聚、功能合理分区、突出区域特

色、实现合作共赢”原则，依托尖草坪—阳曲—古交、杏花岭—迎泽—万柏林两大组团发展基础，布局七大产业集群。

一是依托东杰智能、京丰电务、晋西车轴、鑫拓煤机制造等重点企业，加快传统装备制造智能化升级，推动尖草坪和阳曲联合打造先进装备制造产业集群。

二是依托山西合成生物、太钢不锈、太钢大明、太钢高端冷轧取向硅钢、T800 及 T1000 高端碳纤维等重点企业和项目建设，推动阳曲和尖草坪联合打造新材料产业集群。

三是依托长城计算机、长城电源、国投信息产业创新园、中北信息产业园上兰基地等企业和项目建设，加快突破核心芯片制造、安全云计算等技术，在尖草坪打造信息技术产业集群。

四是充分发挥古交新能源资源优势，依托晋飚正沟风电、中润智晟河口分散式风电、丰源独立储能电站、玖方共享储能示范站等项目建设，打造绿色能源产业集群。

五是依托杏花岭区、迎泽区产业基础优势，大力发展研发设计、现代金融、软件与信息服务等生产性服务业和现代商贸、健康养老、家政服务等生活性服务业，培育楼宇经济、数字经济等关联产业，打造现代服务产业集群。

太忻一体化经济区（太原区）空间发展战略规划　产业发展格局图

忻州市
至忻州
0 3 6 15KM
阳泉市
大盂启动区
阳曲现代农业产业示范区
中北高新技术产业开发区
西山生态文化旅游示范区
吕梁市
至综改示范区

图例
区域发展轴
大盂启动区
开发区
制造业园区
现代服务业集聚区
规划范围
县区行政界线

六是依托青龙古镇、晋商博物院、崛𡹎山、西山国家矿山公园、玉泉山等旅游景点，规划精品旅游路线，打造生态文旅休闲产业集群。

七是依托阳曲现代农业产业示范区、太原粮食物流园、阳曲县特色食品产业园和蓝顿旭美、金午等企业，发展设施农业、休闲农业、特色食品加工产业，打造现代都市农业产业集群。

迎泽区——以“抓项目、聚人气、优功能”为主攻方向

迎泽区作为太忻经济区（太原片区）重要组成部分，将以“抓项目、聚人气、优功能”为主攻方向，做强五大融合载体，为太忻经济区发展注入强劲活力。

迎泽区是太原政治、文化、交通枢纽和对外交往的窗口，发展现代服务业是迎泽区经济发展主要动力，该区将聚焦“延链、补链、强链”，建设生产性服务业核心区，为构建现代产业体系提供支点。高标准推进国家火炬计划迎泽特色产业基地等项目建设，发展科技研发、智能制造和生命健康等生产性服务业，借助太忻经济区衔接京津冀、服务雄安新区的走廊优势，制定出台科技创新、资金奖补等政策，打造特色鲜明、错位发展、专业化的现代服务业支撑点。

聚焦“吸纳、互补、共进”，打造企业总部承载区，为加快太忻协同发展蓄积势能。实施“企业总部”倍增计划，整合中泰大厦等10座存量楼宇，发挥基础设施完善、教育资源优质等独特优势，引进科研设计、信息咨询等企业总部，汇聚“高、精、特、新”人才，打造北承忻州、南接晋中，辐射全省的企业总部基地和人才高地。

聚焦“服务、赋能、增效”，打造金融核心集聚区，为服务太忻经济区贯通“动脉”，加快盛科金融中心等项目建设，再引进一批金融企业总部，加快构建以迎泽大街为核心，占地面积约3平方千米的金融核心级集聚区，成立“金融综合服务超市”，导入新型产品，为太忻经济区发展注入“活水”。

聚焦“引领、提质、烟火气”，建设全省消费升级引领区，为区域消费提供优质供给，高标准实施钟楼街片区二期修缮保护、三期地铁TOD项目，力争建成国家级示范步行街，推进双塔汇等项目，将朝阳商圈建成集电子商务、公共服务为一体的“智慧商圈”，打造南海街、上马街等最具烟火气息、乡愁味道的特色街区，引领太忻经济区释放消费新需求。

聚焦“历史、多元、融合”，打造生态文旅休闲区，推动城乡一体协同发展。挖掘多元内涵，重点实施“府城游”升级版、董家庄森栖谷、观家峪桃花源特色小镇等项目，与五台

山、忻州古城等景区景点联动，延展形成多元多彩的文旅休闲目的地，做好太忻经济区的“会客厅”。

杏花岭区——打造城市拓展新基点、全方位发展新引擎

作为太原市全面推进太忻经济区（太原片区）建设的重要战场，杏花岭区坚决贯彻省委“四个高地”战略部署和市委各项工作要求，紧盯现代服务业产业集群发展这个“主攻方向”，紧抓产业、城市、要素“三大支撑”，推动区域生产性服务业发展与生活性服务业发展“两个同步”，努力打造太原对外开放新窗口、城市拓展新基点、全方位发展新引擎。

杏花岭区生产性服务业围绕支撑产业结构转型升级，以服务太忻经济区高质量发展为导向，以京东（山西）总部基地为牵引，强化数字赋能，打造全省数字经济产业项目标杆，充分利用区域内山西工程职业学院、冶金技师学院、铁道职业技术学院等院校资源，深耕产教融合，以“蓝领高地”带动人才高地。突出枢纽作用，激活华能热电和昆仑燃气能源产业节点，服务全市发展。

生活性服务业围绕促进消费结构升级，内提质量外树形象，培育壮大万达、富力、北城、府东、城郊“五大商圈”，用好晋商博物院、1898“太原兵工厂”文化产业园、太原解放纪念馆等载体，依托双龙巷、拱极门、东三道巷等历史街区，构建历史文化、红色革命、古建艺术等精品旅游线路，不断提升全区服务业的品质和内涵。

在大力培育现代服务业的同时，坚持产业协同共进，继续发展实体经济，重点打造丈子头、杨家峪两大板块，培育挖掘区域发展的新增长点。

尖草坪区——搭建五个产业板块和两条经济走廊

尖草坪区与中北高新区坚持“区区融合”发展战略，紧跟太忻经济区（太原片区）建设步伐，谋划了五个产业板块和两条经济走廊。总面积 90 平方千米，可用土地 6.23 平方千米。

三给板块和上兰板块，全力打造信息技术产业集群。总面积18.35平方千米，可用土地4.4平方千米，科教资源集聚，现已布局国科大、蓝宝石等项目，近期计划布局沪硅产业半导体等 5 个项目。

太钢板块、基础区板块、向阳板块，全力打造高端装备制造产业集群。总面积 71.65 平方千米，可用土地 1.83 平方千米，工业基础雄厚。太钢板块，面积 15.29 平方千米，周边可用土地 0.37 平方千米；基础区板块，面积 18.36 平方千米，可用土地 0.67 平方千米，现有东

杰智能、京丰电务等高端装备制造企业40余家，年产值90亿元，近期计划布局汇川技术等5个产业项目；向阳板块，火工区搬迁后，可释放土地38平方千米。

沿泥向线、108国道一路北上，利用周边6800余亩土地，形成两条经济走廊，与阳曲县泥屯镇、综改区阳曲工业园、大盂产业新城接轨。

万柏林区——围绕三大主导产业力抓项目建设

作为太原市的核心城区，万柏林区高点站位、高度重视、高位谋划，抢抓太忻经济区（太原片区）建设重大战略机遇，以“五大行动”为统领，围绕“装备制造业、现代服务业、生态文旅业”三大主导产业抓项目建设，持续推动一、二、三产融合发展、特色发展，为全方位推动高质量发展、全面再现“锦绣太原城”盛景、加快建设国家区域中心城市核心城区作出积极贡献。

着力打造装备制造业集聚区。拟利用东社、西铭片区积极布局高端装备制造产业园区，涵盖高端装备制造产业和航空航天产业两部分。高端装备制造产业以太重集团、中车太原、晋西集团、汾西重工等传统优势产业为支撑，引进哈工大机器人、威海广泰等“六新”领域先进制造业项目，推动区域内传统企业智能化升级改造，助推全区产业基础再造和产业链提升；航空航天产业以新引进的俄直卡莫夫直升机、多弗航空产业园为基础，积极打造战略性新兴产业板块，形成产业集群的规模效应和溢出效应。

着力打造现代服务业样板区。充分发挥区位优势和楼宇资源优势，以中海国际中心、信达国际金融中心、绿地中央广场等高端楼宇为载体，积极引进企业总部、新型业态、新经济、研发中心、现代物流、金融保险、法律会计、电子商务等市场主体入驻。打造总量大、能级高、环境优的总部经济和楼宇经济样板区。

着力打造生态文旅业引领区。充分挖掘自然、历史、人文资源，深度开发具有万柏林特色的文化旅游资源。以打造西山、王封一线天、万科西铭文旅小镇等旅游板块为重点，大力塑造万亩生态园、自行车赛道、桃花沟等特色旅游品牌，以西山旅游带为核心轴线，打造文化休闲、温泉康养、生态休闲度假等生态文旅休闲集群，全力构筑生态文旅休闲产业发展新格局。

古交市——打造绿色能源及新材料产业集群

建设太忻经济区（太原片区），是省第十二次党代会作出的重大战略部署。古交市委、市政府十分珍惜这一重大战略机遇和历史机遇，认真研究把握宏观政策导向和产业发展方

向，立足资源禀赋、区位优势和产业基础，围绕打造绿色能源及新材料产业集群，着重抓好四方面的项目布局。

一是加快煤电热材等传统优势产业的“三化”提升改造，重点谋划西山煤电400万吨绿色智能矿井建设及配套2×100万千瓦发电机组等项目，重点实施煤矸石、粉煤灰、废钢等综合利用项目，打造国家级大宗固废综合利用示范基地，做好循环经济文章。

二是加快布局新能源新材料项目，重点谋划实施风电、光伏、农光互补、储能、煤层气开发利用项目，打造绿色低碳综合能源服务商。谋划建设10GWH高效能锂电池项目、电磁片及配套的高纯硅、多晶硅全链条项目、超细粉及深加工项目、蓖麻秸秆三素分离综合利用项目。

三是坚持生态产业化、产业生态化，持续推进山水林田湖草5大类34个生态修复治理项目，在生态修复治理过程中探索植入文旅、休闲、康养等项目，大力发展创碳汇产业、山地经济和现代服务业，探索生态治理新路径。

四是立足服务城市发展、满足群众需求，谋划实施一批交通、市政、文化、教育、卫生等基础设施项目，不断拉大城市框架，优化经济发展格局，强化发展要素支撑，提升城市的宜居度和人民群众的幸福感。

阳曲县——规划三大产业集群　一个板块

阳曲县生态环境优越，文旅资源丰富，门户地位突出，规划了三大产业集群、一个板块。

一是高端装备制造产业集群。规划总面积28.8平方千米，以处于国际领先水平的博瑞泰笔尖钢、君和信达快检设备等为支撑，布局和延伸高端基础零部件、大型装备、数字化车间、人工智能、科研基地等产业链项目，推动新技术开发和智能化发展，打造面向京津冀和雄安新区的高端装备制造产业飞地。

二是新材料产业集群。规划总面积77.45平方千米，碳基新材料以钢科碳纤维项目为核心，促进碳基复合材料、钢科碳纤维等科研成果就地转化，全面承接航天航空、可穿戴设备等次生产品的生产与推广应用。生物基新材料以山西合成生物园为重要承载地，推动生物科技科研成果的转化，形成“合成生物新材料—民用丝、工业丝、特种尼龙等—服装配件、服装辅料，改性工程塑料，玉米发酵副产物”全产业链条。

三是现代农业产业集群。依托阳曲现代农业产业示范区，规划总面积141.4平方千米，聚焦农业标准化生产、农产品加工、农业科研示范、仓储物流以及农业休闲观光旅游和综合服务六大产业类型，提高西沟果岭、万向农业、农投现代农业等科技含量和创新能力，着力发展都市休闲、观光农业、田园综合体、乡居康养等新兴产业。

四是文旅板块。总面积约 8 平方千米，布局暖泉湾中央生态文娱区（CED）、七彩田园现代都市农业综合体，融合青龙古镇、太原方特东方神画，培育高端文旅项目集聚区，打造山西文旅新地标。同时，赋能阳曲“全域旅游”，助力打造世界级的旅游康养目的地。

阳曲农投现代农业科技示范产业园——高标准、高科技、高质量的现代农业示范园

阳曲农投现代农业科技示范产业园项目，已列入山西省 2021 年第一批省级重点项目名单。

项目由阳曲县农业示范区投资发展有限公司与江苏绿港采用投资、设计、采购、施工、运营一体化（EPCO）模式，共同开发建设高标准、高科技的现代农业示范园。项目选址泥屯镇思西村，占地面积约 809 亩，总投资约 4.1 亿元。建设内容包括展示型智能化玻璃温室 9450 平方米，种植型智能化玻璃温室 95940 平方米，种植连栋温室 88080 平方米，新型装配式保温拱棚约 84982 平方米，新型装配式日光温室约 33390 平方米，育苗连栋温室 30368 平方米，育苗中心 2304 平方米，控制中心、分拣包装加工物流中心 9432 平方米，椰糠处理中心 1728 平方米等。

项目采用 1+X 产业发展模式，运用高科技无土栽培技术，实现阳曲及太原地区蔬菜产业的转型升级。分为智慧农业生产、工厂化种苗繁育、高科技示范展示及观光采摘、家庭农场模式示范、自动分拣包装、新型农民培训等六大功能区，具有综合技术领先、建设成本低、产出效益高、辐射带动能力强等特点。项目经营收入主要为精品果蔬、精品果蔬幼苗、观光采摘及培训收入，综合年收益预计达 8840 多万元，带动就业 200 多人。

项目于 2021 年 7 月开工，截至 11 月，累计完成投资 1.25 亿元，预计 2022 年 10 月可实现部分投产，三年内打造成全省具有引领示范作用的现代农业科技示范项目。

（转自《太原日报》2021 年 12 月 9 日 03 版）

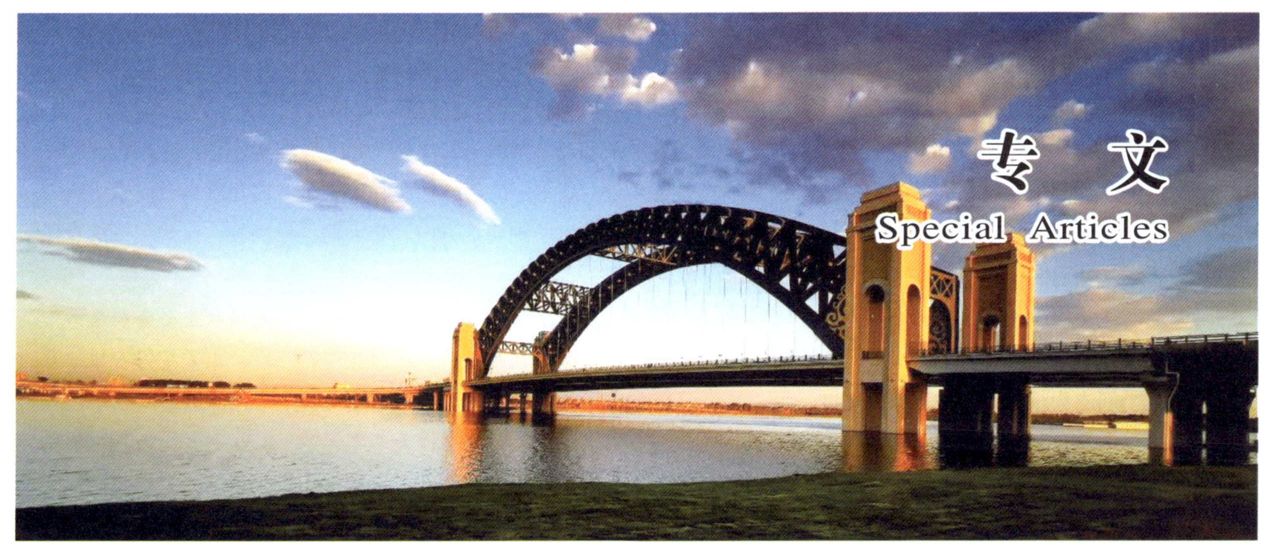

在市委十二届二次全会暨市委经济工作会议上的讲话

（2022 年 1 月 5 日）

中共山西省委常委、太原市委书记 韦 韬

这次会议的主要任务是，以习近平新时代中国特色社会主义思想为指导，全面贯彻党的十九届六中全会和中央经济工作会议精神，认真贯彻省委十二届二次全会暨省委经济工作会议精神，回顾总结市委常委会工作，部署 2022 年全市经济工作。下面，我讲几点意见。

一、深入学习贯彻党的十九届六中全会精神

党的十九届六中全会，是在党成立一百周年的重要历史时刻，党领导人民实现第一个百年奋斗目标、向着实现第二个百年奋斗目标迈进的重大历史关头，召开的一次十分重要的会议，对于推动全党进一步统一思想、统一意志、统一行动，团结带领全国各族人民夺取新时代中国特色社会主义新的伟大胜利，具有重大现实意义和深远历史意义。学习好、宣传好、贯彻好党的十九届六中全会精神，是当前和今后一个时期的重大政治任务。

一要提高政治站位。党的十九届六中全会最重要的成果，是审议通过了《中共中央关于党的百年奋斗重大成就和历史经验的决议》。《决议》全面总结党的百年奋斗重大成就和历史经验，是指引全党全国各族人民以史为鉴、开创未来，实现中华民族伟大复兴的马克思主义纲领性文献。全市各级党组织和广大党员干部要把思想和行动高度统一到《决议》精神上来，不断提高政治判断力、政治领悟力、政治执行力，坚持唯物史观和正确的党史观，从党的百年奋斗中看清楚过去我们为什么能够成功、弄明白未来我们怎样才能继续成功，坚定历史自信，践行初心使命，在实现第二个百年奋斗目标、实现中华民族伟大复兴的中国梦的伟大征途中，展现省会担当、作出太原贡献。

二要领会精神实质。深入领会总结党的百年奋斗重大成就和历史经验的重大意义，充分认识“三个需要”的深刻内涵，深刻理解中国共产党为什么能、马克思主义为什么行、中国特色社会主义为什么好。深入领会党的百年奋斗的初心使命和重大成就，充分认识一百年来，我们党团结带领人民进行的一切奋斗、一切牺牲、一切创造，都是在践行为中国人民谋幸福、为中华民族谋复兴的初心使命。深入领会中国特色社会主义进入新时代的历史性成就和历史性变革，充分认识党的十八大以来的原创性思想、变革性实践、标志性成果，深刻理解“十个明确”“两个确立”和 13 个方面重大成就的重要论述。深入领会党的百年奋斗的历史意义和历史经验，充分认识五大历史意义、“十个坚持”历史经验的历史逻辑、理论逻辑和实践逻辑。深入领会以史为鉴、开创未来的重要要求，充分认识新时代党的历史使命，牢记中国共产党是什么、要干什么这个根本问题，坚决做到“五个必须”。全市各级党组织和广大党员干部要自觉从党的百年奋斗中传承信仰之光、锻造忠诚之魂、读懂强党之钥、激发奋斗之志，在新征程上开创太原各项事业新局面。

三要捍卫“两个确立”。《决议》宣示的“两个确立”，反映了全党全军全国各族人民共同心愿，对新时代党和国家事业发展、对推进中华民族伟大复兴历史进程具有决定性意义。全市各级党组织和广大党员干部要坚持把“两个确立”作为最深刻的政治领悟、最牢固的政治信念、最重要的实践要求，把“两个维护”作为最高政治原则和根本政治规矩，自觉维护习近平同志党中央的核心、全党的核心地位，自觉做习近平新时代中国特色社会主义思想的坚定信仰者、忠实践行者，坚决在政治立场、政治方向、政治原则、政治道路上同以习近平同志为核心的党中央保持高度一致，始终沿着习近平总书记指引的方向砥砺前行。

四要推动入脑入心。把学习宣传贯彻党的十九届六中全会精神作为重大政治任务，加强领导，精心组织，落细落实。抓好学习培训。通过举办培训班、学习班、读书班等形式，集中一段时间对县处级以上领导干部进行全员轮训，分期分批对党员干部进行系统培训。各级领导干部特别是“一把手”要带头学习，做好表率。各级党校（行政学院）要把全会精神作为干部教育培训的必修课。基层党组织要用好“三会一课”、主题党日等多种载体，依托权威读本，引导广大党员加深理解体悟，把学习的过程变成坚定理想信念、践行“两个维护”、完善发展思路、推动工作落实的过程。集中开展宣讲。按照“七个讲清楚讲透彻”要求，抽调骨干力量组成宣讲团，深入基层、面向群众，集中进行宣讲。各县（市、区）委、市委各工（党）委要组织开展“六进”主题宣讲，推动全会精神家喻户晓、深入人心。广泛宣传报道。统筹各类新闻媒体的力量和资源，拿出重要版面、重要时段，开辟专题专栏，推出一批有分量的深度报道、理论文章和一批接地气、易传播的融媒体作品，用好“两微一端”等新媒体平台，扩大宣传覆盖面和影响力，在全市上下营造浓厚氛围。

五要奋力开创新局。党的十九届六中全会号召全党“勿忘昨天的苦难辉煌、无愧今天的使命担当、不负明天的伟大梦想”。全市各级党组织和广大党员干部要牢记领袖殷殷嘱托，大力弘扬伟大建党精神，从党的百年奋斗历程中汲取智慧和力量，胸怀“两个大局”、心怀“国之大者”，深入贯彻习近平总书记考察调研山西重要指示精神，全面落实省、市第十二次党代会决策部署，按照省委“六个领域”“三个体系”工作矩阵，解放思想、坚定信心，改革创新、真抓实干，率先转型发展蹚新路，不断提升太原在全省的首位度和在全国的影响力，奋力谱写全面建设社会主义现代化国家太原篇章。今后一个时期，要围绕全面再现“锦绣太原城”盛景目标，做强太忻一体化经济区、转型综改示范区两翼支撑，一体推进治山、治水、治气、治城，加快打造创新高地、产业高地、人才高地、开放高地，建设国家区域中心城市，努力在构建现代产业体系、创新资源集聚转化、生态环境治理、党建引领保障上走在全省前列，当好全方位推动高质量发展的排头兵。

二、市第十二次党代会以来市委常委会的工作

市第十二次党代会和市委十二届一次全会以来，新一届市委班子围绕把方向、管大局、作决策、保落实，重点抓了以下工作。

一是深入学习宣传贯彻党的十九届六中全会和省第十二次党代会精神。两个重要会议召开后，市委统筹安排，及时印发通知，制定出台《任务分解方案》，迅速掀起学习宣传贯彻热潮。常委会以上率下，第一时间召开全市学习贯彻大会，多次组织常委会会议和中心组学习会学习交流研讨。组建宣讲团深入基层宣讲万余场次，送学到基层、送学到一线。举办专业化能力提升培训班27期，培训市县干部2000余人。各级党委（党组）及时跟进，有计划地对党员干部进行培训轮训，推动会议精神落实落地。

二是全面落实国家和省重大战略。统筹落实黄河流域生态保护和高质量发展、中部地区高质量发展、碳达峰碳中和等重大战略，出台我市《黄河流域生态保护和高质量发展规划》《坚决遏制“两高”项目盲目发展行动方案》《科技领军企业培育行动方案》等一系列落实举措，坚定不移走以绿色为底色的高质量发展之路。立足省委“一群两区三圈”城乡区域发展新布局，将太忻一体化经济区建设作为重大政治任务和头号工程，确定“一年见效、三年成形、五年成势、十年成城”的发展目标，成立领导小组，配强工作力量，召开启动大会，组建运营中心，各项工作全面铺开。支持和服务保障综改示范区建设，实质性推动太原晋中规划衔接、产业布局、基础设施、生态治理、公共服务和要素配置一体化，加快南北引擎联动发展。

三是加强对经济工作的领导。坚持发展第一要务，召开12次常委会会议、6次财经委员会会议，分析研判形势，强化统筹调度。落实市委常委、副市长对接产业项目、坐班协调例会等制度，全力推动项目落地建设、投产达效。围绕产业转型“两个方面”要求，强龙头、延链条、建集群，持续优化产业结构，第二产业占GDP的比重大幅提高，服务业新产业新业态快速发展。进一步优化营商环境，创新招商引资机制，制定招商图谱，配套支持政策，汇川技术、天美杉杉奥特莱斯和毕马威、安永区域总部等落户太原。2021年，预计全市地区生产总值增长9.2%，规模以上工业增加值增长15%，固定资产投资增长10%，社会消费品零售总额增长14%，一般公共预算收入实际增长11.9%。

四是夯实民生改善各项举措。坚持保基本、兜底线，统筹推进就业、教育、医疗、住房、养老等工作，全年城镇新

增就业 8.5 万人，新改扩建公办幼儿园 38 所、新增学位 5000 余个，市人民医院新院区等建成投用，建成 7 个全国示范性老年友好型社区。坚持“四治”一体推进，“秋冬防”攻坚扎实开展，汾河太原段全流域生态治理步伐加快。坚持人民至上、生命至上，严格“外防输入、内防反弹”，完善防控策略，强化应急保障，慎终如始抓好常态化疫情防控，连续 600 多天保持本地病例“零报告”。坚持把灾后恢复重建摆在突出位置，加快基础设施修复和受灾房屋修缮重建，4.8 万名受灾群众基本生活得到充分保障，房屋受损群众春节前可搬入新居。坚持守牢安全生产底线，常态化开展扫黑除恶专项斗争，全力抓好维护安全稳定各项工作，人民群众的安全感持续提升。

五是发挥党建引领保障作用。加强常委会自身建设，出台《关于加强新一届市委班子建设的意见》，调整市委议事协调机构及组成人员，修订市委全会、市委常委会、市委书记专题会议“三个工作规则”，带动各级班子加强制度化规范化建设。加强对换届工作的领导，1260 个村（社区）“两委”换届全部完成，有序推进市人大、政府、政协换届工作，统筹推进各民主党派换届工作。坚持“三不”一体推进，聚焦重点领域和关键环节，持之以恒正风反腐，深化运用“四种形态”、认真落实“三个区分开来”，织密织牢制度笼子，常态开展警示教育，持续巩固拓展风清气正的良好政治生态。

三、关于 2022 年的经济工作

太原正面临难得的发展机遇。习近平总书记三年两次亲临山西视察、深入太原调研，嘱托我们再现“锦绣太原城”盛景，为太原发展指明了前进方向，提供了根本遵循。国家将太原列为黄河流域生态保护和高质量发展、中部地区高质量发展重点城市，以太原为核心的山西中部城市群建设进入国家“十四五”规划。省委赋予太原重大责任和使命，明确提出建设太原国家区域中心城市，举全省之力支持太原打造“四个高地”。经过历届市委的不懈努力，太原转型发展已经有了坚实的基础，发展势头良好，干事创业氛围浓厚。太原的各种优势在集成、资源在集中、动力在集聚，只要我们抓住机遇、用好优势，就一定能够走出经济高质量发展之路。

今年经济工作的总体要求是，以习近平新时代中国特色社会主义思想为指导，全面贯彻党的十九大和十九届历次全会精神，弘扬伟大建党精神，深入贯彻习近平总书记考察调研山西重要指示精神，认真落实中央及省委经济工作会议精神，坚持稳中求进工作总基调，立足新发展阶段，完整准确全面贯彻新发展理念，抢抓构建新发展格局战略机遇，按照全方位推动高质量发展的目标要求和工作矩阵，着眼“四个走在前列”，聚焦“四个高地”建设，以供给侧结构性改革为主线，统筹疫情防控和经济社会发展，统筹发展和安全，继续做好“六稳”“六保”工作，保持经济运行在合理区间，保持社会大局稳定，加快再现“锦绣太原城”盛景步伐，以优异成绩迎接党的二十大胜利召开。

做好今年的经济工作，要处理好五个关系。一是稳与进的关系，坚持稳字当头、稳中求进，以稳保进、以进促稳；二是三次产业协同发展的关系，稳一产、强二产、优三产，实现产业间良性互动、融合发展；三是经济发展与能耗双控、生态环保的关系，控总量、降强度、优生态、拓空间，以高水平保护推动高质量发展；四是增量与存量的关系，保存量、扩增量，优存量、强增量，推动现有主体发展壮大和新主体培育引进齐头并进；五是市、县与太忻一体化经济区、山西转型综改示范区的关系，强化“市域”观念，同向发力、优势互补，形成强大合力。

要突出抓好事关全局的七个方面重点工作。

一是把建设太忻一体化经济区作为重大政治任务和头号工程。太忻一体化经济区建设，是省委优化区域协调发展新布局的重大战略部署，是太原发展的最大机遇，牵一发而动全身、落一子而活满盘，必须举全市之力来推进。要聚焦“一年见效、三年成形、五年成势、十年成城”的发展目标，以“一个总体规划、一个启动区建设、一批项目落地、一个管理机构、一套运行机制、一张任务清单”的“六个一”为工作抓手，以基础设施为先导、以产业园区为载体、以启动区建设为突破，稳扎稳打、强势起步，确保“一年见效”的目标如期实现。要加快规划编制，树立精品意识，引入先进理念，完善和明确空间布局、功能定位、发展目标、产业方向和实现路径，尽快拿出具有前瞻性、科学性和操作性的规划，以蓝图引领建设。要统筹项目实施，做实基础设施、产业发展和公共服务等方面的重点项目清单，精心组织、分批实施，倒排工期、挂图作战，确保 3 月份一批重大基础设施项目集中开工、6 月份一批重点产业项目集中开工、三季度全省“三个一批”活动在太原区举行。要强化要素保障，充分发挥市

2021 年的中北高新区京丰公司轨道交通电务装备制造基地装配车间 （太报视觉供图）

级融资平台作用，引导金融机构、国有企业和社会资本参与建设和运营；分批开展土地收储，优先保障基础设施和产业用地需求，确保启动区内部道路、供水、供热、供气、供电等基础设施尽快建成投用。要以太忻经济一体化和太原晋中一体化发展为突破，强化与吕梁、阳泉及省内其他城市的联动，形成多方协同的发展格局。

二是着力推进三次产业协同融合发展。按照稳一产、强二产、优三产的思路，推动三次产业协同创新和跨越发展，打造多元支撑的现代产业高地。一产要稳产增收、接二连三，坚持“特”“优”战略，大力发展城郊型现代农业，做好农产品精深加工，推动农业高质高效发展；二产要强梁壮柱、延链建群，全面实行“链长制”，以龙头企业为牵引，打造一批纵向关联、横向耦合、综合竞争力强的优势产业链，形成新兴产业未来产业为先导、百亿级产业为骨干、千亿级产业为引领的梯次产业发展格局；三产要提质增效、做大总量，完善政策、优化布局，做好消费、集聚、融合、业态四篇文章，提质发展生活性服务业，集聚发展生产性服务业，跑出加速度、形成新优势。

三是大力培育发展新动能。全方位推动高质量发展，必须坚持创新驱动，借力开放合作，优化发展环境，激发市场主体活力，推动经济发展始终保持澎湃动力。要完善科技创新和人才引育机制，推动创新成果不断涌现并就地转化，持续打造创新高地、人才高地。精准对接京津冀协同发展、黄河流域生态保护和高质量发展、中部地区高质量发展、粤港澳大湾区建设等国家战略，提升开放平台能级，全力推进开放高地建设。要积极开展“市场主体建设年”活动，外引内育并举、增量提质并重、大中小微齐抓，梯次推进个转企、小升规，积极培育一批专精特新、“小巨人”“隐形冠军”和“单项冠军”企业，不折不扣落实好国家新的组合式减税降费政策，扎实推进市场主体倍增工程。要持续优化营商环境，按照“三无”“三可”要求，研究制定“五有套餐”的配套落地办法，持续深化“放管服”改革，力争更多指标进入全国前列。着力构建亲清新型政商关系，落实市领导联系企业、商会制度，健全常态化服务对接机制，依法保护民营企业和企业家合法权益，让民营经济在转型发展的进程中大显身手、大有作为。

2021年9月19日，太原市钟楼街开街运营

（太报视觉供图）

四是狠抓招商引资和重大项目建设。今天的项目就是明天的发展支撑。落地一个大项目、好项目，在一定程度上就能够支撑起一个地方的大发展、大转型。要创新招商引资机制，市里已经研究制定了一整套招商引资改革方案，要按照这个工作方案来分解任务，抓落实、抓考核，在全市形成齐心协力抓招商、招大商的工作格局。要紧盯重点区域和重点企业，招引一批头部企业、链主企业，鼓励链主以商招商、产业招商、集群招商，在全市形成齐心协力抓招商、招大商的工作格局。要科学谋划项目盘子，多渠道争取资金支持，集中打好项目落地投产攻坚战，千方百计扩大有效投资。要发挥好开发区主战场作用，滚动实施“三个一批”活动，持续深化“承诺制＋标准地＋全代办”改革，强化要素保障，提升服务水平，让来并投资兴业的企业“拎包入住”。

五是统筹做好城市更新与乡村振兴工作。牢固树立“一盘棋”理念，把城市和乡村作为一个整体系统谋划，完善城乡一体化发展体制机制，推动形成城乡互补、全面融合、共同繁荣的发展格局。要坚持规划先行。按照省委“一群两区三圈”城乡区域发展新布局要求，统筹产业、人口、基础设施、资源要素、公共服务等，高质量编制和完善国土空间总体规划和各专项规划。要加快城市

2021年的中车集团总组装调试库

（太报视觉供图）

更新步伐。城市更新要敬畏历史、敬畏文化、敬畏生态，科学有序实施，坚持交通先行，补齐市政基础设施短板，以老旧小区提质改造为抓手改善人居环境，推动城市结构优化、功能完善和品质提升。要提升城市管理水平。把智慧城市建设作为“治城”的重要抓手，深化综合行政执法体制改革，完善城市管理法治体系，对城市工作进行准确诊断、精准施策，保障城市高效运转。要做好乡村振兴大文章。全面提升农村生态环境、基础设施和公共服务水平，加快农业农村现代化，推进巩固拓展脱贫攻坚成果同乡村振兴有效衔接，加快美丽乡村建设，持续推动农村人居环境整治提升，引深农村集体产权制度改革，全面激发农村发展新活力。

六是着力保障改善民生。牢固树立以人民为中心的发展思想，加快补齐民生短板，持续办好民生实事，让群众看得到变化、感受到实惠。要把稳就业保就业放在突出位置，高度关注高校毕业生、退役军人、城镇就业困难人员等重点群体，出台更多减负、稳岗、扩就业的支持性政策措施，健全工资合理增长机制，稳步提升最低工资标准，确保城乡居民收入增速高于全市经济增长水平。要把教育摆在优先发展的战略位置，着力增加学前教育供给，坚持公办学校主体地位，推广集团化办学、大学区制等模式，扩大优质教育资源，缩小城乡校际差距，持续推动“双减”政策落地见效，如期完成规范民办义务教育目标。要努力建设健康太原，加快推进市第三、第四人民医院迁建扩建等工程，加大优秀医学人才引进和培养力度，健全疾病预防控制体系，全面创建国家卫生城市。强化养老服务保障，总结推广我市居家和社区养老服务的经验做法，巩固拓展全国智慧健康养老示范基地建设成果。要做好兜底保障。作为省会城市，要高标准落实省《加快完善全省社会保障体系工作方案》明确的33条具体举措。加快住房租赁市场发展试点城市建设，重点解决新市民住房需求。持续推进房屋产权颁证“清零行动”，切实把这项民生实事办好办实。

七是持续加强生态文明建设。要深入打好污染防治攻坚战。坚持空气质量改善优先原则，全方位、全链条、全天候、全流程开展大气环境治理，加强“1+30”区域大气污染联防联控，确保臭氧浓度、PM2.5浓度大幅下降，空气质量在全国排名稳步前移。要有序实施碳达峰太原行动。全面落实中央及省委关于做好碳达峰碳中和工作的决策部署，加快研究出台我市行动计划。严格落实能耗“双控”政策，坚决遏制“两高”项目盲目发展，抓住国家把能耗强度目标在“十四五”规划期内统筹考虑的政策导向，用好原料用能不纳入能源消费总量控制的政策机遇，大力推广建筑节能、零碳交通等领域先进技术，有效控制碳排放强度。要强化资源节约集约利用。坚持节约优先，实施全面节约战略，加快形成绿色生产生活方式。强化“四水四定”刚性约束，大力推进垃圾分类和减量化、资源化，积极创建“无废城市”。持续推进公交都市和城市慢行系统建设，深入开展“光盘”等粮食节约行动。

2021年5月1日，滨河自行车道建成投入使用

（太报视觉供图）

要高度重视经济社会运行中的几个托底性问题，以省城的安全稳定保全省发展、保全国大局。一是慎终如始抓好疫情防控，切实抓好“外防输入、内防反弹”各项工作，守牢守好“太原阵地”；二是警钟长鸣抓好安全生产，严格落实“党政同责、一岗双责、齐抓共管、失职追责”，强化重点领域安全隐患排查，全面提升本质安全水平；三是未雨绸缪防范金融风险，全力做好金融改革化险，坚决守住不发生区域性系统性金融风险的底线；四是全力以赴维护社会稳定，强化网络舆情和社会治安管控，确保人民安居乐业、社会安定有序。

四、加强党对经济工作的领导

各级党委要加强对经济工作的全面领导，不断提高全方位推动高质量发展的政治能力、战略眼光、专业水平。要创新领导机制和工作方法，统筹做好本区域本领域重大工作的综合谋划和整体推进工作。要解放思想、拓宽视野，对标一流、博采众长，用好外智外脑，确保发展思路更超前、决策更科学、改革更有力、举措更精准。要学深悟透习近平经济思想，不断拓宽知识领域，真正成为领导经济工作的行家里手。

同志们，形势逼人奋进，机遇稍纵即逝。让我们更加紧密地团结在以习近平同志为核心的党中央周围，在省委的坚强领导下，坚定信心、迎难而上，解放思想、改革创新，真抓实干、奋发进取，全力做好今年经济工作，在全方位推动高质量发展中展现太原担当，以优异成绩迎接党的二十大胜利召开。

（本文在刊载时作了部分删节）

政府工作报告
——2022年2月22日在太原市第十五届人民代表大会第一次会议上

太原市人民政府市长　张新伟

各位代表：

现在，我代表市人民政府向大会报告工作，请予审议，并请政协委员和其他列席人员提出意见。

一、2021年和过去五年工作回顾

过去的一年，在市委坚强领导下，全市上下坚持以习近平新时代中国特色社会主义思想为指导，全面贯彻党的十九大和十九届历次全会精神，深入贯彻习近平总书记考察调研山西重要指示精神，牢记习近平总书记再现“锦绣太原城”盛景的殷殷嘱托，认真落实省、市第十二次党代会精神，立足新发展阶段，完整准确全面贯彻新发展理念，积极融入新发展格局，按照全方位推动高质量发展目标要求和工作矩阵，强化使命担当、狠抓任务落实，全市经济社会发展取得新成效，“十四五”实现良好开局。

坚持稳中求进，高质量发展迈出新步伐。面对复杂多变的外部环境和各种困难风险挑战，我们统筹疫情防控和经济社会发展，攻坚克难、真抓实干，经济高质量发展呈现良好势头。抢抓机遇开新局。举全市之力推动太忻一体化经济区（太原区）强势起步，大盂产业新城正在成为投资热土。狠抓工业促转型。“规上”工业增加值增速连续6个月保持在15%以上，“规上”工业总产值达到4576亿元、净增1193亿元，创历史新高。万元工业增加值能耗下降10.9%。战略性新兴产业、高技术制造业对工业增长的贡献率均达到30%左右。太钢、富士康成长为千亿级旗舰企业。优化环境育主体。营商环境得到进一步提升，获得信贷、劳动力市场监管两项指标成为全国标杆，全市市场主体新增13.56万户、达到64.56万户。扩大开放强外贸。成功举办中博会，入选B2B出口监管试点城市，二手车出口业务试点工作实现破零，全市外贸进出口总额增速达52.9%，居中部六省省会城市首位。

一年来，我们直面房地产市场持续下行、土地出让收益减少的压力，在煤炭行业增加值全年增速下降4.5%的情况下，全市地区生产总值实现5121.61亿元，历史性突破五千亿元大关，实际增速9.2%，居全国省会城市第三位，名义增速23.3%，排名全国省会城市第一，太原发展实现里程碑式的跨越！

坚持自立自强，科技创新实现新突破。持续加大政策供给和资金投入，把科技专项资金从10亿元提高到20亿元，支持各类主体创新创业。创新成果不断涌现。“基于超冷费米气体的量子调控”“煤矸石煤泥清洁高效利用关键技术及应用”等9个项目荣获国家科学技术奖。市场化矿山修复治理“太原西山模式”亮相国家“十三五”科技创新成就展，在2021年可持续发展论坛上向全球发布。人才环境持续优化。建设市级人才公寓1000余套，发放各项人才补助（贴）5.4亿元，吸引100余所高校3.4万人来并就业创业。创新平台增多做强。国家第三代半导体技术创新中心（山西）揭牌成立，太原第一机床厂更新改造为第一实验室。获批建设3个国家重点实验室，打破了太原市连续6年国家重点实验室零增长局面。创新氛围日益浓厚，创新高地正在隆起！

坚持品牌强市，现代服务业增添新活力。充分发挥省城服务业集聚优势，挖掘市场潜力、扩大服务供给，全市新增限额以上批零住餐单位1217个，社会消费品零售总额实现1873.9亿元、增长13.2%。“品牌强市”行动深入实施。在《太原日报》、太原电视台等媒体开设专版专栏，对183个特色品牌进行专题宣传报道，累计刊发549个专版、播出时长366个小时。六味斋、双合成、宁化府等本土品牌成为新的消费热点，传统品牌焕发出新生机。生产性服务业加快发展。毕马威、安永等国际顶尖会计师事务所落户太原，太原加工贸易产业园进入首批国家认定名单，太原市入选全国物流枢纽建设和智慧物流配送示范城市，获批国家级服务业标准化试点城市，荣获“中国最具竞争力会展城市”称号。消费市场持续提振。开展“晋情消费·嗨购龙城”城市购物节等活动，持续掀起消费热潮。大力发展直播带货、生鲜电商等新业态新模式，互联网零售保持高速增长态势。支持连锁零售企业增点扩能，便利店发展指数位列全国第三。文旅产业深度融合。方特、晋阳里正式开业，太原古县城、双塔公园建成开放，天龙山石窟佛首回归故里，千年古街钟楼街繁华归

来，柳巷商圈荣列全国国庆消费热门商圈第二名！

*坚持生态优先，“四治”一体取得新进展。*东、西山环城森林公园提质扩容，完成营造林46万亩，绿化覆盖率、绿地率分别达到44.77%、39.64%，绿色遍染并州大地。完成雨污分流改造149.3千米，汾河四期工程建成投用，6个国考断面水质全部达标，碧水荡漾重回视野。推动美锦等焦化企业完成超低排放改造，农村地区清洁取暖覆盖率达到91%。全年市区空气质量综合指数同比下降11.3%，蓝天白云成为常态。迎泽大街东延、千峰路南延等道路建成通车，五一广场、工人文化宫完成改造。太原国家级互联网骨干直联点建成投运，5G建设进入全国第一方阵。棚户区住房改造新开工1874套、基本建成5097套，老旧小区改造开工717个，新增公共停车位1.3万余个，更换纯电动公交车529辆，获批“国家公交都市建设示范城市”，城市更加宜居宜业！

*坚持生命至上，防汛救灾彰显新担当。*面对有气象记录以来最强秋汛，我们坚决扛起防汛救灾政治责任，把保障人民群众生命财产安全放在首位，科学决策、果断处置，出动救援人员5万余人次，调集救援设备5000余台，紧急转移安置受灾群众1.6万余名，未发生人员伤亡。加快灾后重建，带领群众用勤劳双手重建美好家园，1113户因灾受损房屋完成修缮重建，107.35万亩秋粮全部抢收，所有受灾群众全部迁入新居，安全过节、温暖过冬。在这场汛情大考中，我们向人民群众交出了合格答卷！

*坚持改善民生，群众福祉得到新提升。*我们始终坚持在发展中保障和改善民生，全市财政民生支出占一般公共预算支出的比重稳定在80%左右，城镇和农村居民人均可支配收入分别增长8%、9.6%。一次性增配救护车45辆、重症床位128张，救护车配置标准居中部六省省会城市前列。采取托管方式建设10所康乐幼儿园分园，新改扩建公办幼儿园28所，新增学位5000余个。累计建成3岁以下婴幼儿托育机构169家、托位7550个。市疾控中心、市人民医院新院区一期先后投用，太原市成功入选公立医院综合改革第二批国家级示范城市。新建改造社区食堂140个，建成全国老年友好型示范社区7个，城乡低保标准每人每月提高30元。政府承诺的12件民生实事全部兑现，用民生温度彰显了高质量发展成色！

*坚持安全发展，平安太原建设取得新成效。*严格落实金融风险防控责任，规范政府性债务管理，坚决守住不发生系统性区域性金融风险底线。深入开展信访积案专项攻坚，全市信访形势平稳可控。深化安全生产专项整治三年行动，扎实开展安全生产领域风险隐患大排查大整治集中行动暨严厉打击盗采矿产资源专项行动，31个消防站加快建设，应急避难场所布局优化完善，本质安全水平进一步提升。全市各类生产安全亡人事故起数、死亡人数分别下降13.63%、26.22%，安全生产形势持续稳定向好，在全省安全生产和消防工作目标责任考核中排名第一！

过去一年，我们深入学习宣传贯彻党的十九届六中全会精神，扎实开展党史学习教育，准确把握“学史明理、学史增信、学史崇德、学史力行”目标要求，从党的百年奋斗历程中汲取智慧力量，广大党员、干部受到了一次全面深刻的政治教育、思想淬炼、精神洗礼。持续深化“放管服”改革，开发区“承诺制＋标准地＋全代办”改革全面铺开，市级政务服务事项全部实现“一网通办”，90%以上实现“全程网办”。“12345”政务服务便民热线工作水平不断提升。机关事务集中统一管理有序开展。全面推进法治政府建设，在全省率先完成市、县两级政府行政复议体制改革示范任务，被列为全省法治政府建设示范市。依法接受人大及其常委会监督，自觉接受政协民主监督，办理人大代表建议222件、政协委员提案472件。我们以狠抓落实的鲜明导向，对市委、市政府部署的重点工作、重大工程，实施从立项到督办到问效的闭环管理，政府执行力、落实力、战斗力进一步提升！

各位代表！回顾过去五年，我们始终高举习近平新时代中国特色社会主义思想伟大旗帜，坚决贯彻习近平总书记考察调研山西重要指示精神，认真落实党中央国务院、省委省政府决策部署，在市委的坚强领导下，扛起历史责任、强化政治担当，主动作为、开拓创新，圆满完成各项目标任务，为太原市全方位推动高质量发展奠定坚实基础。这五年，综合实力快速提升。地区生产总值年均增长7%，一般公共预算收入年均增长8.4%。被列入中部地区高质量发展、黄河流域生态保护和高质量发展重点城市。转型发展成果丰硕。非传统产业增加值年均增速比传统产业高8个百分点，战略性新兴产业年均增长10.9%。获批设立国家跨境电子商务综合试验区。入选首批国家文化和旅游消费试点城市。发展活力竞相迸发。获批建设国家可持续发展议程创新示范区，中科院山西先进计算中心等一批国字号创新载体落地运行，手撕钢、笔尖钢等核心技术攻关实现重大突破，县乡医疗机构一体化改革、农村集体产权制度改革经验在全国推广。城市魅力充分彰显。地铁2号线开通运营，通达桥、晋阳桥、迎宾桥等连接汾河两岸，“九河”快速路四通八达。成功举办“二青会”等重大活动，太原知名度、影响力进一步提升。民生事业持续改善。城乡居民人均可支配收入年均增长7.2%。55992名贫困人口全部脱贫，阳曲县、娄烦县高质量摘帽，太原市与全国全省同步全面建成小康社会。社区养老服务“太原模式”向全国推广，就业、医疗、教育、社保等民生

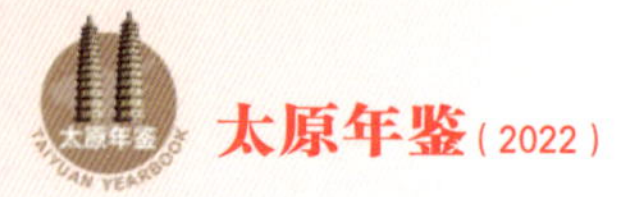

服务水平大幅提升。

各位代表，五年来，我们无惧风雨、不懈努力，取得了优异成绩。这是习近平新时代中国特色社会主义思想科学指引、生动实践的结果，是省委、省政府及市委正确领导、科学决策的结果，是市人大、市政协有力监督、大力支持的结果，也是全市人民勠力同心、奋力拼搏的结果。在此，我代表市人民政府，向全市人民，向各民主党派、工商联和无党派人士，向各位人大代表、政协委员，向驻并部队、公安干警和中央、省驻并单位，向所有关心支持太原改革发展的各界朋友，表示崇高的敬意和衷心的感谢！

在肯定成绩的同时，我们也清醒地认识到，太原发展仍然面临着一些困难和挑战，主要表现为：全方位推动高质量发展步伐还不够快，产业转型依然任重道远，生态环境质量改善的幅度还不够大，营商环境还需进一步优化，全面再现“锦绣太原城”盛景还有大量工作要做，省会城市引领辐射作用还不够强、首位度还需进一步提升，等等。对此，我们将采取有力措施，切实加以解决。

二、今后五年工作目标任务

今后五年，是太原市建设国家区域中心城市、全面再现“锦绣太原城”盛景的关键时期，是全方位推动高质量发展的战略机遇期。我们要胸怀“两个大局”、心怀“国之大者”，按照省、市第十二次党代会决策部署，在接续推进“七个太原”建设的基础上，全力打造“四个高地”，奋力当好全省全方位推动高质量发展排头兵。

全力打造更有活力的创新高地。深入实施创新驱动发展战略，培育一流创新主体，建设一流创新平台，转化一流科技成果，汇聚一流创新人才，创设一流创新制度，营造一流创新环境，不断提升城市创新核心竞争力。未来五年，研发经费投入年均增长10%以上，全社会研究与试验发展经费投入强度高于全国平均水平。在高端装备制造、信息技术、新材料、绿色能源等产业领域攻克一批关键核心技术。培育新型研发机构350家、高新技术企业4500家以上。全市技术合同成交总额翻一番、突破300亿元。

全力打造更有实力的产业高地。经济总量向万亿元迈进，人均地区生产总值达到2万美元以上，在全省的首位度显著提升，在全国省会城市中的排位稳步前移。未来五年，太忻一体化经济区（太原区）发展成势，“南北引擎”将引领中部城市群高质量发展。工业对经济的支撑更加有力，打造6个千亿级工业支柱产业集群，规模以上工业企业数量向3000家奋进，新兴产业竞争力进入全国第一方阵，工业总产值将冲击万亿大关。服务业增加值总量突破6000亿元，占全省比重进一步提高。现代都市型农业功能充分发挥，优势特色农产品产业链供应链更加健全。三次产业协同跨越发展，多元支撑、特色鲜明的现代产业体系基本形成。

全力打造更具吸引力的人才高地。深入实施人才兴市战略，逐步构建顶尖人才、领军人才、基础人才层次分明的人才金字塔结构。未来五年，新建5个院士工作站，引进培养10名科技领军人才及团队，靶向引进100名“高精尖”人才，培育1000名优秀工匠和卓越工程师。人口再增加100万人。多点布局开发5000套人才公寓，建立全市高端人才数据库，分层次做好人才及其家属保障服务工作，让各类人才扎根太原、建功立业。

全力打造更高水平的开放高地。精准对接“一带一路”，积极融入京津冀协同发展，主动对接长三角、粤港澳大湾区，开放型经济发展质量水平全面提升。未来五年，货物贸易总额实现翻番，对外投资规模进一步扩大。营商环境主要指标进入全国前列。对外开放大平台、大通道建设更加完善，内陆地区对外开放新高地建设取得明显成效。

全力打造更具影响力的国家区域中心城市。围绕建设“一群两区三圈”城乡区域发展新布局，树立大都市理念，构建大交通格局，在国家大力实施中部地区高质量发展、黄河流域生态保护和高质量发展战略中奋勇争先。未来五年，区域枢纽能级进一步提升，打造连接京津冀、中原城市群和关中平原城市群3小时高铁交通圈、连接雄安新区2小时城际交通圈、太原都市区1小时交通圈。建成区内外成网、级配合理的路网体系基本形成，“力”字形轨道交通基本骨架初步形成。改造完成老旧小区3000个，新增公共停车位5万个。

全力打造更加美好的生态环境。扎实推进碳达峰、碳中和工作，加快调整能源结构，构建绿色生产生活方式，推动经济社会全面绿色转型。未来五年，城市空气质量优良天数比例继续提高，重度及以上污染天气基本消除。汾河流域治理取得重大进展，劣V类水体稳定消除，三县一市建成区黑臭水体消除比例达到100%，再生水回用率达到25%以上。森林覆盖率、建成区绿化率稳步提升，生态安全屏障更加牢固，天蓝地净山绿水清成为新常态。

全力打造更加宜居的幸福家园。强化公共资源投入，扎实推动共同富裕，提升基本公共服务保障能力和水平，不断增强人民群众获得感、幸福感、安全感。未来五年，城镇新增就业40万人。城镇居民人均可支配收入达到6万元，农村居民人均可支配收入突破3万元。新建优质公办幼儿园100所，新建中小学校30所。实施健康细胞建设“十百千万”

工程，打造10个健康乡镇、100个健康社区（村）、1000个健康单位、10000名健康达人。提升城乡养老服务能力，市级老年福利院和10个县（市、区）老年福利院全部建成投用，每个社区建设一处养老服务站点，全市养老机构护理型床位占比不低于55%。

三、2022年工作安排

新年伊始，习近平总书记亲临山西考察调研、看望慰问基层干部群众，作出一系列重要指示，情真意切、语重心长，对山西如何突围突破进行战略指导，对全方位推动高质量发展进行精准把脉，为我们续写践行新时代中国特色社会主义太原篇章指明了前进方向、提供了根本遵循。今年将召开党的二十大，是全方位推动高质量发展的关键一年，也是新一届政府的开局之年。面向新的征程，面对新的挑战，我们必须全面准确贯彻落实党中央各项决策部署，积极融入中部地区高质量发展、黄河流域生态保护和高质量发展等重大国家战略，摸透实情，拿出符合实际的具体措施办法，不断推动高质量发展取得新突破，全力以赴把太原的事情办好，绝不辜负习近平总书记的期望和重托！

今年工作的总体要求是：以习近平新时代中国特色社会主义思想为指导，全面贯彻党的十九大和十九届历次全会精神，弘扬伟大建党精神，深入贯彻习近平总书记考察调研山西重要指示和考察调研山西重要指示精神，贯彻落实省委全会及省两会精神，认真落实市委十二届二次全会暨市委经济工作会议精神，在市委的坚强领导下，坚持稳中求进工作总基调，立足新发展阶段，完整准确全面贯彻新发展理念，抢抓构建新发展格局战略机遇，按照全方位推动高质量发展的目标要求和工作矩阵，着眼“四个走在前列”，聚焦“四个高地”建设，以供给侧结构性改革为主线，统筹疫情防控和经济社会发展，统筹发展和安全，继续做好“六稳”“六保”工作，保持经济运行在合理区间，保持社会大局稳定，加快再现“锦绣太原城”盛景步伐，以优异成绩迎接党的二十大胜利召开。

统筹考虑各方面因素，今年经济社会发展主要预期指标是：地区生产总值增长7%、力争实现7.5%，固定资产投资增长9%，社会消费品零售总额增长7.5%，一般公共预算收入增长6%，城镇和农村居民人均可支配收入分别增长7.5%、8%，居民消费价格指数涨幅控制在3%左右，城镇新增就业人数8万人。约束性指标不折不扣完成省下达的目标任务。

落实总体要求，做好今年工作，必须始终坚持党的领导，坚定捍卫“两个确立”，坚决做到“两个维护”。必须始终保持战略定力，坚定信心、爬坡过坎，一鼓作气、转型到底。必须始终坚持稳字当头、稳中求进，沉着应变、稳扎稳打，以稳促进、以进固稳。必须始终坚持系统思维，统筹各方面力量，调动各方面积极性，把所有精力集中到全方位推动高质量发展上来。重点抓好十方面工作。

（一）真抓实干，全力推动太忻一体化经济区建设，在引领山西中部城市群高质量发展上发挥龙头作用。山西中部城市群发展，承载着以习近平同志为核心的党中央对山西发展的关心关怀和殷切期望，是我省进入国家“十四五”规划纲要的重大任务，是省第十二次党代会作出的重要战略部署。要按照省委十二届三次全会要求，聚焦构建“中心龙头、南北引擎、东西两翼”一体化发展格局，加快建立与晋中、忻州、吕梁、阳泉周边四市常态化对接合作机制，围绕规划编制、产业布局、基础设施、生态治理、公共服务、要素配置等重点领域，强化政策协同，谋求率先突破，不断提升太原作为城市群龙头的集聚扩散效应，以中心隆起支撑全省全方位高质量发展。

建设太忻一体化经济区是引领山西中部城市群高质量发展的关键之举。我们要坚定扛起省会责任，抢抓机遇、倒逼提速、聚集资源，举全市之力建设山西中部城市群发展的北引擎，与山西综改示范区南引擎遥相呼应，打造辐射牵引山西中部城市群高质量发展的重要增长极。

高标准推进规划布局。对标国际一流水准，结合城镇空间、产业基础、交通廊道等资源要素，高起点编制太忻一体化经济区（太原区）空间发展战略规划。学习借鉴雄安新区规划经验，按照产城融合、宜居宜业、生态优先、传承历史的规划理念，编制完成大盂产业新城空间发展战略规划及配套的13个专项规划，绘好太忻一体化经济区（太原区）发展蓝图。

高质量加快项目建设。聚焦新材料、高端装备制造等七大产业集群，谋划建设台商产业园，推进通泽重工、中来高纯硅、中北信息产业园等项目建设。推动大数据产业集聚发展，打造流量型数字经济新引擎。加快太原铁路枢纽客运西环线、西北二环、太忻大道、泥向线北延、大盂启动区市政路网等交通基础设施建设。推进滹沱河供水工程、能源岛等市政配套项目建设。做实项目清单，统筹项目实施，确保3月份一批重大基础设施项目集中开工、6月份一批重点产业项目集中开工、三季度全省“三个一批”活动在大盂启动区举行。

高水平做好服务保障。设立太忻一体化经济区（太原区）20亿元成果转化基金和100亿元产业基金，推动科技成果转化，助力产业发展。充分发挥各级融资平台作用，引导金融机构、国有企业和社会资本参与建设运营。加强教育、医疗等公共配套设施建设，为企业及人才入驻创造条件。

各位代表，我们要聚焦“一年见效、三年成形、五年成势、十年成城”发展目标，以坚如磐石的信心、只争朝夕的劲头、坚韧不拔的毅力，全力推动太忻一体化经济区（太原区）建设，引领带动山西中部城市群强势崛起！

（二）坚定转型，三次产业协同发力，在构建现代产业体系上蹚出发展新路。按照稳一产、强二产、优三产的思路，推动三次产业协同创新和跨越发展，打造多元支撑的现代产业高地。

*以强梁壮柱为方向，推动工业全面振兴。*加快传统优势产业内涵集约发展。要推动产业基础再造工程，重点支持太钢、太重、西山煤电等老牌工业企业发展壮大，推进太原工具厂生产线智能化改造、山西电机厂技改、太原酒厂转型，以及太锅集团数字化升级改造等项目建设，推动清徐精细化工循环产业园持续延伸产业链条，重新焕发老工业基地风采。加快战略性新兴产业延链建群发展。新材料产业要重点推进沪硅半导体硅片材料生产基地、源瀚科技战略性材料产业园、山西合成生物产业生态园、太钢高端碳纤维三期等项目建设，打造全国知名的新材料产业基地。高端装备制造业要加快培育一批“专精特新”企业和制造业“单项冠军”，重点推进太重智能高端装备产业园、哈工大机器人华北总部、山西直升机研发生产基地、睿驰智能等项目建设，提升制造业核心竞争力。信息技术产业要推动互联网、大数据、人工智能同产业深度融合，重点推进华为煤矿军团全球总部、中国长城电源总部、山西信创产业园、百度云计算中心、大地紫晶大数据共享平台等项目建设。支持富士康进一步做大做强。绿色能源产业要积极发展风电、光伏、氢能、生物质能等新能源，加快推进抽水蓄能电站、盛弘智慧能源等项目建设，构建多层次、多领域协调发展的绿色能源产业格局。

*以消费升级为契机，推动服务业提质增效。*推动生产性服务业专业化发展。支持中泰广场、太原人力资源产业园等创建省级现代服务业集聚区。依托中海国际、信达国际等商业楼宇，集聚发展研发设计、科技服务、金融服务等高端服务业，打造一批楼宇总部经济示范区。聚焦建设国家物流枢纽，支持快成物流、华远陆港、聚鑫物云等企业加速成长，培育壮大网络货运平台，打造内陆型国际物流中心。推动实现农村寄递物流服务全覆盖。做好国家加工贸易产业园和跨境电子商务综合试验区建设工作。积极开展二手车出口业务。加快推进迎泽火炬园二期项目建设。推动生活性服务业多样化发展。加快推进天美杉杉奥特莱斯、新城吾悦广场等城市综合体建设。持续开展“品牌强市”行动，以“老字号”“诚信店”等为主体，培育100家叫得响、价值高、信誉好的品牌企业和产品，进一步扩大太原品牌影响力。大力发展首店经济、流量经济、货郎经济，推广南海街特色餐饮街区试点经验，实施“一区一特色街区”工程，打造一批地标性夜经济生活集聚区，让人气聚起来、“烟火气”浓起来、消费火起来。推动文旅康养产业提档升级。做好国家文化和旅游消费试点城市工作，支持钟楼街创建国家级高品质步行街、太原古县城创建国家级旅游休闲街区。积极推进国有景区体制机制改革，有效整合优质旅游资源，全力打造西山、汾河、晋阳古城、太原府城四大旅游板块，推出“民俗文化游”“太忻休闲游”“冰雪欢乐游”等系列精品旅游线路，有机串联全市景区景点，形成全域旅游“一张网”，加快建设国家旅游枢纽城市。实施西山文旅产业配套设施提质改造工程，加快旅游路网、门户及驿站建设。巩固拓展全国智慧健康养老示范基地建设成果，引进和培育一批优质康养企业，稳步推进康养小镇、康养社区建设，着力打造“夏养太原”康养品牌。高标准创建晋祠—天龙山国家5A级景区，推动太山、太原植物园、晋商博物院、青龙古镇等景区“创A”“升A”，推动蒙山景区提档升级，完善龙山景区服务配套功能，打造汾河出山口老龙头景区，加快建设国际知名文化旅游目的地。

*以特优发展为路径，推动农业稳产增产。*坚决守牢粮食安全底线。新建高标准农田7.45万亩，创建有机旱作示范片1万亩，确保全年粮食播种面积稳定在95.7万亩以上、粮食产量稳定在2.5亿千克以上。大力发展都市现代农业。加快“万亩千片百园”工程建设，新发展设施蔬菜5000亩，实施畜牧业提升项目20个，创建标准化养殖场20个，多措并举保障“菜篮子”供给。做强做精特色优势品牌。支持清徐县创建国家级农业现代化示范区。壮大水塔、紫林等龙头企业，打响“中国醋都”品牌。持续提升“阳曲小米”“晋祠

2021年，太原市粮食产量获得丰收　（太报视觉供图）

大米”“娄烦山药蛋”“古交榛子”等特色品牌知名度，让更多的优质农产品打入中高端消费市场。

（三）精准施策，多措并举提振信心，在推动市场主体倍增上争当全省标杆。深入开展“市场主体建设年”活动，外引内育并举、大中小微齐抓，全力以赴推动市场主体上规模、增活力、提质效，全年新增各类市场主体10万户以上。

进一步提振市场信心。落实好促进工业经济平稳增长和推动服务业恢复发展等一系列国家新的组合式惠企政策，及时出台有针对性的配套支持措施，进一步提升市场预期，持续激发各类市场主体的发展活力和内生动力。全面推行市场准入负面清单，支持民营企业进入公共服务和公用事业领域，释放民营经济发展潜能，真正让民间资本成为投资主力军。开展“小升规”专项行动，分类推动中小微工业企业上规升级，力争全年净增“规上”工业企业260家。开展常态化入企帮扶，送政策、解难题、鼓干劲，让市场主体吃下定心丸、安心谋发展。

2021年，中科电二所生产车间　（太报视觉供图）

进一步强化招商引资。全面推行“链长制”，聚焦产品—产业—产业链—产业集群，招引一批头部企业、链主企业，鼓励链主以商招商、产业招商、集群招商，对引进上下游企业数量多、规模大、质量高的企业给予奖励。实施“项目经理制”和“项目专班制”，对项目洽谈、签约、开工、投产全过程跟踪、全生命周期服务。力争全市各项招商引资指标均实现10%以上增长。

进一步优化营商环境。持续深化“放管服”改革，打造“三无”“三可”营商环境。推行企业开办“极简审批”，实现市场主体登记注册“一网通、一窗办、半日结、零成本”。深化“证照分离”改革，实现市场准入领域高频事项告知承诺“全覆盖”。提升涉企经营审批效能，供电、供暖等小型市政设施接入实行零上门、零审批、零投资“三零”服务。继续扩大政务服务“不打烊”覆盖面，实现更多便民利企事项自助办理。

（四）集聚要素，打造一流创新生态，在强化国家战略科技力量上作出太原贡献。坚持创新驱动发展战略，崇尚创新、依靠创新、大胆创新，在新一轮科技革命和产业变革中赢取战略竞争主动权。

突出抓好创新主体培育。实施科技领军企业培育行动，建立科技领军企业培育库，支持企业加大研发投入、开展关键核心技术攻关，力争两年内全市纳入培育库的企业达到100家以上、科技领军企业达到30家以上。打造一批瞪羚企业、独角兽企业、“小巨人”企业，年内培育科技型中小企业1万家、高新技术企业1000家以上。

突出抓好创新平台搭建。强化战略科技力量，依托第一实验室，引进一流项目研发团队，开展前瞻性、基础性、集成性科技创新。强化核心载体支撑，推进怀柔实验室山西基地建设，年内培育建设省级重点实验室和技术创新中心10个，建设市级新型研发机构30个，新增国家、省、市三级企业技术中心50个。提升知识产权保护能力和服务水平，年内建成知识产权运营服务平台和5个产业知识产权运营中心。

突出抓好体制机制创新。全面实施“揭榜挂帅”“赛马制”，推行技术总师负责制、经费包干制、信用承诺制，赋予科研人员更大技术路线决定权、经费支配权、资源调度权。落实好制造业企业研发费用加计扣除比例由75%提升至100%等政策，激励企业创新升级。积极开展科技成果所有权和长期使用权改革试点，建立市场化专业化科技成果转化平台，促进更多科技成果转化为现实生产力。

突出抓好人才引育创新。用好“六共联建”人才引育模式，加快推进人才培育“六大行动”，吸引更多人才来并创业就业。启动实施青年科技人才培养计划，选拔和培养100名左右青年科技人才。加快人才公寓建设，实实在在帮助解决子女上学、家属就业等问题，真金白银打造人才集聚“强磁场”，让太原成为人才逐梦的首选之地、人才生态的涵养之地、人才活力的奔涌之地！

（五）补齐短板，大力提升功能品质，在加快城市有机更新上展现省会魅力。城市是人民的城市，人民城市为人民。要深入推进以人为核心的新型城镇化，敬畏历史、敬畏文化、敬畏生态，在科学化、精细化、智能化上下功夫，打造宜居宜业美丽城市。

基础先行增强承载能力。全力支持武宿机场三期改扩建，推进轨道交通1号线建设，创造条件推动3号线一期、2号线二期工程尽快开工，加快秋郭路、龙盛街等与晋中市榆次区连接道路建设，年内打通滨河东路南延二期等与潇河产业园区“五大中心”连接线，推动汽车客运东南站早日投运，着力构建互联互通的综合交通体系。加快推动火工区搬迁。启动建设西山地表水厂。推进城南2×100万千瓦煤电热一体化、阳曲热源厂等项目建设。完成30年以上老旧燃气管线更新改造。优化电动汽车配套充电桩布局。新增公共停车位1万个以上。新建5G基站3000座以上。

提档升级优化宜居环境。年内新开工改造老旧小区604个，高标准打造一批示范片区。实施海子边、皇华馆、南华门、国师街等片区更新改造项目，加快天龙山石窟数字博物馆、仰韶文化镇城遗址公园、北齐文化遗址公园、府城文道等项目建设，留住城市文脉和历史年轮。启动晋阳湖公园二期、柏杨树公园、汾西公园等项目建设。加快国家森林城市创建步伐，巩固拓展东、西山生态修复治理成果，完成营造林30万亩以上、森林质量提升10万亩以上。积极推进农村人居环境整治提升，打造乡村建设示范县2个、优化提质美丽宜居示范村20个、示范标杆美丽宜居示范村20个。

精益求精提升管理水平。把城市作为一个有机生命体，开展好城市体检，及时发现和治理各类风险隐患，促进城市健康发展。结合全国文明城市创建，持续引深“九乱”整治，全面提升市容市貌。强化科技赋能、数字赋能，推进智慧停车、智慧城管、智慧生活等建设，打造新型智慧城市，努力做到城市管理像绣花一样精细。

（六）蹄疾步稳，全面深化改革开放，在增强发展动能上开创工作新局。坚持把改革开放作为全方位推动高质量发展的关键一招，以更深层次的改革引领转型，以更高水平的开放促进发展。

持续深化国资国企改革。坚决打赢国企改革三年行动收官战，全面完成国家、省安排的43项重点改革任务。按照“主业相同、产业相近、行业相关”原则，分类组建集团，形成规模效益和竞争优势。加快非主业、非优势业务“两非”剥离，抓好无效资产、低效资产“两资”处置，用2至3年时间推动竞争性市属企业基本消灭亏损。强化对利润、劳动生产率、单位成本等指标的考核，竞争性市属企业力争实现营业收入增长10%以上，利润总额增长20%以上，推动国有企业迈过“生存线”、达到“发展线”。加快国资监管大数据平台建设，实现国有资产实时在线监管。

持续深化开发区改革。纵深推进“三化三制”改革，建立精简高效的管理运行机制，打造开发区建设升级版。深化“承诺制＋标准地＋全代办”改革，实施重点项目“全代建”，推动实现“区内事、区内办”，进一步提高项目建设效率。坚持“亩均论英雄”，强化考核结果运用，推动资源要素向优质高效项目集中，全年开发区“规上”工业增加值增长18%。

持续深化农业农村改革。加快培育新型农业经营主体，健全农业社会化服务体系，助力乡村振兴战略全面实施。扎实做好农村集体产权制度改革后半篇文章，有序推进农村集体资产股份继承、有偿退出和抵押担保试点工作，培育壮大村集体经济。稳妥推进清徐县农村宅基地制度改革试点工作，重点围绕以房换宅、以宅兴业、宅基地金融等方面进行先行先试，形成一批可复制、能推广、惠民生的改革成果。

持续深化对外开放。精准对接国家战略，差异化承接东部、沿海地区以及北京非首都功能产业转移，利用和放大雄安新区产业溢出效应，借势借力赋能发展。支持山西综改示范区建设武宿综保区RCEP产业园，积极申建阳曲综保区，推进太原无水港建设。加快创建全面深化服务贸易创新发展试点城市。加强国际友城合作，办好太原能源低碳发展论坛、中国（太原）国际能源产业博览会、太原国际通用航空博览会、晋阳湖集成电路和软件业峰会、中国（太原）人工智能大会，全力打造开放高地。

（七）系统治理，深入践行“两山”理论，在改善省城环境质量上奋力攻坚突破。坚持以减污降碳协同增效为总抓手，一体推进治山治水治气治城，多措并举加强生态环境治理，让绿色成为发展主旋律中最美色彩。

强力推进空气质量提升。紧盯重点领域、重点行业、重点时段，加大源头治理力度，力争市区优良天数比例达到63%以上。强化工业污染治理。开展焦化、水泥、化工等重点行业超低排放改造，加快风神轮胎、迪爱生油墨厂搬迁进度，对6家水泥熟料生产企业实施错峰生产的办法，年底前关停西山煤气化焦化一厂。强化臭氧治理。进一步深化臭氧成因分析研究，加快制订涉VOCs企业分级管控方案，深入开展工业挥发性有机物综合治理，强化餐饮油烟控制、露天烧烤整治，加快破解臭氧污染防治难题。强化散煤治理。完成剩余未实施“煤改电”“煤改气”的1万余农户清洁取暖改造任务，实现全市清洁取暖改造“清零”。强化扬尘和交通污染治理。严格落实工地扬尘管控“六个百分之百”要求，加强非道路移动机械管理，加快推动晋煤物流铁路专用线建设。

扎实推进水生态治理。加强汾河流域河道水源涵养、生态恢复，推进玉门河、虎峪河、九院沙河等城市边山支河复流工程，完成乌马河、象峪河治理任务，完成汾河百千米中游示范区太原段生态治理。深化城市生活污水综合治理，启动雨污混接点改造，加快晋阳污水处理厂二期、北郊污水处理厂改扩建等项目建设。

持续推进土壤污染治理。严格建设用地准入管理，深入开展工业污染地块治理修复，建成城市污染土壤消纳场所。推动无废城市试点建设，深入开展大宗固废处置，提高固废综合利用率。

积极稳妥推动碳达峰碳中和。深入开展能源革命综合改革试点，推动能耗“双控”向碳排放总量和强度“双控”转变，坚决遏制“两高”项目盲目发展。加快推进国家可持续发展议程创新示范区建设，加大节能减排、减污降碳技术研发和推广应用，不断提升绿色低碳发展能力。增强全民节约意识，加快形成绿色生产生活方式。

（八）践行宗旨，始终坚持为民初心，在持续办好民生实事上用心用情用力。牢固树立以人民为中心的发展思想，加快补齐民生短板，让人民群众获得感成色更足、幸福感更可持续、安全感更有保障。

以更多渠道促进就业增收。全力做好高校毕业生、退役军人、城镇就业困难人员等重点群体就业工作。提升职业技能培训力度，全年完成职业技能培训3.5万人以上，技能人才占从业人员比例达到31%。落实各项收入分配政策，规范收入分配秩序，扩大中等收入群体比重，让老百姓腰包鼓起来。

以更优资源推动教育发展。加快康乐幼儿园敦化坊新园和五一北路分园建设，年内新建公办幼儿园20所。推动“双减”政策落地见效，促进学生全面健康发展。加大集团化办学力度，扩大优质义务教育资源供给。推进新课程新教材实施国家级示范区建设，做好新高考准备工作。推进市交通学校等4所中职学校资源整合，加快卫校新校建设，推动高职教育提档升级。加快国科大太原能源材料学院建设，确保秋季如期招生。

以更高标准建设健康太原。积极争创“国家卫生城市”，同步推动三县一市创建“国家卫生县城”。持续深化医药卫生体制改革，抓好“国家级公立医院综合改革示范市”建设。实施“百院兴医”工程，推进市第三人民医院迁建、市第四人民医院改扩建、市中医医院扩容提质等项目建设，促进优质医疗资源均衡布局。实施“中医药强市”工程，统筹推进中医服务能力提升、中西医协同发展等10个专项行动，促进中医药传承创新发展。实施“人才强卫”工程，年内培养临床骨干100名以上。

以更大力度繁荣文体事业。加快推进市民艺术中心、丁果仙大剧院等项目建设，规划建设太原广播电视中心、市艺校新校区，增设20座自助图书借阅机、10座城市书房，进一步满足群众文化需求。加大“百馆兴体”工程建设力度，加快推进国家篮球（太原）训练基地、国家水上（太原）训练基地等项目建设，5年内打造以太原国际马拉松赛、环太原国际公路自行车赛为代表的10项特色体育品牌赛事。大力发展冰雪运动，助力建设体育强市。

以更强保障兜牢兜实底线。完善养老服务设施，年内完成市老年福利院、儿童福利院等项目建设，新增家庭养老照护床位3000张以上。持续推进房屋产权颁证“清零行动”。严格落实“四个不摘”要求，持续完善防止返贫动态监测和帮扶机制，强化易地搬迁后续扶持，筑牢防止返贫致贫坚实防线。用好中央财政奖补资金，多渠道筹措保障性租赁住房3万套（间）。继续做好退役军人服务工作，年内完成市光荣院建设，争创“全国双拥模范城”“十连冠”。

各位代表，保障和改善民生没有终点，只有连续不断的新起点。我们将继续开展“我为群众办实事”实践活动，以“切口小、可落地、让群众有感”为原则，送出更多民生“大礼包”：继续实施“放心午餐”食品安全保障工程，解决学生就餐需求；大力实施社区养老幸福工程；新建改造社区食堂160个；开展“关爱老人、温暖助浴”试点工程，解决高龄、失能、半失能老人洗澡难问题；继续向特殊困难群体发放“爱心奶”；完成退役军人及其他优抚对象建档立卡和优待证发放工作；年内新建7座消防安全管理中心，组建一支100人抗洪抢险救援突击队；继续免费送戏下乡850场；完成既有建筑节能改造500万平方米；新建人行天桥10座；完成农村公路建设100千米；新建二类以上公厕100个；等等。

各位代表，世界上最大的幸福莫过于为人民幸福而奋斗。我们将对推出的每件民生实事都一抓到底，切实把实事办好、把好事办实，让老百姓深切感受到生活在太原就是幸福！

（九）常抓不懈，维护良好社会环境，在服务全国全省大局上守好一域平安。今年大事要事交织，要坚持底线思维，防范化解重大风险，全力保障社会大局和谐稳定。

坚决打好疫情遭遇战阻击战歼灭战。坚持“外防输入、内防反弹”总策略和“动态清零”总方针，以最坚决的态度、最严格的措施、最快的行动，全力做好疫情防控工作。织密疫情防控网。扎紧扎牢境外入并人员、中高风险区返（抵）并人员、冷链非冷链物流、进口水果、国际邮件“五个关口”，坚决守住疫情入并第一道防线。全面提升防控水平。稳妥有序推进疫苗接种，扎实做好医疗防疫物资储备，进一步加强监测预警、流调溯源、核酸检测能力建设。持续强化常态化赋码管理，加强社会面管控，严格落实聚集性场所验码、测温、戴口罩“三要素”，积极引导公众做好个人防护。强化应急处置管理。优化完善防控预案，始终保持指挥体系激活状态，做到重要情况第一时间上报、重大问题第一时间处置，确保用最短时间、最小代价扑灭疫情，全力维护人民群众生命安全和身体健康。

坚决打好安全生产持久战。严格落实安全生产责任制，持续深化安全生产专项整治三年行动，继续开展安全生产领域风险隐患大排查大整治行动，突出抓好煤矿、非煤矿山、危险化学品、燃气、食品药品等领域隐患排查治理，提升防灾减灾救灾能力。完善应急救援体系，推动应急管理综合应用平台、军地联合应急救援实训基地建设，全面提升本质安全水平，为人民群众筑起安全屏障。

坚决打好平安太原保卫战。强化涉众型金融风险问题化解稳控，严厉打击非法集资等违法行为，牢牢守住不发生系统性区域性金融风险底线。坚持和发展新时代“枫桥经验”，健全社会矛盾纠纷多元调处化解机制。以创建“全国社会治安防控体系建设示范城市”为抓手，加快实施智慧安防小区建设工程，常态化开展扫黑除恶斗争，严厉打击新型网络犯罪以及黄赌毒、盗抢骗、食药环等违法犯罪活动，坚决维护公共安全和社会安宁。

（十）勤政务实，持续加强自身建设，在打造服务型政府上交出满意答卷。始终保持高的站位、严的标准、实的作风、廉的底色，加快转变政府职能，持续提升治理体系和治理能力现代化水平。

打造忠诚政府。坚持把党的政治建设贯穿政府工作各领域、全过程，深刻领会党的十九届六中全会精神，深入贯彻习近平总书记考察调研山西重要指示精神，持续巩固深化拓展党史学习教育成果，坚定捍卫“两个确立”、坚决做到“两个维护”，不断提高政治判断力、政治领悟力、政治执行力，以实际行动诠释对党和人民的绝对忠诚。

打造法治政府。深入贯彻习近平法治思想，严格依法高效履职。开展“八五”普法，强化公共法律服务体系建设，深化行政复议体制改革。认真执行人大及其常委会决议决定，高质量办理人大代表建议和政协委员提案，依法接受人大及其常委会监督，自觉接受政协民主监督，主动接受社会和舆论监督，强化审计和统计监督。全面主动落实政务公开，加快推进政务诚信建设，让权力在阳光下运行。

打造廉洁政府。坚决落实全面从严治党主体责任，扎实推进政府系统党风廉政建设，严格落实中央八项规定精神和省、市实施细则，持之以恒纠治“四风”，加强对重点领域关键部位的监督管理。坚持勤俭节约，政府带头过紧日子，将更多财力投入到民生领域，用“三公”经费的“减法”助力民生福祉的“加法”。

各位代表，习近平总书记深刻指出，真抓才能攻坚克难，实干才能梦想成真。我们深刻认识到，抓落实是政府工作的生命线和主旋律。必须以时不我待、只争朝夕的紧迫感，以起步就是冲刺、开局就是决战的精气神，向落实对标、向落实问效，抓早抓紧各项工作，一鼓作气、一抓到底，努力把再现“锦绣太原城”盛景的宏伟蓝图变成美好现实。

一分部署，九分落实。我们将以全局视野狠抓工作落实。自觉把太原放在全国全省大局中审视谋划，用足用好政策，集聚整合资源，不断提高工作的预见性、针对性和实效性，顺势而为、乘势而上，做到既为一域争光、更为全局添彩。我们将以系统思维狠抓工作落实。坚持整体、系统、协调的观点，总揽全局、整体谋划，构建全面贯通、深度协同的工作矩阵，一体推进各项工作，善于弹钢琴、下好一盘棋。我们将以创新理念狠抓工作落实。主动学习先进地区的新思路新举措，坚决破除一切影响和束缚高质量发展的思维定式和路径依赖，大胆探索、先行先试，用新思路解决新问题，用新方法推动新发展。我们将以担当作为狠抓工作落实。在矛盾面前敢于迎难而上，在困局面前敢于挺身而出，加快破解制约太原发展的结构性、体制性、素质性矛盾，一个问题一个问题解决、一个难关一个难关攻克，积小胜为大胜，切实把改革发展稳定各项工作做实做好。我们将以务实作风狠抓工作落实。大兴调查研究之风，扑下身子干、挺起脊梁扛，事不避难、义不逃责，不断提升抓落实的能力水平，在全方位推动高质量发展中奋勇争先、建功立业。我们将以严格督导狠抓工作落实。充分发挥“13710”督办系统作用，细化全年各项目标任务，清单式管理、项目化推进，定期督查检查，严格考核评估，强化执行、提高效率，确保政令畅通。我们将以为民情怀狠抓工作落实。聚焦人民群众对美好生活的新期待，推动改革发展成果更多更公平惠及全体人民，不断刷新惠民高度，坚决兑现向人民群众作出的郑重承诺。

各位代表，征程万里阔，奋斗正当时！让我们更加紧密地团结在以习近平同志为核心的党中央周围，高举习近平新时代中国特色社会主义思想伟大旗帜，按照省委、省政府决策部署，在市委的坚强领导下，踔厉奋发新征程、笃行不怠向未来，奋力谱写全面建设社会主义现代化国家太原篇章，以优异成绩迎接党的二十大胜利召开！

1 月

1 日

太原市医保中心业务窗口开通微信预约排队叫号服务，办事群众通过微信搜索“太原政务”公众号，实现网上预约即到即办。

△太原市委、市政府组织开发区2021年第一期“三个一批”活动。省委常委、市委书记罗清宇，市委副书记、代市长张新伟，市人大常委会主任张明星，市政协主席操学诚，市领导王立刚（市委常委、副市长）、刘鹓（市委常委、秘书长）、卢秋生（副市长）、焦斌龙（副市长）、车建华（副市长）等出席集中开工投产仪式。

△太原市区至古交公交车通车仪式在下元停车场举行，标志着太原公交历史上第一条通行高速公路的城际公交线路——917路公交车开通。917路公交车首站为下元公交枢纽，末站为古交市汽车站，线路全长39.80千米，其中高速公路里程26.40千米。

2 日

太原市杏花岭区与山西北方机械控股有限公司、中兵勘察设计研究院有限公司签订合作协议，整体开发山西北方机械控股有限公司内的太原兵工厂旧址展览馆，打造1898太原兵工厂兵工文化产业园，留下山西兵工文化的历史记忆。

△《太原日报》报道，太原汽车站与太谷汽车站合作，开通太原—太谷城际定制快车，方便群众出行。

4 日

《太原日报》报道，武宿海关对一批出口至英国、澳大利亚、加拿大等10个国家的136个快递包裹监督放行，这是山西省跨境电商“9610”监督模式下的零售出口首单业务，填补山西省跨境电商零售出口贸易的功能空白，标志着中国（太原）跨境电子商务综合试验区打通进出口双通道。

5 日

学府智能化立体停车楼投入使用。该停车楼位于太原市学府街和坞城路交叉口西北角，总高度为38.75米，分为南北两个库，南库停车层有13层，北库停车层有11层，共计1204个停车位，是全省最大的智能化立体停车楼。

△省委常委、市委书记罗清宇到钟楼街片区、五一广场、南宫广场提质改造工程调研督导、现场办公。太原市委常委、秘书长刘鹓，副市长张齐山参加。

7 日

《太原日报》报道，太原汾河景区东、西两岸全长75千米的滨河自行车专用道主体全部完工。建成后，将与跨汾河桥梁、滨河东西路人行天桥互联互通，完善城市骑行网络。

8 日

太原市第九人民医院住院综合楼及配套工程建设项目开工建设。该院原址重建项目总投资1.40亿元，总建筑面积1.90万平方米，规划建设1栋地上9层、地下1层住院综合楼及配套基础设施，设置床位200张。

△山西白求恩医院新冠病毒核酸城市检测基地通过国家验收，日检测能力1万份。

9 日

1路公交车全部更换为纯电动公交车。1路公交车有“并州第一车”美誉，从下元开往火车站，于1983年开通。

10 日

太原市委人才工作领导小组印发《太原市进一步激活用好本土人才实施意见（试行）》，围绕本土人才激励、培育、流动、保障等方面提出17条改革创新举措，努力留住、激活、用好本土人才。

11 日

山西省文物局公布全省第一批革命文物名录，包括各级文物保护单位687处、珍贵文物4478件（套）。太原市27处文物保护单位入选山西省第一批不可移动革命文物名录，分别是：中共太原支部旧址、太原文瀛湖辛亥革命活动旧址、孙中山纪念馆、双塔革命烈士陵园、郑村烈士陵园、山西国民师范革命活动旧址、赵树理旧居、牺盟会太原市委旧址、牛驼寨战斗遗址、八路军驻晋办事处旧址、山西私立进山学校旧址、太原市黄坡革命烈士陵园、清太县抗日民主政府旧址、清太徐县抗日政府旧址、洛池渠村烈士纪念碑、清徐县革命烈士陵园、中共阳曲县委旧址、西庄烈士陵园、高君宇故居、刘少奇路居、米峪镇战斗遗址、晋西北根据地会议旧址、八路军358旅指挥部旧址暨张宗逊旧居、余秋里旧居、晋绥专署旧址、晋绥八分区殉国烈士纪念碑、草庄头战斗遗址。4件文物入选山西省第一批可移动革命文物名录，分别是：1944年毛泽东在延安赠送给赵宗复的蓝色纯毛呢大衣、抗日战争时期牺盟会牺牲救国会员证章、抗日战争时期决死队使用过的石印《袖珍中华分省图》、1944年王世英赠赵宗复解放社出版《中共抗战一般情况的介绍》，均收藏于山西国民师范旧址革命活动纪念馆。

12日

按照太原市疫情防控总体安排，太原和晋中两地的城际公交线路暂时停运，停运的线路包括901路、901路支线、902路、903路、903路支线、909路、912路、916路。2月11日，太原至晋中的城际公交线路全部恢复运营。

12日至13日

中共太原市委十一届十次全体会议暨市委经济工作会议召开。全会由市委常委会主持。罗清宇代表市委常委会讲话。

13日

太原市各空气监测站点空气质量综合指数（AQI）均超过500，空气质量指数小时值“爆表”，达严重污染级别，是2017年以来最早的一次。

14日

太原市启动重点人群新冠疫苗接种工作。

15日

中国宝武钢铁集团有限公司山西总部揭牌仪式在太原举行。省委书记、省人大常委会主任楼阳生与中国宝武党委书记、董事长陈德荣共同揭牌。省委副书记、省长林武出席并讲话。中国宝武党委副书记、总经理胡望明出席。副省长王一新主持。

△福州—徐州—太原航线开通。该航线由厦门航空运营，航班号为MF8735/6，每日一班。

16日

太原市对疫情期间巡游出租汽车有关费用作出调整：巡游出租汽车企业服务费标准继续按4元/日收取，巡游出租汽车经营者（车主）承租费收取标准调整为不高于150元/日。

△太原市小店区首个非物质文化遗产展示一条街在刘家堡村建成开放。展示中医膏药、汉服、传统漆器、剪纸、舞狮、木雕等“非遗”技艺项目。

17日

《太原日报》报道，太重集团生产的350吨转炉倾动成套装置，在宝钢湛江钢铁有限公司热负荷试车一次成功，这标志着太重集团具备生产制造300吨以上转炉倾动成套装置的能力。太重生产的350吨转炉倾动成套设备，是国内最大的转炉炼钢成套设备，高12米，总长16米，单个部件重约300吨，总重1100吨，年产钢约360万吨。

18日

太原市文旅局推出“冬游太原　欢乐过年”5条旅游精品线路：晋祠—蒙山—太山、太原植物园—汾河晚渡—汾河湿地公园、山西博物院—中国煤炭博物馆—山西晋商博物院、采薇庄园—东湖醋园—青龙古镇、纯阳宫—文瀛公园—食品街。

19日

太原市基础地理数据中心制作的太原市新版标准地图上线。

20日

太原市在全省率先实现大机焦比例100%。

22日

《太原日报》报道，山西省农业机械发展中心公布全省“平安农机”示范县、乡镇名单，清徐县等3县入选示范县，清徐县集义乡、王答乡、柳杜乡入选省级“平安农机”示范乡镇名单。

25日

太原市二手房交易实现“云签约”，市民通过“太原市房产管理局”微信公众号可办理签约手续。

△“全晋乐购”网上年货节在太原市启动。太原市山西紫林醋业、山西苏宁易购、山西吉隆斯商贸、山姆士超市、山西晋味美电子商务、山西农淘网络、山西美特好等26家企业参与，推出老陈醋、米面油、蔬菜水果、口罩、年货礼盒等众多产品。活动于2月18日结束。

27日

太原市晋机医院、太航医院、杏花岭区中心医院、太原和平医院、太原爱尔眼科医院、阳曲县安康医院通过二级甲等医院评审。

△山西省2020年转型项目建设主要工作目标排名公布，太原市“固定资产投资增速”和“工业投资增速”两项指标均排名全省第一。

△工信部公布制造业与互联网融合发展试点示范名单，确定135个示范项目。其中，山西省的中车太原机车车辆有限公司以货车造修协同交付能力、富士康精密电子（太原）有限公司以新一代智能移动通信终端精细生产管控能力、精英数智科技股份有限公司以煤矿安全生产工业互联网平台入选。

28日

太原市人民医院开通劳模（工匠）优先就诊绿色通道。

29日

阳曲县青龙污水处理厂挂牌投入运

营，日处理污水2万吨。

△太原市建成国内首座全透明气膜体育馆。该体育馆总面积为665平方米，外观通体透明，白天直采自然太阳光作为照明。夜晚，原有场地照明灯直接成为室内光源。

30日

太钢举行4300毫米中厚板生产线智能化升级改造项目开工仪式。罗清宇出席并宣布开工。

△太原市疾病预防控制中心迁建项目启用。新址占地面积33180平方米，建筑面积42699平方米，总投资19850万元，由行政办公楼、微生物检验楼、理化检验楼、毒理检验楼等建筑组成。

31日

浦发银行太原分行与中国银联山西分公司举行创新实验室揭牌仪式。

同月

太原地表水考核断面水质退出全国倒数30名，大气环境质量退出168个重点城市倒数20名，地表水和空气质量均创出有监测数据以来的历史同期最好水平。

2月

1日

太原市在六城区启动婚姻登记跨区办理试点工作。男女双方或一方为六城区户籍的居民，可持有效证件，到六城区内任一登记机关预约办理结婚登记、离婚登记、补领婚姻登记证等业务。

△太原市公安局开展烟花爆竹“五禁”（禁止生产、禁止经营、禁止储存、禁止运输、禁止燃放）专项排查整治行动。

2日

太原市迎泽区被国家民族事务委员会命名为第八批“全国民族团结进步示范区”示范单位，这是山西省在本批次中唯一被命名的县（市、区）。

3日

农业银行山西综改区分行揭牌营业。

4日

太原市投放平价肉菜8000余吨，保障疫情防控期间人民群众就地过年的实际需要。

4日至26日

太原植物园高山杜鹃展开展，共展出30余个品种、300余盆高山杜鹃。

6日

“学习强国”太原学习平台App客户端上线。

△太原市反诈地铁专列开行。该专列由太原市反诈骗中心联合太原中铁轨道交通建设运营公司、成都无糖信息技术有限公司共同打造，覆盖2号线1列地铁6节车厢。

△中国银行太原和平支行开业。

7日

太原市文化和旅游局推出“过大年、乘地铁、游太原、读历史”主题旅游线路。

8日

山西省社会主义核心价值观建设示范点授牌仪式在太原市税务局举行。该局是全市唯一获此荣誉的市直机关单位。

9日

山西省与华为公司共建的智能矿山创新实验室揭牌及签约仪式在太原举行。楼阳生，华为技术有限公司创始人、CEO任正非出席并共同为实验室揭牌。

△太原市发布《关于向困难群众发放春节一次性临时生活补助的紧急通知》，向全市7万余名困难群众发放春节一次性临时生活补助，标准为每人300元。

△山西省黄河实验室、合成生物山西省重点实验室等7家科研机构揭牌仪式在太原举行。

11日

太原天龙山石窟第8窟北壁主尊佛首回归祖国，在春晚舞台上首次与全国人民见面。

18日

太原市迎泽区、阳曲县跻身“2021中国县域电商竞争力百强榜”。

19日

太原市政府办公室印发《“游山西·读历史·畅游锦绣太原城”活动实施方案》。

21日

太原地区最高气温升至22℃，打破2004年2月19日创下的19.8℃的2月最高气温纪录。

22日

山西省纪念华国锋同志诞辰100周年座谈会在太原举行。楼阳生出席会议并讲话。林武主持会议。省委常委、常务副省长胡玉亭介绍华国锋同志生平业绩。

△太原市党史学习教育部署会召开。罗清宇作部署讲话。

23日至25日

太原市第十四届人民代表大会第六次会议举行。

3月

1日

太原市委副书记、市长张新伟与中电科电子装备集团董事长左雷举行工作会谈，双方就进一步深化务实合作深入交流。

1日至3日

太原市中小学校春季学期陆续开学。

2日

太原市人社局发布通告称，太原市开通200个“金融+社保”一站式服务银行网点，为群众提供立等可取的即时制卡服务。

3日

《太原日报》报道，太原市回民小学“多彩中华服饰创客空间”入选全国民族团结进步创建重点扶持项目，成为全省唯一入选项目。

△太原市西北二环高速公路项目近

200处施工点位开工。

8日

太原市政法队伍教育整顿动员部署会召开。次日，太原市公安队伍教育整顿动员部署会召开。

9日

张新伟与平安建设投资有限公司董事长兼CEO鲁贵卿举行工作会谈，双方就加强合作进行交流。

10日

太钢与东方电气签署战略合作协议。

△太原市住房公积金贷款邮储银行服务大厅启用。至此，全市“一厅式”组合贷款服务大厅增至3个。

11日

张新伟会见华为公司副总裁杨瑞凯一行，双方就加强战略合作进行交流。市领导刘俊义、杨继承参加。

△国家卫健委和国家中医药管理局印发《关于通报表扬2020年“优质服务基层行”活动中表现突出、成效显著机构的通知》，太原市小店区经济技术开发区社区卫生服务中心、杏花岭区敦化坊社区卫生服务中心、清徐县清源镇卫生院三家基层医疗卫生机构入选。

△太重集团在上海成立太重（上海）研发中心。该中心是太重集团为借助长三角一体化的信息资源优势、政策优势、人才优势，集聚高精尖科研力量，解决制约装备制造业发展的“卡脖子”技术难题，打造“精细化、国际化、高端化、智慧化”太重提供关键技术支撑而设立的。

12日

纪念全民义务植树四十周年暨2021年省城各界义务植树活动在阳曲县省城青年义务植树基地举行。副市长张齐山参加，市政协副主席、市规划和自然资源局党组书记李军主持。省城各界600余名干部群众参加活动。

15日

太原市轨道交通2号线站点与公交接驳专线开通。罗清宇出席活动并宣布开通。此次增开的7条公交专线，以G1至G7命名，在现有72条接驳轨道交通2号线站点公交线路的基础上，把山西转型综改示范区、中北高新技术产业开发区、中北大学、太原南站、武宿机场连接到地铁站，实现市民出行零距离快速换乘、无缝隙高效衔接。

16日

太原市清徐南部新城项目开工，整体规划面积269.60公顷，总建筑面积315.54万平方米，总投资约200亿元。

△太原市46个乡镇党委换届工作全部结束，在全省率先完成乡镇党委换届工作。

△华泰厚服装店（字号：华泰厚）、山西顺天立大健康产业集团（字号：顺天立）、认一力餐饮管理有限公司（字号:认一力）、晋宝斋艺术总公司（字号:晋宝斋）等企业（品牌）被山西省商务厅认定为三晋老字号。

17日

《太原日报》报道，司法部、民政部公布第八批“全国民主法治示范村（社区）”，太原市小店区北格镇西蒲村、万柏林区白家庄街道九院村、尖草坪区柴村街道优山美郡社区、晋源区罗城街道开化村、阳曲县黄寨镇录古咀村上榜。

△在太原市呼延水厂二期工程北净水车间，长距离输送的黄河水，通过先进、高效、稳定的工艺处理，净化为清澈优质的饮用水进入市政管网。该工程进入试运行阶段，日处理水量10万立方米。在一期日供水能力40万立方米基础上再增加40万立方米，使呼延水厂具备总供水能力80万立方米/日的生产规模。

△省委组织部常务副部长卢建明在太原市调研指导县、乡、村三级换届工作。市委常委、组织部部长赵忠保，市委常委、小店区委书记刘振华一同调研。卢建明先后到太原市小店区平阳路街道、平阳景苑社区和刘家堡乡刘家堡村，实地了解选举流程管理、流动人口参选等情况。

18日

党史学习教育中央宣讲团宣讲报告会在太原举行。中央宣讲团成员、中央党史和文献研究院原院务委员冯俊作宣讲报告。楼阳生主持报告会并讲话，林武出席。报告会以电视电话的会议形式举行，主会场有200余人参会。

△“太原疾控艾滋病防治宣传园地”公众号上线，为全省首创。

18日至19日

楼阳生在太原市进行调研，主持召开座谈会，并先后到山西大地紫晶信息产业公司、正在更新改造的钟楼街、迎泽区起凤街社区养老服务中心、中海国际中心等地调研。调研期间，楼阳生听取太原市委和市政府工作汇报，对太原各项工作给予肯定。

19日

新编现代晋剧《迎新街》在青年宫演艺中心首演。该剧由晋剧表演艺术家谢涛领衔主演，是市晋剧艺术研究院继《上马街》《起凤街》两部新编晋剧之后，又一部讲述太原故事的作品。

△在太原市县、乡两级人大代表换届选举日，楼阳生在太原市迎泽区庙前街道水西关街四选区投票站参加区人大代表投票选举。林武在太原市小店区坞城街道第一选区省政府办公厅投票站投票。当天，太原市举行选举大会1037场，设立投票站2402个、流动票箱3129个，约257万选民参加投票。

20日

由省侨联国际文化交流联盟和椿山艺术空间主办的“植入异类——冯相成抽象绘画艺术邀请展”在太原椿山艺术空间开展，展出20幅综合材料作品。

21日

综改区潇河产业园区“五大中心”建设区域内110千伏汾大线、王兴线迁改工程完工并送电。

△世界森林日，由太原市国土绿化中心组织的“世界森林日、相约玉泉山”植树绿化活动在玉泉山城郊森林公园举行，上百名市民种植樱花树 300 余株。

22 日

太原市委、市政府与全省同步举行开发区 2021 年第二次“三个一批”活动，罗清宇、张新伟出席，市领导刘俊义、刘鹓，市直有关部门以及各开发区主要负责人参加。

△太原市文旅局推出市内红色经典一日游——山西国民师范旧址革命活动纪念馆、八路军太原办事处旧址、省立一中旧址（彭真生平暨中共太原支部旧址纪念馆）、文瀛公园革命烈士纪念碑、阳曲店子底支前纪念馆、牛驼寨战斗遗址、太原解放纪念馆。

24 日

山西省“人人持证、技能社会”建设推进会议在太原召开。楼阳生出席并讲话。

26 日至 4 月 9 日

芳华永在——晋剧大师丁果仙历史影像展在南肖墙关帝庙（山西时尚回响城市文化交流中心）开展，共展出丁果仙有关艺术人生的珍贵老照片 100 余幅，以及丁果仙的戏服、书信、演出海报、唱片、画作等珍贵老物件和资料。

28 日

山西省（太重）智能高端装备产业园区项目开工奠基仪式在山西综改示范区潇河产业园区举行。楼阳生讲话并宣布项目开工。项目占地面积 113.30 公顷。

△太原市启动 18 周岁以上人群新冠病毒疫苗接种工作。

30 日

太原市“断卡”行动工作会议召开，出台《太原市打击治理电信网络新型违法犯罪“断卡”行动整治惩戒十条措施（试行）》，打击整治非法开办贩卖电话卡、银行卡违法犯罪活动。

30 日至 4 月 1 日

张新伟率队到哈尔滨市考察对接项目，并见证美锦能源集团与哈工大机器人集团项目合作签约仪式。

30 日至 4 月 2 日

全国政协副主席汪永清率全国政协调研组在晋调研中央政协工作会议精神贯彻落实情况。调研组到太原、晋中等地的基层政协组织、村（居）民协商议事室、社区民心家园、“有事来商量·晋情来协商”平台实地调研，并召开座谈会，听取省政协和太原、晋中、吕梁等市县（区）政协贯彻落实中央政协工作会议精神的情况汇报。

31 日

太原市 10 个县（市、区）、46 个乡镇党代会召开，县、乡党委换届工作完成。

同月

太原天然气有限公司 96577 客服热线获评“全国巾帼文明岗”。该热线辐射全市，为近 150 万燃气客户和 4000 余户工业、事业团体单位提供燃气咨询、公告、投诉、报修、报警等综合服务，年受理电话近 50 万个，同时链接市长办公电话、“12345”便民服务热线、数字城管平台等政府平台热线。

△全省首家裸眼 VR 娱乐影院在太山景区游客服务中心建成投用。影院设置 60 个观看席，球型银幕可 360° 沉浸式观看。

△中国消费者协会发布《2020 年 100 个城市消费者满意度测评报告》，太原市排名第 58 位，比 2019 年的 84 位上升 26 位。在参与测评的 27 个省会城市中，太原市排名第 14 位。

4 月

1 日

2021 文化遗产大众传播论坛在山西青铜博物馆举行。论坛由中国文物报社、省文物局联合主办，山西博物院承办。中国文物报社与中国电信号百控股有限公司、山西博物院举行战略合作签约仪式，尝试推动文化产业数字化转型。

4 日

太原市晋源区人民政府解除天龙山封山令，游客可正常参观天龙山景区。

6 日

“锦绣太原·生态西山”2021 年樱花文化旅游节暨锦绣太原赏花季活动在玉泉山城郊森林公园举行，罗清宇出席，张新伟致辞。

△太原站东广场基本建成。该工程为太原市迎泽大街东延工程重要节点，分为地面、地上两层，旅客进出站采用“高进低出、即停即走”的方式，即接送站车辆在地上层送出行旅客，在地面层接出站旅客。其中，高架落客平台由 242 块钢箱梁拼装焊接而成，长 254 米、宽 41 米，单向 6 车道。

△地铁 1 号线太原站东广场车站主体建成。该地铁站位于太原站东广场正下方，为 4 层明挖岛式站台车站，站台长度 140 米，站台宽度 14 米，车站外包总长 180 米，站厅层标准段外包总宽 39.3 米，站台层标准段外包总宽 23.5 米，总建筑面积 18590 平方米。地下一层为东广场地下停车库，地下二层为站厅层，地下三层为设备层，地下四层为站台层。

△山西省副省长韦韬在太原调研，到滨河东路人行天桥、并州东街智慧停车楼、山西大学德秀小区节能改造等建设工地检查指导，并主持召开座谈会。副市长张齐山参加。

7 日

罗清宇与富士康科技集团总经理王城阳、富士康（太原）科技工业园副总经理贺启华举行工作座谈。张新伟、刘鹓、卢秋生出席。

8 日

太原园在 2021 年扬州世界园艺博览会开园，占地面积 1488 平方米，以“古晋阳八景”之一的“巽水烟波”为主题，以中轴对称兼具灵动变化的设计手法，叠山理水，营屋构廊，呈现一座有北方古典造园风格的传统园林。

△2021年全国柔道锦标赛暨第十四届全运会柔道项目资格赛在山西体育中心开赛。山西省代表队参加全部14个级别比赛。

8日至9日

国家文物局副局长关强一行在太原市调研文物保护利用及社会力量参与文物保护工作，出席天龙山佛首回归有关事宜调研座谈会。副省长张复明、副市长张齐山参加。调研组一行先后到太山龙泉寺、龙山石窟、天龙山石窟、尖草坪区赵家山天王庙、晋商博物院，了解太原市在文物保护方面的做法和成效，以及在推动文物活化利用方面的具体措施等。

9日

太原市尖草坪区镇城村发掘西晋墓两座，清代墓18座，出土陶瓷器、铜器等器物75件。

10日

太原市人民政府印发《晋阳湖生态保护与修复规划（2021—2035年）》，推进晋阳湖生态保护工作。

△第二十届太原市青少年机器人竞赛暨第六届“创新未来”中小学生机器人竞赛在太原市第二十七中学校举行。竞赛由市科协、市教育局主办，市科普中心、市教育现代化中心承办，全市各中小学614支队伍约1400名队员参赛。

12日至15日

省委党史学习教育巡回指导组第一组组长刘志宏、副组长崔海峰一行对太原市进行巡回指导，到市直有关部门、阳曲县、小店区等地调研，采取听汇报、座谈交流、查阅资料等方式开展指导。市领导赵忠保、杨继承、刘振华一同参加。

13日

太原市政府办公室印发《太原市全面推行证明事项告知承诺制实施方案》，推进“放管服效”改革，优化营商环境，方便企业和群众办事创业。

14日

太原市政府、华为公司签署共建华为（太原）软件学院战略合作协议，并举办“人人持证、技能社会”华为软件产业论坛。张新伟与华为公司副总裁杨瑞凯致辞，市委常委、常务副市长刘俊义主持，副市长卢秋生、华为公司山西总经理陈林代表双方签约。

△太原“人人持证、技能社会”华为软件产业论坛举行。华为软件领域专家受邀为市政府工作部门、直属事业单位，各县（市、区）、开发区，省、市高校、高职、中职教师、学生代表等350余名与会者传播前沿技术，分享软件领域开发经验。

△太原市卫健委、市文明办、市爱卫办联合印发通知，在全市开展无烟党政机关建设，发挥机关（事业单位）干部在控烟履约中的表率作用，树立和维护党政机关健康形象。

15日

2021信息技术应用创新论坛在太原开幕，以“融合发展，拥抱生态”为主题。

15日至16日

在中国重型机械工业协会八届二次会员代表大会暨理事会上，太重集团被评为“科技创新10大领军企业”。

16日

北京中科老专家技术中心太原工作站成立。

△张新伟与科大讯飞公司执行总裁吴晓如一行举行工作会谈，就深化合作进行交流。

△由王封乡和化客头街道合并成立的王化街道挂牌成立，标志着万柏林区在全省率先实现全域街道化。

18日

由太原市文联主办、太原市曲艺家协会承办的“永远跟党走”文艺巡演在迎泽公园启动。40余名演员分为两个小分队，分别到迎泽公园、文瀛公园演出。

20日

太原市政府办公室印发《太原市支持多渠道灵活就业若干措施》，通过强化政策服务供给，拓宽就业新渠道，鼓励劳动者自谋职业、自主创业，创造更多灵活就业机会。

△《太原日报》报道，山西省山西白求恩医院张瑞平、山医大一院韩清华、山西中医药大学附属医院李廷荃3人入选第九届国家卫生健康突出贡献中青年专家。

21日

在北京举行的科技与文旅融合发展论坛暨第五届中国国家旅游年度榜单颁奖上，太原获得“2020中国国家旅游年度臻选旅游城市”。

△罗清宇、张新伟与太钢集团党委书记、董事长高祥明，太钢集团党委副书记、总经理魏成文举行工作座谈。

22日至23日

全国人大常委会副秘书长郭振华带队的调研组，在山西省调研县、乡两级人大换届选举和人大代表工作。太原市人大常委会主任魏民出席太原有关活动并汇报工作，市领导刘振华、李增锁参加。

23日

太原市“弘扬廉政文化，传承红色基因”展在双塔博物馆普光寺分馆开展。

24日

太原市在太原解放纪念馆举行“学党史缅怀先烈、守初心砥砺前行”主题党日活动。罗清宇带领，市委常委，市人大常委会、市政府、市政协负责人，市法院、市检察院主要负责人，太原警备区政委、武警太原支队军政主官，各县（市、区）委书记、市直各党（工）委书记参加。

25日

庆祝建党100周年太原市百万职工聚焦“六新”助力转型暨第十二届职工

职业技能大赛启动。

△迎泽大街东延工程开始建设。该工程西起双塔北路，东至东中环，为城市主干路，长1.23千米，规划红线70米，设计车速50千米/小时。道路采用四幅路，机动车、非机动车、人行道独立形式布设。整个道路形式与迎泽大街相同。

26日

由《太原日报》社主办的“锦绣太原”客户端官宣上线。

27日

太原市人民医院晋源院区开诊。该院区是太原市“百院兴医”工程项目之一，是与晋源区人民医院共建项目。占地面积16.97公顷，总建筑面积13.8万平方米，设置床位1000张。

△11时20分，中国在太原卫星发射中心用长征六号运载火箭，以“一箭九星”的方式成功将齐鲁一号、齐鲁四号、佛山一号等3颗主星送入预定轨道。

△共青团山西省委与中共娄烦县委联合共建山西省团校娄烦学院（高君宇青年学院）签约揭牌仪式在娄烦县举行。

28日

太原市五一劳动奖表彰暨工人先锋号命名大会召开，会议宣读《关于表彰2021年太原市五一劳动奖的决定》《关于命名太原市工人先锋号的决定》，授予80个单位市五一劳动奖状、150名同志市五一劳动奖章，命名100个集体市工人先锋号。

△山西银行股份有限公司揭牌开业仪式在太原举行。

29日

楼阳生在太原市调研国土空间布局优化、都市区规划升级和人才城建设等工作。

30日

太原市教育局出台《太原市义务教育作业设计与实施指导意见（试行）》。

5月

1日

太原市174个公立医疗机构执行国家第四批45种药品集中采购中选结果，价格平均降幅52%。全市11家公立医疗机构落实国家组织冠脉支架8个企业10个品种集中采购中选结果，平均降幅93%。

△太原古县城举行开城仪式，对外开放。太原古县城定位为“一城看山西，一街五千年”的中华优秀传统文化传承发扬基地，城内布局文化项目、“非遗”文创、研学科素、酒店民宿、休闲娱乐、生活配套、餐饮美食、特色零售八大业态版块，打造华夏历史文明的沉浸体验地、山西省地域特色产品展销地、文物保护研究地、游客集散地和市民休闲地五大功能地，实现文化繁荣与产业发展同步。

△滨河自行车道投入使用。自行车道沿汾河东西两侧设置，北起上兰汾河漫水桥，南至迎宾桥以南2千米处，全长75千米，自行车道净宽5米，面层采用环保、耐磨、鲜艳、防水的彩色陶瓷颗粒，两侧各设宽2米绿化带。工程建设项目包含：地面道路67千米，高架桥8千米，一级桥梁出入口16个，二级天桥出入口14个，两层观景平台5个，一层休憩平台6个，助力推行系统52套，东、西两岸共布置路灯877盏、线条灯1.6万延米。

4日

太原市第五中学校团委获得“全国五四红旗团委（团工委）”称号，应急管理部消防救援局山西省总队太原市支队特勤大队二站团支部获得“全国五四红旗团支部（团总支）”称号，古交市众熙公益协会会长张涛获得“全国优秀共青团员”称号，太原市供水“小水滴”青年志愿服务队负责人刘欣、杏花岭区国师街小学校少先队大队辅导员宋冰获得“全国优秀共青团干部”称号。

6日

山西省超级计算中心太原分中心在太原理工大学揭牌。

7日至10日

首届中国国际消费品博览会在海南省海口市举行。太原市组成6家企业、25家采购商参加的太原交易团，参与展览展示、现场洽谈、招商引资、考察对接等多场活动。

8日

太原市首家社区食堂——起凤街社区食堂开张迎客。

10日

2021年太原市重点工业项目督导活动举行。罗清宇、张新伟带队，市委常委，市政协主要负责人，副市长，市直有关部门、各县（市、区）党政主要负责人参加。

△全国人大常委会副委员长蔡达峰率领执法检查组在山西省中医院、山西省中医院东山科教园区、太原大宁堂药业有限公司等地检查中医药法贯彻实施情况。

△楼阳生会见工信部副部长刘烈宏等。林武，省委副书记蓝佛安，省领导胡玉亭、李凤岐、王一新、卢东亮，中国科学院院士郑志明、中国工程院院士周济出席。

11日至12日

晋阳湖·第二届集成电路和软件业峰会在晋阳湖国际会议中心召开。峰会主题是“把握新阶段、融入新格局、谋划新布局、塑造新优势”。

12日

中国宝武太钢集团在太原举行不锈钢精密带钢新产品全球首发仪式，发布0.07毫米超平不锈钢精密带材、无纹理表面不锈精密带钢两项新产品。

△由省司法厅党委书记、厅长董一兵带队的调研组一行到太原市，督导政法队伍教育整顿查纠整改环节重点工作。市委副书记、政法委书记李新春，

副市长、市公安局局长葛波蔚参加。

13 日至 14 日

山西省委常委、组织部部长、省政法队伍教育整顿领导小组副组长陈安丽在太原市督导政法队伍教育整顿及集中治理重复信访、化解信访积案专项工作，调研村（社区）“两委”换届及产业转型工作。

14 日

太原市文明交通小街巷治理推进会召开。市人大常委会主任魏民，市人大常委会副主任冯原平，副市长、市公安局局长葛波蔚出席会议，并实地观摩全市近 100 条小街巷交通综合治理情况。

△楼阳生在中北大学调研“双一流”大学创建工作。蓝佛安、罗清宇、李凤岐、王一新、吴伟参加调研。

15 日

中车太原机车车辆有限公司“25 千伏和谐机车高压电缆总成预防性试验研究”项目取得重大突破，填补行业空白。

16 日

山西省大数据中心太原分中心暨太原云时代技术有限公司揭牌成立。

17 日

山西省教育厅和太原市政府合作框架协议签约仪式举行，省教育厅支持康乐幼儿园以托管方式建 10 所分园。省教育厅党组书记、厅长李秋柱，市委副书记、市长张新伟为分园授牌。省教育厅一级巡视员任月忠，市委常委、宣传部部长、副市长杨继承代表双方签署合作框架协议。

18 日

“锦绣太原历史文化展”开展活动在太原博物馆举行。罗清宇宣布开展，张新伟主持。

△山西金融研究院揭牌仪式在山西大学举行。

19 日

中北大学建校 80 周年发展大会举行，楼阳生出席大会并讲话。

20 日

楼阳生在太原会见波兰驻华大使赛熙军。省委常委、秘书长李凤岐出席。

△“学习强国”太原学习平台上线授牌仪式举行。

△罗清宇与中交集团有限公司党委书记、董事长王彤宙一行举行工作会谈。

20 日至 6 月 10 日

2021 太原第二届云上房博会开展。以“筑巢·引凤·惠居”为主题，89 家房企、百余个优质楼盘项目参与，其中展销项目 86 个。活动期间，云上房博会官方平台访问量突破 35.83 万人次，线下到访客户近 17 万人次。新建商品房成交量 3288 套，成交面积约 36.17 万平方米，成交金额约 39.78 亿元。

21 日至 22 日

胡春华在山西考察老工业基地就业工作。楼阳生、林武分别陪同考察。

21 日至 23 日

第十二届中国中部投资贸易博览会在太原举行。中共中央政治局委员、国务院副总理胡春华出席开幕式并致辞。毛里求斯总理贾格纳特应邀发表视频演讲。省委书记楼阳生致辞，国务院副秘书长孟扬、山西省省长林武、安徽省省长王清宪、江西省省长易炼红、河南省代省长王凯、湖北省代省长王忠林、湖南省省长毛伟明出席开幕式，商务部副部长兼国际贸易谈判副代表王受文致欢迎辞。副省长卢东亮主持。中部博览会以“开放、合作、转型、创新”为主题，首次采取线上线下相结合和主会场与四个分会场相结合的“1+N”办会模式。来自 15 个国家的企业以及省外客商共 1012 家参会。其中，央企、世界 500 强及行业领军企业、知名民企 400 多家，特别是跨国公司 218 家的高管与会，为历届中部博览会数量最多。

中部六省签约项目 433 个。其中外资项目 25 个，总投资额 19.62 亿美元，引资额 19.62 亿美元；内资项目 408 个，总投资额 5714.71 亿元，引资额 5696.45 亿元。

△政协企业家委员山西行（太原）——中部地区城市科技创新与先进制造业发展协商对话暨项目对接活动在太原举行。

△张新伟会见中科院物理所研究员、北京凝聚态物理国家研究中心首席科学家、北京海创产业技术研究院院长丁洪一行。市委常委、常务副市长刘俊义参加。

△大型廉政历史剧《贤相裴度》在山西大剧院演出。《贤相裴度》运用蒲剧艺术表现形式，将唐代贤相裴度的事迹搬上舞台，以裴度力排众议、不顾安危，平定淮西叛乱为主线，展现他忠心报国、敢于担当、清正廉洁的名臣风范。

22 日

第十二届中部博览会太原市招商引资项目签约活动举行。罗清宇、张新伟、省投资促进局局长杨春权，市领导刘俊义、刘鹓、刘振华、王剑峰、卢秋生出席。

△第十二届中部博览会中部六省特色商品交易订货会太原专场签约活动在晋阳湖国际会展中心举行，签约 20 个项目，金额 6.62 亿元。刘俊义参加。

△太原市特色商品专项订货会在东湖醋园举行，63 家特色企业参展，涵盖老陈醋、手工艺品、特色农产品等 30 余种特色商品。刘俊义参加。

△央视新闻频道报道太原市阳曲县店子底村通过红色乡村游，带领村民脱贫致富的典型经验。

23 日

太原市规划和自然资源局举办国际生物多样性日宣传活动。太原市现有 1421 种野生动植物。太原市生态系统类型多样，动物种类有陆栖脊椎动物 22 目 71 科 310 种。其中，鸟类 249 种，哺乳类 44 种，爬行类 12 种，两栖类 5 种。维管植物 138 科 583 属 1111 种。其中被子植物 119 科 556 属 1068 种，

裸子植物6科12属18种，蕨类植物13科15属25种。

28日

太原市政府新闻办召开新闻发布会，太原市提高城乡低保和特困人员供养标准，自2021年1月1日起执行。提标后，城市低保标准和六城区农村低保每月730元，三县一市农村低保每月610元。特困人员供养标准中基本生活标准为每年11388元。

△太原市小店区入选教育部认定的全国中小学劳动教育实验区。

△晋源区人民法院少年法庭揭牌成立。

31日

太原市乡村振兴局挂牌成立。市委副书记、政法委书记、市委农村工作领导小组组长李新春出席挂牌仪式。

△2021年全国艺术体操锦标赛暨第十四届全运会艺术体操资格赛在太原开赛。此次赛事为期6天，来自全国15支代表队的300余名教练员、运动员参赛。

同月

《太原市志（1978—2012）精编版》出版。

△太原市网上中介服务超市启用，是由市行政审批服务管理局建设并管理，为项目业主购买中介服务，中介服务机构承接中介服务项目，对项目业主发布需求、中介机构提供服务实施监管的综合性信息化服务和信用管理平台。

5月至7月

太原发现一处仰韶文化遗址。该遗址位于尖草坪区柏板乡镇城村西南900米处，地处长梁背山山前的冲积扇上，地势西北高、东南低，西南距汾河2.6千米，东北距柏板河1.6千米。

6月

2日

75002/1次中欧班列满载生活、医疗等物资，从中鼎物流园，开往法国巴黎。这是山西首次开行深入西欧、直达法国的中欧班列。这趟中欧班列编组50辆，由50个集装箱组成。列车从内蒙古二连浩特口岸站出境，途经蒙古、俄罗斯、白俄罗斯、波兰、德国等国家，行程约1.1万千米，20天左右到达法国巴黎的瓦朗通火车站。

2日至5日

全国人大常委会副委员长郝明金率全国人大常委会执法检查组在山西太原、大同等地开展企业破产法执法检查。

△全国政协副主席张庆黎率领全国政协调研组在阳曲县、清徐县等地调研乡村卫生院室建设与管理工作。

3日

文化和旅游部发布10条黄河主题国家级旅游线路。太原入选黄河古都新城之旅，晋祠入选黄河寻根问祖之旅，天龙山石窟入选中国石窟文化之旅。

3日至10日

太原市党外知识分子和新的社会阶层人士庆祝中国共产党成立100周年书画作品展暨《中国共产党统一战线工作条例》宣传活动举行。太原市委统战部主要负责人出席。书画展吸引全市党外知识分子和新的社会阶层人士广泛参与，共展出作品200余幅。

6日

太原生态工程学校入选农业农村部、教育部联合发布的乡村振兴人才培养优质校和农业科研院所推介名单。

7日

太原市建成50米高停车楼。该停车楼位于建设南路与双塔寺街交叉口东北角，为一类停车库，总建筑面积6500平方米，建筑层数共14层，为钢结构支撑体系，停车方式为机械式。全楼设8个出入口、8部升降机、停车位384个、停车层数24层。停车位高度2米，载车板承重2350千克，可停放普通轿车和SUV车型。

8日

山西省内首家5G智慧银行网点——中国工商银行太原湖滨支行启动。

9日

“2021年图书馆红色空间与红色专藏论坛”在太原市开幕。论坛由中国图书馆学会阅读推广委员会、太原市文化和旅游局主办，太原市图书馆、太原图书馆学会承办。国家图书馆副馆长汪东波，省文旅厅党组成员、副厅长张志仁，市委常委、宣传部部长、副市长杨继承出席开幕式并致辞。

△太原市住房公积金管理中心印发《关于进一步加强个人贷款管理和服务工作的通知》。其中，在个人贷款还款方式中增加“等额本息还款”的还款方式。

10日

太原市南屯路全线贯通。南屯路介于晋祠路与新晋祠路之间，北起长风西街，南至环湖北路，道路全长4.2千米，红线宽40米，双向6车道。

△太原剪纸入选国家级非物质文化遗产代表性项目名录扩展项目名录。

11日

太原市博物馆“中国华侨国际文化交流基地”揭牌。省侨联副主席、秘书长陈蕾，太原市委统战部主要负责人出席揭牌仪式。

△太原市泥向线全线开工。

△太原市血液中心业务大楼投用。该楼是太原市“百院兴医”项目之一，用于开展血液的储存、检验、成分制备等相关工作。市血液中心实验室通过ISO15189现场评审，标志着市血液中心实验室具备国际标准的管理与技术水平，迈进国际医学实验室的行列。

12日至14日

2021太原汾河龙舟公开赛举行。罗清宇出席并宣布开幕，张新伟致辞，省体育局局长赵雁峰，华舰体育控股集团董事长王振宇，市领导李新春、魏民、刘鹓、杨继承、刘振华、郝宝清参加。副市长陈博主持。共有 20 支队伍 320 人参赛。山东龙行天下龙舟队分别获得公开组 200 米、500 米、3000 米总成绩第一名，太原市体育局代表队分别获得社会组 100 米、200 米总成绩第一名。

16 日

山西省委书记林武到太原古交市，调研汾河流域治理、转型项目建设、采煤沉陷区安置及基层党建等情况。省委常委、秘书长李凤岐一同调研。

△国务院医改领导小组秘书处、国家卫生健康委、财政部、国家中医药管理联合发布《关于确定公立医院综合改革第二批国家级示范城市的通知》，太原市成为山西省唯一的“公立医院综合改革国家级示范城市”。

17 日

太原市集中开展第二剂次新冠病毒疫苗接种。

△太原市启动“光荣在党 50 年”纪念章颁发工作，全市 2.8 万余名党员获得纪念章。

△生态环境部发布年度《中国环境噪声污染防治报告》，太原市与厦门、南京、贵阳市成为全国声环境质量领先的城市。

18 日

太原市救助站新站搬迁暨揭牌仪式举行。救助站新站总建筑面积 3.5 万平方米，有床位 800 张。新建的未成年人救助楼设置科普馆、理疗室、多感官训练室、沙画室、音乐室等诸多功能室，可为不同年龄段的未成年人提供心理疏导、科普体验、文化教育等特色服务。

△太原市电影产业促进会成立。

21 日

腾讯授权（山西）营销服务中心落成仪式在太原市晋源区举行。这是腾讯在全国建设的第 6 家区域营销服务中心。

△清徐经济开发区入选“十四五”时期重点支持的“县城产业转型升级示范园区”。

22 日

山西省“两优一先”表彰大会在太原市召开。太原市有 19 名优秀共产党员、18 名优秀党务工作者和 25 个先进基层党组织受到表彰。

△全国著名林业专家梁维坚在古交市调研指导榛子产业发展。

23 日

太原市政府举行新闻发布会称，在 2020 年国家发改委组织的对 80 个城市和 18 个国家级新区进行的营商环境评价中，太原市“获得信贷”“劳动力市场监管”两项指标被列为“全国标杆”。

△西北二环项目入选全国“平安百年品质工程”创建示范项目。

24 日

天龙山路东延工程全线贯通，全长 2.70 千米，总投资约 7.70 亿元。

25 日

太原市选派的 529 名驻村干部到娄烦、阳曲两县农村，开始新一轮驻村帮扶工作。

△“锦绣太原城 · 晋阳全域旅游协商平台”揭牌。

26 日

太中银铁路吕梁至太原南段动车组列车开通仪式在吕梁火车站举行，标志着全省 11 个市全部实现动车快速通达。

△太原至旧金山国际货运航线开通。

△首轮“礼享生活 · 晋情消费”消费券在“云闪付”App 投放。该活动于 6 月底至 11 月底开展，市财政投入 1.2 亿元，分为通用消费券、汽车消费补贴、家电消费券和进口保税商品消费券四大类。

△太原市文艺网上线。该网站由市文联主办，栏目分为内容宣传和管理服务两类，设有 10 余个一级频道、30 余个二级栏目，包括《时事聚焦》《文联要闻》《品牌活动》《服务平台》等。

27 日

由山西省委党校中共党史教研部、市委党史研究室、晋源区共同编印的《抗日烽火中的清太徐》发行。

28 日

太原农村商业银行股份有限公司举行揭牌开业仪式。

29 日

太原市清徐县新苗葡萄种植专业合作社、清徐县永兴隆种植专业合作社获“2020 年国家农民合作社示范社和全国农民用水合作示范组织”称号。

30 日

太原市“两优一先”表彰大会召开，表彰全市各行各业的 150 名优秀共产党员、150 名优秀党务工作者和先进基层党组织。

△中国共产党太原历史展览馆（原晋商博物馆）在迎泽公园开展。展览分五部分，展出 1000 余幅图片、130 多件（套）文物实物、80 余份档案资料，复原省立一中大门等 7 个实景模型和北上抗日等 4 个大型场景。罗清宇带领市级党员领导在中国共产党太原历史展览馆参观，并重温入党誓词。展览于 8 月 1 日面向社会开放。

△太原市委党校迁建项目奠基活动在晋源区晋祠镇举行。新址位于晋源区晋祠镇牛家口村，占地面积 17.67 公顷，总建筑面积 12.80 万平方米，总投资近 10 亿元，布局建设教学培训区、业务技术区、生活服务区、实践拓展区 4 大区域 12 栋建筑，融教学、科研、培训、生活、实践于一体。

△太原市“疫苗接种地图”小程序上线。市民可通过小程序查看疫苗接种机构信息、地址及联系电话。

△太原市首批 10 台总金额 30.60 万元的二手牵引车由山西大宇汽车贸易有限公司出口蒙古国报关成功，实现二手车出口业务零的突破。

7月

1日

祥云公园经提质升级后开放。祥云公园位于小店区星河中路以东，星河街以南，东干渠以西，星河南街以北，公园总面积16.5公顷，其中绿地面积12.4公顷，水域面积4.1公顷。

△《太原市城乡社区治理促进条例》施行。

△太原市组织“百年华诞颂党恩，为民创森庆七一”主题义务植树活动。200余名志愿者栽植油松、山楂、胶东卫矛等16个品种300余株树木。

3日

太原市庆祝中国共产党成立100周年座谈会召开。罗清宇出席并讲话。

5日

太原市启动农业种质资源普查工作。

6日

太原金融综合服务大厅开业仪式举行。罗清宇出席并讲话。张新伟主持，并与省地方金融监管局局长常国华共同揭牌。大厅位于市金融科技双创产业园内，建筑面积952平方米，集聚全市优质融资服务要素，纳入各类机构35家，实体入驻28家，通过线上渠道提供融资服务的7家。同时接入不动产、车辆抵押登记窗口和税务、征信自助查询终端，有公证、会所、律所等第三方辅助机构，为企业提供多层次、全要素、可比可选的“一站式”融资服务。

6日至8日

山西省委党史学习教育巡回指导组第一组组长刘志宏、副组长崔海峰一行到太原市巡回指导。巡回指导组一行先后到市应急管理局、万柏林区兴华街办、六味斋、万柏林区滨体社区、双塔革命公墓、市福利彩票发行中心、市公安局等地，采取听汇报、实地调研、座谈交流、查阅资料等方式开展指导。

7日

中俄青年创新创业与创意大赛——网络空间与先进制造产业决赛暨峰会在太原市开幕。

△2021年第9届美国Architize-A+Awards公布获奖名单，太原滨河体育中心获得这一“建筑界奥斯卡”大奖。

8日

太原市委副书记、政法委书记李新春在南上庄便民综合市场、珍锦隆石材城和纺织苑西区、漪汾苑烟波居小区等地督导检查“创城”工作。

9日

滨河东路南延工程开工。

△千峰南路南延工程竣工，通到晋阳湖边。该工程北起义井街，南至环湖北路，全长约3.3千米，红线宽50米，双向6车道，道路等级为城市主干道，沿线与义井街、长兴北街、西峪东街、长兴南街、化工排洪渠、南中环街、冶峪河及两侧抢险路、环湖北路相交。

△双塔公园向市民开放。双塔公园占地面积89.6公顷，是太原市东部主城区最大的综合性公园，是继晋阳湖公园和森林公园后的全市第三大公园。

12日

罗清宇与中国电子系统技术有限公司总经理陈士刚举行工作会谈，深化合作交流。张新伟出席，刘鹓、卢秋生参加。

△太原市成立首支以垃圾分类为主要宣传内容的志愿服务队——山西青年闪闪红星志愿服务队。

13日

《剧本》杂志首次发布《百部优秀剧作典藏》总目录，晋剧《傅山进京》入选。晋剧《傅山进京》由国家一级编剧郑怀兴编剧，著名晋剧表演艺术家谢涛主演。

15日至20日

第二届太原市职业技能大赛举行。大赛以“职业成就梦想 技能赢得未来”为主题，设置通用性强、就业面广、成长性好、能引领产业转型发展的6类25个赛项，有17个代表队、704名选手参赛。

16日

太原市与全省同步举行开发区2021年第三次“三个一批”活动暨“承诺制+标准地+全代办”改革推进会。罗清宇出席集中签约开工投产仪式。

17日

太原市五育中学、成才中学、凤凰外国语学校、同心外国语学校、师爱中学、文华中学、三立中学、南海中学和杏花中学等9所“公参民”学校转为公办学校。

△太原市人民医院成为国家心血管病中心心衰专病医联体成员单位。

18日

晋源稻花城项目启动仪式在晋源区稻田公园举行。李新春出席并宣布项目启动，副市长程永平参加。该项目北起风峪河，南至小牛线，西起天龙山景区，东至汾河景区，总面积约135平方千米，涉及26个村，总投资约46亿元。

△太原市城镇集体工业联合社被中国轻工业联合会、中华全国手工业合作总社授予“全国联社系统先进集体”称号。

19日

太原市的“盛世的微笑——天龙山石窟回归佛首特展”入选国家文物局2021年度“弘扬中华优秀传统文化、培育社会主义核心价值观”主题展览重点推介项目。

△由中车太原公司生产的45辆救护车交付市急救中心使用，包括20辆负压监护型救护车、20辆普通救护车、5辆妇儿监护型救护车。

△山西副省长卢东亮带领省直有关部门负责人到中北高新技术开发区调研，并在中北高新区管委会召开座谈会。刘俊义参加。

20日

晋中榆社至太原开通定制客运专

线，从榆社乘车，可途经太原重要的交通枢纽和重点医院。人均票价33元。

21日

截至21日，太原市累计为327万余人接种新冠病毒疫苗，其中202万余人完成两剂次接种，接种剂次和接种人数均居全省第一。

△太原市政协主席操学诚带队到娄烦县米峪镇乡郭家庄村开展驻村帮扶工作。

△古交市医疗集团中心医院举行县域双肺中心项目启动会，成为全省首家启动该项目的县级医院。

22日

太原市矿山救护大队39人和综合执法队6人到河南郑州参加抢险救援。

△魏民带领调研组，到晋源区调研人大代表联络站（点）建设情况。市人大常委会副主任李增锁、张磊、冯原平参加。

23日

太原方特东方神画开园。太原方特位于阳曲县，园区面积约40万平方米。园内包含11项室内大型高科技主题项目、32项室外游乐项目和200多项特色休闲景观，是一个集华夏历史文明、现代科技、艺术创新于一体的文化产业基地。

△美锦氢能年产2万吨工业高纯氢项目建成投产。

23日至25日

“山西省首届社会化生态农业发展论坛”在娄烦县静游镇美美公社·青年文化产业园举办，论坛以“相互看见，协同发展”为主题。

24日

天龙山石窟佛首回归仪式在太原举行，流失海外近一个世纪的天龙山石窟第八窟北壁主尊佛首重归故土。

△由国家文物局、山西省政府指导，山西省文物局、太原市政府主办，太原市文物局承办的新时代石窟寺保护研究与实践学术研讨会在太原举行。

26日

太原市住房公积金贷款浦发银行服务大厅启用。

26日至28日

全国人大常委会委员、外事委员会副主任委员、民革中央副主席张伯军率民革中央调研组在太原调研加快发展黄土高原有机旱作农业。

28日

5时30分许，太原突降暴雨，6名在北沙河下游作业的环卫工人被洪水冲散，其中3人逃生、2人死亡、1人失踪。

△太原市小街巷改造工程首批工程启动。

△太原市规划和自然资源局在太原市中海国际社区·观邸项目交房现场，为小区业主颁发不动产权证书，业主在拿到新房钥匙的同时，还领到不动产权证书，标志着太原市进入“房证同交”时代。

△太原市防震减灾中心被中国地震局授予“防震减灾工作优秀奖”。

30日

中北高新技术产业开发区落地、开工、投产。罗清宇、张新伟出席。

30日至8月8日

太原首届青岛啤酒节在铜锣湾购物中心举行。

31日

太原市所有面向中小学生（含学龄前儿童）的学科类校外培训机构线下培训一律暂停。校外培训机构不得占用国家法定节假日、休息日及寒暑假期组织学科类培训。

同月

娄烦县《百村变迁》出版发行。全书约66万字，250余幅图片，记述发生在娄烦的140多个脱贫攻坚故事。

8月

4日

山西省第六批省级文物保护单位名单公布，太原市新增10处省级文物保护单位，分别是石岭关城址、晋恭王墓、古城营九龙庙、西蒲甘露寺、罗家曲观音寺、大常寿宁寺、山西私立进山学校旧址、山西机器局旧址、阎氏家宅、晋绥边区八专署旧址。至此，太原市各级文物保护单位数量变更为541处，其中，“国保”38处，“省保”28处，“市保”143处，“县保”332处。

5日

太钢集团与太原科技大学举行产学研合作签约仪式。

6日

《太原日报》报道，上半年，太原环境空气质量排名在168个重点城市中退出后10位，改善幅度列第10位。

△微电影《燎原》上线，讲述革命先驱高君宇建立山西党组织的故事。

△太重轨道交通公司的改革创新实践经验，入编国务院国资委编写的《改革创新：“科改示范企业”案例集》。

△山西博物院的“一种用于修复古代书画折痕的方法”和“一种用于古代纸质文物保护的加固剂及其使用、制备方法”通过国家知识产权局授权，获得国家发明专利证书。

△太原市妇幼保健院长风院区临床技能实训中心投入使用。临床技能实训中心占地面积700平方米，具有现代化模拟教学仪器和培训设施。

9日

交通运输部发布通报，命名太原市为“国家公交都市建设示范城市”。

12日

太原移动与华为公司开通全市首个700MHz的5G新基站示范站——“新开南巷”站点，启动全省700MHz 5G网络建设。

13日

太原市计划建设的10座人行天桥全部开工，10月建成投入使用。

14日

太重首台4.5兆瓦风电机组并网发

电，标志着太重跨入陆上风电机组低成本大功率发电的发展新阶段。

16 日

太原理工大学在镁铝复合板轧制技术中取得重大突破，实现镁铝完美“结合”。

△太原市政府印发《全市城镇小学校“放心午餐”工程实施方案》，从秋季开学开始逐步在全市城镇小学开展“放心午餐”工程，每名学生每餐财政给予 3 元补助。

17 日

太原市委党校青年教师张盛华撰写的论文《中国共产党建党 100 年来从严治党的历程、经验与启示》入选《庆祝中国共产党成立 100 周年理论研讨会论文集》，这是全省唯一入选的论文。

17 日至 23 日

工信部和国家卫健委公示 5G+ 医疗健康应用试点项目名单。太原市急救中心 5G+ 应急救治项目入选 5G+ 急救诊治方向，市人民医院 5G+ 智慧医疗、阳曲县医疗集团 5G+ 医疗健康应用项目入选 5G+ 远程诊断方向。

18 日

中国金属学会公布第十一届“中国冶金青年科技奖”获奖名单，太钢技术中心正高级工程师李俊获得中国金属学会冶金青年科技奖。

△太钢集团炼铁厂六高炉中控班组和不锈钢冷轧厂连轧作业区获“全国青年文明号”称号。

20 日

太原市妇联、市农业农村局联合举办“乡风文明户”“最美庭院”经验交流会，评出太原市 1000 户“乡风文明户”、200 户“最美庭院”。

23 日至 25 日

全国政协副主席卢展工率全国政协提案委员会调研组到山西，围绕“加大中医药资源的发掘和保护”重点提案开展督办调研，并在太原召开座谈会。

25 日

2021 年度“新时代山西好少年”名单公布，太原市第五十三中学校王伟栋、太原市杏花岭区五一路小学王紫涵、山西现代双语学校郑泽嘉、太原市万柏林区万科紫郡小学麻笑妍入选。

△文旅部和国家发展改革委公布第三批全国乡村旅游重点村名单，太原市娄烦县静游镇峰岭底村入选。

26 日

太原市重点用能单位能耗在线监测平台完成建设。

△太重首个自有风电场——苏尼特右旗格日乐乌日希勒风电场并网成功。

27 日

太原仲裁委员会知识产权仲裁院挂牌成立。

△古交首座跨汾河景观桥——火山二桥竣工通车。火山二桥以“西山晓月”为主题，采用下承式连续梁拱桥施工技艺，桥长 218 米，宽 27 米，双向四车道，总投资 8900 多万元。滨河北路改建、扩建工程总投资 1.1 亿元，全长 2500 多米，路宽 30 米。

29 日

山西大学东山新校区启用，首批师生入住。新校区位于小店区南中环东街 63 号。规划总建筑面积 79.69 万平方米，第一阶段建设 43.96 万平方米。政治与公共管理学院、法学院、经济与管理学院、生命科学学院、环境与资源学院及相关学科一级研究单位迁入新校区。

30 日

山西大学入选“国家知识产权信息服务中心”名单。

31 日

国家发改委印发《关于太原武宿国际机场三期改扩建工程项目建议书的批复》，工程总投资约 239 亿元，项目计划建设工期 4 年。

△太原市清徐县清源路社区、小店区亲贤社区等 7 个社区入选 2021 年“全国示范性老年友好型社区”。

9 月

1 日

晋阳里开业运营，为山西省首条滨水商业街区。

△太原市审批局开始在建筑工程验收环节推行“视频勘验”新模式，企业足不出户即能完成手续审批。

△太原市房地产市场监测和研究中心启动“群众自查自纠服务”，帮助群众了解个人房产状况。

△美锦能源联合氢山科技成立美锦碳资产运营有限公司。

△商务部和市场监督管理总局共同发布“国家级服务业标准化试点（商贸流通专项）”名单，太原市被列为“商贸流通标准化专项试点城市”，山西穗华物流园有限公司、山西贡天下电子商务有限公司被列为“商贸流通标准化专项试点企业”。

△美锦能源制氢工厂投产，配套运营 100 辆氢燃料电池重卡上路运营，成为全国最大氢能重卡示范场地。

2 日

《太原日报》报道，太原市开展低收入人口动态监测工作，对低收入人口摸底排查和数据信息采集，凡符合低收入人口条件的生活困难群众均可向所在乡镇（街道）救助部门自主申报。

3 日

2021 年太原能源低碳发展论坛在晋阳湖国际会议中心开幕，举行重大项目签约仪式。23 个重大项目现场签约，总金额约 490 亿元。

△万柏林区中心医院、阳曲县人民医院、太原安定医院升级为二级甲等医院。

4 日

太原能源低碳发展论坛、德国博众能源转型论坛、山西省能源研究会举行三方合作备忘录签约仪式。中欧清洁能源转型国际研讨会成为太原论坛的永久分论坛，交替在中、德两国举办。

6日

太原植物园亮化工程获第九届国际照明展览会阿拉丁神灯奖工程类优秀奖。

7日

地铁大南门站1、2号线联络线贯通。

△太原卫星发射中心用长征四号丙运载火箭，成功发射高分五号02星。

△由工业和信息化部、福建省人民政府、厦门市人民政府主办的第二届促进金砖工业创新合作大赛获奖名单揭晓，太钢集团参赛的“太钢区块化多链耦合减污降碳的创新与实践”环保创新项目获得优秀项目奖。

9日

太原市“百企兴百村”行动启动。

△在第21届中国国际投资贸易洽谈会期间，太原、厦门两市深化合作项目对接，13个项目现场签约，涉及金额127.19亿元。

13日

山西省太原市国家加工贸易产业园成为全国首批13家国家加工贸易产业园之一。该产业园以山西转型综改示范区北部阳曲片区、中部核心片区、南部潇河片区3个片区为实施区域，总面积30.10平方千米，依托现有产业基础，构建以电子信息产业为主，轨道交通、生物医药、航空产业等特色产业强链延链的产业发展格局。

△在北京举行的2021世界机器人大赛锦标赛落幕，太原科技大学机械工程学院5名学生组成的团队，获大学组智能挑战赛冠军。

14日

山西省委书记林武到太原市尖草坪区、阳曲县和忻州市忻府区进行调研。罗清宇、李凤岐、韦韬参加。

△太原市政府新闻办举行“小康圆梦”——太原市全面建成小康社会系列新闻发布会市卫健委专场发布会。截至13日，太原市累计接种新冠病毒疫苗828.50万剂次、426.80万人，其中369.80万人完成全程接种，18岁以上人口一剂次接种399.90万人，12岁至17岁人口一剂次接种27万人。

14日至17日

全国政协副主席、全国工商联主席高云龙率全国政协专题调研组，到太原、临汾、运城等地，就推动金融与制造业协同发展进行调研。

15日

林武到太原市清徐县，调研煤焦产业绿色低碳发展和煤基新材料产业发展情况。罗清宇、李凤岐、于英杰参加。

△全市银行行长联系民营企业和企业家推进会举行。太原市民营经济转型发展服务基地揭牌。

16日

太原市总工会在市交通学校举行“新时代职工技能实训基地”“‘六新’职工创新工作室”授牌仪式。命名西山煤电（集团）有限责任公司教育中心等10个职工技能实训基地为太原市“新时代职工技能实训基地”，给予每个实训基地5万元补助，用于实训基地建设及活动开展。

17日

中北大学“省部共建动态测试技术国家重点实验室”获科技部批准建设运行。

19日

太原市钟楼步行街开街运营。该街于2020年4月开始改造，整个钟楼街片区改造24条街道，重点打造靴巷、帽儿巷等12条步行街，步行总长1500米，结束太原没有商业步行街的历史。

△“圆梦小康庆丰收，乡村振兴感党恩”山西省农民画展在中华傅山园展出。展览展出100名画家的100余幅画作精品，反映全面建成小康社会的伟大成就和新农村建设成果，展期20天。

22日

全市职工庆祝建党100周年文艺展演活动在太原工人文化宫举行。

23日

2021山西农业品牌发布会在山西省农产品国际交易中心举办。现场发布入选全国名特优新农产品的山西68个品牌名录、2021年首批100个晋字号特优农产品品牌、20个功能产品品牌及13个市域公用品牌。

24日

太原市与上海交通大学共建的“红色教育和国情教育基地”揭牌，共同举办的《百年薪火耀中国》展览开展。

△张新伟与广东高科技产业商会会长王理宗一行举行工作会谈，就战略性新兴产业项目合作深入交流。

25日

山西特产总汇展示中心在国家AAA级旅游景区老西醋博园启幕。“广誉远”“六味斋”“东湖老陈醋”“鑫炳记”等众多中华老字号、国家级“非遗”在展示中心展示。

26日

太原市中医学会信息化专业委员会成立，填补全市乃至全省中医药信息化领域社会组织的空白。

△国家教材委员会发布《关于首届全国教材建设奖奖励的决定》，中北大学八旬教授毕满清获得“全国教材建设先进个人”称号，这是山西省唯一获此荣誉的个人。

26日至29日

中国共产党太原市第十二次代表大会召开。罗清宇代表中国共产党太原市第十一届委员会向大会作《牢记领袖殷殷嘱托　全方位推进高质量发展　全面再现“锦绣太原城”盛景》的报告。大会的主题是：高举习近平新时代中国特色社会主义思想伟大旗帜，牢记领袖嘱托、践行初心使命，全方位推进高质量发展，在转型发展上率先蹚出一条新路，全面再现“锦绣太原城”盛景。

27日

2021年“太原·清徐农业新品种新技术地展博览会”在徐沟镇西怀远村

召开。展会设置5大区域板块，以夏、秋两季为主题，涵盖设施种植和露地种植，展示来自全国各地的278个新优品种，展示面积10.67万平方米。

28日

中国连锁经营协会发布2021中国城市便利店指数，太原位列第三。

29日

由山西省工信厅、省商务厅等主办的2021年山西（太原）铝产业高质量发展论坛在太原举行。

30日

太原市汾河生态修复治理四期工程开园。该工程上年6月开工，北起上兰汾河漫水桥，南至柴村桥北500米，长约1万米。东、西以防洪堤坝为界，设计防洪标准为百年一遇。建设内容主要包括堤岸防护、河槽局部拓宽、柴西堰重建、生态修复及配套工程等。形成约366万平方米的人工湿地，其中绿地面积218万平方米，水面面积148万平方米，蓄水总量约550万立方米。东、西两岸共设置16处出入口、景观人行桥1座、电力箱涵1043米、自行车专用道10千米。

△中国煤炭工业协会印发《关于发布2019—2020年度煤炭行业两化深度融合优秀项目的通知》，太原研究院“矿山智能无轨运输车辆技术研究”及“复杂条件下掘支运一体化技术及锚索机器人”两个科研项目入选。

同月

晋商博物院被中国侨联确认为第九批中国华侨国际文化交流基地。

10月

1日

晋源区稻花城（稻田公园）开园暨第四届花卉艺术节开幕。

△太原市最低工资标准上调，迎泽区、尖草坪区、杏花岭区、万柏林区、晋源区、小店区、古交市、清徐县全日制用工月最低工资标准为1880元，全日制小时最低工资标准为10.8元，非全日制用工小时最低工资标准为19.8元；阳曲县全日制用工月最低工资标准为1760元，全日制小时最低工资标准为10.1元，非全日制用工小时最低工资标准为18.5元；娄烦县全日制用工月最低工资标准为1630元，全日制小时最低工资标准为9.4元，非全日制用工小时最低工资标准为17.2元。

2日

第一届山西省智力运动会在山西体育中心开幕。

4日

太原市气象台连续发布暴雨蓝色气象灾害预警，未来12小时内，万柏林、杏花岭等地区将有50毫米以上降水。随即启动防汛Ⅳ级应急响应。

5日

太原市晋剧艺术研究院晋剧《烂柯山下》，入选第17届中国戏剧节。

8日至16日

高君宇事迹资料展在北京大学红五楼庭院开展。本次展览采用图文展板的方式陈列布展，通过“立志报国”“追求真理”“驰骋南北”“光照千秋”“情比金坚”五个部分，回顾无产阶级革命家、山西党团组织创始人高君宇的生平事迹和革命活动，全面展现高君宇的成长经历和思想历程。

9日

由山西太钢不锈钢股份有限公司等单位主持制定的不锈钢精密箔材国家标准通过全国钢标委专家的审定。

10日

第七届韬奋学术研讨会暨山西大学新闻专业建设40周年学术论坛在太原召开。40余名专家学者围绕邹韬奋的新闻思想、新闻实践、新闻精神以及当代价值等展开研讨。

12日

在全国教材工作会议暨首届全国教材建设奖表彰会（视频会）上，由山医大一院第一临床医学院副院长韩清华教授作为第一主编、人民卫生出版社出版的教材《内科学（第8版）》获得首届全国教材建设奖——全国优秀教材（职业教育与继续教育类）二等奖。

15日

2021山西省民营企业100强发布会在太原市举行，太原市13家企业入列“百强”榜单。

△太原市晋祠博物馆的晋祠国风文化节入选“2021全国文化遗产旅游百强案例”。

△由中国质量协会《中国质量》杂志社举办的2021年度“中国质量创新与质量改进成果发表交流活动”结束，中国宝武太钢集团山西钢科碳材料有限公司“国产T1000级碳纤维工程化制备技术开发”项目获得质量创新组最高奖项示范级成果。

19日

由中国市长协会、北京爱尔公益基金会共同发起的全国惠民工程——“万户健康”公益项目首站落地太原，国内首创的公益保险——太原“万户健康保”上线。

△中国宝武太钢集团通过山西省红十字会，向遭受洪涝灾害的灾区捐款1亿元，定向用于山西省防汛救灾和灾后恢复重建等工作。

22日

《太原日报》报道，山西省重点工程领导组办公室公布2021年省级重点工程中期调整项目名单，太原市有10个重大项目成为省级重点工程，分别是京东山西订单生产中心及智能制造生产中心项目，山西综保产业冷链加工项目，小牛线西延（人民路—滨河东路）建设工程项目，国网山西省电力公司服务“三个一批”电网基建系列工程项目，太原市鹏飞农产品冷链加工项目，东方雨虹山西（太原）建筑新材料智能制造生产基地项目（一期），厚生锂离子电池隔膜项目，山西亿森新材料新型复合材料生产项目，山西综改区百亿级智能终端制造产业项目一期，山西华阳中来光电年产16吉瓦高效单晶电池智能工厂项目。

23日

第五届能源互联网与能源系统集成国际会议在太原举行。本届会议由IEEE电力与能源协会、中国电机工程学会、太原理工大学和清华大学共同主办，以“碳中和与能源互联网”为主题，旨在促进构建智能互动、安全可控的以新能源为主体的新型电力系统，有1050名专家和代表通过线上+线下方式参加，共征集到来自不同国家和地区的论文1122篇。

23日至24日

太原师范学院举办碳中和研究院成立大会暨首届碳中和高端论坛，这是山西省高校系统成立的首个关于碳中和研究的科研机构。

26日

国家紧急医学救援队（山西）96名队员，13辆应急处置车，驰援内蒙古自治区额济纳旗，协助当地开展医疗服务，主要承担当地群众的日常医疗服务。

27日

太原市移民事务服务中心挂牌成立。这是山西省设立的首家移民事务服务中心，为在并外国人提供“一站式”综合服务。

△太原市知识产权协会成立大会暨第一届会员代表大会召开。40余家会员单位参会。

28日

一架空客A319飞机飞抵太原武宿综合保税区禧佑源航空科技集团有限公司进行保税维修，标志着山西省首单保税区内维修业务启动。

△第六届全国专业技术人才表彰会在北京召开，山西白求恩医院副院长张瑞平获第六届“全国杰出专业技术人才”称号，是山西省医疗卫生系统唯一获此称号的医务工作者。

29日

“天下云长——关公文化展”在山西博物院会展中心展出。展览由山西博物院、关公文化研究院、运城市文物保护中心联合举办，分三个单元，展出130余件（组）历史珍贵文物。

30日至31日

“2021山西·太原人才智力交流大会”在晋阳湖国际会议中心庆典广场举办，线上线下1500余家招聘单位推出8万余个岗位供求职者选择。线下设立招聘展位462个，提供招聘岗位2.3万余个。

同月

太重轨道交通公司车轴厂精锻线锻造车轴9317根，打破精锻线自投产以来的历史最高单月产量纪录。

△月初，受乌马河、象峪河上游水库泄洪和持续降雨影响，清徐遭受严重洪涝灾害，全县过洪面积约1510公顷，造成18个村庄近5万人受灾，4221户房屋不同程度受损，工农业、基础设施及家庭个人直接经济损失约13.43亿元。

11月

1日

央视新闻频道以“群峰秋色盈、崛岬红叶遍山野”为题，报道太原市崛岬山秋景。

△晋西车轴铁货分公司创出日产24辆NX70A型铁路货车的新纪录。

△由工业信息化部、财政部主办的第六届“创客中国”中小企业创新创业大赛全国总决赛在重庆落幕，中北大学“半导体工业量子相机”项目获得大赛创客组三等奖，为山西省唯一获奖项目。

△太原市领导干部大会召开。陈安丽宣布省委决定并讲话。省委决定，韦韬任太原市委委员、常委、书记，罗清宇不再担任太原市委书记、常委、委员职务。

2日

山西省委常委、副省长、市委书记韦韬在清徐县调研，并督导灾后恢复重建工作，看望慰问受灾群众。

△山西省政府核定山西省第一批省级红色文化遗址名录，191处省级红色文化遗址中，位于太原市的有13处，分别是：中共太原支部旧址（彭真生平暨中共太原支部旧址纪念馆）、革命烈士纪念塔、太原双塔革命烈士陵园、郑村革命烈士陵园、山西国民师范革命活动旧址、牛驼寨烈士陵园、八路军驻晋办事处旧址、太原市黄坡烈士陵园、清徐县革命烈士陵园、中共阳曲县委旧址、高君宇故居、米峪镇战斗遗址、晋绥边区八专署旧址。

3日

2020年度国家科学技术奖励大会在人民大会堂举行。山西大学光电研究所所长张靖领衔的“基于超冷费米气体的量子调控”项目获国家自然科学二等奖；副校长、资源与环境工程研究所所长程芳琴领衔的“煤矸石煤泥清洁高效利用关键技术及应用”项目获国家科技进步二等奖。

5日至10日

第四届中国国际进口博览会在国家会展中心（上海）举行。太原交易分团由360家单位的976名采购商组成。张新伟带队，刘俊义参加。签约23个采购项目，主要涉及食品、医疗设备。

6日

2021年长三角精准招商引资推介签约会在上海举行。太原市政协推介的古交市“新能源农业产业园农光互补项目”在会议现场与广东省电力开发有限公司签约。该项目计划投资4.5亿元，按照资源节约、多产业协同发展的思路，在古交市打造集光伏发电、新能源农业和旅游业为一体的绿色经济示范基地。

8日

太原市政府办公室公布《太原市文化和旅游突发事件应急预案》。根据文化和旅游突发事件的严重程度、可控性、救援难易程度和影响范围，应急响应由低到高设定为Ⅳ级、Ⅲ级、Ⅱ级、Ⅰ级四个等级。

10 日

太原市 31 个市直部门和 12 个县区（开发区）完成 5659 个事项的目录编制工作，并经省政务信息管理局相关部门反馈确认，全市政务数据资源目录编制工作阶段性任务完成。

11 日

“晋情消费·嗨购龙城”——2021 太原城市购物节开幕。定向发放 6000 万元消费券，其中 4000 万元为购物节专项消费券，2000 万元为清徐县救灾专用消费券。

△太原市肝胆胰肿瘤转化治疗中心落户市人民医院。

△太原市通过视频连线方式参加国家可持续发展议程创新示范区的典型案例编写研讨会，矿山生态修复——太原“西山模式”受到科技部专家的肯定。

△太原市行政审批服务管理局为太原旭凰房地产开发有限公司的尖草坪区三给片区摄乐村城中村改造（地块一北区）项目的 1 号楼、6 号楼核发土方开挖及桩基阶段施工许可证，这是太原市乃至全省首次实行房屋建筑工程施工许可证分阶段发放。

15 日

农业农村部公示全国农业全产业链重点链和典型县建设名单，太原市清徐县高粱全产业链入选全国农业全产业链典型县建设公示名单。

16 日

中国煤炭科工集团太原研究院有限公司自主研发的全国首套掘进工作面智能人员防护系统，在神东煤炭集团补连塔煤矿成功应用。

17 日

迎泽大街东延段通车。由太原迎泽大街下穿火车站到东中环路长 1.23 千米，开通后的迎泽大街从西到东 16 千米。东延段路面红线宽 70 米，主线路面宽度达到 32 米，为双向 8 车道。

△太原古县城十字街入选省级旅游休闲街区。

19 日

太钢先后被两大国际领先企业授予供应商大奖：在美国通用电气（简称 GE）水电公司的全球供应商大会上获“最佳突破奖”；在西门子中国公司供应商大会上，太钢作为国内钢铁行业唯一代表获“最佳综合竞争力奖”。

△西山矿务局东曲矿研制出新型智能化煤矿巷道轨道测距车，并获得国家实用新型专利证书。

△国家发改委、财政部和农业农村部联合发布《创建农业现代化示范区名单（第一批）》，太原市清徐县入选。

20 日

太原卫星发射中心用长征四号乙运载火箭成功发射高分十一号 03 星，卫星进入预定轨道。

22 日

张新伟与上海国盛集团党委副书记、上海硅产业集团副董事长姜海涛一行举行工作会谈，就项目合作交换意见。

△算丰科技（全球人工智能芯片领军企业）入驻山西数据流量生态园。

23 日

太原市娄烦县与山西五色源农产品科技开发有限公司、云南河口万兴商贸有限责任公司达成 2 万吨“娄烦山药蛋”出口东南亚的贸易订单，交易额 1200 多万元。这是“娄烦山药蛋”首次出口东南亚，实现娄烦县农产品出口创汇零的突破。

△太重国内首套无缝钢管智能化生产线试车成功。

26 日

太重集团先后与山西、云南两家焦化公司签订项目合同，为两家公司量身定制被称为国内标杆工程的 7.6 米顶装焦炉设备和国际上集成化程度最高的 6.78 米捣固装煤推焦一体机。至此，太重具备研发制造适用于各种炉型的先进焦炉机械成套设备的能力，在安全、稳定、智能、环保等方面均达到国际领先水平。

△韦韬与中国铁建党委书记、董事长汪建平一行举行工作会谈，就进一步加强双方合作深入交流。

27 日

山西白求恩医院完成山西省首例“双肺移植手术”。

28 日

中央宣传部、中央文明办、全国妇联召开加强家庭家教家风建设工作推进会，揭晓 2021 年全国“最美家庭”。太原市迎泽区高思恩家庭、阳曲县姜爱清家庭、娄烦县王存兰家庭入选。

29 日

《太原日报》报道，在中国大学生计算机设计大赛人工智能挑战赛（智慧物流赛道）全国总决赛中，太原科技大学智慧物流分拣机器人战队获得全国一等奖。

△中北大学省部共建动态测试技术国家重点实验室大楼奠基动工，这是该校首个“国字号”实验室，项目总投资约 1.8 亿元。

30 日

太原市教育局、市发改委、市财政局、市人社局、市税务局五部门联合印发《太原市中小学校课后服务实施意见》，全面推行课后服务“5+2”模式。

△太原市图书馆被文化和旅游部授予“全国文化和旅游系统先进集体”称号。

△太原中来 110 千伏输变电工程竣工投产，这是山西省首座 110 千伏智能预制舱式变电站。

同月

在 2021 年度全国文化遗产云传播精品征集推介活动评选中，天龙山石窟博物馆“美成天龙——天龙山石窟数字复原展”入选全国文化遗产云传播（云展示）十佳项目。

12 月

1 日

教育部公布第二届全国高校思想政治理论课教学展示暨优秀课程观摩活动评选结果，太原科技大学马克思主义学院的教师骆婷和武艳红获“马克思主义基本原理”和“中国近现代史纲要”课程的教学展示一等奖。

2 日

太原清控创新基地、太原智慧产业园入选工业和信息化部 2021 年度国家小微企业创业创新示范基地名单。

3 日

太原市古交市 100 兆瓦独立储能电站综合利用示范项目、玖方古交共享储能示范站项目（一期）、光储网充示范工程 3 个项目入选山西省首批 15 个“新能源＋储能”试点示范项目。

4 日

国家发改委公布《“十四五”特殊类型地区振兴发展规划》。清徐经济开发区成为全国 20 家县级产业转型升级示范园区之一。

6 日

在全国机械冶金建材行业职工技术创新成果展示暨“创新百强班组”发布活动中，太原重工轨道公司车轮锻轧工部 B 组，被评为全国“创新百强班组”。

7 日

太原市公安局交警支队机动大队——“龙城铁骑”被公安部评为全国公安机关“成绩突出交警大队”。

△韦韬与汇川技术董事长朱兴明一行举行工作会谈，就双方开展合作进行交流。

8 日

太忻经济区（太原片区）建设启动大会在规划的大盂产业新城召开。韦韬出席并讲话，张新伟主持。

△ 2021 太原国际马拉松赛采取线上赛形式举办。比赛时间为 12 月 8 日 12 时至 12 月 24 日 17 时，设有忠粉跑、标准跑、欢乐跑 3 个项目，每个项目分设全程马拉松（42.195 千米）、半程马拉松（21.0975 千米）和 5 千米跑 3 种参与形式。

△安永华明会计师事务所（特殊普通合伙）山西分所、安永（中国）企业咨询有限公司山西分公司、安永中恒工程造价咨询有限公司山西分公司开业。这是安永在大中华区的第 32 家分支机构，标志着全球四大会计师事务所之一的安永落户太原。

9 日

山西省首家涉外示范社区——万柏林区理工大社区挂牌“涉外示范社区”。

△“2021 中国山西·创新生态大会”在山西智创城 NO.2 举行，大会以“打造创新生态，助推区域发展”为主题，围绕主旨演讲、计划发布、签约仪式、高峰论坛 4 个单元进行。

△陈安丽在太原主持召开人才工作座谈会，了解贯彻落实中央人才工作会议和省第十二次党代会精神情况，听取制定完善全省人才政策意见建议。张新伟，武晓花出席，太原市、县有关单位和部分驻并企事业单位参加。

12 日

在第二十五届全国发明展览会——“一带一路”暨金砖国家技能发展与技术创新大赛中，太钢 20 项职工创新成果专利项目参展，16 项获全国发明奖。其中，金奖 10 项、银奖 1 项、铜奖 5 项。在获奖项目中，有 1 项同时获青少年发明奖。

13 日

太原市卫健委印发《关于同意成立太原市急救中心山西医科大学第一医院急救分站的批复》，山医大一院 120 急救分站成立。这是山西省首个省级三甲综合医院急救分站。

△人社部公布第五批“国家级充分就业示范社区”名单，太原市小店区汾东南路社区成为第五批“国家级充分就业示范社区”。

14 日

太钢研制成功适用于蟠龙抽水蓄能电站项目的超高性能顶级牌号无取向硅钢，并实现批量生产。标志着太钢高品质硅钢研发进入世界领先行列。

△太原市清徐县入选“全国百家农业现代化示范区”创建名单。

△太原市与太平洋建设集团签署战略合作框架协议。韦韬出席签约仪式并与太平洋建设集团董事局主席严昊一行举行工作会谈。市领导刘俊义、刘鹓、卢俊峰出席。

15 日

中共中央、国务院在北京召开平安中国建设表彰大会，太原市阳曲县被评为“2017—2020 年度平安中国建设示范县”。

18 日

太原市消费者协会获得“2020—2021 年度全国消协组织先进集体”称号，这是该协会连续八年获此称号。

△太原市城市综合管理服务平台通过国内城管信息化领域专家的验收。标志着太原实现三县一市、城六区、两个开发区城市管理信息化平台全联网、全覆盖，构建起全市最大的城市管理公共服务网络。

20 日

中国机械工业企业管理协会发布 2021 年“中国机械 500 强”榜单，太原重型机械集团有限公司位列第 330 位。

22 日

位于智创基地的山西大地紫晶大数据共享平台建成投入使用，为全市乃至全省政务、公安、交通、金融、工业等行业提供数据采集、存储和加工等服务。

△太原市杏花岭区三桥街道办事处被国务院第七次全国人口普查领导小组授予“第七次全国人口普查先进集体”称号。

△中华全国总工会党组成员马璐率

走访慰问团到太原市开展全总2022年“两节”“送温暖”活动。慰问团一行到申通快递太原转运中心和太原重型机械集团，到企业车间进行走访慰问，向基层职工、劳动模范、困难职工送上党和政府的温暖。到劳模顾翠云、职工代表张艳军家中进行入户慰问。

23日

太原市见义勇为人员奖励慰问会议在公安迎泽分局举行，对张崇虎等13名见义勇为先进个人和2个先进群体予以奖励慰问。

26日

全国大学生电子设计竞赛中，中北大学获得全国一等奖3项、二等奖10项，成绩位列全省高校第一。

27日

2021山西数字经济成果展暨数字化转型助力“双碳”战略交流会在太原开幕。

29日

山西省太忻经济一体化发展促进中心及分支机构揭牌仪式在太原举行。林武、蓝佛安出席并共同揭牌。

△太忻经济一体化发展太原区运营中心揭牌活动举行。韦韬揭牌并主持召开座谈会，张新伟共同揭牌。市推进太忻一体化经济区建设领导小组相关负责人出席。

△《太原日报》报道，太原市政府与泰康保险集团签署战略合作协议，促进太原经济转型发展和民生事业发展，推动泰康大健康产业在太原落地。

△太原北（崛岬）500千伏输变电工程投运。该工程位于太原市尖草坪区柏板乡，包括太原北（崛岬）500千伏变电站新建工程、500千伏侯云线TT接入太原北线路工程、太原北—云顶山二回500千伏线路工程及相关配套通信工程，项目投资约5.82亿元。

30日

《太原日报》创刊70周年座谈会召开。

△太原市举行省属企业及太钢集团招商引资对接座谈会。韦韬主持并讲话。

△山西省汾河二库水利风景区入选水利部景区办“国家水利风景区高质量发展典型案例”名单。风景区位于汾河上游最大的峡谷地带，总面积25平方千米，水域面积5平方千米，林草覆盖率90%，水库水质为地表水Ⅱ类。2002年被水利部评为“国家水利风景区”。

31日

由山西博物院主办的“晋韵华彩——山西琉璃艺术”展览在山西博物院会展中心开展。该展览分“天地凝韵”“庙堂神韵”“古彩新韵”三部分，展出300余件（组）山西琉璃艺术精品。

△由全国工商联指导、中华工商时报社发起的2021年度“最具社会责任、最具品牌影响力、最具创新力、最具成长力”企业名单公布，山西综改示范区入区企业山西祥睿能源获评2021年度“最具成长力企业”，为山西省唯一一家。

同月

太原优鲜多歌供应链有限公司入选农业部2021全国主食加工业示范企业名单。该企业为美特好集团全资子公司，资产8.90亿元，是集生鲜食品基地工厂采购、研发、农产品深加工、全程冷链配送、销售为一体的共享供应链平台。

△太原植物园一期主入口项目在第十四届“中国钢结构金奖年度杰出工程大奖”中获得“中国钢结构金奖”。

同年

古交农村实现清洁取暖全覆盖。

△太原市档案馆馆藏档案总量突破100万卷（件），跃升至百万级档案馆行列。

△太原市地区生产总值实现5121.61亿元，增长9.2%，首次突破5000亿元。三次产业实现同步增长。第一产业增加值44.8亿元，增长7.7%，拉动GDP增长0.07个百分点；第二产业增加值2113.09亿元，增长10.2%，拉动GDP增长3.7个百分点；第三产业增加值2963.72亿元，增长8.6%，拉动GDP增长5.43个百分点。三次产业占GDP的比重分别为：0.9%、41.3%、57.8%。

（《太原年鉴》编辑部）

市情概览

A General Introduction of Taiyuan

自然理理

【位置　面积】太原市位于山西省中部、晋中盆地北部地区，地理坐标为北纬37°27′～38°25′，东经111°30′～113°09′。北、东、西三面群山巍峙，北靠系舟山、云中山，东据太行，西依吕梁，南接晋中平原，汾水自北向南纵贯全境。自古有“襟四塞之要冲，控五原之都邑”之称，东、东北与榆次区、寿阳县、盂县为邻，南与交城县、文水县、祁县、太谷区接壤，西、西北与岚县、方山县毗连，北与静乐县、忻府区、定襄县交界。

太原市轮廓呈簸箕形。最北端为阳曲县天翅垴，最南端为清徐县韩武堡，东端为阳曲县贾庄，西端为娄烦县大村沟。东西宽114.25千米，南北长107千米，周长约560千米。总面积6988平方千米，约占山西省总面积的4.50%。

（《太原年鉴》编辑部）

【地质　地貌】地质。太原地处山西断隆中部，位于吕梁断拱、大宁台陷、五台台拱、沁水台陷的交汇处，新生代晋中断陷盆地的北端，包括西山凹陷的大部。区内构造较为简单，构造线大体呈北东—南西向，盖层向东或东南缓倾斜。其中西山凹陷赋存有西山煤田，是山西省六大煤田之一。境内出露地层有中太古界前五台系，上太古界五台系，中元古界长城系，古生界寒武系、奥陶系、石炭系、二叠系，中生界三叠系，新生界第三系及第四系。岩浆岩有太古代、元古代及中生代三期。

地貌。太原市东、西、北三面群山合抱，中南部为汾河河谷平原，整个地势北高南低。地貌类型可分为山地、丘陵、平原、盆地、谷地五种。山地4528平方千米，占总面积的64.80%；丘陵904平方千米，占12.94%；平原1093平方千米，占15.64%；盆地279平方千米，占3.99%；谷地184平方千米，占2.63%。境内地势起伏较大，高低悬殊，位于境西北娄烦县的赫赫岩山主峰，海拔2708米，为全市最高峰；位于清徐县西青堆的汾河漫滩，海拔760米，为全市最低处，高差1948米。

（《太原年鉴》编辑部）

【气候】太原市地处大陆内部，属于暖温带大陆性季风气候，冬寒夏热、春秋短促、昼夜温差大、降水少且集中。冬季受西伯利亚冷气团控制，夏季受东南海洋湿热气团影响。随着季节的推移，两大气团在太原交互进退、此消彼长，发生着规律性的周期更替，形成冬季干冷漫长，夏季湿热多雨，春季升温急剧，秋季降温迅速，春、秋两季短暂多风，干湿季节分明的气候特点。2021年，太原市平均气温为10.8℃，较常年均值偏高0.8℃，平均降水量为607.10毫米，较常年均值（414.80毫米）偏多5成。年平均降水量为1979年以来最多，城区南部、古交市均突破有气象记录以来极大值。

（《太原年鉴》编辑部）

【土地资源】太原市土地利用总面积为691246公顷。其中耕地116598公顷，占利用土地总面积的16.90%；园地18101公顷，占2.60%；林地278073公顷，占40.20%；草地168062公顷，占24.30%；城镇村及工矿用地64659公顷，占9.40%；交通运输用地13779公顷，占2%；水域及水利设施用地16467公顷，占2.40%；其他土地15507公顷，占2.20%。

（《太原年鉴》编辑部）

【矿产资源】太原矿产资源丰富，主要有铁、锰、铜、铝、铅、锌等金属矿和煤、硫黄、石膏、矾、硝石、耐火黏土、石英、石灰石、白云石、石英砂等非金属矿。在矿物资源中以煤蕴藏最丰，铁矿次之，石膏居三。山西以盛产煤而有“煤海”之称。太原处在“煤海”中部，地质上称太原的煤藏为“太原系煤”，基础储量居全省第四位，是山西煤炭资源的主要组成部分。太原系煤不仅储量丰富，而且煤种齐全，焦煤、肥煤、瘦煤、贫煤、气煤、无烟煤应有尽有。市域含煤面积1368平方千米，占全市土地总面积的19.58%。已探明储量主要分布在古交市、清徐县、娄烦县、阳曲县及太原市西、东山境内，分属西山、宁武、沁水三大煤田。根据2021年底《山西省矿产资源储量数据库》，太原市累计查明煤炭资源储量167.50亿吨，保有资源储量144.98亿吨。太原煤炭资源具有含煤面积较广，储量丰富，煤种齐全，煤质优良；构造简单，倾角平缓；大部分地区瓦斯含量低，含煤地层及煤层稳定，埋藏较浅，利于开采等特点。（《太原年鉴》编辑部）

【水资源】 汾河由北向南纵贯全市，其间有大小几十条支流汇入，流域面积6331平方千米，占全市流域总面积的90.60%；依阳曲县轿顶山、文昌山、水头岭、两岭山一线以北温川河、乌河和泥屯镇岔上北部及高村乡西北部区域属海河水系滹沱河流域，流域面积657平方千米，占全市流域总面积的9.40%。太原市的水资源总量包括河川径流量3.09亿立方米和地下水资源量5.66亿立方米，扣除地表水和地下水相互转化的重复计算水量2.15亿立方米，共计水资源总量6.60亿立方米/年。

（《太原年鉴》编辑部）

【植物资源】 据调查，太原市有维管束高等植物140科、658属、1347种。其中，蕨类植物13科、15属、25种，种子植物127科、643属、1322种，具有植物资源丰富、植物起源古老、单种属植物较多等特点。

（《太原年鉴》编辑部）

【动物资源】 据调查，太原野生动物资源，有鸟纲16目、37科、173种，其中国家一级保护鸟类4种，国家二级保护鸟类27种，中日保护候鸟80种，山西省重点保护鸟类8种；哺乳纲6目、17科、42种，其中国家一级保护兽类1种，国家二级保护兽类5种，山西省重点保护兽类3种；爬行纲动物3目、4科、8种；两栖纲1目、2科、5种；鱼纲2目、4科、21种；甲壳纲动物1目、2科、2种；昆虫纲13目、70科、177种；蛛形纲2目、3科、10种。

（《太原年鉴》编辑部）

历史文化

【建置沿革】 太原简称“并”，古称晋阳、并州。国家级历史文化名城，全国园林城市。古交遗址、东六度西遗址、石千峰遗址等证明，旧石器时代太原就有人类生息繁衍，义井遗址、思西遗址、都沟遗址等证实，新石器时代太原先民创造出辉煌灿烂的文化，东太堡文化遗址、“许坦型文化”遗址分别展现太原地区夏、商时期的文化。周景王四年（前541），晋国荀吴率兵北征，太原地区始入晋国版图。周敬王二十三年（前497）前，晋卿赵简子命董安于修筑晋阳城（今太原市晋源区古城营村一带），所以太原又称晋阳。周贞定王十六年（前453），晋卿智伯率军联合韩、魏军队攻打并水灌晋阳城，反被赵襄子的谋士张孟谈以“唇亡齿寒”之喻，说服韩、魏与赵联合，大败智伯军，擒杀智伯，并三分其地，奠定“三家分晋”的基础。周威烈王二十三年（前403），周天子册封赵、韩、魏三家为侯，史称“三家分晋”，被认为是中国古代历史从春秋时代进入战国时代的重要标志之一。战国初期，晋阳为赵国都城，是赵国的政治、经济、文化、军事中心。秦庄襄王三年（前247），秦国设立太原郡，为太原设郡之始。秦统一中国后，太原郡为全国36郡之一。西汉元封五年（前106），汉武帝分天下为13州刺史部，并州刺史部为其中之一。这是太原简称“并”的渊源。东汉末年，匈奴南下，晋阳先后被后赵、前燕、前秦、西燕、后燕等政权交替占领。太原虽然处于各种政权的争夺之中，却也为民族融合和文化交流做出积极贡献。故而太原历史上也有“并州杂胡”一说。南北朝时，北魏、北齐以晋阳为下都、别都，“军国政务，皆出高氏，精兵宿将，咸萃晋阳，士马精强，远胜邺都”，史称晋阳为“霸府”。隋末，李渊父子起兵太原，攻克长安，建立唐朝。唐代，修筑晋阳的东城和“跨水联堞”的中城，晋阳（太原）城形成东城、西城、中城3座城，“周四十二里，东西十二里，南北八里三十二步，门二十四”。规模之大，气势之壮，为晋阳城的鼎盛时期。唐代以太原为“北都”“北京”，与京都长安、东都洛阳并称“三京”。唐玄宗开元十一年（723），改并州大都督府为太原府，治所晋阳，领辖晋阳、阳曲等13县，为太原设府之始。五代十国时期，后唐、后晋、后汉、北汉等都以太原为国都或陪都，因此，在民间太原有“龙城”之称。宋太平兴国四年（979），赵光义率兵灭北汉，降太原府为并州，移州治所于榆次县。七年，又将治所迁至唐明镇，并在唐明镇新建太原城，“罗城周十里二百七十步”。嘉祐四年（1059），改并州为太原府。元代设太原路（后改为冀宁路），明代复称太原府，辖5州20县，并扩建太原城，城周二十四里。清时为太原府。宣统三年（1911）辛亥太原起义，推翻清王朝在太原的统治。明清时期太原为晋商都会。民国十年（1921）设太原市自治行政公所。民国十六年，设省辖太原市。1949年4月24日太原解放后，为山西省省会，是山西省的政治、经济、文化中心。

（《太原年鉴》编辑部）

【人文太原】 古代传说。《左传·昭公元年》载台骀“宣汾、洮，障大泽，以处大原”，“大原”即“太原”，台骀降服汾河黑龙，洪水退去，露出平坦的土地，人们给这块沃野起名“太原”，很久以后，这块“龙”的土地上逐渐形成城市，于是太原又有了“龙城”的说法。相传大禹治水，“打开灵石口，空出晋阳湖”，“三过家门而不入”，太原是大禹治水的主要活动区域，有禹乘船在太原北部系舟山下停泊的传说。

历史人物。在中国古代历史上，晋阳山水孕育出众多彪炳史册的人物。有晋国立国创业的始祖和三晋文化的开创者唐叔虞，春秋古晋阳城的创建者董安于；有叱咤春秋之际政治舞台的赵国奠基人赵鞅，战国之初赵国第一代国君赵毋恤，北魏末东魏初的丞相高欢，后汉的创建者刘知远，北汉的开国皇帝刘崇；有享誉文坛的隋代史学家王劭，唐代著名诗人王翰、王之涣、白居易，唐代天文学家李淳风，宋代著名绘画史论家郭若虚，书画家王诜、米芾，元代著名散曲、杂剧作家乔吉，元明之际杰出的古典小说家罗贯中，明末清初思想家、书画家、医学家、文学家傅山，清代著名学者、考据学家阎若璩，画家、小说家刘璋；有身系国家安危的大臣西汉外交家常惠，唐代名相狄仁杰，明朝中叶重臣王琼；有驰骋疆场的三国魏名将郭淮、王昶，西晋保卫晋阳的刘琨，家喻户晓的北宋杨家将……他们对国家的统一、社会的发展、民族的融合、边疆的开拓、生产水平的提高、科学技术的进步和思想文化的繁荣，都曾做出过重大贡献，或曾起过不同程度的积极作用。

民间信仰。太原民间信仰众多，有大自然信仰，人神、俗神、鬼神和方术巫祝信仰等，充分体现在人们的生产生活中，如太原民间的各行各业大都有各自的行业祖师或行业神。财神是太原民间极为普遍的祭祀偶像，各行各业的工匠尤其是大小商贾对“财神爷”都毕恭毕敬，生怕在行为和语言上有所冒犯。太原民间历史上曾经供奉黑虎财神和比干、陶朱公、五路财神等诸多财神。但是，众财神中最受太原百姓欢迎而久祀不衰的要数关羽，民间称为“关公”“关老爷”或“关帝”。太上老君是太原境内铁匠、烧砖瓦匠、金银匠以及焊匠、锡匠、制陶匠等作坊工匠崇奉的行业神。染织手工作坊的祖师爷是梅、葛二仙。杜康历来是酿酒作坊祭祀的酒神。民间造纸作坊把蔡伦尊为行业祖师爷。太原过去的醋坊历来敬奉三类神祇，即醋仙翁、水神和财神。境内民间还流行多神信仰的风俗，许多作坊除崇奉自己行业特有的祖师神之外，还尊奉多个其他神祇。

饮食文化。太原人的传统饮食习俗以面食为主，副食是蔬菜和少量的肉类。长期重主食、轻副食。太原面食品种丰富，制作精美，尤以煮食类面食为代表，有“河捞”“拨鱼儿”“抿圪蚪”“揪片”“削面”“拉面”“剔尖”“溜尖”“擀面”“擦尖”“圪垛儿”“蘸片子”“擦圪蚪”“抿尖”“圪搓搓”“包皮面”“煮疙瘩”，等等。民间有“一面百样吃”和“七十二样家常饭”的说法。太原面食是山西饮食文化中的一枝奇葩，面食花样之多和制作之精，实令外地人称奇。

红色文化。太原是一座有着光荣革命传统的红色城市。新民主主义革命时期，太原最早点燃三晋革命的星星之火，是五四运动响应地、山西党团策源地、红军东征路经地、抗战文化传播地、抗日民族统一战线实践地、华北解放攻坚地、民主建政典范地。太原红色文化随着五四运动之后马克思主义的传播而出现，随着党在太原推动和实践抗日民族统一战线而形成，随着各解放区干部和中外专家支持太原工业建设而壮大，随着内陆省会日趋开放而发展。在太原解放和建设的历程中，一批批共产党人和先烈、众多普通先进劳动者为了城市的发展和繁荣，为了人民的幸福和自由，不怕牺牲，以身许国，谱写一曲曲道德之歌，树立一座座精神丰碑，由此使得太原红色文化承载了爱国主义、集体主义、为人民服务等基本道德规范，传承了艰苦奋斗、勤俭创业等传统美德，体现了勇于担当、修身自律等道德准则。

太原作为有着光荣传统的英雄城市，在革命、建设和改革的历史进程中形成众多承载党的历史、革命传统、革命精神的纪念地和标志物，留下大量值得永久保存的红色文化遗址。国民师范革命活动旧址纪念馆、太原解放纪念馆、高君宇故居纪念馆、彭真生平暨中共太原支部旧址（省立一中旧址）纪念馆等4个遗址为全国爱国主义教育基地，中共太原支部旧址、高君宇故居为全国重点文物保护单位，国民师范革命活动旧址纪念馆、太原解放纪念馆、高君宇故居纪念馆等列入全国百家红色旅游景点景区。

方言。作为山西方言的典型代表，太原方言具有山西方言的一般特征。比如，在语音方面保留着古汉语的入声；在词汇中残存有中古时期的“切脚语”；在句法上选择疑问句使用频率很高。就整个太原地区的方言来看，内部也存在着较大的差异，城区及近郊与清徐、阳曲、古交、娄烦等远郊县（市）区别明显。特别是娄烦方言，由于娄烦地处深山区，交通和经济开发较其他县区迟滞，因而其方言早期状态保存更好，是极珍贵的研究资料。20世纪中叶以后，随着普通话的推广和与省内外、国内外交流的日趋广泛和频繁，太原市城市居民的成分早已打破地域的局限。而城市居民所使用的语言，也逐渐地弱化方言特点而日益与普通话趋同。这方面表现最明显的一点是“入声”字的变化：年龄在50岁以下的人，语言中入声字已经没有“阴入”与“阳入”的区别而统统发声为“阴入”。

民俗。约5000年前，太原先民定居汾河流域，大力发展农耕业，并逐渐形成太原人相对稳定的生活习俗。太原一直是中国北方游牧民族与中原农耕民族冲突与交融的接壤地带，是中国北方游牧文化与中原农耕文化相互渗透的走廊与通道。太原民情风俗因此具有同于中原而异于中原、同于北陲而异于北陲的地方特色，这种地方特色又在不同的历史时期表现出质的传承和形的变异。周秦之际，太原受中原影响日增，农牧经济和商贸文化迅速发展，民风重义轻生、豪爽悲怆。汉至魏晋，太原人民经历一次次战火乃至民族大迁徙的洗礼，陶冶成刚劲不屈、吃苦尚俭的民情民风。北朝迄唐五代，太原人才辈出，群雄相继，民风尚武善战，尤重耕读，无战勤于耕牧，有战呼之即出。尤其是唐代，太原境内民间风习开始向多元化演进，既保留着浓厚深重的农耕文明印记，又逐渐融入都市商贸的文化基因；既保留着古朴纯粹的乡村民风，又逐渐具有城镇文化的色彩；既保留着以汉民族为主的文化传统，又兼容吸收北方游牧民族的文化元素。宋及金元，随着太原“龙城”辉煌的逝去，古城晋阳的毁灭，民风由开放张扬转向寡言内敛，虽然府南数县风气尚鸷，但绝大部分地区“民不诪张，士不挟党，大夫不凌贱市公”构成太原当时的风尚特点。明清时期，在太原广大城乡中，重商善贾之风甚炽，弃仕从商，劝业者众。尤以晋中商人创立票号为标志，将晋商事业推向顶峰。此际，太原鸷悍尚武之风一扫而光，民风“巧于思敏，寡于言语”，争而不讼，敦而不华，崇尚节俭，轻仕途而重技艺。关公信仰由晋中商贾推崇而广及民间，成为忠义、诚信、护法、纳财以及保佑平安的多功能神祇。质朴节俭之习，礼让不讼之俗，在太原蔚然成风。清末、民国时期，太原省城房舍宅第虽壮，但饮食极简；家资富庶者颇多，使用多不浪奢。有钱之家尚且如此，而一般市民农家更是以节俭为美德，以勤劳为楷模，铢积寸累，俭朴持家，已成市风。中华人民共和国成立以后，尤其是改革开放以来，经济、文化交往和人口迁徙日益频繁，太原民俗受南北东西各地域文化的影响，变化十分显著，城市习俗呈现从未有过的变革移易，许多传统习俗渐渐被新的生活方式替代。

重点文物。太原是人类活动较早的地区之一，留存有大量人类文明的实物见证。至2021年，太原市有全国重点文物保护单位38处。全国最大的祠堂式古典园林晋祠，中国古代雕塑艺术的典范天龙山石窟，全国最大的道教石窟龙山石窟，中国乃至亚洲最古老的石质燃灯塔童子寺燃灯塔，以及太原文庙、纯阳宫、清真古寺、山西大学堂旧址、督军府旧址等，是太原不可移动文物的典型代表。太原馆藏文物也十分丰富，以出土文物及传世书画、瓷器和革命文物为大宗。出土文物中，以北齐文物最具特色，数量大，类别多，在全省北朝文物中占有重要地位。晋祠博物馆馆藏傅山书画作品为太原馆藏文物重要品类，也是全国重要的傅山作品保存地之一，“晋公千古一快”草书四条屏、东海乔松图等皆为珍品；馆藏元代龙泉窑瓜棱罐、明永乐梅瓶等为瓷器中的精品。

非物质文化遗产。太原文化底蕴丰厚，民风淳朴，独具三晋文化特色的非物质文化遗产极为丰富。国家级非物质文化遗产有：中医养生（药膳八珍汤）、清徐徐沟背铁棍、清徐彩门、风火流星、郭杜林晋式月饼制作技艺、晋祠庙会、晋剧、莲花落、琉璃烧制技艺、六味斋酱肉传统制作技艺、老陈醋酿造技艺（美和居）、传统面食制作技艺（龙须拉面和刀削面制作技艺、抿尖面和猫耳朵制作技艺）、清徐老陈醋酿制技艺、太原锣鼓、砖雕（山西民居砖雕）。此外，还有拔花花、狄仁杰传说、二鬼摔跤、傅山传说故事等省级非物质文化遗产和打岗、高村鼓坊、晋祠大米种植技艺、晋商诚信文化等市级非物质文化遗产。 （《太原年鉴》编辑部）

行政区划

【概况】 1949年4月24日，中国人民解放军攻克太原。同日，太原市政府由榆次迁入太原市驻精营东边街。5月6日，太原市政府更名为太原市人民政府。5月27日，将市辖内8区、外8区16个区合并为8个区，即内4区、外4区，同时将“区公所”改为区人民政府。太原市辖8个区、3个专区19县。9月1日，山西省人民政府成立，太原市人民政府管辖的3个专区19县交由省人民政府直辖。

1950年2月，太原市废8区建置，新置4个区，原一、二区合并为第一区，原三、四区合并为第二区，原七、八区合并为第三区，原五、六区合并为第四区。市内一、二区设区公所，是市人民政府的派出机关，市郊三、四区仍设区政府。8月，新置第五区，辖太原市汾河以西地区全部村庄。1951年4月，汾阳专区的晋源县划归太原。8月，撤销晋源县建置，将县辖汾河以西地区设立第六区，汾河以东地区设立第七区。

1954年1月，撤销第四区建置，将原第七区改为第四区。6月，将原以数序命名的各区名称，改为以驻地或方位

2021年太原市行政区划一览表

表1 单位：个

指　标	街　道	社　区	乡	镇	建制村	自然村
总　计	55	758	24	22	634	1339
小店区	8	151	2	1	29	33
迎泽区	6	102		1	10	21
杏花岭区	11	125		1	20	36
尖草坪区	9	77	2	2	55	85
万柏林区	14	123			15	16
晋源区	3	54		3	55	90
清徐县		31	5	4	139	190
阳曲县		30	5	4	98	328
娄烦县		11	4	3	105	187
古交市	4	54	6	3	108	353

2021 年太原市县（市、区）和乡镇（街道）一览表

表 2

县　级	乡　级
小店区	北格镇、刘家堡乡、西温庄乡、坞城街道、营盘街道、北营街道、平阳路街道、黄陵街道、小店街道、龙城街道、学府街道
迎泽区	郝庄镇、迎泽街道、桥东街道、文庙街道、柳巷街道、老军营街道、庙前街道
杏花岭区	中涧河镇、三桥街道、敦化坊街道、巨轮街道、涧河街道、鼓楼街道、杏花岭街道、坝陵桥街道、大东关街道、职工新街街道、杨家峪街道、享堂街道
尖草坪区	向阳镇、阳曲镇、柏板乡、西墕乡、汇丰街道、古城街道、柴村街道、迎新街街道、南寨街道、上兰街道、新城街道、光社街道、尖草坪街道
万柏林区	东社街道、千峰街道、下元街道、和平街道、万柏林街道、兴华街道、南寒街道、杜儿坪街道、白家庄街道、长风西街街道、小井峪街道、西铭街道、神堂沟街道、王化街道
晋源区	金胜镇、晋祠镇、姚村镇、义井街道、罗城街道、晋源街道
古交市	河口镇、镇城底镇、马兰镇、嘉乐泉乡、梭峪乡、岔口乡、常安乡、原相乡、邢家社乡、东曲街道、西曲街道、桃园街道、屯兰街道
清徐县	清源镇、徐沟镇、东于镇、孟封镇、马峪乡、柳杜乡、西谷乡、王答乡、集义乡
阳曲县	黄寨镇、大盂镇、东黄水镇、泥屯镇、高村乡、侯村乡、凌井店乡、西凌井乡、杨兴乡
娄烦县	娄烦镇、静游镇、杜交曲镇、马家庄乡、盖家庄乡、米峪镇乡、天池店乡

命名。即一区改为南城区、二区改为北城区、三区改为新城区、四区改为小店区、五区改为万柏林区、六区改为晋源区。1957 年 3 月，撤销新城、小店、万柏林、晋源 4 个区的建置，成立郊区。是时，全市共设南城、北城、郊区 3 个区。

1958 年 7 月，从郊区划出 4 个街道办事处所辖之工矿区，成立河西区。8 月，划阳曲县 7 个乡、交城县 2 个乡置河口工矿区，11 月划交城县 8 个乡，连同河口工矿区原辖地域，改置古交工矿区。1959 年 1 月，晋中专区所属的清徐县和晋北专区所属的阳曲县归属太原市辖。2 月 6 日，太原市人民委员会撤销太原郊区建置，原郊区所属区域分别划属南城区、北城区和河西区。是时，太原市共辖 2 县 4 区，即阳曲县、清徐县、古交工矿区、南城区、北城区、河西区。1960 年 3 月，恢复郊区建置，划原郊区的区域归其管辖。1970 年 3 月 21 日，撤销郊区，将其境划分为南郊、北郊两个区。

1972 年，吕梁地区的娄烦县划归太原市。时太原市下辖 6 区、3 县：北城区、南城区、河西区、南郊区、北郊区、古交工矿区、清徐县、阳曲县、娄烦县。1988 年，太原市古交区改为古交市（县级市）。1997 年 5 月 8 日，国务院批准撤销太原市北城、南城、河西、南郊、北郊五个区，设立小店、迎泽、杏花岭、尖草坪、万柏林、晋源 6 个区，并重新划分了区界。其他县（市）未变。

2021 年，太原市辖 10 个县（市、区）、55 个街道、46 个乡镇、758 个社区、634 个行政村、1339 个自然村。

（《太原年鉴》编辑部）

【行政区划调整】 2021 年，太原市小店区设立学府街道，街道办事处驻高新街 19 号，调整平阳路街道与龙城街道辖区范围。

太原市杏花岭区设立享堂街道，街道办事处驻敦化北路 47 号；调整巨轮等 10 个街道管辖范围。撤销中涧河乡、小返乡，合并设立中涧河镇，并调整中涧河镇、涧河街道、杨家峪街道的行政区域。涧河街道的东山、长沟、新店 3 个社区居委会划归中涧河镇管辖。中涧河镇的七府坟社区划归涧河街道管辖，中涧河镇的瓦窑头、瓜地沟 2 个村划归杨家峪街道管辖。调整后，中涧河镇辖中涧河、谷旦、南瓮、柏杨树、东涧河、东山、长沟、新店 8 个社区，长沟、耿家庄、丈子头、牛驼、枣沟、王家岭、东坪、后沟、麦坪、小返、水沟、窑庄、榆林坪、李家庄 14 个行政村，镇政府驻中涧河社区。

太原市尖草坪区撤销马头水乡，整建制并入柴村街道。柴村街道办事处驻迎宾北路 36 号。

太原市万柏林区撤销王封乡、化客头街道，合并设立王化街道。王化街道办事处驻王封村。

太原市阳曲县撤销北小店乡，整建制并入西凌井乡。西凌井乡人民政府驻西凌井村。

太原市娄烦县撤销庙湾乡，整建制并入杜交曲镇。杜交曲镇人民政府驻杜交曲村。

太原市古交市撤销阁上乡，整建制并入嘉乐泉乡。嘉乐泉乡人民政府驻嘉乐泉村。

（赵振盛）

人口发展

【人口总量与分布】 据 2021 年人口抽样调查，年末全市常住人口 539.10 万人，比上年末增加 7.25 万人。其中：城

2021 年太原市人口机械变动情况统计表

表 3　　　　单位：人

指　标	迁入人口合计	迁　入		迁出人口合计	迁　出		净增（+）净减（-）
		省内迁入	省外迁入		迁往省内	迁往省外	
总　计	72787	60507	12280	30316	12040	18276	42471
市辖区合计	69191	57621	11570	24947	7950	16997	44244
小店区	25087	21750	3337	7892	2957	4935	17195
迎泽区	10054	8041	2013	5093	1247	3846	4961
杏花岭区	12207	10277	1930	4598	1289	3309	7609
尖草坪区	4798	3879	919	1924	745	1179	2874
万柏林区	13306	10470	2836	4554	1320	3234	8752
晋源区	3739	3204	535	886	392	494	2853
县（市）合计	3596	2886	710	5369	4090	1279	-1773
清徐县	1466	1233	233	1255	897	358	211
阳曲县	855	717	138	763	594	169	92
娄烦县	464	363	101	919	723	196	-455
古交市	811	573	238	2432	1876	556	-1621

2021 年太原市人口自然变动情况统计表

表 4　　　　单位：人、‰

指　标	年平均人数	出生人口合计	出生率	死亡人口合计	死亡率	自然增加人数	自然增长率
总　计	3919527	34358	8.77	24336	6.21	10022	2.56
市辖区合计	3086892	27896	9.04	17057	5.53	10839	3.51
小店区	734726	8340	11.35	2808	3.82	5532	7.53
迎泽区	551761	4268	7.74	2912	5.28	1356	2.46
杏花岭区	626998	4701	7.50	4513	7.20	188	0.30
尖草坪区	337861	2585	7.65	2053	6.08	532	1.57
万柏林区	613094	5887	9.60	3619	5.90	2268	3.70
晋源区	222453	2115	9.51	1152	5.18	963	4.33
县（市）合计	832635	6462	7.76	7279	8.74	-817	-0.98
清徐县	341692	3011	8.81	2917	8.54	94	0.28
阳曲县	153394	1168	7.61	1833	11.95	-665	-4.34
娄烦县	125528	869	6.92	494	3.94	375	2.99
古交市	212022	1414	6.67	2035	9.60	-621	-2.93

图 1　2017—2021 年太原市地区生产总值组合图

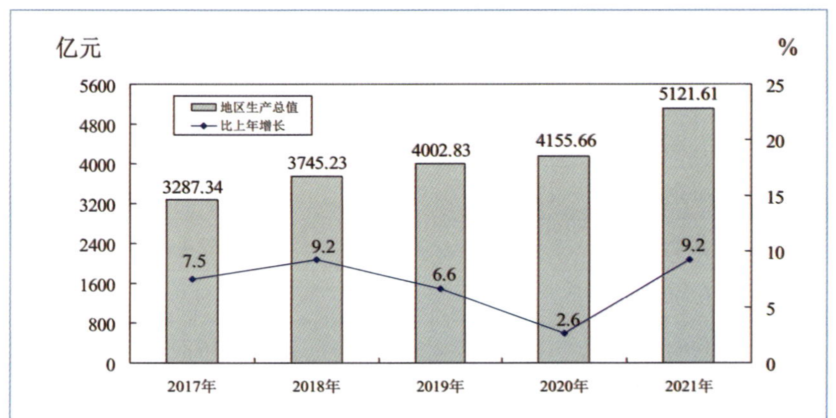

镇人口 481.01 万人，增加 7.37 万人；乡村人口 58.09 万人，减少 0.12 万人。城镇化率 89.23%，比上年提高 0.17 个百分点。男性人口 275.79 万人，女性人口 263.31 万人，性别比为 104.74（以女性为 100）。全年出生人口 4.16 万人，人口出生率 7.83‰；死亡人口 3.10 万人，死亡率 5.82‰；自然增长率 2.01‰。

（任志鹏）

【流动人口】 2021 年，太原市常住人口中，人户分离人口为 3003980 人，其中，市辖区内人户分离人口为 927452 人，流动人口为 2076528 人。流动人口中，省内流动人口为 1520267 人，其中，省内市外流入 1187642 人；省外流入人口为 556261 人。　（刘建程）

民族　宗教

【民族】 太原市是一个多民族散杂而居的城市。据 2020 年人口普查统计，全市有 52 个民族，其中少数民族 51 个，35816 万人，占全市总人口的 0.68%。在少数民族中，回族最多（12968 人），其次是满族（7713 人），苗族（3492 人），蒙古族（3096 人）。　（刘建程）

【宗教】 太原市宗教历史悠久，有佛教、道教、伊斯兰教、天主教、基督教。东汉建安年间（196—220）兴建的普光寺，是太原市现存最早的佛寺。北魏时道教兴起，唐代道教、佛教达到鼎盛时期。唐朝中叶伊斯兰教传入太原，现存的清真古寺据说建于唐代。明崇祯七年（1634），比利时耶稣会士金尼格到太原建堂，设立会口，传播天主教。清光绪三年（1877），英国传教士李提摩太在太原设立基督教浸礼会，传播基督教。

（《太原年鉴》编辑部）

国民经济和社会发展

【概况】 2021 年，太原市实现地区生产总值 5121.61 亿元，比上年增长

图 2　2017—2021 年太原市价格比上年涨跌幅度折线图

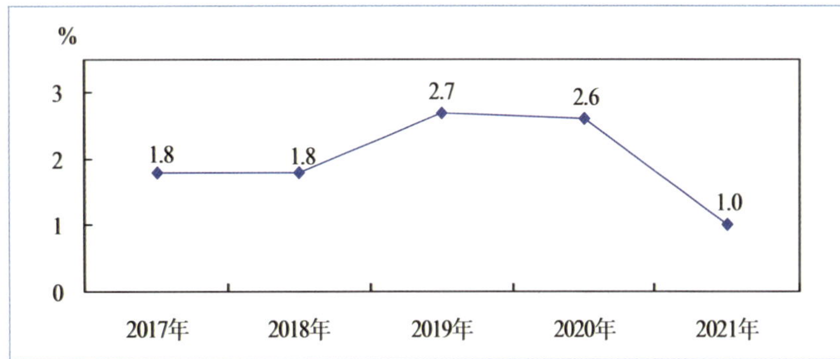

2021 年太原市主要农产品产量统计表

表 5

产品名称	产量（吨）	比 2020 年增长（%）
粮　食	250600	2.15
其中：夏　粮	649	83.49
秋　粮	249951	2.03
其中：小　麦	649	83.49
玉　米	161113	2.58
马铃薯	35562	9.79
油　料	604	-59.92
蔬菜及食用菌	700528	5.27
水　果	94200	22.98
药　材	4121	-35.80

9.20%。其中：第一产业增加值 44.80 亿元，增长 7.70%；第二产业增加值 2113.09 亿元，增长 10.20%；第三产业增加值 2963.72 亿元，增长 8.60%。三次产业增加值占地区生产总值的比重为 0.90%、41.20%、57.90%，分别拉动经济增长 0.07、3.69 和 5.43 个百分点。人均地区生产总值 95646 元，按 2021 年平均汇率计算为 14825 美元。

居民消费价格比上年上涨 1%。其中：交通和通信价格上涨 4.60%，教育文化和娱乐价格上涨 3.50%，食品烟酒价格上涨 0.70%，生活用品及服务价格上涨 0.40%，衣着价格上涨 0.20%；其他用品和服务价格下降 2.70%，居住价格下降 0.60%，医疗保健价格下降 0.60%。

城镇新增就业 8.53 万人。4.43 万名城镇失业人员实现再就业，其中就业困难人员再就业 0.69 万人。年末城镇登记失业率 2.97%。

规模以上工业中，战略性新兴产业增加值增长 16%，占全市规模以上工业增加值的比重为 22.70%，其中：新一代信息技术产业增长 24.30%，新能源产业下降 23.40%，生物产业增长 14.50%。高技术制造业增加值增长 36%，占比为 16.50%。规模以上服务业中，互联网和相关服务业营业收入增长 50.80%，快递服务业营业收入增长 29%。限额以上批发零售业企业通过互联网实现商品零售额 156.50 亿元，增长 54.40%。

全年新登记市场主体 135612 户，日均新登记市场主体 542 户。年末市场主体总数达 64.56 万户，其中企业 25.96 万户，个体工商户 33.57 万户，农民专业合作社 3400 户，综改区 4.68 万户。

（刘建程）

【农业】 2021 年，太原市农作物种植面积 80450 公顷。粮食种植面积 63800 公顷。其中：夏粮种植面积 120 公顷，秋粮种植面积 63680 千公顷。蔬菜种植面积 13080 公顷。药材种植面积 1100 公顷。

年末生猪存栏 16 万头，比上年末增长 22.90%；生猪出栏 25.73 万头，比上年增长 42.50%。猪牛羊禽肉产量 3.26 万吨，增长 31.30%；禽蛋产量 3.08 万吨，

2021 年太原市规模以上工业增加值分类统计表

表 6

指　标	比 2020 年增长（%）
规模以上工业	15.1
其中：轻工业	7.5
重工业	15.9
其中：国有控股企业	8.2
其中：国有企业	26.7
民营企业	39.4
股份合作企业	-17.9
股份制企业	16.8
外商及港澳台商投资企业	-8.3

下降0.60%；牛奶产量6.85万吨，增长6.10%。水产品养殖面积3.55千公顷，水产品产量3224.30吨，增长15%。

年末全市农业机械总动力52.92万千瓦。全年农用化肥施用量（折纯）21820.35吨。（刘建程）

【工业和建筑业】 2021年，太原市规模以上工业增加值比上年增长15.10%。其中：采矿业增加值下降4%，占全市规模以上工业增加值的比重为21.60%；制造业增加值增长22.20%，占比为71.80%；电力、热力、燃气及水的生产和供应业增加值增长5.70%，占比为6.60%。

非传统产业增加值增长25.40%，占全市规模以上工业增加值的比重为45.30%，其中：装备制造业增加值增长29.90%，占比为25%。传统产业增加值增长5.90%，占比为54.70%。

规模以上工业企业实现营业收入5096.90亿元，增长40.30%。利税总额404.80亿元，增长93.90%。利润总额239.20亿元，增长148.40%。

规模以上工业企业每百元营业收入中的成本为87.75元，营业收入利润率为4.69%，比上年同期提高2.04%；年末资产负债率为72.10%。

全市全年具有建筑业资质等级的总承包和专业承包建筑业企业总产值3781.18亿元，增长10.80%。建筑业企业房屋建筑施工面积15239.74万平方米，竣工面积3014.77万平方米。

（刘建程）

【能源】 2021年，太原市规模以上工业企业一次能源生产折标准煤3407.74万吨，比上年增长15%，其中：原煤产量4750.58万吨，增长7.50%。二次能源生产折标准煤4984.48万吨，增长18.10%，其中：洗煤产量3453.09万吨，增长11.10%；焦炭产量1251.96万吨，增长20.50%；发电量332.72亿千瓦时，增长2.30%。

全年全社会用电量319.09亿千瓦

图3　2017—2021年太原市规模以上工业增加值增速折线图

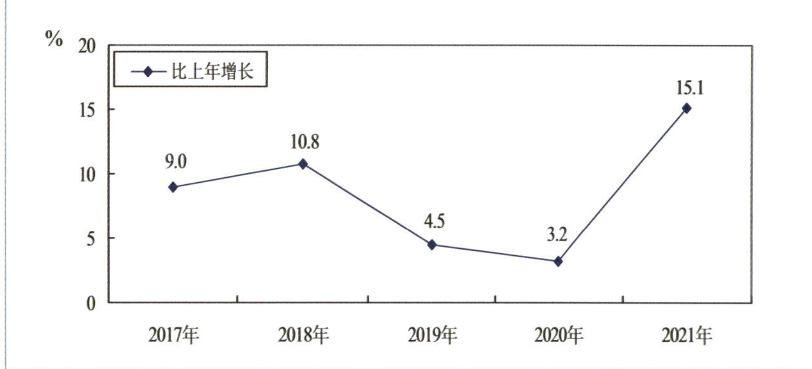

2021年太原市规模以上工业十大行业增加值统计表

表7

行　业	比2020年增长（%）
钢铁行业	9.1
煤炭开采和洗选业	−4.5
通信及计算机设备制造业	40.3
炼焦行业	33.3
电力、热力生产和供应业	0
烟草制品业	2.8
废弃资源综合利用业	575.7
通用设备制造业	61.4
非金属矿物制品业	9.5
燃气生产和供应业	17.8

2021年太原市规模以上工业企业主要产品产量统计表

表8

产品名称	单　位	产　量	比2020年增长（%）
生　铁	万吨	1107.10	14.9
粗　钢	万吨	1466.20	14.0
不锈钢	万吨	447.24	6.8
钢　材	万吨	1429.39	15.9
水　泥	万吨	748.90	5.1
橡胶轮胎外胎	万条	80.96	4.0
矿山专用设备	万吨	12.71	8.4
金属轧制设备	万吨	2.58	32.0
起重机	万吨	6.35	44.8
移动通信手持机	万台	2732.88	37.9
电子计算机整机	万台	25.27	33.3
车　轮	万吨	13.95	−20.2
卷　烟	亿支	152.50	0.9
食　醋	万吨	36.69	−2.1
白　酒（折65度）	千升	18422.34	14.3
碳酸饮料	万吨	23.32	21.4

时，增长 8.50%。其中：农林牧渔业用电量 2.16 亿千瓦时，增长 5.10%；工业用电量（含电厂自用电）186.46 亿千瓦时，增长 4.80%，其中：占工业用电量 68.40% 的煤炭、炼焦、化工、建材、冶金、电力等高耗能行业用电量 127.53 亿千瓦时，增长 3.30%；建筑业用电量 7.13 亿千瓦时，增长 18.8%；第三产业用电量 67.86 亿千瓦时，增长 18.50%；城乡居民生活用电量 50.29 亿千瓦时，增长 8.40%。（刘建程）

图 4　2017—2021 年太原市社会消费品零售总额组合图

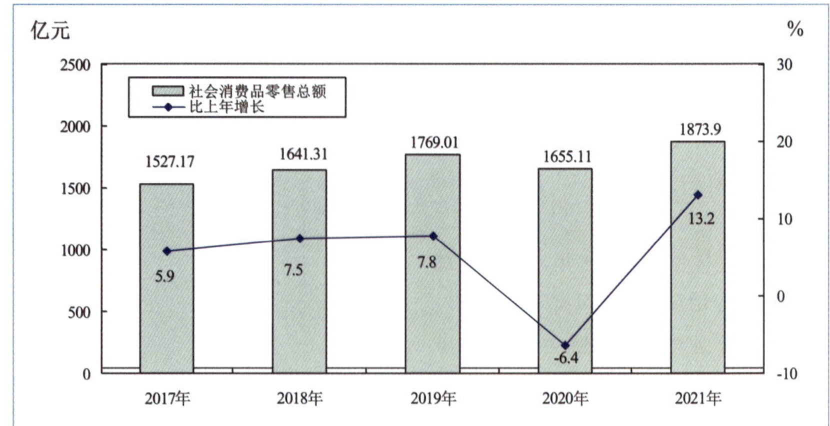

【服务业】2021 年，太原市交通运输、仓储和邮政业增加值 224.52 亿元，占全市服务业增加值的比重为 7.60%，比上年增长 12%；非营利性服务业增加值 1000.25 亿元，占比为 33.70%，增长 11.60%；营利性服务业增加值 384.63 亿元，占比为 13%，增长 10.50%；批发零售和住宿餐饮业增加值 536.12 亿元，占比为 18.10%，增长 6.20%；房地产业增加值 326.82 亿元，占比为 11%，增长 5.30%；金融业增加值 488.76 亿元，占比为 16.50%，增长 4.40%。规模以上服务业企业营业收入 1659.06 亿元，增长 54.10%。（刘建程）

2021 年太原市社会消费品零售总额统计表

表 9

指　标	零售额（亿元）	比 2020 年增长（%）
社会消费品零售总额	1873.90	13.2
分地域：城　镇	1741.18	10.2
其中：城　区	1330.08	10.8
乡　村	132.72	78.4
限额以上消费品零售额	1059.02	13.3
限额以下消费品零售额	814.88	12.7

2021 年太原市限额以上批发零售业商品零售类值统计表

表 10

指　标	零售额（亿元）	比 2020 年增长（%）
汽车类	336.59	6.4
石油及制品类	80.30	23.8
文化办公用品类	9.62	–5.5
通讯器材类	16.01	16.4
家用电器和音像器材类	122.23	20.8
中西药品类	55.44	4.6
建筑及装潢材料类	4.93	22.1
日用品类	28.64	12.2
家具类	2.36	4.8
粮油、食品、饮料、烟酒类	134.55	14.9
服装类	81.89	15.7
化妆品类	20.22	1.6
金银珠宝类	18.33	40.1

【交通运输和邮电】2021 年，太原市公路线路里程累计达到 6866 千米，其中高速公路 293 千米。公路密度 98.30 千米/百平方千米。太原地区铁路客运量 2242.15 万人次，增长 23%；铁路货运量 4390.02 万吨，增长 6.40%。航空客运量 999.53 万人次，增长 10.90%；航空货运量 5.56 万吨，增长 9.60%。

年末全市民用汽车保有量 192.92 万辆，比上年末增长 7.50%，其中：私人汽车 169.56 万辆，增长 7%。年末轿车保有量 114.92 万辆，增长 6%，其中：私人轿车 106.16 万辆，增长 6%。本年新注册汽车 16.61 万辆，增长 17.30%，其中：新注册轿车 8.24 万辆，增长 19.50%。

全年邮政行业业务总量 44.23 亿元，比上年增长 33.30%。其中：快递服务企业业务量 32177.63 万件，增长 42.30%。

电信业务总量83.83亿元，增长15%。年末市话到达68.87万户，农话到达0.78万户。移动电话用户774.19万户，其中：4G移动电话用户482.03万户，5G移动电话用户217.98万户。计算机互联网宽带用户275.64万户。（刘建程）

【国内贸易】 2021年，太原市社会消费品零售总额1873.90亿元，比上年增长13.20%。其中：城镇社会消费品零售总额1741.18亿元，增长10.20%；乡村社会消费品零售总额132.72亿元，增长78.40%。

限额以上消费品零售额1059.02亿元，比上年增长13.30%，占全市社会消费品零售总额的比重为56.50%；限额以下消费品零售额814.88亿元，增长12.70%，占比为43.50%。（刘建程）

【固定资产投资】 2021年，太原市固定资产投资比上年增长7.90%。其中：央属项目投资增长129.50%，地方项目投资下降11.40%，其他项目投资增长9.40%。

分产业看，第一产业投资增长20.60%，第二产业投资增长9.60%，第三产业投资增长7.20%。工业投资增长9.20%，其中：采矿业投资下降76.40%，制造业投资增长13.50%，电力、热力、燃气及水的生产和供应业投资增长22%。城市基础设施建设投资增长28.30%。

分经济类型看，国有投资增长24%；非国有投资下降6.80%，其中：民间投资下降5.40%。

全年在建固定资产投资项目1122个。其中：5亿元以上项目217个，完成投资增长34.10%；10亿元以上项目109个，完成投资增长35.10%。

全年房地产开发投资665.71亿元，下降6.90%。其中：住宅投资525.68亿元，下降6.90%；商业营业用房投资40.99亿元，下降9.40%。全年商品房竣工面积608.53万平方米，商品房销售

图5 2017—2021年太原市固定资产投资增速折线图

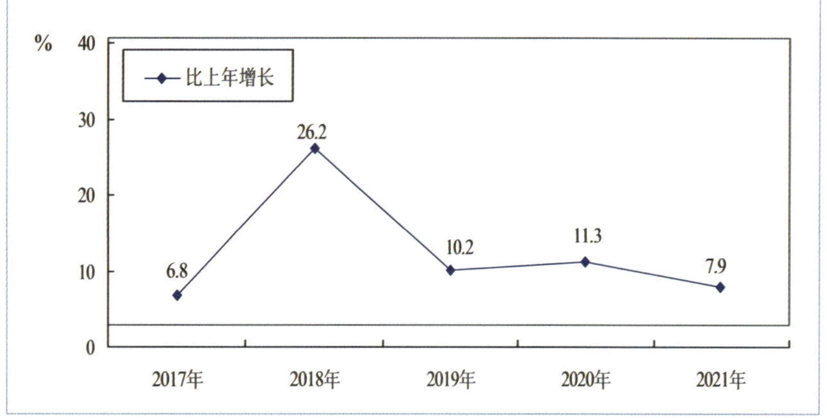

图6 2017—2021年太原市外贸进出口总额组合图

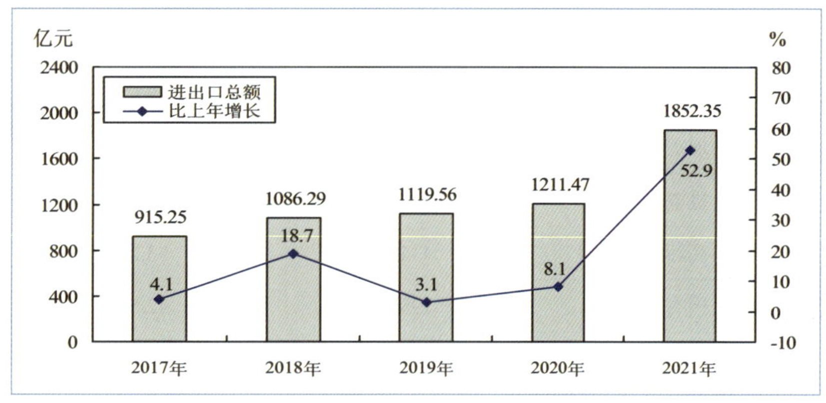

2021年太原市分行业固定资产投资统计表

表11

指　标	比2020年增长（%）
总　计	21.5
农、林、牧、渔业	23.8
采矿业	−76.4
制造业	13.5
电力、热力、燃气及水的生产和供应业	22.0
建筑业	75.6
批发和零售业	−40.1
交通运输、仓储和邮政业	50.9
住宿和餐饮业	28.5
信息传输、软件和信息技术服务业	−49.0
房地产业	−22.3
房地产开发	−6.9
租赁和商务服务业	366.6
科学研究和技术服务业	13.3
水利、环境和公共设施管理业	20.5
居民服务和其他服务业	−72.0
教育	68.4
卫生和社会工作	49.2
文化、体育和娱乐业	53.8
公共管理和社会组织	−37.9

额841.84亿元。（刘建程）

2021年太原市外贸进出口总额统计表

表12

指　标	绝对数（亿元）	比2020年增长（%）
进出口总额	1852.35	52.9
出口额	1153.14	59.1
其中：一般贸易	192.89	55.8
加工贸易	887.05	59.3
其中：机电产品	1013.43	60.0
高新技术产品	941.83	59.8
其中：国有企业	95.64	28.3
外商投资企业	812.36	46.5
进口额	699.21	43.6
其中：一般贸易	240.43	48.6
加工贸易	379.43	35.0
其中：机电产品	487.34	41.7
高新技术产品	434.26	53.2
其中：国有企业	195.13	42.5
外商投资企业	222.33	-23.1

图7　2017—2021年太原市一般公共预算收入组合图

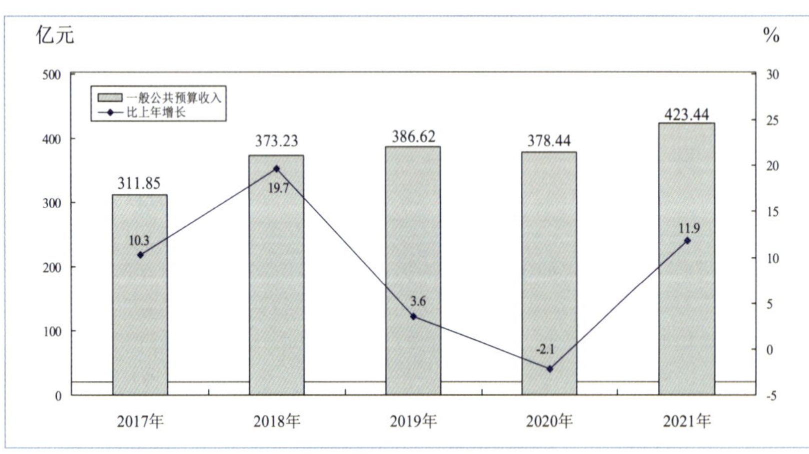

【对外经济】2021年，太原市外贸进出口总额1852.35亿元，比上年增长52.90%。其中：出口额1153.14亿元，增长59.10%；进口额699.21亿元，增长43.60%。

出口商品中，不锈钢材、机电产品分别为48.80亿元、1013.43亿元，占出口额的92.10%。煤炭、焦炭、金属镁分别为5.27亿元、1.97亿元、10.36亿元，占出口额的1.50%。

全年新设立外商投资企业64家。实际利用外商直接投资额1.75亿美元，增长69.20%。（刘建程）

【财政金融】2021年，太原市一般公共预算收入423.44亿元，比上年增长11.90%，其中：税收收入336.07亿元，增长17.80%；非税收入87.37亿元，下降6.20%。

全年一般公共预算支出628.99亿元，比上年下降2.80%。其中教育、卫生健康、社会保障和就业、住房保障、交通运输、节能环保、城乡社区等民生支出484.03亿元，下降4.90%。

年末全市金融机构本外币各项存款余额15924.02亿元，比年初增长9.20%；本外币各项贷款余额16589亿元，增长10%。人民币各项存款余额15512.13亿元，增长9.10%，其中：住户存款余额6566.40亿元，增长11.40%；人民币各项贷款余额16298.32亿元，增长10%。人民币贷款中，中长期贷款余额11763.23亿元，增长9.50%；短期贷款余额3079.70亿元，增长1%。

年末上市公司18家，其中：主板16家，创业板1家，北交所1家。“新三板”挂牌企业46家。

全年原保险保费收入290.13亿元，增长10.26%。其中：寿险业务保费收入172.10亿元，增长18.96%；健康险业务保费收入44.56亿元，增长13.83%；意外伤害险业务保费收入7.79亿元，增长1.78%；财产险业务保费收入65.67亿元，下降8.36%。

支付各类赔款及给付114.94亿元，增长33.63%。其中：寿险业务给付51.30亿元，增长54.62%；健康险业务赔款及给付17.28亿元，增长63.66%；意外伤害险业务赔款2.41亿元，增长16.53%；财产险业务赔款43.94亿元，增长9.50%。（刘建程）

【城市建设】2021年，太原市迎泽大街东延、泥向线、南内环东延、千峰路南延、天龙山路东延、虎峪河西延、九院沙河西延等18项续建、新建道路工程完工，10座人行天桥建成投用。老旧小区提质改造开工717个小区895.40万平方米，既有住宅加装电梯开工166部。新增公共停车泊位1.30万余个。

城中村改造拆除旧村建筑面积38.72万平方米，开工安置房1904套。全面执行绿色建筑标准，全市新建民用建筑新增绿色建筑891.33万平方米，完工505.18万平方米；新增可再生能源应用项目733.48万平方米，完工项目507.71万平方米；完成装配式建筑面积270.56万平方米。

年末全市燃气供应量9.93亿立方米。集中供热面积扩网624万平方米。城市公交运营车辆保有量3656辆。公交运营线路长度4021.23千米，年客运量3.02亿人次。公共自行车服务点1285个，累计投放自行车4.10万辆。

建设完成双塔公园、五一广场改造工程、85千米长的汾河自行车赛道及配套绿化、汾河生态治理四期、城西水系水体治理、汾河公园水质提升、祥云公园提质改造、动物园东门区域等公园绿地建设项目；龙城公园正在推进；启动长风公园（一期）、北齐徐显秀墓文化公园手续办理、征地拆迁摸底等前期工作。及时跟进道路绿化，完成虎峪河西延、九院沙河西延、化章街、大运路、迎泽大街东延等24项新建、续建道路配套绿化工程；泥向线、森园路、南内环街东延等9项道路配套绿化工程正在积极推进。全市共有综合性公园21个，专类公园17个，社区公园49个，街头游园255个，广场10个。建成区绿化覆盖面积达到16117.20公顷，园林绿地14270.40公顷，公园绿地面积5487.22公顷，建成区绿化覆盖率44.77%，绿地率39.64%。（刘建程）

【教育和科学技术】2021年，太原市有普通高等院校50所（其中高职院校19所），成人高等学校6所，中等职业教育学校46所，普通高中92所，普通初中130所，小学417所，幼儿园799所。

全市学前三年毛入园率97.75%；小学、初中巩固率均达到国家标准；高中阶段毛入学率98.11%。2021年高考一本、二本达线率和录取率在全省稳居前列。

全年技术市场登记技术合同3138项，成交金额264亿元。拥有国家级技术中心18家，省级技术中心124家。截至年末，累计建成省级及以上重点实验室108个、省级工程技术研究中心100个、省级及以上科技企业孵化器34个、省级及以上众创空间150家，拥有院士工作站74个。年末累计认定高新技术企业2214家。获得2020年度国家科技奖9项（其中，国家自然科学奖1项，国家技术发明奖1项，国家科学技术进步奖7项），比上年增加3项，占全省获奖总数90%。获得省科技奖150项，占全省获奖总数74%（2021年国家科技奖于2022年评出）。全年发明专利授权量2817件，有效发明专利拥有量13448件。（刘建程）

【文化、卫生和体育】2021年，太原市有各类专业院团及具备规模的民营艺术表演团体18个。群艺文化馆11个，博物馆21个。公共图书馆12个，馆藏图书679.36万册。广播人口覆盖率100%，电视人口覆盖率100%。推出晋剧《庄周》、红色话剧《新报童》，修改提升晋剧《圪梁梁上》、舞蹈《家书》、歌舞剧《宋时芳华》、舞剧《雁丘词》、舞剧《千手观音》，复排传统戏《三义亭》《野猪林》、歌舞杂技剧《换了人间》，创作话剧《我可是特暴龙》《空王冠》《漆艺人生》，编排太原莲花落《合浪浪许家》，完成晋剧《于成龙》全国巡演和晋剧电影《于成龙》的出版发行工作。支持优秀文艺作品多演出，多渠道展示推广优秀文艺作品，促进舞台艺术业态创新、升级换代。举办太原市第五届艺术新秀比赛，组织全市基层院团戏曲调演，推动文艺人才和基层院团发展更加繁荣有序。推进市政府与山西演艺集团开展省市共建活动，以山西省交响乐团为班底，成立太原市交响乐团，进一步满足市民对高雅艺术的需求。年末列入国家级非物质文化遗产保护项目18项、省级保护项目65项、市级保护项目160项。

2021年太原市各类教育学生人数统计表

表13

指　标	学校（所）	招生（人）	在校生（人）	毕业生（人）
高等教育	50	200323	619623	143885
研究生		17252	45636	10906
普通高等学校	44	135313	460107	113438
成人高等学校	6	47758	113880	19541
中等职业教育	46	21547	60946	18460
中等技术学校	30	11252	37360	10873
成人中等专业学校	2	4252	9923	4638
职业高中学校	14	6043	13663	2949
普通高中	92	26168	78220	23353
普通初中	130	46511	135755	42185
普通小学	417	56490	346882	50035
幼儿园	799	37304	125993	35334
特殊教育	9	305	1439	222

2021 年太原市主要经济指标占山西省的比重表

表 14

指　标	单位	山西省	太原市	太原市占山西省的比重（%）
一、地区生产总值	亿元	22590.16	5121.61	22.7
第一产业	亿元	1286.87	44.80	3.5
第二产业	亿元	11213.13	2113.09	18.8
第三产业	亿元	10090.16	2963.72	29.4
二、社会消费品销售总额	亿元	7747.30	1873.90	24.2
三、一般公共预算收入	亿元	2834.61	423.44	14.9
一般公共预算支出	亿元	5048.07	628.99	12.5
四、进出口总额	亿元	2230.25	1852.35	83.1
# 出口总额	亿元	1365.93	1153.14	84.4
五、城镇居民人均可支配收入	元	37433	41377	
农村居民人均可支配收入	元	15308	21551	

全市重点监测景区共接待游客 532.87 万人次，实现门票总收入 1.04 亿元，旅游经营收入 1.24 亿元。

年末共有卫生机构 3221 个（不含村卫生室），医疗床位 45589 张。各类卫生技术人员 69868 人，其中：执业（包括执业助理）医师 26328 人，注册护士 34251 人。太原市获批国家级公立医院综合改革示范市，《中医药法》贯彻实施、基层卫生能力建设分获全国人大、全国政协高度评价；新冠病毒疫苗接种受到国务院督导组充分肯定，《人民日报》、中央广播电视总台先后报道；首创进口冻品集中监管总仓熔断机制，工作经验全省推广；全民健康素养水平、基本公卫服务项目绩效评价连续三年全省第一；人口计生、医疗质量控制、职业卫生分类监管、3 岁以下婴幼儿照护服务、无烟环境建设等多项工作领跑全省。特别是经过党史学习教育和抗疫斗争的双重洗礼，36 个集体、178 名个人获国家和省、市“两优一先”“优秀医护”。

省十六运会资格赛共设 26 个大项 37 个分项，在完赛的 28 个分项比赛中，太原市取得 249 枚金牌，位列参赛城市第一。太原市共有 3 名运动员代表国家参加东京奥运会，其中武桐桐作为中国女篮队员，随队获得第五名成绩。第十四届全国运动会，山西省代表团获得 10 金 10 银 21 铜，太原市运动员获得其中的 6 金 5 银 10 铜，取得历史最好成绩。严格按照疫情防控要求，办好由太原市承办的场地自行车、排球、赛艇、中国式摔跤、滑轮、高尔夫等 6 项省十六运会资格赛。完成太原市男子篮球联赛等 3 项篮球赛事办赛任务。全年销售中国体育彩票 11.46 亿元，居全省第一。

（刘建程）

【人民生活和社会保障】 2021 年，太原市居民人均可支配收入 38381 元，比上年增长 8.20%。按常住地分，城镇居民人均可支配收入 41377 元，增长 8%，城镇居民人均消费支出 23748 元，增长 15.50%；农村居民人均可支配收入 21551 元，增长 9.60%，农村居民人均消费支出 16295 元，增长 16.70%。城乡居民收入比为 1.90 ：1，比上年缩小 0.1。

年末全市参加城镇职工基本养老保险人数 196.17 万人，比上年末增加 21.97 万人。参加城乡居民基本养老保险人数 79.60 万人，增加 0.71 万人。参加基本医疗保险人数 386.13 万人，增加 7.61 万人。其中，参加职工基本医疗保险人数 182.39 万人，增加 5.88 万人；参加城乡居民基本医疗保险人数 203.75 万人，增加 1.73 万人。参加失业保险人数 124.32 万人，增加 14.57 万人。参加工伤保险人数 135 万人，增加 3.08 万人。参加生育保险人数 123.36 万人，增加 6.90 万人。

（刘建程）

【环境保护和安全生产】 2021 年，太原市区空气质量二级以上天数 224 天，全年 PM2.5 达标 158 天，空气质量综合指数 5.24。集中式饮用水水源地水质达标率保持 100%，地表水国家和省考核断面水质优良比例 50%。市区区域环境噪声年均值 52 分贝、交通噪声年均值 66.20 分贝。

全年平均气温 10.80 ℃，降水量 607.10 毫米。全社会用水量 7.64 亿立方米，其中：生活用水 3.09 亿立方米，农业灌溉用水 1.66 亿立方米，工业生产用水 2.19 亿立方米，生态用水 0.71 亿立方米。

全年发生各类生产安全亡人事故起数比上年下降 13.60%。

（刘建程）

太原市机构设置和负责人名录

中共太原市委员会

省委常委，市委书记　韦　韬
副书记，市长　张新伟
副书记、政法委书记　张　韬
常委，副市长（正厅长级）　刘俊义
常委，市纪委书记、监委主任　周计伟
常委、统战部部长　薛东晓
常委、秘书长　刘　鹓
常委，副市长　卢秋生
常委、宣传部部长　杨继承
常委、组织部部长　武晓花（女）
常委，太原警备区政治委员（大校）　杨文军

太原市人大常委会

党组书记、主任　魏　民
党组副书记、副主任　张建刚
党组成员、副主任　李增锁
党组成员、副主任，市总工会主席　张　磊
党组成员、副主任　高　波　冯原平
党组成员、副主任，清徐县委书记　王剑峰

太原市人民政府

党组书记、市长　张新伟
党组副书记、副市长（正厅长级）　刘俊义
党组成员、副市长　卢秋生
党组成员、副市长，一级巡视员　张齐山
党组成员、副市长，市公安局局长　尚建军
党组成员、副市长　程永平
副市长　陈　博（女）
党组成员、副市长　卢俊峰

政协太原市委员会

党组书记、主席　操学诚
党组副书记、副主席　郝宝清
副主席，太原师范学院副院长　马培生
副主席，民建省委会副主委，市委会主委　李俊林
副主席，民革省委会副主委，市委会主委　陈继光
党组成员、副主席　刘建中　李　军　王国柱　陈晓红（女）

中共太原市纪律检查委员会、太原市监察委员会

市委常委，市纪委书记，市监委主任　周计伟
市纪委常务副书记，市监委副主任　王凯峰
市纪委副书记，市监委副主任，一级调研员　魏福臣
市纪委副书记，市监委副主任　李秀斌
市监委委员（正处级）　孔崇明
市纪委常委，市委巡察工作办公室主任　霍存柱
市纪委常委，市监委委员，二级调研员　张巨保　刘忠勇
市监委委员，二级调研员　田保平
市纪委常委、秘书长，三级调研员　郑　林
市纪委常委，市监委委员　李卫国

太原市中级人民法院

党组书记、院长　于昌明
党组副书记、主持日常工作的副院长、审判委员会委员，
　三级高级法官　樊利明
副院长（正处级）、审判委员会委员，
　三级高级法官　魏佩芬（女）
党组成员、副院长　马　强
党组成员、政治部主任，三级调研员　吕征平
党组成员、副院长、审判委员会委员，
　四级高级法官　李雄飞
党组成员、副院长、审判委员会委员，
　三级高级法官　张　康
党组成员、副院长、审判委员会委员，
　四级高级法官　景铜柱
审判委员会专职委员，四级高级法官　杨晓宇　张顺军
审判委员会委员，三级高级法官　段培林　王润树　韩利民
审判委员会委员，二级调研员　王效林
三级高级法官　张福平　田志勇
四级高级法官　王　晋

太原市人民检察院

党组书记、检察长　宁建新
党组成员、主持日常工作的副检察长、
　检察委员会委员　岳岐峰

检察委员会专职委员，二级高级检察官　王宏亮
副检察长、检察委员会委员，二级高级检察官　江　晨
副检察长、检察委员会委员，三级高级检察官　李南明
党组成员、副检察长、检察委员会委员，
　三级高级检察官　韩少峰
党组成员，市纪委监委驻市人民检察院纪检监察组组长，
　三级调研员　赵文江
党组成员、副检察长、检察委员会委员，
　三级高级检察官　路效国
检察委员会专职委员　蔡东海
党组成员、政治部主任　金长城
二级调研员　祝积岐　郭　刚　陈加林
三级调研员　马　江
三级高级警长　白　林

市委工作机构和派出机构

市委办公室

市委常务副秘书长　潘　侠
市委副秘书长（兼），市信访局党组书记、局长　张　麒
市委副秘书长（兼），市委政策研究室主任（兼市委改革办
　常务副主任、市综改办副主任）　张美霞（女）
市委副秘书长（兼），市委国家安全委员会办公室专职
　副主任，一级调研员　李　锦（女）
市委副秘书长（正县级），一级调研员　张晓峰
市委副秘书长（正县级）　郭仲毅
市纪委监委驻市委办公室纪检监察组组长　王俊鸽
市委督查专员（副处长级）　王　慧（女）　高光辉
　孟春雷　赵海亮
二级巡视员　齐宏明　王栋梁
二级调研员　赵德学　武晓英（女）
三级调研员　韩志刚　张爱生
四级调研员　谢　洋

市委组织部

市委常委、组织部部长　武晓花（女）
常务副部长，市人大人事代表委员会副主任委员（兼），
　一级调研员　康建斌
副部长，市委党建工作领导小组办公室主任（正处长级）
　白进联（女）
副部长，一级调研员　王振军
副部长，三级调研员　刘　斌
市纪委监委驻市委组织部纪检监察组组长　张秀玲（女）
部务委员　张爱琴（女）
市委考核办副主任，一级调研员　李俊英（女）
市委人才工作领导小组办公室主任，二级调研员　王文生
市非公经济组织和社会组织工委书记　杨红梅（女）
二级调研员　李云竹

市委宣传部

市委常委、宣传部部长　杨继承
常务副部长，一级调研员　胡建林
副部长（兼），市精神文明建设指导委员会办公室
　主任　李　蓉（女）
副部长，三级调研员　张　军（女）
副部长，市新闻出版局局长（兼），三级调研员　马竣敏
副部长，市政府新闻办公室主任（兼），
　三级调研员　边素庭
市纪委监委驻市委宣传部纪检监察组组长，
　三级调研员　李　富
二级调研员　侯晋娟（女）　宋建国　荆　峰
三级调研员　强岱生

市委统战部

市委常委、统战部部长　薛东晓
常务副部长，一级调研员　张树明
副部长（兼），市工商业联合会党组书记　窦力奋
副部长，市工商业联合会党组成员、副主席，
　二级调研员　白建红（女）
副部长，市民族宗教事务局局长，二级调研员　边军红
副部长，三级调研员　吴一兵
市纪委监委驻市委统战部纪检监察组组长　韩宏儒
二级巡视员　许　强
一级调研员　宋晓丽（女）
二级调研员　张志宏
三级调研员　曹爱玲（女）

市委政法委员会

市委副书记、政法委书记　张　韬
常务副书记，市法学会党组书记、常务副会长、
　秘书长　秦　琦
副书记（正县级）　白晋虎
副书记　徐剑平　冯少华（女）
政治部主任　王一飞
市法学会党组成员、专职副会长　汪志宏
市法学会党组成员、专职副秘书长　闫晨涛

市委政策研究室

主任（兼市委改革办常务副主任、市综改办副主任），
　市委副秘书长（兼）　张美霞（女）
副主任　郭小娟（女）　王海云　贾林春

三级调研员　吴新德　王红进（女）

市委网络安全和信息化委员会办公室（市互联网信息办公室）

主任　刘晓斌

副主任、三级调研员　武润林

副主任　贺旭宏

四级调研员　张　锐

市委机构编制委员会办公室

主任，二级巡视员　郑旭东

副主任，三级调研员　吕玉刚　王　琳（女）

二级调研员　冯寅卯

市委台湾工作办公室

主任，一级调研员　魏建庭

副主任，二级调研员　黄定发

副主任　郭建平

一级调研员　李志民

二级调研员　张升万　刘　凯

市直属机关工作委员会

常务副书记　高义元

副书记，二级调研员　崔雪岭

委员，市直机关纪检监察工作委员会书记，三级调研员　张立军

副书记　张　彬（女）

委员，一级调研员　薛玉军

二级调研员　郭　炳　王世斌

三级调研员　童　滢（女）

市委巡察工作办公室

主任，市纪委常委　霍存柱

副主任　邢莉蓉（女）　曹亚明

市委巡察组正处级巡察专员　贾津生　贾毅倩（女）　李日东

市委巡察组副处级巡察专员，二级调研员　焦保平

市委巡察组副处级巡察专员，三级调研员　张维宏　郝全成

市委巡察组副处级巡察专员　田旭红　郭志坤　薄天山

三级调研员　骆军强

市直属机关事务管理局

局长，一级调研员　雷世昌

副局长，二级调研员　李高儒

副局长　刘　铭

四级调研员　王　宁

市委老干部局

局长，市委离退休干部工作委员会书记（兼），一级调研员　赵　静（女）

副局长，三级调研员　曹　宇

副局长，市委离退休干部工作委员会副书记（兼）张　莹（女）

二级调研员　安建斌

三级调研员　倪明利

市精神文明建设指导委员会办公室

主任，市委宣传部副部长（兼）　李　蓉（女）

副主任，二级调研员　谷兰杰

副主任　魏　欣

四级调研员　陈志强

市委党校（太原行政学院、太原国防教育学院、太原社会主义学院）

主持日常工作的副校长（副院长）　孙劲松

副校长（副院长），二级巡视员　王晓东

副校长（副院长），一级调研员　王宝进

教育长，一级调研员　邓翠香（女）

副校长（副院长）　张晓平

三级调研员　郭红拴　杨志梅（女）

市委党史研究室（太原市地方志研究室）

主任，二级巡视员　杨云龙

副主任，二级调研员　张彩丽（女）

副主任，三级调研员　陈向荣

副主任　任文忠

二级调研员　宋忠庆　张五堂

三级调研员　薛红宣

市档案馆

馆长，二级巡视员　宋建平

副馆长，二级调研员　赵国清

副馆长，三级调研员　冯　刚

副馆长　郝舶程

一级调研员　任德胜

市委直属事业单位

太原日报社

社长　宋立纲

总编辑　杨　松

副社长　张向明　赵安林

副总编辑　董　豪　徐大为

太原广播电视台

党组书记、台长　李建国

党组副书记、总编辑　王俊伟

党组成员、副台长　柴洪涛　杜丽娜（女）

太原社会科学院（市政府发展研究中心、市社会科学界联合会）

党组书记、院长（主任） 王耀武
党组成员、副院长（副主任） 张晨强

市委讲师团（市对外宣传中心）

团长（主任） 肖善才
副团长 师建中 张智生
二级调研员 张云雁（女）

市人大及其常委会工作机构

市人大常委会办公室

市人大党组成员、秘书长，机关党组书记，一级调研员 李发平
市人大副秘书长、机关党组成员，二级调研员 罗 辉
市人大副秘书长 闫建伟
市人大副秘书长、机关党组成员 史瑞泉 范顺刚
市纪委监委驻市人大机关纪检监察组组长、机关党组成员 梅 静（女）
二级巡视员 李晓伟
二级调研员 杨琳岚（女） 彭生全 袁洪建
三级调研员 何柱喜

市人大法制委员会（市人大常委会法制工作委员会）

主任委员，一级调研员 孟凡政
副主任委员 车晓蓓（女） 徐向京

市人大监察和司法委员会

主任委员候选人 相 辉
副主任委员 李 平（女） 万瑞红（女）

市人大财政经济委员会

主任委员，一级调研员 朱永平
副主任委员 冯 健 胡燕君（女）

市人大教育科学文化卫生委员会

主任委员，一级调研员 王培仁
副主任委员，三级调研员 刘 婧（女）
副主任委员 尚 瑛（女）

市人大城市建设环境资源保护委员会

主任委员，二级巡视员 孟小勇
副主任委员 李 嘉（女）

市人大农业与农村委员会

主任委员 段建忠
副主任委员，三级调研员 张一平
副主任委员 郭海斌

市人大人事代表委员会

主任委员 朱 蓉（女）
副主任委员 王敏慧（女） 段忠东
副主任委员（兼），市委组织部常务副部长，一级调研员 康建斌

市人大社会建设委员会（市人大常委会民族宗教侨务外事工作委员会）

主任委员（主任），一级调研员 邢德谦
副主任委员（副主任） 石 钧（女）

市人大常委会研究室

主任 栗继东
副主任，三级调研员 孙 安
副主任 郑 静（女）

市人大常委会信访局

副局长 彭德军

市政府工作部门

市政府办公室

市政府党组成员、秘书长，机关党组书记、主任，一级调研员 薛维柱
市政府副秘书长（正县级）、机关党组成员，一级调研员 常跃平
市政府副秘书长、机关党组成员，二级调研员 王 强
市政府副秘书长，二级调研员 段建生
市纪委监委驻市政府办公室纪检监察组组长，机关党组成员，三级调研员 张国栋
市政府副秘书长、机关党组成员，三级调研员 陈爱军 杨兴海 崔疆红（女）
市政府督查专员（副处长级） 陈湘铭 王东锋 杜耀廷
二级巡视员 郭德魁
二级调研员 胡琦伟
四级调研员 李中明

市发展和改革委员会

党组书记、主任，一级调研员 何爱萍（女）
党组成员，市能源局局长 卫向东
党组成员、副主任，一级调研员 王晓东
党组成员、副主任，二级调研员 侯维国 岑 杰
党组成员、副主任，三级调研员 李殿彪
党组成员，市纪委监委驻市发改委纪检监察组组长，三级调研员 王红娟（女）
党组成员，二级调研员 王世忠 赵爱忠 董韵雷
党组成员，三级调研员 李春瑞

二级调研员　崔效荣

三级调研员　赵春生　郭绍华　吴宪松

市教育局（中共太原市委教育工作委员会）

工委书记、局长，一级调研员　梁宏宇

工委专职副书记（正处长级）　王建功

工委委员，市纪委监委驻市教育局纪检监察组组长，三级调研员　王霁红

工委委员、副局长，三级调研员　苏建伟　尹　骏

一级调研员　赵长虹

二级调研员　刘耀禹　耿　威

三级调研员　沈庆伟（女）　刘坤生

市科学技术局

党组书记、局长，一级调研员　庞　虹（女）

党组成员、副局长，二级调研员　徐　华（女）

党组成员、副局长　田宝华

党组成员，二级调研员　李保现

党组成员，三级调研员　张浩明

二级调研员　樊怀林

三级调研员　陈培忠

市工业和信息化局（中共太原市委工业和信息化工作委员会）

工委书记、局长　王国栋

工委副书记，三级调研员　罗鸿飞

工委委员，市中小企业发展促进中心主任　王　镭

工委委员、副局长，二级调研员　刘书林

工委委员，市纪委监委驻市工信局纪检监察组组长，三级调研员　张学刚

工委委员、副局长　张立堂

工委委员，二级调研员　李建忠

二级调研员　李崇斗　杨灵生　吴光昭　谢禄雪

市公安局

党委副书记、副局长，二级高级警长　魏　毅

党委委员、副局长，一级高级警长　薛晓峰

副局长，一级高级警长　曹　挺

党委委员、副局长，二级高级警长（兼），市公安局交警支队支队长、党委书记　续卫东

党委委员、监督部部长、副督察长（兼），二级高级警长马子龙

党委委员，市纪委监委驻市公安局纪检监察组组长，三级调研员　张秀明

党委委员、副局长，三级高级警长　宋文广

副局长，二级高级警长　王　璠　王晋涛

副局长，三级高级警长　魏鲁培　周立志

党委委员、政治部主任，三级高级警长　王素丽（女）

市民政局

党组书记、局长，二级巡视员　李亚江

党组成员，市纪委监委驻市民政局纪检监察组组长，二级调研员　李栓英（女）

党组成员、副局长，三级调研员　续鲜珍（女）

党组成员、副局长　李秀林

党组成员，二级调研员　刘刚孔

党组成员，市社区工作服务中心主任　夏同杰

二级调研员，市非公经济组织和社会组织工委副书记（兼）张世明

三级调研员　刘竹芳（女）

市司法局

党组书记、局长，市强制隔离戒毒所第一政委，一级调研员　张　彤

党组成员、副局长，三级调研员　程　莉（女）

党组成员、副局长　禹　强　刘　强

党组成员、政治部主任　王建勇

党组成员，市纪委监委驻市司法局纪检监察组组长张文娟（女）

市财政局

党组书记、局长，一级调研员　田文浩

党组成员、副局长，三级调研员　张屹东

党组成员，市纪委监委驻市财政局纪检监察组组长，三级调研员　彭新贵

副局长，三级调研员　张文玲（女）

党组成员、副局长　张洪斌

党组成员，市投资和预算评审中心主任　郭永东

二级调研员　张艳红（女）

市人力资源和社会保障局

党组书记、局长　郝虎生

党组成员、副局长，三级调研员　张晓林

党组成员、副局长，市总工会副主席（兼），三级调研员韩武雁

党组成员，市纪委监委驻市人社局纪检监察组组长，三级调研员　周永乐

党组成员，二级调研员　李保亮

党组成员，三级调研员　秦崇年

党组成员，市高级技工学校校长　李德彪

二级调研员　郭雪梅（女）　李宏毅

三级调研员　姚　远

四级调研员　段晓宇

张怀玉

市住房和城乡建设局（中共太原市委住房和城乡建设工作委员会）

工委书记、局长，一级调研员　张宝军
工委副书记，三级调研员　傅　立
工委委员、副局长，二级巡视员　王清河
工委委员、副局长，二级调研员　梁晓岗
工委委员、副局长，三级调研员　白　皓
工委委员，市纪委监委驻市住建局纪检监察组组长　田　斌
工委委员，二级调研员　张晋生
三级调研员　汪　艳（女）　白　宏

市城乡管理局（中共太原市委城乡管理工作委员会）

工委书记、局长，一级调研员　张建伟
工委副书记，三级调研员　武卫华
工委委员、副局长，二级调研员　孙玉锋
工委委员、副局长，三级调研员　时中瑛
工委委员，市纪委监委驻市城乡管理局纪检监察组组长　刘欢迎
工委委员，二级调研员　王保定　蒙晓禄
工委委员，三级调研员　雷生贤　赵有仁
一级调研员　段　洪
二级调研员　耿炤宇
三级调研员　杨俊栓　王小春　牛岩皓

市交通运输局

党组书记、局长　张　耀
党组成员、副局长，二级调研员　张则福
党组成员、副局长，三级调研员　高海林
党组成员、副局长　张智弘
党组成员、副局长（兼），市邮政管理局党组书记、局长　董　刚
党组成员，市纪委监委驻市交通运输局纪检监察组组长，二级调研员　李维平
党组成员　梅玉光　任选平
二级巡视员　张晓军
三级调研员　董　菁（女）

市水务局

党组书记、局长　赵生魁
党组成员、副局长　张万生
党组成员，二级调研员　王家亮　侯俊林

市农业农村局

党组书记、局长，二级巡视员，市委农办主任　王素红（女）
党组成员，市农业机械发展中心（市脱贫攻坚服务中心）主任　李凤梅（女）
党组成员、副局长，三级调研员　郭树生　郭志鸿（女）　张怀玉
党组成员，市纪委监委驻市农业农村局纪检监察组组长，三级调研员　滕悦茹（女）
党组成员，二级调研员　孙德武　王　峰
二级调研员　南红卫（女）　武济顺

市商务局

党组书记、局长，二级巡视员　高屹城
党组成员、副局长，一级调研员　张国清
党组成员、副局长，三级调研员　王之峰
党组成员，市纪委监委驻市商务局纪检监察组组长　郑瑞彬
党组成员，二级调研员　夏文武
二级调研员　高庆霞（女）

市文化和旅游局

党组书记、局长　师旭东
党组成员、副局长，二级调研员　张广亮　董晓英（女）
副局长，二级调研员　芦国庆（女）
党组成员、副局长，三级调研员　安俊跃
党组成员、副局长　王少华
党组成员，市纪委监委驻市文化和旅游局纪检监察组组长　杜文鹏
党组成员，三级调研员　胡彦清　张建斌
二级巡视员　宁克强
三级调研员　郭桂红（女）

市卫健委（中共太原市委卫生健康委员会工作委员会）

工委书记、主任　张　泽
二级巡视员　宫殿元
工委专职副书记，三级调研员　蒋亚南（女）
工委委员，市纪委监委驻市卫生健康委员会纪检监察组组长，三级调研员　李　彬
工委委员、副主任，三级调研员　孙慧生　王建平　赵宏英（女）
二级调研员　黄建宏　裴存锁
三级调研员　张永杰

市退役军人事务局

党组书记、局长　李跃文
党组成员、副局长，二级调研员　杨宏林　陈胜军
党组成员，市退役军人服务中心主任　王　强
二级巡视员　崔　燕（女）
二级调研员　程顺安
三级调研员　白海鸿

市应急管理局

党委书记、局长，一级调研员　刘剑明
党委委员，市防震减灾中心主任，一级调研员　高二虎

党委委员、副局长，二级调研员　张爱文　吴国岗
党委委员、副局长，三级调研员　张永宽　郭志强　张　峰
党委委员、政治部主任，二级调研员　徐国强
党委委员，三级调研员　赵永强　李东峰
党委委员，市应急管理综合行政执法队支队长　屈国龙

市审计局

党组书记、局长，二级巡视员　闫晓红（女）
党组成员、副局长，二级调研员　李振忠
党组成员、副局长，三级调研员　李东山
党组成员、副局长（挂职）　邢丽琳（女）
党组成员、总审计师　张喜玲（女）
二级调研员　曹燕金　朱力佳（女）
四级调研员　马晋达　韵贞香（女）　刘剑勇

市政府外事办公室

党组书记、主任　雷学义
党组成员、副主任，二级调研员　李　岩
副主任，三级调研员　杨永生
党组成员，三级调研员　刘勤儿

市政府国有资产监督管理委员会

党委书记　卢秋生（兼）
党委副书记、主任　王清雨
党委专职副书记（正处长级），一级调研员　刘晓黎（女）
党委委员，市纪委监委驻市国资委纪检监察组组长，三级调研员　刘建国
党委委员、副主任，三级调研员　席艳强
党委委员、副主任　郭学恒
党委委员，二级调研员　孟永宁
二级调研员　韩东来　阎树亮　张　援
三级调研员　张润玲（女）

市市场监督管理局

党组书记、局长，一级调研员　李　颖（女）
党组成员、副局长，二级调研员　赵　勇　任建国
党组成员、副局长，三级调研员　孙乃俊　连　波　李文军　李红旺
党组成员，市纪委监委驻市市场监督管理局纪检监察组组长，三级调研员　王　飙
党组成员，二级调研员　李友芬（女）　段新民　高俊常　赵　伟
党组成员　王晋生
一级调研员　赵丽萍（女）
三级调研员　孔韦宝　武旭龙
四级调研员　尹福顺

不锈钢产业园区分局党组书记、局长，三级调研员　崔星梅（女）
不锈钢产业园区分局副县级领导干部　关宝清

市体育局

党组书记、局长　梁　勇
党组成员、副局长，二级调研员　裴红霞（女）
党组成员，二级调研员　毕宗敏
二级调研员　李永昌　何文平

市统计局

党组书记、局长　卫建业
党组成员、副局长，二级调研员　岳国平
党组成员、副局长　刘爱民
党组成员，二级调研员　王振军
党组成员，三级调研员　马亚晓
二级调研员　戴陆寿　梁永昭
三级调研员　阎瑞玲（女）

市医疗保障局

党组书记、局长　郝淑贞（女）
党组成员、副局长，三级调研员　范　利
党组成员、副局长　常宇欣（女）
党组成员，市医疗保险管理服务中心主任　陆　涛（女）
三级调研员　武润德　周　峰
四级调研员　武永旺

市行政审批服务管理局

党组书记、局长，一级调研员　郑文明
党组成员，市公共资源交易中心主任　叶　奋
党组成员、副局长　尹　强
党组成员，一级调研员　贺福锁
党组成员，市政务服务中心主任，三级调研员　王锁柱
二级调研员　郑润林
四级调研员　蒋俊强

市信访局

市委副秘书长（兼），党组书记、局长　张　麒
党组成员、副局长，二级调研员　雷治平
党组成员、副局长，三级调研员　李卫斌
党组成员、副局长　王连成
党组成员，二级调研员　曹昶民　董建平

市政府金融工作办公室

党组书记、主任　孙　炜
党组成员、副主任，三级调研员　元继光　李　丽（女）
四级调研员　吉志民

市能源局

党组书记、局长　卫向东

党组成员、副局长　孙忠国　刘瑞峰

党组成员，二级调研员　郭树林

二级调研员　曹玉田

市文物局

党组书记　刘玉伟

党组成员、局长　白树栋

党组成员，市文物保护研究院（市文物考古研究院、市晋祠博物馆、市双塔博物馆、市天龙山石窟博物馆）院长（馆长）　曹维明

党组成员、副局长，二级调研员　冀晓峰

党组成员、副局长　任红敏

党组成员，二级调研员　秦建军

党组成员，三级调研员　谷立新　吴春明

市人民防空办公室

党组书记、主任，一级调研员　马雪峰

党组成员、副主任，三级调研员　张志强

副主任　令狐小静（女）

党组成员，二级调研员　陈　海

党组成员，四级调研员　聂守跃

二级调研员　崔　嵬

四级调研员　莫绍军

市房产管理局

党组书记、局长　邓大亮

党组成员、副局长，三级调研员　耿国胜

党组成员、副局长　张永魁

党组成员，二级调研员　钱国栋

党组成员，三级调研员　李玉东

二级调研员　刘　朋　强建林

市园林局

党组书记、局长，一级调研员　赵宏亮

党组成员，市公园服务中心主任　郝建忠

党组成员、副局长，三级调研员　张跃虎

党组成员，市纪委监委驻市园林局纪检监察组组长　芦保军

党组成员、副局长　赵艾旺

党组成员，一级调研员　张世隆

四级调研员　郝志坚

市促进外来投资局

党组书记、局长　许　涛

党组成员、副局长　史春梅（女）　王　彤

党组成员，二级调研员　王　剑

市大数据应用局

党组书记、局长　杨敦勤

党组成员、副局长　吴文利　王　琪（女）

市政府直属事业单位

市供销合作社联合社

党组书记、主任　曹　炬

党组成员、监事会主任　郎学军（女）

党组成员、副主任，二级调研员　武怀诚

党组成员、副主任，三级调研员　白　威　李亚晋（女）

二级巡视员　刘照升

市城镇集体工业联合社

党组书记、主任　强培东

副主任，三级调研员　张国宏

党组成员、副主任　涂　超　李勇彪

二级调研员　吴同义　裴志红

市住房公积金管理中心

党组书记、主任　牛　亮

党组成员、副主任　刘建红

副主任　武卫东

市晋剧艺术研究院

党组书记、院长　谢　涛（女）

副院长　武凌云

党组成员、副院长　张艳春（女）　侯爱英（女）

市汾河景区管理委员会

党组书记、主任　张平国

党组成员、副主任　苏广同　王海霞（女）　张　立

党组成员　蔡小林　张秀生

市项目推进中心

主任　汤　力

市政协工作机构

市政协办公室

市政协党组成员、秘书长，机关党组书记，一级调研员　薛建明

市纪委监委驻市政协机关纪检监察组组长，机关党组成员，二级调研员　刘越凤（女）

市政协副秘书长，二级调研员　高三生

市政协副秘书长，机关党组成员，二级调研员　齐春林

市政协副秘书长，机关党组成员　王淑娟（女）　李　毅

一级调研员　李　波

二级调研员　王秀丽（女）

市政协提案委员会

主任，一级调研员　张志强

副主任，二级调研员　王静芸（女）

副主任　幸笛枫（女）

市政协文化文史和学习委员会

主任，一级调研员　岳骁骏（女）

副主任，二级调研员　杜海柱

市政协港澳台侨和外事委员会

主任　贾　环（女）

副主任　贺引钏（女）

市政协经济委员会

副主任，二级调研员　王永红（女）

副主任　王昕云

市政协人口资源环境和城乡建设委员会

主任，一级调研员　张俊杰

副主任　马　莉（女）　任勇恒

市政协教科卫体委员会

主任，一级调研员　畅志刚

副主任，二级调研员　王贵斌

副主任　闫丽丽（女）

市政协社会和法制委员会

主任　张瑞峰

副主任，二级调研员　曹晓冬

副主任　侯伟英（女）

市政协民族宗教委员会

主任，一级调研员　吕大成

副主任　刘　辉　贾月有

市政协农业和农村委员会

主任，一级调研员　吴玲玲（女）

副主任　田久东

市政协研究室

主任　王文斌

群众团体

市总工会

党组书记、常务副主席　薛之东

党组成员、副主席，三级调研员　樊小高

党组成员、副主席兼经费审查委员会主任　康卫青（女）

党组成员、副主席　汪　伦

党组成员，四级调研员　黄小飞

三级调研员　张永亮　王志仙（女）

四级调研员　邹　江

共青团太原市委员会

书记　赵志远

副书记，二级调研员　王朝伟

市少工委主任　许　超

市妇女联合会

党组书记、主席　梁雅俊（女）

党组成员、副主席，二级调研员　任同珍（女）

党组成员、副主席　冀风华（女）　田　华（女）

二级调研员　米丽萍（女）　康一萍（女）

四级调研员　王国华（女）

市工商联合会

党组书记、市委统战部副部长（兼）　窦力奋

主席，一级调研员　郭太林

党组成员、副主席，二级调研员，市委统战部副部长　白建红（女）

党组成员、副主席，市委非公组织和社会组织工委副书记（兼），三级调研员　王书颖（女）

党组成员，二级调研员　张增辉

二级调研员　乔瑞生

市归国华侨联合会

党组书记　吕静英（女）

党组成员、副主席，二级调研员　郑　勇

党组成员，三级调研员　白劲松

三级调研员　张连发

市文学艺术界联合会

党组书记、主席候选人　祁向东

党组成员、副主席候选人，二级调研员　韩喜登

党组成员、副主席候选人，三级调研员　韩　莹（女）

党组成员、副主席候选人　靳海燕（女）

副主席候选人　常　青

二级调研员　王宏伟

市残疾人联合会

党组书记、理事长　赵　俭

党组成员、副理事长，三级调研员　闫继华（女）　刘勇刚

党组成员、副理事长　陈勇兵

党组成员　贺秀斌

二级巡视员　高金虎

二级调研员　薛晓峰

市科学技术协会

党组书记　马彦明

主席，民盟市委会主委，一级调研员　阎美蓉（女）

党组成员、副主席，二级调研员　李　相

党组成员、副主席，三级调研员　冯利峰

党组成员、副主席　刘　冲（女）
党组成员，二级调研员　杨　波
二级调研员　张文华（女）　尹效军

市贸促会

党组书记、会长，一级调研员　郭海燕（女）
党组成员、副会长　曹忠建
党组成员，三级调研员　李占才
二级调研员　王军威

市红十字会

党组书记，二级巡视员　姚晓蓉（女）
党组成员、专职副会长人选　桂育红
党组成员，三级调研员　吴兰成

太原市政府驻外办事处

市政府驻北京联络处

主任　杜淑婵（女）

市政府驻上海联络处

主任　郭晋强

其他单位

太原市党纪宣传教育中心

主任　王　勤（女）

太原市纪委监委查询中心

主任　张海波

太原市委信息化中心（太原市委社情民意中心）

主任　姚　洪

太原市委组织部党员教育中心（太原市委组织部党建研究所）

主任（所长）　杨　虹（女）

太原市人才发展中心

主任　赵世丽（女）

太原市思想政治工作研究会

会长人选　王怀福

太原市市级机关后勤保障中心

副主任　张靖武

太原市老年大学

校长　韩东辉

太原市公安局交通警察支队

党委书记、支队长、二级高级警长，市公安局党委委员、副局长（兼）　续卫东
党委副书记、政委、二级高级警长　张文宾
党委委员、副支队长、二级高级警长　刘茂林　岳富民　张　琼　张　将
党委委员、副支队长、三级高级警长　梁国宏　高文晋　李建军
党委委员、纪检书记　于全红
党委委员、政治处主任　李　锋
党委委员、二级高级警长　姜　涛
党委委员、三级高级警长　常士勇

市公安局特警支队

支队长、一级高级警长　王建炜
政委、二级高级警长　何荣芳（女）
副支队长、二级高级警长　张　虹（女）
副支队长、三级高级警长　张建兴　陈忠斌　张拴成　刘晖滨　王文利
副支队长、警务技术二级主任　李保林
副支队长、四级高级警长　王凤花（女）　高　媛（女）

山西省太原市公证处

主任　陈秀峰

太原市政协社情民意研究中心

主任　王海华

太原市中级人民法院诉讼服务中心

主任　田　宇

太原中级人民法院司法技术中心

主任　张　剑

太原市人民检察院技术鉴定中心

主任　田和军

太原工人文化宫（太原市职工活动中心）

主任　李　雅

太原市总工会职工服务中心

主任　李润果（女）

太原总工会干部学校

校长　张全民

太原市青少年宫（太原市青少年活动中心）

主任　马　斌

太原文学院

院长　刘照华

太原教育电视台

台长　贾慧生

太原市粮食技工学校

党支部书记、校长　冯学亮

太原市技术转移促进中心

主任　李国忠
副主任　梁　飞　宁慧青（女）

太原市中小企业发展促进中心

主任　王　镭

副主任，二级调研员　房保富

副主任　蔺志新

太原市双塔革命公墓

主任　唐文波

太原市救助站

站长　郭宏伟

太原市社区工作服务中心

主任　夏同杰

太原市儿童福利院（太原孤残儿童特殊教育学校、太原市社会福利院）

党支部书记　王　珉

院长（校长）　张毅敏

太原市社会福利精神康宁医院

院长　王　玲（女）

太原市慈善职业技术学校

副校长　任原生　刘　杰　赵　清（女）

太原市永安园

主任　张红飞

太原市财政科学研究所

所长　马丽敏（女）

太原市财政国库支付中心

主任　宁　捷

二级调研员　郭晓英（女）

太原市公共就业服务中心（太原市人力资源市场）

主任　刘建军

太原市人事考试中心

主任　张国华

太原市劳动保障监察综合行政执法队

队长　秦　勇

太原市高级技工学校（太原技师学院）

校长、党总支副书记　李德彪

党总支书记、副校长　徐雪梅（女）

太原市市政公用工程质量安全站（太原市轨道交通建设服务中心）

站长（主任）　谢耀岗

副站长（主任）　辛俊红　杜红燕（女）

太原市建设工程质量安全站（太原市工程建设标准定额站）

站长　郭　轶

太原市绿色建筑与海绵城市发展中心

主任　高云龙

太原市城乡基础设施建设中心（太原市城乡建设档案馆）

主任　杜建文

太原市市容环境卫生中心

副主任　王建红　郝志会

太原市城乡管理综合行政执法队

队长　李世军

太原市市政公共设施建设管理中心

主任　刘志猛

太原市市政公用事业管理中心

主任　傅子俊

太原市城市排水管理中心

主任　杨晓峰

太原市城市照明管理中心

主任　尹爱军

太原市交通运输发展中心（太原市轨道交通运营中心）

主任　尚跃峰

太原市交通运输综合行政执法队

队长　尤爱聪

太原市河湖管理中心（太原市水旱灾害防御中心）

主任　周新春

太原市水资源管理保护中心

主任　陈拉才

太原市生态工程学校（太原市农业广播电视学校）

党委书记　夏双秀

党委副书记、校长　陈晋忠

党委委员、副校长　李晋萍（女）

太原市农业机械发展中心（太原市脱贫攻坚服务中心）

主任　李凤梅（女）

太原市文化旅游事业发展中心（太原市文化馆）

主任（馆长）　宋　萍（女）

太原美术馆（太原画院）

馆长（院长）　殷卫东

太原市图书馆

党支部书记　赵晋明

太原市文化艺术学校

党支部副书记、校长　张朝阳

党支部书记　王小东

副校长　赵尚明　杨永兰（女）

太原市军队离退休干部第一休养所

党组织书记　韩秀清

所长　耿开文

太原市军队离退休干部第二休养所

党组织书记　邓　彪

所长　贾静艳（女）

太原市军队离退休干部第三休养所

党组织书记　韩秀春

所长　关丽霞（女）

太原市退役军人服务中心

主任　王　强

太原市防震减灾中心

主任　高二虎

副主任　张晓峰

副主任，二级调研员　邓子平

副主任　张全荣

二级调研员　续　渊（女）

三级调研员　师　菁（女）　王晓东

太原市应急管理综合行政执法支队

支队长　屈国龙

二级调研员　许小刚

太原市矿山救护大队（太原市应急管理信息调度指挥中心）

队长（主任）　王建强

政委　王永灵

太原市国企改革发展研究和促进中心

主任　李永杰

太原市消费者协会

秘书长　卞传志

太原市体育工作队

党支部书记、队长　朱　渊

太原市体育运动学校

党总支副书记、校长　高建生

总支委员、副校长　王　勇

太原市重点少年体育学校（太原市第二十三中学校）

党支部书记、校长　杨建军

副校长　郭银香（女）

太原市第三少年体育学校

党支部委员、校长　冯瑞卿

太原市公共资源交易中心

主任　叶　奋

太原市政务服务中心

主任　王锁柱

太原市信访服务中心

主任　田贵清

太原市房产租赁管理服务中心

主任　郄新明

太原市房产交易服务中心

主任　阎继萍（女）

太原市招生考试管理中心

市委教育工委委员，市招生考试管理中心党支部书记、主任　王军丽（女）

太原市教研科研中心

党总支书记、主任　赵学昌

太原市教育现代化中心（太原市电化教育馆）

党总支书记、主任（馆长）　毕俊卿

太原市学生发展中心（太原市语言文字测试中心）

党委书记、主任　周玉强

太原市政府投资项目和概算评审中心

主任　陆　萍（女）

太原市投资和预算评审中心

主任　郭永东

副主任　吕红梅（女）

太原市社会保险管理服务中心

主任　宁迫青

副主任　李永贵　汤奇伟

太原市农业综合行政执法队

队长　韩建红

太原市农业技术推广服务中心

主任　郭建军

太原市文化市场综合行政执法队

队长　黄　涛（女）

太原市市场监管综合行政执法队

队长　张　辉

太原市知识产权综合发展服务中心［中国（山西）知识产权维权援助中心太原分中心］

主任　郭建平

太原市统计局调查监测中心

主任　苏人龙

太原市医疗保险管理服务中心

主任　陆　涛（女）

太原市能源发展中心

主任　王巧云（女）

太原市文物保护研究院（太原市文物考古研究院、太原市晋祠博物馆、太原市双塔博物馆、太原市天龙山石窟博物馆）

院长（馆长）　曹维明

副院长（馆长）　郝教信　冀美俊（女）　周富年　于　灏

太原市博物馆

馆长　徐宝军

太原市人防战备保障中心

主任　高　鹏

太原市公园服务中心

主任　郝建忠

副主任　王　洪

原太原市招生考试管理中心

副主任　王毅敏　陈志明

党支部委员，二级调研员　王泽红

原太原市教研科研中心

党总支委员、副主任　钱学锋（女）　解腊梅（女）

原太原市劳动技术教育中心（太原市大学生资助管理中心）

党支部书记、主任　康建清（女）

原太原教育电视台

党支部副书记、台长　贾天理

原太原市卫生局卫生监督所

党委副书记、所长　李跃光

党委委员、副所长　金雪龙　刘世保

原太原市红十字血液中心（太原市输血技术研究所）

党委书记　许　虹（女）

市管企业单位

太原市龙城发展投资有限公司

党委书记、董事长　刘鹏飞

党委副书记、总经理　郭志强

副总经理　谭晋生

党委委员、纪委书记　杨冬林

副总经理　孟　琦

党委委员、副总经理　张建军　黄贵荣

太原市公共交通控股（集团）有限公司

党委书记、董事长　周　齐

党委副书记、副董事长、总经理　郝铭生

党委副书记　翟奇伟（女）

党委委员、董事、工会主席　贾　珊（女）

党委委员、副总经理　于　军

董事（兼）　李　博（女）

董事、副总经理　李文胜

副总经理　孟建华　霍雁朝

董事、总会计师　籍建伟（女）

党委委员、纪委书记　张卫兵

太原物产集团有限公司

党委书记、董事长、总经理　贾学敏

党委委员、工会主席　王东明

董事　王文庆

总会计师　周鲁静（女）

太原龙城电影发展（集团）有限公司

党委书记　贾学敏

党委委员、财务总监　刘培宏

太原市供水集团有限公司

党委书记、董事长　杨怀军

党委副书记、副董事长、总经理　武建刚

党委副书记　付华伟

党委委员、副总经理　商　杰　王仲强

党委委员、董事、副总经理　贾洪钢

党委委员、总经济师　陈　莘

党委委员、董事、总工程师　周　茜（女）

党委委员、董事、工会主席　武　洁（女）

党委委员、总会计师　邓　军（女）

党委委员　霍长平

党委委员、纪委书记　陈　雷

太原市饮食服务集团有限公司

党委书记、董事长　王中华

党委委员、副总经理　袁晋江

党委委员、纪委书记　韩润萍（女）

太原市轨道交通发展有限公司

党委书记、董事长　白晓平

党委副书记、总经理　刘建文

党委副书记、副总经理　曹宏伟

党委委员、总规划师　王凤莲（女）

党委委员、副总经理　樊日广　李旭东　刘宏伟

党委委员、纪委书记　牛晋龙

党委委员、副总经理　梁　波

太原市热力集团有限公司

党委书记、董事长、总经理　李建刚

副经理　王又星　吴建琪　李双奎

纪委书记　王春夯

副经理、总会计师　李小忠

工会主席　贾桂芬（女）

总工程师　樊　敏

经理助理　王林文

太原并州饭店有限责任公司

党委书记、董事长、总经理　王中华

副总经理　杜　坚　郭瑞萍（女）

院校

太原学院

党委书记　韩保清

党委副书记、院长　郭丕斌
党委副书记　马皖东　康晓红（女）
党委委员、纪委书记　李晓谦
副院长　刘月红（女）
党委委员、副院长　柴　达　桂志国
党委委员、组织部部长　曹　剑（女）

太原城市职业技术学院

党委书记　杨敦勤
党委副书记、院长　孙华东
党委副书记　耿越平
党委委员、副院长　尹达恒
副院长　谢振芳、王蒙田
党委委员、纪委书记　吕东来

太原旅游职业学院

党委副书记、院长　谢玉辉
党委副书记　王　蓉（女）
党委委员、副院长　耿寅杰　韩一武

太原幼儿师范高等专科学校

党委书记　秦　琦
党委副书记、校长　范永丽（女）
党委副书记　刘香功
党委委员、纪委书记　郭勇柱
太原幼儿师范学校副校长　杨建福
太原幼儿师范学校党委委员、副校长　李咏梅（女）
太原幼儿师范学校党委委员、工会主席　王星星（女）

太原广播电视大学

党总支书记　白宏武
党总支副书记、校长　时耐敏
党总支委员、副校长　郭建勇　景建明

太原市财贸学校

党总支副书记、校长　张学锋
党总支书记　王秀峰（女）
党总支副书记　王彦飞
党总支委员、副校长　郭改莲（女）　吴东红

太原市卫生学校

校长　郜宏漪（女）
党委书记　蔡世臣
党委委员、副校长　王　宇（女）　闫卫民

太原广播电视中等专业学校

党总支副书记、校长　贾志宏
党总支书记　翟海录
党总支委员、副校长　韩红兰（女）　郭超愚

太原市财政金融学校

党委副书记、校长　栾桂秋（女）
党委副书记　王建秀（女）
党委委员、副校长　冀承红（女）　张　新（女）　王治文
党委委员、纪检书记　薛存喜
党委委员、工会主席　孟中华

太原市交通学校

党委副书记、校长　黄胜勇
党委书记　刘纪平
党委委员、副校长　汤德宝　张　健

太原市第二中学校

党总支副书记、校长　马新生
党总支书记　王　军
党总支委员、副校长　张　良　李志红（女）

太原市成成中学校

党委副书记、校长　聂惠娟（女）
党委书记　季　禾
党委副书记　牛燕斌
党委委员、纪检书记　米建华（女）
党委委员、副校长　张万才　赵红军（女）　刘　琦（女）

太原市第四中学校

党总支副书记、校长　杨翠云（女）
党总支书记　张晋林
党总支委员、副校长　韩树威

太原市第五中学校

党委副书记、校长　杨向东
党委书记　曲向平
党委副书记　刘志强
党委委员、副校长　王　娟（女）　李　杰　王凤龙
党委委员、纪检书记　王　蓉（女）

太原市进山中学校

党委副书记、校长　张代军
党委书记　李春青
党委副书记　郎雁荣（女）
党委委员、副校长　张寅生　周　一（女）
党委委员、纪检书记　乔晓梅（女）
党委委员、工会主席　赵维尚

太原市第十一中学校

党总支副书记、校长　樊晓东
党总支委员、副校长　马梅样（女）　张雄健

太原市第十二中学校

党委副书记、校长　冯国雷
党委委员、副校长　柴有茂　王布宁　刘　君（女）

党委委员、纪检书记　柴燕杰
副校长　姚永峰
党委委员、工会主席　杨泽明

太原市第十三中学校

党总支副书记、校长　陈东胜
党总支书记　齐越峰
党总支委员、副校长　张建军

太原市第十五中学校

党委副书记、校长　林　玮（女）
党委书记　银　军
党委副书记　梁美红（女）
党委委员、纪委书记　胡海红（女）
党委委员、副校长　李　煌　贾晓琴（女）
党委委员、工会主席　张　云

太原市第十六中学校

党委副书记、校长　吕向群（女）
党委书记　王宝林
党委委员、副校长　陈　平
党委委员、工会主席　王维良

太原市第十八中学校

党委副书记、校长　雷　晟
党委书记　张　枢
党委委员、副校长　陈　晨（女）　许昀丽（女）　贾俊峰

太原市第十九中学校

党总支副书记、校长　田　丰
党总支书记　畅建保
党总支委员、副校长　刘宏晋
副校长　贾文英（女）

太原市第二十中学校

党总支副书记、校长　弓建茂
党总支书记　宋鸿明
党总支委员、副校长　刘光巨　刘乐义

太原市第二十一中学校

党总支副书记、校长　孟引变（女）
党总支书记　马燕芹（女）
党总支委员、副校长　汪劲峰　邵会健

太原市第二十二中学校

副校长　李云飞、贾雄雷

太原市第二十四中学校

党总支副书记、校长　杨　勇
党总支委员、副校长　王　涛　王红霞（女）

太原市育英中学校

党委副书记、校长　黄步选
党委书记　许继生
党委副书记　齐向星（女）
党委委员、副校长　边保军　赵良杰

太原市第二十七中学校

党总支副书记、校长　史建如
党总支书记　吴长绪
党总支委员、副校长　阎卫东　靳明保

太原市第二十九中学校

党总支副书记、校长　翟福平
党总支书记　周建华
党总支委员、副校长　沈庆东

太原市第三十中学校

党总支副书记、校长　郭力山
党总支书记　李军生
党总支委员、副校长　郭素卿（女）　郭俊明

太原市综合高级中学校

党总支副书记、校长　郭玉玲（女）
党总支书记　孟金陵（女）
党总支委员、副校长　吕新华（女）

太原外语科技实验中学

党总支副书记、校长　杨旭宏
党总支书记　张海滨
党总支委员、副校长　梁变然（女）　王卫东

太原市第四十八中学校

党委副书记、校长　王更生
党委委员、副校长　田巧丽（女）　潘国礼　尹永志
党委委员、纪委书记　李建军
党委委员、工会主席　张喜新

太原市第四十九中学校

党总支副书记、校长　王爱武（女）
党总支书记　阎茂珍
党总支委员、副校长　张银龙　温国荣

太原市第五十二中学校

党总支副书记、校长　崔同喜
党总支书记　郭振江
党总支委员、副校长　靳　翔　牛晋涛

太原市第五十三中学校

党支部副书记、校长　张卫民
党支部委员、副校长　弓　英（女）

太原市第五十五中学校

党委副书记、校长　唐丽达（女）
党委书记　闫文龙
党委委员、副校长　张吉峰　刘吉明

太原市第五十六中学校

党委副书记、校长　郭　涛

党委书记　吕　政

党委委员、副校长　程书永　颉全宁

太原市第五十八中学校

党总支委员、副校长　张云峰

副校长　张劭英

太原市第五十九中学校

党总支副书记、校长　程全顺

党总支书记　李延茂

党总支委员、副校长　刘国华　陶　静（女）

太原市第六十中学校

党支部副书记、校长　史瑞霞（女）

党支部书记　舒增满

副校长　刘美蓉（女）

党支部委员、副校长　武锡盛

太原市第六十一中学校

党总支副书记、校长　张立平（女）

党总支书记　孙琪华

党总支委员、副校长　李宝成　吴莉萍（女）

太原市第六十二中学校

党总支副书记、校长　王秀中

党总支书记　何振庆

党总支委员、副校长　张雅新　裴建勋

太原市第六十三中学校

党委副书记、校长　李大军

党委书记　张兴凤（女）

党委委员、副校长　王旺民　邢雪梅（女）

太原市第六十四中学校

党支部副书记、校长　陈育红

党支部书记　任新明

党支部委员、副校长　王惠山　王云霞（女）

太原市第六十五中学校

党总支副书记、校长　景　涛

党总支书记　马宝峰

党总支委员、副校长　武宏平

太原市第六十六中学校

党支部副书记、校长　刘　薇（女）

党支部书记　李朝晖

党支部委员、副校长　王志隆　李海波

太原市第六十七中学校

党支部书记　马保全

党支部委员、副校长　孟文军　王艳丽（女）

太原市外国语学校

党委副书记、校长　武翻旺

党委书记　姚培吉

党委委员、副校长　冯　娟（女）　刘伟波

党委委员、纪检书记　袁万银

党委委员、工会主席　周荣钧（女）

太原市实验中学校

党委副书记、校长　孔韦忠

党委书记　周延青

党委委员、副校长　刘凤兰（女）　麻耀东

党委委员、纪检书记　姚澍民

太原市第二实验中学校

党委副书记、校长　田文华（女）

党委书记　温贵宝

党委委员、副校长　洪天喜

党委委员、工会主席　王健民

太原市第三实验中学校

党总支副书记、校长　常宝成

党总支书记　曹吉明

党总支委员、副校长　田瑞民　兰进徐　杨学新

太原市第四实验中学校

党委副书记、校长　杜效林

党委书记　安彩虹（女）

党委委员、副校长　侯少龙　王　刚

太原市第五实验中学校

党总支书记、校长　褚永生

党总支委员、副校长　郝永胜　杨文宏

太原市聋人学校

党支部副书记、校长　付晋蔚

党支部书记　张爱忠

太原市盲童学校

党支部副书记、校长　赵　谨

党支部书记　张　媛（女）

太原市明德学校

党支部副书记、校长　韩书林

党支部书记　赵陆生

党支部委员、副校长　陈新民

太原市中小学综合实践学校

（太原市中小学示范性综合实践基地）

党总支书记　姚　昕

党总支委员、副主任　光彦强

太原市第二实验小学校

党支部副书记、校长　徐艳红（女）

党支部书记　朱香玲（女）

太原市第三实验小学校

党支部副书记、校长　史春元

党支部书记　刘红军（女）

太原市第四实验小学校

党支部书记　武宇红（女）

太原市第五实验小学校

党支部副书记、校长　李国强

太原市育蕾幼儿园

党支部书记、园长　张晓红

太原市育红幼儿园

党支部书记、园长　张伟宏（女）

太原市育英幼儿园

党支部书记、园长　王　林（女）

卫生医疗机构

太原市中心医院（太原市心血管病研究所、太原市中心医院集团总院）

党委书记　郭进升

院长　李新华

党委委员、总会计师　韩　宏（女）

副院长　杨晓丽（女）　霍建忠

党委委员、副院长　武　飚

太原市人民医院

党委书记　郝俊彪

党委委员、院长　裴伟俭

党委委员、副院长　马玉林　赵鸿凌（女）

太原市第二人民医院

党委书记　董钰柱

院长　张胜潮

党委委员、副院长　杨玲萍（女）

副院长　赵丽芹（女）

党委委员、纪检书记　岳瑞芝（女）

太原市第三人民医院（太原市传染病医院、太原市肝病研究所）

党委书记　赵　敏（女）

党委副书记、院长　马建中

党委委员、副院长　张青平　周　宏

太原市第四人民医院（山西医科大学附属肺科医院、太原市结核病医院）

党委书记　郭永芳（女）

党委副书记、院长　董永康

党委委员、副院长　康益炯　王全红

党委委员、纪检书记　张　燕（女）

党委委员、工会主席　吴　丰

太原市精神病医院（太原第五人民医院）

党委书记　贾艳焕（女）

党委副书记、院长　王斌红

党委委员、副院长　那　龙　李伟荣（女）

党委委员、工会主席　张生才

太原市妇幼保健院（太原市妇幼保健计划生育服务中心、太原市妇女儿童医院、太原市第六人民医院）

党委书记　贾金霞（女）

党委副书记、院长　邓　洋

党委委员、副院长　张国强　郑艳梅（女）

党委委员、工会主席　张　燕（女）

太原市第八人民医院（太原市老年病医院）

党委书记　薛伟珍（女）

党委副书记、院长　王宝迎

太原市中医医院（太原市中医院研究所）

党委书记　段朝军

党委副书记、院长　郭江泽

党委委员、副院长　刘克勤　赵　伟

党委副书记、纪检书记　李尉红（女）

党委委员、工会主席　王　岚（女）

太原市急救中心（太原市第九人民医院、太原市紧急医疗救援中心）

党委书记　程要红（女）

党委副书记、主任（院长）　唐新宇

太原市疾病预防控制中心（太原市结核病防治所、太原市职业病防治所、太原市艾滋病性病监测中心）

党委书记、主任　徐计宏

党委委员、副主任　李　宏　郭建娥（女）　郝瑞岗

党委委员、纪检书记　钱月红（女）

太原市卫生健康综合行政执法队

党委书记、队长　王万金

太原市血液中心（太原市输血技术研究所）

党委书记、主任（所长）　白　林

太原市老龄健康事业服务中心

党支部书记、主任，三级调研员　于　兰（女）

县（市、区）

小店区

中共小店区委

书记　袁尔铭

副书记　安小刚（墩苗）

常委，纪委书记，监委主任　陈　晋
常委、宣传部部长　张志中
常委、统战部部长　梁根会
常委、组织部部长　王黄林（女）
常委、政法委书记　荣杰峰
常委、副区长　李永强　师中军
常委、人武部部长　周继全
常委、副区长　张　洁（女，下派）

小店区人大常委会

主任　王建文
副主任　李伟仙（女）温喜昌　高　峰　李春涛

小店区政府

区长　袁尔铭
副区长　李永强　师中军　张　洁（女，下派）宋毅方
　　　　杜俊霞（女）郭国权　姚卫民
　　　　王晓光（公安小店分局局长）

政协小店区委员会

主席　王成周
副主席　郭丽霞（女）
副主席　宋　力
副主席　范月卿（女）
副主席　魏志刚

小店区法院

院长　银威威

小店区检察院

检察长　李卓英

迎泽区

中共迎泽区委

书记　李　慧（女）
副书记、区长　赵学军
常委（正处长级）杜志强
常委、宣传部部长、统战部部长　闫晓琴（女）
常委、副区长　刘爱国
常委、政法委书记　岳旭强
常委、组织部部长　霍晓勇
常委，纪委书记，监委主任　丁晋峰
常委、副区长　裴　涛
常委、人武部部长　闫海军
常委　苏国清（墩苗）

迎泽区人大常委会

主任　薛　凯
副主任，二级调研员　韩石俊（女）
副主任　尹晓平　秦宇星　孟晋忠

迎泽区政府

区长　赵学军
副区长　刘爱国　裴　涛　王树仁（公安迎泽分局局长）
　　　　闫俊力　陈文生　张渊学　李　敏（女）
　　　　刘　晓（下派）

政协迎泽区委员会

主席　赵树文
副主席　王素云（女）王孝兵　叶　涛　李斌玲（女）

迎泽区法院

院长　王晋斌

迎泽区检察院

检察长　张晋东

杏花岭区

中共杏花岭区委

书记　李文权
副书记、区长　侯　森
副书记　李福贵
常委、统战部部长　李　琦（女）
常委、宣传部部长　赵联庆
常委、组织部部长　郭俊明
常委，纪委书记，监委主任　郑　林
常委、副区长　盛维华
常委、政法委书记　杜志坚
常委、人武部部长　朱志方
常委　杨俊国（墩苗）
常委、副区长，二级调研员　张　瑛（女，下派）

杏花岭区人大常委会

主任　王同化
副主任，二级调研员　韩富存
副主任　安江锋　张毓民　牛補忠

杏花岭区政府

区长　侯　森
副区长　盛维华
副区长，二级调研员　张　瑛（女，下派）
副区长　张青贵　刘金亮（公安杏花岭分局局长）
　　　　张玉和　冯立君　王秋月（女）

政协杏花岭区委员会

主席　王富强
副主席　白　亮　张荣义（女）薛萍萍（女）周　徽

杏花岭区法院

院长　杨效熙

杏花岭区检察院

检察长　孙向荣

尖草坪区

中共尖草坪区委

书记，二级巡视员　刘锦春（女）

副书记、区长　张力维

常委、副区长　康国奇

常委，纪委书记，监委主任　尹浩瑞

常委、组织部部长　赵建春

常委、副区长　侯　岳

常委、宣传部部长、统战部部长　王丽芬（女）

常委、人武部政委　刘　中

常委、政法委书记　张俊兵

常委　张晋松（墩苗）

尖草坪区人大常委会

主任　赵晓红（女）

副主任　李　刚　王正宏　李瑞芳（女）　魏贵宝

尖草坪区政府

区长　张力维

副区长　康国奇　侯　岳　董　波（公安尖草坪分局局长）

副区长　杜秋梅（女）　白　冰　杨　泰

　　　　王玉贵　郭占昌（下派）

政协尖草坪区委员会

主席　王春龙

副主席　王毅仁

副主席　郑庆华

副主席　王瑞红

副主席　张宇波

尖草坪区法院

院长　裴宪武

尖草坪区检察院

检察长　赵正斌

万柏林区

中共万柏林区委

书记　杨俊民

副书记、区长　张　喆

副书记　李博雅（女，墩苗）

常委，纪委书记，监委主任，二级调研员　郭　昕

常委、人武部政委　刘仍雁

常委、区委办主任　梁红根

常委、副区长　陈俊峰

常委、组织部部长　陈向琰（女）

常委、宣传部部长、统战部部长　张小军

常委、副区长　李宏文

常委、政法委书记　周靖华

常委、副区长　郝晓军（女，下派）

万柏林区人大常委会

主任　张振鹏

副主任　王跃礼　武玉琴（女）　张建铁

万柏林区政府

区长　张　喆

副区长　陈俊峰　李宏文　郝晓军（女，下派）

　　　　白　洁（女）　闫玉斌（公安万柏林分局局长）

　　　　韩　宇　于劭之　秦晓东

政协万柏林区委员会

主席　刘贵江

副主席，二级调研员　张立亚

副主席　鲁宝栋　李石宏　阴　燚

万柏林区法院

院长　王文皓

万柏林区检察院

检察长　赵冰峰

晋源区

中共晋源区委

书记　李永强

副书记、区长　张农寿

副书记　姬发军

常委、组织部部长　张吉祥

常委、政法委书记　李茂生

常委、副区长　钮宝林

常委，宣传部部长、统战部部长　温志勇

常委，纪委书记，监委主任　刘玉婷（女）

常委、副区长　刘　晚（女，墩苗）

常委、人武部政委　牛建斌

常委　李全林（墩苗）

常委、副区长　郭忻昕（女，下派）

晋源区人大常委会

主任　张奇峰

副主任　靳玉琴（女）　师　超　范永生　张小鹏

晋源区政府

区长　张农寿

副区长　钮宝林　刘　晚（女，墩苗）
郭忻昕（正处长级，女，下派）　朱永军
靳　睿　程玉中　张　建　王　莉（女，下派）
阎　宾（公安晋源分局局长）

政协晋源区委员会

主席　岳元春
副主席、二级调研员　田　瑞
副主席　王小鹏　张　仕　贺建国

晋源区法院

院长　吉柯帆

晋源区检察院

检察长　李晓燕（女）

古交市

中共古交市委

书记　李卫平
副书记　杨建忠
常委、人武部部长　许　军
常委、副市长　邢武晓
常委、宣传部部长、副市长　赵晋胜
常委，纪委书记，监委主任　陈　铮
常委、政法委书记　周　飞
常委、组织部部长　李永强
常委、统战部部长　李勇存
常委、副市长　杜国名（墩苗）
常委　崔燕波（墩苗）

古交市人大常委会

主任　张　刚
副主任、二级调研员　赵晓霞（女）
副主任　李宜坷（女）　张宏印　郝平贵

古交市政府

副市长　邢武晓　赵晋胜　杜国名（墩苗）　闫文光
张　敏　王治国（古交市公安局局长）
董　娟（女）　王慧杰　单建春（下派）

政协古交市委员会

主席　李宏刚
副主席，二级调研员　班春芳（女）
副主席　李秀峰（女）　王家林　冯跃宇

古交市法院

院长　张东杰

古交市检察院

检察长　蔡东海

清徐县

中共清徐县委

太原市人大常委会党组成员、副主任，
清徐县委书记　王剑峰
副书记、县长　孙　泉
副书记　张娅妮（女，墩苗）
常委、副县长　岳兔立
常委、组织部部长　吴宇平
常委，纪委书记，监委主任　马志杰
常委、副县长　董笑龙
常委、宣传部部长　赵四顺
常委、统战部部长　牛建忠
常委、人武部部长　雷慧华
常委　肖　晖（墩苗）
常委、政法委书记　李智慧（女，下派）

清徐县人大常委会

主任　张晋涛
副主任，二级调研员　王献国
副主任　张永健　闫惠亮　王瑞清（女）

清徐县政府

县长　孙　泉
副县长　岳兔立　董笑龙　杜旭东（县公安局局长）
刘紫霞　陈亚琳（女）　郝　飞　袁建斌

政协清徐县委员会

主席　邢蕴武
副主席　梁宝贵　李年贵　左喜维　郝新瑞

清徐县法院

院长　侯新军

清徐县检察院

检察长　孙寅平（女）

阳曲县

中共阳曲县委

书记　裴耀军
副书记、县长，二级巡视员　李京京
副书记、统战部部长，二级调研员　杨　昆
副书记　薛文静（女，墩苗）
常委、组织部部长　吴英志
常委、政法委书记　武晓俊
常委、副县长　段燕临
常委、宣传部部长，副县长　王庆丰
常委，纪委书记，监委主任　刘学民
常委、人武部政委　范旭宇

常委、副县长　郭志红（女，下派）

阳曲县人大常委会

主任　王志勇

副主任，一级调研员　裴润兰（女）

副主任　裴云峰　张　峥（女）　刘　麒

阳曲县政府

县长　李京京

副县长　段燕临　王庆丰　郭志红（女，下派）
刘　冬（女）　马有利　闫利斌
申彩萍（女）　刘　波（县公安局局长）

政协阳曲县委员会

主席　于文成

副主席，二级调研员　赵虎牛

副主席　马润明　边志勇　祁秀生

阳曲县法院

院长　王玉文

阳曲县检察院

检察长　张晓东

娄烦县

中共娄烦县委

书记，二级巡视员　李树忠

副书记、县长　景　博

副书记　魏源巍

常委、组织部部长　岳志强

常委、副县长　闫　伟

常委、宣传部部长、统战部部长　任　瑛（女）

常委、副县长　庞　娟（女）

常委，纪委书记，监委主任　王　铮

常委、副县长　武　鹏（墩苗）

常委、政法委书记　李　洲（下派）

常委、人武部部长　孟凡东

娄烦县人大常委会

主任　冯永魁

副主任，二级调研员　马存海　梁俊杰

副主任　侯尚德　雷爱婵（女）

娄烦县政府

县长　景　博

副县长　闫　伟　庞　娟（女）　关晋钢　马文杰
田志凯（县公安局局长）　高　林　马　峰

政协娄烦县委员会

主席　弓梅梅（女）

副主席　段润义　蔡慧杰　强建生　张晓芳（女）

娄烦县法院

院长　梁学钢

娄烦县检察院

检察长　杨若彬

太原中北高新技术产业开发区

党工委书记　卢俊峰

党工委副书记、管委会主任　杜小灵

党工委委员、纪检工委书记　韩涛峰

党工委委员、管委会副主任　艾冬景（女）　郝少杰

党工委委员　张　健　王志义

太原西山生态文化旅游示范区

党工委书记、管委会主任　刘　飞

党工委副书记　郭宏强

党工委委员、管委会副主任　李润敖　常建强

党工委委员、纪检工委书记　魏耐勤（女）

山西清徐经济开发区

党工委书记　孙　泉（兼）

党工委副书记、管委会主任　陈晓勇

党工委委员、管委会副主任　孟　涛　王国庆

党工委委员、纪检工委书记　陈　晋

阳曲现代农业产业示范区

党工委书记、管委会主任　李京京（兼）

党工委副书记、管委会副主任　常红勤

党工委委员、纪检工委书记　冀晓军

党工委委员、管委会副主任　银军军

（机构设置和负责人名录截至2021年12月，由市委组织部供稿）

综 述

【概况】 2021年，中共太原市委坚持以习近平新时代中国特色社会主义思想为指导，全面贯彻中共十九大和十九届历次全会精神，深入贯彻习近平总书记考察调研山西重要指示精神，落实省第十二次党代会精神，按照省委“四个走在前列”要求，完整准确全面贯彻新发展理念，坚持稳中求进工作总基调，统筹疫情防控和经济社会发展，全方位推动高质量发展，全市党的建设和各项事业取得新成效。（崔建高）

【党的建设】 2021年，中共太原市委坚持把学习贯彻习近平新时代中国特色社会主义思想作为重大政治任务，做到学懂弄通做实。加强理论武装，落实“第一议题”制度，市委理论学习中心组学习33次，对市管领导干部进行全员培训，开展基层宣讲1万余场次，深化党史学习教育，全市1.23万个基层党组织、29.70万名党员全程参加，市级领导干部带头领办60余件民生事项，各级领导干部领办实事8000余件，中国共产党太原历史展览馆建成开放。以庆祝建党100周年为主线，开展“时代新人说”，组织50余项主题宣传教育活动，中央、省级媒体累计刊（播）涉太原市正面新闻2万余条。

全面贯彻新时代党的建设总要求，召开市第十二次党代会，完成市委及县乡村换届工作。定期听取市人大常委会、市政府、市政协、市法检两院党组和市纪委监委工作情况汇报。启动十二届市委第一轮巡察。“两新”组织党组织覆盖率分别达到92%和90%，成立快递物流行业综合党委。3个乡镇和10个村党组织被评为全省标杆。泥屯镇党委获得“全国先进基层党组织”称号。调整干部22批475人次，提拔108人，在全省率先面向国有企事业单位选拔7名优秀人才担任副科级领导职务，评选奖励担当作为干部397名。全市立案2112件、处分1917人、留置70人、移送司法机关67人，查处“四风”问题219起、处理460人、处分288人。政法队伍教育整顿取得成效。（崔建高）

【改革创新】 2021年，中共太原市委以改革引领转型，以开放促进发展。推进23项国家级改革试点、9项省级改革试点，谋划推进40项重点改革。推进“国家可持续发展议程创新示范区”建设。市属国企基本完成脱钩改革，农信社改制完成，综合金融服务平台、地方企业征信系统、金融创新服务中心建成运营。举办中博会，入选B2B出口监管试点城市，二手车出口业务试点工作实现破零，太原跨境电商综试区“两平台六体系”基本建成，全市外贸进出口总额增速达52.90%。推行“承诺制+标准地+全代办”改革，“获得信贷”“劳动力市场监管”2项指标位居全国前列。90%以上政务服务事项“一窗通办”，501项社会事务类事项全程电子化“不见面”办理。全市新增市场主体13.56万户。太原营商硬环境在全国排31位，比上年前进21位。（崔建高）

【“四治”一体推进】 2021年，中共太原市委推进“治山、治水、治气、治城一体推进”，完成营造林3.07万公顷，开展东西山及古交采煤沉陷区综合治理，实施山水林田湖生态保护修复项目40个，全市绿化覆盖率、绿地率达到44.77%、39.64%。推进水生态治理，完成汾河综合治理四期工程，改扩建北郊、晋阳等污水处理厂，推进滹沱河引水入并第二水源地工程，完成雨污分流改造80.50千米，黑臭水体“长制久清”持续巩固，6个国考断面水质全面达标。改善空气质量，聚焦“双碳”“双控”，关停冲天炉铸造企业3家，超低排放改造焦化企业3家，三县一市清洁供暖改造90%以上，建成区生活垃圾零填埋全焚烧，市区公共交通全电动化，空气质量综合指数同比下降11.30%。太原市国土空间总体规划基本完成，地铁1

号线23座车站主体全面开工，西北二环加快建设，迎泽大街东延等道路建成通车，改造老旧小区713个，双塔公园、五一广场、滨河自行车道建成开放。（崔建高）

【经济建设】 2021年，中共太原市委定期分析研判，加强统筹调度，狠抓项目建设，做好“六稳”“六保”工作。推动太忻经济一体化发展，谋划储备项目688个，制定发展规划，集中开工基础设施建设。制定《太原晋中一体化发展推进方案》，两市“六个一体化”（规划衔接一体化、产业布局一体化、基础设施一体化、生态治理一体化、公共服务一体化、要素配置一体化）取得实质性进展。安排45亿元专项资金支持科技创新、人才引进和工业转型。国科大太原能源材料学院加快建设，全市科技型中小企业4978家。全市国家重点实验室7个，占全省88%。优化产业结构，坚持强龙头、延链条、建集群，新材料、装备制造、电子信息等新兴产业初具规模，战略性新兴产业增加值占规上工业增加值的比重达23.20%。现代服务业加快发展，毕马威、安永等国际会计师事务所落户太原。南部城郊农业和北部有机旱作农业示范区加快建设。全年完成地区生产总值5121.61亿元，增长9.20%。“规上”工业增加值增长15.10%，固定资产投资增长7.90%，一般公共预算收入增长11.90%。

（崔建高）

【民生保障】 2021年，中共太原市委巩固拓展脱贫攻坚成果同乡村振兴有效衔接，统筹做好就业、教育、卫生、养老、社会保障等民生工作。全年闭环完成43班次国际航班5058人的转运、隔离、检测任务，拦截阳性冻品19批次，累计接种疫苗471万人、976万剂次。做好清徐秋汛抢险救灾，工业企业、学校全部复工复产复学，受灾村村容村貌基本恢复，群众生活秩序恢复正常，损毁倒塌户搬入新居。城镇新增就业8.50万人，新改扩建公办幼儿园38所，10所“公参民”学校转为公办，市人民医院新院区等建成投入使用，高标准建设140个“社区食堂”，建成7个全国示范性老年友好型社区。全市各类生产安全亡人事故起数、死亡人数分别下降13.63%、26.22%。信访批次人次、电诈发案率、治安案件发现受理率均呈下降趋势。（崔建高）

市委重要会议

【中国共产党太原市第十二次代表大会】 2021年9月26日至29日，中国共产党太原市第十二次代表大会在太原工人文化宫召开。大会应到代表480人，开幕实到代表464人，闭幕实到代表469人，符合规定人数。

罗清宇代表中国共产党太原市第十一届委员会向大会作题为《牢记领袖殷殷嘱托，全方位推进高质量发展，全面再现“锦绣太原城”盛景》的报告。大会主题是：高举习近平新时代中国特色社会主义思想伟大旗帜，牢记领袖嘱托、践行初心使命，全方位推进高质量发展，在转型发展上率先蹚出一条新路，全面再现“锦绣太原城”盛景。

会议回顾了过去五年的工作，明确今后五年的主要任务。选举产生中国共产党太原市第十二届委员会委员46名、候补委员9名，中国共产党太原市第十二届纪律检查委员会委员31名，太原市出席山西省第十二次党代会的代表57名。通过《关于中国共产党太原市第十一届委员会报告的决议》《关于中国共产党太原市第十一届纪律检查委员会工作报告的决议》。大会号召，全市上下要更加紧密地团结在以习近平同志为核心的党中央周围，在省委的坚强领导下，牢记领袖嘱托、践行初心使命，以永不懈怠的精神状态和一往无前的奋斗姿态，奋力谱写全面建设社会主义现代化国家太原篇章，全面再现“锦绣太原城”盛景。（崔建高）

【中共太原市委十一届十次全体会议暨市委经济工作会议】 2021年1月12日至13日，中共太原市委十一届十次全体会议暨市委经济工作会议召开。全会由市委常委会主持。省委常委、市委书记罗清宇代表市委常委会讲话。市委委员33人，市委候补委员5人出席会议，市纪委常委和有关方面负责人列席会议。

会议以习近平新时代中国特色社会主义思想为指导，全面贯彻党的十九届五中全会和中央经济工作会议精神，深入贯彻习近平总书记考察调研山西重要指示，认真落实省委十一届十一次全体会议暨省委经济工作会议精神，听取和讨论罗清宇受市委常委会委托作的工作报告，审议通过《中共太原市委关于制定国民经济和社会发展第十四个五年规划和二〇三五年远景目标的建议》，表决通过中国共产党太原市第十一届委员会第十次全体会议决议。罗清宇就《建议（讨论稿）》向全会作说明，对全年经济工作作全面部署。市委副书记、代市长张新伟对全年经济工作作出具体安排。（崔建高）

【中共太原市委十一届十一次全体会议】 2021年7月8日，中共太原市委十一届十一次全体会议召开。市委常委会主持会议。省委常委、市委书记罗清宇讲话。市委常委、组织部部长赵忠保就《关于召开中国共产党太原市第十二次代表大会的决议（草案）》作说明。市委委员、市委候补委员出席会议。会议表决通过《中共太原市委十一届十一次全会关于召开中国共产党太原市第十二次代表大会的决议》。会议决定，9月召开中国共产党太原市第十二次代表大会。（崔建高）

【中共太原市委十一届十二次全体会议】 2021年9月23日，中共太原市委十一届十二次全体会议召开。省委常委、市委书记罗清宇讲话。市委委员、市委候补委员出席会议。会议审议通过十一届市委工作报告和市纪委工作报告，表决通过太原市出席省第十二次党代会代表候选人预备人选。市委常委会主持会议。（崔建高）

【全市政法队伍教育整顿总结大会】2021年6月28日，全市政法队伍教育整顿总结大会召开。省委常委、市委书记、市政法队伍教育整顿领导小组组长罗清宇出席并讲话。省第一驻点指导组组长董岩讲话，副组长范晋昌反馈指导意见。市委副书记、政法委书记、市政法队伍教育整顿领导小组常务副组长李新春主持并通报全市政法队伍教育整顿工作情况。省第一驻点指导组副组长李保川，市领导周计伟、赵忠保、杨继承、葛波蔚在主会场参加。会议以视频形式召开。省第一驻点指导组成员，市政法队伍教育整顿领导小组成员，市政法各单位领导班子成员在主会场参加。各县（市、区）设分会场。

（崔建高）

【全市"两优一先"表彰大会】2021年6月30日，太原市"两优一先"表彰大会召开。省委常委、市委书记罗清宇出席并讲话。市委副书记、市长张新伟主持。市委副书记李新春宣读《中共太原市委关于表彰全市优秀共产党员、优秀党务工作者、先进基层党组织的决定》。来自全市各行各业、在工作中取得优异成绩的150名优秀共产党员、150名优秀党务工作者和150个先进基层党组织被授予荣誉称号。市领导为受表彰的先进集体和个人代表颁奖。

会议以电视电话会议形式召开。市委常委，市人大常委会、市政府、市政协党员负责人，市法院、市检察院负责人出席会议。全市"两优一先"代表，获得"光荣在党50年"纪念章老党员代表，市直各部门和单位、太原钢铁（集团）有限公司负责人，各县（市、区）委组织部部长在主会场参加。各县（市、区）设分会场。（崔建高）

【太原市庆祝中国共产党成立100周年座谈会】2021年7月3日召开。省委常委、市委书记罗清宇出席并讲话，强调要深入学习贯彻习近平总书记在庆祝中国共产党成立100周年大会上的重要讲话精神，认真落实全省座谈会精神，铭记党的光辉历程，讴歌党的丰功伟绩，赓续党的红色血脉，大力弘扬伟大建党精神，激励全市广大党员干部牢记初心使命、开创美好未来，全方位推进高质量发展，奋力谱写全面建设社会主义现代化国家太原篇章。市委常委，市人大常委会、市政协主要负责人，副市长，市法院、市检察院负责人出席。部分市级老干部，市直有关部门主要负责人，各县（市、区）委书记，开发区党（工）委书记，市直工（党）委书记，党的十九大基层代表，"两优一先"代表，市直各工（党）委系统党员代表，各民主党派、工商联、无党派人士代表等参加。

座谈会上，市级老干部谷文波，市委党史研究室主任杨云龙，"两优一先"代表张俊平、侯爱荣、孟庆玲、张建春作交流发言。（崔建高）

【全市村（社区）"两委"换届工作会议】2021年7月5日召开。省委常委、市委书记罗清宇出席会议并讲话。市委副书记、政法委书记李新春就防范风险工作作具体安排。市委常委、市纪委书记、市监委主任周计伟就纪律监督工作作具体安排。市委常委、组织部部长赵忠保主持会议并解读有关政策。市领导刘振华、王剑峰、卢秋生出席会议。

会议以电视电话会议形式召开，各县（市、区）设分会场。市直有关单位主要负责人，市村（社区）"两委"换届工作领导小组成员，各县（市、区）委书记、纪委书记、组织部部长及有关单位负责人在主会场参加会议。

（崔建高）

【全市生态环境保护工作专题会议】2021年8月24日，全市生态环境保护工作专题会议召开。省委常委、市委书记罗清宇主持并讲话。省生态环境厅厅长王延峰到会指导。市委副书记、市长张新伟作工作部署。市委常委，市人大常委会、市政府、市政协负责人出席会议。（崔建高）

【全市领导干部大会】11月1日上午，太原市召开全市领导干部大会。省委常委、组织部部长陈安丽宣布省委决定并讲话。省委决定，韦韬任太原市委委员、常委、书记，罗清宇不再担任太原市委书记、常委、委员职务。罗清宇主持会议并讲话，韦韬、张新伟讲话。

（崔建高）

【全市学习宣传贯彻省第十二次党代会精神大会】2021年11月1日召开。省委常委、副省长、市委书记韦韬主持并讲话，强调要切实把思想和行动统一到习近平总书记考察调研山西重要指示精神上来，统一到省第十二次党代会部署要求上来，落实"四个走在前列"要求，切实担起省会城市责任，当好全方位推动高质量发展的排头兵。市委副书记、市长张新伟传达省第十二次党代会精神和林武书记在太原代表团讨论时的重要讲话精神。（崔建高）

【太忻经济区（太原片区）建设启动大会】2021年12月8日在大盂产业新城召开。省委常委、市委书记韦韬出席并讲话。他强调，要深入学习贯彻党的十九届六中全会精神和习近平总书记考察调研山西重要指示精神，全面落实省第十二次党代会部署，统一思想、统筹资源，全面部署、快速启动，抢抓机遇、乘势而上，高起点、高标准、高水平建设太忻经济区（太原片区），加速打造山西中部城市群发展"北引擎"。市委副书记、市长张新伟主持。市委常委，市人大常委会、市政府、市政协负责人，市直有关单位主要负责人，各县（市、区）、开发区党政主要负责人参加。

会上，市发改委、阳曲县、万柏林

区主要负责人作表态发言。会前，韦韬、张新伟和全体与会人员还深入阳曲农投现代农业科技示范产业园，详细了解项目建设情况，在规划的大盂产业新城听取太忻经济区（太原片区）整体规划、产业布局和相关县（市、区）产业集群发展规划等情况汇报。（崔建高）

【经济工作务虚会】 2021年12月10日，市委召开经济工作务虚会，认真学习贯彻党的十九届六中全会和中央经济工作会议精神，深入贯彻习近平总书记考察调研山西重要指示精神，全面落实省、市第十二次党代会部署，坚定信心、解放思想，改革创新、精准施策，科学谋划2022年全市经济工作，全方位推动高质量发展。省委常委、市委书记韦韬主持并讲话。市委副书记、市长张新伟作安排。（崔建高）

【市委常委会会议】 2021年，太原市委召开58次常委会会议。

十一届市委第192次常委会会议。2021年1月8日，省委常委、市委书记罗清宇主持召开，传达学习习近平总书记在中央政治局民主生活会上的重要讲话精神。

十一届市委第194次常委会会议。1月24日，省委常委、市委书记罗清宇主持召开，传达省委第47次专题会议暨省疫情防控工作领导小组会议精神，安排部署太原市当前和春节期间疫情防控工作。

十一届市委第195次常委会会议。1月25日，省委常委、市委书记罗清宇主持召开，传达学习中央农村工作会议精神，研究太原市贯彻落实意见。传达学习省十三届人大四次会议和省政协十二届四次会议精神。听取市人大常委会、市政府、市政协、市法院、市检察院党组2020年度工作汇报。

十一届市委第196次常委会会议。1月29日，省委常委、市委书记罗清宇主持召开，传达学习习近平总书记在省部级主要领导干部学习贯彻党的十九届五中全会精神专题研讨班开班式上的重要讲话精神。听取全市“深刻汲取教训，全面提升安全生产工作水平”集中教育整顿暨专项整治工作汇报、2020年市委巡察工作和巡察整改情况及2021年工作初步安排意见的汇报。

2021年11月1日，太原市召开全市领导干部大会　　（市委组织部供图）

十一届市委第197次常委会会议。2月3日，省委常委、市委书记罗清宇主持召开，传达学习十九届中央纪委五次全会和省纪委十一届七次全会精神，研究太原市贯彻落实意见。听取贯彻落实习近平总书记考察调研山西重要指示督查情况汇报。

十一届市委第199次常委会会议。2月9日，省委常委、市委书记罗清宇主持召开，学习贯彻习近平总书记在中央政治局第二十六次、二十七次集体学习时的重要讲话精神。传达中央、省委政法工作会议精神，研究太原市贯彻落实意见。研究市两会相关事宜。审议通过《市委常委会2021年工作要点》《市人大常委会2021年立法计划》《政协太原市委员会2021年度协商计划》。审议《太原市城乡社区治理促进条例》。

十一届市委第201次常委会会议。2月19日，省委常委、市委书记罗清宇主持召开，传达学习《关于2020年中央政治局贯彻执行中央八项规定情况的报告》《关于持续解决形式主义问题深化拓展基层减负工作情况的报告》精神，安排部署当前重点工作。传达全国及全省宣传部长、统战部长会议精神，研究太原市贯彻落实意见。

十一届市委第202次常委会会议。2月23日，省委常委、市委书记罗清宇主持召开，传达学习习近平总书记在党史学习教育动员大会上的重要讲话精神和全省党史学习教育部署会精神，审议通过《关于在全市开展党史学习教育的实施方案》。

十一届市委第204次常委会会议。3月4日，省委常委、市委书记罗清宇主持召开，传达学习全国、全省“扫黄打非”工作会议精神，研究太原市贯彻落实意见。审议通过《关于贯彻落实省委〈关于贯彻落实（2019—2023年全国党政领导班子建设规划纲要）的实施意见〉的二十条措施》《中共太原市委全面深化改革委员会2021年标志性牵引性重大改革和重点改革任务》《太原市2020年度法治政府建设情况报告》《太原市2021年政党协商计划》。听取十一届市委第八轮巡察情况和第九轮巡察安排建议及十一届市委巡视巡察整改情况的汇报。

十一届市委第207次常委会会议。3月22日，省委常委、市委书记罗清宇主持召开，传达学习省委书记楼阳生在太原市调研时的重要讲话精神，审议《关于贯彻落实省委书记楼阳生在太原调研座谈时重要讲话精神的任务分解》。

罗清宇对学习贯彻工作进行全面安排部署。张新伟、李新春、魏民、操学诚做交流发言。市委常委，市人大常委会、市政府、市政协负责人，市法院院长、市检察院检察长，市直各有关部门主要负责人，各县（市、区）委书记，各开发区、市属企业主要负责人参加会议。

十一届市委第208次常委会会议。3月22日，省委常委、市委书记罗清宇主持召开，传达学习习近平总书记在中央政治局第二十八次集体学习时的重要讲话精神。传达学习全国审计工作会议和省委审计委员会第五次会议精神，研究太原市贯彻落实意见，审议《中共太原市委审计委员会2021年工作要点》。

十一届市委第211次常委会会议。4月10日，省委常委、市委书记罗清宇主持召开，传达全国第一批政法队伍教育整顿工作推进会、政法队伍教育整顿中央第三督导组进驻山西督导暨第二环节部署动员会、政法队伍教育整顿中央第三督导组下沉太原市工作汇报会精神，听取太原市政法队伍教育整顿工作进展情况汇报，审议《太原市政法队伍教育整顿查纠整改环节工作方案》，安排部署太原市政法队伍教育整顿第二环节工作。

十一届市委第212次常委会会议。4月12日，省委常委、市委书记罗清宇主持召开，学习习近平总书记关于巡视整改的重要讲话和重要指示，听取省委第一巡视组巡视太原市反馈问题整改进展情况汇报。传达学习全国组织部长会议、基层党建工作重点任务推进会精神，中央、全省对台工作会议精神，研究太原市贯彻落实意见。审议《太原市贯彻落实〈中国共产党宣传工作条例〉的若干措施》《关于深化消防执法改革的实施意见》、全科网格服务管理工作7个配套文件。听取全市新冠肺炎疫苗接种工作进展情况汇报。

十一届市委第213次常委会会议。4月22日，省委常委、市委书记罗清宇主持召开，听取清徐县南白石河流域污染治理有关问题的汇报，研究整改工作。

十一届市委第214次常委会会议。4月23日，省委常委、市委书记罗清宇主持召开，听取一季度全市经济、安全生产、社会稳定、意识形态领域形势分析汇报，研究部署下一步工作。

十一届市委第215次常委会会议。4月30日，省委常委、市委书记罗清宇主持召开，传达全国、全省老干部局长会议精神，研究太原市贯彻落实意见。研究太原市国土空间利用及开辟“第二战场”有关工作。审议《太原市庆祝中国共产党成立100周年活动方案》《关于完善党内政治文化建设的工作举措》《太原市学习宣传贯彻落实〈中国共产党统一战线工作条例〉的若干措施》《太原市进一步推进服务业改革开放发展的实施意见》。会议听取《太原市旅游条例》《太原市客运出租汽车服务管理条例》两部地方性法规修订、修改情况的汇报，同意提请市人大常委会会议审议。

十一届市委第216次常委会会议。5月8日，省委常委、市委书记罗清宇主持召开，传达学习党中央、国务院《关于新时代推动中部地区高质量发展的意见》，习近平总书记在中央政治局第二十九次集体学习时的重要讲话精神。

十一届市委第217次常委会会议。5月18日，省委常委、市委书记罗清宇主持召开，听取第十二届中国中部投资贸易博览会后勤保障、开辟“第二战场”、社区居家养老工作情况汇报。审议《中共太原市委党建工作领导小组2021年工作要点》《市委常委会“我为群众办实事”重点项目清单》。

十一届市委第218次常委会会议。6月2日，省委常委、市委书记罗清宇主持召开，审议《太原市高质量发展综合绩效评价指标体系（试行）》《太原市优化营商环境2021年行动计划》《关于持之以恒深化作风建设强化部门联动协作的工作方案》《太原市关于加强新时代民营经济统战工作的行动方案》《中共太原市委落实全面从严治党主体责任2021年任务安排》。

十一届市委第221次常委会会议。6月9日，省委常委、市委书记罗清宇主持召开，传达学习全省统一战线深入学习贯彻《中国共产党统一战线工作条例》研讨班精神，研究太原市贯彻落实意见。听取关于考核工作有关情况的汇报。

十一届市委第222次常委会会议。6月18日，省委常委、市委书记罗清宇主持召开，传达学习习近平总书记在中央政治局第三十次集体学习时的重要讲话精神、在青海考察时的重要讲话精神。传达学习习近平总书记对湖北十堰市张湾区艳湖社区燃气爆炸事故的重要指示精神及全省进一步加强安全生产工作部署会精神，研究太原市贯彻落实意见。传达学习6月4日省委专题工作会议精神和省委书记林武在太原市调研时的重要讲话精神，分析调度上半年经济运行情况。传达学习国家和省推进新冠病毒疫苗接种有关会议精神，通报太原市疫苗接种工作进展情况，安排部署下一步工作。

十一届市委第223次常委会会议。6月26日，省委常委、市委书记罗清宇主持召开，传达学习《中共中央关于加强对“一把手”和领导班子监督的意见》。传达学习省十三届人大五次会议精神、省委书记林武在全省换届后县（市、区）党政正职专题培训班开班式上的重要讲话精神。审议《太原市创建国家卫生城市工作方案》《关于2021—2025年推动全市新的社会阶层人士统战工作高质量发展的实施方案》。

十一届市委第225次常委会会议。7月7日召开，审议《太原市落实深化省校合作的实施方案》，听取关于建设山西省校合作科创驱动中心有关情况的汇报。省委常委、市委书记罗清宇主持。

十一届市委第226次常委会会议。

7月16日，省委常委、市委书记罗清宇主持召开，传达省纪委监委对市人大常委会原一级巡视员刘斌涉嫌严重违纪违法问题进行纪律审查和监察调查的决定。审议《太原历史文化名城保护工作系统推进行动方案（2021—2023年）》。传达学习全国、全省推进新时代文明实践中心建设试点工作会议精神，研究太原市贯彻落实意见。审议《关于常态化开展扫黑除恶斗争巩固深化专项斗争成果的实施意见》。听取十一届市委第九轮巡察情况的汇报。

十一届市委第227次常委会会议。7月23日，省委常委、市委书记罗清宇主持召开，传达贯彻省委书记林武在全省服务业提质增效推进大会上的重要讲话精神，听取上半年全市经济运行、安全生产、生态环保、社会稳定、意识形态工作情况汇报，研究部署下一步工作。

十一届市委第229次常委会会议。8月20日，省委常委、市委书记罗清宇主持召开，听取1至7月全市环境空气质量形势分析汇报，安排部署下一步工作。传达学习中央审计委员会第四次会议、省委审计委员会第六次会议精神，研究太原市贯彻落实意见，审议《关于2020年度市本级预算执行和其他财政收支的审计工作报告》《太原市“十四五”审计工作发展规划》。听取2021年上半年公安工作情况汇报。

十一届市委第235次常委会会议。9月13日，省委常委、市委书记罗清宇主持召开，传达学习习近平总书记在中央政治局会议上关于上半年经济形势和下半年经济工作的重要讲话精神，听取1至8月全市经济形势分析汇报，研究部署下一步工作。传达学习习近平总书记在中央财经委员会第十次会议上的重要讲话精神。

十一届市委第236次常委会会议。9月18日，省委常委、市委书记罗清宇主持召开，学习习近平总书记关于全面从严治党和巡视工作的重要论述，学习贯彻习近平总书记关于国家粮食安全系列重要讲话和重要指示批示精神。传达学习习近平总书记在中央民族工作会议上的重要讲话精神，省委书记林武在太原市调研时的讲话精神和在省委理论学习中心组（扩大）党史学习教育专题读书班上的讲话精神。审议《太原市“十四五”转型综改试验重大改革规划》《太原市能源革命综合改革试点2021年行动计划》。传达学习全省抓党建促乡村振兴暨干部驻村帮扶工作电视电话会议、全省村（社区）“两委”换届工作推进会精神，研究太原市贯彻落实意见。

十二届市委第2次常委会会议。10月8日，省委常委、市委书记罗清宇主持召开，传达学习习近平总书记在中央人才工作会议上的重要讲话精神和在陕西榆林考察时的重要讲话精神。

十二届市委第3次常委会会议。10月14日，省委常委、市委书记罗清宇主持召开，听取2021年冬季供热准备情况的汇报。审议《关于打造“锦绣太原”旅游品牌的实施意见》《太原市促进知识产权创新发展若干支持政策（2020—2023年）》。

十二届市委第4次常委会会议。10月21日，省委常委、市委书记罗清宇主持召开，听取前三季度全市经济、安全生产、生态环境保护、社会稳定、意识形态领域形势分析汇报，研究部署下一步工作。

十二届市委第5次常委会会议。11月10日，省委常委、副省长、市委书记韦韬主持召开，听取环境空气质量改善工作情况汇报，安排部署下一步工作。审议《太原市农村自建房管理服务条例（草案修改稿）》《太原市“十四五”营商环境建设规划》。

十二届市委第12次常委会会议。12月31日，省委常委、市委书记韦韬主持召开，传达学习省委人才工作会议、全省推进交通强省建设动员大会、全省2021年度目标责任集中考核部署会议精神，审议《太原市贯彻落实〈交通强国建设纲要〉的实施意见》《关于深化新时代教育督导体制机制改革的实施方案》《关于推进太原市中小学集团化办学的指导意见》《关于做好省对太原市2021年度目标责任集中考核的工作方案》《太原市2021年度目标责任集中考核工作实施方案》，研究2022年全市经济社会发展主要指标。（崔建高）

【党外代表人士双月座谈会】2021年，中共太原市委召开6次党外代表人士双月座谈会，会议一般由市委统战部部长主持。民革市委会、民盟市委会、民建市委会、民进市委会、农工党市委会、九三学社市委会的主委或专职副主委和市工商联主席及无党派人士代表参加会议并提出意见和建议。

第一次党外代表人士双月座谈会。2月5日召开，就提请市十四届人大六次会议审议的《政府工作报告（征求意见稿）》征求党外代表人士的意见和建议。市委副书记、代市长张新伟出席会议并讲话，市委常委、秘书长、统战部部长刘鹓主持会议。

第二次党外代表人士双月座谈会。4月25日召开，就太原市实施工业强市战略推进情况，征求党外代表人士的意见和建议。太原市委统战部主要负责人主持会议，副市长卢秋生通报相关情况。

第三次党外代表人士双月座谈会。6月22日召开，通报全市加强科技创新、打造一流创新生态情况，征求党外代表人士意见建议。太原市委常委、常务副市长刘俊义通报情况，市委统战部主要负责人主持会议。

第四次党外代表人士双月座谈会。8月12日召开，通报全市上半年经济运行情况，征求党外代表人士意见建议。太原市委常委、常务副市长刘俊义通报情况，市委统战部主要负责人主持会议。

第五次党外代表人士双月座谈会。

10月20日召开，传达学习市第十二次党代会精神，通报全市巩固拓展脱贫攻坚成果同乡村振兴有效衔接进展情况，并征求意见建议。太原市委统战部主要负责人主持会议，副市长程永平通报情况。

第六次党外代表人士双月座谈会。12月21日召开，通报太原市党风廉政建设和反腐败工作情况并征求意见建议。市委常委、市纪委书记、市监委主任周计伟通报情况。太原市委统战部主要负责人主持会议。（崔建高）

党史学习教育

·综　述·

【概况】2021年，中共太原市委把开展党史学习教育作为一项重大政治任务，作为坚定拥护“两个确立”、坚决做到“两个维护”的有力行动，按照学史明理、学史增信、学史崇德、学史力行的要求，精心组织实施、有力有序推进，整个党史学习教育求实、务实、扎实，广大党员、干部受到一次全面深刻的政治教育、思想淬炼、精神洗礼。全市1.23万个基层党组织、29.70万名党员全程参加，市级领导干部带头领办60余件民生事项，各级领导干部领办实事8000余件，中国共产党太原历史展览馆建成开放。全市各级党组织历史自觉、历史自信增强，创造力、凝聚力、战斗力提升，达到学党史、悟思想、办实事、开新局的目的，为当好全方位推动高质量发展排头兵，全面再现“锦绣太原城”盛景汇聚强大力量。（张　渊）

【党史学习教育部署会】2021年2月22日，太原市党史学习教育部署会召开。省委常委、市委书记罗清宇作部署讲话，强调要深入学习贯彻习近平总书记在党史学习教育动员大会上的重要讲话精神，全面落实省委党史学习教育部署会要求，高标准高质量开展党史学习教育，汲取智慧力量、强化使命担当、开辟发展新局，以优异成绩庆祝建党100周年。市委副书记、代市长张新伟主持。市委常委，市人大常委会、市政府、市政协负责人在市主会场参加。会议以电视电话会议形式召开。（张　渊）

【党史学习教育专题宣讲动员会】2021年3月31日，太原市党史学习教育专题宣讲动员会召开，部署党史学习教育市委宣讲团专题宣讲工作。市委常委、宣传部部长、副市长、市委党史学习教育领导小组副组长杨继承出席并讲话。

会议指出，要提高政治站位，切实增强专题宣讲的自觉性。准确把握重点，不断提升专题宣讲的针对性。丰富宣讲形式，努力体现专题宣讲的艺术性，高标准完成好宣讲任务，把党史学习教育不断引向深入。讲清楚中国共产党百年奋斗的光辉历程、中国共产党为国家和民族作出的伟大贡献、中国共产党始终不渝为人民的初心宗旨、中国共产党推进马克思主义中国化形成的重大理论成果、中国共产党在长期奋斗中铸就的伟大精神、中国共产党成功推进革命建设改革的宝贵经验，扩大宣传影响力，拓宽宣讲覆盖面。通过党史专题宣讲，引导广大党员干部群众做到学史明理、学史增信、学史崇德、学史力行，推动全市上下形成“学党史、悟思想、办实事、开新局”的浓厚氛围。

（张　渊）

【党史学习教育专题组织生活会】2021年7月9日，山西省委常委、太原市委书记罗清宇以普通党员身份参加市委办公室会务科党支部党史学习教育专题组织生活会。省委党史学习教育巡回指导组第一组副组长崔海峰、市委党史学习教育巡回指导组第一组组长高金虎到会指导。市委常委、秘书长刘鹓以普通党员身份参加。此后，全市各级党组织召开党史学习教育专题组织生活会。（张　渊）

·组织领导·

【党史学习教育高位推动】2021年，中共太原市委成立由市委书记罗清宇任组长的领导小组，形成领导小组统筹谋划、办公室及其5个工作组具体推进、8个巡回指导组督促落实的工作格局。市委常委会多次召开会议，听取情况汇报，及时发现问题、总结经验、指导工作。市级领导联系指导县（市、区）或市直工（党）委，确保党史学习教育不虚不偏不走样，实实在在见成效。各级党委（党组）主要负责人坚决扛起第一责任人职责，层层压实责任，逐级传导压力，做到组织到位、人员到位、责任到位、工作到位，推动党史学习教育全面覆盖、一贯到底、落地见效，始终确保在全省当标杆、作示范。（张　渊）

【党史学习教育系统谋划】2021年，中共太原市委印发《关于在全市开展党史学习教育的实施方案》，从5部分18个方面明确基本要求、主要内容、工作安排，注重把握关键少数和绝大多数的关系，突出县处级以上领导干部这个重点，涵盖1万余个基层党组织和29万余名党员。注重把握学习教育和中心工作的关系，力求把学习成效转化为全方位推动高质量发展的动力和成效，防止学习和工作“两张皮”。注重把握提高和普及的关系，做到党员干部先学一步、深学一层，在全社会普及党史知识，带动“四史”宣传教育。教育引导广大干部群众树立正确党史观，旗帜鲜明反对历史虚无主义。注重把握办实事和转作风的关系，在解决过去想办而没办成的群众“急难愁盼”中，强化公仆意识，彰显为民情怀，促进作风转变。

（张　渊）

【党史学习教育联动机制】2021年，太原市10个县（市、区）委、14个市直工（党）委组建领导机构，出台具体方案，抓好抓实工作。市直部门结合工

作职能，县（市、区）挖掘特色资源，基层党组织发挥各自优势，形成相互联动、全面推进的工作格局。全市各级党组织把开展党史学习教育作为重要政治任务和“一把手”工程来抓，打通党史学习教育“最后一公里”，县处级以上领导干部讲专题党课、以普通党员身份参加所在党支部专题组织生活会，推动每一个支部、每一名党员都学起来、动起来，推动党史学习教育下基层、接地气、全覆盖。（张　渊）

【党史学习教育巡回指导】2021年，中共太原市委8个巡回指导组采取下督一级的方式，对各县（市、区）委、市直各工（党）委和设党组的市直单位开展巡回指导工作，提升制度化、科学化、规范化水平。深刻领会习近平总书记在党史学习教育动员大会上强调“坚决克服形式主义、官僚主义，注意为基层减负”的要求，相信和依靠各级党委和基层党组织，做到到位不越位，指导不包办。突出真学实做，避免形式主义。突出政治引领，防止走偏方向。突出分类指导，防止千篇一律。突出任务落实，防止落虚落空。突出领导带头，防止责任递减。突出方法创新，防止照本宣科，增强做好巡回指导工作的针对性、实效性。完成12轮巡回指导，总体来看，方向导向聚焦，组织领导有力，重点环节到位，结合融合深入。（张　渊）

·理论学习·

【理论学习示范引领】2021年，中共太原市委突出学习贯彻习近平新时代中国特色社会主义思想，用好指定学习材料和重要参考材料，配发相关辅导资料和党史学习卡，原原本本学、丰富形式学、联系实际学，市委理论学习中心组开展10次党史专题学习，把开展党史学习教育与跟进学习习近平总书记最新重要讲话和重要指示批示精神结合起来，与持续重温习近平总书记考察调研山西重要指示精神结合起来，与谋划全方位推动高质量发展、为“十四五”开新局结合起来，推动全市党员领导干部学党史用党史，以理论武装新提升开创实践工作新境界。召开市委十二届二次全会暨市委经济工作会议，对持续深化党史学习教育，全面贯彻落实中共十九届六中全会精神和省第十二次党代会精神作出安排部署，凝聚起全市上下干事创业热情，加快全方位推动高质量发展步伐。（张　渊）

【党史学习教育专题培训】2021年，中共太原市委将党史学习教育纳入党员干部教育培训计划，市级层面举办专题培训班49个，培训党员干部3881人。打造党史党性教育现场教学点10个，开展“送教下基层”活动220场，培训基层党员干部1.27万人次。市委党校举办主体班次9个，开设党史专题课程“中国共产党百年辉煌与历史启示”“中国共产党山西历史”等10个，通过专家授课、专题研讨、现场教学、情景模拟等教学形式，教育引导广大学员从党史学习教育中汲取强大精神力量。

（张　渊）

【党组织学习开展】2021年，太原市各级各类党组织结合各自实际，贯彻落实《党支部党史学习教育工作安排》，把党史学习教育推向深入。农村（社区）党组织把党史教育送到田间地头、街头巷尾，强化党员在乡村振兴、基层治理等工作中的先锋模范作用。“两新”党组织设置“党员先锋岗”“党员责任区”“党员经营户”等，开展“亮身份、亮职责、亮承诺”活动，巩固拓展学习成效，增强发展内生动力。离退休党员党组织把党史学习资料送到离退休党员手中，邀请“老革命”“老先进”等讲党史故事、作专题报告，引导老干部学习党史、发挥余热。大中专院校和中小学党组织推动“四史”进校园、进课堂、进头脑，让红色基因融入青少年成长血脉。（张　渊）

·红色教育·

【红色教育阵地建设】2021年，中共太原市委发挥太原作为五四运动响应地、山西党团策源地、抗战文化传播地、红军东征路经地、抗日民族统一战线实践地、边区交通连接地、华北解放攻坚地、民主建政典范地的富集优势。立足市情实际，授牌一批爱国主义教育基地、修缮一批红色遗址遗迹、推出一批红色旅游线路，中共太原支部旧址纪念馆、国民革命军第八路军驻晋办事处旧址、山西国民师范旧址革命活动纪念馆等红色场馆成为重温党的辉煌历程、传播革命文化、传承红色基因、培育家国情怀的重要载体和平台。建成中国共产党太原历史展览馆并向社会开放，全过程、全方位、全景式展现中国共产党在太原的百年奋斗历程。（张　渊）

【红色场馆参观学习】2021年，中共太原市委带领市级领导干部集体赴娄烦县高君宇纪念馆、太原解放纪念馆等红色场馆开展党史学习教育，瞻仰烈士故居、缅怀革命先烈，聆听初心故事、重温入党誓词，教育引导党员干部坚定理想信念、锤炼坚强党性。市级机关组织干部职工赴中国共产党太原历史展览馆、国民革命军第八路军驻晋办事处旧址、黄樵松起义接洽地旧址等地开展主题党日活动，组织参观“不忘初心、牢记使命——山西省庆祝中国共产党成立100周年图片展”，观看电影《悬崖之上》《长津湖》等。全市举办各类活动1万余场次，吸引100余万名党员群众参加，推动党史学习教育走深走实走心。

（张　渊）

【红色教育活动】2021年，太原市各级党组织立足实际、创新方式，深入清太徐抗日民主政府旧址、店子底支前纪念馆、睦联坡烈士陵园等身边的爱国主义教育基地、党史教育基地、革命战斗遗址、革命烈士陵园等地，开展主题党日活动、祭奠英烈活动，举办专题党课、红色故事会等，教育引导广大党员干部群众深刻认识红色政权来之不易、新中国来之不易、中国特色社会主义来之不易，牢记党的初心和使命，牢记党的性质和宗旨，增强对马克思主义、共产主义的信仰，增强对中国特色社会主义的信念，增强对实现中华民族伟大复兴的信心，为全面建设社会主义现代化国家、实现第二个百年奋斗目标贡献自己的力量。（张　渊）

【市委常委集体在娄烦县开展党史学习教育】2021年4月21日，省委常委、市委书记罗清宇带领市委常委集体赴娄烦县高君宇纪念馆开展党史学习教育，并调研乡村振兴工作。罗清宇强调，要深入贯彻习近平总书记在党史学习教育动员大会上的重要讲话精神和考察调研山西重要指示，全面落实省委书记楼阳生在太原市调研时的讲话精神，传承红色基因，汲取奋进力量，巩固拓展脱贫攻坚成果同乡村振兴有效衔接。（张　渊）

·宣传宣讲·

【党史学习教育理论阐释】2021年，太原市市级领导带头开展调查研究，形成《在党史学习教育中传承革命精神汲取奋进力量》《高标准高质量推进党史学习教育为再现“锦绣太原城”盛景提供强大精神力量》等文章，在人民网、《前进》刊发。市委宣传部组织撰写的论文《中国共产党建党100年来从严治党的历程、经验与启示》入选中宣部《庆祝中国共产党成立100周年理论研讨会论文集》，系全省唯一入选论文。《太原日报》开设专栏，推出学习解读“七一”重要讲话精神、党的十九届六中全会精神系列理论文章，刊登县（市、区）委书记、市直工（党）委书记心得体会文章，持续掀起党史学习教育热潮。（张　渊）

【党史学习教育专题宣讲】2021年，中共太原市委推动形成市委常委班子成员带头宣讲、市委宣讲团成员集中宣讲、基层宣讲队伍特色宣讲的大宣讲格局。中共十九届六中全会召开后，市委常委等领导分别结合调研，深入包联县（市、区）开展主题宣讲，为全市宣讲工作作示范。市委宣讲团先后赴基层开展党史学习教育、学习贯彻“七一”重要讲话精神、学习贯彻中共十九届六中全会精神、省市第十二次党代会精神集中宣讲，推动党史学习教育深入群众、深入基层、深入人心。各县（市、区）、市直各工（党）委组建的基层宣讲队伍深入农村、社区、学校、机关、企业等基层一线，开展对象化、分众化、互动式宣讲活动1.80万场次、受众290万余人次。最美时代新人宣讲团、锦绣姐姐宣讲队、学思践悟宣讲团、文明实践宣讲团、青年讲师团、不忘初心“红色引擎”老干部宣讲团等一批特色宣讲队伍，把百年党史讲进群众心坎，成为党史学习教育在全市上下深入开展的生动缩影。（张　渊）

【主题宣传教育活动开展】2021年，中共太原市委引导群众主动参与，营造团结奋进、开创新局的浓厚氛围。举办中国共产党太原历史展览等21项重大活动，开展“四史”学习教育36项活动，开展“永远跟党走”等33项群众性主题宣传教育活动，举办“时代新人说——恰是百年风华”演讲大赛、第二届理论宣讲大赛、“小故事彰显思想伟力”微视频大赛。开展专题文艺汇演、党史题材文艺作品征集、红色电影戏剧下乡等庆祝建党100周年系列活动，展现建党百年辉煌成就，激励人民共创美好生活。（张　渊）

【党史学习教育媒体宣传】2021年，中共太原市委统筹做好宣传报道工作，中央、省级主要媒体刊播党史学习教育正面稿件624条，市属媒体刊播2700余条，“学习强国”太原学习平台刊播233条，县级融媒体平台刊播10568条。在线推送《最美时代新人、讲述百年党史》《红色太原》《百年党史百人讲》等系列微视频，运用公益广告宣传阵地滚动播放各类标语、图片3500万余条次，悬挂国旗4.50万面，开启节日亮化模式，用满城“红妆”庆祝建党百年。通过持续宣传引导教育，广大党员干部更加崇尚对党忠诚的大德、崇尚造福人民的公德，崇尚严于律己的品德，凝聚起担当实干、砥砺奋进的磅礴力量。（张　渊）

·实践活动·

【党史学习教育为民办实事】2021年，太原市市级领导带头走基层、察民情、解民忧、办实事，领办完成51项重大民生事项，示范带动全市县处级以上领导干部深入一线，用心用情用力解决基层困难事、百姓烦心事，完成8276项重点实事。实施房屋产权登记确权颁证“清零行动”，推进“公参民”学校转制，运行“7×24小时自助办+周末不打烊”政务服务模式，落实“五院五校”交通专项组织优化方案，投用140多个社区食堂，开展农村人居环境“六乱”整治专项行动等，得到广大群众认可。成功应对有气象记录以来最强秋汛，全市上下干群做好防汛救灾和灾后重建。

发挥“网上有话说”问政平台作用，汇集群众留言6330条，交办有关单位完成上学就医、托管服务等民生实事2500余件。动员各级领导干部上门入户征集民意，发挥“两代表一委员”积极作用，征集民生事项5500余件，完成4800余件，“断头路”打通、老旧小区改造等一批群众反映强烈的“急难愁盼”问题得到解决。探索建立“急事即知即办、难事合力共办、愁事提级督办、盼事全程盯办”工作模式，优化“马上办、网上办、就近办、上门办”方式方法，把好事实事办到群众心坎里。协调房管、国土、税务、银行等部门，设立一站式“二手房”服务大厅，让群众少跑路，复杂事项一次办，完成交易8032笔，交易资金80.85亿元，为市民节省交通费70余万元，节省借贷过桥资金带来的交易成本4000余万元。（张　渊）

【办实事长效机制】2021年，太原市着眼长远完善实践活动工作机制，建立惠及全市202万名居民的低保标准，健全社区居家养老体系，推出300余项“套餐式”政务主题服务，探索免费托管服务模式等，健全长效机制，把群众受益的好经验好做法固定下来。坚持尽力而为、量力而行，力戒形式主义、官僚主义，事不避难、义不逃责，在持续改进作风、推升本领、增进情感中，把实事办好、好事办实。（张　渊）

【党史学习教育服务经济发展】2021年，中共太原市委坚持在推动发展上力行，始终把完整准确全面贯彻新发展理念、实现全方位推动高质量发展开新局作为贯穿党史学习教育的一条主线，教育引导广大党员、干部把学习党史同推动工作结合起来，坚持求真务实、担当作为，创造性落实党中央和省委决策部署，着力破解发展难题、厚植发展优势，实现“十四五”良好开局，太原发展站在新的历史起点上。前三季度，全市地区生产总值实现3600.60亿元，增长10.90%，比上年同期加快10.80%，净增量703.50亿元，提前超额完成省下达的全年600亿元增量目标，增速在中部及周边九省省会城市中排名第二。（张　渊）

【助力太忻一体化经济区建设】2021年，中共太原市委以党史学习教育赋能高质量发展，一体推进治山治水治气治城，加快建设国家区域中心城市，加快打造“四个高地”，努力走在“四个前列”，特别是把建设太忻一体化经济区作为重大政治任务和头号工程，聚焦“一年见效、三年成形、五年成势、十年成城”的发展目标，以“六个一”为工作抓手，以基础设施为先导、以产业园区为载体、以启动区建设为突破，以太原区运营中心揭牌为标志，太忻一体化经济区强势起步，全市上下当好全方位推动高质量发展排头兵的行动更加自觉。（张　渊）

【党史学习教育助推社会事业发展】2021年，中共太原市委推进“国家可持续发展议程创新示范区”建设、打造全省科技创新策源地、深化“放管服效”改革等一批标志性牵引性重大改革取得成效。统筹发展和安全两件大事，巩固全市集中教育整顿暨专项整治成果，防范遏制各类生产安全事故，坚决杜绝重特大事故发生，本质安全水平全面提升，安全生产形势稳定向好。党史学习教育与政法队伍教育整顿一体推进，扫黑除恶专项斗争成果巩固，市域社会治理现代化试点工作开展，社会大局保持安全稳定。就业、教育、医疗、养老、文化等民生事业大幅改观，常态化疫情防控、防汛救灾和灾后重建等工作取得显著成果，为落实“四个走在前列”要求，当好全省全方位推动高质量发展排头兵，全面再现“锦绣太原城”盛景奠定坚实基础。（张　渊）

【“我为群众办实事”实践活动】2021年，太原市开展“我为群众办实事”实践活动，市委常委会制定《“我为群众办实事”重点项目清单》，20位市领导领办60余件人民群众“急难愁盼”的问题和事项。全市各级领导干部对标对表领办5700余件涉及养老、教育、住房等人民群众反映较为强烈的具体实事，一批群众反应强烈的痛点难点堵点问题得到彻底解决，人民群众幸福感获得感安全感明显提升。全市19个革命历史类爱国主义教育基地开展各类相关活动1万余场，传承红色基因，赓续红色血脉。挖掘运用太原解放纪念馆、彭真生平暨中共太原支部旧址纪念馆、山西国民师范旧址革命活动纪念馆、高君宇故居纪念馆等“家门口”红色资源，打造精品展陈，生动传播红色文化。确定6条红色经典研学旅游线路，用好用活百年党史中蕴含的“育人元素”，引导广大青少年树立红色理想。开展《红色太原》系列微视频展播，全网阅读量超200万次。（张林琪）

·机关单位党史学习教育·

【市政协党史学习教育】2021年，太原市政协把开展党史学习教育作为重大政治任务抓紧抓实，学习领会习近平总书记“七一”重要讲话等关于党的历史重要论述，开展以党史为重点的“四史”和统一战线史、人民政协史的学习。市政协党组和机关党组成员带头开展研讨交流9次，讲党课6次。通过举办党史学习教育专题读书班、常委会议专题讲座等形式，邀请省委、市委宣讲团成员作辅导报告4次。编报市政协机关党史学习教育简报79期。开展“我为群众办实事”实践活动，制定《市政协党组主席班子“我为群众办实事”重点项目清单》，完成10件重点实事。（刘　蓉）

【市纪委监委党史学习教育】2021年，中共太原市纪委监委紧扣“学党史、悟思想、办实事、开新局”和“学史明理、学史增信、学史崇德、学史力行”目标要求，组织进行专题研讨和党日活动，讲授专题党课，开展专题辅导，走访慰问党员干部，牵头领办“我为群众办实事”重点项目，身体力行、以上率下，推动形成全员学全年学的浓厚氛围。市纪委常委会带头强化理论武装，学思践悟习近平新时代中国特色社会主义思想，跟进学习贯彻中共十九届五中、六中全会精神和习近平总书记“七一”重要讲话精神、关于党史学习教育重要指示精神，组织专题研讨18次、集中学习52次。周计伟在全系统政治理论培训班、市委党校青干班作专题辅导，向全市纪检监察干部讲授以《贯通学好百年党史，赓续传承红色基因，以纪检监察工作高质量发展诠释初心使命》为题的“七一”专题党课。成立委机关党史学习教育领导小组，制定《太原市纪委监委机关党史学习教育实施方案》《市纪委监委机关理论学习中心组党史专题学习会具体安排》《太原市纪委监委班子“我为群众办实事”重点项目清单》等文件，列出委机关党史学习教育15项具体工作，对党史专题学习会的时间安排、学习内容、参考篇目和发言对象作出详细规划。将14件“我为群众办实事”重点项目清单，压实责任到人、规定完成时限，完成11项领题实事。及时跟进党史学习教育亮点工作和进展情况，编印信息81期，报送进展情况48期。机关11个党总支、54个党支部按照机关党史学习教育领导小组的统一安排，以强烈的政治使命感和责任感，开展各项工作，推动党史学习教育走深走实。（饶文波）

【市委宣传部党史学习教育】2021年，中共太原市委宣传部印发《关于在全市开展党史学习教育实施方案》，从5个方面18项内容明确党史学习教育的重要任务、重点工作。履行市委党史学习教育领导小组办公室职能，协助市委组建8个巡回指导组，推动党史学习教育高质量开展，在全市形成“学党史、悟思想、办实事、开新局”的良好氛围。举行市委理论学习中心组（扩大）党史学习教育专题读书班，邀请省委党史学习教育宣讲团成员、省直工委副书记余国琦作专题辅导报告。市委理论学习中心组开展10次集中研讨，配发习近平《论中国共产党历史》《毛泽东、邓小平、江泽民、胡锦涛关于中国共产党历史论述摘编》《习近平新时代中国特色社会主义思想学习问答》《中国共产党简史》等指定学习材料和《中华人民共和国简史》《社会主义发展简史》《改革开放简史》等参考资料，设计制作《党史学习卡》15期，邀请同济大学教授李占才作《以史为镜：百年党史映鉴共产党的初心与使命》专题讲座，全市1800余名县处级以上领导干部，1.28万个基层党组织和29万余名党员将学好党史“教科书”、上好党史“必修课”、用好党史“营养剂”的学习成效转化为全方位推动高质量发展的动力，转化为广大党员干部主动担当、努力工作的政治自觉、思想自觉和行动自觉。（张林琪）

【太原警备区党史学习教育】2021年，太原市警备区开展“学党史、悟思想、办实事、开新局”党史学习教育活动。开展9次高规格大课辅导，落实周四教育日、周五下午党日活动制度，用好用足年度规定42天学习教育时间，开办理论夜校，完成学习必读书目，组织现地教学，编印红色故事，录制党史教育“微视频”滚动播放，专题召开办实事推进会，拉单列表解决106项具体问题，将党史学习教育实践活动引向深入。（马彦博）

【市委老干部局党史学习教育】2021年，中共太原市委老干部局制定《全市离退休干部开展党史学习教育实施方案》，召开专题会议安排部署党史学习教育，组织全市离退休干部党员收看中组部老干部局举办的3场党史学习教育专题报告会。成立“不忘初心、红色引擎”老干部宣讲团。迎泽区委离退休干部工委开展“楼宇党课”“庭院党课”“党史周周讲”，推动离退休干部党员学习便利化。杏花岭区委离退休干部工委80余名退休干部自编自导自演“我是宝剑、我是火花”红色音乐舞蹈剧《高君宇》。打响“红色引擎”“晚霞耀汾”和“情暖桑榆”老干部工作品牌。在党史学习教育全覆盖的同时做好上门服务和健康管理，真正把关爱和服务送进老干部心里，通过开展送学上门、异地邮寄等方式，把指定书籍赠送老同志。全市各级离退休干部党组织100余名老同志通过讲座、访谈、情景剧和网络直播等形式宣讲红色故事近200场次，参与党员干部、学生和群众4万余人次。（王旭东）

【市发改委党史学习教育】2021年，太原市发展和改革委员会成立党史学习教育领导小组，下设综合组、材料组、后勤组、督导组，推进党史学习教育。加强学习，组织集中学习20次、专题交流研讨47人次、党史学习教育专题读书班3期，发挥党支部战斗堡垒作用，常态化抓好习近平新时代中国特色社会主义思想、中共十九届六中全会、省市党代会等精神的学习。营造浓厚氛围，把楼道当成“立体教室”，分层建设“文化长廊”；把楼梯当成历史轴线，用“台阶文化”呈现百年重大事件；用显示屏建立“屏幕课堂”，周周有理论专题，天天有党史故事；把会议室当成“红色小剧场”，自编自演党史经典场景，在潜移默化中促进学习入脑入心。组织体验式互动教学，开展关爱自闭症儿童、义务献血等志愿者服务活动20余次，举办党史学习教育分享会3次，赴太原解放纪念馆、高君宇故居等红色教育基地参观8次，在体验教学中滋养初心、淬炼灵魂。深化“我为群众办实事”活动，压实推进7类41项办实事项目，全部完成阶段性工作。坚持党建“六抓”理念，党建引领赋能业务同频共振，激励干部在业务工作上敢担当、创特色，在争取政策支持、要素保障上创亮点，在完成指标、争取资金上比贡献。

（杜新娟）

【市委编办党史学习教育】2021年，中共太原市委机构编制委员会办公室组织理论学习中心组党史学习教育专题学习22次，各党支部专题学习8次，实现学有所思、学有所悟、学有所获。通过举办庆祝建党百年主题汇演、赴革命旧址开展主题党日、参观党史图片展等系列活动，激励党员干部传承伟大建党

精神，接续奋斗。深入为群众办实事，聚焦加强基层建设，市级按比例为县级编制周转库配套人才引进事业编制。聚焦强化公益服务，为市高分子材料研究中心、市第二人民医院等单位增加服务职能。聚焦提升城市建设质量，为中北高新区管委会扩权赋能，调整汾河景区管委会管理体制。聚焦提升教育普惠水平，批复成立9所中小学和3所幼儿园。聚焦解决“急难愁盼”，重新安置符合条件退役士兵，解决小店区和杏花岭区接收综改示范区学校教职工编制问题。（顾洁程）

【教育部门党史学习教育】 2021年，太原市教育局成立党史学习教育领导小组，组织中心组理论学习34次，组建9个巡回指导组和思政教师宣讲团，组织教育系统党史学习教育示范点观摩会2次，举办党史学习教育知识竞赛，110个市直属学校（单位）、536个基层党组织、11595名党员开展党史学习教育。突出青少年群体，开展“五个一”活动，央视《新闻联播》报道太原市70万中小学生共上党史学习教育开学第一课。开展“我为群众办实事”实践活动，市委教育工委办理民生实事16项，教育系统办理民生实事910项。（姜倩倩）

【交警支队党史学习教育】 2021年，太原市公安局交通警察支队开展党史学习教育“我为群众办实事”实践活动，推出深化“放管服”改革新措施，推进简政放权，优化驾驶证考试内容和程序，便利货车在城市道路通行，缓解城镇老旧小区居民停车难问题。推行定制化服务，便利老年人办理交管业务，便利退役军人换领驾驶证，推进与军队有关部门建立驾驶证信息联网核查机制，便利出国（境）人员延期换领驾驶证，对出国（境）人员因新冠疫情无法回国（入境）及时办理驾驶证期满换证、审验、提交身体条件证明业务的，可以委托国（境）内人员申请延期办理。提升“互联网+交管”服务，试点二手车交易登记信息网上转递，会同商务部、税务总局在20个城市试点推行小型非营运载客汽车二手车交易登记“跨省通办”，实行车辆交易登记一地办理、档案电子化网上转递，方便群众在车辆转入地直接办理交易登记手续，无需两地往返，促进二手车流通。推行办理交管业务网上委托、机动车抵押信息在线核查、机动车交强险信息在线核查，推出车检、驾考、号牌管理以及互联网平台服务等系列交管改革，实现交管服务“零距离”，惠及199万机动车所有人以及200万机动车驾驶人。（陈　惠）

【卫生部门党史学习教育】 2021年，太原市卫生健康委员会把党史学习教育作为重中之重、关键之举，多次部署推进，细化实化5方面18项任务，派出8个指导小组，引领13个党委、151个党支部、3213名党员和全体干部职工参与、同频共振。坚持学在先、做在前，累计组织集中学习24次、专题研讨18次，带动全系统集中学习350次、县处级干部讲党课100次、专题辅导（基层宣讲、红色教育）198场次，凝聚起感党恩、听党话、永远跟党走的思想共识。坚持把“学党史、悟思想、办实事、开新局”贯通起来，开展“我为群众办实事”实践活动，领办解决群众看病就医“急难愁盼”事项141件，确保党史学习教育见行见效。（武美伽）

【市总工会党史学习教育】 2021年，太原市总工会深化“我为群众办实事”活动，明确工作任务18项、台账7个，并层层抓落实。党组书记严格履行“第一责任人”职责，督促班子成员履行“一岗双责”，增强党要管党、从严治党的政治自觉，组织召开2次党风廉政建设工作会议，开展党风廉政宣传和警示教育10余次，支持派驻纪检组加强党风廉政建设。做好巡察“回头看”整改工作，对党政领导干部违规入股、与民争利等情况及时自查自纠。（李　璟）

【税务系统党史学习教育】 2021年，国家税务总局太原市税务局深入学习习近平总书记在党史学习教育动员大会上的重要讲话精神，坚持高起点启动、高标准推进、高质量落实。召开3次党委会、2次领导小组会、6次党委理论学习中心组学习会，制定《机关党史学习教育暨庆祝建党100周年计划安排》，印发《党史学习教育宣讲提纲》，在机关大楼、办税服务厅等场所，利用楼宇电视、灯箱和宣传屏、栏轮播学习教育宣传画，营造浓厚的学习教育氛围。健全完善“月初制定学习计划—月中进行学习交流—月末组织学习测试”学习机制，采取骨干领读、个人自学、体会交流等方法，组织党员干部逐句读、逐段学、逐点悟，在原原本本学习中掌握基本思想、基本观点和基本要求。市局机关成立5个青年理论学习小组，各基层单位成立23个青年理论学习小组，开展学习研讨82次，导师授课54次。线上借助“学习强国”“学习兴税”“三晋先锋”等平台，线下开展集体学习和讨论，引导党员、群众多层面学习。以“察实情、办实事”活动来检验党史学习教育成果，市局党委班子成员下基层调研召开座谈会15次，走访纳税人150人，走访基层干部385人，走访地方党委8次，征求意见建议55条，解决基层难题42个。全市税务系统成立党员先锋队51个，建立党员示范岗11个，志愿服务66次，年初确定的10方面100件实事任务全部完成。（郭天文）

【市人防办党史学习教育】 2021年，太原市人民防空办公室落实意识形态工作责任制，定期研判形势，牢牢把握正确政治方向，提高思想吸引力和政治凝聚力。围绕中央和省、市决策部署，抓好党史学习教育各项工作，保证党史学习教育高标准开局、高质量推进。成立党史学习教育领导小组，印发实施方案，召开动员部署会。结合学习贯彻中共十九届六中全会精神将党史学习教育引向深入。开展“我为群众办实事”实践活动，聚焦22个具体事项为群众办实事，18项实事完成率100%，把党史学习教育同解决实际问题结合起来，把学习成果转化为践行宗旨的动力，及时回应各类平台反馈的群众诉求。

（张宏伟　许亚飞）

【太原消防支队党史学习教育】 2021年，太原市消防救援支队以党史学习教育为主线，结合“牢记领袖训词、永做忠诚卫士”主题教育，开展“五四精神”“雷锋精神”“爱国精神”“英模精神”等专题教育，推进习近平总书记“七一”重要讲话精神、破解“四个课题”等7项要点内容宣贯工作。开办读书班2期，“恰是百年风华”系列专题授课3期，整合红色教育基地9处，打造“百名指战员讲党史”103期、“红色故事讲述会”3期、“唱支歌儿给党听”15期、“向党和人民报告”17期，举办“学党史·铸忠魂”情景式党日活动，组建“红色文艺轻骑兵”赴基层队伍开展巡演，举行“百年风华·阔步启航”主题拔河、乒羽、篮球比赛，融入全市百万职工职业技能大赛和第十二届运动会。人民网、新华网等中央媒体报道政治工作动态22次。　（孟名彦）

【市政务服务中心党史学习教育】 2021年，太原市政务服务中心引深“党史学习教育”活动，召开党员大会、支委会、党课学习12次，开展主题党日活动23次，组织“党史学习周”学习22次。为庆祝中国共产党成立100周年，结合党史学习教育活动，组织全体入驻单位开展喜迎建党100周年“永远跟党走”职工合唱比赛活动。

（李方圆）

【市信访局党史学习教育】 2021年，太原市信访局成立市信访局党史学习教育活动领导小组，制定《太原市信访局开展党史学习教育活动实施方案》，召开动员大会，高起点谋篇布局。局理论中心组集中学习30余次，专题研讨3次，讲党课7次。发挥资源共享、互学互鉴作用，坚持每周学习新内容，交流体会。印发《关于2021年太原市信访局中心组暨干部理论学习的安排》，组织观看《榜样5》。各级党组织结合“三会一课”、主题党日活动，开展集中学习、研讨交流、党课宣讲、现场教学等活动，组织党员开展学习。购买《习近平新时代中国特色社会主义思想学习问答》《论中国共产党历史》等指定学习材料700余册，确保党员学习全覆盖。开展“我为群众办实事”实践活动，推动化解疑难信访事项3000余件，累计受益50余万人次。　（陈美琴）

【九三学社党史学习教育】 2021年，九三学社太原市委员会制订“学党史、明方向、跟党走、做贡献”主题教育活动方案，组织机关干部和全体社员观看庆祝中国共产党成立100周年大会盛况。在市委党校举办“学习习近平总书记七一重要讲话精神专题辅导”“学习习近平总书记考察调研山西重要指示精神专题辅导”，邀请专家学者授课。开展“党史—社史”知识竞答。举办“习近平在庆祝中国共产党成立100周年大会上的讲话”知识竞答。开展庆祝中国共产党成立100周年主题征文活动，在市委统战部“追寻足迹，携手前进”征文活动中，1名社员获得一等奖。组织机关干部前往太原市解放纪念馆，缅怀先烈，重温党史。组织机关人员参观彭真生平暨中国太原支部旧址纪念馆。组织社市委委员及部分社员骨干赴高君宇故居开展“重温红色记忆，汲取奋进力量”党史学习教育。组织骨干社员赴古交市晋绥八分区接受红色文化洗礼。组织社市委委员赴关头整风运动旧址接受廉政教育。组织机关人员赴支前纪念馆参观，重温支前记忆。组织骨干社员赴晋源清太徐抗日县政府旧址重温清太徐抗日军民保卫家国、不怕牺牲、无私奉献的革命主义和爱国主义精神。组织社员观看红色电影《悬崖之上》《1921》，邀请老军营社区工作人员观影，为基层党员办实事。组织社市委委员、各支社骨干到圪垛村知青大院参观学习。参加“初心如磐跟党走，同心奋进谱新篇”九三学社山西省委纪念中国共产党成立100周年文艺汇演。通过社员捐赠等渠道筹集100余本具有界别特色的图书充实民主党派书屋。　（梁树春）

【阳曲县党史学习教育】 2021年，阳曲县深化党史学习教育，确定为群众办实事项目230余件，实行清单化管理、目标化考核，确保民生项目落到实处。针对群众的“急难愁盼”，结合深入基层调研发现的问题，开展“春风送农技送农资”活动，发放各种宣传资料2000余份，上门送肥料10吨、地膜300卷、种子1500余千克，走访慰问农村老干部、老党员、种植大户和原贫困农户代表，为农民送去农技农资，保障春耕生产，助力乡村振兴。作为民政部确定的全省社会救助综合改革试点，将低保等社会救助审批权限下放到乡镇。全县广大党员干部在实践中学、在为民服务中学，做到学有所思、学有所悟、学有所获。　（崔振刚）

【娄烦县党史学习教育】 2021年，娄烦县委常委会专题学习16次，引导和督促全县343个党组织、7613名党员及时跟进学习。开展专题集中宣讲和微宣讲2600余场，录制微视频、编排情景剧等22个。联合北京大学举办高君宇事迹资料展，与团省委共建高君宇青年学院，传承红色基因、赓续红色血脉、弘扬伟大建党精神。深化“我为群众办实事”实践活动，解决群众急难愁盼问题1330件，党史学习教育成果持续转化。

（李爱民）

综合协调

【统筹落实】 2021年，中共太原市委办公室承办中央、省委来文来电540件，

各类请示报告1700余件，逐件提出拟办意见，办理市委领导批示1.20万件，收发市委文件300余份，办文的质量和效率提升。健全完善应急值班机制，编发《值班快报》455期，报送省委值班快报275期、疫情信息359期，协调处置人民群众上访情况900余起，强化值班标准化建设，畅通各县（市、区）信息化视频系统，坚持每两周学习一次的制度，值班值守和应急处置能力提升。
（高旭刚）

【以文辅政】 2021年，中共太原市委办公室围绕中央重大决策部署及省、市重点工作，为市委决策提供有价值的意见建议和决策参考。组织起草市第十二次党代会、市委全会、市委常委会会议等各类高质量文稿400余篇。严格文稿审核工作和党内法规制度建设，制发各类文件198件、函件38件，文件合格率100%，向省委报备规范性文件42件，市级规范性文件、通报类重点精减文件同比下降54.90%。 （高旭刚）

【信息服务】 2021年，中共太原市委办公室发挥党委信息服务主渠道作用，编发《太原信息》普刊、调研、特刊215期，《太原信息·工作要情》41期。上报中办及省委办公厅480余篇，其中《山西信息》等各刊采用276篇。
（高旭刚）

【社情民意】 2021年，中共太原市委办公室发挥社情民意“连心桥”作用，走好网上群众路线，接收网民留言5607条。其中，网民给省委书记留言2400条。给市委书记留言3207条，回复率100%。对接省委网民留言办理工作平台，实现市、县、乡三级平台全覆盖。
（高旭刚）

【会务组织】 2021年，中共太原市委办公室协调各方、统筹力量，服务市委中心工作。组织市党代会、市委全会，市委常委会会议58次、书记专题会议35次。组织服务市委主要领导调研116次、会见32次。组织市疫情防控工作领导小组会议22次。 （高旭刚）

【督查督办】 2021年，中共太原市委办公室坚持将督查督办作为推动中央和省委、市委决策部署贯彻落实的重要手段。推动习近平总书记考察调研山西重要指示批示精神的贯彻落实，推动中央生态环境保护督察“回头看”、大气污染防治及清徐县南白石河流域污染专项督察反馈意见的整改落实，推动中办调研就涉及太原市关于加快解决统筹疫情防控和经济社会发展中的重大安全问题的整改落实，推动省委第八轮巡视整改工作监督检查反馈意见、省委巡视组对太原市涉粮问题专项巡视、省纪委监委开展政治监督专项检查有关问题反馈的整改落实。完成省委“13710”督办任务13项，督办落实市委书记批示和交办事项364件、市委常委会会议定事项161项，党群系统政协提案48件，人大议案14件，办理回复率100%。对生态环境保护、文物保护、灾后重建、“双减”政策等重点工作进行督查，推动任务落地落实。坚持计划管理、非审批不开展、能减尽减，各类督检考减少到18项。开展规范移动互联网应用程序整治指尖上的形式主义，全市移动互联网政务应用程序由28个减至22个，对排查发现的186个存在刚性打卡、即时响应要求等形式主义的网络工作群全部清理，为基层减轻负担。 （高旭刚）

组织工作

【概况】 2021年，中共太原市委组织部坚持以习近平新时代中国特色社会主义思想为指导，贯彻落实中共十九届六中全会精神和省、市第十二次党代会部署，坚持组织路线服务政治路线，建强党的组织体系、锻造高素质干部队伍、集聚各方面优秀人才，推进组织工作提质增效，为太原全方位推动高质量发展、全面再现“锦绣太原城”盛景提供坚强组织保证。 （贡嘉君）

【思想政治建设】 2021年，中共太原市委组织部坚持把学习贯彻习近平新时代中国特色社会主义思想作为首要政治任务，紧抓党史学习教育契机，举办市管主要领导干部深入学习贯彻党的十九届五中全会精神交流研讨班，采取线上线下相融合的方式培训全市县处级以上领导干部1986人，参训率达100%。在市委党校中青班、青干班中，创设“一线课堂”170个，将课堂搬到全市中心工作和重点项目建设现场，组织召开66次学员座谈，87位领导干部一线示范领学，帮助学员在实践层面把握习近平总书记考察调研山西重要指示精神的核心要义。统筹市直单位举办专业化能力

2021年9月15日，市委组织部在迎泽区调研指导村（社区）“两委”换届工作
（市委组织部供图）

中共太原市委

提升培训班28期，强化专业训练和实践锻炼，培训市、县干部2080人。面向全市各领域基层党组织（单位）开展“送教下基层”活动220场，培训党员干部1.27万人次，传承红色基因，赓续红色血脉。（贡嘉君）

【先进表彰】2021年，中共太原市委组织部开展中央及省、市“两优一先”推荐评选工作，阳曲县泥屯镇党委获“全国先进基层党组织”称号，市政公共设施建设管理中心王润梅获“全国优秀共产党员”称号，39名党员、26个基层党组织获省级表彰，300名党员、150个基层党组织获市委表彰。（贡嘉君）

【县、乡换届】2021年，中共太原市委组织部加强党的全面领导、发挥党委把关作用、统筹协调、发扬民主贯穿始终，选举产生县党代表3063名、乡镇党代表4713名，县人大代表2173名、乡镇人大代表2715名，协商产生县政协委员2143名。换届后，县级党政班子和乡镇领导班子平均年龄分别比上届下降2岁和4.20岁，县、乡党政正职大学以上学历分别达到100%和95.70%，提拔35名乡镇街道和县直部门科级干部进入县级领导班子，60名“五方面人员”进入乡镇领导班子。（贡嘉君）

【村（社区）“两委”换届】2021年，中共太原市委组织部成立村（社区）“两委”换届选举工作领导小组，县、乡均成立由党委书记任组长的领导机构，全程指导、定期调度，坚持清底、研判、整顿、审计、实操实训五个在前，创新“三色研判”工作机制，分析研判选情，严格人选标准，规范程序要求，强化宣传引导，严肃换届纪律，完成村（社区）“两委”换届任务。换届后，村（社区）“两委”干部书记大专以上学历比换届前提高27.70%。选拔致富能手、外出务工能人、专职社工、退役军人、乡村医生等本土人才2235人。（贡嘉君）

2021年12月27日，市委组织部举办太忻一体化太原运营中心工作人员培训动员会（市委组织部供图）

【换届纪律监督】2021年，中共太原市委组织部印发“两编一卡一承诺”（《换届风气监督正负面清单选编》《违反换届纪律案例选编》《换届纪律提醒卡》《党委书记严肃换届纪律承诺书》）等各类宣传教育资料4.30万份，组织观看《警钟长鸣》1.50万人次，开展谈心谈话2300余人次，保持整治不正之风的高压态势。突出风气监督，建立市、县“12380”举报平台24小时专人值班制度，组建5个巡回督查组实时监测和了解换届风气状况。突出从严从快查处，建立“上下联动”和“联查联办、快查快办”的双联动工作机制，市、县、乡换届中市委组织部受理的19件换届举报件全部办结，为换届营造良好环境。（贡嘉君）

【干部队伍建设】2021年，中共太原市委组织部着眼“十四五”规划，出台《关于加强全市领导班子建设工作的若干措施》，明确新时期领导班子配备和干部队伍建设方向。着眼干部结构，完成省委专项行动，从省、市选派46名年轻干部到基层任职。根据全省政法队伍教育整顿精神，完成市、县两级政法系统干部交流轮岗工作。（贡嘉君）

【干部选用】2021年，中共太原市委组织部开展各类干部调研230余次，调整干部22批475人次，其中提拔108人。在全省率先面向国有企事业单位选拔7名优秀人才担任副科级领导职务，选拔8名优秀社区党组织书记、35名街道事业人员进入街道领导班子。招录定向选调生27名、普通选调生10名，实现在全市乡街和主要市直单位“全覆盖”。（贡嘉君）

【干部监督管理】2021年，中共太原市委组织部深入开展省委第八轮巡视选人用人问题整改，制订“三个清单”，倒排工期、按时推进，反馈的92个问题全部完成整改。围绕干部选拔任用，对958名干部开展重点核查和随机抽查，因不如实报告处理干部69人，其中批评教育和责令作出检查50人、诫勉18人、调整职务1人。（贡嘉君）

【干部考核评价】2021年，中共太原市委组织部围绕省、市委重大决策部署和中心任务，优化考核指标体系，创新指标落实工作组织构架，实施动态监测与专项督导，确保各项决策部署落地落实。强化正向激励，对考核优秀市管干部嘉奖206人、记三等功53人，评选担当作为干部390名，其中党史学习教育人选1名、防汛抗旱人选6名、抗击疫情人选11名、驻村帮扶人选2名、招商引资人选1名。（贡嘉君）

【城市基层党建】 2021年，中共太原市委组织部项目化推进城市基层党建工作，统筹城六区确定6个项目重点推进。深化社区物业党建联建，创建“三下沉、两融合”（物业管理监督权、服务质量评价权、维修资金管理权向街道下沉，物业管理服务与基层党建、社区治理密切融合）物业管理模式，打造社区物业党建联建示范点。制定《关于进一步加强居民小区党建工作提升小区治理效能的实施方案》，党组织覆盖物业小区1604个，覆盖率提升到65%。（贡嘉君）

【“两新”组织党建】 2021年，中共太原市委组织部深化“三整一提升”（整园建强、整楼推进、整线突破、全面提升）行动，建立“一摸二核三登四访”动态摸排组建机制，规范选派党建指导员818名，非公企业和社会组织覆盖率分别提升到92%和90%。推进新兴业态党建工作，成立快递物流行业综合党委，围绕“人车路企”等要素和“双11”等关键节点，试点推进快递、物流行业党建，推动新兴领域党建工作高质量发展。（贡嘉君）

【农村基层党建】 2021年，中共太原市委组织部开展干部驻村帮扶督战工作，深入娄烦县、阳曲县和古交市岔口乡革命老区村一线开展实地督战，助力巩固拓展脱贫攻坚成果与乡村振兴有效衔接。开展农村“带头人”队伍优化提升行动，实行村党组织书记县级备案管理，选派165名机关事业单位干部到村任职。开展“整乡推进、整县提升”示范县乡创建行动，3个乡镇和10个村党组织被评为全省标杆。将发展壮大村级集体经济情况纳入乡村振兴实绩考核，全市集体经济收入5万元以上的村达100%，10万元以上的达81.10%。整顿软弱涣散村党组织51个。（贡嘉君）

【党员教育管理】 2021年，中共太原市委组织部指导建设乡街党校5家，整合升级党员教育活动室1000余个，探索庭院党课、音乐党课等特色党员教育课程。在全市基层党组织和广大党员中开展“党课开讲啦”和“学习身边榜样”活动，开展党课1.10万场次，参与党员13.68万名，引发广泛情感共鸣，彰显榜样力量。（贡嘉君）

【人才引进】 2021年，中共太原市委组织部落实中央、省委人才工作会议精神，提请调整充实市委人才工作领导小组成员单位，印发《关于打造人才高地的行动方案》，编印人才政策及服务“两清单”，不断完善人才政策体系。确定市委联系专家和市级领导联系专家，为教育系统、卫生系统、其他事业单位引进409名高层次人才。新建国家实验室3家，国家重大人才工程专家工作站9个，高标准推进第一实验室建设，柔性引进北京大学彭练矛院士等15名顶级人才、121名高层次领军人才。为院士工作站、国家重大人才工程专家工作站等平台发放1.30亿元人才资金，为到并毕业生等各类人才发放补助（贴）5.40亿元。参加“人到山西好风光”（清北专场）、中博会、厦洽会，宣介太原人才政策，推动“双招双引”。制作人才宣传画册、人才政策动漫宣传视频，在《中国组织人事报》《中国人才》《山西日报》等中央、省级媒体刊发30余篇稿件。（贡嘉君）

【高校合作】 2021年，中共太原市委组织部依托高校人才资源集聚、创新资源富集优势，与省内外100余所高校开展广泛合作，深化“12大基地”建设，合作项目400余个，签约项目300余个。北京大学等48所高校大学生到并开展实习实训、国情研修。上海交通大学等64所知名高校在并设立优质生源基地南开大学等100余所高校3.4万人到并就业创业。挂牌太原特优农产品供应、大学生实习实训、技能服务人才培养等基地。（贡嘉君）

【青年人才“双实践”】 2021年，中共太原市委组织部按照“十四五”规划、2035年远景目标要求和省、市十二次党代会精神，在全省率先启动新时代青年人才“双实践”选育行动，以10个县（市、区）为试点，选派50名年轻公务员参加第一期乡村振兴实践班，重点培养一批集聚“太忻经济区”建设需要的可用型、实用型青年干部，确保干部队伍“使用上有梯队、选择上有空间”。（贡嘉君）

宣传工作

【概况】 2021年，中共太原市委宣传部认真落实全国、全省宣传部长会议精神，坚决贯彻省委、市委重大决策部署，以党的政治建设为统领，增强“四个意识”，坚定“四个自信”，做到“两个维护”，围绕中心、服务大局，统一思想、凝聚力量，守正创新、固本开新，自觉担负举旗帜、聚民心、育新人、兴文化、展形象使命任务，推动习近平新时代中国特色社会主义思想深入人心，开展庆祝中国共产党成立100周年系列活动，开展党史学习教育，培育和践行社会主义核心价值观，建设具有强大凝聚力和引领力的社会主义意识形态，推动文艺繁荣发展和文化强市建设，加强宣传思想文化战线党的建设，为全方位推动高质量发展，再现“锦绣太原城”盛景，提供思想保证和精神力量。（张林琪）

【思想建设】 2021年，中共太原市委宣传部坚持把学用习近平新时代中国特色社会主义思想作为重要任务，制定《中共太原市委理论学习中心组2021年理论学习计划》，印发《2021年县（处）级以上党委（党组）理论学习中心组专题学习重点内容安排》，落实“第一议题”制度，服务市委理论学习中心组学习30次。实现县（市、区）委、市直工（党）委列席旁听巡听全覆盖，推动理论学习中心组规范化制度化建设。组

织 16 个单位参加省级第三批和市级首批基层党委（党组）理论学习中心组学习示范点选树。（张林琪）

【理论建设】 2021 年，中共太原市委宣传部推进太原社科院新型智库建设，设立并州智库联络站，启动并州智库工作站，开展创新资金资助项目、重大决策咨询课题、市情调研课题和《蓝皮书》研究工作。组织撰写推荐《中国共产党建党 100 年来从严治党的历程、经验与启示》理论文章，被中宣部确定为全省唯一参加庆祝中国共产党成立 100 周年座谈会论文。在《山西日报》理论版刊发《强化省会意识、发挥龙头作用、当好全方位推动高质量发展排头兵》《构建太原都市区高质量发展增长极》等高质量文章。在《太原日报》理论版开辟专栏专版，集中刊发县（市、区）委书记、市直工（党）委书记、专家学者等学习贯彻习近平总书记"七一"重要讲话精神、中共十九届六中全会精神和省市党代会精神体会文章 40 余篇。

（张林琪）

【基层宣讲】 2021 年，中共太原市委宣传部构建市委集中宣讲、百姓进基层宣讲、特色宣讲工作格局，发挥市委宣讲团示范作用，统筹最美时代新人、锦绣姐姐、青年讲师和"学思践悟"宣讲团、老干部"夕阳红"宣讲团力量，整合基层宣讲队伍资源，开展对象化、分众化、互动化宣讲。结合开展党史学习教育、学习贯彻习近平总书记"七一"重要讲话精神、党的十九届六中全会精神和省市党代会精神等重大主题，开展宣讲 2 万余场、受众达 300 万人次，打通理论宣讲"最后一公里"。（张林琪）

【"学习强国"平台建设】 2021 年，中共太原市委宣传部推广"学习强国"，制定《推动"学习强国"太原学习平台上线工作方案》，实现"学习强国"太原学习平台 App 端和 PC 端正式上线，举行"学习强国"太原学习平台上线授牌仪式，成为全省第二个上线的市级学习平台。联合市委组织部印发《关于围绕党史学习教育推动"学习强国"学习平台推广应用的通知》，开设《并头条》《新思想在太原》《锦绣太原城》《最美时代新人》等 14 个一级栏目，设置"庆祝建党百年·党史学习教育""中共太原历史上的今天"等专题。开展"学习强国"学习之星全市集结行动，举办"学习强国"太原学习平台工作交流座谈会。推动太原学习平台深入社区开展线下推广活动，掀起学习新热潮。全市注册用户数、参与度、日人均积分、供稿数质量等各项指标均居全省前列。

（张林琪）

【庆祝中国共产党成立 100 周年系列活动】 2021 年，中共太原市委宣传部印发《太原市庆祝中国共产党成立 100 周年宣传报道方案》《关于庆祝中国共产党成立 100 周年"奋斗百年路、启航新征程"大型主题采访活动实施方案》《2021 年"七一"宣传报道方案》《关于习近平总书记"七一"重要讲话精神宣传工作方案》。市属主要媒体统一开设《奋斗百年路、启航新征程》专栏专题，围绕庆祝中国共产党成立 100 周年这条主线、共产党好这个主题，分四个阶段开展宣传，推出"奋斗百年路、起航新征程"主题采访报道。市属媒体刊播稿件 2714 条，三县一市融媒体中心刊播稿件 9539 条。

组织开展中国共产党太原历史陈列展、"学党史缅怀先烈·守初心砥砺前行"主题党日活动、庆祝中国共产党成立 100 周年系列网络微视频展播、红色文化作品创作等全市庆祝建党百年 21 项重大活动。组织开展"永远跟党走"群众性主题宣传教育活动，紧扣主题开展七大类 33 项具体活动。制定《在中国共产党成立 100 周年庆祝活动中突出发挥爱国主义教育基地作用的若干措施》，发挥爱国主义教育基地红色教育功能作用，开展入党入团入队仪式、重温入党誓词、缅怀祭扫英烈等主题实践活动。运用公益广告宣传阵地滚动播放各类标语、图片 3500 万余条次，桥体广告设置庆祝建党 100 周年宣传标语 4 面，选取 30 条宣传标语在"两纵一横"制作安装灯杆道旗 140 杆。

围绕建党百年，创作电影《锦绣河山》《如梦晋阳 2 之天真的预言》（暂定名）、晋剧《迎新街》《圪梁梁上》、报告文学集《天使的模样》、原创诗集《诗意并州》、音乐短片《不忘初心》《为爱追寻》、微电影《燎原》等群众喜闻乐见的文艺作品。举办"颂歌献给党——太原市庆祝中国共产党成立 100 周年文艺汇演"。组织开展"奋斗百年路　启航新征程"党史知识网上有奖竞答、太原画院美术作品展、百米长卷书画展、红色影视剧展播展映、"红色轻骑兵"文艺志愿服务小分队巡演等 44 项群众文化活动。组织举办"百年大党风华正茂"馆藏赵梅生捐赠作品展、"诗约春天、百年风华"诗歌朗诵音乐会、锦绣太原历史文化展、"百年华诞、筑梦征程"晋剧精品剧目演出周等 10 项文化活动。（张林琪）

【意识形态工作】 2021 年，中共太原市委宣传部履行市委意识形态工作领导小组办公室、市意识形态领域形势分析研判小组办公室职责，市委召开 7 次专题会议，研究全市意识形态领域形势，部署安排全市意识形态工作。发挥市意识形态领域形势分析研判小组职责，落实《太原市意识形态领域形势分析研判机制》，坚持按季度组织分析研判。对市直 79 个单位和部门组织开展落实意识形态工作责任制年度专项考核。组织对各县（市、区）委、市直各工（党）委进行落实意识形态责任制专项督查，反馈意见建议，层层传导压力，推动整改落实。出台《太原市网络舆情预判制度》《太原市关于加强网络舆情全流程管控的实施方案》，建立健全网络舆情协同联动快速处置机制，建成太原市互联网应急指挥平台，全面推广"疏、办、

纠、惩、治”网络舆情应急处置五字工作法，获2021年度山西省网信领域优秀调研成果一等奖。“网民有话说”网络问政平台收到网民留言2687条，办结2459条，办结率91.50%。开展“清朗”系列行动，对属地2万余个网站开展55次有害信息查删清理，申请关闭色情类、冒充党史教育类、赌博类、侵权类等违规网站1111家，排查处置清理网站平台不良、不实信息752条，申请取缔长期恶意炒作不良信息内容的违规自媒体账号5款，筑牢网络意识形态安全防护线。围绕中央及省、市重点工作、经济社会热点问题、思想领域敏感动向等，及时收集舆论反响和群众反映，全年向中宣部、省委宣传部报送舆情信息1.10万篇、采用450余篇，撰写《岁末年初基层经济社会面临的舆情风险点》《“新业态蓝领从业人员”热点舆情动态及话题分析》等30多篇专题分析报告，为各级领导掌握情况、科学决策提供舆情参考。（张林琪）

【信息报送】 2021年，中共太原市委宣传部向省委宣传部、市委信息室报送各类信息340余篇、刊发68篇。其中，《山西太原：上好博物馆里的爱国课》在中宣部《宣传工作》（第53期）《工作动态》栏刊发，《太原市“三个聚焦”推进全民阅读纵深发展》在省委办公厅《山西信息》（第59期）整版刊发，《太原：担起使命任务　勇开工作新局》等8篇信息在省委宣传部《宣传工作》刊发。（张林琪）

【宣传舆论引导】 2021年，中共太原市委宣传部修订《太原市融媒体宣传激励办法》。支持推动太原日报社进行全面改革，建立新闻采编中心、视觉策划中心、全媒体指挥中心一体化组织架构，上线运行“锦绣太原”App，打通报、网、微、端、屏生产后台，实现采编和技术力量共享融通，形成策划、采访、评论、编辑、审核、推送全媒体生产流程和全媒传播链条，实现一体策划、一次采集、多元生成、移动优先、全媒发布。支持推进太原广播电视台全面改革，成立太原市融媒体中心，“锦绣太原城”“我的太原”App全新上线，网络直播从无到有，全年各类直播上千场次，点击播放量超3亿人次，屡创新高，运营“两端、两站”，开设第三方新媒体平台账号100余个，全网累计粉丝超1000万个，日发稿超1000篇，日活跃粉丝超700万个，稿件年展现量超100亿篇，在全国城市台排前列。推动县级融媒体中心建设，制定《关于进一步建强用好县级融媒体中心的工作方案》，扶持古交市、清徐县、阳曲县、娄烦县三县一市县级融媒体中心建设。

围绕持续深入宣传阐释习近平新时代中国特色社会主义思想、庆祝中国共产党成立100周年、党史学习教育、“牢记习近平总书记殷殷嘱托、在转型发展蹚新路征程上砥砺奋进”等主题主线，开设《奋斗百年路、启航新征程——学党史、悟思想、办实事、开新局》《奋斗百年路、启航新征程——中国共产党人的精神谱系》等20个重要专题专栏。组织中共十九届六中全会，省、市第十二次党代会，全国及省两会，市委全会，市委常委会等重要会议的宣传报道，在重要版面、重要时段全面准确宣传阐释会议精神，宣传各地各部门学习贯彻重要会议精神的举措成效，全方位反映社会各界和人民群众的热烈反响，营造学习宣传贯彻会议精神的浓厚氛围。聚焦市委重大决策部署和全市中心工作，协调组织全面建设小康社会、全方位推动高质量发展、太忻一体化经济区建设、打赢脱贫攻坚战、疫情防控、中央生态环境保护督察、创建“全国文明城市”、政法队伍教育整顿、扫黑除恶专项斗争、村（社区）“两委”换届、品牌强市、安全生产、双拥工作、环境“六乱”整治等重点工作的新闻宣传，为全市改革发展稳定提供舆论支持。

建立执行新闻宣传旬调度制度、“4·2·1+N”新闻发布模式和新闻信息发布议题收集制度，召开新闻宣传旬调度会议14次、新闻宣传专题会议和新闻工作部署会议20次，传达宣传口径200条，举办新闻发布会68场，及时准确发布权威信息。建立《市直主要媒体第一时间转发突发公共事件权威信息工作机制》，规范工作流程，提高新闻应急处置能力和水平。组织指导太原广播电视台与三大运营商加强合作，打造三网融合全业务体系，开展“5G+光纤宽带双千兆”入户工程，实施七套节目免费看活动，用户规模由34万户回流至84.87万户。策划推出系列网络主题活动，“海外博主看太原”活动在海内外平台共计发布短视频24个，点击总量超3200万次，覆盖海内外网友5000万人次。“锦绣太原正当红”网络宣传活动一经推出迅速走红网络，三日内线上参与话题的网络大V账号百余个，微博话题阅读量超4.50亿，讨论量破11.70万，创太原历史新高。组建千人核心网评队伍，构建形成“核心网评员+基础网评员+行业网评员”模式，开展网上舆论引导，全年完成网评任务4250余次，完成评论近68万条，转发推送中央、省、市重点工作、重要活动等重点稿件310余篇，约5万余条次。组织实施重点新闻网站网评品牌发展行动计划，打造“并州e评”品牌专栏，建立正能量作品“稿池”。

建立市对外宣传工作联席会议机制、外国记者服务管理市级联席会议机制，印发《关于推进重塑外宣业务重整外宣流程重构外宣格局开创新时代外宣工作新局面的工作方案》《太原市提升中华文化影响力工作方案》等，持续引深中央、境外、省级媒体合作，借力央视频为太原宣传，强化太原英文网站建设，开设专题专版、推出专题采访等。制作完成《锦绣太原城》城市宣传片，《锦绣太原城——“四治”》专题片。面向国际经停太原入境航班集中隔离的外籍人士，协商赠阅《中国山西》中英双语外宣书籍、《晋祠》中英双语宣介折页、《锦绣太原城》中英双语外宣画册。结合全市中心工作、重点项目建设，策划开展“沿着东西山旅游公路看太原”“并州生态文明建设媒体行”2大系列主题采访活动14次，围绕重大活动开展实地集中采访10次，协助中宣部、中央电视台、人民网、《山西日报》等中央、省级媒体专题采访40余次，引发报道热潮，中央、省级媒体累计刊（播）涉并正面新闻2.10万条，报道数量质量提升，营造出积极的对外舆论环境，太原知名度美誉度攀升，位列“网红城市百强榜”第35名、“全国十大美好城市”第10名。（张林琪）

【文化产业发展】2021年，中共太原市委宣传部贯彻落实《关于建立“名家、名作、名品”工作机制、繁荣发展社会主义文艺的实施意见》，开展庆祝建党百年、传承发扬革命精神、弘扬传承中华优秀传统文化等题材作品创作。创作电影《锦绣河山》《谁说我不靠谱》、晋剧《庄周试妻》、舞剧《家书》、话剧《漆艺人生》《空王冠》、儿童剧《王二小》《我是特暴龙》、太原莲花落轻喜剧《合浪浪许家》、纪实文学集《战火中的青春》、纪实散文集《点亮太原红色地标》、老兵影像集《祖国功臣》、微视频《热血军魂》等。完成晋剧数字电影《于成龙》的后期制作和戏剧图书《晋剧传统剧本集萃》（4—12册）的创作编辑。聚焦“游山西·读历史”主题，编辑出版《听得见的博物馆》等宣传书籍。晋剧《傅山进京》入选文化和旅游部“庆祝中国共产党成立100周年舞台艺术精品创作工程”——“百年百部”传统精品复排计划重点扶持作品，完成复排和汇报演出并通过文化和旅游部“百年百部”工程专家验收，新编晋剧《烂柯山下》入选第十七届中国戏剧节。组织开展“我们的中国梦——文化进万家”活动，围绕传统节日开展“开启新征程、云上过大年”线上活动、《迈向新征程、万家幸福年》2021年太原市春节联欢晚会、“粽”情颂党恩——庆祝中国共产党建党100周年迎端午活动、“同赏一轮月，共筑中国梦”系列活动等节日文化活动。组织举办“山西三宝之珐华·苏氏琉璃”（太原）传承与创新艺术作品展、“红色经典回响”大型交响音乐会、钟楼街主题文艺作品创作及现场活动、“中秋月·家国情”中秋文艺晚会等文化活动。组织开展“五个一批”文化惠民工程，“免费送戏下乡”1051场，“梨园争春”戏曲展演100场，乡村文艺队伍、乡土文化能人艺人、乡村文化带头人开展活动1.60万场。组织合唱队伍配合省委宣传部完成“永远跟党走”——山西省庆祝中国共产党成立100周年文艺汇演及电视片《永远跟党走》的拍摄工作。促进电影放映行业规范发展，组织开展农村公益电影放映和农村寄宿制学校放映活动，放映11562场，庆祝中国共产党成立100周年电影展映活动放映102场，电影下基层（进社区）放映活动放映730场。健全公共文化服务体系，推进农家书屋和全民阅读，完成农家书屋图书更新62820册，开展“读百年党史、悟思想伟力”主题阅读活动和“悦读阅美·锦绣太原”全民阅读活动、2021“新时代乡村阅读季”“我的书屋我的梦”农村少年儿童阅读实践、“增强文化自信、建设书香太原”图书巡展活动等系列活动，“新时代城市书房”建设初见成效。开展太原市文化产业发展专项资金申报扶持工作，对38个项目扶持1188.80万元。推荐37个文化产业项目申报2022年山西省文化产业发展专项资金。印发《关于加强文化产业发展专项资金管理工作的通知》，每季度跟踪督导，确保资金使用合规。完成近三年110个市级文化产业发展专项资金扶持项目的绩效评价，评价等级为“良”。

组织参加上海进博会、深圳文博会、三亚文博会，获“2021年第六届三亚国际文化产业博览交易会展览展示金奖”，促进文化交流与合作。印发《关于加快推进国有文化企业公司制改革的紧急通知》等文件，集中力量全面推进国有文化企业公司制改革，召开7次专题会议研究推动，与10余个部门对接协调，完成23家国有文化企业公司制改革任务，推动国有文化企业建立现代企业制度，为国有文化企业规范健康高质量发展打下基础。帮助太原龙城电影集团所属10户集体所有制企业参照厂办大集体改革方式进行改革，享受相关优惠政策。完成天龙山景区提质工程，举办天龙山石窟佛首回归系列活动。提档升级并重新开放双塔大景区，高标准推进晋祠—天龙山国家AAAAA级旅游景区创建。开展第一批国家级夜间文化和旅游消费集聚区创建，推进晋中文化生态保护实验区建设，编辑出版《太原非物质文化遗产代表性项目图典》。推荐钟楼步行街、太原古县城申报山西省旅游休闲街区。整合各类文化旅游资源，打造“冬游太原·欢乐过年”“乘地铁·游太原·读历史”等主题旅游线路，设计推出锦绣太原城一日游、二日游、三日游30条精品旅游线路。发放锦绣太原文化旅游季文旅体惠民券，累计核销金额956.52万元，直接撬动订单金额4284.81万元，撬动比达到1∶4.48，引导文旅消费。（张林琪）

【“扫黄打非”专项行动】2021年，中共太原市委宣传部出台履行“扫黄打非”工作责任实施细则、行政执法工作协调联动机制等制度。高质量开展集中行动和“护苗”“秋风”“净网”等五大专项行动。核处全国、省扫黄办线索近20件，部署政治性有害出版物查堵工作11批次，查办全国督办案2件，查缴非法出版物5000多册。实施“12345”工作法，高标准创建“扫黄打非”进基层各级示范点，阳曲县新阳东街社区被评为第五批全国“扫黄打非”进基层示范点，尖草坪区槐园社区、清徐县柳杜乡全国示范点提质增效。尖草坪区光社街道、晋源区蒙山景区、尖草坪区朝阳社区、小店区云水明珠社区等站点被评为全省示范标兵、示范点。承办全省“绿书签”行动仪式，“护苗”一封信、短视频、主题歌阅读量超10万次。组织创作“护苗”主题曲《爱的呵护》在全省推广。开展“向阳花开·呵护成长”手绘大赛系列活动，编印手绘大赛作品集向全市发放，开展“护苗·网络安全课”40余场，制作推送“护苗·好书推荐”20余期，累计受众万余人，推动“护苗”理念深入人心。加强印刷发行行业及内部资料监管，对283家印刷企业、630家发行单位组织开展4轮专项检查，净化校园周边出版物环境和校外培训机构教材教辅市场。（张林琪）

【宣传教育活动】 2021年，中共太原市委宣传部开展党史、新中国史、改革开放史、社会主义发展史宣传教育活动，明确八大类36项活动。会同党史、退役和文物部门对《中国共产党太原历史陈列展》《芳华永在——晋剧大师丁果仙历史影像展》等7个展览的展陈大纲和版式稿、解说词进行审核把关。出台《太原市市级以上爱国主义教育（示范）基地改陈布展、版式稿和解说词审定办法（试行）》，发挥爱国主义教育基地红色教育功能作用，广泛开展入党入团入队仪式、重温入党誓词、缅怀祭扫英烈等主题实践活动。开展“倡导国庆新民俗、打造爱国活动周”主题系列活动，开展国庆体验旅游活动，组织“线上+线下”文化活动569场，惠及群众63万余人次。加强红色资源保护和利用，协调党史、退役和文物部门及各县（市、区）委宣传部全面普查革命文物旧址155处，其中红色遗址133处、革命文物旧址27处、纪念设施30处。指导开展社会主义核心价值观建设示范点创建工作，并州饭店等4个单位命名为第四批“省级社会主义核心价值观建设示范点”，和谐公园命名为首批“省级社会主义核心价值观主题公园”。在全市组织“你好！太原”社会主义核心价值观主题微电影（微视频）征集展示活动，2部微电影、1部微视频被评为全省优秀作品。推荐12名选手参加“永远跟党走”山西省第三届红色故事讲解员大赛，5名选手入围决赛，2名选手获优秀讲解员，1名选手获专业组金牌讲解员。（张林琪）

【“时代新人”主题活动】 2021年，中共太原市委宣传部实施“时代新人”培养计划，120名个人（群体）登上“最美时代新人榜”，组织开展“时代新人说——恰是百年风华”演讲大赛，3个多月组织近百场比赛，选手1000多名，通过网络直播6场决赛加1场总决赛，吸引160余万人次在线观看。与山西大学合作共建“最美时代新人”培育实践基地，成立思恩工作室，强化校地联动育人功能。推荐“最美时代新人”参与双塔公园开园、天龙山路东延集中通车仪式等全市大型活动。组织“绿色发展·美丽太原”“最美时代新人”义务植树活动，聘请百名“最美时代新人”作为志愿者助力太原“创森”。联合市委网信办筹划摄制播出百集系列微视频《最美时代新人、讲述百年党史》。完善“时代新人”主题体验馆运行机制，在“学习强国”太原学习平台设立《最美时代新人》专栏板块，展示“最美时代新人”的奋斗风采。加强青少年思想政治教育，统筹推进大中小学思政课一体化建设，深化“时代新人”思政课，推动思政课高质量发展，制作“时代新人说——恰是百年风华”演讲大赛总决赛视频，作为秋季“开学第一课”，组织全市大中小学校70万余名师生观看。（张林琪）

【宣传队伍建设】 2021年，中共太原市委宣传部学习宣传习近平总书记关于宣传思想工作的重要论述，学习贯彻习近平《论党的宣传思想工作》，贯彻落实《中国共产党宣传工作条例》，出台《太原市贯彻落实〈中国共产党宣传工作条例〉若干措施》《2021年宣传思想工作要点》《中共太原市委宣传部2021年党建工作要点》《中共太原市委宣传部理论中心组2021年学习计划》《市委宣传部关于深入学习宣传贯彻十九届六中全会精神的实施方案》。召开市委宣传思想工作领导小组会议暨贯彻落实《中国共产党宣传工作条例》专题学习会和全市宣传部长会议。落实党风廉政建设责任制，制定《中共太原市委宣传部2021年党风廉政建设工作要点》，召开市直宣传系统加强党的建设暨党风廉政建设工作会议，组织收看“专题警示教育系列微视频——反对形式主义三十讲”和《党史中的廉政故事》，节假日前开展廉政提醒，推动廉政文化深入人心。落实《全市宣传思想战线开展增强“脚力、眼力、脑力、笔力”教育实践工作方案》，印发《中共太原市委宣传部关于做好〈新时代宣传思想工作〉干部培训教材学习使用工作的通知》，组织全市宣传系统干部参加全省宣传思想文化战线综合素质提升网络培训班，举办市直宣传系统组工干部、党务干部提升党的宣传思想工作能力暨党史学习教育培训班和提升能力讲座。深化政研会改革，做好年度政工职称评审、思想政治工作重点课题研究和优秀研究成果评比选拔等工作。加强领导班子、干部队伍、人才队伍建设，用好“三晋英才”“四个一批”人才、基层宣传思想文化优秀人才，建设26个宣传文化名家工作室，全战线整体素质和精神面貌提升，推动宣传思想工作实起来、强起来。（张林琪）

·中共太原市委讲师团·

【机构改革】 2021年，根据中共太原市委办公室《关于印发中共太原市委讲师团（太原市对外宣传中心）职能配置、内设机构和人员编制规定的通知》文件精神，中共太原市委讲师团加挂太原市对外宣传中心牌子。为市委直属事业单

2021年11月，中共太原市委讲师团举办太原市学习贯彻中共十九届六中全会暨省党代会精神基层理论宣讲骨干培训（市委讲师团供图）

位，由中共太原市委宣传部管理，机构规格正县级，设置办公室、理论宣讲室、理论科研室、对外宣传室4个内设机构和1个基层党组织，核定编制21人。（田永芳）

【理论宣讲活动】 2021年，中共太原市委讲师团（太原市对外宣传中心）组织开展面向基层理论宣讲活动，全年直接组织参与的各类主题宣讲350余场，现场听众3万余人次，网络收听收看5万余人次。组织指导各类基层培训40余场，受众4000余人次。按照全市统一部署，在重要时间节点组织开展中共十九届五中和六中全会精神、党史学习教育、习近平总书记“七一”重要讲话精神、省市第十二次党代会精神等重大主题的基层宣讲。开设双拥创建、文明创建、国防教育等多种主题的宣讲课程。承办太原市第二届理论宣讲大赛和太原市第二届“小故事彰显思想伟力”微视频大赛，22位决赛选手和18个微视频作品进入全省第二届理论宣讲大赛和全省第二届“小故事彰显思想伟力”微视频大赛。（田永芳）

【宣讲队伍建设】 2021年，中共太原市委讲师团（太原市对外宣传中心）与市委宣传部联合出台《关于进一步加强全市基层理论宣讲队伍建设的通知》，组建时代新人宣讲组、思政宣讲组、乡村宣讲组、劳模工匠宣讲组、抗疫英模宣讲组、锦绣姐姐宣讲组等17支专兼结合的宣讲队伍，并分3期对280多名宣讲队伍成员进行理论培训。（田永芳）

【宣讲平台建设】 2021年，中共太原市委讲师团（太原市对外宣传中心）推选7家基层理论宣讲示范点参评省级“双一百”示范点，选树21家市级“双一百”基层理论宣讲示范点。推出“节约粮食、杜绝浪费”和“百年党史话文明”系列微宣讲，在“学习强国”太原学习平台、太原文明网、“文明太原”微信公众号、抖音等网络平台推出，全网点击浏览量过1亿次。录制中共十九届五中全会精神宣讲课程视频并刻录光盘，向基层单位发放。与太原电视台合作，围绕基层党建、社区治理等热点内容制作电视访谈节目，开展面向市民群众的理论公开课。通过市公共就业服务中心网络平台，向全市流动党员进行党史学习教育直播授课，线上听课人数达2万人次。（田永芳）

【政策理论研究】 2021年，中共太原市委讲师团（太原市对外宣传中心）撰写的调研课题《太原市深化基层理论宣讲的实践探索和创新路径》，获省委宣传部优秀调研报告一等奖。撰写山西省中国特色社会主义研究中心太原基地的课题《彰显优秀传统文化中永不褪色的价值》在《山西经济日报》发表。在《太原日报》发表《准确把握“七一”重要讲话精神实质，不断推动理论宣讲走深走心走实》《以新发展理念引领太原经济发展》《把握学习党史着力点和着重点》《从百年党史中汲取不竭的前行力量》《让农村电商成为乡村振兴新引擎》《以新理念推进城市建设提质升级》《从党史学习中汲取双拥智慧》等理论文章。（田永芳）

【对外宣传】 2021年，中共太原市委讲师团（太原市对外宣传中心）编发《中央、省级媒体刊（播）涉并新闻统计分析》12期，统计中央和省级媒体刊（播）涉并新闻24008条，汇总《人民日报》、新华社、中央广播电视总台、《光明日报》等主要媒体对太原市的报道180余条。举办“率先发展蹚新路、

2021年，中共太原市委讲师团承办太原市第二届理论宣讲大赛（市委讲师团供图）

2021年9月3日，中共太原市委讲师团为市纪委监委、市人民检察院作学习贯彻习近平总书记“七一”重要讲话精神专题宣讲 （市委讲师团供图）

再现锦绣太原城”主题摄影大赛，精选出120余幅优秀摄影作品印制成《锦绣太原城》画册，全方位展示出太原市独特的城市魅力和深厚的文化底蕴。 （田永芳）

统一战线工作

【概况】 2021年，中共太原市委统一战线工作部坚持以习近平新时代中国特色社会主义思想为指导，学习贯彻中共十九大和十九届中央历次全会精神，以学习宣传贯彻《中国共产党统一战线工作条例》为重点，以服务转型发展蹚新路为目标，主动站位全局、自觉融入中心，坚持守正创新，助力全方位推动高质量发展。 （李慧慧）

【思想政治建设】 2021年，中共太原市委统一战线工作部深入学习中共十九大和十九届历次全会精神，认真学习习近平总书记考察调研山西重要指示精神以及省、市第十二次党代会精神和省委十二届二次全会暨省委经济工作会议精神，以党史学习教育和庆祝中国共产党成立100周年为主题，举办全市统一战线党史学习教育专题党课，在全市统一战线各领域开展“学党史、明方向、跟党走、做贡献”主题教育活动和庆祝中国共产党成立100周年系列活动。全市统战系统响应党的号召，为暴雨受灾地区捐款捐物3721.68万元。 （李慧慧）

【统一战线工作条例宣传】 2021年，中共太原市委统一战线工作部将宣传《中国共产党统一战线工作条例》与庆祝建党100周年相结合，与统战系统各领域重大纪念活动相结合，开展“六进”活动，累计宣讲宣传322场次，受众近3万人。将楼宇、园区和乡镇（街道）作为宣传贯彻条例的重要抓手和“前沿阵地”，打造20余个楼宇统战观摩示范点，推动全市各级党委（党组）主体责任落实到位，实现《条例》学习培训、宣讲宣传、贯彻落实、督导检查“四个全覆盖”。 （李慧慧）

【多党合作】 2021年，中共太原市委统一战线工作部协助市委制订年度政党协商计划，召开6次市委双月座谈会，党外代表人士围绕转型发展等议题提出177条意见建议，基本得到采纳落实。开展“我为转型发展献良策”活动，为市委、市政府科学决策、精准施策提供参考。协助各民主党派市委会做好换届工作，确保选好配强新一届领导班子，实现政治交接平稳有序。在全市各个民主党派支部中开展“标准化支部”创建活动，提升参政党建设水平。 （李慧慧）

【民族宗教工作】 2021年，中共太原市委统一战线工作部开展民族团结进步创建工作，在太原市举办全省民族团结进步创建“互观互学”活动。落实县、乡、村三级网络队伍和乡、村两级责任制，在全市宗教活动场所建立安全稳定“五包一”责任制，明确县（市、区）、乡镇（街道）、村（社区）、辖区民警、宗教团体五级责任人包联职责，维护全市宗教领域安全稳定。 （李慧慧）

【民营经济统战工作】 2021年，中共太原市委统一战线工作部建立市委民营经济统战协调机制，开展“统战助力转型”10项系列活动，推动营商环境优化。在银行行长入企服务中，85位银行行长与109家民营企业联系对接。在“上规上市”服务中，助推重点培育的243家民营企业并购重组、“上规上市”。在招商引资服务中，坚持以商招商、以企引企，举办助力阳曲现代农业产业示范区发展招商引资会、西山文化旅游示范区招商引资对接会。 （李慧慧）

【党外知识分子和新的社会阶层人士统战工作】 2021年，中共太原市委统一战线工作部提升新的社会阶层人士统战工作规范化、制度化水平。推动综改区实践创新基地建设，培育“非遗新阶层”“唯晋有才”等品牌，开展“企帮节”“非遗进校园”“新媒体+乡村振兴”等活动，打造特色平台。引深“同心·服务”下基层活动，组建专业服务团队，开展专题服务、讲座。 （李慧慧）

【海外统战和侨务工作】 2021年，中共太原市委统一战线工作部开展海外统战工作“五个一批”行动，高质量承办中央统战部“中华文化大乐园”活动，建立7个市海联会专委会，在全省率先成立县级海外联谊会组织，“太原经验”在全省推广。建立北京中科老专家技术中心太原工作站。 （李慧慧）

【党外代表人士队伍建设】 2021年，中共太原市委统一战线工作部建立“墩苗”党外干部数据库，建立科级以上民主党派代表人士人才库、归国留学人员数据库和无党派代表人士数据库，加强管理教育，提升党外人士的政治素养和能力水平。（李慧慧）

【线上“中华文化大乐园”开园】 2021年8月16日，山西省海外联谊会、太原市海外联谊会共同承办的线上“中华文化大乐园”（老挝、柬埔寨园）开园仪式举行，标志着面向老挝、柬埔寨华裔青少年的“中华文化大乐园”活动正式启动。

线上“中华文化大乐园”活动为期12天，紧扣“感知中国历史文化、体现山西文化特色”主题，以直播和录播相结合的形式，为海外华裔青少年讲授武术、国画、书法、历史、乐器、民歌、剪纸、茶艺、编织、魔术、古经典诗词朗诵等中华才艺课程以及云游晋祠、中华醋都、太原府城等“云游教”课程，让华裔青少年和海外各界人士领略中华传统文化的博大精深，增进对中华传统文化的深入了解。（李慧慧）

巡 察

【概况】 2021年，太原市委巡察机构深入贯彻习近平总书记关于巡视工作重要论述和考察调研山西重要指示精神，贯彻落实中央和省委新部署新要求，深化政治巡察，推动整改落实，推进规范化建设，各项工作取得新成效。完成十一届市委第八轮、第九轮和涉粮问题专项巡察，巡察58个党组织，发现管党治党方面问题437个、违纪违法问题线索80条。（郭丰远）

【巡视巡察全覆盖】 2021年，太原市委巡察机构开展十一届市委第八轮巡察，派出6个巡察组，对市规划和自然资源局、文旅局、促投局等17个单位党组织开展常规巡察，发现管党治党方面问题202个、违纪违法问题线索40条，完成十一届市委巡察全覆盖任务。开展十一届市委第九轮巡察，派出6个巡察组，采取“机动式＋专项＋‘回头看’”的方式，对市供销社开展机动式巡察，对10所市属医疗机构开展医疗医保医药专项巡察，对20个市直单位党组织开展“回头看”，发现管党治党方面问题152个、问题线索22件。开展涉粮问题专项巡察，抽调市委巡察机构和县级巡察力量组成4个市委专项巡察组，对全市10个县（市、区）开展涉粮问题专项巡察，发现涉粮方面问题83个、问题线索18条。开展十二届市委第一轮巡察，对市发改委、工信局、行政审批局等党组织开展巡察。（郭丰远）

【巡视巡察专项整改】 2021年，太原市委巡察机构领导小组成员和市纪委监委、市委组织部班子成员带队，分别向第八轮、第九轮巡察和涉粮问题专项巡察的党组织反馈巡察意见，推动整改落实。在太原电视台、《太原日报》公布第八、第九轮反馈意见。向被巡察党组织反馈第八、第九轮发现的问题354个，整改332个，整改率94%。市委巡察办和巡察组向纪检检察机关移交每轮巡察的综合材料及问题线索，推动整改落实。市纪委监委处置巡察移交问题线索58件，立案27件，党纪政务处分21人，组织处理18人。按照市委部署，巡察机构干部参加市委对落实省委第八轮巡视整改情况的检查督导，推动巡视整改落实。在第九轮巡察“回头看”的基础上，市委巡察机构干部组成4个专项督导组，对20个市直单位开展巡察整改专项督导，对整改不到位的问题督促再整改，推动问题全面整改。（郭丰远）

【巡视巡察联动监督】 2021年，太原市委巡察机构贯彻落实中央《关于加强巡视巡察上下联动的意见》精神，构建上下联动监督格局。落实巡察工作报告报备制度，注重加强与省委巡视办的请示沟通，报告巡察工作情况和遇到的困难、问题，请示指导帮助。向省委巡视办报备市委书记专题会材料。7月至9月，市委巡察机构4人参加省第一巡察指导督导组对清徐县的指导督导。11月，配合省第三巡察指导督导组对市巡察工作的指导督导。市委巡察工作领导小组召开会议对配合好指导督导工作作具体安排。巡察工作领导小组、巡察办、巡察组参加与指导督导组的见面沟通会。梳理十一届市委产生以来巡察工作相关资料，配合指导督导组查阅。按照指导督导组意见和要求，对第一轮巡察工作方案制订、动员部署会、巡察组进驻、巡前情况通报等工作进行规范。市委巡察办领导深入10个县（市、区）巡察机构进行调研，督促指导各县（市、区）委贯彻落实上级各项部署要求，规范有序完成巡察全覆盖任务。将上级巡视制度文件、本级巡察制度文件和巡察动员部署会领导讲话印发给县级巡察机构参考。按照省委对全省供销系统开展上下联动巡视巡察的有关部署，市委第九轮巡察与省委巡视上下联动，对市供销社开展机动式巡察。由市委巡察办统筹县（市、区）委巡察组，采取交叉巡察的方式，对县（市、区）供销社开展上下联动巡察，同向发力、互促共进、提质增效。按照全省涉粮问题专项巡视巡察工作部署要求，市委巡察办统筹10个县（市、区）巡察人员，编入市委4个专项巡察组，对10个县（市、区）涉粮问题开展专项巡察，以上带下、同题共答、以干代训。巡察中，落实省委巡视工作领导小组部署要求，主动对接省委巡视办、组，配合省委巡视组下沉了解情况，上报巡察综合情况。（郭丰远）

政策研究

【概况】 2021年，中共太原市委政研室深入贯彻习近平新时代中国特色社会主义思想和习近平总书记考察调研山西重要指示精神，学习贯彻中共十九届六中全会及省、市第十二次党代会精神，围绕服务全方位推动高质量发展，以政治建设为统领，提升文稿服务、调查研究、统筹改革能力水平。（李　燕）

【机构改革】根据中共太原市委机构编制委员会《关于印发中共太原市委政策研究室所属事业单位改革实施意见的通知》精神，中共太原市委政策研究室所属事业单位太原市委政策研究信息中心成建制跨部门整合至太原社会科学院。（李　燕）

【以文辅政】2021年，中共太原市委政研室组织起草市委关于“十四五”规划和二〇三五年远景目标的建议，组织推进省校智库合作基地建设。起草完成市第十二次党代会报告及大会系列材料，全员参与党代会保障，深入县（市、区）开展省、市党代会精神宣讲，起草市委全会、纪委全会、经济工作会、干部大会及经济运行分析、党史学习教育、安全工作、政法教育整顿等重要会议材料。起草太原晋中工作对接座谈会、太忻经济区启动大会，太原在省委黄河流域生态保护和高质量发展推进大会、全省事业单位重塑性改革总结大会、省委财经委工作会议上等重要汇报材料，起草《担起省会责任展现省会作为当好全方位推动高质量发展的排头兵》《巡礼百年小康太原》等文章。参与楼阳生在太原调研座谈会重要讲话精神的任务分解起草工作。参与起草市委主要领导在市“五一劳动奖”表彰大会、跨国公司山西行推介对接交流会、第十二届中博览会等会议上的发言。全年起草各类文稿190余篇、90余万字。（李　燕）

【调查研究】2021年，中共太原市委政研室聚焦转型发展，开展加快生产性服务业提质增效、西山生态修复和生态补偿、推动餐饮行业国资国企做大做强、全面深化改革省考任务指标推进落实情况等专题调研。完成太原晋中一体化发展推进方案、太忻一体化经济区太原片区体制机制建设意见等战略研究。开展太原出租车改革、优化营商环境报告、人口小县机构改革等调研。调研成果全部提交市委，部分成果以市委市政府文件印发全市，指导工作。（李　燕）

2021年，中共太原市委政研室参加“母亲河畔的中国”网络主题活动（山西站）（市委政研室供图）

【统筹改革】2021年，中共太原市委政研室结合“十四五”发展目标任务和改革发展实际，聚焦影响全方位推动高质量发展的深层次矛盾和体制性障碍，部署13项标志性牵引性重大改革和27项重点改革任务，确定国家级、省级改革试点32个。牵头编制市“十四五”转型综改试验重大改革规划，科学谋划未来五年转型发展蓝图。印发《关于做好2021年全面深化改革任务分解的通知》，细化分解改革任务，明确改革责任人、具体工作措施和完成时限，实行挂图作战。对各单位各县（市、区）改革方案出台进行摸底，紧盯省考指标任务推进情况开展督查调研，协调解决改革推进过程中存在的问题。推进市、县转型综改牵引性集成改革试点申报和推荐工作，围绕5项试点任务，经实地调研评估和综合研判，推荐迎泽区、万柏林区、阳曲县作为改革试点上报省委改革办。健全完善“6+1”改革工作推进体系，落实党政主要负责人亲自抓、市委常委和副市长结合分管领域带头抓、各相关责任单位具体抓的改革工作推进机制。按照项目化管理方式，将部门重要改革事项提报市委深改委研究决策。按照时间节点对改革任务分别进行半年盘点和年终总结，全面梳理责任部门承担的改革事项完成情况，摸清底数、分类汇总，确保全年改革任务。总结改革经验和优秀案例，编发《太原改革信息》27期，参加“2021中国改革年度案例”评选，在《太原日报》刊登《深化改革再出发转型发展蹚新路》文章，宣传改革决策部署和全市改革进展成效。（李　燕）

网信工作

【网络主题宣传】2021年，中共太原市委网络安全和信息化委员会办公室（以下简称中共太原市委网信办）开展“在这里读懂初心使命——网络媒体革命老区行”“母亲河畔的中国”网络主题宣传活动及第十六届网络媒体山西行活动，策划推出“海外博主看太原”“锦绣太原正当红”系列网络主题活动。其中，“海外博主看太原”活动在YouTube（油管）、Twitter、VK、哔哩哔哩、抖音、新浪微博、今日头条等海内外平台共计发布短视频24个，点击总量超3200万次，覆盖海内外网友5000万人次。“锦绣太原正当红”三日内线上参与话题的网络大V账号百余个，微博话题阅读量超4.60亿次，讨论量破13.70万次。（马 楠）

【网络宣传创新】 2021年，中共太原市委网信办制作推出《红色太原》、“四个一百”系列微视频展播（《百名时代新人讲述百年党史》《并州党旗红——全市优秀共产党员风采》《并州党旗红——全市优秀党务工作者风采》《并州党旗红——全市先进基层党组织事迹》）等优秀网络作品，开展“奋斗百年路、启航新征程”党史知识线上答题活动，近万人参与答题。其中，《红色太原》在今日头条、“学习强国”等平台进行全网推送，阅读量超200万次，“四个一百”播放量超50万次。（马 楠）

【网络综合治理】 2021年，中共太原市委网信办出台《太原市网络舆情预判制度》《太原市关于加强网络舆情全流程管控的实施方案》，建立健全网络舆情协同联动快速处置机制，推广“疏、办、纠、惩、治”网络舆情应急处置“5字”工作法，规范网络内容处置办理流程。建成太原市互联网应急指挥平台，开展网络直播行业专项整治和规范管理、“清朗”系列等专项治理行动。对属地2万余个网站开展55次有害信息查删清理，申请关闭违规网站1111家、调控管控热点舆情42次、处置不良不实信息752条、取缔违规自媒体账号5款。全年编辑报送《互联网信息专报》7892期，《防控疫情网络信息专报》338期，《互联网舆情专报》302期，开展“历史虚无主义”排查14次，清理相关错误信息17条。（马 楠）

【网络安全保障】 2021年，中共太原市委网信办依托太原市安可替代建设工程（二期），落实《中华人民共和国网络安全法》等法律法规要求，根据同步规划、同步建设、同步使用原则，规划设计《太原市政务云（信创）网络安全保障体系建设方案》，强化政务云（信创）支撑体系安全规划、安全建设、风险评估、态势感知、渗透测试、网络运维、应急指挥等保障工作，全面加强网络安全保障体系和能力建设。（马 楠）

【应急指挥体系建设】 2021年，中共太原市委网信办依据《国家网络安全事件应急预案》和《山西省网络安全事件应急预案》等上位预案，制定地市级网络安全事件应急预案，增强应急预案针对性、实用性和可操作性，强化全市网络安全事件应急和预案管理工作，指导各县（市、区）、市直单位修制本级预案。通过建设应急指挥平台，形成“横向联动、纵向贯通”的网络安全应急指挥体系。加强网络安全事件应急处置能力建设，建立太原市网络安全事件应急响应队伍9支，做到关口前移，防患于未然，实现市域范围快速应急响应全覆盖。（马 楠）

2021年，中共太原市委台湾工作办公室走访调研富士康（太原）园区

（市台办供图）

【网络技术管理】 2021年，中共太原市委网信办组织建党百年、2022北京冬奥会、党的十九届六中全会和省、市第十二次党代会等重要敏感时期网络安全保障工作10余次，开展网络安全远程巡查12轮，发现漏洞229个（较2020年同比增长594%），印发《太原网络安全信息通报》138期（较2020年同比增长151%），接收上级网络安全漏洞通报19个（较2020年同比降低35%）。抽取20个信息系统对7787个检查项进行现场检查评估，排查风险隐患1062个，平均符合率71.82%，较2020年同比提高8.50%。（马 楠）

台港澳事务

【在并台胞台商服务】 2021年，中共太原市委台湾工作办公室协调市卫健委、小店区、万柏林区等相关部门开设台胞台商集中接种新冠疫苗绿色通道，为34名台胞及台资企业宏全食品包装（太原）有限公司180余名员工接种新冠肺炎疫苗。春节期间，深入富士康（太原）工业园区、宏全食品包装（太原）有限公司等台资企业对台籍员工进行走访慰问，通过市台湾同胞投资企业协会向台商送去慰问品。帮助台胞解决在太原市定居生活中遇到的各种困难，为台胞台商台青投资兴业、生产生活解除后顾之忧。协调市交警大队和东山车管所为台胞解决驾驶证申领问题。组织市台协会和民政、公安等有关部门，妥善处理2名台胞因病去世的善后事宜。协调市教育局、迎泽区、小店区等相关部门，帮助台胞解决子女小学入学、居

住证办理等问题。北京大旺集团太原分公司赴娄烦县米峪镇乡晋阳掌村开展“帮扶同行，携手共旺”爱心活动，为村民送上价值63780元的春节“旺旺”礼包。慈济慈善基金会为清徐县受灾乡镇累计捐款50万元，并组织义工入村开展救灾帮扶，参与灾后重建。

（郝乐乐）

【并台交流合作】 2021年，中共太原市委台湾工作办公室开展对台招商引资，在山西省长三角地区项目推介会暨“台商台青走晋来”启动仪式上，向参会台商台青介绍太原市营商环境。邀请顶新集团董事长、江苏宜兴台商协会常务副会长等台商到并参观考察，为台商在钟楼街扩展业务和加强并、台两地农业产业合作牵线搭桥。

发挥台商优势开展以商招商，协调台商引荐金燕哈工与中北高新区就“金燕哈工”智能制造产业园项目对接洽谈，指导山西嘉德海峡两岸青年创新创业中心举办线上项目推介活动，邀请台商赴西山生态旅游文化示范区、清徐亚鑫集团以及太原幼儿师范专科学院实地参观考察。

在台胞台属中开展党史宣讲活动。5月，举办全市台胞台属党史宣讲暨联谊活动。9月，组织全市台胞台属代表、各县（市、区）对台干部近80人在太原植物园举办“迎中秋喜看龙城新变化、盼团圆共话两岸同胞情”台胞台属中秋联谊活动和迎中秋文艺演出活动。

成功申报东湖醋文化园、晋祠博物馆为省级对台交流基地，并于12月举行授牌仪式。12月，举办晋、台两地社区（里）共建交流活动（线上），万柏林区兴华街道滨河社区、千峰北路社区和台湾高雄三个社区的里长、社区工作人员100余人参加。

（郝乐乐）

【并港澳交流合作】 2021年3月，香港贸易发展局华北、东北首席代表陈嘉贤一行与市促投局、市商务局等部门开展交流座谈。同月，香港贸易发展局祖国内地总代表钟永喜一行到并参加第十二届中博会筹委会会议。6月，澳门特别行政区旅游局副局长程卫东一行考察“山西·太原澳门周”的路展场地、广告位设置及下榻酒店，与省、市有关部门就澳门周筹备工作中需要协调对接的问题进行座谈。9月，应邀赴四川成都观摩考察“四川成都澳门周”活动，并与澳门特别行政区旅游局及北京会展公司三方举行“山西太原澳门周”活动对接会谈。

（郝乐乐）

机构编制管理

【事业单位改革】 2021年，中共太原市委机构编制委员会办公室推动县级事业单位改革，完成事业单位改革各项重点任务，涉改机构由1338个精简为694个，精简48.20%。

按照《中国共产党机构编制工作条例》和《“三定”规定制定和实施办法》，拟制印发《制定处级事业单位“三定”规定需要把握的有关事项的通知》和“三定”规定草案模板。加强“三定”规定草案合法合规性审查，数次与涉改部门沟通完善，征求有关部门意见建议，分2个批次提交市委编委会议研究审定，按程序高质量印发全市101个处级事业单位“三定”规定，提升机构编制法定化水平。

选定太原市第十二中学校、太原市人民医院、太原市图书馆等8个有代表性的事业单位作为试点，印发试点工作方案。会同组织、财政、人社等相关部门共同拟制《事业单位政事权限清单参考模板》《事业单位章程示范文本》等供试点单位参照细化。与主管部门及试点事业单位密切配合，研究解决工作过程中发现的问题。试点单位组建专班，主管部门发挥主体责任和监督责任，全程督促指导。组织、财政、人社等相关部门共同审核把关，推动8个试点事业单位全部制订完成并向社会公布单位章程和政事权限清单，促进事业单位依规履职规范管理。

制定印发《全市事业单位重塑性改革评估工作实施方案》，成立评估工作领导小组，组建8个评估小组，制订8个方面33项具体评估指标，对市、县两级涉改事业单位进行评估。（顾洁程）

【党政机构改革】 2021年，中共太原市委机构编制委员会办公室完善安全生产监管机构职责体系，将市应急局安全生产综合协调科更名为市安委办工作科，承担起市安委办日常工作。综合考量应急管理部门危化品安全生产等监管任务实际，将危险化学品安全监督管理科分设为危险化学品安全监督管理一科、二科，核增行政编制和科级领导职

2021年5月31日，太原市乡村振兴局挂牌成立　（市委编办供图）

2021年6月10日，中共太原市委机构编制委员会办公室干部职工赴晋绥八分区（专署）旧址开展主题党日活动　（市委编办供图）

数。在市市场监管局调整设置安全应急科，强化职责范围内有关行业、领域的安全生产监督管理和应急处置工作职责。加强铁路安全监管，在市交通局增设铁路安全综合协调和监督管理科，加挂太原市铁路安全监督管理局牌子，核增行政编制和科级领导职数。在市金融办增设金融稳定科，核增行政编制和科级领导职数，单独设置市森林草原防灭火中心，加强全市安全生产监管能力。

调整设置全市乡村振兴机构，在市农业农村局挂牌设立市乡村振兴局，将阳曲县、娄烦县扶贫工作机构重组为乡村振兴局，并在其他县（市、区）农业农村局挂牌设立乡村振兴局。

健全校外教育培训监管机构设置，在市教育局增设校外教育培训监管科，核增行政编制和科级领导职数，强化全市校外教育培训监管工作力量。

完善机构职能体系，将市委巡察组中由市委组织部管理的行政编制和领导职数统一划归市纪委监委管理。优化工作环节流程，合并市市场监管局四个科室设立药品监督管理科、标准化科。贯彻落实个体经济转型升级政策要求，突出强化扶持省会城市个体经济发展，为市市场监管局设立市场主体发展服务科。参照省财政厅“三定”规定，在市财政局增设地方金融科，明确市财政局集中统一承担代表市政府履行出资人职责。（顾洁程）

【基层治理体制改革】2021年，中共太原市委机构编制委员会办公室深化乡镇（街道）机构改革工作。印发《关于乡级行政区划调整后有关事宜的通知》，明确涉及调整乡镇（街道）的机构设置、编制统筹、领导职数等事项。结合新设立或合并设立的乡镇（街道）实际情况，调整增加领导职数，加强乡镇（街道）领导力。指导涉及乡镇（街道）区划调整的县（市、区）加大编制统筹调剂力度，重点将编制资源向常住人口多、经济规模大、社会管理任务较重的乡镇（街道）倾斜，修订完善“三定”规定，实现全市乡镇（街道）机构统一规范设置。开展乡镇（街道）管理体制改革评估，组织乡镇（街道）就改革工作开展自评，会同市委政法委、市司法局、市审批服务管理局等单位相关人员组成评估组，抽取部分乡镇（街道）进行实地评估，全面了解改革情况。（顾洁程）

【体制机制改革】2021年，中共太原市委机构编制委员会办公室推进行政复议体制改革，将市直各部门行政复议职责整体划转由市政府集中行使，明确将市司法局作为市政府的行政复议机构，依法办理市政府管辖的行政复议事项，从市公安局、市规划和自然资源局、市市场监管局等部门划转编制至市司法局机关，保障行政复议工作所需，确保行政复议机构的人员配备与工作实际相适应。

制定印发全市开发区管理机构清理规范工作方案，推动开发区管理机构清理规范。调整清徐经济开发区、阳曲现代农业产业示范区2个省级开发区管理机构派出体制，规范开发区管理机构设置，明晰开发区管理机构职能定位，理顺开发区管理机构与各方职责关系，推动优化开发区内部管理构架。

深化应急管理综合行政执法改革，制定印发《太原市应急管理综合行政执法改革实施方案》和《关于组建太原市市县两级应急管理综合行政执法队伍的通知》，批复印发县级组建队伍的通知，督促相关部门和县（市、区）展开工作，健全应急管理综合行政执法体系、整合应急管理综合行政执法职责、构建新型应急管理综合执法机制。配齐配强全市安全生产监管执法人员力量，在严控编制总量、事业单位改革后编制精简的前提下，统筹调剂编制，为市级应急执法队伍调剂增加事业编制73名，为县级应急执法队伍调剂增加事业编制127名。将县级执法大队主持日常工作的副大队长核定为正科长级，增强全市应急执法工作力量。（顾洁程）

【机构编制资源管理】2021年，中共太原市委机构编制委员会办公室落实“三定”规定，全年召开编委会4次、编办室务会18次，调整理顺和完善加强各领域机构编制事项90余项。强化机构编制监督管理，执行机构编制动议、论证、审议决定、组织实施有关规定，规范机构编制事项办理流程，执行机构编制审批、统一领导分级管理等制度，开展机构编制核查，完成全市编外人员专项调查。

参与研究制定服务人才引进政策措施，从制度层面为高质量发展提供机构编制保障。健全市、县两级编制周转体系，调剂充实编制建强市级人才引进编

制周转池，创新县级编制周转库建设激励机制，制定印发《县（市、区）编制周转库市级配套编制管理使用办法》，明确各县区核定93名基础编制建立编制周转库，为鼓励各县区引才留才，在市级建立县区人才引进配套编制周转池，按比例配套财政拨款事业编制，保障县级高层次人才引进用编需求，市级全年累计引才用编712名。

按照各县区常住人口、经济发展等指标因素，加大跨区域、跨层级调编力度。统筹编制资源，向人口集中流入较快、城镇人口数量较大的地区调剂，向经济体量大、发展速度快的地区倾斜，向设区较晚、编制相对薄弱的地区充实，全年统筹调剂事业编制1686名。结合全市中小学教职工编制重新核定，统筹调剂1459名教职工编制到小店区、万柏林区等人口集中流入地区，通过加强区域间编制优化配置，实现编制资源的绩效相协、均衡匹配。（顾洁程）

【机构编制法定化】2021年，中共太原市委机构编制委员会办公室宣传贯彻落实《中国共产党机构编制工作条例》及配套法规制度，通过结合机构编制实地核查、改革成效实地评估等工作上门宣传解读，提高各部门党组（党委）运用《条例》做好机构编制工作的能力水平，推进机构编制法定化。加强对机构改革文件、“三定”规定等执行情况的监督检查，查处各类违规违纪行为，针对执行机构编制纪律不到位、不彻底的单位，进行约谈惩戒和严肃追责问责，建立问题整改和审批联动机制，做到不整改到位绝不受理该部门机构编制申请事项。

根据中央编委、省委编委关于开展第二次全国机构编制核查工作安排部署，按照“机构清、编制清、领导职数清、实有人员清”要求，开展机构编制核查。会同组织、财政、人社部门建立机构编制核查工作联席会议制度，推进核查工作。印发《关于做好全市机构编制核查有关事项的通知》，细化工作流程、明确工作责任。召开培训会，对核查工作进行专题培训和现场座谈答疑，建立专人负责机制，完成实名制系统数据更新数万余次，分组对市级142个单位进行实地核查。经核查，全市未发现违反机构编制法规政策问题。（顾洁程）

【事业单位登记管理服务】2021年，中共太原市委机构编制委员会办公室深化放管服改革，发挥网络数据便捷、高效、节约的优点，利用“中央编办网上赋码和事业单位网上登记管理系统”实行网上业务受理模式，实现事业单位法人登记、机关群团赋码等业务网上申请及受理审核，确保线下提交材料一次通过。升级改造服务窗口，推行一站式业务办理模式，缩减业务办理时间。在“太原市人民政府”网站增设“事业单位信息公示”窗口，发布全市事业单位的设立、变更、注销登记情况等信息，主动接受社会监督，方便群众查询。完善事业单位法人简易注销登记制度，制定出台《关于试行市直事业单位法人简易注销登记有关事项的通知》，简化注销流程及纸质材料，优化采取“1+1”服务模式，对接应注销未注销事业单位及其举办单位，共同研究制订针对性简易注销登记工作方案，确保注销登记顺利进行。全年累计办理设立登记10项，变更登记246项，注销登记185项，证书补领4项，证书废止后重新申领2项，机关群团统一社会信用代码初领、变更56项。（顾洁程）

【中文域名管理】2021年，中共太原市委机构编制委员会办公室推动党政机关和事业单位中文域名注册管理、网站开办审核、资格复核和网站标志管理。结合各项改革，梳理全市党政机关和事业单位域名注册及网站建设情况，组织各单位填报《“政务”和“公益”域名确认表》，建立网上名称管理工作台账，掌握全市党政机关和事业单位域名注册、续费、变更及网站挂标等情况，推进网上名称动态化、规范化管理。把好党政机关和事业单位新开办网站审核关口，重点核实开办单位名称、单位职能、网站简介等信息填写是否真实、完整、准确，核查自建网站单位的域名是否规范。实时跟踪党政机关和事业单位网站运行和挂标状况，督促网站标志不规范、已发放网站标志代码但仍未挂标的部门单位及时整改，开展中文域名清理规范工作，全年注销217家涉改单位中文域名，保障党政机关和事业单位网上身份的权威性和准确性。（顾洁程）

市直机关党建

【概况】2021年，中共太原市直属机关工作委员会坚持以习近平新时代中国特色社会主义思想为指导，深入学习贯彻中共十九大和十九届二中、三中、四中、五中、六中全会精神，认真贯彻习近平总书记考察调研山西重要指示，按照省、市第十二次党代会部署，围绕中心，建设队伍，服务群众，推动市直机关党建高质量发展，为实现“四个走在前列”提供坚强保证。（任宝成）

【政治建设】2021年，中共太原市直属机关工作委员会贯彻《中共中央关于加强党的政治建设的意见》，加强政治机关意识教育，提高政治判断力、政治领悟力、政治执行力，始终从讲政治的高度谋划和推进机关党建工作，把政治标准、政治要求贯穿机关工作全过程和事业发展各方面。把学习贯彻习近平新时代中国特色社会主义思想和习近平总书记考察调研山西重要指示作为重要政治任务，在学懂弄通做实上下功夫。开展党史学习教育，督促指导市直单位成立党史学习教育领导小组，制订工作方案，细化日程内容，确保学习教育组织到位、任务明确、措施有力、责任压实、效果明显。为党员干部发放党史学习教育有关资料3万余册，组织主题

2021 年 6 月 22 日，太原市举行市直机关“光荣在党 50 年”纪念章颁发仪式

（市直机关工委供图）

宣讲 162 场。举办党史知识答题活动，市直机关 2 万余名党员参加。全年转发市委党史学习教育领导小组文件 60 余份，汇总上报学习情况 30 余次，指导督促市直单位上报简报信息 2600 余篇。在市直机关系统开展“学思践悟”宣讲比赛，29 个市直单位的 41 名选手参加比赛。把党史学习教育与机关党建日常督导和年终机关党建述职评议实地督查相结合，多次深入 89 个市直工委直属党组织开展严督实导，确保党史学习教育顺利开展和机关党建重点任务全部完成。在抗洪救灾任务中，19826 名市直机关党员响应号召捐款 186 万元。在“我为群众办实事”实践活动中，推出一批为民惠民便民政策措施，办实事 1200 余件。严肃党内政治生活，执行《关于新形势下党内政治生活的若干准则》，落实“三会一课”、组织生活会、民主评议党员、党员领导干部参加双重组织生活等制度。指导督促市直单位党组（党委）书记讲好专题党课，讲授 120 余场。通过重温入党誓词、入党志愿书以及党员过“政治生日”等方式，丰富和拓展“主题党日”的形式和内容。（任宝成）

【思想建设】 2021 年，中共太原市直属机关工作委员会把学习贯彻习近平新时代中国特色社会主义思想、习近平总书记考察调研山西重要指示和“7·9”重要讲话精神作为重要政治任务，在抓深化、抓消化、抓转化上下功夫。坚持“第一议题”制度，印发《关于 2021 年市直机关中心组暨干部理论学习的安排意见》，规范和完善中心组学习，全市中心组学习 1450 次。贯彻《中国共产党宣传工作条例》和《市委贯彻落实党委（党组）意识形态工作责任制实施细则》，年初对意识形态和网络意识形态工作进行安排部署，督促市直单位党组（党委）严格履行主体责任，坚决防范政治风险。定期召开分析研判会，把握意识形态工作主动权。（任宝成）

【组织建设】 2021 年，中共太原市直属机关工作委员会学习习近平总书记“7·9”重要讲话精神，着力建设讲政治、守纪律、负责任、有效率的模范机关。研究出台《关于破解“两张皮”难题推动机关党建和业务工作融合发展的若干措施》和《关于以建设“四强”党支部为目标引深党支部标准化规范化建设的实施意见》，从目标任务、制度举措上提供政策性保障，市直机关全部实现模范机关和“四强”党支部创建目标。召开市直机关系统庆祝“七一”“两优一先”表彰大会，对 100 名优秀共产党员、100 名优秀党务工作者、69 个先进基层党组织进行表彰。在太原解放纪念馆组织市直机关 312 名新党员代表举行全市新党员代表入党宣誓活动。为 1877 名老党员颁发“光荣在党 50 年”纪念章并召开部分代表座谈会。在太原国民师范旧址举办“不忘初心、牢记使命——党旗、党徽、党章专题展”。加强市直机关“两委”班子建设，调整机关党组织负责人 27 名。组织 100 名党务干部举办为期 1 周的专题培训班，突出政治性、实操性、示范性，邀请省直工委领导开展专题辅导，各直属党组织对标对表按规定抓好所属基层党组织书

2021 年 6 月 29 日，太原市召开市直机关“两优一先”表彰大会

（市直机关工委供图）

记的培训，提升党务干部政治素质和履职能力。完成市直机关出席省、市党代表大会代表的推选工作，选举产生市党代表123名，遴选上报省党代表候选人初步人选54名。落实《中国共产党党员教育管理工作条例》，增强党员教育管理的针对性实效性。把政治标准作为发展党员的首要标准，举办1期入党积极分子培训班，年内发展党员382名。强化信息管理，做好日常维护，全年接转党员9322名，完成年度党内年报统计工作，抓好“三晋先锋”“太原党建”推广应用。执行《关于进一步加强和改进党费收缴、使用和管理工作的通知》，指导督促直属机关党组织和所属基层党委开设党费专户，把党费管理好、使用好。走访慰问生活困难党员、老党员、因公牺牲家属、因战伤残党员1521人次，发放慰问金约140万元。下拨654.32万元支持基层党组织开展活动。组织开展“十佳党建品牌”和“十佳优秀案例”评选活动，选树和打造36个品牌和案例。指导市直机关党组织广泛开展争创“党员先锋岗”、党员承诺践诺、党员示范窗口、党员责任区等活动，发挥党员的先锋模范作用。（任宝成）

【作风建设】 2021年，中共太原市直属机关工作委员会坚持把纪律和规矩挺在前面，从严监督执纪问责，推进全面从严治党向纵深发展，营造风清气正的机关政治生态。全年审理违反中央八项规定精神案件17件20人。强化对权力运行的制约和监督，严肃查处违纪违法案件，保持惩治腐败高压态势，一体推进不敢腐、不能腐、不想腐。对顶风违纪行为从严惩治，全年审理违纪违法案件54件65人。（任宝成）

【精神文明建设】 2021年，中共太原市直属机关工作委员会参与创建“全国文明城市”活动，组织市直机关2000余名志愿者开展“文明交通”志愿服务活动，制作宣传展板200余块，发放宣传资料9000余份，发挥机关党建助推精神文明建设的牵引作用。（任宝成）

【统战群团建设】 2021年，中共太原市直属机关工作委员会贯彻《中国共产党统一战线工作条例》，加大统战工作力度，健全完善市直各单位领导班子成员与党外人士结对子、谈心交友制度，做到基层党组织统战委员全覆盖。加强基层工会建设，市直机关所属单位213个全部建立基层工会。发挥工会“维护”职能，组织开展“送温暖、献爱心”，大病困难职工帮救，推荐省、市劳模和“晋阳工匠”等活动。（任宝成）

机关事务管理

【公务接待】 2021年，太原市直属机关事务管理局做好党政机关、招商引资及专家学者到并考察团接待工作，完成各类接待任务246批次11205人次。完成中共太原市委十一届十次全体会议、第十二届中国中部投资贸易博览会以及中国共产党太原市第十二次代表大会后勤保障工作。制定出台《太原市内宾公务接待管理暂行办法》，坚持公务接待经费“逐月汇审”制度，确保接待工作守住底线、不越红线。在接待过程中突出城市宣传辅政作用，把太原历史、人文、资源优势介绍出去，把经济社会建设的成就展示出去，把发展机遇和投资环境推介出去，擦亮太原对外展示“第一名片”。（孟　飞）

【办公用房管理】 2021年，太原市直属机关事务管理局全面提升办公用房科学规范管理水平，落实落细《太原市党政机关事业单位办公用房管理实施办法》，推进全市党政机关事业单位不动产权属统一登记工作，完成56个党政机关351个事业单位472万平方米房产、3866.67公顷地产数据摸底和证件移交、权属过户登记工作，收回494幢房产证书、405宗土地证书。加大对全市办公用房存量资源的统筹调剂力度，与市纪监委党风室建立联动协作机制，共享共用办公用房信息化管理平台，借力规范办公用房申请、调配、维修、处置全过程，收回市中级人民法院、市工信局、市农业农村局、市房产局6000平方米闲置用房，解决市委政法委、市司法局以及市级重大活动机动用房需求，减轻市财政在租赁办公方面支出负担。（孟　飞）

【公务用车管理】 2021年，太原市直属机关事务管理局探索公务用车全生命周期管理，按照从紧从严、即时办理原则，依法依规做好公务用车配备更新审批工作。全年累计派出车辆900余台次，为8500余人次提供车辆保障。根据车况和年度工作计划，更新车辆配置，按照精简节约要求，更新公务用车7辆，报废老旧公务用车7辆。深化公务用车使用监督管理，健全每月例行检查、节假日随机抽查监督工作机制，杜绝私车公养、公车私用、违规派车等违纪问题。（孟　飞）

【公共机构节能】 2021年，太原市直属机关事务管理局推进节约型机关建设，加快构建节能工作监管体系，编制《公共机构资源能源消耗统计规程》《公共机构节能专项考核评价规程》《公共机构节能培训工作规程》等工作规范，建立市、县两级用能单位节能专管员档案管理体系，提高市、县两级协同工作的标准和效能，实现点到点、端到端的监管机制。根据《太原市节约型机关创建行动方案》，开展全市节约型机关创建工作，对照创建标准对全市308家申报单位进行验收、评比，其中市直机关单位验收合格34家，创建成功占比45.90%，各县（市、区）机关单位验收合格213家，创建成功占比41.10%，超额完成全年度创建任务。推进垃圾分类工作，为部分党政机关配备垃圾桶286组，形成党政机关带头开展垃圾分类的良好氛围。（孟　飞）

老干部工作

【思想政治建设】 2021年，中共太原市委老干部局完善和落实好离退休干部学习、阅读文件、听报告和向离退休干部通报情况、就近就地参观考察等制度，引导离退休干部系统学习习近平新时代中国特色社会主义思想。制定出台《太原市干部荣誉退休制度》，通过专题谈话、举办荣退仪式、建立服务机制、制作退休纪念册、开展学习培训、做好持续关爱和坚持情况通报等形式，加强和规范干部退休工作。用好“学习强国”“好干部在线”“太原市离退休干部大数据平台”等载体，组织离退休干部党员在线学习。组织近5000名离退休干部收看“山西老干部大讲堂网上讲座”。邀请省委、市委党校专家专题授课，讲解习近平新时代中国特色社会主义思想、中国共产党光荣历史和省、市老干部党建工作相关文件精神等内容，提高全市离退休干部党组织班子整体政治素养和业务能力。举办全市离退休干部党组织书记示范培训班，组织全市各县（市、区）委离退休干部工委书记、部分离退休干部党组织书记（委员）、老干部局工作人员80人参加。邀请市委党校教授围绕“四史”学习进行专题辅导，赴阳曲县店子底支前模范村进行现场教学和座谈互动、经验交流等。选派15名优秀离退休干部党务工作者参加省委老干部局在太行干部学院组织的全省离退休干部党组织书记示范培训班。坚持执行通报情况制度，落实老干部政治待遇，全市召开离退休干部情况通报会45次，市、县两级组织老干部参观经济社会发展成果124次，6200名老同志参加。围绕学习宣传贯彻习近平总书记“七一”重要讲话精神、山西省第十二次党代会精神等向各县（市、区）委离退休干部工委和市直各单位离退休干部工作部门下发《工作提醒》3期。

（王旭东）

【组织建设】 2021年，中共太原市委老干部局实现市、县两级离退休干部党工委和党支部全覆盖，结合各自实际情况，优化组织设置，增加组织覆盖。全年新增市纪委监委、市商务局、市市场监管局3个离退休干部党总支，新增党支部23个，截至年底，全市有离退休干部党工委11个，党总支15个，党支部344个。按照“利于活动、便于管理、应建尽建”的原则，指导各老干部社团、老年大学或老干部活动中心推进离退休干部临时性、功能型党组织创建工作。太原市老年大学、杏林老干部活动室等成立临时党组织116个，各县（市、区）成立14个，确保全市24496名离退休干部党员实现组织和教育管理覆盖。做好党建经费保障，按照每个支部每年5000元的标准，为241个离退休干部党工委、党支部（党总支）发放工作经费120.50万元。

（王旭东）

【主题活动】 2021年，中共太原市委老干部局举办离退休干部第九届文体艺术节、“百年风华初心路、翰墨丹青颂党恩”书画摄影展、100周年诗词朗诵比赛、春季运动会等一系列让大家喜闻乐见的活动，3万人次参与。通过200余场文化演出、38场体育竞技活动、91次参观调研、370次专题宣讲、46次书画摄影展览等系列活动让老同志走出来、动起来。组织市离退休干部“百年奋斗路、银龄心向党”党史学习教育线上知识竞赛活动。举办“接力百年新征程、风采展示正当时”首届校园文化周。开展“百年辉煌颂党恩、老少同乐献真情”线上文艺演出、“巾帼心向党、奋进新时代”主题党日活动、“建党百年不忘初心、砥砺奋进再创辉煌”诗歌朗诵会、“传承红色基因、吟诵百年党史”经典诵读以及纪念建党百年“知史爱党、知史爱国”党史知识竞赛和“百年华诞颂党恩、军民情深话双拥”消夏晚会、“走进西蒲、健行初心”“弘扬引黄精神、助力高质量发展”等系列活动。

（王旭东）

【信息化建设】 2021年，中共太原市委老干部局利用门户网站、“太原老干部”微信公众号和抖音号对全市老干部喜迎建党百年的精彩活动及助力转型发展正能量进行宣传报道，激励老干部“莫道桑榆晚，为霞尚满天”的精神追求。为扩大微信和抖音公众号在全市的影响力，通过发放纪念品、开展志愿服务等多种方式吸纳老同志的关注，老干部微信公众号、抖音号关注人数大幅提升，视频点赞人数近万人次，部分特色视频点击量达4万余人次。文体艺术节采取抖音直播，开幕式当天约2.20万人通过抖音直播观看演出，节目视频浏览量近8万人次，约5万人在线观看。借用平台线上推送党中央及省委、市委会议精神，创新老同志学习娱乐方式。结合省、市、县三级离退休干部管理服务平台数据对接任务，完成全市700余个组织机构、1800余家单位、5.30万名离退休人员的信息采集、录入等工作。

（王旭东）

【精准化服务】 2021年，中共太原市委老干部局制定《太原市离休干部“一人一策”精准服务实施方案（试行）》，建立“服务离休干部一人一策”清单，编印发放《离休干部“一人一策”服务手册》，就“一人一策”精准服务离休干部工作的工作目标、工作原则、工作内容、实施步骤、工作要求等方面明确要求，以离退休干部服务管理信息化平台为支撑，通过线下《离休干部“一人一策”服务手册》和线上《离休干部“一人一策”服务清单》两本台账同步运行，精准了解离休干部身体状况、生活状况和服务需求，提供亲情化个性化多样化服务。顺应新时代老干部群体结构变化，加强对退休干部的关心关爱，制定《太原市干部荣誉退休制度》和编印发放《退休干部生活手册》。为34名抗日战争时期副厅级待遇离休干部提高为享受副省（部）长级医疗待遇，为160名抗日战争时期离休干部提高为享受按副省（部）长级标准报销医疗费待

遇。在重阳节、“七一”、春节等开展慰问活动，全市走访慰问老干部5.40万人次，发放慰问金、慰问品合计1800余万元。全年开展帮扶救助工作，救助困难离退休干部1002人，发放救助金254.48万元。（王旭东）

【规范化管理】 2021年，中共太原市委老干部局落实省委《关于加强新时代离退休干部党的建设工作的实施意见》和《离退休干部党组织规范化建设标准（试行）》，对照《山西省离退休干部党支部（总支）考评细则（试行）》，推进党组织规范化建设。赴市人大、市中级人民法院、市委党校等市直单位和娄烦县、清徐县等县（市、区）调研离退休干部党建工作。推进离退休干部党组织示范创建工作，修订完善离退休干部党员分类管理、党组织规范化建设标准等制度规则。将党工委组织机构、工作职责和管理制度上墙，以党建制度化、规范化，推动离退休干部党建工作健康发展。优化事业单位改革成效，加大学习活动场所扩容增量，提档升级力度，强化各级老年大学（老干部党校）、老干部活动中心主阵地作用。（王旭东）

精神文明建设

【概况】 2021年，太原市文明办坚持以习近平新时代中国特色社会主义思想为指导，全面贯彻中共十九大和十九届历次全会精神，深入贯彻习近平总书记考察调研山西重要指示和习近平总书记关于精神文明建设的重要论述，贯彻落实省第十二次党代会精神和“四个走在前列”重要指示，贯彻落实太原市第十二次党代会精神，围绕庆祝中国共产党成立100周年这条主线，深化拓展新时代文明实践工作，开展群众性精神文明创建活动，着力培育文明风尚。（张颐纯）

【新时代文明实践】 2021年，太原市文明办建成新时代文明实践中心（所、站、点）1955个，挂牌率和“四有”标准达标率均接近100%。十县（市、区）均成立新时代文明实践中心，加挂志愿服务促进中心牌子，为全额事业单位，人员配置最多达16名。投入经费由上年1589万元增长至1782万元。“志愿城市·太原”专项基金全年支持文明实践志愿服务项目37个，支持金额达333.70万余元。组建新时代文明实践总队10支，“8+N”志愿服务队伍2154支，注册新时代文明实践志愿者11.60万名，开展新时代文明实践志愿服务活动5万余场。全省首家建成市、县（区）、街道（乡镇）、村（社区）、实践点五级新时代文明实践平台，采取“四单制”模式开展文明实践活动，菜单式向群众提供精准志愿服务。推动新时代文明实践中心（所）与省委宣传部25个支部及120余个省、市直单位结对开展党史学习教育活动及“五个上门”活动。组建太原市“文明实践”宣讲团，深入新时代文明实践中心（所、站）开展理论政策、模范典型事迹宣讲活动。举办首届“奋进新时代、志愿新征程”新时代文明实践志愿服务项目大赛，打造品牌志愿服务项目。依托103路公交车和地铁2号线“流动的新时代文明实践号”，推出“公交车微服务”志愿服务项目、“科普、普法、卫生知识宣传进地铁”志愿服务活动。（张颐纯）

【“全国文明城市”创建】 2021年，太原市文明办强化顶层设计，按照市委“全面开启新一届创建工作新征程”的总体要求，召开“为民创城不停步”工作推进会，制定《太原市创建第七届全国文明城市（2021—2023年）工作规划》《太原市创建全国文明城市2021年工作方案》《2021年度太原市创建全国文明城市工作考核评价办法》，对新一届“全国文明城市”创建工作做出安排部署。强化责任落实，启动常态化检查、通报、督办工作运行机制，通过责任落实、机制运行、考核奖惩、投入保障四个方面，构筑创建保障体系。对全市“创城”资料阶段性集中进行5轮审核，累计2万余份，把资料申报工作做精、做细、做足。强化重点工程，开展城市更新修补、管理水平提升、城市品质涵养、创建氛围营造等四项重点工程，展示“社会主义核心价值观”“讲文明树新风”等6类公益广告50万份，改造老旧小区652个，挂牌落实“门前三包”临街单位6.20万家，新增停车位54248个，捆扎规整线缆5200千米，骑乘人员安全头盔佩戴率由不足30%大幅提高至77%。对全市32类2377个“创城”实地点位进行两轮全面数据采集。针对中央文明办反馈、“创城再出发”视频曝光、实地检查以及市民反映问题，累计向各责任单位印发问题限

2021年4月27日，太原市举行“为民创城不停步”工作推进会

（市文明办供图）

2021年9月15日，太原市优秀文化艺术进校园"双百工程"走进育杰小学

（市文明办供图）

期整改督办单308份。（张颐纯）

【"文明单位"创建】 2021年，太原市文明办以市文明委名义印发《太原市精神文明建设指导委员会关于认定2020年度市级文明单位、文明校园的决定》，认定年度市级文明（标兵）单位835个。对文明单位中涉及机构改革的事业单位的数量、类型、人数等基本情况进行摸底调查、梳理汇总。对全市各级党政机关、参公单位2017至2021年度文明奖发放情况进行摸底汇总，形成自查报告。举办9期太原市"文明单位"创建业务能力提升培训班，对全市各级"文明单位"870余人进行业务培训。

（张颐纯）

【"文明村镇"创建】 2021年，太原市文明办修订《太原市文明村镇管理规定》，将社会主义核心价值观、村规民约等的公益广告设置纳入文明村镇考核细则，完善管理措施，规范创建流程，确保创建质量。开展"星级文明户"评选活动，提高"星级文明户"占比，厚植良好家风、淳朴民风、文明乡风。

（张颐纯）

【"文明家庭"创建】 2021年，太原市文明办修订完善《太原市文明家庭评选、激励与管理办法》，推动"文明家庭"创建工作不断规范化、制度化。以"传承好家训、培育好家风、建设好家庭"为主线，推出"家事家风"系列节目。举办"小家传大爱、共筑家国梦"太原好家风晚会。在公共场所设置公益广告、善行义举榜，展示文明家庭先进事迹，激励更多家庭参与构建和谐社会活动。

（张颐纯）

【"文明校园"创建】 2021年，太原市文明办配合省文明办完成"全国文明校园"检查验收工作，12所学校新进入"创建全国文明校园先进学校"行列。开设《文明校园风采录》和《新时代好少年》专栏节目进行集中宣传，引导广大未成年人努力成长为担当民族复兴大任的时代新人。（张颐纯）

【文明志愿服务】 2021年，太原市文明办建立健全志愿服务工作协调机制，成立太原市志愿服务协调领导小组，完成太原市志愿者服务协会换届选举。举办"太原市品牌强市系列论坛——品牌企业公益论坛"，为政府、企业、公益组织搭建共商打造公益形象与承担社会责任的高层对话平台。"志愿城市·太原"专项基金全年募集项目金额90万元，支持17个志愿服务项目。推选宣传学雷锋志愿服务先进典型，评出5类60个志愿服务先进典型。（张颐纯）

【未成年人思想道德建设】 2021年，太原市文明办广泛开展"新时代好少年"评选活动，评选出"新时代太原好少年"64名，"新时代山西好少年"4名。围绕向建党百年献礼，开展"庆祝中国共产党成立100周年——童心向党迎七一"主题征文活动，评选优秀作品100篇。国庆节期间开展"向国旗敬礼网上签名寄语"活动，浏览量33万余次。开展拒绝豪华生日宴主题活动800余场，收到反馈2万余条。（张颐纯）

【公民道德建设】 2021年，太原市文明办强化典型引领、教育引导、实践养成，传递道德力量。开展典型评选，全市评选出"太原好人"36人，最终4人登上"中国好人榜"、5人获"山西好人"称号。开展"太原好人"网络点赞评议活动，累计20余万人参与。组织"道德模范""身边好人"进基层开展宣讲20场，产生强烈反响。开展第十九个"公民道德宣传日"主题实践活动，设立活动阵地270多处，发放各类宣传资料7万余份，举办主题活动90余项。向328位先进典型发放体检卡和地铁储值卡，联系对接中央电视台财经频道《秘密大改造》栏目为两名"道德模范"进行旧屋改造，开通绿色就医通道为先进典型提供就医便捷服务，推动形成善善相生的良性循环。（张颐纯）

【弘扬良好社会风尚】 2021年，太原市文明办推动制止餐饮浪费落到实处，开发"俭约·文明"小程序，近10万职工注册成为文明巡访志愿者。利用抖音App开展"节约粮食·光盘你我"视频话题挑战赛，视频播放量约13亿次。深化"我们的节日"主题活动，开展"晋云思"文明祭扫、端午节经典诵读等大型活动10项，受众8万人。（张颐纯）

【网络文明建设】 2021年，太原市文明办倡导文明办网、文明上网，以重大节日和事件为宣传节点，利用网站头版《文明创建》《龙城聚焦》《志愿服务》等栏目，做好精神文明建设的宣传工作。太原文明网全年编辑、整理、发稿信息3000余条，"文明太原"官方微信全年推文1500余篇，"文明太原"官方抖音播放总量达340余万次。（张颐纯）

党校工作

【教学培训】 2021年，中共太原市委党校主体班次13个，培训学员1162人。其中第11期学习贯彻习近平新时代中国特色社会主义思想读书班，培训学员46人，时间1个月。第48期中青年干部党史学习教育专题培训班，培训学员49人，时间2个月。第11期青年干部党史学习教育专题培训班，培训学员48人，时间3个月。第3期正科级公务员任职暨党史学习教育专题培训班，培训学员50人，时间15天。第3期副科级公务员任职暨党史学习教育专题培训班，培训学员49人，时间15天。第12期学习贯彻习近平新时代中国特色社会主义思想暨党史学习教育专题读书班，培训学员53人，时间1个月。第49期中青年干部党史学习教育专题培训班，培训学员53人，时间2个月。第12期青年干部党史学习教育专题培训班，培训学员51人，时间3个月。第4期正科级公务员任职暨党史学习教育专题培训班，培训学员48人，时间15天。第4期副科级公务员任职暨党史学习教育专题培训班，培训学员47人，时间15天。第13期学习贯彻习近平新时代中国特色社会主义思想暨党史学习教育专题读书班，培训学员49人，时间1个月。2021年度选调生初任培训班，培训学员38人，时间5天。2020年新录用公务员初任培训班，培训学员（四期）581人，每期6天。全年短期培训班31个，培训学员3041人。（霍永刚）

【教学科研】 2021年，中共太原市委党校发表论文41篇，其中，国家级论文4篇，省级论文17篇，市级论文20篇。承担22项市级及以上科研课题，其中5项省级课题全部结项。市级课题中的2项校外课题全部结项。本校科研创新工程课题15项，其中，重点课题3项，一般课题12项全部完成。搭建科研平台，实现市、县两级党校科研工作统筹发展，党校系统合作课题立项16项。年底完成合作课题结项评审工作，评出优秀课题5项，合格课题11项，优秀组织单位5家。《中共太原市委党校学报》出版6期，刊发96万字。共刊登出自国家级课题成果文章6篇，省级课题文章19篇，市级课题文章6篇。编辑印发《2021年太原市情手册》，内容包括市党代会报告、市政府工作报告、太原市国民经济和社会发展统计报告、10个县（市、区）的基本情况等。《领导参阅》围绕乡村振兴、全面小康、循环经济等主题，编辑刊发10期，为市领导和有关部门提供决策参考资料。图书馆以数字资源为主，提供科研信息。（霍永刚）

【党性教育】 2021年，中共太原市委党校落实党的理论教育和党性教育不低于70%要求，坚持把学习宣传贯彻习近平新时代中国特色社会主义思想作为首要任务，举办学习贯彻习近平新时代中国特色社会主义思想暨党史学习教育专题读书班，坚持理论讲授、原著导读和集中自学相结合，分专题、分领域对党的创新理论进行系统学习，引导学员读原著、学原文、悟原理，提升培训实效。落实党史学习教育要求，按照党性教育不低于20%的要求，开设“学习贯彻习近平总书记‘七一’重要讲话精神”“中国共产党百年辉煌与历史启示”“党史教育现场教学：决战太原”“学习领会党的十九届六中全会精神”等专题。加强党章党规党纪、革命传统、道德品行、法治思维、警示教育、反腐倡廉等教育，深入牛驼寨、高君宇故居等党性教育基地开展现场教学，增强党性教育感染力。（霍永刚）

【教学方法创新】 2021年，中共太原市委党校综合运用讲授式、讨论式、案例教学、现场教学等教学方式，开展团队教学、行动学习、小组专题讨论和研讨互动、时代新人说访谈等，打造太原党性教育精品系列课程，丰富教学形式，调动学员学习积极性，实现教学相长、学学相长，保证干部教育培训质量。（霍永刚）

【师资队伍建设】 2021年，中共太原市委党校引进11名高层次人才，其中博士研究生1名、硕士研究生10名，申请公开招聘4名硕士研究生，专职教师数达65人，整体素质大幅提升。狠抓教师能力提升，坚持周二教师继续教育，开办青年教师能力提升培训班，组织35岁以下教师围绕百年党史开展备课，每周四集中学习时进行成果汇报讲课。举办全市党校系统“名师培养工程”骨干教师专业化能力提升培训班，促进教师教科咨能力提升。安排青年教师进支部讲党课，组织教师下基层进行党史宣讲，通过多种方式为教师提升素质提供锻炼平台。（霍永刚）

【现场教学点建设】 2021年，中共太原市委党校以现场教学点建设为契机，以教科咨协同发展为目标，以市、县党校骨干教师和相关部门干部组建教研团队。明确“八个一”工作任务，即建成一批现场教学点、研发一系列教学课程、完成一系列科研课题、完成一批典型经验调研报告、形成一批高质量决策咨询报告、编撰一篇县（市、区）情稿件、完成一部相关领域的专著、锻炼一支专业化师资队伍。截至年底，各现场教学点课程完成中期评审。（霍永刚）

【理论研究宣传】 2021年，中共太原市委党校加强理论研究，注重基本功训练，科研能力提升。组织教研人员申请承担各级科研项目，参加各类征文、研讨活动。党校学报发挥科研阵地作用，围绕庆祝建党一百周年专设《纪念建党100周年》专栏，刊登21篇文章，其中在第4期刊登《中国共产党人民思想的百年历史演进与创新发展研究》《中国共产党从严治党的百年探索及重要启示》《中国共产党意识形态建设的百年历史与经验》《中国共产党指导思想百年演进的规律探析》等组稿文章。围绕“四史”教育，组织撰写系列专题文章，从第3期开始连载《72年的风雨兼程——学习新中国史》《真理旗帜引领下的社会主义道路——学习社会主义史》《43年的光辉历程——学习改革开放史》《中国共产党百年光辉历程——学习中国共产党历史》等文章，在全市社科界引起关注和好评。（霍永刚）

【决策咨询】 2021年，中共太原市委党校围绕市委中心工作组织决策咨询报告撰写。强化省情、市情研究，发挥《领导参阅》和《决策咨询报告》作用。加强与知名智库《人民论坛》杂志社合作，拓宽成果宣传推广平台。参与《人民论坛》“国家治理（基层党建）创新案例”征集活动，提交案例。撰写呈报决策咨询报告，获得市级领导批示，发挥决策参谋作用。（霍永刚）

【新校区奠基】 2021年6月30日，中共太原市委党校新校址奠基仪式举行。新校区位于晋源区晋祠镇牛家口村、小牛线北侧、战备路东侧。规划总用地20.95公顷，其中党校用地规模为17.23公顷，防护绿地为0.78公顷，文物古迹用地为0.33公顷，公园绿地为0.14公顷。规划建筑面积12.10万平方米，总投资约10.30亿元，布局建设教学培训区、业务技术区、生活服务区、实践拓展区四大区域，共12幢楼。（霍永刚）

【太原市市管主要领导干部深入学习贯彻党的十九届五中全会精神交流研讨班】 2021年5月26日，太原市市管主要领导干部深入学习贯彻党的十九届五中全会精神交流研讨班举办，会议结合正在开展的党史学习教育，对五中全会精神进行再学习、再领会，对贯彻落实工作进行再安排、再部署，激励和引导全市广大党员干部从百年党史中汲取奋进力量，深刻理解把握全会精神，立足新发展阶段，贯彻新发展理念，紧抓构建新发展格局机遇，全力推动太原高质量高速度发展，以优异成绩庆祝建党100周年。省委常委、市委书记罗清宇作专题辅导。市委常委，市人大常委会、市政府、市政协领导班子成员出席会议。市委常委、组织部部长赵忠保主持会议。（霍永刚）

史志编研

【概况】 2021年，中共太原市委党史研究室（市地方志研究室）以习近平新时代中国特色社会主义思想为指导，深入贯彻中共十九届五中、六中全会精神，领悟习近平总书记关于党史方志的重要论述、在党史学习教育动员大会上的重要讲话和“七一”重要讲话精神，落实省、市第十二次党代会精神，把握“党史姓党”“方志为党”的政治方向，开展党史学习教育，强化政治觉悟、提高政治能力，以史为鉴提高政治判断力，知史忠党提高政治领悟力，学史力行提高政治执行力，保持政治立场不移、政治方向不偏，把“两个确立”真正转化为做到“两个维护”的思想自觉、政治自觉和行动自觉。（胡明强）

【党史展陈】 2021年，中共太原市委党史研究室（市地方志研究室）以庆祝中国共产党成立100周年为契机，建立中国共产党太原历史展览馆，将片段式、零散式党史资源进行整合，第一次全方位、全过程、全景式展现中国共产党领导太原人民进行革命、建设、改革、复兴的百年奋斗历程、辉煌成就和宝贵经验，填补地方党史馆空白。总布展面积1862平方米，展览分五个部分，总展线长度373米，展览馆成为开展党史党性教育、弘扬党的优良传统的主阵地。围绕全市党性教育整体规划，以市直属红色资源为重点，打造山西英烈展、358旅指挥部旧址、黄樵松起义接洽地旧址。做好晋绥八分区旧址、高君宇故居纪念馆、阳曲县烈士陵园、清太徐革命旧址等党性教育现场教学点提档升级，推动太原工程队旧址修缮保护工作。（胡明强）

【红色文化传播】 2021年，中共太原市委党史研究室（市地方志研究室）编辑出版《太原红色文化丛书》第一辑、《太原1949》，启动《太原红色文化丛书》第二辑资料征集和编撰工作。3月1日，在《太原日报》推出《中共太原历史上的今天》专栏，栏目内容在太原文明网、“学习强国”太原平台同步更新。举办以“党在我心·锦绣太原”为主题的庆祝建党100周年征文活动，收到投稿600余篇，《太原日报》刊登54篇。推进太原红色故事系列微视频的录

2021年12月，中共太原市委党史研究室（市地方志研究室）赴娄烦县米峪镇缅怀革命先烈（市委党史研究室供图）

2021年10月，中共太原市委党史研究室（市地方志研究室）退休职工参观中共太原历史展览馆　（市委党史研究室供图）

制工作，与市委网信办联合拍摄出品10集系列网络微视频《红色太原》并上线展播。（胡明强）

【史志编纂】 2021年，中共太原市委党史研究室（市地方志研究室）编辑完成《执政太原日记·2020》。6月编纂出版《太原市志（1978—2012）精编版》，全书140万字，插图500余幅。编辑出版《太原年鉴（2021）》，全书120余万字，插图300余幅。启动《（乾隆）太原府志》影印出版工作，全书4函24册，3400页，约100万字。指导市财政局完成《太原市财政局组织史资料》的编纂工作，指导市总工会开展《太原工会志》编纂工作。（胡明强）

【红色资源挖掘】 2021年，中共太原市委党史研究室（市地方志研究室）贯彻落实习近平总书记考察调研山西重要指示精神，与市文物局、市退役军人事务局联合印发《太原市红色文化遗址调查认定实施方案》，部署开展红色文化遗址认定工作，规范红色遗址管理，推进红色文化遗址保护利用，上报并经省政府和省文物局核定公布红色文化遗址13处、革命文物名录27处。与市委组织部、市委党校联合印发《关于持续打造党性教育现场教学点和精品课程的通知》，在把党史课程纳入市委党校主体班次，利用太原红色资源、打造20余处党性教育现场教学点，深度挖掘红色资源历史故事和现实意义，推出43个精品课程，开展送教下基层活动，组织开展专题讲授和现场教学近300场。配合市委宣传部对太原市革命文物旧址展陈评价情况报告进行审核，按要求完成太原市12处红色纪念设施普查汇总填报工作。参与制定《太原市红色文化遗址调查认定实施方案》，梳理太原市红色文化遗址调查认定建议名录150余项。（胡明强）

【史志成果转化】 2021年，中共太原市委党史研究室（市地方志研究室），以开展党史学习教育为契机，推动理论阐释持续深入、理论宣讲热在基层，阵地建设亮点频频。2名班子成员担任市委第三巡回指导组副组长，1名班子成员抽调市委党史学习教育领导小组办公室担任综合组副组长，编发12期党史学习教育增刊。为市委常委会党史学习教育集中学习提供党史学习卡片40份，做细党史学习教育服务。执行服务社会“读史用志”承诺制度对党员干部群众提出的党史问题答疑解惑。选派干部为市委宣传部、市体育局、山西财经大学等20多个单位宣讲党史和中共十九届五中、六中全会以及省、市十二次党代会精神。向省委党史研究院、市四大班子机关、市直部门（单位）、县（市、区）等赠送《太原年鉴》1000余册、《太原市志（精编版）》1700余册。（胡明强）

档　案

【档案管理】 2021年，太原市档案局组织各级各单位开展“档案话百年”国际档案日主题宣传活动，引导社会公众认识档案价值、增强档案意识。开展档案事业调查统计，完成全市数据汇总工作。完善档案部门权责清单、“互联网+政务服务”和“互联网+监管”事项。抓住春节、建党100周年等关键节点，印发通知要求做好档案实体和网络安全。

太原市档案馆开展中央和省环保督查服务及十二届中博会对口接待工作。完成疫情防控、脱贫攻坚两类档案归集

2021年6月18日，太原市档案馆集体参观廉政文化展览　（市档案馆供图）

2021 年 6 月 30 日，太原市档案馆全体党员重温入党誓词、参观红色展览

（市档案馆供图）

接收工作。参与省、市“十四五”档案事业发展规划编制，科学谋划市档案馆“十四五”重点工作规划。筹办“6·9”国际档案日、“12·4”国家宪法日等法治宣传活动，宣传贯彻新修订档案法。

（武佳玲　王元亮）

【档案利用服务】 2021 年，太原市各级档案馆加大档案收集力度，吸纳社会资源，厚植档案资源。推出“百年风华——红色档案文献展”“红色门券展”“徐文景中国画百牛图展”三大红色展览。开启馆藏“百年百万”［卷（件）］档案奋战计划，公开发布党史史料、村史村志征集公告，接收各类档案近 16 万卷（件），馆藏总量突破 95 万卷（件）。征集太原战役立功奖状、个人回忆录等 35 种 489 件（册），征集辛村、杜家寨村、北堰村等村志 14 种 23 册，《战地军魂》《晋祠联匾额诠释》等书刊资料 40 种 1141 件（册）。为中国共产党历史展览馆提供展品——《六大以来文件选集》上、下册，为中国共产党太原历史展览提供展品 14 件，为“锦绣太原”展览提供图片 600 余张。

制定《太原市档案馆“我为群众办实事”实践活动任务分解表》，获得 345 名查档群众满意评卷。召开“开门办实事、服务老字号”座谈会，联合省老字号协会与六味斋、宁化府、乾和祥等 16 家老字号研讨共商，提供老字号历史档案。组织“童心向党、礼赞百年”红色研学活动。助力乡村振兴，搭建招商引资平台，引荐福鼎、乐清旅并商会企业家赴娄烦县洽谈投资。

对标杭州市档案馆推出 6 项公共服务，与黄河流域 59 家市（州、盟）档案馆实现民生档案跨区域利用。完成 15 个全宗 9401 卷 274697 件满 25 年馆藏档案的鉴定开放工作。全年接待 524 个单位 6093 人次查阅利用，答复电话 732 人次，出具证明 1406 份。国家重点档案保护开发项目《抗日战争档案汇编（卷二）》完稿送审，《抗日战争档案汇编（卷一）》《太原吴家堡村地契档案》付梓。联合太原广播电视台推出 38 期“百年风华、红色档案”展播节目和多期红色档案专题报道，在《太原日报》推出“七一”档案专版，配合省档案馆拍摄大型文献纪录片《记忆》4 期。接待机关事业单位、企业、学校等 90 余批 5200 余人次参观，发挥市档案馆省级爱国主义教育基地的资政教育作用。

小店区档案馆收集张花营、辛村、西温庄乡高氏家谱等地情资料，丰富馆藏资源。市档案馆与黄河流域 62 家省会（首府）及地市级档案馆签订战略合作协议，实现黄河流域民生档案跨馆利用互认。

（武佳玲　王元亮）

【档案资源建设】 2021 年，太原市档案馆实现“百年百万”［卷（件）］档案馆藏目标，年内接收原规划局、原国土局等 7 家单位 142558 卷（件）档案、电子档案 76994 卷（件）（数据量 3194.50G）。征集《战地军魂》《晋祠联匾额诠释》等书刊资料 40 种 1141 件（册）。全文扫描录入馆藏档案及目录 200 余万条（幅），馆机关历史档案完成数字化。进馆单位 100 万余条目录、50 万余幅数字化副本转入数据库。

（王元亮）

【档案安全体系建设】 2021 年，太原市档案馆将安全与稳定工作纳入年度工作计划和考核内容，签订《安全稳定工作目标责任书》，排查安全隐患，协调市政务服务中心解决省档案局 2 项反馈问题，为库房装配防盗门，健全完善应急预案，联合入驻单位开展安全检查和培训演练，建立库区动态值守机制。抓好节假日、汛期安全，重点加强馆库设施、外包服务等安全管理，做好网络安全等级保护和安可系统替代工作。

（王元亮）

【档案队伍建设】 2021 年，太原市档案局选派人员参加“全省档案系统学习贯彻习近平总书记重要批示精神专题研讨班暨全省档案干部专业化能力提升培训班”。围绕新修订《中华人民共和国档案法》颁布实施，购买相关书籍向全市档案工作人员发放。组织开展全市档案系列初级、中级职称评审工作，22 人取得馆员职称，95 人取得助理馆员职称。

（武佳玲）

综　述

【概况】 2021年，太原市人民代表大会常务委员会坚持以习近平新时代中国特色社会主义思想为指导，全面贯彻中共十九大和十九届历次全会精神，深入贯彻习近平总书记考察调研山西重要指示和中央人大工作会议精神，自觉把工作聚焦到贯彻落实党中央及省委、市委重大决策部署上来，强化使命担当，依法履职尽责，努力为实现“十四五”良好开局，再现“锦绣太原城”盛景作出人大贡献。市人大常委会依法行使立法权、监督权、决定权、任免权，召开常委会会议13次、主任会议19次。审议地方性法规草案5件，其中制定地方性法规3件，修订修改2件。听取审议专项工作报告15项，作出决议决定12项，开展视察调研、执法检查130次。向市委请示报告重大事项、重要情况65次。任免国家机关工作人员141人次，组织宪法宣誓31人次。（崔　佳）

【党建工作】 2021年，太原市人民代表大会常务委员会遵循新时代党的建设总要求，以党史学习教育为主线，压实党建主体责任，丰富党建活动形式，锻造坚强战斗堡垒，为人大“四个机关”建设提供坚强组织保障。把深入学习贯彻习近平新时代中国特色社会主义思想作为首要政治任务长期抓实抓好，主动扛起政治责任、强化政治担当，引领机关党员干部筑牢信仰之基、补足精神之钙、把稳思想之舵。规范党建工作流程，对设置小而散的支部进行合并，对支委选举程序进行“三请示三批复”审查，推进党建工作标准化、常态化、长效化。组织召开机关党建暨党风廉政建设会议，推动机关党建暨党风廉政建设工作展现新气象、实现新发展。把巡察整改作为重要政治任务，增强落实巡察整改任务的政治自觉、思想自觉和行动自觉，坚持高位推动、以上率下，倒排工期、挂图作战，确保整改措施有成效，做好巡察“后半篇文章”。在中国共产党成立100周年之际，以“永远跟党走”为主题，广泛开展形式多样、内容丰富的主题宣传教育活动，营造爱党爱国爱社会主义浓厚氛围。贯彻落实全市“为民创城不停步”工作推进会精神，落实常委会机关创建“全国文明城市”目标任务，动员机关全体干部行动参与，凝聚共建共享的强大合力。（崔　佳）

人大重要会议

【市人大代表会议】 2021年2月23日至25日，太原市第十四届人大第六次会议召开。会议应出席市人大代表352人，出席第一次全体会议的代表305人，出席第二次全体会议的代表303人，出席第三次、第四次全体会议的代表305人，出席人数符合法定人数。大会采取集中封闭方式举行，召开4次全体会议，5次主席团会议。

2月23日，市十四届人大六次会议开幕。市委副书记、代市长张新伟代表市人民政府向大会作工作报告。会议审查太原市国民经济和社会发展第十四个五年规划和二〇三五年远景目标纲要（草案）、关于太原市2020年国民经济和社会发展计划执行情况与2021年国民经济和社会发展计划（草案）的报告、关于太原市2020年全市和市本级预算执行情况与2021年全市和市本级预算（草案）的报告。

2月24日，市十四届人大六次会议举行第二次全体会议。李增锁主持会议。会议听取市人大常委会工作报告、市中级人民法院工作报告、市人民检察院工作报告。表决通过关于接受张明星辞去市人民代表大会常务委员会主任职务请求的决定、关于接受郭治明辞去市人民代表大会常务委员会副主任职务请求的决定和大会选举办法。

2月25日，市十四届人大六次会议举行第三次全体会议。省委常委、市委书记、主席团常务主席、大会执行主

2021年2月23日，太原市第十四届人民代表大会第六次会议开幕

（太报视觉供图）

席罗清宇主持会议。经过无记名投票，魏民当选市人大常委会主任，张新伟当选市长，王剑峰当选市人大常委会副主任，于昌明当选市中级人民法院院长。

2月25日，市十四届人大六次会议闭幕。市人大常委会主任魏民主持会议。会议表决通过关于太原市人民政府工作报告的决议、关于太原市国民经济和社会发展第十四个五年规划和二〇三五年远景目标纲要的决议、关于太原市2020年国民经济和社会发展计划执行情况与2021年国民经济和社会发展计划的决议、关于太原市2020年全市和市本级预算执行情况与2021年全市和市本级预算的决议、关于太原市人民代表大会常务委员会工作报告的决议、关于太原市中级人民法院工作报告的决议、关于太原市人民检察院工作报告的决议。会议号召，要更加紧密地团结在以习近平同志为核心的党中央周围，高举习近平新时代中国特色社会主义思想伟大旗帜，在市委的坚强领导下，在新征程上艰苦奋斗、长期奋斗、不懈奋斗，谱写新时代太原高质量发展新篇章，以优异成绩庆祝建党100周年。

（崔　佳）

【市人大常委会会议】2021年，太原市第十四届人大常委会召开会议13次。市人大常委会主任、副主任、秘书长及其他组成人员出席会议。市人民政府、市监察委员会、市中级人民法院、市人民检察院有关负责人列席。

第三十九次会议。1月7日在太原召开。会议应出席组成人员40人，实出席31人。

会议听取《太原市人大常委会主任会议关于接受李晓波、李吉山辞去山西省第十三届人民代表大会代表职务的议案》的说明、《太原市人大常委会主任会议关于提请补选山西省第十三届人民代表大会代表的议案》的说明。会议通过《关于接受李晓波、李吉山辞去山西省第十三届人民代表大会代表职务的决议》，通过《太原市第十四届人民代表大会常务委员会第三十九次会议选举办法》，通过《太原市第十四届人民代表大会常务委员会第三十九次会议补选山西省第十三届人民代表大会代表监票人名单》。

会议以无记名投票方式，补选卢建明、黄岑丽、张新伟为我市出席省十三届人民代表大会代表，报省人大常委会确认代表资格。

第四十次会议。2月3日在太原召开。市人大常委会主任张明星主持全体会议。会议应出席组成人员40人，实出席32人。

会议听取关于《太原市人民代表大会常务委员会关于召开太原市第十四届人民代表大会第六次会议的决定（草案）》的说明，听取有关人事任免事项。会议通过《太原市人民代表大会常务委员会关于召开太原市第十四届人民代表大会第六次会议的决定》，将于2月23日召开市十四届人大六次会议。通过人事任免名单。会议向新任命人员颁发任命书，并举行宪法宣誓仪式。

第四十一次会议。2月10日在太原召开。会议应出席组成人员40人，实出席32人。

会议听取关于《太原市城乡社区治理条例（草案）》审议结果的报告，关于大气污染防治工作情况的报告，关于2020年度法治政府建设情况的报告。听取关于市十四届人大六次会议筹备工作情况的报告，关于个别代表的代表资格的报告，审议市十四届人大六次会议议程（草案）、主席团和秘书长名单（草案）、议案审查委员会组成人员名单（草案）、列席人员名单（草案），审议市人大常委会工作报告稿。会议听取有关人事任免事项并进行联组审议。

会议通过《太原市城乡社区治理促进条例》，通过市十四届人大常委会代表资格审查委员会关于个别代表的代表资格的报告，通过市十四届人大六次会议议程（草案）、主席团和秘书长名单（草案）、议案审查委员会组成人员名单（草案）、列席人员名单（草案），通过市人大常委会工作报告稿。会议表决通过人事任免名单。向新任命人员颁发任命书，并举行宪法宣誓。

第四十二次会议。3月10日在太原召开。会议应出席组成人员40人，实出席36人。市人大常委会主任魏民主持。

会议听取审议并通过市十四届人民代表大会常务委员会代表资格审查委员会关于个别代表的代表资格的报告。

第四十三次会议。3月24日在太原召开。会议应出席组成人员40人，实出席36人。

会议分别听取市人民政府、市监察委员会、市中级人民法院关于人事任免事项的提请报告，听取市人大人事代表委员会关于人事任免事项提请报告的审

2021 年 8 月 27 日，太原市第十四届人大常委会第四十七次会议闭幕

（市人大供图）

议报告，拟任命人员作表态发言，并与常委会组成人员见面。听取市公安局关于提请许可对市十四届人大代表张玉亮采取刑事强制措施的报告。

会议表决通过《太原市人民代表大会常务委员会关于许可市公安局对市十四届人大代表张玉亮采取刑事强制措施的决定》和人事任免名单，向新任命人员颁发任命书，并举行宪法宣誓。

第四十四次会议。3 月 30 日在太原召开。会议应出席组成人员 40 人，实出席 35 人。

会议听取审议市人民政府关于人事任命事项的提请报告、市人大人事代表委员会关于人事任命事项提请报告的审议报告，拟任命人员作表态发言。会议审议人事任命事项。

会议表决通过人事任命名单，向新任命人员颁发任命书，并举行宪法宣誓。

第四十五次会议。5 月 13 日在太原召开。会议应出席组成人员 40 人，实出席 34 人。会议听取并审议市人大法制委关于《太原市旅游条例（修订草案）》审议结果的报告；市政府关于《太原市客运出租汽车服务管理条例修正案（草案）》的起草说明，关于《太原市晋阳湖生态保护与修复条例（草案）》的起草说明；市人大农村委关于《太原市晋阳湖生态保护与修复条例（草案）》审议意见的报告；有关人事事项。拟任命人员与市人大常委会组成人员见面。

会议表决通过新修订的《太原市旅游条例》，表决通过《太原市人民代表大会常务委员会关于修改〈太原市客运出租汽车服务管理条例〉的决定》，经省人大常委会批准后施行。表决通过《太原市人民代表大会常务委员会关于接受李晓伟辞去市十四届人大监察和司法委员会主任委员职务请求的决定》和人事任免名单。会议向新任命人员颁发任命书。

第四十六次会议。6 月 11 日在太原召开。会议应出席组成人员 40 人，实出席 36 人。

会议听取市人大人事代表委关于《太原市人大常委会主任会议关于接受张明星辞去山西省第十三届人民代表大会代表职务的议案》的说明、关于《太原市人大常委会主任会议关于提请补选山西省第十三届人民代表大会代表的议案》的说明。

会议表决通过《关于接受张明星辞去山西省第十三届人民代表大会代表职务的决议》《太原市第十四届人民代表大会常务委员会第四十六次会议选举办法》《太原市第十四届人民代表大会常务委员会第四十六次会议补选山西省第十三届人民代表大会代表监票人名单》，补选太原市出席山西省第十三届人民代表大会代表。

第四十七次会议。8 月 26 日至 27 日在太原召开。会议应出席组成人员 40 人，实出席 34 人。

26 日，会议听取市人大法制委关于《太原市晋阳湖生态保护与修复条例（草案）》审议结果的报告，市人民政府关于《太原市农村自建房屋管理条例（草案）》的起草说明，市人大城建环保委关于《太原市农村自建房屋管理条例（草案）》审议意见的报告，市人民检察院关于适用认罪认罚从宽制度工作情况的报告、市人民政府关于促进中医药振兴发展工作情况的报告和关于学前教育深化改革规范发展工作情况的报告。

会议学习习近平总书记在庆祝中

2021 年 9 月 8 日，太原市人大常委会机关召开学习贯彻习近平总书记“七一”重要讲话精神宣讲会

（市人大供图）

国共产党成立100周年大会上的重要讲话，进行交流讨论。审议《太原市晋阳湖生态保护与修复条例（草案修改稿）》及审议结果的报告、《太原市农村自建房屋管理条例（草案）》及其起草说明和审议意见的报告。审议市人民检察院关于适用认罪认罚从宽制度工作情况的报告、市人民政府关于促进中医药振兴发展工作情况的报告、市人民政府关于学前教育深化改革规范发展工作情况的报告。

27日，会议听取并审议市人民政府关于2020年度国有资产管理情况的综合报告、关于2020年度国有自然资源资产管理情况的专项报告，书面审议关于2020年度企业国有资产管理情况的专项报告、关于2020年度金融企业国有资产管理情况的专项报告、关于2020年度行政事业性国有资产管理情况的专项报告，听取并审议市人民政府关于太原市2021年上半年国民经济和社会发展计划执行情况的报告、市人民政府关于太原市2020年市本级财政决算（草案）及2021年上半年全市和市本级预算执行情况的报告、关于太原市2020年度市本级预算执行和其他财政收支的审计工作报告。听取并审议人事任免事项，拟任命人员作表态发言并与市人大常委会组成人员见面。

会议表决通过《太原市晋阳湖生态保护与修复条例》。依照法定程序，条例报省人大常委会批准。表决通过《太原市人民代表大会常务委员会关于批准2020年太原市本级财政决算的决议》、人事任免事项。会议向新任命人员颁发任命书，并举行宪法宣誓。

第四十八次会议。9月17日在太原召开。会议应出席组成人员39人，实出席34人。

会议听取并审议市十四届人民代表大会常务委员会代表资格审查委员会关于个别代表的代表资格的报告和人事任免事项，拟任命人员作表态发言并与市人大常委会组成人员见面。

会议表决通过市十四届人大常委会代表资格审查委员会关于个别代表的代表资格的报告，通过人事任免事项。会议向新任命人员颁发任命书，并举行宪法宣誓。

第四十九次会议。9月23日在太原召开。会议应出席组成人员39人，实出席31人。

会议听取并审议市十四届人民代表大会常务委员会代表资格审查委员会关于个别代表的代表资格的报告和人事任免事项。拟任命人员作表态发言。

会议经表决通过市十四届人大常委会代表资格审查委员会关于个别代表的代表资格的报告。通过人事任免事项，决定任命尚建军为太原市副市长、市公安局局长。会议向新任命人员颁发任命书，并举行宪法宣誓。

第五十次会议。12月6日在太原召开。会议应出席组成人员39人，实出席31人。

会议听取并审议市人大法制委员会关于《太原市农村自建房屋管理条例（草案）》审议结果的报告，市中级人民法院关于民事审判工作情况的报告，市人民政府关于2021年市本级预算调整方案（草案）的报告、关于农村集体产权制度改革情况的报告，市十四届人民代表大会常务委员会代表资格审查委员会关于个别代表的代表资格的报告，通过人事任免事项。拟任命人员作供职发言并与组成人员见面。

会议就学习中共十九届六中全会精神和中央人大工作会议精神进行交流讨论。

会议表决通过《太原市农村自建房管理服务条例》，依照法定程序，报省人大常委会批准。表决通过《太原市人民代表大会常务委员会关于批准2021年太原市本级预算调整方案的决议》，通过市人大常委会代表资格审查委员会关于个别代表的代表资格的报告。表决通过人事任免事项，向新任命人员颁发任命书，并举行宪法宣誓仪式。

第五十一次会议。12月28日在太原召开。会议应出席组成人员39人，实出席34人。

会议听取并审议市人民政府关于太原市2020年度市本级预算执行和其他财政收支审计查出问题整改情况的报告、关于市十四届人大六次会议代表提出的建议批评和意见办理情况的报告。听取并审议市人大法制委关于规范性文件备案审查工作情况的报告、市人大人事代表委关于《太原市人大2022年换届选举工作方案（草案）》的说明、市人大常委会办公室关于《太原市人民代表大会常务委员会关于召开太原市第十五届人民代表大会第一次会议的决定（草案）》的说明，书面审议市人大监司委、财经委、教科文卫委关于市十四届人大六次会议主席团交付的各项议案审议结果的报告。

会议表决通过市政府关于市十四届人大六次会议代表提出的建议批评和意见办理情况的报告，通过《太原市人大2022年换届选举工作方案》《太原市人民代表大会常务委员会关于召开太原市第十五届人民代表大会第一次会议的决定》，决定市十五届人大一次会议于下年2月22日召开。通过市人大相关专委会关于市十四届人大六次会议主席团交付的各项议案审议结果的报告。

（崔　佳）

立法工作

【制定和修改法规】 2021年，太原市人大常委会审议地方性法规草案5件，其中制定地方性法规3件，修订修改2件。制定《太原市晋阳湖生态保护与修复条例》《太原市农村自建房管理服务条例》《太原市城乡社区治理促进条例》。修改《太原市旅游条例》《太原市客运出租汽车服务管理条例》。

（崔　佳）

【《太原市城乡社区治理促进条例》施行】 2021年2月10日，太原市第十四

届人民代表大会常务委员会第四十一次会议通过《太原市城乡社区治理促进条例》。3月31日，山西省第十三届人民代表大会常务委员会第二十五次会议审议通过《太原市城乡社区治理促进条例》，决定予以批准，自2021年7月1日起施行。（崔　佳）

【《太原市晋阳湖生态保护与修复条例》施行】2021年8月27日，太原市第十四届人民代表大会常务委员会第四十七次会议通过《太原市晋阳湖生态保护与修复条例》。9月29日，山西省第十三届人民代表大会常务委员会第三十一次会议审议通过《太原市晋阳湖生态保护与修复条例》，决定予以批准，自2021年11月1日起施行。（崔　佳）

【《太原市农村自建房管理服务条例》出台】2021年12月6日，太原市第十四届人民代表大会常务委员会第五十次会议通过《太原市农村自建房管理服务条例》。经山西省第十三届人民代表大会常务委员会第三十三次会议批准，自2022年5月1日起施行。（崔　佳）

人大监督

【"一府两院"工作报告审议】2021年，太原市人民代表大会常务委员会审议市政府及其部门、市中级人民法院、市人民检察院的工作报告15项。

（崔　佳）

【规范性文件备案审查登记】2021年，太原市人民代表大会常务委员会审查规范性文件6件，分别是：《太原市城市轨道交通运营管理办法》《太原市人民政府关于在城镇范围内全面征收生活垃圾处理费的通知》《太原市人民政府办公室关于印发太原市支持多渠道灵活就业若干措施的通知》《太原市人民政府办公室关于印发太原市企业资金链应急周转保障资金管理办法的通知》《太原市爱国卫生管理办法》《古交市人大代表列席市人大常委会会议制度》。

（崔　佳）

【执法检查】2021年，太原市人民代表大会常务委员会对贯彻执行安全生产"一法一条例"、促进科技成果转化"一法一条例"、归侨侨眷权益保护"一法两办法"开展执法检查，听取贯彻实施道路交通安全法有关审议意见的整改落实和养犬管理条例执行情况的汇报，推动法律法规执行到位、法律责任落实到位。聚焦环境质量改善，对土壤污染防治"一法一条例"、固体废物污染防治"一法一条例"、禁止野外用火决定等开展执法检查，运用法治方式助力打好污染防治攻坚战，巩固提升全市生态文明建设成果。（崔　佳）

代表工作

【代表议案建议办理】2021年，太原市人民代表大会常务委员会交办市十四届人大六次会议期间的议案3件、建议241件，确定重点督办建议16件。制定《太原市人民代表大会代表重点建议处理办法》，针对建议办理过程中存在的"重形式、走过场""重答复、轻落实"问题，坚持问题导向，明确承办单位责任分工、办理时限和工作流程。加强过程督办，增强办理工作的指导性和操作性。尊重代表主体地位，落实承办单位建议办理前、办理中、办结后与代表"三见面"要求，保障代表全过程参与办理工作。（崔　佳）

【代表履职活动】2021年，太原市人民代表大会常务委员会组织百名市人大代表、十县（市、区）人大常委会分管副主任、人事工委主任集中培训。改进培训方式，采取课堂教学与现场教学相结合的方式，实地参观重点工程项目。将党史学习教育、省人大代表工作"三件法规"即议案的提出和处理办法、实施代表法办法、建议批评和意见的提出和处理办法作为学习重点，增强学习针对性，明确代表履职方向和履职重点，提升履职水平。首次跨地区专题调研，组织出席省十三届人大的24名代表赴晋中市榆次区乌金山镇小西沟村及文旅康养小镇，就文旅融合发展、实施乡村振兴战略开展专题调研，促进代表提出高质量意见建议。（崔　佳）

【代表联络站建设】2021年，太原市人民代表大会常务委员会结合市委第一巡视组反馈情况，加强对全市代表联络站点建设和运行情况的检查指导。制定全市人大代表联络站规范化建设运行指导意见，要求各县（市、区）加强站点规范化管理，合理配置联络站设施，推动代表联络站提质增效。召开全市人大代表联络站工作推进会，组织参会人员赴杏花岭街道、三桥街道人大代表联络站、巨轮街道富力华庭社区人大代表联络点实地观摩，发挥典型示范带动作用，开展评选优秀代表联络站点和优秀进站履职代表活动，推动代表联络站点建设。

（崔　佳）

【代表服务保障】2021年，太原市人民代表大会常务委员会完善平台各项数据，提高平台利用率，在履职平台发布工作动态，组织人大代表学习并进行互动交流，查阅通知公告、政策法规、学习资料等相关资讯。邀请代表列席"一府一委两院"重要会议，组织代表参加执法检查、调研视察、工作评议、旁听庭审、议政日等活动，拓宽代表参与社会管理的平台，为代表认识使命和责任，提高履职能力和水平，更好建言献策打下坚实基础。（崔　佳）

人事任免

【市人大常委会工作机构人员任免】2021年，太原市第十四届人大常委会任命范顺刚为市人大常委会副秘书长，徐向京为市人大法制委员会副主任委员。接受李晓伟辞去市人大监察和司法委员会主任委员职务。免去冯利峰的

市人大城市建设环境资源保护委员会副主任委员职务。（崔　佳）

【市政府部门人员任免】2021年，太原市第十四届人大常委会任命刘俊义、杨继承、程永平、陈博、卢俊峰为太原市副市长，尚建军为太原市副市长、市公安局局长，白树栋为市文物局局长，田文浩为市财政局局长，郝虎生为市人力资源和社会保障局局长，张宝军为市住房和城乡建设局局长，王清雨为市政府国有资产监督管理委员会主任，张耀为市交通运输局局长，李颖为市市场监督管理局局长，卫向东为市能源局局长，李跃文为市退役军人事务局局长，许涛为市促进外来投资局局长，张泽为市卫健委主任，王国栋、崔俊林为市工业和信息化局局长，雷学义、李波为市政府外事办公室主任。

免去焦斌龙、杨继承的太原市副市长职务，葛波蔚的太原市副市长、市公安局局长职务，于振龙的市文物局局长职务，王国柱的市财政局局长职务，陈晓红的市人力资源和社会保障局局长职务，邵社教的市住房和城乡建设局局长职务，张宝军的市政府国有资产监督管理委员会主任职务，张晓军的市交通运输局局长职务，郭德魁的市场监督管理局局长职务，张晓峰的市能源局局长职务，崔燕的市退役军人事务局局长职务，潘侠的市促进外来投资局局长职务，宫殿元的市卫健委主任职务。

（崔　佳）

【监委人员任免】2021年，太原市第十四届人大常委会任命王凯峰、李秀斌为市监察委员会副主任，李卫国、孔崇明为市监察委员会委员。免去杨天玉的市监察委员会副主任职务，常继德的市监察委员会委员职务。（崔　佳）

【法院人员任免】2021年，太原市第十四届人大常委会任命樊利明为市中级人民法院副院长、审判委员会委员，魏佩芬为市中级人民法院副院长、审判员，马强、景铜柱、张康为市中级人民法院副院长，魏佩芬、冯云昌、赵四民、贾春生为市中级人民法院审判委员会委员。樊利明、张福平、田志勇、王晋、孙斐为市中级人民法院审判员，温冠华为市中级人民法院民事审判第一庭副庭长，李翠萍为市中级人民法院民事审判第二庭副庭长，冯云昌为市中级人民法院民事审判第三庭庭长，焦跃峰为市中级人民法院民事审判第五庭副庭长，赵四民为市中级人民法院环境资源审判庭庭长，郝利亚、申延艳为市中级人民法院环境资源审判庭副庭长，贾春生为市中级人民法院审判监督庭庭长，李志斌为市中级人民法院审判监督庭副庭长，张翠萍为市中级人民法院立案一庭副庭长，杨瑞青、滕青为市中级人民法院立案二庭副庭长，宋浩峰为市中级人民法院刑事审判第二庭副庭长，贾仑为市中级人民法院行政审判庭庭长，罗忻昕为市中级人民法院行政审判庭副庭长。

免去段培林的市中级人民法院副院长职务，周雪松的市中级人民法院副院长、审判委员会委员、审判员职务，王改玲的市中级人民法院审判委员会委员、审判员职务，张玉根、徐治国、李瑜、高保民、康翻身、武文杰、段培林、王效林、王润树、韩利民的市中级人民法院审判委员会委员职务，孙云英、赵耀功、刘大祥、郝锦渊的市中级人民法院审判员职务，张玉根的太原市少年法庭庭长职务，郝利亚的市中级人民法院民事审判第一庭副庭长职务，景铜柱的市中院民事审判第二庭庭长职务，焦跃峰的市中级人民法院民事审判第二庭副庭长职务，徐治国的市中级人民法院民事审判第三庭庭长职务，冯云昌的市中级人民法院民事审判第三庭副庭长职务，李瑜的市中级人民法院民事审判第四庭庭长职务，任峥的市中级人民法院民事审判第四庭副庭长、审判员职务，申延艳的市中级人民法院民事审判第四庭副庭长职务，赵四民的市中级人民法院民事审判第五庭副庭长职务，高保民的市中级人民法院行政审判庭庭长职务，刘栋的市中级人民法院行政审判庭副庭长、审判员职务，张翠萍的市中级人民法院行政审判庭副庭长职务，康翻身的市中级人民法院审判监督庭庭长职务，滕青的市中级人民法院审判监督庭副庭长职务，杨瑞青、李翠萍、温冠华的市中级人民法院立案一庭副庭长职务，李志斌、罗忻昕的市中级人民法院立案二庭副庭长职务，张顺军的市中院刑事审判第一庭庭长职务，杨力的市中级人民法院刑事审判第一庭副庭长、审判员职务，裴宪武的市中级人民法院审判委员会委员、刑事审判第二庭庭长、审判员职务，邢如灏的市中级人民法院刑事审判第二庭副庭长职务，杨晓宇的市中院刑事审判第三庭庭长职务，梁宝成的市中级人民法院刑事审判第三庭副庭长、审判员职务，宋浩峰的市中级人民法院刑事审判第三庭副庭长职务。

（崔　佳）

【检察院人员任免】2021年，太原市第十四届人大常委会任命岳岐峰为市人民检察院副检察长、检察委员会委员、检察员，陆瑞芳、李俊霞、张娟为市人民检察院检察员，李卓英为小店区人民检察院检察长，张晋东为迎泽区人民检察院检察长，孙向荣为杏花岭区人民检察院检察长，赵正斌为尖草坪区人民检察院检察长，赵冰峰为万柏林区人民检察院检察长，李晓燕为晋源区人民检察院检察长，蔡东海为古交市人民检察院检察长，孙寅平为清徐县人民检察院检察长，张晓东为阳曲县人民检察院检察长，杨若彬为娄烦县人民检察院检察长。

免去王金华的市人民检察院副检察长、检察委员会委员、检察员职务，孙寅平的市人民检察院检察委员会委员、检察员职务，贾旭民、张晓东、杨若彬、周建、张世鹏、王琳旭、李洲的市人民检察院检察员职务。（崔　佳）

综 述

【概况】 2021年，太原市以习近平新时代中国特色社会主义思想为指导，全面贯彻中共十九大和十九届历次全会精神，深入贯彻习近平总书记考察调研山西重要指示精神，牢记习近平总书记再现“锦绣太原城”盛景的殷殷嘱托，落实省、市第十二次党代会精神，立足新发展阶段，完整、准确、全面贯彻新发展理念，融入新发展格局，按照全方位推动高质量发展目标要求和工作矩阵，强化使命担当、狠抓任务落实，全市经济社会发展取得新成效，“十四五”实现良好开局。全市地区生产总值实现5121.61亿元，历史性突破5000亿元大关，实际增速9.20%，居全国省会城市第三位，名义增速23.30%，排名全国省会城市第一。被列入中部地区高质量发展、黄河流域生态保护和高质量发展重点城市。 （冯 曦）

【产业高质量发展】 2021年，太原市狠抓工业促转型，规上工业增加值增速连续6个月保持在15%以上，全年规上工业总产值达到4576亿元、净增1193亿元，创历史新高。万元工业增加值能耗下降10.90%。战略性新兴产业、高技术制造业对工业增长的贡献率均达到30%左右。太钢、富士康成长为千亿级旗舰企业。太忻一体化经济区（太原区）强势起步，大盂产业新城成为投资热土。太原市非传统产业增加值年均增速比传统产业高8个百分点，战略性新兴产业年均增长10.90%。获批设立“国家跨境电子商务综合试验区”。入选首批“国家文化和旅游消费试点城市”。扩大开放强外贸，成功举办第十二届中部投资贸易博览会，入选B2B出口监管试点城市，二手车出口业务试点工作实现破零，全市外贸进出口总额增速达52.90%，居中部六省省会城市首位。“品牌强市”行动深入实施，六味斋、双合成、宁化府等本土品牌成为新的消费热点，传统品牌焕发出新生机。毕马威、安永等国际顶尖会计师事务所落户太原，太原加工贸易产业园进入首批国家认定名单，太原市入选“全国物流枢纽建设和智慧物流配送示范城市”，获批“国家级服务业标准化试点城市”，获“中国最具竞争力会展城市”称号。消费市场持续提振，开展“晋情消费·嗨购龙城”城市购物节等活动，持续掀起消费热潮。文旅产业深度融合，方特游乐园、“晋阳里”商业街区正式开业，太原古县城、双塔公园建成开放，流失海外近百年的天龙山第八窟北壁主尊佛首回归故里，千年古街钟楼街繁华归来，柳巷商圈列全国国庆消费热门商圈第二名。 （冯 曦）

【创新驱动发展】 2021年，太原市坚持创新驱动发展战略，科技创新实现新突破。加大政策供给和资金投入，把科技专项资金从10亿元提高到20亿元，支持各类主体创新创业。优化人才环境，建设市级人才公寓1000余套，发放各项人才补助（贴）5.40亿元，吸引100余所高校3.40万人到太原就业创业。创新平台增多做强，国家第三代半导体技术创新中心（山西）揭牌成立，太原第一机床厂更新改造为太原第一实验室。获批建设3个国家重点实验室，打破太原市连续6年国家重点实验室零增长局面。创新成果不断涌现，“基于超冷费米气体的量子调控”“煤矸石煤泥清洁高效利用关键技术及应用”等9个项目获国家科学技术奖。市场化矿山修复治理“太原西山模式”亮相国家“十三五”科技创新成就展，在可持续发展论坛上向全球发布。 （冯 曦）

【城市品质提升】 2021年，太原市推进以人为核心的新型城镇化，城市功能品质提升。东、西山环城森林公园提质扩容，完成营造林30666.67公顷，绿化覆盖率、绿地率分别达到44.77%、39.64%。完成雨污分流改造149.30千米，汾河四期工程建成投用，6个国考断面水质全部达标。推动山西美锦能源股份有限公司等焦化企业完成超低排放改造，农村地区清洁取暖覆盖率达到91%。全年市区空气质量综合指数同比下降11.30%。迎泽大街东延、千峰路南延等道路建成通车，五一广场、工人文化宫完成改造。太原国家级互联网骨干直联点建成投运，5G建设进入全国第一方阵。棚户区住房改造新开工1874套、基本建成5097套，老旧小区改造开工717个，新增公共停车位1.30万个，更换纯电动公交车529辆，获批“国家公交都市建设示范城市”。（冯　曦）

【民生保障】2021年，太原市在发展中保障和改善民生，全市财政民生支出占一般公共预算支出的比重稳定在80%左右，城镇和农村居民人均可支配收入分别比上年增长8%、9.60%。应对有气象记录以来最强秋汛，出动救援人员5万余人次，调集救援设备5000余台，紧急转移安置受灾群众1.60万人，未发生人员伤亡。71566.67公顷秋粮全部抢收。加快灾后重建，1113户因灾受损房屋完成修缮重建，受灾群众全部迁入新居、安全过节、温暖过冬。采取托管方式建设10所康乐幼儿园分园，新改扩建公办幼儿园28所，新增学位5000余个。累计建成3岁以下婴幼儿托育机构169家、托位7550个。市疾控中心、市人民医院新院区一期先后投用，太原市成功入选“公立医院综合改革第二批国家级示范城市”。新建改造社区食堂140个，建成全国老年友好型示范社区7个，城乡低保标准每人每月提高30元。

（冯　曦）

【安全生产】2021年，太原市深化安全生产专项整治三年行动，开展安全生产领域风险隐患大排查大整治集中行动暨严厉打击盗采矿产资源专项行动，31个消防站加快建设，应急避难场所布局优化完善，本质安全水平提升。全市各类生产安全亡人事故起数、死亡人数分别下降13.63%、26.22%，安全生产形势稳定向好。（冯　曦）

【政府效能建设】2021年，太原市深化“放管服”改革，“承诺制+标准地+全代办”改革全面铺开，90%以上政务服务事项实现“一网通办”，“获得信贷”和“劳动力市场监管”两项指标位居全国前列，全市市场主体新增13.56万户、达到64.56万户。推进法治政府建设，在全省率先完成市、县两级政府行政复议体制改革示范任务，被列为“全省法治政府建设示范市”。依法接受人大及其常委会监督，自觉接受政协民主监督，办理人大代表建议222件、政协委员提案472件。推进政府系统党风廉政建设和反腐败斗争，政府自身建设取得新成效。（冯　曦）

重要政事

【推动中小微工业企业上规升级措施】2021年，太原市着力促进中小微工业企业上规升级、提升发展质量，推动工业经济高质量发展，制定《关于进一步推动中小微工业企业上规升级的实施方案》。奖励上规企业，当年首次“小升规”的工业企业，享受省级财政每户30万元奖励。奖励持续“在规”企业，首次“小升规”后连续2年未退出“规上”工业企业库的，享受省级财政每户5万元、市级财政每户60万元的奖励。连续3年未退库的，享受省级财政每户10万元、市级财政每户50万元奖励。扶持科技型企业，对首次“小升规”的科技型中小工业企业，申报市级科技计划时优先支持，申报省级科技计划时优先推荐。项目建设奖励方面，加快“小升规”目标工业企业进入重点培育库，入库企业完成技术改造的，按项目技术改造投入资金的10%给予奖励。加强金融扶持，工业企业首次“小升规”3年内贷款需求，市级政府性融资担保机构对符合条件的予以优先支持，担保费率标准低于1%。社保补贴支持，对首次“小升规”工业企业招用就业困难人员，与之签订1年以上劳动合同并足额为其缴纳社会保险费的，按照实际缴纳社会保险费金额给予补贴，补贴期限最长不超过3年。支持企业用地，对首次“小升规”工业企业因增资扩产需要新增建设用地的，优先安排用地指标。为首次“小升规”工业企业的建设用地报批建立绿色通道，保障建设用地尽快落实。减免厂房租金，首次“小升规”工业企业租用国有资产类标准工业厂房，各县（市、区）、开发区优先予以安排并对租金给予优惠。人才支持方面，按照《关于高层次人才子女在山西省内就读中小学的实施办法（2020年修订）》规定，优先解决首次“小升规”工业企业引进的外地户籍高层次人才子女入学就读事宜。（冯　曦）

【现代服务业发展】2021年，太原市推动现代服务业高质量高速度发展，增强服务业对经济增长的支撑能力，制定《太原市推进服务业提质增效2021年行动计划》。推动生活性服务业向高品质和多样化升级，开展亲贤街深夜食堂美食节、长风商务区灯光节、“如梦晋阳”水上实景演出等夜间主题活动，打造一批国家级夜间文旅消费集聚区。发展社区消费，推进“一刻钟”便民生活圈建设，重点抓好放心早餐、安心家政、连锁便利店智能化提升等，加快建设社区商业中心，打造更高水平的社区商业便民服务生态圈。以天龙山佛首回归为契机，推进晋祠—天龙山AAAAA级旅游景区创建工作，高标准推进太山和青龙古镇申报AAAA级旅游景区。推动生产性服务业向专业化和价值链高端延伸，推进国家商贸物流枢纽城市建设，发展智慧物流、冷链物流、保税物流，推进城乡高效配送分拨中心、末端共配站点标准化建设，加快电子商务与快递物流协同发展。完善优化金融服务体系，发挥太原综合金融服务平台作用，推进线下太原金融综合服务大厅建成落地，帮助百家以上企业实现平台融资。加快服务业数字化转型和融合发展，依托快成物流、全球蛙等企业，发展网络货运平台，抓住跨境电子商务综合试验区建设机遇，发挥综合保税区口岸、保税政策叠加作用，打造集进出口产品展示、仓储物流加工配送、线上推介和网络直播于一体的跨境电商孵化园。培育一批“5G+工业互联网”示范应用标杆项目，支持引导企业开展智能工厂、智能生产线、数字化车间等智能化改造，推进智能制造试点示范。（冯　曦）

【养老服务发展】 2021年，太原市推进养老服务业更好更快发展，制定《关于推进养老服务发展的实施意见》。加强养老服务设施建设，市级建成一所2000张床位，集养老、护理、康复、娱乐于一体的高标准示范型综合性老年福利院，城六区各建成一所200张床位、三县一市各建成一所100张床位的综合性老年福利院，各县（市、区）每年至少打造一所建筑面积500～2000平方米的高标准、示范型、综合性社区养老服务中心。发展社区居家养老服务，新建小区配建养老服务设施，老旧小区补齐养老服务设施，统筹推进社区适老化改造，为老年人提供安全、舒适、便利的社区环境。创新体制机制深化养老改革，推动公办养老机构公建民营，全市民办养老服务机构和公建民营养老服务机构占养老机构的比例不低于70%，加快推进养老数字化、信息化建设，实施“互联网+智慧养老”行动。优化养老服务发展环境，实施区域内养老机构抱团发展，实现区域内养老机构和服务对象政策共享、资源共享，打破政策瓶颈，实现区域内养老服务公共服务一体化。提升养老服务质量，加强养老服务消费市场监管，加大联合执法力度，严厉查处侵害老年人权益的非法集资、传销、欺诈销售，以及打着“养生”旗号进行欺诈等违法行为，保障老年人合法权益。推进康养产业发展，依托深厚的文化底蕴、宜人的环境美景、康养的独特资源等优势，引进培育一批旗舰龙头企业，打造融休闲、养生、养心、养老、旅居、医疗、护理为一体的康养产业，构建大康养格局，打造“夏养太原”康养品牌。（冯　曦）

【多渠道灵活就业】 2021年，太原市把支持灵活就业作为稳就业和保居民就业的重要举措，制定《太原市支持多渠道灵活就业若干措施》。拓宽灵活就业渠道，依法开发灵活就业岗位。鼓励劳动者“零成本”“低成本”创办小规模经济实体，在政府指定的场所和时间内销售农副产品、日常生活用品，或个人利用自身技能依法从事无须取得许可的便民劳务活动。深化“放管服效”改革，加快优化自主创业环境。优化提升服务企业开办能力，推行企业开办全程网办。落实阶段性减免国有房产租金政策，承租国有房屋的个体工商户，按规定减免房屋租金，承租非国有房屋用于经营、出现困难的个体工商户，引导鼓励出租人考虑承租人实际困难，在双方平等协商的基础上减免或缓收房租。聚焦素质提升，开展更大规模职业技能培训。采取线上线下结合，在全市推广“互联网+职业技能”和“岗位+技能+劳动力”培训，灵活安排培训时间和培训方式，提高培训的针对性和有效性。强化服务保障，实施更大力度的政策扶持。把灵活就业岗位供求信息纳入公共就业服务范围，设立灵活就业服务窗口，为灵活就业岗位供需双方提供用工登记、就（失）业登记、信息查询、职业指导、就业推荐、政策咨询等服务。探索快递、外卖等新业态领域行业集体协商模式，就劳动报酬、劳动保护等开展协商，维护职工合法权益。（冯　曦）

【空气质量提升】 2021年，太原市贯彻落实党中央、国务院和省委、省政府关于提升环境空气质量的决策部署，制定《太原市空气质量巩固提升2021年行动计划》。推进产业结构产业布局调整，严控高碳、高耗能、高排放项目建设，落实城市规划区不再新布局钢铁（不含短流程炼钢）、焦化、铸造（不含高端铸件）、水泥、有色项目要求，现有产能只减不增，鼓励企业通过产能置换，建设节能环保水平高的大型先进项目。深化工业企业污染深度治理，推进铸造行业清洁能源替代，对全市6家水泥企业开展深度治理，开展全市工业窑炉调查整治，确保稳定达标排放。巩固拓展燃料结构替代成果，推进“三县一市”农村清洁供暖改造，采暖季前完成改造工作，确保全市清洁供暖覆盖率达到90%以上，对暂不具备“煤改电”“煤改气”的农村偏远地区，推广洁净煤替代散煤，实现洁净煤替代全覆盖。实施锅炉超低排放改造扫尾工程，在前两年低氮改造基础上深度排查，未达到地方标准的燃气锅炉9月底前全部完成低氮改造，符合政策的给予适当资金补贴。推进运输结构调整和移动机械管控，优化铁路运输组织，优先保障煤炭、焦炭、钢铁等大宗货物运力供给，完善铁路专用线共建共用机制。深化扬尘污染综合治理，建立施工工地动态管理清单，强化监督管理，落实施工工地扬尘整治“六个百分之百”措施。加强道路深度保洁，扩大机扫范围、加大机扫力度，城区道路机扫率达到90%。（冯　曦）

【知识产权创新发展】 2021年，太原市深入实施国家知识产权战略，着力推进建设国家知识产权运营服务体系重点城市步伐，提升知识产权创造、运用、管理、保护和服务能力水平，发挥知识产权激励创新、保护创新的作用，推动知识产权高质量发展，制定《太原市促进知识产权创新发展若干支持政策》。提升知识产权创造能力，对年度获得专利授权量达到200件（含）以上、100件（含）以上200件以下、50件（含）以上100件以下或发明专利授权量20件（含）以上的专利权人，分别给予

20万元、10万元、5万元一次性奖励。对新获得“中国驰名商标”（行政认定）的企事业单位，一次性奖励100万元。对新获得中国地理标志（集体商标、证明商标）的组织，一次性奖励20万元。提升知识产权转化效率。支持高校院所向中小企业转移转化专利技术，按年度交易合同总额的10%对高校院所予以补贴，同一单位每年获得补贴总额不超过100万元。提升知识产权金融服务能力，支持金融机构与各类知识产权服务机构合作，共同开发适用于不同应用场景的知识产权价值评估模型及工具，建立以知识产权为核心指标的科技型中小企业创新能力评价体系，支持金融机构面向产业园区开展知识产权质押融资集合授信，鼓励金融机构建立知识产权资产评估机构库、专家库。提升知识产权服务业集聚区建设水平，采取“一事一议”方式支持知识产权服务业集聚区建设，通过购买服务、项目奖补、成本补贴等多种方式，支持集聚区载体建设。提升知识产权服务能力，太原市专利代理机构年度代理发明专利并获得授权的数量达到50件（含）以上100件以下、100件（含）以上200件以下、200件（含）以上的机构，分别给予5万元、10万元、15万元一次性奖励。

（冯　曦）

政府重要会议

【太原市政府全体会议】 2021年1月31日，中共太原市委副书记、代市长张新伟主持召开2021年市政府第1次全体会议，研究讨论《政府工作报告（征求意见稿）》。市政府全体组成人员，各县（市、区）政府、综改示范区主要负责人，市直相关单位主要负责人参加会议。

会议要求，各级各部门要进一步提高政治站位，强化责任意识，认真做好报告修改完善工作，确保报告真正成为一份汇聚众智、凝聚民心、引领发展的好报告。围绕《报告》修改，要做到突出政治性，把转型发展蹚新路作为工作指南、逻辑起点，把再现“锦绣太原城”盛景作为努力方向、奋斗目标，紧扣“抓落实、办实事”的政府工作定位，切实把中央和省、市要求贯穿《政府工作报告》起草全过程。突出科学性，科学研判当前形势，精准判断各项工作所处的阶段、方位和不足，突出目标导向、问题导向、结果导向，找准工作着力点，努力推动经济社会发展实现更大突破。

（《太原年鉴》编辑部）

【全市安全生产工作会议】 2021年1月29日，太原市安全生产工作电视电话会议召开，市委副书记、代市长、市安委会主任张新伟出席并讲话。市委常委、常务副市长王立刚主持会议，副市长焦斌龙、张齐山、卢秋生、车建华、葛波蔚出席会议。会议贯彻落实全国、全省安全生产工作会议精神，并就抓好全年安全生产工作，特别是春节和两会期间的安全生产工作提出具体要求。

6月11日，太原市召开全市安全生产工作会议，贯彻落实全省安全生产视频会议精神。省委常委、市委书记罗清宇出席并讲话。市委副书记、市长张新伟主持会议并作工作部署。市领导刘俊义、刘鹓、杨继承、张齐山、卢秋生、程永平、陈博参加会议。

6月17日，市政府召开安全生产工作会议，贯彻落实全国、全省安全生产电视电话会议精神。市委副书记、市长张新伟出席并讲话。市委常委、常务副市长刘俊义，市委常委、宣传部部长、副市长杨继承，副市长张齐山、卢秋生、程永平、陈博参加。

（《太原年鉴》编辑部）

【青银、二广高速太原联络线现场办公会】 2021年4月20日，青银、二广高速太原联络线现场办公会举行。省委常委、太原市委书记罗清宇出席，省交通运输厅厅长赵建平主持。晋中市委书记吴俊清，太原市委副书记、市长张新伟讲话，省交通运输厅副厅长王四小介绍项目进展情况。山西交控集团董事长袁清茂，太原市领导刘鹓、李军，晋中市领导鹿建平、郝向明参加。

（《太原年鉴》编辑部）

【社会稳定风险防控攻坚行动推进会议】 2021年4月27日，太原市召开社会稳定风险防控攻坚行动推进会议。市委副书记、政法委书记李新春出席并讲话。副市长、市公安局局长葛波蔚主持并通报进展情况。

（《太原年鉴》编辑部）

【“为民‘创城’不停步”工作推进会】 2021年4月27日，“为民‘创城’不停步”工作推进会召开。省委常委、市委书记罗清宇出席并讲话。市委副书记、市长张新伟主持，省委宣传部副部长、省文明办主任张峻讲话，市委副书记、政法委书记李新春做具体安排。省直工委副书记余国琦，省委教育工委副书记何林有，省卫健委副主任冯立忠，太原铁路局党委副书记张锁明，市委常委，市人大常委会、市政协主要负责人，副市长，市法院、市检察院主要负责人参加。（《太原年鉴》编辑部）

【太原市五一劳动奖表彰暨工人先锋号命名大会】 2021年4月28日，太原市五一劳动奖表彰暨工人先锋号命名大会举行。省委常委、市委书记罗清宇代表市委、市政府，向受到表彰的单位和个人表示热烈的祝贺，向全市各行各业、各条战线的广大职工和劳动群众致以节日的问候。市委副书记、市长张新伟主持。

会议宣读《关于表彰2021年太原市五一劳动奖的决定》《关于命名太原市工人先锋号的决定》，授予80个单位市“五一劳动奖状”、150人市“五一劳动奖章”，命名100个集体市“工人先锋号”。市领导为受表彰的先进集体和个人代表颁奖。（《太原年鉴》编辑部）

【全市农村人居环境“六乱”整治百日攻坚专项行动动员部署会

议】2021年5月18日，太原市农村人居环境“六乱”整治百日攻坚专项行动动员部署会议召开。会议深入贯彻习近平总书记关于改善农村人居环境的重要讲话和重要指示精神，贯彻落实省委、市委工作要求，对全市“六乱”整治百日攻坚专项行动进行部署推进。市委副书记、政法委书记李新春出席会议并讲话，副市长程永平主持会议。

（《太原年鉴》编辑部）

【新冠病毒疫苗接种工作推进会】2021年6月18日，市政府召开新冠病毒疫苗接种工作推进会，通报疫苗接种情况，安排部署有序加快接种工作。市委副书记、市长张新伟主持并讲话。市领导刘振华、陈博参加。

张新伟强调，各级各部门要思想认识到位，深入学习贯彻习近平总书记关于疫情防控重要指示批示精神，按照国家、省、市安排部署和具体要求，坚持问题导向，强化责任落实，紧盯任务找差距，坚决主动、有力有效抓好疫苗接种工作，确保如期完成太原市各阶段接种任务。要组织发动到位，严格落实属地责任，坚持条块协调联动，创新举措方式，加强科普宣传，对本辖区居民、流动人口进行精准动员，有效提高群众接种意愿。要服务保障到位，卫健、公安、生态环境、城乡管理等部门要做好疫苗协调调度、服务流程优化、接种安全、医疗救治、秩序维护、医废处置等工作，各县（市、区）要加快推进方舱式临时接种点建设，更加关心关爱接种工作人员，共同努力提高群众对接种工作的满意度。要防控措施落实到位，树牢全市“一盘棋”思想，坚持外防输入、内防反弹，压实“四方责任”，严格把好人传人、物传人两个关口，以疫情防控的优异成绩为全方位推进高质量发展提供有力保障。（《太原年鉴》编辑部）

【疫情防控专题会议】2021年6月21日，太原市委副书记、市长张新伟主持召开疫情防控专题会议。会议传达全省视频会议精神，通报太原市疫情防控、疫苗接种、总仓管理等工作情况，安排部署近期疫情防控工作。副市长陈博参加。（《太原年鉴》编辑部）

【全市深化“放管服效”改革、持续创优营商环境电视电话会】2021年6月28日，太原市召开深化“放管服效”改革、持续创优营商环境电视电话会议，深入学习贯彻习近平总书记关于优化营商环境的重要论述和考察调研山西重要指示精神，认真贯彻落实全国、全省会议精神，安排部署太原市工作。市委副书记、市长张新伟讲话。市委常委、常务副市长刘俊义主持，市委常委、宣传部部长、副市长杨继承，副市长程永平、陈博参加。（《太原年鉴》编辑部）

【全市医改工作电视电话会议】2021年10月22日，全市医改领导小组（扩大）暨全市医改工作电视电话会议召开。会议深入学习贯彻习近平总书记关于深化医药卫生体制改革的重要指示精神，认真落实全国、全省医改工作电视电话会议精神，通报全市医改工作成效，安排部署下一阶段重点任务。市委副书记、市长、市医改领导小组组长张新伟出席并讲话，副市长、市医改领导小组副组长陈博主持。

会上，市卫健委、市财政局、市人社局和市医保局汇报相关工作情况，阳曲县、杏花岭区做交流发言。各县（市、区）设分会场。（《太原年鉴》编辑部）

【食品安全工作暨创建国家食品安全示范城市动员会议】2021年12月1日，太原市召开食品安全工作暨创建国家食品安全示范城市动员电视电话会议，传达学习国务院食品安全委员会第三次全体会议精神和省食品安全委员会全体会议精神，分析全市食品安全形势，全面动员、安排部署太原市创建“国家食品安全示范城市”工作。市委副书记、市长、市食安委主任张新伟出席并讲话，副市长、市食安委副主任程永平、陈博参加。

会上，市教育局、市公安局、市农业农村局、市卫健委和晋阳海关等单位交流发言。各县（市、区）设分会场。

（《太原年鉴》编辑部）

【全市城镇燃气安全排查整治动员部署会议】2021年12月6日，太原市召开全市城镇燃气安全排查整治动员部署会议，深入贯彻习近平总书记关于安全生产重要论述和关于燃气安全的重要指示批示精神，全面落实全国和全省城镇燃气安全排查整治动员部署电视电话会议精神，安排部署太原市城镇燃气安全排查整治工作。市委副书记、市长张新伟出席并讲话。市委常委、常务副市长刘俊义主持，市领导卢秋生、张齐山、陈博参加。

会上，市城管局、杏花岭区政府和太原天然气公司等单位发言。各县（市、区）、开发区设分会场。

（《太原年鉴》编辑部）

【大气污染防治攻坚行动部署会议】2021年12月12日，市政府召开大气污染防治攻坚行动部署专题会议，传达学习生态环境部、省生态环境厅关于加快推进秋冬季空气质量改善提升的指示精神和意见要求，通报太原市环境空气质量状况，分析研判当前形势，安排部署重点工作。市委副书记、市长张新伟主持并讲话，副市长程永平作具体安排。（《太原年鉴》编辑部）

【市政府常务会议】2021年，太原市人民政府召开40次常务会议。

第1次常务会议。2021年1月15日，代市长张新伟主持召开，传达学习《山西省政府专项债券管理暂行办法》《山西省安全生产约谈制度（试行）》《关于进一步加强安全生产监管能力建设的意见》，提出贯彻落实要求。审议并原则通过《太原历史文化名城保护规划（2020—2035）》《太原市城市轨道交通运营管理办法（草案）》《关于推进太原市智能快件箱项目建设的决策草案》。

第2次常务会议。2021年1月31日，代市长张新伟主持召开，传达学习《关于进一步加强信访法治化建设的实施意见》和全国公安厅局长会议精神，提出贯彻落实要求。研究讨论《政府工作报告》，听取乡级行政区划调整、生态环境保护工作情况汇报。审议并原则通过《太原市国民经济和社会发展第十四个五年规划和二〇三五年远景目标纲要（草案）》《2020年法治政府建设年度报告》。

第3次常务会议。2021年2月5日，代市长张新伟主持召开，审议并原则通过《关于太原市2020年国民经济和社会发展计划执行情况与2021年国民经济和社会发展计划草案的报告》《关于太原市2020年全市和市本级预算执行情况与2021年全市和市本级预算草案的报告》。

第4次常务会议。2021年2月8日，代市长张新伟主持召开，传达学习《国家发展改革委关于当前重要民生商品价格形势及保供稳价重点工作的通报》，研究部署重要民生商品保供稳价等事项。传达学习省委办公厅 省政府办公厅《关于解放思想、深化改革，全力推动山西转型综合改革示范区高质量高速度发展的实施方案》《关于全面落实"五个一"思路和要求进一步理顺政务信息化体制的通知》《山西省加快推进第一产业高质量发展实施方案》《山西省人民政府关于加快实施七河流域生态保护与修复的决定》，提出贯彻落实意见。

第6次常务会议。2021年3月5日，市长张新伟主持召开，传达学习《国务院办公厅关于贯彻实施〈政府督察工作条例〉进一步加强和规范政府督查工作的通知》《防范和处置非法集资条例》《山西省人民政府办公厅关于印发山西省重大城乡建设事故应急预案》《山西省人民政府关于实施"三线一单"生态环境分区管控的意见》《山西省人民政府关于推动高等教育"1331工程"提质增效的实施意见》以及全省煤矿安全生产工作视频会议精神，提出贯彻落实要求。审议并原则通过《关于在城镇范围内全面征收生活垃圾处理费的通知》《太原市支持多渠道灵活就业若干措施》。

第7次常务会议。2021年3月17日，市长张新伟主持召开，传达学习《国务院安全生产委员会2021年工作要点》《山西省人民政府办公厅关于加快推进综合行政执法改革的通知》《山西省"五湖"生态保护与修复规划》及省委农村工作会议精神，提出贯彻落实意见。

第8次常务会议。2021年3月23日，市长张新伟主持召开，审议并原则通过《关于取消、承接和下放一批行政审批事项的通知》《关于深化消防执法改革的实施意见》。

第9次常务会议。2021年3月26日，市长张新伟主持召开，传达学习《行政事业性国有资产管理条例》，提出贯彻落实意见。审议并原则通过《太原市环境污染防治暨高铁高速沿线环境综合整治专项行动实施方案》。

第12次常务会议。2021年4月8日，市长张新伟主持召开，研究调整职工大病保险缴费和待遇标准及与金融机构开展合作等事项。

第13次常务会议。2021年4月14日，市长张新伟主持召开，传达学习山西省省长林武调研省城服务业发展座谈会上的讲话及《关于做好2021年度全省国防后备力量组织整顿工作的通知》，提出贯彻落实意见。审议并原则通过《太原市晋阳湖生态保护与修复条例（草案）》《太原市客运出租车服务管理条例修正案（草案）》《太原市工业高质量发展促进条例（草案）》。

第14次常务会议。2021年4月30日，市长张新伟主持召开，传达学习《关于建设更高水平的平安中国的意见》《山西省火灾事故应急预案》《关于加强生态环境保护促进经济高质量发展的意见》《山西省规范行政执法裁量权办法》和全国非煤矿山、矿山安全生产工作视频会及全国打击治理电信网络新型违法犯罪工作电视电话会议精神，就当前社会稳定、安全生产、疫情防控等工作进行部署。研究提高城乡居民最低生活保障标准和特困人员供养标准及老年社会福利院实施"公建民营"等事项。

第15次常务会议。2021年5月9日，市长张新伟主持召开，审议并原则通过《太原市开展入企服务工作方案》。

第16次常务会议。2021年5月16日，市长张新伟主持召开，传达学习山西省省长林武在市长例会暨一季度全省经济形势分析会上的讲话、全省义务教育布局优化工作推进会议精神。听取1—3月太原市大企业"天气预报式"税收分析报告及"十四五"市级部分专项规划编制情况汇报，审议并原则通过《太原市优化营商环境2021年行动计划》《太原市新发展阶段"人人持证、技能社会"建设提质增效工作方案》。

第17次常务会议。2021年5月28日，市长张新伟主持召开，传达学习国务院办公厅《关于切实加强水库除险加固和运行管护工作的通知》《关于加强城市内涝治理的实施意见》《关于加强草原保护修复的若干意见》《2021年政务公开工作要点》和省委省政府《关于全面推进乡村振兴加快农业农村现代化的实施方案》《关于巩固拓展脱贫攻坚成果有效衔接乡村振兴的实施方案》及省委办公厅省政府办公厅《关于支持农业高质量高速度发展推进乡村产业振兴的若干政策措施》，提出贯彻落实意见。审议并原则通过《太原市老旧小区改造规划（2020—2025）》《2021尧城（太原）国际通用航空飞行大会工作方案》《太原市创建国家卫生城市实施方案》。

第18次常务会议。2021年6月3日，市长张新伟主持召开，传达学习山西省政府支持太原率先发展专题会议、全省推进开发区工作电视电话会议、全省金融服务业座谈会精神，提出贯彻落实意见。审议并原则通过《太原市推进服务业提质增效 2021 年行动计划》。

第 19 次常务会议。2021 年 6 月 17 日，市长张新伟主持召开，传达贯彻落实习近平总书记重要指示精神和李克强总理批示要求、全国安全生产电视电话会议精神以及省委、省政府关于安全工作的部署要求，学习习近平总书记关于遏制“两高”项目盲目发展重要讲话和重要指示、《中共中央办公厅 国务院办公厅关于坚决遏制“两高”项目盲目发展的通知》《中华人民共和国民办教育促进法实施条例》《2021 年山西省创新生态建设重点工作》和全国职业教育大会会议精神，提出贯彻落实意见。听取安全生产、秋冬季大气污染综合治理情况汇报。审议并原则通过《太原市“礼享生活·晋情消费”消费券投放工作方案》。

第 20 次常务会议。2021 年 6 月 29 日，市长张新伟主持召开，传达学习脱贫攻坚、乡村振兴有关会议精神，集中学习《中国反对拐卖人口行动计划（2021—2030 年）》《关于深化“证照分离”改革进一步激发市场主体发展活力的通知》《关于建立健全职工基本医疗保险门诊共济保障机制的指导意见》《关于科学绿化的指导意见》和《关于促进半导体产业高质量发展引导集成电路产业健康发展的指导意见》《关于加快推进全省殡葬综合改革促进殡葬事业发展的实施意见（试行）》，提出贯彻落实意见。听取 5 月太原市大企业“天气预报式”税收经济分析报告，审议并原则通过《太原市 2021 数字政府建设实施方案》《太原市进一步推动中小微工业企业上规升级的实施方案》。

第 21 次常务会议。2021 年 7 月 7 日，市长张新伟主持召开，传达学习国务院办公厅《关于全面加强药品监管能力建设的实施意见》，提出贯彻落实意见。审议并原则通过《太原市革命文物保护利用工程实施方案》。

第 22 次常务会议。2021 年 7 月 14 日，市长张新伟主持召开，传达学习中共中央办公厅国务院办公厅《全民所有自然资源资产所有权委托代理机制试点方案》，省委办公厅省政府办公厅《关于深化省校合作的实施方案》，省政府办公厅《关于进一步加强项目建设的实施意见》《山西省校园安全事故应急预案》《关于农村房屋建筑“四个办法、一个标准”制度落实情况专项督查报告》及山西省省长蓝佛安在全国安全生产电视电话会议后的讲话和韦韬副省长在农村房屋建筑安全座谈会上的讲话精神。听取安全生产和消防工作目标责任考核、学校及校外培训机构消防安全检查、“四好农村路”和旅游公路建设情况汇报。研究城镇老旧小区改造、城市防汛防涝工作。审议并原则通过《政府投资项目审批及管理意见》《太原市行政复议体制改革实施方案》《关于太原历史文化名城保护工作系统推进三年行动方案（2021—2023 年）》。

第 23 次常务会议。2021 年 7 月 31 日，市长张新伟主持召开，传达学习李克强总理关于促进粮食生产稳定发展提高粮食安全保障能力的重要讲话，学习《全民科学素质行动规划纲要（2021—2035 年）》《国务院办公厅关于推动公立医院高质量发展的意见》，传达学习林武在全省开发区 2021 年第三次“三个一批”活动暨“承诺制 + 标准地 + 全代办”改革推进会上的重要讲话和《山西省加强公共卫生体系建设实施方案》《山西省深入开展爱国卫生运动实施方案》《省委办公厅 省政府办公厅关于做好防范化解重大金融风险攻坚战下一阶段工作的若干措施》，提出贯彻落实意见。听取国企国资改革、保障性租赁住房、轨道交通安全情况汇报，审议并原则通过《太原市“六最”营商环境建设规划（2021—2025 年）》《关于深化企业投资建设项目政府统一服务工作的实施方案》《关于乡级行政区划调整的意见》。

第 24 次常务会议。2021 年 8 月 7 日，市长张新伟主持召开，传达省委书记林武批示精神，安排部署疫情防控工作。

第 25 次常务会议。2021 年 8 月 13 日，市长张新伟主持召开，传达学习国务院办公厅《全国深化“放管服”改革着力培育和激发市场主体活力电视电话会议重点任务分工方案》，学习山西省省长蓝佛安在全省“四好农村路”和三个一号旅游公路建设工作推进会上的讲话及省“十四五”现代服务业发展规划、推进外贸高质量发展、创建“国家全域旅游示范区”、河湖长制工作等方面的会议及文件精神。听取 1 至 7 月环境空气质量、上半年全市公安工作情况汇报。审议并原则通过《关于实施“三线一单”生态环境分区管控的意见》《关于打造“锦绣太原”旅游品牌的实施意见》《太原市农村自建房屋管理条例（草案）》《2021 年度重大行政决策事项目录（草案）》。

第 26 次常务会议。2021 年 8 月 17 日，市长张新伟主持召开，传达学习党中央、国务院及省委、省政府关于做好防汛抢险救灾工作的有关文件和讲话精神，听取近期重要气象报告。学习中共办公厅国务院办公厅《关于进一步减轻义务教育阶段学生作业负担和校外培训负担的意见》，提出贯彻落实意见。

第 27 次常务会议。2021 年 8 月 30 日，市长张新伟主持召开，传达学习国务院办公厅《关于完善科技成果评价机制的指导意见》，学习山西省省长蓝佛安在全省行政复议体制改革推进会暨领导小组第一次会议上的重要讲话和《山西省加快推进数字经济发展的实施意见和若干政策》《山西省关于进一步深化税收征管改革的实施方案》等文件和讲话精神。研究晋祠—天龙山景区创建国家 AAAAA 级旅游景区事宜。

第 28 次常务会议。2021 年 9 月 7 日，市长张新伟主持召开，传达学习全国全省农业防灾减灾和秋粮生产视频调度会会议精神，学习山西省省长蓝佛安在省委农村工作领导小组（省实施乡村振兴战略领导小组）会议上的讲话精神和《山西省实施乡村振兴战略实绩考核办法》及全省易地扶贫搬迁后续扶持暨农村人居环境“六乱”整治现场推进会精神等。审议并原则通过《太原市开展国家文化和旅游消费试点城市试点工作的实施方案》《太原市金融突发事件应急预案》《太原市信用保证基金管理办法》。

第29次常务会议。2021年9月18日，市长张新伟主持召开，传达贯彻落实李克强总理关于防灾减灾救灾、防震减灾和自然灾害综合风险普查工作的批示和国务委员王勇在第一次全国自然灾害综合风险普查工作电视电话会议上的讲话精神及国家、省、市关于“两节”安全生产要求，提出贯彻落实意见。传达学习国家发展改革委《污染治理和节能减碳中央预算内投资专项管理办法》。研究2021年冬季三县一市农村地区清洁取暖、调整载货汽车通行管控措施工作。

第31次常务会议。2021年9月29日，市长张新伟主持召开，传达学习省委书记林武在全省服务业提质增效推进大会、全省深化能源革命综合改革试点暨能耗双控工作推进大会、中央生态环境保护督察反馈会上的重要讲话和蓝佛安省长在全省重点工程项目调度会、全省医改工作电视电话会上的重要讲话，学习《山西城市公共交通运输突发事件应急预案》。审议并原则通过《关于促进太原市服务业发展推动项目落地的实施意见（试行）》《太原市开发区“承诺制+标准地+全代办”联席会议制度》《关于促进连锁零售高质量发展的实施办法》。

第33次常务会议。2021年11月2日，市长张新伟主持召开，开展《法治政府建设实施纲要（2021—2025年）》专题讲座，传达学习山西省省长蓝佛安在全省未成年人保护工作委员会第一次全体会议上的重要讲话精神，听取未成年人思想道德建设、大气污染治理、能源保供工作情况汇报，安排谋划2022年经济工作。

第34次常务会议。2021年11月23日，市长张新伟主持召开，传达学习《关键信息基础设施安全保护条例》及《山西省省级储备粮食管理办法》、省政府办公厅《山西省国有金融资本出资人职责实施规定》。审议并原则通过《太原市知识产权质押融资风险补偿基金实施细则》，研究部署全市房屋产权登记确权颁证“清零行动”工作。

第36次常务会议。2021年11月30日，市长张新伟主持召开，传达学习《中华人民共和国市场主体登记管理条例》《国务院关于开展营商环境创新试点工作的意见》和省委书记林武在全省民营企业家座谈会上的讲话精神。审议并原则通过《太原市政务信息化项目建设应用管理办法》《太原市爱国卫生管理办法（草案）》，研究部署生态环境保护及问题整改“回头看”工作。

第37次常务会议。2021年12月13日，市长张新伟主持召开，审议并原则通过《太原市贯彻落实新时代中部地区争先崛起实现黄河流域生态保护和高质量发展的意见》。

第38次常务会议。2021年12月14日，市长张新伟主持召开，开展《中华人民共和国安全生产法》专题讲座，传达学习国务院《2030年前碳达峰行动方案》及蓝佛安省长在全省质量大会上的重要讲话精神和省委办公厅省政府办公厅《关于推进城市安全发展的实施意见》，并听取安全生产工作情况汇报。审议并原则通过《太原市加强文物保护利用改革实施方案》《钟楼街片区、太原古县城创建国家级旅游休闲街区实施方案》《太原市贯彻落实〈交通强国建设纲要〉的实施意见》《太原市支持互联网物流平台企业发展的措施》《太原地方企业征信平台信息安全管理办法（试行）》《太原市科技领军企业培育行动方案》。

第39次常务会议。2021年12月29日，市长张新伟主持召开，传达全省国有企业深化改革提质增效推进会议精神，听取各位副市长分管领域安全生产工作汇报，研究国企改革三年行动任务落实情况和保障性租赁住房、公租房保障和城镇棚户区改造工作。审议并原则通过《关于加快发展保障性租赁住房的实施意见》《关于支持全市社区和居家养老服务发展的实施意见》《关于深化新时代教育督导体制机制改革的实施方案》《关于推进太原市中小学集团化办学的指导意见》《关于促进新型研发机构建设发展的实施意见》。

第40次常务会议。2021年12月31日，市长张新伟主持召开，传达学习国务院办公厅《关于加快农村寄递物流体系建设的意见》和省委办公厅省政府办公厅《关于做好2022年元旦春节期间有关工作的通知》及省政府办公厅《关于切实做好“两节”期间全省煤矿安全生产和稳产保供工作的通知》，安排部署元旦、春节期间安全生产、疫情防控、农民工工资保障工作。研究“十四五”服务业高质量发展、基本公共服务体系和体育发展等规划工作，审议并原则通过《关于建设中医药强市的实施方案》。（王　婷）

政务工作

【办文办会】2021年，太原市政府办公室办理请示报告11937件，来文来电2170件，机要文件561件。以市政府名义报省政府文件47件，以市政府党组名义报市委文件55件，以市政府、市政府办公室名义发文162件，其中发至县以下文件116件。组织安排市政府常务会38次、市政府党组会29次，电视电话会61次，各类专题会议和活动千余次。整理形成文书档案18528件，实物档案54件。（薄　菲）

【以文辅政】2021年，太原市政府办公室围绕市委、市政府中心工作，发挥参谋助手作用，强化综合协调职能，提高办文办会办事水平。协助市政府主要领导起草政府工作报告、经济工作会议讲话等各类文稿370余篇、220余万字，采编政务信息9600余条，编发《并政信息》100期，上报省政府约稿190条，省政府采用并上报国办36条。

（薄　菲）

【督查督办】 2021年，太原市政府办公室分解督办政府工作报告涉及任务、省委巡视组反馈问题、省高质量发展考核指标等重点事项350项，督办省政府“13710”平台交办任务107项，通过市级“13710”平台立项督办631项。督办国务院交办问题57项，国务院第八次大督查发现问题8项，狠抓问题整改。办理市人大常委会对市政府相关报告的审议意见落实情况14件，市政协建议案8件。办理省、市人大代表建议244件，政协提案520件，办复率100%。

（薄　菲）

【电子政务建设】 2021年，太原市政府办公室完善各项电子政务基础设施建设，全市政务信息系统上云率达90%以上。推进安可替代工作，完成电脑终端替代二期任务，信创云完成平台搭建，实现与政务外网对接，下发云主机70余个，迁移上云政务信息系统40余个，政务外网升级主链路到万兆，总出口升级到6G，OA协同办公系统和市政府门户网站群完成迁移适配。（薄　菲）

【应急管理】 2021年，太原市政府办公室完善值班工作信息化建设，实现与应急、气象、110、119、森林防火指挥中心的实时调度和现场画面同步传送。疫情防控常态化，每日向省政府、市领导汇总报送全市疫情情况。（薄　菲）

【民生服务】 2021年，太原市政府办公室发挥政府网站信息公开第一平台作用，全年发布各类政务信息11455条，并同步更新到“我的太原”App、微信公众号，提升政务新媒体影响力和传播力。办理依申请公开113件，办结率100%。受理市长信箱和人民网留言1.70万件。12345热线受理市民来电162.50万件，办结率99.49%，热线推出微信公众号，开通营商环境服务专席，与太原电视台合作筹划《民声》系列栏目，录制播出《直面停车难题》节目。

（薄　菲）

行政审批

【审批制度改革】 2021年，太原市行政审批服务管理局全面实施“证照分离”改革，取消审批事项4项，审批改为备案事项2项，实行告知承诺事项22项。在省级证照分离改革基础上，对优化审批服务类事项，压缩审批时限474个工作日，精简申请材料32个，减少审批环节9个，增加全程网办事项21个。

深化“一件事一次办”主题套餐服务，印发《关于通过市政务服务网完善“套餐式”主题服务办事指南的通知》，逐项明确涉及的主要事项和办理层级，6月组织各县（市、区）审批部门召开“一件事一次办”主题套餐服务推进会。市、县两级推出103项集成服务完成改革任务。（文雪皓）

【营商环境建设】 2021年，太原市行政审批服务管理局健全营商环境建设责任体系，明确18项指标责任单位、分管领导、责任科室和责任人，印发《关于调整太原市深化“放管服效”改革优化营商环境工作领导小组成员的通知》，成立18个指标专项改革小组，分别由分管市领导和市法院院长牵头负责，各县（市、区）参照市级模式落实工作责任，加强对营商环境建设的组织领导。系统谋划部署全市营商环境改革，11月印发《太原市“十四五”营商环境建设规划》，立足优化目标，制定印发《太原市优化营商环境2021年行动计划》，重点推动50项改革任务。召开全市深化“放管服效”改革持续创优营商环境电视电话会议，对全市优化营商环境工作进行全面动员部署。召开持续创优营商环境推进会，专题研究部署指标改进。着力提升单项指标便利度，开展专项培训，对上年营商环境评价情况进行解读分析和辅导。开通“12345”便民服务热线营商环境服务专席，24小时受理涉及营商环境的政策咨询和投诉举报。

（文雪皓）

【数字政府建设】 2021年，太原市行政审批服务管理局成立太原市数字政府建设工作领导小组，组织领导全市数字政府和政务数据共享相关工作。印发实施《太原市数字政府建设实施方案（2021年）》，对全市数字政府建设和政务数据共享工作具体部署。开展全市政务数据资产清查工作，对全市5991项

2021年4月20日，太原市行政审批服务管理局赴晋商博物馆开展党史学习教育活动　（市行政审批服务管理局供图）

2021 年 7 月 27 日，太原市行政审批服务管理局在山西省展览馆参观建党 100 周年图片展（市行政审批服务管理局供图）

政务数据资源进行梳理规范、动态维护。打通数据共享堵点，推进千项数据资源共享工程，编制政务数据共享平台接入规范 6 部，申请政务云服务器 30 台，在全市部署区块链节点，为全市政务信息系统联通奠定基础，完成年度数据共享工作任务，实现首批 501 项社会事务类事项全程电子化“不见面”办理。（文雪皓）

【政务服务】 2021 年，太原市行政审批服务管理局完善一体化在线政务服务平台功能，依申请办理的政务服务事项可网办比例 92%，首批 501 项社会事务类事项实现全程电子化“不见面”办理。在全市创新提供“7×24 小时自助办 + 周末不打烊”全天候、全景式政务服务，聚焦医保社保、不动产登记、就业创业等高频服务事项，制定印发《太原市推进政务服务事项同城通办实施方案》，通过下放受理权限、增设服务网点等形式，将便民服务延伸至县区。在小店区、迎泽区试点推行不动产登记等高频服务事项“同城通办”，方便群众“就近办”。实行政务服务帮（代）办制度，以方便企业和群众办事创业为导向，成立专门帮办机构，减少企业和群众跑腿次数，增强企业和群众的获得感和满意度。“我来帮忙办”服务区 6 月 1 日正式推行帮办服务后，累计办理各类事项 5822 件，其中网上申报 5002 件，线下受理 820 件。（文雪皓）

【公共资源交易平台优化】 2021 年，太原市行政审批服务管理局根据使用过程中各方交易主体及工作人员的反馈意见，对平台进行 16 次更新，完成 177 处细节调整，稳定运行，贴近交易主体使用需求，提升平台交易便利程度。6 月，完成对各县（市、区）系统终端的部署和权限分配，除清徐县、娄烦县、中北高新技术产业开发区外，其他县（市、区）均完成市县一体化平台建设。按照“标准化 + 公共资源交易服务”理念，健全公共资源交易服务标准体系，对全职能领域、全业务流程、全办事环节梳理再造，提高服务质量、提升交易主体服务满意度。（文雪皓）

【商事登记】 2021 年，太原市行政审批服务管理局以降低市场准入门槛为导向，提高商事登记效率。对涉企经营许可事项，申请人就其符合许可条件做出承诺，通过事中事后监管能够纠正不符合许可条件行为、有效防范风险的，全部实行告知承诺制。逐事项细化办事流程指引、事中事后监管办法等改革举措，实现营业执照和各类经营许可证“证照分离”改革全覆盖，做到“非禁即入”。完善商事登记系统，企业申请、受理、核准、发照、公示等环节均可网上办理，实现线上企业登记全程电子化“秒批秒办”。线下将企业设立联合审批涉及登记注册、刻章、发票、社保、医保等多个部门受理窗口整合为一个窗口，变“多头受理”为“一口受理”，实现新办企业登记业务“3.6 小时办结”。在全省率先建设企业登记“线上帮办系统”，同步推出税务 Ukey 免费发放、公章刻制全部免费等新办企业“开业大礼包”，实现企业设立“同城通办”、黄河流域省会城市“跨省通办”，激发市场活力，助推市场主体倍增计划良好开局。全年全市新增市场主体 125347 户，与上年同期 91533 户相比增加 33814 户，同比增长 36.94%。截至 12 月底，全市实有市场主体 598753 户，与上年同期 519772 户相比增加 78981 户，同比增长 15.20%。（文雪皓）

【工程建设项目审批】 2021 年，太原市行政审批服务管理局推进“2430”改革，一般工程建设项目审批从立项到竣工验收总耗时压缩至 45 个工作日，简易低风险社会投资建设项目全部审批手续 18 个工作日内完成。探索实施政府统一服务，对通过公开出让方式供地的企业投资建设项目，将 14 项由企业办理的事项改为政府无偿代办，“政府办”代替“企业跑”，相关材料无须再审，直接承诺，即来即办。实行施工许可证分阶段发放，房屋建筑工程分“土方开挖及桩基”和“主体施工”两个阶段核发施工许可证，促进项目早进场、真开工。实施投资项目模拟审批，对符合产业发展需求，投资主体明确，但没有取得项目土地使用权的投资项目，后置审批服务提前介入、并联审查，先行出具模拟审批意见，待完善前期手续后即时出具正式审批意见。实施房屋建筑和市政基础设施工程联合验收，实行“统一申报、信息共享、限时办结、集中反馈”，减轻企业负担。实行投资项目“全代办”，推行“不见面”线上帮办，在项目前期开展免费高效政府统一服务基础上，为投资项目提供“保姆式”全程帮办代办，融合政府统一服务、分阶段办理施工许可、模拟审批、联合验收等改革举措，优化简化工程项目审批流程，促进项目快速落地。（文雪皓）

政务服务

【概况】 太原市政务服务中心总建筑面积约15.70万平方米，是集中展现营商环境、推进“放管服效”改革的重要窗口，也是服务中外客商、造福人民群众的重要平台。2021年，入驻窗口单位有27家，设置窗口434个，集中办理市级行政审批、公共服务事项，日均接待群众6000余人。搭建工程建设项目审批、社会事务审批、企业登记注册、不动产转移抵押、公安便民、社会保障、税务征缴等7大服务平台，依托市级一体化在线政务服务平台，开展“互联网+政务服务”工作。分类推行政务服务“前台综合受理、后台分类审批、综合窗口出件”的“一窗通办”工作模式。（李方圆）

【政务服务监督管理】 2021年，太原市政务服务中心贯彻落实国务院关于做好政务服务“好差评”精神，制定《太原市政务服务“好差评”（政务服务能力）考核办法（试行）》报市委考核办，完成与省级“好差评”系统对接，实现评价数据实时传输。通过“太原政务”微信公众号中“窗口服务一次一评”“办件服务一事一评”评价系统及服务窗口“评价二维码”，设置现场投诉受理室，公布投诉受理电话、微信公众号、电子邮箱、投诉意见箱等多个渠道，强化窗口监督评价机制建设，通过收集办事企业群众的咨询、建议、投诉，安排专人限时办结反馈。鼓励群众评议，开发政务服务“好差评”优惠停车功能，群众成功提交服务评价后可自动减免一小时停车费。加强对综合服务窗口工作人员的培训考核，对综合窗口工作人员开展日通报、月考核、季评比及年度考评，推行末位淘汰制度，细化“一窗通办”绩效管理和动态考核，做到每日四巡查，制定现场巡查区域人员负责制，保证现场巡查力度、密度。承办国家政务服务投诉与留言转办督办36条，处理电话投诉27次，核实有效二维码差评24件，均限期整改到位，并将整改结果及时向评价人反馈。开展审批办件满意度电话和邮寄回访。电话回访22881人次，收集有效建议103条，均逐项整改落实。邮寄回访735件，收回515件有效评价，评价率为70%。印发周通报46期，处理窗口空岗、违规使用手机、未按时到岗、未戴胸卡、未按要求摆放台签、未着工装等240人次。（李方圆）

【窗口设置优化】 2021年，太原市政务服务中心从便民利民出发，根据窗口办件量，合理调整优化入驻单位窗口布局。设置“我来帮您办”服务区，将审批局办理的各类审批服务事项全部纳入“我来帮您办”服务范围。为企业群众帮办各类审批服务事项5822件（网上申报5002件，线下帮办820件），收集企业群众办理过程中遇到的问题86条，均核实解决。组织入驻单位召开25次联合审批服务会议，建立联审会工作台账，采取电话回访方式，对各相关部门联合审查工作开展情况进行全程督办，帮助解决项目审批服务中出现的困难和问题，促进项目手续完善和快速落地。规范审批服务行为，将审批过程中的补件、退件、延期办件、超期办件等纳入日常监督范围，对不按规定执行，扣除相应考核分值。依托市一体化政务服务平台，对市级公共服务事项清单再次全面梳理、集中审核，形成《太原市公共服务事项目录及办事指南（初稿）》，对305条事项内容进行修改完善，政务服务网公布公共服务事项752项，其中办事指南类311项，通知公告类31项，常见问题类33项，服务连接类98项，普通信息类209项，单位名录类26项，场馆信息类7项，政策文件类37项。按照政务服务事项“四级四同”（“四级”指国家、省、市、县；“四同”指事项名称、事项编码、事件类型、设定依据相同）的要求，同步梳理完成县（市、区）公共服务事项。优化上门服务举措，通过现场预约、电话预约、微信公众号预约等，为特殊群体（老弱病残孕等人员）提供上门服务。（李方圆）

【电子政务安全运行】 2021年，太原市政务服务中心开发部署室内导航系统，实现路线实时播报、窗口（目的地）快速寻找、精准导航服务，提高群众办事效率。开通“预约叫号”功能，完成窗口业务预约办理功能模块开发，结合微信预约窗口数量，动态调整

2021年，太原市政务服务中心实行来访办事群众扫码制度

（市政务服务中心供图）

每个时间段内预约号数量。优化"精准叫号"功能，群众可通过扫描叫号凭条纸面二维码，实时获取排队信息及业务办理预计等候时长。优化预约排队取号系统规则，针对现场冒用70岁以上老人身份证多次取号问题，修改"老人优先办理窗口"取号规则。开发微信公众号"便民上门服务"预约模块，使用者通过填写姓名、电话、服务单位、服务事项、地址等信息预约申请，核实情况后安排工作人员上门服务，对服务质量进行跟踪反馈。组织开展数据中心机房停电应急演练工作，对UPS设备功能进行测试及电池放电维护。在数据中心机房模块三安装部署全市医保业务信息网络系统设备，并进行专线网络建设。对太原市不动产登记中心业务系统重构网络环境，并对窗口和后台350余台终端计算机进行网络切换。组织运营商单位对入户光纤线路进行扩容施工。优化政务服务中心OA系统，开发批量录入固定资产功能。采购更换三台监控存储中的144块4T硬盘，实现一、二、三层区域监控视频存储时长达到90天。加强机房空调系统、安防监控系统、数据中心低压配电系统、视频监控系统、机房消防灭火系统等重要系统的隐患整治工作，确保运行安全。累计完成窗口和后台办公区域信息化设备日常巡检671次，夜间大厅区域及机房核心区域巡检273次，网络系统维护145次，窗口及后台区域办公设备维护234次，云机房空调水系统故障排除和维护151次，大厅监控系统维护154次，会议室会议系统调试和保障79次，数据机房巡检443次。（李方圆）

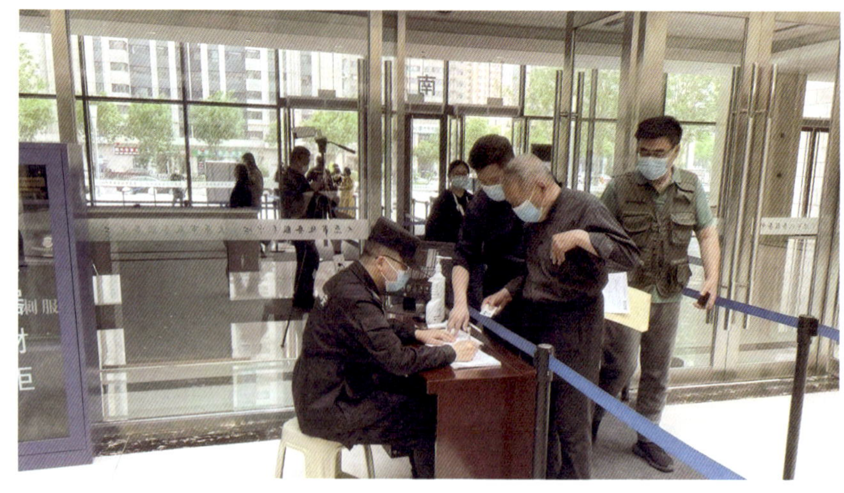

2021年，太原市政务服务中心为来访办事群众登记信息(市政务服务中心供图)

【安全保障管理】2021年，太原市政务服务中心加强安全维稳工作，执行领导带班巡查、重大活动和节日集中检查、每月定期检查值班值勤等各项制度。安排部署防汛工作，储备防汛物资，开展防汛演练，抓好维护稳定工作，做到安全保卫不留死角、不出断层。推进节约型机关建设及无烟大楼创建，印发《太原市政务服务中心大楼无烟创建规章制度》，制定无烟场所创建管理规定，与各入驻单位负责人签订创建无烟单位承诺书。创新食堂和物业管理方式，组织膳食委员会、物业服务监督管理委员会，每月定期召开会议，对食堂、物业服务进行量化考核评分，按照考核结果支付服务费用。对餐厅操作间、用餐桌椅实行每日消毒、消杀，做到一餐一消一登记。完善公共会议室服务设施，接待会议1084场，接待重要领导参观、品质提升培训40次。加强设施设备管理，对物业服务范围内的设施设备定期进行维保、维修和更换。全年完成维修工单4039单，维修破损地砖840块、设备保养254次，完成10部扶梯24部直梯日常维护保养、扶梯口防滑垫铺设、外围吸烟柱配备，各类设备设施维修成功率均达到99%。（李方圆）

2021年，太原市政务服务中心学雷锋志愿服务工作站志愿者为来访群众提供咨询服务（市政务服务中心供图）

【政务便民服务】2021年，太原市政务服务中心推动审批服务便民化，制定印发《太原市推进政务服务事项同城通办实施方案》，聚焦不动产登记、房产交易、医保、社保等群众关切的高频服务事项，梳理出"同城通办"事项目录清单。在全市六城区政务服务中心设立"同城通办"窗口，主要开设业务有新建商品房转移登记、存量房转移登记、不动产换证、不动产转移登记税费征收、房屋核档、二手房资金监管、二手房限购查询及交易信息录入、企业养老参保缴费人员证明、企业养老离退休人

2021年，太原市政务服务中心军人服务站志愿者为现役军人提供服务

（市政务服务中心供图）

员领取待遇证明及社保卡办理、社保卡转移、社保卡挂失等基本业务。小店区、迎泽区政务服务大厅和杏花岭区社保大厅承接职工医保参保登记、基金征缴和待遇支付等职工医保经办业务，通过服务下沉、监管下沉、职能下沉的扁平化经办服务管理，惠及参保单位20541户，提高政务服务便民性和可及性。推进政务服务事项“跨省通办”“全省通办”改革，通过设置办事窗口、配备设备人员、开展业务培训、实行“收受分离”、实施事项清单化管理和更新机制，推动入驻窗口单位相关事项办理线上线下融合、本地异地同步，支撑“全程网办”“异地代收代办”“多地联办”等多种办理模式，满足各类市场主体和广大人民群众异地办事需求，实现“跨省通办”“全省通办”事项“一站入、一站办、一站评”。升级精准叫号服务，通过大数据分析和业务办理平均时长相结合的方式，动态预估叫号办理时间，微信实时推送精准叫号时间，缩短办事群众在大厅停留等待时间。升级现有24小时“自助服务区”，组织入驻单位大幅度增加“周末不打烊”服务事项，将群众关心、社会关注的高频事项全部纳入“不打烊”服务范围。在市级试行政务服务“中午不断档”改革，实现全天候、全景式政务服务，人民群众的获得感、幸福感、安全感显著增强。（李方圆）

【政务公开管理】2021年，太原市政务服务中心以群众需求为导向，按照“标准+多样+特色”的规划原则，在一层建设政务公开专区，坚持统一标志、统一设备、统一资料、统一功能、统一管理，专区内设置资料阅览、自助办理、公开宣传、政策查询、信息查阅等区域，方便群众企业“按需办事”。政务公开专区内配足配齐资料展柜、查询一体机、电脑、打印机、高拍仪，资料展柜提供摆放国民经济和社会发展统计公报、政府公报、统计年鉴、投资指南、太原市志、太原历史大事记、疫情防控宣传、便民服务手册等文件资料。设置两台政府信息公开触摸查询一体机，提供政府信息公开查询、政府信息公开制度、政府信息公开年报、依申请公开等内容，配置12台电脑，依托一体化政务服务平台，开展网上咨询、网上申报、网上办理服务，配置打印机供群众免费下载打印，通过“线上线下”，最大限度为不同年龄阶段人群提供便利。修建完成行政审批服务管理局档案库房（一期），总面积678平方米，可安装智能密集架948.76立方米，购买安装档案管理系统，设计安装加湿除湿空气净化一体机、漏水报警系统、视频监控系统、智能门禁系统、红外报警系统等设施。配套设立档案接收室、档案查阅室，制定《档案保密制度》《档案查借阅制度》等各项规章制度。（李方圆）

【常态化疫情防控】2021年，太原市政务服务中心定期召开专题会议，建立防控三级体系，印发防控通知公告，严格落实7×24小时专人值班和每日疫情报告制度，对全体入驻单位实施网格化管理。落实疫情防控各项举措，累计为工作人员提供口罩4.37万个、免洗液335瓶、消毒片72瓶、泡腾片1万个、消毒液8瓶、除菌喷雾621瓶、湿巾1381包、餐用湿巾3370包、发生器10台、电解液60瓶、雾化器60台、漱口水36瓶、抗菌液36瓶。落实扫码、测温、戴口罩“三要素”有关规定，出入口配备9台人脸识别摄像头，设置“热感应”设备，安装访客登记机。坚持各入驻单位工作人员身体健康“零报告”工作制度。落实对公共区域及其设施、设备全面消毒、消杀工作。要求医务室工作人员参与大厅应急值守，确保出现发热、咳嗽等情况后第一时间采取正确处理措施。加强防控知识宣传，通过政务网、政务App、大厅显示屏等渠道及时公开发布信息，滚动播放《新型冠状病毒防控指南》短视频、宣传图文、标语，向办事群众宣传普及新型冠状病毒感染的肺炎防控知识，提高公众自我保护意识和能力。组织各入驻单位职工统一接种新冠疫苗，累计接种700余剂次，做到“应接尽接”。（李方圆）

公共资源交易

【政府采购】2021年，太原市公共资源交易中心执行采购预算总额18.97亿元，成交金额15.89亿元，节约资金3.08亿元。组织各种采购方式项目601个，其中公开招标方式项目364个，成交金额9.91亿元，公开招标主导地位凸显。

（冯尔姝）

【建设工程招投标】2021年，太原市公共资源交易中心完成工程建设项目招标投标913个，中标价469.52亿元，公开招标率100%。其中，政府投资项目中标价342.68亿元，节约资金0.46亿元。中标的外地企业185个，中标率20.26%。（冯尔姝）

【国有产权交易】2021年，太原市公共资源交易中心国有产权类交易项目挂牌38宗，成交25宗，挂牌总金额约2666万元，成交总额约3561.10万元，项目涵盖实物资产处置、房屋租赁、公车处置等。（冯尔姝）

【公共资源交易服务】2021年，太原市公共资源交易中心秉持“标准化＋公共资源交易服务”理念，建立健全公共资源交易服务标准体系，进行全职能领域、全业务流程、全办事环节梳理再造，在中心内部明确工作要求、统一服务准则、厘清岗位边界，强力落实减并流程、降本增效等优化营商环境举措，提高服务质量、提升交易主体服务满意度。按“流程＋岗位＋职责”进行分解，完善交易管理制度体系，出台各类具体操作规范、保障制度，确保各职能领域工作“无缝”承接，保障各交易主体办事“无感”衔接，高效、快速、精准完成各项合流工作。落实中小企业政策，根据《政府采购促进中小企业发展管理办法》，重新调整招标文件中小微企业价格优惠政策，对符合规定的小微企业报价给予10%（工程项目5%）的最高价格扣除，将业绩分值由5分降为1分，加大对小微企业的扶持力度。（冯尔姝）

【公共资源交易平台建设】2021年，太原市公共资源交易中心推进市公共资源交易平台整合共享，平台涵盖综合服务系统、工程建设和政府采购的交易系统，链接“第四产权”国有产权交易系统，与省公共资源交易平台全面对接，市、县平台一体化工作全面推进，实现全流程电子化、全过程可监管、智能化交易的总体目标。6月底，完成对各县（市、区）系统终端的部署和权限的分配，完成市、县一体化平台建设。扩大中心平台对外对接互联范围，政府采购投诉模块与山西省监管平台对接成功、评标系统与政务平台实现对接、门户网站的曝光台与信用中国（山西太原）实现对接，交易效率提高。延长交易流程电子化生命线，加强全流程电子化建设，平台实现线上接受项目委托、缴纳投标及履约保证金、预约开标厅等功能，电子化优势持续发挥。截至年底，通过在线登记信息方式入驻平台的各类市场交易主体达30039家，比上年增加2.60万家，交易主体数量增幅显著，公共资源交易平台“互联网＋”的独特优势深度发挥作用。（冯尔姝）

外事侨务

【国家安全保障】2021年，太原市人民政府外事办公室落实国家安全主体责任，传达学习国家安全相关会议精神，定期研判外事领域风险隐患，按照外交部及省、市相关规定，妥善应对《纽约时报》《世界报》等外媒采访事件。开展对“三非外国人”（指未经合法手续而在中国非法就业、非法入境和非法居留的所有外国人的统称）专项治理和清网专项行动，配合公安部门查处“三非”案件41起，涉案44人，消除涉外安全风险隐患。修订完善《太原市涉外突发事件应急预案》，协助公安部门做好NGO（非政府组织）管理，防范反华势力渗透、破坏。依托“4·15”国家安全日等重要时间节点，开展国家安全宣传教育，营造维护国家安全浓厚法治氛围。参加国家安全工作培训，提高涉外领域国家安全、防范化解重大风险的意识和能力。（袁宇辉）

【涉外管理】2021年，太原市人民政府外事办公室落实中央、省、市有关要求，收紧审批关口，全年无因公团组出访。严格管理邀请外籍人员到并，建立重点邀请单位名录，完善重点邀请单位信息，压实邀请单位监督责任，严格审发到并外籍人员邀请核实单，全年办理邀请41人次。支持中部地区率先成立移民事务服务中心，为在并外籍人员提供生活、教育、就业、医疗等全方位服务。成立万柏林区理工大涉外社区、小店区山大涉外社区等涉外社区示范点，定期围绕移民事务、招商引资等开展宣传活动，推动讲好太原故事与社区建设有机结合，打造服务管理工作新载体、新形态。（袁宇辉）

【外事接待】2021年，太原市人民政府外事办公室协助省外事办做好中博会、进博会、太原能源低碳发展论坛等重要涉外活动外宾接待工作。中博会期间，接待德国驻华公使及韩国、老挝等5国驻华使馆外交人员41人。太原能源低碳发展论坛期间，接待贝宁共和国大使及阿尔及利亚、孟加拉国、波兰、墨西哥等17国107位驻华使馆外交人员。“中俄青年创新创业与创意大赛——中俄网络空间与先进制造产业决赛及峰会”期间，接待俄罗斯驻华使馆科技参赞等。（袁宇辉）

【对外交往】2021年，太原市人民政府外事办公室在巩固加强与12对国际友城交流合作基础上，与葡萄牙维塞乌市达成共识并报请市政府，拟线上签署建立友城关系意向书。与尼泊尔首都加德满都市对接，拟于尼泊尔代表团访晋期间签署建立友城关系意向书。与德国巴德索登—阿伦多尔夫市、美国奥克莱尔市、津巴布韦奎奎市建立联系，拟于下年签署建立友好伙伴关系意向协议。与国际友城法国圣但尼市、德国开姆尼茨市、美国纳什维尔市等开展线上民间对外交往，拓展友城交流、增进民心相通、巩固友城质量。利用纳什维尔市举办的“世界友谊日”活动平台，组织向

该市寄送介绍太原书籍、旅游宣传册和有代表性的纪念品。（袁宇辉）

【对外宣介】2021年，太原市人民政府外事办公室建立"太原外事"公众号，打造宣传服务前沿阵地，得到广泛关注。参与中央电视台发现之旅频道《城市外交，山西有作为》纪录片拍制工作。通过友城间抗疫外交、海外联络工作站等平台，立足太原市深厚历史底蕴、丰富文化资源、高质量发展方面取得的成绩，全方位、多角度讲好太原故事，提升太原市对外知名度和感召力。

（袁宇辉）

【外交服务】2021年，太原市人民政府外事办公室完成建党100周年庆典、中博会、进博会、太原能源低碳发展论坛等重大活动涉外工作。向国际友城、国际友好人士寄送北京冬奥会、冬残奥会宣传材料，做好宣传推介。在市社科院《并州智库》11期上发表《规划建设亚欧大陆桥新支线（青并银兰），建设太忻基地，积极推动山西太原融入"一带一路"建设》调研报告，为太原市深度融入"一带一路"建设贡献外事智慧。赴市商务局、市贸促会等单位开展调研，推介塔吉克斯坦胡占德市，在载重车和玻璃制品出口、胡占德特色农产品销售等方面达成初步合作意向。

（袁宇辉）

【涉外企业服务】2021年，太原市人民政府外事办公室落实稳外资政策措施，加强外商投资企业管理服务。以太原能源低碳发展论坛为契机，邀请贝宁共和国大使与山西建投集团、山西省博物院、太原长风文化商务区、山西农业大学等单位就贸易投资、项目落地、教育培训、学生交流等事项进行友好交流，达成多项共识。对全市涉外企业进行摸底，建立涉外企业信息库，组织山西喜跃发道路建设养护集团有限公司等涉外企业参加外交部组织的涉外安全应对培训，提高涉外企业安全风险防范能力，防范和化解企业涉外风险。深入北美新天地瑞德商业管理有限公司、中都和凌雷克萨斯汽车贸易有限公司两家涉外企业开展调研，帮助企业破解发展难题、开拓境外市场。按照转型发展蹚新路的战略思路，围绕太忻经济区、山西转型综改示范区建设，超前谋划优质外事服务相关举措。（袁宇辉）

【涉外疫情防控】2021年，太原市人民政府外事办公室做好经停太原国际航班外事保障，妥善处理入境外籍旅客不配合隔离措施事件2次，派出38批141人次工作人员参与执行国际航班经停太原外事保障工作，为38个航班352名外籍人员和62名外交人员在并医学观察期间提供外事服务。做好在并外籍人员疫苗接种政策指导，协同公安部门，对在并1534名境外人员地毯式排查健康状况，结合个人意愿，为500名外籍人员接种新冠疫苗。做好疫情防控知识宣传，举办境外领事保护知识和境外疫情防控常识图片展。做好涉外安抚稳定工作，安抚在俄24名留学生家属情绪，提供语言翻译、防疫指导和政策解释等必要帮助。为中铁三局集团员工家属协助办理加急护照，帮助其前往埃塞俄比亚处理紧急突发事件。协助阳曲县人民政府妥善处理法国男子疫情期间无核酸检测报告无故滞留事件。（袁宇辉）

2021年，太原市信访局赴市图书馆"马克思主义书房"开展"学史铸信仰，明责强担当"主题党日活动（市信访局供图）

信访

【信访积案治理专项行动】2021年，太原市信访局开展集中治理重复信访、化解信访积案专项工作，市信访工作联席会议办公室制定《太原市2021年"四个重点"信访矛盾化解攻坚战暨集中治理重复信访化解信访积案专项工作计划》和专项工作"攻坚行动总方案"及8个分方案，结合建党100周年信访稳定工作实际，专门增加"维护社会稳定专项处置"方案。坚决贯彻落实中央和省、市对信访工作的安排部署，按照"主要领导包重案，责任领导包难案，分管领导包积案"的工作思路，对中央联席办交办的1037件信访事项和200项社会稳定重点难点问题梳理甄别，建立台账。根据主要领导、市直有关单位负责人每人包案不少于4件，其他县级、副县级领导包案2至3件的要求，为市领导提供重大疑难"骨头案"，推动新建路9号院10年之久回迁难和矿机西单拆迁户回迁安置问题等37件重要信访事项的化解。

建立"日汇总、周通报、月调度、季点评、年考核"及专项督导工作机制，每日梳理治理重复访专项工作进展情况，每周在全市进行通报，每月召开一次调度例会，每季度进行一次点评，并将其列入全市信访工作年度目标责任考核范围。向市级包案领导、相关领域牵头部门、责任单位印发工作动态14期，通报10期。对赴省委、省政府、市委、市政府、市信访局接待大厅等5个接待（劝返）场所信访的疑难事项梳理甄别，明确责任单位，实行动态汇总，每月随有随交，滚动交办疑难信访事项的工作机制。对诉求反映强烈、涉及人数众多的信访事项以督办函形式立即进行交办，要求10个工作日内报备工作方案及进展情况报告。全年交办259件，责任单位均按要求落实化解稳控责任和措施。

引深挂牌督办、协调研判、信访听证、创建新时代枫桥经验“四个一百”专项活动，挂牌督办139件疑难信访事项，摘牌116件，协调研判135件重点信访事项，开展142次信访事项听证，创建新时代“枫桥经验”示范街乡、社区，申报33个乡镇（街道）、170个村（社区）试点，推动社会稳定风险防控攻坚行动和重复访治理积案化解工作。在积案化解过程中把督查督办作为推动积案化解的常态化机制，通过带案督查，约见信访群众，实地查看进展，直面问题，现场反馈工作意见。全年开展七轮专项督查，推动疑难问题解决。中央联席办交办的1237件信访事项，化解1237件，化解率100%。国家信访局交办的1734件，化解1700件，化解率98%。省信访局交办的133件，化解131件，化解率98.50%。（陈美琴）

2021年，太原市信访服务中心揭牌（市信访局供图）

【信访业务规范】2021年，太原市信访局出台《关于进一步提高初信初访办结化解质效的实施意见》《关于进一步强化风险隐患及矛盾纠纷源头预防治理的实施意见》，对信访事项首接首办、领导干部接访下访等作出明确规定，提高初次信访事项办理质效。成立信访业务规范化抽查检查工作领导小组，抽调6名业务科室骨干力量，对各县（市、区）和市直单位进行分包负责，每日抽查信访事项办理情况，点对点指导督促整改。5月18日，在市委党校举办全市信访业务规范化考核培训班，对全市130余名网上信访操作人员系统培训，提升全市信访工作人员的业务能力和水平。对信访事项办理不规范的县（市、区）进行3次约谈，指出存在问题，督促整改。强化事前审核，变“事后抽查”为“事前审查”，对责任单位即将上传的答复意见书、送达回执采取“先审核、再上报”的方式，提升网上信访规范化办理质量，网上信访实现提升。全市信访机构受理率99.98%，有权处理机关受理率99.85%，按期答复率98.88%，信访机构群众满意率87.22%。有权处理机关群众满意率79.34%。（陈美琴）

【信访服务中心迁址】太原市信访服务中心成立于2003年10月，承担全省重要节点、重点时段信访群众的教育分流工作。原址位于尖草坪区大同路588号，基础设施陈旧老化，存在“一多两差”，即安全隐患多、工作环境差、服务功能差，严重影响教育分流信访群众的效能。2021年，太原市信访服务中心搬迁新址。新址位于小店区北营街道东润路20号，建筑面积3000多平方米，可容纳500余人。设置安检区、登记厅、分流厅、值班室、指挥中心、医务室、警务室、情感沟通室、党员活动室等区域，入驻公安干警、医护人员、律师团队，为教育分流工作提供配套服务。（陈美琴）

【法治信访建设】2021年，太原市信访局通过召开党组（扩大）会、专题学习会、法治讲座、交流研讨等形式，建立局领导班子定期学法制度，举办《学习贯彻习近平法治思想、开创全面依法治国新局面》、宪法和民法典等4次法治知识专题讲座。开展领导干部旁听庭审活动，增强领导干部的法治意识。加大法治信访宣传力度，制订法治宣传工作方案，开展《信访条例》宣传周和第八个“国家宪法日”系列宣传活动，开展宣传活动228场，发放宣传资料56400份，接待群众咨询11448人次。在局机关、市人民信访接待中心、市信访服务中心设置法治文化宣传墙、法治宣传栏，播放法治宣传专题片等，增强群众的法治观念，引导群众依法有序信访。推进律师参与信访工作，聘请山西华炬律师事务所作为常年法律顾问，参与接待信访群众100余人次，参与信访督办工作，听取信访案件汇报30余件，并提出相应法律建议。开展诉访分离和依法分类处理信访诉求工作，修订印发《太原市依法分类处理信访诉求清单汇编》，指导市直部门依法分类处理群众反映的信访诉求。发挥信访工作联席会议调度作用，对跨地区、跨部门、跨行业的信访问题，加大协调解决问题工作力度，推动各级各部门履行信访工作职责，推动信访问题解决。（陈美琴）

中国人民政治协商会议太原市委员会

Taiyuan Municipal Committee of the Chinese People's Political Consultative Conference

综　述

【思想政治建设】 2021年，太原市政协始终把习近平新时代中国特色社会主义思想作为统揽政协各项工作的总纲，把加强理论学习、提高政治站位、增进政治共识摆在首要位置。坚持党组会议“第一议题”制度和党组理论学习中心组学习制度，建立习近平新时代中国特色社会主义思想学习座谈小组，统筹组织主席会议、常委会会议和专委会功能型党支部的学习，深入学习贯彻中共十九届五中、六中全会精神和习近平总书记考察调研山西重要指示，及时跟进学习习近平总书记最新重要讲话和批示指示精神，着力在学懂弄通上下功夫。全年召开党组理论中心组学习会议9次，党组（扩大）会议学习23次。创新开展“书香政协”委员读书活动，建立51个委员读书群。举办委员讲堂5期。引导政协委员不断增强“四个意识”，坚定“四个自信”，做到“两个维护”，筑牢团结奋斗的共同思想基础。

把加强思想政治引领、广泛凝聚共识作为履职中心环节，召开市政协常委会会议，学习贯彻中共十九届六中全会精神和省委第十二次党代会精神，通过有关决议。制定《市政协关于落实省第十二次党代会报告部署关于太原工作任务的实施方案》，谋划和推进政协各项工作。引导广大政协委员和社会各界把思想和行动统一到中央和省委、市委决策部署上来，统一到省、市党代会确定的目标要求和省委书记林武对太原提出的“四个走在前列”重要指示上来，为全方位推动高质量发展、全面再现“锦绣太原城”盛景凝聚强大正能量。

（刘　蓉）

【基层政协组织建设】 2021年，太原市政协统筹推进“有事来商量”协商平台、基层政协联络组和委员工作室建设，激发基层政协协商民主生机活力。7月，召开全市政协系统“有事来商量”协商平台建设推进会，加强顶层设计和实践指导，市政协主席班子成员赴各县（市、区）就打造“有事来商量”协商平台，发挥基层政协联络组作用，委员工作室建设等开展深入调研，参加有关专题协商会。形成晋源区“晋情来协商”、迎泽区“欢迎来协商”、阳曲县“阳光协商”、小店区“小事大情共协商”、娄烦县“烦事来协商”等工作品牌。在全市102个乡镇（街办）都设立政协联络组，实现组织机构全覆盖。市、县两级政协联动，探索建立96个政协委员工作室，涌现出晓青委员工作室、灵悦委员工作室、助力乡村振兴专题委员联合工作室、张永乾政协委员工作室等有影响力的委员工作室，有效推进市政协工作向群众延伸、协商民主向基层拓展。《人民政协报》9月13日头版以“商量着办事情聚共识促和谐——山西太原市政协协商助推基层社会治理走出新路”为题，对太原市开展“有事来商量”协商平台建设和协商活动情况进行报道。灵悦委员工作室被《人民政协报》评选为政协委员工作室优秀案例。

（刘　蓉）

政协重要会议

【市政协全委会议】 2021年2月22日至25日，中国人民政治协商会议第十三届山西省太原市委员会第五次会议在太原市召开。大会应到委员350名，开幕实到委员308名，闭幕实到委员311名，符合规定人数。

2月22日，市政协十三届五次会议第一次全体会议召开。市政协主席操学诚作市政协常委会工作报告，市政协副主席郝宝清作提案工作报告。

2月23日，市政协十三届五次会议举行第二次全体会议。12位市政协委员聚焦中心工作、着眼民生热点，紧扣“十四五”良好开局，围绕建设具有国际影响力的国家区域中心城市、再现“锦绣太原城”盛景建言献策。市政协十三届五次会议共收到大会发言材料47份。

2月25日，市政协十三届五次会议

举行第三次全体会议。会议选举李军、王国柱、陈晓红为市政协副主席。会议通过政协第十三届太原市委员会第五次会议关于政协太原市委员会常务委员会工作报告的决议、政协第十三届太原市委员会提案委员会关于市政协十三届五次会议提案审查情况的报告、政协第十三届太原市委员会第五次会议政治决议。（刘　蓉）

【市政协常委会会议】2021年，政协第十三届山西省太原市委员会召开4次常委会会议。

第十九次常委会会议。2月9日，市政协十三届十九次常委会会议召开，决定市政协十三届五次会议2月22日召开。市政协主席操学诚出席并讲话。会议审议通过关于召开政协第十三届太原市委员会第五次会议的决定，政协第十三届太原市委员会第五次会议议程（草案）和日程。审议通过政协第十三届太原市委员会第五次会议全体会议执行主席及主持人，秘书长、副秘书长和工作机构负责人，委员编组及召集人名单。审议通过市政协常委会工作报告（草案）和提案工作情况报告（草案），有关人事事项。

第二十次常委会会议。2月22日，市政协十三届二十次常委会议召开。市委组织部负责人做有关人事事项说明。会议审议政协第十三届太原市委员会第五次会议选举办法（草案），审议通过候选人建议名单（草案），审议总监票人、监票人名单（草案），会议还审议提请大会各小组审议的其他有关文件草案。

第二十一次常委会会议。8月26日，市政协十三届二十一次常委会会议召开，深入学习贯彻习近平总书记“七一”重要讲话精神，传达贯彻省政协十二届十八次、十九次常委会议精神，围绕“以晋祠—天龙山景区创建国家AAAAA级旅游景区、晋阳古城遗址公园和西山生态文化旅游示范区建设为牵引，打造国家全域旅游示范区，全面提升‘唐风晋韵·锦绣太原’城市品牌”专题议政。审议通过有关人事事项。

第二十二次常委会会议。12月15日，市政协十三届二十二次常委会会议召开，围绕“全力推进太原创建国家新一代人工智能创新发展试验区，加快建设人工智能研发制造重要基地”开展专题议政。市政协主席操学诚出席会议并讲话，市委常委、常务副市长刘俊义通报太原市创建“国家新一代人工智能创新发展试验区”、建设人工智能研发制造重要基地的工作情况。省委宣讲团成员、省直工委副书记余国琦作学习贯彻党的十九届六中全会精神专题讲座。会议审议通过市政协常委会关于学习贯彻中共十九届六中全会精神的决议，听取市委常务副秘书长潘侠、市政府秘书长薛维柱所作的关于市政协十三届五次会议以来提案办理情况的通报。审议通过《关于全力推进太原创建国家新一代人工智能创新发展试验区，加快建设人工智能研发制造重要基地的调研报告》，通过《政协太原市委员会关于强化政协委员责任担当的意见》《政协太原市委员会专门委员会通则》及有关人事事项。（刘　蓉）

政治协商与参政议政

【助力高质量转型发展】2021年，太原市政协围绕“全力推进太原创建国家新一代人工智能创新发展试验区，加快建设人工智能研发制造重要基地”“加快推进太原市国家可持续发展议程创新示范区建设”“在双循环经济格局下，大力推动太原市服务贸易开放创新发展”等主题开展协商活动，为太原市在转型发展上率先蹚出一条新路来建言献策。在第十二届中部博览会期间，协调中部六省省会城市政协，联合承办政协企业家委员山西行（太原）——中部地区城市科技创新与先进制造业发展协商对话暨项目对接活动，相关领域院士、专家及中信重工集团、广西柳工集团、奇瑞集团、中联重科集团、三一集团、中煤科工集团、山西太重集团等业内80余家知名制造业企业家齐聚太原，广泛协商对话，深化合作交流，助推中部地区加快构建以先进制造业为支撑的现代产业体系。活动签约引进项目37个，总投资186.4亿元。（刘　蓉）

【助力再现“锦绣太原城”盛景】2021年，太原市政协把“以晋祠—天龙山景区创建国家AAAAA级旅游景区、晋阳古城遗址公园和西山生态文化旅游示范区建设为牵引，打造国家全域旅游示范区，全面提升‘唐风晋韵·锦绣太原’城市品牌”作为常委会协商议题，深入协商议政。围绕“大力推进汾河两岸整体重塑，打造汾河靓丽名片”进行专题调研。推动成立“锦绣太原城·晋阳全域旅游协商平台”，推进协商成果持续深入转化，全年开展专题协商活动4次。提出以晋祠—天龙山景区创建国家AAAAA级旅游景区为龙头，推动四山（天龙山、太山、龙山、蒙山）、两城（太原古县城、晋阳古城遗址公园）、一湖（晋阳湖）、一水（汾河）等景区整体规划、交通互联、业态互补、融合发展，打造晋阳文化旅游区等建议，为提升太原在全省的首位度和在全国的影响力。（刘　蓉）

【助力保障和改善民生】2021年，太原市政协强化人民政协为人民的履职理念，紧扣就业、教育、医疗、住房、养老、食品安全等民生热点问题履职尽责。重点围绕“进一步加强医疗联合体建设、提升基层医疗卫生服务能力”“加快太原市慢行交通系统建设，进一步提升城市品质”“强化区域联防联控机制，进一步改善省城空气质量”“坚持‘特’‘优’战略，做优做精都市现代农业”“全面推进太原市老旧小区提质改造，进一步改善人居环境”“推进‘百馆兴体’，助力打造‘体育强市’”“强化太原城市饮用水安全工作，保障人民

群众饮水安全”“加强太原市无障碍环境建设，方便残障人士出行”等开展协商活动，助力民生改善。在防汛救灾和灾后恢复重建工作中，全市各级政协组织和广大政协委员围绕加快基础设施修复、农业生产减灾减损抢收抢种等献策出力，捐款捐物546万元。组织委员视察重点工程、冬季供热和老旧小区改造等工作，助力增进民生福祉。（刘 蓉）

重要活动

【“政协企业家委员山西行（太原）”】 2021年5月21日，“政协企业家委员山西行（太原）——中部地区城市科技创新与先进制造业发展协商对话暨项目对接活动”在太原举办。全国工商联副主席鲁勇，省委常委、太原市委书记罗清宇，省政协副主席、省工商联主席李武章，工业和信息化部装备工业一司一级巡视员苗长兴出席并致辞。

本次活动由政协山西省委员会主办，太原市人民政府、中国机械工业联合会、中华国际科学交流基金会联合主办，政协太原市委员会承办，中共尖草坪区委、尖草坪区人民政府和太原中北高新技术产业开发区联合承办，政协武汉市委员会、政协长沙市委员会、政协郑州市委员会、政协合肥市委员会、政协南昌市委员会、山西省工商联、太原理工大学、太原市促进外来投资局协办。以“科技赋能先进制造业，携手共推高质量发展”为主题，旨在贯彻落实中共中央《关于新时代推动中部地区高质量发展的指导意见》和习近平总书记考察调研山西重要指示，紧扣省委总体思路和要求，设置考察调研、主旨演讲、专题发布、圆桌对话、政策发布和项目推介、项目签约等内容，搭建对话交流、重大事项协商、资源共享、市场共拓、招商引资平台，为推动高质量转型发展凝聚智慧和力量。（刘 蓉）

【“锦绣太原城·晋阳全域旅游协商平台”成立】 2021年6月25日，太原市政协组织政协委员和有关部门负责人开展晋祠—天龙山景区创建国家AAAAA级旅游景区、西山生态文化旅游示范区和晋阳古城遗址公园建设专题调研，市政协主席操学诚与市文旅局、市文物局、晋源区负责人共同为“锦绣太原城·晋阳全域旅游协商平台”揭牌。（刘 蓉）

专门委员会工作

【提案委员会】 太原市政协十三届五次会议以来，征集提案589件，立案504件，立案率85.57%。其中，经济建设方面111件，政治建设29件，文化建设53件，社会建设272件，生态文明建设39件。许多提案建议转化为市委、市政府的政策举措，体现到经济社会发展和民生事业改善的具体实践中，为党委、政府科学决策、民主决策提供重要参考。（刘 蓉）

【文化文史和学习委员会】 2021年，文化文史和学习委员会向各专委会、县（市、区）政协印发《关于在全市各级政协委员中开展读书活动的通知》，明确目标、工作职责和要求。建立市政协与县（市、区）政协联动读书机制，搭建起委员读书活动的平台。全市建立51个委员读书群，推送学习资料，组织带动广大政协委员多读书、读好书、善读书，形成读书履职相促进的良好局面。实现省、市、县三级政协委员联动，读书全覆盖。与市图书馆协商，完善建立提案委员书房，与万柏林区政协联动在太原市图书馆举办“书香政协、畅享悦读”主题读书活动，与迎泽区政协在社区委员工作室联办“悦读迎泽·书香政协”委员读书会。邀请全国著名专家学者就《习近平总书记“七一”重要讲话精神》《双循环新格局中的服务贸易开放创新发展》《新格局下的现代物流》《新民主主义时期党在山西的光辉历程》做专题辅导，提升委员履职能力。创新线上线下相结合学习模式，推送解读中共十九届六中全会精神和省、市党代会精神及韦韬书记调研政协讲话精神等学习资料。编辑出版《锦绣太原城》。（刘 蓉）

【港澳台侨和外事委员会】 2021年，港澳台侨和外事委员会对太原市人才强市战略和创新驱动发展战略进行调研，并组织召开专题协商座谈会，邀请市委常委、组织部部长李新春和市委、市政协有关部门负责人，与政协委员、专家学者面对面协商座谈。围绕深化“放管服”改革，促进营商环境优化，组织政协委员深入相关政府部门、企业，对营商环境情况进行视察调研，召开专题协商座谈会。承办“关于大力加强科技创新，在新基建、新技术、新材料、新装备、新产品、新业态上取得突破的建议”重点协商课题并开展专题调研，协调、组织熟悉经济、科技工作的智库专家、委员与6个党派、工商联共同组成调研组，多次召开座谈会推进课题实施。通过集中调研、分组调研等方式，找准在新基建、新技术、新材料、新装备、新产品、新业态方面存在的问题和不足，提出合理化的意见和建议。围绕“加快构建以国内大循环为主体、国内国际双循环相互促进的新发展格局”主题，推动服务贸易开放创新发展情况进行视察调研。组织部分政协委员、智库专家组成调研组，深入省转型综改区、中北高新区，对服务贸易的基本情况从不同渠道进行多次深入调研。通过调研，听取市政府相关部门的情况汇报，与企业交流，了解开展服务贸易的基本做法、特色亮点以及存在问题，分析问题、查找原因、探讨对策和建议，形成调研报告并通过主席会议协商，报市委、市政府。围绕“发挥海外侨领社团桥梁纽带作用，促进对外开放和转型发展”“深化‘放管服’改革，营造‘六最’营商环境”“促进服务贸易创新发展”“加快会展业发展，助力服务贸易”等课题开

展调研。（刘　蓉）

【经济委员会】2021年，经济委员会针对太原市民营经济发展中存在的问题开展调研，调研报告《激发市场主体活力　推动民营经济高质量发展》全文在《山西政协报》刊登，所提建议得到市政府的逐条答复并给出具体实施举措。围绕人工智能、互联网、大数据等各产业深度融合，推动先进制造业集群发展，构建各具特色、优势互补、结构合理的战略性新兴产业增长引擎，培育新技术、新产品、新业态、新模式，促进平台经济、共享经济健康发展。调研报告《全力推进太原创建国家新一代人工智能创新发展试验区，加快建设人工智能研发制造重要基地》经十三届五十二次主席会议、十三届二十二次常委会会议审议修改后提交市委和市政府。5月21日举办"政协企业家委员山西行（太原）活动——中部地区城市科技创新与先进制造业发展协商对话暨项目对接活动"。（刘　蓉）

【人资环城委员会】2021年，人资环城委员会召开"关于强化太原城市饮用水安全工作，保障人民群众饮水安全"协商座谈会。对工业企业污染、工地扬尘、裸露地面扬尘、VOCs（挥发性有机化合物）等影响大气质量的重点领域防治情况进行专项视察。组织开展"全面推进太原市老旧小区提质改造、进一步改善人居环境"重点工作专项视察活动。开展"吕梁山生态修复治理"专题联动调研，组织部分政协委员深入西山国信城郊森林公园、梗阳城郊森林公园、玉泉山城郊森林公园开展实地调研，与太原西山生态文化旅游示范区管委会、规划和自然资源、生态环境等部门座谈交流，听取专家、委员建议，认真总结经验做法，撰写《关于太原西山生态修复治理情况的调研报告》，提交省政协协商会议交流参考。开展"汾河流域水污染防治，持续改善生态环境"省政协常委会协商联动调研，组织市规资、环境、城管等部门就汾河流域水污染防治，持续改善生态环境情况深入开展调查研究，形成《汾河流域水污染防治　持续改善生态环境——汾河太原段调研报告》。（刘　蓉）

【教科卫体委员会】2021年，教科卫体委员会围绕教育、文化、科技、卫生、体育等领域全市工作重点和关系广大群众切身利益的热点、难点问题，组织委员深入视察调研，形成《关于太原市文化旅游产业发展情况（晋祠景区环境综合整治晋阳古城大遗址保护和明太原县城保护性开发）调研报告》《关于促进分级诊疗制度全面落实提高人民群众健康水平的调研报告》《太原市政协关于挖掘特色旅游资源推动建设文化强市的建议》《太原市政协关于统筹推进县域内城乡义务教育一体化改革发展的建议》《太原市政协关于"改革完善疾病预防控制体系，提高应对突发重大公共卫生事件防控救治能力和水平"调研报告》《关于"推进'百馆兴体'助力打造'体育强市'"的建议》《关于加快推进太原市国家可持续发展议程创新示范区建设的建议》等。（刘　蓉）

【社会和法制委员会】2021年，社会和法制委员会推进无障碍环境建设，组织民革太原市委会、太原市残疾人联合会及部分市政协委员、智库成员、党派成员就太原市无障碍环境建设情况深入调研。形成《关于加强太原市无障碍环境建设，方便残障人士出行的调研报告》分别上报市委、市政府。开展文明交通治理，听取文明交通综合治理工作综合组各成员单位工作进展情况汇报。赴上海、深圳两市对城市道路交通管理的先进经验考察学习。开展文明交通综合治理情况专项视察调研。会同市统计局、市公安交警支队开展文明交通综合治理的评估工作。深入太原市公安局交警支队就《关于取消太原滨河东西路对外地车牌限行的建议》等重点提案进行调研督办。开展禁毒严打、消防安全治理调研，组织部分市政协委员就太原市禁毒严打整治工作视察调研。对太原市人员密集场所消防安全工作情况视察调研并形成调研报告。（刘　蓉）

【民族宗教委员会】2021年，民族宗教委员会承担"关于加快太原市慢行交通系统建设，进一步提升城市品质"的协商议题，组成慢行交通课题组，召开调度会、协调会、学习会、座谈会等9次会议，统一思路，协调推进，深入到轨道交通、公交公司、交警、城乡规划设计等部门（单位）实地调研座谈，赴天津、成都两市学习考察。调研完成后，形成主报告，民革市委会形成分报告，课题组其他成员分别撰写各自的发言材料和专题意见建议。召开有市委、市人大、市政府有关单位和部门参加的协商座谈会。（刘　蓉）

【农业和农村委员会】2021年，农业和农村委员会组织政协委员和智库专家，开展"深化农业供给侧结构性改革""太原市脱贫攻坚工作进展情况"专题调研协商。联合民主党派就"推进乡村振兴，加快脱贫攻坚""发挥特色农业产业在乡村振兴战略中的重要支撑作用""培育农产品加工龙头企业及联合体，推进农业高质量发展""坚持特优战略，做优做精现代都市农业的建议""加大易地扶贫搬迁力度推动贫困地区脱贫"开展视察和协商座谈。组织召开"大力发展产业扶贫助力决战完胜脱贫攻坚"协商座谈会。（刘　蓉）

【社情民意研究中心】2021年，社情民意研究中心收集各类社情民意信息15304篇，经审核、修改后编发5834期，全国政协采用74篇，省政协采用769篇，报市领导691篇，省领导批示19条，省级部门反馈15条，市领导批示248条，市级部门反馈152条。（刘　蓉）

中国共产党太原市纪律检查委员会 太原市监察委员会

Taiyuan Municipal Committee for Discipline Inspection of Communist Party of China Taiyuan Municipal Supervision Committee

综 述

【概况】 2021年，太原市纪委监委增强“四个意识”、坚定“四个自信”、做到“两个维护”，履行协助职责和监督专责，不断引深党风廉政建设和反腐败斗争。全市纪检监察机关处置问题线索5952件，立案2112件，结案2128件，给予党纪政务处分1917人，采取留置措施70人，移送检察机关审查起诉67人。市第十二次党代会后，十二届市纪委常委会同十一届市纪委常委会工作承接，强化“永远在路上”的政治自觉，坚持围绕中心、服务大局，高点站位、实处用力，乘势而上、顺势而为，推动太原纪检监察工作在高质量发展的新坐标点上迈出新步伐。《中国纪检监察报》《中国纪检监察》等中央级报刊媒体13次对太原市纪检监察工作进行报道。

（饶文波）

【机构改革】 2021年，太原市纪委监委根据中共太原市机构编制委员会《关于印发〈太原市深化市级事业单位改革实施方案〉的通知》和《关于印发〈中共太原市纪律检查委员会、太原市监察委员会所属事业单位改革实施意见〉的通知》，调整组建太原市党纪宣传教育中心、太原市纪委监委查询中心2个事业单位，机构规格为副处级，公益一类事业单位。

（饶文波）

【纪检监察体制改革】 2021年，太原市纪委监委发挥改革先导、突破、创立作用，聚焦完善权力运行和监督制约机制，推动市级层面的党和国家监督体系在坚持和完善中实现全覆盖、增强有效性。强化双重领导，厘清向省纪委监委和市委请示报告报备的47类情形，制定重大事项请示报告工作办法，请示报告报备事项198件，推动双重领导体制具体化、程序化、制度化。制定监督检查室加强指导联系县（市、区）纪检监察工作意见，县级纪委监委请示报告报备事项340件，推动上下一体贯通、系统整体发力。强化基层治理，出台乡镇（街道）纪检监察连片协作区工作指导意见，在全市范围内形成统一的组织形式、管理方式和运行机制，全市设立乡镇（街道）纪检监察连片协作区32个，涵盖乡镇（街道）数量102个，覆盖率达100%，加强基层监督力量。强化制度建设，以规范化法治化正规化建设为牵引，跟进上级出台的法规条例修订相应规定规程，制定规范性制度文件15个，印发指导文件2个。以依规依纪依法安全文明办案专题教育为契机，制定文件2个，修订完善文件4个，废止文件5个。累计制定完善规范性制度文件61个，基本形成覆盖各方面全流程的制度体系和运行机制。

（饶文波）

【纪检监察队伍建设】 2021年，太原市纪委常委会加强自身建设，围绕庆祝建党一百周年，建成机关党员活动中心，表彰“两优一先”党员干部61人、基层党组织12个，开展党史知识竞赛等活动，营造永远跟党走的浓厚氛围。选派干部分批次参加中央纪委国家监委培训班、省纪委监委培训班33批次，培训干部3729人次。靶向开展业务专训12期，培训干部6119人次。健全完善多层次交流、多岗位锻炼机制，轮岗、交流50名干部，3名县级纪委副书记到机关任中层副职，2名机关干部担任县级纪委副书记，系统外选调年轻干部6名，机关35岁以下年轻干部占到三分之一。自觉接受最严格的约束和监督，完善483名纪检监察干部廉政档案，实行动态管理。全市处置纪检监察干部问题线索81件次。召开警示教育大会，督促全系统干部知敬畏、存戒惧、守底线、作表率。出台14条措施，把对纪检监察干部的关心关怀落实落细。

（饶文波）

【廉政文化建设】 2021年，太原市着力打造场馆、公园、学校、村（社）、线上等多元化的清廉文化教育平台，构建完善全方位、多角度、立体式廉政文化“主阵地”。紧扣地域特色和人文特

2021 年 7 月 1 日，太原市纪委监委组织党员干部参观新建成的党员活动中心
（市纪委监委供图）

点，依托红色资源、传统文化、民风民俗等，建设覆盖面广、形式多样、各有特色的廉政文化教育基地，建成廉政教育基地 16 处。运用多媒体演示、全息投影技术、实感体验空间等功能，增强受教育者的体验感，达到激发共鸣、涤荡心灵的效果。把廉政元素融入狄仁杰文化公园等游园建设环节，宣传狄仁杰清正廉洁、公正执法、勤政爱民、刚正不阿的优良品格。在玉门河公园开展以荷花展为主题的“廉政文化节”活动，传播荷花“出淤泥而不染”的清廉高洁精神品质，让广大干部群众在休闲娱乐中感受清廉文化，在潜移默化中弘扬廉洁从政理念。在西山万亩生态园设立廉政教育园，设置清风廉韵、明鉴自省、廉吏典迹等 9 个主题景观，实现“抬头望廉、低头思廉、坐下学廉、行走观廉”的教育效果。发挥村、社区组织与党员干部群众联系紧密的优势，把廉洁文化建设与基层治理有机结合起来，把“清廉大餐”送到家门口，引导党员干部群众踊跃参与廉政文化建设，以优良党风政风带动形成好的社风民风。将廉洁教育有机融入基础教育体系，营造学校领导班子廉洁从政、教师廉洁从教的校园文化氛围，让学生从小树牢“敬廉崇洁”理念，厚植廉政文化根基。加强“并州廉政网”“清廉并州”微信公众号等线上平台建设，通过主题摄影、微电影、短视频、评论文章、工作信息等方式，强化对党规党纪政策的解读和正风反腐工作的报道，展示太原市党风廉政建设工作成效。推出《检举控告有门道——解读纪检监察机关处理检举控告工作规则》动漫微视频，引导群众以最正确的方法、最节约的成本进行检举控告。推出《拒绝“带电”红包　安享快乐新年》动漫微视频，在全市公交、地铁、出租车等公共交通车辆及户外电子广告屏滚动播出，持续强化廉政正面引导，群众喜闻乐见。（饶文波）

【特约监察员机制】 2021 年，太原市纪委监委主动接受外部监督，邀请特约监察员参加纪检监察机关组织的各类会议和业务培训，推动特约监察员履职尽责。组织市监委 22 名特约监察员开展“特约监察员在行动”领题调研活动 37 次，形成报告专报 80 篇。引导特约监察员从日常调研、督导检查、谈心谈话等工作中了解和监督各级监察机关及其工作人员履行职责情况，收集相关信息，提出意见建议。组织来自不同行业、不同领域的特约监察员为党风廉政建设和反腐败工作建言献策，提出工作建议 115 条。邀请特约监察员参与走访接访工作，组织监委人员与特约监察员共同了解基层群众反映的热点难点问题，依托专业知识背景协助做好来访疏导工作，并对信访举报政策规定和受理范围等进行宣传。（饶文波）

纪委监委重要会议

【市纪委十一届六次全体会议】 2021 年 2 月 7 日，中国共产党太原市第十一届纪律检查委员会第六次全体会议举行。出席全会的有市纪委委员 31 人，列席 88 人。省委常委、市委书记罗清宇出席会议并讲话，市委常委、市纪委书记、市监委主任周计伟作题为《推动新时代太原纪检监察工作高质量发展，

2021 年 4 月 10 日，太原市纪委监委组织党员干部到太原植物园开展义务植绿活动
（市纪委监委供图）

以优异成绩庆祝中国共产党成立100周年》的工作报告。全会以习近平新时代中国特色社会主义思想为指导，深入贯彻中共十九大和十九届二中、三中、四中、五中全会精神，全面落实中央纪委五次全会和省委十次、十一次全会精神，按照省纪委七次全会和市委九次、十次全会部署要求，回顾总结2020年全市纪检监察工作，研究部署2021年任务。全会认真学习领会罗清宇讲话精神，审议通过周计伟代表市纪委常委会所作的工作报告，围绕牢记初心使命，强化政治监督，在坚决贯彻落实党中央决策部署上持续发力；坚持“三不”一体推进，锚定战略目标，在坚定不移深化反腐败斗争上持续发力；紧盯“四风”顽疾，狠抓作风建设，在落实中央八项规定精神上持续发力；坚持人民至上，回应民生需求，在整治群众身边腐败和不正之风上持续发力；立足基本职责，完善监督体系，在全面提高治理效能上持续发力；深化政治巡察，构建联动格局，在提升整体效果上持续发力；深化纪检监察体制改革，健全体制机制，在拓展党内监督和国家监察全覆盖有效性上持续发力；把握时代特征，着力严管严治，在打造过硬纪检监察队伍上持续发力等八个方面的重点任务，提出具体工作要求。（饶文波）

【市纪委十二届一次全体会议】2021年9月29日，中国共产党太原市第十二届纪律检查委员会第一次全体会议举行。受中国共产党太原市第十二次代表大会主席团委托，周计伟主持会议。省换届风气第一巡回督查组成员到会指导。出席全会的市纪委委员应到31名，实到31名。全会选举产生中国共产党太原市第十二届纪律检查委员会常务委员会委员和书记、副书记。经中国共产党太原市第十二届委员会第一次全体会议批准，中国共产党太原市第十二届纪律检查委员会常务委员会委员为周计伟、王凯峰、魏福臣、李秀斌、霍存柱、

2021年4月15日，太原市纪委监委开展“全民国家安全教育日”主题宣传活动（市纪委监委供图）

张巨保、刘忠勇、郑林、李卫国。周计伟当选为市纪委书记，王凯峰、魏福臣、李秀斌当选为市纪委副书记。会议号召，要更加紧密地团结在以习近平同志为核心的党中央周围，团结带领全市广大纪检监察干部，发扬伟大建党精神，赓续红色血脉，践行初心使命，忠诚履职尽责，奋力谱写全市纪检监察工作高质量发展的新篇章，为完成市第十二次党代会提出的目标任务、全方位推进高质量发展，全面再现“锦绣太原城”盛景提供坚强保障。（饶文波）

纪律监察

【政治监督】2021年，太原市纪委监委围绕“两个维护”强化政治监督，深化粮食、人防、供销系统腐败治理和公共停车位、信息化项目建设、违建“大棚房”等突出问题整治。把监督融入“十四五”建设，聚焦巩固拓展疫情防控和经济社会发展成果、打好污染防治攻坚战、创优营商环境等重点任务，集中性、常态化开展监督检查，督促整改问题2451个。强化巡察监督，常态化推动十一届市委巡察反馈问题整改，对标新形势新任务谋划十二届市委巡察工作，突出创优营商环境，启动第一轮对6个市直单位党组织的常规巡察。紧盯省委第八轮巡视反馈意见整改，协助市委开展专项检查和随机抽查，推动问题全面整改、线索和信访件全部办结。加强对管党治党政治责任落实情况的监督检查，全市党内问责党组织18个、领导干部和公职人员126人。（饶文波）

【日常监督】2021年，太原市纪委监委落实中央《关于加强对“一把手”和领导班子监督的意见》和省委实施意见，协助市委制定《关于加强对“一把手”和领导班子监督的若干措施及责任分工》。与万柏林区、古交市、阳曲县党委班子成员进行集体谈话和一对一个别谈话，推动形成“一把手”和领导班子与纪检机关同题共答的良好态势。结合日常监督、处置线索、信访举报分析等发现的“一把手”和领导班子思想、工作、作风等方面的苗头性、倾向性问题，及时开展谈心谈话、约谈提醒，实现抓早抓小、防微杜渐。对新提拔和交流任职领导干部进行任前勤政廉政集体谈话，针对不同谈话群体和易发多发风险问题，协助党委做好警示提醒，有针对性提出要求，督促其不断加强自身修养、认真履职尽责、忠诚干净担当。组织开展对下级“一把手”监督谈话，督

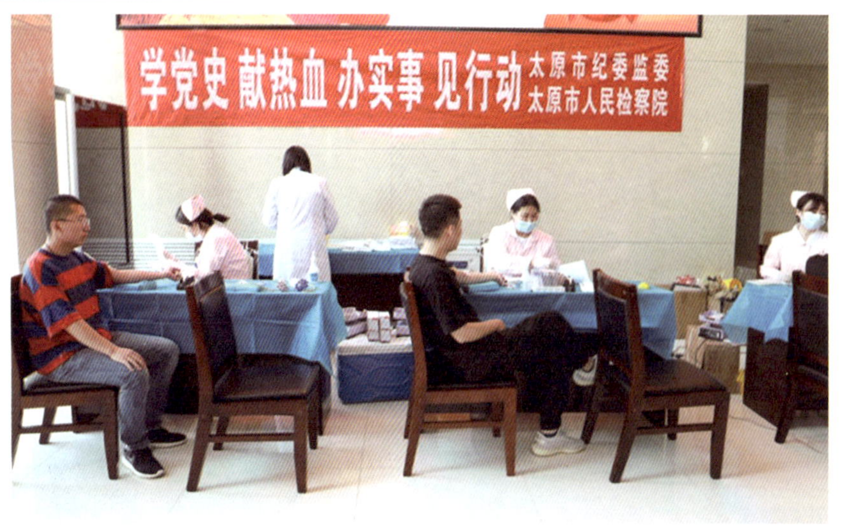

2021年6月30日，太原市纪委监委组织开展“学党史、献热血、办实事、见行动”无偿献血活动（市纪委监委供图）

促其发挥“头雁效应”，强化管党治党责任，带头廉洁自律，努力把各项工作抓得更紧更实、更有成效。把思想政治工作和群众工作贯穿始终，通过个别谈话、参加民主生活会、提出纪检监察建议等，抓实近距离常态化监督。出台统筹衔接“四项监督”提高监督质效工作办法，使监督更好地融入日常、抓在经常，不断凝聚监督合力、提升治理效能。全市处置问题线索5952件次，其中市管干部350件次。运用“四种形态”批评教育帮助和处理6868人次，其中运用第一种、第二种形态占比93.7%。严格执行“三个区分开来”，严肃查处诬告陷害行为，为受到不实举报的6名干部澄清正名，实事求是、依规依纪依法从宽处理、容错纠错133人。（饶文波）

【纠治“四风”】2021年，太原市纪委监委落实中央八项规定精神，紧盯重要节点和关键环节，紧盯易发多发老问题和隐形变异新动向，严肃查处顶风违纪行为。整治贯彻落实中打折扣、做选择、搞变通以及督查检查考核过多过频等突出问题，全市查处形式主义、官僚主义问题51个，批评教育帮助和处理107人，其中给予党纪政务处分84人。坚持对奢靡享乐行为露头就打、反复敲打，巩固“居民小区隐蔽吃喝”排查清理成果，开展党员领导干部违规入股企业问题专项清理，协助省纪委监委深入调查“奢华月饼”问题，推进清理规范违规发放公务员工资津贴补贴工作，全市查处享乐主义、奢靡之风问题168个，批评教育帮助和处理353人，其中给予党纪政务处分204人。完善作风建设联动协作机制，细化职能部门联动职责，凝聚纠治“四风”合力。坚持纠树并举，常态化通报曝光典型案例，对学生豪华生日宴等共性问题，深入查找机制制度漏洞，督促职能部门强化正面引导和行业监管，不断培育新风正气。（饶文波）

【“三不”一体推进】2021年，太原市纪委监委一体推进不敢腐不能腐不想腐，治理腐败效能增强。坚持反腐败首先从政治上看，优先查处违反政治纪律和政治规矩问题，全市处分存在违反政治纪律行为33人。加大政法、国企、医保等重点领域反腐力度，坚决查处徇私枉法、靠企吃企、套骗医保基金、充当黑恶势力“保护伞”等突出问题。聚焦“关键少数”，对8名市管干部立案审查调查并采取留置措施，始终保持高压震慑。追逃追赃取得重大进展，全市主动向纪检监察机关投案103人，通过监督办案挽回直接经济损失1.13亿元。完善“三不”一体推进机制，出台市纪委监委机关提出纪检监察建议工作规程，制发纪检监察建议书19份，推动案发单位强化源头治理、综合治理。从立案之初就同步考虑以案促改、以案促教，跟踪拍摄警示教育素材，制作《失衡与失守》等警示教育片，开展警示教育3600余场次、10.20万人次，引导督促党员干部提升拒腐防变自觉。

（饶文波）

【群众身边腐败问题和不正之风整治】2021年，太原市纪委监委推动监督下沉、监督落地，坚持不懈整治民生腐败，维护群众利益。强化过渡期专项监督，全市查处巩固拓展脱贫攻坚成果同乡村振兴有效衔接方面腐败和作风问题26个，批评教育帮助和处理31人。围绕秋季防汛救灾和灾后重建，紧盯灾情救助、基础设施、物资调配、复工复学、农业生产、灾后防疫等各项工作各个环节，加强跟踪监督，确保省委、市委各项政策措施落实落地。开展“我为群众办实事”实践活动，群众“急难愁盼”问题得到解决。推进房屋产权清零行动，督促完成首次登记51.5万套、转移登记18.7万套。按照市委部署推进“3岁以下婴幼儿照护服务”，推动托育服务机构同比增长98.80%、托位数同比增长75.60%。开展公职人员回迁户口享受村（社区）福利、与民争利专项清理，强化政策引导和分类处置，督促1741人完成清退2697.35万元。开展公共停车场领域腐败问题专项治理，开展公共停车资源、公共停车价位、机动车保有量、停车位备案和问题线索摸排“五个摸底”和违规审批建设、违规施划、失职渎职、以权谋私和贪污侵占“五个严查”，发现问题线索100件，办结66件，处理16人，处分8人，留置4人。深化整治群众身边腐败和不正之风，全市查处民生领域腐败和作风问题708件，批评教育帮助和处理1164人，以成效回应群众期盼、保障民生福祉。

（饶文波）

【警示教育】2021年，太原市纪委监

委制度化、规范化推进典型案例“五步式”警示教育。开展警示教育会、印发案件通报、组织阅读忏悔书反思录、召开专题民主生活会、开设案例警示教育课，以市管领导干部严重违纪违法案件为素材，摄制《伪装者的谢幕》等警示教育片，组织党员干部集中观看。在向违纪违法党员干部所在单位宣布处分决定时，现场开展警示教育，以案明纪、以案说法。结合政法队伍教育整顿，编印《太原市政法干警违纪违法案例选编》手册，收录政法干警违纪违法典型案例5件6人，开展政法单位全覆盖警示教育。选择违反中央八项规定精神、不收敛不收手、发生在群众身边的腐败问题和不正之风等典型案例，印发通报并在新闻媒体曝光。重点案例既通报违纪违法问题和查处结果，又通报案发单位制度和管理方面的短板不足，督促举一反三、引以为戒。坚持以身边的事警醒提示身边的人，编印市人大常委会2名原党组成员、副主任的《忏悔录》开展警示教育，教育引导党员领导干部守住底线、不碰红线。运用《深化监察体制改革试点以来纪检监察机关查处的严重违纪违法农村“两委”干部忏悔录选编》，在全市乡镇（街道）、农村（社区）党员干部中开展针对性警示教育活动，教育引导与不正之风划清界限、严防腐败问题发生。督促指导涉案单位召开专题民主生活会，要求领导班子成员自觉将自己摆进去，对照案例从思想信念、党性原则、纪律观念、规矩意识等角度深入进行检视剖析，认真查找自身存在的问题和不足，及时补短板强弱项，真改实改到位，最大化做到查处一案、警示一片、治理一域，推动法院、国企等系统和领域政治生态持续净化。会同市委组织部、市委党校等单位，在干部培训主体班次开设警示教育课，围绕典型案例交流讨论对照检查、撰写心得体会。把警示教育课堂搬进庭审现场，有针对性地组织职务相近、工作环境相似的党员干部公职人员参加庭审旁听，实现政治效果、纪法效果、社会效果的有机统一。（饶文波）

2021年6月24日，太原市纪委监委在阳曲县凌井店乡湾里村开展“我为群众办实事”实践活动（市纪委监委供图）

【换届监督】 2021年，太原市纪委监委全力构建换届风气监督闭环。成立村（社区）“两委”换届纪律风气监督组，印发《关于加强村（社区）换届纪律监督的实施方案》，连发《关于村（社区）两委换届监督工作导则》3期，明确监督重点11个，列出换届纪律监督《问题清单》《正面清单》，正反结合提升监督质效。成立换届纪律监督工作专班，设3个监督检查组，指导县级纪检监察机关与相关部门开展信息共享、线索移交和联查联办。严格廉政审查，健全党风廉政意见回复相关工作制度。畅通来信、来电、来访、网络“四位一体”举报平台，对反映违反换届纪律的举报建立“绿色通道”，通过清单化管理、实时化监控，对有关问题线索及时受理、优先办理、精准处置、对账销号，做到实名举报的必查，线索清楚、内容具体的必查，涉嫌拉票贿选的必查，群众反映强烈的必查，严格落实查处违反换届纪律案件专题报告制度。精准运用“四种形态”，精准落实“三个区分开来”，及时了结不实举报，为党员干部澄清证明。县（市、区）纪委监委班子成员分别包联1至2个街道，每名纪检监察干部包联2个村（社区），强化包村包联责任。印制宣传贴报5000套，宣传“十严禁”等换届纪律要求。开展县乡换届监督检查475次、警示教育193次，发现并纠正问题125个，党风廉政意见回复提出暂缓或否定性意见35人次，2名市管干部得知不再继续提名后主动投案。市纪委监委主要负责人在《中国纪检监察》2021年第23期刊发题为《既防止“带病提拔”也激励担当作为》署名文章，介绍相关经验做法。面对村社换届“一肩挑”比例提高、任职年限延长等新要求带来的新挑战，主动下沉靠前监督，开展谈心谈话2.40万人次，签订承诺书1.60万份，发放近4000份提醒函，有效防范违规违纪行为，确保全市1260个村社如期换届，市、县、乡、村四级换届工作圆满完成。（饶文波）

民主党派　工商联

Democratic Parties and Association of Industry and Commerce

民革太原市委员会

【思想政治建设】2021年，民革太原市委员会把思想政治建设摆在各项工作的首要位置，学习贯彻中共十九大和十九届历次全会精神，学习贯彻习近平总书记考察调研山西重要指示，以理论上的清醒确保政治上的坚定。学习贯彻省、市第十二次党代会精神，学习贯彻市委经济工作务虚会、太忻经济区（太原片区）建设启动大会的重要讲话精神。基层支部开展“赓续精神血脉，奋进时代征程”等主题宣讲、讲党课活动25次，开展中共党史、多党合作理论以及民革党章党史等宣讲学习。组织召开学习习近平总书记“七一”重要讲话精神座谈会。编印《学习》月刊、特刊13期。发放《习近平论中国共产党历史》《中国共产党简史》等书籍。

撰写理论文章《坚持用中共党史滋养初心》等5篇理论文章在《团结报》《中国统一战线》《太原日报》等媒体发表。制定市委会《民革作风建设年活动工作方案》，推进民革“作风建设年”各项工作落实。围绕庆祝新中国成立70周年和纪念辛亥革命110周年等重大时间节点，组织开展“学党史、听党话、跟党走”“学党史、明方向、跟党走、做贡献”等主题、专题教育活动，开展主题征文活动，收到各类征文95篇。参加民革中央“庆祝中国共产党成立100周年书画”评选活动，收集上报字画20副。参加民革山西省委会“百年辉煌百人诵、同心筑梦跟党走——学中共党史朗诵活动”，基层支部参与录制的短视频在省委会公众号播放。参加市委统战部“追寻足迹、携手前进”庆祝建党一百周年征文活动。发挥太原民革网站、“太原民革”微信公众号、“民革之音”抖音平台和《太原民革》期刊、《学习》月刊、民革党员之家、民革大讲堂宣传教育作用，第一时间传播新思想、新理论、新精神，第一时间报道太原民革各级组织重要活动和全市民革党员先进事迹，讲好太原民革故事，展现太原民革良好形象。（岳　佳）

2021年7月27日，民革太原市委会赴阳曲县、清徐县开展“加快发展黄土高原有机旱作农业”实地调研（民革市委会供图）

【组织建设】2021年，民革太原市委员会落实省委会领导班子任期承诺制和“三个一批”活动要求，把文瀛公园孙中山纪念馆打造成为民革中央党员教育基地。与省直理工大总支以及民革党员企业家联合创办太原理工大—煜昊源城市环境化学研究院，打造具有民革特色的生态环境保护合作实践基地。全年发展民革党员50人，净增长率3.82%。其中，博士研究生1人，硕士研究生10人。副高级职称2人，中级职称9人。发展高层次人才13人，占全年发展党员总数的26%。截至年底，全市民革党员1248人，其中，博士7人，硕士86人，占7.45%。正副高级职称115人，占9.20%。各级人大代表、政协委员156人。（岳 佳）

【参政议政】2021年，民革太原市委员会邀请民革中央副主席张伯军率调研组赴阳曲县、清徐县开展加快发展黄土高原有机旱作农业实地调研，助力谋划特色农业产业布局。参加民革中央长江生态保护民主监督，就湖北十堰、神农架林区生态环境保护提出建议，为形成更加科学合理民主监督意见建言。围绕加快推进太忻经济区建设，提出发展氢能产业的建议，助推产业转型，探索“双碳”目标实现路径。聚焦打造绿色能源新高地，提出《关于加快修订完善加氢站标准规范的建议》，被中央统战部《零讯》采用。强化与中科院煤化所省直支部联合调研，聚焦碳基新材料，助力全市“六新”产业发展，提出《打造碳基新材料创新发展新高地，培育我市高质量发展创新驱动新动能》建议，纳入全市“十四五”发展规划。落实中共太原市委《太原市加强政党协商的实施意见》精神，坚持在双月座谈会、省市两会、市政协专题议政会等重大协商议政平台建言发声。

2021年7月13日，民革太原市委会赴娄烦县天池乡韩家沟村调研千亩马铃薯有机旱作示范片区建设项目落实情况（民革市委会供图）

两会期间，向市政协十三届五次会议提交集体提案23篇，其中，《关于把太原市打造成全国体育城市的建议》等2篇提案被作为重点提案，《弘扬城市文化，打造城市精神，为再现锦绣太原城聚力添彩》作大会发言，《关于太原市种业发展的建议》《关于做好我市癌症防治工作的若干建议》《进一步提高家庭医生签约服务质量的几点建议》等6篇提案被列入《市政协十三届五次会议大会发言材料汇编》。

全年收到各类信息281篇，报送省民革、市政协、市委统战部134篇，其中，中央统战部《零讯》采用1篇。全国政协《每日社情》采用1篇，转送1篇。民革中央单篇采用2篇，综合采用2篇。省政协转送3篇，省委统战部《直言简讯》采用2篇。市政协单篇采用45篇，综合采用2篇，转送6篇，《普刊》采用2篇，市委统战部《太原市党外代表人士建言》采用1篇。（岳 佳）

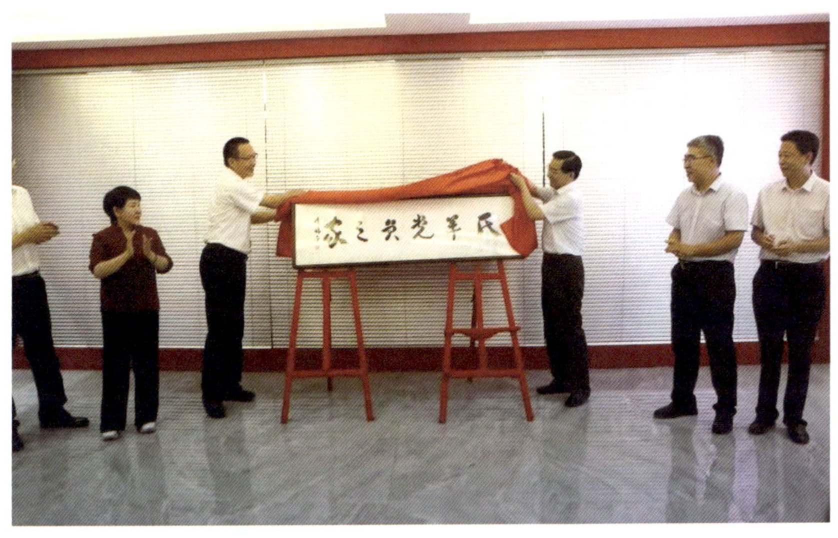

2021年7月23日，民革太原市委会“民革党员之家”揭牌（民革市委会供图）

【社会服务】2021年，民革太原市委会针对清徐县遭受的严重洪涝灾害，组织全市民革各级组织和广大民革党员向灾区捐款捐物9万余元。深入山西正和堂中医药文化产业园等包联帮扶企业开展调研，促进企业健康发展。开展“博爱·牵手”春节慰问困难民革党员活动，走访慰问困难党员，带去1万元慰问金。深入忻州市忻府区合索乡陀罗村开展送医下乡活动，为100余名村民进行义诊。（岳 佳）

【促进祖国统一】2021年，民革太原市委会落实民革中央祖统工作“三个坚持”指导方针，推动祖统工作开展。促成“台商山西行——台商台青走晋来”太原活动，通过考察调研、交流工作，促进台商项目落地，为并、台两地携手在新时代共享发展机遇、共谋合作契机搭建沟通桥梁。发挥太原作为省会城市的平台优势，协助办好第十一届两岸青年创新创业论坛，两岸各界嘉宾150余人参加论坛，为两岸青年携手创新、协同创业搭建发展平台、提供优质帮助，为并、台青年协作沟通和并、台经贸合作增添新动力。（岳　佳）

2021年10月26日，民盟晋城市委会到太原市委会开展盟务工作交流活动

（民盟太原市委会供图）

民盟太原市委员会

【思想政治建设】2021年，民盟太原市委员会学习习近平总书记在同党外人士共迎新春座谈会上的讲话、在党外人士座谈会上的重要讲话、在党史学习教育大会上的重要讲话和“七一”重要讲话精神，学习贯彻全国两会、省市党代会、经济工作会议等重要会议精神，《中国共产党统一战线工作条例》等重要文件精神。动员基层组织和盟员开展庆祝中国民主同盟成立80周年活动，创作视频短片、书画作品、诗词散文等文艺作品70余篇。在智能办公平台设立庆祝中国民主同盟成立80周年专栏，发布盟员优秀作品20余篇，在微信公众号发布优秀作品40余篇。

落实《民盟山西省委会开展中共党史学习教育实施方案》和中共太原市委统战部《关于在全市各民主党派中开展“学党史、明方向、跟党走、做贡献”主题教育活动的工作安排》，成立党史学习教育工作领导小组，制定《民盟太原市委会“学党史、明方向、跟党走、做贡献”主题教育活动方案》《民盟太原市委会基层组织开展“学党史、明方向、跟党走、做贡献”主题教育活动工作安排》《民盟太原市委会开展“永远跟党走”主题宣讲活动工作安排》等，成立7个宣讲团，深入全市73个基层组织开展党史学习教育宣讲、座谈、交流活动。

召开学习贯彻习近平总书记“七一”重要讲话专题宣讲会、庆祝中国共产党成立100周年党史学习教育培训班、学习《中国共产党统一战线工作条例》专题培训班，开展“我为转型发展献良策”主题征文、“永远跟党走”基层宣讲、“我们的节日”清明节缅怀先烈、民盟太原市委会“守初心，担使命，颂党恩”庆祝中国共产党成立100周年文艺会演、同心暖村园乡村服务、盟员企业助力退役军人就业、为乡村留守儿童捐赠图书、民盟太原同心合唱团送文化进社区、义务植树、慰问环卫工、慰问抗战老兵等党史主题教育实践活动。在智能盟务系统建立学党史“主题教育”微应用，设置《主题活动》《安排部署》《学习资料》《主题作品》《活动总结》等栏目，更新学习宣传内容，为盟员在线学习提供丰富资料，通过智能办公系统分享“主题活动”“心得体会”日志。（孟秀君）

2021年4月28日，民盟太原市委会组织盟员企业参加太原市2021年春季退役军人招聘会

（民盟太原市委会供图）

【组织建设】2021年，民盟太原市委员会根据民盟中央对盟员主体界别新调整，向各基层组织印发《中国民主同盟组织发展条例》《民盟太原市委关于贯彻〈新时代组织发展工作座谈会纪要〉的指导意见》。全年新发展盟员27人。其中，硕士研究生12人，占44.40%，大学15人，占55.60%；中上层人士20人，占74%。界别分布：高等教育6人，占22%；普通教育5人，占18%；文化艺术2人，占7.40%；科学技术6人，占22%。公有制经济6人，占22%，非公有制经济1人，占3.70%。政府机关1人，占3.70%。文化教育及相关科技界19人，占70.30%。平均年龄37.20岁。做好县（市、区）人大、政协换届

2021 年 11 月 2 日，民盟太原市委会开展向清徐灾区捐款活动

（民盟太原市委会供图）

推荐工作，推荐人员 90 余人次，全市盟员中县（市、区）级政协副主席 3 人，县（市、区）人大代表、政协委员 74 人。新增杏花岭区一支部等 3 个“盟员之家”，以“盟员之家”为阵地，开展参观学习、经验交流、举办参政议政讲座等活动 30 余场次。（孟秀君）

【参政议政】 2021 年，民盟太原市委员会基层支部报送信息 460 篇，省委统战部采用 1 篇，省政协采用 38 篇，盟省委采用 159 篇，市政协采用 77 篇，市领导批示 1 篇，市级部门反馈 1 篇。提交至市政协集体提案 20 篇，涉及防灾减灾、文旅发展、产业融合、社区治理、公共服务等方面内容，其中包括两篇重点提案《关于挖掘龙城红色资源，推动太原文旅发展的建议》和《关于推进我市人工影响天气，为防灾减灾救灾保障服务的建议》。市政协立案 20 篇，立案率达到 100%。（孟秀君）

【社会服务】 2021 年，民盟太原市委会动员基层组织，深入农村、学校、社区、养老院、福利院、特殊教育学校等地开展义诊义演、义务献血、教育帮扶、爱心捐助、法律援助、送春联、庆“六一”、“民盟同心林”植树活动等老品牌的社会服务活动 50 余次。组织 36 家盟内企业参加市退役局举办的退伍军人及家属招聘会，在端午节、八一建军节、元旦等节日与驻并武警部队开展双拥共建活动 20 余次。（孟秀君）

民建太原市委员会

【思想政治建设】 2021 年，民建太原市委员会学习贯彻习近平新时代中国特色社会主义思想和中共十九届六中全会精神，学习习近平总书记关于多党合作的重要论述和《中国共产党统一战线条例》，贯彻落实省、市第十二次党代会精神以及民建中央、民建山西省委会决策部署。开展理论中心组学习 9 次，集中开展理论学习 25 次，邀请民建中央能源与资源环境委员会副主任、国家发改委环资司二级巡视员杨尚宝、省委党校马克思主义学院副教授曹扬开展专题培训 2 次，参加民建省委、市政协、市委统战部举办的各类培训 10 余次。

开展“学党史、明方向、跟党走、做贡献”主题教育活动，举办书法笔会进会员企业、“庆祝民建太原市委会成立 65 周年”座谈会、“庆祝中国共产党成立 100 周年暨 2021 年健步行”大型主题活动和“新时代、新使命、新作为向中国共产党成立 100 周年献礼”主题演讲比赛。开展主题征文、诵读金句、走访参观、送新编革命现代剧演出进社区、进监狱和口述历史等主题活动。

组织企业家会员赴民建太原市委会教育基地——崔一生烈士故居红色教育基地参观学习。办好“民建太原市委”微信公众号，全年发布市委会及支部活动信息 210 条，累计关注 1158 人次，点击量 2 万余次。编印发放《并州民建》季刊 2400 余册，开设《学习贯彻〈中国共产党统一战线工作条例〉》《学党史、明方向、跟党走、做贡献》《学习中共十九届六中全会精神》等专栏。拓展会外宣传渠道，全年报送工作信息 500 余篇次，其中在《团结报》刊登信息 1 条，民建中央网站刊登 32 篇，省委统战部网站刊登 5 篇，《山西政协报》刊登 4 篇，《太原日报》刊登 2 篇，《太原统一战线》刊登 10 篇。（郝亚婷）

2021 年 4 月 28 日，民建太原市委会退役军人服务站组织 13 家会员企业参加太原市 2021 年退役军人专场招聘会

（民建太原市委会供图）

2021年5月18日，民建太原市委会举行“新时代 新使命 新作为”向中国共产党成立100周年献礼主题演讲比赛（民建太原市委会供图）

【组织建设】 2021年，民建太原市委员会坚持理论中心组学习制度，严格贯彻民主集中制，召开主委会12次、常委会4次、全委会1次。坚持“谈心会”制度和联系基层支部制度。严把会员入口关，发展有代表性、高素质人才入会，全年发展新会员55名，净发展率3.80%。截至年底，会员总数1341人，其中男816人，女525人。平均年龄50.90岁。高中及以下206人，大学专科420人，大学本科581人，硕士121人，博士13人。正高12人，副高97人，中级358人，初级123人。企业高级管理人员公有经济19人，从事非公经济213人，合计232人。中上层716人。经济界1086人。举办新会员多党合作理论培训，为新会员颁发会员证并举行入会宣誓仪式。开展春节慰问和重阳节座谈会及府城游敬老活动，慰问重病会员，送去市委会特需会员慰问金和会员爱心捐款4万元。截至年底，会员中126人担任各级政协委员、人大代表，其中副县级以上领导干部27人。强化基层组织建设，新成立太原学院支部，新建“会员之家”3个，评选“魅力支部”3个，推进支部建设的规范化进程。为支部提供活动经费、场地以及人力支持，扶持支部树立自有社会服务品牌，支部全年共开展活动80余次。（郝亚婷）

【参政议政】 2021年，民建太原市委员会参与政党协商和政协协商，参加双月座谈、情况通报会、征求意见会、中心组学习、各类协商会、专题视察、座谈会20余次，紧扣“十四五”规划，围绕“六新”和建设“具有国际影响力的国家区域中心城市”提出意见建议40余条。市委会向市政协会提交《关于加快工业固废高端利用切实减少碳排放的建议》《关于促进太原市民营经济高质量发展的几点建议》等组织提案20件、立案20件，大会发言2篇。《关于促进太原市民营经济高质量发展的几点建议》被确定为市政协“一号提案”。发声两会，3名人大代表提交建议3件，19名政协委员提交个人提案26件，社情民意13篇。在民建、工商联、经济界别联组讨论会上，围绕提升食醋产业竞争力和民营企业人才队伍建设提出相关对策建议。市委会集体提案《关于加快我市5G建设发展的建议》。就“双碳”达峰、现代物流、双减政策、职业教育、文旅发展等重要课题开展调研，完成调研报告18篇。

开展统战信息和社情民意信息培训3次，编写《民建太原市第十一届委员会参政议政风采录》。全年上报社情民意345篇，被全国政协单篇采纳1篇，民建中央采纳11篇，省政协转送3篇，报送全国政协16篇，市领导批示6篇，市委统战部《党外代表人士建言》采纳2篇，市政协普刊采纳4篇，市政协单篇采纳115篇，市级部门反馈2篇，市政协转送6篇，市政协综合采纳3篇。

通过参加双月座谈、各类协商、专题讨论，以及选派会员担任特约监察员、检查员、审计员、督导员等方式开展民主监督，对涉及经济社会发展的重大问题和人民群众关心的热点难点问题主动监督。（郝亚婷）

【社会服务】 2021年，民建太原市委员会通过消费扶贫对原定点帮扶村娄烦县水峪村进行帮扶，帮销核桃100千克、红葱150千克、土豆10吨。与阳曲首邑学校结对，完善所援建的“德育超市”，以“扶志＋扶智＋帮困助学”模式开展教育扶贫，“一对一”帮扶娄烦县、阳曲县贫困大中小学生，市委会机关、相关支部5次赴首邑学校开展扶贫助学活动，捐赠学习、文体、生活用品和防疫物资，为贫困学生送去助学金，做好“扶贫助学”社会服务品牌。深入近20家会员企业开展入企帮扶，分行业、分领域，宣传政策法规、摸清困难问题、建立帮扶台账。在常态化调研的基础上召开民建会员企业家座谈会，组织企业家赴太原金融综合服务大厅开展专场融资对接活动。组织5名企业家会员组成太原民建分团参加第四届进博会。多家会员企业为河南洪灾和山西水灾爱心捐赠近30万元。响应会中央在丰宁县开展的“聚光福　稳脱贫”光伏扶贫专项行动，为改善丰宁县医疗条件，为丰宁县中医院捐赠价值60万元医疗设备。下属企业设立专柜销售丰宁县冷榨油等农产品6万余元。（郝亚婷）

民进太原市委员会

【思想政治建设】 2021年，民进太原市委员会坚持以思想建设为基础，召开全体会议1次、常委会会议4次和主委会议10次，学习中共十九届六中全会精神和习近平总书记关于统一战线、多党合作重要论述，贯彻落实省、市第十二次党代会精神，按照《中共中央关于加强中国特色社会主义参政党建设的意见》《中国共产党统一战线工作条例》要求，提高政治判断力、政治领悟力、政治执行力，增进“四个认同”、增强“四个意识”、坚定“四个自信”、做到“两个维护”。（郭　潮）

【宣传工作】 2021年，民进太原市委员会开展“学党史、明方向、跟党走、做贡献”主题教育活动的学习宣传，根据基层会员要求，编发《理论学习资料汇编》4期，编辑《太原民进》会刊2期，印发《太原民进工作简报》12期。发布微信公众号69期，通过各种媒体发布信息197条，78条被民进中央和《团结报》《山西民进》等媒体采用，其中，民进中央官网采用38条，《团结报》采用4条，《山西民进》采用69条，《山西政协报》采用6条，其他媒体采用8条。

全年收到信息449篇，报送240篇。《关于对新冠肺炎患者康复出院后进行心理疏导的建议》《关于尽快启动农村自建房相关法律制度立法工作的建议》《应加强复制智能卡管理》等3篇被全国政协采用，民进中央采用5篇，报送全国政协15篇，省政协转送采用4篇，《ZYJX》采用1篇，省民进采用44篇，市政协单篇采用50篇，市政协转送14篇，市政协综合3篇，市委统战部《党外人士建言》采用1篇。（郭　潮）

【参政议政】 2021年，民进太原市委员会把“反映社情民意信息”作为年度工作主线，制订实施方案，召开主题年推进会，组织骨干会员参观民进省委会参政议政成果展，开展半导体材料和器材产业发展专题调研，编撰完成《民进太原市委会九届参政议政精品集》。完成民进省委会《关于提高我省现代物流业轴中心服务能力的建议》《青少年心理健康之危机预防“3+3”模式》《关于推进山西省0—3岁婴幼儿托育服务工作的建议》《提升先进制造业集群水平，振兴山西制造业的快速发展》4个调研课题和市政协《打造全域旅游示范区》《推动服务贸易创新发展》《推动汾河两岸整体重塑》3个调研课题、市委统战部《推动太原市现代物流高质量发展对策》《太原市属职业中学发展瓶颈及建议》《推进产业扶贫与乡村振兴战略有机衔接研究》3个调研课题。（郭　潮）

【社会服务】 2021年，民进太原市委员会开展“我为群众办实事”社会服务活动。组织民进太原开明画院开展“春联万家”活动共七进10项活动，进街道办事处、进会员之家、进政协机关、进偏远农村、进文旅景区、进培训学校、进军区兵营，书写春联4600余副、福字5000余幅。依托太原民进名师讲学团，选派山大附中、成成中学、青年路小学等学校的30余名优秀教师在晋源区实验中学、董茹中心小学等10所中小学开展支教活动，受益学生2200余人。联合民进山西省委会、民进山西白求恩医院支部举办“世界镇痛日，中国镇痛周”系列大型义诊活动，深入太原综合广播、小店区龙城街道首开社区、迎泽区老军营街道桃南—社区和桥东街道东岗社区、晋源区晋源街道新城社区以及进山中学、小店区环卫局、阳曲县环卫局、小店区环卫清运队等地开展大型义诊活动，为群众免费义诊。投身防汛救灾工作，捐款捐物，会员累计捐款230.10万元，捐赠物品价值约1.60万元。（郭　潮）

农工党太原市委员会

【思想政治建设】 2021年，农工党太原市委员会用好宣传阵地、整合宣传资源，传播农工党各基层组织的重大活动、重要工作。发挥微信公众号作用，讲好农工太原故事、传播党员好声音，提升农工党宣传舆论引导能力，扩大农工党知名度和美誉度。组织订阅《前进论坛》，为市、县（市、区）委统战部订阅《前进论坛》。（赵晋春）

【政治协商】 2021年，农工党太原市委员会在中共太原市委、市政府召开的党外人士双月座谈会、情况通报会上，就坚持和完善中国特色社会主义制度、工业强市、人才兴市、环境立市、创新驱动、城市“双修”、乡村振兴等重大战略、政府工作报告等重大议题，发表协商意见和建议。（赵晋春）

【参政议政】 2021年，农工党太原市委员会围绕转型综改、工业强市、5G建设、公共卫生、科技创新、饮用水源地保护等重大部署参政议政、建言献策，两会期间提交集体提案14篇，其中，《关于进一步加强医疗联合体建设、提升基层医疗卫生服务能力》的提案被列为市政协重点提案，收到较好的社会效益并获市政协优秀提案，《做大做强省会城市，加快推进中部盆地城市群一体化》的提案被选作大会发言。（赵晋春）

【调查研究】 2021年，农工党太原市委员会完成省委会农工山西省委立项调研报告6篇，完成中共太原市委统战部立项调研报告3篇。（赵晋春）

【社情民意】 2021年，农工党太原市委员会征集社情民意和统战信息190余篇，其中编辑、修改、整理、报送126篇。其中：报送全国政协7篇，全国政协采用1篇，农工党中央采用2篇，省政协采用4篇，农工省委采用35篇，市政协采用46篇。（赵晋春）

【社会服务】 2021年5月27日，农工党太原市委员会赴新关镇联校开展帮学助教活动。6月4日，组织市中医医院、市人民医院、市妇幼保健院的中医、针灸、妇科、内分泌等方面相关专家赴娄烦县韩家沟村开展“农工党2021年环境与健康宣传周”义诊活动。6月10日，在市灵星社区服务中心开展“走进灵星，让爱零距离”活动，与自闭症孩子一起过端午节，并送上慰问品。7月30日，赴省政府警卫连开展双拥慰问工作。10月9日，赴清徐县闫家营村捐助抗洪物资。10月13日，赴娄烦县康家沟村开展送健康义诊活动。10月20日，前往清徐县孟封镇东罗村开展慰问活动，捐赠矿泉水、饼干、方便面等生活物资。向受灾较为严重的晋中市祁县捐赠价值10余万元的应急抢险车一台。11月11日，赴尖草坪区西村开展义诊活动，义诊专家团带着心电图、B超等检查仪器，提供价值4000元的药品。各支部依托各自优势开展形式多样社会服务活动，通过开展医疗义诊、帮教助学、文化慰问等社会服务活动，助力经济社会发展。（赵晋春）

【党史学习教育】 2021年，农工党太原市委员会开展“党史学习教育”活动，开展庆祝中国共产党成立100周年系列活动。4月28日，在山西社会主义学院举办农工党太原市各县（市、区）新任人大代表、政协委员暨新党员培训班。5月14日，组织党员赴娄烦县高君宇故居开展党史学习教育。5月28日，举办“坚守岗位、抗击疫情”道德讲堂。7月20日，在太原市文化发展中心（太原市文化馆）举办“书歌建党百年、墨舞合作情怀”书画展。7月9日，召开庆祝中国共产党成立100周年座谈会。8月3日，赴八路军驻晋办事处旧址、247厂工人运动和山西军工史展馆、黄樵松起义接洽地旧址参观学习。通过一系列活动，进一步传承和弘扬多党合作的优良传统，坚定农工党党员对中国特色社会主义的道路自信、制度自信、理论自信和文化自信。（赵晋春）

九三学社太原市委员会

【思想政治建设】 2021年，九三学社太原市委员会坚持把思想政治建设放在首位，通过中心组学习、座谈交流、专题培训等方式，以习近平新时代中国特色社会主义思想为引领，学习中共十九届五中、六中全会精神，习近平总书记考察调研山西重要指示精神，习近平总书记在建党100周年大会重要讲话精神，学习贯彻习近平总书记关于加强和改进统一战线工作重要思想和多党合作重要论述、《中国新型政党制度》和《中国共产党统一战线工作条例》，学习省、市十二次党代会等精神。引导广大社员尤其是领导干部胸怀“两个大局”、心怀“国之大者”，增强“四个意识”，坚定“四个自信”，做到“两个维护”，拥护“两个确立”，提高政治判断力、政治领悟力、政治执行力，增进对中国共产党领导和中国特色社会主义的政治认同、思想认同、理论认同、情感认同，保持同中国共产党同心同德、团结奋进的政治本色。（梁树春）

【参政议政】 2021年，九三学社太原市委员会在政协太原市十三届五次会议和太原市人大十四届六次会议上，提交17篇团体提案，1件人大议案，11篇个人提案。其中，提案《聚焦5G+应用、打造太原智能制造创新城市》做大会发言，并在《山西政协报》刊登。《关于晋祠—天龙山创建国家AAAAA级景区的建议》被列为重点督办提案。社市委完成《加强太原市慢行交通系统建设管理，进一步提升城市品质的建议》课题的子课题《关于太原市慢行系统交通接驳空间更新的建议》，完成《大力推进汾河两岸整体重塑，打造汾河靓丽名片的建议》专项视察调研报告《挖掘汾河文化资源，打造汾河靓丽名片》。向社省委提交5篇省政协团体提案。（梁树春）

【政治协商】 2021年，九三学社太原市委员会在中共太原市委双月座谈会上，围绕《政府工作报告（征求意见稿）》、全市实施工业强市战略推进情况、全市加强科技创新、打造一流创新生态情况、全市上半年经济运行情况、全市巩固拓展脱贫攻坚成果同乡村振兴有效衔接进展情况、全市党风廉政建设和反腐败工作情况等中心议题提出建议意见20余条，多条建议被采纳。

向统战系统报送统战信息，其中《关于发展太原市农村电子商务的建议》《加快智慧农业发展　推进太原市现代化农业体系建设》和《关于大力实施“装备制造业高端化、智能化、服务化”发展战略的建议》三篇信息被市委统战部采用，编入《太原市党外代表人士建言直通车》。

参与立法建设，为《太原市旅游条例》《太原市十四五规划》《太原市晋阳湖生态保护和修复条例（草案）》等法律法规提出修改意见。

在“学党史、明方向、跟党走、作贡献”主题教育活动中，参加市委统战部“我为转型发展献良策”活动，组织提交《关于推动太原市工矿企业老旧电机节能减排提质增效的建议》《关于煤炭产业发展的思考和建议》等12篇建议，其中4篇入选《太原市民主党派“我为转型发展献良策”建议摘编》。

完成3篇政府部门重点调研课题，《关于加强科技创新促进煤炭产业转型发展的建议》《关于垃圾分类回收智能管理的对策研究》《太原市人才强市战略实施的问题研究》入编《太原市民主党派优秀调研成果集》。中标统战理论研究课题，完成《山西历代各民族交往交流交融历史概述》统战理论研究报告。

（梁树春）

【民主监督】 2021年，九三学社太原市委员会各级人大代表履行代表义务，发挥代表作用。各级政协委员参加政协组织的学习、考察和民主评议活动，履行政协委员的责任和义务。担任政府部门特约监督员和纪检监督员的社员，在行风评议中关注民生、敢于直言，履行九三学社民主监督的职责。社市委与两家对口协商单位（市科技局和市卫健

委）联系交流，参加重大会议，征求对班子的意见。（梁树春）

太原市工商业联合会

【思想政治教育】2021年，太原市工商业联合会开展政策宣传，广泛在民营经济人士中对新修订的《统一战线工作条例》和《关于新时代民营经济统战工作的意见》等关于统一战线工作的重大理论方针政策进行宣传，引导民营经济人士加强对统一战线工作的认识。开展民营经济人士培训，通过举办党史学习教育报告会、中共十九届六中全会精神宣讲会，参加“晋商大讲堂”以及分层分类多领域业务培训等方式，培训民营经济人士2000余人次，提升民营经济人士的政治理论水平和业务素质。开展兼职副主席（副会长）轮值活动，举办以“网络宣传和舆论引导”“学党史、明使命、勇担当”等为主题的轮值活动，引导广大企业家把思想和行动统一到党中央决策部署上来。引导企业家履行社会责任，号召所属商（协）会及会员企业积极向清徐县受灾群众捐款捐物。市工商联所属商（协）会和民营企业向清徐县捐款捐物4000余万元。（李维秀）

【民企服务】2021年，太原市工商业联合会与市委宣传部共同召开网络宣传和舆论引导专题座谈会，引导民营企业践行社会主义核心价值观。组织企业家参加市委推进项目建设专题政企对话会，助力解决项目建设中存在的问题。与市检察院开展联企服务，建立检察院“一对一”对接服务企业名单，并协助开展相关服务工作。与检察院共同发挥民营企业在罪错未成年人观护帮教中的作用，授予5家企业为太原市罪错未成年人观护帮教基地。与市中级人民法院召开法企座谈会，企业反映的6件问题案件，均得到市中级人民法院的受理和回复。（李维秀）

【营商环境优化】2021年，太原市工商业联合会优化民企投诉处理平台，建立咨询、反映、投诉台账，完善“投诉登记表”“投诉事项转办函”，提升投诉处理程序规范化水平。与市检察院、市司法局等16家相关部门及六城区区政府建立投诉联动机制，在10个县（市、区）工商联和10个商会分别建立民营企业发展问题及意见建议收集站。投诉处理平台通过来访、来信以及收集站转报等方式，受理96件反映问题事项和意见建议，其中转办投诉事项48件、协调解决反映问题21件、提供法律服务10件、收集意见建议17件。

（李维秀）

【助力民营科技企业创新发展】2021年，太原市工商业联合会对60家科技型会员企业进行走访调研，收集整理企业反映的问题清单，通过政企对话会、民企投诉中心等途径加以协调解决。联合市委统战部、市青年企业家商会、清华大学山西清洁能源研究院共同举办民营企业创新转型与绿色低碳发展论坛，邀请清华大学教授围绕“以绿色低碳发展为引领，推动经济高质量发展”主题开展主旨演讲，并与70余名民营企业家进行交流发言，促进民营企业绿色低碳高质量发展。（李维秀）

【招商引资】2021年，太原市工商业联合会与阳曲现代农业示范区开展招商引资会2次，促成9家商会和3家企业与阳曲现代农业产业示范区签订战略合作框架协议。与西山生态文化旅游示范区开展招商引资对接会4次，推动5家企业、4家商会与太原西山生态文化旅游示范区签订项目投资意向和战略合作意向。组织企业家赴上海参加进博会并召开晋沪民营企业对接圆桌会太原分论坛，宣传山西和太原招商引资环境和政策，助力招商引资和转型发展，20家并沪民营企业就项目合作、资金对接进行现场交流，2家企业签订合作意向书。（李维秀）

【商会改革发展】2021年，太原市工商业联合会制定出台《领导班子联系商（协）会制度（试行）》《所属商会管理办法（试行）》《所属商会年度考核办法》《商会负责人人选审核办法》，提升商（协）会规范化水平，太原市河北商会等6家商会被评为全国“四好”商会。加强商会党建工作，制定出台《所属商会党支部工作考核办法》，发挥商会人民调解作用，印发《关于推进商会人民调解工作的通知》，明确工作目标和职责，规定调解委员会、调解员设置及调解范围。有2家商会成立人民调解委员会，10家商会基本完成委员会筹备工作。

（李维秀）

【参政议政】2021年，太原市工商业联合会围绕落实工业强市、创新驱动、文旅融合等发展战略，开展调查研究，建言献策。带领商会会长、企业家代表赴杭州、温州开展营商环境调研。组织市工商联政协委员开展落实民营经济政策课题调研。开展准独角兽企业和瞪羚企业摸底调研，推荐的3家准“独角兽”企业（指成立时间不超过10年、估值超过10亿美元的未上市的创业公司）和4家“瞪羚”企业（指创业后跨过死亡谷以科技创新或商业模式创新为支撑进入高成长期的中小企业）均被省工商联授牌。向市政协提交团体提案、大会发言材料和社情民意信息20余件，提出意见建议80余条，参加市政协各类协商议政会议10余次，开展民营经济运行调查7次，填报调查问卷360余份，形成调研报告4篇，向省工商联提交省级团体提案素材4件，社情民意信息5件，多件调研成果和参政议政材料被省工商联、市政协采用。（李维秀）

群众团体
Mass Organizations

太原市总工会

【职工文化生活】 2021年，太原市总工会成立由劳模、工匠、工会干部、理论专家等95人组成的“党的创新理论”宣讲团，组建文艺巡演小分队，进车间、进班组开展宣讲近300场，全市各级工会开展党的创新理论宣讲1600余场。为庆祝中国共产党成立100周年，策划“中国梦·劳动美——永远跟党走，奋进新征程”百万职工主题系列教育活动11项，包括首届职工文化艺术节、红色经典诵读、“我心向党”职工歌手大赛、“建党百年百场经典红色电影展映”等丰富多彩、富有教育意义的特色文化活动400余场，参与职工300余万人次。与太原电视台、太原日报社等各大媒体和太原地铁、领先户外传媒文化公司合作，以宣传片、新闻对话、专栏、电子屏等方式，加大劳模精神、劳动精神、工匠精神宣传力度。 （李　璟）

【职业技能竞赛】 2021年，太原市总工会开展建党100周年全市百万职工聚焦“六新”助力转型暨第十二届职工职业技能大赛活动，全市44个赛区开展197项竞赛，其中5G网络、智能制造等“六新”工种53个，职工参与人数达91.58万人，形成市级、行业（系统）级、企业级竞赛联动。开展“五小”创新大赛，全年参赛30万人，评选奖项218项。累计命名3个国家级创新工作室、61个省级创新工作室、255个市级创新工作室，20个“六新”职工创新工作室。打造太原市职工智创空间，收集近3年全市职工优秀技术创新成果600余项。在全省第七届职工职业技能大赛中太原市分获3个工种团体第一名。 （李　璟）

2021年12月15日，太原工人文化宫剧场“‘中国梦·劳动美——永远跟党走，奋进新征程’我心向党”职工歌手大赛开赛 （市总工会供图）

【先进表彰】 2021年，太原市总工会推荐评选获全国五一劳动奖状单位1个、获全国五一劳动奖章个人2名、获全国工人先锋号单位3个，获市五一劳动奖状80个、市五一劳动奖章150名、市工人先锋号100个，树立一大批先进典型。 （李　璟）

【困难职工帮扶】 2021年，太原市总工会持续运行“1+8”工作机制，组织实施生活救助、医疗救助、助学救助项目，累计为107户困难职工发放救助金334.98万元。组织困难职工主动参与创城活动，发放补贴37.10万元。开展“爱心奶”工程，投入资金43.70万元，为138户困难职工发放爱心奶13.40万盒，巩固城市困难职工解困脱困成果。 （李　璟）

【关心关爱职工活动】 2021年，太原市总工会投入“送温暖”“送清凉”资

2021 年 8 月 27 日，“相约工会·会聚良缘”太原市职工婚恋服务活动在万象城举行 （市总工会供图）

金 626 万元，慰问一线职工 3.20 万人。组织慰问新就业形态劳动者，投入 196 万元，慰问 2.40 万人次。打造 163 个“爱心驿站”和 65 个“妈咪小屋”，累计提供各类服务 20 万余人次。其中 60 个户外劳动者爱心驿站挂牌“省政府民生实事项目”。开展“送法到基层”服务 113 场，覆盖职工 10 万余人。开展“安康杯”等多种安全教育活动，覆盖企业 3000 余家、班组 10000 余个、职工近百万人。开展职工心理健康服务 300 余场次，服务职工群众 2 万人。打造“幸福同行·会聚良缘”工会婚恋交友服务品牌，全年举办“线上＋线下”职工婚恋交友服务活动 14 场。 （李　璟）

【基层工会组织建设】 2021 年，太原市总工会开展基层组织建设专项攻坚行动。截至年底，全市职工人数 104.30 万人，其中工会会员 94.80 万人，新发展会员 35924 人，全市百人以上单位全部建会。在全市工会组织开展以“比规范建设、比思想引领、比服务大局、比机制运行、比服务多样、比会员满意和争创‘新时代职工之家’、争做职工群众信赖的‘娘家人’”为主要内容的“六比双争”活动。整合全市“妈咪小屋”“职工书屋”“爱心驿站”“健康驿站”等多种基层服务试点，推进“新时代职工之家”建设工作，打造四联重工、富士康工业园区、太原供水集团、太原市政公司等一批具有鲜明行业特色的样本，为全市工会树立学习标杆。开展小微企业工会经费返还工作，全市各级工会共返还小微企业工会经费 5982.81 万元。为保障全市防汛救灾工作，向全市各级基层工会拨款 230 万元。（李　璟）

共青团太原市委员会

【基层组织建设】 2021 年，共青团太原市委员会在全市 4131 个团支部中开展“对标定级”工作，基层团组织规范化建设水平提升，团支部对标定级工作排名全省第一。推动“两新”组织团建工作，新成立“两新”团组织 480 个。新建青年之家 134 个，全市挂牌“青年之家”248 个，开展线上线下活动 732 场，服务青少年 35725 人次。 （王羿舒）

【青少年理想信念教育】 2021 年，共青团太原市委员会开展“学党史、强信念、跟党走”学习教育，全市 5645 个团支部近 40 万人次参与，覆盖全市所有团支部。10345 个少先队中队开展“红领巾心向党”主题活动，覆盖 41 万名少先队员。打造“青年大学习”太原市团、学骨干培养营，组织市委党校及省内高校学者深入市直各学校开展宣讲 277 场，覆盖团、学骨干 17469 名。培育践行社会主义核心价值观，开展“太原市向上向善好青年”推选活动，选树 100 名来自各行业、各领域优秀青年典型，为团员青年树立学习榜样。

（王羿舒）

【青少年网络舆论引导】 2021 年，共青团太原市委员会“青春太原”新媒体平台粉丝总数达到 100 多万，围绕党史学习教育累计推送微信、微博 400 余条，发布主题短视频 647 个，累计浏览量 4780 万。“青春太原”微信公众号开设《党史百年天天读》栏目，每日推送一期党史知识，开展党史知识答题 61 期，常态化强化青年学习党史的信念。“青春太原”品牌持续名列太原政务新媒体影响力前列，“青春太原”微信公众号获全市“2021 年第一季度优秀新媒体账号”。 （王羿舒）

【青少年综合服务】 2021 年，共青团太原市委员会“12355”青少年综合服务平台全新升级，拓展成为为青少年提供心理咨询、法律援助、爱心帮扶、志愿服务、团务信息、创业就业信息、投诉建议等的综合性服务平台，全年开展各类咨询服务 12949 件次。强化青少年政治参与，深化共青团与人大代表、政协委员面对面活动，举办面对面活动 4 次，反映青少年利益诉求，推动地方性法规立法项目 1 个，向与会人大代表、政协委员反馈报告 2 份。提升预防青少年违法犯罪工作服务水平，晋源区人民检察院第四检察部等 7 家单位被团中央授予全国“青少年维权岗”称号。

服务困境青少年，“暖冬行动”筹集资金 6 万余元，帮助贫困青少年 200 余人；“圆梦龙城”助学行动筹集善款 10 万元，帮助 20 名贫困家庭大学新生实现大学梦。开展“学党史、践初心、点亮千条微心愿”活动，帮助贫困家庭、低保户、农民工子女及市盲童学校和市聋人学校两所特殊学校 1296 名青少年实现微心愿。服务新兴领域青年，围绕“搭平台、抓活动、强服务”三个维度，扩大对新兴领域青年、青年社会组织、社工联系覆盖，“青春伴飞”小程序注册1644人，举办年度青年社会组织骨干培训班，开展“伙伴讲堂”60场。

（王羿舒）

【助力转型创新】2021年，共青团太原市委员会打造“创青春”太原青年双创品牌，创新办赛理念，构建“导师+训练营”能力提升体系、“大赛奖励+配套政策支持”孵化落地体系、“项目集中展示+风投一对一”对接助力成长体系，全过程服务参赛项目由奖台向成长平台转化，帮助项目落地生根，发芽结果，大赛正式组所有获奖项目均落地太原。

（王羿舒）

【助力人才兴市】2021年，共青团太原市委员会加强学子归巢工作站建设，宣传太原发展的新政策、新形势，线上累计辐射5000余名青年学子，建立2890名青年人才智库信息。学子归巢工作站被评为年度太原市人才工作十大亮点之一，写入太原市《政府工作报告》。打造迎泽区老军营街道青年人才驿站，功能全方位立体升级，成为首个基础服务与住宿一体化的青年人才驿站。联合市委组织部开展两期三班“青马工程”培训班，50名“三晋英才”、120名高层次人才人员参训，增强对高层次青年人才的政治引领和政治吸纳。（王羿舒）

【助力灾后重建】2021年，共青团太原市委员会组织团员青年奔赴清徐受灾一线，开展河道修理、群众转移、物资发放等工作。联合中国扶贫基金会、太原市青年志愿者协会向受灾地区捐赠棉被、棉衣、面、油、水泵等救灾物资，价值41万余元，受益群众3000余人。

（王羿舒）

【团员队伍管理】2021年，共青团太原市委员会坚持总量控制，强化编号管理，全年全市发展团员8683名，各级团组织按照名额分配严格发展团员，通过综合评价标准，把优秀青年吸纳进团的组织。狠抓团员思想教育，参与党史学习教育达35.30万人次，习近平总书记“七一”重要讲话精神学习12.38万人次，参加各类主题团日活动累计30.35万人次。

（王羿舒）

【团干部能力建设】2021年，共青团太原市委员会完善团干部密切联系青年制度，市、县两级团委联系基层组织累计4654天，联系基层组织1643个，理论宣讲开展235次，覆盖80.45万人次。推进全市“一专一站两联”建设工作，设置4个专委会，在10个县（市、区）团委统一设立县（市、区）域团代表联络站。加强团干部学习培训，举办全市团干部培训班7期，培训团干部420人。确定50个基层先进集体和50名基层优秀团干部，在全委会上进行通报，并给予经费支持，激励基层团组织和团干部担当作为。

（王羿舒）

【少先队基层组织建设】2021年，共青团太原市委员会强化少先队基层基础，完成10个县（市、区）少工委换届工作。巩固拓展少先队组织体系，指导207所中小学校规范建立少先队组织，成立学校少工委，实现全市少先队基层组织与学校少工委空白点“双清零”。在全市各小学少先队组织中开展“红领巾心向党”主题中队会及新队员分批入队仪式，分批入队覆盖率100%。

（王羿舒）

太原市妇女联合会

【“三八”纪念活动】2021年，为纪念第111个三八国际劳动妇女节，太原市妇女联合会与太原广播电视台经济生活频道联合，推出《锦绣姐姐说》4集专题片。3月7日，太原市举行纪念三八国际劳动妇女节111周年活动，并为“最美锦绣姐姐”“巾帼文明岗”“巾帼建功标兵”，全国城乡妇女岗位建功先进集体、个人颁奖。3月8日，太原市妇联纪念三八国际劳动妇女节111周年——“锦绣姐姐说”圆桌会在太原广播电视台经济生活频道播出。由山西省妇联、太原市妇联、迎泽区妇联共同举办的“三八”维权月宣传咨询活动在迎泽区庙前街道举行，300余名群众参加活动。3月15日至4月7日，为获得年度“全国三八红旗集体”“抗击新冠肺炎疫情全国三八红旗集体”“全国巾帼文明岗”“太原市巾帼文明岗”的集体、“抗击新冠肺炎疫情三八红旗手”“太原市巾帼建功标兵”的个人送去荣誉。

（杨苏钰）

【公益宣讲活动】2021年3月24

2021年，太原市妇联举办“关机半小时 书香伴成长”红色经典诵读活动

（市妇联供图）

日，太原市妇女联合会“锦绣姐姐大宣讲”“四个一百”宣讲在市妇幼保健院启动并举办首场宣讲。市妇联机关及下属事业单位全体干部，巾帼典型、妇联执委、基层妇联干部、巾帼志愿者、妇女群众代表等“锦绣姐姐宣讲队”成员参加宣讲。市妇联依托四支宣讲分队，广泛开展宣讲活动。（杨苏钰）

【“最美家庭”评选】 2021 年，太原市妇女联合会开展“最美家庭”选树命名活动，评选出包括“最美爱国拥军家庭”“最美安全家庭”等在内的“最美家庭”200 余户。7 月 31 日，联合市应急管理局在全市范围内开展寻找“最美安全家庭”活动，通过各县（市、区）妇联推选，经过市妇联和市应急管理局审核，命名 10 户家庭为 2021 年度太原市“最美安全家庭”。8 月 6 日，与市退役军人事务局、太原警备区政治工作处联合开展“最美军嫂”“最美爱国拥军家庭”推选活动。经过推选、审核评审、公示等程序，43 名“最美军嫂”、50 户“最美爱国拥军家庭”获命名。（杨苏钰）

【妇女儿童关爱帮扶】 2021 年，太原市妇女联合会开展“锦绣姐姐把爱带回家”温情行动。1 月 27 日、28 日针对重点人群开展入户走访慰问。1 月 29 日，深入定点帮扶村——阳曲县六固村开展“锦绣姐姐把爱带回家”暖心暖冬慰问活动，为村民送上慰问品和新年祝福。7 月 12 日，在娄烦县米峪镇乡启动“学党史感党恩　守护安全伴成长”2021 暑期儿童关爱服务活动。留守儿童、困境儿童、家长代表、志愿者代表等共计 80 余人参与活动。8 月 26 日，“巾帼助学·筑人铸梦”资助仪式举行，为 10 名受助学生颁发助学金并送上书信鼓励，全年累计争取到救助金 70 万元，救助 98 名学生。9 月 9 日，联合市女企业家协会、省美容美发化妆品协会、市中心医院赴六固村开展中秋节帮扶慰问活动并调研督导女性进村（社区）“两委”及

2021 年，太原市妇联举办第 111 个国际劳动妇女节颁奖仪式　（市妇联供图）

妇联组织同步换届工作。为村民送去美发、义诊等服务，送去月饼等慰问品，开展以创建“全国森林城市”、妇女“两癌”知识普及、安全、维权、绿色家庭等为主要内容的“科普下乡赋能乡村振兴”宣传活动。9 月 17 日，举办“紫气东来·幸福启航”三晋妇儿暖心行动救助金发放仪式，为 21 名受助妇女发放救助金共计 42000 元。开展特困妇女儿童救助服务，为 30 名特困妇女儿童送去 6 万元慰问金。（杨苏钰）

【妇女创业就业】 2021 年，太原市妇女联合会与太原科技大学人文社科学院签署业务合作框架协议并推出“锦绣前程计划”，提高妇女创业就业技能水平，鼓励妇女群众参与全市经济发展。1 月 22 日，太原市“巾帼三创”（创业、创新、创优）示范基地举办线上年货展，实现线上线下相结合的电商化优惠模式，在线上销售剪纸、京剧脸谱、中国结绳、晋绣、对联等年货。3 月 8 日至 15 日，市妇联 2021 年春风行动女性专场直播招聘活动网络招聘会在山西招聘网启动，并于 3 月 9 日和 10 日连续召开两场“直播带岗”活动。4 月 12 日至 16 日，山西省巾帼家政经理人培训班暨“晋嫂”巾帼家政联盟成立筹备会在西安举办。市妇联组织红马甲家政、金盛家政、小美妈妈母婴集团、贝亲好家政、启阳家政、其美妇产 6 家家政企业负责人参加培训。9 月 1 日，启动“妇乐坊”手工艺创业创新项目比赛暨手工作品展评活动。10 月 13 日，首届“妇乐坊”手工艺创业创新项目比赛在山西国际会议中心举办，19 个比赛项目入围决赛。11 月 1 日，科技创新妇女骨干培训班及乡村振兴妇女骨干培训班在山西大学开班，全市 60 名女科技工作者、女企业家、女工匠等参加科技创新妇女骨干培训班，50 名巾帼农业示范基地女负责人、高素质女农民、农村致富女带头人等参加培训。（杨苏钰）

【家庭教育服务】 2021 年 9 月 22 日至 26 日，太原市妇女联合会举办家庭教育讲师试讲活动，评选出绘本阅读、亲子沟通、健康专注力、家庭父母、中医心理、思维等领域优秀讲师 33 人，普通讲师 72 人，实习讲师 13 人。10 月 12 日，由市妇联推荐的太原市博物馆被授予山西省家庭教育创新实践基地称号。11 月 18 日，市妇联在小店区华辰农耕园召开家庭教育创新实践基地观摩推进会，6 个山西省家庭教育创新实践基地负责人等参加会议。11 月 25 日至 26 日，市妇联线上组织参加“全国妇联 / 联合国儿童基金会‘爱在开端：0—6 岁科学育儿社区家庭支持推广’”项目——基于游戏的 0—6 岁儿童家庭支持方法培训会。14 个“爱在开端”项目点负责人以及妇联组织相关人员 30 人参加。活

动期间，接收乐高物资 142 箱并分发到各项目点，服务 2 万余名儿童。

（杨苏钰）

太原市文学艺术界联合会

【文艺活动】2021 年 1 月至 2 月，太原市文学艺术界联合会开展“我们的中国梦”文化进万家送春联活动，组织书法家在小店区文化馆、市军休三所、市热力集团、市青少年宫、市市场监督管理局、市行政审批服务管理局等地，为基层群众书写赠送春联近 5000 副。

4 月 18 日至 10 月 29 日，市文联创作《学党史、照镜子》《百年建党唱辉煌》《学公报》等党史学习教育主题作品，组织“永远跟党走”“为民创城不停步”文艺小分队深入农村、社区、学校、军营、企业等基层一线，以曲艺、音乐、戏曲艺术的形式，开展文艺志愿巡演 23 场，现场观众累计近万人，部分重点场次同步线上直播，累计观众 7 万余人。

4 月 28 日，市总工会、市文联主办，市书法家协会、市美术家协会、市摄影家协会承办，在太原工人文化宫举办“中国梦·劳动美——永远跟党走、奋进新征程”书法美术摄影展开幕式，展出作品 300 余件。

5 月 30 日，市委宣传部、市文联、太原广播电视台主办，在太原五中礼堂举办“诗约春天”百年风华诗歌朗诵音乐会。

6 月 11 日至 10 月 11 日，山西博物院举办“砚池笔耕”袁旭临捐赠书画作品展，展出当代书法家袁旭临捐赠的各个时期的书法精品 101 件。

6 月 24 日，市委宣传部、市委老干部局、市退役军人事务局、市文联、太原广播电视台、三晋出版社等在太原市图书馆举办纪实文学作品集《战火中的青春》首发式。

6 月 28 日至 7 月 2 日，市委宣传部、市文联主办，市交通学校、市文化馆等地举办庆祝中国共产党成立 100 周年“党在我心中”系列文艺展演并在太原融媒体线上直播。

7 月 30 日，市委宣传部、市委老干部局、市退役军人事务局、市文联在太原市文化馆主办“致敬祖国功臣、传承红色基因”老兵影像展开幕式，展出 60 余名摄影师为 130 名退役老兵拍摄的经典人文影像，并编印《祖国功臣——老兵影像》画册。

8 月，市委讲师团（市对外宣传中心）主办，山西省摄影家协会数码学会、市摄影家协会协办，组织以“率先发展蹚新路、再现锦绣太原城”为主题的“锦绣太原”摄影大赛。同月，市文联、深潜运动健康（深圳）有限公司主办、企业家摄影协会（深圳）、市摄影家协会承办，启动 2021“汾河之韵、锦绣之城——汾河桥”摄影大赛。

9 月 20 日，市委宣传部、市文联主办，在黄河剧场举行“中秋月·家国情”中秋国庆文艺晚会，并通过太原融媒体平台线上直播。

9 月 24 日，市文旅局、市文联主办，市书法家协会承办，在市文化旅游事业发展中心（市文化馆）举办“不忘初心、牢记使命”庆祝建党 100 周年太原市群众书法篆刻展开幕式，展出获奖作品 10 件、入展作品 78 幅、入选作品 98 幅。

9 月 30 日，市总工会、市文联主办，市书法家协会、市美术家协会、市摄影家协会承办，在市工人文化宫主办“翰墨丹青绘伟业、方寸镜头颂党恩”——太原市庆祝中国共产党成立 100 周年职工书法美术摄影展开幕式，编印《“翰墨丹青绘伟业、方寸镜头颂党恩”太原市庆祝中国共产党成立 100 周年职工书法美术摄影展》画册，展出艺术作品 300 幅。

10 月 13 日，市文联主办，市美术家协会承办，在市文化旅游事业发展中心（市文化馆）展厅举办“文明太原、漫看‘创城’”漫画展开幕式，展出节约资源、反对浪费、文明出行、杜绝吸烟、保护环境等描绘群众的身边人、身边事的漫画作品 80 件。

10 月 20 日，市委宣传部、市文联主办，市摄影家协会承办，启动“锦绣太原·生态西山”2021 年太原西山红叶摄影活动暨“踏韵寻秋”摄影大赛。市文物局、市文联主办，市文物保护研究院、市摄影家协会承办，启动“山河尽染”“红叶与我”2021 首届崛𡵨山红叶节摄影大赛。

12 月 29 日，市文联主办，市曲艺家协会承办，在市青年宫演艺中心举办省城第九届“曲苑迎春”晚会，晚会以“曲颂党恩、艺歌时代”为主题，采取线上直播的形式。

（李增明）

2021 年 12 月 29 日，市文联举办省城第九届“曲苑迎春”晚会（市文联供图）

【《战火中的青春》出版】2021 年 6

2021 年 7 月 30 日，市委宣传部、市委老干部局、市退役军人事务局、市文联在太原市文化馆主办“致敬祖国功臣、传承红色基因”老兵影像展 （市文联供图）

月，太原市文学艺术界联合会组织 20 位作家采访 20 位不同历史时期的英雄人物，由三晋出版社出版纪实文学集《战火中的青春》。《山西晚报》开设“奋斗百年路，启航新征程”艺文版《战火中的青春》专栏，《太原日报》在庆祝中国共产党百年华诞《党在我心・锦绣太原》栏目刊载部分文稿。7 月，《战火中的青春》作为山西省庆祝中国共产党成立 100 周年主题出版物精品展重点图书，赴山东济南参加第 30 届全国图书交易博览会。同月，《战火中的青春》音频书在“学习强国”学习平台连载传播。10 月，《战火中的青春》列入山西省新闻出版局“书香漫晋・国庆季”图书推荐活动。 （李增明）

【文艺创作研究】 2021 年，太原市文学艺术界联合会编辑出版《赵国柱书〈古文观止〉选篇》。在线上线下同步举办“金达莱花染英雄谱——大力弘扬伟大抗美援朝精神的现实意义”“初心如磐向未来”“追光之旅——智能手机的摄影方法和拍摄技巧”等 4 场文学艺术大讲堂活动。组织书法家为钟楼街开街创作 50 余幅作品。组织创作以太原老字号和太原城市变迁、社会发展等主题的文学、书法、美术、摄影、诗歌等作品 900 余幅，并精选其中优秀作品在钟楼街 120 号院集中展示。 （李增明）

【文艺类获奖情况】 2021 年，太原市文学艺术界联合会获得山西省作家协会年度文学创作成绩奖。蒋韵创作出版长篇小说《北方厨房》，入围 2021 年（第六届）《收获》文学排行榜非虚构名单。蒋殊创作出版散文集《天使的模样》、长篇报告文学《坚守 1921》、长篇儿童题材小说《红星杨》，报告文学《握在手里的荣光》获得第九届长征文艺奖。高璟创作出版杭州西湖历史故事集《地有湖山美》。杨红光创作出版长篇小说《云播智慧》，并被《当代・长篇小说选刊》全文转载。

新编晋剧《烂柯山下》入选第十七届中国戏剧节展演剧目。新编晋剧《傅山进京》入选中国文联、中国戏剧家协会选编、作家出版社出版的中国戏剧文学《百部优秀剧作典藏》。创作庆祝中国共产党建党 100 周年献礼作品新编现代晋剧《迎新街》。创作新编脱贫攻坚主题现代晋剧《圪梁梁上》。创作新编晋剧《庄周试妻》。

成红军创作的中国画《红色仟佧》、杨勇创作的中国画《天朗气清》和赵小炎创作的油画《黄河人家》入选第七届全国画院美术作品展。

李伟光摄影作品《春节全村福中的脱贫新村》入选第 28 届中国摄影艺术展记录类（长期关注单元）。摄影作品《堂会上的姐妹》（中国组）、《疫情中的航班》（中国组）、《大地之根》（实验组）、《无题》（实验组）入选第 30 届奥地利超级摄影巡回展（奥赛）及 20 届特别专题组巡回赛，黑雪影像坊获最佳数码俱乐部奖。摄影作品《再现百年越剧》（组照）获浙江省浙东唐诗之路摄影大展特别收藏奖。

姚修刚作词的歌曲《一路有你》获得 2021 年“鲜红的旗帜”庆祝中国共产党成立 100 周年山西省优秀原创歌曲征集活动“优秀作品”，获得“新青年礼赞新时代”歌曲征集活动三等奖。姚修刚作词的歌曲《采一篮秋天做嫁妆》获“决胜小康、畅游山西”新创文艺作品征集活动三等奖。姚修刚作词的歌曲《雁北我亲亲的故里》获得山西省群

2021 年 4 月 18 日至 10 月 29 日，市文联组织“永远跟党走”文艺志愿巡演 （市文联供图）

众文艺作品创作选拔文本类“最佳作品奖”。

王宝萍编创的舞蹈《幸福红》《身体游戏歌》《薰衣草》《健康快乐歌》《多了一个你》获得中国舞蹈家协会教学成果展示与山西考区舞蹈展演一、二等奖。王宝萍创作的舞蹈《胡兰情》获得第十一届“小荷风采”全国少儿展演山西展区三等奖。赵洁、陈燕敏编导的芭蕾群舞《彩云追月》获得广东省第七届岭南舞蹈大赛编导金奖、作品金奖、表演金奖。

冯娜、赵俊平书法作品入展“中国书法·年展”全国书法作品展。赵俊平书法作品入展2021“中国书法·年展”全国行书、草书作品展。韩伯雨、邱连成书法作品入展第九届中国书坛新人新作展。邱连成书法作品入选中国书法家协会培训中心教学成果评审前五十名。郝志坚书法作品入展全国第五届青年书法篆刻作品展、全国第五届正体书法展。

市文联编创的微电影《燎原》获第三届“清风正气”原创微电影展最佳导演奖、最佳作品提名奖。（李增明）

太原市科学技术协会

【科创试点示范】 2021年，太原市科学技术协会依托中国科协“科创中国”品牌，发挥科协人才、技术、组织优势，推动科技创新和经济社会发展深度融合，开展“科创中国”山西试点城市（园区）申报工作，主动与各县区（园区）对接，通过申报相关示范项目等举措，推动“科创中国”试点园区建设，小店区、清徐经济开发区和综改示范区入选首批“科创中国”山西试点县（市、区）园区。（任铁强）

【科技服务平台创新】 2021年，太原市科学技术协会发挥市院士工作站领导小组办公室的职能，新建国家重大人才工程专家工作站9个，引进相关专家9名，对新建站单位和建站满3年仍与院士合作的18个院士工作站进行审核。推动学会服务站建立，依托学会服务站人才资源优势，服务企业技术创新，在原有14个的基础上，新建国家级服务站1个，省级服务站3个。开展“智慧蓝领”培训行动，线上线下结合，针对企业技术人员开展培训，促进产业工人成长和能力提升。（任铁强）

【企业技术创新服务】 2021年，太原市科学技术协会组织园区、企业科协开展“讲理想、比贡献”活动，实现项目立项2064项，提合理化建议28775条，240多家企业注册信息应用系统。开展“金桥工程”申报立项工作，向省科协申报5个项目均被立项。开展企业技术创新方法推广应用工作，邀请专家深入中车太原公司、北方机械、晋西集团等企业开展创新方法理论宣讲。组织企业参加全省创新方法大赛，选送78个项目参赛，46个项目获奖。向科技工作者推广“中国科协科技工作者之家”和“科创中国”应用平台，搭建对接桥梁。（任铁强）

【科普服务能力建设】 2021年，太原市科学技术协会实施科普信息化提升工作，开展“玩转科普”网络直播系列活动12期，每期受众人数均达10万人次以上。在“太原发布”等新媒体平台开通科普专栏，推送科学辟谣知识。在市、县两级电视台、广播电台、太原日报手机客户端等设立《科普中国》专栏，在省城公交移动电视和楼宇电视播放《科普中国》节目。开展科普队伍建设工作，组织开展全市中小学科技骨干教师培训活动，提升科技辅导员队伍素质。举办全市基层“三长”（医院院长、学校校长、农技站站长）和农技人员代表观摩交流培训班。推进《科普中国》信息员注册，实名注册人数达15.62万人，占全省注册人数80%以上。加强科普阵地建设，在杏花岭东山生态园等3个公园新建3处科普画廊，全市科普画廊覆盖17个公园，科普板面436个，全年展示20个专题1195个板面科普内容。开展科普教育基地创建工作，全市获评省级科普教育基地61个。新建科普惠农中心服务站11个，6个服务站被省科协评定为星级服务站。提升平战结合科普能力，常态化开展线上线下抗疫应急科普宣传和防灾减灾科普宣传，为清徐县配发《暴雨灾后防疫与消毒》《暴雨灾害自救指南》等书籍资料2200册，帮助做好灾后防疫工作。（任铁强）

【主题科普活动】 2021年，太原市科学技术协会打造全国科普日活动大平台，推动“太原市主场活动”“县级主场活动”“科普系列联合行动”三大板

2021年1月30日，太原市科协开展“玩转科普 走进冰雪世界”网络直播科普宣传活动（市科协供图）

2021 年 3 月 23 日，太原市科协在西海子公园开展气象科普宣传志愿服务活动 （市科协供图）

块联动，全市 13 个市级部门、137 所学校、574 个社区、5 万余名科普志愿者参与活动，举办线上活动 30 场，展览展示 150 余场，科普报告会 125 场，发放科普资料 12 万余份，累计覆盖群众超过 120 万余人。举办“全国科技周”活动，重点开展科普进校园、进社区、进企业的科普“三进”活动，发放各种科普宣传资料 2 万余份，受众人数 20 万余人次。开展“科普大讲堂”和“科普讲堂进社区”活动，邀请国内著名专家在科技工作者聚集的综改示范区、信达国际金融中心等地开展有关知识产权、税制改革等内容的专题讲座。结合“全民终身云学习周”活动，就百姓关心的消防安全、养生保健、疾病预防、节能减排等主题，深入社区开展科普宣传。 （任铁强）

【青少年科技教育行动】 2021 年，太原市科学技术协会开展各类科技竞赛活动，组织第 36 届太原市青少年科技创新大赛、第 20 届太原市机器人大赛以及第 16 届太原市宋庆龄少年儿童发明奖评奖等活动。开展校内外融合科技教育活动，与市直相关部门联合开展青少年科学调查体验、高校科学营等活动，引导青少年参加科学研究、学术研讨和科研实践。举办科普讲座进校园活动，在全市中小学校举办科普教育讲座 17 场，并在校园 e 站平台同步播放。

（任铁强）

【学术交流活动】 2021 年，太原市科学技术协会主办太原市创建“国家森林城市”学术交流会、太原市第八届超声医学学术会议等 4 场学术交流活动，邀请省内外知名专家学者进行交流讲学，提升相关领域学术水平，线上线下 46 万余人参与。开展自然科学学术论文征集工作，收到 22 个学科 31 项内容的论文 310 篇，并对优秀论文进行表彰和集中交流。 （任铁强）

【“海智”人才队伍建设】 2021 年，太原市科学技术协会开展海归人员联络服务工作，对全市海归科技人员进行调查摸底，掌握人员基本情况，并开展联络服务工作，为加快全市“海智”人才队伍建设提供基础依据。分层次、分批次举办以“科技创新、海归同行”为主题的海归科技人员代表学习培训和交流座谈活动 3 次，通过开展政策解读、前沿科技培训观摩等，为科协系统开展国际活动提供支持。 （任铁强）

太原市归国华侨联合会

【网络冬夏令营活动】 2021 年，太原市归国华侨联合会承办 3 期中国侨联“亲情中华 · 为你讲故事”网上营，来自西班牙、奥地利等 4 个国家的 226 名华裔青少年通过网络，学习体验中国剪纸、山西面食、太原莲花落、清徐砖雕等非物质文化遗产，感受中华优秀文化的独特魅力。通过活动传播太原好声音，扩大太原在海外的知名度和影响力。 （潘　晓）

【国际文化交流】 2021 年，太原市归国华侨联合会创建中国华侨国际文化交流基地，发挥对外文化交流阵地作用。为晋祠博物馆、太原博物馆举办揭牌仪式，并同步网络直播《锦绣太原历史文化》讲座。晋商博物馆经申报获批并开展“侨见 · 锦绣太原城”文化推介会。组织基地单位召开工作交流会，创新对

2021 年 10 月，太原市侨联开展“双招双引 校企合作”助力乡村振兴活动 （市侨联供图）

2021 年，太原市侨联举办“信念永不褪色”情景朗诵会（市侨联供图）

外文化交流的载体和形式，制作太原基地故事宣传片，通过线上会议向海外推介，现场演示剪纸、民乐等文化项目，打造向海外展示“锦绣太原城”盛景的窗口。（潘　晓）

【“文化惠侨”活动】 2021 年，太原市归国华侨联合会组织“文化惠侨”系列活动，打造侨界文化品牌。创作《颂歌献给党·礼赞新时代》名曲鉴赏短视频，参赛中国侨联“追梦中华·百年赤子心”短视频征集和展示。组织 7 组 43 幅摄影作品参赛世界华侨华人摄影展。组织参加由中国侨联、全国台联、《人民日报》海外版、《快乐作文》杂志共同主办的第二十一届世界华人学生作文大赛。在传统节日开展关爱老侨的中医义诊、书法送福字、打月饼等联谊活动。开展“定格·锦绣太原城”摄影知识讲座。发挥太原市海外侨务工作海外联络站作用，明确继续保持友好联系的海外侨团名单，组织海内外专家、侨团代表到并进行历史文化街区、乡村振兴项目的考察交流和对外推介活动，组织海外侨团参加“侨见·锦绣太原城”线上文化交流活动，打造文化交流和凝聚侨心特色品牌。（潘　晓）

【助力招商引资和招才引智】 2021 年，太原市归国华侨联合会围绕太忻经济区建设，承办省侨联侨界社团服务全方位高质量发展暨阳曲县招商引资推介活动，让更多侨商和海归青年企业家走进阳曲，抢抓太忻一体化经济区建设发展机遇。推荐 3 家优秀企业入选山西省新侨创新创业示范基地，为新侨海归展示才华、创新创业提供服务支撑。针对海归青年普遍存在对太原市人才政策了解不全面的问题，联合市委人才办举办人才政策宣介会暨侨界招才引智交流活动，邀请市发改、科技、工信、人社、外来投资等职能部门解读政策、答疑解惑。（潘　晓）

【参政议政】 2021 年，太原市归国华侨联合会发挥侨界人大代表、政协委员参政议政作用，围绕侨界重点难点问题建言献策。畅通侨界群众诉求渠道，收集基层意见建议 33 条。传达贯彻省侨联侨情专报工作推进会议精神，围绕侨联工作创新点谋划选题。（潘　晓）

【维护侨益】 2021 年，太原市归国华侨联合会排查摸底困难归侨侨眷、急重病归侨侨眷和“三侨生”（归侨青年、归侨子女、华侨在国内的子女）等走访慰问对象情况，发放慰问金 8.50 万元，惠及全市 10 县（市、区）近百人，传递党和政府对侨界群众的温暖关怀。围绕涉侨“一法两办法”、《中国共产党统一战线条例》、民法典等法律法规，聘请法律顾问为侨界群众开展专题讲座。牵头组织“四侨”部门（市人民政府侨务办公室、市归国华侨联合会、市人大民族宗教侨务外事工作委员会、市政协港澳台侨和外事委员会）在“12·4”国家宪法宣传日开展法治宣传活动。全年累计提供法律咨询服务 1000 余人次，发放各类法律书籍资料 3000 余册。（潘　晓）

太原市残疾人联合会

【残疾预防与抢救性康复】 2021 年，山西省政府残疾预防重点干预和残疾儿童抢救性康复项目民生实事下达太原市任务 4350 名，完成 5644 名，完成率 129.75%，提前两个月超额完成任务。其中：儿童残疾阳性筛查诊断服务完成 344 名，完成率 143.33%；疑似残疾人残疾评定服务完成 4368 名，完成率 128.47%；残疾儿童抢救性康复完成 932 名，完成率 131.27%。（郝嘉艳）

【残疾人就业创业】 2021 年，太原市残疾人联合会按照与市财政局联合印发的《太原市“十四五”残疾人“五融五创”整合就业工程实施方案》要求，创建残疾人集中就业规模化产业基地 4 家、职业培训规范化实训基地 3 家、自主创业常态化扶持基地 133 家。（郝嘉艳）

【残疾人社会保障】 2021 年，太原市享受困难残疾人生活补贴 16220 人，发放补贴 1175.40 万元；享受重度残疾人护理补贴 38632 人，发放补贴 3612.30 万元。全市有 55369 名残疾人参加城乡居民养老保险，其中 19288 人享受政府代缴费政策。59911 名残疾人参加城乡居民医疗保险，其中 39341 人享受政府代缴费政策。14997 人享受城乡居民最低生活保障政策，其中 13330 人享受“分类施保”政策，925 人纳入特困人员供养范围。“阳光家园计划”、中央彩金和省彩金残疾人托养任务 2050 名均开展服务，补贴资金 820 万元。为 817 辆符合条件的残疾人机动轮椅车发放燃油补贴 21.84 万元。投入 211.80 万元对 433 户困难残疾人家庭进行无障碍改造。太原市残疾人联合会起草并以市政府办公室文件印发《关于在全市建立残疾人意外伤害保险制度的通知（试行）》。各县（市、区）完成残疾人意外伤害保险参保工作，实现残疾人群体全覆盖。

（郝嘉艳）

【扶残助残宣传】 2021 年，太原市残疾人联合会在“全国助残日”期间邀请市领导走访慰问困难残疾人家庭，开展主题为“巩固残疾人脱贫成果、提高残疾人生活质量”集中宣传活动，举办庆祝中国共产党成立 100 周年残疾人专题文艺会演。组织开展全国特奥日活动和残疾人健身周活动，中国残联组织“全国残疾青少年冬奥、冬残奥主题绘画作品征集”，全市入选作品 30 件。

（郝嘉艳）

太原市红十字会

【应急救护普及性教育】 2021 年，太原市红十字会统筹常态化疫情防控与应急救护工作任务，推进红十字应急救护工作进校园、进机关、进社区、进农村、进企业活动，开展应急救护推进年活动，打造红十字救在身边品牌，联合市教育局实施全市中、小学校教职工红十字救护员全员培训两年行动，全方位高质量开展红十字救护员取证培训以及普及性教育。全市完成红十字救护员取证培训 1459 人，完成省红十字会下达任务的 162%，取证救护员完成量占全省总数约 1/3，完成数相比增加 1.5 倍，普及性宣传教育 15584 人次，完成省下达任务的 623.35%。（张 梦）

【应急救护】 2021 年，在人流密集公共场所配置自动体外除颤器（AED）是山西省政府 2021 年十一件民生实事之一。太原市红十字会作为项目实施承接单位，统筹常态化疫情防控与高质量完成民生实事任务，贯彻落实《省财政厅、省红十字会关于印发 2021 年在人流密集场所配置急救设备自动体外除颤器（AED）项目实施方案的通知》，制定印发《关于落实山西省 2021 年民生实事——在人流密集公共场所配置急救设备自动体外除颤仪（AED）项目工作方案》，建立与民政、教育、公安、园林、文物、地铁等部门单位沟通协作机制，围绕市属重点高中学校、地铁 2 号线站台层、高速服务区、职业专科院校、社区养老服务机构、公安警务服务站、文化旅游景点、省城重点会议酒店等 139 个重点公共场所，完成 163 台 AED 配置任务。推进场所人员应急救护培训工作，完成红十字救护员取证培训（含 CPR+AED8 学时培训考核）177 期（场）11272 人。

承担及完成民生实事项目任务量占全省工作任务量 32%，8 月晋源区西峪东街社区 1 例心搏骤停患者成功获救实例。太原地铁 2 号线 AED 配置覆盖面和密度走在全国同行业前列，公办普通高中学校 AED 配置覆盖处于先进水平。在太原南站、地铁 2 号线大南门站、市图书馆、太原植物园、山西综改区政务中心等 10 个场所配置应急救护一体机，搭建传播红十字应急救护知识新平台。

（张 梦）

【人道救助服务】 2021 年，太原市红十字会出台实施《太原市红十字会资金捐赠实施细则》《太原市红十字会物资捐赠实施细则》，执行募捐方案备案制度、年度第三方定审制度、公益性捐赠税前扣除资格认定制度，规范捐赠款物接受、管理、使用。联合市文明办开展“博爱一日捐”募捐活动，募集资金 65 万余元，开展“博爱助学”“博爱助困”“博爱送万家”等人道救助活动，受益家庭 2034 户 6334 人次。（张 梦）

【红十字应急救援】 2021 年 7 月 17 日，太原市红十字会针对河南省出现的历史罕见的极端强降雨天气，开展驰援河南郑州暴雨灾害捐赠款物接受工作，向郑州、新乡等市转赠爱心款物价值 38.04 万元。

10 月，太原市遭遇大范围持续强降雨袭击，清徐、古交、阳曲等县（市、区）多个乡村遭受雨涝灾害，人民群众财产遭受严重损失。市红十字会迅速启动自然灾害救助四级响应，发出“心系灾情·博爱奉献”防汛救灾专项募捐倡议，依法开展防汛救灾社会捐赠款物接受工作。全市红十字会系统接受救灾款物总价值 5341.62 万元，其中捐赠物资价值 711.01 万元，资金 3578.41 万元，向省红十字会申请救灾资金 1052.20 万元。（张 梦）

【“三献”规范开展】 2021 年，太原市红十字会出台实施《太原市红十字会

2021 年 6 月 11 日，市卫健委、市红十字会、市血液中心等单位联合举办“世界献血者日”主题活动

（市红十字会供图）

2021年7月16日，市红十字会、市教育局、市总工会、市应急局举办太原市第三届红十字应急救护大赛 （市红十字会供图）

遗体捐献管理办法》，规定遗体捐献登记、接受、缅怀、人道救助等内容，成为开展遗体捐献工作21年来第一个内部规范性文件。开展遗体捐献宣传咨询、登记服务工作，新登记123人，实现遗体捐献28例，捐献角膜19例38枚。开展人体器官捐献咨询登记，全市捐献登记5209人，实现捐献37例，捐献器官108个，挽救生命108人。

3月，省、市红十字会在南宫献血屋联合举办学雷锋无偿献血志愿服务活动，活动当日全血采集200余人次。6月，联合市卫健委、市血液中心等单位举办第18个“世界献血者日”主题活动，当天全血采集409人次。稳步推进造血干细胞捐献工作。全年实现捐献6例，累计实现捐献87例。 （张　梦）

【主题宣传活动】 2021年，太原市红十字会利用老媒体、拓展新媒体，各项主题活动除被太原电视台、《太原日报》等多家传统媒体多次报道外，还在“学习强国”、凤凰网、今日头条、新华号、澎湃号等20余家新媒体、融媒体上传播，扩大市红十字会的社会影响力。创新宣传方法，首次举办线上应急救护知识有奖竞答活动，浏览量达19万人次，提高应急救护知识传播的深度与广度。 （张　梦）

太原市法学会

【法学课题研究】 2021年，太原市法学会紧扣“太原市全科网格服务管理”政法重点工作，围绕创新与实践，确立由山西大学课题组、山西财经大学课题组、市委党校课题组承担研究“太原市全科网格服务管理多部门联动协作机制研究”“太原市法学法律工作者服务融入全科网格工作模式构建研究”“太原市城市全科网格服务管理问题与对策研究”三项重点立项课题。课题组通过深入研究，形成有针对性的意见和建议，为完善全科网格服务管理提供理论支撑。 （黄　敏）

【专题研讨活动】 2021年，太原市法学会在全市基层政法单位、综治中心，组织以“全科网格服务管理相关法治问题研究”为主题的专题研讨活动。收到论文95篇，从法治层面服务保障市域社会治理现代化，推动平安太原、法治太原建设。 （黄　敏）

【学术交流活动】 2021年，太原市法学会参与全国性和区域性法学研究交流活动，突出实践特色，强化交流合作，讲好并州法治故事，树立太原品牌形象，扩大区域交流。面向全市法学法律工作者组织开展“环渤海区域法治论坛”和“中部崛起区域法治论坛”征文活动，合计上报论文78篇，为理论研究成果提供展示平台，扩大法学工作影响力和关注度。 （黄　敏）

【普法志愿者活动】 2021年，太原市法学会印发《关于深入开展法治文化基层行活动、助推平安太原法治太原建设的通知》，明确目标任务、宣传内容、工作要求，以项目化方式抓好组织推进，指导推动十县（市、区）法学会组建专业普法志愿者队伍15支265人，通过举办形式多样的法治宣传活动，宣传习近平法治思想，宣传中共十九届五中、六中全会精神，宣讲民法典，宣传法治太原建设新进展新成就，推动在全社会形成良好的法治氛围。全年开展法治文化基层行活动，单独举办74场，与其他部门联合举办89场，受众5.5万余人。 （黄　敏）

【法治校园公益宣讲】 2021年，太原市法学会选取优秀青年法律志愿者作为主讲人，深入全市各大、中、小学开展巡回宣讲，以法律讲座、模拟法庭、知识竞答、演讲比赛等多种形式，对《宪法》《民法典》《未成年人保护法》等法律法规进行宣传解读，增强广大师生法治意识，培树法治理念。全年开展巡回宣讲17场，其中专题讲座12场，模拟法庭2场，心理疏导及VR科技讲座3场，受众师生及家长920人，发放法律书籍或资料1360本（册），为呵护青少年健康成长、培树青少年法治思维、在全社会营造浓厚法治氛围做出贡献。 （黄　敏）

【法学网络宣传】 2021年，太原市法学会结合党史学习教育，在“太原法学”微信公众号开辟专栏宣传报道，讲述太原党史人物故事，引导全市法学法律工作者学党史、听党话、跟党走。密切与

《民主与法制》报的合作，推送法学亮点工作，宣传报道法学会和法学研究工作新动态、新成效。（黄　敏）

【会员服务管理】 2021年，太原市法学会在市、县两级政法部门广泛发展会员，注重在行政执法以及经济、科技、文化、宣传等社会各界从事法律研究、法律服务等工作，具有法学研究能力的专业人才中发展会员。全市有中国法学会注册个人会员2221人，团体会员6个。为保证会员队伍的政治可靠和稳定，印发《关于进一步做好中国法学会会员队伍核查工作的通知》，集中对全市法学会会员信息全面核查，做到底数清、情况明，实现会员队伍不断完善。从法学院校和政法实务部门遴选政治过硬、业务能力强的专家教授78人，建立法学法律人才专家库。利用“太原法学”微信公众号，传递法学会工作信息，加强学会与会员之间、会员与会员之间的联系沟通。全年推送信息800余条。（黄　敏）

太原市关工委

【主题教育“双访”活动】 2021年，太原市关心下一代工作委员会开展“传承红色基因，争做时代新人”“双访”活动。4月，《中国火炬》杂志社就关工委开展党史国史教育、传承红色基因工作进行采访，对太原市发挥“五老”作用，深入青少年中巡回宣讲红色故事，紧密结合党和国家形势任务，开展网上书画展、网络安全展、微信颂英雄、快手唱祖国、线上升国旗、空中课堂等活动进行肯定。10月，撰写题为《开展“双访”活动、传承红色基因》的经验材料在第29次全国部分城市关心下一代工作座谈会上做书面交流。尖草坪区关工委组织“五老”参观晋商博物院、省国民师范旧址革命纪念馆、太原党史展览馆，瞻仰高君宇烈士纪念馆等，重温历史，缅怀先烈。清徐县关工委连续5年开展党史国史宣讲活动，组织宣讲团成员深入全县各中小学校，全年宣讲35场次。（张爱生）

【读书征文活动】 2021年，太原市关心下一代工作委员会举办“中华魂”读书活动，参加人数约15万人。组织全市中小学生开展“民族复兴的旗帜——纪念中国共产党建党100周年”主题演讲比赛，收到10个县（市、区）选送的76个优秀视频。结合纪念建党100周年，组织开展“从小学党史　永远跟党走”主题征文活动，引导全市中小学生知党、爱党、听党话、跟党走。开展“红色文化进校园、纯净童心永向党”主题教育活动，引导全市中小学生阅读红色书籍，观看红色影视作品和传统经典戏曲，使红色主题教育入耳入心。杏花岭区关工委和区委宣传部、区教育局组织开展“铭记光辉党史、传承红色精神”少年儿童献礼建党百年红色体验剧展活动。组织全市中小学生参加“心中的话儿献给党”纪念中国共产党成立100周年“劝学杯”第二届山西省“百县千校万人”大中小学生正书大展暨全国大中小学教师书法名家邀请展，收到参赛作品3000余幅。（张爱生）

【“两法”宣传普及】 2021年6月1日，新修订的《中华人民共和国未成年人保护法》《中华人民共和国预防未成年人犯罪法》实施。太原市关心下一代工作委员会加强“两法”知识的宣传和普及，开展“关爱明天、普法先行”活动，联合市司法局在全市中小学生中开展“两法”知识竞赛，培养青少年知法、守法、依法维护自身合法权益的意识，在全社会营造出共同关爱保护未成年人健康成长的浓厚氛围。与市委政法委、市司法局、共青团市委、市法学会参照中关工委表彰做法，表彰在第四届“关爱明天、普法先行”青少年普法教育活动中做出突出贡献、具有典型示范作用的集体和个人，推动青少年普法教育工作再上新台阶。（张爱生）

【未成年人安全教育】 2021年，太原市关心下一代工作委员会针对孩子们的生理和心理特点，采用举案例和教方法相结合方式，编辑印制《敬畏生命、护佑健康》关心下一代安全教育丛书，丛书包含12个板块，800余幅图片和120多个案例，图文并茂，形式新颖，内容全面，涵盖孩子成长的各阶段和各领域的安全注意事项。（张爱生）

【爱心捐赠活动】 2021年，太原市关心下一代工作委员会和市志愿者联合会在全市范围内开展“不忘初心坚守关爱，助力弱势儿童快乐成长”公益活动，为弱势群体儿童捐赠价值10万余元的安全书包、书籍以及暖心杯、急救包、文具等。万柏林区关工委在全区14个街道5个学校对困难儿童开展摸底、调查、慰问等活动，免费为120名困难儿童赠送学生书包、书籍、文具、防疫等用品。（张爱生）

法　治

政法委及综治工作

【概况】2021年，中共太原市委政法委员会坚持以习近平新时代中国特色社会主义思想为指导，深入贯彻习近平法治思想，深入贯彻中共十九大和十九届历次全会精神，贯彻落实习近平总书记重要指示精神，全面落实省委、市委决策部署，坚持党对政法工作的绝对领导，坚持以人民为中心的发展思想，坚持稳中求进工作总基调，坚持统筹发展和安全，紧扣推动高质量发展主题，以政治建设为统领，以抓基层、强基础为主线，以维护国家政治安全和社会稳定、开展政法队伍教育整顿、创优法治化营商环境、开展三大领域专项整治、深化市域社会治理现代化试点建设、推进政法领域全面深化改革为着力点，推动政法工作高质量发展，努力建设更高水平的平安太原、法治太原，为“十四五”转型出雏形开好局、起好步，创造安全稳定的社会环境。（白　宇）

【政法队伍教育整顿】2021年，中共太原市委政法委员会结合党史学习教育，学深悟透习近平新时代中国特色社会主义思想，市、县（市、区）党委及政法单位“一把手”讲授专题党课66场，受众1.70万人次，组织政治轮训363次、专题讲座334场。举办政法干警英模事迹巡回报告会104场，受众1.60万人次。

全面开展谈心谈话，组织包括在职干警，退休法官、检察官等11748名人员全部填写个人自查表，召开专题民主生活会71场、组织生活会489场，查摆检视问题7017条，处置问题线索6462条，排查整治“六大顽瘴痼疾”4278件。加强政策宣讲解读，召开“从宽”政策兑现会、宣讲会56场，144名干警主动向纪委监委投案或说明问题，对112名及时兑现“从宽”政策。6月，各级政法单位全部对查究整改情况进行通报，并作出政治承诺。

开展“我为群众办实事”活动，出台便民利民惠民措施1106条，办理为民实事10.90万件，服务群众160万人次。加强建章立制，制定长效机制7项，其中《巩固政法队伍教育整顿成果、常态化整治顽瘴痼疾》《深化政法队伍教育整顿、健全干警能力提升机制》以市委文件印发。印发简报1155期，在中央及省、市媒体发表新闻2700余篇，热门网站及“两微一端”宣传6500余次。第三方调查中，群众满意率达95%，全市政法队伍教育整顿顺利收官。（白　宇）

【政治活动保障】2021年，中共太原市委政法委员会坚持总体国家安全观，落实“两工程一机制”，每季度向市委常委会汇报社会稳定形势分析，开展

2021年7月6日，中共太原市委政法委员会干部职工参观中共太原历史展览馆（市委政法委供图）

排查预警、源头稳控、依法处置措施，建党100周年大庆等重大政治活动平稳度过。严厉打击政治谣言。开展整治非法宗教、遏制非法宗教渗透蔓延专项行动。（白　宇）

【社会治安保障】 2021年，中共太原市委政法委员会开展“社会治安、经济民生、农业农村”三大领域打击整治。常态化推进扫黑除恶斗争，打掉黑恶势力犯罪团伙6个。严惩电诈违法犯罪，开展“百千百万”反诈宣传季，国家反诈中心App下载注册人数242万人次。深化“断卡”行动，拨打劝阻电话18万余次，止付资金44.70亿元，电诈发案自4月后连续下降。维护村（社区）“两委”换届秩序，排查化解风险隐患186个，依法处置涉选治安案件133件，刑事12件，打击12人。（白　宇）

【政法宣传引导】 2021年，中共太原市委政法委员会坚持正面宣传和舆情引导相结合，通过“两微一端”及官方网站发布稿件5000余篇，向山西长安网报送471篇，被采用326篇。推动政法新媒体矩阵建设，公安小店分局“今日抖音”和“抖音”入围全国政法系统最具影响力政务平台。落实舆情处置责任机制，组建300名政法网军全部入驻“政法网宣平台”，通过“一案一专班”“一案一工作群”模式严格落实“三同步”工作制度，应对重大敏感舆情案事件10余起，提升舆情风险驾驭能力。（白　宇）

【法治保障服务】 2021年，中共太原市委政法委员会推动各级政法单位建立健全党委（党组）理论学习中心组学习习近平法治思想常态化机制。开展“八五”普法，组织民法典宣讲900余场，推出《法说太原》电视栏目52期。认识“法治是最好的营商环境”，开展“端正执法司法理念、改进执法司法作风”专项活动，定期开展政法队伍纪律作风督查，制定《涉企事项及案件转办督办工作机制》，开展政法机关主动入企服务调研周活动，将联企服务与服务保障民营经济发展相结合，及时发现、推动解决制约企业健康发展的涉法涉诉问题。推进“一站式”多元解纷和诉讼服务体系建设，构建起公共法律服务体系“3+X”模式，全市受理法律援助4883件，接待咨询33754人次。深化“放管服”改革，推动法律服务网上办、掌上办，简化公证流程从“最多跑一次”到“一次也不跑”，推出24小时“不打烊”自助警务。（白　宇）

2021年3月25日，中共太原市委政法委员会干部职工参观彭真生平暨太原支部旧址纪念馆（市委政法委供图）

【社会治理模式创新】 2021年，中共太原市委政法委员会首创全科网格“1+8”制度体系，划分基础网格9375个，招聘网格员9788名，落实经费2.35亿元，将社会治安、信访维稳、应急管理等37个事项纳入管理清单，形成“一网全科”网格化服务管理格局。全市网格员化解矛盾纠纷13378起，排除风险隐患29574件，化解整治率达99.92%。（白　宇）

【政法监督】 2021年，中共太原市委政法委员会常态化开展政治督察，教育整顿期间联合纪检、组织等部门对全市政法系统开展“五查（察）联动”，与市直政法单位班子成员、中层干部谈话135人，民主测评200人，召开座谈会5场。加大案件督办力度，协调解决疑难复杂问题，推进案件办理。全年督办检查各类案件143件。发挥党委政法委统筹协调作用，建立与政法单位违反防止干预司法“三个规定”双向通报机制，督促全市政法系统对2018年以来违反“三个规定”的1464项问题全部整改到位。落实中央《关于加强新时代检察机关法律监督工作的意见》及省委实施意见，开展“判实未执”集中清理专项活动。全市244名“判实未执”人员除1人在逃外，全部清理完毕。全年受理涉法涉诉信访案件1001件，818件办结，剩余183件评查工作全部完成。推进政法跨部门大数据办案平台建设，全市公安机关上传刑事案件智能辅助办案系统21592件，检察机关接收6809件，法院系统接收2571件，推动实现刑事办案各环节、全过程制约监督。推动执法司法体制综合配套改革，统筹市财政保障专项经费，法院系统面向社会公开选聘“专职特邀调解员”100名，通过政府购买第三方服务790人，公安机关招录辅警3171人，解决一线执法司法力量不足问题。（白　宇）

公　安

【概况】 2021年，太原市公安局贯彻落实中共十九届六中全会和省、市党代会精神，把握对党忠诚、服务人民、执法公正、纪律严明总要求，紧扣庆祝建党100周年安保维稳主线，结合党史学习教育和政法队伍教育整顿，抓好常态化疫情防控和维护安全稳定工作，推进立体化、信息化、现代化社会治安防控体系建设，筑牢智慧灵敏平安防线，完成建党100周年、十九届六中全会、省市两会和党代会等重大会议、重要活动安保工作，省城社会治安大局持续平稳。

（刘春生　董莉）

【公共安全管理】 2021年，太原市公安局以风险防控为重点，化解影响稳定的各类风险隐患，确保98项236场次各类重大活动安全。推进缉枪治爆专项行动和危化品整治、烟花爆竹“五禁”工作，收缴烟花爆竹1976箱、炸药6176千克、雷管18233枚。加大对寄递物流渠道的监管检查。强化矛盾纠纷排查，针对重点领域、重点问题，滚动排查、跟踪化解。排查化解婚姻家庭邻里矛盾纠纷26618起，化解率98%。全市信访积案办结率95.60%。

（刘春生　董莉）

【治安防控体系建设】 2021年，太原市公安局完善实时化视频监控体系，在全市布建200万像素高清摄像机1.52万台，整合汇聚各类数字资源13万路，为打防管控提供支撑。构建网格化巡逻防控模式，落实公安武警联勤“四项机制”和“1、3、5分钟”应急响应要求，在全市1436所中小学幼儿园设立护学岗，建立街面最小作战单元和公安武警联勤巡逻分队，自主设计研发“智慧巡防”App投入实战，加强关键节点、重点要害部位和人员密集区域的巡逻防控，提升街面见警率和管控率。

（刘春生　董莉）

【专项行动整治】 2021年，太原市公安局以关系人民群众切身利益、社会反映强烈、危害严重的黄赌毒、盗抢骗、食药环等违法犯罪活动为重点，保持高压打击态势，开展专项打击，服务保障民生。破获刑事案件13737起，抓获作案成员8860人。培养反诈等专业侦查力量，构建技术阻防、预警劝阻、破案打击、多维宣传工作模式，提升案件打处质效，破获电信网络新型违法犯罪案件3661起，抓获犯罪嫌疑人1491名，返还资金1665万元。打击治理跨境赌博犯罪，破获案件17起，涉案金额3.70亿元，抓获犯罪嫌疑人108名。冬季严打整治百日会战，查破各类案件204起，查处违法犯罪嫌疑人264名，抓获逃犯44名，追赃挽损737万元，找回失踪儿童4名。扫黑除恶专项斗争，以四大行业领域专项整治为抓手，打掉黑社会性质组织犯罪团伙1个，恶势力集团1个，恶势力团伙4个，抓获嫌疑人54名，破获刑事案件52起。命案侦破和追逃工作，年内现发命案全部告破，抓获各类网上在逃人员1694名。“团圆行动”找回14名被拐失踪人员，抓获犯罪嫌疑人1名。增强食药环违法犯罪打击实效，破获食药环案件155起，抓获犯罪嫌疑人316人。保持毒品违法犯罪严打严防严管严控态势，破获毒品刑事案件158起，抓获犯罪嫌疑人179人，缴获毒品5.60千克，查获吸毒人员915人，强戒447人，社区戒毒163人。依法打击经济犯罪，破获案件237起，抓获犯罪嫌疑人452人，追赃挽损17.20亿元，抓获猎狐逃犯3人。侦办“5·15”特大虚开增值税专用发票案，追缴税款1375万余元。

（刘春生　董莉）

【公安政务服务】 2021年，太原市公安局成立市移民事务服务中心，上线12367服务平台，实现外国人工作许可、居留许可“一窗通办”。在全市113个公安服务窗口开通出生登记、死亡注销和异地身份证首次受理跨区通办。围绕群众“急难愁盼”问题，推出“党员示范岗、军人优先岗、落户新政咨询岗”等个性化服务窗口。针对老年人推出出入境证件办理6项新举措和“五心服务”，创新推出24小时“不打烊”警务自助、“容缺后补”“信易批”服务等便民利企12条举措。出台全市公安机关窗口服务业务标准，对6项涉企经营许可事项分类完成改革。在全市112台警务自助机推出车驾管自助体检、违章查询缴费、身份证补换领等高频事项自助办，助力优化营商环境，提升群众办事体验，实现公安行政管理提档升级。对涉及公安审批事项实行全覆盖清单管理，按照“直接取消审批”“实行告知承诺”“优化审批服务”等3种方式分类完成改革。按照“四级四同”清单目录，细化梳理、动态调整权责清单，实现市、县、派出所三级审批服务事项“无差别受理、同标准办理”。组建太原交警民意中心，开通咨询、投诉、复议热线，推行上门服务、延时服务、自助服务，畅通民意诉求渠道。在重点路段加装“机动车不礼让斑马线智能抓拍设备”，事故率明显下降，驾驶员文明交通意识明显提高。推出“太原交警交通违法教育提醒热线”，柔性执法劝导违停车辆。

（刘春生　董莉）

【公安队伍建设】 2021年，太原市公安局推进公安队伍正规化专业化职业化建设。开展党史学习教育活动，落实“第一议题”“思政第一课”等学习制度，局党委召开理论中心组学习（扩大）会议60余次，开展专题研讨14次，撰写心得体会70余篇。局党委开展党史专题学习14次、交流研讨13次，局直属党组织开展主题党日743次、读书会242场，基层党支部组织学习交流5032次，召开党史学习教育专题组织生活会431次，6711名党员参加会议，4个巡回指导组加强督促指导，达到预期效果。

开展政法队伍教育整顿，紧盯重点领域和关键环节，抓好查纠整改各项工作，加快线索核查进度，整治顽瘴痼疾，推动建章立制，3000余项顽瘴痼疾得到整治，55项制度建立完善，203项便民举措相继推出，76152件为民服务事项落地见效。在维护国家政治安全和社会大局稳定工作中，涌现出一批表现出色的先进典型，340 个集体、1851 人受到表彰。开展执法规范化建设，树立规范执法理念，打造法治阵地。紧盯执法隐患、执法环节、执法安全，依托执法办案平台，加强案件及视音频质量考核，推进执法监督常态化。全局执法办案场所完成升级改造，依托智能办案区管理系统和公安视频督察系统，开展办案场所巡查，发现整改执法问题。开展专项执法检查“回头看”，全部督促整改清零。建立“大监督”工作格局，签订《全面从严管党治警第一责任人履职责任清单》，完善基层党建述职评议考核办法，将基层党组织书记抓基层党建述职工作纳入市局整体考核评价体系，逐级压实各级党组织管党治警主体责任。常态化开展常规政治巡察，确保党对公安工作绝对领导、全面领导。建立党委统一领导，纪检、政工、督察、审计等警种部门齐抓共管的“大监督”格局，强化专项监督，落实从严管党治警“两个责任”和领导干部“一岗双责”。

（刘春生　董莉）

【防疫救灾】2021 年，太原市公安局配合卫健部门，科学精准服务疫情防控，全市 287 处疫苗接种点和 22 家隔离酒店秩序良好。启动 36 个环市道路交通疫情防控检查站，累计查控车辆 30 万台次、人员 46 万人次。核查涉疫人员 9 万余人，核查率 100%。完成北京中转境外航班 82 架次、入境旅客及机组人员共计 15 万余人疫情防控任务。落实公安监所疫情防控措施，实现“零感染”“零事故”目标。开展抗洪救灾，针对国庆节期间遭遇的极端强降雨，组织 1100 余名警力第一时间投入清徐县抗洪救灾一线，制定抢险救灾工作预案，快速启动高等级勤务模式，备足备齐各类抢险救援物资，连续奋战 22 小时，安全转移受灾群众 1.30 万余名。开展安全隐患排查、矛盾纠纷排查化解、社会面巡逻管控等灾后恢复重建安全稳定工作，投入警力 8929 人次，排查各类安全隐患 294 处，矛盾纠纷 221 条，向驾驶人推送 1300 条交通安全提示信息，保障灾后重建各项工作。

（刘春生　董莉）

·交通管理·

【概况】2021 年，太原市公安局交通警察支队开展队伍教育整顿，紧盯影响交警执法公信力的“顽瘴痼疾”，制定《执法过错责任追究规定》《道路执勤执法工作规范》《警务辅助人员道路执勤工作规范》等 20 余项配套制度机制。推进“减量控大”工作，强化交通安全隐患排查治理、农村公路交通安全管理、交通安全宣传教育，在防范化解重大安全风险上破难题、见实效。实施智慧交管建设，制定完善《太原市公安局交通警察支队智慧交通建设十四五规划》《太原市公安局交通警察支队智慧交通建设工作方案（2021—2023 年）》，加强对各类系统、平台的应用，优化各项功能，提升指挥调度、应急处置、违法查处能力。聚焦交通管理精细化，依托 45 个“创城”路口，推进路口“秩序革命”，加强 901 条小街巷常态化管理。强化民意引领意识，组建交警民意中心，设立“2200122”交通违法教育提醒热线，推出交通违法微博举报，全市各交管业务窗口推行上门服务、延时服务、自助服务。（何　洁）

【文明交通综合治理】2021 年，太原市公安局交通警察支队对重新申报的第五批 108 条小街巷坚持应治尽治，开展标准化治理。对督办下达的三批共 139 条问题街巷逐街盯办整改。“一日两巡查”持续巩固治理成效、“门前三包”全面落实管治责任、“四警联勤”严查机动车乱停乱放，专项行动集中整治农村马路市场。坚持大片区引领思路，完成东华门示范片区等 32 个片区建设，合理划分整合 19 个示范观摩片区，发挥以点带线、以线促面的片区示范引领作用，实现小街巷交通综合治理提档升级。

组织交通、城管等部门联动攻坚共享单车秩序管理，坚持“一车一牌”，采用行政手段，对违规投放车辆、淤积车辆进行集中清理，通过施划车位、建立线上平台，对运营车辆进行规范管理。在符合条件的街巷施划专用停车位，在茂业商圈周边、迎泽大街等繁华路段设置 23 个禁停区，查扣清理归集共享自行车 11.97 万辆，全面取缔违规投放的共享电动自行车，单车总量控制规模以内，大面积的乱停乱放基本治理，违规投入的共享电动车基本清零。

组织卫健、教育部门开展“院长制”“校长制”建设，在市中心医院、市人民医院等 7 家市直属医院试点推行“院长制”，与咪表泊车企业协调解决医

2021 年 6 月 29 日，市交警支队小店一大队党支部慰问困难党员民警

（市交警支队供图）

院周边110个停车泊位，全市公立医院停车服务差别化收费试点范围扩大到37家，打造市中心医院东三道巷为“院长制”样板街巷。在青年路小学等20所学校试点“校长制”建设，创建文明交通示范学校147所，在15所千人以上规模的学校推行使用“放学系统”，合理分流人员及车辆，缓解周边交通拥堵，破解“停车难、停车乱”问题。

协调六城区开展“两进”工作，协调单位开放夜间错时停车场86个，停车位1954个。协调小区开放夜间错时停车场80个，停车位8468个。新增路内限时停车路段25个，停车位618个。新增路内长期停车路段93个，停车位10800个。全年开工建设各类公共停车场44处，新增1.40万个泊位。与并州行、龙城智迅、星宝咪表、联顺、帷幄停车等停车平台开展数据对接，推进“城市智慧停车”建设，多措并举缓解停车难问题。（杨晓兰）

【交通秩序管理】 2021年，太原市公安局交通警察支队查处各类交通违法358.67万起，较上年同期（404.87万）下降11.41%，其中：现场处罚60.54万起，较上年同期（106.20万）下降42.99%；非现场处罚298.13万起，较上年同期（298.67万）下降0.18%。查处涉酒违法5990起（其中饮酒4353起、醉酒1637起），较上年同期（7553起，其中饮酒6141起、醉酒1412起）下降20.70%，饮酒下降29.10%，醉酒上升15.90%。查处违法停车82.17万起，比上年（101.88万）下降19.35%。中重型货车违法查处8.68万起，比上年下降25%。完成省、市两会、建党100周年维稳安保、中博会、太原论坛、国家应急装备展览会、国家紧急医学救援队返并、佛首回归、省市党代会、山西省十四届工会代表大会和等级勤务等各类重大交通安保任务。完成各级各类勤务2114起次，其中综合勤务183起次（省级128，市级55），线路勤务1682起次（省级1097，市级585），交通引导153起次（省级68，市级85），场地79起次（省级33，市级46），等级勤务17起次（三级勤务14次、二级勤务3次）。

制定《2021年春运道路交通安全工作督导检查方案》《2021年“春运”督导内容及考核指标》和《2021年“春运”工作任务督导考核通报表》，对春运工作进行全面检查，确保各类问题立知立改、立改立效。在省、市20余家媒体发布2021年春运“两公布一提示”，在各类媒体发稿170余条，“两微两抖”发稿900余条。在长风东、杨家峪等24个高速出入口增设警力，科学调整勤务模式，严把高速出入关口，坚决守住春运“底线”，把住疫情“红线”，确保疫情防控物资、群众基本生活用品运输通道畅通，确保复工人员运输返岗车通行畅通，营造安全有序的春运道路通行秩序。（陈永维　高丽珍）

2021年12月2日，市交警支队开展122“全国交通安全日”主题宣传活动

（市交警支队供图）

【电动自行车骑乘安全宣传】 2021年2月23日，太原市公安局交通警察支队联合“美团”“饿了么”两家外卖企业，开展骑乘电动自行车自觉佩戴头盔宣传教育活动，介绍电动自行车整治工作措施及整治重点，发放《致广大交通参与者的一封信》，教育外卖骑手严格遵守交通安全法律法规，增强保护和事故防范意识，维护良好交通秩序，展示企业良好形象。3月25日，在迎泽西大街开展“一盔一带，安全常在”体验式教育系列活动。民警在西客站路口对过往非机动车驾驶员进行劝导，提醒、纠正骑乘电动车不佩戴头盔行为，面对面宣传、讲解不带安全头盔的危害性。活动发放宣传折页60余份，劝导未佩戴头盔人员25人，张贴黄标贴30张。

（李宏冰）

【车辆和驾驶人管理】 截至2021年底，太原市机动车保有量1996330辆，驾驶人保有量2107781人。机动车业务办结量1696564笔，驾驶证业务受理量515055笔，驾驶人考试业务总量为331115人次，互联网平台业务办理量538673笔，八类重点车隐患处理15240辆（其中，未检验处理13151辆、未报废处理1912辆、违法未处理处理177辆），六类社会代办机构专网办理总业务量330722笔，机动车登记服务站106家。有机动车检验机构56家，远程检验监管审核车辆703452辆次，电动自行车上牌总量为206622辆。（陈　惠）

【停车位管理】 2021年，太原市公安局交通警察支队为最大程度缓解停车难问题，选择白天流量较大而夜间流量较小，且停车需求较大的道路，施画夜间限时停车泊位。根据道路流量变化情况不同，每条路限时起止时间略有不同，具体以设置限时车位路段的标志或标线为准。年内划定夜间限时停车泊位道路67条，停车泊位3088个。与市客运办协同合作，设置部分出租车专用车位。主要设置在医院、小区、商场等人流密集的地段，目的在于规范出租车的运营。分出租车上下客车位和出租车候客车位两类，出租车上下客车位为虚线框，内写出租车字样，供出租车上下客使用。出租车候客车位为实线框，可供出租车长期候客停放。截至年底，共设置238处244个车位，其中出租车专用上下客车位234个、出租车专用候客车位10个。在公共厕所附近设置限时长的临时停车位，方便旅途车辆临时停放，停车限时15分钟，不允许长期停放。截至年底共设置27处64个车位。在药店、便利店等道路点段设置短期临时车位，方便通行车辆在短期购物时的临时停放，停车限时15分钟，不允许长期停放，截至年底共设置17处42个车位。（文　凯）

【交通设施建设】2021年，太原市公安局交通警察支队施画交通标线66.60万平方米，安装交通标志2530余套、交通护栏57千米。建成并投入使用信号灯路口119处，安装交通监控设备645套。人脸识别行人闯红灯抓拍系统覆盖全市52个路口，滨河东西路56个点位匝道流量灯安装全面完成，新增高点监控29处、违停抓拍设备90套。（何　洁）

【交通管理群众参与】2021年6月15日，太原市公安局交通警察支队在全省交管系统成立民意中心，开通"3330122"全省首条交通管理民意收集热线。依托民意大数据管理平台，融合"12123"、"12345"、"12319"、太原交警微博、微信、今日头条、抖音、快手及"易行太原"App等民意渠道，打造出民意中心受理直办转办回访监督、各部门回复办理的民意处理新流程，实现民意归口收集和高效办理。年内累计办理民意诉求30784起，日均咨询业务处理能力同比提升50%以上，咨询和报警电话排队问题得到解决。创新违法教育提醒模式，针对群众反映强烈的交通管理以罚代管问题，从转变执法理念、管理方式入手，创新服务举措，于4月16日开通"2200122"交通违法教育热线，研究制定《道路交通安全违法行为提醒教育工作规定》和《交通违法教育提醒工作方案》，对违法停车行为进行现场提醒教育，督促其改正违法行为。年内累计提醒教育驾驶员20.10万人次，总时长8.60万分钟。开展"我为群众办实事"实践活动，畅通民意反映渠道，于10月25日推出交通违法微博举报新举措，共接到各类群众举报近4000条，社会效果和宣传效果初步显现。（何　洁）

2021年12月2日，市交警支队综改大队在富士康科技工业园区开展"守法规知礼让，安全文明出行"主题宣传活动（市交警支队供图）

【交通执法监督】2021年，太原市公安局交通警察支队依托4G执法记录仪管理平台对民警路面执勤执法进行实时全程监管，通过每日随机抽取一定比例的法律文书与执法视频进行比对，重点检查法律法规适用、程序适用、视频佐证等内容，发现问题，及时通报。设立执法数据监督岗，印发4G执法记录仪管理使用通报156期，核查执法数据16840起，发现执勤执法不规范和不按规定使用执法记录仪等问题150件，对大队及民警考核16次。根据《全市公安机关执法不规范、不文明及服务不到位问题专项整治实施方案》要求，成立整治执法不规范、不文明及服务不到位专项工作组，核查现场执法音视频2758个，发现法律文书制作不规范、未按规定使用执法记录仪、辅警单独执法、窗口服务不文明及服务不到位等问题29个，整改29个，整改率为100%。（王　楠）

【农村交通管理】2021年，太原市公安局交通警察支队推进"一灯一带"和"两站两员"建设，新增农村公路平交路口信号灯648个、减速带739组。全市51个乡镇、636个村建设警保合作劝导站149个、配备劝导员214人，依托"农安通"手机App录入劝导工作信息262321条。对全市农用车和驾驶人基础信息采取"地毯式"摸排，按照"一车一档、一人一档"建立管理台账，摸排农用车23410辆，与乡镇（街道办）签订交通安全责任书121份，与村"两委"（社区）签订交通安全责任书848份，与三轮车驾驶人（含车主）签订交通安全承诺书10633份。（陈　颖）

【道路交通安全专项整治行动】2021年5月至7月31日，太原市公安局交通警察支队按照《全省公安机关2021年度道路交通安全专项整治百日行动实

2021年2月23日，市交警支队交警小店一大队联合外卖企业开展“自觉佩戴头盔”宣传活动（市交警支队供图）

施方案》要求，在全市公安机关部署开展2021年度道路交通安全专项整治百日行动。各基层交警大队向运输企业驾驶人集中推送警示提示信息626万条，深入客货运企业及厂矿、工地等单位895家次，开展“七进”和“百千万”活动465次，与“三零”单位签订交通安全责任承诺书1440个，向“破零”单位下达隐患整改函告通知书42份，组织记者随警行动98次。查处国省道重点违法11757起，城市道路重点违法33070起，农村公路重点违法636起，全省统一行动日查处重点违法925起，查处或劝导电动自行车骑行人不戴头盔49850起，检查大型客车乘客安全带使用情况12100辆，检查提醒汽车后排乘客使用安全带11000辆，查处摩托车骑乘人不戴头盔206起，农村“两站两员”开展劝导167842次，完成“一灯一带”建设路口43个灯45组带，完善“电子警察”配套标志标线和提示标志4处。（陈 颖）

【交通事故处理】2021年，太原市发生适用一般程序以上交通事故1716起，同比减少100起，下降5.51%。造成266人死亡，同比增加54人，上升25.47%。造成1769人受伤，同比减少170人，下降8.77%。直接经济损失383.04万元，同比增加19.47万元，上升5.36%。发生适用简易程序处理的道路交通事故74188起，同比增加16512起，上升28.63%。发生逃逸事故73起并全部侦破，其中死亡逃逸事故11起，伤人逃逸事故43起，财损逃逸事故19起。未发生一次死亡3人以上较大道路交通事故。推动道路交通事故社会救助基金垫付。在发生有危重伤员的交通事故后，通过协调救治力量、调配救援资源，最大限度减少救助流程，确保交通事故危重伤员的救治成功率，起到温暖民心、化解矛盾作用，为预防道路交通事故“减量控大”工作提供保障。全年完成垫付道路交通事故伤者抢救费570笔，救助534人，垫付金额2030余万元，完成追偿289笔，追回金额816万元。（陈 瑶）

检 察

【概况】2021年，太原市人民检察院坚持以习近平新时代中国特色社会主义思想为指导，全面贯彻中共十九大和十九届历次全会精神，深入贯彻习近平法治思想及习近平总书记考察调研山西重要指示，坚持系统观念、法治思维、强基导向，聚焦全方位推动高质量发展，以高度的政治自觉、法治自觉、检察自觉全面履行法律监督职责，推进各项检察工作取得新进展。

全市检察机构坚持总体安全观，落实国家安全责任，强化上下联动，加强对危害国家安全、公共安全等重大刑事案件的专业化办理。保持严打高压态势，常态化推进扫黑除恶斗争。打击故意杀人等严重暴力犯罪及“两抢一盗”（抢劫、抢夺、盗窃）等多发性侵财犯罪。开展打击邪教犯罪和打击网络政治谣言专项活动。提升毒品犯罪案件办理质效。组织开展社会治安、经济民生、农业农村三大领域违法犯罪和突出问题打击整治专项行动。（李爱军）

【经济领域检察监督】2021年，太原市人民检察院防范化解金融风险，打击金融、经济犯罪，做好追赃挽损工作。

2021年3月9日，全市检察机关党风廉政建设工作会议暨检察队伍教育整顿动员部署会召开（市检察院供图）

打击电信网络诈骗相关犯罪，针对电信网络诈骗案件高发情况，与市公安局、市中院、市海关缉私局建立工作联动机制，召开落实“三号检察建议”防范化解金融风险新闻发布会，组织开展全市防范电信网络诈骗宣传活动。（李爱军）

2021年6月10日，太原市人民检察院开展反金融诈骗主题党日活动

（市检察院供图）

【法治化营商环境建设】 2021年，太原市人民检察稳妥审慎处理涉企案件，在办理涉民企案件中落实认罪认罚从宽制度。开展涉非公经济控告申诉案件清理和监督专项活动。强化对知识产权的专业化保护。畅通服务民企申诉绿色通道。开展“企业合规与刑事风险防范”等法治宣讲，向企业赠送市法律知识手册。（李爱军）

【生态环境资源领域检察监督】 2021年，太原市人民检察院发挥检察职能，各部门联动，开展严厉打击破坏环境资源违法犯罪专项行动。推动公益诉讼与生态环境损害赔偿衔接制度，促进绿色发展。（李爱军）

【刑事检察监督】 2021年，太原市两级检察院深化派驻公安检察室及两项监督工作，与公安机关成立全市侦查监督与协作配合办公室，与市公安局、市中院建立相关协作配合机制提升监督效果。坚持以重质提效为主线，推动认罪认罚工作全面均衡深入发展。履行羁押必要性审查职能，推动落实“少捕慎诉慎押”刑事司法政策。推进刑事审判监督工作，落实检察长列席审委会制度，开展刑事审判监督专项检查工作。强化监、检衔接，发挥检察职能，推进司法工作人员相关职务犯罪侦查工作。加强刑事执行工作，开展“减假暂”专项整治、社区矫正脱漏管和财产刑执行专项检察。探索推进社区矫正巡回检察试点工作。开展剥夺政治权利罪犯执行和法律监督情况及集中清理判处实刑罪犯未执行刑罚专项活动。开展看守所巡回检察工作。加强重大案件侦查终结前开展讯问合法性核查工作。（李爱军）

【民事行政检察监督】 2021年，太原市人民检察院组织开展“基层建设加强年”活动，加大民事行政审判程序违法监督、执行活动违法监督、支持起诉工作力度，监督办案质效居全省领先水平。规范民事行政申请监督案件办案程序，提升民事行政检察办案社会效果。开展巩固深化民事虚假诉讼专项监督活动。（李爱军）

【公益诉讼监督】 2021年，太原市人民检察院办理生态环境和资源保护领域、食品药品领域、国有财产保护和国有土地使用权出让领域案件及其他领域案件，探索办理新领域公益损害案件。坚持把诉前实现维护公益目的作为最佳司法状态，认真办理诉前程序案件。（李爱军）

【民生领域检察监督】 2021年，太原市人民检察院办理未成年人犯罪案件和对侵害未成年人犯罪案件。构建未成年人社会支持体系，被确定为首批全国未成年人检察工作社会支持体系示范建设单位。综合运用刑事、民事、行政、公益诉讼等多种手段，一体实现对未成年人的全方位综合司法保护，监督落实“一号检察建议”。推进食品药品“四个最严”（最严谨的标准、最严格的监管、最严厉的处罚、最严肃的问责）专项行动，守护群众“舌尖上”的安全。在“公益诉讼守护美好生活”“为民办实事、破解老大难”大专项基础上，细化开展“塑料污染治理”“中高考期间噪声污染”“电梯安全”“消防安全”“窨井盖、无障碍设施建设管理”等小专项活动，解决群众生活中“急难愁盼”的问题。高标准落实高检院“群众来信七日内程序性回复，三个月实体进展答复”工作。在12309信访大厅开通未成年人权益保护、律师权利和企业权利保障“绿色通道”，落实好律师参与化解和代理涉法涉诉信访案件制度。常态化开展检察开放日活动，全面接受社会各界对检察工作的监督。拓展和延伸司法救助工作方法和范围，认真办理国家司法救助案件。办理支持弱势群体起诉案件，推进检察机关驻法院支持起诉岗设立工作，发挥支持起诉岗桥梁作用，对检察机关受理执行监督、审判违法监督等检察监督案件起到工作衔接作用，值岗检察干警现场为需要提供法律帮助的弱势群体当事人提供法律咨询。（李爱军）

【检察队伍建设】 2021年，太原市人民检察院提高政治站位，推动队伍教育整顿取得成效。协同引深思想政治教

育，把思想政治教育同党史学习教育及教育整顿结合起来，以习近平总书记关于党史学习教育重要讲话重要指示及中央、省、市最新决策部署为重点学习内容，贯彻落实中共十九届六中全会及省、市十二次党代会精神。规范加强人员办案管理，推进检察官网上业绩考评。强化内部监督，注重对执法办案的全流程监督，开展案件质量评查，进行流程监控与送案审核以及检察业务数据核查等，修订完善相关工作机制，促进案件管理、执法办案规范化。（李爱军）

法　院

【概况】 2021年，太原市两级法院受理各类案件136240件，结案126550，结案率92.89%。员额法官人均结案327件，比上年增加85件。市中院受理各类案件22336件，结案20376件，结案率91.22%。员额法官人均结案205.82件，比上年增加25件。（张晓华）

【刑事案件审理】 2021年，太原市两级法院审理刑事案件7424件，审结6888件，判处10年以上有期徒刑刑罚398案572人，重刑率5.36%，同比下降2.29%。审理涉网络政治谣言和有害信息犯罪案件3案，涉"翻墙"工具犯罪案件2案，冒充党和国家领导人招摇撞骗犯罪案件3案。依法审结涉军案件30件，解决军地军民矛盾。严厉打击渗透破坏颠覆、宗教极端犯罪，审理组织和利用邪教组织犯罪案8件。

推进扫黑除恶斗争常态化，新收涉黑涉恶案件18件，一审判决14件。通过案件审理发现行业管理或社会治理存在的问题和漏洞，按照"三书一函"工作要求发放司法建议83份。严厉打击暴力犯罪，审理故意杀人、抢劫、盗窃等危害公共安全类案件1294件，同比减少491件。遏制毒品犯罪的蔓延，公开发布《毒品犯罪案件审判白皮书》，提升全市公民抵制毒品的意识和能力，审理毒品犯罪案件463件，在审结案件中重刑率达100%。严惩腐败犯罪，审结职务犯罪案件125件。推动涉未成年人审判和司法保护工作，10个基层法院全部成立"少年法庭"，在全省范围内率先实现辖区法院少年法庭全覆盖。

重点打击严惩非法集资、电信诈骗等经济犯罪，切实守护群众"钱袋子"。一审审理非法集资案件66件，涉案金额44.79亿元，涉案被告人109人，涉案投资参与人8.40万人。对引起党委高度重视和社会强烈影响的投资总额175亿余元，涉及实际损失的集资参与人4.89万人，造成损失47.80亿元的非法吸收公众存款案进行二审审理并依法公开宣判。审理电信诈骗犯罪案件及关联"黑灰产"类案件240件，对参与人1499人、诈骗金额5990余万元的重大跨境电信网络诈骗犯罪案主犯判处无期徒刑，被害人损失全部追回。严惩危害食品药品安全犯罪，审结生产销售假药、伪劣商品类案件60件。审结醉驾等危险驾驶犯罪案件1064件。

（张晓华）

图8　2017—2021年太原市两级法院各类案件收结案情况柱状图

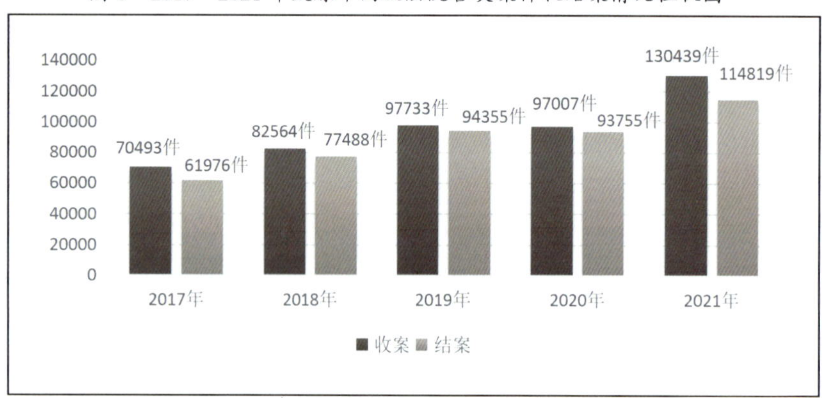

图9　2021年太原市两级法院各类案件占比情况扇形图

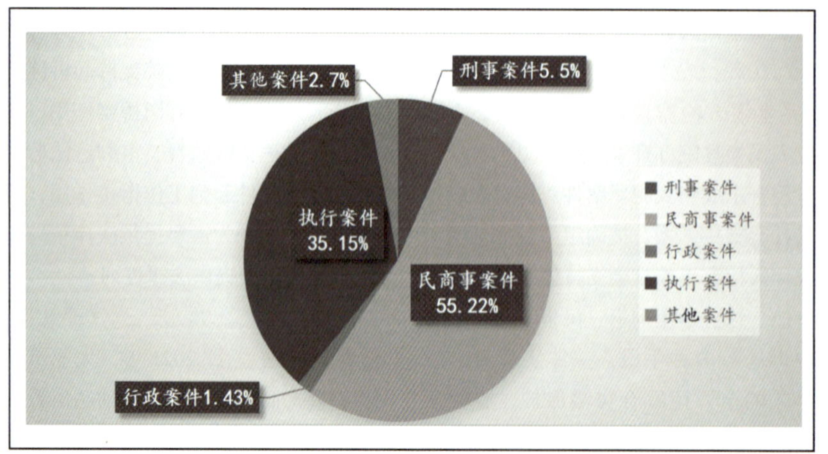

【司法公正监督】 2021年，太原市中级人民法院重视人大代表、政协委员联络工作，将基层法院的联络工作覆盖到县（市、区）两级人大代表，畅通人民群众表达利益要求的渠道，向代表推送各类信息300余条，向市人大常委会专题报告政法队伍教育整顿、扫黑除恶、民商事工作、执行工作等情况。办理答复市人大常委会交办的各类涉法涉诉信访案件32件，政协委员提案1件。办理来信、来函反映的各类案件78件，办结76件。落实"人民陪审员"制度，将民意和民间智慧植入裁判过程，1002名陪审员参与庭审、调解、执行、信访化解等审判执行工作中，提升案件办理的社会效果。聘请47名特约监督员，

提升民主治理的合力效能，聘用 39 名专家咨询员，从专业法学角度对疑难复杂案件进行分析，协助法官固定证据，查清技术事实，促成两起案件达成和解，为当事人节约鉴定费用 100 余万元。（张晓华）

2021 年 4 月 17 日，太原市万柏林区人民法院公开审判一起非法经营口罩案，该案在中国庭审公开网同步全程直播（市法院供图）

【民生案件】 2021 年，太原市两级法院审理家事、教育、就业、医疗、住房、社会保障等民生案件 17250 件。推动形成“圆桌审判”“诉讼离婚冷静期”“离婚证明书”等家事审判“太原模式”。完善反家暴联动机制，签发人身安全保护令 11 份，筑牢保护妇女儿童“隔离墙”。化解 170 名当事人办理不动产权证商品房买卖合同纠纷系列案件，助力全市房屋产权登记确权颁证清零行动。高度重视涉农劳动争议案件的审理工作，开展治理欠薪专项行动，为 137 案农民工追索劳动报酬 1086.64 万元。（张晓华）

【审批执行】 2021 年，太原市两级法院以“135 理念”（即“一性三统五化”新型执行机制，“一性”即突出执行的强制属性，“三统”是指按照执行工作一盘棋的思路做实统一管理、统一指挥、统一协调的“三统一”工作模式，“五化”指的是执行流程标准化、执行事务集约化、执行手段信息化、执行行为规范化、执行过程阳光化）为统领，实行“2922+1”财产调查工作法（即“线上两查、线下九查、两措施、两谈话”工作法。“线上两查”指的是首先由指挥中心线上查控组在执行办案系统和移动执行终端天眼查进行集中查控；“线下九查”指的是经过线上查控的财产不足以执结案件，继续开展线下调查，对被执行人工商、税务、不动产、车辆、理财、公积金信息到协助执行机关进行财产调查，同时展开现场调查、环境调查、财务调查；“两措施”指的是限制消费和悬赏公告措施；“双谈话”指的是约谈申请人和被执行人。“+1”，即“一报告”，指强制财产报告制度），终审案件“回头看”“提级执行”等制度，破解执行难题。全市法院受理执行案件 47802 件，占全省执行案件总量的 20%，同比增加 13153 件，增长 37.96%。市中院受理执行案件 6092 件，同比增加 4605 件，增长 309.68%，执行到位标的总值 118.26 亿元，实现超期未发、未认领案款“双清零”。加大执行信息化建设，推出“申请执行网上立案”“阳光执行网上查询”等微信功能，为当事人节省诉讼成本。推行网络司法拍卖新模式，解决“查人找物难”“变现难”，推送网络司法拍卖案件 509 件，拍卖成交标的物 91 个，溢价率 51.06%，成交金额 3.92 亿元。（张晓华）

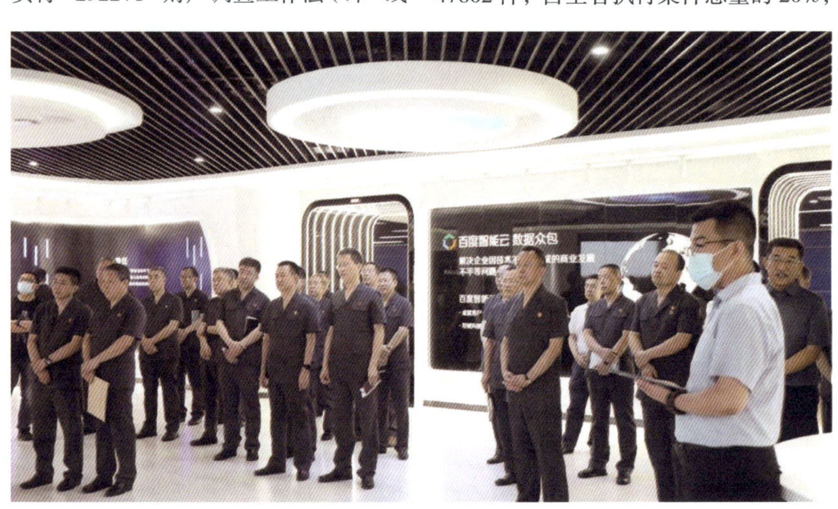

2021 年 7 月 31 日，太原市中级人民法院赴山西转型综合改革示范区学习调研（市法院供图）

【立案调解】 2021 年，太原市两级法院完善“四位一体”立案方式，网上立案率为 25.39%，市中院为 63.12%。推进案件繁简分流、轻重分离、快慢分道，一审简易程序适用率 84.99%，同比上升 7.11%。完善“诉讼费一次性交退”机制，破解“退费难”“退费慢”，当事人可以在家“坐等”退费到账，全年办理诉讼退费 1.59 亿元；着力诉源治理，选聘 100 名专职特邀调解员，派驻到案件增量最多的六城区法院开展案件诉前调解工作，调解成功 1055 件。（张晓华）

【合同纠纷审理】 2021 年，太原市中级人民法院出台《太原中院服务保障全方位推动高质量发展实施意见》，依法保护各类投资主体的合法权利，推动形

2021年，晋源区人民法院执行局将1300万余元执行案款给付当事人
（市法院供图）

成平等有序、充满活力的法治化营商环境。全市法院审理买卖合同、确认合同、建设工程合同等合同类案件49255件，审结45862件。在审理股权转让纠纷案时，市中院通过快立、快审渠道，应运保全、调解等司法手段和司法智慧，用6个月时间成功促使山西中药老字号回归山西，防止国有资产流失。（张晓华）

【破产案件审理】 2021年，太原市中级人民法院推出破产案件审理12项措施，在推动企业重整、创新资产处置方式等方面发力，全年审查破产、清算申请案件38件，盘活资产超10亿元，盘活土地69公顷，安置职工2451人。对破产清算案件债务重组方面进行审慎研究，综合考量，应用转股抵债方式帮助企业脱离困境，在依法维护职工合法权益、转型自救上助力企业。（张晓华）

【知识产权保护】 2021年，太原市两级法院审理涉知识产权类民、刑、行案件1252件，同比增加632件。加大对侵犯商业秘密等行为的刑事打击力度。联合市市场监督管理局出台《关于强化知识产权保护协作的实施意见》，与太原市打击侵权假冒工作领导组办公室建立专人联络机制，形成人民法院、行政管理部门对知识产权的保护合力。

（张晓华）

【行政审判】 2021年，太原市两级法院受理行政诉讼案件1923件，行政机关败诉率12.51%，在案件量同比增加26.51%的情况下，败诉率下降0.80%。依法化解征地拆迁、城市建设、楼房买卖等热点矛盾，制定《行政机关征收拆迁领域诉讼风险提示与防范指南》，改进行政机关依法征收拆迁行为，服务保障老旧小区改造、地铁一号线建设等重大项目推进。加强普法宣传，提高国家工作人员依法行政意识，全年组织行政机关人员旁听案件20次，配合省法院、省司法厅组织78家行政机关厅级领导旁听庭审案件，促进提升行政机关用法治思维服务高质量发展的能力。

（张晓华）

【环境资源案件审理】 2021年，太原市两级法院践行绿水青山就是金山银山理念，以实现生态环境系统修复和整体保护为目标，妥善审理环境资源案件17件，其中，市检察院提起的环境公益诉讼案件6件。万柏林法院审理的非法收购、出售珍贵、濒危野生动物制品案等犯污染环境罪、刑事附带民事公益诉讼案被山西高院选为打击破坏生态环境刑事犯罪五大典型案例。（张晓华）

【司法监督体系建设】 2021年，太原市两级法院在做实审判监督“五四工作法”上发力。压实院、庭长案件管理职责，明确院庭长对“五类案件”负有监督职责，两级法院223名院庭长办理发回重审、再审等各类要案、难案58291件，占全市法院案件总数的42.86%，依职权监督案件2128件。探索推行审委会听证举措，组织诉讼双方到会陈述诉辩主张，全年运用听证程序审议案件5件，通过听证，增强审委会审议案件公信力，增进人民群众对审判工作的信赖度与满意度。健全审委会议事规则，运用“两级三评互动”的案件评查模式组织召开10场案件质量评查会，评查案件121件，达到“一审尽责、二审担当”的互评效果。（张晓华）

【审判管理制度建设】 2021年，太原市中级人民法院制定《太原中院审限监督管理工作指引》，对审限超6个月、9个月和12个月的案件，分别由庭长、分管院领导和院长进行相应层级的监督，全市法院长期未结案件由上年度198件降至70件，降幅64.64%。推动庭审方式改革，推出“当事人说事、代理人论理”的庭审模式，当事人对自己的主张不提供证据加以证明，将承担由此带来的不利后果，优化诉讼生态，甄别公布虚假诉讼案件23件，对6名自然人、3家公司罚款72万元，移送公安机关11案6人。推行法官释明制度，制定《太原市中级人民法院关于规范民商事案件中法官释明的指引》，全年两级法院向14325名当事人释法说理，“听当事人诉求、向当事人释理”成为法官办案的司法遵循与司法自觉。（张晓华）

【信息化建设】 2021年，太原市中级人民法院探索“区块链＋司法”智慧审判新模式，实现链上诉讼、链上审判、链上管理，建成安全、可信、高效的“链上法院”。深化电子卷宗随案同步生成和深度应用，同步生成率100%。优化案件信息回填、智能阅卷、文书生成、一键归档、上诉移转等智能应用，助力案件全流程监督管理。实现庭审直播、

庭审录像、庭审笔录语音识别、庭审笔录线上签名等多种互联网庭审功能，在常态化疫情防控下，发挥互联网诉讼零接触优势，全年支持互联网开庭1000余次。（张晓华）

【“阳光司法”机制】 2021年，太原市中级人民法院构建以太原中院、晋阳法苑微信公众号、官方抖音号、视频号为主体的“融媒体”传播平台。与太原电视台联合开办《法庭内外》栏目，微信、微博粉丝突破2万人，最高点击量超10万人次。讲好法院故事，太原中院“五四工作法”被《人民法院报》以《“五四工作法”收紧监督的“缰绳”》为题刊发。创新执行工作方法被“全国切实解决执行难信息网”以《太原中院：切实解决执行难驰而不息、久久为功》为题报道，被《半月谈》以《“纸上权利”实现难？破解执行难，这里不玩虚的》为题刊发。太原电视台制作播出因公殉职的市中院行政庭法官刘栋先进事迹专题片。通过“并法融媒体”吸引群众“围观”，建立开放动态透明的“阳光司法”机制，让群众了解法院、理解法院、信任法院，使法院与人民群众形成良性互动，确保权力运行始终处于“放大镜”和“聚光灯”下。（张晓华）

司法行政

【概况】 2021年，太原市司法局统筹行政立法、行政执法、刑事执行、公共法律服务为主要内容的职能体系优化协同高效运转，研究谋划法治太原建设实施方案，开展宪法学习宣传教育活动，推进科学立法，加强法治政府建设和法治社会建设，推进司法行政改革，打造过硬司法行政队伍，发挥全系统在全面依法治市中的职能作用。（成　赟）

【依法治市】 2021年，太原市司法局强化组织运行，创新制度20余项，对各级各单位党政主要负责人履行推进法治建设第一责任实施定责、明责、落责、考责，开展法治督察，推动法治国家、法治政府、法治社会一体建设。在6月召开的省委全面依法治省工作会议上，进行典型经验交流。起草落实全面依法治国“一规划两纲要”即《法治中国建设规划（2020—2025年）》《法治社会建设实施纲要（2020—2025年）》《法治政府建设实施纲要（2021—2025年）》的分工举措。

落实党委中心组、政府常务会议学法制度，推动各级领导干部带头学习贯彻习近平法治思想。加强法治工作队伍建设，提升思想政治素养、业务能力素养和职业道德素养，带头做尊法学法守法用法模范。完善各层级、各部门法治建设责任制，强化各级党政主要负责人履行推进法治建设第一责任人职责，把法治素养和依法履职情况纳入考核评价干部的重要内容，实现领导干部年终述法常态化。严格法治督察，将党政主要负责人履行推进法治建设第一责任人职责纳入市、县巡察。推动万柏林区完成好省委交办的法治山西、法治政府、法治社会一体建设试点工作任务。（成　赟）

【行政立法】 2021年，太原市司法局加强重点领域立法，完成法规规章起草审查项目4件，其中地方性法规3件（新立2件、修订1件），修订政府规章1件。《太原市晋阳湖生态保护与修复条例》《太原市客运出租汽车服务管理条例修正案》经省人大常委会批准公布施行。《太原市农村自建房屋管理条例（草案）》经市人大常委会二审通过，待省人大常委会批准后公布施行。市政府规章《太原市爱国卫生管理办法（草案）》经市政府常务会议审议通过。严格行政规范性文件合法性审核，全年审核各类文件201件，备案审查县（市、区）及市政府部门规范性文件37件，前置审查批准市政府部门规范性文件9件，向省政府、市人大报备市政府及市政府办公室规范性文件3件。对市、县（市、区）政府及其工作部门564件行政规范性文件进行全面清理（保留443件，废止121件），保障政策制度依法有效。（成　赟）

【行政执法能力建设】 2021年，太原市司法局推动全市在市场监管、生态环保、文化市场、交通运输、农业、城市管理、应急管理、规划和自然资源、卫生健康、劳动监察等10个领域设置综合执法队伍。贯彻落实行政执法“三项制度”，规范行使行政执法裁量权。推进落实市场监管、文化市场、城市管理等3个领域行政处罚权相对集中工作。建立行政诉讼败诉和行政复议纠错案件追责与容错免责制度。推进落实《关于规范涉企轻微违法行为不予行政处罚和

2021年4月22日，太原市召开律师行业突出问题专项治理第二阶段推进会

（市司法局供图）

2021年，太原市司法局助力防汛救灾和灾后恢复重建工作 （市司法局供图）

一般违法行为从轻或减轻行政处罚的实施意见》，对包容免罚事项清单进行动态调整，巩固深化包容审慎监管工作成果。有22个行政执法机关制订191项免罚清单和117项轻罚清单。推进证明事项告知承诺制，制定《太原市证明事项告知承诺制承诺信息核查办法（试行）》，全市保留证明事项173项（其中14项实行告知承诺制）。 （成 赟）

【刑事执行职能履行】 2021年，太原市司法局加强特殊人群管理，发挥社区矫正委员会职能，打造以司法行政机关执法工作者为核心、社会工作者为辅助、社会志愿者为补充的“三位一体”社区矫正工作队伍。按照《山西省社区矫正调查评估暂行办法》，严把社区矫正调查评估“入口关”，为全市社区矫正工作人员制发工作证件，保障社区矫正工作人员依法履行职责。通过定期报到、日常走访、信息化核查等方式，严密掌握矫正对象的行踪动向。市、县两级社区矫正机构定期召开社区矫正研判分析会，集体研究矫情动态，全面排查问题隐患，科学制定对策措施，确保监管安全风险防患于未然。全年市、县两级召开现场研判分析会80余次。统一制作社区矫正档案盒，规范档案管理。利用山西省社区矫正一体化管理平台进行清查，加强基础数据核查，对在山西省社区矫正信息管理系统中未绑定人员、未激活、异常、疑似脱管、逾期未解矫等5类人员进行重点排查，实现“异常数据”全部清零，信息平台指定专人负责，核查工作实现常态化。截至年底，太原市社区矫正对象重新犯罪率0.13%，低于全国平均水平（0.2%）。选派挂职警察定点下沉迎泽区司法局及其管辖社区矫正对象较多的郝庄司法所、桥东司法所，采取蹲点式、体验式、联合式开展调研和执法检查。加强刑满释放人员管理，做好与监所的信息互通，实现无缝对接。 （成 赟）

【公共法律服务体系建设】 2021年，太原市司法局整合优化律师、公证、调解、司法鉴定、法律援助等法律服务资源，推进实体、网络、热线三大平台融合发展。聚焦公证行业发展，推动公证机构合作制改革，激活公证机构活力。 （成 赟）

【法律援助惠民工程】 2021年，太原市司法局推进免费法律咨询和特殊群体法律援助惠民工程，全市完成免费法律咨询5.90万余件，完成率140.87%。办结特殊群体法律援助案件2107件，完成率122.86%。 （成 赟）

【矛盾纠纷排查化解】 2021年，太原市司法局梳理统计全市人民调解组织及人员情况，对管理系统进行信息完善，准确对接人民法院、公安机关数据信息，通过线上委托方式实现诉调、公调对接，提升多元解纷平台应用水平。将矛盾纠纷排查化解等职能纳入“全科网格”服务管理事项清单，推动网格员作为兼职人民调解员开展调解工作，纳入“以案定补”范围。 （成 赟）

【行政复议和应诉】 2021年，太原市司法局履行行政复议和应诉职责，推进行政复议体制改革，发挥化解行政争议主渠道作用。市本级于8月1日起集中行使行政复议职责，10个县（市、区）于9月底前全部完成改革任务。在市公共法律服务中心设立行政复议窗口和行政争议调解窗口，接待受理行政复议案件申请。开展“复议为民促和谐”专项行动，探索研发行政复议云接待平台，实现群众少跑腿、数据多跑路。全年接待行政复议申请、法律咨询等270件、1100人次。办理行政复议案件248件。办理以市政府为被告的行政应诉案件103件，收到一审、二审判决裁定85件，胜诉84件，胜诉率98.80%。（成 赟）

【普法与依法治理】 2021年，太原市司法局深化“谁执法谁普法”普法责任制，组织起草“八五”普法规划，制定《2021年市级部门普法责任清单》，涉及75家单位58条共性清单和645条个性清单。组织3500余人开展10期“法律明白人”培训课，助力村（社区）“两委”换届。推进民法典学习宣传，在太原电视台新闻频道推出为时一年52期《法说太原》专题栏目，引导全社会尊法学法守法用法。 （成 赟）

法律援助

【概况】 2021年，太原市法律援助中心提供法律咨询61612人次，“12348”公共法律服务热线提供电话咨询49253人次，受理刑事法律援助案件3481件，民事法律援助案件 1397 件，行政法律援助案件 5 件，值班律师提供法律帮助 2054 件，其中协助办理认罪认罚 2054 件。（李彦昭）

【法律援助现场咨询】 2021 年，太原市法律援助中心组建法律援助律师库，志愿律师在法律援助窗口轮流值班，对来访群众提出的具体法律问题，及时提供专业的法律建议。在大厅接待窗口设立党员先锋示范岗，开展法律援助先锋模范测评，按季度向省法律援助中心报送“服务之星”。开展法援申请人家庭经济情况核对和证明事项告知承诺制试点工作，落实“最多跑一次”，简化申请人填报资料程序，为 5 名受援人提供法律援助。（李彦昭）

【法律服务平台建设】 2021 年，太原市法律援助中心“12348”公共法律服务热线平台 24 小时为群众提供优质、精准的法律服务。为扩大城乡覆盖率，增设涉农法律援助专席，负责接听、解答有关“三农”法律问题的相关咨询。解决山西省司法厅转办的农民工讨薪专案咨询 24 件，保障涉农咨询法律帮助。微信公众平台改版升级，实现在线法律咨询、在线申请援助、网络普法宣传等功能全覆盖，全年发布信息 108 篇，并开启微信公众平台“预约送法上门”相关功能。官方微博发布民生关注的法律问题、社会热点和中心动态新闻微博信息 1453 篇，关注者 18.20 万名。（李彦昭）

2021 年 6 月 1 日，太原市法律援助中心到迎泽区开展“送法进工地”活动（市法律援助中心供图）

【刑事案件律师辩护全覆盖】 2021 年，太原市法律援助中心根据市中级人民法院、市铁路运输中级人民法院、市司法局联合印发的《太原市刑事案件律师辩护全覆盖工作实施细则（试行）》的通知要求，加强刑事法律援助工作，对市中级人民法院、太原铁路运输中级人民法院送达的刑事法律援助案件做到 100% 受理、指派，保障刑事诉讼被告人的合法权利。每月向市局律管科报送涉及刑事辩护全覆盖的台账及刑事辩护全覆盖开展情况等相关材料，确保刑事案件律师辩护全覆盖。（李彦昭）

2021 年 12 月 3 日，太原市法律援助中心在西海子公园内开展“12・4”宪法进社区宣传活动（市法律援助中心供图）

【特殊群体法律援助服务保障】 2021 年，太原市、县两级法律援助中心联合劳动监察等部门，组织专业律师上门为农民工提供法律风险排查服务。在同级公共法律服务中心驻派值班律师，引导农民工通过法律援助依法维权，方便农民工就近提出法律援助申请。在太原市人社局仲裁院设立工作站，尖草坪区、小店区、杏花岭区、万柏林区、迎泽区、晋源区、阳曲县、清徐县、古交市中心分别在同级劳动监察机构设立法律援助工作站（窗口），对口劳动保障监察机构和劳动仲裁机构法律援助工作，对符合条件的农民工维权案件通过简易程序快速处理，降低农民工维权成本。

成立退役军人服务站。承办涉军法律援助案件，协同退役军人事务局开通“绿色通道”，让法援服务“零距离”“零等待”。通过优质法律服务，有效引导退役军人合理、合法解决诉求。

根据山西省、市老龄委《关于深入开展 2021 年“敬老月”活动的通知》要求，开展一系列敬老爱老活动。完善老年人便民服务措施，简化老年人法律援助受理审查程序。在公共法律服务实体平台为老年人开通“绿色通道”，解决老年人切身利益问题。（李彦昭）

太原警备区

【概况】 2021年，太原警备区落实党中央、中央军委和习近平主席决策指示，贯彻省军区党委和太原市委部署要求，高举旗帜，勇担使命，敢闯新路，求真务实，推动全面建设发展向上向好。

（景春勇　秦学敏）

【思想政治建设】 2021年，太原警备区围绕建党百年强化政治引领，坚持用习近平新时代中国特色社会主义思想和习近平强军思想武装头脑，以“五学”机制推进党委中心组理论学习规范化，突出习近平主席“七一”重要讲话、十九届六中全会精神和四本规定教材等重点内容，组织16次集中学习，与校企联建5个共学共育基地。坚持把党史学习教育作为重大政治任务，开展9次高规格大课辅导，固化周四教育日、周五下午党日制度，开办理论夜校，组织现地教学，编印红色故事，录制“我读百问微视频”常态展播。准确把握政治教员主体作用，两级同步、试点探索、军地融合，建立百名思政专家人才库，组织优秀政治教员比武竞赛，完善教员队伍建设四项机制。执行军委主席负责制“三项机制”，刊发要讯132篇，其中《影响当前军政军民关系的几种现象及建议》被《军队情况摘报》刊发。组织“严明政治纪律、严守政治规矩”教育整顿，实施净化涉军网络环境专项行动，确保部队高度集中统一和纯洁巩固。

（景春勇　秦学敏）

2021年6月29日，太原警备区组织党员在彭真生平暨中共太原支部旧址纪念馆重温入党誓词　（太原警备区供图）

【练兵备战】 2021年，太原警备区贯彻习近平主席刻不容缓做好应对复杂局面和打仗准备决策指示，滚动修订战备方案，贯穿全年深化课题研究，网络攻防研究成果被省军区推广。规范党委议战议训“四议”机制，依案展开课题训练联考联评，高标准完成省军区“八一”军事日3个课目展示。推进军地联合指挥中心和机动指挥车建设，加强指挥平台实战应用。组织开训动员，坚持首长机关每月第三周训练和每周五方案推演制度，开展优秀教练员、优秀参谋人员、优秀专武干部比武竞赛，“夺红旗当标兵”成为备战打仗有力抓手。突出新质力量、突出任务行动、突出使命课题，组织基干民兵基地化轮训备勤，探索形成“3+7+5”组训模式。突出实战实案实景实兵，高标准组织应急应战10个课题能力检验评估和综合演练，促进备战工作落实。　（景春勇　秦学敏）

【国防动员体系建设】 2021年，太原警备区完善国防动员体系战略部署，市政府常务会议专题研究民兵建设情况，完成民兵编建任务，组织两个波次民兵工作综合检查考评。对接论证“十四五”时期民兵建设任务需求，协调落实基干民兵参观景点、乘坐交通工具等优惠措施，探索民兵应急力量与地方专业救援力量共建共用试点，固化形成六项机制。适应“一年两征”改革形势，严把质量关口，加强精准管控，创新宣传模式，高标准完成兵员征集任务。军地联合考核评估19家经济动员中心，择优审查遴选4家优质企业新建经济动员中心，动员类型和布局得到优化。

（景春勇　秦学敏）

2021年1月21日，太原警备区组织民兵完成支援河北抗疫物资运输保障任务

（太原警备区供图）

【基层人民武装建设】 2021年，太原警备区督导推进为基层办实事，协力解决106项具体难题。分级分类做好新的军官政策宣讲阐释，协调解决人武部省管职工编制问题。组织兵员征集、国防动员、民兵工作、安全骨干、后装保障等培训，培养一批懂业务、会组织、能抓建的明白人。贯穿开展“双争”活动，表彰各类比武竞赛中涌现出的先进典型。落实安全形势分析、风险评估、隐患排查等制度，开展“条令法规学习月”“安全工作暨‘四个秩序’规范建设检查考评”和“百日安全”活动，狠抓网络保密安全、“翻墙”上网隐患、枪支弹药清查等专项整治，部队保持安全稳定。

（景春勇　秦学敏）

【党管武装】 2021年，太原警备区坚持从规范制度、健全机制，制定《党管武装工作目标责任考核办法及评分细则》，组织召开警备区和县（市、区）人武部党委第一书记任职大会。军地各级各类人员按照指挥机构“实名制”编组，走上战位，谋战研战，向战务战导向更加鲜明。开展“迈向强国新征程、军民共筑强军梦”军营开放日活动和“永远跟党走”群众性国防教育活动，新增6个省级国防教育基地和13个双拥主题宣传阵地。开展“热爱驻地、建设太原、再立新功”实践活动，推进娄烦县康家沟村帮扶项目，出动民兵完成应急搜救备勤、护林灭火、防汛抢险和灾后重建等任务。协调安置军转干部和退役士兵，解决现役军人子女入读优质学校问题，为随军家属办理工作随调，为未就业随军家属发放生活补助，联合法院审结涉军维权案件8起，增强军人军属和退役军人的尊崇度和荣誉感。

（景春勇　秦学敏）

2021年8月1日，太原警备区组织民兵高炮分队为“八一”军事日活动进行实弹射击课目演示

（太原警备区供图）

【后勤装备保障】 2021年，太原警备区学习贯彻《军队后勤条例》《军队装备条例》，严控经费投向投量，实战化练兵、民兵轮训、训练基地和信息系统建设等投入加大。市、县两级投入经费高标准建设专业训练场，对接实战、要素齐全、功能完备。协调市防疫、交通和经济动员部门，紧急出动民兵和车辆，完成支援河北抗疫物资装载任务。推进行业领域清理，追缴经济适用房欠款、土地补偿款，清退超占经济适用房，推进新办公楼收尾验收。展开5类资产大清查，核清资产数据。抓实抓好常态化疫情防控，定期组织核酸检测，完成全员接种疫苗工作。（景春勇　秦学敏）

【应急应战任务】 2021年1月21日，太原警备区根据山西省军区《关于支援抗疫物资保障的通知》，迅速组织小店区、尖草坪区、晋源区、清徐县、阳曲县5个县（区）人武部，完成支援河北省抗疫物资装载、运输车辆防疫洗消、集结地域调控警戒和机动道路交通管制任务。

10月2日至6日，太原市出现强连阴雨天气过程，致乌马河清徐段、祁县段发生决堤险情，太原警备区召集应急前指人员，分析研判灾情，研究部署救援任务。警备区战备建设处赶赴清徐县孟封镇阎家营村抗洪抢险一线，武警、公安、民兵、医疗等多支力量，加快抢险进度，完成3个村庄人员转移疏散。10月6日凌晨2时，由于上游洪峰加大，乌马河又发生多处决堤险情，原定转移群众由3个村庄逐步增加到8个。迎泽区、万柏林区民兵防汛救援应急分队连夜赶赴清徐县，展开抢险救援，负责两个村庄的人员转移疏散。人员疏散完毕后，根据统一部署，迎泽区、万柏林区、清徐县民兵又转入重要目标保卫战，加紧构筑子堤，确保尧城机场等重要目标不受洪水倒灌，208国道等交通要道不被洪水冲垮。1小时后，上游松塔水库泄洪，潇河清徐段发生管涌险情，下游董家营村村民生命财产遭受严重威胁。根据统一部署安排，清徐县人武部迅速启动应急预案，出动王答乡民兵应急排，协调武警山西总队机动支队官兵，赶往董家营村转移疏散群众，奋战3个多小时，将董家营村1300名群众全部疏散转移。在警备区统一指挥下，小店区人武部辖区基干民兵完成小店区黄陵街道煤机社区小区积水排除和转移群众任务。晋源区人武部辖区基干民兵完成兰亭御湖城等小区群众疏散转移和险情巡查任务。尖草坪区人武部出动民兵完成阳兴河段决口封堵。（景春勇　秦学敏）

【征兵入伍】2021年，太原警备区适应“一年两征”征兵形势，研究新时期兵员征集的特点，加大征兵工作宣传力度，融合唐风晋韵、尚武民俗、晋剧特色等元素，制作《参军吧，兄弟》《好后生，当兵去》等征兵宣传片，利用网络、电视台等融媒体手段，线上线下滚动播放，产生良好效果。针对“两征”形势下准备周期短、新冠疫情防控要求高等现实问题，常设征兵工作机构，落实疫情常态防控条件下兵员征集流程和办法，组织实施体检、政治考核等工作。制定《警备区廉洁征兵措施》，加强精准管控，严肃廉洁征兵纪律。（王瑞杰）

【党的建设】2021年，太原警备区学习贯彻军队党的建设法规，召开党委全会、常委会25次，研究解决重点问题和历史遗留难题。调整规范党组织设置，组织标准化党支部建设试点，突出打造“五有七规范”党员之家。巩固“讲大局、立规矩，讲担当、立标准，讲荣誉、立正气”活动成果，开展党支部和党员两个“三比三创”活动，颁发“光荣在党50年”纪念章，开展主题党日、党内关怀慰问、过“政治生日”等活动。突出基本知识灌输，突出能力短板补缺，突出现实问题牵引，集中组织两级党委、纪委、支部书记和思想、党务骨干培训。完成全军文职人员和专业技能岗位文职人员承考工作，公平公正选拔任用现役军官和文职人员。抓好巡视巡察“五位一体”问题整改，形成“党委主责统揽、纪委核实定性、机关对表落实、基层同步纠治”一体整改格局。常态化开展军地交叉地带整肃治理，出台《军地联合监督执纪协作工作规定》。全年累计处理问题线索5件，诫勉谈话3人，批评教育4人，持续传导正风肃纪高压态势。（景春勇　秦学敏）

2021年9月16日，武警太原支队开展医疗服务拥军活动（武警太原支队供图）

武警山西总队太原支队

【庆祝建党100周年活动保障】2021年6月15日至7月5日，武警太原支队每日出动十余个联勤武装巡逻小组，担负社会面治安巡逻任务。巡逻官兵严守执勤纪律，坚持依法执勤、文明执勤、正规执勤，为“中国共产党成立100周年庆祝活动”营造安全稳定的社会治安环境。（何晨光）

【护航高考】2021年6月7日至8日，武警太原支队每日出动执勤兵力百余名、车辆数十台，担负全市36个考点联勤武装巡逻任务，为3万余名考生保驾护航，维护全国高考太原地区良好的社会治安环境，对各类违法犯罪活动起到震慑和防范作用。（何晨光）

【防汛抢险救援】2021年10月5日，因连续暴雨造成小店区北格镇多个村庄被淹，积水严重，多点爆发险情。武警太原支队官兵迅速启动应急响应机制，携带各类救援器材，开进侯家寨东侧，冒雨奋战2个多小时，累计装填沙袋4000余袋，填铺4米宽土堤封堵决口，排除险情。（何晨光）

人民防空

【概况】 2021年，太原市人民防空办公室以习近平新时代中国特色社会主义思想为指导，认真贯彻中共十九大和十九届二中、三中、四中、五中、六中全会精神，贯彻落实习近平总书记考察调研山西重要指示，围绕“战时防空、平时服务、应急支援”职能使命，贯彻中央和省、市重大决策部署，推进全面从严治党，加强人防全面建设，全市人防建设“十四五”开局顺利。

（张宏伟　许亚飞）

【人防工程安全】 2021年，太原市人民防空办公室坚持学习贯彻习近平总书记关于安全生产重要论述，坚持人民至上、生命至上原则，定期召开安全生产例会。建立人防工程应急抢险专家库，开展安全宣传教育。3月至4月开展早期人防工程春季普查，6月至7月开展安全生产隐患排查治理，发现安全隐患35个，全部整改到位。开展安全生产专项整治三年行动集中攻坚。全年，人防工作安全生产零事故，确保人防系统平稳态势。（张宏伟　许亚飞）

【重要目标综合防护试点建设】 2021年，太原市人民防空办公室按照分级分类防护要求，研究确定全市重要经济目标名录。推进国家人防办赋予的重要目标综合防护试点建设任务，赴北京、重庆、长春等地调研，组织技术对接。10月完成验收，移动指挥、伪装、干扰等各部分满足设计要求和技术标准，重要经济目标综合防护能力提升。移动指挥车辆正式列装，人防指挥通信短板弥补上取得实质性突破。（张宏伟　许亚飞）

2021年，太原市人防办开展志愿者服务活动　（市人防办供图）

【“清零”行动】 2021年，太原市人民防空办公室成立“清零”行动领导小组，抽调28人组建工作专班，印发工作方案，召开动员部署会和培训会，每周定期召开工作例会，主要领导带队赴兄弟地市人防部门学习交流“清零”行动工作经验，推动工作落实。坚持一项目一档案，建立台账、挂账销号，勘察核实并审核回复。坚持为百姓办实事与履行部门监管职责有机统一，凡是符合“清零”政策的项目，一律先为老百姓办证，后续涉及建设单位履行人防法定义务问题依法处置。（张宏伟　许亚飞）

【防空战备】 2021年，太原市人民防空办公室加强人民防空体系建设，提升城市整体防护能力。编制人防工程“十四五”专项规划。坚持规划先行，以规划引领和保障建设。立足实战化要求，开展实战化联演联训，7月与大同、忻州、朔州人防部门共同组织指挥通信系统跨区机动演练，与内蒙古乌兰察布人防部门签订跨区支援保障协议。10月参加市国动委考核性演习。11月在太原周边地区组织指挥通信车辆装备冬季适应性训练。指挥信息保障水平和跨区支援保障能力得到加强。

（张宏伟　许亚飞）

【人防宣传教育】 2021年，太原市人民防空办公室坚持常态化开展人防宣传教育“五进”活动，结合重要节日组织宣传。“9·18”防空警报试鸣期间，市县人防部门在广场、社区、学校等设置宣传点，悬挂标语、横幅，布置展板，宣传防空知识，展示发展成就。通过《太原日报》、山西广播电视台等主流媒体以及新媒体宣传人防工作，强化民众国防观念和人防意识，让社会各界关心支持人防事业。加强意识形态领域工作，坚持把意识形态工作纳入党组重要议事日程，强化舆情意识，加强舆情监管，守牢舆论宣传主阵地。

（张宏伟　许亚飞）

经济管理

Economic Administration

宏观经济管理

【概况】2021年，太原市发展和改革委员会坚持以习近平新时代中国特色社会主义思想为指导，坚决贯彻习近平总书记考察调研山西重要指示，深入贯彻中共十九大、十九届历次全会及省、市第十二次党代会精神，围绕市委、市政府决策部署，开展党史学习教育，高位引领抓规划，聚力转型抓项目，精准发力抓政策，全力以赴争资金，奋勇争先保重点，筑底提速促增长，全市发展改革各项工作稳步推进。（杜新娟）

【经济运行分析】2021年，太原市财经委员会办公室围绕争先进位，统筹推进全市经济运行调度，每月定期组织市直各部门和各县（市、区）、开发区对主要经济指标和GDP核算指标完成情况进行预计研判，形成“每月经济气象”，每季度形成经济运行分析报告，为市委市政府决策提供参考，促进全市经济高质量高速度发展。全市经济实现总量跃升、速度加快、质量趋优、活力增强，地区生产总值完成5121.61亿元，增长9.2%，高于全国（8.1%）1.1%，高于全省（9.1%）0.1%，在全省11市中居第五位。（杜新娟）

2021年3月5日，太原市发展和改革委员会赴灵星社区服务中心开展学雷锋志愿者活动（市发改委供图）

【“十四五”规划编制】2021年，太原市发展和改革委员会坚持把研究编制“十四五”规划作为中心任务，协调全市各级各部门按照规划编制工作安排，推进规划编制各项工作。《太原市国民经济和社会发展第十四个五年规划和2035年远景目标纲要》（简称《纲要》）经市十四届人民代表大会第六次会议审议批准，以市政府文件印发全市贯彻实施。41个市级重点专项规划，由副市长牵头，与《纲要》同步编制、同步推进、相互支撑。市发展改革委牵头编制的重点专项规划有9项：太原市“十四五”服务业高质量发展规划、新业态规划、新基建规划、融入国家区域发展战略规划、人口发展规划、基本公共服务体系规划、现代物流发展规划、粮食和物资储备规划、军民融合发展规划。承担市“十四五”规划领导小组办公室日常工作，组织协调并审核市级重点专项规划履行征求意见、评估论证、对接衔接等程序。（杜新娟）

【项目建设】2021年，太原市发展和改革委员会坚持高点谋划、高位推动、高标准建设，34位市级领导包联帮扶163个重大产业项目，各县（市、区）全部建立领导包联协调机制，全环节帮扶、全流程服务、全要素保障，开展工业、服务业、老旧小区改造等项目观摩督导活动，掀起项目建设热潮。推进重点工程建设，成立太原市重点工程项目总指挥部、总指挥部办公室、七个分指挥部三级管理架构，分工负责，各司其职，强化要素保障，优化营商环境，建立台账，按月跟踪，加快重点工程项目建设进度。全年由太原市推进的省级重点工程52项，其中，前期项目2项，估算总投资53.16亿元；建设项目50项，总投资1535.40亿元，当年计划投资398.20亿元，完成投资422.10亿元，完成率106%，开复工率94%。市级重点工程84项，其中，前期项目28项，估算总投资738.90亿元；建设项目56项，总投资639.80亿元，当年计划投资101.50亿元，完成投资107.40亿元，完成率105.80%，开复工率100%。

（杜新娟）

2021年6月25日，省发改委和市发改委在高君宇纪念馆开展主题党日联建活动（市发改委供图）

【固定资产投资】2021年，太原市发展和改革委员会落实稳投资政策，分解下达投资任务，每月召开投资预测调度会，强化投资运行监测，指导帮助项目单位完善入统手续，确保应统尽统、统必合规，每月编写形成全市项目建设专报，通报各县（市、区）工作完成情况，汇总梳理全市市级政府投资情况、重点工程建设情况等，为市委市政府科学决策提供参考。主动对接争取中央、省资金9.66亿元，争取专项债券额度87.03亿元（含综改区13.28亿元），并全部发行，用于48个项目建设。全市固定资产投资完成1611.21亿元，增长7.9%，高于全国（4.9%）3%，低于全省（8.7%）0.80%，在全省11市中居第10位。

（杜新娟）

【区域协调发展】2021年，太原市发展和改革委员会融入国家战略，编制《太原市黄河流域生态保护和高质量发展规划》《太原市“十四五”融入国家区域协调发展战略规划》。成立太原市黄河流域生态保护和高质量发展领导小组，谋划储备黄河流域项目53个、总投资375.30亿元，第一批1个项目获得中央预算内资金1.54亿元，占全省首批下达资金6.69亿元的23%。贯彻落实国家新时代推动中部地区高质量发展意见精神，制定《太原市贯彻落实新时代中部地区争先崛起实现黄河流域生态保护和高质量发展的意见》。推进太忻一体化经济区建设，配合省完成太忻一体化经济区意见起草和项目支撑工作，牵头负责太忻一体化经济区“六个一”中的“一个启动区建设”“一个任务清单”“一批项目落地”，研究编制太忻一体化经济区（太原片区）产业发展规划。推动太原晋中一体化发展，印发太原晋中一体化发展推进方案，成立市级层面太原晋中一体化发展工作领导小组，组建8个工作专班，推动规划衔接、产业布局、基础设施、生态治理、公共服务、要素配置“六个一体化”，落实15项任务，公共服务领域事项基本完成。

（杜新娟）

【工业高质量发展】2021年，太原市发展和改革委员会制订全市入企服务工作方案，精选277户市级重点企业由市领导带领市直部门开展精准帮扶，各县（市、区）对全市5250户“四上企业”（规模以上工业企业、资质等级建筑业企业、限额以上批零住餐企业、国家重点服务业企业等四类规模以上企业的统称）进行全覆盖入企服务。完善并印发太原市推动制造业竞争优势重构打造“产业名城”工作方案、推动工业遗产保护利用打造“生活秀带”工作方案。清徐经济开发区获批成为国家县城产业转型升级示范园区试点。（杜新娟）

【现代服务业发展】2021年，太原市成立服务业发展领导小组，增加县（市、区）“服务业增加值增速”考核指标，统筹协调全市服务业工作。制定出台推进服务业改革开放发展的实施意见、推进服务业提质增效2021年行动计划以及大力推进服务业提质增效工作方案。围绕建设中西部现代物流中心，打造物流强市，印发物流业降本增效综合改革重点工作任务，做好全市物流项目储备、跟踪服务工作，不断提升物流服务质量，降低全社会物流成本，提升物流对产业集群的支撑和促进能力。分两批落实信息技术、现代物流、旅游休闲、商贸服务等领域86个项目市级财政奖补资金3961.73万元。太原同创谷、太原市智慧产业园、杏花岭数字经济产业园被认定为市级现代服务业集聚区，其中太原市智慧产业园、杏花岭数字经济产业园成功获批省级现代服务业集聚区。同年，全市第三产业（服务业）增加值实现2963.72亿元，增长8.6%，拉动GDP增长5.43%。（杜新娟）

【大众创业万众创新项目】2021年，太原市被确定为山西省第一批省级新型智慧城市试点市，获得省级投资补助资金1500万元。推进山西智创城建设，太原（万柏林）数字经济智慧创新示范区项目进展顺利，智创城NO.8一期7万平方米投入使用。成功举办首届中俄青年创新创业与创意大赛——中俄网络空间与先进制造峰会产业决赛、太原能源低碳发展论坛，以高端赛事助力太原提升产业发展水平和国际影响力。同年，全国双创周活动于10月19日至25日举办，山西分会场活动在山西省展览馆同步开展。修改完善2021年太原市大众创业万众创新项目申报指南，组织市双创领导小组成员单位、县（市、区）发改局开展2021年双创项目申报工作，经过项目筛选、实地调研、专家评审等，25个双创项目获得双创奖补资金。（杜新娟）

【外资利用】2021年，太原市发展和改革委员会争取国际金融组织贷款，围绕环境可持续发展，黄河流域生态修复、绿色农业和乡村振兴筹划储备项目23个，组织申报外国政府贷款项目3个，申请资金约13.80亿元。为太原市人民医院利用德国促进贷款南迁医院建设项目，申报进口医疗设备150台（套）免税确认书延期，预估免税额为2500万元。（杜新娟）

【能源革命综合改革试点】2021年，太原市发展和改革委员会制定《太原市能源革命综合改革试点2021年行动计划》，从六个方面明确49项重点任务，确定重点示范引领性项目19个。组织召开推进会议，设立工作台账，实行季度汇总、半年盘点、办结销号，推动重点任务和省行动计划赋予太原的6项具体任务落地见效。全市能源革命综合改革试点工作成果明显，特别是省能源革命综合改革试点2021年行动计划赋予太原市的重点任务和项目取得显著成效。第一实验室一期项目改造全面完工，山西钢科年产1800吨高性能碳纤维项目建设完成基础设施建设、设备安装、工艺管道制作及电气施工，生产线完成试车并全线贯通，进入工艺研究阶段。国科大太原能源材料学院建设主体基本完工。绿色交通创建行动取得新进展，太原市滨河自行车道建成，城市慢行系统得到完善。（杜新娟）

【社会信用体系建设】2021年，太原市发展和改革委员会制定《太原市社会信用体系建设2021年重点工作任务》，明确具体工作任务，各重点行业领域部门及县（市、区）对应出台本部门、本辖区重点工作任务，全面推动社会信用体系建设。对全市52个市直部门、10个县（市、区）2020年度信用体系工作进行综合评价，印发考核通报。全面开展“屡禁不止、屡罚不改”严重失信问题、失信信用服务机构以及“双公示”信息公开等专项治理工作。推进太原市信用信息共享平台建设，做好信用动态、信用宣传、信用信息归集共享等平台建设工作。（杜新娟）

2021年5月19日，太原市发展和改革委员会在阳曲县店子底村开展“主题党日”活动（市发改委供图）

【产教融合型试点城市建设】2021年，太原市发展和改革委员会出台《太原市促进产教融合2021—2023年行动计划》，明确将优化职业院校布局、积极培育产教融合型企业、加强实训基地建设等作为三年内重点工作。依托太原城市学院、太原市交通学校等载体，申报省级大型产教融合实训基地，申报项目达8个，培育产教融合型企业达23家。（杜新娟）

【遏制“两高”项目盲目发展】2021年，太原市发展和改革委员会制定《太原市遏制“两高”项目盲目发展行动方案》，建立工作联席会议制度，成立专项工作组，全面加强部门协商和重大问题研究，统筹协调推进全市遏制“两高”项目盲目发展和分类处置工作。坚持问题导向，严格对照国务院通报问题和省坚决遏制“两高”项目盲目发展专项督查组实地督查反馈意见，组织县（市、区）、开发区（园区）及市直相关部门，逐条逐项自查剖析，查缺补漏，制定整改措施，明确整改目标，狠抓整改到位，确保整改工作落地落细落实。（杜新娟）

【能源保供】2021年，太原市发展和改革委员会贯彻落实国家、省能源保供重大决策部署、重要批示指示和具体工作要求，印发贯彻落实全省能源保供电视电话会议精神、做好天然气保供相关工作的通知，制定《太原市做好能源领域增产保供和应急安全工作实施方案》和煤炭可中断用户清单，建立能源监测调度机制，供暖期期间每日会同市城乡管理局、市能源局调度太原市电煤库存、天然气供需等情况，组织开展储气设施气化反输演练，落实政府三天储气能力2400万立方米，调整成立太原市煤电油气运协调保障领导小组，牵头落实全市能源保供工作，确保群众温暖过冬。（杜新娟）

【内循环经济体系建设】2021年，太原市发展和改革委员会贯彻落实国家消费扩容提质战略部署，推进内循环体系建设，印发《关于促进消费扩容提质加快形成强大国内市场工作方案》，重点在优化国内市场、推进文旅休闲消费提质升级、建设城乡融合消费网络、构建“智能+”消费生态体系、提升居民消费能力、营造放心消费环境等六个方面推动消费提质扩容。（杜新娟）

【康养家政服务业发展】2021年，太原市发展和改革委员会建立发改、卫健牵头的部门联席会议机制，印发《关于加快推进解决老年人运用智能技术困难工作的通知》。组织推进太原市养老产业促进会换届年检，策划城企联动普惠养老项目，加快推进养老产业发展。加大家政服务业提质扩容工作力度，组织召开太原市母婴护理行业星级化管理启动会议，推动家政星级化管理工作，全面提升家政服务水平。（杜新娟）

【产业人才队伍建设】2021年，太原市发展和改革委员会深入贯彻市委战略性新兴产业创新创业团队和产业领军人才奖励政策，研究起草《太原市产业人才奖励资金管理办法》，建立高端人才、产业领军人才、创新创业团队、行业领军人才、产业人才园区综合服务体系。签约浦发银行研发“太原市产业领军人才金融服务卡”，全国首创产业人才政策金融支持工程。构建行业协会商会领军人才队伍，制定《行业领军人才遴选奖励办法》，推动协会商会脱钩改革、信用公示、收费监管、人才推荐、星级评价一体化发展。组织开展行业领军人才奖励政策实施，按照1+2+3（1名会长、2名副会长、3名优秀企业家）模式，建立产业人才队伍，加快会长领军人才评选和人才工作站建设。（杜新娟）

【灾后重建】2021年10月，清徐县部分村庄遭受洪涝灾害，太原市发展和改革委员会按照市委、市政府部署，第一时间成立灾后基础设施恢复重建领导小组，组成综合协调、资金争取、优选项目、复工复产四个专项工作组，明确“争取资金、优选项目”的灾后恢复重建工作重点，制定市发改委《灾后基础设施恢复重建工作方案》。推进优选项目，会同清徐县、古交市、小店区、阳曲县等摸排受灾地区急需重建民生和基建项目，收集汇总卫生、教育、民政等9大类48个项目，总投资28.54亿元。（杜新娟）

【采煤沉陷区治理】2021年，太原市采煤沉陷区涉及万柏林区、晋源区、古交市、清徐县、阳曲县和娄烦县6个县（市、区），24个乡（镇），152个村，20895户，58169人。主要采取集中新建住房、货币补偿两种安置方式。其中：集中新建住房安置8491户、22775人，货币补偿安置12404户、35394人。全市集中新建安置项目15个，新建安置楼143栋、84.12万平方米，安置受灾群众8491户，具备入住条件。12404户货币补偿金全部发放到户。向省申报基础配套和公共服务类设施项目28个，完工14个。在全省首批完成综合治理搬迁安置任务，省财政厅下达太原市采煤沉陷区综合治理奖补资金8858万元。（杜新娟）

【对口援疆】2021年，太原市发展和改革委员会贯彻落实第三次中央新疆工作座谈会精神，与新疆六师五家渠市、阜康市发改委对接，征集受援地在各行业领域援助需求事项，根据受援地实际需求，印发《太原市2021年对口援疆工作计划》，组织各单位按照计划开展援疆工作。太原市中心医院、市人民医院、市第二人民医院和市精神病院派出半年期医生6人赴疆开展医疗援助帮扶，卫生健康综合行政执法队派出5名业务骨干赴新疆开展业务培训与现场带教。市育英中学、市十九中学、市二十九中学派出22名教师赴新疆开展教育援疆结对活动，接收10名教师到太原市跟岗培训学习。市总工会带领5名优秀文艺工作者赴新疆开展“文化润疆”送课活动，对受援地200名群众文化活动骨干进行授课培训、工作交流。市农业技术推广服务中心派出3名技术人员赴阜康市开展玉米种子、西葫芦种子等离子试验项目和技术服务帮扶，并对种植大户进行技术培训。给予新疆4个结对援助团、镇基础民生项资金补助121.50万元。（杜新娟）

【降费减负政策】2021年，太原市4次调整行政事业收费目录清单、2次调整涉企行政事业性收费项目目录清单，在市发改委网站进行公布，做到清单之外无收费。取消财政票据工本费收费，年减负约116万元。2次降低自愿检测人员新型冠状病毒多样本、1次降低单样本核酸检测收费标准，为全市477.10万人次年减负金额约4771万元。10月1日至年底，对遭受灾害重大损失的企业和个体工商户开展特种设备检验实行零收费。贯彻落实《国家规范民办义务教育阶段发展意见》和《省规范“公参民”中小学校转为公办学校后收费事项的精神》，太原市9所“公参民”学校转为公办学校，义务教育阶段在校生免收学费、高中在校生按照公办高中收费标准执行，减免金额1.29亿元。（杜新娟）

【重要民生价格管理】2021年，太原市发展和改革委员会牵头推进重要民生商品保供稳价工作，向国家抚恤补助保障对象发放春节一次性临时生活补贴3635万元，覆盖12.10万人。按照太原市天然气销售价格联动机制，经市政府同意，对城区居民用天然气各档价格进行同向等额调整，上浮浮动控制在5%。对非居民用天然气销售价格先后进行两次调整，上浮浮动控制在10%。严格景区门票定价权限与程序，制订太原古县城城墙临时门票价格、青龙古镇景区临时门票价格的方案。落实基干民兵旅游优待，太原市基干民兵参观游览实行政府定价管理的旅游景区（景点）实行半价优惠。加强教育收费管理，指导监督6所幼儿园和10所非营利性民办学校进行收费公示，确保受教育者明明白白交费。对170余个住宅小区物业服务收费标准进行登记公示，指导物业服务企业按照相关规定开展物业服务工作，规范物业服务收费行为。指导243个停车服务企业按照国家明码标价要求进行收费公示。发挥价格杠杆在城市静态交通管理中的作用，全市有35所公立医院停车服务收费实行差别化收费政策，有效缓解公立医院停车的供需矛盾。同年，太原市居民消费价格总指数（CPI）上涨1.0%，高于全国（上涨0.9%）0.1%，与全省（上涨1.0%）持平。（杜新娟）

【粮食安全责任制】 2021年，太原市发展和改革委员会修订完善储备管理制度，出台《太原市应急成品粮油储备管理暂行办法》和《太原市市级储备粮轮换管理暂行办法》。严格落实安全储粮主体责任，与各粮油仓储企业、各县（市、区）签订储粮安全责任书、落实应急成品粮油储备责任书。组织粮油仓储企业实施省、市级储备粮油轮换，严格市级储备粮油轮换流程，通过网上公开竞价交易，确保公开、公正、公平、透明，采用GPS定位全程监装，确保轮换监管无盲区。推进粮库智能化提档升级改造，提升粮库智能化管理水平，13个粮油仓储企业全部实现与省级管理平台的互联互通。组织仓储企业开展秋季安全储粮和安全生产检查，落实“两个安全”主体责任，加大对储粮安全和安全生产问题隐患的排查治理，确保太原市政策性粮食储备安全。夏季高温多雨期期间，对粮油仓储企业现场检查，督促问题整改，确保各级储备粮油特别是应急面粉和大米储备安全度夏。完成新增8500吨市级应急成品粮储备验收工作，确保储备粮油数量真实、质量良好、储存安全、管理规范。（杜新娟）

【“优质粮食工程”建设】 2021年，山西省太原唐久超市有限公司、山西百禾元农业科技有限公司、蓝顿旭美食品有限公司三家企业被评选为2021年山西省省级粮油产业化龙头企业。太原市金大豆食品有限公司、金大豆牌金丝饼被推选为2021年度山西好粮油产品。太原市农合盛农业开发有限公司获得“山西小米”品牌标志使用授权。太原市发展和改革委员会举办2021年世界粮食日和全国粮食安全宣传周系列活动，组织粮食系统企业开展“粮食科技活动周”活动，参加国家局线上开幕式和“三对接”活动，组织山西汾东杂粮股份有限公司、太原六味斋实业有限公司、山西百禾元农业科技有限公司、太原市宁化府益源庆醋业有限公司、山西三禾林食品有限公司、太原市优鲜多歌供应链公司等6家企业参加2021年中国农民丰收节山西庆祝活动暨第七届中国（山西）特色农产品交易博览会，在“山西好粮油”展区展出60余个品类的主食糕品、杂粮等地方特色精品。（杜新娟）

【应急物资储备】 2021年，太原市出台《冻猪肉储备管理暂行办法》，从品种确定、委托承储、购置管理、轮换更新、费用补贴、储备动用、储备补充、调拨管理、监督和处罚等方面形成规范的管理机制，完善应急物资储备管理制度。优化应急物资储备布局，在原有两个应急储备库点的基础上，新增应急储备库点1个，实现“三库”多点的应急储备物资布局，提高应急储备物资调运、分配和发放工作的实效。严格落实全市应急物资储备计划，全年落实冻猪肉储备1600吨、冬春蔬菜1万吨、方便面210吨、饼类130吨、饮用水1350吨、牛奶2000吨等。（杜新娟）

【灾区救助】 2021年10月，受强降雨影响，乌马河清徐段出现多处决堤，多个村庄遭遇水淹，市发改委紧急向灾区调配救灾物资11363件（套）（包括棉大衣、棉被、被褥、棉帐篷、睡袋、折叠床、迷彩服、雨衣、雨鞋、指挥桌椅）、生活必需品方便面、面包等33000桶（个），价值120余万元，支援受灾地区灾民的安置工作。（杜新娟）

土地资源管理

【土地供应】 2021年，太原市规划和自然资源局推动土地供应，签订收储协议54份，完成出让类供地77宗，完成划拨供地136宗，核发建设项目规划条件63件。优化产业用地布局，推进机场三期等转型项目落地。以市政府名义出台《关于促进太原市服务业发展推动项目落地的实施意见（试行）》，推进服务业提质增效。（杨　莹）

【不动产登记】 2021年，太原市规划和自然资源局深化“放管服”改革，不动产登记时限全部达到“0135”要求。召开工作动员会、推进会，制订清零工作方案，出台相关措施，建立台账，推进不动产“清零工作”。以“中海国际”项目为试点，于7月完成330套“房证同交”。（杨　莹）

【耕地保护】 2021年，太原市守住10.24万公顷耕地保护红线，落实耕地占补平衡。推进制止耕地“非农化”行为工作，落实最严格耕地保护制度，防止“非粮化”，严防死守全市耕地红线。（杨　莹）

【国土资源安全监管】 2021年，太原

市规划和自然资源局狠抓护林防火，核查热点信息35起，发生森林火情1起，无森林火灾发生。排查巡查地质灾害隐患点17889点次。组织完成应急避险演练14次，参演796人。全年未发生由地质灾害引发人员伤亡。落实市委关于洪涝灾害灾后重建工作安排部署，满足救灾工作需要。组织严打非法违法采矿行为专项行动5次。林地执法纳入全省卫片执法防灾减灾信息系统，指导各县区林业主管部门按照工作要求认领排查。开展遏制农村乱占耕地建房新增的日报、违法查处月报工作，完成部、省疑似问题核查工作，组织开展疑似新增问题图斑核查。（杨　莹）

国有资产管理

【概况】 2021年，太原市国资委监管企业资产总额898.78亿元，与上年同期相比增加1.03%。负债总额618.23亿元，与上年同期相比减少4.57%，资产负债率68.79%。所有者权益总额280.55亿元，与上年同期相比增加16.04%。营业收入218.54亿元，与上年同期相比增加14.19%，实现利润-4.75亿元（其中公益性企业亏损6.42亿元），与上年同期相比扭亏2.79亿元。工业总产值74.28亿元，与上年同期相比增加54.23%。上交税费总额19.67亿元，与上年同期相比增加53.24%。（黄卓君）

【国有企业改革】 2021年，太原市国资委出台《2021年太原市深化国企国资改革工作要点》《〈太原市深化国企国资改革三年行动方案（2020—2022年）〉重点任务分工方案》。组织召开全市国企国资改革三年行动工作推进会、市属国有企业改革工作座谈会、国企改革三年行动月例会，协调处理改革难题。国家评估的43项任务中，完成37项，平均完成率86.05%。市、县620户全民所有制企业公司制改革全部完成。

（黄卓君）

【市属企业清产核资】 2021年，太原市国资委为全面掌握市属监管企业的资产及财务状况，对市属370户（含一、二级企业）国有企业全面开展清产核资，涉及资产总额782.99亿元。清产核资工作全部完成。（黄卓君）

【国资监管职能转变】 2021年，太原市国资委组建成立太原市国有资本投资、运营两大平台公司，依据《市国资委出资人权力清单和责任清单》，加强出资人监管，厘清权责边界。印发《关于授权市国有资本投资、运营集团公司对国有企业资产（资本）进行绩效管理的通知》，授权两大平台公司对60户委管企业国有资产（资本）进行绩效管理并提出重组整合建议。印发《关于调整所属企业党组织管理关系的通知》，授权两大平台公司党委分别对49户企业党组织进行管理。（黄卓君）

【国企制度改革】 2021年，太原市国资委出台《太原市国资系统深化三项制度改革考核细则》《太原市国资委出资企业负责人经营业绩考核试行办法》《太原市国资委出资企业负责人薪酬管理暂行办法》。推动经理层成员任期制和契约化管理，市属一级企业经理层144人实现任期制和契约化管理，实现“身份管理”向市场化“岗位管理”转变，转变率达35%。推进市场化用工，委属企业全年新进员工615人，其中376人为公开招聘人员。（黄卓君）

【出资人变更与“僵尸企业”出清】 2021年，太原市国资委脱钩企业130户，完成出资人变更109户。计划市场化退出6户，剩余15户企业因法律纠纷、企业资质等问题正协调办理中。完成29户市属全民所有制“僵尸企业”关闭注销工作。85户出清的“僵尸企业”内养人员及42/52人员共计1688人的生活费及社保接续工作全部完成。（黄卓君）

【市属国企混合改制】 2021年，太原锅炉集团有限公司完成收购民营企业甘肃科林电力环保设备有限公司52.70%股权，补齐技术短板，降低系统生产成本，提升企业核心竞争力。推进太原物资再生公司和太原狮头集团所属山西创一混凝土公司混合所有制改革，完成企业混改立项批复。（黄卓君）

【“三供一业”改造】 2021年，太原市驻并央企、省属国企“三供一业”维修改造完成率为91.11%，其中驻并央企维修改造完工率为96.26%，省属国企维修改造完工率为88.30%。供水改造完成5万户，供电改造完成6.79万户，供热改造完成6.36万户，物业改造完成2.54万户。（黄卓君）

【在线监管平台建设】 2021年，太原市国资委完成协同一体化办公平台、财务信息分析系统、财务监管系统等一期项目模块建设。协同一体化办公平台实现与117户企业、3户事业单位文件交互。大额资金动态监测应用系统、国有资产监督追责工作系统及配套设备按要求按时交付。系统117户企业组织机构基本数据全部审核通过，国企国资在线监管系统用户日均登录过半数。

（黄卓君）

【科研成果】 2021年，山西电机制造有限公司YE5系列三相异步电动机（机座号132-400）以92.60%～97.40%的能效指标成为国内首家通过新版国标1级能效（GB 18613-2020）的节能认证产品（证书编号：CVC21A02006371），入选国家工业节能技术装备推荐目录，行业内率先在新国标下获得“能效之星”产品称号，该系列电动机入选工信部绿色设计产品名单。（黄卓君）

【项目建设】 2021年，太原市国资委新建在建项目11个，总投资39.08亿元，全年投资12.23亿元，累计投资16.85亿元。太原锅炉集团推动生物质循环利用项目及节能环保产业。山西电机制造公司推进高效电机与系统节能产业研发制造基地建设项目。太原工具厂推进生产线智能化改造项目。山西锦地裕成医疗设备公司推动 PET/CT 高端医疗设备项目。太原第一无线电厂往返式智能探空系统研制及实验。推进太原第一实验室项目建设，引进中科院、北京大学、中电二所等高校院所科研团队，推动半导体相关技术研发。（黄卓君）

财　政

【财政稳定运行】 2021 年，太原市受多重因素影响，一般公共预算收入增长乏力，国土收入大幅下滑，财政收支矛盾异常突出。为全力保障经济社会发展，市财政局狠抓财政收入组织，加强收支形势分析，加大督导研判力度，一般公共预算收入实现恢复性增长，全年跃升至 400 亿元新台阶。严控一般性支出，压缩“三公”经费，大幅压减非刚性、非重点项目支出，对可暂缓实施或不再开展的项目支出进行清理调整压缩。盘活存量，加大预算安排与结转资金的统筹力度，实现财政收支平衡。做实做细争取上级财政支持工作，制订重点项目清单，建立市、县两级项目入库评估管理机制，加快项目储备，优化债券投向结构。执行常态化财政资金直达机制各项要求，确保惠企利民资金精准高效拨付到位。（张　洋）

【助力经济转型发展】 2021 年，太原市财政局落实国家和省出台的制度性、结构性减税政策和行政事业性收费减免政策，建立收费目录清单和涉企非税收入负面清单制度。围绕省委“一群两区三圈”城乡区域发展新布局筹措资金，协调推进太忻一体化经济区（太原片区）土地收储，加快推进基础设施规划与建设。支持工业强市战略，下达工业转型升级和高质量发展资金 6.50 亿元，抓住国家实施战略性新兴产业集群发展工程重大机遇，支持企业加大研发投入，推动高新技术企业倍增提质上规模，培育更多“专精特新”企业。推进科技创新和人才战略，全市科技支出 34.40 亿元，统筹财力支持推进第一实验室、国家信创技术创新中心等一流创新平台建设。加大对高水平创新人才及团队、科研机构支持力度。下达 7.90 亿元人才专项资金，支持人才公寓建设和落实各类人才鼓励政策。深化投融资体制改革，推进 PPP 项目规范发展，引导和撬动民间投资，激发全社会投资活力。下达资金 1.70 亿元，支持“‘晋’情消费、‘礼’享生活”等消费券活动，提振消费信心，促进消费回暖。（张　洋）

2020 年、2021 年太原市一般公共预算收入统计表

表 15　　　　单位：万元

指　标	2021	2020
一般公共预算收入	4234439	3784351
一、税收收入	3360677	2852543
增值税	1331439	1094962
企业所得税	380221	318614
个人所得税	114783	97928
资源税	97882	75195
城市维护建设税	300763	222516
房产税	161638	157598
印花税	145830	104429
城镇土地使用税	45641	45336
土地增值税	274218	279444
车船税	88666	79403
耕地占用税	13631	33783
契税	401913	337828
环境保护税	4052	5507
二、非税收入	873762	931808
专项收入	533682	538454
行政事业性收费收入	81267	92526
罚没收入	90622	96271
国有资本经营收入	500	54
国有资源（资产）有偿使用收入	42440	133162
其他收入	125251	71341

注：表中增值税含 2021 年 12 月 31 日太原市地方金库报表中增值税与其他税收收入，其他收入含 2021 年 12 月 31 日太原市地方金库报表中捐赠收入、政府住房基金收入、其他收入。

【财政保障民生改善】 2021 年，太原市财政局落实常态化疫情防控和防汛救灾要求，累计投入新冠肺炎疫情防控防治经费 8.50 亿元，支持重症监护医疗设备、救护车及配套车载设备购置和新冠疫苗接种等项目，推动重大疫情防控体系和应急物资保障体系建设，保障常态化疫情防控工作开展。强化防汛救灾资金保障，下达资金 2.40 亿元支持防汛救灾和灾后恢复重建工作。坚持就业优先战略，拨付就业创业补贴资金 4.40 亿元，保障就业资金持续稳定投入，加大对创业工作的投入力度，支持做好高校毕业生、农民工、退役军人等重点群体就业创业工作，对就业困难人员托底帮扶。拨付职业技能培训补贴资金 0.70 亿元，支持培养适应经济转型发展的高

2020 年、2021 年太原市一般公共预算支出统计表

表 16　　单位：万元

指　标	2021	2020
一般公共预算支出	6289857	6473448
一般公共服务支出	680952	638221
公共安全支出	345550	353440
教育支出	980932	915507
科学技术支出	344096	348265
文化旅游体育与传媒支出	113428	102863
社会保障和就业支出	950149	865345
卫生健康支出	427660	418462
节能环保支出	218742	236198
城乡社区支出	976971	1182019
农林水支出	316245	326569
交通运输支出	181413	448431
资源勘探工业信息等支出	247335	216968
商业服务业等支出	51954	39100
金融支出	1027	1840
自然资源海洋气象等支出	67045	49498
住房保障支出	188131	145343
粮油物资储备支出	23533	11141
灾害防治及应急管理支出	62649	52425
其他支出	15447	36493
债务付息支出	96163	84680
债务发行费用支出	435	640

注：原国防支出科目合并在其他支出中。

素质技术人才。支持办好新时代人民满意教育，下达资金 24.20 亿元，巩固完善学前、义务教育和职业教育等经费保障机制，推动校长职级制改革和“双减”政策落实，支持太原学院本科教学评估和学校建设项目推进。健全公共文化服务财政保障机制，提高文化惠民工程的覆盖面和实效性。下达资金 6.20 亿元，支持全市公共文化服务体系建设、天龙山佛首回归暨景区全面开放、北齐徐显秀墓保护和展示等项目。下达资金 2.50 亿元，推动太原广播电视台、太原日报社改革发展，支持太原有线三网融合网络改造。下达资金 1.70 亿元，重点支持市体育运动学校教学和训练场所加固改造及省十六届运动会备战经费等项目。下达资金 1.80 亿元，支持巩固拓展脱贫攻坚成果和乡村振兴有效衔接。下达乡村振兴资金 3.20 亿元，立足“特”“优”，实施第一产业高质量发展，加快农业农村现代化建设。（张　洋）

【“四治”一体推进】 2021 年，太原市财政局加大资金投入，一体推进“四治”（治山、治水、治气、治城），构建市场化、多元化生态补偿机制，推进省城生态环境和市域景观治理。坚持空气质量改善优先，为民“创城”不停步，推动全域治山、系统治水、强力治气、综合治城。下达环境治理资金 8.30 亿元，统筹山水林田湖草治理，强化“五水同治”。安排城市道路及配套基础设施建设资金 93.80 亿元，支持泥向线、南内环东延、迎泽大街东延、五一广场、汾河生态景观带、千峰路南延等重点项目建设。安排中央财政住房租赁市场发展补贴资金 6.30 亿元，支持住房租赁市场发展试点专项平台建设、房源筹集等，推进保障性租赁住房供给。以创建“全国文明城市”为抓手，深化“九乱”整治和“两下两进两拆”专项整治，推进背街小巷改造和老旧小区提质工程，提升城市承载力和宜居度。（张　洋）

【财政体制改革】 2021 年，太原市财政局出台公共文化、应急救援、生态环境、自然资源领域市与县（市、区）财政事权和支出责任划分方案，促进相关领域财政事权、支出责任与财力相适应。（张　洋）

【财政预算管理】 2021 年，太原市财政局推进预算管理一体化建设，完善预算支出标准体系。推进政府采购制度重构性改革，实现政府采购业务“全程在线、一网通办”。深化国库管理改革，推进非税收入收缴电子化。全面实施预算绩效管理，推进构建全方位、全过程、全覆盖的预算绩效管理体系。（张　洋）

【国有金融资本监管】 2021 年，太原市财政局履行出资人职责，完善授权企业管理制度，对授权企业资产质量、对外投资等事项强化管理，严控企业经营风险。（张　洋）

【政府债务管理】 2021 年，太原市财政局争取政府债券，坚持“资金跟着项目走”的原则，做好项目谋划，合理分配债券额度，加快债券资金支出进度，做好项目绩效评价工作，提高债券资金使用效益。加强政府隐性债务风险管理，坚决杜绝违法违规举债融资，守住不发生系统性区域性债务风险的底线。（张　洋）

税　务

【概况】 2021 年，国家税务总局太原市税务局贯彻落实全国、全省税务工作会议精神，推进税收征管制度改革，明确税源管理职责，强化税务稽查，优

2021 年 4 月，万柏林区税务局设立“解难纾困”值班室，开展“套餐服务”解决企业涉税难题 （市税务局供图）

化税务服务，落实减税降费政策，组织税费收入。全年完成入库各项收入 1092.06 亿元，首次突破千亿元大关。其中，组织税收收入 642.96 亿元，组织社会保险费和非税收入 449.10 亿元。查补入库税款 9.06 亿元。 （郭天文）

【税收征管改革】 2021 年，国家税务总局太原市税务局推进税收征管制度改革，细化和明确税源管理职责，解决大企业管理市、县职责交叉问题。推动实施分类分级税源管理和风险应对模式，在部分县区税务局试点取消税收管理员固定管户，推行“网格＋团队”服务。深化办税服务厅办审一体化改革，推广“非接触”办税方式。创新建立后台支撑前台工作机制，推进社会协同共治。推进增值税专用发票电子化改革，利用线上线下多渠道进行推广，实施“网格化”首票服务制，新办纳税人电子专票核定量大幅上升。打造税费业务集成处理新模式，通过市、县两级“税费业务集中处理中心”的实体化运行，实现全业务的“办审一体化”、全流程的“网上即时办”、新需求的“三级联动办”、疑难问题的“前后台贯通办”。探索推广智能化办税缴费方式，拓展“非接触式”办税缴费清单，增加到 214 项，实现 16 个税种和 18 个费种日常业务全覆盖，全市纳税人税费事项网上办结率达 98% 以上。 （郭天文）

【税收法治】 2021 年，国家税务总局太原市税务局培养法治人才，全市系统有公职律师 20 名。组织开展执法资格考试，通过率 100%。行政执法公开相关信息 7 类 10.53 万条，重大执法决定法制审核 66 件。强化重案审理，受理重大税务案件 12 起，结案 10 起。对政府相关部门起草的 60 余件专项制度文件中的涉税内容进行合法性审核。推行“首违不罚”事项清单，纳税人首次发生后果轻微的涉税行为并及时改正的不予行政处罚。 （郭天文）

【减税降费】 2021 年，国家税务总局太原市税务局累计减免税费 239.40 亿元，同比增长 13.40%，增加 28.30 亿元。落实落细研发费加计扣除税收优惠政策，推动“税惠减负＋奖补增力”双轨并进，引导企业加大科技创新。全市系统研发费加计扣除额累计 126.81 亿元。落实支持煤电、供热企业及中小微制造企业优惠政策，为 1593 户制造业中小微企业办理缓税 1.70 亿元，为煤电保供企业办理缓税 4311 万元。 （郭天文）

【非税收入职责划转】 2021 年，国家税务总局太原市税务局主动对接财政、社保非税管理等部门，细化划转方案、优化征缴流程，推进非税收入职责划转。完成水土保持补偿费、排污权出让收入、防空地下室易地建设费、土地闲置费和城镇垃圾处理费职责划转，开展城乡居民补充养老保险费征收工作，征收城乡居民补充养老保险 1.23 亿元，征收人数 22.74 万人次。 （郭天文）

【税务稽查】 2021 年，国家税务总局太原市税务局保持对涉税违法犯罪高压

2021 年 5 月 11 日，杏花岭区税务局开展进商户送税法活动 （市税务局供图）

态势，发挥稽查震慑效应，税务稽查威慑力不断增强。针对虚开骗税新态势、新特点，精准施策，靶向打击，创新技术战法，坚持“出重拳、查大案、打团伙、强震慑”工作理念，严查狠打“假企业”“假出口”等影响经济发展、破坏营商环境的涉税违法犯罪行为，发挥税务稽查外查偷逃骗税、内促税收征管的职能作用。全年立案检查2144户，查补入库税款3.08亿元。（郭天文）

【税务服务】2021年，国家税务总局太原市税务局制定《优化税收营商环境十条禁令》，出台《投诉复核处理办法》，对纳税人需求实施“归口征集、跟踪督办”，维护纳税人缴费人合法权益。落实“我为纳税人缴费人办实事暨便民办税春风行动”百条举措，落地“首违不罚”事项清单，让执法既有力度更有温度。推出“税收宣传莲花落”“税费服务体验师”等系列宣传服务活动，其中“税收宣传莲花落”视频被税务总局官方抖音号转发。推行财产和行为税合并申报，单次办税时间缩短约50%。（郭天文）

【思想政治建设】2021年，国家税务总局太原市税务局坚持以学习贯彻习近平新时代中国特色社会主义思想为主线，深入学习习近平总书记系列重要讲话精神，持续推动学思践悟。市局党委开展“第一议题”学习59次、中心组专题学习研讨16次，举办培训班10余期。全市系统组织开办党史学习教育专题读书班、研讨班52期，各级领导干部进行党史学习教育专题授课辅导195次，开展青年理论学习研讨82次，邀请专家学者开展讲座25次。抓实重点工作督办，贯彻落实习近平总书记重要讲话重要指示批示精神，把“两个确立”体现在落实减税降费、深化税收征管改革等各项税收工作中。把握宣传舆论和意识形态主动权，在中央级媒体、省级媒体刊发稿件120余篇，正向引导社会和税务系统舆论。（郭天文）

统　计

·市级统计·

【企业入库统计】2021年，太原市新增“四上”及房地产企业2036户，其中规模以上工业企业185户、资质以内建筑业企业240户、限额以上批发零售业企业975户、限额以上住宿餐饮业企业247户、规模以上服务业企业339户、房地产业企业50户，新增入统企业数量创历史新高。（刘建程）

【深化统计改革】2021年，太原市统计局深化统计管理体制改革，围绕建立“统计大格局”“服务业提质增效”，赴合肥、广州学习先进经验。紧抓地区生产总值统一核算，实现县区各行业数据与全市各行业数据衔接，完善民营经济监测、民营经济增加值测算，做好支撑地区生产总值指标预警预判工作。探索开展生产性服务业、数字经济增加值核算，制定《生产性服务业增加值核算办法》《数字经济核心产业增加值核算办法》，为推动全市服务业提质增效探索新的发力点。开展批发零售业、住宿餐饮业、服务业归属法人在外省的产业活动单位调查试点工作，为全市经济高质量发展提供数据支撑。（刘建程）

【统计监测服务】2021年，太原市统计局建立覆盖全部工业企业、批发零售住宿餐饮企业的周监测制度，推进地区生产总值月核算工作，高频次、高效率、高质量为市委、市政府调度指挥经济工作提供大量的测算依据和数据支撑。春节期间全市统计系统对规模以上工业企业、限额以上批零住餐企业生产经营情况开展快速调查，全面摸排企业情况，并在此基础上形成《关于快速推动住宿餐饮业复苏增长的八条措施》。开展针对全市经济运行的深入研究，开展五维一体经济运行监测，推动市委完善部门信息周报机制，报送《恒大地产对我市经济影响》《晋阳古城及方特入统推进情况》等专题要情30余篇。（刘建程）

【统计监督】2021年，太原市统计局按照审计反馈要求制定《统计行政处罚裁量基准》《防范和惩治统计造假弄虚作假约谈办法》，推进防范和惩治统计造假责任制，提高地方人民政府及其统计机构和有关部门对统计造假极端危害性的认识，严明整改纪律和要求，严格行政处罚裁量基准，健全和完善防范和惩治统计造假体制机制。落实“双随机、一公开”制度，制定《联合抽查工作细则》《联合抽查工作指引》，联合“双随机、一公开”执法检查共检查企业13家，统计系统“双随机”执法检查共检查企业223家，发现违法行为14起，立案并处罚14家。（刘建程）

【统计数据开发应用】2021年，太原市统计局与主流媒体合作，在《太原日报》建立“数说太原”专版，用数据说话，讲好全市全方位推进高质量发展亮点特点，加强舆论引导，弘扬正能量。丰富完善《统计公报》《统计提要》《统计年鉴》等传统统计产品，为公众提供详实的数据资料。利用政府和统计信息网站、新闻发布会等平台，发布全市经济运行情况，成为社会各界了解全市经济发展的一项重要手段。打造的“太原统计”微信公众平台，关注量突破14000人，利用新媒体进行统计信息发布和应统尽统宣传，让统计更好地服务社会。（刘建程）

·国家统计·

【劳动力调查】2021年，国家统计局太原调查队组织开展劳动力调查扩样工作，争取地方政府和部门支持。2月，由市政府组织召开全市月度劳动力调查动员部署会议，依托山西省教育厅印发《关于配合开展失业率调查工作的通知》，联合市发改委、市财政局、市人社局、市统计局成立劳动力调查工作专班，推进经费落实、人员选聘、设备配备、业务培训等各项工作落实。聚焦能力提升，采取跟班学习、以讲代训、实操演练、模拟考试等方式，录制培训视频、制作宣传课件，加强业务培训，全年培训12场次，近400人次参训，推动劳动力调查工作取得阶段性成效。（祁 静）

【住户调查】 2021年，国家统计局太原调查队完善住户调查工作制度，建立关键环节管控流程，健全数据审核评估机制，打造业务培训讲师团队，优化调查工作模式。结合工作实际，修订《辅调员工作制度》，创新做优相关台账，夯实调查基层基础。在做好常规住户调查工作的同时，组织开展住户调查“‘账’量民生、‘章’显担当”党建品牌建设和“我为家国记好账”竞赛活动，制定出台《住户调查工作考核办法》，树先进典型、立优秀标杆，形成“党建+记账”模式。通过表彰奖励107位优秀记账户和22位优秀辅助调查员，住户调查工作的配合度和积极性明显提升，推动全市住户调查工作实现新突破。（祁 静）

【价格调查】 2021年，国家统计局太原调查队贯彻落实全国价格统计调查工作会议精神，建立工价调查数据流程，完善管理制度和数据台账，组织150余家企业开展现场座谈培训，通过实战操作演示、发放工作手册进行指导，提升基础数据填报的准确性。坚持科学抽样，通过实地走访、现场核验新建楼盘、网签、认购合同、二手房交易中介总店及其门店，加强与房管局、不动产登记中心沟通交流，撰写《太原楼市冷静期从业人员情况调研报告》上报市政府。根据《山西调查队系统流通和消费价格调查工作规范化标准》要求，强化规格品调整、采价点更换等重点环节台账执行，加强业务培训，严格执行即报即审，常态化监测源头数据，做好数据“波动监控”，确保调查数据科学准确。（祁 静）

【国际比较项目调查（ICP调查）】 2021年，国家统计局太原调查队成立ICP调查领导小组，由主要领导亲自部署、协调，分管领导牵头、督办，承办科室具体实施、推进，并将其列入年度重点工作任务。提前深入市场了解规格品情况和摸底调研，依法依规开展调查，严格执行三审原则和多级审核机制，高质量完成任务分解、业务培训和数据采集、审核、上报等各环节工作，确保ICP真实反映太原市场产品实际价格和情况。（祁 静）

2021年7月1日，太原市审计局召开优秀共产党员和优秀党务工作者表彰大会
（市审计局供图）

审计监督

【概况】 2021年，太原市审计局开展审计项目51个，延伸审计单位541个，查出主要问题金额298.34亿元，发现非金额计量问题650个，提出审计建议166条，移送事项50项。选派30余人次配合上级审计机关、纪检监察、巡视巡察等工作。（常洁 马旭坤）

【政策跟踪审计】 2021年，太原市审计局重点关注优化营商环境、减轻企业负担、就业优先等方面政策措施落实情况，查出问题金额2.05亿元，移送事项4项。促进减免小微企业和个体工商户房租、水费等1578.74万元，清理拖欠民营企业工程款等8782.71万元，督促178个项目缴存农民工保证金，制定、完善制度8项。（常洁 马旭坤）

【财政财务收支审计】 2021年，太原市审计局将涉及机构改革、多年未审、掌握或使用资金量大、领导干部调整的部门单位作为审计重点，运用大数据审计，实现对市级一级预算单位审计全覆盖，揭示预算分配管理、财政资金提质增效等方面的突出问题，促进资金拨付到位23.79亿元，统筹盘活资金83.09亿元。（常洁 马旭坤）

【民生项目资金审计】 2021年，太原市审计局结合“我为群众办实事”活动，重点对事关群众切身利益的救灾专项资金、新冠肺炎疫情防控、保障性安居工程、乡村产业发展、城镇老旧小区改造、住房租赁市场发展补助等民生资金和项目进行审计。促使200万元光伏收益及时分配，1143人纳入城乡居民基本医疗保险保障范围，132.16万元职工医疗保险费得到减免，推动相关部门完善制度3项。（常洁 马旭坤）

2021年，太原市审计局审计人员实地查看“四好农村路”工程质量情况

（市审计局供图）

【经济责任审计】 2021年，太原市审计局开展领导干部经济责任审计21个，自然资源资产离任审计2个，以“权力+责任+风险”为主线，查出主要问题金额45.09亿元，提出审计建议75条。（常洁 马旭坤）

【国有企业和政府投资审计】 2021年，太原市审计局聚焦深化国企改革，对太原东山煤电集团公司等2户企业开展资产负债损益情况审计，促进企业加强国有资本的经营管理，提质增效、保值增值。对市中心医院迁建等6个项目建设情况开展审计，查处工程建设领域的突出问题。查出主要问题金额32.42亿元，移送事项17项。

（常洁 马旭坤）

【审计整改监督】 2021年，太原市审计局组织召开全市审计整改推进工作会议，推动形成整改合力。建立健全贯通协作机制，出台《审计发现问题线索移送管理办法（试行）》《审计整改监督工作实施办法（试行）》，与市纪委联合出台《关于纪检监察机关与审计机关加强协作配合的实施意见》。建立“审计查出问题”和“整改落实结果”两个台账，跟踪检查，督促审计发现问题全部整改到位。组织各县（市、区）、市直各部门开展审计发现问题的整改回头看，巩固和强化审计成果。（常洁 马旭坤）

市场监督管理

【综合执法】 2021年，太原市市场监督管理局依法查处各类违法违规行为，维护公平稳定市场秩序。全年全系统查办案件2895件，罚没款2694.26万元，移送司法机关21件。完成食品、药品、医疗器械、化妆品和产品质量抽检22464批次。组织开展市场监管领域内“两品一械”、特种设备、产品质量、食品安全隐患大排查行动。开展疫情防控专项执法检查，对进口冷链食品、“肉类”、两证涉疫物资、进口高风险非冷链集装箱、“一退两抗”（退热药品、抗病毒药品和抗菌药品）、非法制售口罩等防护产品、非法调运动物及动物产品等进行专项执法检查。落实“铁拳行动”，重点对翻新“黑气瓶”等违法行为开展专项整治行动，查处没收“黑气瓶”200余个。开展“转供电”、公共停车场收费、教育行业收费、医疗机构收费等价格收费领域专项执法检查，“转供电”项目退费4077.80万元。开展虚假广告、知识产权保护“利剑行动”，查处“元南肖墙”“羊杂割”等侵权商标案，查处“3·15”晚会曝光山西晋商讯网络科技有限责任公司发布虚假推广广告案。开展“长江禁捕打非断链”专项行动、农村假冒伪劣食品专项执法、中秋高价及过度包装月饼、国庆“蟹卡”、粮食领域市场秩序专项执法检查。查办杏花岭区道忠牛羊肉经销部涉嫌经营未按规定进行检疫牛肉案，罚没款达207.74万元。打掉一个中药饮片“黑窝点”，涉案金额110余万元。

（李晨瑞）

【食品安全监管】 2021年，太原市市场监督管理局食品安全监管坚持源头严防，开展食品生产企业和小作坊、肉类市场、网络餐饮、校园食品、早餐油炸类食品、清真食品和粮油质量等多项食品安全专项整治。加强风险监测，实施重点品种专项抽检，查处一批违法案件，净化食品市场。推进“国家食品安全示范城市”创建，食品生产企业“一品一批一建档”试点工作全省领先，成功创建“省级放心肉菜示范超市”6家，“市级放心肉菜示范超市”9家。推进“放心午餐”工程，学校食堂明厨亮灶率100%。“餐饮安全你我同查”点击量超过60万人次。尖草坪区推进食品安全责任险，晋源区依托太原古县城成功打造食品安全示范街（店），清徐县大力实施“1816”食醋发展战略做强食醋产业。（李晨瑞）

【药品安全监管】 2021年，太原市人民政府成立市药品安全与高质量发展委员会，印发《太原市药品安全突发事件（疫苗质量安全事件）应急预案》。加强疫苗全生命周期风险管理，确保疫苗使用环节风险可控。开展药品安全隐患排查“百日行动”、网络销售、医疗器械“清网行动”和染发烫发产品等专项整治行动。完成药品零售企业合规性检查901家，各类专项检查2351家次。全市2551家药品零售企业和82家医疗机构追溯系统实现对接，在全省推进医疗器械经营委托贮存配送规范化标准化运行。回收并统一销毁过期药品456千克。

（李晨瑞）

2021年6月29日，太原市市场监督管理局举行“光荣在党50年”纪念章颁发仪式暨“两优一先”表彰大会 （市市场监督管理局供图）

【特种设备安全监管】 2021年，太原市市场监督管理局以全省首家采取向社会购买电梯安全技术服务的方法，强化电梯检验质量、使用管理和维保质量的抽查检查，对全市4784台电梯进行安全监督抽查，将行政处罚结果归集至国家企业信用信息公示系统。开展“反三违”（违章指挥、违章操作、违反劳动纪律）专项行动，提高特种设备从业人员安全意识与专业素质。组织162家电梯维保单位260名维保人员进行实操培训，1.20万余人参加线上微课堂技能学习，提升全市电梯维保工作质量。组织开展气瓶专项整治，现场报废液化石油气瓶1000余只，立案查处4起，罚没款共计18万元。推进“物联网+监管”工作，全市44家液化石油气瓶、工业气体充装企业及检验机构与山西省特种设备智慧监管平台完成实时数据对接，实现信息共享，协同管理。 （李晨瑞）

【产品质量安全监管】 2021年，太原市市场监督管理局做到生产许可证企业、大型商场市场、加油站、油品批发库产品质量全覆盖监管。27个国抽不合格产品全部处理完毕。94个省抽不合格产品全部处理完毕。43个市抽不合格产品全部处理完毕。完成车用油品监督抽查780批次，兰炭监督抽查20批次。联合公安部门查处“黑加油站”，抽检油样7个，取缔黑加油站点5个，查扣油品28吨。 （李晨瑞）

【市场信用体系建设】 2021年，太原市市场监督管理局强化“双随机、一公开”（在监管过程中随机抽取检查对象，随机选派执法检查人员，抽取情况及查处结果及时向社会公开）监管全覆盖、常态化。开展市场监管部门各类“双随机”抽查206次，抽取企业9563户。开展部门联合“双随机”抽查541次，抽取企业1686户。推进企业信用风险分类管理，依法立案吊销企业1600户，列入经营异常名录违规企业7552户，对2267户异常名录企业和15户严重违法失信企业实施信用修复。 （李晨瑞）

【市场公平竞争审查】 2021年，太原市市场监督管理局落实公平竞争审查制度，开展存量清理和增量审查工作。市、县两级公平竞争审查工作组织领导提级为政府分管副市长（副县长）任组长。市级审查备案文件183份，办理反不正当竞争案件34件，罚没款99.53万元。约谈美团、饿了么等多家网络交易平台，召集字节跳动、百度等9家大型互联网企业召开行政指导会。（李晨瑞）

【消费者维权】 2021年，太原市市场监督管理局推进放心消费创建，授予159家“诚信太原、放心消费”示范单位，5449家实体店无理由退货35334件、涉及金额484.28万元。推行在线消费纠纷解决机制，为消费者挽回经济损失2342万元。12315申诉举报中心受理消费者咨询、投诉、举报共计170158件。其中，投诉25302件，办结25302件，办结率为100%，为消费者挽回经济损失1635.01万元。举报14380件，办结14380件，办结率为100%，收缴罚没款116.35万元。迎泽区围绕钟楼街片区提质改造工程打造“诚信经营放心消费示范街”。向全市800余家校外培训推广《中小学生校外培训服务合同（示范文本）》。开展合同行政监管监督检查，涉及校外培训机构、房屋装修、汽车销售等案件8件，处罚金额累计5.70万元。 （李晨瑞）

【市场标准建设】 2021年，太原市市场监督管理局新发布地方标准4项，其中《居家医养结合服务规范》和《居家安宁疗护服务规范》两项标准填补国内空白。太重高端装备制造业、山西华辰高科休闲农业与乡村旅游服务和阳曲县上安村“国家级美丽乡村”建设3个国家级示范试点项目进展顺利，其中太重高端装备制造业以“12345”工作法推动试点实施，发布161项企业标准，牵头或主导34项国家和行业标准，累计降低成本4亿元。阳曲县清风良业谷子种植和古交榛实大果榛子2家省级有机旱作农业标准化示范区建设帮扶成效明显，验收结果1个优秀、1个良好，阳曲县清风良业种养殖专业合作社获省级优秀单位。督促修订企业标准33项、废止25项。全市518家企业累计上报标准3176项，涵盖产品5947种。 （李晨瑞）

【知识产权保护】 2021年，太原市市场监督管理局以“知识产权强市”助力高质量发展，建成知识产权服务业集聚区一站式服务大厅，设立中国（山西）

知识产权维权援助中心太原分中心，成立13个知识产权维权援助工作站，19个商标品牌指导站，研发太原市知识产权信息服务平台，1个市院士工作站和重点实验室知识产权服务站。全省首家知识产权金融服务特色支行在太原授牌。与市财政局联合出台《知识产权运营服务体系建设专项资金管理办法》。与市人民政府金融工作办公室、市财政局联合出台《太原市知识产权质押融资风险补偿基金实施细则》。筹备促进转型创新高价值专利培育大赛。加强知识产权多元化解纠纷机制建设，成立全市第一家知识产权类专业律师调解中心，全省第一家知识产权仲裁院，全省第一个地市级知识产权协会。“山西老陈醋”入选国家知识产权局地理标志运用促进重点联系指导名录。推动市政府出台《太原市促进知识产权创新发展若干支持政策（2020—2023年）》。全省首家设立5000万元知识产权质押融资风险补偿基金。10大类、243个知识产权建设奖补项目落实，奖补高达1954.39万元。专利授权量16696件，占全省44.67%，同比增长37.76%。有效发明专利拥有量13448件，占全省69.06%。商标有效注册量97187件，占全省33.58%，同比增长24.76%。专利质押企业39家，金额超3.20亿元，占全省69.70%、73.30%。（李晨瑞）

2021年5月22日，第十二届中部博览会太原市招商引资项目签约仪式举行（市促投局供图）

投资管理

【概况】2021年，太原市纳入山西省招商引资“13710”系统签约项目94个，计划投资额1549.30亿元，完成年度目标任务138.01%，完成率与上年同期持平。当年签约当年开工项目90个，开工率95.70%，超过年度目标任务45.70%，同比增长12.60%。开工项目计划投资额1075.70亿元，完成年度目标任务336.20%，完成率同比提升94.30%。全市招商引资形成固定资产投资项目到位资金301.90亿元，完成年度目标任务308.10%，完成率同比提升71.10%。非固定资产投资项目到位资金55.80亿元，完成年度目标任务348.80%，完成率同比提升91%。（李闻娟）

【产业精准招商】2021年，太原市促进外来投资局紧盯5大产业集群和12条特色优势产业链，聚力引进哈工大机器人、盛弘电力等一批主导产业项目，推动建链强链补链延链。新签约产业项目59个，计划总投资876亿元，占比分别达62.70%和56.50%。发挥省会优势，成功引进毕马威、安永区域总部、前行·58科创、壹米滴答供应链等项目，推动服务业向价值链高端延伸。坚持把科技创新作为招商引资逻辑起点和战略核心，围绕第一实验室引入北京大学、中科院半导体所等科研技术团队，签约哈工大机器人项目同步落地研发中心，引进华为（太原）软件学院培育专业化人才，打造一流创新生态。（李闻娟）

2021年6月30日，太原市促进外来投资局举办庆祝中国共产党成立100周年主题党日活动（市促投局供图）

【改革创新】2021年，太原市将促进外来投资专项规划纳入“十四五”重点规划，高标准推进专项规划编制工作，以更多新兴产业、未来产业，领航全市产业发展新方向。创新《产业招商图谱》编制应用，从现状图、全景图和未来图三个维度，对全市特色优势产业链进行深入分析，为产业链招商提供信息支撑。同步打造招商引资图谱平台，推进专业化、精准化、智慧化产业招商。聚焦“长板招商”，梳理全市招商优势，动态编印《太原市投资指南》《投资要素和政策摘编》《重点招商引资项目册》，更新制作《选择太原》推介片，健全招商引资政策库、项目库和载体资源库，跟进投资服务。（李闻娟）

【投资品牌打造】 2021 年，太原市促进外来投资局参加“晋阳湖峰会”“中博会”“兰洽会”“青洽会”“服贸会”“太原能源低碳发展论坛”“投洽会”“山西省通用航空产业发展推介对接会”等，借助展会平台，精准招商推介，打造投资太原品牌。高标准完成“中博会”综合保障、展览展示、招商引资等工作任务。集中展示 70 家优质企业和 200 余件特色产品，展现太原转型发展新成果。签约产业项目 59 个，总投资 984.50 亿元，签约金融授信战略合作协议 2 个，授信额度 1500 亿元。在“投洽会”期间，成功举办招商引资对接会，签约项目 13 个，签约金额 127.19 亿元。（李闻娟）

【交流合作】 2021 年，太原市促进外来投资局承接优势产业、优质项目梯度转移，融入“一带一路”建设、京津冀协同发展、长三角一体化、粤港澳大湾区建设等国家战略，赴北京、上海、深圳、苏州、杭州、厦门、宁波等地开展小分队招商，与网易杭州研究院、华南城集团、度亘激光、睿驰智能等知名机构和企业深度对接。推进省校合作招商引才基地建设，与太原理工、山西大学、中北大学、同创谷等院校、平台的合作，引进招商引才基地一站两中心、同济大学国家磁浮中心山西直线驱动研发中心等项目。加强与商协会、校友会、群团组织的联动，发挥源瀚科技等新引进企业的产业链带动作用，扩大以商招商、以企招企，不断拓展招商引资“朋友圈”。（李闻娟）

金融监管

·中国人民银行太原中心支行·

【概况】 2021 年，太原市银行业经营规模稳步扩大，社会融资规模平稳增长，金融机构资金来源总体充裕，存款平稳较快增长，贷款增量创历史新高，信贷结构持续优化，发展质效稳步提升，贷款利率明显下降。（扈照轼）

【货币政策调控运用】 2021 年，人民银行太原中心支行贯彻落实稳健货币政策，保持总量稳增、利率下行。落实各项降准政策，向金融机构释放流动性，保持金融机构流动性合理充裕，增强金融机构服务实体经济能力。科学把握逆周期调节的节奏和力度，通过加强宏观审慎评估、通报约谈等多种方式，指导金融机构加大信贷投放，保持各项贷款增速与名义经济增速基本匹配。强化省、市、县三级联动机制，指导各市中心支行建立辖内法人银行的信贷调控工作机制，督导辖内法人银行提前摸清客户信贷需求，合理制订信贷投放计划，按照计划投放，提高贷款预测的精准性。推动利率市场化改革，带动企业贷款利率下行。创新建立“2+1”新型融资担保机制，加大对实体经济金融支持力度。建立再贷款与小微企业风险补偿政策对接机制。推动建立第三方质押机制，为高风险机构借用再贷款提供合格债券质押品。

优化信贷结构，加大金融支持实体经济力度。研究制定严格控制“两高”项目信贷规模、支持绿色低碳发展办法，引导金融机构聚焦能源保供企业、能源革命“五大基地”建设、高技术制造业和战略性新兴产业集群，加大信贷投放力度。

深化民营小微企业金融服务，落实普惠小微贷款延期支持工具和信用贷款支持计划两项直达实体经济的政策工具，推动普惠小微贷款增量、降价、扩面，助力稳企业保就业。落实房地产信贷管理政策，将第五档机构个人住房贷款占比上限合理上调至 10%，督促个别超限机构采取有效措施，向房地产贷款集中度管理上限收敛。指导辖内银行配合地方政府做好房地产市场的风险防范化解工作。（扈照轼）

【金融风险监测防控】 2021 年，中国人民银行太原中心支行健全金融风险监测、评估与防控体系，按季开展央行金融机构评级工作，完成 195 家参评机构现场评级打分卡评判及 191 家中小银行资产质量真实性核查，摸清风险底数。

2021 年 9 月 17 日，中国人民银行 2021 年反假货币知识与技能竞赛决赛在太原举行（市人行供图）

2021年10月15日，中国人民银行太原中心支行组织开展2021年国家网络安全宣传周“金融日”宣传活动（市人行供图）

跟踪监测煤炭企业、城投企业债券接续问题，债券兑付风险得到化解。对辖内地方法人银行业金融机构通过互联网开展个人存款业务进行双周制监测。组织辖内191家法人银行机构开展压力测试，针对测试发现的问题及时进行风险提示。省、市、县三级联动自主建设金融风险监测分析预警平台，包括挤兑风险监测分析、重要风险指标早期监测预警、重大事项台账登记三项功能，机构通过系统实现数据直报，平台根据预警阈值自动预警提示，各县支行动态掌握活情况，各市中心支行按周审核数据按月撰写报告，太原中心支行研判全省风险情况及时督导落实风险处置措施，省、市、县三级联动共防风险。

开展存款保险现场核查，确保问题投保机构存保核查全覆盖，更新工作台账。对符合条件的农商行调降费率档次，减少保费支出，降低运营成本。开展风险警示和早期纠正化解风险，向机构印发《风险提示函》108份，开展约见谈话115次。（扈照轼）

【货币发行管理】 2021年，中国人民银行太原中心支行开展拒收人民币现金整治工作和违规使用人民币图样打击工作。处置拒收现金线索86条，对其中9起拒收现金违法行为做出行政处罚，罚款24.20万元。处置违规使用人民币图样行为为19笔，金额1.30万元。加强反假货币工作，形成群防群治、联防联治的反假工作局面。指导各银行业金融机构完成对现金机具的升级换代工作，提高假币堵截能力。形成“营业网点广泛参与、一张网络全面覆盖”的现金管理体系，为公益性企业解决零钞残损币交存问题。依托银联“云闪付”App搭建零钞预约服务平台，精准对接群众零钞需求，实现零钞兑换服务线下线上一体化，为群众提供便捷精准高效兑换零钱服务。提高流通中现金质量，建立清分质量随机抽查制度。（扈照轼）

【支付结算体系建设】 2021年，中国人民银行太原中心支行贯彻落实“六稳”“六保”政策要求，做好保就业稳企业金融服务工作，解决小微企业、流动就业群体“开户难”问题，印发《关于进一步加强银行账户管理的通知》。在银行营业网点和线上平台进行账户服务“三公开一畅通”，提升账户服务透明度，接受群众监督。小微企业开户时间全部压缩至3天以内，简易开户基本实现当天办结，为有需求的小微企业简易开户，企业和个人开户满意度均达100%。

强化账户风险防控，印发《关于建立可疑账户核查工作机制的通知》《关于做好买卖账户惩戒相关工作的通知》《关于依法严厉打击惩戒治理非法买卖电话卡银行卡违法犯罪活动的通告》，研究制定《山西省电信网络诈骗和跨境赌博“资金链”治理工作方案》。开展“一人多卡”、睡眠卡排查清理、涉案账户核查倒查工作。开展涉赌涉诈风险排查与整治“回头看”工作。

优化支付服务，推进移动支付便民工程。统筹推动政府消费券发放，通过云闪付发放和核销56轮消费券，核销9956.52万元，直接拉动消费6.26亿元。推动农村支付服务创新发展，构建“三资管理平台”服务农村集体资产管理，实现农村集体经济组织登记和账户开立功能。加快“省级和国家级示范引领县”建设，助力乡村振兴，打造一批“物流中转站”“信息共享站”“网红主播站”等特色银行卡助农取款服务点和农村金融综合服务站。

强化支付监管，开展无证经营支付业务整治工作。加强法人支付机构监管，建立“三比对、三核验”的非现场监测机制，将备付金业务合规情况纳入随机抽查重点，加强辖内法人支付机构客户备付金管理，完成年度辖内法人支付机构分类评级工作。（扈照轼）

【社会信用体系建设】 2021年，中国人民银行太原中心支行二代征信系统平稳运行。作为全国首批6家试点行，先行开通企业征信自助查询服务。推动地方征信平台——“信通三晋”中小微企业信用信息融资服务平台建设，完成其运营机构——太原企业征信服务有限公司备案。

推进农村信用体系建设“百县千村示范”工程，引导辖内农商行、信用联社以“整村授信”为基础，推动地方政府、金融机构出台信用示范村、信用示范户激励优惠支持政策，引导优先政策、信贷资金优先向信用村、信用户投放。探索将农村信用体系建设引入农村社会基层治理体系中，制定“基层治理+信用+金融”激励模式，服务乡村振兴发展。推动社会信用体系建设“联合惩戒”向纵深发展，开展守信联合激励和失信联合惩戒各项工作，推动社会信用体系建设步伐。

加强征信合规监管，提升非现场和现场监管水平。开展征信数据质量专项自查，严把数据质量关。加大征信市场乱象治理力度，联合市场监管部门开展征信市场乱象排查整治专项活动，处置和规范辖内非法征信修复、征信虚假宣传等各种扰乱征信市场的行为。

（扈照轼）

【反洗钱监管】 2021年，中国人民银行太原中心支行修订《山西省反洗钱行政处罚裁量基准实施细则》部分条款，增强反洗钱行政处罚法律适用性。印发《山西省义务机构反洗钱执法检查后续整改工作规程》，确保反洗钱监管的连续性与严肃性。与省证监局联合印发《山西省证券期货基金业反洗钱和反恐怖融资监管协作机制》《山西省证券期货基金业反洗钱和反恐怖融资监管工作合作实施细则》，奠定反洗钱监管合作制度基础。制定《山西省非法人金融机构反洗钱评价办法（试行）》，发挥评价工作对义务机构履职的推动作用。

推进法人机构洗钱风险评估工作，制订法人金融机构洗钱风险评估工作实施方案，指导法人机构开展洗钱风险自评估工作，以推动落实“三级”联动工作机制为抓手，选取省农村信用联社作为洗钱风险自评估专项指导机构，统一工作要求，确保指导工作开展。推动建立联合打击洗钱犯罪工作机制，印发《关于建立联合打击洗钱犯罪工作机制的意见（试行）》，建立打击洗钱犯罪工作联席会议制度。（扈照轼）

【经理国库】 2021年，太原市各级国库夯实核算基础，加强安全管理，规范办理各项业务，牢牢守住国库资金安全、业务系统运行安全两条底线，实现“低风险、无事故、零案件”目标。修订《山西省预算收入退库及更正（调库）业务操作规程》，印发《国库资金、票据传递实施方案》，做好国库纸质票据传递承接单位迁移工作。强化储蓄国债发行与兑付工作，各级国库定期开展发行首日巡查，督促承销机构做好储蓄国债发行准备工作。

推进标准化建设。组织开展“创示范国库 树服务品牌”活动，印发实施方案，以“示范”国库创建打造“党建业务融合化、操作程序可控化、内外管理精细化、窗口服务人文化”的标准化品牌，推进全省标准化管理常态化、制度化、实践化。对各级国库业务系统软件、硬件、运行环境和CA证书在位情况等开展风险排查，提高国库人员安全意识，防范国库业务系统风险。组织各级国库和代理支库开展国库综合前置系统、TCBS、TBS系统应急演练，提升国库系统应急处置水平。（扈照轼）

【外汇管理服务】 2021年，中国人民银行太原中心支行深化“放管服”改革，推动行政许可网上办理，为市场主体减轻“脚底成本”。开展中小微企业汇率避险工作宣传，召开专题工作会议安排部署宣传工作。搭建政银企交流平台，增强中小微企业汇率避险管理能力。全面检验商业银行外汇业务办理质效，召开银行落实外汇便利化政策情况通报会进行反馈，督导银行落实整改，增强外汇业务服务能力。严厉打击外汇领域违法违规活动，保护市场主体合法权益。实施个人外汇业务便利化政策落实专项审计调查，聚焦市场主体对便利化政策的期盼与诉求，推动便利化政策在“最后一公里”落地见效。

提高服务贸易项对外支付便利化水平，便利企业“一次备案，多次付汇”，扩大免于税务备案范围，拓宽网上办理渠道。简化境外捐赠款入账手续，支持抗洪救灾。建立境外捐款“绿色通道”，简化对红十字会的境外外汇捐赠款入账手续，免于开立捐赠外汇账户，确保救灾资金使用时效。提高行政许可办理效率，以服务市场主体和便利化为根本，压缩业务办理时限，常规类行政许可办理业务时限由法定20个工作日缩短至2个工作日以内。践行“金融为民、外汇惠民”服务理念，实行“阳光审批”，落实政务服务系统“好差评”制度，提升市场主体对外汇政策的满足感和获得感。（扈照轼）

【金融科技发展】 2021年，中国人民银行太原中心支行开展SD-WAN互联网集中接入应用探索实践。在人民银行系统率先基于SD-WAN技术实现省、市、县三级互联网集中接入组网，提速降费效果显著。组织一线科技人员探索SD-WAN网络优化管理和提升安全防护能力，提升互联网一体化、精细化管理水平。根据省、市、县三级网络安全管理岗的不同工作职责，省、市两级组建“骑士队”，市、县两级组建“盾甲队”。开展安全制度“大家讲”、技能系列培训、应急演练等，建立常态化技能培训、模拟对抗、实战操作等技能提升工作机制，提高网络安全管理员的安全防护技能。建立数据分析团队，开设人工智能、大数据智能、监管科技、数据处理、数据分析班，组织省、市、县三级机构开展专题培训学习，促进人民银行数据应用能力提升。

推进“数字央行”建设，加强人民银行各级分支机构信息化项目全生命周期管理工作。依托人民银行系统数字化综合服务平台和大数据应用平台，下线6个系统、整合24个系统。完成系统数字化综合平台107个办公自动化系统、15个门户网站搭建，覆盖总用户量5427人，接入金融机构730家。上线运行业务网日志采集分析系统，实现网络设备、安全设备及重要应用系统的日志分析功能，提高日志审计、故障定位、问题处理等事后溯源分析效率，提升整体IT运维水平。（扈照轼）

·太原市人民政府金融工作办公室·

【金融业“十四五”规划出台】 2021年，太原市人民政府金融工作办公室成立编制工作领导小组，由相关各科室和山西大学经济与管理学院共同组成规划起草组，拟定工作计划，确定编制原则，统筹推进规划编制各项工作。12月31日印发《太原市“十四五”金融业发展规划》。《规划》总结“十三五”时期取得成就和存在问题，分析“十四五”时期面临形势，明确指导思想，提出“金融组织体系更加健全、金融市场体系更加完善、金融服务效率大幅提升、金融生态环境更加优化”四大主要目标任务和相关具体任务，明确重点工作及保障措施，对“十四五”期间金融业发展具有指导性意义。（杨　肖）

【政银企对接通道畅通】 2021年，太原市人民政府金融工作办公室落实《太原市金融支持实体经济行动计划（2020—2025年）》，推进地方金融基础设施建设。以“为市场主体特别是中小微企业、‘首贷’企业、个体工商户提供多要素、可选择、全流程、‘一站式’的融资闭环服务”为目标，通过集聚银行、保险、担保、小贷、征信等融资链条上的各类金融资源，接入不动产、车辆抵押登记，就业创业登记证受理以及创业担保贷款资格核实窗口，税务、人行征信自助查询终端，引入公证、法律、财务等第三方服务，7月6日，太原金融综合服务大厅建成开业。截至年底，累计办理融资咨询及配套业务694件，意向授信1.71亿元，28家企业与金融机构达成意向，实际授信8968.80万元，放款7768.80万元。

优化线上太原综合金融服务平台功能。推动平台功能模块设计、重点业务流程和界面布局优化，确保平台搭建科学合理、便民高效。截至年底，平台上架78款金融产品，注册用户6966户，成功对接857笔贷款业务，服务796户企业，授信总额24.22亿元，放款20.06亿元。

推进光大银行太原分行、农发行山西省分行、中国银行山西省分行、中银金融租赁有限公司、泰康保险集团等机构与市政府签订战略合作协议。引导第二批、第三批共9家金融机构设立金融创新服务中心，设立金融创新服务中心机构达到27家。

发挥财政资金杠杆撬动作用。设立信用保证基金与银行、担保公司（保险公司）共担风险。设立“首贷”“首保（担）”激励机制，对金融机构开展相关业务排名靠前的给予奖励。设立30亿元的信保基金和5000万元的知识产权融资风险补偿基金，引导银行放开手脚加大信用贷款、首贷户、知识产权质押融资力度。完善企业资金链应急周转金机制帮助企业“接续还贷”，支持市场主体发展。

开展融资对接活动。聚焦“六新”突破，举办太原市“六新”项目推进暨2021年重点项目融资推介会。聚焦企业融资问题，发挥太原金融综合服务大厅作用，对接团省委、各县区金融办、商会、协会、众创空间，按行业、区域分类组织12场融资对接活动。协调金融机构“一对一”帮助金虎便利等重点企业解决融资问题，助企纾困解难。（杨　肖）

【地方征信体系建设】 2021年，太原市人民政府金融工作办公室推动设立太原企业征信服务有限公司，成立由市长任组长，常务副市长任副组长，监管部门分管领导、43个部门负责人为成员的太原企业征信工作领导小组。10月22日，人行官网发布太原企业征信服务有限公司机构备案公示，地方企业征信机构取得进展。（杨　肖）

【企业上市服务】 2021年，太原市人民政府金融工作办公室推行企业上市合规性证明“代办制”，将办理时间从3个月压缩至15个工作日。组织5家企业赴深交所创新创业投融资服务平台进行路演，建立上市后备企业常态化路演制度。落实资本市场直接融资奖励资金2020年省、市两级共计2210万元，2021年市级545万元。全年直接融资额1349.73亿元，占全省2752.06亿元的49.04%。

11月15日，北京证券交易所开市，山西科达自控股份有限公司作为第一批北交所上市企业之一，实现5年来企业上市“零”的突破，成为省政府上市公司“倍增计划”公布以来的首家上市公司。

推进资本市场县域工程，资本市场县域工程试点扩展到10个县区。会同

2021年12月8日，太原市金融办与山西银行签订合作协议　（市金融办供图）

2021年12月1日，太原市首家北交所上市企业——山西科达自控股份有限公司向市金融办赠送锦旗 （市金融办供图）

市工信局制定出台《太原市资本市场县域工程实施方案》，深入全部试点县域开展调研座谈，推动资本市场县域工程落地。截至年底，太原市新增晋兴板企业37家，新增省入库企业67家，完成全年资本市场县域工程任务。（杨　肖）

【助力乡村振兴】 2021年，太原市人民政府金融工作办公室做好过渡期脱贫人口小额信贷工作，为1401户贫困户发放6957.92万元，完成全年任务的126.50%。阳曲县发放贷款2975.32万元，涉及贫困户599户，完成总任务量的140.30%。娄烦县发放贷款3982.60万元，涉及贫困户802户，完成总任务量的117.80%。与市农业农村局联合组织市金融服务乡村产业工作会，7家银行与9家涉农企业签订业务合作协议，融资金额21.30亿元。引进省农业信贷融资担保公司在太原市设立分公司，充实农业信贷担保服务能力。在娄烦、阳曲两县开展农作物目标价格保险工作。（杨　肖）

【非法集资防范处置】 2021年，太原市人民政府金融工作办公室组织召开全市涉众型金融领域重点难点任务研究推进会，8次分县区组织召开专题推进会，督促相关县区成立专班，制订方案，分类化解。18起涉众型金融领域重点难点案件全部按要求化解清零销号。

出台《太原市金融突发事件应急处置预案》，通过明确各部门处置金融突发事件的职责和分工，建立金融突发事件应急工作体系，健全快速反应机制，有效预防和科学处置金融突发事件，最大限度减少金融突发事件对经济社会造成的危害和损失，维护金融安全和社会稳定。

举办防范和处置非法集资工作专题培训班，发挥融媒体作用开展《防范和处置非法集资条例》等防非处非宣传，开展防范非法集资宣传月活动。落实《太原市非法集资举报奖励办法》，为1位市民兑现举报奖励5000元。（杨　肖）

【农信社改制】 2021年，太原市人民政府金融工作办公室做好协调服务，指导帮助原农信社太原城区联社推进老股金处置、不良贷款清收、房地确权、引资募股等工作。6月，太原农商行挂牌开业，结束太原市全国省会城市唯一未改制高风险机构的局面，完成农信社太原城区联社改制工作。（杨　肖）

【地方金融组织管理】 2021年，太原市人民政府金融工作办公室坚持高标准严要求，落实“互联网+监管”，开展年审评级、数据报送分析、现场和非现场检查等工作，引导三类机构回归本源，专注主业，依法经营，防范风险，成为传统金融服务有益补充。（杨　肖）

【地方金融领域安全生产】 2021年，太原市人民政府金融工作办公室开展三类地方金融组织安全生产隐患排查，规范企业安全生产经营行为。组织全市地方金融领域安全生产消防演练培训。全年全市地方金融机构未发生任何安全事故。（杨　肖）

·山西银保监局·

【金融转型发展】 2021年，山西银保监局为经济持续恢复和高质量发展提供金融支持，引领银行业聚焦转型综改和重点项目建设、制造业加快发展、传统产业升级和战略性新兴产业培育，加大信贷投放，优化信贷结构，降低资金成本，保持信贷资金的有效供给。（孙　帆）

【普惠金融发展】 2021年，山西银保监局完善“敢贷、愿贷、能贷”长效机制，民营经济贷款余额较年初增长6%。联合印发《关于金融支持个体经济有关事项的通知》，督促加大首贷、续贷、信用贷款投放，个体经济主体贷款余额、客户数较年初分别增长24.90%和8.20%。推动降低融资成本，取消或降低收费730项。支持乡村振兴，助力农业现代化三大省级战略和十大产业集群培育，巩固拓展脱贫攻坚成果同乡村振兴有效衔接，研究制定过渡期脱贫人口小额信贷实施方案，脱贫地区各项贷款余额较年初增长11.90%。（孙　帆）

【社会民生保障】 2021年，山西银保监局应对暴雨灾害，印发《关于做好当前防汛救灾金融服务工作的通知》，保障基本金融服务，快速查勘理赔减损，支持灾后恢复重建和保险业赔付。推动养老保险第三支柱建设，开展“3·15”消费者权益保护教育宣传周、金融联合教育宣传活动，推动解决老年人运用智能技术的困难。建立完善五项机制，规范办理信访举报，开展重复信访专项治理和信访积案集中化解，完善消保投诉窗口建设。制订综合处置晋商消费金融公司信访举报和投诉方案，联合开展消保专项检查。（孙　帆）

【重点领域风险防范】2021年，山西银保监局强化重点地区、行业、客户、业务风险监测预警。配合整治规范房地产市场秩序，开展经营用途贷款违规流入房地产领域排查、房地产业务专项检查，推动化解房企重大风险。配合化解政府隐性债务，推动融资平台公司市场化转型。督促严格资产质量分类，加大拨备计提力度，处置不良贷款。监测重点机构流动性风险，针对存款挤提、集中退保等做好压力测试和应急预案。完善重大案件风险和重大风险事件处置机制，开展案件集中清理专项行动。推进业务连续性风险整治，加强重要时期网络安全保障。（孙　帆）

【金融机构风险化解】2021年，山西银保监局建立城商行监管发现问题整改评估工作机制，按季开展全面风险排查，指导制订2021年至2023年不良资产处置计划。"一行一策"制订高风险农信社改制化险方案，批复7家农商银行开业，太原城区联社完成风险处置，成功改制为农商行。压实高风险村镇银行主发起行风险处置牵头责任和机构主体责任，"一对一"商讨论证，制订风险处置方案。指导山西信托制订恢复和处置计划，推动风险项目化解。（孙　帆）

【金融重点业务规范】2021年，山西银保监局执行存量理财整改计划，农合机构保本理财清零。加大车险市场秩序整顿力度，对9家公司采取停止使用条款费率监管措施。开展人身保险市场乱象治理，密切关注代理退保情况，排查个险渠道"套利"风险。巩固保险中介市场秩序整治成效，开展专业中介法人机构内控合规管理培训和监管评价。加大对非法金融及"无照驾驶"打击力度，开展防范非法集资宣传月、打击和防范经济犯罪宣传活动。（孙　帆）

【地方金融改革】2021年，山西银保监局配合地方政府推进5家城商行合并重组，加强筹备指导，推动其高效完成清产核资、不良资产处置、老股东清理规范、增加资本等工作，4月24日批复山西银行开业，并设定半年特别监管期，制订重点关注和推进事项清单。统筹推进农信社管理体制改革、法人机构改革和高风险机构处置，配合有关部门研究山西省农信社深化改革方案，加强防范化解金融风险的协调联动。（孙　帆）

【保险改革创新】2021年，山西银保监局巩固车险综合改革成果，商业车险单均保费同比下降23%，商业三者险责任限额同比提高94%，车险综合赔付率同比提高11%。联合印发《山西省城乡居民地震等巨灾保险试点实施方案》。发展高危行业安全生产责任保险。开展冷链食品疫情防控损失保险和新冠肺炎疫苗保险承保。（孙　帆）

【金融监管履职】2021年，山西银保监局健全监管履职领域重大事项决策组织架构，建立强化依法监管领导小组等5个工作机制。梳理监管制度机制中的漏洞短板，集中开展基础工作、行政处罚、行政审批、影子股权、插手干预被监管机构重要事项谋取私利等专项整治，修订完善45项制度机制。严格行政处罚，做出行政处罚175件，增长130%。处罚银行保险机构130家次，增长73%。罚款7082万元，增长223%。处罚责任人265人次，增长123%。取消高管任职资格16人，行业禁入30人。（孙　帆）

·山西证监局·

【企业上市培育】2021年，山西证监局高度重视企业上市培育工作，紧抓股票发行注册制改革机遇，加大调研走访和辅导监管力度，帮助拟上市企业破解发行上市过程中的难题。贯彻落实深化"新三板"改革并设立北交所工作部署，推进企业北交所上市工作。（孙　帆）

【资本市场风险防范】2021年，山西证监局坚持底线思维，扛起风险防范化解责任，主动联合人行太原中心支行等部门，推进资本市场风险监测预警和应急处突工作。紧盯重点领域风险，压实市场主体责任，分类施策、精准拆弹，通过市场化、法治化手段化解风险个案，推进股票质押、交易所市场债券违约、资管产品违约风险化解。（孙　帆）

【上市公司监管】2021年，山西证监局明确工作要求，形成齐抓共管工作合力。组织上市公司开展公司治理自查，对公司治理情况进行现场走访和专项检查，推动上市公司治理水平提升。督促上市公司系统梳理资金占用与违规担保风险隐患，彻底解决历史遗留问题，查处新增资金占用和违规担保。引导上市公司全面准确把握政策要求，利用再融资和并购重组实现高质量发展。（孙　帆）

【资本市场监管】2021年，山西证监局坚持"四个敬畏、一个合力"监管理念，围绕"科学、分类、重点、精准"要求，紧抓关键少数和重点问题，提升市场主体内部治理和规范运作水平，提高日常监管有效性。主动加强与证监会有关部门、交易所、协会等系统单位和地方政府的沟通协作，协同联动，凝聚监管工作合力。（孙　帆）

【投资者保护】2021年，山西证监局坚决保护投资者合法权益，开展"总对总"在线诉调对接工作，推动证监会与最高院诉调对接工作部署。强化投资者教育，指导证券期货经营机构、投教基地与40余家大中小学校开展国民教育合作，推动投资者教育纳入国民教育体系。通过“一人一信”方式向上市挂牌公司“董监高”进行政策法律和监管形势宣讲。（孙　帆）

太原海关

【概况】2021年，太原海关坚决维护国家安全和利益，防范化解重大风险责任，加强统筹协调，保证业务平稳运行，从政治和全局高度谋划工作，确保把关职责履行到位。全年监管进出口货运量544.15万吨，监管标准集装箱4.40万箱次，关税和进口环节税实际入库23.79亿元。（孙　帆）

【口岸疫情防控】2021年，太原海关巩固卫生检疫“三道防线”（海关检疫、入境人员14天隔离观察与医疗救治），加强口岸卫生核心能力建设。坚持“人、物、环境同防”“多病共防”，加强入境航班检疫监管，落实“三查三排一转运”（“三查”指百分之百开展健康申报卡核查、体温监测筛查和医学巡查。“三排”指对“三查”发现的有症状、来自疫情严重国家或接触过确诊病例的人员，实施流行病学排查、医学排查和实验室检测排查。“一转运”指对“三排”确定的确诊病例、疑似病例、有症状人员和密切接触者四类人员，一律按有关联防联控机制落实转运等防控措施，实现全程无缝闭环管理。）检疫措施，加强埃博拉等疫情防控，严防疫情叠加。加强进口冷链食品的风险监测和检疫，规范做好进口高风险非冷链集装箱货物口岸环节新冠病毒检测和预防性消毒。（孙　帆）

【口岸联合防控】2021年，太原海关落实口岸安全风险联合防控机制，加强与国安等部门的协作配合，组织开展联合研判。织牢织密非贸风险防控网，针对重点敏感领域开展精准布控。完善业务运行监控体系建设，优化表单化查验指令和现场作业方式，修订完善操作指引、工作规范9项，加强业务运行监控。（孙　帆）

【大宗商品检验监管】2021年，太原海关改革大宗资源性商品检验监管模式，强化事后监管评估。推动海关监管作业场所（场地）规范化建设。提升知识产权海关保护能力，加大查扣侵权商品力度。健全完善进出口商品安全风险预警和快速反应监管体系，危险化学品等重点敏感商品监管。开展技术性贸易措施应对工作，推进山西法兰锻造技术性贸易措施研究评议基地建设。开展海关稽查改革，稽核查联合工作机制实现全覆盖。（孙　帆）

【进出口食品检疫】2021年，太原海关构建进出口食品安全体系，推进进口食品“国门守护”行动，加强进出口食品化妆品监管。保障国门生物安全，开展疫病监测、安全风险监控和国门有害生物安全监测，严防外来物种入侵和动植物疫情疫病传入。（孙　帆）

【关税综合治理】2021年，太原海关坚持依法科学征管关税，完成全年税收预测数。落实税收征管方式改革任务，推进属地纳税人管理，推行“一保多用”政策，建立关区纳税遵从度评估指标体系。优化验估作业，提高估价工作能力。（孙　帆）

【打击走私】2021年，太原海关开展“国门利剑2021”专项行动，重点打击“洋垃圾”、珍贵动物、濒危物种、武器弹药、毒品、重点涉税商品走私。深化全员打私，提升打击走私整体效能。加强反走私综合治理，构建“打、防、管、控”一体化防线。（孙　帆）

【口岸营商环境优化】2021年，太原海关制定服务RCEP促进外向型经济发展10项措施，RCEP生效当日即签发首单原产地证书。巩固压缩货物整体通关时间成效，全年进出口货物整体通关时间分别为25.80小时、0.98小时，较上年同期减少11.66小时、1.32小时。优化行政审批服务，网上办理率达99.72%。加大“证照分离”改革力度，落实精简监管证件、简化随附单据等通关便利化措施。落实减税降费政策，减免税款5453.49万元。企业享受进口原产地税率优惠4742万元、增长5.66倍。促进跨境电商新业态发展，倡议发起并建立跨境电商联席会议工作机制。（孙　帆）

【对外开放平台建设】2021年，太原海关助力太原武宿综合保税区完成二期整改并验收运行，推进飞机保税维修业务开展，进境水果、冰鲜水产品指定监管场地通过验收，区内进出口总值从排名垫底升至全国145个综合保税区中第32位。支持新建太原阳曲综合保税区。保障太原至旧金山、布鲁塞尔、马德里国际货运航班开通运行。支持太原国际邮件互换局（交换站）扩容升级。保障中欧（亚）班列常态化运行。服务“南果中粮北肉东药材西干果”五大平台建设，新增注册果园48家、4.78万亩，冬枣、羊毛脂、发酵饼干等多种特色产品实现出口零的突破。（孙　帆）

【法治海关建设】2021年，太原海关持续完善制度体系，修订规章制度和管理办法，制定制度24项、修订17项、废止27项。开展精准普法，组织专题法治讲座等普法活动16次，普法效果持续扩大。加强法治队伍建设，公职律师能力得到加强。（孙　帆）

山西转型综合改革示范区

【概况】 2021年，山西转型综合改革示范区（山西综改示范区）实现地区生产总值861.50亿元，同比增长17.90%。其中，二产实现增加值669亿元，同比增长20.70%。三产实现增加值192.50亿元，同比增长11.30%。规模以上工业企业实现工业总产值1750.73亿元，同比增长27.70%。实现规模以上工业增加值250.55亿元，同比增长41.40%。全社会固定资产投资完成289.73亿元，同比增长23.40%。其中，工业投资完成190.08亿元，同比增长24.30%。社会消费品零售总额完成210.69亿元，同比增长27.10%。一般公共预算收入完成67.50亿元，同比增长53.20%。

（刘锦原）

【体制机制改革】 2021年，山西转型综合改革示范区（山西综改示范区）启动体制机制重塑性改革，调整设置12个工作机构，事业单位由29个精简为21个。对接山西省战略性新兴产业发展布局，成立15个专业招商服务中心，加挂招商公司牌子，赋予招商公司市场化、企业化运营职能，统筹所负责产业的招商引资及全生命周期服务保障。成立山西春汾科创投资集团有限公司、山西汾飞发展集团有限公司2个平台公司与合成生物产业投资公司，与招商中心（公司）一同构建立体化招商引资服务体系。市场化选聘300余名具有较强影响力的头部企业及股权投资机构、知名智库、行业协会等高层和资深人士作为“招商大使”或“招商专员”。与普华永道、百度网讯、中电科等知名企业建立“双跨”机制，弹性引入主要负责人或业务骨干融入专业化招商队伍。通过实行年薪、协议工资等薪酬制度，市场化选聘高级管理人才19名。深化“三化三制”（“三制”指领导班子任期制、全员岗位聘任制、绩效工资制；“三化”指建立专业化、市场化、国际化的管理团队）改革，探索构建“小管委+大公司”专业化市场化国际化管理运营架构。

（刘锦原）

【招商引资】 2021年，山西转型综合改革示范区（山西综改示范区）提高招商门槛，加强项目审核，建立项目入区“三级预审”机制。纳入山西省招商引资“13710”系统签约项目48个，计划总投资869亿元，完成年度目标任务的100.20%。当年签约当年开工项目29个，开工率60%，超过年度目标任务10%。新开工项目计划总投资363亿元，完成年度目标任务的147%。新开工固定资产投资项目到位资金84.80亿元，完成年度目标任务的110.10%。非固定资产投资项目到位资金12亿元，完成年度目标任务的100%。

（刘锦原）

【项目建设】 2021年，山西转型综合改革示范区（山西综改示范区）“三个一批”项目250个。其中，“签约一批”项目184个，签约投资额663.85亿元，预计年产值1312.79亿元。签约开工项目165个，签约开工率89.67%。“开工一批”项目有202个，计划总投资974.33亿元，预计年产值1608亿元。完成投资85.02亿元，开工投产项目129个，开工投产率63.86%。“投产一批”项目有142个，其中产业项目总数70个，68个项目实际产值占预计产值90%以上，投产达效率97.14%。全区新开工重大转型项目16个，项目总投资492.37亿元，其中，10亿元以上重大转型项目5个，总投资为64.73亿元。20亿元以上重大转型项目11个，总投资为427.63亿元。

（刘锦原）

【产业转型】 2021年，山西转型综合改革示范区（山西综改示范区）推动传统优势产业改造提升，组织中电二所中国电科（山西）微电子装备智能制造产业基地（一期）等27个项目申报省级技术改造专项资金，富士康智能化升级改造等25个项目申报市级工业高质量发展专项资金，推动传统产业循环化、高端化、绿色化，实现内涵集约发展。推动战略性新兴产业集群化发展，富士康产值达到1060亿元，成为全省开发区首个单体超千亿的工业企业，引入手机及新型显示配套、零部件生产制造企业，建成千亿级精密电子制造产业集群。规划建设光伏产业园，以中来股份为“链主”，引入下游应用，打造“硅料—切片—电池片—电池组件—应用场景”千亿级光伏产业链。培育半导体光电、信创、新能源电池及储能、通用航空、生物医药、高端装备制造、新材料等百亿级配套产业集群。推动现代服务业融合发展，聚焦流量经济、平台经济、现代物流、现代金融服务等重点领域，构建优质高效、链条完整、结构合理、竞争力强的现代服务业体系。全区现代服务业实现营业收入914亿元，增长96%。其中，网络货运营业收入550亿元，行业运单量占到全省的80%。全国首个数据流量生态园营业收入突破百亿。272家“专精特新”企业实现营业收入166亿元，同比增长约14.56%。

（刘锦原）

【营商环境优化】 2021年，山西转型综合改革示范区（山西综改示范区）深化“放管服效”改革，初步构建“承诺制＋一网通办＋全代办＋标准地＋一话通办＋调度督办”的全生命周期服务体系。开展“全代办”，解决项目上网审批前手续繁琐、企业不熟悉办理流程等问题，推出“零收费”的“全代办”服务，代办企业开办全部事项。出让工业项目“标准地”14宗、92.34公顷。全区“标准地”出让宗数达到工业用地出让宗数44%以上。通过“一网通办”提效率，把企业承诺、证照分离、并联审批等环节嵌入“一网通办”审批流程，企业注册1个工作日就可审批完成。做好政策精准支持，加大企业精准支持力度，全面提升政策供给效能，全年累计政策兑现36.30亿元，累计减免税金39.08亿元，累计为企业减少开办费用144.60万余元。制定《2022年优化营商环境行动计划》，聚焦提质招商引资、促进投资建设、便利准入准营、扶持创新发展、优化涉企服务等五大核心领域，围绕“五有套餐”让在山西投资兴业者，办事情有“靠制度不靠关系”的社会氛围，搞项目有“承诺制＋标准地＋全代办”的优质服务，做前期有“一枚印章管审批”的便捷服务，跑手续有“7×24小时不打烊”的政务服务超市，对未来有“新官理旧账”的稳定预期落地要求，确定25项改革任务，梳理105项推进举措，归纳5项创新模式。

（刘锦原）

【科技创新】 截至2021年底，山西转型综合改革示范区（山西综改示范区）建成4个国家重点实验室、42个省级重点实验室、2个国家级工程技术研究中心等重大创新平台，集聚全省70%的中央驻晋研发机构。推进高校科研平台延伸基地建设，与清华、北大、同济等20余所“双一流”高校建立产学研用合作平台，开展49个重大创新成果项目转化。拥有省级以上各类科技创新平台97家，引进建设清华大学山西清洁能源研究院等一批科研机构，以及粤港澳大湾区异地孵化中心等“飞地”创新平台，建成40个院士工作站。成立综改区知识产权服务中心，优化科技创新城及各类科研创新平台的管理运营模式。全区高新技术企业1130家，占全省的31.40%。国家级重点“专精特新”“小巨人”企业占到全省的44%。科技型中小企业增长到1170家，成为国务院督查激励的双创示范基地典型。“六新”加快突破，新开发20余项前沿技术产品。

（刘锦原）

【对外开放】 2021年，山西转型综合改革示范区（山西综改示范区）创建全省首个RCEP国际合作产业园区，面向东盟十国加快引进智能制造、跨境电商、冷链加工等领域企业。规范进出口政策，获批进境水果和冰鲜水产品口岸，冷链加工项目和航空物流分拨中心建设取得实质性进展，推动武宿综保区跨越式发展。配合申建山西自贸区，加快阳曲综合保税区申报建设，推动太原临空经济区建设。全区实现外贸进出口总额1492.90亿元，同比增长56%。武宿综合保税区实现跨越式增长，实现进出口总额351.70亿元，同比增长283.70%。在全国148个综合保税区中排名37位，在全国161个海关特殊监管区域排名44位。实际利用外资完成1.54亿美元，同比增长58.70%。

（刘锦原）

太原中北高新技术产业开发区

【概况】 2021年，太原中北高新技术产业开发区固定资产投资完成28.30亿元，增速57.30%。工业投资完成15.01亿元，增速27.20%。规模以上工业增加值完成33.42亿元，增速56.30%。规上工业总产值完成181.32亿元，增速26.10%。转型项目投资完成13.28亿元，占工业投资比重为88%。高新技术企业达到48家，增速23%。实际利用外资完成235.80万美元。“四上”企业（规模以上工业企业、资质等级建筑业企业、限额以上批零住餐企业、国家重点服务业企业）数达到54家（“规上”工业企业34家），增速38.50%。“四上”营业收入完成383.70亿元，产出强度达到392.77万元/亩。

（郭　微）

【深化改革】 2021年，太原中北高新技术产业开发区推进政府购买服务模式，与第三方专业机构、公司开展合作，借助其平台优势、资源优势、管理模式，参与园区招商引资、企业孵化、高端运营、金融服务等运营事项。与上海东方龙商务有限公司、大地产发、湖南前行科创（58集团）签订委托招商协议。与浦发银行等金融机构签订合作协议，拓宽入区企业直接融资渠道。运用市场化运作模式助推产业要素保障、环境治理、区域评估、云计算、超算中心平台运营等工作提档升级。强化人才引进，探索特岗特薪、特职特聘，加大高精尖端及复合型人才引进力度，建立完善选聘高级管理人才和高层次人才相关机制。为企业牵线搭桥，在中北大学、太原理工大学等高等院校进行专场招聘，企业专业化队伍素质显著增强。拓展国际化视野，提升对外开放能级，强化外资引进和进出口贸易能力，推动具有国际化背景的产业项目签约落地。完成进出口额7188万元，同比增长88.96%。利普达山西生物医药有限公司外资项目完成离岸账户，待外管局审核后，即可进入基本户。喆航直升机项目和晋芯半导体小镇项目两个国内领先、国际一流技术团队引进落地，乌克兰籍航空领域专家及俄罗斯、美籍半导体芯片领域领军人物入区工作，开发区吸引力和关注度增强。推动"三制"改革工作做实做深做细，优化完善《"三化三制"改革方案》。推进行政管理体制和市场化运营分离改革。（郭　微）

【招商引资】2021年，太原中北高新技术产业开发区签约省域外项目11个，总投资114亿元。成功引进总投资10.80亿元的源瀚蓝宝石晶体生长、12亿元的长城电源总部和6.10亿元的喆航直升机等高端优质项目。借助中博会举办契机，与完美（中国）山西分公司签订战略框架协议。深化与中北大学产学研合作，推动科研成果转化，首批可产业化38个项目经过多轮对接，中北睿智精诚、华纳方盛、宏盛智造等6家公司完成工商注册登记，13个项目达成落户意向。（郭　微）

【项目建设】2021年，太原中北高新技术产业开发区加强"三个一批"项目建设，"签约一批"项目36个，总投资245.16亿元，落地开工项目26个，开工率72.22%。"开工一批"项目34个，总投资120.79亿元，投产项目23个，投产率67.65%。"投产一批"项目31个，总投资95.28亿元，总体达效率73.68%。加大项目服务保障力度，强化"三个一批"项目调度管理，坚持项目日调度、包联服务、考核奖惩等相关制度，为项目建设加速赋能。长城计算机电源、中北软件园瑞盛园、华液流体、医科大制药厂、华润医药等项目建成投产，国投产业园、国药物流二期、华鑫图科三期、陆业达等项目开工建设。（郭　微）

【产业体系建设】2021年，太原中北高新技术产业开发区构筑产业体系，完善产业链条，着力构建现代产业发展体系和生态圈。推动传统产业提档升级，发挥技改在转型升级中的作用，申请市级专项资金帮助太原工具厂、晋西春雷等传统制造业企业重塑活力。围绕新一代信息技术、新材料、智能制造三大产业主导方向，把加速发展新兴产业作为转型升级的重要载体。

新一代信息技术产业，初步形成三个产业门类，即信创产业、软件产业和半导体芯片产业。信创产业以长城计算机项目为龙头，依托长城计算机电源以及长城电源总部，打造一个聚集度高、配套企业完善、生态链完整的信创产业集群。谋划布局软件产业，初步形成中北软件产业园的思路和构想，中北软件产业园瑞盛园项目具备入驻条件。半导体芯片产业以晋芯半导体产业园项目为带动，度亘光电芯片项目启动签约落地。

新材料产业，引入蓝宝石晶体、利协石墨烯、巨浩天下碳纤维、北京金禾圭泰氮化硅等新材料项目，实现由"材料加工"向"加工材料"转型。拓展不锈钢产业链，发挥笔尖钢、手撕钢、优质碳钢、高端冷轧取向硅钢技术优势，推动产业向高附加值环节延伸，努力形成产业链条完整、配套企业齐全的不锈钢新材料产业集群。

智能制造产业，打造高端装备制造产业集群，依托东杰智能、京丰铁路电务、宏盛制造、北京新能正源、睿驰智能等落地项目，把握廷烁未来、华智智能、汇川技术、上海北变等一批项目，推动工业自动化和信息化步伐，发展机器人、无人机、工业互联网、工业软件、3D打印等产业，打造智能制造产业基地。（郭　微）

【营商环境优化】2021年，太原中北高新技术产业开发区推动行政审批制度改革，打造政务服务大厅，设置32个服务窗口，承办566项事务，实现"一个大厅管服务、一枚印章管审批"。推进"全程网办"审批改革，累计办理事项96562项，企业开办审批时限由3个工作日压缩至0.50个工作日，全程网办，做到审批不见面，让企业少跑腿、信息多跑路。推进企业登记全程电子化，推进"证照分离"改革，办理事项115件。打造"三无"（无差别、无障碍、无后顾之忧）"三可"（可预期、可信赖、可发展）营商环境，推行"承诺制＋标准地＋全代办"改革，践行以为企业服务为中心的发展思想，创新工作方法，探索全新思路。深化企业投资建设项目承诺制改革，提升项目落地审批服务效能，7月出台《太原中北高新技术产业开发区管委会行政审批局工程建设项目承诺制实施办法（试行）》，实施推行一般工业项目全承诺、零审批、拿地即开工，商业项目实行桩基先行分阶段审批，办理事项175个。推动"标准地"建设，上兰片区、长城电子北侧片区、基础区内涉及20宗地块节能、环评等区域评估均全面完成，上兰片区1宗4.73公顷用地摘牌，3宗24.87公顷用地挂牌公示出让公告。推进"全代办"服务，以"政府跑、数据跑"代替"企业跑、群众跑"为宗旨，完善代办机制、落实专人专管、提升工作合力，助力投资项目加快建设、企业健康发展。领办代办17件均办结完成，企业满意率100%。（郭　微）

太原西山生态文化旅游示范区

【概况】2021年，太原西山生态文化旅游示范区固定资产投资完成35.97亿元，同比增速23.80%。新建产业项目当年完成投资3.05亿元。森林覆盖率达到40.30%。景区接待351.01万人次，同比增长51%。旅客过夜152.41万人次，同比增长7.40%。全面完成各项省考目标任务，连续两年进入全省生态类开发区第一方阵、两项指标全省第一。

（耿剑锋）

【西山生态治理】 2021年，太原西山生态文化旅游示范区践行绿水青山就是金山银山理念，推进生态治理和生态修复。"政府引导、市场运作、公司承载、园区打造"的市场化矿山生态修复"西山模式"作为典型案例编入《中国落实2030年可持续发展议程进程报告（2021）》，被列入中国恢复联合国合法席位50周年纪念会议政策宣示文件，向全国、全球发布，在国家"十三五"科技创新成就展上展出。改革案例代表太原市参选"中国改革2021年度典型案例"。围绕"绿化、彩化、财化"要求，完成新栽绿化面积135.33公顷，补植补种等完成绿化76.67公顷，完成破坏面治理13处约100公顷，累计完成造林绿化约1万公顷，治理破坏面600余公顷，逐步形成以绿养山、以绿保水、以绿护城的生态格局。（耿剑锋）

【招商引资】 2021年，太原西山生态文化旅游示范区坚持高位推动，把招商引资作为"一号工程"，完善招商引资制度和扶持政策，编制完成西山示范区招商引资图谱。坚持领导带头招商，邀请百余名投资人考察西山。与中旅集团、上海斯维登集团等对接达成初步合作意向。举办2021年中国·太原民宿投资大会，签署民宿战略合作协议10个。组建文旅专业招商队伍，打造太原文旅发展生力军。（耿剑锋）

【项目投资】 2021年，太原西山生态文化旅游示范区以"三个一批"为抓手，集聚动能、培育势能，成功签约海唐大通国际健康颐养中心、盛科乡村振兴一体化等12个项目，签约投资额39.06亿元，其中9个开工，开工率为75%。开工一批项目10个，计划总投资10.64亿元，其中7个投产，投产率为70%。投产一批项目8个，达效率为100%。

（耿剑锋）

【文旅品牌建设】 2021年，太原西山生态文化旅游示范区举办"锦绣太原·生态西山"2021年樱花文化旅游节暨锦绣太原赏花季活动、民宿投资大会、"大美西山"摄影大赛、西山红叶节活动等活动，樱花节期间接待游客百万人次，在新浪微博城市热搜榜中近1周排行前三，在抖音热搜榜中连续两周排行前五，成为太原市知名文旅品牌。发挥西山清凉避暑、森林氧吧、中医药传统等资源，打造集旅游度假、休闲避暑、中医药研学、康复疗养、修身康养为核心的大健康产业链，重点推动泰康长寿社区、锦绣山庄康养、山西工人疗养院、干部疗养院等一批重点项目。打造"西山话宿"推介活动，力推"美宿家"民宿品牌，推动圪垛村、横岭村等一批特色民宿发展。发挥西山地区山水资源、生态资源、人文资源及民宿资源优势，通过项目带动、产业推动、投资拉动、服务驱动，推动文旅产业集聚发展。初步形成文旅产业集聚、健康养生产业集群、体育休闲产业集聚和民宿集群四大产业集聚。（耿剑锋）

【营商环境优化】 2021年，太原西山生态文化旅游示范区牢固树立"营商环境是第一保障"的服务理念，以打造市场化、法治化、国际化营商环境为目标，深化"放管服效"改革，全力打造"六最"营商环境，营造公平公正的市场环境。出台《政务服务中心"一窗受理"工作管理细则》《行政审批管理办法》等9项制度，精简整合审批事项，优化审批流程，打造"一个系统"实施统一管理、"一个窗口"提供综合服务、"一张表单"整合申报材料、"一套机制"规范审批运行的"四个一"的审批体系。办结审批事项268件，所有事项均在承诺时限内办结。推行"套餐式"主题服务，实现审批服务由"政府端菜"向"群众点餐"、由"被动服务"向"主动服务"的转变。推进"证照分离"审批制度改革，对所有涉企经营许可事项实行全覆盖清单管理。推行"不打烊"政务服务，制订"周末不打烊"事项清单，为企业提供多渠道、多形式、不间断的政务服务。推行"承诺制＋标准地＋全代办"改革，出台《西山示范区服务业项目"标准地"改革实施方案》，探索建立西山示范区"标准地"改革指标体系、制度体系、管理体系。出台《西山城郊森林公园绿化作业管理办法》，对亩均投产强度和适地适树进行承诺，压缩办理时限，提高办事效率，做到能种尽种，应绿尽绿。制定《推行全过程领办代办服务工作实施办法》，建立领办代办队伍，做到全过程参与，全链条服务，对签约项目实行一站式办理、全流程保姆式服务，实现"拿地即开工"。出台《优化营商环境监督管理考核办法》，将优化营商环境工作纳入年度目标责任制考核。推行政务服务"好差评"机制，建立"差评"调查核实、督查整改和反馈制度，全年工作实现"零差评""零投诉""零举报"。（耿剑锋）

【市政配套设施建设】 2021年，太原西山生态文化旅游示范区按照"打通主线、串联景区、区域成网"的总体思路，谋划推进西山旅游路主体、慢行、服务、景观、信息五大系统，提升游客满意度和旅游产业的竞争力。推动西山旅游公路沿线驿站、门户、停车场等配套项目，该项目列入省重点。

坚持规划先行，以高水平规划引领高质量发展。示范区总规完成公众参与、专家论证、公示、风险评估、合法性审查等程序。推进控规编制报批，完成玉泉山、万亩生态园、长风、豪光和华岳第一层面首期5个片区控规编制工作和2个重点项目落地规划研究报告编制工作。优化土地供应方式，探索落实点状供地，按照建多少、转多少、征（占用）多少的原则点状报批，实现土地节约集约使用，吸引更多好项目、大项目落地。（耿剑锋）

【经贸合作发展】2021年，太原西山生态文化旅游示范区参加厦洽会、进博会、2021中国·山西康养产业发展大会、省旅发大会等大型招商活动，在厦洽会上成功与山西海唐投资管理有限公司、大通旅游（新加坡）机构有限公司签约山西海唐大通国际健康颐养中心项目，项目位于晋源区晋祠镇晋祠村，建设用地8.13公顷，总投资约5亿元，致力于打造华北地区最具中华文化韵味的国际健康颐养中心，发展智能养老大数据，带动周边旅游产业、康健培训产业发展，促进周边人员就业。（耿剑锋）

【安全生产】2021年，太原西山生态文化旅游示范区推进全国安全生产专项整治三年行动，开展安全隐患排查治理工作，全区安全生产形势稳定向好。履行安全生产责任，完善安全生产责任体系，形成一把手带头抓、班子成员分工抓、各部门具体抓的工作局面。开展全方位安全检查，消除安全盲区和死角，堵住安全监管漏洞。全年出动415人次，排查一般隐患252个，均完成整改，有效防范和杜绝重特大事故。聚焦重点领域、关键环节，抓好安全生产专项整治工作，强化监管执法，强化问题整改，实现隐患排查全覆盖、问题整治全清零。出台《西山示范区〈贯彻落实地方党政领导干部安全生产责任制规定〉的实施细则》《西山示范区三管三必须实施细则》等安全生产工作制度，实现用制度管人管事，用标准规范提升安全工作水平。（耿剑锋）

山西清徐经济开发区

【概况】山西清徐经济开发区位于太原市清徐县最南端，是由山西省人民政府批准成立的省级开发区，规划面积29.99平方千米。2021年6月，中共太原市委机构编制委员会印发《中共太原市委机构编制委员会关于印发〈关于开发区管理机构清理规范的实施方案〉的通知》，山西清徐经济开发区管理委员会由清徐县人民政府派出调整为太原市人民政府派出，委托清徐县人民政府管理。12月，管委会名称调整规范为清徐经济开发区管理委员会。（郭亚轩）

【经济指标】2021年，山西清徐经济开发区工业投资完成106.25亿元，占全县工业投资（107.04亿元）99.30%，同比增长15.10%，高于全县（11.80%）3.30%。规模以上工业增加值完成134.88亿元，占全县规模以上工业增加值（176.23亿元）76.50%，同比增长38.10%，高于全县（33.80%）4.30%。转型项目投资完成106.03亿元，占工业投资比重99.80%。高新技术企业数增速完成20%。"四上"企业数增速完成35.60%，产出强度711.50万元/亩以上。

开发区范围内有企业323家，"四上"企业80家，其中规模以上工业企业41家，限额以上批发零售企业25家，有资质的房地产经营企业和建筑业企业9家，规模以上服务业企业5家。初步形成以精细化工、新型化工新材料为主导，高端制造为主攻，绿色物流为配套的现代工业集群，以潞安化工新材料、美锦、梗阳、亚鑫等龙头企业为主的产业格局。主导产业产值430.23亿元，主导产业产值占比86.40%。（郭亚轩）

【"三制""三化"改革】2021年，山西清徐经济开发区加大经济型干部选拔力度，领导班子全部配齐，领导任期制平稳运行。推行大部制扁平化管理，中层干部双向选聘，全员岗位聘任制完成。完善《职员绩效工资办法》《职员制考核办法》等以绩定酬的制度办法，按照季度述职民主评议方式进行全员考核。依托清徐经济开发区开发有限公司，拓展融资渠道，加速融资平台建设，与中行、农行、建行、晋商银行及晋商增信等金融机构建立良好合作关系，完成融资4600余万元，加快建设总投资3.50亿元，占地面积13.33公顷的清开创新产业园。聘用"环保管家""安全管家"为园区提供专业化服务，委托河北协同水处理公司实现园区工业污水厂专业化运营，引进山西万创空间网络科技有限公司招商团队实现专业化招商，建立"共享人才平台"促进区内专业化人才共享。在精细化工循环产业园建设中，对标德国、日本先进煤化工技术，引深国外先进技术的推广和应用，推进精细化工向高端化、智能化、绿色化、集成化提升。（郭亚轩）

【招商引资】2021年，山西清徐经济开发区签约项目32个，签约投资额466.25亿元，签约项目开工27个，开工率为84.40%。围绕精细化工、新材料、绿色物流、智能制造等产业，通过产业招商图谱，快速精准对接，有针对性招商，瞄准产业链缺失环节、薄弱部分，围绕产业链高端、紧缺环节开展精准招商，短链延链、断链补链、有链强链，形成供需"上下游"规模效应，促进园区产业高端化、多元化、低碳化发展，围绕探索谋划开发区多元化体系建设，向环保新材料、新装备制造产业、智慧物流产业等创新型产业集聚，推动形成大企业顶天立地、中小企业铺天盖地的发展态势。强化招商引资队伍专业化建设，通过参加省市讲座培训、了解先进地区发展情况、掌握相关政策文件等，在练好招引"内功"的基础上，与山西万创空间网络科技有限公司展开合作，引进专业招商团队，为招商引资赋能助力。参加第二十一届中国国际投资贸易洽谈会、第十二届中国中部投资贸易博览会、第四届中国国际进口博览会等各类重大招商活动，主动与海内外知名企业广泛接触，有效沟通，拓宽招商引资渠道，全方位展示开发区产品形象，成功签约总投资额1.60亿元的山东匹夫超算科技有限公司大数据中心建设项目。创新“线连线”“屏对屏”的线上“云招商”模式，确保疫情期间招引力度不减、项目对接不断。赴哈尔滨引进国内智能装备产业领域领军企业哈工大机器人集团，与区内美锦集团合作，共建总投资65亿元的哈工美锦智能产业园、山西未来世界国际产业园。（郭亚轩）

【基础设施建设】2021年，山西清徐经济开发区取得市委、市政府建设发展专项资金3000万元，用于自主推进专业化、市场化、国际化发展。以路网建设先行，跟进完善水电气等基础配套设施，开西路、开中路、清泉南路完工通车。单列专项资金2000万元，推动精细化工循环产业园4座110千伏变电站以及电力迁改工程全部完工。清泉西湖净水工程完工，为精细化工循环产业园供水。柴家寨220千伏变电站站内工程基本建成。泓博污水处理厂建成投产，实现全国首家焦化废水零排放。推动总投资5.30亿元的智创科研双创产业园及人才公寓项目建设，为提升创新驱动赋能。（郭亚轩）

【营商环境优化】2021年，山西清徐经济开发区将企业投资建设急办的备案、规划、施工等主要事项作为承接授权事项重点攻坚任务进行对接和掌握，对接开通审批系统。4月实现自主审批，根据项目落地建设实际需求，满足项目审批服务需要，实现“区内事、区内办”。深化“承诺制＋标准地＋全代办”改革，为全方位推动高质量发展提供支撑。细化8类事项承诺规范文本，方便企业集中办理。针对氢能和煤基新材料延链项目情况，研究制定特色化服务流程机制，针对加氢站手续办理，对外学习兄弟县区好做法，对内打通流程环节，构建特种行业领域行政审批新模式，为新能源产业发展打牢坚实基础。接续完成14项政府统一服务，为企业减轻负担1000余万元。投入5000万元，做好要素保障，坚持“及早收储、及早清表、及早转性、及早通平”原则，按照“由点及面、分批建设、积累经验、全部出让”的工作思路，围绕目标任务，加快土地收储出让。全年完成“标准地”打造13宗151.41公顷，三强煤基新材料项目、山西物产绿色循环再造产业基地项目落地。瞄准“企业跑”变“代办跑”目标，完善《清徐经济开发区投资项目审批领办代办服务办法（试行）》，领办代办帮办各类事项87件。健全“好差评”制度，推动备案类企业投资报建审批办理时间缩短50%。（郭亚轩）

【企业创新驱动】2021年，山西清徐经济开发区培优创新生态、激发创新动能、提升创新能力、厚植创新思维，在对开发区企业科研情况全面摸底掌握的基础上，收集整理省市科技部门关于科技型中小企业评价、科技成果转化引导专项资金、重点研发计划补助等相关政策，整理形成开发区改革创新发展文件政策及制度汇编，为区内企业发展提供政策支持。与国内外知名院校和有实力、有经验、有团队的企业开展合作，推动区内契合度高的企业做好运用转化，努力形成高校科技转化基地。区内美锦集团与中科院山西煤化所联合攻克“淀粉基电容炭”技术难题，建设淀粉基电容炭产业化项目。煜昊源环保科技有限公司与太原理工大学合作成立城市环境化学研究院，配备7名教授专家的研发团队和实验室。华凯伟业科技有限公司聘请北京矿业大学、山西大学、太原理工大学等多个知名院校教授开展新型减水剂、速凝剂和环保防水涂料产品研发并取得实质性突破。三强新能源科技有限公司与吕梁学院、太原理工大学现代科技学院合作打造实践实习基地，强化科研创新人才培育。（郭亚轩）

阳曲现代农业产业示范区

【概况】阳曲现代农业产业示范区位于阳曲县泥屯镇，成立于2019年，是山西省人民政府批复成立的省级开发区。规划面积141.40平方千米，辖行政村18个，总人口2.10万人。核心区范围规划面积14.43平方千米，分南、北两个片区，北片8.63平方千米，南片5.80平方千米。有机旱作及设施蔬菜种植、农产品加工、文旅康养是示范区三大主导产业。

阳曲现代农业产业示范区管理委员会为太原市政府派出机构，正处级建

2021年，阳曲农投现代科技示范园项目全景（阳曲现代农业产业示范区供图）

2021 年 12 月 15 日，阳曲现代农业产业示范区市场主体登记服务启动并现场办理个体经营执照（阳曲现代农业产业示范区供图）

制，委托阳曲县政府管理。示范区管委会设立 6 个内设机构，核定财政拨款事业编制 35 名，现有在编人员 27 名，“三支一扶”人员 5 名。

2021 年，阳曲现代农业产业示范区新建产业投资完成 25659 万元，固定资产投资完成 73193 万元，增速达 43.40%，农林牧渔总产值完成 5101.20 万元，增速达 15.20%。农产品加工业产值完成 21645.70 万元，农业总产值完成 9624.90 万元。绿色有机农产品覆盖率 36.40%，绿色食品和有机农产品生产面积 1400 公顷，所有农产品生产面积 3843.57 公顷。（李鑫蕊）

【园区体制改革】 2021 年，阳曲现代农业产业示范区引进太平洋建设集团为示范区运营主体，成为省内首家按照“管委会 + 公司”模式实质性推动管运分离的农业示范区。在全省县级代管开发区中先期完成县政府授权 48 项行政审批事项和 37 项监管事项，实现项目建设“办事不出区”，企业享受到便捷高效的服务。出台《关于改革阳曲现代农业产业示范区财政管理体制的通知》，配套出台《专户资金使用拨付管理办法》和《项目管理办法》，明确示范区财政管理体制“闭环平衡”，首期土地出让金实现收入约 2 亿元。建立“包联人员、专项资金、工作流程三到位，土地流转、三通一平、区域评价三同步”工作法。（李鑫蕊）

【园区招商引资】 2021 年，阳曲现代农业产业示范区与世界 500 强企业太平洋建设集团开启全面战略合作，双方联合成立示范区招商引资领导小组，共同组建示范区招商引资小分队，对所有招商项目实行“联谈、联招、联签”三联工作机制。对中国 500 强企业和山西省级农业产业化龙头企业进行梳理，在外招商 50 天以上，遍布 12 个省 24 个城市，对接企业 138 个。全年签约落地项目 11 个，总投资 9.01 亿元，江苏绿港、世瑞美、清风良业、中进牧歌等一批农业龙头企业签约落地，产业项目占比 81.80%，基础设施项目占比 18.20%。建立项目储备库，神农集团投资 3.80 亿元建设的花卉高新技术示范项目、首农集团投资建设的农产品精深加工和交易市场项目、绿城集团投资 16 亿元建设的生态康养小镇项目等均已入库。（李鑫蕊）

【园区项目建设】 2021 年，阳曲现代农业产业示范区推进“三个一批”项目建设，前四期“三个一批”活动中，签约项目 13 个，签约总额 9.49 亿元。开工 12 个，签约项目开工率 92%，“开工一批”项目 10 个，总投资 7.65 亿元，完成投资 2.57 亿元。投产 6 个，开工项目投产率 60%，“投产一批”项目 7 个，总投资 5.39 亿元，实现产值 0.21 亿元，投产项目达效率 100%。省级重点项目阳曲农投现代科技示范园项目总投资达 4.10 亿元，占地 53.93 公顷。7 月开工建设，完成投资 1.25 亿元。加快农产品产业集聚发展，示范区规划 20 公顷土地新建绿色食品加工产业园。园区一期建设入驻 8 家企业，总投资达 3.02 亿元，其中，世瑞美、森泰等项目实现当年签

2021 年，阳曲现代农业产业示范区科创中心大楼（阳曲现代农业产业示范区供图）

约、当年开工、当年建设、当年投产。示范区“三区三园”特色产业园区发展新格局初现雏形。以农港科技、国信农业、崇德农业等为代表的现代农业科技示范园，以万向农业、西沟果岭等为代表的农业休闲观光园，以世瑞美、德之源、森泰等为代表的绿色食品加工园，以清风良业、昌红种植为代表的有机旱作农业示范区，以中进牧歌、迅盛牧业为代表的现代畜牧产业示范区，以科创中心为平台的农业双创孵化区形成重点产业集聚效应。（李鑫蕊）

2021 年，阳曲农投现代科技示范园项目落成（阳曲现代农业产业示范区供图）

【营商环境优化】 2021 年，阳曲现代农业产业示范区按照“一枚印章管审批、办事不出区”行政审批改革要求，承接企业投资项目从立项到竣工阶段的 48 项行政审批事项及对应的 37 项监管事项的县级授权工作。在办公大厅设置审批服务办公区、政务服务接待区两个功能区域，审批服务办公区内开设投资项目、注册登记、税务服务三个窗口，行使县政府赋予的审批管理权，为企业提供一站式政务服务。协调省、市职能部门开通示范区投资项目审批线，畅通示范区项目审批通道，配备企业注册登记自助服务一体机，实现企业登记智能审批。推出“示范区一站式服务”惠民举措，使区域内需要进行工商登记的企业、个体、社会组织、合作组织可以在示范区办理。出台《关于建立领导班子成员“双包双联”制度的通知》《推进项目建设管理办法》《项目建设督查办法》《示范区 2021 年项目建设绩效考核工作方案》等制度，落实“一个项目、一名领导、一名负责人、一张推进图、一个结果”的“五个一”包联推进机制，先后帮助世瑞美、森泰、鑫亿达等项目解决场地平整、电杆迁移、水电供应、手续办理等问题。（李鑫蕊）

【企业金融服务】 2021 年，阳曲现代农业产业示范区组织银企精准对接 8 次、开展金融辅导 2 次，与农商行共同启动实施“融资培育计划”，与中国农业发展银行山西省分行、中国银行太原鼓楼支行等金融机构签订合作协议。全年协调县农商行等金融机构为世瑞美、森泰等项目贷款 1200 万元，协调晋商银行为农港科技示范园融资 1.50 亿元，为太平洋未来城市（太原）投资发展有限公司融资 2 亿元。（李鑫蕊）

【基础设施建设】 2021 年，阳曲现代农业产业示范区对接省、市相关部门，推动泥向线道路建成通车，完成示范区科创中心大楼和示范区综合路网的建设。9 月，示范区“一楼一路”项目建成投运，示范区管委会和太平洋未来城市（太原）有限公司以及阳曲县现代农业投资有限公司联合入驻办公。启动基础设施建设“十大工程”，规划建设污水处理厂、燃气门站及管线、丰安路等基础设施项目，完成土地收储 6.14 公顷，总投资 29.90 亿元。（李鑫蕊）

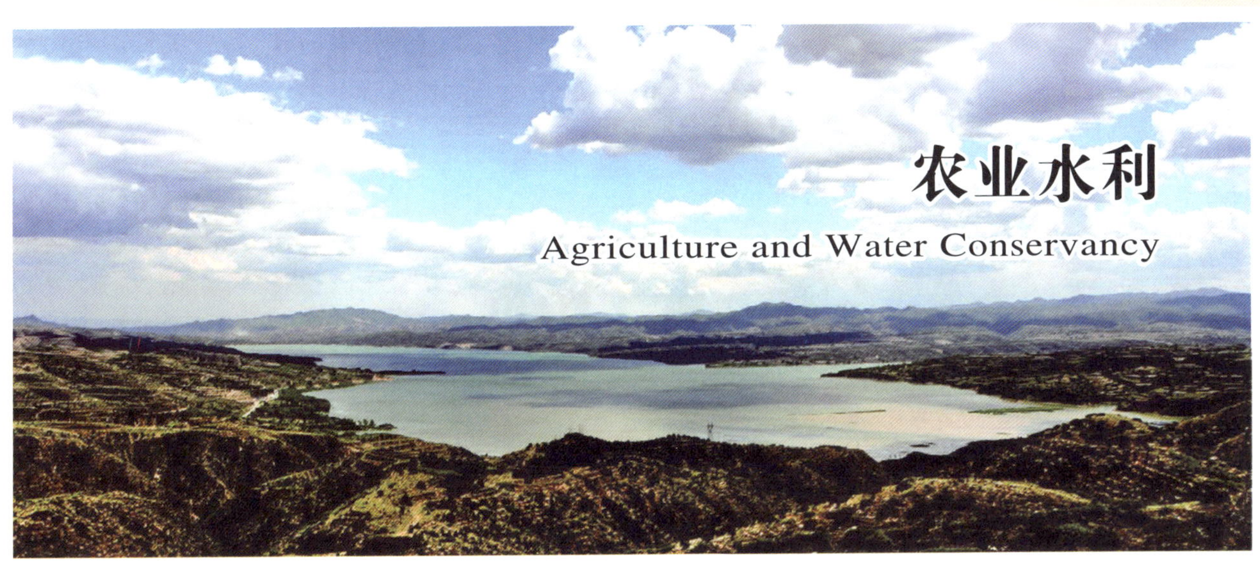

农业水利

Agriculture and Water Conservancy

综　述

【概况】 2021年，太原市农林牧渔业总产值75.46亿元，比上年增长9.40%。第一产业增加值44.80亿元，增长7.70%。农村居民人均可支配收入21551元，增长9.60%，绝对值居全省第一。　（邵　琼）

【农村“六乱”整治】 2021年，太原市农业农村局成立农村“六乱”（乱扔吐、乱堆放、乱摆卖、乱拉挂、乱贴画、乱搭建）整治领导小组，制订行动计划，投入资金3.20亿元，718个行政村（社区）32.8万户群众参与，解决农村乱搭乱建、乱堆乱放、乱扔乱倒等突出问题，累计消除交通隐患2230处，清理各类垃圾49.30万吨，拆除违法建设5214处，取缔违法占地19.26公顷。　（邵　琼）

【农村户厕改造】 2021年，太原市农业农村局坚持因地制宜、质量为先，地上地下部分同步推进、户厕改造与提档升级同步开展，提升农村户厕改造标准。按照全省统一安排，逐乡、逐村、逐厕开展摸排，摸排户厕11.63万座，完成整改5764座。　（邵　琼）

【“美丽乡村”建设】 2021年，太原市农业农村局坚持加大投入、提档升级、典型引领、全域推动，按照“点上示范、串点成线、连片推进”思路，高标准建设14个新时代美丽宜居示范村、4条农村人居环境示范廊道、1个整县推进县。　（邵　琼）

【农村集体产权制度改革】 2021年，太原市农业农村局强化业务指导、广泛动员发动、深入督导调研，推进清徐县农村宅基地制度改革试点，探索宅基地所有权、资格权、使用权“三权分置”的路径办法，东高白村、杨房村等9个试点村基本完成宅基地基础信息调查，5948宗宅基地汇总入库，公示1351宗。东高白村、都沟村分别完成44个、52个宅基地有偿退出。杨房村、西怀远村、常家庄村3个试点村摸排出33处可直接利用宅基地房屋，打造一批试点民宿。做好农村集体产权制度改革后半篇文章，万柏林、晋源两区探索股份继承、转让及抵押、贷款省级产改试点工作，形成制度成果。　（邵　琼）

【农业抢险救灾】 2021年，太原市农业农村局贯彻中央、省、市关于防汛抢险和灾后恢复重建安排部署，统筹协调、突出重点、分类推进，修复蔬菜设施124.01公顷、农田4013.33公顷、田间道路456.97千米、圈舍7.18万平方米。与市住建等相关部门密切配合，1113户受损

2021年，娄烦县天池店河北村新貌　（市农业农村局供图）

2021年，太原市美丽乡村俯瞰图 （市农业农村局供图）

农房全部开工，竣工率90%。（邵　琼）

【高标准农田建设】2021年，太原市农业农村局学习借鉴河南周口等地典型经验，在清徐县打造"田成方、林成网、渠相通、路相连、旱能灌、涝能排、高产稳产"的平原灌溉高标准农田示范区。在古交市建设旱改水、撂荒地整治再利用等丘陵干旱区农田典型示范区，引领全市农田质量实现质的提升。全市建成3600公顷高标准农田，耕地质量得到提升，粮食单产水平提高。（邵　琼）

种植业

【粮食生产】2021年，太原市农业农村局扛稳粮食安全政治责任，克服疫情灾情影响，整治利用撂荒地3373.33公顷，加快3546.67公顷高标准农田建设，推进谷子、水稻良种繁育和提纯复壮，创建3个万亩有机旱作农业原材料生产基地、1个千亩科研示范基地和1个万亩特色农作物示范片，创建20万亩国家级绿色高质高效示范区，实现标准化生产全覆盖、良种化率100%、增产5%的目标。加强种业科研攻关，繁育马铃薯、水稻、谷子三大作物1386.67公顷，繁育良种1272.15万千克。示范展示新品种87.07公顷，参试品种430个。全市粮食播种面积约6.37万公顷，产量2.5亿千克。（邵　琼）

【蔬菜生产】2021年，太原市农业农村局推进标准化畜禽养殖场建设，优化改良水果品种，建设避雨棚（防雹防鸟网）等水果设施，稳定肉蛋奶菜等农副产品生产，确保充足供应。启动"3个万亩核心示范区、5个千亩核心示范片、10个百亩核心示范园"设施蔬菜建设工程，重点打造清徐县西怀远村、杨房村等"集中连片、设施完善、配套齐全、优质高产"的样板基地。全年新增设施蔬菜248.47公顷，改造温室66.07公顷，全市蔬菜播种面积达1.31万公顷。蔬菜产量70万吨。创新发展模式，实施鱼菜综合种养温室122个，单棚可年产叶菜2500千克、鱼5000千克，总产值17.50万元，实现养鱼不换水、种菜不施肥。（邵　琼）

畜牧业

【畜禽数量】2021年，太原市农业农村局落实生猪养殖奖补政策，完成49家标准化规模养殖场建设，重点打造10个万头猪场、10个草食畜养殖场、10个标准化蛋鸡场、10个现代化奶牛牧场。全年生猪存栏16万头、出栏25.73万头，猪肉产量2.09万吨，主要畜禽肉类总产量3.26万吨，禽蛋总产量3.08万吨。（邵　琼）

【养殖粪污处理】2021年，太原市农业农村局以种养结合、循环利用为主要推广模式，开展农业废弃物资源化利用，规模养殖场畜禽粪污处理设施装备配套率达到96%以上，畜禽粪污综合利用率达到86%以上。实施农作物秸秆饲料化、肥料化、能源化、原料化、基料化"五化工程"。（邵　琼）

农业产业化

【产业集群发展】2021年，太原市农业农村局加大以食醋为核心的酿品产业集群发展支持力度，新申报认定国家级、省级农业产业化龙头企业1家和8家，新认定和监测市级龙头企业95家，全市农业产业化龙头企业达到152家。加强对酿醋业全产业链、全价值

2021年，阳曲县高村玉米种植基地 （市农业农村局供图）

2021 年太原市农作物播种面积统计表

表 17　　单位：公顷

指　标	合计	小店区	迎泽区	杏花岭区	尖草坪区	万柏林区	晋源区	清徐县	阳曲县	娄烦县	古交市
农作物总播种面积	80442.9	5840.3	113.8	546.8	4259.8	301.8	2131.5	24030.7	24252.0	11047.9	7918.2
一、粮食作物	63795.3	2448.6	102.3	492.7	3363.3	273.7	1037.6	17110.5	22191.3	9726.5	7048.9
（一）夏收粮食	121.3	47.7	0.0	0.0	6.7	7.7	0.0	59.3	0.0	0.0	0.0
#冬小麦	121.3	47.7	0.0	0.0	6.7	7.7	0.0	59.3	0.0	0.0	0.0
（二）秋收粮食	63674.1	2401.0	102.3	492.7	3356.7	266.0	1037.6	17051.2	22191.3	9726.5	7048.9
（一）谷物	48859.8	2425.0	79.9	334.9	2845.6	156.2	953.5	16006.5	18789.8	3710.2	3558.2
1. 稻谷	239.5	0.0	0.0	0.0	18.0	0.0	221.5	0.0	0.0		
2. 玉米	33268.2	1949.5	52.7	139.8	2152.5	112.4	645.9	12742.3	13025.7	1241.7	1205.6
3. 谷子	6695.9	0.0	9.5	34.1	316.5	26.3	10.0	52.3	4404.5	922.7	920.0
4. 高粱	5954.7	427.8	4.6	10.8	238.6	5.0	74.6	3152.6	784.8	591.7	664.2
5. 秋杂谷物	2580.2	0.0	13.1	150.2	113.3	4.9	1.4	0.0	574.8	954.1	768.4
#燕麦	267.3	0.0	0.7	0.8	0.0	0.7	0.0	0.0	0.0	210.3	54.8
荞麦	1825.2	0.0	10.8	149.4	85.4	0.7	0.0	0.0	407.4	700.1	471.5
6. 小麦	121.3	47.7	0.0	0.0	6.7	7.7	0.0	59.3			
（二）豆类	4272.7	17.0	4.8	96.7	354.4	13.4	35.0	53.5	1203.8	1103.2	1390.9
1. 大豆	3290.2	14.9	2.9	92.4	352.4	10.3	34.0	51.5	839.6	687.1	1205.1
2. 秋杂豆	982.5	2.1	1.9	4.3	1.9	3.1	1.1	2.0	364.1	416.0	185.8
#绿豆	492.0	0.0	1.1	0.7	0.0	0.4	0.0	1.9	220.5	234.3	33.0
红小豆	242.9	0.0	0.7	0.7	0.0	0.6	1.0	0.0	25.3	120.3	94.4
（三）薯类（折粮）	10662.8	6.7	17.6	61.1	163.4	104.0	49.1	1050.5	2197.7	4913.1	2099.8
1. 马铃薯	9483.4	0.0	17.0	45.8	120.0	82.9	27.7	15.3	2161.8	4913.1	2099.8
2. 红薯	1179.4	6.7	0.6	15.3	43.4	21.1	21.3	1035.2	35.8	0.0	0.0
二、油料作物	327.3	3.0	0.0	2.6	51.0	0.0	19.1	61.9	16.7	55.0	118.0
1. 花　生	39.0	0.3	0.0	0.0	0.0	0.0	2.7	35.9	0.0	0.0	0.0
2. 胡麻籽	109.3	0.0	0.0	0.0	0.0	0.0	0.0	0.0	0.7	48.1	60.6
3. 葵花籽	72.4	0.0	0.0	2.6	31.9	0.0	15.0	6.8	8.7	1.9	5.5
4. 其他油料	88.3	0.0	0.0	0.0	19.1	0.0	0.0	8.5	7.3	5.1	48.3
三、棉花	0.0	0.0	0.0	0.0	0.0	0.0	0.0	0.0	0.0	0.0	0.0
四、中草药材	1096.8	20.0	0.0	0.0	2.3	6.2	23.7	19.2	90.7	766.6	168.0
五、蔬菜及食用菌	13081.3	2027.9	11.5	51.6	670.3	21.6	997.5	6594.4	1871.5	255.4	579.6
六、瓜果类	144.1	6.7	0.0	0.0	24.0	0.0	26.3	55.6	21.3	8.6	1.7
#西瓜	14.3	0.6	0.0	0.0	0.8	0.0	0.0	5.5	4.8	2.6	0.0
甜瓜	86.1	0.9	0.0	0.0	20.7	0.0	0.0	47.5	12.4	3.9	0.7
七、其他农作物	1998.1	1334.1	0.0	0.0	148.9	0.3	27.3	189.1	60.6	235.8	2.0
#青饲料	1807.3	1334.1	0.0	0.0	148.1	0.0	27.3	0.0	60.0	235.8	2.0

2021年太原市农作物产量统计表

表18　　　　单位：吨

指　标	合计	小店区	迎泽区	杏花岭区	尖草坪区	万柏林区	晋源区	清徐县	阳曲县	娄烦县	古交市
一、粮食作物	250600.1	10088.6	162.0	1015.0	12815.7	678.7	4800.0	80945.5	102310.1	23044.0	14740.5
（一）夏收粮食	649.5	254.3			26.5	23.7		345.0			
#冬小麦	649.5	254.3			26.5	23.7		345.0			
（二）秋收粮食	249950.6	9834.3	162.0	1015.0	12789.2	655.0	4800.0	80600.5	102310.1	23044.0	14740.5
（一）谷物	202616.2	10015.3	143.6	763.9	12050.6	385.6	4470.5	76268.6	85605.1	6550.2	6362.8
1. 稻谷	1450.7				108.8		1341.8				
2. 玉米	161113.0	8070.0	109.4	465.8	10361.7	284.3	2739.2	60560.3	73519.8	2507.2	2495.3
3. 谷子	11507.4		9.9	75.7	549.9	61.9	20.5	99.3	8449.1	852.2	1388.9
4. 高粱	23546.3	1691.0	8.3	30.9	704.3	6.0	366.1	15263.9	2740.6	1285.9	1449.3
5. 秋杂谷物	4349.4		16.0	191.5	299.4	9.8	2.9	0.0	895.5	1904.9	1029.4
#燕麦	614.5		1.7	2.2		1.1				478.8	130.7
荞麦	3268.9		13.0	189.3	260.7	1.5			793.2	1376.0	635.2
6. 小麦	649.5	254.3			26.5	23.7		345.0			
（二）豆类	7623.4	46.2	4.3	121.0	603.4	25.0	87.6	153.8	2969.2	2290.0	1323.0
1. 大豆	6120.8	42.6	2.1	115.6	600.7	21.1	85.2	150.4	2490.6	1647.6	965.1
2. 秋杂豆	1502.6	3.6	2.2	5.4	2.7	4.0	2.4	3.4	478.6	642.4	357.8
#:绿豆	576.8		0.9	0.7		0.5		3.3	218.5	298.8	54.0
红小豆	507.0		1.2	1.4		1.2	2.4		40.2	256.6	204.0
（三）薯类（折粮）	40360.5	27.1	14.1	130.1	161.8	268.0	241.9	4523.2	13735.8	14203.8	7054.8
1. 马铃薯	35562.4	0.0	13.9	107.5	122.0	242.7	155.1	73.7	13588.9	14203.8	7054.8
2. 红薯	4798.1	27.1	0.2	22.6	39.7	25.3	86.8	4449.5	146.9	0.0	0.0
二、油料作物	603.7	4.8		2.6	55.9		27.9	143.1	11.6	91.6	266.2
1. 花　生	88.8	0.8					13.4	74.6			
2. 胡麻籽	258.0								0.7	78.5	178.8
3. 葵花籽	104.6			2.6	44.4		13.7	11.8	7.9	3.5	20.7
4. 其他油料	118.6				11.5			31.1	3.0	9.6	63.4
三、棉花											
四、中草药材	4121.3	150.0			31.5	3.7	120.8	123.0	473.1	2249.2	970.0
五、蔬菜及食用菌	700527.5	97713.0	274.0	1921.2	34606.3	314.0	59679.9	376709.0	80977.0	12771.4	35561.7
六、瓜果类	4213.0	196.9			907.9		485.1	1482.9	879.8	239.3	21.1
#西瓜	547.7	37.8			24.2			175.8	200.0	109.9	
甜瓜	2765.8	34.4			803.4			1218.8	598.1	101.1	10.0

链支持，协同推动饮品、乳品、肉制品、主食糕品产业集群发展。8月，太原市被省农业农村厅认定为酿品产业集群优势区。（邵琼）

【农旅融合发展】2021年，太原市农业农村局挖掘乡村多重功能和多重价值，坚持典型创建和精品宣传两手抓，推进清徐醋文化、清徐葡萄、小店汾东休闲农业、晋源花卉、晋祠稻花香5大产业景区的建设，启动“田园乡韵、醉美太原”休闲农业精品数字推介活动，推介5条乡村休闲旅游带，推出23个乡村旅游精品点，“农中有旅、以旅促农、农旅结合、强旅兴农”新兴产业风采得到广泛宣传。（邵琼）

【农产品品牌建设】2021年，太原市农业农村局把农产品质量安全作为转变农业发展方式、建设现代农业的关键环节，国家抽检合格率达到98.40%。296家农业企业注册山西省农产品质量安全监管追溯信息平台，较上年增长51.79%。食用农产品达标合格证试行主体266家，累计开具合格证268.28万张，带证上市农产品1.79万吨。打造优质农产品品牌，锦田羊肚菌和炼白葡萄酒获山西省功能农产品，晋祠大米获市级区域公用品牌，水塔集团8个食醋系列产品获圳品认证，水塔、紫林、马裕、金大豆等9个品牌入选全省100个特优农产品品牌目录。（邵琼）

农业机械化

【概况】2021年，太原市农业机械发展中心对接国家、省、市对乡村振兴实施战略安排部署和精神要求，结合全市农业和农机发展实际，制定全年和“十四五”期间的项目规划。重点从农田宜机化改造、农机深松、丘陵山区购机补贴、粮食生产收获补贴、全程机械化示范等方面补短板强弱项。组建农机服务战队和农机服务作业队伍，为“三农”发展和乡村振兴工作衔接提供支持。

全年完成机械化肥深施5.12万公顷，机械化铺膜1.94万公顷。主要农机装备水平完成52.93万千瓦。主要农机作业完成综合机械化率74.10%，完成玉米、马铃薯、谷子、高粱全程机械化作业面积3.84万公顷、4666.67公顷、5333.33公顷、3860公顷。单项业务工作计划完成农机技术示范集成基地2个。完成农机深松整地面积6400公顷。新型高效农副产品加工机械100台。新增农产品产后处理初加工示范点3个。完成新技术新机具培训390人、新技术新机具现场会6次，农机新技术推广示范点2个。完成新注册登记拖拉机293台。扶持农户749户，补贴农机具900台（套）。（傅永东）

【农机购置补贴】2021年，太原市农业机械发展中心学习《中华人民共和国农业机械促进法》《山西省2021—2023年农业机械购置补贴实施方案》及相关法律法规、政策文件等，做好补贴政策启动实施工作。开展补贴工作调研，深入清徐县、阳曲县等县区开展走访、座谈，听取基层农机人员建议意见。健全完善工作制度，印发《全市农业机械报废更新补贴实施细则》和《2021—2023年全市农业机械购置补贴实施细则》，加大老旧农机淘汰力度，加快先进适用、绿色节能、安全可靠农机推广，引领农机装备结构优化。规范操作程序，接受社会监督，公开发布农机购置补贴有关信息和咨询电话，做到公开透明阳光操作。开展违规核查核验工作，现场查验农机具50多台（套），抽查档案60余份，全年未发生违规补贴事件。加强廉政风险防控，印发《太原市农机购置补贴档案管理制度等七个制度的通知》《农机购置补贴异常情形报告制度的通知》等文件，排查风险点，推行全过程可查可追溯机制，加大违规查处力度。（傅永东）

【服务农业生产】2021年，太原市农业机械发展中心贯彻落实农业部和省、市春季田管暨春耕备耕工作会议精神，印发《关于做好2021年春耕备耕农机化生产工作的通知》，统筹农机生产，与县区农机部门、农机合作社、农机大户落实农机生产任务、责任、措施，督导检查春耕农机工作开展，确保农机春耕春播生产面积。与中石化太原石油分公司联合开展“学党史、服务三农、助力春耕春播”行动，对农机加油每升优惠0.73元，让农民得到实惠。在春夏秋三季农机生产中，组成农机技术服务队，深入乡村一线指导帮助农机合作社、农机户保养调试机具，开展农机手培训，检修调试各类农机具6000余台（套），培训维修人员机手600余

2021年3月15日，太原市农业机械发展中心在清徐、古交组织开展以“提质增效、减损护农”为主题的维护消费者权益活动（市农业机械发展中心供图）

2021年7月16日，农业部农业机械化总站在清徐县徐沟镇西怀远村调研农业机械化发展情况　（市农业机械发展中心供图）

人。引导和组织农机专业合作社、农机户扩大机械作业面积，开展连片农机作业，跨区作业，流转复垦荒芜土地。完成机耕67866.67公顷，机播61466.67公顷，机收52266.67公顷，荒芜土地复垦1333.33公顷。印发《关于做好2021年“三夏”农机化生产工作的通知》，做好“三夏”农机生产服务工作，办理联合收割机跨区作业证15副。分解落实完成农机深松整地6400公顷，其中利用“互联网+监管”信息化技术开展远程监控2333.33公顷，确保作业面积、质量达标。针对秋季渍涝灾害造成的农田积水，农作物倒伏等情况，落实省市“双减双抢”（减灾减损、抢收抢种）精神，排涝散墒，改装机器开展抢收抢种，完成机械抢收作业任务。　（傅永东）

【新机具新技术推广】 2021年，太原市农业机械发展中心印发《2021年太原农机推广工作要点》，完成《小杂粮产后加工装备技术示范项目》等5个项目申报。对承担省、市级2020年度农机新技术示范推广和农产品加工项目的部门和人员开展技术指导和检查督查，完成年度市级农机新技术示范推广项目的绩效考评工作。协办2021年山西省春季农业生产农机推广田间日暨农机地头展。组织参加山西省现代农业机械化技术发展论坛，围绕智慧农机、经济作物生产机械化、旱作农业机艺一体化等内容学习交流。在清徐县等主要县区，举办农机新技术、新机具推广演示现场会6场，对农机手农民群众进行现场技术培训。　（傅永东）

【农机智慧服务】 2021年，太原市农业机械发展中心建成太原市智慧农机信息服务管理平台，联通省和太原市县区智慧农机管理平台，提升智慧农机建设工作水平。前往全省农机发展一流地市运城市、临汾市考察学习，促进农机发展步伐。完成古交市、娄烦县农机社会化服务机库棚建设项目任务。开展有机旱作农业社会化服务能力提升试点建设工作。筛选出清徐县盛华农机合作社，作为“全程机械化+综合农事”典型案例。　（傅永东）

【农机安全生产】 2021年，太原市农业机械发展中心提高政治站位，落实农机安全生产责任制，制定中心领导干部安全生产责任制、内设科室安全生产监管职责和安全生产工作计划，市、县、乡和农机合作社签订农机安全生产责任书。深入农机合作社和农机生产一线开展检查督导工作，指导农机合作社、农机大户和农机手，规范有序、安全高效地开展农机生产工作，办理注册登记130台。开展农机安全生产隐患排查、“打非治违”和重要节假日期间安全生产等活动。成立农机安全生产领导组，加大对重点区域、重点时段、重点人群开展安全执法检查，制止超速、超载等违法行为，确保全市农机生产工作形势的安全稳定。印发《关于开展全市变型拖拉机违法载人专项整治及报废工作的通知》，报废3312台，提前完成“三零”创建目标任务。制作农机安全太原莲花落节目以及宣传视频、版面等，参加全国农机安全宣传咨询日活动，向广大农民群众及农机手宣传农机安全，取得良好效果。　（傅永东）

林　业

【重点项目建设】 2021年，太原市规划和自然资源局在太原市清徐经济开发区、太原市中北高新技术开发区、太原市阳曲农业产业示范区均成功开展“标准地”出让工作。推进全域治山，以林长制改革助推国土绿化彩化财化行动，结合大规模人工造林、提档升级，推动东西山环城森林公园提质扩容，建设适合太原实际生态文明教育科普场所。　（杨　莹）

【“国家森林城市”创建】 2021年，太原市政府与各县（市、区）政府以及29家成员单位签订目标责任书，于9月启动“创森”目标责任落实情况排名通报机制。市规划和自然资源局全年开展各类“创森”主题宣传活动30余场，深入开展创森进社区、进校园等微型宣传活动。“国家森林城市”建设任务包含国土绿化建设任务和森林质量提升任务，总计两大类20个子项目。市规划和自然资源局完成国土绿化建设3.10万公顷的任务。对各县区2020年森林督查违法违规问题进行回头看，对发现违法违规问题全部整改到位。　（杨　莹）

【自然保护地管理】 2021年，太原市规划和自然资源局推进《风景名胜区总体规划纲要》编制。对各类工程建设项

目与自然保护地重叠情况进行核查，保护自然保护地安全。（杨　莹）

【野生动植物保护】 2021年，太原市规划和自然资源局在“世界野生动植物日”“爱鸟周”“国际生物多样性日”开展一系列宣传活动。处理突发野生动物保护事件，救助野生动物214只（起），接收破坏野生动物资源案件移交动物及制品470只。（杨　莹）

水　务

【概况】 2021年，太原市用水总量为7.64亿立方米、万元地区生产总值用水量为16.85立方米、万元工业增加值用水量为18.17立方米。南沙河上游生态治理工程完成主体工程建设。实施河道清淤疏浚、边坡治理、谷坊群砌筑等，主体工程建设完成。完成水土流失综合治理面积13593.33公顷。实施农业水价综合改革面积2333.33公顷。出台《晋阳湖生态保护与修复条例》，经9月29日省十三届人大常委会第三十一次会议批准，自11月1日起施行。（张素红）

【水资源保护】 2021年，太原市十个县（市、区）全部建成制度完备、设施完善、用水高效、生态良好、科学发展的国家级节水型社会达标县域。完成取水许可证电子化转换工作。编制《太原市地下水超载综合治理及退出方案》。争取中央资金1.48亿元，用于清徐县晋祠泉域超采区水源置换工程、小店区水源置换工程、晋源区晋祠镇灌溉水源置换工程。省、市、县三级建立生态调水联动机制，实时共享汾河各断面生态流量信息、上报计划用水、下达水量调度指令等情况，确保汾河生态水量调度准确、快速。汾河干流韩武出境断面生态水量平均为22.80立方米/秒，均超过《汾河干流温南社断面生态补水工作方案》要求的15立方米/秒标准。（张素红）

【重点工程项目】 2021年，太原市马庄水库和南坪头水库改造工程项目总投资2.85亿元，截至年底完成投资1.47亿元，完成工程量52%。南沙河、风峪河、虎峪河上游生态治理工程项目总投资7.52亿元，完成投资2.13亿元，完成工程量28%。“汾河百公里中游示范区”太原段治理工程项目总投资15.37亿元（小店段3.75亿元，晋源段1.22亿元，清徐段10.40亿元），完成投资7.60亿元，完成工程量50%。太榆退水渠改扩建二期工程项目总投资4.39亿元，完成投资3.41亿元，完成工程量78%。（张素红）

【防汛抗旱】 2021年，太原市水务局制定《太原市水务局水旱灾害防御工作规程》，开展超标洪水防御演练、防洪抢险应急救援演练和娄烦县淤地坝安全演练。对40个自动雨量站、37个自动水位站、401个山洪灾害预警广播站、15座水库、16座水闸、174座淤地坝以及河道堤防等防御重点进行排查。针对清徐县发生的强降雨，成立专项小组开展防汛救灾和对口帮扶工作，协调山西省水利厅争取救灾资金、物资，为清徐县提供援助。修复水毁工程，受损漫坝和垮坝堤防全部完成修复。（张素红）

【河（湖）长制推进】 2021年，太原市市、县两级党政主要领导担任本级总河湖长，全市四级1220名河湖长累计巡河湖16230次。全市规模以上5条河流、1个湖泊的岸线保护与利用规划全部完成，流域面积50平方千米以上、1000平方千米以下的39条河湖划界工作全部完成，流域面积50平方千米以下河流划界工作全面推开，44项黄河岸线利用项目专项整治任务全部完成。汾河水库出口、韩武村等6个地表水国考断面水质达标率为100%。发挥“河湖长+警长”机制作用，全市147名河湖警长配合各级河湖长对各类涉河湖行为予以打击。建立“河湖长+检察长”工作机制，开展联合巡查督导20次。开展河湖“清四乱”大起底大排查大整治行动，对涉河湖生态环境问题和“四乱”（乱占、乱采、乱堆、乱建）问题开展全面整治，摸排整改问题211处，“四乱”问题做到动态清零。（张素红）

【农业用水保障】 2021年，太原市水务局落实《山西省农业用水定额》，实行“总量控制、定额管理”，狠抓灌溉工程维修配套改造，挖掘水利工程设施潜力，实现作物应灌尽灌，杜绝“大水漫灌”。全年完成灌溉面积48540公顷。实施敦化、上兰两处中型灌区续建配套与节水改造工程，完成投资2290万元。实施高效节水灌溉工程12处、农灌排退水工程10处、节水灌溉工程6处。实施农村饮水维修养护工程92处，覆盖服务人口18.46万人。实施农村饮水安全巩固提升工程17处，全部开工建设。（张素红）

【依法治水】 2021年，太原市水务局利用“中国水周”和国家宪法日等契机，开展法律宣传活动，现场发放宣传资料2000余份、宣传品1000余件，培训水行政执法人员600余人次。推进水行政执法“三项制度”，公示行政处罚决定书2件，对2件行政处罚均做到全过程记录。落实重大行政决策合法性审查和法律顾问制度，审查合同文本、审查文件、出具法律意见书68件（份）。开展全市河湖执法检查，市、县两级出动执法人员3890人、车辆872台，巡查河道10646.24千米、水域面积66平方千米、监管对象616个，查处水事违法行为8起，罚款29万元。（张素红）

乡村振兴

综　述

【概况】 2021年，太原市深入贯彻习近平总书记关于“三农”工作重要论述，认真落实习近平总书记考察调研山西重要指示精神，牢记习近平总书记再现“锦绣太原城”盛景的殷殷嘱托，将巩固拓展脱贫攻坚成果与乡村振兴有效衔接作为重要政治任务和第一民生工程，弘扬“上下同心、尽锐出战、精准务实、开拓创新、攻坚克难、不负人民”的伟大脱贫攻坚精神，以巩固成果为基础、有效衔接为依托、防止规模性返贫为关键，努力克服疫情灾情影响，全市脱贫攻坚成果得到巩固拓展，全面推进乡村振兴实现良好开局。防止返贫致贫动态监测帮扶、脱贫人口小额信贷、农村人居环境“六乱”整治、脱贫劳动力务工就业等典型做法、经验成效，得到省委、省政府乡村振兴第一督导组和省乡村振兴局的肯定。（郭勇智）

【乡村振兴政策衔接】 2021年，太原市全面落实党中央、国务院，省委、省政府决策部署，制定印发《市委、市政府关于全面推进乡村振兴加快农业农村现代化的实施意见》《市委、市政府关于巩固拓展脱贫攻坚成果有效衔接乡村振兴的实施方案》。保持主要帮扶政策总体稳定，跟进中央、省级层面政策优化调整，出台10余项贯彻意见或实施方案，做到各项措施举措只强化不削弱，搭建起“四梁八柱”的政策框架。将巩固拓展脱贫攻坚成果有效衔接乡村振兴重大项目纳入《太原市“十四五”农业农村现代化规划》和《太原市“十四五”推进农业农村现代化实施方案》，并在年度计划中，将产业就业、生态建设、基础设施、公共服务等方面的重大项目优先向阳曲县、娄烦县布局实施。（郭勇智）

2021年，乡村产业升级观赏鱼养殖　（市乡村振兴局供图）

【脱贫成果巩固】 2021年，太原市乡村振兴局联合市相关部门制定《关于巩固拓展“两不愁、三保障”成果的实施方案》。教育帮扶方面，开展义务教育控辍保学专项行动，改善义务教育办学条件，资助农村困难学生，全市适龄儿童未出现失学辍学现象。医疗保障方面，出台《关于巩固拓展医疗保障脱贫攻坚成果有效衔接乡村振兴战略的实施方案》，政策报销比例达到93%以上，乡村两级人员、机构空白点实现动态清零，县级医院均已具备二级医院服务能力，所有乡镇卫生院、社区卫生服务中心全部列入中医馆建设项目，高血压、糖尿病、结核病和严重精神障碍规范管理率100%达到国家标准，娄烦县“乡招村用”全部实现。住房安全方面，农村危房改造任务实现“静态清零”。建立动态摸排机制，受灾情影响的受损农村住房全部完成鉴定，重建修缮房屋全部竣工，确保群众温暖过冬。农村饮水方面，完成维修养护工程 83 处，开工提档升级工程 17 处，受益群众 16 万余人。农村饮水安全“三个责任”“三项制度”全面落实，全市农村饮水安全率达到 100%。（郭勇智）

【乡村振兴宣传】2021 年，太原市创新宣传方式载体，开展“三百”活动。联合市委宣传部、省民间艺术协会，在尖草坪区中华傅山文化园举办“百幅农民画”展览活动，吸引 2 万余人次现场观看。为娄烦、阳曲两县 100 户脱贫群众拍摄“全家福”，用镜头传递关爱温暖，用照片见证脱贫成效。组织市直相关部门和十县（市、区）业务骨干、第一书记、驻村工作队队员，开展“百场政策大宣讲”，提炼总结在巩固拓展脱贫攻坚成果有效衔接乡村振兴新征程中的亮点特色、经验典型、做法案例，中央、省、市各类媒体 1000 余次刊登报道，山西省乡村振兴简报、公众号 20 余次推广宣传太原市典型经验。健全完善“三治”融合的治理体系，开展感恩奋进教育，引导培育脱贫群众形成良好生产生活习惯，改善村容村貌、户容户貌，提振精神面貌。（郭勇智）

【档案保管】2021 年，太原市贯彻落实全省精准扶贫档案工作视频培训会议精神，对照《省档案局、省扶贫办和省档案馆〈关于印发山西省精准扶贫档案分类方案〉〈山西省精准扶贫归档文件管理细则〉〈山西省精准扶贫档案验收办法〉的通知》要求，成立精准扶贫档案工作领导小组，制定印发《关于做好精准扶贫档案工作的通知》，建立工作推进落实制度，强化与市档案局、市档案馆的协同合作，组织成员单位开展专题培训，下沉基层一线督促指导工作，推进精准扶贫档案文件材料规范收集和科学管理。12 月，全市精准扶贫档案整理工作完成，验收并移交市档案馆。（郭勇智）

组织领导

【乡村振兴工作机构设立】2021 年，根据《中共山西省委办公厅、山西省政府办公厅关于调整我省扶贫工作机构设置的通知》，经太原市委编办批准，市委决定成立太原市乡村振兴局。将阳曲县、娄烦县扶贫工作机构重组为乡村振兴局，并在其他县（市、区）农业农村局挂牌设立乡村振兴局。（郭勇智）

【乡村振兴责任落实】2021 年，太原市委常委会、市政府常务会、市委农村工作领导小组多次专题研究部署推进巩固脱贫攻坚成果有效衔接乡村振兴各项工作。市委、市政府主要领导带动四大班子领导到十县（市、区）村庄农户、田间地头、企业基地等基层一线调研指导、解决问题、推进工作。召开市委农村工作会议、全市“六乱”整治百日攻坚专项行动会议、巩固脱贫攻坚成果问题排查整改专项行动动员会等各类会议，集中安排部署，逐级压实责任，形成工作合力，构建起一级抓一级，层层抓落实的工作格局。优化调整市委农村工作领导小组（市实施乡村振兴战略领导小组），两个机构，一套人马，保持工作组织体系完整性。完成市、县两级乡村振兴局重组、挂牌，构建起职责清晰、协调有力、执行高效的乡村振兴推进机制。将十县（市、区）划分为重点帮扶、整体推进、先行示范“三类县”，分类指导、统筹推进。（郭勇智）

【部门责任落实】2021 年，太原市委农办、市乡村振兴局发挥牵头抓总、统筹协调作用，建立统一高效的决策协调工作机制和执行有力的工作体系，在决策参谋、政策指导、工作落实、督导检查持续发力，把巩固拓展脱贫成果纳入推进乡村振兴战略实绩考核范围，推动各项重点工作取得实效。27 个成员单位按照职责任务，细化工作措施，加强协调配合，累计召开各类会议 80 余次，制定举措措施 110 项，实地调研指导 320 余次。（郭勇智）

【帮扶责任落实】2021 年，太原市调整干部驻村工作领导小组及办公室，完成第 30 批干部驻村帮扶工作队选派轮换工作，建立健全“六化十到位”工作机制，压实驻村帮扶责任，推动 157 支工作队、534 名驻村干部共同构建起“六位一体”帮扶格局。系统制订干部培训计划，结合重点工作组织开展档案规范化整理、动态监测帮扶系统操作等 10 余期“线上 + 线下”专题培训，市、县乡村振兴系统干部、驻村帮扶工作队员等 5000 余人次参训。列支专项帮扶经费，为全市驻

2021 年，蔬菜清洗加工现场（市乡村振兴局供图）

村干部落实补助、开展体检、办理保险。发挥干部驻村帮扶“督战队”严督实导作用，按照“厘清责、盯紧人、瞄准事、问好效”的工作思路，采取“四不两直”的方式，通过实地检查、座谈调查、走访了解、问题督办等形式，对娄烦、阳曲、古交两县一市17个乡镇150个村开展“拉网式”实地督战，推动驻村帮扶责任落实、政策落实、工作落实。

（郭勇智）

精准施策

【致贫返贫监测】 2021年，太原市紧盯脱贫不稳定户、边缘易致贫户和突发生活严重困难户，起草制定《太原市健全防止返贫动态监测和帮扶机制的实施方案》，将监测范围提高至7000元，是全省唯一高出省定监测范围6000元的地级市。健全完善常态化监测和帮扶机制，市、县两级全部建立常态化监测帮扶、风险排查机制和联席会议制度，县、乡、村三级全部配齐返贫监测信息员（网格员）。强化部门数据共享对比，信息系统数据录入、质量始终保持全省“第一方阵”。分类落实好帮扶措施，随时进行动态调整，“三类户”未发生致贫、返贫。建立低收入人口动态监测信息平台，保障符合条件的困难群众获得相应救助。对特殊困难对象，建立定期核查制度，精准分类施保。推进全市脱贫人口医保参保工作，脱贫人口参保率、监测对象参保率均实现100%。

（郭勇智）

【资金规范管理】 2021年，太原市落实省、市财政部门衔接推进乡村振兴补助资金管理办法，市级财政衔接推进乡村振兴资金全部切块到县，同比增幅10%以上。与市财政局下沉基层一线，联合开展财政专项资金督导检查，聘请第三方对产业扶贫资金开展绩效评价，提高财政资金使用的规范性和时效性。加强和规范扶贫项目资产管理监督，压实娄烦县、阳曲县管理主体责任，统筹抓好扶贫项目资产后续管理，明确权属部门管护责任，确保资产正常运转、保值增值。全面摸清扶贫资产底数，对2016年至2020年形成的扶贫资产100%建立监管台账，确保扶贫项目资金长期稳定发挥效益。 （郭勇智）

【乡村振兴产业支撑】 2021年，太原市实施农业“特”“优”战略，发展畜禽养殖、中药材、小杂粮、绿色蔬菜、沙棘、食用菌、油用牡丹等特色产业，构建起利益联结机制。纳入当年实施计划的项目全部竣工，脱贫村全部实现“五有”机制全覆盖，省、市、县三级农业产业化龙头企业、农民专业合作社、家庭农场等新型经营主体，多元化经营吸纳脱贫劳动力超过2000人。78座光伏电站覆盖230个行政村，发电收益按照不低于90%的要求100%拨付到村，成为壮大村级集体经济的重要支撑。阳曲、娄烦两县造林项目扎实推进，造林专业合作社带动脱贫社员近1600人，聘用生态管护员800余人。

（郭勇智）

【就业扶持】 2021年，太原市“人人持证、技能社会”建设成效显著，完成脱贫人口职业技能培训7687人，完成目标任务的154%。组织开展“就业援助月”“民营企业招聘月”“春风行动”就业援助月招聘活动，组织村“两委”和驻村工作队逐村逐户摸清脱贫劳动力就业需求，点对点帮助群众务工就业，落实务工补贴政策，统筹用好公益岗位设置，通过外出务工输送一批、就地就近就业一批、公益岗位吸纳一批、技能培训提升一批、扶持创业带动一批，千方百计为脱贫劳动力外出务工创造条件，全市脱贫劳动力务工就业达到24215人，其中省外就业1626人。一次性求职创业补贴、跨省务工一次性交通补贴等相关就业补助政策全部落实到位。 （郭勇智）

【易地搬迁后续扶持】 2021年，太原市把集中安置区和搬迁群众作为防止规模性返贫的重点区域、特殊群体，把后续扶持作为重中之重，聚焦全市20个集中安置点搬迁群众，按照“稳得住、有就业、可融入、逐步能致富”总体要求，调整优化市、县两级易地扶贫搬迁工作领导小组，联合27家市直部门制定出台《关于做好易地扶贫搬迁后续扶持工作巩固拓展脱贫攻坚成果的实施方案》，建立完善监测对象基础信息、脱贫劳动力务工就业等工作台账，开展住房质量安全和产业就业保障“两个排查”专项行动，做好产业就业两项重点工作，安置点基层组织全部建立，基础设施和公共服务全部配套，搬迁群众获得感、幸福感、安全感不断增强。

（郭勇智）

【金融保险帮扶】 2021年，太原市将脱贫人口小额信贷作为加快农业产业发展、促进脱贫人口稳定脱贫、增收致富的重要举措，成立工作领导小组，建立“市县联动、分级负责、分块落实”工作机制，制定出台《太原市关于进一步推动扶贫小额信贷规范发展和风险处置的若干措施》等政策文件，娄烦、阳曲两个脱贫县全部完成县、乡、村三级金融服务体系组建。累计投放小额信贷资金6973.80万元，完成全年目标任务的126.10%，惠及脱贫户、边缘易致贫户、突发严重困难户1405户。全力推进古交、清徐、阳曲、娄烦一市三县“农产品价格险、灾害险两险”工作开展。

（郭勇智）

【乡村人居环境建设】 2021年，太原市将农村人居环境“六乱”（指乱扔吐、乱堆放、乱摆卖、乱拉挂、乱贴画、乱搭建等严重影响城镇秩序、容貌和环境卫生的违法行为）整治百日攻坚专项行动，作为巩固拓展脱贫攻坚成果有效衔接乡村振兴的首场硬仗和深入开展党史学习教育“我为群众办实事”的具体行动，制定出台《太原市农村人居环境“六乱”整治百日攻坚专项行动方案》，实行周调度、旬安排、月督促制度，召开动员会、推进会、观摩会，组建督导暗访组、聘请第三方开展常态化暗访检查，在市级主要媒体开辟专栏专题，推动全市农村人居环境“六乱”整治取得明显成效。累计消除交通隐患2230处，清理各类垃圾49.30万吨，拆除违法建筑5214处，取缔违法占地面积19.26公顷。推进宜居乡村建设，完成农村厕所改造10.70万户，新改建农村公路207千米，农村地区清洁取暖改造9655户，17处饮水安全巩固提升工程全部竣工，农村生活垃圾收运处体系实现全覆盖，农村生活污水处理设施运行良好，畜禽粪污综合利用率达86%以上。阳曲县上安村、迎泽区董家庄村、小店区王吴村和刘家堡村4个村获得“中国美丽休闲乡村”称号，阳曲县录古咀村、晋源区花塔村等9个村获评省级“美丽休闲乡村”称号。 （郭勇智）

【消费帮扶】 2021年，太原市开展“城区包乡、单位包村”对口帮扶工作，六城区、综改示范区和中北高新区累计助销农产品300余吨、销售额300余万元。推进消费帮扶“专区专柜专馆”建设，组织产销对接和品牌推介活动，全年销售本地农产品近2亿元。深化拓展消费帮扶，开展“五进九销”活动，通过“以购代捐”“以买代帮”“熟人销售”等方式，实现销售5000余万元，带动脱贫人口和农村低收入人群增收致富，特色农业产业提质增效。 （郭勇智）

助力乡村振兴

【市文明办乡村振兴工作】 2021年，太原市文明办结对帮扶阳曲县扫峪村，巩固拓展脱贫攻坚成果，助力乡村振兴。组织开展扫峪村党支部建党100周年主题党日活动暨“光荣在党50年”纪念章颁发仪式。完成扫峪村第十二届村民委员会换届选举工作，协助村“两委”修订完善《党支部工作职责》《村民议事规则》等制度。拓展销售渠道，助销土豆30吨、豆角5吨、红芸豆1500千克。推进易地搬迁、主街道美化、小街小巷硬化、路灯照明等项目建设，合理落实各级各类帮扶政策，实现“两不愁、三保障”。绘制500平方米文化墙，张贴村规民约，营造学习践行社会主义核心价值观的浓厚氛围。制定红白理事会和村民议事会章程，约束、鼓励村民移风易俗，营造文明乡风。建成扫峪村文化活动中心，设置便民服务中心、综合文化服务中心、图书阅览室、未成年人活动室等服务场所，结合“六乱”整治彻底治理影响扫峪村人居环境的突出问题，教育引导村民形成健康文明生产生活方式。 （张颐纯）

【共青团太原市委会助力乡村振兴】 2021年，共青团太原市委员会实施“青力支农联助抓兴”，开展“青联组织服务乡村”计划，组建3个青联志愿服务团，结合青联委员走基层活动，深入乡村广泛开展技术支持、乡村规划、产业振兴、电商销售、人才培训等服务活动。培育乡村振兴青年力量，扶持农村青年创业基地10家，发放创业扶持基金10万元。 （王羿舒）

【太原学院助力乡村振兴】 2021年，太原学院助力村“两委”班子换届。学院工作队发挥引领帮扶作用，考察干部，调访民意，确保配齐配好村“两委”班子。开展驻村帮扶主题党日活动，组织村民注射疫苗，发放抗疫防护用品。进行人居环境“六乱”（乱扔吐、乱堆放、乱摆卖、乱拉挂、乱贴画、乱搭建）整治专项行动。工作队与村“两委”修整村内道路、整治乱搭乱建、清除农业生产废弃物等，配合石家沟和步六社村厕所整改46户。实施饮水净化工程，为石家沟和步六社村近40户安装净水器。为村民在瓜果种植中提供栽培嫁接、病虫害防治、种植管理等技术支持。形成《太原学院工作队乡村振兴日日行》工作手册，开展运用数字化技术进行传统村落建筑遗产保护研究，实施“亮化+安全”工程。 （杜　杰）

【小店区乡村振兴】 2021年，小店区坚持农业农村优先发展，粮食播种面积达到3380公顷，建成高标准农田866.67公顷。推进19个农业产业项目建设，新建8个日光节能温室集中连片蔬菜基地。推进农村改厕工作，完成改厕1.4万座。开展农村人居环境“六乱”整治百日攻坚专项行动。完成刘家堡乡、北格镇寄宿制学校改造和58个村（城中村社区）卫生室标准化建设，农村公共服务功能提升。加强农村公路养护管理，推进惠民惠农“一卡通”发放和管理，为10万村（居）民发放各类惠民惠农补贴2.12亿元。公开招聘农村小学教师103名，培育高素质农民917名，农村人才队伍壮大。完成180个村（社区）换届，“一肩挑”比例达90.80%，“两委”干部学历、年轻干部选配比例以及平均年龄实现“两升一降”。 （侯盼洁）

【晋源区乡村振兴】 2021年，晋源区巩固“百村景区化”工程成果，剩余11个村庄总体进度达到93%，累计铺设供水、供热等管网2042.84千米，建成污水处理站5座，修复村内道路468.83千米，区域水、电、气、暖、路、厕等基础设施配套实现市域同城化。投入各级资金2415.50万元，治理农村“六乱”等突出问题。推进农房抗震改造，市下达3156户改造任务全部竣工并验收。实施“特”“优”战略，晋祠水稻种植达到200公顷，花卉种植规模达约333公顷，“晋祠大米”“晋源花卉”特色品牌全面叫响。晋源稻花城农文旅融合项目初见成效，“鱼混+”综合种养模式全省示范推广，农产品仓储保鲜冷链项目全市率先启动建设，乡村产业发展态势强劲，农民收入稳步增加。（王利明）

【古交市乡村振兴】 2021年，古交市

坚持把全面实施乡村振兴战略作为新时代“三农”工作总抓手，推动巩固拓展脱贫攻坚成果同乡村振兴有效衔接，促进农业高质高效、乡村宜居宜业、农民富裕富足。保障粮食安全，实施“藏粮于地、藏粮于技”战略，严守耕地保护红线，整治撂荒地1466.67公顷，示范推广有机旱作集成技术340公顷，粮食种植面积达8066.67公顷，粮食产量达1900万千克，欣农、新牧源两个生猪规模养殖场投产。发展特色产业，坚持“特”“优”战略，推动农产品精深加工产业集群发展，全市农产品加工业产值2250万元。榛子、沙棘、中药材3个万亩产业园建设稳步实施，打造全省药茶生产示范基地和全省最大林麝繁殖基地。新种植中药材160公顷，山西榛实农林科技开发有限公司等3家企业成为太原市级龙头企业，研发沙棘功能产品9个，林麝驯养存栏量达375只。利用承办中博会的有利契机，发布“金牛良品　一见如故”区域公用品牌，实现“古交产品”向“古交品牌”跃升。助力“美丽乡村”建设，完成户厕改造888座，开展农村人居环境“六乱”整治百日攻坚专项行动，村容村貌焕然一新。完成岔口乡农村人居环境整治示范片景观提升工程。依托山水优势，谋划汾河沿线乡村振兴示范带，实现乡村经济价值、文化价值和生态价值有机统一。（冯芙蓉）

【清徐县乡村振兴】 2021年，清徐县推动“一核十区”（一核：原种场设施园艺核心示范园；十区：南内道千亩供港蔬菜产业区、西谷千亩小杂粮产业区、西怀远千亩设施农业产业区、杨房千亩城郊农业示范区、西边山千亩葡萄高效示范区、成子千亩设施农业主题示范区、柳杜千亩设施葡萄产业区、孔村千亩桃示范区、集义千亩设施西红柿产业区、河西特色精细菜产业功能区）项目建设。获“全国农民合作社质量提升整县推进试点县”、“全国农业全产业链典型县”、“全国农业现代化示范区创建县”、省级“家庭农场示范县”等称号。制定《清徐县2021年乡村振兴行动计划》，2批9个村的乡村建设项目前期手续基本完成，清源镇、孟封镇片区5个村庄人居环境整治示范项目以及清泉山庄田园综合体项目完工。推进农村改厕工作，农村户厕改造任务3500座全部完成。开展农村人居环境“六乱”整治百日攻坚专项行动，杨房村被列为山西省第二批“全国乡村治理示范村”。全县村集体经济年收入均达到5万元以上。开展学历提升、素质培育工程，举办各类农村农业人才培训讲座7批660余人次，农业人才专业技能化水平得到提升。2021年农村居民人均可支配收入同比增加8.50%，增幅高于城镇居民收入。（崔志明）

【阳曲县乡村振兴】 2021年，阳曲县按照脱贫后“四个不摘”要求，推进脱贫成果巩固与乡村振兴有效衔接，实施重点扶贫项目88个，扩大粮食种植面积，全县粮食种植面积28000公顷，播种面积占全市40%以上，粮食产量连续7年增长，总产量占全市近一半以上。发展城郊农业和都市现代农业，设施农业种植面积达1866.67公顷，建成北部有机旱作农业示范基地，“阳曲小米”获农业农村部全国地理标志农产品和国家知识产权局地理标志产品证明商标称号。（崔振刚）

【娄烦县乡村振兴】 2021年，娄烦县成立乡村振兴工作领导小组及12个工作专班，完成新一轮村第一书记、工作队派驻，设立网格1826个。教育资助19679人次1013万元，报销大病及各类补充保险4112万元，发放城乡低保金2593万元。“返贫责任险”覆盖3.80万名脱贫人口和边缘易致贫人口，特色农业险和政策性农业险累计赔付433万元。为806户脱贫户发放扶贫小额信贷3997万元，按季贴息85.88万元。兑现就业产业奖补资金1241万元，惠及10045户。建立完善有效衔接项目库，整合资金2.26亿元，实施项目125个。加强光伏扶贫收益管理使用，分配到村7000万元、户均5000元。强化易地搬迁后续扶持，9个集中安置点实现产业全覆盖，1654名有劳动能力的搬迁人口全部就业。完成297个扶贫项目资产确权登记。开展消费扶贫，5家扶贫企业进驻“832”平台，上线产品49种，线下农产品销售额450万元，同比增长16%。

实施乡村建设行动，开展人居环境“六乱”整治，综合治理农村生活垃圾和污水，完成改厕998座，提升农村安全饮水65处，绿化美化交通沿线28万平方米，评选“美丽庭院”324个、“星级文明户”522户。推动县城更新行动，开展交通秩序大整治、绿化亮化美化行动，畅通县城道路4条，改造完成老旧小区8个，提升改造市民广场，新建汽车客运站投入试运营，旧城改造启动实施。（李爱民）

综 述

【概况】 2021年，太原市工信系统贯彻落实中央和省、市经济工作决策部署，科学统筹疫情防控和工业经济发展，实施工业强市战略，推进工业高质量发展，全市工业经济稳中有进，规模以上工业总产值和增加值均创历史新高，工业结构持续优化，企业效益明显提升，高质量发展取得新成效，实现“十四五”良好开局。建立运转高效顺畅的运行监测体系，召开运行调度分析会20余次，指导企业稳产增产。帮助67户战略性新兴企业享受电价优惠，助力企业发展。全市663户规模以上工业企业中，产值过亿元271户，十亿元以上48户（集团口径），正增长428户，太钢、富士康跃升千亿级，梗阳进入百亿级。完成“规上”工业总产值4576亿元，增长35.30%，四年内跨越两个千亿元台阶。“规上”工业增加值增长15.10%，居全国省会城市第四位、中部六省会城市第二位，达到近10年来最高水平。分区域看，中北高新区增长56.30%、综改示范区增长41.40%，“主战场”作用明显。10县（市、区）全部实现正增长，清徐县增长33.80%。 （董 健）

【产业转型发展】 2021年，太原市工信局推动传统产业转型升级，促进战略性新兴产业发展，高技术制造业增加值增长36%，战略性新兴产业增长16%，占比分别达到16.50%和22.70%，带动产业结构调整。非传统工业增加值占比45.30%，贡献率达到79.50%。全市“规上”五大工业行业增加值均实现正增长，装备制造业增加值增长30%，拉动全市增长7.50%，是工业快速增长的主动力，逐步形成多元支撑、多级并举的发展模式。 （董 健）

2021年，山西华豹新材料助力“复兴号”涂装 （市工信局供图）

【工业项目投资】 2021年，太原市工信局实施百项重点转型项目建设工程，实行“月调度、季增减”动态管理，全市在建工业项目424项，工具厂智能化生产线等156个项目启动，太钢中厚板等268个续建项目加快建设，大威激光等30个重大项目投产入统。全年完成工业投资375亿元，增长9.20%。125个技改项目完成投资139亿元，投资额位列全省第一。工业投资结构持续优化，制造业投资增长18.30%，占全市工业投资的62.20%，新兴产业投资增长61%，占比46%。 （董 健）

【中小企业发展】 2021年，太原市完善“小升规”和“专精特新”培育机制，全年净增184户“规上”工业企业，培育10户国家级重点、16户国家级和42户省级“专精特新”“小巨人”企业、

143户省级“专精特新”企业。民间投资活力持续释放，民营工业企业完成投资占全市的48%。加强面向中小企业公共服务，新培育3家国家级、24家省级中小公共服务示范平台。在无分歧欠款“清零”基础上，清偿有分歧欠款4318万元，推动解决争议欠款155万元。（董　健）

【信息化建设】 2021年，太原市工信局推动信息基础设施建设，累计开通5G基站6209座，完成年度目标的124%，实现全市城区（含县城）5G网络连续覆盖。太原国家级互联网骨干直联点建成并投入试运行。太原锅炉、山西煤机、太原酒厂等企业先行先试建成行业二级标志解析节点，实现零的突破。推进“两化”（信息化与工业化）融合贯标2.0深度覆盖，国家“两化”融合管理体系贯标企业达47户，占全省的18%，山西煤机“敏捷制造能力”入选工信部“新一代信息技术与制造业融合发展试点示范”名单。（董　健）

【工业技术创新】 2021年，太原市工信局实施创新驱动战略，“规上”工业企业研发活动全覆盖。推动创新平台提档升级，以企业为主体的技术创新体系逐步完善，三级企业技术中心总量位列全省第一。天地煤机被认定为国家企业

2021年的太原晋西春雷铜业有限公司生产车间　（市工信局供图）

技术中心，汾西重工被认定为“国家技术创新示范企业”，连续四年均有国家企业技术中心获批。加快产学研深度融合，全市新型研发机构达13家，新认定产学研新型研发机构培育单位15家，总数达到84家。推动制造业智能化发展，山西建投入选“国家智能制造示范工厂”，北方自动控制技术研究所入选“国家智能制造优秀场景”名单。拥有3户“制造业创新中心试点”，“国家级智能制造试点示范”4户，省级智能制造标杆、试点示范企业23户，省级服务型制造示范平台2户、示范企业4户。（董　健）

【工业绿色发展】 2021年，太原市工信局加快改造提升传统优势产业，采取停产整顿、超低负荷运行等措施，分行业压实能耗“双控”任务。遏制“两高”项目盲目发展，鼓励钢铁、化工等行业开展能效对标达标。制定《太原市新建化工项目准入条件》，系统推进产业发展和环境保护，提升企业生存力和发展力。推进工业大宗固废综合利用项目建设，全年利用量1565万吨，利用率达到82.64%。加快绿色制造体系建设，亚宝药业、三高能源等5户企业被评为“国家级绿色工厂”，山西电机超高效率三相异步电动机、太钢不锈厨具不锈钢入选工信部“绿色设计产品”。全市“规上”企业实现营业收入5064亿元，同比增长39.40%，实现利润238.60亿元，同比增长148%。（董　健）

2021年，太重集团向国内外提供750余万件质量优异的产品。图为集团生产的部分产品　（市工信局供图）

【产品自主创新】 2021年，太原市工信局实施企业技术中心赶超计划，新增国家级企业技术中心1户、省级13户、市级60户。聚焦提高研发经费增速和研发机构占比，系统开展规上工业企业研发活动全覆盖。推动创新平台提档升级，新增“省级智能制造试点示范企业”7户、“省级新型研发机构培育单位”15户。加强质量管理，智奇铁路被评定为全国质量标杆。中国宝武太钢集

团成功研发的0.07毫米超平不锈钢精密带材、无纹理表面不锈精密带钢两项新产品在太原首发。（董　健）

能源工业

【概况】2021年，太原市原煤产量累计完成4694.10万吨，增长3.19%。累计发电量318.23亿千瓦时，增长3.04%。其中：火力发电303.42亿千瓦时，增长0.33%；新能源发电14.81亿千瓦时，增长131.05%。新能源装机容量114.40万千瓦，增长11.76%。其中太阳能发电站装机容量53.60万千瓦，风力发电装机容量43.10万千瓦，水力发电装机容量2.88万千瓦，生物质发电装机容量14.90万千瓦。累计用电量288.52亿千瓦时，增长9.22%。其中：第一产业用电量0.95亿千瓦时，增长7.95%；第二产业用电量169.42亿千瓦时，增长6.13；第三产业用电量67.86亿千瓦时，增长18.51%；城乡居民生活用电量50.29亿千瓦时，增长8.43%。累计煤层气抽采量9335.56万立方米，同比增长13.17%。煤层气利用量7500万立方米，同比增长3.17%。煤矿瓦斯抽采量37104.03万立方米，同比增长2.63%。煤矿瓦斯利用量13158.33万立方米，同比增长7.10%。全市万元GDP能耗下降5.20%，超过省考目标（下降3.70%）1.50%，超过市定目标（下降3.90%）1.30%。（刘林贵）

【煤炭行业管理】2021年，太原市能源局组织对14座去产能煤矿进行“回头看”，巩固供给侧结构性改革既有成果。对全市21座生产煤矿开展生产经营活动监管督导，规范煤矿生产经营行为，提升煤炭供给体系质量。开展生产煤矿煤质督查及抽检工作，督查15座矿井，抽检40个煤样。推动煤炭洗选企业产业升级规范发展，全市10座煤炭洗选企业被认定为首批“山西省煤炭洗选标准化管理规范一级达标企业”，36座洗选企业完成县级初审。运用大数据、云计算、物联网、5G技术，推动智能化与煤炭开发利用深度融合，完成智能化矿井建设1座，智能化综采工作面8个，智能化掘进工作面15个。引导符合条件的煤矿开展绿色开采，推动煤矿绿色开采试点建设，龙泉煤矿采空区充填开采科研项目和屯兰煤矿关键层充填开采试点项目通过主体企业成果验收。督促煤矿企业做好煤矸石规范处置，全市20座煤矿煤矸石堆场达到环保要求。开展煤炭消费总量控制评估，掌握全市煤耗基数，制订减量替代工作方案。建立健全工作协调机制，会同市统计局建立完善全口径煤炭消费统计体系，建立预测预警机制，按时调度掌握全市耗煤情况，预警研判煤炭消费量形势，落实煤炭消费减量负增长目标。（刘林贵）

【能源绿色发展】2021年，太原市能源局选出一批规模大、见效快的能源项目，绘制时间表、路线图，清单式管理，以风力、光伏发电为牵引，推进风电、光伏等新能源产业发展。推进煤成气稳产上产，推进南峪煤矿（废弃矿井）煤成气抽采实验项目建设，并进入施工建设实质性阶段。推进抽水蓄能电站项目。梳理22个新能源和可再生能源项目列入全省三年滚动项目储备库，争取新能源建设指标148万千瓦，对指标合理分配，向省申报13个新能源建设项目，确定一批高标准、高质量发展项目，涉及集中式光伏等多个领域。与乡村振兴、“美丽乡村”建设、“千家万户沐光”行动衔接，杏花岭区、清徐县2个县区被国家定为“整县（市、区）屋顶分布式光伏开发试点”，探索整县域建筑屋顶能源利用可行方式。做好项目延期、变更、核准、废止手续，服务好企业项目，全市9个在建风电项目中，3个2021年并网。委托第三方开展非常规天然气开发利用项目中央补贴资金申报审核，全市申报财政补贴项目煤层气开采利用量16461.79万立方米，完成非常规天然气开发利用项目中央资金申报审核工作。（刘林贵）

【电力体制改革】2021年，太原市能源局支持14个战略性新兴产业企业参与电力直接交易，新能源发电企业由原来的每月变为随时入市。鼓励符合条件的企业参与直接交易，完成4批售电公司（新申报售电公司27家，新申报发电企业1家，信息变更28家）名单汇总上报工作。全年参与市场化交易用户5920户，交易电量113.20亿千瓦时，售电量占比53.02%，为企业让利8.93亿元。协调国网太原供电公司，为山西师大搬迁用电事项、中北高新区“半导

2021年，清徐县精细化工循环产业园全景　（市工信局供图）

体装备产业项目供电保障”等7家单位协调解决用电问题。指导山西太原药业有限公司参与战略性新兴产业直接交易平台注册业务。加强电力运行情况监测和分析，形成日、月统计报告制度，实施对重点用电企业的监测，开展电力需求侧管理和能效管理。指导太原供电公司完成中博会、中考和高考、中北大学校庆、国家公务员考试等163次重大（重要）保电任务。建立联动机制，落实政府相关职能部门和企业的责任，指导古交、万柏林能源局及西山煤电及古交日月电厂，做好淘汰煤电落后产能工作。推动电力重点项目建设，做好太原一电厂“搬迁重建”项目报批，项目正式纳入国家电力建设规划。推动增量配电业务改革试点，全市5个增量配电业务改革试点中，3个试点进行实体化运营，2个试点取得实质性进展。协调推进太原城南异地扩建2×100万千瓦热电联产机组项目，满足全市供热供电需求。兴格、小站营等8项电网工程投运，超额完成重大电网工程建设任务。

（刘林贵）

【节能“双控”】2021年，太原市能源局成立专门机构，按照市能耗“双控”专项小组“五个一”工作机制要求，明确“六定”节能改造行动要点，推动节能项目改造。科学分析和研究制订节能重点工作计划，指导和推动年度节能重点工作。收集相关印证资料，梳理“十四五”拟投产达产“两高”项目，确保项目达标建设。起草《新上固定资产投资项目能耗控制管理办法》，严格源头管控，遏制“两高”项目盲目发展。加强重点用能单位能耗数据监测监控，及时收集、报送上年综合能源消费量10万吨标煤以上重点用能单位能耗情况。安排部署本年度年综合能耗1500吨标煤以上重点用能单位能耗监测工作，每月调度用能情况并对能耗消费异常的企业进行通报预警，实行实时监测监控。推进能耗在线监测系统建设，70家年综合能耗5000吨标煤及以上重点用能单位完成市级平台建设。按照《重点用能单位节能管理办法》和《山西省节约能源条例》要求，组织对86户年综合能源消费量5000吨标煤以上重点用能单位开展能源审计和节能规划编制工作。强化节能检查，对西山煤电（集团）有限公司等18家能源消耗情况异常企业进行检查。对古交市忠盛源煤业有限公司等12家洗煤企业开展节能检查，督促洗煤企业提高洗煤效率。对10个县（市、区）政府和综改示范区落实双控责任落实开展全方位检查，推动责任落实落地落细。与省能源局联合举办节能宣传周活动，制作节能宣传片进行公益投放，发放宣传资料1万余份，接受近千名群众节能知识咨询。与相关部门对接沟通，实地解决推进过程中的矛盾和问题，推动未办理节能审查手续“两高”项目进行整改。研究制订能源消费量置换方案和煤炭减量替代方案，落实清徐精细化工园4个焦化项目及北白水泥能耗问题整改工作，遏制“两高”项目盲目发展。组织农村地区清洁取暖项目验收，向市财政申请拨付改造资金14926万元，为清洁取暖工作落实落地提供资金保障。开展清洁取暖改造，完成9655户清洁取暖改造任务，对20818户农户进行清洁兰炭兜底。（刘林贵）

【行业安全管理】2021年，太原市能源局制定《太原市能源局煤矿监管专员制度细化措施》，落实煤矿安全监管专员制度。突出“关键少数”抓安全，55家电力企业主要负责人签订安全生产履职尽责承诺书。推进安全生产专项整治三年行动和“零事故”创建活动，开展全市电力行业风险隐患排查治理行动，全年累计检查企业399家次，查出问题494条。开展有限空间隐患排查整治，督促所辖（属）电力企业加大排查整治力度，落实有限空间各项安全措施。推动电力企业健全完善安全风险分级管控和隐患排查治理双重预防机制，开展电力安全风险分级管控和隐患排查治理工作。开展林区输配电设施火灾隐患排查治理，排查35千伏以上输电线路2036千米，修剪超高树木5000余棵，排查隐患39条，处理33条。开展商住综合混合体建筑消防综合治理，加强对在商住混合体建筑内规模企业的电力用户科学用电、安全用电管理和技术指导。组织市县能源部门、电力企业在古交兴能电厂开展应急演练观摩活动，组织编制《全市大面积停电事件应急预案》和《新能源发电安全生产事故应急预案》，提升行业应急管理能力和水平。对全市17条长输管线和管输企业进行全覆盖检查监督，加强油气管线的保护。开展灾害防治，加强汛期预警，通过微信、电子邮箱等方式，累计发送预警预报信息145条。组织对全市电力企业防汛工作情况开展督查，累计检查电力企业22家，查出问题103条，全部责令限期整改。重点围绕受灾煤矿、电力设施、清洁取暖工程，全面排查设施设备受灾损毁情况，开展灾后恢复重建工作。

（刘林贵）

【煤炭保供稳价】2021年，太原市能源局履行强化煤炭保供稳价工作的政治任务和政治责任，围绕挖掘煤炭生产潜力、促进煤炭产能有效释放，提升煤炭供给能力，提高煤炭中长期合同履约率和执行均衡性。推进煤炭储备能力建设，落实地方煤炭企业需承担煤炭中长协全覆盖10万吨应急保供任务。召开专题协调会、推进会10余次，深入煤电企业深度对接调研20余次，加强电力运行监测，加大电煤采购力度，保持电煤库存合理水平。督促各煤矿企业签订保供稳价承诺书，引导煤炭价格回归合理区间。做好大唐太原第二热电厂电力热力供应保障工作，建立“日调度、周报告、月总结”工作机制，强化市场煤坑口价格监测和预测、预警，确保煤价在合理区间运行。协调西山煤电集团月供煤5万吨以上，与省、属地工信部门对接沟通，提高煤炭铁路运输能力，建立快速应急机制，开辟绿色通道，化解铁路运力不足的矛盾和问题，确保大唐太原第二热电厂电煤库存不低于10天的警戒线。提前谋划、合理布局，推进2022年煤炭中长期合同签订工作，建立产运需稳定合作长效机制，促进煤炭市场供需平衡，保障煤炭稳定可靠供应和能源安全。启动有序用电响应机制，引导企业实施错峰、避峰生产，实施有序用电措施18次，涉及全市168个企业，压减负荷608.49万千瓦，在全省占比14%，保障民生用电。（刘林贵）

城镇集体工业

【工艺美术】 2021年，太原市城镇集体工业联合社支持研发创新，创作出一批融合城市特色、历史文脉、民俗风情，以中国梦、社会主义核心价值观为主题的工艺美术作品。加强工艺美术人才队伍建设，举办第7期太原市工艺美术人才培训班，与市文旅局联合举办第四届“太原市工艺美术大师”评审，52名工艺美术工匠被太原市人民政府授予“太原市工艺美术大师”称号。传承文化与技艺，举办“太原工美礼赞百年伟业”庆祝建党100周年工艺美术作品展、第四届太原市工艺美术大师作品展等大型展出。工艺美术进入10所校园，传承优秀文化与技艺。加强学习宣传展示，组织数十家工艺美术企业参加第十二届中国中部投资贸易博览会、中国（大连）国际文化旅游产业交易博览会、第十七届中国（深圳）国际文化产业博览交易会等全国性大型展会，宣传推介太原市工艺美术优秀企业、精品项目和产品。在古县城建成太原市工美“非遗”博物馆，馆藏瓷器、剪纸、漆器、刺绣、木雕等12大类、800余件工艺美术作品。太原工艺美术馆收藏国家和省、市工艺美术大师作品200余件，成为工艺美术行业学习交流、宣传展示的重要窗口。（金 强）

【安全生产】 2021年，太原市城镇集体工业联合社做好疫情防控工作，保障人民群众生命安全和身体健康。开展安全生产工作，遏制重特大安全事故发生，实现安全生产零事故。（金 强）

【困难职工帮扶】 2021年，太原市城镇集体工业联合社开展为群众办实事实践活动，解决居民住房产权手续、老干部活动室改造、宿舍楼维修、房屋漏水、管网破损等一批影响群众生活的现实问题。开展帮扶救助，走访慰问、救助困难职工200余人次，发放慰问金、救助金10万余元。落实1300余名离退休职工政治和生活待遇，增强人民群众的幸福感、获得感。（金 强）

企业选介

·国网太原供电公司·

【概况】 国网太原供电公司成立于1958年，是国网山西省电力公司的分公司，担负着太原市六区、三县、一市的供电任务。2021年底，设有本部职能部门12个、业务支撑与实施机构17个、县供电公司8个，拥有固定资产222.20亿元，全民职工2242人，直接服务用户161.65万户。

2021年，国网太原供电公司开展电力营商环境优化、电网建设、供电保障等各项工作，完成发展总投入19.15亿元，同比增长65.51%，其中固定资产投资17.94亿元，同比增长68.29%。售电量245.59亿千瓦时，同比增长13.19%。营业收入103.10亿元，同比增长9.74%。内部模拟利润4.76亿元，同比增长79.62%。资产总额130.33亿元，同比增长3.35%。全员劳动生产率428.66万元/人·年，同比增长8.11%；无责任事故安全记录4856天。

（涂志康 张媛 董雪轩）

【电网规划与建设】 2021年，国网太原供电公司将电网规划成果纳入太原市“十四五”能源发展规划。开展太忻一体化经济区大盂产业新城供电专项规划，保障经济区发展建设用电。推进电网建设，完成电网基建投资15.69亿元，为太原公司历年最高。35千伏及以上电网基建工程开工13项，投产14项、超投产计划5项。投产35千伏及以上线路79.50千米、变电容量96.30万千伏安，超里程碑投产计划规模的29.30%和35.40%。攻坚属地协调难点，解决太原北500千伏变电站电源通道“卡脖子”问题，受到省电力公司肯定。服务园区用电，设立园区专属服务团队，对用电企业实行“一话通办”“一网通办”，满足需求34项。提前启动中来、兴格主变扩建工程，首次采用一体式预制舱设计方案，最大限度满足快速建站需求。下达业扩配套工程30项、1.55亿元，

2021年3月29日，国网太原供电公司带电机器人作业

（国网太原供电公司供图）

2021 年 3 月 23 日，国网太原供电公司开展 110 千伏大井峪变电站春季检修

（国网太原供电公司供图）

新建 10 千伏线路 148.40 千米，得到政府和园区企业认可。

（涂志康　张媛　董雪轩）

【营商环境优化】 2021 年，国网太原供电公司全面部署高精度故障指示器，减少非接地线路拉路 256 条次、少影响客户停电 13.7 万户次。应对多年未遇的电力供应紧张形势，建立保供电应急工作机制，配合政府启动有序用电 18 次，错避峰用电 1171 户次，守住“限电不拉闸”“限电不限民用”红线要求。完成建党 100 周年、太原能源低碳论坛等重大保电任务。联合市审批局、能源局举办电力业扩报装十项承诺新闻发布会，公开透明接受社会监督。贯通市政项目审批系统，项目赋码信息和证照信息实现在线获取，大幅降低行政审批时限。深化“三指定”（指供电企业对用户受电工程指定设计单位、施工单位和设备材料供应单位的不良现象）和“体外流转”问题治理，排查高压用户 1395 户，发现并整改问题 386 项。与市网信办开辟舆情快处通道，成立舆情处置联合小组。开展低压设备“螺丝紧固”百日攻坚行动，故障报修同比下降 26.89%。加大服务顽疾治理，对每一个 95598 工单跟踪问效，投诉同比下降 78.05%，走出全省落后局面。加快 09 版表计更换，更换智能电能表 24.53 万只，安装、更换 HPLC 模块 84.93 万只。配网线路掉闸停运同比下降 33.2%。

（涂志康　张媛　董雪轩）

【电力能源改革】 2021 年，国网太原供电公司找准国家电网公司战略和太原市能源革命结合点，形成“双碳”“一体四翼”（以电网业务为主体，以金融业务、国际业务、支撑产业、战略性新兴产业为四翼）发展布局，落实综合改革试点等行动方案，明确行动落地的时间表、任务书、路线图。成立电价改革工作推进专班，对照制订工作任务 18 项，开展宣贯活动 16 场，定向推广用户 2300 余人次，高、低压客户签约率 100% 和 81.50%。完成国企改革三年行动年度任务。高质量完成省公司第五届大数据成果展示活动承办任务。公司线损 QC 创新成果获得国际质量管理金奖。动态开展“新能源云”线上项目受理和补贴审核工作，实现新能源数据统一管理、全业务在线运行，新能源利用率 100%。完成迎润看山、阳曲鼎融、古交正沟 3 个风电项目并网，新能源装机占比达 40.01%，较年初增加 4.13%。完成“煤改电”6026 户，总户数达 8.50 万户。　（涂志康　张媛　董雪轩）

·太原煤炭气化（集团）有限责任公司·

【企业生产经营】 2021 年，太原煤炭气化（集团）有限责任公司主要产业为煤炭产业，有生产矿井 6 座，核定生产能力 910 万吨 / 年，分布在太原、晋中、临汾、吕梁，其中太原地区 2 座，分别是龙泉煤矿（位于娄烦县，核定产能 400 万吨 / 年）和炉峪口煤矿（位于古交市，核定产能 90 万吨 / 年）。按照晋能控股煤业集团要求，接收管理正华所属煤矿、沙钢公司所属煤矿及荣康煤业煤矿。太原煤气化公司资产总额 274.10 亿元，负债总额 312.90 亿元，净资产 -67.10 亿元，资产负债率 114.20%，有在册员工 12838 人，在岗员工 9988 人。全年煤炭产量 820 万吨，营业收入 105.30 亿元，亏损 10.10 亿元，较上年亏损 13.40 亿元减亏 3.30 亿元。

（李向高）

【矿井产能提升】 2021 年，太原煤炭气化（集团）有限责任公司 5 座矿井取得国家一级安全生产标准化矿井，10 座矿井被评为特级安全高效矿井，公司先进产能占比 82%。太原煤气化华胜煤业完成生产要素公告，产能核增到 120 万吨 / 年。龙泉煤矿产能恢复取得国家能源局批复，所需产能置换指标全部落实。　（李向高）

【重点项目建设】 2021 年，太原煤炭气化（集团）有限责任公司加快重点项目建设，东沟、上河取得竣工验收批复，进入生产矿井序列。荣康煤业克服资金紧张困难，提前完成建设目标，转入联合试运转。荫营、沁城、晋普山提能改造项目完成立项。龙泉煤矿下组煤项目初步设计取得省能源局批复。（李向高）

【资源获取推进】 2021 年，太原煤炭气化（集团）有限责任公司推进资源获取，庞壁矿井项目由省政府上报国家发改委申请列入国家“十四五”规划新建接替项目。下冶资源列入晋能控股集团重点争取资源，取得省政府增报出让资源批示意见。（李向高）

【生产多元创效】 2021年，太原煤炭气化（集团）有限责任公司通过开展降本增效、减员增效、提效增效工作，实施提量增效、回收复用、降低采购成本、煤质增效、智能化减人等一系列措施，实现降本增效2.29亿元，减人525人，全员劳动生产效率963吨/人·年，均超额完成下达指标。煤炭产品实现交易结算全流程上线，通过公开竞价销售，增收1.20亿元。开展实体贸易业务，全年完成贸易量35.94万吨，创效879万元。华禧公司加大外部市场拓展力度，全年实现利润3000余万元，同比增长37%。华阳公司协调燃气用户增加供气量，同比增收4000余万元。华杉物业完成5386户小区住户自供热改造，每年节约成本600余万元。（李向高）

【企业安全生产】 2021年，太原煤炭气化（集团）有限责任公司安全生产总体保持稳定发展态势，实现煤矿单位无重伤、地面单位无轻伤，安全生产“零死亡”的目标。落实《太原煤气化集团公司“网格化”包保管理办法》，明确领导、部门、队组、班组长、工人的包保区域和责任，形成各司其职、守土有责、关联包保安全管理格局，实现风险管控无死角、隐患排查无遗漏、责任落实无盲区。重新修订太原煤气化公司《安全生产专项整治三年行动方案》，明确重点攻关项目，逐月推进、跟踪落实。召开安全生产专项整治三年行动现场推进会，专项督导检查3次，对检查发现的问题全部按照隐患进行考核，推动安全生产专项整治三年行动方案落实落地。制定印发《警示教育长效机制方案》，在晋能控股煤业集团《汲取煤矿事故教训特别规定》基础上，编制机电运输专业管理10条特别规定，以党委理论中心组安全专题会形式，对所有煤矿、总部事务性中心M7（T7）及以上管理人员进行培训和贯彻学习，推动各单位构建典型事故“回头看”警示教育活动长效机制。对各单位开展系统性安全生产技术专项会诊，重点对正华四矿、沙钢公司所属煤矿在内所有煤矿开展安全技术会诊工作，编制印发技术会诊报告，隐患涉及煤矿采掘、机电、一通三防、地测防治水、安全管理等方面计1200条。建立技术会诊专项台账，定期对各煤矿整改情况进行跟踪落实。（李向高）

【科研成果运用】 2021年，太原煤炭气化（集团）有限责任公司龙泉能源绿色开采（保水开采）技术研发示范项目、矸石充填技术研究与工程示范项目，神州煤业厚黄土层下较薄煤层高浓度自流充填综采技术项目三项成果通过科技成果鉴定。其中，作为山西省能源局“能源革命、绿色开采”的两个示范项目，“绿色开采（保水开采）技术研发示范”“厚黄土层下较薄煤层高浓度自流充填综采技术”两项成果达到国际先进水平。这两个项目的成功实施，为推进全省煤炭绿色开采、实现绿色开采技术路线多元发展提供理论依据和参考经验。太原煤气化公司以绿色开采试点为突破口，宣传在充填开采、无煤柱开采、保水开采、焦炉煤气深度净化等技术上先行先试的科技创新经验。（李向高）

【企业体制改革】 2021年，太原煤炭气化（集团）有限责任公司完成企业厂办大集体改革，涉及厂办大集体企业11户全部完成注销，并通过省国资委、省财政厅验收。根据《中共中央办公厅国务院办公厅印发〈关于国有企业退休人员社会化管理的指导意见〉的通知》精神，按照山西省国有企业退休人员社会化管理工作要求，太原煤气化公司属地移交至太原市所在区、县共10家，完成人员移交99.50%，党组织关系移交98.80%，档案移交完成99%，全面完成国有企业退休人员社会化管理工作。按照《山西省国企改革三年行动实施方案（2020—2022年）及工作任务分工》要求，梳理改革工作任务，对45项重点工作监督、完善、梳理、汇总，通过山西省国资委检查验收，完成国企改革工作。（李向高）

·太原钢铁（集团）有限公司·

【概况】 太原钢铁（集团）有限公司前身为1934年创建的西北炼钢厂，1996年改制为国有独资公司——太原钢铁（集团）有限公司。2020年与中国宝武联合重组，成为中国宝武的控股子公司和不锈钢产业一体化运营的平台公司。2021年，太钢集团实现营业1162.10亿元，利润总额149.02亿元，实现税金72.51亿元。（雷亚明）

【重组融合】 2021年，太原钢铁（集团）有限公司推进与基地管理对接，融入集团体系，完成25个集团运营共享覆盖项目，建立起“一总部多基地”矩阵式管控模式，实现与集团、基地间发展战略、管控体系、语言工具高效对接与有机融合。推进太原基地、福州基地、宁波基地、天津基地不锈钢生产专业化整合，明确各基地发展定位，实施采购、制造、研发、营销等领域的协同项目和快赢项目，实现协同效益23亿元。加快实施多元产业专业化整合，固废利用、废水处理、空分运营、招标代理、智能运维、产业园区、财务公司等7个项目进展顺利，“百日计划”既定目标全部完成，部分业务整合协同效益显现。（雷亚明）

【产业拓展】 2021年，太原钢铁（集团）有限公司立足“中国宝武不锈钢专业化平台公司”定位，聚焦不锈钢全产业链发展布局，编制《太钢不锈钢规划方案》，明确实现不锈钢全球引领基本思路、战略路径和发展举措。落实不锈钢规模“三年翻两番”重大目标，实施各基地结构调整和产能置换项目，宁波宝新3万吨汽车用钢项目投产，宝钢德盛精品不锈钢绿色产业基地项目具备投产条件，太原基地不锈钢中厚板项目按计划推进，不锈钢绿色智慧升级改造项目奠基，推进国内不锈钢领域的重组合作。加快布局全球资源项目，内蒙古新太元铬铁二期项目建成投产，海外铬铁项目进展加快。（雷亚明）

【技术创新】 2021年，太钢集团成立中国宝武中央研究院太钢技术中心和不锈钢研发中心，加强与基地的协同创新，研发效率和产出提升，新产品开发量破百万吨，5项新品全球首发，8项标志性技术正常推进，8项超前研发品种取得突破。对接国家战略、重大工程和关键领域，开展使命类和“卡脖子”技术产品攻关，航空用4J36中厚板、大科学装置用316LN、光伏用N08810铁镍基合金材料、集成电路成型用沉淀硬化马氏体SUS630不锈钢冷轧板、水电用高等级磁轭钢、宽幅9Ni钢板、1200Mpa高强马氏体热轧卷板等一批材料强力支撑国家先进制造。超纯铁素体不锈钢入选工信部“制造业单项冠军”产品。加速由制造产品向制定标准转变，主导或参与制订10项国家标准、2项行业标准、3项团体标准，参编国际标准《钢筋混凝土用不锈钢钢筋》，起草国家标准《不锈钢精密箔材》，填补各自领域空白。（雷亚明）

【绿色低碳发展】 2021年，太原钢铁（集团）有限公司贯彻习近平总书记生态文明思想，协同推进减污和降碳，绿色发展水平提升。以“高于标准、优于城区、融入城市”为目标，在巩固全流程超低排放环保A级绩效基础上，启动以“废气超低排、废水零排放、固废不出厂、噪声趋静音、厂区洁美新”为目标的全要素超低排放AA企业创建行动，主要环保指标持续进步，绿色发展底色更加鲜明。所有矿山通过省级以上绿色矿山评审，含炉窑矿山达到超低排放标准。启动和铺开“双碳”工作，成立碳中和办公室，编制碳达峰行动方案，开展主要产品碳足迹核算，研究不锈钢碳减排路径图，推进厂房屋顶光伏发电和二氧化碳在线监测项目。提升能效，吨钢综合能耗进步明显。加大建筑用经济型不锈钢开发与应用，形成建筑围护系统用TJ系和Cr-Ni-Mn-N系不锈钢产品，助力绿色建筑发展。（雷亚明）

【智慧制造】 2021年，太原钢铁（集团）有限公司对接中国宝武智慧制造2.0升级版，形成太钢智慧制造三年行动方案，明晰智慧制造发展路径。以“四个一律”“智慧矿山”“三跨融合”为重点，围绕矿石采掘、钢铁制造全流程，开展太钢不锈“1+6”智慧化集控、宝钢德盛5G智能工厂、宁波宝新“一总部多基地”配套制造管理系统升级、岚县矿业“智慧矿山”、太钢集团信息化升级改造（一期）等重点项目。启动智能冷轧“工业大脑”项目建设，探索未来智造新模式。（雷亚明）

【深化企业改革】 2021年，太钢集团推进国企改革三年行动任务，完成标志达成率83.50%，超既定目标。落实中国宝武子公司混改三年工作计划，按照“应混尽混、已混深混”原则，太钢不锈实行限制性股票激励计划，钢科公司完成混改框架方案。对标学习先进企业，精密带钢公司加大科改示范企业创建力度，在体制机制创新上取得突破、打造国家科改示范样本。收尾解决历史遗留问题，完成厂办大集体改革任务，临钢公司医院、幼儿园和代县公司幼儿园完成移交工作，剥离企业办社会职能剩余任务实现应剥尽剥，助力企业轻装上阵。（雷亚明）

【管理体系建设】 2021年，太钢集团适应中国宝武集团“创建世界一流伟大企业”要求，加强管理体系和管理能力建设。完善企业治理结构和组织架构，管理总部内设机构、生产单元职能部室和作业区优化率分别达49.50%、37.70%和32.40%。推行任期制和契约化管理，三年任期经营责任书应签尽签。建立“超越自我、跑赢大盘、追求卓越”强绩效导向和“高效益、高效率”双轮驱动型市场化薪酬体系，完成全员岗级切换、套改定薪。推动劳动人事效率提升完成预定目标，太钢不锈人均粗钢产量提高30.90%。按照“三年任务两年完成”目标，分类推进协力业务回归、灭失和整合，插入式混岗用工消除。压减管理层级和法人单位数量，全年压减法人13户，退出参股公司6户，超额完成目标。加强全面风险管理和内控体系建设，开展全层级经营单元风险隐患排查和内控能力专项提升行动，完善治理体系、提升治理能力，确保公司健康发展。（雷亚明）

【企业多元发展】 2021年，太钢集团矿产资源业稳健成长，岚县矿业人均产铁矿量居行业第一，尖山铁矿入选国家级“绿色矿山”，太钢万邦炉料扭亏为盈。钢科公司推进高性能碳纤维应用领域拓展和国产化替代，销售收入和利润大幅增长。具备自主知识产权、工艺装备国产化的碳纤维三期项目建成投产，推动碳纤维产业向低成本、规模型发展，实现高端品种全覆盖。非晶团队攻克抗直流铁基纳米晶软磁合金材料关键工艺技术，打破国外技术垄断，批量用于电磁元器件。国贸公司对外不锈钢资源贸易营收近百亿元，贸易资金沉淀逐年增加。投资公司投资收益、净利润均较上年大幅增长。工程技术公司新签合同金额创历史最好水平。太钢总医院烧伤整形中心连续七年位列华北区医院专科声誉排行榜烧伤专业前3名。（雷亚明）

·太原重型机械集团有限公司·

【概况】 太原重型机械集团有限公司

前身为太原重型机器厂，始建于1950年。2021年，公司主要成员单位包括太原重工股份有限公司、太重集团煤机有限公司、太重集团榆次液压工业有限公司、太重（天津）滨海重型机械有限公司等，占地面积493万平方米，在岗员工9400余人，总资产546亿元，产品出口50多个国家和地区。（董朝慧）

【生产经营】2021年，太原重型机械集团有限公司营销系统推行差异化考核，开展“装备+材料”“产品+服务”等一揽子营销，建立适应新形势的营销体系，传统市场巩固提升。新品市场逐步拓宽，新技术新产品逐步转化成新的增长点。设立俄罗斯、南美办事处，“一带一路”市场逐步打开。建立科学合理的生产调度制度和应急管理预案，加强内部资源协同。交货周期实现新突破，加强源头管理，强化工序衔接，历史上拖期项目首次全部清零。外协数量大幅度下降，推进外协回归。物资采购系统化提升，与行业龙头企业建立战略合作关系，推进招评标平台（一期）建设。（董朝慧）

【科技创新】2021年，太原重型机械集团有限公司以国家级企业技术中心和国家重点实验室为载体，成立上海研发中心、西安研发中心和德国研发中心，打造“1+6”技术中心格局。与太原科技大学联合共建共管共享“矿山采掘装备及智能制造国家重点实验室”。与中北大学对接落地“无人化特种装备”等项目。加强与重庆大学、西安交通大学等对接，打破地域、行政界限，形成共享创新生态。围绕六大系列产品，布局49项新产品研发，其中矿用挖掘机远程操作系统、大型顶装焦炉智能化成套设备、4.5兆瓦风电机组、液压挖掘机7款16台样机、TZX1600多轴线桁架臂起重机、TZGSG80水罐消防车等成功下线。成立SBU团队，开展“卡脖子”技术研究13项，其中核电站起重机抗震计算频域转时域分析技术、风电载荷计算及软件包开发等多项研究成果打破国外垄断，填补行业空白。（董朝慧）

【改革发展】2021年，太原重型机械集团有限公司完善以“双基数、双增长”为核心，覆盖单位和个人两个方面，涵盖“公司经济责任制考核、专业责任制考核、风险防控体系”三个维度，若干项制度配套的绩效管理系统。实施“512”人才工程，打造“精英管理、科技创新、能工巧匠”三支队伍，通过揭榜挂帅机制，市场化引进高级管理人才和高端技术人才，执行“271”动态区分。推行经理层成员任期制和契约化管理，引入市场化选聘。发挥向明智装和轨道公司“双百行动”和“科改示范行动”改革尖兵作用，完善“四会一层”法人治理结构，推行“两制一契”市场化考核机制，试点推行超额利润分享方案，开展引战混改等工作。收购安居公司51%股权，与山西建投在静态交通产业领域推进股权合作。推行国有体制下灵活的民营机制，对全资控股、战略参股、财务参股等子公司实行针对性管控模式，推动公司战略目标落地。太重榆液下属三户企业久拖未决的破产工作基本收尾，“三供一业”企业自筹维修改造资金全部支付到位，退休人员社会化管理移交工作全面完成，厂办大集体改革人员安置率达100%。（董朝慧）

【风险管控】2021年，太原重型机械集团有限公司制订三年竞争力对标方案，推进内控体系建设专项行动，制（修）定（订）制度234项，初步建立“坚持‘两个一以贯之’，实施四项集中管控，发挥四项关键作用”内控体系。制订精细化管理推动方案，开展全面预算，建立生产经营数据统计分析体系和全面预算管理体系。健全和完善质量管理体系，紧抓设计、采购、制造、检验四个重要关口，强化生产经营全过程控制。ERP业财一体化系统上线运行，OA协同办公系统更新换代，提速智慧太重信息化（二期）项目建设。受让持有的滨海公司51%股份，太重煤机成功发行私募债3亿元，与太行基金合作设立太重转型基金5亿元。处置历史存量风险，对拖期项目化解担保回购风险。防范经营风险，公司主体信用等级由AA-升级为AA。规范投资管理，设立战略与投资决策委员会，组织投资项目市场调研和可行性研究，开展投资专项审计，积极识别、防范投资风险。防范发展风险，坚守底线思维，强化合规管理。推进安全生产专项整治三年行动，系统开展隐患排查治理，本质安全水平逐步提升。

（董朝慧）

·中国中车太原机车车辆有限公司·

【概况】2021年，中国中车太原机车车辆有限公司占地面积89.02万平方米，总建筑面积30.84万平方米，拥有各类设备3821台（套），资产总额39.40亿元，固定资产15.75亿元。设党群部门8个、行政管理部门28个、生产单位17个，分公司1个、合资公司2个。在册职工2670人，在岗职工1996人，其中各类专业技术人员716人，高级及以上技术职称人员181人，技能操作人员1288人。全年实现销售收入24.16亿元，利润714万元。（郝佳佳）

【经营管理】2021年，中国中车太原机车车辆有限公司推进“改革三年行动”暨“科改示范行动”，统筹推进69项具体改革任务，年度改革任务完成率100%。突出技术赋能，加强科技创新，研发投入强度稳定保持在3.51%。以全面预算与可控费用压降为重点，深化“降本节支增效”，其间费用同比减少3299万元，资产负债率同比降低2.14%。实施“强基”工程，落实“四基五无”管理目标，17项十大里程碑重点突破项目结题率100%、76项实施清单项目开展全过程跟踪督办，项目完成率98.70%。开展对标提升，推进管理体系管理能力现代化建设，提升基础管理水平，45项改善项目完成率100%。实施精益管理体系贯标，推动“6621”运营管理平台建设，实现ERP、MES及供应商质量管理平台的集成应用。推动“两模线”建设，打通生产短板瓶颈，完成1200辆新造NX70型共用平车生产任务。开展“改善不良、杜绝浪费”，累计创造经济效益572.90万元。强化重大经营风险防范化解，实施存量风险专项化解，累计化解风险敞口869万元。压实安全生产主体责任，开展安全生产等级评价和专项整治三年行动，提升本质安全水平。

（郝佳佳）

【科技创新】2021年，中国中车太原机车车辆有限公司深化科技创新改革，引入TRIZ创新方法，实行科研项目“分级管理”“揭榜挂帅”，提升自主创新能力。强化技术标准化、专利化布局，加大知识产权保护力度，主持参与制订和修订长江集团及以上级别标准17项，年度累计申请专利90件。开展项目申报，累计获得科技经费支持1467.50万元。推动重大产品研发，KM70（H）型煤炭漏斗车技术提升方案通过国铁集团评审。适应铁路运输装备发展趋势，完成KH70B型不锈钢粉煤灰有盖漏斗车研制。加快和谐机车大部件属地修进程，克诺尔BCM-045制动机实现合作修，TGF76型列车供电柜形成批量修能力。平移和谐机车管路检修技术工艺，完成SS7E、SS9型电力机车制动管路改造升级。实施HXD3C型电力机车“客改货”技术提升，拓宽产品使用范围。深挖轨工配套潜力，完成DPT型接触网检修作业车车体、转向架试制，GMC-96B型钢轨打磨车转向架试修。（郝佳佳）

【生产运营】2021年，中国中车太原机车车辆有限公司机车业务顺应运输市场产品结构变化，扩大和谐机车C6修市场占比，签约数量位居检修工厂第一，累计完成直流机车65台、和谐机车113台，实现销售收入9.03亿元。车辆业务对接市场需求，检修总数连续三年刷新历史记录，累计完成车辆新造1410辆、车辆检修5763辆，签约检修车辆数量同比增长22.65%，实现销售收入7.51亿元。“宁东经验”得到子集团推广，年内累计与4家企业签订1188辆属地修订单。国际业务寻求新发展路径，探索业务增量，产品配件首次外销北美市场。落实“营销中车”战略，提升城市专用车地方影响力，45辆救护车交付用户，实现两条钢轨向城市公路历史性跨越，累计实现营业收入2158万元。推动轨工、地铁业务配套，形成专业化、协同化产业发展新格局，累计完成配套收入2.98亿元。发挥售后维保区域优势，拓展后市场业务，推动实现重载货车配件库试运营。助推服务性产业发展，深化全产业链钢材加工及仓储物流服务，实现收入1亿元，业务增长保持稳定。（郝佳佳）

【基建与技改】2021年，中国中车太原机车车辆有限公司完成固定资产投资2797.73万元，其中和谐二期续建投资843万元，更新改造完成1954.73万元。实施完成钩缓油漆线改造、激光切割机、长江集团一体化精益研发平台一期、平车中梁组对胎、中梁翻转胎、中梁调修胎等99项工艺更新改造项目。完成车辆污水站大修、低压无功补偿装置大修、能源管控平台维保费用、轨道1#线、2#线大修、水平衡测试等23项大修计划。完成对钢结构厂房天车轨道进行检测调整、对迁车台轨道调整紧固、迁车台地面碎石回填修整、机车工艺调整基础设施配套调整、工会小家修缮、厂区基建设施维修、路面便道塌陷修复等基建项目。通过盘活闲置房建资产、处置公务用车等手段，固定资产周转率达到1.51次。开展专项节能改善活动，制定31个节能技改项目，万元增加值综合能耗为0.0648吨标准煤当量1万元。（郝佳佳）

【企业文化建设】2021年，中国中车太原机车车辆有限公司深度聚焦中车集团“庆祝中国共产党成立100周年暨中车创业140周年”、长江集团打造“三力长江”暨改革行动年、太原公司高质量发展等主题，坚持内宣外宣并重，发挥好宣传舆论优势。开展“百年党史微课堂”“学党史、颂党恩”主题摄影书画征集、“致敬革命先烈、传承红色基因”主题党日、党史学习“学习达人秀”和“传承红色基因、初心使命不变”主题品牌文化故事征集等系列活动。以《旗帜》为主题编排的舞蹈亮相中国轨道交通工业140年晚会和第二届长江文化艺术节。对内依托《中车之歌》《中车赋》、“9·28”中车日等文化载体落地，激发员工对中国中车的归属感、自豪感和责任感。强化文化引领，完成公司质量、精益、安全、廉洁、合规五项个性文化理念征集、遴选和确定。对外通过公司转型发展、新产业拓展、先进人物、疫情防控等时事热点吸引人民网、新华网、《山西日报》《太原日报》等各级媒体进行专题报道，特别是公司救护车项目，获得媒体广泛关注和大量报道。与山西卫视、太原电视台等融媒体中心深入公司生产一线开展两次大型网络直播，在线人数超过百万，拉近“中车品牌”与广大市民距离，为中车品牌正向传播提供助力。

（郝佳佳）

综　述

【建筑企业服务管理】 2021年，太原市住房和城乡建设局扶持建筑企业做大做强，6家本地企业升级为施工总承包一级资质，2家省外施工总承包一级企业在太原市成立子公司。推进“双随机、一公开”、信用评价、工程担保深入开展，打击违法违规行为，营造公平有序、诚信守法市场环境。全市建筑业总产值3781.18亿元，增长10.80%。全市房地产开发投资完成665.71亿元，同比下降6.90%。定期召开安全生产例会，分析研判安全生产形势，安排部署住建领域安全生产专项整治“三年行动”，强化安全生产监管。落实《工程质量安全手册》制度，开展在建项目及工程检测机构监督，组织“质量月”活动，强化工程质量管理。落实汛期带班值守、应急响应制度，第一时间组织抽调专业人员、队伍深入受灾一线开展防汛救灾和指导灾后农村住房恢复重建工作。 （雷宏伟）

【法治建设】 2021年，太原市住房和城乡建设局坚持将法治建设工作摆上重要议事日程，中心组每季度以“以案释法”形式开展集体学法，在尊法学法守法用法方面示范表率。严格落实普法责任制，邀请专家开展专题培训8次，利用“国家安全教育日”、《民法典》颁布一周年、“依法行政宣传月”“宪法宣传周”等活动开展法律知识宣传。部署《太原市农村自建房屋管理条例》《太原市历史文化名城保护条例》的起草工作，推进住建领域相关法规制度完善。全面落实“三项制度”，规范行政执法行为。制定《行政许可自由裁量权基准》，提高执法公信力。全年行政诉讼应诉8起，全部履行行政机关负责人出庭义务。推行法律顾问制度，提供法律服务50余件次。 （雷宏伟）

2021年，中化二建承建的文莱PMB石化项目 （中化二建供图）

企业选介

·中化二建集团有限公司·

【概况】 2021年，中国化学工程第二建设集团有限公司（以下简称中化二建）实现营业收入127.43亿元，完成年度预算115亿元的110.81%，完成调整后目标值125亿元的101.94%，同比增长13.66%。实现利润4.11亿元，完成年度预算4.05亿元的101.55%，同比增长0.73%。完成新签合同额190.19亿元（其中国内163.78亿元，国外26.41亿元），完成年计划175亿元的108.68%，同比增长8.11%，注册资本金由20亿元增加至30亿元，完成年度主要经济指标，实现“十四五”良好开局。 （梁玉梅）

【工程项目管理】 2021年，中化二建推进项目精细化管理，以“精细化管理深化年”为契机，加强项目前期策划评审，强化重点项目过程风险管控。组织修订项目精细化管理相关制度，从项目策划源头开始安排部署项目整体规划，科学指导项目实施。打造“核心层”作业层实体建设及项目劳务实名制管理，推广质量样板理念和实施，引导项目以方案先行，样板引路，实施质量全过程管控。全年有5项工程获国家优质工程奖，其中3项为国家优质工程金奖。3项工程获2021年化工优质精品工程，4项工程获全国优秀焊接工程，4项QC成果获国家级奖项。（刘晓云）

2021年，中化二建承建的四川永祥2.5万吨高纯晶硅项目（中化二建供图）

【质量安全管理】2021年，中化二建开展安全质量环保精细化管理，夯实安全质量环保标准化基础，打好环境污染防治攻坚战，推进安全生产专项整治三年行动和质量提升行动，建立健全安全管理体系，制定《安全总监管理办法》，修订《安全奖罚管理规定》，参编中国化学《常见安全环保危险源清单、表单、图例》《海外工程安全管理指南》等工作。加强安全组织保障，85个亿元以上项目设置安全总监。组织开展“安全生产月”“质量月”“世界环境日”“全国节能宣传周”等活动，建设良好企业安全文化。落实国务院安全专项整治三年行动任务，坚持“四不两直”原则，对施工现场实施全面安全大检查，并针对危化品治理、危大工程作业、老旧设备管理、季节性作业消防、安全教育培训进行安全专项整治工程，保障隐患治理全覆盖，逐项实现三年行动集中攻坚阶段“9个100%”目标任务。重视境外项目安保防疫工作，利用网络视频建立24小时应急联络机制，每周巡查指导境外机构（项目）安全工作，掌握中东、中亚、东南亚、非洲等9国14个境外项目1315名中籍员工生产安全、疫情防控和安保风险隐患情况，提出措施指导整改防范。针对性指导项目开展应急演练，监督项目修订完善生产安全各类应急预案，提升应急管理能力。（王仙平）

【金融财税管理】2021年，中化二建集团有限公司通过加强与中国化学工程集团财务公司对接SWIFT系统的搭建工作，5个境外银行账户实现境内线上管理，境外账户的可视化程度和资金管控能力提升。全年对外开具票据达12亿元，企业履约能力增强，企业品牌形象提升，与金融机构的议价能力提高，融资成本降低，甲、乙双方长期合作基础得到巩固，公司货币资金得到盘活，现金流增加。首次与外部金融机构独立开展应收账款保理业务2.14亿元，与财务公司、外部金融机构对接，开展供应链金融、商票保贴、零保证金银承等业务。完成OA系统费用报销的上线工作，实现全公司费用报销审批网络化。连续11年被评为纳税信用评级A级，为企业承揽任务、银行授信方面等提供有利条件。通过研发费用加计扣除和高新技术企业为公司实现减免企业所得税。与晋源区税务局、残联的多次沟通协商，以集团母子公司合并进行残疾人安置年审及残保金的申报缴纳，降低缴费基数节约税金。（马晓芳）

2021年，中化二建承建的中安联合煤制170万吨甲醇及转化烯烃项目（中化二建供图）

【物资采购管理】2021年，中化二建在制度建设中实施制度文件、“三体四标”体系、精细化管理手册、“化学云采”与生产运营软件平台、现场工作实际相结合的“五合一”制度，方便项目实施。优化和维护“两平台一系统”，避免平台间重复录入，减轻项目一线的工作强度。将涉及物资集采、租赁及固定资产管理等全部业务实现全线上审批，并采取切实措施加快流转，保障工程项目物资供应。注册企业工商信息查询系统“企查查”，对参与投标的供应商基本信息进行核查，规避工程物资采购中围标、串标行为，并通过与人事部门协同核查，规避与本单位职工存在关联关系的供应商发生业务。（王景峰）

【市场经营】2021年，中化二建深耕区域市场，紧抓光伏产业加速发展和焦化入园契机，承揽20余个相关项目。深耕海外市场，完成印尼代表处的前期注册和开户工作，加强对东南亚、俄语区和中东、非洲区域市场的机构支持。发挥自身海外工程优势，参与“一带一路”建设，实现阿布扎比、文莱和埃及市场后续滚动开发。坚持相关多元国际发展思路，印尼市场在原有电力领域的基础上，实现冶金、新能源等业务领域的新突破。全年累计完成新签合同额超过20亿元，初步形成“一点带线、聚线成面”的项目布局。（张秀慧）

【工程技术创新】2021年，中化二建完成国家技术中心评价和山西省新型煤化工装置建设工程技术研究中心考核申报工作。通过中知公司组织的知识产权贯标体系认证并取得证书。新增创新立项183项，申报2022年省重点行业重大关键共性技术需求1项，省技术创新重点项目2项。其中“加热炉模块化制造和安装技术研发”入选2021年度《山西省重点行业技术创新项目库》。

（张建月）

·山西诚信市政建设有限公司·

【概况】2021年，山西诚信市政建设有限公司完成工程产值16.75亿元，其中自建工程50项（14项跨年，36项本年度），完成11.75亿元，外埠工程完成5亿元。（安峰　赵苡）

【工程项目】2021年，山西诚信市政建设有限公司承建的工程有：康宁街改造工程，尖草坪街道路改造工程施工二标段，小街巷中心雨污分流改造工程施工六标段、七标段，多福南街道路工程，北营北路道路改造工程第二标段，民政园区棚户区改造安置住房项目周边配套路网工程第二标段，纬三路道路改造工程，马道坡街改造工程二标段，新沟路，南十方西路建设工程及张家巷改造工程施工，南十方街东延工程，太原市城市轨道交通1号线一期工程市政公共设施改造工程施工一标段，冶峪河道路快速化改造及综合治理工程化工排洪沟改线工程施工，西机路道路改造工程，西中环南延（西中环—姚村连接线）工程二标段，正阳街道路改造工程，南站片区道路、电力、中心街改造工程，龙城南街、龙城北街建设工程施工三标段，郑村沟、一号渠系及建设路南段区域排水工程（三标段），太原市循环经济环卫产业示范基地（园区）基础设施市政配套路网工程，迎宾路地块城中村（棚户区）改造安置住房项目周边配套路网工程阳光路、阳光东路道路工程，铝业大道（前进东街—平安大街）建设工程，晋阳街公园南侧荣军北街、东侧规划路道路改造工程，古交滨河北路改造工程，清徐县南白石河流域综合治理工程（顶管大包），2020年平遥县南政乡片区集中供热续建项目，2020年平遥县岳壁乡片区集中供热续建项目，2020年沁县城镇集中供热续建工程，2020年赵城镇区集中供热续建工程，祁县古县镇污水管网工程建设项目，祁县贾令镇污水管网工程建设项目，等。（安峰　赵苡）

【公司运营创新发展】2021年，山西诚信市政建设有限公司推进综合管廊项目建设运营，供水管道、供热管道、燃气管道全部完成入廊。山西隆诚基础设施养护维修管理有限公司利用自有专业装备，对“八河”范围内的主要节点进行病害修复，全天候保障设施安全完好运行，不间断查处违法排污行为。与实力雄厚的相关单位强强联合，采取EPC等多种合作方式，在保证市场前提下，为公司寻找新发展路径。参与平遥县和沁县BOT模式下的集中供热项目建设，为承揽PPP运作模式下不同类型项目积累经验。全资收购太原市腾飞市政设施维护有限公司，为公司多元化、集团化发展升级转型奠定坚实基础。（安峰　赵苡）

【工程质量技术管理】2021年，山西诚信市政建设有限公司通过开展“回头看”经验总结交流、施工现场观摩、成立质量管理QC小组、完善质量技术管理制度、强化在建项目质量检查监督力度等措施，提高公司质量技术管理水平。与太原市理工大学组建的校企合作团队，依托晋源东区综合管廊工程项目参加第三届“市政杯”BIM应用技能大赛，依托原平市滨河新区基础设施建设工程项目参加第四届“优路杯”全国BIM技能大赛。（安峰　赵苡）

【文明施工管理】2021年，山西诚信市政建设有限公司推行绿色环保施工，建设达标“绿色文明工地”，落实公司出台的《施工现场绿色文明施工安全标准化》和《企业文化规范手册》要求，加强施工现场管理力度。按照“六个百分百”要求，防治扬尘污染，加强环保措施。（安峰　赵苡）

【安全生产】2021年，山西诚信市政建设有限公司落实国家法律、法规及公司各项安全制度，组织安全专题培训，开展各种安全教育活动、文化活动，签订安全目标责任状和承诺书。加大对重大危险源的排查，对常规危险源开展专项整治，强化日常安全巡视及检查。定期组织安全生产例会，编制各类安全工作方案、组织应急救援专项预案的演练，强化安全管控，落实领导责任。

（安峰　赵苡）

商贸服务业

Trade – Service Industry

综　述

【市场运行监测】 2021年，太原市商务局根据商务部市场运行监测工作考核办法，对太原市样本监测企业进行优化调整，完善市场监测体系。太原市内贸流通统计监测平台样本企业数量位居全省第一，覆盖全市9个县（市、区），把成品油市场纳入监测体系中。选择美特好超市、王府井、六味斋、芙蓉酒店等大型商贸服务企业作为监测对象，开展春节、国庆节期间消费品市场运行监测，每日对监测企业的销售、热点、客流等数据进行收集整理，向省商务厅、市委、市政府提交运行报告，并通过《太原日报》《太原晚报》等新闻媒体向社会发布。动态监测和常态监测相结合，每周通过商务预报发布生活必需品价格信息和波动情况，每月对市场运行情况进行综合分析与专题分析上报省商务厅，在市场遇到异常波动时，提出市场预警和预测。 （路　晶）

【市场体系建设】 2021年，太原市商务局按照“一年有变化，两年见成效，三年大改观”计划，实施钟楼复建、街巷步行化改造和历史街巷保护更新。9月19日，钟楼步行街正式开街运营。改造后的钟楼步行街全面呈现传统与潮流共振的轻文旅型时尚特色，老鼠窟、华泰厚等10家承载市民记忆的中华老字号品牌全新亮相，杂货铺、东更道等43家网红店及6家品牌店静待打卡。除老字号外，涵盖业态有服装18家，餐饮10家，珠宝配饰7家，精品礼品、皮具、家用各3家，化妆品1家，精品超市1家，“非遗”市集1家及城市展厅2家。12月11日，天美杉杉奥特莱斯太原店开工建设，项目位于和平北路与北排洪沟交汇处，金汇路以东、北排洪渠以南、和平北路以西，隶属于三给片区，由中国五百强企业杉杉集团与山西高端百货天美集团共同注资打造，计划总投资13亿元。 （路　晶）

【农商农超对接】 2021年，太原市商务局会同市农业农村局，以第十二届中国中部投资博览会为契机，组织全市各大超市、批发市场、电商及各县合作社、生产企业开展农产品产销对接活动。巩固脱贫成果，组织各大商超、电商平台与古交市的特色农产品企业召开专题对接会，古交市8户企业与美特好、金虎、贡天下、唐久等大型商超及电商平台建立合作关系。 （路　晶）

【市场秩序规范】 2021年，太原市商务局做好“肉菜追溯体系”运维管理，开展追溯体系运行维护194次，检查维护设备3000余台（套），形成工作报告42份，数据统计报表42份。组织培训82次，考核评估追溯系统建设运行情况2次。全市40个试点企业（单位）向商务部中央平台报送追溯数据63.60万条。开展网络信息安全建设，组织运维单位对发现的网络安全问题进行整改，配合省公安厅完成网络探针设备的安装，配合市公安局完成“HW2021攻防演练”行动，配合市委网信办对系统进行检查等，配合市委安可办完成平台国产化应用适配工作。10月，开展网络安全等级保护测评工作。开展“尚俭崇信，守护阳光下的盘中餐”为主题的食品安全宣传活动，现场解答消费者有关食品安全的问题，提升消费者食品安全理念，提升追溯体系影响力。推进“重要产品追溯体系”建设，完成《太原市重要产品追溯体系建设项目可行性报告》修订，重要产品追溯体系建设项目列入政府投资前期项目清单。完善“商务诚信体系”建设，推广应用山西省商务诚信公共服务平台，285家企业注册平台账号并认领信用评价报告，开展事前信用审查27次，指导企业诚信经营，在铜锣湾国际购物中心、茂业天地等各大型商业综合体，利用企业公众大屏宣传推广诚信服务，发放宣传资料1300余份。 （路　晶）

【开发区管理】 2021年，太原市开发

区全面拓展“承诺制＋标准地＋全代办改革”，即企业投资项目承诺制改革、项目供地标准化改革、投资项目建设领办代办。研究起草《太原市开发区“承诺制＋标准地＋全代办”联席会议制度》，明确推进“三项改革”的组织机构、职能任务，坚持每月组织召开联席会议，破解三项改革及项目落地中的各类问题，形成各部门共同推进改革的合力。9月18日，市政府召开常务会议通过《太原市人民政府关于委托省级开发区向省人民政府申报农用地转用土地征收事项的通知》，开发区开通土地用地直报省自然资源厅通道。“三制”改革方面，4个开发区“三制”改革已全面完成。“三化”改革方面，中北高新区委托万创科技、中科曙光等专业运营团队全权负责园区集中供热、污水处理等平台的市场化运营管理。清徐开发区与山东莱钢合作，采用EPC模式建设标准化厂房。西山示范区成立文旅和人力资源公司，推进基础设施、公共服务设施建设。开展四次“三个一批”活动，“签约一批”项目共94个，签约投资额733.36亿元，预计年产值482.42亿元。“开工一批”项目69个，项目总投资253.16亿元，预计年产值267.05亿元。“投产一批”项目57个，项目总投资275.59亿元，预计年产值215.14亿元。前三批“三个一批”活动签约项目开工数55个，开工率73.30%，开工项目投产26个，投产率49%，实际年产值238.14亿元，投产项目达效率113%。（路　晶）

国内贸易

【社会消费品零售总额】2021年，太原市社会消费品零售总额实现1873.90亿元，比上年1655.39亿元增长13.20%。按销售单位所在地分，城镇1741.18亿元，比上年1580.02亿元增长10.20%；乡村132.72亿元，比上年74.40亿元增长78.40%。按消费形态分，餐饮收入80.58亿元，比上年63.35亿元增长27.20%；商品零售1793.32亿元，比上年1591.23亿元增长12.7%。商品零售价格指数102.80（以上年价格为100）。居民消费价格指数101（以上年价格为100）。（路　晶）

【促进消费】2021年，太原市商务局落实商务部开展“消费促进月”举措，实施政府消费券促消费行动，开展以“全国促进消费月暨晋情来消费”为主题的消费促进月活动。6月26日，“礼享生活·晋情消费”消费券发放活动启动仪式在山西铜锣湾国际购物中心举行，活动投入财政资金1.20亿元，其中消费券5000万元、汽车补贴7000万元，参与活动的商超、家电、汽车销售及住宿、餐饮企业748户。截至11月25日，核销消费券156.37万张，核销率100%，带动消费4.10亿元。恢复重点领域消费，10月25日至11月14日举办“晋情消费·嗨购金秋——2021太原城市购物节”活动，市级财政投入5000万元，其中4000万元为电子消费券资金，1000万元为清徐救灾专用消费券资金，通过“线上＋线下”消费场景，在重点商圈设立主会场与分会场，开展全城“GO·购·够”、云上新生活、洋货尽情买、美好夜生活、舌尖享美食等五大主题活动，拉动消费1.60亿元。（路　晶）

【电子商务发展】2021年，太原市商务局实施电子商务主体培育工程，通过运用政府资金扶持等方式，培养壮大电商交易平台、网络零售企业、电商服务商、电商公共服务平台、电商生活服务平台等各类市场主体，打造本土生活性服务业电商群体，全市开展电子商务业务的企业2000余家，网络店铺达10万余家。发展新兴社交电商、直播电商等新业态，推动产业带升级，释放网络消费潜能，让山西特色产品走向全国。全市有达人主播30名，自播店铺数160余家，直播场次数在全省占1/3。5月25日，由中国轻工企业投资发展协会主办的山西首届电商营销资源共享会暨互联网营销师评价基地启动仪式在太原成功举办。引导商贸企业转型升级，通过小程序、微信群实现实体连锁便利店与网上购物相结合，通过本土区域平台“全球蛙”实现互联网转型，中小实体店升级O2O购物体验，通过App线上门店，直接预约门店导购到线下店体验，推广在线下单、送货上门的便利服务。指导企业开展各种网络营销活动，结合重点节假日推出放价大促活动，结合周年庆、店庆推出特惠活动。通过提升电子商务运营水平，借力电商实现数字化转型，开展全渠道营销，促进线上线下融合发展。组织企业参加淘宝特价版“晋品晋味”年货节、“居家嗨购、网上过年——2021全国网上年华节”、百度“度小店招商及系列网络营销”、第三届“双品网购节”等各种网络营销活动，扩展网络销售渠道，帮助企业入驻国内知名电商平台。在第104届全国春季糖酒交易会上，全球蛙、阿里云创新中心、贡天下与中国醋都直播打造“线上线下全渠道数智化供销展会”，实现一个线下主会场、多个独立线上分会场联动直播。（路　晶）

【商贸流通发展】2021年，太原市商务局推广“老字号”品牌，组织老字号企业参加第十二届中国中部投资贸易博览会，开展“太原品牌、品牌强市”宣传活动，扩大“老字号”品牌影响力，推动老字号品牌传承振兴。加强“老字号”传承人、经营者队伍的培育，拟定“老字号”人才传承政策。创建“绿色商超”品牌，美特好兴华街店和万达广场等5家企业获评商务部“绿色商场创建单位”。（路　晶）

【流通领域规范管理】2021年，太原市商务局加强成品油市场监督管理，组织开展成品油经营企业检查工作，对加油站经营资格、油品供应、基础设施以及环保、安全情况等进行审核检查，220家加油站获得经营许可。规范单用途预付卡备案管理，督促7家资金存管协议到期的备案企业完成续约，开展执法检查12次，出动执法人员80余人次，检查发卡企业41家次，指导山西悦家商业有限公司进行停止发卡业务公告和备案注销，协助中国航油山西石油公司、山西岭峥炒栗食品公司开展发卡资金存管，处理解决举报投诉78件次，发放单用途商业预付卡宣传资料3000余份，提供预付卡咨询服务1000余人次。开展二手车流通市场监管工作，加强对二手车流通市场、报废机动车回收拆解行业及再生资源行业的日常管理，二手车交易量达7.65万辆，全市回收报废机动车4416辆。配合市交通局进行新一轮"国三"中、重型柴油货车报废补贴。根据省商务厅《关于做好报废机动车回收拆解行业管理有关工作的通知》要求，加强行业管理，确保报废机动车回收拆解企业资质认定工作开展，组织原有报废机动车回收拆解企业召开企业重新资质认定推进会，推动企业按期完成升级改造，取得新的《报废机动车回收拆解企业资质认定书》。

（路　晶）

对外贸易

【进出口总额】 2021年，太原市进出口完成1852.35亿元，同比增长52.90%，占山西省进出口总额的83.10%。其中：出口完成1153.14亿元，同比增长59.10%；进口完成699.21亿元，同比增长43.60%。贸易顺差453.93亿元。在中部六省省会城市（长沙市、郑州市、武汉市、合肥市、太原市、南昌市）中进出口同比增速排名第一，占全省比重排名第一，全市GDP外贸依存度排名第二。全市有进出口实绩的企业822家，比上年同期增加59家。其中，富士康集团进出口额完成1032.64亿元，同比增长23.50%，占全市进出口总额的55.70%；太钢集团进出口额完成228.42亿元，同比增长30.90%，占全市进出口总额的12.30%；武宿综保区进出口额完成351.74亿元，同比增长283.70%，占全市进出口总额的19%。

（路　晶）

【二手车出口试点】 2021年1月，太原市商务局与市公安局、晋阳海关联合制定印发《太原市开展二手车出口业务实施方案》，明确由市商务局、市公安局、晋阳海关具体负责推进二手车出口业务发展。2月，由市商务局联合市公安局、晋阳海关成立评审工作组，按照《实施方案》的具体要求，完成5家二手车出口业务试点企业的评审认定，并上报商务部备案。12月3日，与市财政局联合印发《关于加快推进二手车出口业务发展的实施意见（试行）的通知》，在鼓励二手车出口业务试点企业开展业务、降低二手车出口试点企业运费成本、降低二手车出口试点企业融资成本等三个方面对二手车出口业务进行资金补助。6月30日，太原市首批10台总金额30.60万元的二手牵引车由山西大宇汽车贸易有限公司出口蒙古国报关成功，实现二手车出口业务零的突破。全年有5户二手车试点企业全部实现出口实绩，办理出口许可37张，出口清关27台，报关金额15.40万美元。

（路　晶）

【外贸体系建设】 2021年，山西转型综合改革示范区申报成为全国首批13个"国家加工贸易产业园"之一。9月24日，商务部、生态环境部、海关总署批准富士康精密电子（太原）有限公司开展手机模组等区外保税维修业务。武宿综保区通过海关总署委托太原海关组织的正式验收，园区当年新增进出口59.88亿元，同比增长109倍。以华远国际陆港集团为主体，多渠道整合省内外铁路、公路、水运、港口、邮政、航空、口岸、保税场所和区域资源，统筹推进物流通道、枢纽、园区和信息平台建设，全年开行中欧班列160余列，与"一带一路"沿线国家进出口实现261.84亿元。

（路　晶）

【外商投资】 2021年，太原市新增外商投资企业64家，同比增长64.10%。合同外资5.03亿美元。实际利用外资1.73亿美元，同比增长69.20%。太原市商务局组织开展宣传《中华人民共和国外商投资法》及实施条例活动，引导企业用足用好政策，落实政策稳外资。加大外资企业服务力度，提升服务稳外资。坚持项目为王，开展外资项目调度工作，促进投资稳外资。在上海举办的第四届中国进口商品博览会期间，组织8场特色订货交易会活动，签约项目322个，签约金额达52.43亿元。2021年北京中国国际服务贸易交易会期间，组织通信服务、文化服务、运输服务、建筑及工程服务等多个领域的26家企业参加山西—北京服务业协同发展推介对接会、华夏古文明·山西好风光文旅推介活动、山西非物质文化遗产展演、山西药茶宣传推介等多场主题活动，洽谈对接企业200余家，现场达成签约协议4800万元，达成意向金额1.55亿元。

（路　晶）

电子商务

【跨境电子商务】 2021年，太原市商务局印发《太原市商务局关于开展第二批市级跨境电子商务示范园区、示范企业申报工作的通知》《关于加快推进跨境电子商务发展的实施意见（2021修订版）的通知》《2021年第一批市级外贸经发展专项资金（跨境电子商务发展）项目申报指南》《2021年第二批市级外经贸发展专项资金（跨境电子商务发展）项目申报指南》，助力企业降低运营成本，营造良好营商环境。7月1日，太原市获海关总署批准为"B2B出口监管试点城市"。全年保税进口零售完成1922.09万元，有实绩的跨境电商进出口企业由年初的2户增长至年底的

100余户。全年认定市级“跨境电商示范园区”2个、“跨境电商示范企业”14家、“外贸综合服务企业”2家，组织7场跨境电商峰会，培训跨境电商人员超过4000人。山西晟尧国际贸易有限公司在迎泽区建设晟尧全球购保税进口商品展示体验中心。山西工商学院开展跨境电子商务产业学院建设，9月完成招生。山西君正商务咨询有限公司申报阿里巴巴数字贸易学院并成功获批，太原市成为全国继浙江省、广东省之后，华北地区第一个正式落地B2B专业人才培育机构的城市。（路　晶）

【线上线下展会】 2021年，太原市商务局组织83户（次）企业、232个标准展位及54平方米大型机械及设备展位参加线上广交会。下半年第130届广交会恢复线下举办，太原市交易分团组织19户企业、租用65个展位参会，展品涉及电子及家电、照明、车辆及配件、五金工具等13大类27小类。组织49户外贸企业参加首届中国国际消费品博览会、第十六届东亚国际食品交易博览会、第二届中国—中东欧国家博览会等展会。组织360户企业、976名采购商参加第四届中国国际进口博览会，达成采购意向8000余万美元，超上年同期水平，连续4届稳定增长。（路　晶）

供销合作

【概况】 2021年，太原市供销系统购进总额完成121.16亿元，较上年同期105.85亿元增长14.47%。销售总额完成125.56亿元，较上年同期109.80亿元增长14.34%。利润总额完成373.40万元，较上年同期313.89万元增长18.96%。全市供销社经济发展呈现稳步长的良好态势。（李　丹）

【基层组织建设】 2021年，太原市供销合作社联合社落实省社《关于深入推进基层组织建设的指导意见》，扩大组织规模，拓展服务功能，提升综合实力，健全基层服务体系。全年改造提升薄弱基层社6个，发展村级基层社6个，建设乡镇为农服务综合体4个，发展农民专业合作社63个，引领创办专业合作社联合社7个，新建农村综合服务社85个。联合市委农办、省农信社太原审计中心出台《关于开展生产、供销、信用“三位一体”综合合作试点的实施意见》，为各县（市、区）供销社开展“三位一体”综合合作工作提供政策指导。娄烦县社创建4个乡镇农合联，与娄烦县三禾村镇银行共同实施“银供联合、整村授信”普惠金融服务，推进生产、供销、信用“三位一体”的实质性融合。清徐县、阳曲县被列为市级试点单位，推进相关工作。（李　丹）

【农业社会化服务】 2021年，太原市供销合作社联合社实施“农业社会化服务惠农工程”，开展“绿色农资”行动，做好春耕备耕、农资供应和农业社会化服务工作。全年新建惠农服务中心5个、提升3个，新建惠农服务站10个、提升5个，新建庄稼医院3个、改造2个。新增土地托管面积2333.33公顷，其中全托管面积666.67公顷。新增土地服务面积5066.67公顷，其中农业社会化服务面积4000公顷。销售化肥4.06万吨，价值1.24亿元，农药1884万元，农膜1255万元。（李　丹）

【传统经营转型发展】 2021年，太原市供销合作社联合社争取供销社综合改革项目资金80万元，对县区社及直属企业5个项目予以支持。强化再生资源回收体系建设，市物资回收利用总公司扩大公共机构收购业务，新增4个废旧物资回收协议单位，推动回收业务向县区下沉，带动县区再生资源回收业务逐步恢复。县区社参与实施化肥包装物等农业废弃物回收与处置工作，清徐县社统一收回各类废弃肥料包装袋6万多只，支付回收包装袋直接费用3.60万元。古交市社全年累计回收农业废弃物包装物4.87万件，集中处置率达到100%。塑造品牌带动业务经营，市果品茶叶副食总公司传承和弘扬茉莉花茶非物质文化遗产，打造位于钟楼街的百年老字号“乾和祥茶庄”旗舰店，于12月20日开业。推进线上线下融合发展，阳曲县社持续建设农产品电商平台，整合县域资源，打造阳曲县电子商务公共服务中心和物流快递分拣中心，推动农业全产业链发展。按照市政府安排部署，成立太原市供益通农业科技有限公

2021年12月20日，市果品茶叶副食总公司乾和祥茶庄钟楼街店原址回迁开业（市供销社供图）

司，筹建农产品销售平台，建设农产品电商运营和大数据中心，打造线上线下融合发展全产业链。（李　丹）

【全产业链电商新模式】2021年，太原市阳曲县供销社以“三产”带“二产”促“一产”，以电商为纽带推动企业以销定产、产销对接，实现从田间地头到餐桌消费的体系化服务。由阳曲县生产资料公司、惠农服务站、庄稼医院牵头，帮助农民解决种植问题。太原农合盛农业开发有限公司在高村供销合作社建设SC认证加工基地，解决烘干、收储、加工、SC认证问题。联合山西贡天下电子商务有限公司、太原晋昇四海电子商务有限公司，开通主流电商平台10个以上，解决线上线下体验销售问题。构建全方位、多渠道、立体式的销售新模式，打通供销e家、省农芯乐公司、天猫、抖音小店等10余家主流电商销售平台，与阿里巴巴、斑马会员等电商企业签订战略合作协议，通过与现代媒体直播和接入电商平台销售等方式，打通农产品上行渠道。（李　丹）

【农产品流通新模式】2021年，太原市阳曲县供销社按照打造县域公共品牌、推进全产业链的发展思路，在解决阳曲小米包装、设计、销售、品牌人才孵化等多个领域对外开展合作，开创校政企合力扶贫工作新模式，打造公共品牌“首邑田园”，变销售产品为销售品牌文化。打造“五位一体”农产品流通扶贫模式，通过折股量化模式将扶贫产业资金注入供销扶贫企业，为10个行政村（6个脱贫村）每年固定分红50万元。通过高于市场价标准收购困难群众的谷子，让利于困难群众，使其获得收益。电商扶贫产业链整体雇用困难群众1万人次以上，促进困难群众增收。通过合作社带动困难群众脱贫，领办的2家专业合作社和种粮大户等签署免费代加工谷子1000吨以上。通过品牌价值提升增加困难群众收益，创建县域公共品牌“首邑田园”，解决阳曲小米售价低、渠道窄难题。专业合作社为农民免费加工产品600余吨，为村集体经济组织、能人大户整体代工品牌打造20个以上，运作县域公共品牌“首邑田园”，阳曲小米价格平均增幅1元以上，助力全县农民增收4000万元以上。（李　丹）

物　流

【快递业务】2021年，太原市快递业务收入累计达到36.23亿元（占全省比重40%），同比增长28.92%。全市快件收投量达到8.49亿件，支撑零售交易额达到1273.50亿元。（马　卓）

【快递进村全覆盖】2021年11月，邮政、顺丰、京东、中通等主要品牌快递企业采取驻村设点、快快合作、邮快合作等方式实现全市636个建制村快递进村“3+1”全覆盖。（马　卓）

【关爱快递员】2021年，太原市邮政管理局协调市邮政公司在全市163个邮政普遍服务营业网点建设“爱心驿站”，全部挂牌并投入使用。协调市房产管理局开展“快递小哥之家”建设，首次争取8套公租房，试点解决快递小哥“安居”难题。与省、市总工会、市委宣传部、团市委等相关部门共同举办“暖蜂行动”“夏送清凉”等慰问活动，争取45万元慰问品和15万元行业工会经费。陪同中华全国总工会慰问团走访慰问太原市快递行业，行业获慰问金20万元及暖冬慰问品。推动快递企业平等协商、签订集体合同。开展“最美快递员”等先进典型评选活动，激励担当作为创新服务。指导企业完成职业技能提升培训2938人次，组织开展快递从业人员职称评审，18人获得助理工程师任职资格。（马　卓）

【邮政快递绿色转型】2021年，太原市邮政管理局实施“2582”工程，联合市发改委、市生态环境局等七部门印发推进快递包装绿色转型方案，编印行业绿色环保法规文件汇编，重点对企业包装物使用、绿色环保装置配备、可循环中转袋使用等情况开展专项检查，提升企业生态环保意识。全市可循环快递箱（盒）使用量达2.30万个，新能源汽车保有量达600辆，新增351个邮政快递网点设置标准化包装废弃物回收装置，引导1家寄递企业建设完善充电桩配套设施。（马　卓）

【智能快件箱建设】2021年，太原市

2021年7月30日，太原市邮政管理局联合市总工会组织开展“情系一线职工促进六新发展”夏送清凉慰问快递小哥活动（市邮政管理局供图）

邮政管理局建设完成智能快件箱1099处，快递综合服务站1660个，箱递率稳步提升，末端服务更加多元惠民。获市财政加快现代服务业发展补贴政策奖励资金120万元，全部发放至企业。

（马　卓）

会　展

【会展市场发展】 2021年，太原市贸促会根据《太原市会展活动管理暂行办法》和《太原市人民政府关于促进会展业发展的实施意见》，组织专家对申请奖励的8个会展项目进行专项审核，为评选出的优秀会展企业发放奖补资金90万元。

12月1日至5日，连续举办“2021第十五届中国（太原）国际汽车展览会”，展出面积36000平方米，60多个国际知名品牌和国内自主品牌参展。

（佀　敏）

【会展企业复展复业】 2021年，太原市贸促会走访太原易尚会展服务有限公司、太原酒厂等20多家企业，协助办理第六届中博（太原）建筑建材装饰博览会、第二十届2021太原煤炭（能源）工业技术与装备展览会、第15届中国（太原）国际汽车展览会等16场展会和2个会议的相关办展手续，推进会展企业复展复业。（佀　敏）

【会展专业队伍建设】 2021年6月，太原市贸促会举办会展行业会展策划与展陈设计项目培训会，会展企业、会展场馆、会展院校等240余人参加培训。与太原市总工会等部门承办“建党100周年、全市百万职工聚焦‘六新’助力转型”暨第十二届职工职业技能大赛——2021年太原市会展行业职业技能大赛，首次将会展纳入职业技能大赛，有27家企业、8所院校，236名选手参赛。

（佀　敏）

【第十二届中国中部投资贸易博览会】 2021年5月21日至23日，第十二届中国中部投资贸易博览会在太原市举行，为期三天。中共中央政治局委员、国务院副总理胡春华出席开幕式并致辞。毛里求斯总理贾格纳特应邀在开幕式上发表视频演讲。省委书记楼阳生致辞，国务院副秘书长孟扬、山西省省长林武、安徽省省长王清宪、江西省省长易炼红、河南省代省长王凯、湖北省代省长王忠林、湖南省省长毛伟明出席开幕式，商务部副部长兼国际贸易谈判副代表王受文致欢迎辞。省委常委，省人大常委会、省政府、省政协有关负责人出席，副省长卢东亮主持。

本届中部博览会以“开放、合作、转型、创新”为主题，首次采取线上线下相结合和主会场与4个分会场相结合的“1+N”办会模式。来自15个国家的企业以及省外客商共1012家参会。其中，央企、世界500强及行业领军企业、知名民企等高管400多名，特别是跨国公司218家，为历届中部博览会数量最多。

博览会取得丰硕成果，中部六省共签约项目433个。其中，外资项目25个，总投资额19.62亿美元，引资额19.62亿美元；内资项目408个，总投资额5714.71亿元，引资额5696.45亿元。外资项目方面，从签约项目数看，最多的为江西省，达到13个；山西省达到8个；湖南省、河南省、湖北省分别为2个、1个、1个，安徽省无外资签约项目。从签约总投资额看，最多的为山西省，达到11.87亿美元；江西省、河南省分别为5.85亿美元、1.50亿美元;湖南省、湖北省分别为0.24亿美元、0.17亿美元。从引资额看，最多的为山西省，达到11.86亿美元；江西省达到5.85亿美元，河南省、湖南省、湖北省，分别为1.50亿美元、0.24亿美元、0.17亿美元。内资项目方面，山西省以255个签约项目、3983.28亿元总投资额、3981.02亿元的引资额，居各项首位。江西省、湖北省，分别为签约项目38个、37个，总投资额629亿元、622.71亿元，引资额629亿元、622.71亿元。河南省、湖南省、安徽省分别为签约项目55个、15个、8个，总投资额324.96亿元、77.56亿元、77.20亿元，引资额308.96亿元、77.56亿元、77.20亿元。

中部六省外贸成交额共计1337万美元，其中山西省外贸成交额1337万美元，其他五省均无外贸成交额；内贸销售额共计251861万元，其中山西省240765万元，安徽省11096万元，其他四省无内贸销售额。

（《太原年鉴》编辑部）

【晋阳湖·第二届集成电路和软件业峰会】 2021年5月11日至12日，晋阳湖·第二届集成电路和软件业峰会在太原举行。省委书记楼阳生、工信部副部长刘烈宏在开幕式上致辞，出席主旨论坛。省委副书记、省长林武出席并揭牌。省委副书记蓝佛安，省领导罗清宇、张吉福、胡玉亭、李凤岐、王一新、卢东亮出席有关活动。主旨论坛由中国软件行业协会副理事长吕卫锋主持。郑志明、周济院士分别作主旨演讲，中国电子科技集团、中国电子信息产业集团、曙光信息、华为公司、用友网络、浪潮集团、东软集团等行业领军企业有关负责人作主题发言。

峰会期间，举行合作项目签约仪式，发布多项新产品新技术重要成果。林武与国家工业信息安全发展研究中心副主任蒋艳、中国电子信息产业发展研究院院长张立为山西信创产业园、山西大数据产业园、山西省新基建创新联盟、华为（太原）软件学院、山西省工业互联网创新中心、大数据分析与应用技术国家工程实验室山西数字创新中心、山西信息技术应用创新行业解决方案（龙芯）中心等机构揭牌。

本届峰会由中国软件行业协会、中国半导体行业协会、国家工业信息安全发展研究中心、晋阳湖·集成电路和软件业峰会理事会联合主办，以“把握新阶段、融入新格局、谋划新布局、塑造新优势”为主题，包括主旨论坛、四场专题论坛、供需对接会等系列活动，各界嘉宾1000余人参加。

中国工程院院士赵春江，国家有关部委、企业、院所和高校负责人出席峰会。

11日下午，晋阳湖·第二届集成电路专题论坛在太原举行，来自全国各地集成电路行业知名公司的企业家代表、知名专家学者等300余人汇聚龙城，就推动山西"芯"经济产业发展，进行深入交流。省委书记楼阳生，省领导陈安丽、李凤岐、王一新出席。本次论坛以"山西'芯'经济发展之道"为主题，由中国半导体行业协会、国家工业信息安全发展研究中心主办，集成电路知识产权联盟、北京赛昇计世资讯科技有限公司承办。论坛期间，北京航空航天大学集成电路学院、国家智能传感器创新中心及中国传感器与物联网联盟负责人分别以"新型存储器技术进展及产业机遇""中国智能传感器生态现状及山西建设建议"为题发表主旨演讲，多名本地企业家及省外专家作演讲。来自政、产、学、研、用等各界专家、企业家围绕论坛主题展开研讨。省直相关部门、企业、高校、科研院所负责人，各市市委书记和相关领导参加此次论坛。

12日，晋阳湖·第二届集成电路和软件业峰会举办供需对接会。山西省11市和山西综改区两天内轮流"搭台"推介12场，重点围绕优惠政策、营商环境、产业生态、招商需求逐一推介，设置12个合作洽谈区，助力各地"推介+招商"实现零距离接洽。除地市推介会外，供需对接会还涵盖企业展览、新产品发布环节。企业展览设置数字产业化、产业数字化、城市赋能、智慧生活等四大主题展区，华为、中科曙光、东软集团、用友网络、科大讯飞等38家龙头企业参展，集中展现山西省"六新"突破的最新成果。新品发布会则遴选龙芯、长城科技、山西鹏飞、天河云计算等集成电路与软件相关产业15家企业，在峰会各分论坛上分别开展企业精品、新品发布，展现山西省新型科技龙头企业在把握技术潮流上的精准性和敏锐度。（《太原年鉴》编辑部）

【锦绣太原历史文化展】 2021年5月18日，锦绣太原历史文化展开展活动在太原博物馆举行。省委常委、市委书记罗清宇宣布开展，市委副书记、市长张新伟主持。省文物局副局长程书林，市领导刘鹓、张建刚、张齐山、陈晓红参加。

锦绣太原历史文化展秉承"用考古与艺术讲述一座城"的总体定位，聚焦"锦绣太原"主题，通过共约4200平方米的两个展厅，分"河流曲绕晋阳城""黄云画角见并州""并门雄镇军权重""太原烽火照中原""地贵自然芝草出"等五个部分，展出文物1000余件，集中反映从史前时期至明清时期太原历史文化的发展脉络，生动再现太原历史的壮丽画卷。（《太原年鉴》编辑部）

【古交市区域公用品牌发布会】 2021年5月18日，"金牛良品·一见如故"古交市区域公用品牌发布会及特色农产品推介招商订货会举行。市委常委、常务副市长刘俊义参加。此次活动由山西省品牌与标准化建设促进会、太原市商务局、太原市促进外来投资局、古交市委、古交市政府共同主办。活动现场，古交市公开首批授权使用"金牛良品·一见如故"区域公用品牌的13家企业和合作社的8个品类、近30个规格产品。（《太原年鉴》编辑部）

【太原第二届云上房博会】 2021年5月20日至6月10日，太原市举办"筑巢·引凤·惠居2021太原第二届云上房博会"，为期22天。由市房产管理局指导、太原数源科技有限公司携手各方举办。89家房企、百余个优质楼盘项目参与，其中展销项目86个。市民登录"云上房"房产信息平台及微信公众号参与活动，实现看房、购房、领取住房优惠等"云端"新体验。

本次房博会是太原市有史以来会期最长、房源最集中、政策最优惠、服务最全面、购房最便捷的一届房展会。延续举行上年云上房博会的优惠政策和特色亮点，吸引近百家房企和租赁机构、近百个精品楼盘项目参展，汇集太原优质房产资源。推出购房补贴、企业让利、金融贷款等多重优惠，提供政策咨询、网签备案等高效便民服务。购房群众可以通过线上展会平台，快捷地了解太原楼市及在售楼盘信息，选择心仪的住房。

活动期间，云上房博会官方平台访问量突破35.83万人次，线下到访客户近17万人次。新建商品房成交量3288套，成交面积约36.17万平方米，成交金额约39.78亿元。

（《太原年鉴》编辑部）

【夏季农产品产销对接活动】 2021年7月8日，太原市"助力农民增收 献礼建党百年"夏季农产品产销对接活动在龙潭公园广场举办，市委副书记、政法委书记李新春，副市长程永平出席活动。本次活动为期4天，全市72家种植专业合作社、龙头企业、家庭农场参展，现场销售时令果蔬、杂粮、饮品、酿品、乳制品、肉制品、主食糕点等特色农产品200余种。其中，娄烦黑猪肉、晋源大米、阳曲杂粮、清徐灌肠等产品受到广大市民青睐，现场购销两旺。

（《太原年鉴》编辑部）

【网络空间与先进制造产业决赛暨峰会】 2021年7月7日，中俄青年创新创业与创意大赛——网络空间与先进制造产业决赛暨峰会在太原市开幕。省委常委、市委书记罗清宇，俄罗斯联邦驻华大使馆科技参赞亚历山大·叶尔莫拉叶夫出席开幕式并致辞。中国科学院院士欧阳自远等知名院士、学者作主旨演讲，清华大学副校长杨斌代表主办方发言。市委副书记、市长张新伟，市委常委、常务副市长刘俊义参加。

本次决赛暨峰会由太原市人民政

府、清华大学、中关村发展集团主办，莫斯科创新集群、圣彼得堡国立大学联合主办，以“共创、共享、共进：实现共同发展”为主题，旨在推动建立跨界协同创新机制，帮助创新创业的中俄青年在竞争中成长、在竞争中发展、在竞争中共赢。赛（会）期三天，举行先进制造国际论坛、2021中国数字企业峰会、智创城·高质量发展高峰论坛等多场系列活动。参加网络空间与先进制造产业决赛的队伍，通过视频连线的方式角逐入围中俄青年创新创业与创意大赛总决赛的资格。网络空间产业决赛中，基于人工智能的新基建物联网获一等奖。先进制造产业决赛中，高性能复杂金属结构件增材制造工程化项目获一等奖。

（《太原年鉴》编辑部）

贸易促进

【招商引资平台建设】 2021年，太原市贸促会参与“山西品牌丝路行”之“日韩看山西”活动，搭建太原推介、优势产能、特色产业、名优产品、技术交流等招商引资平台。9月23日，组织宁化府、紫林、水塔3家知名醋企业参展山西品牌丝路行暨第十三届中国—东北亚博览会，现场接待客户近万人，销售金额4万余元，现场签约意向客户13家，签约销售金额420万元，签约意向金额620万元。组织参展企业前往吉林省重点企业进行考察调研，展开“一对一”洽谈合作、走访对接、招商引资系列活动。（佀　敏）

【品牌企业参展服务】 2021年，太原市贸促会组织优势产业、优秀企业参与青岛、深圳两站“山西品牌中华行”活动，助推企业和名优产品“走出去”。9月15日至17日，组织山西九牛牧业股份有限公司等4家优秀企业参加“山西品牌中华行（青岛特色农业专场）”，借助“2021亚洲国际集约化畜牧展览会”国际性展会平台，组织开展展览展示、宣传推介、项目对接等系列经贸活动。10月21日至24日，挑选工艺美术、醋业、农产品、不锈钢产品、玻璃器皿等不同行业的10家优秀企业参展深圳消费品专场，帮助参展企业申请到展位费补贴。（佀　敏）

【城市经贸联系】 2021年，太原市贸促会与深圳、厦门、成都、南京、无锡等先进城市建立深度联系，为组织优秀企业外出参展参会、招商引资搭建桥梁和平台。与厦门市签署《太原市人民政府、厦门市人民政府促进友好交往全面深化合作协议》，于4月组织8家会展企业参加厦门市在本市举办的文化旅游推介会。与深圳市会展行业协会就加强合作进行探讨协商。在中博会期间与湖南省娄底市贸促会签订战略合作协议，8月，协助组织“新化红茶·飘红三晋”太原推广品鉴会。（佀　敏）

企业选介

·太原市饮食服务公司·

【企业经营】 2021年，太原市饮食服务集团有限公司资产总额13947万元，比期初13717万元增加230万元。负债总额7924万元，比期初7762万元增加162万元。所有者权益6024万元，比期初5955万元增加69万元。全年实现营业收入2282万元，比上年同期增加327万元，增加16.73%。利润73万元，比上年同期减少39万元，减少34.80%。净利润69万元，比上年同期减少43万元，减少38.39%。资产负债率56.82%，净资产收益率完成1.15%。（白　雪）

【上海饭店重建开业】 2021年，太原市饮食服务集团有限公司根据品牌强市、推进国资国企高质量转型升级的战略部署，落实市委、市政府“促转型、蹚新路”举措落地见效，将上海饭店打造成太原城市餐厅+文化场景的网红打卡地为目标，从店内设计、装修施工到开业经营，各个环节精益求精。充实运营管理团队，从并州饭店调入优秀管理人才，确保老字号品牌高效运营。10月，上海饭店开业，为打造具有“千年商脉，钟鸣并州”特色的钟楼街输出一张亮丽名片。（白　雪）

【老字号品牌建设】 2021年，太原市饮食服务集团有限公司迎合市场抢占先机，先后开设三家老字号门店：认一力太榆路万科加盟店、认一力涧河路店和清和元桃园南路店。组织老字号企业参加第十二届中国中部投资贸易博览会、“太原品牌、品牌强市”系列宣传报道、第五届中华老字号（山东）博览会以及山西电视台“人说山西好味道”专题拍摄等宣传活动。认一力被认定为山西省第二批“三晋老字号”企业，林香斋成功申请“林香斋过油肉传统制作技艺”项目保护补助资金6万元，清和元完成省级、市级大师工作室申报工作。（白　雪）

【安全生产】 2021年，太原市饮食服务集团有限公司与基层企业签订安全生产目标责任书，与职工签订全员安全生产责任书，各基层企业与租赁单位签订安全生产监管目标责任书。全年召开安全专题会议9次，组织安全检查32次、防汛检查12次，排查各类隐患50条。组织开展干部职工进行安全生产培训8场、消防疏散演练8场，参加人数240余人次。结案国家信访网督办的信访事项1项，接到各类信访事件7起，接待信访人员20余人次。（白　雪）

·太原并州饭店·

【企业经营发展】 2021年，太原并州饭店有限责任公司完成省、市第十二次党代会，省、市政协会议，省、市经济工作会议等重大政务接待保障任务，推动党政机关、企事业单位食堂拓展工作，开辟中铁三局职工食堂、山大一院

2021 年，并州饭店外景　（太原并州饭店有限责任公司供图）

营养餐厅、浙商银行职工食堂等输出管理新项目。全年实现经营收入 11549.20 万元，比上年增加 3710.20 万元。　（张永立）

【助力惠民工程】 2021 年，太原并州饭店有限责任公司推进中小学生“放心午餐”和“社区食堂”惠民工程落地。开设社区食堂 1 家，为东岗小学、北营小学、市实验小学等 14 所学校近 5000 名师生配送放心午餐，与 20 余所有合作意向的学校对接落实服务细节。　（张永立）

【酒店特色营销】 2021 年，太原并州饭店有限责任公司紧盯春节、端午节、中秋节等传统节日市场需求，推出春节“年货大礼包”“名厨上门”“团年宴”活动及“端午”“中秋”产品礼盒售卖。利用“美团”“饿了么”等平台开展无接触送餐服务。利用公司官微商城、抖音平台、直客通商户端建立会员直销体系，实现公司产品全天候服务、与宾客需求对接。　（张永立）

【智慧“央厨”二期项目建设】 2021 年 9 月，太原并州饭店有限责任公司作为运营管理主体单位，启动集餐饮管理、产品研发、净菜加工、营养配餐、食材配送、食育教育等功能为一体、日单餐产能盒装（桶装）营养餐、成品和半成品 10 万份的并州饭店智慧“央厨”二期项目建设。项目选址于太原市迎泽区，北至南内环东延，东至规划路，南至规划路，西至马庄路，规划占地面积 19242 平方米，总建筑面积 26493 平方米，主要建筑物包含综合车间、信息指挥中心、技术研发中心及相应的配套附属设施。项目旨在发挥中央厨房集中采购、统一加工、安全配送和信息化、标准化、规模化、集约化、品牌化优势效应，服务保障“社区食堂”和中小学生“放心午餐”惠民工程，扩大就业、带动关联产业发展。　（张永立）

【酒店安全管理】 2021 年，太原并州饭店有限责任公司落实从业人员健康监测和管理，定期进行核酸检测。对进出宾客进行健康监测，核对健康码、行程码，设置疫情防控温馨提示牌、体温检测门。在前台等候排队区域引导宾客执行好“一米线”、佩戴口罩等防控措施。落实客流引导和疏导措施，防止人员瞬时聚集。落实餐具消毒，提倡非接触式点餐结账，推荐使用公筷公勺，提醒宾客就餐时保持距离，非就餐时佩戴口罩。在各公共区域、楼层、会场、通道、电梯以及和宾客接触最多的客房内摆放消毒湿巾和手部消毒液，利用智能消毒机器人对公共区域进行 24 小时全天候、全方位消毒工作。　（张永立）

·太原六味斋实业有限公司·

【党建基地建设】 2021 年，太原六味斋实业有限公司做好新时代党建工作，加强树六味斋党建品牌建设，建立“党建 + 工业 + 旅游”的新发展格局。成立清徐县委党校六味斋分校，使公司党性教育培训工作更加深入。打造“一课堂三结合”模式，行走课堂，融党建、生态、学习于一体的党员教育实训基地，成为六味斋党性教育培训的特色，得到全省学员的肯定和好评。坚持以“党建强”促“发展强”的工作原则，逐步在全省树立起六味斋党建品牌，

2021 年，六味斋食品工业园全貌　（太原六味斋实业有限公司供图）

发挥党建品牌的示范、引领、聚合效应，不断推动企业健康发展。全年有近百家单位超1万人次在六味斋开展党建教学活动。（林 谦）

【云梦坞景区接待】2021年，太原六味斋实业有限公司加强云梦坞景区建设，对园区长势不好的绿植进行分析，重新种植沙地柏、冬青约20万株，月季、天心菊等绿植花卉4公顷，设计安装中水灌溉管道近3000米、透气排湿管3000余套，将水循环利用和可持续发展推向深入。云梦坞景区吸引大量游客前来游玩，全年烧烤接待量2.50万人次，学生团、党建团人数比上年翻一番。加强微信公众号运作，对抖音平台的宣传题材进行整体策划，推出"五一去哪玩""太原周边的100个网红打卡地"等视频，企业宣传效应得到明显提升。（林 谦）

【助力抗洪】2021年，河南省、山西省遭受暴雨洪灾，太原六味斋实业有限公司全体员工踊跃捐款，组织救灾小队赶赴河南送去价值13万元的救援物资，员工捐款7.39万元。在清徐县抗洪中，承担起后勤保障工作，每天确保每一位抗洪救灾一线队员能准时吃上热气腾腾的盒饭，抗洪期间为一线运送盒饭4万盒，捐款43万元，承担肩负的社会责任。（林 谦）

通 信

·电信公司·

【网络建设】2021年，中国电信太原分公司推进云网融合，加强科技创新，网络支撑能力显著提升。完成FTTH端口利用率提升、政企两线业务投资造价下降、国家级骨干直联点建设等3项攻坚克难项目。建成多个5G站点，完成地铁二号线、火车南站以及重点院校的5G共享开通。与联通保持共规划、同建设，保持100%共享率。加强4G建设，深入开展共建共享和复建，充分发挥现网资源的效率。重点解决山大东山校区、综改区五大中心及校园等多个长期未覆盖区域。（王亚君）

【通信保障】2021年，中国电信太原分公司做好2021年建党100周年网络保障工作，制订专项通信保障方案，开展风险隐患排查，提前进行网络优化，组织应急演练，开展监督检查等，确保"重保"期间网络高效运行。严格执行7×24小时值班值守制度，加强机房、干线、电源等巡检力度。开展专项风险隐患排查，制定细化云网条线网络安全工作要求，明确排查时间和目标，针对机房、干线、基站等进行隐患排查。强化应急队伍维护技能，6月起开展防汛暨建党100周年保障、IDC、电源等各类应急演练活动。太原分公司领导带队深入机房对消防安全、机房环境等开展现场检查，确保安全生产。"重保"期间太原全网整体运行稳定，无重大云网事件发生。累计投入保障人员2057人次，保障车辆262台次。（王亚君）

【助力经济数字化】2021年，中国电信太原分公司助力楼宇经济发展，自主研发数字底座、楼宇综合管理平台、BIM可视化运营平台，融入自有AI算法、物联网、5G、大数据分析、云计算等先进技术，推出楼宇经济一揽子通信解决方案，打造建筑数字孪生，实现公共安全、绿色能效、智慧管理三大类、19小类功能。

助力工业数字化升级，加强5G定制网建设，推动行业客户的信息化、智能化转型升级。完成多个智慧化工厂的建设，标杆案例有山西煤机数字云工厂、华阳中莱5G定制网项目、多尔晋泽5G+数字云工厂项目等。

赋能中小企业，完成1441个中小企业的提速降费工作，全部实现网络带宽翻番，网络速率大幅跃升，资费水平大幅降低，惠企利民取得实效。长期推出办公云产品免费试用3个月的优惠政策，例如云主机、云电脑等业务，帮助众多中小企业实现办公上云，助推数字化转型升级，提高经营效率。

服务千行百业数字化转型，与山西煤机合作打造国内首个5G+数字工厂平台，通过工业PON和5G创新应用，企业设备有效稼动率提升15%，能源损耗降低20%。协助煤机装备有限公司完成综合布线及信息化配套项目，为后续工业互联网平台、云平台的打造奠定基础。与省内大型连锁企业山西今度生活便利股份有限公司合作，打造5G智慧园区，实现连锁服务业与工业制造业的深度融合。（王亚君）

【助力生活数字化】2021年，中国电信太原分公司推进智慧家庭建设。太原市区实现近1000余个小区千兆网络升级，90余万户具备千兆接入能力。不断研究用户在家庭教育、家庭看护、家庭办公等多方面的需求，完善智慧家庭服务体系，提升家庭用户使用感知。

助力智慧社区及平安乡村建设，在全市完成133个智慧社区建设，覆盖10万家庭，其中杏花岭区建设18个，覆盖3.2万户家庭。太原市内完成84个数字乡村建设，综治平台监控达到3560端，为乡村治理提供信息化保障。

提升老年群体的数字化生活获得感，参与智慧养老项目推进，建立数字平台信息传输能力，实时获取老人生命体征、活动监测、安全告警等信息。利用通信等现代科学技术和信息系统，通过专向终端联动和网络环境搭建，为老年人及其家庭提供实时、快捷、高效、安全的物联化、互联化、智能化养老服务。

助力教育数字化，推出教育专网、教育上云、高考通、翼校通、安全卫士、有线无线一体化校园网等信息化应用，服务太原市大中专院校，推进高校信息化高质量发展。完成杏花岭区、迎泽区及市教育局直属的各中小学校百兆光纤进校园提速工程和教育城域网建设项目，推动教育资源向优质均衡迈进。

助力医疗服务数字化，推进“互联网+医疗健康”服务水平提升，开通医保专线2000余条，覆盖太原市药店1300家、卫生服务站300家，方便市民买药。协同打造阳曲县人民医院5G+智慧医疗建设，这是省内首个5G改革试点医院，为医院提供5G远程重症监护、多学科联合查房会诊、5G远程手术示教（手术操作指导、手术方案指导、远程手术监护）等应用场景。与山西省眼科医院启动战略合作，实现5G远程医疗。为山西省儿童医院建设数据共享网络，为山大二院建设医疗影像云平台等，推动加快“健康中国”建设、医疗产业良性发展。（王亚君）

【助力治理数字化】2021年，中国电信太原分公司以信息技术的综合应用，推动城市的数字化、网络化、智能化、可视化，提高城市的治理能力、应变能力、运营能力，提升市民的数字素养，提高现代城市核心竞争力。配合市委IDC保密机房建设，提供星级机房环境，确保政府数据安全。配合市委网信办IPV6改造，履行网络运营者的安全管理义务，做好安全防御机制建设。配合迎泽政法委社会治理平台服务项目，作为全省政法系统社会治理工作的试点项目，一网统筹，全科服务，为区域社会治理蹚出新路。配合小店区财政局网络安全分析平台项目，解决小店区域内100余个机关事业单位业务的传输、网络安全和管理需求，及时发现和处置外来入侵威胁，防护系统安全。（王亚君）

·联通公司·

【概况】中国联合网络通信有限公司山西省分公司太原联通公司（以下简称太原联通公司）现有在职员工2814人，合作网点工作人员2300余人，从业人员超过5100人。其中，硕士研究生388人，本科及以上学历占比超72%，技术人员2057人。主要行政区划设置7个主城区分局、4个郊县分公司，在36个乡镇设立分支机构，合作网点达680个，全面对接各区县信息化网络建设和服务工作。

太原联通公司累计投资12亿元用于通信网络建设，累计投资3.50亿元建设完成建筑面积40990平方米、机柜数量1127个的大型数据中心。（李新未）

【基础网络建设】2021年，太原联通公司固定电话容量150万线，移动通信基站6236个，宽带网络容量166.30万线，出口带宽达到2.8T。全市共有一干光缆753.46皮长千米、二干光缆992.29皮长千米，其中国家一级干线有京太西光缆、济石太银光缆、呼和北海光缆，本地网光缆总计4.75万皮长千米，实现区域光速能力全覆盖。（李新未）

【5G建设与应用】2021年，太原联通公司完成3134个5G基站建设，实现5G网络本地网人口覆盖率到95%，市区、县城、高校校园、乡镇完成连续覆盖，千人村覆盖率达到100%。5G室分覆盖楼宇达到2848栋楼，楼宇5G覆盖率达23.50%。

太原联通承接省政府《山西省加快5G融合应用实施方案》，与全市各企业对接，加快5G应用场景落地，以5G新技术驱动行业转型。能源矿山领域：在太钢峨口铁矿、清徐麦地掌煤矿和古交白家沟煤矿设计建设实施了井下5G专网，完成矿车的数据对接，实现井下矿车的无人驾驶、机器人无人值守、5G高清视频回传AI智能分析等应用场景。工业互联网领域：在建设完成市工业互联网平台的基础上，加大与太原锅炉集团、紫林醋业、太原酒厂、山西电机厂、喜跃发集团、中电科风华等行业领先企业的沟通交流，推动行业平台落地，助力标识解析二级节点平台的建设。在太原酒厂新址打造酿造小镇5G智慧酒厂，通过5G混合专网实现AI质检等智能制造场景落地。在（山安立德）山西转型综合改革示范区潇河产业园区建筑垃圾资源化公司实施建设智慧工厂，实现5G高清视频监控回传，本地分析处理、数据不出园区，提升企业数据安全性，为项目二期5G智能制造应用奠定网络、环境基础。医疗领域：响应卫健委建设太原5G方舱医院（晋阳湖会议中心）需求，提供包括5G专网、视频会议、WIFI覆盖建设及配套优化的一揽子信息化建设保障解决方案。

（李新未）

【通信大数据应用】2021年，太原联通公司向政府提供数据支撑服务，为各级政府、地方卫健委和疾控中心提供分析报告，在疫情态势研判、疫情防控部署、精准施策、提前防范等方面起到支撑作用。为太原市公安局建设公共区域预警分析平台，在维稳和案件侦破方面起到作用。平台利用手机与运营商基站的信号交互数据，为公安部门提供了动态人流量监测及预警、区域人群属性分析、区域聚类人群预警、疑似作案人员智能识别、伴随用户智能识别、常住及流动人口分析、常驻人口流动规律分析统计、热点区域人口分析、驻留分析、数据比对等一系列高效数据服务功能。为山西省卫生健康委员会建设山西全民健康医疗大数据平台，通过居民健康信息共享推动三大信息资源（电子病历、健康档案、医疗运营）和四大综合监管功能（医疗服务监管、公共卫生监管、药品监管、医疗资源监管）医疗信息化建设。建设重点人群居家隔离电子围栏管理平台，强化对重点人群的精准防控管理，通过居家隔离电子围栏管理平台对重点人群居家隔离期间24小时实时远程监控管理工作，通过信息化手段杜绝监管死角和防控漏洞。（李新未）

【智慧城市建设】2021年，太原联通公司发挥系统集成、产业互联网、云、大数据、物联网于一体化优势，在公共安全、智慧城市、数字政府、智慧医疗、智慧教育、工业互联网、智慧文旅、智慧生态环保八大领域研究开发创新产品。承办两会视频会议保障、“三个一批”视频会议保障服务、市委市政府每次重大视频会议重要保障。承揽全市一体化视频会议系统建设，为市委建设视频会议系统提供总体技术方案。发挥央企本地化服务作用，为城市数字化建设完成多个行业领域综合治理和信息化管理平台建设。（李新未）

【智慧乡村建设】2021年，太原联通公司针对农村研发“智慧乡村”整体解决方案，11月正式发布中国联通“数字乡村”平台，新平台紧紧围绕国家数字乡村发展战略，发挥太原联通云、网、端及综合信息化服务优势，建设具有本地特色的“数字乡村”平台及应用，助力对区域内农户实现精准服务和管理，打造平安智慧乡村。推进乡村“智慧化”发展，助力乡村振兴示范村、乡村旅游振兴示范村、数字乡村建设示范村和特色产业示范基地建设。（李新未）

·移动公司·

【概况】2021年，中国移动通信集团山西有限公司太原分公司（简称太原移动）拥有超过460万户移动电话客户，5G用户数160余万户，家庭宽带用户90余万户，11.80万集团客户，560余个营业服务网点遍布市区、郊县和乡镇，2G、4G、5G通信基站总数23000余个，中国移动网络信号覆盖率超过99%，为广大客户提供通信服务和信息安全保障。（武　芳）

【移动5G网络助力地铁智慧出行】2021年，太原移动公司在地铁2号线化章街站成功验证移动5G160M下行载波聚合功能，简称为CA。该功能部署后，电脑测试软件下行峰值速率可达2.1Gbps，手机端专业测试软件Speedtest下行峰值速率可达1.9Gbps，大于1Gbps的理论下载速率。太原地铁2号线隧道及站台采用漏缆覆盖方式，与本次载波聚合功能相结合，保证沿途信号平滑覆盖，为市民刷脸进站、网络购票、全程无卡顿千兆上网冲浪、到站提醒等智慧出行带来便捷的出行体验。（武　芳）

【移动5G赋能项目建设】2021年11月，太原移动公司中标山西晋煤铁路物流有限公司智慧铁路物流园区一期项目。项目涵盖智慧园区IOC中心、智慧屏、厂区定位等内容，是全省首个智慧铁路物流园区项目，是将基于集团公司“平台9one计划”中的OnePark能力架构，采用云原生的设计思想，打造园区智慧IOC中心，整合基础设施平台、基础服务能力和运维保障能力等集OnePark基础能力、应用和设施统一管理和运维的智慧化平台。

太重集团携手移动公司共同打造的“5G赋能重型机械设备制造——大块头有大智慧”项目，对大型露天矿用挖掘机进行成功改造，实现全国首创。项目通过搭载5G网络进行数据、视频的超低时延传输，实现毫秒级远程操控，是全省首例工业远控应用落地，解决了在矿山、大型工业园区等高危场景与极寒、扬尘等恶劣环境中，生产效率低、安全性差的问题，助力企业实现安全、高效、绿色生产。

3月1日，太原移动分公司中标山西焦煤西山煤电（集团）有限责任公司—马兰矿5G专网建设设备采购项目。项目将采用以“5G+MEC”网络为基础，融合升级矿方原有4G网络，实现“5G+SPN万兆”网络的全面应用，打造井上井下“一张网”的高质量传输能力，并借助MEC边缘计算能力实现数据分流，为矿方提供了高可靠、高速率、高安全的网络环境，为后期人员定位、无人驾驶、机器人巡检、智慧综采等智能化应用提供可靠保障。（武　芳）

【移动宽带网络建设】2021年11月10日，太原移动公司开通全省首个FTTR全光WiFi家庭组网业务，标志着山西移动用户正式进入全光千兆时代。根据国家加快千兆光纤网络等新型基础设施建设的要求，通过优化资源配置，动态调整网络资源，加强基础网络建设，以市场需求为导向，针对全省690个精品小区一对一专属方案制订及千兆宽带覆盖，将千兆业务接入由“客户提出需求”转向“网络提前覆盖”。千兆时代背景下，基于云网融合发展趋势，发挥央企责任担当，聚焦行业新生

2021年，太原移动开展电磁辐射宣传活动（太原移动供图）

态，构建商业新模式，着眼未来，融合FTTR、10GPON等技术，推出创新应用，助力千行百业数智化转型。（武　芳）

【移动通信应急保障】2021年，太原移动公司承担各类应急保障共45项，提供保障150余天，出动保障人员314人次，车辆92天次。其中：灾害、事故类应急保障共12次，出动保障人员198人次，车辆42天次。承担活动、会议类应急保障共33次，出动保障人员116人次，车辆50次。（武　芳）

【电磁辐射宣传】2021年11月，太原移动公司邀请电磁辐射监测领域技术专家，使用专业仪器对微波炉、手机、基站、电磁炉等现场测试，现场为居民播放电磁辐射宣传片，开展电磁辐射科普知识有奖问答，消除大家对电磁辐射的顾虑和担忧，倡导科学健康的生活方式。引导居民正确认识通信基站电磁辐射，营造全社会支持参与通信基础建设，为加快5G基站建设发展夯实基础。（武　芳）

2021年8月2日，太原市邮政管理局赴太原警备区慰问（市邮政管理局供图）

邮　政

【概况】中国邮政集团有限公司太原市分公司（原太原市邮政局）隶属于中国邮政集团有限公司山西省分公司，是网络型社会公用服务企业，是城市基础设施的重要组成部分。2021年设有6个综合职能部门、3个市场经营部门、4个经营支撑部门，下辖4个县（市）邮政分公司和6个区邮政分公司。有员工2500名。公司资产总额2.68亿元，其中固定资产1.34亿元，占资产总额的51.76%。全市邮政劳动生产率41.23万元/人，列全省第一位。

2021年，太原市邮政行业业务收入累计完成47.78亿元（占全省比重36%），同比增长24.35%。业务总量累计完成44.23亿元（占全省比重34%），同比增长33.34%。快递业务量累计达到3.22亿件（占全省比重41%），同比增长42.25%。（王飞　马卓）

【企业经营收入】2021年，中国邮政集团有限公司太原市分公司实现业务收入8.77亿元，完成省分预算102.71%，列全省第二位，同比增幅13.94%，列全省第五位，新增收入10733万元，占全省比重25.81%，较上年提高17.76%，增收占比排名由第7位上升至第一位。实现考核利润19860万元，完成省分预算111.17%，超预算目标1995万元，同比增加额2431万元，增幅18.27%，高于收入增幅4.33个百分点。资金存量-9138万元，较年初增加2002万元，全年累计上缴利润及折旧资金18849万元，处理以前年度遗留问题资金额600万元。从业人员劳产率41.23万元/人，列全省第一位，超出全省平均水平15.02万元。全口径人员劳产率20.42万元/人，列全省第三位，超出全省平均水平4.66万元。百元收入工资含量24.67元，列全省第一位。（王　飞）

【市场秩序规范管理】2021年，太原市邮政管理局采用线上视频、线下检查等多种方式开展核查，为企业增便利减负担。全年新增许可企业20家，其中新业态企业3家；新增备案分支机构270家，末端网点2542家，许可企业达到53家，分支机构达到348家，快递末端网点达到2717家，市场主体增幅明显，为全市人民群众提供优质、高效的快递服务。探索推行包容审慎柔性执法，全年行政处罚起数同比减少12.50%，处罚金额同比减少44.87%，执法监管科学高效，创新创业环境开放包容。改善末端投递服务，强化快递末端服务站合法规范标准化管理，对中通等17家企业未经许可经营快递业务问题进行立案查处，累计处罚金额8.90万元。联合交警和协会组织开展全市快递三轮车驾驶员安全培训，指导协会做好快递三轮车优化管理，开展快递三轮车违法违规、无牌上路专项检查，对邮政、顺丰、三通一达等13家快递企业4414辆三轮车进行年审。坚持做好“12345”政务热线转办和“12305”申诉处理反馈工作，化解矛盾提升用户满意度。（马　卓）

【邮政普通服务监管】2021年，太原市邮政管理局组织召开全市邮政普遍服务监管工作会，安排部署全年重点工作任务。制订全年执法计划，实地检查63个普服网点、5个投递场所，下发责令改正通知书8份。视频检查70次，检查网点231个。审核22个普服局所备案材料。开展《辛丑年》《五牛图》《中国共产党成立100周年》等重大题材纪念邮票发行监督。组织开展巡视专用邮政信箱监督检查。强化机要通信监管力度，开展两轮专项检查，做到两个

100%全覆盖，全年检查7处场所，出动14人次，下发整改通知书2份。

（马　卓）

【邮政普通服务保障】 2021年，中国邮政集团有限公司太原市分公司累计投入资金380余万元，实施普服营投场所改造及网点门头标志、局名牌、信筒箱等内外部服务形象集中整治和便民服务设施更新完善，服务形象环境得以改善。105个普服网点转型目标全面完成，163个普服网点业务叠加推进，服务能力得以提升。强化两岗履职和现场及非现场检查，对普服营业达标率、建制村投递频次达标率、普服邮件全程时限达标率等关键指标进行重点管控，各项普服考核指标全面完成，用户满意度调查得分94.33分，机要通信连续15年保持质量全红。

（王　飞）

【传统业务发展】 2021年，中国邮政集团有限公司太原市分公司文传板块实现收入9519万元，完成预算94.64%，全省排名由第七位下降至第十一位，同比增幅-0.26%，全省排名由第八位下降至第十一位，减收25万元。实施《盛世珍藏、币有所值》和“金牛贺岁、辛丑有福”等主题营销活动，开发“乘风战破浪行——《领航中国》太原雄起”收藏册，组织开展政务图书营销活动，策划实施建党百年营销项目，开展“增强文化自信、建设书香太原”图书巡展活动，实现收入3217万元。聚焦集邮生肖和文创产品，开展4场主题抖音直播活动，累计吸引1万余名粉丝收看和互动点赞。联合社会各界推进“邮文化”宣传推广，与太原万达广场、阳曲新阳街小学、万柏林下元社区等联合开展主题邮展活动，联合太原有礼文化创意产业有限公司、东岗小学，打造“太原古县城”“阳光少年”主题邮局，就宣传推广“邮文化”、加强市场培育进行探索。

（王　飞）

【邮政寄递业务】 2021年，中国邮政集团有限公司太原市分公司寄递板块实现收入14838万元，完成预算115.88%，同比增幅48.70%，全省排名由第十一位上升至第一位，新增收入4860万元，占全省比重37.32%，较上年提高29.60个百分点，增收占比排名由第十位上升至第一位。全年政务项目实现收入2289万元，同比增长88.85%。全年实现快包收入8101万元，同比增长62.10%。全年实现国际业务收入（不含省分单列部分）1670万元，同比增长97.57%。全年实现现费散件收入1873万元，同比增长21.40%。

（王　飞）

【邮政渠道业务】 2021年，中国邮政集团有限公司太原市分公司渠道板块实现收入3794万元，完成预算110.11%，同比增幅30.96%，全省排名由第十位上升至第二位，新增收入897万元，占全省比重23.76%，较上年提高36.08个百分点，增收占比排名由第十一位上升至第一位。“福至新春”营销活动实现收入1040.90万元，进度109.60%，增幅23.53%。“粽情端午”营销活动实现收入678万元，进度135.60%，增幅34.80%。“月满中秋”营销活动实现收入1016.40万元，进度107%，增幅43.27%。全年增值业务实现收入234.50万元，完成计划101.07%，同比增长98.74%。邮乐购标准站点建成350个，完成建店目标的104.80%。自营批销额完成182万元，完成计划进度134%，列全省第二位，其中大单品批销额完成114万元，完成计划进度111.29%，列全省第一位。

（王　飞）

【企业普惠共享】 2021年，中国邮政集团有限公司太原市分公司邮政速递员工薪酬实现统一标准，合同用工年平均工资较上年增长16.01%，劳务用工年平均工资较上年增长30.57%。启动第五轮职工医疗互助工作，范围扩大至全体会员，补助金额上限由2万元提升到10万元。开展“送温暖”工程，组织开展“两节”、金融跨赛及旺季生产等慰问活动，发放慰问金（品）35万元，惠及3000余人次。提高员工节日福利水平，对春节、中秋节及蛋糕卡福利标准进行上调，新增夏季福利。推进小家建设，当年新建小家6个、提升15个，实现职工小家覆盖率100%目标。为154个营业网点职工小家、48个城市投递员之家配备饮水机、微波炉、小厨宝、折叠椅等各类生活用具用品55种。开展义务植树、随手拍邮票设计大赛、庆祝建党百年合唱比赛等活动，丰富员工文体生活。

（王　飞）

【行业安全生产】 2021年，太原市邮政管理局多次开展对企业分拨中心夜查，围绕派费、安全生产、疫情防控等开展专项调研摸排。在中国共产党成立100周年、全国两会、全运会、第四届进博会以及“双11”“双12”等重大活动和业务旺季期间做好寄递渠道安保工作。与市公安局、国安局等相关部门开展联合执法，妥善做好行业扫黄打非、反恐、禁毒、涉枪涉爆、知识产权保护等工作。推进行业安全生产体系建设，全市行业基本完成安全生产管理机构的组建，专职安全管理人员全部到位。推动企业消除传动轮、传动轴及高台安全隐患63处、消防用电安全隐患12处、人车分流安全隐患8处、员工着装不规范47人次。全年累计出动执法检查人员468人次，检查企业216家，下达责令改正通知书28份，行政约谈企业7家，立案查处28起，累计处罚金额55.10万元。

（马　卓）

金 融
Finance

银行业

·中国工商银行·

【反洗钱宣传行动】 2021年，工商银行太原山大支行结合日常工作，开展反洗钱宣传活动。从源头上核查，做好客户身份识别，严把账户开立关。对每一位办理开户业务的客户做到“五问两查”，完善客户相关信息的同时告知客户保管好自己的银行账户，不得有出租、出借、出售、购买账户的违法行为。加强员工反洗钱工作能力，开展全员业务学习，反复进行反洗钱相关工作要求、工作制度的学习，针对反洗钱工作中遇到的问题展开讨论。做好日常工作中的资金监控，对有效阻止冒名开户、发现可疑交易及客户身份识别等工作方法进行经验交流，发现可疑情况及时汇报。做好日常反洗钱宣传工作，除通过厅堂宣传外，走进校园和社区，向学校师生和社会公众发放反洗钱宣传资料，普及反洗钱知识。 （孙 帆）

【小微企业帮扶】 2021年，工商银行太原高科技支行强化金融支持和服务保障，着力纾解小微企业生产经营困难，为62户小微企业提供信贷强支持。根据企业类型制订差异化服务方案，实现服务创造类、商业服务类、信息技术类、电商类、出口类和新农村建设领域的全覆盖。落实普惠金融工作指引，依托工银小微金融服务平台，提供线上线下一体化综合金融服务，通过工行个人手机银行App或者企业手机银行App进行预约开户。邀请海归协会成员共同举办主题金融活动，实现互动，拓展企业孵化器、“双创”基地优质客户。针对小微企业经营管理特点，设计多产品、多样化、多渠道组合服务方案，为小微企业提供集开户、结算、融资、投资于一体的绿色、智能、品质金融服务。 （孙 帆）

【“断卡”行动】 2021年“3·15”期间，工商银行太原山大支行多举措、强力推进“断卡”行动。“断卡”是国务院部署的一项有效打击治理网络新型违法犯罪的行动。主要是指“断”两卡，即手机卡和银行卡，其中手机卡泛指用于手机的流量卡，包括传统运营商电话卡、物联卡、虚拟运营商电话卡；银行卡包括第三方支付平台账户、个人银行卡、对公结算卡。强化客户身份识别工作，对新开卡客户实行严格的核查机制，防范冒名开户。对个人开卡、办理电子银行疑似用于出租、出借的情况及时提示风险，发现疑似组织者立刻中止办理，并及时报备。加强存量账户风险排查和管控，全面排查存量个人借记卡账户的风险隐患，对可疑线索、涉案账户进行核实、核查与处置，对问题账户严格落实相关管控措施。提高员工风险意识，开展客户信息安全教育宣传工作，对员工进行防范网络新型违法犯罪知识培训，通过学习涉案银行账户开户及交易异常特征，掌握异常开户、交易行为的应对策略、账户风险的排查方式以及在办卡时需要注意的事项。在为客户办理业务过程中，宣传防诈识骗知识，提醒客户注重个人信息保护，告知客户买卖银行账户和手机卡的危害及可能面临的惩戒措施，增强客户自我防范能力。 （孙 帆）

【教培资金监管平台上线】 2021年，太原市小店区教育局联合工商银行太原分行在太原市首家上线“教培云”——教育培训机构资金监督管理服务平台。该平台依托专业科技系统和资金管理服务手段，为教育管理部门和教育培训机构提供全方位培训资金监督管理服务。该平台可实现教育部门对培训机构的资金实行“全量+轻量”组合监管模式，可灵活设置拨付比例，按周期滚动拨付，有效控制培训机构“跑路”风险。平台功能优化、直观可视、操作简便，支持培训机构进行线上发布课程、费用收缴等，节约培训机构财务、人力成本，方便学生、家长在线选课、报名、缴费，实现一体化流程操作。"教培云"平台以科学的流程、先进的账户层级、稳定的技术支持实现培训资金统一管理，提高教育管理部门工作效率。针对上线的培训机构，工商银行太原分行可根据其资金管理使用情况，为管理规范的培训机构提供金融服务。（孙 帆）

【"工行驿站"活动】 2021年，工商银行太原迎泽支行面向户外工作者，开展"工行驿站"严冬暖心服务活动。"工行驿站"成为爱心传递站，为环卫工人、志愿者、快递员、外卖小哥、出租车司机、城市管理员、交通警察等户外工作者以及老人、儿童、残疾人等需要特殊关爱的群体和有其他需求的社会公众，提供温馨场景和温暖服务。（孙 帆）

【"智能手机大讲堂"】 2021年，工商银行太原山大支行开展"智能手机大讲堂"，在营业大厅配备一名服务人员，为前来办理业务的老年客户进行智能手机的使用知识讲解，指导他们学习使用微信添加好友、建群、发红包、聊天、发朋友圈、语音视频等基础功能，帮助他们体验快捷绑卡和快捷支付，着重讲解缴纳水费、电费、燃气费、手机话费等便民生活缴费。客户经理为学会使用智能手机的老年客户介绍工行幸福生活版手机银行，液晶电视循环播放当前社会上常见的诈骗相关视频，工作人员结合视频播放内容逐一讲解如何识破陷阱，避免老年客户上当受骗。老年客户的日常生活更加方便，老年客群的金融风险防范意识得到提升。（孙 帆）

·中国建设银行·

【人民币知识宣传活动】 2021年，建设银行太原分行采取多种方式，组织开展人民币知识宣传活动。通过张贴海报、发放宣传折页、对等待办理业务的客户以"微沙龙"形式讲解人民币基础知识、识别假币的方法、残损币兑换标准及兑换方法，提升客户识别假币的能力。城区各行和清徐、阳曲、古交、娄烦等县域网点为群众宣传讲解人民币相关知识。加强禁止拒收人民币现金的知识普及，任何单位和个人不得在营业场所标示"无现金""拒收现金"等或引用其作为宣传标语，或者为消费者使用现金设置歧视性条件。（孙 帆）

【反诈宣传进乡村】 2021年"3·15"活动期间，建设银行太原阳曲支行、阳曲县市场监督管理局、阳曲县人民银行在阳曲县新阳广场联合举办"守护经济，畅通消费""3·15"宣传活动。根据县域金融环境特点，将县域客户日常经常面对的各类金融知识盲区进行一一梳理，宣传内容涵盖人民币防伪宣传、人民币图样使用管理办法、理性投资、支付安全、理财知识、个人信息保护及防范网络诈骗等。通过设立咨询台、发放金融知识手册、现场讲解等方式，向村民宣传金融基础知识、网络安全知识，提示村民防范金融风险。对老年客户重点进行防范电信诈骗、货币反假、反洗钱、防范非法集资等知识宣传。宣传活动覆盖人数达2000余人次，发放各类宣传资料600余份，获得良好宣传效果。（孙 帆）

【警示教育活动】 2021年，建设银行山西省分行纪委驻太原分行纪检组通过多种形式，强化太原分行警示教育工作。加强警示教育的针对性和有效性，注意根据对象的不同，选择不同层级、不同条线、不同内容的警示教育案例。通过重点区分管理岗位与经办岗位，机关岗位与基层机构岗位，领导班子成员、中层干部与一线普通员工等不同警示教育对象层级，打造分层分级的警示教育体系。8月12日，通过现场+视频会方式，召开全行柜面警示教育视频会议，本部及基层共260名员工参加会议。会上，纪检组组长讲授"深刻吸取系统案件教训、落实柜面案件警示教育活动"专题警示教育课，大家集体学习系统内案件剖析报告，观看警示教育片《伸向客户资金的黑手》。8月13日，在太原分行上半年"两防"联席会议上，对2021年员工警示教育实施方案进行解读并提出工作要求。全体参会人员观看警示教育片《权力的迷途》。（孙 帆）

【金融教育示范基地建设】 2021年3月15日，作为首批省级"金融教育示范基地"之一的建设银行太原河西支行，在基地举办金融知识讲座，充分发挥基地在提升消费者金融素养、助推金融知识普及中的作用。"3·15"活动期间，组织开展一系列金融消费者权益保护宣传活动，向大家普及有关存款保险、个人征信、防范非法集资和电信诈骗等金融知识。通过海报、宣传折页、讲座、朋友圈、H5、小视频等形式，形成线上线下、内容丰富、多种方式相结合的宣传矩阵。（孙 帆）

·中国银行·

【中小微企业帮扶】 2021年，中国银行山西省分行结合产业结构特点，推出12项专项服务方案。聚焦融资难、融资贵这一痛点，加大支持力度、强化资源配置、创新金融服务、开辟应急通道、健全保障措施。做好白名单获客、深挖园区企业、对接"百行进万企"、开展跨境撮合等工作，普惠金融实现倍增发展。普惠型小微企业贷款余额突破百亿元大关，在5大银行中排名第二，贷款新增额在当地同业五大银行中排名第一。普惠贷款不良率为0.07%，连续3年在同业5大银行中由低到高排名第一。结合小微企业发展需求，提升信用贷款、中长期贷款、续贷占比。贯彻国家降低小微企业融资成本精神，承担授信客户的抵押物评估费、抵押登记费、押品财产保险费、强制执行公证费334万元。（王 浩）

2021 年 10 月 29 日，中行山西省分行参加第十一届山西省节能环保、低碳发展博览会

（中行山西省分行供图）

【助推民营企业发展】 2021 年，中国银行山西省分行从组织领导、政策配套、资源保障、营销支持、过程管理、考核评价、尽职免责等方面，建立机制、出台措施、强力推动，建立健全“敢贷、愿贷、能贷、会贷”长效机制。构建“亲”“清”银政企关系，加强与各级政府职能部门对接，了解企业金融需求。对大中型、优质民营企业，建立白名单，予以重点支持，制订针对性服务方案。截至年底，民营企业贷款余额较年初增长 25 亿元，增长率为 11%。民营企业客户数 2753 户，较年初增加 888 户，增长率 47.61%。（王 浩）

【政银合作平台建设】 2021 年 4 月 8 日，中国银行山西省分行在太原签署《关于金融支持山西省“十四五”经济社会发展全面战略合作协议》。聚焦太原市“十四五”规划，加强与市委、市政府对接，畅通沟通渠道，与市政府签署金融支持“十四五”规划协议，承诺“十四五”期间提供不低于 1000 亿元融资支持。与综改区管委会、太原市农业农村局、迎泽区人民政府、清徐县人民政府、阳曲县人民政府签署战略合作协议，提升政银合作质效。（王 浩）

【助力“省会首位度建设”】 2021 年，中国银行山西省分行落实与太原市政府签署的全面战略合作协议，将信贷资源投向重点发展领域，加大绿色贷款、制造业贷款、战略新兴贷款等战略信贷投放力度。截至年底，制造业贷款较年初增加 28.12 亿元，增幅 19.87%，增速高于全行各项贷款平均增速。战略新兴贷款较年初新增 65.02 亿元，绿色贷款余额较年初净增 67.07 亿元，对公绿色贷款占比较上年末提升 2.82%。发挥外汇外贸业务主渠道作用，连续 4 年携手企业参加中国国际进口博览会，地区结售汇业务、国际贸易结算、跨境人民币业务市场份额排名同业第一。（王 浩）

【支持重点企业发展】 2021 年，中国银行山西省分行与山西转型综改示范区 15 个招商中心、太原市政府职能部门和六城区金融办建立长效沟通机制。向市第一实验室、市轨道交通、市公交公司等重点企业提供融资，加强与总部在地区国企改革重点集团客户对接，建立“总对总”合作关系，提供一揽子服务。在改革落地过程中，保证存量信用总量不落空、不断档。为太原龙投发行 7700 万美元境外债券，5 亿元永续债、15 亿元私募债，拓宽企业融资渠道，降低融资成本。作为全球协调人为山西证券发行境外债券 2 亿美元，是省内首单非银金融机构境外债。首次使用基石投资方式助力焦煤集团成功发行 20 亿元中期票据。为山西天然气投放 3.10 亿元 1+N 类永续非标资产，降低企业资负率。

（王 浩）

【传统专业优势发挥】 2021 年，中国银行山西省分行将融易达、国内商贴、国内综合保理等作为供应链业务主打产品，围绕存量及新增授信客户，为其上游中小客户解决融资难问题，加大对产业链供应链链条企业采购、生产、销售

2021 年 5 月 20 日，中行山西省分行参与第十二届中国中部投资贸易博览会

（中行山西省分行供图）

等各环节的融资支持力度，发放普惠性供应链融资业务6.35亿元。作为省内金融机构首家代理“债券通”资金交割的清算银行，为山西证券公司办理“债券通”代理清算项下跨境人民币业务累计72.95亿元。（王　浩）

【金融服务保障民生】2021年，中国银行山西省分行落实“房住不炒”和“三个优选”策略，落实扩大内需战略，推进“一稳两快”发展，保障重点民生服务。截至年底，个人住房贷款余额较年初净增26.47亿元。开展“惠聚中行日”商圈满减活动，活动覆盖太原地区王府井、茂业天地、万象城、万达、铜锣湾、柳巷6大主流消费商圈。综合消费类贷款较年初净增2.58亿元，净增市场排名第一。中银E贷有效客户数较年初净增2.05万户，银行卡分期交易额同比增长6%。发挥“双奥”银行品牌影响力，制定《中国银行山西省分行体育场景建设指引》，为山西省体育中心、太原九龙滑雪场等客户搭建体育场景等，加快体育商户营销拓展，累计服务企业客户6户、个人客户4.96万户。将时间银行平台嵌入民政厅康养山西智慧养老系统，推广中银老年大学建设。依托手机银行、App、微银行等渠道，融合搭建综合交通出行场景平台、“特色慈善”爱心公益平台、“特色山西”农产品销售平台、“特色消费”便民惠民平台、“特色文旅”山西文旅平台，将场景生态建设嵌入客户营销和金融服务中。（王　浩）

【金融业务合规经营】2021年，中国银行山西省分行树牢“大风险”“大内控”“大安全”理念，推进内控案防长效机制建设，在“夯实、完善、消化、穿透”上下功夫，加大各类排查力度，跟进做好问题整改和违规问责，强化操作风险管理和业务连续性管理，深化反洗钱治理机制建设，全年未发生反洗钱、制裁合规重大风险事件，未发生业内案件，保障全行内控合规工作平稳运行。资产质量管控稳中向好，不良额及不良率实现双降。加强消费者权益保护，做好防范打击电信网络诈骗、金融消费者投诉纠纷化解等重点工作。（王　浩）

【银企共建】2021年8月30日，中国银行太原并州支行与山西金虎商业集团股份有限公司举行党建共建全面合作暨2亿元综合授信、金度生活5000万元贷款投放签约仪式。中国银行坚持“一体两翼”的发展战略，利用自身服务资源，发挥国际化、综合化、广泛化资源优势，坚持以客户为中心，便利群众、服务民生，支持山西金虎商业集团各项业务发展，实现合作共赢。山西金虎商业集团是一家主要以特许经营模式开展加盟连锁业务的民营企业，旗下有金虎便利、早早快餐、今度烘焙三个品牌，开设门店1500余家，为山西转型综改示范区阳曲产业园区民营企业纳税大户。双方通过“党建+金融”，在现金管理、普惠金融、消费金融、个人金融等领域进行全面业务合作。中国银行山西省分行、太原并州支行为该集团及供应链企业提供一揽子综合、全方位服务与资金支持。（王　浩）

【存款保险宣传活动】2021年，中国银行太原平阳支行通过行内行外联动宣传的方式开展存款保险宣传活动。在网点厅堂设立“存款保险咨询台”、摆放宣传折页、播放宣传标语，将存款保险宣传内容嵌入存取款业务全流程。拓宽宣传渠道，扩大宣传受众，进农村、进企业、进市场、进社区、进学校，通过开设金融知识小讲堂、一对一答疑等方式，为客户讲解存款保险相关知识，如客户最关心的存款保险是什么、存款保险的偿付等问题，提高存款保险知识宣传的覆盖面和社会公众对存款保险知识的认知度。（王　浩）

·中国农业银行·

【不动产登记样板站揭牌】2021年，“山西省不动产登记党员先锋模范服务样板站”在农业银行太原分行揭牌。“不动产登记样板站”基于科技赋能，银行与不动产登记中心开展业务对接和资源共享，创造性地将不动产登记业务延伸至农业银行网点，由工作人员帮助客户办理完成抵押、转移登记等相关业务。客户在农业银行“一站式”、全流程完成贷款申请、贷款审核、转移登记、房产抵押等多项服务。（孙　帆）

【农业银行山西省分行股权转让】2021年12月8日，农业银行山西省分行向山西医科大学第一医院股权转让协议签约仪式在太原举行，将持有的博爱医院股权成功转让。这笔股权的处置转让是农业银行对财政部委托资产清零要求的贯彻落实，是双方共同推动省城医疗卫生事业和太原地方经济发展的务实举措。农业银行山西省分行以此为契机，不断创新金融产品和服务，探索“金融+医疗+互联网”的新模式，持续为山西医科大学第一医院及全省医疗行业产业升级和医疗就诊环境的改善提升提供金融支持，为深化银医合作、助力“健康中国”持续努力。（孙　帆）

【党建共建研讨】2021年，农业银行太原分行党委组织部全体党员深入基层党建联系点柳南长兴南街支行，开展支部党建共建研讨，强化优势互补、结对帮带、信息共享、服务共促的党建工作格局。党委组织部党员与支行党员结合支部工作和日常工作实际，聚焦党建共建结合点，针对强化理论武装、党史学习教育、组织生活制度落实、培养业务骨干、提升党员干部素质、加强员工管理、做好服务工作等方面开展深入交流研讨，确保结对共建有成果、出实效。研讨中，党员干部职工各抒己见，分享党建工作经验，结合党建业务短板，探讨党建共建新思路、新途径和新方法，将党的组织优势和群众工作优势转化为业务发展优势。对照制订的党建工作清单，全面梳理党建基础工作的内容和频次，盘点支部和党员10大类36项工作细则，做到党建工作责任清、任务明。开展“我为群众办实事”实践活动交流心得感受，强化以群众需求为导向的服务意识。（孙　帆）

·交通银行·

【重点领域金融扶持】2021年，交通银行山西省分行发挥交银集团综合化经营优势，综合运用并购融资、财务顾问等手段，满足山西国企改革多维度金融需求，落地全国首单N+N+N供应链ABCP、系统内首单“租赁＋信用证＆银承”等创新业务。对接“六新”发展、14个战略性新兴产业集群建设，将信贷资源优先投放于制造业企业、民营企业、普惠小微等政策重点领域。围绕《山西省乡村振兴战略总体规划（2018—2022年）》，对接小米、陈醋、杂粮深加工、畜牧等山西省特色农牧领域重点企业，综合运用流贷、贴现、线上抵押贷等产品为当地农业产业化龙头企业开展生产、加工、流通、经销等全产业链金融服务，信贷规模优先用于满足涉农客户和项目融资需求，助力“美丽乡村”建设。（常永波）

【普惠金融】2021年，交通银行山西省分行开展普惠e贷、产业链和场景化拓客三大普惠业务，对烟草商户采购场景推出“烟户贷”。与第三方航信平台、云信平台合作推进供应链保理业务。根据不同业务场景推进线上产品渠道定制。依托核心企业推广线上化、多级供应商保理融资业务，提升产业链业务覆盖面。（常永波）

【金融服务转型创新】2021年，交通银行山西省分行对接住房、医疗、教育、公共事业缴费等重点行业业务场景，扩大消费与消费升级。推广交银慧校项目，实现校园消费、考勤、收费等场景的信息化升级。对接运城热力、吕梁热力收费系统，实现收费数据实时传输。创新企业融资方式，综合开展资产证券化、并购贷款、权益型债券等创新业务，提供金融创新服务。（常永波）

·邮政储蓄银行·

【邮政金融业务】2021年，中国邮政集团有限公司太原市分公司金融板块实现收入58663万元，完成预算101.40%，全省排名由第八上升至第五，同比增幅10.16%，全省排名由第八上升至第七，新增收入5411万元，占全省比重19.34%，较上年提高9.83个百分点，增收占比排名由第六上升至第一。储蓄业务发展步伐加快。跨赛系统余额净增33.10亿元，同比多增24亿元，跨赛考核余额净增43.50亿元。全年三年期存款少增13.43亿元，付息成本同比减少89万元。全年保险收入突破亿元大关，达10631万元，完成计划110.55%，同比增幅41.40%，收入绝对值增加3112万元。基金销售全年累计销售3.20亿元，同比增幅68.40%，其中全国首支爆款基金销售2566万元。全年新增手机银行6.40万户，快捷绑卡6.90万户。（王　飞）

【社保卡更换】2021年，邮政储蓄银行太原大营盘支行两次走进营盘社区，为社区居民现场更换第三代社保卡。为不影响换卡居民刷卡买药，集中力量按照“指导民生山西系统操作”“往返网点为客户制卡、送卡”“当场为客户激活”“绑定网金业务”四大流程，让换卡居民在半日内取得新卡。向居民宣传第三代社保卡金融服务、医疗健康、交通出行等各项功能，针对小区中有不少年纪偏大、行动不便的居民，工作人员携带自助设备上门服务。有部分老人使用的手机为老款老人机，无法办理智能业务，工作人员通过电话指导老人的子女用智能手机为其进行远程认证，成功办理换卡并激活。（王　飞）

【警示教育活动】2021年8月16日，邮政储蓄银行太原市分行组织召开全行领导干部警示教育大会，103名各级负责人参加会议。会上，行纪委书记进行动员部署和集体廉政谈话。组织观看央视纪录片《正风反腐在路上》，并进行“以案四说”（以案说纪、以案说法、以案说德、以案说责）警示教育培训，让各级负责人以案为鉴，知敬畏、存戒惧、守底线。通过开展警示教育大会，以“身边事”警示教育“身边人”，让各级负责人接受警醒教育洗礼，筑牢廉洁从业的思想“堤坝”。（王　飞）

·中信银行·

【固定场景消费贷】2021年，中信银行太原分行推动消费信贷线上化转型，推出“固定场景消费贷”业务。该业务是围绕“住生态”，满足客户房产相关消费需求而推出的拳头产品。基于消费者“购房”行为，延伸用于车位、仓储、装修、购买建材等多个场景，业务覆盖面广，是未来信用贷款发展的重点方向，可实现自助式线上贷款申请、自动化额度评估、自动化放款。在提升客户体验的同时，在一定程度上降低银行运营成本。（孙　帆）

【“票付通”业务】2021年，中信银行太原分行发挥票据产品专业优势，协助山西焦煤集团电商平台——“焦煤在线”正式上线“票付通”业务。此项业务是该行首笔和全省第二笔。作为业内全新的电票支付产品，中信银行“票付通”通过与电商平台系统直联的方式，支持平台客户在交易时支付并锁定电票、交易完成或取消时解锁电票，保障交易安全。该产品是上海票交所响应国家政策要求，支持供应链、小微和民营企业发展，基于供应链、B2B电商场景提供的线上票据支付服务，主要提供票据支付的见证机制、线上化处理等功能，保证票据支付在电商平台的公允性，消除平台陌生企业之间支付关系中存在的不信任，打造平台票据支付的全新理念，是电商平台资金结算支付的必要保障。“焦煤在线”是目前全国最大的煤、焦炭的现货交易平台，平台上线中信银行“票付通”产品后，有助于平台信息流、资金流、物流更加紧密结合，加强平台交易安全性，加深平台客户信任度，对平台业务推广产生积极影响。

（孙　帆）

·中国民生银行·

【“3·15”直播】 2021年3月14日，民生银行太原分行、太原市公安局小店分局联合举办“3·15”直播。公安局反诈专家和银行工作人员警银联手，通过线上直播及短视频连载的独特方式宣传反诈，引来大批网友关注。本次直播活动通过微赞、抖音、微信视频号同步开播。银行员工自编自导“恋爱杀猪盘”、套路贷、非法集资、投资理财诈骗、买卖银行卡等骗局揭秘短视频，通过一个个小案例在直播间为市民揭示当下常见的诈骗骗局，教会金融消费者如何真正有效防范受骗，守护好自己的钱袋子。三个直播平台观看人次累计超过4000人，取得良好宣教效果。

（孙　帆）

【惠民联名借记卡】 2021年5月30日，民生银行太原分行、唐久便利合作推出惠民联名借记卡。该卡以唐久便利店消费场景为依托，向持卡人提供相应的消费补贴。这是围绕太原本土消费市场，围绕唐久和民生银行服务的海量客群，让利惠民、促进消费的有益尝试。民生银行唐久联名借记卡，是民生银行携手唐久便利共同打造的具有公益惠民属性的购物主题借记卡。依托该借记卡，持卡达标客户，每月都将收到满减券礼包和购物津贴，在唐久便利享受购物优惠，每年最高可节省600元。

发布仪式现场，民生银行太原分行与唐久便利同步联合启动“百行千店”惠民行动，依托民生银行太原分行120家机构网点，以及上千家唐久门店推广联名卡及惠民措施。双方200余名员工以公益健康乐跑捐步形式，向山西青少年发展基金会捐赠累计2万元，彰显双方企业的公益主张。

（孙　帆）

·浦发银行·

【浦发银行太原晋阳支行开业】 2021年12月21日，浦发银行太原晋阳支行开业。该行根据网点建设规划及整体部署，立足新网址，秉承“笃守诚信、创造卓越”的企业核心价值观，把上海先进的金融理念与山西晋商文化相融合，在浦发银行太原分行领导下，打造“浦慧·飞鹰”特色品牌，践行社会责任，为新老客户提供优质服务。

（孙　帆）

【太原市住房公积金贷款浦发银行服务大厅启用】 2021年7月26日，太原市住房公积金贷款浦发银行服务大厅启用。办事群众“进一扇门”“最多跑一次”，即可“一厅式”办理个人住房组合贷款、纯公积金贷款、商业贷款等业务。这是市住房公积金管理中心启用的第四个“一厅式”组合贷款服务大厅。

太原市住房公积金贷款浦发银行服务大厅面积约150平方米，采取开放式办公模式，设有公积金贷款及商业贷款预约窗口、受理窗口、开发商服务等10个专属业务办理窗口，由市住房公积金管理中心、浦发银行派驻人员共同入驻，形成工作流水线，实现初审、复审、签约“一厅式”服务，可完成贷款从受理到发放的全过程，实现群众办理组合贷款，最多跑一次，90分钟之内就能完成组合贷款中公积金和商业部分的全部申请程序，省时便利。

（孙　帆）

·渤海银行·

【老年金融服务】 2021年，渤海银行太原分行多措并举，做好老年人金融服务工作。通过传统柜面服务与智能机具服务相结合，让老年人有序、高效办理业务。在营业网点开设有“爱心服务窗口”和“快速业务办理通道”，老年客户咨询或办理业务有专人服务、陪同。增设服务人员协助、指导使用智能技术的老年人在自助机具办理业务。渤海银行95541客服热线开通“敬老专线”，通过客户绑定电话号码识别客户身份信息，对60周岁（含）以上的客户，在按键服务一级菜单增加“敬老专线请按5”的选项，客户选择“敬老专线”可直接进入人工服务，及时为遇到困难的老年人提供帮助。补充完善便民服务设施，为各营业网点统一配置与老年人相关的便民服务设施，有轮椅、拐杖、助盲识币卡、血压仪、助听器、雨伞、饮水机、爱心专座及不同度数的老花镜等。将老年客户体验和需求作为常态化调查内容，随时掌握并解决老年人在金融服务过程中遇到的实际问题。开展老年客户专题教学活动，通过“厅堂微沙龙”、走进社区、走进老年活动中心等开展“智能手机课堂”系列活动，对老年客户讲解手机银行、导航地图、抖音等常用手机App软件的使用方法。定期组织开展老年人消保服务应急演练，结合当下解决老年客户运用智能技术困难，组织一线人员开展与老年人服务相关的应急演练，确保营业网点及各岗位人员能够从容面对并高效、规范处置老年人消保服务突发情况，完善老年人应急保障，提供更周全、更贴心的服务。

（孙　帆）

【预付费资金监管】 2021年，渤海银行在太原市推出预付费资金监管产品——“安心花”。“安心花”支持扫码、小程序、App收款，系统在消费者付款时就接手资金管理，直接将预付费资金

清算至监管账户，并按照约定的条件，按时、按次、按比例、按需进行资金划付或退款。（孙　帆）

·中国光大银行·

【线上《消保之声》栏目】 2021年9月，光大银行太原分行开展"金融知识普及月、金融知识进万家、争做理性投资者、争做金融好网民"活动。活动聚焦"一老一小"重点人群，创新运用数字化手段，推出线上《消保之声》栏目。该栏目以有声海报的方式对消保知识进行介绍，听众只需要扫描二维码即可倾听一段消保故事，让金融消费者"一看便知、一学就会、一听就懂"。《消保之声》针对易对老年人造成侵害的非法金融活动，加强提示和宣传，提高老年人防骗意识和自我保护能力。面向青少年、在校学生等年轻消费者重点普及合理借贷、理性消费、防范电信诈骗等金融知识，引导年轻消费者树立理性消费观，提升金融素养和诚实守信意识。（孙　帆）

【晋企债券融资支持】 2021年8月27日，光大银行太原分行在山西银行业保险业例行新闻发布会上介绍，该行积极支持煤炭等重点企业发行债券，截至6月底，累计承销债券115.5亿元，居山西同业第一，同比提升14.22%。该行在支持省属国企改革特别是煤炭企业改革方面，将省属重点煤炭企业作为战略客户予以重点支持。多只债券发行价格均创发行人历史新低。不断创新产品，多次创山西省内首单，如首单棚改专项债、首单专项扶贫债、首单燃气收费收益权资产支持票据、首单双创债、首单疫情防控债。4月22日，由该行主承销的山西焦煤集团15亿元三年期中期票据成功发行，成为当年山西煤炭企业发行的第一单银行间市场中长期债券，票面利率创下上半年全国省属煤炭国企发债价格新低。7月21日，由该行承销的晋能控股电力集团2021年度第四期超短期融资券，发行金额10亿元，助力煤炭债券市场有序回暖。上半年光大银行太原分行承销债券份额中，煤炭类企业占比达25%。（孙　帆）

·晋商银行·

【金融助力实体经济】 2021年，晋商银行股份有限公司支持重点领域、重点项目和民生工程。为省级机关住房资金管理中心等单位开立账户，与省人社厅、国土厅、行政审批局等单位各类系统进行对接。开展"腾笼换鸟"并购业务，支持国资国企改革，完成并购贷款19.90亿元。为省属大中型企业提供发债支持85亿元，成功落地部分企业银团贷款18.60亿元，运用多种融资方式支持企业。推广运用供应链、票据"额度池"、现金管理等产品，提升综合金融服务能力和效率。持续与医院、学校开展"智慧医院""智慧校园"建设，为民众日常生活提供快捷方便的金融服务。（闫　慧）

【普惠金融】 2021年，晋商银行股份有限公司加强银企对接，结合实地走访、调研企业需求，形成"专精特新"产品设计初步方案，研发推出"核心上下游信用贷款""诚信贷""小微企业质票贷"等多款产品，化解小微企业融资难题，满足小微企业多类型融资需求。通过优化考核、落实督导、综合营销等手段，提升普惠金融服务能力，推动小微企业贷款投放。（闫　慧）

【金融助力乡村振兴】 2021年，晋商银行股份有限公司制定《晋商银行服务乡村振兴实施方案》，探索金融支持乡村振兴模式，对接乡村振兴重点项目及农业龙头企业57户，提供资金支持11.52亿元。出台《晋商银行过渡期脱贫人口小额信贷实施方案》，对针对贫困人口的小额信贷业务流程进行优化，满足建档立卡脱贫户和边缘易致贫户有效信贷需求，推进包干乡镇脱贫人口小额信贷工作。（闫　慧）

【绿色金融发展】 2021年，晋商银行股份有限公司出台绿色金融品牌提升工作方案，制发绿色融资业务营销指引，通过立政策、明机制、严管理、强措施，引领绿色金融业务快速发展。创新绿色金融产品，推动传统工具绿色化转型，推出排污权抵押、知识产权质押等产品，成功发行山西省首单碳中和债券，形成丰富成熟的绿色金融产品体系。加入中国金融学会绿色金融专业委员会，成为理事单位。参加人民银行金融机构

2021年1月17日，晋商银行新一代核心业务系统投产上线（晋商银行供图）

2021年9月，晋商银行参加第十四届全运会毽球项目比赛　（晋商银行供图）

环境信息披露试点工作，形成《晋商银行环境信息披露报告方案》，提升绿色金融领域的品牌影响力。（闫　慧）

【零售业务发展】 2021年，晋商银行股份有限公司研发推出“房E贷”“信E贷”等个贷产品，巩固公司业务基础，精细化客户管理，建立客户准入制度和综合贡献度管理机制，挖掘、提升客户价值。加强与政府职能部门的对接，提升政策研究、行业研究能力，发挥政府及机构业务特色支行作用，突出法人银行链条短、决策快优势，依托“晋云链”供应链系统和“晋云通”现金管理平台，抓实新产品研发、新团队建设、新贡献提升工作，拓展贸易金融业务发展的新路径。加强债券承销落地，牵头注册并簿记发行首单定向债务融资工具，成功发行二级资本债券。打造信用卡品牌影响力，强化科技赋能，创新推出现金分期、大额分期等产品，并借助特惠商户体系建设，构建信用卡生态圈，布局场景金融生态，升级电子银行渠道，推动适老化改造，推进便民支付和云缴费功能建设，为客户提供更高质量的服务体验。（闫　慧）

【金融数字化转型】 2021年，晋商银行股份有限公司制定《晋商银行推进数字化转型实施方案》，整体驱动经营管理方式变革，提高金融服务能力和市场竞争力。强化数据治理工作，制定《晋商银行数据治理工作实施方案》，成立数据治理专项工作组，完善数据治理制度体系和职责分工，推动“管理决策驾驶舱”应用系统上线运行，支撑全行数据质量提升。加强业务科技融合能力和自主研发能力建设，新核心系统平稳高效运行，供应链金融服务平台、绿色金融管理系统、信用风险评价管理系统、远程视频银行等一批新产品新系统投产上线，助力全行高质量发展。强化系统运维与保障工作，加快构建网络安全综合防御体系，开展应急演练，确保各类系统安全稳定运行。（闫　慧）

【金融安全发展】 2021年，晋商银行股份有限公司完善风险管理机制，将“党管风险”作为全行“重要课题”，探索推动党的领导全方位嵌入风险管理，制发《中共晋商银行委员会关于推进党管风险工作的实施意见》，提出构建以五大体系和八大机制为主体的管理矩阵。把防范化解金融风险摆在重要位置，组织开展资产质量提升攻坚活动，成立不良资产清收工作专班，对接省城商行改革不良资产清收处置协调小组，通过汇聚内外合力加大不良资产专项清收处置力度。开展合规教育培训，推动合规文化，围绕重点领域、重点环节和关键部位，开展业务自查自纠工作、“合规管理建设年”活动，扎牢织密风险防控的“三道防线”。巩固安全发展理念，启动实施安全发展三年行动，开展安全生产大排查大整治，树牢安全生产理念，实现安全发展无事故。（闫　慧）

保险业

·中国人寿保险股份有限公司山西省分公司·

【业务转型发展】 2021年，中国人寿保险股份有限公司山西省分公司组织“山西国寿经营发展之我见”大讨论，广泛进行内外部学习交流，修订完成11本条线特色经营管理手册，公司特色经营体系的指导性、理论性、科学性不断增强。遵循营销规律，实施大个险“两全项目”、团险“统保+自付费+捐赠”发展模式、银保“4+2+N”经营模式，渠道价值定位更加清晰。提升薪酬市场化运作水平，规范劳动用工，修订完善干部、员工和机构管理“基本法”，制定三级公司协理制度，规范交流借调人员、劳务派遣人员管理。启动财务“放管服”改革，实施财务人员派驻制，完善资源管理机制，提升基层资源管理效能。超额达成综合金融各项预算指标，在太原启动综合金融队伍建设，联合集团成员单位开展“我为群众办实事——寻找保险的你”客户服务活动，首次启动综合金融开门红，打造“国寿金服”生态圈和大品牌。（孙　帆）

【运营服务创新】 2021年，中国人寿保险股份有限公司山西省分公司保全e化率99.49%，智能回访替代率99.36%，电子化通知覆盖率位居全国前列。理赔直付案件4.60万件，“重疾一日赔”服务客户5000余名，住院探视主动赔服务客户3200余次。监管有效投诉总量排在全国系统第二十八位、省内行业第七位，消费者权益保护工作受到监管部门认可。开展国寿客户节、国寿小画家系列活动，覆盖客户百万人次。强化对销售前端的运营支持，深入职场开展助飞销售活动。开展保单复效活动，全年累计复效保单7.52万件，累计收取复效保费4.34亿元。升级信息和报表系统，助力推广PAC、保单体检、泉脉健康等销售支持工具，建立“山西国寿”云学院，自主开发的审计E盘点系统在全国系统广泛推广使用。（孙　帆）

【风险防控管理】 2021年，中国人寿保险股份有限公司山西省分公司践行“把风险当作疾病防”的合规理念，以机制保障、自查评估、风险警示和常态问责为抓手，构建精准风险管控体系。加大风控三支队伍和审计特派员建设力度，开展审计和飞行检查。处置疫情风险事件，处置负面舆情，确保安全稳定。（孙　帆）

·中国人民财产保险股份有限公司山西省分公司·

【智慧交通服务】 2021年，中国人民财产保险股份有限公司山西省分公司加强道路风险源头防控，降低交通事故发生频度和损失程度。试点推广物联智能驾驶技术，与中交兴路、车慧达、所托瑞安等平台联手，依托物联设备和人工智能感知及控制算法，为托管营业货车驾驶员提供超速、超载、疲劳驾驶以及行驶危险路段等风险提示，实现由事后补偿向事中干预、事前预防转变，降低事故发生率，改善营运车辆出险率高、万车死亡率高的现状，公司承保的营运车事故数量下降13.10%、死亡伤残事故数量下降6%。打造“警”“保”一体化综合服务平台，设立358个站点，协助劝导、服务超3万人次。（孙　帆）

【健康养老服务】 2021年，中国人民财产保险股份有限公司山西省分公司构建大病、补充医疗、意外伤害、长期护理一体化服务格局。推出首个普惠型商业补充医疗保险“晋惠保”。建立管理规范、成本可控、素质优良、专业突出的社保服务团队，选拔组建专业医疗巡查队伍，定期针对多收费、乱收费、过度检查、过度治疗等行为进行稽核，维护医保基金安全。（孙　帆）

【绿色环保服务】 2021年，中国人民财产保险股份有限公司山西省分公司推进“保险＋科技＋服务”新模式应用，赋能环境保护。上线环境污染责任保险信息管理平台，构建风险监控、风险识别、风险处置、风险补偿的闭环管理体系，实现风险管理动作前置。探索低碳新兴领域，助力生态保护和绿色发展。创建“交通文旅保险创新试验室”和“智能客服中心”，深化保险与交通文旅场景的融合运用。（孙　帆）

【客户服务创新】 2021年，中国人民财产保险股份有限公司山西省分公司节假日在各大高速口及主干道设置“红顶棚”服务站，协助交警做好现场秩序疏导，为过往车辆提供各类咨询及检测服务，确保用车安全。为过往司乘人员提供口罩、常用应急药品、矿泉水及便捷食品等。设置“爱心驿站”，在各营业大厅增加“爱心驿站”，为过往行人及户外工作者提供临时休息场所。“爱心驿站”配置卫生间、饮水机、微波炉、空调等基本设施，增加血压仪、血糖仪等健康设备和老花镜等便民设备。建立便民网点，深化“警保联动”，与交管部门对接开设机动车登记服务站，依托互联网公安交通管理综合应用平台，开通“家门口”的车管所。车主可以在各出单大厅便民服务窗口办理申领年检标志、查询交通违法信息等业务，享受从办理保险到检证一站式便捷服务，解决到车管所办理业务排队时间长、路程远、不够便捷的问题，真正实现“就近办、一次办”。结合用车服务需求，推出“车主惠”服务平台和车主服务中心，面向广大车主提供安全检测、洗车、快修、打蜡、补胎、一键救援、预约停车、代驾、油卡充值等增值服务，构建更加全面便捷的“车生活”生态圈，全年配送安全服务等增值项目约600万次。（孙　帆）

·中国太平洋人寿保险股份有限公司山西分公司·

【业务转型发展】 2021年，中国太平洋人寿保险股份有限公司山西分公司搭建CG俱乐部，打造CG生产线，CG梯队人力储备提升。强化赋能，促进队伍销售能力提升，在“两全其美”“优美人生”“无忧保”“好事成双”等产品的推动中，举绩率、达成率均排名前列。打造实战型训练体系，实施精准赋能，促进队伍转型成长。每月组织面向营销总监、经理的专项培训，帮助营销主管提升专业技能，走向职业化寿险营销道路。组织多期主管轮训，对全辖营销主管传承客户经营流程以及基本法，赋能队伍转型，提高队伍的专业水平及服务能力，推动职业化营销队伍升级。（孙　帆）

【合规与风控管理】 2021年，中国太平洋人寿保险股份有限公司山西分公司合规与风控工作围绕集团公司高质量发展要求及总公司“长航行动”新三年发展规划，按照总公司“做实、做专、做智、做优”的工作要求，找准定位、提升能力，推进“合规诚信文化、合规预警检查、合规管控措施”三大体系建设，强化一道防线条线责任制管理，提升二道防线专业化建设，实现一、二道防线同频共振，分支机构同向同力，彰显合规价值，助力公司业务稳健发展。（孙　帆）

【客户服务智能化】 2021年，中国太平洋人寿保险股份有限公司山西分公司营运服务部以公司“长航行动”为指引，聚焦“客户体验，赋能队伍和创造价值”，通过细化基础管理、优化工作流程、前中后台融合、提升队伍技能，提高营运作业效率和品质质量，守住风险底线。开展体验服务官管理工作，设立分公司总经理担任客户体验官、中心支公司总经理为各机构体验服务官，完善常态化工作机制，形成“高管垂范、管理者先行、全员投入”的服务文化，促进各级机构主动规划服务体验，倾听客户声音，锁定服务痛点，提升客户体验，维护保险消费者合法权益。（孙　帆）

·中国太平洋财产保险股份有限公司山西分公司·

【保险业高质量发展】2021年，中国太平洋财险保险股份有限公司山西分公司立足保险主业，聚焦高质量发展主题，深化保险供给侧结构性改革，发挥资本市场对于推动科技、资本和实体经济高水平循环的枢纽作用，融入国内大循环为主体、国内国际双循环相互促进的新发展格局，助力国家资源型经济转型综合配套改革，承担起服务国家重大战略、实体经济、社会民生的责任。主动践行可持续发展理念，持续贯彻ESG理念，深化ESG实践，深耕绿色保险，做好服务“双碳”工作，全方位助力高质量发展。（孙　帆）

【客户服务】2021年，中国太平洋财险保险股份有限公司山西分公司坚持以客户为中心的发展思想，为推进消保工作，制定出台8项消保投诉系列制度。从车险客户的需求出发，对车险理赔服务、流程和工具进行梳理和系统规划，优化车险理赔流程，理赔周期缩短明显，客户体验提升。打造“太保服务+科技赋能”双向驱动，推出新平台、新技术、新工具等线上化理赔服务新模式，搭建“太保专享赔”小程序平台，实现远程视频查勘、快处工具引导定损、在线多方调解等理赔全流程线上化服务功能，通过前沿科技应用让客户感受到服务新体验。（孙　帆）

·中国平安人寿保险股份有限公司山西分公司·

【消费者权益保护】2021年，中国平安人寿保险股份有限公司山西分公司以“平安相伴、暖心同行”为主题开展各类加值服务，打造广覆盖、高互动、好口碑的服务，活跃与回馈大众客户。促进形成领先的差异化增值服务，助力圈客养客，提升核心竞争力。开展少儿才艺秀、平安守护者行动、财富讲堂等各类活动，吸引客户参与体验，触点NPS值90%。教育宣传金融消费者法定权利，宣导依法维权，推进各项智慧服务，为消费者提供优质的保险和金融生活服务，保护消费者合法权益。畅通投诉渠道，公开投诉流程，使金融消费者了解内部投诉受理流程、处理机制（投诉电话、具体负责人等）和第三方（包括监管部门、消费者组织、仲裁机构、法院等）投诉受理处理渠道，提升投诉处理时效，提高客户满意度。（孙　帆）

【理赔服务】2021年，中国平安人寿保险股份有限公司山西分公司坚持为客户提供“简单便捷、友善安心”的理赔服务，重点从服务时效和服务品质两方面做好理赔服务，履行企业社会责任，响应各类重特大事故、公众事故、高额意外医疗事故，为事故中的出险客户提供慰问关爱和便捷的理赔服务。（孙　帆）

【合规经营】2021年，中国平安人寿保险股份有限公司山西分公司坚持合规风险属地管理原则，提升公司合规经营管理水平，促进公司员工履行合规尽职义务，开展各项基础性合规工作，配合监管机关及总公司的各项法律合规事宜。通过多平台多渠道多角度的文化推广动作，培育各层级合规意识，促进全员依法合规履职，形成“不敢违、不能违、不愿违”的合规文化氛围。在梳理既往各类风险的基础上，组织前线、后援及共同资源各条线拟定贯穿全年的自查自纠工作，排查内容包括职场管理、资产管理、费用管理、采购风险管理、销售行为管理、人员信息管理等，通过自查自纠项目推动及整改问责落实，强化风险管理及内外勤合规意识，严控稽核风险。以人身险市场乱象治理专项工作为契机，落实消费者权益保护工作。通过深刻领会精神、强化组织领导、细化治理重点、建立长效机制、注重治理实效，落实市场乱象治理各项工作要求，强化销售行为、人员管理、数据真实性及内部控制几个维度的源头治理，落实市场乱象治理各项工作要求。（孙　帆）

交通运输

Traffic and Transportation

公路交通

【概况】 2021年，太原市交通运输局强化交通运输建设顶层设计和规划引领，开展交通运输执法领域突出问题专项整治等行动，规范网约车管理。交通运输固定资产完成投资91.69亿元，同比增长66.60%。交通运输仓储业规模以上企业全年完成营收825.78亿元，增速75.93%。（董日辉）

【综合立体交通网络构建】 2021年，太原市交通运输局强化交通运输建设顶层设计和规划引领，制定出台《太原市贯彻落实〈交通强国建设纲要〉的实施意见》，编制印发《太原市“十四五”综合交通运输体系规划》。西北二环项目持续推进，全年完成投资75亿元，开工以来累计完成115.34亿元。推进古交—娄烦—方山高速公路前期手续。高标准推进太忻大道建设，以实际工作成效贯彻落实省第十二次党代会决策部署，助力打造山西中部城市群发展“北引擎”。完成“四好农村路”建设里程92千米，完成投资4.73亿元。完成旅游公路建设里程115千米，完成投资7.55亿元。推进农村公路管理养护体制改革工作，以市政府办公室名义印发《深化农村公路管理养护体制改革实施方案》，农村公路“路长制”100%实施，全年累计投入5266.30万元用于农村公路养护，优良中等路率达93%，全市农村公路治理体系规范化建设水平明显增强。晋源区农村公路管理养护体制改革试点工作取得阶段性成效。小店区被评为“四好农村路”省级示范县。

（董日辉）

【交通运输服务】 2021年，太原市交通运输局新开太原至古交城际公交、轨道交通站点接驳公交等10条线路，优化、调整90余条线路，新采购投运纯电动公交车529辆。在全国率先实现社会保障卡加载“交通一卡通”功能，推动“一卡通”在公交、地铁实现互联互通。完成中博会、2021年太原能源低碳发展论坛等重大活动服务保障工作。7月30日，太原市被交通运输部正式命名为国家公交都市建设示范城市。编制实施《太原市城市轨道交通运营管理办法》《太原市城市轨道交通运营重大隐患治理督办制度》等一系列规定制度，制定《太原市城市轨道交通运营突发事件应急预案》《太原市城市轨道交通运营突发事件公交接驳应急处置方案（试行）》等一系列应急预案，组织开展安全风险排查治理和综合应急演练，妥善处置地铁站雨水倒灌危险性事件，轨道

2021年，太原市交通运输局赴南留南村开展“迎新春、送温暖”慰问活动

（市交通运输局供图）

2021年，太原市交通运输局开展“路政宣传月”集中宣传日活动

（市交通运输局供图）

交通运营管理水平持续提升。联合市邮政管理局制定《太原市交通运输局客货邮融合发展工作方案》，构建交通运输、邮政、物流快递等部门协同联动机制，指导推动阳曲县开展客货邮融合发展“示范县”创建工作，建成1个综合服务站、开通2条交邮融合线路，农村客运、货运、邮政快递融合发展取得进展。（董日辉）

【绿色交通体系构建】2021年，太原市交通运输局制定《2021年度太原市公交都市创建暨绿色出行创建工作任务书》，推动优化公交线路和公共自行车站点布设，加快公交场站建设，升级公交智能化信息化设备，拓展公交专用道网络，完善无障碍基础设施。制定完善《太原市城市绿色货运配送示范企业认定与管理考核办法》《太原市城市绿色货运配送示范车辆运营补贴办法》，推动实施新能源货车便利通行和补贴政策，年底全市新能源货车保有量5838辆。加快城市货运配送体系建设，建成投用干支衔接型货运枢纽4家、公共配送中心13家、末端共同配送站3240个。推进“公转铁”，配合市发改委推进清徐精细化工园区铁路专用线建设，年度完成铁路货运量4390万吨，同比增加264万吨。推进“国三”及以下排放标准营运中重型柴油货车淘汰工作，完成淘汰2440辆，累计淘汰7792辆，完成省下达的目标任务。全面实施机动车排放检测与强制维护制度，常态化开展柴油货车联合执法路检路查，加大公路预防性养护和路侧清洁力度，做好中央环保督察反馈问题整改工作，反馈交办的4个问题全部办结。（董日辉）

【交通运输行业治理】2021年，太原市交通运输局开展交通运输执法领域突出问题专项整治，开展“六类问题”排查纠治，省交通厅督办的34个问题全部整改清零，行业执法行为法治化规范化水平明显提升，全年累计开展行政检查1537次、实施行政处罚1588次，未发生一起复议诉讼案件。开展“路政宣传月”“依法行政宣传月”活动，利用报刊、电视、广播等形式宣讲宣传交通运输法治知识。开展法治学习，组织法律法规知识培训，提升全体干部依法履职意识和水平。落实《山西省行政规范性文件制定与监督管理办法》，加强内部重大行政决策、规范性文件合法性、公平竞争审查，提高决策科学性。推进行业“创城”工作，公交车、出租车“礼让斑马线”活动示范效应显著。狠抓行业规范化管理，常态化开展联合打击非法营运，规范出租车行业运营秩序。开展共享电单车专项清理行动，一次性清退全部5家共享电单车企业，清理共享电单车64857辆。研究出台《太原市互联网租赁自行车运营企业服务质量考核办法》，实施共享单车“一车一牌”管理，实现13万辆单车规模控制。深化扫黑除恶专项斗争，坚决打击交通运输行业违法犯罪。开展“扫黄打非”、禁毒活动，举行禁毒宣誓仪式，开展禁毒宣传教育，组织吸毒检测筛查，确保交通运输行业健康有序发展。（董日辉）

【交通运输安全生产】2021年，太原市交通运输局组织全市交通运输系统安全生产三年行动，开展全方位、全链条、多层次整治行动，加强交通运输行业安全风险防控和隐患治理，从源头准入、监管执法、基层基础、应急救援等方面补齐安全监管短板，夯实行业安全基础。组织行业重点领域1146名企业

2021年，太原市轨道交通2号线站点与公交接驳专线开通

（市交通运输局供图）

2021 年，太原方特公交专线开通（市交通运输局供图）

主要负责人签订安全生产履职承诺书，制订安全生产监督检查计划，常态化组织督导检查，累计排查安全生产一般问题隐患 3014 条，整改率达 100%，形成严抓严管工作态势，全年未发生较大及以上安全生产事故。严格“一超四罚”，强化超限治理，全市交通运输系统超限超载率严格控制在 0.20% 治理目标以内。建立全市铁路沿线安全环境治理联席会议制度，实施“双段长”工作机制，构建路地协同治理工作平台，形成全市铁路沿线安全环境管理常态化工作格局。开展铁路沿线安全风险隐患排查治理专项行动，推进铁路沿线风险隐患存量问题整改落实，全年整改 169 项，销号率 93.37%，高标准完成年度治理任务。突出长途客运、城市客运、冷链物流等重点领域、重点部位、重点环节，落实防控举措，防范疫情通过交通运输渠道传播扩散风险。坚决贯彻落实习近平总书记关于防汛救灾工作的重要指示精神，按照省、市党委政府部署，细致摸排、周密部署，倒排工期、全力实施，应急抢通阻断交通 200 余处，完成应急抢通项目 136 个，推进恢复重建项目 129 个。（董日辉）

【地铁公交专线运营】 2021 年 3 月 15 日，太原市 7 条接驳地铁公交专线正式运营，7 条公交线路具体为：G1 路公交车由呼延村车场开往大北门地铁站（大北门），G2 路公交车由长城计算机开往尖草坪地铁站（尖草坪），G3 路公交车由火车南站开往龙兴街地铁站（长治路龙兴街口），G4 路公交车由南中环地铁站（南中环长治路口）开往机场航站楼，G5 路公交车由富士康园区开往康宁街地铁站，G6 路公交车由富士康园区开往通达街地铁站（通达街人民南路口），G7 路公交车由南中环地铁站（长治路南中环街口）开往唐槐路正阳街口。

7 月 20 日，试运营 Y6（胜利桥东—太原方特）旅游专线。在试运营期间，该线路单程设 9 站，分别为胜利桥东、大北门、解放北路胜利街口（回程为解放路胜利街口）、解放北路华苑二巷口、涧河、尖草坪、太钢东门、青龙镇村、太原方特。

9 月 1 日，太原市公交公司开通 86 路公交车，方便山西大学东山校区师生及沿线居民出行。公交车由山西大学南门的电车总站发车，终点站为山西大学东山校区，途经南中环街、坞城路、学府街、太榆路、龙兴街、东峰路、南中环东街。主要站点包括山西大学坞城校区西门、西北门、北门、太原南站等。（董日辉）

【公共交通惠民】 2021 年，太原市交通运输局为保证考生在中、高考期间正常、安全、有序出行，实行公交免费乘车（除连接晋中的公交线路及旅游线、专线、网约线路外）。所有公交在经过考点附近的站点时，关闭电脑自动报站，改为驾驶员口报。公交公司在有公交线路途经的考点附近站点安排人员值勤，维护好车辆进出站和乘客上下车秩序。

为便利老年人出行，太原地铁在原老年福利票的基础上，于 10 月 26 日正式上线老年人公交地铁一卡通和老年人“刷脸”进站两项便民服务功能，即太原公交老年卡持有者可直接刷卡免费乘坐地铁，满足免票政策的 65 周岁及以上老年人持本人身份证在地铁站人工售票窗口注册后，即可“刷脸”进站乘车，以后均不需要在人工窗口换票。（董日辉）

【网约车合规化管理】 2021 年 10 月 20 日，太原市交通运输综合行政执法队印发《关于加快推进网约车合规化工作实施方案》，全面展开城市客运市场非法营运行为集中整治活动，要求全市所有运营网约车辆必须同时取得“三证”（即网络预约出租汽车经营许可证、网络预约出租汽车驾驶员证、网络预约出租汽车运输证），拒不整改未取得“三证”的车辆清退出市场。专项开展网约车合规化整治工作，清退不合规网约车车辆 9600 余台、驾驶员 9700 余名，全市网约车合规化进程成效显著。（董日辉）

·山西省公路局太原分局·

【公路项目建设】 2021 年，山西省公路局太原分局制定太原地区普通国省干线公路“十四五”发展目标，规划总长 274.80 千米，投资约 284 亿元的 6 个新改建项目，打造“国省道一级公路环线”，推动 G108 线、G208 线、G307 线、G339 线、G241 线及省道双阳线等 6 条

2021年，省道双阳线路面施工 （省公路局太原分局供图）

国省干线公路提档升级。规划项目中国道241汾河水库段改线工程开工建设，其余5个项目全部纳入国土空间规划和《山西省“十四五”现代综合交通运输体系发展规划》。（师彦晋）

【公路修复养护】 2021年，山西省公路局太原分局开展“路面病害处置”和“灌缝补坑”专项行动，年底国省道路面性能指数PQI保持在82.50以上、MQR为86.20，优良路率保持在84%。投资665万元完成危旧桥改造、桥梁三类安全防护设施改造等4项养护工程。开展公路沿线环境专项整治行动，加大公路扬尘污染防治，打造文明公路、环保公路。完成国家公路网技术状况监测项目（太原片区）养护管理迎检工作。开展桥梁冬季养护专项行动和地质灾害隐患排查，完成135座桥梁和地质灾害隐患数据库建设。履行PPP路段养护监管职责，制定印发《太原境内国省干线公路PPP路段养护要求》《关于加强山西省国省道（太原境内）路面改造工程PPP项目养护、安全监管工作的通知》，建立监管常态化机制，确保PPP项目良好运营。（师彦晋）

【公路项目管理】 2021年3月，山西省公路局太原分局推动国道241、省道岚马线汾河水库段改线工程复工，定期对项目公司开展履约督导检查和绩效考核，5次以督办卡和发函等不同形式对发现问题予以通报。开展“送专家、送技术、送服务到基层”行动，促进项目管理水平、安全生产形势、质量控制稳定向好。项目完成征地拆迁82%，资金到位13.70亿元，完成投资11.50亿元。（师彦晋）

【公路设施管理】 2021年，山西省公路局太原分局开展路产保护维权专题调研和政策论证，出台《太原公路分局公路及设施保护办法》，成立公路巡查护路队，强化护路员法规、业务培训和统一持卡上岗，建立与交警、交通综合执法部门联动机制，坚持常态化巡查护路。年内分局所管辖路段发现26起损坏路产事件，处置25起。提升超限检测队伍素质和站点基础设施建设，投资77万元对局属检测站LED显示屏、检测办案区、检测磅、办公楼、职工食堂进行维修改造。发挥不停车检测系统信息化优势，执行24小时不停车检测规定，强化与治超办、交警联动机制，提升治超工作常态化和规范化水平。

（师彦晋）

铁路运输

【概况】 中国铁路太原局集团有限公司是全国铁路货运量最大，重载技术最先进，换算周转量、运输密度和劳动生产率最高，唯一运输主业整体改制上市的铁路局集团公司，也是国家5A级综合服务型物流企业。主要担负着山西省的客货运输任务和周边冀、京、津、蒙、陕等省市区的部分货运任务，在全国铁路网和山西省综合交通运输体系中处于重要地位。截至2021年底，管辖大西高铁、石太客专、张大客专、南同蒲、北同蒲、大秦、侯月、侯阎、石太、太中银、韩原、朔准、太兴、瓦日、京原、京包、太焦、辽曹等干线和支线，有干

2021年7月30日，中国铁路太原局开展“心系乘客情暖旅程”服务

（中国铁路太原局供图）

部职工 9.98 万人。（王志伟）

【客运服务】 2021 年，中国铁路太原局集团有限公司面对多轮疫情、汛情影响，精准实施“一日一图”，调整列车 1651 趟次，客运量恢复性增长 20.10%。推进全域旅游铁路行，开行旅游专列 69 列，深化与地方合作，开行定制化主题列车 11 列，“红色太行”入选全国百条精品线。抢抓列车运行图调图机遇，动车组首次开到南通、苏州、广州南，通达国内 20 个省会城市。深化客运提质，开展“我的岗位我负责，客运提质我尽责”基本服务达标整治，全局 67 个普速客运车站推行旅客进站“验检合一”作业模式，9 个车站实行“开放式”售票窗口改造。高标完成太中线提质改造，“复兴号”动车组首次开进吕梁革命老区，山西省 11 个市实现动车开行全覆盖。完善 4 对公益性“慢火车”服务设施，改善旅客候乘环境，提升老区人民出行体验。深化商务座提质，太原南、大同南两站实行“专人迎送、专用通道、专区候车、便捷检票”，升级站车商务座服务备品，规范 33 项乘务服务用语，以高品质服务吸引高端客流。深化品牌建设，支持山西转型，助力乡村振兴，站车合力打造太中线“第一服务品牌”。（王志伟）

【货运组织】 2021 年，中国铁路太原局集团有限公司开展增运补欠，实施太原枢纽货车分流、榆次枢纽扩能改造，压缩货运机车乘务员辅助作业时间，优化机车车辆检修，推动机车达标达速。助力国家能源安全，落实电煤“五优先”措施，日均装车 21354 车、超目标 1354 车，电煤运输任务全面兑现。推进“公转铁”落地，开行中欧中亚班列 210 列，集装箱运量同比增长 33.70%，全年货物发送量创造 7.77 亿吨新纪录。（王志伟）

【安全生产】 2021 年，中国铁路太原局集团有限公司深化标准化规范化建设，完善事故追责、故障考核等 5 项制度办法，落实确保动客车安全 86 条措施，狠抓重载隐患分析、病害整治和难题攻关，开展设备、作业、素质、环境、管理“五个达标”考评，重奖快奖安全有功人员，全年消灭动客车责任事故和一般 C 类及以上责任行车事故，责任事故、故障同比双下降。落实双重预防机制，完成专项整治 29 项，协调出台“双段长”制，整治外部环境隐患 2055 件。有效应对山西 50 年一遇洪涝灾害，处置水害 126 处，侯月、南同蒲线抢险受到各方肯定，实现第十七个防洪安全年。（王志伟）

【节支创效】 2021 年，中国铁路太原局集团有限公司加强全面预算管理，严格以收定支、收支弹挂。抓实节支降耗、劳动组织改革、修程修制改革、支持非运输业经营创效“四个清单”，制订实施两批 430 条措施。推进修程修制改革，优化调整机车车辆检修范围、检修周期和检修标准，挖掘机车车辆装备运维潜力。推进劳动组织改革，减少通用工种，清理非在岗人员。推动经营开发项目和支持清单落地，非运输业务利润创历年新高。（王志伟）

【企业治理】 2021 年，中国铁路太原局集团有限公司制订实施国企改革三年行动、推进“六个变革”等工作方案，设立董事会专门委员会，实行派出外部董事、派出监事制度，完成国铁集团派出外部董事履职评价。完善工资决定机制、基层单位负责人薪酬办法，修订机关月度绩效考核、基层单位绩效评价办法。优化物资、科研、计量、信息化、大西客专等机构编制，组建货服中心，95306 完成全面升级。创新债权处置方式，压减风险债权存量。开展“靠路吃路”专项整治，接受国审全面“体检”，审计整改联席会 27 件“老大难”问题完成销号。（王志伟）

【铁路工程建设】 2021 年，中国铁路太原局集团有限公司推动成立山西省铁路规划建设工作领导小组，集大原高铁具备全线开工建设条件，雄忻高铁获批由集团公司代建、完成初步设计审查，太原铁路枢纽客运环线新方案国铁集团与山西省达成一致，太绥铁路等项目列入国铁集团和山西省“十四五”建设规划。太中银铁路太原南至柳林南段开行动车组列车改造工程于 3 月 24 日启动。大秦线第一阶段集中修于 4 月 6 日全面展开。下达全年技改、大修计划，出台施工管理实施细则，完成大型施工任务 17 次，货运“短平快”改造 6 项，建成专用线 13 条、贡献增量 540 万吨。（王志伟）

2021 年 7 月 29 日，首趟至土耳其中欧班列开行（中国铁路太原局供图）

2021年3月24日，太中银铁路（太柳段）开行动车组列车改造工程启动

（中国铁路太原局供图）

【文旅专列开行】 2021年，中国铁路太原局集团有限公司根据旅游市场需求，强化定制服务，精心打造旅游列车。3月28日13时27分，搭载着960余名旅客的Y665次“雁北号”旅游列车从大同开往太原。该趟列车沿途经停应县、原平、忻州三个车站，游客可周末乘坐火车在大同游云冈石窟、赏古城灯会，到应县观木塔、看陶瓷，到原平览“天涯石鼓”“五峰叠翠”，到忻州漫步古城、畅享温泉，在太原游晋祠、双塔寺、晋阳湖，领略三晋文化，体验风土人情。

4月8日0时58分，满载642名游客的“太铁新创号”湖北旅游专列由太原站开出，开启为期10天的湖北之旅。旅游专列以“一线多游、车随人走”的优势，突出山西、湖北两地文化交流，以文塑旅、以旅促文，精心选取襄阳、恩施、宜昌、武汉等热门旅游城市，形成春游精品线路产品。

4月10日，以“红色太行”为主题的高铁旅游列车从太原南站，开往晋东南革命老区武乡。首趟开行的“红色太行”主题列车，车厢装饰以太行红色文化为主元素，在主题列车上开展唱红歌、讲红色故事、党史答题等活动，打造旅途“移动课堂”，引导游客铭记历史、缅怀先烈，提升红色旅游列车品质。

4月11日0时20分，满载着534名旅客的“黄河号”南部四省文化专列从太原站出发，开启为期14天的“春游南国”之旅。旅游列车一路向南，带领旅客一览沿途春色、尽赏南国美景。专列通过灵活串联路线的方式，升级打造“海闽湘赣”“粤闽湘赣”“桂闽湘赣”三个套餐产品，发挥旅游专列“一线多游、车随人走”的优势，满足旅客春游需求，促进文化交流。 （王志伟）

【中欧班列开行】 2021年6月2日，75002/1次中欧班列满载生活、医疗等物资，从中鼎物流园驶出，开往法国巴黎。这是山西首次开行直达法国的中欧班列。这趟班列编组50辆，由50个40英尺集装箱组成。列车从内蒙古二连浩特口岸站出境，途经蒙古、俄罗斯、白俄罗斯、波兰、德国等国家，行程约1.10万千米，终到站为法国巴黎的瓦朗通火车站。

7月29日，满载日用百货、机械设备等物资的75004次中欧班列从中鼎物流园驶出，开往土耳其南部最大港口城市梅尔辛，这是太原局集团公司首次开行直抵土耳其的中欧班列。这趟中欧班列编组49辆，由装载有石墨电极、汽车零配件和玻璃器皿等日常生活用品的49个40英尺集装箱组成。列车从霍尔果斯口岸出境，经哈萨克斯坦穿越里海到达土耳其梅尔辛市，途经哈萨克斯坦、阿塞拜疆、格鲁吉亚，全程运行约1万千米。

9月25日，编组44辆、满载塑料板材、螺栓、耐火砖及山西朔州生产的陶瓷餐具等产品的X9235次列车从中鼎物流园开出，经霍尔果斯口岸出境，驶往哈萨克斯坦、乌兹别克斯坦和吉尔吉斯斯坦三国。这是山西自2017年2月15日开行首趟中欧（亚）班列的第500列中欧（亚）班列。 （王志伟）

2021年4月10日，“红色太行”主题专列开行 （中国铁路太原局供图）

【吕梁至太原南段动车组列车开通】2021年6月26日，太中银铁路吕梁至太原南段动车组列车开通仪式在吕梁火车站举行，标志着山西省11个地市全部实现动车快速通达，全面进入动车时代。动车组列车开通初期，在太原南站至吕梁站间“公交化”开行12趟动车，最快仅需1小时20多分钟，途经交城、文水、汾阳三站，开行的CR200J型“复兴号”动车组，是中国标准动车组“家族成员”，列车构造时速160千米。（王志伟）

民用航空

【概况】2021年，山西航空产业集团有限公司所辖7个成员机场完成运输起降14.33万架次，同比增长13.25%。旅客吞吐量1461.06万人次，同比增长12.51%。货邮吞吐量6.58万吨，同比增长12.33%。（南海英）

【航空安全】2021年，山西航空产业集团有限公司组织开展新安法暨运行单位值班领导上岗资格培训。逐级签订安全生产责任状，通过责任分解将安全管理工作细化为7个方面28项重点任务。开展省内民航机场安全管理体系（SMS）外审项目，提升机场安全治理能力和治理水平。推进数据共享平台建设，通过构建集团“一个库”、各机场“一张图”的协同运行模式，数智化赋能安全一体化管理，完成项目可研和初设，利用“统采分购”形式，完成统一招标。重要节点开展网络专项检查，开展信息系统网络安全等级保护测评，提升信息系统的网络安全防范能力。制定空管运行手册与塔台应急检查单，规范空管工作程序，推进省内机场空管工作一体化。建立风险基础信息、防控责任、监测监控、防范措施、应急处置5个清单，开展隐患排查，实现闭环管理。结合《安全生产专项整治三年行动实施方案》，强化风险防控和隐患排查双重预防机制，深入开展净空管理、鸟击防范、跑道安全等10项专项整治行动。形成质量体系内审长效机制。针对老年、母婴和残疾旅客优化改进行业服务措施，为特殊旅客提供更便捷和更优质的服务体验。推出“空空中转”和“空巴联运”两项便民举措，通过行李免费寄存、行李直挂一站式服务、开通中转急转和行李迟交运电话预约服务等具体措施，优化中转便利服务。（南海英）

【航空市场】2021年，山西航空产业集团有限公司累计开通客运航线278条，通航城市82个。开通货运航线6条，通航城市7个。推进“公交化”航线运营，加密太原至京津沪地区航班频次，其中太原至北京增加至每日4班，太原至天津增加至每日3班，太原至上海增加至每日12班。针对市场需求，运营客改货航班，先后开通太原至旧金山、伦敦、布鲁塞尔、马德里等国际货运航班，累计40架次，运送货物和邮件8.80万件、1320吨。（南海英）

【通航产业】2021年，山西航空产业集团有限公司短途运输航线累计运行1186架次，运输旅客5593人次。低空旅游相继运营老牛湾、碛口、盐湖、平遥、长治大峡谷、太原古县城等景点，执飞2709架次，搭乘游客7224人次。推进河曲、繁峙、阳曲、绛县等通用机场建设前期准备工作。启动山西运控二期暨低空飞行服务保障体系建设项目可研编制，与清徐县政府联合申报省特色小镇——清徐通航小镇。开展多样化通航业务，北方护林总站应急救援物资站落户尧城机场，与航空工业珠海飞校签订合作协议，在尧城机场设立辅助训练基地，开展飞行培训业务。与航科院达成初步意向，推进科研机场及大型商用无人机试验认证基地落户尧城机场。航天神舟飞行器有限公司入驻尧城机场开展无人直升机的飞行验证。与东航集团123航空就国产ARJ21在山西设立保障维修基地达成合作意向。组织开展第三届中国通航双创大赛，参与中博会，搭建通航产业户外展区，主办“空中看山西”摄影展活动，开展航空科学普及研学业务，举行研学32次，参与研学1365人次。（南海英）

【重点项目建设】2021年8月，山西航空产业集团有限公司太原机场三期改扩建工程获国家发改委立项批复。11月19日，自然资源部及省自然资源厅出具用地预审意见。22日，可研报告取得民航局行业审查意见。29日，省自然资源厅出具节能审查意见。12月6日，可研报告上报国家发改委，航站区及航站楼的初步设计工作加速推进。协调太原、晋中两市政府、省市主管职能部门，以及各产权企业，推进用地征拆、通信电力塔拆降工作。完成飞行区西区滑行道工程年度任务，于10月28日保障禧佑源首架维修飞机（A319）拖行任务。长治机场改扩建工程完成，新航站楼投运。大同机场机坪扩建竣工验收合格，通过行业验收。运城机场飞行区扩建工程、朔州机场新建工程开工建设，晋城机场新建工程开展前期工作。推进国际邮件互换局扩容项目、货运物流基地流程及海关设施改造项目建设。完成山西航空产业综合馆建设项目，部分场馆达到使用标准。（南海英）

城乡建设与管理

Urban-rural Construction and Management

城乡规划

【城市规划编制】 2021年，太原市生态保护红线、永久基本农田、城镇开发边界“三条控制线”基本形成。太原市规划和自然资源局基本完成市本级《国土空间总体规划（2020—2035年）》编制。推进太忻经济区（太原片区）有关规划编制工作，完成总体规划方案，拟定大盂用地的征地预公告。开展重点地区详规研究工作1项，完成控规编制及修改45项。（杨 莹）

【城市设计管控】 2021年，太原市规划和自然资源局完成《太原市城市设计管理办法》起草准备工作，将城市设计管控要求以城市设计图则和管控要点形式纳入出让地块的规划条件中，塑造凸显地域特色的城市风貌，营造以人为本、充满特色的景观环境，提高国土空间品质。着力改善城市形象，上报拆除违法建设73处，近8万平方米。（杨 莹）

城乡建设

【城市路网建设】 2021年，太原市太太路大修、迎泽大街东延、泥向线、南内环东延、化章街西延、千峰南路南延、天龙山路东延等重点工程完工投运，奶生堂、府东街农行东侧规划路等14条百街小巷改造开工建设，双塔公园、长风西街市妇幼保健院等路段新建的10座人行天桥全部投入使用。推进轨道1号线一期工程建设。会同相关部门开展太忻经济区起步区前期基础设施配套规划建设研究谋划，明确核心区“两纵两横”主干路和“三纵两横”次干路的目标任务和完成时限。（雷宏伟）

【人居环境改善】 2021年，太原市计划改造老旧小区711个，实际开工717个，涉及10.94万户，建筑面积890.20万平方米，完成投资10.66亿元。计划实施既有住宅加装电梯165部，实际开工166部。推动公共停车设施建设，新增停车泊位1.30万个。推进城中村改造，小店区高中、北王名、寺庄3个村完成整村拆除，小店区武宿整村拆除过半，拆除旧村建筑面积39.58万平方米，开工安置房1904套，投入改造资金275.10亿元。实施节能改造，完成一期工程剩余466万平方米改造任务，同步启动二期1002万平方米改造。实施公益项目建设，改善居民上学就医条件，18个续建项目有序推进，2个新建项目全部开工。贯彻落实中央和省、市关于施工工地扬尘治理的安排部署，执行环境空气质量保障工作调度令31次，监督项目整改2次，检查市政工地557项次，督导责任单位立行立改扬尘问题429个。（雷宏伟）

【城市建设绿色发展】 2021年，太原市住房和城乡建设局推进海绵城市建设，制订系统化全域推进海绵城市建设目标及实施方案，启动编制《太原市海绵城市建设专项规划（2021—2035）》，海绵城市建设面积89.90平方千米，占全市建成区面积的26.44%。推进建筑节能，新建建筑100%严格按照建筑节能标准建造，绿色建筑完工505.18万平方米，可再生能源应用完工项目507.71万平方米，新建装配式建筑占新建建筑面积的28.72%。加强历史文化保护，传承历史文脉，印发《太原历史文化名城保护工作行动方案（2021—2023年）》，编制《太原历史文化名城保护规划（2020—2035）》，完成历史文化资源普查。起草《太原市历史文化名城保护条例》，推进历史文化名城保护法制化、规范化。加强村镇建设，助力乡村振兴，推动农村危房动态监测、排查，新排查出的15户危房全部完成改造，完成抗震不达标农村住房改造3358户，农村房屋安全隐患排查220856户。编制《太原市农村自建低层房屋设计通用图册》，为农村自建房免费提供。选派优秀工程师深入县（市、区）开展培训、农房设计等农房建设服务，免费提供技术支持。组织专业人员成立联合团队，为娄烦县下石家庄村编制规划发展方案，并启动报批。（雷宏伟）

城乡管理

【市政设施养护】2021年，太原市城乡管理局全面展开道路养护、便道维修、桥梁养护、空洞探测等各项设施养护工作，完成设施养护总工作量1.17亿元。对阳兴大道、东峰路、大王路等32条道路大面积养护，面积20.30万平方米。对东中环、经园路、上庄街等道路3736处病害进行小修保养，面积7.11万平方米。对半坡东街、南宫、光华街等破损便道维修，面积5.11万平方米。对南华门、张家巷、长兴北街等掘路进行修复，修复路面6120平方米。加强管网日常养护和改造，疏通管道119.20万米，清掏检查井37156座，清掏进水井77711座，更换检查井盖186套（个）。更换进水井箅402套（个），升降井1834座。对典膳所、长风东街、西矿街等管网及泵站改造，管道长度1415米，道路606平方米、便道165平方米，砖砌检查井7座，砖砌进水井85座等。对泥屯河、新建路、文兴路街等大型管涵清淤，清淤泥13455立方米。桥梁方面对293座桥梁进行维修，其中对滨河东西路（柴村桥—南中环桥）自行车道范围内水性氟碳漆粉刷桥体7.37万平方米、北中环和平路跨线桥粘贴碳纤维布386平方米、北中环桥非机动车坡道改造处钢板制安17.80吨MMA彩色防滑铺装1211平方米、市内下穿通道安装水位标尺119套等。对柴村桥、南内环桥、迎泽桥、长风桥等29座桥梁进行检测。（安峰 赵苡）

【城市照明设施维护】2021年，太原市城乡管理局主动处理各类照明故障隐患2651起，其中处理灯具类故障1173起、灯杆井具类故障519起、配变电设施类故障151起、线缆类故障546起，三遥监控站点维护任务262件。主动养护配变电设备，对滨河东西路、长风街等172条城市主次干道的高压设施、配变电设施、线路运行进行集中整治，升级保养高压箱变设备35处、加注变压器油14处、更换高压隔离开关6套。提高设施设备运行稳定性，完成"七一"建党百年、十九届六中全会，省、市党代会及元旦、春节等重大活动节日期间保障任务。配套完成社会公众活动，宣传社会主义正能量，制作楼体动画20余套、标语30套，涉及播放楼体300余幢。对老旧照明设施道路提档升级，改造新建路、胜利街、兴华街等27条街道，更换光源电器2286套、电缆2万米，改造架空线缆入地2400米，更新滨河东、西路照明控制箱变16座，设施运行品质及稳定性得到提升。（安峰 赵苡）

2021年，太原市开展桥梁设施结构检测工作（市城乡管理局供图）

【池渠设施管理】2021年，太原市池渠设施完好率97.43%，巡视及时率、交办问题处理率等各项指标均达100%。强化对北张退水渠、许坦排洪渠等设施重点部位的管理保洁，对各缓洪池闸门启闭设备进行维护保养，确保设施防洪蓄洪功能正常发挥。（安峰 赵苡）

【城市公共供水全覆盖】2021年，太原市日均供水量80.77万立方米，再生水供水量达到12.49万吨/日，城市公共供水普及率93.65%，供水设施完好率98.80%，管网修漏及时率100%。敷设供水管网122千米，"三供一业"供水工程累计完成庭院管线敷设664.78千米，西山地表水厂、滹沱河引水工程前期工作进展顺利，供水服务需求得到解决。（安峰 赵苡）

【城市燃气供应安全全覆盖】2021年，太原市制订老旧燃气管线分年度改造计划，完成102千米改造任务。整治消除违章占压燃气管线305处。实施完成98万户居民自有燃气设施升改造任务，改造用户无一发生泄漏安全事故，市民用气更加便利安全。（安峰 赵苡）

【城市供热全覆盖】2021年，太原市城区供热面积达2.35亿平方米，新增应急调峰供热能力600万平方米以上，新建改造供热管网173千米，新扩网624万平方米。分布式调峰热源能力达到1123万平方米，老旧管网改造覆盖面增加，供热系统综合保障能力提升。（安峰 赵苡）

【市容环境整治】2021年，太原市城乡管理局优化环卫作业方式，收处生活垃圾158.30万吨、清理各类卫生死角

2021 年，文源巷雨污分流改造工程完工　（市城乡管理局供图）

20.70 万处、机扫作业里程 963 万千米。开展垃圾分类，对标垃圾分类 100% 覆盖目标，以街办为单元，统筹城乡，整建制推进垃圾分类，建成区垃圾分类覆盖率达 100%，无害化处理率达 100%，资源回收率达 35%。推进垃圾分类硬件设施建设，生活垃圾焚烧发电厂 BOT 项目、循环经济环卫产业示范基地焚烧发电项目按期投产运行，处理能力达到 4800 吨，实现全市生活垃圾“全焚烧、零填埋”目标。推进“厕所革命”，加快公厕建设管理力度，对标年初工作目标，计划建设 100 座，实际完成 110 座，实现市民生活提档升级。开展“两下、两进、两拆”城市风貌专项整治，拆除各类违法广告 2.50 万块。

（安峰　赵苡）

【水环境治理】 2021 年，太原市城乡管理局推进北郊污水处理厂改扩建工程、杨家堡污水处理厂提质增效工程前期工作、晋阳污水处理厂二期工程、龙城污水处理厂新建工程前期工作，提升城市污水处理能力。确保虎峪河西延、九院沙河西延工程竣工通车，消除黑臭水体，提升沿河生态环境质量。完成龙城南北街、马练营北延、马练营东路、经管路建设工程，改善市民出行环境。推进雨污分流改造，完成雨污分流新建改造任务，实际完成 149 千米，完成汾东污水处理厂主干管全线通水，从源头上提高污水处理厂处理效率，保障城市水环境得到显著改善。

提升再生水利用能力，实施再生水设施建设工程。截至年底，开工项目 22 个，完工项目 18 个，完工管线长度约 130 千米，泵站 2 座。可覆盖全市工业企业、九河、晋阳湖片区等，为市政杂用、园林绿化及绿地灌溉提供再生水水源。实现供水再生水项目主要有北郊污水处理厂再生水回供太钢、二电厂项目，北郊污水处理厂再生水绿化项目，杨家堡污水处理厂再生水绿化项目，城南污水处理厂再生水回供嘉节项目，晋阳污水处理厂再生水回供清徐环卫产业园项目。按照年初制订的计划对机泵进行保养维护，并对运行人员进行业务技能培训，保证设备完好运行。

（安峰　赵苡）

【城市防汛】 2021 年，太原市城乡管理局坚持“常备不懈，预防为主，统一指挥，整体联动”工作方针，修订完善防汛预案，组建防汛抢险队伍。做好抢险工具和防汛物资准备，对应急抢险设备进行维护保养和试运行，对防汛泵车和各类应急水泵等重点防汛设备重点维护。加强应急值班，通过专项演练等方式加强防汛应急队伍建设，提升防汛应急能力。对排水设施及其上下游设施进行排查，及时发现和解决防汛隐患，根据汛期设施运行和道路建设情况，提前对各城区易积水地段进行摸底汇总，分析原因，及时发现和处置排水隐患。加强汛期对易积水路段巡查监控和防汛抢险工作。与相关防汛单位联络，建立沟通渠道，形成防汛联动机制，确保汛期协调配合工作有序展开。开展管网清掏维护工作，对排水设施隐患进行排查、整改，确保排水管网畅通无阻。

汛期根据防汛预警信息和防汛需要提前在城市下穿通道、快速路和人员密集场所等重点设防地段进行布设，将防汛应急泵车、拖泵、液压动力泵和泄水标志、警示标志等设在易积水地段，安排专人负责，留有机动设备，方便互相支援、灵活调动。防汛应急工作变被动为主动，避免因交通或降雨影响延迟设备到位时间造成损失。对雨中、雨后出现的设施病害进行处理，确保设施问题解决，平稳运行。国庆节期间，全市遭遇极端降雨天气，市区内多处低洼地段发生积水，湿陷性黄土地区等隐患点发生道路下沉、塌陷等灾害。防汛应急工作人员投入到防汛抢险第一线，抽排积水，修复水毁设施。帮助各城区和相关单位进行防汛抢险，为市民雨天安全出行保驾护航。全年汛期经历 30 余场降雨，出动应急抢险设备车辆 2100 余台次，值守易积水点和重点保障点 53 处，通道 61 条，市政设施平稳运行。

（安峰　赵苡）

【虎峪河、九院沙河西延工程】 2021 年，太原市城乡管理局深化“九河”治理，推进太原市虎峪河、九院沙河道路快速化改造及综合治理西延项目建设。其中，虎峪河西延东起白家庄路西至鸦崖底村工程于 6 月底竣工通车，道路全长约 5.40 千米，单侧红线宽度 15 米，工程内容包括黑臭水体治理、水系雨污分流、河道防洪工程、道路立体改造、景观绿化提质、综合管网配套等。全线有下穿隧道 2 处（4 座）、跨河铁路桥 1 座、跨河桥梁 9 座、雨污水管线

2021年7月，太原市千峰路南延、虎峪河西延等道路工程通车仪式举行

（市城乡管理局供图）

21千米、电力排管8.60千米、防洪挡墙9.70千米、道路工程8千米。九院沙河西延东起白家庄路西至狼坡生态园工程于6月底全线通车，道路全长约6.50千米，红线宽度15米至20米，工程内容包括黑臭水体治理、水系雨污分流、河道防洪工程、道路立体改造、景观绿化提质、综合管网配套等。全线含雨水方涵1千米、河道挡墙8千米、雨水管道6千米、污水管线6.50千米、电力排管6.50千米、道路工程6.50千米。“两河”西延工程通过水系雨污分流、黑臭水体消除、综合管网配套、道路立体改造、河道防洪治理、景观绿化提质和交通照明设施完善等一系列改造，消除黑臭水体，改善万柏林区交通条件，提升沿河生态环境质量，提高区域群众生活品质，带动沿河资源开发，促进区域经济发展。（安峰　赵苡）

【汾东污水处理厂主干管工程】2021年9月13日，汾东污水处理厂主干管工程最后2.20千米污水干管通水运行，标志着全长41千米的汾东污水处理厂外管网一期工程收官。该工程的顺利实施，为城区雨污分流提供条件，实现多厂联网运行，保证城区污水有去处，出水能达标，有助于提高污水厂进水有机物浓度，促进污水厂提质增效，便于雨污水管网运行维护。（安峰　赵苡）

市政建设

·公共设施建设管理·

【市政设施管理】2021年，太原市市政公共设施建设管理中心加强市政设施全过程管理。坚持实行市政设施动态检查，提高设施问题发现率，实现设施问题分类处置，掌握设施运行动态。探索管理新模式新手段，加强分类研究和规律探索，畅通信息传递渠道，提升市政设施管理水平。加强新建工程服务管理。坚持实行“三服务”“三程序”工作模式，达到“三保障”目标。做好新建未移交道路设施问题处理，保证市政设施平稳运行。加强设施管理运行服务平台的建设和科技化水平的提升。开展设施普查，健全完善设施基础资料。规范市政设施验收工作，加强档案管理信息化建设，强化数字化档案资源的建设与开发利用，提升市政工程档案管理工作成效。（王志刚）

【市政设施养护】2021年，太原市市政公共设施建设管理中心展开道路养护、便道维修、桥梁养护、空洞探测等各项设施养护工作。大面积养护32条道路20.30万平方米，小修保养道路病害3736处，7.10万平方米，维修破损便道5.10万平方米。疏通排水管网119.20万米，清掏检查井、进水井11.70万座，更换维修检查井、进水井2514套（个），改造排水管网1415米，管涵清淤1.30万立方米。对293座桥梁维修，对7.40万平方米桥体粉刷，对市内下穿通道安装水位标尺119套，对柴村桥等29座桥梁检测等。对部分路段和隐患点雷达探测，检测道路长59.50千米，布设测线约816条，测线长约854.25千米，对南沙河等道路部分路段进行管网隐患检测，全年检测排水管线长2.80千米，检查井50座。发现处置116处道路空洞、脱空隐患。完成对旱西关街等街道应急抢修，维修管道7.30千米、道路12884平方米，安装防坠网1.50万个，无主井具应急维护779套（个）。南海街二社区、劲松社区等社区及街道道路排水养护服务32次，疏通管道19.70千米，清淘检查井、进水井1335座。（王志刚）

【工程项目建设】2021年，太原市市政公共设施建设管理中心承担多项重点项目建设任务，30余项建设项目，除个别项目受拆迁等影响，其余进展顺利。一系列项目的密集实施，为拓展城市空间，提升承载能力，改善城市环境打下坚实的物质基础。以努力建设高标准精品工程目标，提升项目管理水平。协调解决各类建设问题，为工程顺利完成扫清障碍。狠抓工程质量，确保质量目标，压实安全生产责任，对工程进行精细化管理，关注农民工权益保障工作，通过强化建设项目全方位管理，保证工程顺利进行。（王志刚）

【防汛备汛应急】2021年，太原市市政公共设施建设管理中心加强防汛备汛工作，修订完善防汛预案，组建防汛抢

险队伍。做好抢险工具和防汛物资准备，提升防汛应急能力。加强设施维护改造，加强薄弱环节建设。开展管网清淘维护工作，对排水设施隐患进行排查、整改，确保排水管网畅通无阻，改善道路积水情况。根据预警信息和防汛需要提前在城市下穿通道、快速路和人员密集场所等重点设防地段进行布设，提高响应效率，对道路积水和设施病害及时处理，确保设施平稳运行。

（王志刚）

·城市供水·

【概况】 2021年，太原供水集团有限公司有资产总额86.82亿元，总产值15.35亿元，拥有7座水厂和15座供水加压站，输配水管道2699千米，供水服务面积304.78平方千米，覆盖范围北起中北大学，南达晋中高校园区、清徐环卫园区，西自西山地区，东至东峰路地区。下属9个子公司，涉及工程设计、建设、监理，管网、计量检测，水质检测等与供水生产服务相关多个领域。全年供水总量2.99亿立方米，日均供水量82.01万立方米。水质合格率、管网压力合格率、供水设备完好率等指标均达到年初预定目标。（冯　玲）

2021年，太原供水公司小店营销分公司开展党史学习教育活动

（市供水集团供图）

【安全供水】 2021年，太原供水集团有限公司按计划实施年度更新改造及大修理项目，更新改造兰村水厂、西山三加压站等供水厂站设施设备。更换修复南中环长治路口等重点区域，启闭不严、操作困难的供水阀门39座。落实供水管线及附属设施巡查“街长制”，通过加大巡检力度，提高巡检质量，保证管网设施运行安全。多举措应对城市用水需求变化，科学调度、优化运行、高效保障，平稳度过夏季供水高峰，完成省、市第十二次党代会，太原能源低碳发展论坛等期间保供水任务。

（冯　玲）

【供水设施建设】 2021年，太原供水集团有限公司紧跟城市道路建设、重点工程敷设泥向线、太太路、迎泽大街东延等供水管网142.84千米，完成投资约2.67亿元，按期完成太原第一实验室供水项目，重点实施战略性基础材料产业园、天龙山景区等供水工程，推进配套供水设施建设，实施国科大加压站，为山西省转型综改示范区、市重点项目落地及道路沿线用户用水提供供水保障。长风西街、小店维抢修中心完成主体工程建设。改善清徐县供水环境，改造南开路、西关大街北延等给水管线28千米。（冯　玲）

2021年5月13日，太原供水集团有限公司开展“弘扬支前精神 传承红色基因”党史学习教育现场教学培训

（市供水集团供图）

【企业治理体系建设】 2021年，太原供水集团有限公司编制集团公司“十四五”规划，制定、修订、实施《招标采购管理办法》《网络安全管理办法》《工程预决算审核管理办法》及营销服务、管线管理、计量管理等作业指导书。深化质量、环境、职业健康安全管理标准应用，强化外审、内审监督，注重整改成效落实，最大限度防控经营风险。

（冯　玲）

【供水安全生产】 2021年，太原供水集团有限公司修订《安全生产标准建设实施意见》等25项安全规章管理制度。开展安全生产月活动，开展易燃可燃夹芯彩钢建筑排查整改，开展“全覆盖查隐患、重实效严整改、防事故保稳定”安全生产大检查，庆祝建党100周年城市供水公共安全防控攻坚行动、安全生产专项整治三年行动集中攻坚年、有限空间作业专项整治行动等活动，查出隐患399处，整改率100%。完善供水应急体系建设，修订次氯酸钠泄露、水质污染等9个供水突发事件专项应急预案。（冯　玲）

【重点工程供水保障】2021年，太原供水集团有限公司配合市重点工程、历史文化名城保护等，开展大黑水河流域整治沿线、五一广场及地铁1号线沿途供水管网改迁工作。配合市消防部门开展市政消防设施隐患排查专项行动，累计摸排市政消火栓5507处，消防水鹤249处，排查整改各类隐患484处。优化营商环境，采取接水业务“一窗通办”、推进供水接入服务改革、实施“容缺受理”办理模式、实行“一对一托管式”服务以及降低接水费用等措施，增设清徐新建用户接水服务网点。（冯　玲）

【民生服务】2021年，太原供水集团有限公司处理城市供水热线派单，按时答复网民留言、社情民意及人大代表建议和政协委员提案。供水服务联动机制解决用户用水问题，修订《太原供水集团有限公司供水服务规范》，完善年度供水服务满意度调查工作，增设清徐县水质检测服务网点，提高供水服务水平。实施“三供一业”供水设施改造，以省属、市属国有企业职工家属区为重点，推进剩余中央企业职工家属区供水设施改造收尾工作，截至年底，下发中央企业及省、市属企业职工家属区施工任务127项（涉及767个小区、改造户数26.19万户），累计完成庭院管线敷设683.78千米，“一户一表”改造21.88万户。（冯　玲）

【供水管理】2021年，太原供水集团有限公司依托新技术、新手段提升城市供水管理智能化，推进生产、营销、客服、办公等为一体的“太原供水”GIS系统一体化管理平台建设，增建太原幼儿师范学院等6处在线压力监测点，实现北河湾加压站无人值守，整合改造既有在线水质监测点，远传水表用于“三供一业”供水改造、新建住宅小区。（冯　玲）

·城市供热·

【概况】2021年，太原市热力集团有限责任公司比往年更早完成供热准备，提前10天于10月20日启动“试供热”，并做好供热的组织和保障工作，确保供热安全稳定开展。2021—2022年采暖季，太原市集中供热面积达2.18亿平方米，其中市热力集团直接管理1.68亿平方米，向其他供热单位提供热源3169万平方米。（韩妍妍）

【供热保障】2021年，太原市热力集团有限责任公司加强设施改造，投入1.80亿元，完成既有热源厂、热力站、一次网管线及设施设备的精细化维检工作，并改造老旧一、二次管网9.50千米。组织制订不同气温情况和不同运行状况下的供热运行方案、应急预案，提升和完善应急抢修队伍的能力和工作机制，组织抢险演练，做好应急物资储备。加强对居民老旧小区设施系统排查，协助用户对自管庭院网进行维修，主动对部分无人管理小区的设施进行维护更换，保障用户设施质量。提前做好与各电厂热源的协调沟通，明确电厂机组启动时间和供热量，配合做好热源生产保障协调。组织完成集团公司自辖大型热源厂的维检修和准备工作，完成燃气、燃煤合同签订，保障燃料供应，确保热源供应输出，保障热源稳定供应。（韩妍妍）

【供热精准调控】2021年，太原市热力集团有限责任公司在智慧热网统筹调控的基础上，合理布局远程测温点，无线室温监测系统总计13710个。组织进行数据日采集，实现以热力站为控制单元的二次网精细化调节，强化对非节能建筑、热网末端、二次管网老化等重点用户、重点小区的及时调节，保障终端用户供热温度。（韩妍妍）

【供热服务】2021年，太原市热力集团有限责任公司组织开展“访民问暖”工作，“党员暖心服务队”“供热问题处理小组”走访8680余个小区、入户5.10万户，将暖心服务向用户延伸，针对16℃至18℃用户情况逐个进行解决处理。为提升冬季服务水平，优化客服中心，加强客户服务工作，形成供热问

2021年，太原市热力公司“三供一业”施工现场（市热力集团供图）

2021 年，太原市热力公司热力设施设备维检 （市热力集团供图）

题投诉咨询快速受理处置机制，解决投诉咨询 5400 条，强化便民服务和供热问题的快速解决处理。组织“暖心服务进万家”集中供热开放日活动，让用户走进公司，通过多层次的用户座谈和沟通，帮助用户解决不热问题，做好冬季供热保障工作。（韩妍妍）

【清洁热源建设】 2021 年，太原市热力集团有限责任公司组织开展不同能源、不同定位、不同能力、不同规模的多元化热源建设工作。推进阳曲热源项目，完成热源厂锅炉房区域桩基施工，长输管网正式开工，并全面开展管线敷设工作。城西燃气调峰热源厂工程完成基础建设，相应主支干线建设和扩网工程同步推进。（韩妍妍）

【联网扩容工程】 2021 年，太原市热力集团有限责任公司扩网实现 600 万平方米，建设热力站 41 座。推进东峰热源厂工程、太古高海拔工程、西山矿区扩网改造工程以及南部供热工程的实施，配合道路新建管网 34 千米，扩网建设一次网 48 千米。（韩妍妍）

【供热维修改造】 2021 年，太原市热力集团有限责任公司推进“三供一业”工作，坚持“一楼一策、一户一案”原则，供热维修改造开工 152 个小区，涉及 52 家国有企业，完成改造 25440 户，对二次网、楼栋立管、户内管网等用户设施进行更新，实现分户独立管控和精细调节能力。组织完成城南热源厂一期 3 台燃煤锅炉烟气净化系统设备提标升级改造，达到超低排放环保要求。加大供热计量改造实施力度，新增供热计量收费面积 226.66 万平方米。组织完成配合轨道交通的管线改迁工作。推进无人值守热力站改造。（韩妍妍）

【供热技术创新】 2021 年，太原市热力集团有限责任公司推进“城市热网输配再生水关键技术研究及工程示范”项目，再生水车间主体结构施工调试完毕，具备出水条件。加强技术创新工作的总体统筹和指导力度，新产品研发工作完成一体式、分体式户用应急供热设备的研发、设计及测试，并申报国家专利。增强型地热规模供暖示范工程项目完成立项。设计公司引入 BIM 技术提高设计效率。公司多篇专业论文被中国城镇供热协会学术年会等多个平台收录。（韩妍妍）

【安全生产】 2021 年，太原市热力集团有限责任公司健全安全生产责任体系，通过安全责任清单、安全生产目标责任书，层层明确安全任务，压紧压实安全职责。组织安全生产专项整治三年行动集中攻坚，开展“反三违”专项行动和有限空间、彩钢房建筑、燃气设施、老旧管网、消防等专项整治。深化健全双重预防长效机制，强化风险管控措施落实。加强基建、改造作业现场管理，加大对危大工程、高空作业等重点部位环节监督检查。加强应急管理，建立 24 小时值班和领导带班值班制度。（韩妍妍）

·城市投资管理·

【概况】 太原市龙城发展投资集团有限公司成立于 2008 年，注册资本金 171.63 亿元，公司总资产 1022.40 亿元，是由太原市财政局出资、市政府直接管理的大型国有独资企业，是太原市重点构建的政府投资实施主体、重大项目建设主体和城市基础设施建设投融资主体。至 2021 年累计为市政府投融资超过千亿元，其中基础设施及保障房建设投资超 300 亿元，各类融资超 800 亿元。包括为建设 244 条道路。累计承接棚户区保障房项目 44 个约 700 万平方米，交付 48531 套约 500 万平方米。建设太原古县城、太原方特东方神画、青龙古镇、太原府城历史文化街区等知名文旅项目，完成投资百亿元。（成　馨）

【安全生产】 2021 年，太原市龙城发展投资集团有限公司排查安全风险 639 条，其中一级风险 14 条，二级风险 133 条，三级风险 235 条、四级风险 257 条。全年举办集团公司级教育培训 4 次，开展“防灾减灾宣传周”“安全生产月”“消防宣传月”等系列活动，组织各种形式的安全应急演练 47 场次，日常现场检查 200 余次，督促整改各项目存在的问题保证检查工作“全覆盖”。引入 ISO9001 质量管理体系标准、ISO14001 环境管理体系、ISO45001 职业健康安全管理体系。加入 BIM 协同管理平台，应用创新性管理工具实现信息共享、动态控制、协同工作。（成　馨）

【财务管理】 2021年，太原市龙城发展投资集团有限公司维持主体AAA、债项跟踪AAA的国内评级，保持国际信用评级“投资级”，展望“稳定”，还本付息安全兑付。截至年底，公司总资产1022.40亿元，净资产348.27亿元，总资产突破千亿大关，资产负债率65.94%，保持在稳健动力区间。全年累计融资241.56亿元，平均融资成本4.31%，完成境外短期美元债券、私募公司债、商票、承兑汇票等多类创新型融资产品发行工作。（成　馨）

2021年，太原市龙投集团建成的智能立体停车楼（市龙投集团供图）

【工程建设】 2021年，太原市龙城发展投资集团有限公司实现保障房交付12758套，累计承接棚户区保障房项目44个约700万平方米，交付48531套约500万平方米。完成交付棚户区配套小学2所，分别为37中附小和青年路小学东校，交付并投入使用的中小学6所。租赁及商开住房项目1083套完成主体封顶及二次结构施工。建设完善棚户区周边配套道路约3千米。完成已交付保障房小区1.10万户天然气户内送气工作。推进119消防指挥中心项目等代建消防项目。参与并启动12个回迁安置房地块的不动产权证书“处遗清零”工作。建成交付燃料公司邻里市集项目。（成　馨）

【停车资源建设管理】 2021年，太原市龙城发展投资集团有限公司新建停车场、停车楼39个，车位数11887个，其中，桥下停车场13个，停车泊位690个。路内停车场5个，停车泊位386个。景区停车场11个，停车泊位7944个。公园停车场2个，停车泊位288个。停车楼8座，停车泊位2579个。启动建设平面停车场“源网荷储、多能互补一体化”示范项目，打造全省首个源网荷储交通能源碳中和充电站。截至年底，管理293个场站，42289个公共停车位，包括路侧、桥下、公园地库、景区、商业等多种形式。在停车场配建充电桩2709个，包括直流桩576个、交流桩2206个，供电总容量18.80万千伏安。龙投智慧停车云平台管理中心稳步高效运营，利用大数据进行停车资源规划、管理调配，停车充电实现集中管理、无人收费、无感支付、远程控制、在线服务的智慧化管理，市民出行交通环境改善。（成　馨）

2021年，太原古县城俯瞰（市龙投集团供图）

【经营性商业与城市服务】 2021年，太原市龙城发展投资集团有限公司累计可运营资产面积24.80万平方米，累计去化面积22.50万平方米，总去化率90.70%，全年累计收入2649.30万元。累计可运营人防车位资产4268个，非人防车位资产11898个，累计出租2304个车位，总去化率14.25%。累计出售2431个车位，去化率20.43%，全年累计收入5944.08万元。截至年底，太原龙投集团物业公司接管项目54个（537.88万平方米，不含景区），其中住宅36个，写字楼1个，景区6个，停车场、停车楼11个。全年累计新增9个停车场（停车楼），4个住宅小区。（成　馨）

【城市污水处理项目】 2021年，太原市龙城发展投资集团有限公司投资建设的阳曲县青龙污水处理厂全负荷投入使用，全年累计处理污水600余万吨，出水水质达标率为100%，地表三类水质天数占到总运行天数的70%以上。青龙污水处理厂一期2万吨/日扩建（含一座2万吨调蓄池及配套一体化提升泵站）项目启动。（成　馨）

【文旅项目建设与运营管理】 2021年，太原市龙城发展投资集团推出太原古县城和太原方特东方神画。5月1日，太原古县城开城。截至年底，累计接待游客约575万人次。7月23日，太原方特东方神画开园迎客。截至年底，接待人数50余万人次。

修缮、保护、改造杏花岭府城文道巷历史文化街区，推进太原五一路古建项目运营筹备工作。青龙古镇完成消防改造、民宿建设和其他配套设施的全面提升，并推进AAAA级景区申报工作。太山球幕影院于“五一”对外营业。天龙山窑头村游客服务中心为护航佛首回归，同步于7月投入运营。 （成　馨）

【重点项目建设】 2021年5月16日，山西省大数据中心太原分中心暨太原云时代技术有限公司揭牌成立，由山西云时代技术有限公司（600万、60%股权）与太原龙城发展投资集团有限公司（400万、40%股权）合资成立，承担发展数字政府、智慧城市和引领全市数字信息产业发展的职责。

按照“承诺制+标准地+全代办”投建太忻经济区战略性基础材料产业园蓝宝石晶体生长项目（一期），3个月完成产品下线。10月，完成一座花园式、现代化厂房的交付使用。

承接太原武宿（国际）机场三期改扩建工程（太原区域）配套道路建设PPP项目和五村回迁安置及片区开发项目。为太原区域五村拆迁提供资金28亿元，以社会出资人身份组织联合体中标配套PPP项目，项目完成43.70亿元前期投资。以城中村改造和片区开发方式承接五村回迁安置任务，首批28347公顷土地完成招标拍卖挂牌工作，首批15万平方米回迁安置房开工建设。

（成　馨）

房产业

【房地产市场发展】 2021年，太原市房产管理局起草并出台《太原市落实房地产市场平稳健康发展城市主体责任制实施方案》，建立健全房地产市场调控长效机制。加强预售资金监管，优化拨付流程，促进项目建设，累计监管金额806亿元。举办“第二届云上房博会”，在正常销售的基础上额外增加36万平方米。落实包联帮扶制度，成立6个帮扶小组深入企业，帮助企业排忧解困。房产交易服务“周末不打烊”“中午不断档”，实现“24小时自助办”，3项高频服务事项进驻六城区政务大厅，方便群众“随时办、随处办”。配合不动产登记处遗和清零工作，市清零办和市处遗办下发任务书均按时完成上报。加强市场管理，完成2018至2019年房地产企业信用评价工作，强化行业诚信体系建设。全市城区商品房销售面积821.80万平方米，同比增长4.70%。商品住房成交均价10770.74元/平方米，同比下降0.10%，房价基本保持平稳。

（高杨平）

【住房保障】 2021年，太原市推进棚户区改造，老城区内脏乱差的棚户区住房改造新开工1874套，续建工程基本建成5097套，完成投资31.90亿元，三项年度目标任务均提前完成，完成率分别为156.17%、113.27%和106.33%。探索发展保障性租赁住房，制定“十四五”城市住房发展规划，重点规划保障性租赁住房发展目标。成立市长任组长的工作领导小组，实施意见经市政府常务会议通过。做好公共租赁住房保障，开展省定公租房信息系统试点，信息系统投入使用。公共租赁住房申请审核工作结束，年底前发放补贴1288户。 （王　峰）

【住房租赁市场发展】 2021年，太原市加快房源筹集，截至年底累计筹集房源93249套（包括新建、改建34467套，盘活58782套）。其中，上年筹集房源41409套（包括新建、改建20070套，盘活21339套），2021年筹集房源51840套（包括新建、改建14397套，盘活37443套）。开展租赁住房回购项目资金奖补公开招标工作。培育租赁企业，截至年底培育15家国有住房租赁企业、90余家民营租赁企业。强化市场监管，印发《太原市加强房地产中介和住房租赁交易管理的实施意见》《关于开展住房租赁企业备案管理的通知》等文件，通过局官网公布《住房租赁的风险提示》，规范市场秩序。 （刘春丽）

【物业行业管理】 2021年，太原市加强党建引领物业推动行业体制改革试点工作，全市物业小区成立496个党组织，恒大名都小区成立全市首个物业管理委员会。通过“山西数字房产”平台，

2021年7月，太原市房产管理局在直管公房检查安全隐患问题（市房产局供图）

开展全市物业企业信用等级评价。推进“创城”工作，开展物业服务区域综合整治工作，与市文明办共同开展“文明小区”评选暨共建“美好家园”的活动。开展专项检查，做好物业收费信息公开，评选出太铁佳苑等51个“文明小区”和清华苑一期等8个“美好家园小区”，引领物业行业创优服务。以开展“我为群众办实事”活动为契机，回馈全市130个小区、890幢高层住宅、3410部电梯安装电动自行车梯控系统，遏制消防安全事故，惠及居民55万人。完善维修资金管理制度，开展清缴工作，追回1.60亿元。（刘宏伟）

【房屋征收安置】 2021年，太原市国有土地上房屋征收项目3个、征收2120户，征收面积17.90万平方米。推进征收居民的安置，完成12个安置房项目11858套房屋安置。统计全市国有土地上市级财政向居民、单位发放过渡费情况，并报送市政府，为市政府决策提供依据。（张晓明）

【行业安全生产】 2021年，太原市房产管理局完成直管公房维修，落实汛期24小时值班带班制度，排查消除安全隐患，防范安全责任事故发生。开展物业行业安全检查，提升物业企业安全生产和管理水平。抓好直管公房安全度汛和物业行业安全生产，做好全市城市房屋安全隐患排查整治工作，累计排查房屋3.98万幢，2.05亿平方米，初判存在安全隐患的数量为3032幢，鉴定215幢，完成整治541幢。开展全市城镇因灾受损房屋重建修缮工作，制定《全市城市因灾受损房屋重建修缮工作方案》，成立工作专班，局领导按照领导包片分工安排到相关县（市、区）督导检查城市房屋灾后重建工作，指导全面摸排城市受损房屋，成立专家技术组，委派专业的鉴定机构到各县（市、区）加快推进灾后受损城市房屋安全鉴定工作，根据各县（市、区）房产部门反复摸排核实，全市需恢复重建和鉴定的因灾受损城市房屋为零。推动全市城镇房屋建筑承灾体普查工作，在市普查领导小组及其办公室的领导下，指导全市各县（市、区）城镇房屋建筑调查工作及数据汇交和质量审核工作。全年未发生安全责任事故。（温永刚　樊晓兵）

【企业脱钩改革】 2021年，太原市房产管理局根据《太原市人民政府办公室关于太原市党政机关与所办企业脱钩改革工作的通知》，市房产局原局属企业太原市住房置业担保有限公司、太原市房地产开发公司、太原市解困住宅合作社、太原市公共租赁住房保障中心房地产开发公司、太原市住宅开发修建公司、太原市房地产材料供应公司划转至太原市国资委。（赵　猛）

园林绿化

【概况】 2021年，太原市园林局实施绿化面积362公顷，绿化覆盖率44.77%，新增0.77%。绿地率39.64%，新增0.74%。人均公园绿地面积达12.75平方米，新增0.50平方米。完成固定资产投资37.50亿元。公园游客量达6700万人次。（孙李苗　张小宇　贺建荣）

【公园绿地建设】 2021年，太原市园林局建设完成双塔公园、五一广场改造工程、85千米汾河自行车赛道及配套绿化、汾河生态治理四期、汾河公园水质提升、祥云公园提质改造、动物园东门区域等公园绿地建设项目。启动长风公园（一期）、北齐徐显秀墓文化公园手续办理、征地拆迁摸底等前期工作。建设一批“口袋公园”、小游园，完成37个游园、36个绿地。（孙李苗　张小宇　贺建荣）

【道路绿化建设】 2021年，太原市园林局完成虎峪河西延、九院沙河西延、化章街、大运路、迎泽大街东延等24项新建、续建道路配套绿化工程。泥向线、森园路、南内环街东延等9项道路配套绿化工程持续推进。城市道路绿网基本形成，绿色廊道独具特色。（孙李苗　张小宇　贺建荣）

【城市美化建设】 2021年，太原市园林局在重要景观节点摆放133组立体花坛、各色时令花卉522万盆、花钵2852个，提升景观彩化水平。在打造“玫瑰之城、浪漫之都”工作中，栽植月季216.75万株，营造城市氛围。（孙李苗　张小宇　贺建荣）

【绿化养护保护】 2021年，太原市园林局围绕“当年向成活要结果，两年向成景要结果，三年向成效要结果”的目标，对公园和道路养管设备升级，确保绿化养护做精、做细、做美、做靓。完成新一轮古树名木普查，古树名木

2021年，太原市口袋公园一角　（太报视觉社供图）

2021年，太原迎泽公园一角　　（太报视觉供图）

达1377株，后备资源733株，全部建档保护。　（孙李苗　张小宇　贺建荣）

【文化公园建设】 2021年，太原市园林局举办第十三届公园“一园一品”活动和市第三十一届菊花展览，并把党建、党风廉政建设、党史学习教育融入活动之中，让市民在游园中重温党的伟大历程。组织参加扬州世界园艺博览会，“太原园”获“中华展园银奖”。

（孙李苗　张小宇　贺建荣）

【对外宣传】 2021年，太原市园林局组织开展新闻发布会，向新闻媒体和市民群众分别就第十三届“一园一品”系列文化活动、中国共产党太原历史展览、全面建成小康社会进程中园林绿化取得成就等作专题介绍。围绕纪念林植树活动、第三十一届菊花展览暨国庆摆花活动等组织媒体记者进行集中采访。国家级媒体发布园林信息近80条，省、市级媒体发布园林信息400余条，《山西日报》《太原日报》头版要闻位置刊登园林信息近20条。央视新闻频道《朝闻天下》节目报道治理杨柳飞絮举措。太原电视台《新闻对话》就汾河四期工程、双塔公园开园等录制数期专题节目。局网站发布信息数百条，向市政府网站推送百余条，上报市委信息处、市政府信息处近160条。举办第四届“绿满龙城　美丽太原”园林摄影大赛，评选出60幅获奖作品。

（孙李苗　张小宇　贺建荣）

【园林科技发展】 2021年，太原市园林局编制《太原市园林行业科技发展规划（2021—2030年）》，园林质量植保站城市绿化标准化试点成为省第一批试点项目。申报《山西省花境技术规程》等省地方标准6个。举办在中国植物多样性保护领域最具影响力的全国性会议——2021年中国植物园学术年会。植物园发挥专类园优势，收集野生乡土植物丁香叶忍冬等73种。发现丁香叶忍冬、植物少花万寿竹、尾叶铁苋菜等3种山西植物新纪录。首次引种山西省特有的紫草科间断分布物种大叶滨紫草。发现古交和忻州等地地理新纪录居群3个。

（孙李苗　张小宇　贺建荣）

【法治建设】 2021年，太原市园林局出台《太原市园林局内部审计制度》《太原市园林局网站与新媒体规范管理工作制度》《太原市园林局园林绿化工程质量管理制度》《太原市园林局局属公园游船安全管理制度》等8项制度。填报“互联网+监管”系统，报送监管行为51条，监管业务数据27条。梳理编制局政务服务事项4项，认领3项，并公布办事指南。组织局法律顾问对决策事项、合同等开展合法性审查10余项。配合完成《太原市晋阳湖生态保护与修复条例》修订工作，11月1日起施行。开展规范性文件审查清理工作，废止1件，现行有效6件均网上公布。开展普法宣传教育，学习宣传新修订的《太原市城市绿化条例》，开展“3·12”植树节、“4·15”全民国家安全教育日、“12·4”国家宪法日普法宣传活动，组织4次《民法典》专题讲座、政务公开专题培训1场、网站与新媒体信息采写与摄影技巧培训2场，组织观看网络庭审1场，参加省、市法治培训10余场。规范和加强热线工作，共受理32157件，案件受理率100%。

（孙李苗　张小宇　贺建荣）

2021年，太原双塔公园　　（太报视觉供图）

【安全生产管理】 2021年，太原市园林局采取“7+3”工作方法，推进园林系统安全生产集中教育整顿暨专项整治工作（“7”即“七个到位”：认识到位、力量到位、排查到位、整改到位、培训到位、演练到位、疫情防控到位。“3”即“三项举措”：制订工作方案、完善应急预案、落实岗位职责制度），落实安全应急预案，隐患排查整改。全年未发生安全生产责任事故。开展常态化疫情防控工作，制订防控方案，落实“五严五防”各项措施（严把入口关防输入，严把医治关防感染，严把扩散关防蔓延，严把集聚关防失控，严把宣传关防恐慌），并探索疫情期间游园“云模式”，增强与市民游客互动交流。

（孙李茁　张小宇　贺建荣）

【双塔公园开园】 2021年7月9日，太原双塔公园开园。公园位于东中环路以西、双塔北路以东、南内环东街以北、南沙河快速路以南，建设总面积89.60公顷（其中绿地面积64.15公顷，景观水系7.90公顷，广场、道路面积14.96公顷，仿古建筑面积1.33公顷，革命烈士纪念区1.27公顷）。配套停车位1600余个。

双塔公园围绕永祚寺、革命烈士纪念区、综合性公园三大功能区，以“读历史、强信念、受教育、赏美景”为主题，打造可学、可望、可行、可游的双塔盛景。园内永祚寺距今有400余年的历史，是太原的地标建筑。

公园围绕传统文化、自然风貌、红色教育建设三馆、六区、六园特色景观。设置国医馆、书画馆、革命烈士纪念馆，打造永祚寺核心景观区、革命烈士纪念区、体育运动区、娱乐休闲区、民俗文化展示区、儿童活动区，建设樱花园、月季园、紫薇园、牡丹园、海棠园、冬景园。（孙李茁　张小宇　贺建荣）

轨道交通

【工程建设】 2021年，太原地铁1号线一期工程征地拆迁完成5.70万平方米，各车站管线迁改完成3.50万米，21座车站全部进场施工。绿化迁移完成24.30万平方米，迁移树木5万株，完成车站施工范围内绿化移植。由市轨道公司负责前期的勘察设计、征地拆迁、管线改迁、园林迁移等工程完成投资11.4亿元。五一广场站、东太堡站、学府街东口站、龙武（龙城大街—武宿机场）区间竖井4个主体结构完工。对西山矿务局站、下元站等11个主体结构施工，西山停车场、建设北路南站等10个工点围护结构施工，盾构区间开工3个。

地铁2号线配套工程，学府街站、南中环街站暗挖过街通道土建工程全部完工，大南门站1、2号线联络线主体结构完工。（徐　凯）

【运营服务】 2021年，太原地铁全网运营线路1条，地铁2号线运营满1周年，总运营里程23.65千米，总运营车站23座，网络换乘车站3座，最高运行速度80千米/时，定员数55人/千米。列车准点率99.97%，运行图兑现率99.99%，客运量3918.95万人次，日均客运量10.60万人次。全线均设置便民服务箱，箱内放置有针线包、老花镜、便利贴等物品。车站提供无障碍预约服务，帮助特殊乘客顺利乘车。（徐　凯）

【资源经营】 2021年，太原市轨道交通发展有限公司推动“轨道＋物业”TOD开发，开拓发展空间。组织筹办2021中国城市轨道交通TOD综合开发太原论坛。太原轨道万科星空TOD项目，1#楼34层主体实现封顶。对1、2、3号线沿线场站周边用地完成城市设计梳理，1、3号线沿线城市设计通过市规资局专题会审查。对控制中心、下元等11处站点进行TOD开发研究，提出TOD综合开发方案。协调相关部门推进出台TOD相关政策。子公司开拓市场，开展BIM、智能运维、专业培训等业务，推动“光伏”项目、“地铁碳普惠”项目和“碳资产开发”项目实施。（徐　凯）

【绿色地铁建设】 2021年，太原市轨道交通发展有限公司围绕“碳达峰碳中和”愿景，以“四节一环保”为核心，将绿色理念和方法持续引入城市轨道交通的规划、设计、建设和运营中。控制中心LEED认证完成土建资料整理和绿色建筑咨询服务项目第二阶段验收。完成2号线节能示范站的通风空调系统调试及数据测试，并申请国家专利。将光伏项目纳入1号线整体规划中，打造绿色出行、低碳生活的碳普惠线上服务平台。（徐　凯）

2021年，太原地铁2号线大北门站　（市轨道交通发展有限公司供图）

【人文地铁建设】 2021年，太原市轨道交通发展有限公司实施山西文化传承与创新工程，2号线全线非客运业务基础设施建设基本完成，联合市图书馆在地铁部分车站建成投用自助图书馆。完善“用文化重新定义品牌价值”的广告新模式，扩大听景App的影响力、覆盖面，注册用户达120万次，日活跃用户4.5万次，日均启动18万次。（徐　凯）

【智慧地铁建设】 2021年，太原市轨道交通发展有限公司“基于云平台的全自动运行系统”被中国城市轨道交通协会成果评价委员会评定“达到国际领先水平”。BIM技术在2号线使用，获山西省BIM技术应用优秀案例。开展全域安全体系项目研究，总体设计方案通过专家评审。编制完成1号线预埋槽道新技术应用方案。开展隧道结构变形在线监测传感技术与远程监测系统项目研究，实现对地铁隧道施工中各项指标动态监测，达国内先进水平。（徐　凯）

【科研成果】 2021年，太原市城市轨道交通1号线工程湿陷性黄土专题研究，以勘察设计等基础资料，分析场地湿陷性黄土分布及与工程的关系。开展现场浸坑试验与室内土工试验，研究并提出场地黄土自重湿陷量修正系数，判断场地黄土湿陷类型、湿陷等级。结合现场浸水试验、室内土工试验及勘察资料，提出场地黄土湿陷底界判断方法以及区间和车站湿陷性黄土处理方法。主要创新点在于通过现场浸水试验及室内土工试验对比分析，在总结黄土历史成因及工程特点基础上，提出场地黄土湿陷底界判断方法。通过现场浸水试验及室内土工试验的对比分析，提出场地黄土自重湿陷量修正系数。研究成果为地铁1号线一期工程迎泽东大街站—朝阳街站—南内环东街站—东太堡站—长风东街站—学府街东口站—省农科院站区段穿越湿陷性黄土处理方案制订提供重要依据，具有较好的经济和社会效益，为后续城市轨道交通线路修建提供合理建议，有利于减少工程造价，增强工程安全性。

太原市富水地区高灵敏度土暗挖法关键技术研究，围绕如何解决盾构安全、高效穿越富水地区高灵敏度土这一关键问题，研究材料成本低廉，力学性能优异，耐久性能良好，且适应地层状况的双液浆，并采用数值模拟评判安全性。通过对水平旋喷设备的比选、化学注浆加固的研究、钻进孔洞质量控制以及开挖时对土体进行复检。项目研发的磷酸—水玻璃化学浆经过配比实验研究，有效封堵孔壁赶水，适用于富水砂层，该化学浆具有独创性，可减少地层变形并降低工程造价。项目提出外围增设水平旋喷桩联合超前小导管注浆、管棚支护施工工法，解决变形、涌水等问题，为城市轨道交通工程穿越富水砂层问题提供解决方案。

富水细粒砂土复合地层超小半径曲线盾构隧道施工控制技术研究，关键技术包括适用于超小半径曲线区间掘进的盾构机再制造技术、富水软弱地层超小半径曲线盾构机始发并接收控制技术、盾构掘进震动引起富水粉细砂层震动液化潜势分析及地层液化控制技术、富水松软地层超小半径曲线盾构隧道穿越仿古建筑控制技术、超小半径曲线隧道盾构掘进千斤顶推力作用下管片受力分析、富水液化潜势的粉细砂地层盾构掘进注浆技术。成果主要应用于2号线一期工程大南门站1、2号线联络线盾构区间。施工安全性提高，防止渗漏、降低地表沉降、周边建构筑物变形等安全风险。

新型环控系统方案的研究应用，是2号线一期工程典型车站新型环控系统应用与示范项目研究成果。新型环控系统方案在2号线体育馆站和电子西街站成功应用，相比于传统方案，在系统建设初期能够节省土建面积30～170平方米，在运营过程中节能率为22%～26%，碳排放降低。采用新型环控方案后体育馆站和电子西街站每年分别可减少碳排放62吨二氧化碳和39吨二氧化碳。该项目被列入“十三五”国家重点研发计划项目示范工程。（徐　凯）

公交公司

【概况】 2021年，太原公共交通控股（集团）有限公司有营运车辆3656台，折4683.60标台，运行线路250条，线路长度4021.23千米，线网长度1297千米。全面覆盖城六区，同步衔接清徐县、阳曲县、古交市以及晋中市榆次区和省高校新区。全年公交运营里程11932.41万千米，日均32.69万千米。运营趟次400.73万趟，日均1.10万趟，客运总量3.02亿人次，日均82.75万人次，其中日均免费乘车16.49万人次，IC卡、二维码、银联等乘车占比95.13%。

公共自行车系统开通服务点1285个，安装锁桩5.90万个，投放自行车4.10万辆。系统覆盖全市建成区220平方千米，东至东环高速，西至西环高速，南至晋祠公园，北至江阳社区，站点平均距离不超500米。骑行总量5827.31万人次，日均15.96万人次，最高22.59万人次，日均周转3.89次/车，最高5.51次/车。日均免费租骑率99.19%，最高99.59%，日均调运服务站点574.84个、公共自行车1.13万辆。（郭志栋）

【公交都市发展】 2021年，太原公共交通控股（集团）有限公司在场站建设、线网覆盖、运营时效、智能调度应用、公共自行车服务等方面逐项逐条研究，推动整改工作。8月9日，太原市获得“国家公交都市建设示范城市”称号。

太原公交推进车辆更新、场站建设等工作。有序安排38条线路更新528台纯电动公交车。推进长风东、长风西、嘉节、唐槐园等场站项目建设，完工并启用长风东停保场，以及尖草坪、省体育场等场站内的充电配套设施。推进龙

2021年，长风东停保场启用　（太原公交公司供图）

城大街东延等9条道路172个候车廊项目建设。（郭志栋）

【公交服务保障体系】2021年1月1日，太原公共交通控股（集团）有限公司开通首条高速公路通行的城际公交917路，改善太原市、古交市两地群众出行条件，促进两地经济协同发展。3月，首开7条“G”字打头的地铁接驳专线，促进公交、地铁两网融合，方便市民出行。11月，首开“T”字打头的通勤专线，按照需求定制线路走向和运营时间。围绕玉泉山公园、晋祠公园、太原植物园、太山景区、方特游乐园以及火车站、火车南站等出行集散地，按需开通临时的免费专线、接驳专线，以及常规的旅游专线、摆渡线路，改善景区周边交通秩序，提升市民出行便利。完成省市两会、中博会、市运会、端午龙舟赛等综合交通保障任务。

配合城市道路改造、地铁建设、五一广场升级改造等工程，临时调整公交线路走向92条次，停驶线路2条，最大限度满足群众的基本出行，保障运营秩序稳定。全年新开城际、接驳、社区、旅游、通勤等各类公交线路10条，调整、延伸或延时线路10条，调整停靠站点10余处，更改亲贤北街沿线、山西师大南（北）校区、山西工程科技职业大学等多处站点站名。（郭志栋）

【公交运营服务管理】2021年，太原公共交通控股（集团）有限公司提升微笑服务品质和运营管理水平，整治道路交通安全隐患。加强和完善智能调度系统对重点时段、重点路段、重点驾驶员进行动态监控机制，排查和预警信息，专项整治行车和服务违章，遏制服务纠纷与交通事故的发生。深化和推广星级服务考评机制，带动更多驾驶员提升车厢服务水平。打造各类主题车厢，通过语音播报、公益广告等形式向广大乘客讲述太原历史、丰富车厢文化，增进公交与乘客之间的互动沟通。推进“适老化”工作，简化老年卡办卡、年审程序，实现老年卡在地铁免费出行。

完成调度模式的过渡与转变，实现无纸化运营调度管理。完善智能调度平台下的监控与考核机制，提升正点率、出车率、高峰趟次执行率。以868路作为试点线路，通过数据的积累和分析，提高运行效率、减少运力浪费、提高驾驶员收入，促使计划与需求相结合、运力与运量相匹配，趟次与车距趋于合理。在解放路启用首批交融互动式的多媒体电子站牌，融合到站信息、线路查询、IC卡充值等功能。对接轨道交通，完成全国一卡通在公交与地铁的互通出行。（郭志栋）

【公共交通安全生产】2021年，太原公共交通控股（集团）有限公司组织各单位日常检查、重点抽查、专项检查、节假日全面检查、夜间突查等各项检查。全年未发生治安、刑事案件、火警、火灾及消防安全事故。针对防汛形势，完善工作预案，加强应急力量，发布预警信息。国庆节假期暴雨天气期间，第一时间对应急救援人员、救援物资、运营车辆、线路通行条件等情况进行全面排查，确保场区防涝和运营安全，减小强降雨天气对市民出行的影响。落实扫黑除恶工作，同步在重点单位、部门配齐反恐防爆器材。开展“无毒创建”，通过毛发筛查检测最大限度排除“毒驾”安全隐患，确保公交车辆驾驶等重点岗位无吸毒人员。（郭志栋）

生态环境

Ecological Environment

综 述

【概况】2021年，太原市以习近平总书记生态文明思想为指导，坚持"治山、治水、治气、治城"一体推进，落实国家和山西省重大决策部署，聚焦大气、水、土三大战役，深入推进污染防治攻坚，配合完成第二轮中央生态环境保护督察和省生态环境保护督察，省城环境质量持续改善。 （刘彦凯 卢彬）

【空气质量】2021年，太原市环境空气质量优良天数224天，同比增加1天，优良率为61.40%，重污染天数12天，同比减少3天。市区综合污染指数为5.24，同比下降11.30%，改善幅度在全国168重点城市排名第三十二。6项污染物同比5项下降，1项上升，其中：PM2.5浓度44微克/立方米，下降18.5%；二氧化硫浓度14微克/立方米，下降17.6%；一氧化碳浓度1.5毫克/立方米，下降16.7%；二氧化氮浓度39微克/立方米，下降13.3%；PM10浓度83微克/立方米，下降12.6%；臭氧浓度192微克/立方米，上升3.2%。约束性指标优良天数率、PM2.5均完成省下达控制目标，二氧化氮、二氧化硫、一氧化碳三项达到空气质量二级标准。

（刘彦凯 卢彬）

【水环境质量】2021年，太原市水环境质量巩固提升。6个地表水国考断面中，汾河水库出口、李八沟、上兰、迎泽桥等4个断面达到优良水体，韩武村断面、河底村断面为Ⅳ类水。太原市国考断面达到或优于Ⅲ类水体比例为66.67%，劣Ⅴ类水体为零，达到省考要求。汾河出境韩武村断面达到或优于Ⅲ类水体天数137天以上，水环境质量得到巩固提升。 （刘彦凯 卢彬）

环境管理

【生态环境保护督察】2021年4月7日，第二轮中央生态环境保护督察组进驻山西省。截至年底，太原市收到中央生态环境保护督察组群众举报环境问题32批863件。太原市聚焦六类群众反映问题，按照"第一时间查清问题、第一时间查清责任、第一时间组织整改、第一时间反馈结果"的原则推动问题解决。32批863件中办结861件，剩余2件推进落实整改，办结率99.8%。其中，责令整改136件，立案处罚22家，罚款1839.82万元。问责处理29人次，其中党政纪处分1人次、约谈28人次。

根据中央生态环境保护督察组督察意见和省委、省政府整改方案，太原市将涉及的29个整改任务进行分解，细化为53个具体问题、109个整改措施，编制形成《太原市贯彻落实中央生态环境保护督察报告整改方案》。组织各级

2021年6月5日，"美丽山西·全民行动"启动仪式在太原植物园举行

（市生态环境局供图）

各部门对照反馈问题及任务清单提前开展整改。（刘彦凯　卢彬）

【生态环境执法】2021年，太原市生态环境保护局开展打击违法排污、利剑斩污、高速高铁沿线环境综合整治、惩治环境违法犯罪、夏季臭氧污染防治攻坚、严厉打击危险废物违法犯罪和自动监测数据弄虚作假专项行动、清废行动、黄河流域（汾河）入河排污口排查专项行动、柴油车污染治理等一系列执法专项行动，对重点区域、重点流域、重点行业、重点工业企业污染物排放进行全面检查，严格控制污染排放，严厉查处违法排污行为。太原市全年立案处罚288件，罚款3356万元，涉及查处四类案件33件，其中查封扣押9件，限产停产1件，移送行政拘留22件，涉嫌污染犯罪移送公安机关1件（娄烦“4·23”非法转移倾倒危险废物案，刑事拘留70人）。（刘彦凯　卢彬）

2021年9月3日，太原能源低碳发展论坛在晋阳湖国际会议中心开幕

（市生态环境局供图）

污染防治

【大气污染防治】2021年，太原市生态环境保护局开展工业企业污染治理，严控“两高”（高耗能、高排放）项目，落实建设项目主要大气污染物倍量削减。压减美锦钢铁粗钢产量23.60万吨。启动迪爱生（太原）油墨有限公司搬迁。完成美锦、梗阳、亚鑫3家焦化企业超低排放改造。完成3家冲天炉铸造企业清洁能源替代工作，其余4家停产整治。

高标准推进大气污染防治系列专项整治行动，组织开展高速高铁沿线环境综合整治等系列专项行动，整改省交办问题71个，整改自查问题6500余个，整治“五堆”（指影响环境干净整洁的柴堆、草堆、粪堆、土石堆、垃圾堆）问题5272处57620.40吨、“散乱污”企业10家，查处闯禁行和沿路抛洒4740起。

巩固能源结构替代成果，印发年度工作方案，完成三县一市农村地区“煤改电”“煤改气”任务9655户。对暂不具备清洁能源替代条件的农村偏远地区20818户农户实施清洁兰炭临时过渡，实现清洁取暖全覆盖。

2021年，太原市汾河公园祥云桥段　（太报视觉供图）

开展夏季臭氧防治，对挥发性有机物污染防治进行自查自纠，交办走航问题35期208个，并全部整改。组织开展各县（市、区）VOCs（挥发性有机化合物）交叉执法检查，发现并整改问题197个。狠抓VOCs治理，完成41家工业企业源头替代、59家企业无组织排放治理、22家企业治污设施建设、8家企业LDAR抽检、10家企业自动监控设施安装任务。完成燃气锅炉低氮改造243台。

开展扬尘污染整治攻坚，全面落实施工工地扬尘管控“六个百分之百”要求，实施分级差异化管控，实现不达标工地动态清零。

推进运输结构绿色转变，淘汰“国三”及以下排放标准营运柴油货车2440辆（任务2293辆）。推进山西晋煤铁路物流有限公司专用铁路改扩建项目建设。太钢、二电厂公路运输完成“国六”标准车辆替代，焦化企业、美锦钢铁推进运输清洁化。

开展“秋冬防”应对重污染天气，加强“1+30”区域联防联控，强化研判预警，发布调度令29期，实施工业源、扬尘源、燃煤源、移动源污染减排。印发浓度总量双控实施方案，对钢铁、焦化、化工等24家重点污染企业实施驻场监管。全天候开展工业企业执法检

查，参加“1+30”区域市际交叉执法检查。（刘彦凯　卢彬）

【水污染防治】2021年，太原市生态环境保护局组织实施城镇污水处理厂改扩建等11项重点水污染防治工程。印发49期周通报，采取定期调度、不定期督查以及约谈等措施遏制水质变差现象。加强汛期排水监管，成立保汛期国考断面水质稳定领导机构，部署10余项任务，减少降雨对考核断面的影响。加快补齐城镇污水收集和处理短板，推进晋阳污水处理厂二期等工程建设，新增日处理能力16万吨。完成雨污分流管网改造80.50千米。61个农村生活污水治理项目全部开工，完工46个。对建成的107个集中式和3个分散式污水处理设施全部进行复查，督促娄烦县完成国务院大督查通报问题整改。推进阳曲县二期湿地工程建设并投运，改善杨兴河水质。开展入河排污口排查整治工作，按照“查、测、溯、治”原则，完成1378个排污口的确认与监测工作，排除220个排口，监测有污水外排的排口159个，核查暂无污水外排排口999个。完成300余个入河排污口标志牌建设。

加强汾河水库等饮用水源地安全管理，完成市、县、乡三级饮用水水源评估和保护区规范化建设，确保饮用水水源水质安全，达标率保持100%。启动山西清徐经济开发区地下水环境状况调查评估。推进盆地区地下水环境状况调查评估及修复管控方法研究与示范项目，完成地下水污染防治重点区划和地下水型饮用水源地补给区划分。（刘彦凯　卢彬）

【土壤污染防治】2021年，太原市以焦化行业土壤污染隐患排查整改为牵引，完成20家土壤污染重点监管企业隐患排查，逐项组织整改。开展建设用地准入管理检查，筛查和现场检查全市出让、划拨土地767项，明确138项地块需开展土壤污染状况调查。完成生态环境部交办问题整改，拆除原太原煤气化旧厂区违建和临建设施。推进煤气化、太化、南堰污水处理厂污染土地治理修复。全市受污染耕地安全利用率保持100%，污染地块安全利用率保持100%。（刘彦凯　卢彬）

2021年6月5日，“并州生态文明建设媒体行”授旗仪式在太原植物园举行（市生态环境局供图）

生态环境保护

【生态修复保护】2021年，太原市晋源区、娄烦县启动“国家生态文明建设示范市县”创建，并编制相关规划。推进“绿色矿山”建设，累计完成国家级、省级、市级“绿色矿山”创建29座，占比达到28.16%。加快省级自然保护区反馈问题整改，完成凌井沟点位整改核查。推进西山矿区杜儿坪矿、西铭矿、官地矿退出市区工作，开展3家煤矿出煤矿井口迁建工程调研。支持古交市加大“一河三川”（汾河和大川、原平川、屯兰川）修复治理，早日实现清水复流。开展大规模国土绿化行动，完成国土绿化建设任务3.10万公顷，村庄绿化268个，通道绿化307千米，森林质量提升1万公顷。（刘彦凯　卢彬）

【生态环境安全防范】2021年，太原市生态环境保护局加强工业固体废物、危险废物规范化、精细化、信息化环境监管，组织开展全市危险废物规范化管理督查考核，推行危险废物申报登记、转移联单等全流程信息化管理。组织开展废铅酸蓄电池集中收集和跨区域转运试点。加强医疗废物无害化处置环境监管，提升医疗废物处置能力建设和工艺水平。加大重金属污染排查和防治力度，动态更新全口径涉重金属企业清单。推进塑料污染治理工作，落实“禁塑令”。开展六溴环十二烷等新污染物治理。推进污染土壤集中处置与工业固废综合利用产业园区项目谋划建设。以“4·23”娄烦危废环境污染案为典型，督促属地加快安全处置，严厉打击非法转移危险废物违法行为。

加强辐射安全监管，修订《太原市辐射事故应急预案》，开展核与辐射安全专项整治三年行动，检查33家重点核技术利用单位，查出一般安全隐患161项，并全部整改完成。

加强环境应急事件处理，修编应急处置预案，开展实战演练，提升应急能力。处置突发环境事件5起，采取妥善措施消除环境影响，均未构成一般性突发环境事件，未造成次生环境污染。（刘彦凯　卢彬）

文　物

【“红动太原”活动】2021年，太原市文物局举办“建党百年　红动太原”系列活动，推出红色展览6项、“百年百课”等红色活动470余场次，打造精品党性教育课程和现场教学点8个，赓续红色血脉。打造红色教育与国情教育实践基地，与上海交通大学马克思主义学院共同举办“百年薪火耀中国”展览，规划13条红色教育国情教育路线，接待全国8所高校209名师生到并开展红色教育国情教育。（陈雅彬）

【精品景区建设】2021年，太原市文物局举办天龙山石窟佛首回归系列活动，国内媒体报道300余篇（次）。推出“复兴路上国宝归来”特展，获得国家“弘扬中华优秀传统文化、培育社会主义核心价值观”主题展览重点推介项目。《天龙山倡议》成为流失文物追索返还领域第一个聚焦石窟寺文物的学术会议文件。推进晋祠—天龙山AAAAA级国家旅游景区创建，项目可研、初步设计和景观质量提升报告等前期工作基本就绪。推进太山AAAA级国家旅游景区创建。双塔景区全面开放。截至12月31日，全市文博单位接待量491万人次，同比增长35.60%。门票收入3973.60万元，同比增长45.10%，文物经济社会贡献率持续提升。（陈雅彬）

2021年，太原市文物局举办“新时代石窟寺保护研究与实践”学术研讨会

（市文物局供图）

【文物资源宣传】2021年，太原市第二届晋祠国风文化节入选全国文化遗产旅游百强案例。《美成天龙——天龙山石窟数字展》获全国文化遗产云传播十佳项目。出版《听得见的博物馆》，举办新闻发布会2场，开展电视宣传118期（次），国内外主流媒体报道607篇，其中，境外报道5篇，国家级媒体报道147篇。借助“学习强国”等平台发布文博信息70篇。晋祠、天龙山石窟入选黄河主题10条国家级旅游线路。

（陈雅彬）

【文物保护】2021年，太原市文物局编制《太原市“十四五”文物事业发展规划》《太原府城文物保护利用规划》，出台《太原市加强文物保护利用改革实施方案》。依法划定市保保护范围和建控地带129处，划定率100%，公布23处，公布率17.80%。编报国保单位项目计划书20项，实施文物本体及周边环境整治10余项。开展晋阳古城二号建筑基址数字化复原展示，指导晋源区编制晋阳古城遗址保护规划和遗址公园建设规划。在全省率先出台文物建筑认养实施细则，公布供选名单，签订认养协议6处、达成初步意向2处。10处文物升格省保。迎泽区、晋源区入选全省首批专题性文物保护利用示范区，晋祠、永祚寺入选省国宝级文物保护利用试点。

2021 年 6 月 11 日，晋祠第二届国风文化节开幕　（市文物局供图）

开展历史文化街区、名镇名村保护规划、建设，指导做好钟楼街片区、府城文道、南宫改造等文物保护工作，完成皇庙保护修缮（复）主体工程，开放首义门“锦绣太原”专题展，实施烈石寒泉等城市文脉保护工程。

全年召开全市文物安全工作会 4 次，开展安全生产大检查和专项行动 10 余次，排查单位（部位）553 个，全部整改一般隐患 521 个。国庆汛后迅速抢险，开展 72 处不可移动文物受灾评估，制订抢险修缮方案。在全省率先落实土储前置考古制度，完成考古勘探 79 项，发掘古墓葬 25 座、遗址 2300 平方米，发现保护一处罕见的仰韶文化遗址。搭建考古数据库平台，数字化城建考古勘探项目 261 项。　（陈雅彬）

【特色博物馆建设】 2021 年，太原市文物局出台《太原市革命文物保护利用工程实施方案》，召开全市革命文物工作会议，27 处文物保护单位、4 件（套）珍贵文物列入首批革命文物名录。开展全市红色文化遗址调查认定，13 处列入省级红色文化遗址名录。加强革命文物宣传推介，山西国民师范旧址革命活动纪念馆保护利用案例作为山西省唯一代表入选全国 24 处优秀案例。建设数字化国保单位 5 处，开展《墓葬遗址数字化采集规范》等科研课题 2 项，立项 3 项。建设市文物保护大数据云平台，完成核心机房超融合基础架构建设，市、县两级 27 座博物馆开展线上服务。

在全省率先出台《太原市非国有和行业博物馆市级专项资金管理办法（试行）》。建设北齐壁画博物馆，开放双塔宝贤堂石刻馆，新增备案博物馆 1 座，扶持 30 余处“类博物馆”完善升级。推出“天龙山石窟数字复原展南京巡展”等精品展 40 余场、社教活动 500 余场次。“锦绣太原历史文化展”等 5 项展览跻身省级推介项目。

开放圆通寺、亨升久旧址等文物，举办“唱经楼里话科举主题展览”等专题展 18 项、龙山·太山红叶文化节等群众性文化活动 100 余场次，引进本土特色“非遗”展示活动 180 余场次。

（陈雅彬）

【展览交流】 2021 年 3 月 26 日至 4 月 9 日，中共太原市委宣传部、太原日报社、市文物局、山西省晋剧院、山西省艺术研究院、市晋剧艺术研究院、市文化艺术学校主办，太原日报社全媒体指挥中心、山西时尚回响文化交流中心、市文物局关帝庙文管所、VIVO 山西承办的“芳华永在——晋剧大师丁果仙历史影像展”在太原市南肖墙 88 号关帝庙内展出。该展览分为“承前启后、晋剧丰碑”“梨园盛艳、须生泰斗”“勤育桃李、才俊辈出”“梅兰风韵、松竹品格”四个部分，展出 100 多幅丁果仙珍贵老照片及丁果仙的戏服、书信、演出海报、唱片、画作等珍贵老物件。

4 月 10 日，太原市文物局和晋城市文化和旅游局主办，市文物保护研究院、晋祠博物馆和晋城市文物保护研究中心（晋城博物馆）承办的“清风雅韵——晋祠博物馆藏折扇扇面展”在晋城博物馆开幕展出，展期 3 个月。4 月 23 日，太原市文物局主办，市文物保护研究院、晋祠博物馆承办的“镜涵春秋——晋祠博物馆馆藏铜镜展”在晋祠博物馆傅山纪念馆展出，展期为一个半月，遴选该馆珍藏铜镜百余件。市纪委监委、市委组织部、市委宣传部指导，市文物局主办，市文物保护研究院（太原市双塔博物馆）承办的“弘扬廉政文

2021 年 5 月 18 日，锦绣太原历史文化展开展　（市文物局供图）

2021年，太原市天龙山石窟博物馆爱国主义教育基地挂牌　（市文物局供图）

化，传承红色基因展”在市双塔博物馆普光寺分馆举办。

5月8日，市委宣传部主办，市文物局承办的“馆藏赵梅生捐赠作品展”在赵梅生美术馆开展，展出赵梅生美术馆馆藏部分捐赠作品172幅。市文物局、蚌埠市文化和旅游局主办，太原市文物保护研究院、太原市晋祠博物馆和蚌埠市博物馆联合承办的“唐风华彩——晋祠博物馆唐代名碑拓片展”在蚌埠市博物馆开幕，展期2个月，选取晋祠博物馆馆藏唐代碑刻拓片70余幅展出。

5月18日，“锦绣太原历史文化展”开展活动在太原博物馆举行。秉承“用考古与艺术讲述一座城”的总体定位，聚焦“锦绣太原”主题，通过共约4200平方米的两个展厅，展出文物千余件。5月29日，市文物局主办，市太山博物馆和晋阳印社联合承办的“建党百年、不忘初心篆刻展”在太山美术馆开展，展品为晋阳印社49位篆刻家精心创作的196件佳品。6月2日，市文物局、市教育局、共青团太原市委、武汉市文化和旅游局主办，山西国民师范旧址革命活动纪念馆和武汉中共中央机关旧址纪念馆承办的“连环画中的红色经典展”在山西国民师范旧址革命活动纪念馆开展，展出连环画作品60余册、图片展板22块。

8月31日，市文物局，杏花岭区委、区政府主办，市文物保护研究院，杏花岭区文化和旅游局，市关帝庙博物馆承办的“唱经楼里话科举主题展览”在唱经楼举办。9月14日，晋祠博物馆和苏州市留园管理处（苏州园林档案馆）联合举办的“镌拓留痕——苏州园林碑拓精品展”在晋祠博物馆开展，展期2个月。同日，“翰墨香——晋祠干部职工书画作品展”在晋祠博物馆开展，展期2个月，展出晋祠博物馆干部职工创作的书画作品72件（组）。9月23日，“钟情雅韵·巧手天工——关帝庙里话传承陈列展”在校尉营关帝庙开展。展览以校尉营关帝庙及其东侧的奶奶庙为基地，以“非遗”文化、山西民俗为主要内容，为公众呈现陶艺文化、农耕生活、山西民居、面塑艺术、剪纸艺术、皮影戏、烙葫芦、文创展示等方面的内容。9月24日，“百年薪火耀中国”展览在市博物馆举行。全景式再现100年来中国共产党领导全国人民的奋斗历程。

10月1日，市文物局主办，市文物保护研究院（天龙山石窟博物馆）、南京大报恩寺遗址博物馆承办的“美成天龙——天龙山石窟数字展”亮相南京大报恩寺遗址博物馆，这是天龙山石窟数字复原展在太原市之外国内巡展的首站。11月23日，山西省文物局指导，太原市文物局主办，太原市文物保护研究院、太原市晋祠博物馆、南京中国科举博物馆联合承办的“三晋灵光——董寿平艺术展”在南京开幕。该展览是山西省文物巡展项目之一，展期2个月。

（陈雅彬）

【惠民宣传活动】 2021年4月12日，“拱极春韵——传统文化雅集”活动在拱极门古城墙举行，活动旨在让民众了解古城墙历史，激活城市记忆，打造民众身边的博物馆，让传统文化“活起来”。4月14日，市文物局主办，市文物保护研究院、晋祠公园和华辰纵横营销策划有限公司联合承办的“弘扬传统文化，献礼建党百年——晋文公祠‘上巳节’礼仪暨国风晋韵雅集”展演活动在晋祠公园晋文公祠举行。4月22日，市文物局主办，市文物保护研究院（太原市晋祠公园）承办的“2021（第八届）晋祠·牡丹游园会暨系列文化活动”在晋祠公园牡丹园平台举办。5月18日，市双塔博物馆在普光寺分馆推出“5·18国际博物馆日暨双塔讲习所书法公益培训班开班仪式”活动。本次公益课程经过筛选，共选出30名学员进入公益班学习。同日，市文物局、山西广播电视台主办，太原市文物保护研究院、太原市晋祠博物馆、山西新闻综合广播、中国银行太原漪汾支行承办的“建党百年，红动太原，文物赋彩——书声琅琅诵读经典”主题活动在晋祠博物馆举行。

6月10日，市文物局主办，市文物保护研究院、市文物考古研究所承办的“文物映耀百年征程——留住城市记忆，弘扬红色基因”公众考古开放活动在晋阳古城2号建筑基址举办。6月11日至14日，市委宣传部指导，市文物局主办，市文物保护研究院、市晋祠博物馆、山西国风文化研究中心、山西路过文化交流有限公司承办的“国风向党——第二届晋祠国风文化节”在晋祠博物馆举行。6月22日，市文物局主办，市文物保护研究院、市关帝庙文物管理所承办的“赏民俗表演，扬关公文化”传统民俗活动在大关帝庙举行。9月26

日，市文物局主办、市文物保护研究院晋祠园林中心承办的第十八届太原晋祠菊花文化节亮相晋祠公园，展期为20天。10月14日，市文物局、晋源区人民政府主办，山西晚报文博山西、太原日报社视觉策划中心、太原广播电视台新闻综合节目中心、市太极拳研究会协办，市文物保护研究院、龙山石窟博物馆、太山博物馆承办的“赏栌枫争艳·看文化遗产”——龙山·太山红叶文化节在龙山石窟博物馆开幕，展期为1个月。

（陈雅彬）

【学术科研】 2021年，太原市文物局出版《听得见的博物馆》《雅韵天龙山》《名都自古并州》《太原市文物考古研究所文集——地上文物篇》等6部文物专著。发表《构建博物馆城，讲好晋阳故事的探索实践》《以文化为纽带构建博物馆之城》《现实性与折衷性：地方博物馆展览叙事的调和策略》《文化再造 博物馆网上展览的新命题》《浅析天龙山石窟群核心区域地质特征》《浅析太原崛岫山多福寺明代彩塑的整体审美特征》《太原明代府城镇远桥》等94篇文章。

7月24日，由山西省文物局、太原市人民政府主办，市文物局承办的“新时代石窟寺保护研究与实践”学术研讨会在太原召开，国内石窟寺保护利用领域的专家学者围绕新时代石窟寺保护研究与实践这一主题，进行深入交流与研讨，并发出关于石窟寺文物追索返还的《天龙山倡议》。9月14日，连颖俊文博名家工作室揭牌仪式在晋祠博物馆举办，连颖俊于4月经太原市人才工作领导小组审定、市委宣传部宣发文件确定为太原市第二批宣传文化名家工作室领衔人。

（陈雅彬）

【天龙山石窟佛首回归】 2021年7月24日，天龙山石窟佛首回归仪式在太原举行，流失海外近一个世纪的天龙山石窟第8窟北壁主尊佛首终归故土。仪式上，国家文物局政策法规司司长陆琼向天龙山石窟博物馆馆长于灏颁发文物入藏清册。太原市委副书记、市长张新伟向佛首捐赠人张荣颁发荣誉市民证书。

（陈雅彬）

【《太原市非国有和行业博物馆市级专项资金管理办法（试行）》出台】 2021年，太原市加强非国有和行业博物馆财政扶持资金管理，促进非国有和行业博物馆健康发展。市财政局和市文物局联合制定并印发《太原市非国有和行业博物馆市级专项资金管理办法（试行）》。该《办法》从2022年1月1日起施行。

《办法》规定，专项资金的申报主体为经市文物局审核、报经省文物局批准、在民政部门依法登记的，管理规范，财务管理制度和会计核算体系健全，正常运行满一年（年度开放时间不少于240天），且年度考核合格以上的非国有和行业博物馆。专项资金的补助方式分为综合补助和奖励补助两种。由市文物局设立专项资金评审专家组，负责申报项目的评审工作。享受其他市级专项资金补助的项目，不再重复资助。专项资金的管理与使用严格执行国家法律法规和财务规章制度，接受纪检监察、财政、审计和文物等部门的监督和检查。

（陈雅彬）

旅　游

【文旅产业发展】 2021年，太原市文化和旅游局推动文化和旅游深度融合，贯彻落实《太原市推进服务业提质增效2021年行动计划》，起草《文旅体品质提升专项行动方案》，深入企业开展专项调研，全面掌握文旅行业发展现状，协调帮扶解决困难问题，促进文化旅游产业高质量发展。制定《太原市深化文化和旅游融合发展实施方案》，发展文化产业，组织文旅企业申报省、市文化产业发展专项扶持资金。鼓励指导文创企业围绕大众需求，设计符合市场需求的创意产品，涌现出辰涵数字科技股份有限公司、典范文化创意产业有限公司、敲门砖文化创意有限公司、十二栋文化传播有限公司、灌木文化传媒有限公司等一批有规模或特色的文创标杆企业。开展省级、国家级旅游休闲街区评选，太原古县城被评为“省级旅游休闲街区”，并获得“国家级旅游休闲街区”评选资格。推动文化和旅游消费试点工作，太原市入选第一批“国家文化和旅游消费试点城市”，配套出台《太原市开展国家文化和旅游消费试点城市试点工作的实施方案》，组织开展以“一个品牌，十大主题，百项业态，千万惠民”为主题的“锦绣太原文化旅游季”活动，组织发放文旅体惠民券1072.52万元，撬动文旅消费近5000万元。以赛事会展助推文旅产业发展，举办第十二届中博会文化旅游商品交易会，签约37个项目。开展太原市第四届“工艺美术大师”评选，鼓励支持各工艺美术企业、工作室改进工艺、扩大生产规模，提升工艺美术产品的艺术感、时代感和市场认可度。举办“印记太原”文化旅游创意设计大赛，打造推出一批具有“锦绣太原”特色，彰显太原文化记忆的文创产品和“太原礼物”，推动太原文创走出去。

（吴　鹏）

【“国家全域旅游示范市”创建】 2021年，太原市文化和旅游局围绕打造“国际知名文旅休闲目的地”目标，高起点规划、高标准保护、高质量建设，推动大景区及配套设施建设，全域旅游战略稳步推进。《太原市“十四五”文化和旅游发展规划》编制工作基本完成，推进《太原市全域旅游发展规划》《太原市东西山旅游公路沿线文化旅游提升规划》《晋祠—天龙山景区旅游总体规划》《晋祠—天龙山景区创建AAAAA级旅游景区专项提升规划》等规划编制。以市委办公室、市政府办公室的名义印发《关于打造“锦绣太原”旅游品牌的实施意见》，构建一环（环太原东西山旅游公路）、一带（汾河景观游憩带）旅游产业总体布局，打造西山、汾河、晋阳古城、太原府城四大旅游板块，培育“锦绣太原”“古都晋阳”“千年府城”“生态西山”“诗意汾河”“红色太原”“太原制造”“田园并州”“清凉太原”八大旅游品牌。《太原市旅游条例》修订后经省人大常委会批准，自2021年11月1日起实施。加快“国家全域旅游示范市”建设，推进小店区、晋源区、阳曲县等7个“县级全域旅游创建主体”创建工作，阳曲县、晋源区通过省级验收。培育高等级旅游景区，推动晋祠—天龙山国家AAAAA级旅游景区创建，完成景观质量提升规划、方案制订以及景观质量评审申报材料报送，接受文旅部景观质量评审。太山景区、青龙古镇创建国家AAAA级旅游景区正加快办理建设、消防安全等手续。开展全市AAA级AA级旅游景区专项复核和AAAA级旅游景区自查工作，确保符合消防安全等安全生产条件。落实部分国有A级旅游景区对“江浙沪”游客全年免首道门票和60岁以上老人免票政策。发展乡村旅游，组织申报世界乡村旅游联盟典型案例和乡村中的党史故事，组织申报2021年山西省美丽乡村休闲旅游行精品景点线路，推荐阳曲县上安村等4个村申报山西省AAAA级“乡村旅游示范村”，推荐晋源区赤桥村等14个村申报山西省AAA级“乡村旅游示范村”，推荐娄烦县天池店乡河北村、阳曲县黄寨镇上安村入选第二批“全国乡村旅游重点村”名录，娄烦县峰岭底村入选“全国乡村旅游重点村镇名录”的第三批199个“全国乡村旅游重点村”名单，乡村旅游客栈、农家乐等乡村旅游业态数量持续增加。（吴　鹏）

【文化旅游宣传推广】2021年，太原市文化和旅游局加大文化旅游宣传推介力度。制定《太原市文化旅游宣传推广行动计划》，线下精准分析目标市场，深化与重点客源地交流合作，组织赴长三角、珠三角等地开展旅游宣传推介活动。制作发放《畅游锦绣太原》《太原旅游地图》《手绘地图》和各种导览册、宣传册等8万余份，通过三大移动运营商持续向到并游客推送“唐风晋韵·锦绣太原”欢迎短信。线上加大宣传营销力度，强化宣传平台建设，创建“两微一抖”官方账号，整合全媒体资源对太原市文化旅游资源、线路产品进行全方位、立体式、多形式的全网广泛宣传推广。市文旅局政务新媒体在《人民日报》发布《全国重点旅游城市文旅政务新媒体传播影响力20强》中位列第十三位。推出各类型精品旅游线路产品，精心打造一日游、两日游、三日游精品旅游线路30余条，针对不同季节，推出“冬游太原·欢乐过年”“山河春意·花开并州”“锦绣太原·避暑之旅”“寻找秋天·多彩并州”等精品主题旅游线路。开展“我心目中锦绣太原最佳旅游线路”评选活动，社会反响热烈，多次进入今日头条、新浪微博等媒体热榜前十名。组织“爱上太原的N个理由”Vlog大赛，512份作品参赛。举办“锦绣太原文化旅游季”系列活动和“锦绣太原正当红”网络宣传活动，策划推出十大业态、百大打卡地及七彩打卡线路，相关话题全网总曝光量达44亿次，微博话题阅读量超4亿次，点赞近10亿次。借助央视春晚播出“佛首回归”特别节目，广泛开展文化旅游宣传，相关话题全网阅读量达10亿次。“五一”前在中央电视台播出7集专题纪录片《跟着书本去旅行——“太原访古”特辑》，提升太原影响力。10月，在“域见中国·巨量引擎”文旅生态大会上，太原入选“全国十大美好城市”。（吴　鹏）

【文旅市场服务管理】2021年，太原市文化和旅游局推进“放管服效”改革，营造良好营商环境，开展全市旅游市场秩序专项整治行动，指导文化旅游行业深入开展“三零”单位创建。全面梳理市文旅局权责清单、事项清单，编制实施清单。加大执法力度，推进“双随机、一公开”工作，印发《2021年度太原市旅游市场部门联合“双随机、一公开”抽查检查方案》，开展文化旅游市场秩序整治，加强重点领域、重点地区违法违规内容执法，与相关职能部门协调联动，推动常态化联合执法。制定《太原市文化和旅游局加强旅游服务质量监管提升旅游服务质量行动方案》，举办规范红色讲解、提升全市导游人员能力和服务质量及安全工作培训班，分5期对1200余名导游进行培训。全年办理旅行社分社备案5家，服务网点撤销40个，旅行社注销10家，旅行社质保金手续30件。成立协会2家，协会年检18家，换届3家。开展旅游市场未经许可经营旅行社业务专项整治行动。集中开展校园周边文化市场专项整治行动。推进文化旅游市场“夏安”专项行动。对不合理低价游、强买强卖、网吧未成年人上网等顽疾问题，加大执法力度，严厉打击，维护文旅市场正常秩序。坚持扫黑除恶斗争常态化，净化文化旅游消费环境，维护文旅市场正常秩序，累计出动执法人员11820人次，检查各类场所5260家次，立案130件，取缔黑网吧1家，收缴各类非法出版物5000余册，处置12345投诉工单1588件，涉案退还金额60余万元，行政处罚23.82万元，保障广大消费者合法权益。抓好安全生产工作，召开全市文化和旅游安全生产工作会议，开展安全生产月活动。在重点时段和重点环节，通过视频会议系统对安全生产和防汛救灾工作进行安排部署。开展文化旅游行业安全生产集中整治和专项检查，深入排查企业安全隐患。推进安全生产执法检查，压实安全生产责任，加强文旅行业安全风险分级管控和隐患排查机制的双重预防体系建设，推动安全有序的文旅市场秩序。

（吴　鹏）

教 育

综 述

【概况】 2021年，太原市有各级各类学校1476所。其中，高校5所，中等职业学校23所，普通高中92所，普通初中130所，小学417所（另有小学教学点143个），幼儿园799所，特殊教育学校9所，工读学校1所。全市各级各类学校在校生766210名，教职工75562人，其中专任教师56987人。

（姜倩倩）

【"双减"工作落实】 2021年，太原市贯彻落实中央、省关于"双减"工作决策部署，推动"双减"工作落地落实。市政府常务会议、市委教育工作领导小组多次专题研究、协调部署、调度推进。建立由市教育局牵头、22家市直部门参与的全市"双减"工作专门协调机制，印发"双减"工作重点任务清单，成立校外培训机构监管科，推动工作落实。市政府教育督导委员会办公室将"双减"工作作为重点工程，以市委教育工作领导小组名义建立"双减"工作国家、省核心考核指标周通报制度，纳入市政府"13710"督办系统跟踪督办。

出台《太原市义务教育作业设计与实施指导意见》，建立作业校内公示制度，推动作业减量提质，减轻学生作业负担。印发《太原市教育局关于进一步做好义务教育学校考试管理工作的通知》，促进过程评价与结果评价有机结合，科学全面评价学生。印发《太原市中小学校课后服务实施意见》，健全中小学生课后服务工作制度，推行课后服务"5+2"模式，课后服务实现非寄宿制义务教育学校全覆盖。初中、高中学生财政补助生均托管费用提高至2元/生·课时，"山西省太原市采取财政补贴和收费相结合的方式保障课后服务经费"入选教育部第三批学校落实"双减"典型案例。全市开展课后服务的学校440所，覆盖率100%。参与托管服务学生37.70万人，学生参与率99.52%。参与教师数2.65万人，教师参与率91.08%。

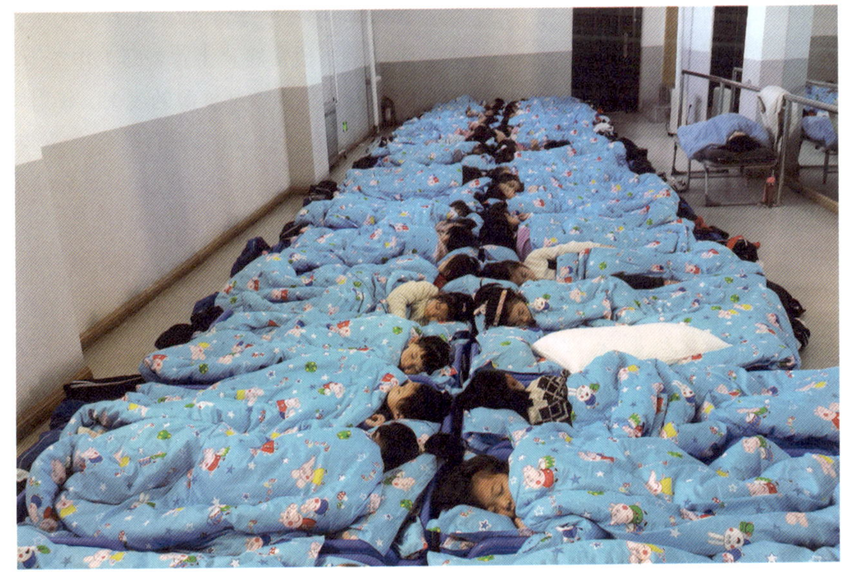

2021年，太原市教育局推行中小学课后服务落地后，学生们在学校午休

（市教育局供图）

全市各县（市、区）行政审批部门停止审批新的面向中小学生（含学龄前儿童）的学科类校外培训机构。开展"双减"专项整治，采取"四不两直"方式明察暗访，坚决杜绝违规培训行为。落实黑白名单制度，强化培训机构日常监管，对办学资质不够或手续不全的黑机构，发现一起、查处一起。将原有非学科类培训机构和转型为非学科的培训机构全部纳入监管范围。截至年底，全市义务教育学科类培训机构压减率100%。制订校外教育培训机构突发

事件应急处置工作指南、风险防范清单等，动态掌握校外培训机构底数。落实举报线索核查工作，确保及时处理和回应。对卷钱跑路、退费难等风险隐患提前研判、做好预案，加强预收费资金监管，抓早抓小抓细各项风险防控工作，确保稳定有序。（姜倩倩）

【德育教育】 2021年，太原市教育局开展“四史”学习教育，推动思想政治教育工作贯穿教学全过程。推动中小学校落实《中小学德育工作指南》，巩固德育“六化”（经常化、制度化、管理量化、学生化、知识化、社会化）实施成效，提升德育质量。开展“五个一”系列教育活动，实施培养“小小马克思”行动计划。推进文明城市和文明校园创建，做好“养成纪录冠军”“新时代好少年”荐评工作。开展心理健康教育，实施“守护心灵”中小学生心理健康教育服务项目，对市属学校5万余名学生开展心理测评，建立心理档案，心理健康教育队伍线上线下培训全覆盖。加强家庭教育，开展“万师访万家”活动，强化家校协同育人。加强中小学生作业、睡眠、手机、读物、体质健康管理，组织开展对全市中小学校落实“五项管理”（作业、睡眠、手机、读物、体质管理）工作情况的全方位、全覆盖、全过程督导。（姜倩倩）

【音体美教育】 2021年，太原市教育局开展全市小学四年级、初中八年级、高中一、二年级音体美课堂质量教学监测，促进课程教学改革和课堂教学质量提高，推动学校音体美教育教学发展。以“走近大师，聆听经典，以美育人，传承创新”为主题，开展优秀文化艺术进校园“双百工程”系列活动，覆盖学校130余所，全年演出161场，惠及师生16万余人。开展阳光体育活动，举办2021太原市青少年校园足球三级联赛。指导各学校（幼儿园）做好儿童青少年近视防控工作，落实“太原教育近视防控8条”各项规定，加强视力监测，加强体育锻炼，加大学校体育课课程、眼保健操落实情况督导力度。遴选杏花岭区为太原市首批儿童青少年近视防控试点区，遴选儿童青少年近视防控示范学校（幼儿园）100所。（姜倩倩）

2021年，学生们在课后托管服务中学习劳动技能（市教育局供图）

【劳动教育】 2021年，太原市教育局制订《太原市劳动与综合实践教育评估标准》，推进学生品德素养评价改革，把劳动素质纳入品德素养评价重要内容，开展劳动教育活动月系列活动，收集学生劳动记录113万余条，营造崇尚劳动、热爱劳动的良好氛围。开展35期太原市示范性综合实践基地综合实践活动，参与学生15931名。引导学校依托校园资源开展劳动实践教育，部分学校开辟实验田，部分学校设置劳动专用教室，扩展劳动实践教育空间，引导学生在家进行家务劳动，走进社区开展志愿服务活动。（姜倩倩）

【教师队伍建设】 2021年，太原市教育局印发《太原市教育系统师德专题教育工作手册》，对师德失范行为“零容忍”，遴选54名优秀教师组建太原市教育系统师德师风巡回宣讲团在全市学校开展宣讲，选树第一批并州“四有”好老师100名，发挥师德典型引领作用。建立健全义务教育教师工资收入随当地公务员待遇调整的联动机制，确保义务教育教师待遇保障落实到位。加大教师招聘力度，签约公费师范生177人，招聘特岗教师16名，招聘校医68名。加强教师队伍培训，与北京师范大学签署“太原市深化教育改革发展系统工程”协议书，在24所“潜力学校”建立33个学科教学提高与示范工作站，举办300余场活动，辐射师生1万余人次，带动薄弱校发展。建立名师工作室16个，发挥优秀教师资源的凝聚、辐射、指导任用，促进学校教育教学改革与发展。（姜倩倩）

【校园安全】 2021年，太原市教育局编制《太原市校园安全精细化管理工作手册》，召开安全稳定工作会议，开展校园安全专项整顿，确保教育系统安全稳定。加强安全设施建设，中小学（幼儿园）全部完成4个100%达标任务，学校食堂“明厨亮灶＋互联网”率达65%。开展预防校园欺凌专项治理，建设“枫桥经验工作室”634个。加大安全工作投入，拨付资金3900万元，整

改较大安全隐患46个，编制《太原市校园安全事故应急预案》，组建应急救援志愿者队伍1480个，开展应急演练4873次。强化“平安校园”建设，创新“1510”安全教育模式，省、市、县三级“平安校园”1345所，创建率91%。（姜倩倩）

基础教育

【学前教育】2021年，太原市教育局推进普惠性幼儿园建设，全市新改扩建幼儿园28所，认定普惠性民办园28所。探索公办园办园模式改革，省教育厅与市政府签署合作框架协议，康乐幼儿园以托管方式在太原建10所分园。完成扶持10所康乐分园的系列工作，开班69个，在园幼儿1867人。构建“4+4+3”培训体系，实行园长、教师定期培训和全员轮训制度，年均培训1万余人，实现普惠性幼儿园园长、骨干教师等各类人员培训全覆盖。完善学前教育教研体系，成立学前教育专家团队，组建市、区、园三级教研网络，全市117所五星级幼儿园与200余所普惠性民办园建立结对帮扶机制，形成学前教育高质量发展共同体。贯彻《教育部关于大力推进幼儿园和小学科学幼小衔接的指导意见》精神，探索太原市幼小科学衔接新途径，出台《太原市推进幼小科学衔接实施方案》，成立太原市幼小衔接工作专家组，设立万柏林区、清徐县试点区和27对试点园（校），形成幼儿园、小学、家庭三方联动，行政推动、教研指导、督导评价工作局面。（姜倩倩）

【义务教育】2021年，太原市教育局在与各县（市、区）沟通基础上，逐校摸底调研，针对性进行指导，形成各县（市、区）布局优化工作方案，撤并小学13所，初中8所。指导推动7个县（市、区）完成13所乡镇寄宿制学校改造。推进义务教育学校免试就近入学全覆盖。落实公、民同招，规范民办义务教育学校招生工作。完善招生入学政策，实行房产地址“学位限定”，允许多胞胎子女自愿选择是否捆绑派位。优化升级招生入学系统功能，继续与公安等部门数据对接，巩固小学入学“最多跑一次”改革成果。全市入学跑零次33971人，占比67.91%，跑一次15432人，占比30.83%。全市开始招生新学校（区）12所，新增义务教育优质学位16435个。推动全市集团化办学模式改革向全域化、深层次发展。推进“名校＋新校”“名校＋弱校”“名校＋农校”、省市优质名校委托管理县区新校、弱校、农校等改革路径，扩大优质教育资源。指导县（市、区）持续深化集团化办学模式改革，娄烦县引进清徐县高中教育集团，阳曲县政府与太原市第五中学校合作办学，古交市与太原市外国语学校合作办学。印发《关于推进太原市中小学集团化办学的指导意见》，创新集团化办学模式和管理体制，突破行政层级、行政区域、学段限制，统筹各类社会资源，建立全域集团化办学的新样态。全市新增教育集团3个，新增集团化办学学校16所。（姜倩倩）

【高中教育】2021年，太原市教育局组织普通高中全员、全域、全学科教师参加教育部和省、市相关培训，提升教师在新课程新教材背景下的专业素养。围绕课程建设、综合素质评价、学生发展指导、课堂教学、教学组织管理等高考综合改革的五个重点项目，推动全市80所基地校进行课题深度研究，3项成果（“时代新人”思政课建设、音体美课堂教学质量评价、高中学生发展指导的区域探索）入选教育部新课程新教材国家级示范区建设成果汇编。实施航天科技拔尖人才培养工程，与中北大学、中国航天国际交流中心联合成立航空航天科技教育研究院。搭建航空航天科普教育平台，建设以进山中学为示范的全国一流航天科技特色学校，截至年底招收660名航天班学生。推动特色办学改革，指导太原十二中开展全国中小学人工智能教育实验校建设工作，指导成成中学和太原十二中开展中国STEM教育2029创新行动计划领航学校建设工作，推动高中学校多样化、特色化办学。组织建设特色项目示范校，建设成成中学、太原五中、太原十五中、太原二十七中、太原外国语、三实验中学等一批体育、艺术特色示范学校，加大艺体特色人才、综合应用人才培养力度。（姜倩倩）

【职业教育】2021年，太原市教育局落实《国家职业教育改革实施方案》《山西省推进职业教育改革发展行动计划》，

2021年，市实验小学帮扶娄烦县君宇实验学校　（市教育局供图）

推荐3所高职院校、12所中职学校的48项专业申报省级职业教育品牌专业和高水平实训基地建设项目，申报2所高水平高职院校与8所高水平中职学校。太原卫校新校区开工建设，太原旅游职业学院被确定为省级“双高计划”高水平专业群建设单位，6所中职学校被确定为省级示范校，4所中职学校被确定为省级建设单位，职业教育办学条件持续改善。市交通学校、市财贸学校等14所中职学校的49个专业获山西省2021年第一批“1+X”证书制度试点，5682名学生获得等级证书。开展“2021年太原市职业院校技能大赛”活动，26所职业院校的近百名教师和近千名学生参加9个专业大类30个赛项的竞赛。深化产教融合、校企合作，举办“职业教育活动周”，组织观摩体验活动173项，有企业147家、职业院校师生2.5万人次参与，宣传职业教育办学特色与优势，增强职业教育影响力。（姜倩倩）

【省校合作与市校合作】2021年，太原市教育局贯彻“省校合作”战略，推进“大学生实习实训基地、高校优质生源基地、大学生联合培养基地”建设，在同济大学、复旦大学、上海交通大学、华东师范大学设立“太原奖学金”和“并州就业奖励金”，在“同创谷”设立全国首个大学“城市会客厅”，打造省校合作城市地标。加强市校合作，与太原理工大学、中北大学、山西大学等在并高校建立市校合作渠道。推进中国科学院大学太原能源材料学院及其附属中小学建设，推进学院学术学科体系建设，实现高等教育发展新突破。（姜倩倩）

学校选介

·太原市育红幼儿园·

【概况】太原市育红幼儿园位于太原市杏花岭区五一路精营南横街1号，创建于1949年，原为“市级机关保育院”，直属市政府管理，是太原市建园最早的幼儿园之一。1970年受太原市教育局直接领导，正式更名为“太原市育红幼儿园”，是山西省首批省级示范园、太原市第一批五星级幼儿园。园所占地面积2533平方米，建筑面积1605.25平方米。2021年，幼儿园规划并完善园本课程“全景”，打造序列化、系列化课程体系，开启艺术+生活化教育相融相宜的“2+3+4”园本课程体系，在全课程理念架构之下以培养“全人”为目标，促进幼儿全面主动发展。有教学班9个，在园幼儿298人，招生100人，毕业66人。获“全国足球特色幼儿园”、全省教育系统“爱眼护眼，从我做起”主题系列活动优秀组织奖等荣誉。（张伟宏）

【教育教学】2021年，太原市育红幼儿园开启艺术+生活化教育相融相宜的“2+3+4”园本课程模式，课程建设从幼儿认知和情感的特点出发，选择适合幼儿的传统文化资源，注重彰显生活化色彩，向自然生态靠拢。形成艺术课程之节日艺术主题、艺术节、社团三大板块内容，生活化课程之劳动养成、节气主题、博物馆主题三大板块内容，制定成春、秋两季园本课程常用手册。以园本课程研究为载体，全体教师开展奥尔夫音乐、合唱、国画、民族舞蹈、创意手工等艺术专题探索，形成有教育价值的论文28篇。结合各年段幼儿的身心发展特点，在同一课程同一主题中，设定不同课程目标和要求。以主题浸润式、全学科式的学习方式，凸出游戏化教学、生活化体验、艺术化探究。

（张伟宏）

【本土文化教育】2021年，太原市育红幼儿园在园本课程实施的背景下，重视对传统文化的研究，将地方历史文化贯穿于幼儿教育实践活动之中，利用社会资源，研发课题《基于晋阳本土历史文化的大班幼儿戏剧主题活动创生研究》在山西省教育科学“十四五”规划课题中立项。全体教师从三晋历史文化入手，挖掘晋阳文化的内涵与价值，吸收传统文化精髓，通过幼儿所喜好的综合性戏剧主题课程体现，设立“寻宝见史、以址观史”主题，按照“计划—实施—修正—再实施—验证—总结”开展多元化的教学活动和评价分析，构建晋阳历史文化戏剧课程体系。（张伟宏）

·太原市育英幼儿园·

【概况】太原市育英幼儿园位于杏花岭区金刚里南三巷，创建于1984年，占地面积7229平方米，建筑面积5395平方米。秉承“从生活中来，为生命奠基”的基本理念，致力于“生活化课程”的建构，聚焦一日生活、主题课程、家园共育的协同共润，引导幼儿在健康生活、快乐游戏、户外运动和主动学习中获得关键经验，为终身可持续发展奠基。2021年，幼儿园有教学班17个，在园幼儿545人。招生150人，毕业95人。（段宁莎）

【特色课程建设】2021年，太原市育英幼儿园生活化课程建模初步稳固，立足幼儿入园、进餐等11个自然生活环节，深挖其中的课程价值，使幼儿形成基本生活素养。增加“育童尊个性”分支导入，尝试课程故事挖掘与建构，在观察、记录、归纳和筛选中提高教师对儿童语言及行为的解读能力，提高课程意识及整合课程的能力。（段宁莎）

【园所双轨制管理】2021年，太原市育英幼儿园将各项工作形成制度、方案、流程、细则以及问题清单，以量化标准确保各项工作的精细化，形成系列教研制度，确保教研活动下沉。将各方面工作的亮点工作进行梳理、总结、优化、再完善，形成可供同行借鉴的微课程与专项方案，如“禾小厨播美食”“小签到大学问”“涛涛老师讲安全”以及“禾小将，向未来”助力园所品牌建设，

形成园本化方案。（段宁莎）

·太原市实验小学·

【概况】 太原市实验小学创建于1957年，秉承“关爱成为自然　幸福引领发展”的校训，为学生提供多元体验课程，促进学生德智体美劳全面发展。市实验小学漪汾校区位于太原市万柏林区漪汾苑小区彤霞村12号，占地面积11394.2平方米，建筑面积13830平方米；滨河校区位于太原市万柏林区望景路3号，占地面积11614平方米，建筑面积9148.77平方米。学校根据年级不同分设8轨制和10轨制。2021年，学校有教学班56个，在校学生2526人。招生481人，毕业336人。学校在教育部要求的正常教育教学课程之外，每周三开设“创意中国风”“拇指钢琴”“汉字起源”“茶艺”“生活体验”“非洲鼓”“戏曲”等80门自主选修课程供学生免费体验，让学生在课程中能寻找到自己的体验发展方向，自主发展。（赵　江）

2021年，市教育局推行放心午餐服务（市教育局供图）

【“双减”作业管理】 2021年，太原市实验小学引导教师坚持基础性和科学性并重的原则，做到精选精练、精批精讲、精准出题，减少学生盲目、重复、无效的学习。在作业布置上，落实日日公示制度，严控作业总量，采用“精准诊断＋个性推送＋自选拓展”的作业形式，提升作业质量。托管教师及时答疑解惑，确保学生在校高效、高质量完成，90%以上的学生能够在校完成作业。通过统筹督导、畅通渠道、家校共管等方式多渠道调研监管，做到发现问题，反馈整改，保障作业制度、睡眠管理落实，确保学生健康成长。（赵　江）

【课后托管服务】 2021年，太原市实验小学开展“四段式”课后服务，使学生减少对校外机构的依赖，保障“双减”落地。“四段式”课后服务是指将课后时段划分为学科辅导、户外锻炼、自主体验、课后延伸4个部分。学科辅导时段，主要由各学科教师以查漏补缺式开展辅导，帮助学生在校完成作业。户外锻炼时段，每天在下午增加一段体育锻炼时间，实现全员户外活动。自主体验课程时段，学生以走班的形式100%参加活动，80余门自主体验课程拓宽学生成长途径，丰富学生成长体验。课后延伸时段，学校开设体育健康、艺术审美、劳动实践、科学探究等30多种课程，满足学生多样化学习需求。（赵　江）

2021年，课后托管的学生们在动手操作中学习电子原理（市教育局供图）

【“放心午餐”工程】 2021年，太原市实验小学制定《太原市实验小学“放心午餐”工程实施方案》《太原市实验小学学生午餐、午休管理制度》，12月1日在滨河校区开展“放心午餐”工程。有就餐需求的170名学生实现在学校就餐、午休。（高志强）

·太原市第二实验小学校·

【概况】 太原市第二实验小学校位于迎泽区侯家巷2号，西依山西大学堂旧址，北连太原文庙和佛教名刹崇善寺，创建于1906年，占地面积4185平方米，建筑面积10000平方米。学校传承“好学　明礼　善艺　力行”的校训精神，凝聚“厚蕴启智”的核心文化，形成“经典教育”的办学特色，实行六轨制。2021 年，学校有教学班 36 个，在校学生 1634 人。招生 270 人，毕业 239 人。（陈腾远）

【“双减”工作落实】 2021 年，太原市第二实验小学校开展首届“课程思政”说课大赛，实现知识传授和价值引领统一。太原市委人才工作领导小组挂牌的第三批教育系统名师工作室正式成立。“双减”首个学期，学校实现学生课业负担零举报。（陈腾远）

【教育资源规模扩大】 2021 年，太原市第二实验小学校万柏林分校招生办学，为社会增加近 3000 个优质教育学位。9 月，晋源分校招生。一校多址实行集团内资源共享、师资互派、文化共建、课程共建、项目共研、质量共进，初步实现集团办学高位发展。（陈腾远）

2021 年，市教育局举行“让每一个孩子 C 位成长”活动　（市教育局供图）

·太原市进山中学校·

【概况】 太原市进山中学校为太原市教育局直属的完全中学，山西省首批重点中学，太原市示范中学，山西省示范中学。学校分初高中两校区，其中高中校区位于太原市杏花岭东 2 号，初中校区位于太原市迎泽区杏花巷 11 号，创建于 1922 年，学校占地面积 53710 平方米，其中校舍建筑面积 40241 平方米，校园绿地面积 18960 平方米，室外运动场面积 15028 平方米。学校高中 12 轨，初中 8 轨。2021 年，学校秉承“全人教育”的办学理念，打造“生态·智慧”型校园，明确“多元化办学，个性化培养，陪伴式成长，特色化引领”的办学宗旨，以“十四五”八项工作为引领，开设六大特色校本课程，旨在培养具有家国情怀、国际视野、责任担当、创新有为、阳光健康的进山学子。有教学班 62 个，在校学生 3217 人，毕业生 1111 人。（邵　捷）

【校史校情教育】 2021 年，太原市进山中学校秉承“全人教育”理念和“兼容并蓄、发展个性”的校风，通过寻访老校友，走进赵尔陆故居、徐向前元帅纪念馆、太原理工大学等地，寻找办学初心，赓续传承百年进山红脉及文脉，阐释学校办学理念。结合校史、校情和初高中学生特点，遵循教育规律，在探索初高中一体化管理和全面育人上做足文章。提出“初中陪伴式成长、高中个性化培养”的办学宗旨，鼓励学生全面发展。明确“走下讲台、共同育人、重在生成、自觉觉人”的十六字方针，鼓励教师从育分向育能转变。提出“生态·智慧”课堂理念，推动课堂生生、师生共育成长。学校坚持开放式办学，邀请社会各界人士进校参观考察。举办初高中各类型家长会 10 次，迎接各级各类考察团、学习团 20 次，通过校际合作、家校沟通，赢得社会、家长信任，凝聚教育合力，实现人文交流。（邵　捷）

2021 年，太原市中小学开展“涵养校训精神　培育时代新人”活动（市教育局供图）

【教育教学】 2021 年，太原市进山中学校加强常规教育，强化学生管理队伍建设，让学生养成良好的学习、纪律、卫生、安全、日常言行等习惯，学校周边社区居民反馈良好。注重心理教育，建立学生心理档案，举办各类讲座，以预防、化解学生心理问题。实施家校共育，举办 10 余次各个年级的家长会，成立初高中家委会，促进家校共育，和谐发展。形成社团课程化，开展丰富多彩的社团活动，使学生通过参与社团活动，开发智力，提升美育，增强思辨力。组织多次生涯规划指导下的研学实践。组织开展“青春向党、强国有我”的红色研学实践、“赓续红色血脉、挖掘教育文脉”的教师思想洗礼研学实践、“青春有你、同学有礼”的学科研学实践和“探地质奇观、寻自然本色”研学实践活动。组织100余名教职工参加三期生涯规划专项培训，为实施“全人教育”奠定基础。（邵　捷）

·太原市育英中学校·

【概况】 太原市育英中学校是一所市属完全中学，位于太原市杏花岭区城坊东街8号，创建于1948年，占地面积24000平方米，建筑面积33000多平方米。学校先后获得“全国国防教育特色学校”“全国现代教育技术实验校”“全国学科竞赛500强高中”“山西省示范高中”“山西省课改先进学校”“山西省文明学校”“全国青少年校园篮球特色学校”等荣誉称号。实行初中4轨，高中8轨。2021年，学校有教学班36个，在校学生1600人，教职工180人。初一年级开设国防、机器人、诗韵、国学等特色课程。招生550人，毕业542人。（黄步选　周天宇）

【教育教学管理】 2021年，太原市育英中学校落实国家课程标准，开足开齐所有课程，通过体育与健康、艺术、综合实践活动、心理、安全、理化生实验等课程关注学生全面发展。加强“常规—过程—细节”管理，注重集体备课、备教材，加强新教材学习研讨，转变观念，理解新教材编写思想，明确学生学习基础和能力，调动学生学习积极性，发挥学生主体作用。通过同课异构活动，相互促进，优化课堂结构。注重学生评价多元化，由终结性评价改为多元评价，关注学生思想品德、学习能力、交流合作、个性情感等方面，采用自评、互评、学校评价的方式，促进学生自我认知、全面发展。（黄步选　周天宇）

【“双新”“双减”工作落实】 2021年，太原市育英中学校制定《太原市育英中学校高中新课程新教材实施工作规划（2020—2023年）》《太原市育英中学校学生发展指导工作规划（2020—2023年）》。形成学生发展指导课程三级体系，形式服务于学生“理想”“心理”“学业”“生活”“生涯”各方面发展的改革新模式，在“生涯”“学业”指导方面形成特色。推进新教材落实学科核心素养，践行思政教育，总结大赛经验，推广课题成果。推行“五项管理”和“双减”政策，按要求调整教学计划，加强作业、手机、读物、睡眠和体质管理，开展课后托管服务。注重作业设计，促进“双减”落实，在“压总量”的基础上，注重“调结构、提质量”，制定《太原市育英中学校关于进一步加强中学生作业管理工作的实施方案》《太原市育英中学校义务教育作业设计与实施指导意见》《太原市育英中学校作业总量审核方案》《太原市育英中学校作业质量定期评价方案》，逐步完善作业管理体系，提升教师作业设计能力水平，提高作业针对性和有效性。作业批改及时、准确，有等级和激励性评语，减轻学生课业负担。注重提高课堂教学水平，推动各学科制定教学基本要求，强化教师备课和校本教研，深化教育教学改革创新，推广优秀教学成果，遴选教育精品课，引导广大教师投身高质量高效率的课堂教学。（黄步选　周天宇）

中等教育

·太原市交通学校·

【概况】 太原市交通学校位于太原市建设北路60号，创建于1957年，占地面积38773平方米，建筑面积29480平方米。学校围绕国家“十四五”规划和区域经济产业转型升级，探索“职业”和“教育”的有机结合点，树立“校政行企联动、岗课赛证融通”的办学理念，确立“培养具有家国情怀、德技并修、体健艺美、精工博学的高素质应用型人才”的育人目标，凝练“进德修业”的校训、“知行合一”的校风、“言传身教”的教风、“强能笃行”的学风，为三年制中专。2021年，学校有教学班41个，在校学生1095人。开设汽车运用与维修、新能源汽车运用与维修、数控技术应用、增材制造技术应用、工业机器人技术应用、西餐烹饪、绘画、艺术设计与制作、计算机应用、无人机操控与维护等10个专业，招生685人，毕业234人，就业234人（含升学210人）。（黄胜勇）

【教学教研改革】 2021年，太原市交通学校成立教学督导组，加大教学工作的检查力度。组织11位专业教师参加“1+X”证书培训、组织“成长杯”教师新课堂教学大赛初复赛、组织全校教师开展教学能力比赛，提高教师教学水平。建立师德师风建设长效机制，开展多种形式的学习教育，确保无违反师德师风现象。开展“阳光体育”活动，以“模拟全运会”形式，举办学校运动会，举办广播操比赛，开展冬季跑操、跳绳、踢毽子、投篮、棋类等活动，成立学校足球队，联系优秀足球教练到校执教，筹建掷球队、篮球队。（黄胜勇）

【专业人才培养】 2021年，太原市交通学校与进山中学、刘家堡乡联校等36所学校建立劳动学院，与杏花岭区教育局建立社区学院，与大东关街办建立家长学院，与广数、华数建立产业学院，与京东方、比亚迪、深圳大疆、山西通航、梅森凯瑟等20家省内外企业建立企业学院，组织学生走进通航、梅森凯瑟等企业进行研学，开展全方位合作。推进9个“1+X”证书制度试点项目工作，组织三个专业、四个模块

"1+X"证书制度考核工作，133名学生参加考核。修订专业人才培养方案，规范人才培养全过程。申办无人机操控与应用专业，恢复美术绘画专业，计算机应用专业申办大数据方向。加大专业投资力度，投资近200万元，建设无人机、VR专业实训室，购置百余台电脑，为部分教室更换智能黑板。（黄胜勇）

·太原市财政金融学校·

【概况】太原市财政金融学校位于太原市羊市街9号和19号，一校两区，创建于1955年，占地面积25448.59平方米，建筑面积30057平方米。学校坚持"以人为本，追求卓越"办学思想，秉承"面向市场、面向社会、面向企业"方向，强化以信息技术专业为龙头，财经商贸类、休闲服务类为支持的学校发展的办学思路，为省、市区域经济建设和社会发展培养实用型技术技能人才。2021年，学校有教学班44个，在校学生979人。开设金融事务、会计、客户信息服务、航空服务、电子商务、艺术设计与制作、计算机应用、计算机网络技术、数字媒体技术应用、中餐烹饪、西餐烹饪、高星级饭店运营与管理、美发与形象设计、美容美体艺术等14个专业，招生325人，毕业268人，就业升学268人。（王艾连）

【教研课研建设】2021年，太原市财政金融学校加强省、市学科带头人、骨干教师培养，加强对青年教师的培养，发挥青蓝工程师带徒作用，通过推进教师教学能力大赛、说课大赛、课堂教学大赛"三个活动载体"，提升教师信息化教学能力与水平，实现高效课堂落地落实。申报并立项"基于1+x证书的计算机专业学生职业能力提升研究"课题研究，提升教师的教研课研能力。（王艾连）

【专业教育设施建设】2021年，太原市财政金融学校通过山西省高水平实训基地建设和山西省高水平重点专业建设资金，改善实训条件，增加传感网实训室、计算机检测维修实训室和VR应用开发实训室，升级网络安全实训设备，计算机专业在肖远征名师工作室带领下，促进教师整体专业素养提升。（王艾连）

高等教育

·太原学院·

【概况】太原学院前身为太原大学。2002年12月，原太原大学、太原师范学校、太原市教育学院合并为新的太原大学。2013年4月，经教育部批准升格为全日制综合类普通本科院校，更名为太原学院。学院实行省市共管、以市为主的办学体制。占地面积110.87万平方米，由汾东校区、滨河校区、府东校区三个校区组成。2021年，学院有教职工1114人，自有专任教师781人，其中"优秀人民艺术家"1人，山西省教学名师2人、学术技术带头人1人，教授22人，副高级专业技术职称以上的教师281名。博士、硕士占自有专任教师比例为85%。有在校学生16860人，招生4195人，毕业4751人，就业3904人。学科涵盖工学、理学、文学、经济学、管理学、艺术学、农学、教育学八个学科门类，本科专业37个。设有13个教学系、2个教学部、2个教学中心和1个继续教育学院。（杜　杰）

【应用型高校建设】2021年，太原学院转变办学思路，完善人才培养定位，创新办学方式，落实教育教学目标，服务地方经济和社会发展，培养德智体美劳全面发展的应用型人才，开展产教深度融合，促进学生实践动手能力和就业创业能力提升，推动办学资源向应用型特色突出的专业倾斜，申报并获批山西省首批应用型本科高校建设单位。推进"五有三能"（有制度、有方向、有温度、有特色、有成效，发挥育人潜能、把握育人动能、形成育人势能）育人方案实施，通过实施"理想信念培育工程""德育评价改革工程""养成教育拓展工程""学生社团建设提升工程""心理健康教育133工程""晨读晚（自）习2小时工程""寒暑假4+X工程"等七大工程，引导学生坚定理想信念、厚植爱国情怀、加强品德修养、增长知识见识、培养奋斗精神、增强综合素质，争做德智体美劳全面发展，基础扎实、知识结构合理、应用能力突出、创新能力较强、作风朴实、积极进取的高层次应用型专门人才。（杜　杰）

【专业课程建设】2021年，太原学

2021年，太原学院举办秋季校运会　（太原学院供图）

2021 年，太原学院赴彭真生平暨中共太原支部旧址纪念馆开展主题党日活动

（太原学院供图）

院坚持以本为本，完成学科专业发展规划，结合学院“六个定位+”，完成2021版人才培养方案的修订并予以执行。完成建筑学、翻译、数学与应用数学、城市管理、音乐表演等5个专业学士学位授予权评审工作，人力资源管理、化学工程与生物工程、视觉传达设计、环境设计、应用心理学等5个专业学士学位授予权建设工作。组织院级教学改革项目建设并设立年度教学改革项目，其中10项结题，27项中期检查。院级立项52项，省级立项25项。评选9项院级教学成果奖，并推荐5项申报省级教学成果奖，2项获批省级教学成果奖二等奖。组织评选8个院级一流专业建设点，其中计算机科学与技术专业、机械工程专业和给排水科学与工程等3个专业获批省级一流专业。组织评选31门院级一流课程，推荐机械制图等17门课程申报省级一流课程，9门课程获批。（杜　杰）

【教学设施建设】 2021 年，太原学院争取财政资金5000余万元，建设智慧教室、多媒体教室、实验室和金属工业实训室。新建占地面积1000平方米的金工实训室，包含数控车床、立式加工中心、普通车床、钳工、激光切割、电火花切割、3D打印等模块，基本满足在校工科学生金工实训和学科竞赛需求。183间多媒体教室全部换装新型智慧黑板及配套设备，满足多种教学模式和场景的软、硬件需求，解决传统黑板老化磨损、传统投影和中控故障较多、功能单一的问题，提升教室网络和扩音系统的稳定性。完成130间标准化考场建设，可满足近4000名学生标准化考试需求。建设2间多功能智慧录播教室，为教师提供课程录播、线上课和展示课教学等服务，提高教学支撑能力。（杜　杰）

【创新创业教育】 2021 年，太原学院将创新创业教育融入人才培养全过程。学院大学生参加39项各级各类竞赛，其中教育部学科竞赛排行榜内14项，获得各级各类奖励178项。学生获得省级以上奖励727人次，国家级奖励147人次。获奖中，学科竞赛类有504人次，体育类有223人次。省级以上获奖项和获奖人次均超过2018年至2020年总和，同比达上年的317%。学科竞赛项目中，取得国家级奖77人次，国家级奖项23项，在互联网+大学生创新创业大赛、全国大学电子设计竞赛、三维数字化创新设计竞赛、全国大学生机器人及人工智能大赛等教育部重要赛事中，实现历史突破。（杜　杰）

【教育教学质量保障】 2021 年，太原学院按照“统一组织、整体推进、逐点突破、注重实效”的工作原则，全面修订教学管理制度。全年出台综合类、运行类、专业建设与课程类、实践教学类、质量监控等100多项制度。教学管理制度贯穿教学工作的全过程、各层次、各环节，为建立稳定有序的教学秩序，保证教学运行、推动教学改革，调动教师教学和学生积极性打下坚实基础。建立院、系两级教学督导体系，强化学院教学运行事前、事中、事后全过程监控，形成具有学院特色、操作性强的教学质量保障体系。（杜　杰）

【师资队伍建设】 2021 年，太原学院对师资结构进行量化分析，加强人才引进的科学性和预判性，把“坚持正确政治方向”和“师德师风优良”作为人才引进第一标准，实施创新人才引进政策。对高层次人才采用“一人一策”方式，增强人才政策吸引力。全年引进高层次人才3名、博士38人、硕士41人，招聘实验员、财务人员、医护人员和后勤人员28人。推进“双师双能型”教师队伍建设，引育并举，组织两期青年教师综合能力提升培训班，通过线上线下各种培训，全面提升教师综合能力。选派4名教师前往武汉大学进行访学，4名教师下企业进行实践创新能力培养。完善绩效工资分配方案，完成教师系列高、中级职称评审工作，组织申报并评审出教授3人、副教授19人、讲师14人。（杜　杰）

【学生教育管理】 2021 年，太原学院强化学生日常管理，加大学风建设力度。促进学生由“要我学”到“我要学”观念的转变。引导学生诚信做人、踏实做事，培养学生求真务实的学习态度。加强考风考纪教育，严格考试纪律，教育学生诚信考试，营造诚信考试的良好考风氛围。加强和完善学生表彰奖励制度，开展各类评优评奖活动，树立学习典型。全年评选出国家奖学金学

生23名、校级奖学金学生6469名，发放各类奖学金达460.13万元。开展奖助贷偿补资助工作，发放各类奖、助资金1654万元。开展学生医保工作，为全院16196名学生投保，办理校方责任保险，受理在校学生校内突发伤害校方责任险理赔。建立辅导员进班级和公寓制度，推进管理育人，形成“大德育”的良好局面。强化学业预警管理，对存在各类实际困难的学生，建立由家长、任课教师、心理咨询教师、辅导员、班长协调配合的学生学习发展“五位一体”帮扶体系。开展学生国防教育，完成应征入伍和退伍学生的学费代偿工作。（杜　杰）

【科研项目申报】2021年，太原学院申报课题242项，其中国家级项目82项，省级及各类项目申报合计160项，立项47项。项目经费财政拨款82.55万元，配套69.48万元。横向项目经费32万元。论文73篇（其中核心23篇，SCI7篇，EI1篇），论著2部，专利6项。（杜　杰）

【产教融合发展】2021年，太原学院开展新工科研究与实践，建设华为产业学院、恒生金融科技产业学院、用友新道数智财务产业学院、浩泰斯特产业学院等主体共建的产业学院，体现产业和技术最新发展的新课程，组建美特好等冠名班，构建产学合作协同育人项目实施体系。学院与半导体研究院、方特欢乐世界（大同）旅游发展有限公司、无锡市劳动就业管理中心、山西好风光文化科技有限责任公司、山西百信信息技术有限公司、凯赛（太原）生物材料有限公司、太原市宁化府益源庆普阳醋业有限公司、华电山西能源有限公司等11家企业签署校企合作框架协议。组织开展“百名教师入企业、百家企业入校园”活动。全院有196名教师报名参加，累计入企120家。形成企业需求报告145份，初步达成合作项目19项，签约受聘证书164份，引荐企业优秀专业技术人员69名。（杜　杰）

【社会服务】2021年，太原学院为社会提供多种类型的教育服务。组织完成两期太原市中小学校级领导提高班，培训学员342人次；完成太原市中小学新教师岗前培训，参训学员1234人次；完成霍州市幼儿教师培训，参训学员130人次。聚焦山西省历史文化优势，依托学院相关专业，成立太原文旅协同创新中心。依托太原旅游资源，成立科研团队，做好相应旅游推介。服务保障第十二届中国中部投资贸易博览会，精选志愿者开展志愿服务。组织教师志愿者服务太原市文明城市创建“文明交通、安全出行”志愿活动。（杜　杰）

【师德师风建设】2021年，太原学院开展春季学期师德师风专题教育、师德师风专题网络培训、师德师风档案建设、首批教育世家推荐、学习习近平总书记给全国高校黄大年式教师团队代表回信精神暨优秀教师“师德故事”宣讲等活动，撰写师德活动总结，深度挖掘身边的感人故事，制作宣传展板，营造尊师重教的浓厚氛围。（杜　杰）

【专职辅导员建设】2021年，太原学院加强辅导员队伍建设，为全院397个班级配齐配足83名专兼职辅导员。组织全院新进辅导员开展岗前培训。举办辅导员技能大赛，召开专职辅导员工作座谈会，落实学生工作例会制，每月定期召开全院学生工作例会，总结经验、研究部署学生工作安排。推进“五有三能”育人实施方案，引导学生坚定理想信念、厚植爱国情怀、加强品德修养、增长知识见识、培养奋斗精神、增强综合素质，争做德智体美劳全面发展，基础扎实、知识结构合理、应用能力突出、创新能力较强、作风朴实、积极进取的高层次应用型专门人才。设立心理健康辅导工作站，为全院13个系级学生心理辅导工作站挂牌，指定教育系专职教师担任系部心理工作联络员指导系部工作，建立健全院系班舍四级联络工作机制。（杜　杰）

【校园文化建设】2021年，太原学院注重校园精神内涵的提炼和归纳，制定《“十四五”校园文化建设规划》，调整办学定位、办学特色和离学生最近的育人理念，以文化活动为重要载体涵育特色鲜明的校园文化。开展“三标”文化建设，规范学院校徽校训和校旗等VI形象识别系统的使用、注重对身边先进标杆人物的宣传报道、做好适合学院实际的标配文化传递。追寻百年树人红色历史，提炼“端品、励学、实干、担当”的校风文化，印发《太原学院推进红色校史文化育人“十个一”工作方案》，提升师生红色文化素养。推进“一系一品”文化品牌建设，各教学系部结合学科专业特色，挖掘和创建凝聚师生共同追求、有价值导向和美好愿景的文化品牌。打造校园文化特色品牌，举办“奋斗青春，砥砺前行”团支书技能大赛、大学生创新创业大赛、社团巡礼、校园文化艺术节、戏曲文化在校园、第二届大学生竞赛经验交流暨典型事迹宣讲会等校园文化活动，提高校园文化活动的影响力和覆盖面。（杜　杰）

【思想政治教育】2021年，太原学院创新协同育人方式，思政部与学生工作部、院团委不定期开展育人工作会商，多次组织全院所有教学班级同上一堂主题班会，同上开学第一课，管理育人的精度持续增强。推进思政课课程建设，落实思政课集体备课常态化，学院班子成员多次参加集体备课，并带头讲授思政课。通过“讲好党史故事、讲好山西故事”教学内容显特色，“一体两翼、知行合一”实践育人显特色，“问题导向、任务驱动”教学方法显特色，探索思政课教育改革创新之路。通过山西省高校思想政治理论课建设情况实地评估检查，思政课作为育人关键课程的作用更加凸显。推进马克思主义学院建设工作，在思想政治教育部的基础上组建成立马克思主义学院，明确职责使命，打造马克思主义理论教育教学、研究宣传和人才培养的阵地，为立德树人根本任务的实现提供学理支撑和人才支持。推进课程思政改革，院、系两级多次组织召开课程思政经验交流汇报会，分享课程思政教学中的优秀案例，巩固课程思政改革全覆盖的成效。网络思政育人实效性提升，依托校内各级官微，特别是“青马行空”等多个思政类公众号，构建思政育人新路径。《大学生创新创业竞赛》《党史学习教育合唱比赛》等多个栏目和活动直播覆盖全院万名学生，观看人次达到十几万。构建“智慧团建”“智慧学工”立体化组织模式，实现线上线下一体化运行，青年团员教育管理得到全覆盖。（杜　杰）

·太原城市职业技术学院·

【概况】 太原城市职业技术学院是由太原市人民政府举办的全日制高等职业院校。2003年经省政府批准，由原太原经济管理干部学院、太原市城市建设学校、太原市工业经济学校合并成立。原三校均成立于1984年。学院行政隶属太原市教育局，教学工作接受山西省教育厅指导。学院坐落于太原市胜利桥西，有兴华街、建设路两个校区，占地面积共计12.7333万平方米。2021年，学院有在校生6300人。教职工406人。其中专任教师279人，专任教师中博士5人，硕士115人；教授7人，副教授58人，讲师150人；“双师”型教师占专业教师总数60%。建有“太原市李艳名师工作室”“太原市樊长林名师工作室”2个名师工作室。开设专业30个，面向太原主导和重点产业，打造现代装备制造、现代服务、现代建筑和城市轨道交通4大专业群。设有机电工程系、信息工程系、工程经济系、城建系、管理工程系、艺术设计系、财会系7个教学系。建有1+X证书制度试点38个，高水平骨干专业及生产性实训基地11个，校内实训室77个，校外实训基地106个。设有山西省委原书记王茂林的“捐赠图书藏书馆”。招生2478人，毕业1697人，就业率达到88%。

2021年，太原城市职业技术学院与尖草坪区签署战略合作协议，在新校区建设、服务太忻一体化经济建设、共建产教融合实训基地及尖草坪区文化科普高地方面展开协作。与市总工会共同挂牌成立新时代晋阳工匠学院，推广“工匠精神”“劳模精神”，搭建政产学研合作平台。与市供销社合作，共建农产品电商平台，服务乡村振兴战略。与市退役军人事务局合作，挂牌成立退役军人职业技能培训基地，做好退役军人技能培训工作。与浙江建设职业技术学院合作，对标东部地区双高院校。与八大银行探索“银校”合作新模式。学院培训建筑、轨道交通、电子商务、全民技能提升工程、BIM等技能人才近万人，各类技能鉴定2000余人次。（田　宁）

【学科专业建设】 2021年，太原城市职业技术学院申报山西省高水平高职院校、高水平专业及高水平实训基地，申报建筑工程技术和物业管理专业为品牌专业，申报城市轨道车辆应用技术和计算机网络技术专业实训基地为品牌实训基地。组织各系专业开展专业人才需求调研工作，完成新一轮人才培养方案修订，申报建设城市轨道交通综合实训基地。开展国家高职高专网专业建设平台的专业备案工作，完成优质校建设验收准备工作，推动专业建设体质培优。新获批8个“1+X”职业技能等级证书。组织教研室进行各专业课程体系修订，按照教育部“1+X”证书试点制度要求，进行课证融通，将28个试点证书技能融入课程。（田　宁）

【校企合作】 2021年，太原城市职业技术学院与山西中来光电科技有限公司达成共识，推进战略合作。与盛玖建设集团有限公司、山西协诚建设工程项目管理有限公司、山西华杰美居建材有限公司和山西独特装饰工程有限公司4家企业签订校企合作协议，建立校企合作关系。与山西万和众创空间有限公司举行校企合作签约挂牌仪式，加快校企双方在人才培养、专业共建等领域的合作步伐。强化计算机网络技术专业、云计算技术与应用专业与华为技术有限公司、泰克教育集团的合作，开展华为ICT学院建设。与天融信集团合作，签订战略合作协议，建立学院武汉天融信实习实训基地和天融信人才培育基地。物业管理专业与山西蓝泰物业集团、山西安逸物业、华润物业太原分公司等3

2021年，太原市退役军人职业技能培训基地在太原城市职业技术学院挂牌成立
（太原城市职业技术学院供图）

家行业内领军企业开展校企合作，实施由企业冠名的订单式人才培养、校外专家参与教学，师资共享，校内外实训基地共建共享。（田　宁）

【招生与就业】 2021年，太原城市职业技术学院通过高考、三二分段、单独招生等招生2618人。通过学院微信公众号和就业工作微信群及各系建立的就业班级微信群对毕业生进行就业政策解读和宣讲工作。开设《职业生涯规划与就业指导》必修课，为学生做职业生涯规划指导，为毕业生做求职指导。制定《困难毕业生就业帮扶实施方案》，为438名家庭困难的毕业生争取每人1000元就业补助。鼓励毕业生参军入伍，16名同学入伍。全年毕业生总人数1695人，专升本274人，灵活就业984人，自主创业2人，就业率90%。“人人持证、技能社会”工作毕业生取证率96%。（田　宁）

【困难学生资助】 2021年，太原城市职业技术学院通过个人申请、班级评定、系部审核和学院备案的程序，认定贫困生2587人，其中特殊困难794人，突发性困难51人，一般困难1742人，审核认定建档立卡户学生534人。协助办理生源地助学贷款1313人，贷款金额635.05万元。春季学期评定和发放国家助学金1184人，发放195.31万元，全年发放国家奖助学金539.83万元。专项奖学金含集体奖和个人奖共计24项，发放奖金7.34万元。评定学院足球奖学金10人，发放奖金5万元。评定特困生37人，发放学金14.80万元。全年支出97.06万元，用于学子各项资助，保证学生顺利完成学业。（田　宁）

【校园文化建设】 2021年，太原城市职业技术学院加强青年志愿服务建设，推进校内校外志愿服务活动，利用“学党史、强信念、跟党走”“与信仰对话”“学雷锋和青年志愿者服务”社会实践等，把学习践行社会主义核心价值观渗透到实践中。建立网络文明志愿群，监管各类学院团组织网络舆论阵地，发挥正能量。加强校园文化建设，丰富师生文化生活，开展“世界读书日—学党史诗文诵读大赛”“成才杯”篮球联赛，举办“第十三届校园科技文化艺术节”系列活动，开展第十六届“心理健康教育宣传月”活动，参加“2021年全国啦啦操大赛太原分站赛”，围绕庆建党百年华诞开展书签设计大赛、“诵读经典　最美青春”诵读比赛及读书分享会、“携手抗疫防艾、共担健康责任”手抄报比赛。组织师生参加宪法晨读升旗仪式、“我心目中的校园”主题摄影大赛、“毕业歌会”“十佳百优”宿舍卫生评比等校园文化活动。（田　宁）

【教师队伍建设】 2021年，太原城市职业技术学院鼓励教师提升学历，295名教师参加线上培训进修。印发《“双师型”教师认定办法》，从教师培养补充、资格准入、培训发展、考核评价等方面提出解决举措，开展“双师型”教师认定，提高教师教育教学能力和专业实践能力。引进硕士研究生21人，改善教师队伍结构，充实教师队伍，提升教师队伍水平。强化人才队伍建设，发放人才引进专项资金34.08万元。（田　宁）

·太原旅游职业学院·

【概况】 太原旅游职业学院位于太原市大昌南路19号，创建于1984年，占地面积22.94万平方米，建筑面积14万平方米，是山西省开办旅游教育最早的院校，专注于为旅游行业培养专业技术人才。2021年，学校有教学班140个，在校学生5181人，招生1237人。开设旅游管理、酒店管理、智慧景区开发与管理等27个专业。全年推动组织2098人参加实习，其中一年期实习1553人，半年期实习545人。21个专业1979人毕业，毕业生初次就业率80.09%，就业1583人。（李晓阳）

【优质“双高”校建设】 2021年，太原旅游职业学院对照优质校建设方案和任务书进行盘点推进，完成优质校十大项目资金花费核实、建设进展情况整理汇报、标志性成果汇总以及验收材料的收集、整理、归档、提交等，优质校建设完成100%。系统整理优质校三年建设成果，获得国家级成果70项、省级成果146项，高出国家级成果15项、省级成果45项的原定计划。根据山西省高水平高职院校建设要求和相关遴选规定要求，组建“双高”申报工作组，推进“双高”校申报、立项、建设各项工作，经过专家论证及反馈流程，学院旅游管理专业群成功获批山西省“双高”专业群建设单位。（李晓阳）

【专业学科建设】 2021年，太原旅游职业学院根据市场和学院特色建设需求，推进旅游管理、酒店管理、旅游外语、旅游交通和旅游商贸五大专业群建设。成功通过旅游管理、导游、酒店管理3个省级骨干专业验收，申报智慧旅游技术应用等3个新专业，申报获批会展管理职业技能等级证书（中级）等8个“1+X”试点证书，景区服务与管理专业国家级教学资源库建设完美收官，建成8个大师工作室和2个名师工作室，2门课程分别入选全国文化艺术和旅游职业院校“课程思政”教学示范案例和展示活动案例，完成《景观鉴赏》等5门山西省在线精品课程的申报工作。（李晓阳）

【教师队伍建设】 2021年，太原旅游职业学院引进4名高层次人才，完善学院高级职称自主评审工作体系，8位教师获副教授、1位教师获教授任职资格。以专业带头人和青年教师两个研修班为抓手推进双师型师资队伍建设，实现专业带头人和青年教师“双班”并进和对话交流。选派优秀教师参加

专业带头人领军能力研修等各级各类培训。（李晓阳）

【教育教学改革】 2021年，太原旅游职业学院按照“学校、专业、课程、教师、学生”五个层面，建立一套能够实现数据分析、数据画像、数据监测及预警等功能于一体的诊断与改进数据支撑平台。实施线上线下教学相结合模式，开展“旅院六艺”综合素质测评项目和工作，利用数字媒体进行督导教学和集体巡课督导的方式进行督导检查。对标教育部职业院校人才培养方案制定指导意见和专业教学标准，修订全院23个专业人才培养方案，开展教材排查“回头看”工作，完成学院高等职业教育质量2020年度报告撰写。（李晓阳）

【学生管理资助】 2021年，太原旅游职业学院落实二级管理，重点对各系奖助工作、日常管理工作、学生考核考评过程进行督导检视，规范流程和标准。加强学籍管理，制定《太原旅游职业学院建立长效机制实施细则》，完成2021级1257名新生入学资格复查工作，新生学籍自查率达到100%，全部核实无误。加强辅导员队伍建设，严格落实月考核制度，出台《太原旅游职业学院外聘专职辅导员绩效考核办法》，评选优秀辅导员20人。落实各项资助政策，坚持“奖、助、勤、免、贷、补”六位一体的全方位学生帮扶体系为重点工作，确保家庭经济困难学生应助尽助，全年奖励资助学生4242人，金额440万余元。组织1257名新生参加教育部大学生心理健康测评，对重点关注学生开展团体辅导活动4场。

（李晓阳）

【学科专业服务社会】 2021年，太原旅游职业学院深化以专业课题研发、专业资格考核、专业技能大赛和职业技能培训承办、旅游产品研发等为主的社会服务体系。结项各级旅游类课题，为旅游业发展建言献策。为山西省妇联、省委组织部人员和太山博物馆、憨山文化旅游景区、山西文旅酒店集团管理人员以及综改区中小企业管理人员、山西省文物局讲解员、中国中部贸易投资博览会志愿者、太原低碳能源高峰论坛志愿者、山西国贸大饭店员工等政府机关人员和企事业单位职工等开展素质素养提升培训。贯彻落实“人人持证，技能社会”建设提质增效工作任务，通过线上理论教学和线下实践教学相结合的培训模式，培训数量达70356人次。年度社会培训达74586人次。（李晓阳）

【校企合作】 2021年，太原旅游职业学院与国际金钥匙学院、北京金通公司等企业进行深层次合作，整合优质社会资源，深化校企合作、产教融合之途径。与伟东云教育集团、开元酒店集团就校企产教融合进行洽谈，探索产教深度融合，推进新文旅职教发展。（李晓阳）

【招生就业】 2021年，太原旅游职业学院按照山西省教育厅“两旅”职教资源整合要求和指导，大幅压缩招生计划数至1700人，录取1470人，实际报到1237人。完善招生工作信息发布平台和招生微信公众号，重视山西“1+11”旅游职教共同体联盟资源，陆续与48所中职学校签订“3+2”协议，超过历年合作学校规模。与《山西教育》对接，为优势专业录制宣传、推广视频《教授说专业》，并上传至网络平台。毕业生初次就业率80.09%。帮助2021届155名符合条件的困难学生申请每人1000元的求职补贴15.50万元。（李晓阳）

·太原开放大学·

【概况】 太原开放大学位于太原市万柏林区望景路6号，创建于1979年，占地面积4787.30平方米，建筑面积1902.50平方米，是一所承担大专、成人本科、非学历教育培训与社区教育工作的现代远程教育高等学校。2021年，学校有教学班350个，在校学生19042人。开设行政管理、学前教育、会计、汉语言文学等40个专业。（荆 伊）

【学历教育】 2021年，太原开放大学有教学点12个（校本部、小店区、杏花岭区、万柏林区、晋源区、古交市、清徐县、阳曲县、娄烦县、教育培训、迎泽区、尖草坪区），学习中心5个（太原实验学院、清徐、新东方烹饪、新

2021年9月17日，太原开放大学教职工在清徐六味斋园区开展“庆中秋·叙党情”主题活动

（太原开放大学供图）

2021年11月3日，太原开放大学参加党史学习教育知识竞赛

（太原开放大学供图）

华培训学校、正诚伟业）。学校开设高中起点专科25个专业，专科起点本科15个专业。全年招生10752人，在校生19042人，其中“一村一名大学生”与“农村干部学历提升工程”项目有654人。申报并获批中央广播电视中专初中起点两年制中专、高中起点一年制中专全网教学“月对月”毕业招生资格。（荆　伊）

【社区教育】 2021年，太原开放大学社区学院系统以1所社区大学、10所县（市、区）社区学院、104所街道（乡镇）社区学校、969所社区分校为四级社区网络教育体系。学院承办主题为“庆建党百年华诞，谱终身学习新篇”的全民终身学习活动周，其中线上“云学习”活动包括云会议、云讲堂、云展示、云阅读等。全年开展线下“大讲堂”140场，线上“天天课堂”13462场，累计超过1.50万人次受益。全年立项社区教育规划课题54个，出版《太原市学习型城市建设案例汇编》1部、《太原全民终身学习》杂志4期。宣传片《太原学习型城市建设》在学习周开幕式上播放。（荆　伊）

【老年教育】 2021年，太原开放大学累计招生455人（20个初级班），全年在校生培训超过1000人次，共48个班。开设课程包括智能手机使用、书法、太极拳、国画、素描、舞蹈与形体、诵读、声乐。本年度新增手机摄影、老年实用英语、水彩、传统手工制作、插花艺术课程。起草《太原市老年教育条例》提交市人大常委会立法。启动“游学养”项目探究老年教育新模式，对12个专业开展传统面授、电台广播、网络直播、自媒体直播、游学实践课。其中“智慧助老”手机课堂在抖音有842万人次播放流量、17万人次点赞、6.10万人次评论。与太原老年之声FM97.5《社区讲堂》栏目联合开展直播课60节。（荆　伊）

【职业教育考试】 2021年，太原开放大学成为教育部考试中心全国计算机应用水平考试（NIT）省级承办机构，负责对申请开办NIT培训的办学机构进行审批、认证、推广宣传NIT项目，审批省内考点7家。与市人社局和中国银行漪汾街支行签订职业培训战略合作协议，促进产教融合和校地发展。承办面向低保家庭子女定向招聘社区专职社工面试，开展网络考试7977人次。（荆　伊）

【教师队伍建设】 2021年，太原开放大学通过“太原市事业单位引进高层次人才政策”引进硕士研究生教师3人，截至年底，有教职工109人，其中教师75人，硕士研究生学历及以上59人，占79%。副高级职称24人，中级职称30人。专职教师14人，双肩挑教师61人。组织教师参加国家开放大学“教师如何做研究”在线工作坊学习、山西师资培训中心举办的“名师之道”系列培训8次，举办道德讲堂6次。（荆　伊）

【科研与教学改革】 2021年，太原开放大学发表论文38篇，申报山西开放大学课题2项、山西现代远程教育学会课题4项、山西开放大学专项课题6项，申报参加优秀科研成果评选19项、远程教育优秀论文评选13项、党史学习教育教学成果3项。制定《太原开放大学多模式教育教学管理办法（试行）》，探索适用于不同学习中心、不同学员的定制化学习支持服务项目。春季开始通过钉钉群向正诚伟业学习中心实施61门试点课程，秋季通过“雨课堂”向艺家人教学点开展6门课程。（荆　伊）

科技管理

【概况】 2021年，太原市获国家、省科学技术奖174项，占全省79.80%。其中，获国家自然科学奖1项、国家技术发明奖1项、国家科学技术进步奖7项，比上年增加50%，占全省数量的90%。获山西省科学技术奖165项，比上年增加15项，占全省数量的79%。（李兴胜）

【九个项目获国家科技奖】 2021年11月3日，在北京人民大会堂举行的2020年度国家科学技术奖励大会上，太原市9个项目被授予国家科技奖，占全省的90%，山西大学程芳琴教授等主持完成的“煤矸石煤泥清洁高效利用关键技术及应用”项目获国家科技进步二等奖。山西大学张靖教授等主持完成的“基于超冷费米气体的量子调控”项目获国家自然科学二等奖，为全省近10年来首次获得国家自然科学奖。太原理工大学谢克昌院士参与完成的“典型农林废弃物快速热解创制腐植酸环境材料及其应用”项目获国家技术发明二等奖，为全省近6年来首次获国家技术发明奖。（李兴胜）

【科技体制机制改革】 2021年，太原市科学技术局在重大科技项目立项实行“揭榜挂帅”制，聚焦新材料、智能制造领域，定向太钢等7家龙头骨干企业征集8个制约产业发展的关键核心技术问题，面向全国发布，清华大学、复旦大学、钢铁研究总院、海康机器人等13家国内知名高校、科研院所和企业揭榜。引进培养438名科研人员，共同攻克制约产业高质量发展的关键核心技术，首批千万元引导支持资金拨付到位。（李兴胜）

【科技管理改革】 2021年，太原市科学技术局探索重大关键核心技术攻关“揭榜挂帅”制。改革技术需求征集和确题方式，由面向企业海选改为定向征集，并由出题企业自行组织同行专家评议确题。改革财政资金拨付方式，由前引导项目立项后一次拨付，改为实施期内一年两次拨付，企业先投入，财政后补助。改革项目管理方式，由以过程管理为重点，改为以结果导向管理为主导。项目以出题企业自我管理为主，原则上不组织各类评估、检查、抽查、审计等活动。改革项目验收组织方式，由市科技局组织改为由出题企业牵头、市科技局参加，共同开展项目综合绩效评价验收。（李兴胜）

【重点实验室建设】 2021年，太原市新获批建设太原理工大学省部共建煤基能源清洁高效利用国家重点实验室、中北大学省部共建动态测试技术国家重点实验室、中国电科三十三所中国—白俄罗斯电磁环境效应“一带一路”联合实验室3个国家重点实验室，打破连续6年国家重点实验室零增长局面，全市国家重点实验室数量由2015年的4个增至7个，占全省的比例由2015年的80%提高至88%。新获批国家第三代半导体技术创新中心（山西），是太原市首个国家技术创新中心，于12月28日在北京由科技部部长王志刚授牌，落地太原。新获批筹建“第一实验室”“光存储”等9个山西省实验室，占全省的90%。新获批筹建“合成生物”“人工智能与信息技术”“信创安全可控”等32个省级重点实验室，占全省的87%。高标准建设太原第一实验室，打造国内乃至亚洲最大超净实验室，聚焦碳基集成电路、量子光学与光量子器件、第四代半导体等领域，引进北京大学彭练矛院士团队等10个高水平研发团队、15名顶级人才，开展技术研发和应用转化。起草并以市委、市政府名义印发《关于促进新型研发机构建设发展的若干意见》，集聚培养一批高层次人才，攻克一批关键核心技术，转化应用一批先进科技成果。（李兴胜）

【省级创新载体建设】 2021年，太原市科学技术局新认定省级科技企业孵化器4家、众创空间29家。山西省科技成果转化（轨道交通）示范企业等4家企业被认定为省科技成果转化示范企业。组织141家企业参加第十届中国创新创业大赛，60家企业进入复赛，占全省复赛企业数的27%。33家企业进入决赛，占全省的33%。6家企业获一等奖，18家企业获二等奖，12家企业获三等奖，市科技局获山西赛区优秀组织单位。（李兴胜）

【科技创新主体培育】2021年，太原市科学技术局以市委市政府名义印发《太原市科技领军企业培育行动方案》，聚焦太忻一体化经济区，着力高端装备制造、新材料、信息技术、绿色能源等产业细分领域，重点培育具有自主知识产权、拥有领军研发团队、产品市场占有率高的高新技术企业，带动引领传统优势产业内涵集约发展、战略性新兴产业集群规模发展，科技型中小企业铺天盖地、科技领军企业发展态势逐步形成。开展科技型中小企业评价，全年科技型中小企业达4978家，占全省的76%，在全国27个省会城市中排名第八。培育发展高新技术企业，全年推荐1307家企业申报认定高新技术企业。落实科技创新政策，对1011家科技型中小企业给予补助，推荐384家企业申报省级高新技术企业认定奖励。

（李兴胜）

【科技创新券推行】2021年，太原市科学技术局发布《太原市科技创新券申领兑付指南（第五期）》，将科技创新券兑付范围由山西省中部盆地城市群、中关村地域内的高校扩大至上海交通大学、复旦大学、同济大学、华东师范大学、上海财经大学，鼓励企业向以上高校科研平台基地购买测试检测、科学数据、科技查新、生物（种质）资源以及技术转移、知识产权、科技咨询等创新服务，开展合作研发，促进高校优质科技资源开放共享，降低企业创新成本。在探索试行、取得成效的基础上，创新券兑付将扩大至省校合作范围的国内各高校。安排市级创新券资金198.44万元，对65家次单位予以支持。

（李兴胜）

【可持续发展模式探索】2021年，太原市科学技术局落实习近平总书记“可持续发展是破解当前全球性问题的‘金钥匙’”重要指示，探索资源型城市转型升级可持续发展模式，市场化矿山生态修复治理“太原西山模式”作为典型案例由中国国际发展知识中心编入《中国落实2030年可持续发展议程进程报告（2021）》，在由国务院发展研究中心、联合国经济和社会事务部、北京市人民政府等共同主办的2021年可持续发展论坛上向全球发布，并被列入中国恢复联合国合法席位50周年纪念会议政策宣示文件。该模式在科技部、国家发展改革委、财政部、军委装备发展部、军委科技委、北京市人民政府共同主办的国家“十三五”科技创新成就展上展出。

（李兴胜）

【农业科技创新】2021年，太原市科学技术局实施农村科技特派员制度，选派963名农村科技特派员，深入农村一线开展农村科技特派员专业化培训13场700余人，为农业增产农民增收提供技术保障。组织实施“三区”人才计划，组建“设施蔬菜栽培、水肥一体化、储藏保鲜及病虫害防治技术指导”和“畜禽标准化养殖与疾病诊断及综合防控技术指导”服务团，深入娄烦县、阳曲县开展专业技术指导，为阳曲县大黄牛养殖场和娄烦县静游镇清泉农业生态园区开展技术服务。组建4个“三区”科技人才团队，选派60名农业科技人员为阳曲县和娄烦县提供全方位技术服务。培育农业科技创新服务平台，全年培育“青草坡星创天地”“兴源农业星创天地”“山西高新农业技术市场星创天地”“亿阳康星创天地”等省级星创天地4家，入驻创业企业114家、创客团队44个，创业服务团队人数达到46人，与23家省市高校、科研院所签订技术服务协议，搭建“互联网+”创业服务平台19个，开展各类创新创业活动184期，推广、转让农业新品种48个，成果转让金额1620万元，新品种推广种植面积达1万余公顷，辐射带动新增就业1000余人。（李兴胜）

【国家技术创新中心建设】2021年，太原市科学技术局抢抓科技部在示范区优先布局国家技术创新中心的重大机遇，依托第一实验室，建设可持续发展国家技术创新中心，整合区域优势创新资源，吸纳国内优势高校、科研院所、企业参与，以关键技术研发为核心使命，与京津冀、长三角、粤港澳大湾区等跨区域、跨领域、跨学科协同创新，集人才培养、研发、中试、孵化为一体，为区域和产业发展提供源头技术供给，打造太忻科技创新策源地。（李兴胜）

【重大科技专项攻克】2021年，太原市科学技术局抢抓科技部专项资金倾斜支持机遇，打造一批带动性强的研发、中试、工程示范重大科技项目争取列入，攻克一批支撑太忻经济区绿色发展的低碳零碳负碳重大关键技术。以太钢、清徐焦化产业园打造钢铁焦化行业能耗双控全国标杆。支持太钢集团瞄准“2023年力争实现碳达峰，2035年力争减碳30%，2050年力争实现碳中和”绿色低碳目标，重点开展数智化建设，推动智慧制造、绿色制造，提高能源使用效率，减少碳排放，打造钢铁行业能耗双控全国标杆。支持清徐焦化产业园围绕建链补链强链延链，坚持资源循环利用，开发利用氢能、光伏等新能源，促进能源结构调整和煤化工产业高端多元低碳发展，打造焦化行业能耗双控全国标杆。

（李兴胜）

气象服务

【气候概况】2021年，太原市气温偏高、降水偏多、日照正常。冬季、春

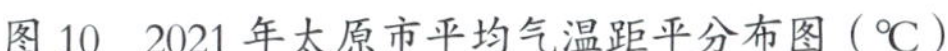
图 10　2021 年太原市平均气温距平分布图（℃）

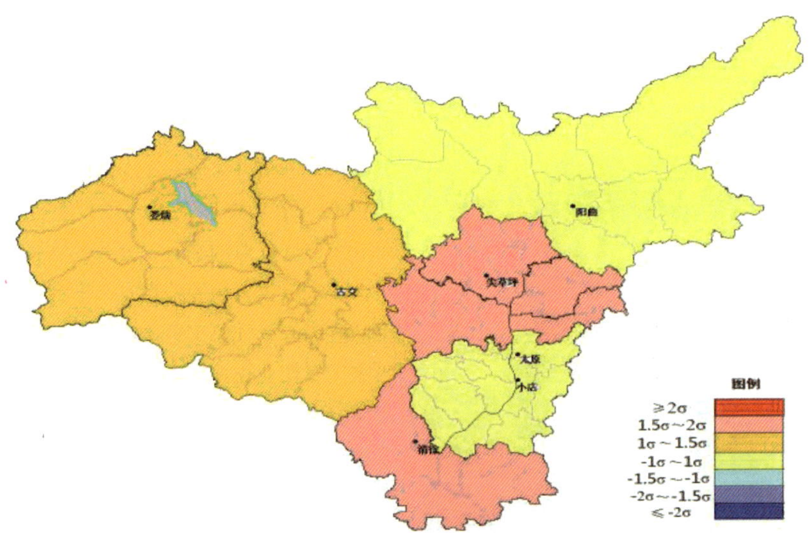

季、夏季气温总体偏高，秋季气温接近常年，降水分布不均，阶段性旱涝明显。气候对水资源涵养、交通运输业、林果业生产、城市空气质量有利。

全年平均气温为 10.8℃，较常年均值偏高 0.8℃。各地年平均气温为 8.9℃（娄烦县）至 12.0℃（清徐县），清徐县、城区北部、综改区年平均气温显著偏高，古交市、娄烦县气温偏高，阳曲县、城区南部气温正常。年极端最低气温为 -26.7℃（阳曲县）至 -19.2℃（城区南部），各地均出现在 1 月 7 日。年极端最高气温为 35.5℃（娄烦县）至 38.0℃（清徐县），娄烦县出现在 7 月 9 日，城区北部出现在 7 月 10 日，阳曲县出现在 7 月 14 日，其余各地出现在 7 月 31 日。

全年平均降水量为 607.10 毫米，较常年均值（414.80 毫米）偏多 5 成。各地年降水量为 526.10 毫米（娄烦县）至 657.20 毫米（城区北部），阳曲县、娄烦县、综改区降水偏多，其余各地降水显著偏多。年平均降水量为 1979 年以来最多。城区南部、古交市均突破有气象记录以来极大值。城区北部年降水量（657.20 毫米）仅次于 2016 年降水量（665.70 毫米），位列有气象记录以来第 2 位。娄烦县年降水量（597.70 毫米）仅次于 2017 年降水量（646.70 毫米），位列有气象记录以来第 2 位。清徐县年降水量（595.60 毫米）位列有气象记录以来第 4 位，为近 30 年来极大值。

（刘　静）

【气象感知监测】 2021 年，太原市气象局向国家级自动站数据资料传输及时率 99.92%，国家地面天气站数据资料传输及时率 99.34%，区域气象观测站资料传输及时率 99.55%，GNSS/MET 资料传输及时率 99.95%，自动土壤水分观测数据传输及时率 99.73%，闪电定位资料传输及时率 99.64%，大气成分观测资料传输及时率 99.10%，紫外线观测数据传输及时率 99.72%，雷达基数据传输及时率 99.69%，雷达 GIF 资料、PUP 产品传输及时率 99.38%。

（刘　静）

【气象灾害预报】 2021 年，太原市气象局准确预报出 2 月 27 日至 28 日的大范围雨雪天气过程、3 月 17 日至 21 日的雨雪降温天气过程、4 月 15 日至 16 日的大风降温及霜冻过程、8 月 18 日至 19 日入汛以来最强降水天气过程和 8 月 30 日至 31 日、9 月 17 日至 19 日、10 月 2 日至 6 日秋季极端强连阴雨天气等较强降水天气过程。强化极端天气预报预警服务的复盘工作机制，提升对极端天气的机理认知，查找预报预警服务中的不足，全年全流程复盘 5 次。

（刘　静）

【决策气象服务】 2021 年，太原市气象局发布重要气象信息 23 期，气象信息专报 12 期，报送重要气象报告卡 24 期，雨情快报 87 期，节日专题预报 16 期，每周气象要讯 52 期，气候预测 13 期，农气旬报 36 期，气候影响评价 12 期，防汛抗旱周报 14 期，春耕春播服务材料 8 期，多角度开展气象决策预报服务。发布（解除）各类预警信号 230 期，发送各类预警短信 52.04 万条，预警信号发布提前量为 117 分钟。完成太原汾河龙舟赛、钟楼街开街仪式、山西工艺美术产品博览交易会、晋源区稻花

图 11　2021 年太原市年降水量距平百分率分布图

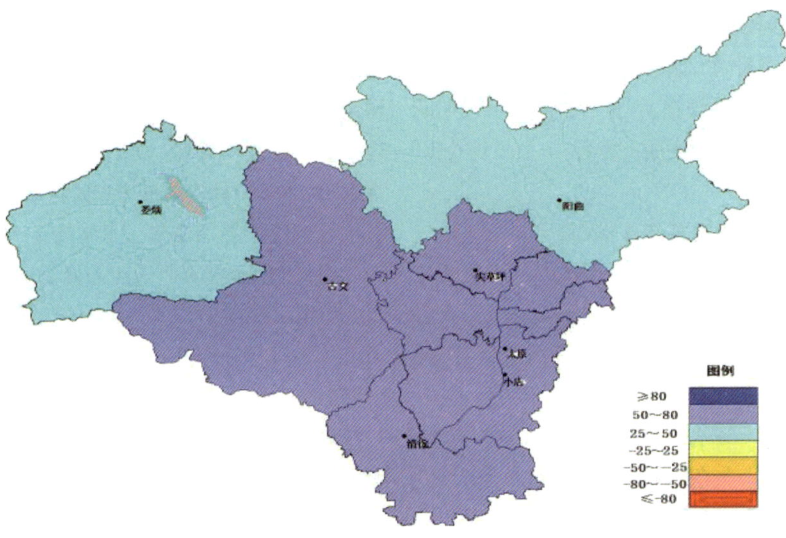

2021年6月9日，太原市气象监测预警中心投入运行　（市气象局供图）

城项目开工仪式、牛驼寨烈士公祭日活动博览交易会等重大活动保障任务。利用“太原气象”微信公众号与“太原气象”新浪微博等新媒体发布气象预报预警信息。（刘　静）

【专业气象服务】 2021年，太原市气象局依托“云+端”模式，拓展与农业、水务、生态环境、规划与自然资源、住建、城管（热力）、交通、旅游等部门的合作，开发“气象+”服务产品，为城市内涝、环境空气质量、森林火险、地质灾害、热力供暖、道路交通、农业生产等提供精细化气象服务。开展环境空气质量气象条件预报，加强与生态环境局常态化合作，每日开展联合会商、预警研判，制作提供《太原市大气扩散气象条件预报》，重污染天气持续期间每日2至3次加密会商。（刘　静）

【气象防灾减灾】 2021年，太原市气象局制定印发《太原市较大气象灾害应急指挥部工作规则》《太原市气象灾害应急联动机制》。启动Ⅳ级应急响应3次。组织公安交警、规划和自然资源、城管、水务、农业农村、文旅、应急、消防、气象等9个成员单位联合开展气象灾害（暴雨）Ⅲ级应急演练。与市应急管理局、市规划和自然资源局联合印发《关于地质灾害协调联动工作机制的通知》，建立起数据共享机制、风险监测预警联动会商工作机制，成立风险普查领导小组和技术组，开展全市气象灾害的致灾危险性调查。（刘　静）

【人工影响天气】 2021年，太原市气象局人工影响天气工作被市政府纳入《太原市国民经济和社会发展第十四个五年规划和二〇三五年远景目标纲要》。建成“人影”指挥平台和人影作业可视化系统，对“人影”作业站点安全等级评定和作业单位能力进行评估。对全部“人影”设备进行年检，作业装备维护率100%。举办“人影”作业安全培训班，持证上岗率100%。全市组织开展人工增雨防雹作业96次，发射“三七”高炮弹212发、火箭132枚，燃烧碘化银烟条280根，累计增雨量达2亿立方米，对抗旱减灾、春播春耕、森林防（灭）火、改善空气质量和推进生态修复发挥重要作用。（刘　静）

【气象监测站点建设】 2021年，太原市气象局安装6个DTD1型冻土自动观测仪，在无气象建制城区建成称重式固态降水观测设备，在晋源区稻田公园新建七要素自动站，完成区域自动站和土壤水分观测站通信模块升级改造。（刘　静）

【太原市气象监测预警中心投入运行】 2021年6月9日，山西省太原市气象监测预警中心正式投入业务运行。该中心主要功能包括天气预报业务平台、综合气象监测平台、公共气象服务平台、气象灾害预警信息发布平台、数字网络中心、气象灾害评估中心、人工影响天气作业指挥中心、小店区气象监测预警中心等。该项目的建成为加快气象现代化建设、提升省会城市气象防灾减灾能力和气象业务水平提供强有力的硬件支撑。（刘　静）

地震监测

【地震前兆观测站点建设】 2021年，太原市防震减灾中心与西山煤电公司合作，完成西山无人值守台站建设，前兆观测项目安装完成并投入试运行。完成太钢台、晋机台、重机台地电场观测仪的传感器更换升级，小店北格观测站的标准化改造，迎新街观测点和娄烦观测点的防雷建设，小店地震观测站地下水位观测设备的更换升级。完成太钢台监控系统升级改造。委托第三方专业技术服务公司开展前兆观测系统的基础运行维护，定期检测、及时维护、及时升级，确保监测台网高质量运行。按照山西省市县地震前兆监测台站名录，纳入省级和市、县级考核的监测台站运行率为97.80%。（许梨花）

【信息节点维护和观测环境保护】 2021年，太原市防震减灾中心实行信息节点“日报告”制度，确保信道畅通、信息节点运行正常。按照《市级地震监测中心建设指导意见》完善市级监测中心测项建设，开展观测数据预处理和数据质量控制。完善县级防震减灾部门地震专线网络设施，具备对地震行业信息获取、传输及数据共享能力，实

现与市防震减灾中心互联互通。将太钢台地电场观测项目和市信息网络节点项目纳入全省观测资料质量检查评比范畴，促进观测质量提升。定期开展仪器、环境巡检，全年未发生破坏观测环境事件。（许梨花）

【震情监视跟踪与震情会商】 2021年，太原市防震减灾中心印发《太原市应急管理局关于印发〈太原市2021年度震情监视跟踪和应急准备工作方案〉的通知》，强化“震情第一”观念，严格做好24小时震情值班，做好宏微观异常的收集、跟踪、落实与报送，确保异常落实不过夜、异常报送不过夜。做好节假日和重大活动的紧急处置准备，印发《中国共产党成立100周年庆祝活动地震安全保障服务实施方案》《十九届六中全会期间地震安全保障服务实施方案》，做好建党100周年、中共十九届六中全会期间地震安保工作。落实震情会商改革方案，坚持周、月、年度会商，深度分析观测资料，探索地震前兆信息，上报省局各类地震会商意见。完成智能会商技术系统推广应用。制作地震构造沙盘，应用于日常分析会商。（许梨花）

【群测群防】 2021年，太原市防震减灾中心组织两期“三网一员”培训，全市10个县（市、区）及综改区“三网一员”骨干120余人参加。按照全市统一标准，新建9个宏观观测点。（许梨花）

【地震预警】 2021年，太原市防震减灾中心协助省地震局推进地震预警系统建设工作。在前期协助山西省地震局完成6处新建地震预警基本站、26所中小学及10个省厅单位布设预警终端的基础上，协助部署紧急地震信息发布平台。通过原有地震行业专网实现与省级信息服务中心互联，为部署市级紧急地震信息发布软件系统打好基础。（许梨花）

【网络安全】 2021年，太原市防震减灾中心按要求下调网络安全保护等级。经市公安局网信支队批准，中心网络安全等级保护标准由之前的三级降为二级。落实二级网络安全等级保护措施，全年网络安全运行率达100%。（许梨花）

【震害防御】 2021年，太原市防震减灾中心加大对已取得科研成果的宣传和利用力度，将太原市目标区活断层探测及南部田庄断层等断层探测成果、原经济技术开发区地震小区划成果与山西省地震局共享。组织技术骨干对有关部门及单位关于项目规划及实施中地震安全征求意见的来函进行研究分析，给予专业、审慎的意见和建议。组织全市10个县（市、区）应急管理局（防震减灾中心）进行地震风险普查培训，开展地震工程场地地震钻孔数据收集，全年收集地震钻孔资料80个。建立地震工程地质钻孔数据库，编制地震工程地质钻孔调查报告，为地震灾害风险评估提供基础资料。启动地震易发区房屋设施加固工程，协助市应急局召开推进会及数据采集用户平台注册，出台实施方案、评估工作方案，明确相关部门职责，开始采集新建工程和加固工程信息。委托第三方机构加快推进房屋建筑详查工作，完成招投标，编写房屋建筑详查实施方案。协助市应急管理局开展太原市第一次全国自然灾害综合风险普查工作。（许梨花）

【应急通信建设】 2021年，太原市防震减灾中心为解决紧急情况下灾害现场与指挥中心图景、信息、指令实时传输等问题，开展无线视频实时传输系统建设。完成一期建设，完成服务器部署、视频传输设备视K背包及摄像机的采购、无线视频实时传输软件及客户端的安装等。（许梨花）

【公共服务】 2021年，太原市防震减灾中心在“5·12”“7·28”防震减灾主题宣传周活动期间，开展防震减灾系列宣传活动。集中宣传活动30余次，主题讲座20余场，发放各类宣传资料20余万册，主题展板1000余张。

开展“防震减灾千场科普讲座”活动。在太原市杏花岭区实验小学和太原市三十中分别举行针对小学生和中学生的防震减灾千场科普讲座进学校专场活动，600余名师生参加。市青年宫地震科普馆开展入校防震减灾专题讲座。

利用新型媒体、电视、报纸传统媒介、公共电子屏和宣传橱窗等阵地，开展常态化防震减灾科普宣传教育。在山西省移动电视《城市生活》频道，通过全市3000辆公交车LED进行宣传，每天分6个时段滚动播出《防震减灾动漫小提示》等防震减灾知识。在《太原广播电视报》，开辟防震减灾科普宣传专栏，每周刊登一次科普文章。在《中国经贸》杂志及其官网、微信公众平台，开辟防震减灾栏目，每月刊登两期防震减灾科普文章。进驻“快手”App、“抖音”App，开辟《防震减灾普乐乐》《防震减灾随我行》宣传专栏，每周四同步发布防震减灾科普短视频。为全市260个社区提供520个专题宣传展板，用于常态宣传。推出防震减灾科普作品，制作《防震减灾科普知识读本》和10集《地震科普大闯关》动画。（许梨花）

【应急准备】 2021年，太原市防震减灾中心为保障应急通道畅通运行，对卫星电话、视频会议系统及MASS短信平台等应急通信工具实行分类维护。卫星电话实行单月点名拨测，全年拨通率100%。地震视频会议系统每月联调，与山西省地震局视频调试连通率100%。不定期检测地震应急MASS短信平台，确保运行率100%。

出台《太原市防震减灾中心关于参加2021年全省防震减灾系统地震应急演练的通知》，组织各县（市、区）、开发区（示范区）参加省局组织的全省防震减灾系统地震应急演练。全省演练结束后，模拟某地发生地震，组织市、县开展震后应急处置演练。“5·12”期间，组织以“掌握地震逃生自救，减轻地震二次灾害，树立日常防范意识，保护生命财产安全”为主题的社区居民避震逃生演练，杏花岭区400余社区居民参加。娄烦县组织应急力量授旗仪式暨联合救援演练。综改区组织地震应急桌面推演，检验地震应急预案的科学性和可操作性。全市10个县（市、区）分别开展符合各地实际的地震桌面推演及实战演练130次，9.40万人参加演练。

6月30日5时33分，太原市小店区（北纬37.64度，东经112.50度）发生M3.0级地震，震源深度21千米。地震发生后，市委、市政府、市应急管理局第一时间作出指示，中心立即启动应急响应，及时发布地震信息，密切监视震情，召开紧急会商会，开展震情研判，实时上报震情信息，迅速建立与十县（市、区）及“三网一员”的实时联系通道，安排专门人员解答市民来电来访，了解市民反应，安抚群众情绪，密切关注网络舆情。（许梨花）

【应急预案】 2021年，太原市防震减灾中心修订并印发《太原市人民政府办公室关于印发太原市生产安全事故、自然灾害救助、地震、煤矿生产安全事故、非煤矿山生产安全事故、危险化学品事故、冶金工贸行业生产安全事故7个应急预案的通知》。市地震应急指挥平台融入太原市应急指挥平台，正常运行。修订《太原市防震减灾中心地震应急预案》及《太原市防震减灾中心地震谣言处置预案》，完善地震应急工作流程。（许梨花）

【避难场所建设与维护】 2021年，太原市防震减灾中心印发《太原市应急避难场所建设方案》，成立应急避难场所建设工作专班，市财政拨付专款285万元，编制《太原市中心城区应急避难场所建设规划（2021—2035）》，形成“市级统筹规划建设、县区改建挂牌管理、乡街协调启动宣传”的全新模式，推进应急避难场所建设。（许梨花）

大数据应用

【数据政策保障】 2021年，太原市大数据局制定《太原市“十四五”大数据发展应用规划》，起草《太原市大数据促进条例》《太原市加快推进数字经济发展的实施意见》《太原市智慧城市建设指导意见》《关于贯彻落实太原市“十四五规划”有关数字经济发展2021年行动计划》等，为全市大数据发展应用提供政策和基础保障。（武　勇）

【数字经济发展】 2021年，太原市大数据局推动数字经济发展。大数据应用知识创新服务与数字经济发展分析系统基本完成，初步构建数字经济监测指标及发展水平评估指标体系。推荐26个企业申请省级数字经济专项资金3596.57万元，为8个项目争取资金963万元。全市互联网和相关服务、软件和信息技术服务企业营业收入完成45.70亿元，同比增长11.30%。（武　勇）

【数据要素支撑】 2021年，太原市大数据局推动数据要素市场培育，编制《太原市数据要素市场调研报告》《太原市数据资源目录》，收录全市工作部门一级目录4941条，建立部分局委办数据供需台账，为全市数据资源汇聚共享治理打下基础。（武　勇）

【新型智慧城市建设】 2021年，太原市大数据局推动成立新型智慧城市建设工作领导小组，制定《太原市省级新型智慧城市建设试点工作实施方案》，太原市被确定为第一批“省级新型智慧城市试点市”。与市委政法委成立社会治理大数据建设应用工作专项组，发挥“智治”支撑作用，推进市域社会治理现代化。对接太原地铁、龙投公司等，推动智慧物流、智慧医疗、智慧停车等场景应用落地，太原古县城智慧景区项目一期工程完工并投入运行，龙城智迅7座智能立体停车楼数据全部接入龙投智慧停车管理云平台，试点社区国泰龙城湾A区智慧物业平台搭建完毕。（武　勇）

【数据交流合作】 2021年，太原市大数据局承办2021中国数字企业峰会、2021山西数字经济成果暨数字化转型助力“双碳”战略交流会，推动山西云时代与龙投集团成立太原市云时代技术有限公司，指导成立太原市数字经济产业协会。与中国信通院、中国电子、中移（雄安）产业研究院、阿里巴巴太原中心等相关企业展开交流，赴慧谷产业园、百斯科技、长河科技调研，推动政府数据和社会数据的关联、融合与应用。（武　勇）

【数据宣传培训】 2021年，太原市大数据局结合《中华人民共和国数据安全法》《中华人民共和国个人信息保护法》颁布实施，制作《大数据杀熟，国家出手啦》《数据安全、有法守护》《金融陷阱、时刻警惕》等宣传动漫。开展大数据职业技能竞赛，举办大数据助推数字经济高质量发展培训班，提升全市大数据专业人才队伍能力。（武　勇）

综 述

【概况】2021年，太原市文旅系统以习近平新时代中国特色社会主义思想为指导，全面贯彻中共十九大和十九届二中、三中、四中、五中、六中全会精神，深入贯彻习近平总书记考察调研山西重要指示和省、市党代会精神，落实市委、市政府关于文化和旅游发展的重大决策部署，立足新发展阶段、坚持新发展理念，紧扣扩大内需战略基点，以满足人民文化需求和增强人民精神力量为工作着力点，以打造国际知名文化旅游目的地、构建太原文化旅游新格局为工作目标，提升文化软实力，为“十四五”转型出雏形开好局、起好步。（吴　鹏）

【文艺创作演出】2021年，太原市文化和旅游局坚持以人民为中心的创作导向，实施文艺精品战略，聚焦决胜全面建成小康社会、开启社会主义现代化国家建设新征程等重大题材组织专题创作，推出各类题材优秀剧目。新创晋剧《迎新街》《圪梁梁上》《庄周》、红色话剧《新报童》、红色舞蹈史诗《家书》、舞蹈《宋时芳华》等。新编历史剧《尧天舜日》、儿童剧《嘟宝家族之燕国公主》、音乐剧《光辉的历程》、戏曲《尧风徐来》、情景剧《牡丹仙子》、现代戏《二楞村长》、电影《寇准辞官》、歌舞杂技情景剧《追梦太山》等剧本。创作微视频、小品共25部。晋剧《傅山进京》获文旅部“庆祝中国共产党成立100周年舞台艺术精品创作工程”重点扶持作品，晋剧《烂柯山下》入选第十七届中国戏剧节。开展各类文艺演出，组织开展“免费送戏下乡”活动，全年演出1051场，其中市级演出628场，县级演出423场，进景区22场，进军营11场。组织开展“百年华诞·逐梦征程”庆祝中国共产党建党100周年精品剧目展周（线上）活动，通过晋剧《傅山进京》《上马街》《起风街》《迎新街》《高君宇与石评梅》《圪梁梁上》以及红色经典折子戏专场现场演出影像等精品剧目，与广大观众一起重温红色经典。组织开展第十七届山西省“杏花奖”申报工作，全市有14个剧（节）目进入终评名单。（吴　鹏）

【公共文化服务体系建设】2021年，太原市文化和旅游局贯彻落实《中华人民共和国公共文化服务保障法》，创新推动公共文化服务高质量发展，基本建成覆盖城乡的市、县、乡、村四级公共文化服务体系。推进公共文化服务标准化均等化建设，全面落实“三馆一站”免费开放政策，丁果仙大剧院改扩建项目有序推进，市民艺术中心建设项目用地批复并办理立项手续。创新培育城市公共文化空间，建成城市书房8个，在地铁站、汽车站等场所设置自助图书借还机8个。印发《基层公共文化设施专项治理工作方案》，开展基层公共文化设施标志规范统一工作，委托第三方对100个乡镇（街道）综合文化站、136个文化馆分馆、140个图书馆分馆进行督促抽查，统一制牌并悬挂到位。落实山西省群众文化惠民工程工作安排，创建省级群众文化惠民服务品牌——“梨园争春”戏曲展演，乡村群众文艺队伍（文艺小分队）428支，乡村文化带头人383名，乡土文化能人艺人171名。“梨园争春”戏曲展演演出100场，乡村文艺队伍（文艺小分队）开展活动13477场，完成率104.96%。乡土文化能人艺人开展活动2776场，完成率135.28%。乡村文化带头人开展活动6210场，完成率135.12%。组织开展“经典回响”大型交响音乐会等15项重点群众文化活动。（吴　鹏）

【“非遗”系统性保护传承】2021年，太原市文化和旅游局贯彻“保护为主、抢救第一、合理利用、传承发展”的工作方针，实施非物质文化遗产传承发展工程。开展国家级、省级、市级“非遗”代表性项目和传承人推荐评审工作，基本将体现太原市优秀传统文化的“非遗”项目列入四级“非遗”代表性名录，进行分级保护。完善非物质文化遗产保护体系，组织太原市第五批市级非物质文化遗产代表性传承人申报认定，建立第二批太原市“非遗”振兴项目名录，开展黄河流域“非遗”资源调查，对国家、省、市、县四级“非遗”代表性项目共计676项进行调查整合，全面掌握黄河流域非物质文化遗产项目和资源的种类、数量、分布情况和存续状况，完善“非遗”档案建设。加大“非遗”传承人保护力度，组织召开市级“非遗”代表性传承人座谈会。做好各级“非遗”专项资金的发放和各级非遗专项资金的申报工作。国家级“非遗”保护专项资金补助全市国家级传承人11人22万元，国家级文化生态保护实验区50万元、重点项目保护补助148万元。省级“非遗”保护专项资金补助全市省级传承人65人19.50万元、晋中文化生态保护实验区建设经费20万元、“非遗”项目共5项20.50万元。开展“非遗”宣传展示系列活动，组织优秀“非遗”项目参加扬州世界园艺博览会、第十二届中国中部投资贸易博览会、“新疆是个好地方”19个省市非物质文化遗产展。“清徐徐沟背铁棍”参加文旅部“非遗过大年·文化进万家——视频直播家乡年”活动。开展“中国旅游日”山西文化旅游分会场太原“非遗”民俗文化推介活动和“五一”节期间“非遗”宣传展示活动。太原“非遗”春节抖音视频挑战赛的155个视频累计播放2081万次，全方位展现“非遗”项目的高超技艺和非凡魅力。推动晋中文化生态保护实验区建设，印发《太原市晋中文化生态保护实验区建设工作制度》，成立太原市晋中文化生态保护实验区建设工作领导小组。编辑出版《太原非物质文化遗产代表性项目图典》，在太原广播FM97.5、FM100.9频道推出《跟我看非遗》和《非遗来了》栏目，依托保护实验区区域内“非遗”展示场馆、传习所等阵地持续开展“非遗”知识普及宣传教育等活动，制作晋中文化生态保护实验区牌匾及相关宣传版面，推进保护实验区建设成果验收工作。（吴　鹏）

【广播电视行业发展】 2021年，太原市文化和旅游局强化广播电视管理，坚持舆论导向正确，落实导向管理全覆盖要求。加大对持证播出机构的监管力度，完成全市5家广播电视台、24家企事业广播电视站、306家广播电视节目制作单位的审核和换证工作。严肃查办相关违规网站，净化网络视听环境。强化广播电视管理，完善和调整境外电视传播秩序专项整治工作联席会议制度，举办全市广播电视工作培训班和全市境外电视专项整治行动工作培训班。加大卫星电视传播秩序监管力度，组织开展非法卫星地面接收设施专项整治，严厉打击“黑广播”“伪基站”，净化广播电视传输环境。加强安全播出管理，完成春节、全国两会、中国共产党成立100周年、国庆节、省党代会、十九届六中全会等重要时段广播电视安全播出保障工作。开展安全播出大检查，及时发现和消除安全隐患，全年广播电视安全播出无事故。（吴　鹏）

大众传媒

·太原日报社·

【机构改革】 2021年，按照《太原日报社改革方案》《太原日报社职能配置、内设机构和人员编制规定》，保留太原日报社，不再加挂太原日报报业集团牌子，为市委直属事业单位，归口市委宣传部领导，机构规格为正处级。将中国共产党太原日报报业集团委员会改为中国共产党太原日报社委员会，实行党委领导下的社长负责制。为公益二类事业单位。内设办公室、党委工作部、人事保卫部、计划财务部、新闻评审部、离退休人员服务部、研究室等7个行政部门和总编一室、编辑出版部、时政部、经济部、区县部、专副刊部、理论评论部、社会部、群工部、科教文体部、校检部、总编二室、视觉部、策划部、总编三室、采访部、制作部、出版部、技术部等19个新闻采编部门。核定编制224名，按照领导职数6人、新闻采编中心采编人员120人、视觉策划中心采编人员18人、全媒体指挥中心采编人员36人、行政管理人员44人的规模合理配置。

按照事、企分开原则，完善日报传媒法人治理结构，参照省属国有企业改革举措，引入市场竞争机制，激发企业活力。市财政局作为出资人，委托太原日报社管理经营，按照《中华人民共和国公司法》的规定，依法享有资产收益，反哺太原日报社提升媒体融合发展质量。

整合现行以报纸为主体设置的条块分割部门，建立太原日报社新闻采编中心、全媒体指挥中心、视觉策划中心一体化组织架构，重塑采编流程，建立健全全媒体工作机制，全部打通报、网、微、端、屏生产后台，统筹管理调度“三个中心”等各类生产要素，实现采编和技术力量共享融通，形成“策划、采访、评论、编辑、审核、推送”的全媒体产品生产流程和全媒体传播链条，实现“一体策划、一次采集、多种生成、移动优先、全媒发布”，努力推出“爆款”式全媒体产品，不断提高全媒体质量和水平。（刘卫萍）

【建党百年新闻宣传】 2021年，太原日报社做好庆祝中国共产党成立100周年大会、“七一勋章”颁授、“两优一先”表彰等中央重大活动的宣传报道。开设《奋斗百年路、启航新征程》《我的入党故事》《缅怀英烈、铭记历史》等专题专栏。7月1日，推出《百年风华、锦绣太原》16个版全彩特刊，以“党的盛典、人民的节日”为主题，以“百年辉煌、太原记忆”为脉络，以“奋斗、奋发、奋进”为主旋律，展示建党百年来特别是十八大以来并州大地取得的历史

2021年6月29日，太原日报社与太原师范学院教育教学实习基地签约暨揭牌仪式在太原日报社全媒体指挥中心举行（太报视觉供图）

性成就、发生的历史性变革，在全市上下营造出“共庆百年华诞、共创历史伟业”的浓厚氛围。（刘卫萍）

【重大决策主题宣传】2021年，太原日报社开设多个专题专栏，开展中共十九届六中全会精神和省、市第十二次党代会精神，全国两会和省、市两会精神，市委经济工作会议精神宣传报道，开展“决胜全面建成小康社会、决战脱贫攻坚”成就、工业强市、人才兴市、环境立市、创新驱动、城市“双修”等重大战略宣传报道，开展新冠肺炎疫情防控常态化、安全生产、文明创城和“太原品牌、品牌强市”“六稳”“六保”“六新”等重要工作宣传报道，开展“学习宣传习近平总书记考察调研山西重要指示”“党史学习教育”“政法队伍教育整顿”“最美时代新人”和中央环保督查等宣传报道。（刘卫萍）

【社会民生话题报道】2021年，太原日报社报道《人民至上、生命至上——太原市19小时排除老军营小区疫情风险纪实》和评论《一切为了守好疫情防控“太原阵地”》。流失海外近一个世纪、回归祖国的第100件流失文物——天龙山石窟佛首亮相央视春晚后，围绕“佛首回归”这一热点话题进行报道。清徐县灾情发生后，围绕当地干部群众防汛抢险、灾后重建等工作，社会各界心系灾区，奉献爱心等内容展开报道。打造《东东锵奥运特刊》视频特辑，进行报网融合发展新探索，将报纸版面与网络短视频完美结合，首次实现以视频方式诠释报纸版面的全新收看方式。

（刘卫萍）

【媒体融合发展】2021年，太原日报社进行全面改革，建立全媒体工作机制。制定相关制度，完善选人用人机制，优化干部资源配置，整合现行以报纸为主体设置的条块分割部门，建立新闻采编中心、视觉策划中心、全媒体指挥中心一体化组织架构，按照全程媒体、全息媒体、全员媒体、全效媒体传播体系的建设要求，建立起相应的政策体系、组织体系、制度体系和工作体系，承担统筹管理所属三个“中心”新闻宣传的组织、策划和指导新闻编、采、校、检出版工作职能。打通报、网、微、端、屏生产后台，统筹管理调度三个“中心”等各类生产要素，实现采编和技术力量共享融通，形成策划、采访、评论、编辑、审核、推送全媒体生产流程和全媒传播链条，实现一体策划、一次采集、多元生成、移动优先、全媒发布，实现导向、内容、传输、刊发、印刷、出版六个“安全”，确保新闻宣传工作始终沿着正确的政治方向前进。（刘卫萍）

·太原广播电视台·

【全媒体生态建设】2021年，太原广播电视台开展“广电服务你我他、幸福快乐千万家”大走访活动，走进13个县（区）或企事业单位，开展“广电进社区”活动20次。开设《在习近平新时代中国特色社会主义思想指引下，全方位推进高质量发展》等专题专栏179个，报道146125条。新闻报道在中央广播电视总台发稿93条，同比增长5.75%。在国家级媒体平台发稿1015条。《太原西山：由黑转绿的幸福日子》等11篇新闻在央视《新闻联播》等栏目播出。负责运营的“学习强国”太原学习平台App端和PC端正式上线，全年发稿6772篇，被“学习强国”总平台选用稿件207篇。

完成新闻综合频道、社教法制频道高清化改造。投资4866.20万元购置4K超高清转播车。成立太原市融媒体中心，完成下属市歌舞杂技团、市话剧团公司制、舞蹈团转企改制。组织修订安全播出应急预案和网络安全预案，开展重保期前安全隐患排查整改工作，完成时政类新闻应急灾备制作系统建设和10千伏配电增容升级改造，全年安全播出无事故。（赵　亮）

【广电多元发展】2021年，太原广播电视台与三大运营商加强合作，打造三网融合全业务体系，开展“5G+光纤宽带双千兆”入户工程，实施七套节目免费看活动，有线电视用户由34万户回流至84.87万户。与央广交通传媒有限公司合作共建FM106.5频率，成立“107车友会”，发展“华伊读书会”。开设新媒体平台账号上百个，今日头条官方号粉丝数增长至126万个，“锦绣太原城”和“我的太原”App全新升级上线。网络直播上千场次，点击播放量超3亿人次。今日头条太原热议榜日均登榜10

条以上，全年5000余条优质稿件上榜。打造音乐短片《为爱追寻》、舞剧《家书》、舞蹈《宋时芳华》、太原莲花落《合浪浪许家》、话剧《漆艺人生》等一系列文艺作品，主旋律电影《谁说我不靠谱》入围第五届平遥国际电影节。发挥政府、国企、银行、驻地单位在各自领域的优势和潜能，开发出40余个项目，落地“神农品牌领航行，带着乡品进省城”“凯森集团康养产业”“2022年北京冬奥会特许商品”“太原交通广播FM107大林好车”等产媒融合项目，总签约近3000万元。启动太原广播电视中心建设项目，完成选址工作。推出《直通县市区》《经济生活30分》等30多档创新节目，新增盈利，实现营收1.40亿元。（赵　亮）

文化场馆

·太原市图书馆·

【概况】 2021年，太原市图书馆文献借还量348.40万册次，接待读者218.90万人次。数字资源访问量801.80万次、微信推文阅读量122万人次，官方微博阅读量513.70万次。开展线上阅读推广活动886场，点击量51.10万次。开展线下阅读推广活动1331场，173万人次参与。（张建荣　毛晓敏）

【红色主题阅读活动】 2021年，太原市图书馆开展“太图讲坛——红色记忆”“读城记：红色太原专辑”“光耀百年——党史上的红色精神专题展”及其他各类线上线下、多元互动的红色主题阅读宣传推广活动。推出线上红色有声栏目——《少年朗读者》，面向全国6岁至14岁的中小学生征集朗读马克思主义经典著作、中国共产党奋斗故事和爱国主义诗文的音频，利用新媒体传播特点，在“太图”公众号每周推送，以“润物细无声”的方式让红色教育“从娃娃抓起”。《红色三晋那些事儿》栏目讲述在山西红色热土上发生的生动故事。《馆藏中的百年党史》栏目以馆藏红色文献为依托，挖掘红色资源，带领读者重温红色历史。

马克思书房推出针对成人的《党史公开课》、针对青少年的《少年党史故事汇》、走进校园和企事业单位的《流动党史故事汇》。通过“微党课”“红色小喇叭”“秒懂经典”等线上党史教育系列活动，普及党史知识。

（张建荣　毛晓敏）

【图书文创产品开发】 2021年，太原市图书馆推出红色文献特别纪念明信片、藏书票等一系列红色主题学习教育文创产品。红色文献特别纪念明信片是太图在挖掘馆藏红色文献资源的基础上进行设计制作的，选取新民主主义革命开端以来具有重大历史意义的部分红色经典文献作为明信片背景。到马克思书房参加党史学习教育主题活动的读者均可获赠一张《新青年》明信片。在图书馆服务宣传周发布首版藏书票。藏书票共两套，分为“红色文献藏书票”“古籍中的太原纪念版藏书票”两个不同的主题，每套12张。（张建荣　毛晓敏）

【老报纸平台上线】 2021年9月16日，太原市图书馆“《太原日报》老报纸展示平台”上线。自1959年起的《太原日报》13000余版老报纸，通过高清数字化扫描加工、OCR全文识别，可在平台上实现原版阅读、关键词检索、全文检索、繁简对照、放大缩小、图文切换等功能，平台电脑版、手机版、触摸屏版同步上线。该平台实现《太原日报》永久保存、传播、共享、利用，历史资料得到保留。平台由中国知网提供技术支持，利用大数据、云计算、人工智能等技术，开展对馆藏《太原日报》的细颗粒度内容标志、关键知识点的标签和标引建设。（张建荣　毛晓敏）

【自助图书馆开放运行】 2021年12月31日，太原市图书馆首批8座自助图书馆开放运行，其中，5座沿地铁2号线分布，分别位于府西街站、大南门站、南内环街站、长风街站和通达街站；3座分别位于太原市图书馆、太原汽车站和高新技术开发区消防救援大队。自助图书馆以在固定的服务站点建设自助信用借阅柜的方式，依托“太图约书”网借平台，通过“图书馆＋互联网＋信用”的新模式，实现“网上预约投递到柜、免押金信用办证、便捷图书借还”等智能化、多样化服务。自助图书馆既支持太图实体读者证，也支持太图电子读者证。读者只需通过太图微信公众号“微服务大厅—太图约书”绑定读者证或通过支付宝App扫码登录，即可挑选喜欢的图书，选择较近的自助借阅柜

2021年12月31日，太原市图书馆首批自助图书馆开放运行（市图书馆供图）

"投递到柜"，提交订单后，太图免费将该图书投递至指定的信用借阅柜。信用借阅柜内展示的图书可直接借还，所有太图馆藏图书均可归还至市内任一太图自助图书馆服务站点。首批投放到网借书库供读者网上借阅的图书有2万余册，包括少儿类和历史、文学、经济等成人类馆藏经典畅销图书。为贴合通达街站作为特色文化站点建设的主题，太图在该站点设置红色主题专栏，配置成人和少儿红色经典图书80余册，内容涵盖人物传记、重要事件、党史知识等，为市民学习、传承和弘扬党的百年红色文化提供便利。（张建荣　毛晓敏）

【省校合作智库示范基地建设】 2021年8月24日，省校合作智库示范基地揭牌仪式在太原市图书馆举行。太原市图书馆是山西省委政研室在全省范围内遴选确定的首批12家省校合作智库示范基地之一。市图书馆与南开大学商学院信息资源管理系博士生导师徐建华开展战略合作，在图书馆软件建设、学术课题研究、全民阅读推广活动、马克思书房等全国红色经典文献系列专藏建设、文创活动开展、项目咨询、人员培训等方面开展合作，行业影响力大幅提升，主要指标排位在国内图书馆行业进入第一梯队。（张建荣　毛晓敏）

·太原美术馆·

【美术展览活动】 2021年，太原美术馆（太原画院）围绕"我们的节日""两节"期间线上文化惠民活动、庆祝中国共产党成立一百周年专题活动、山西省地域文化艺术推广主题展三大项目展览策划与展示推广。

线上展出："岁月峊然、晋域长歌"——走进百年山西美术线上系列微展，庆祝中国共产党成立100周年太原画院美术作品展线上展，庆祝中国共产党建党百年工艺美术、民间美术作品线上展，太原画院2021年新春院展，"画映岁月峥嵘、铸就百年丰碑"——庆祝中国共产党成立100周年线上主题展，画家风采王卫东的油画世界、"寄情太行山水，传承红色精神"采风写生作品展，看山·太行山大峡谷成红军中国画写生作品线上展等60期，在微信、微博、官网、抖音平台推出"百年峥嵘路太行铸丰碑——美术家讲党史"专题系列活动8期。

线下展览：庆祝中国共产党成立100周年太原画院美术作品展，张保亮艺术作品回顾展，看山·太行山大峡谷成红军中国画写生作品展，问道金陵——赵国柱、徐晓梅、王志刚、冀卫东书法联展。（连　越）

【美术典藏活化】 2021年，太原美术馆（太原画院）开展典藏活化工作，建设完成吴为山雕塑馆和力群版画艺术馆3D展厅，市民可通过官方网站随时随地云观展。策划中国精神——太原美术馆（太原画院）典藏吴为山艺术作品系列微展。

加强典藏作品管理，完成典藏库房搬迁整理，对691件（套）典藏作品的电子数据进行完善以及分类整理。对太原画院（院藏）作品332件交接入库的作品进行单独逐项分类管理等系列工作。（连　越）

【美术创作】 2021年，太原美术馆（太原画院）专业画家创作80多件美术作品，入选几十场展览，29件作品入选省级以上展览。代表作品有：王卫东的《太行风骨——左权将军》被"中国共产党历史展览馆"永久收藏并陈列；赵小炎的作品《丰年葵语》入选中国美协主办的第十届（大芬）全国中青年油画展；杨勇的《云淡风轻》入选重温经典第五届娄东（太仓）全国山水画作品双年展。（连　越）

【学术研究】 2021年6月25日，太原美术馆（太原画院）发表《以史为鉴、以文化人——走近吴为山雕塑馆》学术文章。出版近现代名家裴文奎画集。7月，完成外聘专业人员的考核工作，拟定34名专业人员为外聘专业人员。推出"美术讲堂"，为全体职工讲授美术创作知识，提升专业技能。收集、整理、编纂太原美术馆馆志、太原画院院志，为太原美术馆建馆10周年、太原画院建院40周年做准备。（连　越）

【公共教育】 2021年，太原美术馆（太原画院）开展线上美育活动，微信、微博、官网各发布3期（共9期），公教V课堂·"年味儿"木板上的中国年——吴百锁绛州木版年画、"小年夜"来制作一幅吉祥新年小版画吧、"国庆专题小小画笔艺游山西——太原红色旅游景点'十一'用画笔来打卡"线上体验活动。策划组织线下公教活动，走进万柏林区丽华社区、迎泽桥西社区，为社区居民带来美育普及讲座。6月4日，开展"缅怀革命先烈、文化送进老区"公共教育活动，向高君宇故居纪念馆、娄烦县美术馆、娄烦县第二中学捐赠美术作品、美术图书、美术创作工具。7月20日，组织"追溯红色版画印迹"公教美育活动进军营。与万柏林区14个社区签订"文化共建"活动意向书，与万柏林区闫家沟小学校签订馆校合作协议书。（连　越）

【传媒推广】 2021年，太原美术馆（太原画院）推出"建党百年、大美访谈"系列8期，策划"丹青映照初心、赓续红色血脉——美术家讲党史"系列栏目8期。精选山西籍艺术家创作的党史、革命题材作品，借助"美术家讲党史"的视听表现形式，通过还原作品创作背景、时代背景，展示党的百年光辉历程。组织展览、公共教育、公共文化服务等活动的影视资料采集、新闻采编、官网官微等宣传平台的新闻发布，新闻报道累计580篇，其中微信公众号122篇，官方网站295篇，微博135篇，抖音28

篇，宣传平台阅读量达 45 万人次。

（连　越）

·山西博物院·

【藏品征集和保管】2021 年，山西博物院在藏品征集方面，接受省纪委监委移交涉案文物 96 件（组），征集历史文物、近现代革命文物和社会变迁见证物共 16 批次 548 件（组），其中范季融捐赠的春秋时期青铜器子犯鬲对展览举办及历史研究具有重要意义。在藏品保护方面，完成原文物交流中心库房文物搬迁运输，搬运文物 137376 件。加大藏品预防性保护，完成有机质文物数字化规划与编制、社会变迁发展见证物征集规划编制，完成 366 件动物标本修复养护，完成 1100 余件藏品提用。

（杨彩霞）

【文物保护与研究】2021 年，山西博物院完成基本陈列文物的日常保养、清洗，修复院藏文物 59 件，保养 56 件。完成 6 个项目立项申报，完成文物修复实验室扫描电镜设备、多光谱成像设备的维护及 X 探伤室提升改造。完成市、县 24 个文物保护修复项目，共修复文物 1404 件。完成 6 个预防性保护方案编制，14 个保护性修复方案。开展院藏善本古籍数字化保护二期建设，完成 3000 册院藏善本古籍的数字化扫描和 500 册古籍的数字化、全文精加工。

（杨彩霞）

【文物鉴定和定级】2021 年，山西博物院接受办案机关委托 175 次，案件数 208 起。鉴定涉案物品 48814 件（组），其中珍贵文物 151 件（组）。鉴定不可移动文物 130 处。完成省文物局委托的 6 场次 2838 件（套）拍卖标的审核，其中 20 件（套）依法予以撤拍。为 119 件文物复仿制品办理相关出境手续。开展 11 场民间收藏文物公益鉴定咨询活动，185 人次参与活动，鉴定物品 624 件（组）。

（杨彩霞）

【信息化建设】2021 年，山西博物院推进国家重点研发计划项目课题三：文物知识管理与挖掘关键技术研究的年度任务，完成基于通用文物模型的扩展，形成《青铜器文物知识组织与表达模型》和《文物知识服务效能评价规范》标准草案。在《馆藏珍贵文物数字化保护》项目中完成包括 518 件（套）文物的三维数字化采集和制作，200 多平方米壁画的二维数字化采集和制作及文物数字化资源管理及展示软件的开发。完成《山西博物院智慧博物馆建设项目可行性研究报告》编制，制定山西博物院智慧博物馆建设三年规划。完成网络升级、公共服务平台建设、可移动文物信息管理系统提升等工作。

（杨彩霞）

2021 年 6 月 2 日，永乐宫保护修缮现场　（山西博物院供图）

【永乐宫保护修缮与研究利用】2021 年，山西博物院贯彻落实习近平总书记关于保护好永乐宫壁画的重要批示精神，于 6 月 2 日，在山西永乐宫壁画保护研究院设立永乐宫壁画保护工作站，配备专业研究和技术人员，在永乐宫壁画保护研究院帮助开展相关保护、研究工作，编制《山西省永乐宫壁画艺术博物馆壁画展览项目二、三级文物保护修复方案》《山西省永乐宫壁画艺术博物馆壁画展览项目一般文物保护修复方案》并开展永乐宫壁画修复工作。7 月至 10 月，举办“观妙入真——永乐宫保护与传承特展”，凝聚 20 世纪 60 年代永乐宫迁建工程展现的攻坚克难精神，突出展示永乐宫迁建工程在新中国文物保护事业发展过程中的重要性与示范性，以艺术化的语言与表现手法向公众全面介绍永乐宫历史、文化、艺术内涵，反映永乐宫艺术魅力和不忘初心的保护传承，展出文物 134 组 221 件，同步开展 4 场学术讲座和线上、线下多渠道的教育和宣传推广活动。

（杨彩霞）

【与高校合作办展】2021 年，山西博物院加强与高校博物馆的资源共享，与北京大学赛克勒考古与艺术博物馆、清华大学艺术博物馆合作策划展览，于 6 月至 10 月在北京大学展出，展览主题为“吉金耀河东——山西青铜文明特展”，展出文物 109 件。10 月起在清华大学艺术博物馆展出，展览主题为“华夏之华——山西古代文明精粹”，展出文物 190 组（220 件）。

（杨彩霞）

【科学研究与学术交流】2021 年，山西博物院重点打造金属文物、墓葬壁画、纸质文物、古代陶瓷 4 个研究方向，推进研究型博物馆建设。启动 20 个科研项目，2 个项目申报年度国家社科基金项目，3 个项目申报山西省社科联重点课题，6 个项目申报省文物局 2022 年度文物科技项目，与山西大学科技史研究所合作开展 4 个研究项目。全年编辑

出版图书 10 册，发表论文 86 篇。

（杨彩霞）

【展览展示水平提升】 2021 年，山西博物院按照分 3 年完成“晋魂”基本陈列提升改造计划，完成“夏商踪迹”“佛风遗韵”“瓷苑艺葩”“方圆世界”4 个展厅的提升改造。策划精品临时展览 14 个，展出文物 2023 件（组）。输出展览 3 个，展出文物 661 件，参与外展 7 个，出借文物 634 件。通过精品临时展览，提升文物利用率，提升公共文化服务能力。

（杨彩霞）

【文化服务提升】 2021 年，山西博物院在做好常规服务的基础上，提升自助语音导览设备并更新内容、增设无接触式语音导览服务、线上临展推介、“来博物馆约会吧”定时公益讲解以及“晋文化志愿服务宣讲团”等特色文化服务项目。全年两馆接待观众 926836 人次，提供咨询服务 51190 次，提供语音导览服务 18405 次，人工讲解服务 800 批次。

（杨彩霞）

【文创产品推广宣传】 2021 年，山西博物院在挖掘馆藏文物资源的基础上，开展“有主题、成系列”文创产品研发工作，新研发文创产品 30 余款，以这些文创产品为载体参与“进博会”“文化旅游节”等各类展会十余场次，为宣传山西历史文化，推动文旅融合发展发挥作用。其中“青铜华彩——翔鸾舞凤”“晋魂”系列文创产品参加首届全国文化创意产品推介活动，入选“全国百佳文化创意产品”。

（杨彩霞）

【线上文化传播服务】 2021 年，山西博物院利用数字化资源，推出线上展览 16 个，线上观众人数达 10391 万人次。与中国文物报社合作举办 2021 文化遗产大众传播论坛，200 余名博物馆专家、知名媒体、文博新技术单位代表参会。整合院原有多个宣传平台，聚焦发力，院官方网站、微博、微信共发布推送信息 1824 条，粉丝 93.60 万人，较上年增长 21 万人。拓宽宣传合作渠道，与新媒体、自媒体、融媒体等平台广泛合作，通过资讯发布、活动直播等形式，扩大文化宣传辐射面和影响力。

（杨彩霞）

【研学教育活动】 2021 年，山西博物院开展馆内研学教育活动 492 场，线下受众 2.80 万人次，线上点击量约 87.48 万。活动包括以“晋魂”“吉金光华”基本陈列为依托策划的“来博物馆约会吧”“青铜王国”等主题活动，以特色临时展览、传统节假日为主题的“遇见·傅山”“香魂”“礼出红山”“百年征程 博物礼赞”“忆革命先烈，讲红色故事”“让历史照亮未来”等活动，以及古建、戏曲、晋商等专项主题研学活动。落实《关于利用博物馆资源开展中小学教育教学的实施意见》，策划实施“博物教室”馆校合作项目，以中小学教师为受众，通过教师培训班、“博物馆校园巡展导赏读本研发”活动、“双师工作坊”活动、双师教研活动、线上的“博物教室”云征集活动等活动共 105 场，受众 10617 人次。“博物教室”开展促进了博物馆资源融入教育体系，提升了面向学校教育的博物馆教育服务水平。

（杨彩霞）

2021 年 7 月，山西博物院举办“观妙入真——永乐宫保护与传承特展”

（山西博物院供图）

·山西地质博物馆·

【博物馆交流合作】 2021 年，山西地质博物馆与湖南省地质博物馆共同承办“红色自然精华 绿色生态家园——庆祝中国共产党成立 100 周年主题展”，与山西省地质学会共同承办“山川筋脉 自然神韵——徐朝雷地质素描展”，承办庆祝中国共产党成立 100 周年 弘扬“三牛”精神画牛展，创新开展“神秘地球”科普流动展览进校园活动。受邀参加东盟馆长高峰论坛，作经验交流报告。邀请山西大学等单位的专家来馆指导 8 次，赴湖南省地质博物馆等单位调研考察 10 次。“红色自然精华、绿色生态家园”主题展入选年度山西省“弘扬中华优秀传统文化、培育社会主义核心价值观”主题展览重点推介项目。

（樊宁娇）

【展陈内容更新】 2021 年，山西地质博物馆完成“史前部落”探秘远古生物互动区升级改造，新增“恐龙翻翻书”等项目，成为展厅新亮点。为古生物展厅新增大岛古角龙、择义王氏鳄等展品 5 件。推进“晋地宝藏”标本园分区“晋地时空”建设，召开建设方案专家论证会，为标本园完善奠定基础。签署标本购买、制作、采集施工合同 8 份，新增标本 152 件。完成 600 余件馆藏标本数字化采集工作。完成维修展厅艺术品及

多媒体设备 78 批次。（樊宁娇）

【科普公众服务】 2021 年，山西地质博物馆累计接待参观公众近 63 万人次。提供日常讲解服务 341 次，总计服务人数约 5771 人。3 名讲解员分别代表自然资源部、生态环境部、山西省参加全国科普讲解大赛决赛。承办“2021 年山西省自然资源科普讲解比赛”，开展“5・18”国际博物馆日系列活动，举办“山西地质博物馆第一届科普讲解大赛”。启动第三批“小小地学家”招募活动，开展线上线下、博物馆进校园等科普活动 169 次，共计参与观众约 1.50 万人次。创新开展“科普周”、“4・22”地球日、“6・8”世界海洋日、“6・25”土地日、“12・4”宪法日等重大节日的宣传普及及线上答题、视频征集活动，被实物地质资料中心评为优秀组织奖。组织“博物馆里贺新春之福牛迎春‘晋’地博”活动，新华网同步直播观看超过 51.80 万人次。（樊宁娇）

2021 年，山西地质博物馆举办“5・18”国际博物馆日主题系列活动（山西地质博物馆供图）

【地质学研究】 2021 年，山西地质博物馆推进“古生物中上三叠统古生物化石调查”等项目，赴兴县、宁武、静乐等地开展古生物化石调查，累计调查面积 200 万平方米。在太谷岔口村一带发掘出一批具科研价值的肯氏兽类及山西鳄材料，打包皮劳克约 2000 千克，修复各类化石共计 530 件。完成《山西地质成果科普研究》项目各子项目统稿工作，即将出版印刷。《山西省矿产地质志普及本》通过自然资源部终审。（樊宁娇）

【矿政技术服务创新】 2021 年，山西地质博物馆协助自然资源部储量评审中心进行相关规范意见征集工作。编制完成《建设项目压覆矿产资源评估技术规范》。形成《压覆矿产资源估算实例分析研究报告》。完成山西省自然资源标准化技术委员会交接及组织召开全体委员大会等工作。完成地质报告评审 101 份，建设项目压覆重要矿产资源评估（调查）报告评审 37 份，完成矿产资源储量评审意见书及备案证明 / 认定书的电子扫描及整理 4982 份。完成 4769 份矿产资源储量评审备案信息表的填报工作。完成各类地质勘查项目监理 77 次，派出监理人员 193 人次，编发各类监理文件 71 份次，参与项目野外验收 25 个。编制完成《山西省矿产资源报告 2021》及《山西省矿产资源开发利用和保护管理情况调研报告》等，为矿政技术服务提供支撑。（樊宁娇）

2021 年，“红色自然精华 绿色生态家园”——庆祝中国共产党成立 100 周年主题展开展（山西地质博物馆供图）

【地质资料管理】 2021 年，山西地质博物馆推进“地质资料目录数据库采集和完善”“山西区域地质钻孔数据采集”项目。接收地质资料电子文档 181 档，数据量 577.88GB。接收原始地质资料电子文档 85 档，数据量 132.18GB。向社会提供地质资料借阅服务 369 人次，1506 份次，157900 件次，数据量达 177.95GB。接收新形成的实物地质资料目录采集资料 68 档。编制完成“山西区域地质钻孔数据采集”项目工作方案。（樊宁娇）

【博物馆信息化建设】 2021 年，山西地质博物馆官网运行稳定，累计点击量达 309 万次，新增“建党 100 周年”学

习及宣传模块，添加“博物馆业务服务平台”入口。自媒体发布各类通知、公告、宣传内容共324篇，其中官网111篇，微信156篇，微博57篇。

（樊宁娇）

【矿政业务信息化服务】 2021年，山西地质博物馆对“地质资料信息管理服务系统”外网系统进行节点更新，更新上传《山西地质博物馆馆藏成果地质资料目录（14187—14372）》284条。更新“山西地质资料管理信息系统——综合查询”中“最新资料”有关信息。

（樊宁娇）

【博物馆运行安全保障】 2021年，山西地质博物馆推进疫情防控、电梯维修、消防验收等重点工作。常态抓好疫情防控工作。入馆口的防疫检测，处置中高风险参观游客有600余起，被参观群众投诉6起，确保参观观众、馆内干部职工身体健康和生命安全。强化消防、直梯等安全管理工作。加强消防设施配置、日常安全排查及安全教育培训，建立安全排查制度，形成《安全隐患排查记录表》，全年排查45次，存在问题135项，组织消防知识培训4次，针对中国博物馆协会安全专委会专家组提出的问题，制定41项整改意见和建议。加大直梯维修保养、监控力度，提高困人等应急处置水平，完成7部直梯改造维修工作，直梯通过质量检测，运行正常。为群众办实事，实现停车场向社会公众开放，2个月方便参观群众停放车辆2690辆，惠及参观群众7000余人。实施开源节流工作，严格控制公共区域照明，节约用电成本约2%。完成“红色自然精华、绿色生态家园”主题展、“张怀文画牛展”等大型活动保障工作。保障博物馆安全、稳定、有序运行。

（樊宁娇）

【党史学习教育】 2021年，山西地质博物馆制定《山西地质博物馆开展党史学习教育实施方案》，开展“中国共产党党史——我讲太行抗战信仰的力量”“百年潮起共读史　砥砺奋进新征程”宣讲报告会，开展支部书记讲“七一”专题党课。组织党员在山西国民师范旧址革命纪念馆开展主题党日活动，组织集中观看《百炼成钢——中国共产党的100年》等党史教育影片，确保党史学习教育在实际工作中走深走实。

（樊宁娇）

社会科学研究

【决策咨询课题研究】 2021年，太原社会科学院结合太原市“十四五”规划，完成黄河流域生态保护和高质量发展研究、推动文旅产业高质量发展研究、转型综改发展态势与制度成果调研报告、打造具有国际影响力的国家区域中心城市研究、打造具有三晋特色的国际消费城市研究等10项年度重大决策咨询课题。

（连嘉琪）

【创新资金资助项目】 2021年，太原社会科学院向全市主要部门、各县（市、区）发函征求研究方向意见，完成打造晋阳文化品牌构建晋阳文化新区研究、全面小康背景下太原实现乡村振兴路径研究、挖掘太原府城历史文化资源培育文旅产业研究、转型综改背景下太原推进县域生态修复研究、改造提升城边村建设管理水平满足市民对美好生活的向往研究等10项创新资金资助项目。

（连嘉琪）

【市情调研课题】 2021年，太原社会科学院围绕市委、市政府中心工作，结合全市经济社会发展热点、难点，完成关于矿业废弃地经济可持续发展模式研究、“锦绣太原城”历史形成与发展、建设品牌强市研究、推进城市更新中垃圾处理问题研究等9项市情调研课题。

（连嘉琪）

【社科理论成果】 2021年，太原社会科学院科研人员在《山西日报（理论版）》《太原日报（理论版）》发表《统筹“五位一体”总体布局全面再现“锦绣太原城”盛景》《在构建现代产业体系上走在前列》《打造能源革命排头兵是构建能源产业体系的新动能》《构建太原都市区高质量发展增长极》《多措并举，着力提升太原国际影响力》《光辉典范——抗日战争初期党在太原统一战线的成功实践》等多篇理论文章。

（连嘉琪）

【社科组织管理】 2021年，太原社会科学院制定《太原市社会科学界联合会2021年度工作要点及任务分工》，印发《关于做好2021年市属社科类社会组织活动相关工作的通知》，组织指导各学会完善“三个一”（建立一套台账、

2021年，“并州智库”第一届社会科学学术年会暨“山西中部城市群高质量发展论坛”在太原举行

（太原社科院供图）

开展一次活动、完成一项成果）工作任务，对各学会实行动态化跟踪管理，启动对上年成立社团的年检工作。落实学会重大事项报告制度，加强对市属学会主办的交流会、报告会、讲座论坛的管理。加强对市属社会组织和科普基地意识形态阵地建设，制订并计划与各社会组织和科普基地签订《意识形态工作责任书》。

开展"僵尸型"社会组织专项清理行动，通过"规范、提高、合并、转隶"等措施结合"发展壮大基础学科类学会"工作，净化社会组织发展环境，对现有的社会组织提质升级。推进社科类社会组织建设，新筹备成立学会5家，分别是太原市饮食风俗文化研究会、太原市企业文化研究会、太原市信用建设研究会、太原市产教融合促进会、太原市职业教育研究会。调整工作思路，筹备成立基础性学科社会组织，成立太原市哲学学会、太原市历史学学会等5家基础学科类学会，制定《太原市社科类基础学科社团筹备方案》、印发《关于在全市高校、社科理论机构中开展社科类专家人才摸底工作的通知》《关于成立学科属性人文社科类社会组织筹备工作组的通知》，在全市社科理论研究机构、驻并高校中开展市政治学学会、市管理学学会等10类具有学科属性社科类专家人才摸底调查工作，收到专家信息表74份。

（连嘉琪）

2021年，太原社科院赴科普基地清徐县图书馆调研　（太原社科院供图）

【社科普及活动】2021年，太原社会科学院召开首次太原市哲学社会科学普及工作联席会议，调整联席会议成员名单，统筹谋划哲学社会科学普及工作，安排部署太原市哲学社会科学普及周活动。依托微信、微博等多媒体平台，采用授课、互动、交流学习等多种形式，组织各学会开展内容生动、形式多样，具有科普性和趣味性的线上活动。5月16日，在山西国民师范旧址革命活动纪念馆举办"2021年太原市哲学社会科学普及周"开幕式，在全市范围内开展为期一周、29场哲学社会科学普及周活动，太原电视台、《山西日报》、《太原日报》等7家新闻媒体进行宣传报道。开展"永远跟党走 奋斗新征程"主题征文活动，收到投稿208篇，确定一等奖3篇、二等奖5篇、三等奖10篇。

加强社科普及经费管理，印发《关于加强市级社会科学普及活动（项目）资助经费使用管理的通知》，严格经费使用。创建第四批市级社科普及基地，对申报社科普及基地的12家单位通过材料初审、实地调研等环节，确定晋源区新时代文明实践中心等10家单位为社科普及基地。拓展社会科学共享书屋覆盖面，完成7家社科共享书屋创建工作。

（连嘉琪）

【社科平台建设】2021年，太原社会科学院加强太原社科智库体系建设，制定《太原社科院（市政府发展研究中心、市社科联）贯彻太原市"十四五"智库建设规划的实施方案》。围绕省十二次党代会提出的"一群两区三圈"城乡区域发展新布局，服务太忻经济区建设，与忻州市人民政府发展研究中心合作，在忻州市设立并州智库联络站。截至年底，在忻州、临汾、晋中、长治等市和太原学院、市委党校设立并州智库联络站，加强对外交流水平。打造"两微"平台，完成10期《并州智库》编辑发行工作，形成成果约15万字，发行范围稳步扩大，理论成果成为与市直各相关部门、兄弟省市社科院学术交流的重要窗口。"并州智库公众号"推送各类理论文章、会议公报376篇，其中原创内容55篇。

（连嘉琪）

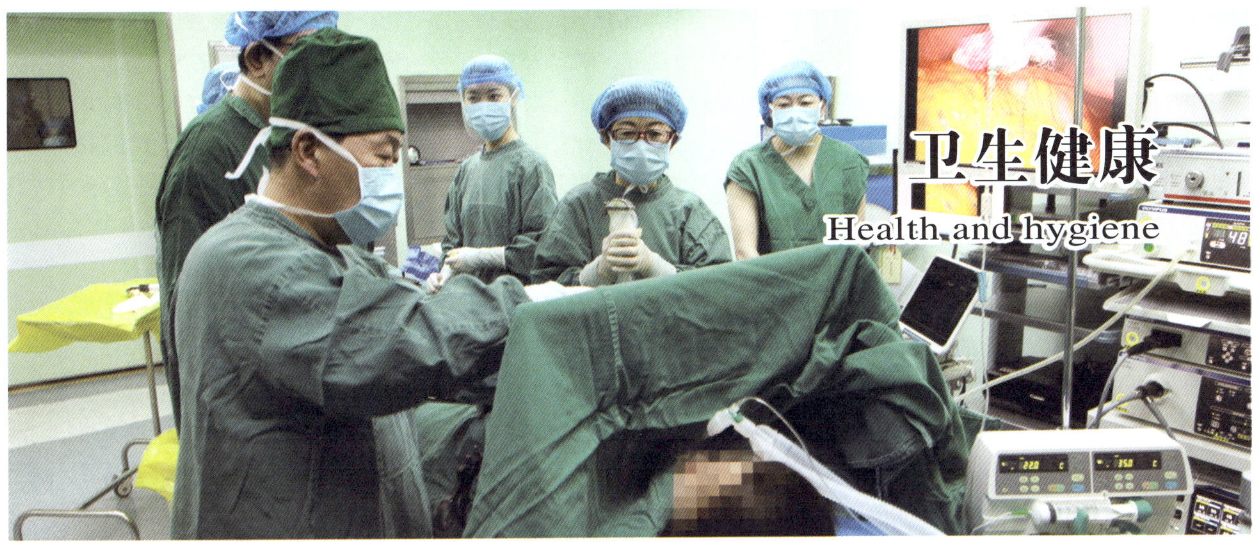

卫生健康

Health and hygiene

综　述

【概况】 2021年，太原市有医疗卫生机构4092个。其中：医院165个，基层医疗卫生机构3879个（乡镇卫生院53个、村卫生室871个、社区卫生服务机构338个、门诊部366个、诊所2251个），专业公共卫生机构39个（疾病预防控制机构14个、卫生健康综合行政执法机构11个、妇幼保健机构10个、专科疾病防治机构2个、血液中心1个、急救中心1个），其他医疗卫生机构9个。医疗卫生机构有编制床位42592张，千人口床位7.90张。有各类卫技人员69847人，其中：执业（助理）医师26328人，千人口执业医师4.88人；执业护士34250人，千人口执业护士6.35人。（武美伽）

【疫情防控应急处置】 2021年，太原市卫生健康委员会在市疫情防控领导小组保障下，扛起职责使命，先后91次专题汇报、60次调度指挥，制发文件1000余份，统筹各方协同推进一线保供、民生保需、交通保畅、社会保稳等工作。健全完善平急一体化突发疫情应急机制，指挥体系始终保持激活状态，工作专班坚持24小时值班值守、全员全时待命，引领带动全市上下形成协调联动、合力抗疫的良好局面，连续600余天保持本地病例“零报告”。把“外防输入”作为重中之重，注重发挥专家组作用，超前研判疫情形势，调整防控措施，强化公安、工信、公卫部门联动，坚持“大数据＋网格化＋铁脚板”，数次组织排查检测“清零”行动，率先在全省架起“电子围栏”，对重点人员实行赋码管理，做到人数、人头、位置、管控“四个查清”，实现“快赋快解、精准管控”，成功应对国内聚集性疫情外溢冲击。坚持常态化防控和局部应急处置相结合，按可能发生最大风险的标准要求，科学严密组织。8月3日乌鲁木齐旅游专列返并、8月7日主动监测发现返并人员核酸检测单靶标阳性、10月31日主动排查发现返并人员核酸检测阳性、11月4日接报外省核酸阳性检出者经停太原后，立即启动应急响应，第一时间推进流调溯源、核酸检测、区域人员数据核查、转运隔离等工作，坚决打赢4场抗疫排险阻击战。扛起当好首都“护城河”政治责任，牵头组建口岸防控专班，严密闭环管控国际航班经停入境人员，提级管理第一入境点隔离期满返并人员，创新制定进口冻品监管总仓熔断机制，实行冷链货品“入境全检”，一体推进人、物、环境同防，累计接机85架次13534人，诊治境外输入确诊病例125例，拦截涉疫货品22批次，未发生关联疫情。累计接种470万余人、968万余剂次，率先完成12岁

2021年，太原市卫生系统为学生接种新冠疫苗　（市卫健委供图）

卫生健康

以上人群全程接种任务，初步构建起免疫屏障。（武美伽）

【县域医疗卫生一体化改革】 2021年，太原市卫生健康委员会发挥国家级城市医联体建设试点优势，推动县域一体化改革提质增效，5个县（市、区）建成省级示范，实现信息互联互通，打通资源下沉、服务群众的“最后一公里”。以建立现代医院管理制度为核心，推广市中心医院、阳曲县人民医院试点经验，推动11所医院完成章程制定，协同推进医疗服务价格、人事薪酬制度改革，促进公立医院高质量发展。试点改革医保支付方式，建成DRG付费规划设计与信息系统，启动实施药品集中带量采购，累计节约2.03亿元，有效缓解群众“看病贵”问题。制订公共卫生体系改革方案，推进市第三、第四人民医院新改扩建，推动市疾控中心新址建成投用，加快补齐基础短板。（武美伽）

【“百院兴医”工程】 2021年，太原市卫生健康委员会坚持中西医并重、软硬件并举，一张蓝图推进“百院兴医”工程，市人民医院晋源院区等5个项目建成投运。借力人才新政，柔性引进66人、招考聘用447人，多渠道培养技术骨干500余名、培训适宜人才3.8万人次，建成省级重点学科4个、实验室2个，入选省级重点科研项目（课题）14个，新建市级重点专科38个、名医工作室100个、重点实验室6个。强化与中国中医科学院战略合作，迎泽区试点开局良好，3人获评省级名中医，省级中医药特色基层医疗机构建设实现全覆盖。推进优质服务基层行，统筹34家二级以上医院对口帮扶200个基层医卫机构，乡、村两级机构达标率96%。健康太原“一云五端”服务覆盖1260万人次，优质服务供给惠及百万市民。（武美伽）

【医疗质控管理】 2021年，太原市卫生健康委员会聚焦医疗质量与安全，建成55个专科质控部，制定351个病种临床路径通用表单，完善《太原市医疗质量控制管理办法》，研发应用医疗质量控制指标监测平台，提升精细化管理水平。实施院感防控措施，保持院感事件零发生。健全重大疫情救治机制，坚持平战结合，成建制保留救治专家组，常态储备救治队伍60支705人、负压病床123张、疑似病例及入境红标人员隔离房间128个，一次性集中增配救护车45辆、重症床位128张、专用CT7台。坚持以检测扩大预防，建成核酸检测机构73个，实现二级以上综合医院、传染病专科医院、疾控机构全覆盖，单日最大检测量34万管，可在2日内完成530万人全员检测任务。（武美伽）

【卫生健康制度保障】 2021年，太原市卫生健康委员会树立“大卫生、大健康”理念，坚持系统治理，加强顶层设计，制定《太原市卫生健康事业发展“十四五”规划》，健全健康太原建设推进机制，健康优先发展的制度保障。坚持依法治理，修订完善《太原市爱国卫生管理办法》，创新制定诊所备案、家庭病床、基本公共卫生服务等3个管理办法，推动法律顾问全覆盖，常态审核重大执法决定和公平竞争事项136项，开展以宪法为重点的普法宣传，全系统法治良序构建。坚持综合治理，强化全行业监管，抽调组建13支专业队伍，聚焦疫情防控实施全方位、多层次督导检查，日常监督覆盖率100%。高效运行公共卫生安全工作协调机制，3次跨部门会商研判，守住国家安全“卫健防线”。（武美伽）

【卫健系统政治建设】 2021年，太原市卫生健康委员会坚持把学懂弄通做实习近平新时代中国特色社会主义思想作为首要政治任务，落实“第一议题”制度，召开44次工委会跟进学习、融会贯通、坚决贯彻，做到思想上拥戴、政治上维护、行动上落实。坚持把习近平总书记考察调研山西重要指示、建设健康中国重要论述和疫情防控重要指示作为统领工作的总纲，对表对标中共十九届六中全会和省、市党代会决策部署，搭建形成“144585”卫生健康高质量发展工作矩阵。主动接受市委巡察“回头看”和专项审计，推进整改17方面47个问题，把“两个维护”体现到具体行动上、落实到实际工作中。（武美伽）

妇幼保健

【概况】 太原市妇幼保健院（太原市儿童医院）建于1984年，是一所集医疗、保健、科研、教学、康复、计划生育、健康管理七位一体的三级甲等妇幼保健院。该院由位于南内环街149号

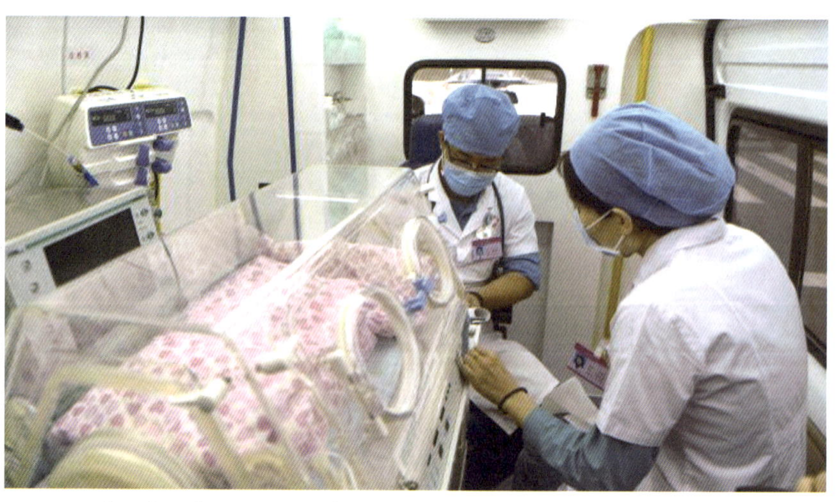

2021年，太原市妇幼保健院危重新生儿院前急救转运　（市妇幼供图）

的南内环院区和位于长风西街113号的长风院区组成。2021年，全院占地面积17.81万平方米，建筑面积21.24万平方米，设置62个科室，其中业务科室45个。开放床位450张，有医护人员857人，专业技术人员占全院职工总数的85.23%。全年门诊急诊人数54.85万人次，同比增长37.91%。出院人数为20083人，同比增长45.87%。手术例数为7687例，同比增长24.95%。分娩例数6075例，同比增长24.18%。业务收入3.01亿元，同比增长32.58%。固定资产总额16.18亿元，同比增长562.81%。药占比21.27%，同比降低2.25%。卫材占比17.13%，平均住院日6.16天。（王　珑）

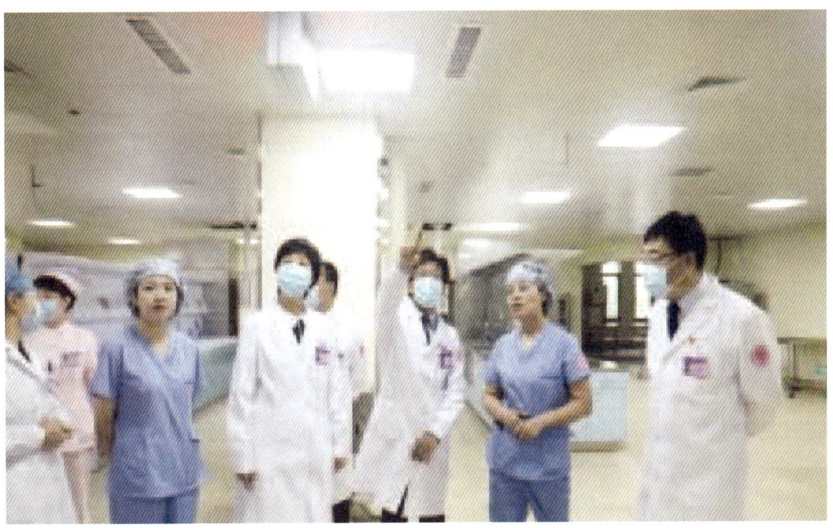

2021年，太原市妇幼保健院开展安全生产检查工作　（市妇幼供图）

【妇幼健康服务】 2021年，太原市妇幼保健院完善孕产妇、儿童管理服务模式，指导各基层医疗机构落实《国家基本公共卫生孕产妇及0—6岁儿童健康管理服务规范》，提高主动服务意识。孕产妇住院分娩率持续稳定在99%以上，孕产妇系统管理率、儿童健康管理率保持在90%以上。指导全市相关医疗保健机构落实母婴安全行动提升计划，落实妊娠风险防范、危急重症救治、质量安全提升、专科能力建设、便民优质服务等措施，巩固保障母婴安全取得的成效。妇女儿童发展规划健康领域目标达标并持续改善，孕产妇死亡率、婴儿死亡率、5岁以下儿童死亡率连续多年低于全省平均水平，妇女儿童健康水平迈上新台阶。保障省政府民生实事完成，在全市推广婚姻登记和婚前检查“一站式”便民服务，健全服务体系，加强质量控制。为42710名怀孕妇女提供免费产前筛查与诊断服务，任务完成率达到113.26%，高风险孕妇产前诊断率达到89.44%。免费婚前医学检查21408对，婚检率达到90.14%，超过省政府要求婚检率达到75%以上工作目标。娄烦县、阳曲县开展农村妇女宫颈癌和乳腺癌检查，在全省率先完成任务。（王　珑）

【医疗学科建设】 2021年，太原市妇幼保健院打造特色亚学科群。细化专科，增设乳腺科住院病区，增设小儿骨科、小儿泌尿外科、放射介入等14个门诊。开展冠状动脉造影术、支架植入术、永久性心脏起搏器植入术、心律失常绿色电生理射频消融术技术，均达到省级先进水平。开展中医适宜技术，开展小儿推拿、针灸、中药穴位贴敷等传统医学疗法，开展中西医结合疗法治疗妇科、产科疾病，发挥中医药特色优势服务。引进学科带头人及高层次人才，引进博士1名，正、副高级职称者5名，硕士研究生17名，招聘专业技术人员167人，返聘、外聘专家47名。开展科研教学工作，准入新技术新项目32项。进行中的科研3项，申报区级科研1项。组织院内学术讲座18次，参加人数5520人。派出进修学习人员113名，规范临床教学带教，建立健全临床教学评教反馈制度，接受规培103人。（王　珑）

2021年，太原市妇幼保健院南内环院区建成　（市妇幼供图）

【医疗质量管理】 2021年，太原市妇幼保健院制定6个临床科室诊疗规范，推进日间手术开展，督导各项医疗核心制度落实，常态化开展医保基金监管工作，坚持监督检查全覆盖，加强运行病历检查及环节质控，核心制度缺陷率67.30%，较上年同期下降6%。实现临床路径电子化管理，临床路径覆盖率69.41%，同比增长36.07%。（王　珑）

【医疗便民惠民】 2021年，太原市妇幼保健院推行药品阳光分类采购，基药采购金额30.24%，比上年同期增加1.58%。医用耗材调价17种，试剂33种。推进分级诊疗，建立医疗联合体27所，派专家下基层696人次，服务群众2771人次，电话指导37人次，开展业务培训26次，参与“千医千村牵手”医师40人。拓展“互联网+医疗健康”便民惠民措施，为特殊群体提供更加便捷高效的服务举措，深化改善医疗服务行动。线上线下并行开展健康教育讲堂40次，受益103.13万人次，利用新媒体科普宣传211篇。（王 珑）

老年健康

【老年人疫苗接种倡议】 2021年4月29日，太原市老龄健康事业服务中心根据市疫情防控领导组的决策部署和市卫健委的部署要求，考虑老年人免疫功能弱，是传染病的易感人群和高危易发人群的具体实际，结合太原市疫情防控实际，印发“致全市老年人接种新冠疫苗倡议书”，号召全体老年人立即行动起来，不做旁观者、不当局外人，以对自己、对家人、对社会高度负责的态度，响应号召，有序参加疫苗接种。

（李翠香）

【老年人普法宣传】 2021年，太原市老龄健康事业服务中心把宣传贯彻《中华人民共和国老年人权益保障法》作为工作重点，利用国家安全教育日、老年健康宣传周、公民道德宣传日、宪法宣传日等重要节日，开展“老年普法进社区”宣传活动，邀请律师走进千峰北路等社区开展《老年人权益保障法》《民法典》《宪法》等法律的普法宣传，以典型案例为老年人讲解防范电信网络诈骗、防范非法集资等法律知识。在文瀛公园、西海子公园等老年人集中活动场所，开展老年人预防诈骗等法律法规宣传活动，让老年人知法、懂法、用法，通过合法途径维护自己权益。（李翠香）

【人口老龄化国情教育】 2021年，太原市老龄健康事业服务中心贯彻中组部、中宣部和全国老龄办等14部委《关于开展人口老龄化国情教育的通知》精神，结合建党100周年庆祝活动，参加全国老龄办、中国老龄协会组织的征文活动，撰写的《强化“四个坚定”为老龄事业作贡献》《坚持信仰不动摇，老有所为作奉献》分别在《中国社会工作》2021年第4期和第8期杂志发表。《强化“四个坚定”为老龄事业作贡献》被中国社会报推荐到“学习强国”刊登。就新形势下老年教育的发展思路和举措，深入太原广播电视大学老年学院（太原老年开放大学）、青创老年大学等进行专题调研，探索总结老年教育方面的新经验、新做法。（李翠香）

【“老年友好型社区”创建】 2021年7月5日至13日，太原市老龄健康事业服务中心深入小店亲贤、万柏林丽华、晋源绿地、尖草坪翠馨苑、阳曲大运路、清徐清源路、古交桃园路等社区进行调研指导，分别从居住环境安全整洁、出行设施完善便捷等7个方面52项内容进行具体指导，发现问题及时沟通解决。推进“老年友好型社区”创建工作，为7个社区发放16万元扶持奖励资金，助力创建工作开展。7个社区全部被国家卫生健康委、全国老龄办命名为“全国示范性老年友好型社区”。（李翠香）

2021年，太原市老龄健康事业服务中心开展“银龄行动”关爱老人活动

（市老龄健康事业服务中心供图）

公共卫生

·太原市数字健康保障中心·

【卫生信息化发展】 2021年，太原市数字健康保障中心发挥专业能力，开通“掌上影像”查询和“基于区块链的商保医疗信息共享通道”，服务达4万余人次。指导各县（市、区）信息化建设工作，推进五所医院信息化建设项目取得阶段性进展。太原市全民健康信息平台对标五乙优化升级，利用平台大数据分析助力卫生行政监管、公安纪检执法工作，实现医院间电子病历、电子健康档案共享调阅、重复检查检验提醒服务。推进卫生统计工作，集中推进DRGs数据分析应用，提升数据在决策中的辅助作用。指导开展卫生统计月度和年度直报工作，加强统计队伍建设，完善统计工作培训和年报审核制度，提升统计数据质量。网络安全达到三级等保要求，通过集中培训、现场指导、案例警示在卫生系统提升全员网络安全意识，筑牢网络安全防线。（陈雪姣）

【基层医疗帮扶】 2021年，太原市数字健康保障中心开展城市二级以上医院农村“巡回义诊”活动，依托城市二级以上医院帮扶基层医疗卫生机构工作机制，组织城市名医专家走进基层、深入农村地区，开展义诊咨询、健康知识讲

座等活动，满足乡村群众健康需求，提升农村地区卫生健康服务水平。全年有22所医院参加活动，开展活动218次，累计服务基层医务人员及群众16083人次。开展城市二级以上医院帮扶基层医疗卫生机构工作，全年帮扶乡镇卫生院52个、社区卫生服务中心（站）193个，派出帮扶医生912名（累计派出帮扶医务人员27025人次），被帮扶村医875名，促进城市优质医疗资源下沉基层和分级诊疗，提升基层医疗卫生机构服务能力和水平。（陈雪姣）

·太原市计划生育协会·

【计生家庭慰问】 2021年，太原市计划生育协会深入古交市、娄烦县特困计生家庭走访慰问，送去慰问金和慰问品。县、乡、村各级计生协主动作为，对独生子女伤残、死亡的计生特殊家庭、特困计生家庭、流动人口计生家庭、基层计生工作者家庭精准关怀和走访慰问。全市各级计生协会共慰问救助3045户，累计投入181万余元。其中：伤残计生家庭942户，“失独”计生家庭1316人，困难计生家庭397户，流动人口、困难留守儿童和老人242户，基层计生干部113人，大病计生家庭35户。（姚伶伶）

【计生家庭保险保障】 2021年5月14日，太原市计划生育协会联合中国人寿太原分公司召开全市计划生育家庭保险保障工作会议。各县（市、区）计生协专职副会长、秘书长、中国人寿太原分公司各支公司经理、渠道各司部经理40余人参加会议。全年为38574户计生家庭办理意外伤害保险，为4613个特殊计生家庭成员办理住院护理保险。（姚伶伶）

【计生宣传活动】 2021年5月28日，太原市计划生育协会召开“壮阔四十年、奋斗新时代”纪念中国计生协成立40周年座谈会。来自计生协系统的各级老会长、群团组织代表、政府机关代表、企事业单位代表、志愿者代表、基层会员代表和各县（市、区）专职副会长（秘书长）30余人参加会议。

“5·29”会员活动月期间，全市各级累计开展宣传活动944场次，宣传人数18万人次，发放各类宣传资料及健康知识手册8万余份，纸巾、购物袋、围裙、控油壶、酒精湿巾等实物2万余份，避孕药具5000余盒。组织广大会员群众参与中国计生协会以“庆祝建党100周年和协会工作重点”为主题的会员艺术作品征集活动，征集会员作品37件，特殊家庭作品征集10件。11月10日，“太原市计划生育协会”微信公众号上线，用于发布计生协会工作信息，宣传计划生育政策，传播健康知识，服务计划生育群众，促进家庭健康和发展。（姚伶伶）

【“健康知识进万家”主题宣传活动】 2021年3月5日，太原市计划生育协会与市卫健委联合印发《关于开展健康知识进万家工作的通知》，推进健康知识进万家试点工作。10月14日，市卫健委、市计生协联合组织召开健康知识进万家试点工作培训会，对全市健康知识进万家试点工作安排部署，并对小程序推广使用进行培训。全市各级举办“健康知识进万家”主题宣传活动292场，入户走访7万余户，发放宣传资料及宣传品20余万份，“健康知识进万家”小程序项目管理员和指导员达到3362人，注册用户超17万人，宣传覆盖人数超30万人。（姚伶伶）

【青春健康教育项目】 2021年6月，山西医科大学、太原科技大学、山西警察学院、山西应用科技学院、太原旅游职业学院、山西医科大学晋祠学院等6所高校中标中国计生协会2021年青春健康高校项目。古交市计生协会中标2021年中国计生协青春健康沟通之道家长培训项目，成为全省唯一一个中标国家青春健康沟通之道家长培训的项目点。7月13日，古交市启动青春健康沟通之道家长培训项目，组建沟通之道师资团队，26名青春健康主持人通过培训取得青春健康主持人结业证书。（姚伶伶）

【“优生优育进万家”活动】 2021年5月28日，太原市计生协会联合市卫健委、中国计生协优生优育指导中心（太原市妇幼保健院）在市煤气化托育服务中心举办“我为群众办实事、科学养育助成长”为主题的“5·29”会员日宣传活动。市卫生健康委和市计生协有关领导、中国计生协优生优育指导中心负责人、太原煤气化集团负责人、近100名婴幼儿及家长代表参加活动。7月至8月，联合市妇幼组织专业医师赴古交、娄烦、阳曲等县区开展“我为群众办实事，优生优育进社区”系列活动7场。12月2日，与市卫健委联合召开全市婴幼儿照护服务工作观摩交流推进会，打造优生优育服务示范点，通过现场观摩交流试点（示范）单位的收托情况、保育重点、运行情况等，强化示范、引领、带动、辐射作用，提升婴幼儿照护服务整体水平。（姚伶伶）

疾病防控

【概况】 太原市疾病预防控制中心位于小店区化章西街和人民南路口东南角，创建于2002年，前身是成立于1957年的太原市卫生防疫站。2021年，中心搬迁至小店区化章西街，新址占地面积3.32万平方米，其中市疾控中心建筑面积3.77万平方米，实验室面积由原来的2400平方米增至1.03万平方米。设有科室29个，有职工198人，其中专技岗171人，有计划免疫科、传染病防制科、微生物检验科、职业病防制科、理化检验科、应急办与公共卫生科6个市级医学重点学科和地方病防制科1个市级重点建设学科，1个市级医学重点实验室——微生物检验实验室。

截至2021年底，太原市疾控中心

通过山西省市场监督管理局计量认证非食品类 10 大类，30 小类，253 个参数；食品资质认定：4 大类，71 小类，108 个参数。（张　静）

【疫情防控应急处置】2021 年，太原市疾控中心成功处置河北、晋中关联疫情，针对“8·17”老军营疫情、“7·20”南京禄口疫情、“10·17”西北疫情及时激活应急指挥体系，处置多起境外输入病例及复阳病例的密接和次密接者排查工作。9 月 14 日至 15 日，开展全市突发急性传染病防控应急演练，提升应急队伍的实战能力。完成为期一个月的樱花节、第十二届中博会、中高考、公务员考试、龙舟赛、党代会、进博会等时段的疫情保障工作。全年开展 6 次培训，培训 920 人次。应急队伍现场处置能力和常态化疫情防控下的突发公共卫生事件应对能力提高。全力保障新冠疫苗接种工作，对全市接种门诊不同岗位专业人员培训 20 余次 10723 人次，开展新冠疫苗接种科普知识宣传，各类访谈 30 余次、融媒体直播 6 次，报纸宣传 50 余篇，微信公众号知识科普百余篇，印制发放宣传画册 3000 余份。监测新冠疫苗相关 AEFI 个案 552 例。（张　静）

【传染病防控】2021 年，太原市报告传染病发病率为 329.69/10 万，较上年同期上升 1.66%。处理传染病自动预警信号 992 条（不包括结核），较上年同期相比上升 4.75%。报告 12 起突发公共卫生事件及相关信息，均得到有效处置。有效处置食源性疾病暴发事件 3 起。

全市艾滋病疫情呈蔓延趋势。男男性行为人群（MSM）感染率为 17.24%，较上年下降 29.49%。全市新发现艾滋病人及感染者 282 例（较上年同期上升 18.49%），首次随访完成率 100%，累计进行抗病毒治疗 2378 例，仍然在治 2104 例，当年死亡 25 例。对高危人群开展 36863 人次行为干预。

全市报告布病 225 例，无死亡病例，报告发病率为 4.24/10 万，较上年同期（3.29/10 万）增长 28.88%。（张　静）

【疫苗接种规划】2021 年，太原市扩大国家免疫规划疫苗接种率以乡为单位 95% 以上。太原市 AEFI 信息管理系统共报告预防接种异常反应个案例 747 例（其中儿童免疫规划疫苗 163 例，非免疫规划疫苗 584 例；新冠疫苗 552 例），连续维持无脊灰状态 29 年，加强麻疹防控，努力实现消除目标，无麻疹聚集性疫情、无暴发疫情。新冠疫苗定点接种门诊 137 个，其中新增新冠疫苗接种点有 76 个。（张　静）

【慢性病防控】2021 年，太原市疾控中心进行慢性病综合防控示范区建设指导，太原市有 2 个国家级、6 个省级慢性病综合防控示范区。完成 2020 年死因顺位分析报告，排名前 5 位的是恶性肿瘤、心脏病、脑血管病、呼吸系统疾病、损伤和中毒。完成基本公共卫生服务和社区卫生服务指导中心工作。（张　静）

【结核病防治】2021 年，太原市肺结核患者非结防机构转诊总体到位率 95.77%，成功治疗率 93.25%，肺结核患者密接者筛查率 100%。结核病定点医院的病原学阳性率、新病原学阳性耐药筛查率、高危人群耐药筛查率分别为 39.22%、55.80%、81.25%。强化新生入学体检，出台 4 项措施狠抓新冠疫情常态化校园结核病防控工作。指导县级疾控中心对辖区 46 个学校散发师生病例开展密切接触者筛查工作。（张　静）

【地方病控消】2021 年，太原市 10 个县（市、区）碘缺乏病保持消除状态，达标率 100%。4 个燃煤污染型氟中毒病区县保持消除状态，达标率 100%。6 个饮水型地方性氟中毒病区县均达到控制标准，达标率 100%。2 个饮水型地方性砷中毒病区县达到消除标准，达标率 100%。（张　静）

【职业病防治】2021 年，太原市备案的职业健康检查机构有 25 家，职业病诊断机构有 5 家，职业病鉴定机构有 2 家，形成市—县—直报用户三级网报信息系统，运行正常。完成 2020 年太原市重点职业病监测与风险评估，明确重点职业病危害因素种类及职业病发病情况。多途径开展尘肺病随访和回顾性调查，随访 289 例，达到国家要求。（张　静）

【放射卫生监测】2021 年，太原市疾控中心完成放射卫生监测项目，完成 103 家单位基本情况调查，检测医疗机构和非医疗机构 29 家 89 台。保持外照射个人剂量监测能力建设项目放射性职

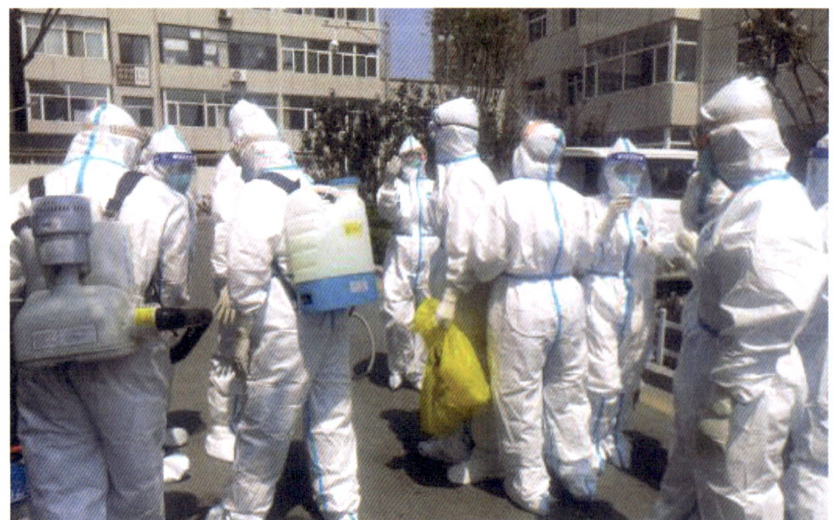

2021 年 8 月 7 日，太原市疾控流调队处置新冠肺炎疫情　（市疾控中心供图）

业病危害评价能力，完成个人剂量监测18家180人次。（张 静）

【健康教育宣传】 2021年，太原市疾控中心参与“六进”工作，发放宣传品52万份，视频号自行拍摄制作短视频39个，观看人数5万余人。合作单位912乐健康广播节目持续推出健康类广播，“省城健康科普巡讲团直播活动”疾控中心三期专场直播活动观看人次突破60万。做客《新闻对话》6期节目。（张 静）

2021年7月19日，太原市急救中心在中车太原公司举行新购置救护车交车仪式（市急救中心供图）

医疗急救

【概况】 太原市急救中心（太原市第九人民医院）是太原市卫健委直属的公共卫生事业单位。太原市第九人民医院位于尖草坪区新兰路72号，创建于1959年，是太原市直属二级甲等综合医院。2021年，医院占地面积2.36万平方米，建筑面积1.13万平方米。设有科室33个，编制床位136张，有医护人员141人。特色科室为烧伤整形科、内科。门诊32284人次，住院1128人次，出院1128人次。

太原市急救中心位于太原市杏花岭区解放路东三道巷一号，始建于1985年，是政府指定的烈性传染病唯一转运机构。2021年，有基本覆盖太原市六城区的17个急救站和1个特勤大队，职工600余人，救护车130余辆，累计出诊7.70万趟次。12月，太原市急救中心（市九院）被中共山西省委宣传部、山西省文明办评为“社会主义核心价值观建设示范点”。（杨 凯）

【急救体系建设】 2021年，太原市急救中心申请财政专项资金2578万元，集中购置45辆救护车（20辆负压监护型救护车、20辆普通救护车、5辆妇儿监护型救护车及配套设备），年末，中心拥有救护车130辆，每个急救站均配备负压监护型救护车，为疫情防控提供保障。在16个急救站和1个特勤大队基础上，新建山医大一院、省中医院急救站，筹建985医院急救站，完善院前急救网络建设，满足辖区内患者对院前急救服务需求。5G+应急救治项目入选国家5G+医疗健康应用试点，主要包括5G+院前急救系统、互联网+院前急救系统、院前“五大中心”建设绿色通道管理系统、急救交通绿波带管理系统、急救中心线上居家医疗服务和健康管理系统、智慧医院医疗服务管理系统，建成后可打通院前院内壁垒，提升急救服务能力，缩短急救响应时间，降低急救患者伤残率和致死率。（杨 凯）

2021年9月17日，太原市急救中心举办“建党100周年全市百万职工聚焦‘六新’助力转型”暨第十二届职工职业技能大赛（市急救中心供图）

【医疗学科建设】 2021年，太原市急救中心以名医带动科室发展，在妇产科、骨科、乳腺科等7个学科柔性引进“一号难求”的省城顶级名医专家，开展肩关节、膝关节、髋关节置换术、腹腔镜下子宫全切加双附件切除术等三四级手术62例，C-14检测、烧伤科微小皮肉芽组织嵌入移植、心梗脑梗溶栓、无痛分娩等新技术新项目7个，门诊量、住院量较上年同比增长18%，将患者“留不住、等不及”变为“留下来、不用等”，“花二甲医院的费用，享受三甲医院的优质医疗”。加大人才引进和培养力度，招聘完成17名编制内专业技术人员、20名编外一线人员，缓解人员不足问题，增强医院核心竞争力。举办市院前急救职工职业技能比赛，夯实急救技能。（杨　凯）

【疫情防控应急处置】 2021年，太原市急救中心做好国际航班红标人员转运工作，全年转运发热患者、国际航班入境及中高风险区核酸检测阳性人员近4000人次。在国际航班专班基础上，实行业务流程（转运、消杀）和人员全闭环管理。推进标准化洗消站建设，依托小店区、迎泽区、尖草坪区、晋源区政府，根据人口密度、服务半径、转运任务量和车辆利用率等情况，科学选址建设5个标准化洗消站。率先在全省开展流动疫苗接种工作，创新疫苗接种管理模式，在保障完成日常工作和医疗服务外，全员压到接种第一线，以“移动+固定”模式，完成山西大学等大型场所、大规模人群接种20余万剂。PCR实验室投入使用，能够开展新冠病毒、HPV检测技术项目，填补在病毒检测方面的空白，能满足每日单采、单检400人次，混检4000人次的核酸检测任务。完成微生物实验室、临检实验室、生化室、免疫室、血库的省级备案工作。（杨　凯）

中医中药

【概况】 太原市中医医院位于太原市杏花岭区坝陵南街2号，创建于1959年，是三级乙等医院。2021年，医院占地面积7625平方米，建筑面积1.06万平方米，设有科室57个，编制床位400张，有医护人员600人，特色科室为“三部六病”学术流派传承工作室、心脑科、疼痛科、脾胃科、肿瘤科、针灸科、肺病科、康复科、肛肠科、儿科、妇科等。全年业务收入1.22亿元，同比增长10.19%。门诊人数143960人次。入院患者6754人次，同比增长16.69%。出院患者6570人次，同比增长14.40%。病床周转次数15.46次，同比增长1.88次。病床使用率71.61%，同比增长14.72%。中医优势病种数54种，同比增加2种。被山西省卫生健康委员会评为“山西省老年友善医疗机构”，肺病科王济梅被评为山西省名中医。（赵柏雯）

【疫情防控应急处置】 2021年，太原市中医医院严格落实疫情防控“十必须”“十严禁”，强化首诊负责，制定每日督查清单及红黄牌警示制度，加强线上线下培训，完善预约诊疗和预检分诊，严格患者陪护及探视管理，全员定期核酸检测和接种新冠疫苗，从严落实环境消杀，做到医患同防、人物同防。开展疫苗接种工作，为富士康园区职工及多所高校、机关、企业和辖区居民接种新冠疫苗共约32万剂次。（赵柏雯）

【中医药服务能力建设】 2021年，太原市中医医院聘请以中国中医科学院为代表的北上广等地38名知名专家定期到并出诊、查房、带教，为中医药的传承发展提供外部动能。开展以“阴阳平衡针法”改善颈椎亚健康状态的临床评价为代表的2项国家、省级科研课题，新申报以“加减化肝煎治疗肝胃郁热型胃食管反流病的疗效评价”为代表的6项省级科研课题，开展肺胀推拿疗法等5项新技术新项目。院士工作站合作开展科研课题5项，4个市级医学重点学科完成太原市卫健委中期考核，狠抓19个国家、省市重点专科建设，提升各临床科室诊疗能力，优化服务。狠抓2个全国名老中医药专家工作室、6个省级名中医工作室、26个市级名中医（名医）工作室内涵建设，新增省、市级名中医工作室各1个，提升中医药服务能力内生动力。在制剂研发方面，推进现有8个品种的量产工作，梳理院内拟研发制剂品种，制定《经验方制剂目录》，初步拟研发制剂26种。（赵柏雯）

【诊疗护理服务】 2021年，太原市中医医院推出全天候中医药健康热线咨询等延伸服务，与患者建立微信平台，方便随时为患者答疑解难。争取项目资金，申请推进“建设门诊、康复大厅改扩建及配套医疗设备项目”，优化五一路总院服务环境和能力水平。落实安全生产责任，完成医院双回路供电、污水站升级、老旧线路改造，解决医院历史遗留严重的安全隐患问题，推出与省儿童医院“共用氧气”新模式。（赵柏雯）

【中医药对口帮扶】 2021年，太原市中医医院深入县区、乡镇卫生院、社区服务中心开展对口支援、巡回医疗、结对牵手等工作，全年派出基层帮扶工作医师68人，完成门诊诊治2194人，收治住院人次68人，开展适宜技术18种、应用523人次，业务培训129次，教学查房次数386次。承担太原市基层中医馆和基层医疗机构中医药人才培养项目2项，培训基层医师1021人次，规范和提高基层卫生技术人员运用中医药诊疗知识、技术方法防治常见病和多发病的基本技能。（赵柏雯）

【中医药传承教育】 2021年，太原市中医医院组织开展省级继教项目3项、市级5项，辐射人数3000余人次，录制学术经验推广讲座视频60个。开展2名全国中医临床特色技术传承骨干人才、1名全国西学中骨干人才、4名第四批山西省中医临床优秀人才、14名太原市医学重点学科高端人才、16名太原市首期优秀中医临床人才的培训。选派20人赴省内外知名医院进修学习、56人赴省内外参加学术会议和短期培训等，承担太原市中医类别全科医师转岗培训工作，完成高校的教学任务。（赵柏雯）

【健康管理中心建设】 2021年，太原市中医医院筹备建设太原市中医医院中医药特色健康管理中心，重点深化治未病中心内涵建设，重点突出以“脊柱相关疾病”“脏腑推拿”为学科基础，对脊柱亚健康人群、颈肩腰腿痛患者、脊柱相关的脊源性腹痛、颈心综合征等内脏疾病采用以中医手段为主的中西医结合临床工作。延伸中医药产业链条，开发健脾消脂膏、儿童健脾膏、秋梨膏等膏方类产品，推广太极拳、健身气功、八段锦、五禽戏等中医传统运动，满足群众对中医药需求。（赵柏雯）

【中医药文化推广】2021年，太原市中医医院以中医药文化“六进”为抓手，推广中医药文化知识，每周六组织专家赴龙潭公园举办义诊活动，惠及广大市民。走进东华门小学开展中医药文化进校园活动。走进企事业机关单位，传播中医药健康知识。加大各级各类媒体宣传推广力度，做客《元气朋友圈》《新闻快车》《健康时间》等省、市级节目54次，省、市级报刊刊载17次，“学习强国”App报道1次，推广中医药健康文化。（赵柏雯）

献血供血

【概况】太原市血液中心成立于1984年，2013年挂牌山西省血液中心，2021年7月获得中国合格评定国家认可委员会ISO15189国家医学实验室认证。负责省城90余所医院的临床供血，是山西省采供血工作业务指导、教学和科研中心。

2021年，中心占地面积1万平方米，建筑面积1.20万平方米。下设18个科室，有职工262人。设立影都、千峰、南宫等20个固定献血点，建立起覆盖全市的较为完善的采供血网络，为各临床医院提供24小时供血服务。全年采集全血115118人次，采血量222469单位，同比增长11.70%，临床用血232904单位，同比增长10.40%。采集血小板15755人次，27371.60治疗量，同比增长8.70%，血小板临床用量27310治疗量，同比增长2.40%。团体献血50103人次，占全血采集人次的43.50%。总收入14205.49万元，同比增长7.22%。总支出12693.56万元，同比增长5.95%。（陈　龙）

【无偿献血宣传】2021年，太原市血液中心登、播无偿献血知识，《山西晚报》2个专版、《人人健康》24期72个专版、《太原献血报》专刊12期48版、《太原无偿献血志愿者报》12期24版、《特别关注》8期32个专版。中国输血协会指定期刊《健康必读》刊登10个专版。中央、省、市电视台、电台、各类报纸杂志、各网络新媒体采访报道160余次，报道内容被转载6200次。通过广播电台发布宣传招募信息及日常献血动态3550条次。在抖音平台播出《用血液还原生命的色彩》宣传片，拍摄《与“疫”魔竞跑》宣传片，《战役一线·党旗飘扬》《生命之光》《点亮中国　点亮太原　点亮爱》《血液人的初心》等作品。以春节、国庆节、“5·8”红十字日、“6·14”世界献血者日等节假日、纪念日为契机，开展完美百城千店万人公益献血等16次大型无偿献血专题宣传招募活动。截至年底，在“太原志愿者”微信平台注册志愿者302人，开展无偿献血等志愿服务活动98次，职工的社会责任感和献血者满意度提高。（陈　龙）

【临床供血保障】2021年，太原市团体献血人数下降，太原市血液中心干部职工通过延长工作时间、深入农村（社区）等方式，挖掘献血潜力，确保临床供血安全、有效、充足。在石家庄疫情形势严峻期间向其支援70个治疗量血小板。向北京支援5000单位红细胞及7500个治疗量血浆，向张家口市支援30个治疗量的RH（-）红细胞，为冬奥会及全国两会的胜利召开做出贡献。加大团体招募力度，以《太原市献血条例》为依据，以献血服务科、党员义务宣讲队为平台，落实《太原市2021年无偿献血工作计划》，主动上门与机关、厂矿和大中专院校等单位联系沟通，全年深入404个团体单位宣传招募，集中开展42次专题讲座，扩大无偿献血影响力。（陈　龙）

【血液质量监控】2021年，太原市血液中心因机构改革和部分科室职责变化，结合工作实际及相关法律法规新要求，对原有质量体系文件进行全面升级改版。新版体系文件包括质量手册、质量手册实验室分册、安全手册、程序文件47个，各科操作规程450个，记录表单600多个。专门邀请河北、四川等血液中心专家检查指导质量体系内审工作。加强血液检测，全年酶免检测标本130874人份，合格率98.20%。HIV初筛反应性标本197份，经CDC确证阳性19份。血液病毒核酸检测标本126606份，检出反应性样本24份，不合格率0.019%。按照《山西省卫生计生委办公室关于推进血站核酸检测工作省内全覆盖有关工作的通知》要求，对大同、朔州、忻州、吕梁、晋中5个市中心血站的血液标本进行核酸集中检测，检测标本67932份，检出反应性样本21份，不合格率0.031%，为保障血液安全做出贡献。加强质量监控，全年关键设备质检1545台次，环境物表及实验室用水等工艺卫生标本质检1383个，采供血过程关键材料质检219批次，实施血液报废审核497批次，各类终产品质量抽检1856袋，血液安全性指标抽检合格率100%，各种产品合格率均符合国家要求，根据全血成分血相关指标的趋势分析，检测结果均较为稳定。（陈　龙）

【献血用血服务】2021年，太原市血液中心加强临床用血指导，分4期对100余人次进行临床输血实验技术操作培训，10余次组织业务人员前往各大医院介绍血液新产品、推广新项目，做好临床医院的用血预约咨询工作，成分血使用率达99.99%以上。完善献血服务网络，截至年底，设置街头固定献血屋20个。小店区坞城南路的街头固定机采献血屋投入使用，在万柏林区政府支持下联系华润万象城，拟在该商圈广场新建一座固定献血屋。万达献血屋、清徐献血屋改建完毕并投入使用。设立血费审核一站式报销窗口，在省城用血量大的临床医院推进献血者血费直接减免工作，在中心及街头献血屋开展血费直报以及微信血费报销工作，为献血者及其直系亲属提供更加便捷的服务。全年报销血费132.40万元，同比增长5%，为献血者本人报销354人次，共41.40万元，报销率31%，为献血者直系亲属报销996人次，共91万元，报销率69%。（陈　龙）

【血液输研】2021年，太原市血液中心完成全省各临床医院和各市血站送检疑难标本，ABO血型检测2195例，RhD血型检测2302例，抗体筛查2349例，交叉配血4359人次，新生儿溶血病产前检测191例，新生儿溶血病产后诊断检测302例，肾移植抗体效价监测18人次。开展QPCR检测血小板基因技术、液体芯片法检测HLA抗体技术，建立血小板基因数据库，输注有效率达85.10%。（陈　龙）

卫生监督

【概况】2021年，太原市卫生健康综合行政执法队监管医疗机构、公共场所、学校、饮用水、传染病防治、放射、职业、消毒及健康相关产品、计划生育、中医药服务等各类单位13744家，比上年同期减少336家。监督总户次数16003户次，除职业卫生用人单位外，日常监督覆盖率达100%。查处案件515件，同比增长35.17%。罚款总额226.98万元，同比增长4.69%。没收违法所得1.62万元，同比减少87.08%。根据国家、省、市“双随机、一公开”监管要求，完成国家“双随机”监督抽检计划1693户，任务完结率100%。（陈张娅）

【疫情防控应急处置】2021年，太原市卫生健康综合行政执法队加强疫情防控，多轮次对全市医疗机构、公共场所、机场车站、工厂、学校、乡村社区、集中医学隔离点、进口冷冻食品集中监管总仓、国际航班经停太原入境各环节开展监督检查，查处一批严重违反疫情防控相关法律法规的个人和单位。监督检查各类场所1.50万家，关停医疗机构45家，对8家违反疫情防控相关规定的医疗机构进行立案查处。创新利用“督办卡”，先后派出400余人次执法人员，对86架次国际航班经停太原入境工作开展督导检查，对进口冷冻食品集中监管总仓督导检查15次，对集中医学隔离点督导检查140次，对国外入境邮件督导检查3次，对新冠定点救治医院——太原市第四人民医院督导检查6次，对太原市中心医院汾东院区督导检查4次。（陈张娅）

2019年至2021年太原市卫生健康综合行政执法队监督检查情况表

表19

项目 ＼ 指标 ＼ 年份	2019年		2020年		2021年	
	数量	同比增长（%）	数量	同比增长（%）	数量	同比增长（%）
监管单位数	12398	4.90	14080	13.57	13744	−2.39
监督总户次数	15768	2.78	17414	10.44	16003	−8.10
监督覆盖率（%）	99.54	——	100	——	100	——
案件查处数	333	−49.92	381	14.41	515	35.17
罚款金额（万元）	64.05	−34.84	216.81	238.50	226.9768	4.69
没收违法所得（万元）	16.7785	*	12.5643	−25.12	1.6227	−87.08
双随机完结率（%）	100	——	100	——	100	——

【传染病防治分类监督综合评价】2021年，太原市卫生健康综合行政执法队根据国家、省、市关于医疗卫生机构传染病防治分类监督综合评价工作要求，开展传染病防治分类监督综合评价工作，重点进行传染病疫情报告、疫情控制、医疗废物管理、消毒隔离管理等的监督检查，完成传染病分类监督综合评价124家，其中三级医院8家、二级医院59家、一级医院14家、未定级医疗机构41家、市疾控机构1家、采供血机构1家，覆盖率均达到100%。在完成评价的单位中，评价结果为“优秀”的单位有113家，占91.10%，合格单位11家，占8.90%。（陈张娅）

【麻醉药品管理专项整治】2021年，太原市卫生健康综合行政执法队根据省卫生健康委办公室《关于开展医疗机构麻醉和精神药品管理问题整治工作的通知》，采取先自查、后督导、再落实的形式，在全市范围内对115家医疗机构开展麻醉和精神药品管理工作监督检查。重点检查医疗机构在麻醉和精神药品的购买、储存、调配使用、销毁、自查等环节的管理工作，对发现精麻药品处方格式和内容未按照要求进行更新、个别医疗机构麻精药品处方权授予文件未报主管卫生行政部门备案、第二类精神药品未使用专用处方、部分处方无核对和调配人签名等问题，执法人员当场下达卫生监督意见书，责令相关医疗机构和医务人员限期整改，对涉嫌违法的案件进行立案查处，规范麻醉和精神药品各项管理工作。（陈张娅）

【母婴保健及计划生育专项执法】2021年3月9日至15日，太原市卫生健康综合行政执法队根据市卫生健康委办公室《关于开展母婴保健及计划生育专项执法工作的通知》和相关法律法规，组织开展母婴保健、计划生育技术服务机构专项检查，出动执法人员210人次，对58家开展母婴保健、计划生育诊疗活动的医疗机构进行监督检查，发现问题258条，给予行政处罚12家，罚款4.90万元。将检查结果向各县（市、区）卫体局及有关单位进行通报。母婴保健、计划生育专项技术服务机构规范化管理加强，广大妇女儿童的健康和生命安全得到保障。（陈张娅）

【医疗卫生监督抽检】 2021年6月，太原市卫生健康综合行政执法队委托有资质的第三方检测机构，随机抽取50家医疗机构洗消后的患者衣物、床单、被罩、医生和护士工作服各1份，共250份样品，对其pH值、细菌菌落总数、大肠菌群、金黄色葡萄球菌等指标进行卫生检测，抽检的医用织物平均合格率为78%，对抽检结果不合格的单位及时反馈，查找原因，提出改进措施，并将抽检结果函告太原市商务局和晋中市市场监督管理局。

同月，委托第三方机构对医疗机构X射线计算机断层摄影装置（CT）的机房防护、设备性能等进行随机监督抽查。抽查25家医疗机构25台设备，对诊断床定位精度、定位光精度、重建层厚偏差、CTDIW、CT值（水）、均匀性、噪声、高对比分辨力、低对比分辨力等9项指标进行检测。结果表明，21台CT设备各项性能指标符合标准要求，合格率84%，4台设备不符合标准要求，不合格率16%。通过将抽检结果通过媒体平台向社会进行公示，发挥社会监督震慑作用。5月和7月开展两轮次消毒产品专项抽检工作，发现存在违法行为机构数3家，不合格产品数3种，立案处罚数3件，罚款8000元，保障疫情期间消毒产品的安全性和有效性，有效杜绝伪劣消毒产品流通在医疗卫生服务市场和百姓生活中。（陈张娅）

【公共卫生监督检查】 2021年6月28日至7月21日，太原市卫生健康综合行政执法队委托两家有资质的第三方检测机构，用近一个月的时间对太原市属地92家游泳场馆进行游泳池水卫生检测，采集水样203份，对池水温度、氰尿酸、浑浊度、游离性余氯、化合性余氯、pH值、尿素、氧化还原电位（ORP）、菌落总数、大肠菌群、臭氧等11项指标进行检测，并将检测结果通过相关媒体向社会公示。对检测不合格的78家单位，依法进行行政处罚，立案78起，其中警告78家，罚款18家1.50万元。在15日内对检测不合格的单位进行复检，复检合格77家，不合格1家。经第二次整改后复检，所有单位全部合格。

11月，委托有资质的第三方检测机构，对近两年内国家及省“双随机”工作中未抽查到的45所中小学校的教学环境进行抽检。检测项目为课桌椅分配符合率、教室采光系数、后墙反射比、窗地面积比、课桌面平均照度、黑板面平均照度。结果显示，合格学校数（所有检测项目均合格为合格学校）为18所，合格率为40%。窗地面积比合格率为68.89%，黑板面平均照度合格率55.56%。将检测结果函告市教育局，督促各学校加强管理，完成整改。

11月2日至4日，在所辖10个本科院校内抽取34个直饮水供水点对其水质进行抽检，10个本科院校中，有2家院校共计3个供水点结果为不合格，根据检测结果，对以上2家院校给予警告行政处罚。

11月，启动公共场所集中空调通风系统冬季专项抽检工作，随机抽取30家商场、超市及20家旅店，委托第三方检测机构对使用中的集中空调通风系统、送风卫生质量及风管内表面卫生质量等7项指标开展检测。检测结果显示，50家受检单位中30家集中空调通风系统检测指标全部合格，20家集中空调通风系统的部分指标不合格，总体合格率60%。对抽检不合格的单位进行反馈，并将抽检结果函告山西省市场监督管理局和太原市市场监督管理局，为其督导检查工作提供参考依据。（陈张娅）

医院选介

·太原市人民医院·

【概况】 太原市人民医院创建于1880年，为二级甲等综合医院。有两个院区，迎泽院区位于迎泽区杏花岭街6号，晋源院区位于晋源区贞观街。2021年，医院占地面积18.07万平方米，建筑面积15.45万平方米。设有科室57个，编制床位1000张，医护人员1022人。内分泌科、神经内科、普外科、心血管内科、泌尿外科、中医科、病理科、临床护理为太原市重点学科、重点专科和重点建设学科，分子病理实验室为太原市医学重点实验室。引进开展肝胆胰腺肿瘤切除、妇科盆底重建、脊椎微创、泌尿系统肿瘤、眼眶肿瘤、内镜下治疗等新技术新项目。全年业务收入2.05亿元，同比增长28%。门诊30.30万人次，同比增长89.70%。入院1.20万人次，同比增长32.70%。手术台数2070台，其中三、四级手术1235台，同比增长15%。平均住院日13天，同比降低1.70天。床位使用率99.30%，同比增长4%。（史新燕）

【区域诊疗平台发展】 2021年，太原市人民医院依托院士工作站、名医工作室和特聘专家，建立区域诊疗中心，打造“家门口的名医站”、让广大患者足不出市就享受到国内顶级专家医疗服务，推动医院医疗技术水平和服务能力提升，重点学科实现新突破。全年外聘专家门诊量4213人次，较上年同期增长15.30%，开展三、四级手术949例，比上年同期增长73.80%。（史新燕）

【晋源院区开诊】 2021年，太原市人民医院晋源院区完成一期项目建设。4月门急诊、内科系统开诊，年底外科系统开诊，实现一期全面开诊，填补晋源区没有综合医院的空白。二期C区监管病区完工。门诊34754人次，入院2495人次。根据新院区发展需求，多渠道补充招聘专业技术人员约270人。推进德促贷款项目和信息化建设项目落地，德促贷款项目到货41种，134台（套），提款约2196万欧元。信息化建设项目完成安全设备、监理服务、终端设备招标工作，其中安全设备全部到货。投入近3000万元配备基础和专科设备，完成新院区信息系统升级改造，确保新旧院区数据同步、业务协同。组织医护专家深入晋源区70多个村、镇、社区开展为期1个月的优质服务基层行巡回医疗活动，义诊居民1万余人次，免费检查5000余人次。开展惠民义诊活动，为患者提供门诊免挂号费以及CT、核磁免费检查优惠，义诊患者5505人次，减免费用48.40万元。承担晋源区3500余名机关干部、50岁至64岁居民健康体检，减免费用170余万元，为新院区发展拓展空间。（史新燕）

【医疗质量安全管理】2021年，太原市人民医院发挥公立医院绩效考核和医保DRGs付费改革的“指挥棒”作用，以质控为抓手，以病案首页为基础，以临床路径为重点，上线临床路径管理系统，建立质控指标监测体系和考核体系，运用品管圈等质控工具，出台《医保基金管理办法》《医保违规处罚管理办法》，多部门协同推进，强化考核，推动医疗质量持续改进。全年临床路径开展16个专业，104个病种，覆盖率62.54%，病案首页完整率保持在90%以上。（史新燕）

【疫情防控应急处置】2021年，太原市人民医院落实预检分诊和首诊负责制，完善发热门诊布局流程，配备车载CT，强化发热病人闭环管理。做好院感防控，加强门诊、住院患者管理，落实标准预防措施，强化人员培训和应急演练，提升应急能力。加强核酸检测和疫苗保障队伍建设，成立核酸采样队，设立新冠疫苗接种点，为广大群众提供核酸检测和疫苗接种服务。全年核酸检测12万人次，疫苗接种5.40万剂次。在老军营小区排除疫情风险行动中，第一时间组织调配42名护理人员完成核酸采集任务。（史新燕）

【医疗对口帮扶】2021年，太原市人民医院开展公安监管场所医疗保障工作，入监体检4560人次，提供驻所医疗保障2.60万余人，核酸检测3万余人次。帮扶基层医疗卫生机构86家，签订双向转诊协议49家，派出专家6701人次，诊疗患者9.80万人次，健康体检3.50万人次，开展新技术新项目17项，远程会诊878人次，帮助建立高血压、糖尿病工作室3个，皮肤科、口腔科、耳鼻喉填补基层学科空白。继续承担基层卫生人才能力提升培训，培训基层医务人员268人，提升基层医务人员能力和水平。（史新燕）

·太原市第二人民医院·

【概况】太原市第二人民医院位于太原市杏花岭区府西街72号，创建于1954年，是二级甲等综合医院。2021年，医院占地面积1.10万平方米，建筑面积2.90万平方米。设有科室63个，编制床位710张，实际开放床位602张。有医护人员908人。特色科室老年病科、超声诊断科。医院总收入2.19亿元，总支出2.24亿元。门急诊人次25.42万人次，比上年同期增长48.81%。出院人数8463人次，比上年同期增长4.48%。手术例数2145例，比上年同期减少4.41%。平均住院日12天，比上年同期减少0.18天。病床使用率46.42%，比上年同期增长1.78%。入院三日确诊率99.83%，比上年同期增长0.13%。危重病人抢救成功率89.04%，比上年同期增长3.47%。出院与入院诊断符合率99.98%，比上年同期增长0.08%。（吕　亮）

【疫情防控应急处置】2021年，太原市第二人民医院每周一召开疫情防控例会，传达并落实中央、省、市疫情防控相关文件精神和疫情最新动态，发挥发热门诊、火车南站、预检分诊的“哨点”作用，做到精准识别、精准锁定，严防严控、凝心聚力，打好疫情防控阻击战。建立疫情周台账，自觉排查疫情防控漏洞和不足，建立完善“四项机制”，院感防控方面，定期对全院职工进行培训及考试，并要求严格执行院感防控制度。做好核酸采样工作，全年核酸门诊采集样本84089例，本院职工采集样本约2.50万例，新冠病毒核酸抗体检测318例。承担太原南站所有返晋人员核酸检测工作，全年采样44431人次，单日最高采样量1610人次，为旅客提供纸质报告2.70万份。组织并参与“住院病房”核酸阳性演练、大规模核酸检测应急演练以及发热患者急危重症患者的救治应急演练等工作。作为国际医疗外宾定点医院，承担外宾疫苗接种及核酸检测工作，全年总计接种50531人次，其中，3—11岁儿童疫苗接种779人次，12岁以上人群接种50149人次，外宾接种603人次。按照《医院隔离技术规范》要求，对发热门诊进行“三区两通道”改造，洁污分区、医患分开，医务人员单向通道进出，严格实行封闭化管理，全年接诊发热患者1623名。（吕　亮）

【医学重点学科建设】2021年，太原市第二人民医院把学科建设放在核心位置，修订《太原市第二人民医院医学重点学科建设实施方案》《太原市第二人民医院关于重点学科建设管理办法的通知》《太原市第二人民医院医学重点学科建设规划》《太原市第二人民医院重点学科带头人选拔机制》《太原市第二人民医院重点学科建设管理制度》相关文件。9月18日，全院召开重点学科、专科研讨会。10月23日，将学科建设作为全院中层干部首期培训班培训内容，通过精心组织和努力，在保持原有

优势学科——老年病科、超声诊断科的基础上，重症舒缓科通过市级重点学科评审。 （吕　亮）

【义诊咨询活动】 2021年5月22日至25日，太原市第二人民医院组织实施“太原市科技活动周”系列活动，举办1场科普讲座、1场义诊咨询活动、2次下乡义诊咨询活动。9月11日至17日，组织“全国科普活动周”系列活动，举办1届微信公众号健康知识科普宣传活动、1场科普讲座、1场义诊咨询活动、1次下乡义诊咨询活动。11月19日至25日，组织开展“全民终身学习活动周”系列活动，通过微信视频号、医院微信公众号等发布科普知识信息，通过线上线下结合方式开展专项培训班。 （吕　亮）

【医疗信息化建设】 2021年，太原市第二人民医院根据市卫健委要求，推进智慧医养结合服务体系建设项目工作，完成项目第一阶段要求。完成门诊挂号收费、住院押金结算电子票据系统升级，增设电子票据自助打印机，减少医院业务流程环节，降低医院耗材，提高患者个人信息安全保障。完成商保平台直接结算项目理赔流程由线下跑腿改为线上数据传输及“掌上影像”查询服务项目，患者通过移动终端即可获得CT、放射等数字化影像信息。根据山西省、太原市医保局要求，完成15项医疗保障信息业务编码贯标工作以及医疗保障信息系统对接工作。 （吕　亮）

【社区卫生服务】 2021年，太原市第二人民医院桃园二社区卫生服务站高血压居民有473人，管理人数411人，糖尿病居民有268人，管理人数191人。辖区老年人1228人，老年人免费体检219人次。开展中医特色诊疗服务和慢病管理等。为辖区内行动不便老人定期上门开展送医送药服务。医院派驻28名医师到三桥、新华、滨河、民航等4个社区卫生服务机构开展帮扶工作，接诊3554人次，慢病指导755人次，协助录入健康档案867份，随访942人次，健康讲座101次，培训医务人员933人次。举办5次义诊活动，服务居民310余人次，免费测量血压200余人次，发放宣传资料700余份。派驻20名医师在对口帮扶的社区卫生服务中心帮扶，接诊1028人，慢病指导病例数733例，协助规范管理录入健康档案730份，随访1227人。业务培训107次，培训医务人员513人次。健康讲座107次，听课居民651人次。 （吕　亮）

【农村医疗帮扶】 2021年，太原市第二人民医院派驻17名医生深入清徐县东于镇中心卫生院和阳曲县西凌井乡卫生院开展帮扶186次，派出医师802人次，接诊患者1162人次，对卫生院医务人员进行业务培训24次，培训人数230人次。健康教育讲座24次，参加人数520人次。派出25名医师分别与阳曲县、清徐县25名村医结对牵手，服务总人数1430人次，健康教育和业务培训各300余次。派出15名医师前往阳曲县人民医院开展帮扶工作，服务患者1980人次。 （吕　亮）

2021年1月1日，太原市第三人民医院举办迁建项目开工仪式

（市三院供图）

·太原市第三人民医院·

【概况】 太原市第三人民医院（太原市传染病医院）位于迎泽区双塔西街65号，始建于1950年，是山西省目前规模最大的集医疗、教学、科研、预防、康复于一体的三级甲等传染病专科医院。占地面积8200平方米，建筑面积25313平方米。2021年，设有科室59个，编制床位850张，有医护人员630人，特色科室为中西医结合肝病科、感染性疾病科、中医科、妇产科、影像科介入组。全年门诊接诊111297人次，较上年同期增长14.37%。入院患者9376人次，较上年同期增长25.85%。出院患者9430人次，较上年同期增长26.76%。手术例数592例，较上年同期增长3.68%。实际开放床位650张，病床周转次数14.50次，较上年同期增加3.10次。床位使用率为90.80%，较上年同期增长38.84%。

全年医院总收入为25136.22万元，较上年同期增加16.34%。医疗收入23325.36万元，较上年同期增加39.21%，其中药品收入7631.25万元，占医疗收入的31.40%，较上年同期减少5.82%；门诊次均费用394.33元，较上年同期增加5.26%；出院患者平均住院费用20117.50元，较上年同期增加13.61%。年内获得“中国慢乙肝临床治愈（珠峰）工程项目2020年度优秀增

2021 年 4 月 2 日，太原市第三人民医院在太原市图书馆举办党史学习教育专题党课（市三院供图）

幅基地医院”“中国降低乙肝患者肝癌发生率研究（绿洲）工程项目第一年度先进单位”等荣誉。（艾　洁）

【疫情防控应急处置】 2021 年，太原市第三人民医院坚持常态化防控与应急处置相结合，出台新冠肺炎疫情医院感染防控预案、流程等相关制度文件 18 个，建立多部门协作系统化综合防控体系，确保医院零感染。外派 57 名护理人员配合市卫健委完成老军营小区、太原汽车站核酸采样 3180 人次，完成新冠疫苗接种 17123 人次。8 月起，医院陆续收治来自省内 8 名炭疽患者并全部得到治愈。开展 24 小时不间断核酸采样工作，全年门诊普检人数 25849 人次（单采）。全院职工核酸检测 29 次（混检）11498 人次。对重点部门职工核酸检测 53 次（单采）5840 人次。（艾　洁）

【重点学科建设】 2021 年，太原市第三人民医院举办省、市级继续教育项目 18 项，举办太原市医师协会 2021 年传染病专业分会等各类学术会议 4 次，外派 24 名专业技术骨干赴外进修学习，引进专业技术人员筹建肾病科血液透析室，为实现“精专科、强综合”发展目标做好人才储备。推广中医诊疗技术应用，穴位敷贴、中药封包、艾条灸法、隔姜灸、中药蒸汽浴等 22 项中医适宜技术应用于临床。发展中医药制剂特色，承担省、市 10 余家医疗机构所研发中药制剂的生产任务，全年院内完成成品 15 批，在产品 10 批；外加工完成成品 5 批，在产品 2 批；外加工试验样品完成成品 6 批，在产品 5 批。（艾　洁）

【医疗安全保障】 2021 年，太原市第三人民医院对医疗核心制度执行情况进行督查，并与绩效挂钩，针对医疗安全不良事件、患者投诉等问题组织专家讨论，制定标准流程。加强合理用药及感控管理，全年抗菌药物合理使用各项指标、医院感染发病率等各项数据均符合国家要求。加强临床路径管理，全年出院患者 9430 人次，应入径例数 5559 人，实际入径例数 5224 人，完成路径例数 3831 人，变异 737 人，退出 1393 人，完成路径病例平均住院日 21.24 天，未完成路径病例平均住院日 25.25 天，临床路径入径率 93.97%、完成率 73.33%、覆盖率 55.39%。加强单病种管理，年内上报单病种剖宫产 13 例，HBV 感染分娩母婴阻断 94 例，围手术期预防感染 48 例。（艾　洁）

【医疗服务改善】 2021 年，太原市第三人民医院完善互联网“线上问诊”咨询及医保脱卡支付（电子社保卡支付）功能，开展移动办公，简化临床用药审批等流程，开通核酸检测绿色通道，增设“核酸检测患者满意度调查”和“掌上影像”App 功能，方便患者查询相关信息。投入 10 余万元用于院内健康教育工作，编发《肝病养生堂》5 万余册，组织健康教育讲座 80 余次，开展健康教育“六进”活动 18 次。（艾　洁）

【医疗资源帮扶】 2021 年，太原市第三人民医院对医联体单位阳曲县医疗集团 5 家乡镇卫生院开展农村巡回医疗乡镇医院帮扶，派出医师 21 人，支援达 814 人次，深入村镇开展定期健康体检、新冠疫苗接种保障、疫情防控等工作。落实“千医千村牵手”工作，服务 55 人次，向精准帮扶定点医疗机构清徐县人民医院派出 10 名中高级职称医师进行脱产帮扶，接诊患者 478 人，开展科普讲座 72 次、培训 68 次、会诊及疑难讨论 40 次、教学查房 48 次，提高乡镇卫生院对常见病、多发病的诊疗能力。（艾　洁）

【妇幼保健惠民】 2021 年，太原市第三人民医院完成免费产前筛查与诊断服务，做好宣传及适龄孕周孕妇免费产前筛查工作，对 22 例高风险孕妇做好转诊、追踪。深化“爱婴医院”内涵建设，开展新生儿疾病筛查、听力筛查工作，提高持册门诊检查率、分娩率，其中新生儿疾病筛查率 95.60%、听力筛查率 97%、孕妇持册检查率 90%、持册分娩率 100%。（艾　洁）

·太原市第四人民医院·

【概况】 太原市第四人民医院（山西医科大学附属肺科医院、太原市结核病医院）位于万柏林区西矿街 231 号，创建于 1952 年，是集医疗、教学、科研、预防、公共卫生应急为一体的三级甲等专科医院。2021 年，医院占地面积 8.76 万平方米，建筑面积 5.42 万平方米。设

2021 年 8 月 27 日，太原市第四人民医院重症医学科 BLS 国际认证培训

（市四院供图）

有科室 47 个，编制床位 1000 张，实有在岗职工 656 人。耐药结核科、结核外科为山西省临床重点专科；耐药结核科、特殊感染性疾病科、菌阴结核科、影像学科、护理学为市级重点学科；结核外科、特殊感染性疾病科、临床护理、检验科为市级重点专科。门诊患者较上年同期增长 67.56%，入院患者较上年同期增长 2.28%。该医院获中华医学会 2021 年全国结核病学术大会“先进组织单位”，被山西省医疗纠纷人民调解委员会授予“2020 年度医疗纠纷防范先进单位”。（王　玫）

【医疗人才学科建设】 2021 年，太原市第四人民医院开展山西医科大学附属肺科医院教学医院工作。实施国家药物临床试验机构资格备案，参与重大传染病疾病防控与诊治山西省重点实验室科研协作。依托博士吴长新工作站，搭建科研指导、学术交流、人才培养平台。开展“名医工作室”临床带教、科研教学等各项工作，落实特聘专家指导提升临床和科研工作水平，院内 6 名专家获批名医工作室。申报省科技厅项目 8 项，厅级科研立项 2 项，横向课题 2 项，科研结题 1 项。耐药结核科、重症医学科获批市级临床重点专科。全年举办省级 2 期、市级 8 期继续医学教育项目，选派医护骨干外出进修学习胸腔镜技术、麻醉、体外膜肺氧合等技术。（王　玫）

【医疗专科建设】 2021 年，太原市第四人民医院履行省医学会结核病学专委会、省结核病质控中心、省市结核病质控部和省医师协会感染病分会艾滋病防治专委会职责，组织开展学术培训、健康指导、基层帮扶、人才培养。医院主办召开中国性病艾滋病防治协会艾滋病骨干医师培训班（太原站）和山西省医师协会艾滋病防治专业委员会年度会议，承办山西省医学会结核病学专业委员会第三届学术会议，召开线上学术研讨会，参加健康太原官微及“12320”“专家来了”等公益宣讲活动。（王　玫）

【诊疗护理服务】 2021 年，太原市第四人民医院开展临床科室运行病历月度考核。制定《合理检查合理用药合理用材合理治疗管理制度》等制度，加强合理用药管理，确保抗击疫情临床需求。开展抗菌药物临床应用指标监测。启动临床路径管理系统建设，26 个病种实施临床路径管理。制订并完善落实优质护理服务方案，加强护理全面质量管理，对高危患者风险防控全程追踪与动态监控。推行“医护一体化”工作模式，规范无陪护病房管理，提升护理专业内涵。承担防艾救治责任。对接“名医工作室”，进行专家临床会诊、远程会诊、教学查房、学术讲座，开展相关科研项目。落实艾滋病“四免一关怀”政策。落实“三服务”，开展健康扶贫义诊，参加“服务百姓健康行动”全国大型义诊周活动。开通健康山西预约挂号平台，独立增设预检分诊处和报告打印室。候诊区增设候诊椅，粘贴隔位就座标志。配齐检验设备，配强专业人员，专设核酸检测站点，24 小时昼夜检测。开展多种预约方式，开放全部号源预约，预留基层号源，实现分时段预约，缩短患者候诊时间。（王　玫）

2021 年 6 月 29 日，太原市第四人民医院开展安全消防演习　（市四院供图）

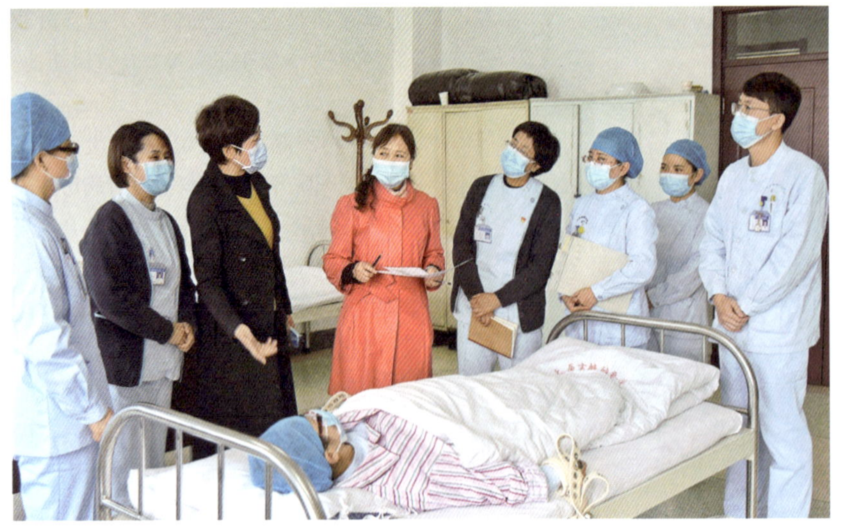

2021年10月18日，省卫建委评审组专家检查精神卫生专科护士临床培训基地（市精神病院供图）

【疫情防控应急处置】2021年，太原市第四人民医院制定印发《进一步落实医院感染预防与控制工作机制实施方案》，落实每日巡查制度。建立追责问责机制，压实各方责任。定期组织院感防控培训，加大院感防控检查频次和力度。新冠隔离病区严格执行闭环管理，独立设置新冠收治区域及进出路径。落实一线人员注射新冠疫苗、新冠病毒核酸检测等专项检查。配备质量合格、数量充足的医用防护用品。隔离病房、PCR实验室、检验科等重点区域安装监控设备，实时动态监管。落实核酸检测，加密环境核酸采样频次。住院病区严格落实管控措施，工作人员通道安装门禁管理系统，实行"一患一陪护"，实行24小时值班，查验健康码、行程码，测量体温，防止交叉感染。确保新冠肺炎医疗救治场所感染性疾病楼正常运行，加强供电系统、负压设备、空调净化系统等设施设备的巡查检修，做好疫区物资供应、用餐供应、医疗垃圾处置等工作。完成PCR生物方舱实验室配套用房改造、重症楼冷却塔循环管网改造等8项局部改造建设项目。加强医疗装备配置，申报购置移动方舱实验室，并配备实验室相应设施设备，规范新冠肺炎定点救治医院设置管理，提升核酸检测能力。

（王　玫）

【医疗数字信息化建设】2021年，太原市第四人民医院安装楼宇通道门禁系统。完成市医保程序改造，对接国家（山西省）医疗保障信息平台。完成核酸检测在线自助开单功能及院外核酸检测个人信息采集的功能。开通手机查看影像报告功能和院内处方检验申请单开立信息患者推送功能。11月电子票据系统实现上线运行。新增网闸、下一代防火墙、入侵防御等安全设备。部署网络安全威胁分析设备，开展网络与信息安全检查及自查工作。对备案的三级信息系统（HIS、LIS、CIS、PACS系统）开展等级保护测评。（王　玫）

·太原市精神病医院·

【概况】太原市精神病医院位于太原市迎泽区南十方街55号，创建于1954年，是三级甲等精神疾病专科医院。2021年，医院占地面积4.2万平方米，建筑面积32691.4平方米。设有科室42个，编制床位525张，有医护人员321人。开设有精神疾病早期干预科、医学心理科、精神疾病康复科、睡眠医学科、营养科等特色医疗科室。全年收入1.12亿元，较上年增长19.68%。门（急）诊人数127092人次，较上年增长23.82%；入院人数3040人次，较上年增长34.28%；出院人数3012人次，较上年增长32.80%；平均住院日87.16天，较上年增长8.23%；病床周转次数4.82次，较上年增长32.78%；病床使用率91.28%，较上年增长9.21%；固定资产16249.05万元，较上年增长3.07%。

（刘　玮）

【医疗质量管理】2021年，太原市精神病医院强化医疗核心制度建设，制定、修改医疗制度14项，新定教学医院管理制度4项。成立医疗技术管理委员会，制定《临床技术应用管理办法》，规范医疗技术管理流程，批准新技术新项目2项。强化医疗质量管理工作，每

2021年6月11日，太原市精神病医院举办正念线下培训班

（市精神病院供图）

月召开1次医疗质量管理委员会会议，制作发放《医疗质量简报》12期、《药讯》4期，规范医疗行为。（刘　玮）

【医联体建设和专科联盟】2021年，太原市精神病医院牵头成立的太原市精神卫生专科联盟拓展至31家专科联盟单位，联盟工作获得联盟单位认可，联盟的影响力提升。与省内外25所医疗机构建立医联体关系，为分级诊疗工作的有序开展打下良好基础，推动优质医疗资源下沉。（刘　玮）

【医疗护理服务】2021年，太原市精神病医院重新修订医院《护理规章制度》。在全院范围推行“无陪护病区”，对护工服务和管理的相关工作进行探索。作为山西省医养结合试点单位、山西省老年友善医疗机构，拍摄《推进医养结合、助力健康中国——太原市精神病医院医养结合工作纪实》并获国家二等奖。举办护理管理和护士礼仪大赛，评出全院“最美护士长”“最美护士”各1名，护理人员的礼仪形象和行为举止不断规范，护理服务质量提升。（刘　玮）

【社会心理服务体系建设】2021年，太原市精神病医院作为省、市两级社会心理服务体系建设的牵头单位，派专家赴试点地区开展社会心理服务体系建设督导2次、调研30余次，发现问题及时督促解决，推动当地社会心理体系建设工作。全市范围内精神科（门诊）实现县域全覆盖，精神专科医院100%设立心理门诊。二级以上综合医院开设心理门诊比率为50%。全市村（社区）心理咨询室或社会工作室建成率达到100%。全市高校心理专业教师配比不低于1∶4000，均开设心理健康教育课程，有能力开展基本的心理辅导与咨询等工作。建立心理辅导室的中小学数量占比为89.94%。87%的党政机关、事业单位和规模以上企业单位为员工设立心理健康服务室。（刘　玮）

【严重精神障碍管理治疗】2021年，太原市精神病医院按时完成全省严重精神障碍管理治疗工作。山西省严重精神障碍患者报告患病率为4.36‰、规范管理率为88.06%、服药率为83.17%、规律服药率为65.79%、精神分裂症服药率为82.30%、面访率为90.31%。太原市严重精神障碍患者报告患病率为4.32‰、规范管理率为82.99%、服药率为82.14%、规律服药率为69%、精神分裂症服药率为80.58%、面访率为85.44%。（刘　玮）

【疫情防控应急处置】2021年，太原市精神病医院修订疫情防控方案流程，更新完成第6版《新型冠状病毒感染性肺炎防控工作应急预案》、第7版《新型冠状病毒肺炎防控期间患者就诊流程》和第2版《观察隔离区急诊留观患者诊疗说明》。基因扩增实验室（PCR）通过验收，具备开展新冠病毒核酸常规检测和快速检测能力。全年开展核酸检测11687人次。成立100人核酸检测应急队，加强核酸应急人员储备。严格规范、落实核酸采样操作流程、培训及考核，提升核酸应急队伍的核酸检测能力。（刘　玮）

·太原市第八人民医院·

【概况】太原市第八人民医院位于太原市迎泽区体育西路12号，创建于1952年，是一所集医疗、教学、科研、保健、康复于一体的二级甲等综合医院，也是山西省人民医院医疗联合体单位。2021年，医院占地面积6878平方米，建筑面积9053平方米，设有职能科室22个，临床医技科室14个，编制床位310张，开放床位273张。有职工386人，在编职工255人，卫技人员327人，其中高级专业技术人员72人，中级专业技术人员101人，引进省级专家6名。医联体合作科室中医科为太原市级重点学科、重点专科，年住院量980余人次，老年病科为医院重点学科，年住院量1100余人次。医院全年总收入6840.38万元，其中医疗收入6004.35万元，同比增长5.97%。门诊医疗收入2100.50万元，同比增长7.78%。住院医疗收入3903.85万元，同比增长5.03%。门诊人数43947人，同比增长2.43%。入院人数4551人，同比增长4.20%。手术例数645例，同比减少4.10%。出院人数4459人，同比增长4.20%。床位周转次数13.88次，床位使用率55.36%，平均住院日13.12天。药品收入占业务收入26.51%。（董　慧）

【疫情防控应急处置】2021年，太原市第八人民医院常态化开展疫情防控工作，根据国家、省安排，按照太原市卫健委统一部署，逐一对预检分诊、核酸采集、核酸检测及全院院感工作进行全面梳理。加强预检分诊工作，门诊办公室不定期在全院进行新冠肺炎诊疗知识、工作制度、岗位职责、流程、院感防护等相关知识的培训和考核，确保防控质量和效果，在人员紧张的情况下安排总值班夜间值岗工作，确保防控时间不间断，进出人员无疏漏。完善核酸采集工作，年初护理部录制穿脱防护服、核酸采集操作视频，下发科室学习，组织5次理论考试，实现应会尽会、人人过关。在全院范围内选拔9名“穿脱防护服核酸采集”操作师资人员，促进核酸采集标准化、规范化。在参与老军营小区紧急核酸采集任务中抽调33名护理人员完成上级安排工作。完善核酸检测工作，检验科建立PCR实验室，购置核酸快检设备，实施24小时核酸检测。加强院感管理，修订完善6个制度及管理措施，制订医院感染预防与控制方案，制订11个流程、3个指引方案、2个要求、2个路线图。派出医务人员进行院外疫情保障工作，全年354人次在东客站进行联防联控，完成联防任务。（董　慧）

【医疗学科建设】2021年，太原市第

八人民医院成为狂犬病暴露后处置专科联盟医联体核心医院。急诊科自2019年3月承担狂犬病暴露后处置任务以来，共接诊72906次，年均冲洗4000余人次，注射狂犬疫苗58200支，成功接诊从各地市、各县区转入危重症犬伤患者160余人次，抢救疫苗过敏反应患者2例，多次到洪洞、祁县、万柏林区中心医院、杏花岭区中心医院等地进行犬伤病人处置的示范教学培训12次，在全省位居首位。

推进胸痛中心建设，与120急救中心、周边社区签订患者转运协议，规范胸痛中心知情同意书、STEMI溶栓筛查表、时间管理表等模板，上报4例胸痛患者病例，基本完成基层版胸痛中心的认证。（董　慧）

【医疗服务】2021年，太原市第八人民医院强化科室服务内涵，在门诊大厅放置充电装置、便民服务箱、针线包、老花镜、一次性水杯等物品，更新轮椅，添置雨伞、热水器等。窗口、导医及接诊医师微笑服务，及时答复患者的意见建议，受到患者好评。科室主动提供延伸护理服务，为慢性疾病以及仍有医疗护理需求的出院患者普及健康知识，遵医嘱提供专业护理服务，减少出院后并发症，尽量降低复诊率。全年门诊患者满意度达97%，住院患者完全满意度达94.30%。（董　慧）

·太原市中心医院·

【概况】太原市中心医院是一所集医疗、教学、科研、预防、保健、急救、康复为一体的市属最大的三甲综合医院，是山西医科大学附属医院和第九临床医学院。该院有两个院区，府城院区位于太原市杏花岭区解放路东三道巷5号，创建于1958年；汾东院区位于小店区汾东大街256号，2019年11月投入运营。

2021年，该医院占地面积26.56万平方米，建筑面积27.13万平方米。编制床位2100张（府城640张，汾东1460张），有医护人员2834人。特色科室有皮肤疾病诊疗中心、心血管疾病诊疗中心、神经疾病诊疗中心、妇产生殖医学中心、内分泌代谢中心、消化病诊疗中心和急重症医学诊疗中心7个多学科诊疗中心，2个院士工作站，5个省重点学科，3个省重点专科，13个市医学重点学科，22个市重点专科，28个名医工作室。全年业务收入11.80亿元，同比增长34.90%。门急诊人数770678人次，同比增长48.42%；手术61930例，同比增长85.85%；住院人数49449人，同比增长46.2%；出院人数49107人，同比增长47.83%；三、四级手术15163例，同比增长74.67%；病床使用率75.46%，同比增长11.46%。（刘　婷）

【医疗重点学科建设】2021年，太原市中心医院推动整合七大中心各专业优势技术资源，聚焦心脑血管病、肿瘤和重症，宏观上实现学科和专业大整合，强化泛血管疾病管理中心，构建介入创新技术平台。建立肿瘤个体化综合诊疗中心，围绕重点病种推开肿瘤病人MDT治疗模式。以全院150张重症监护室床位为依托，建立重症医学中心，强化医院重症病人救治水平。生殖中心、医学影像学获批山西省省、市共建医学重点学科。神经外科、超声医学科、输血科获批太原市医学重点学科。新获批10个市级重点专科，市级重点专科扩大至22个。皮肤科实验室获批省卫健委四个一批免疫性皮肤病干细胞研究国家级培育重点实验室。免疫性皮肤病干细胞实验室、影像引导的分子影像实验室获批太原市医学重点实验室。新增霍建忠工作室、武飚工作室、王军工作室等28个名医工作室。血友病诊疗中心通过国家评审。医院成为太原市第一家通过中国高血压达标中心（智享版）认证的高血压达标中心"智享版"单位。（刘　婷）

【医疗服务发展】2021年，太原市中心医院提升医疗服务质量和水平，打破内科强、外科弱的局面。以病历质控为抓手，加大管理与考核处罚力度，抽查内、外科运行病历约6000份，终末病历约4000份，病案首页专项检查约4000份，病历质量提升。强化多学科管理制度，重点打造甲状腺疾病、胃肠道肿瘤、肺结核病变、血友病、糖尿病足5种疑难复杂疾病的多学科诊疗（MDT）模式，提高疑难复杂疾病和肿瘤疾病的规范化诊疗水平。加大人才储备充实重症医学科的团队，建立完善急重症诊疗中心MDT机制，提升重症救治水平。对照国家卫健委绩效考核26个国家监测指标进行数据收集、分析、监控，进行精细管理和追踪。出院人数、疑难危重例数、手术例数和微创手术例数全省增长最大。（刘　婷）

【疫情防控应急处置】2021年，太原市中心医院常态化开展疫情防控工作，强化疫情防控网络化管理，召开疫情防控专题会议18次，传达上级文件精神，重点部署工作，推动防控措施落实落细。完善修订23个相关文件，更新2项管理流程，实现疫情防控工作管理制度化。加强人流、通道、职工、重点区域四方面管控，建立网络化管理台账，建立三级院感防控体系，实现疫情"群防群控、严防严控"的要求。建设大规模城市核酸检测基地，建立108人应急队伍，实现城市核酸检测样本日检3万份要求。强化总仓冷链食品及环境核酸检测工作，全年总仓采样46320件，检测出19个物品批次阳性食品。优化武宿机场重点人群核酸采样工作，减少交叉风险。做好入境红标人员救治工作，全年接诊入境航班49批次、151例境外入并红标及黄转红标人员，其中经筛选转酒店医学观察126人，确诊后转至市四院25人。（刘　婷）

综 述

【概况】 2021年，太原市体育局深入学习贯彻习近平总书记考察调研山西重要指示精神、“七一”重要讲话精神，落实中共十九届六中全会精神和省、市第十二次党代会精神，坚持以人民为中心发展体育事业的理念，全方位推动高质量发展，加快体育强市建设步伐。（刘潇涵）

【品牌赛事】 2021年6月14日，太原汾河龙舟公开赛举行，赛事设公开组、社会组两个组别。有20支队伍320人参赛。（刘潇涵）

群众体育

【概况】 2021年，太原市体育局根据国家、省关于实施全民健身设施补短板工程相关要求，启动“百馆兴体”工程。组织全民健身活动330余场，直接参与人数21万余人次。出台《太原市体育局关于加强社会体育指导员管理的办法（试行）》，规范社会体育指导员日常管理，为群众提供健身服务。加强科学健身指导，组织“科学健身大讲堂”11场，实现市、县两级国民体质监测站点全覆盖。制订《太原市全民健身实施计划（2021—2025年）》，为“十四五”时期统筹推进全民健身事业发展明确方向和办法。（刘潇涵）

【迎新越野赛】 2021年1月1日，太原市体育工作队组织摔跤、柔道、拳击项目运动员160余人参加迎新年越野赛活动。越野赛按照年龄及性别分为6个组别，出生于2003年至2005年的为甲组，2006年至2007年的为乙组，2008年及以后的为丙组。甲组参赛队员跑全程约8000米，乙组和丙组运动员跑半程约4000米。（刘潇涵）

【第十二届市运会青少年学生组田径比赛】 2021年5月16日，太原市第十二届运动会暨省城第七届全民健身节青少年学生组田径比赛在万柏林区体育场开赛。比赛设置118项竞赛项目，包括高中组（含中等职业学校）52项，初中组46项，小学组20项，参加人数1500余人，是历届市运会参与人数最多的一次。（刘潇涵）

【太原市第二届“龙城杯”魔方公开赛】 2021年5月23日，太原市第二届“龙城杯”魔方公开赛暨省城第七届全民健身节魔方比赛在华宇百花谷举行，由市体育总会主办，市魔方运动协会承办，太原康大教育协办。比赛为期两天，省内各魔方培训学校（机构）、学校社团近300名爱好者参加。赛事设立二阶、三阶、金字塔、枫叶魔方4个项目，分成人组、青年组、儿童组3个组别。（刘潇涵）

【气排球、毽球选拔赛】 2021年6月14日，“我要上全运”第十四届全运会群众赛事活动山西省气排球、毽球选拔赛在晋中介休市体育馆、晋城市凤凰山体育馆举行。太原市选手在两项比赛中获得全运会群众赛事预赛入场券。（刘潇涵）

竞技体育

【概况】 2021年，太原市体育局以“奥运有人、亚运有牌、全运有金、青运有位、省运第一”为目标，展开参赛备战工作。省十六运会资格赛设26个大项37个分项，在完赛的28个分项比赛中，取得249枚金牌，位列参赛城市第一。太原市3名运动员代表国家参加东京奥运会，其中武桐桐作为中国女篮队员，随队获得第五名成绩。在西安全运会中，太原市运动员获得6金5银10铜，为历史最好成绩。太原市承办场地自行车、排球、赛艇、中国式摔跤、滑轮、高尔夫等6项省十六运会资格赛。完成太原市男子篮球联赛等3项篮球赛事办赛任务。印发《太原市深化体教融合促

2021 年 3 月 24 日，全国单板滑雪大跳台和坡面障碍技巧锦标赛落幕，苏翊鸣获得“单板滑雪坡面障碍技巧”和“单板滑雪大跳台”两项冠军（市体育局供图）

进青少年健康发展的实施意见》，构建青少年赛事体系，加强体育传统特色学校建设和体育后备人才培养。开展二级运动员审批清查工作。（刘潇涵）

【组织参加全国比赛】 2021 年 3 月 21 日至 24 日，全国单板滑雪大跳台和坡面障碍技巧锦标赛在长白山国际度假区滑雪场举行，市体育局和省冰雪运动中心联合培养的运动员苏翊鸣在比赛中获得“单板滑雪坡面障碍技巧”和“单板滑雪大跳台”两项冠军。

3 月 27 日，在全国射箭冠军赛女子个人淘汰总决赛中，太原市第二少年体育学校输送到山西省射箭队的运动员吕娜夺得亚军。

4 月 27 日，在江苏省淮安市奥体中心体育馆举行的“新金菱杯”2021 年全国蹦床冠军赛暨第十四届全运会资格赛（东京奥运会选拔积分赛第三站）中，太原市运动员杨彦伟、廉时栋在决赛中夺得男子团体金牌，张欣欣、贾宇洁、王子瑄获得女子团体冠军。

5 月 8 日至 16 日，2021 年全国国际式摔跤锦标赛暨第十四届全国运动会摔跤项目预赛在温州奥体中心体育馆举行。在男子自由式摔跤 125 公斤级比赛中，太原籍运动员胡展翔获得铜牌，进入本届全运会决赛。孙泽众获得全运会决赛入场券。古典式摔跤项目中，吴昊洋、钱海涛获得 87 公斤级第五名，代表山西取得全运会资格。张云熙获得非全运会级别 72 公斤级铜牌，苗舜昱获第七名。

5 月 11 日，全国举重锦标赛暨第十四届全运会预赛在浙江省江山市举行，在女子 59 公斤级比赛中，太原市运动员李佳佳以总成绩 210 公斤的战绩进入决赛。

5 月 20 日，第十四届全运会跆拳道项目预赛在河南省漯河体育馆举行，太原市运动员梁文俐、李宇鹏分别取得女子 49 公斤级、男子 58 公斤级的决赛资格。女子 67 公斤级的周泽琪和 +67 公斤级的郑姝音晋级决赛。

6 月 1 日，太原市第三实验中学女子排球队参加第十四届全国运动会预赛取得女排青年组决赛资格。

6 月 25 日，由太原市体育运动学校输送的田径运动员孙振江代表山西省在 2021 年全国田径锦标赛暨全运会选拔赛 110 米栏的决赛中，以 13.56 秒的成绩夺得冠军。

7 月 31 日，全国少年体操 U 系列锦标赛在江西省九江市举行。太原市体育运动学校派出 6 名运动员参赛，最终获得 6 银 7 铜的成绩。

9 月 5 日，第十四届全运会蹦床项目团体决赛在西安举行，由太原市体育运动学校输送的以运动员张欣欣、王子瑄为主力的山西女队以 162.93 分的成绩夺得女子团体冠军。由奥运冠军董栋领衔，市体校输送的运动员杨彦伟、廉时栋、殷博烨组成的山西男队以 177.195 分夺得男子团体第二。

9 月 15 日，中国第十四届运动会在陕西省西安市开幕。太原 121 名运动员参赛，取得 2 金 1 银 1 铜，4 个第四、1 个第五、1 个第六、2 个第七、1 个第八的成绩。

9 月 22 日，由太原市体育运动学校输送的田径运动员孙振江代表山西省在

2021 年 5 月，全国国际式摔跤锦标赛落幕，胡展翔获得铜牌并取得第十四届全运会摔跤项目决赛资格（市体育局供图）

第十四届全运会男子110米栏决赛中，以13.51秒的个人最好成绩，为山西代表团摘得一枚铜牌。

9月23日，由太原市体工队培养输送的运动员李宇鹏代表山西省在第十四届全运会跆拳道男子58公斤级比赛中夺得季军，为山西代表团摘得本届全运会跆拳道项目首枚奖牌。

9月26日，由太原市体工队培养输送的运动员钱海涛、吴昊洋代表山西省在第十四届全运会古典式摔跤项目的决赛中为山西代表团斩获1银1铜。

12月8日至15日，全国射箭锦标赛（室外）在云南玉溪举行，太原市第二少年体育学校培养输送的运动员吕娜夺得女子个人单轮60米赛金牌。

12月18日，中国体育彩票2021年全国冲浪冠军赛、全国青少年冲浪锦标赛、全国U系列赛总决赛在海口市落幕。太原市选手董文悦在比赛中包揽女子长板公开组、U18和U15组别3项冠军。

（刘潇涵）

【组织参加全省比赛】 2021年4月28日至29日，在大同广灵举行的“我要上全运”第十四届全运会群众赛事活动山西省选拔赛首个项目地掷球项目比赛中，太原市五个组别中获得4个第一名、1个第二名的成绩。

7月12日，山西省游泳冠军赛暨第十六届省运会游泳资格赛在吕梁市游泳馆举行。全省10个市代表队760余名运动员对122个项目的冠军展开争夺。太原市体育运动学校选派192名运动员参加5个年龄组78个项目的全部比赛，取得42金26银19铜及团体总分836分的成绩，所获金牌、奖牌、总分均列各参赛队之首。

7月13日，山西省武术散打冠军赛暨第十六届省运会武术散打项目资格赛在大同市灵丘县举行。全省11个市的264名运动员参加比赛。太原市体育运动学校武术散打队选派22名运动员参加全部比赛。21人取得第十六届省运会决赛资格，以4金1银3铜的成绩取得金牌总数第一。

7月14日，2021年山西省射箭冠军赛暨第十六届省运会射箭资格赛在大同市工人体育场举行。比赛设有4个组别（甲、乙、U14、U12）、26个小项，全省7个市的242名运动员参赛。太原市第二少年体育学校射箭队派出41名运动员参加，其中男选手23人、女选手18人。最终在10个小项上夺得冠军，以10枚金牌、总分261分的成绩位居各参赛代表队金牌、总分榜首。

7月21日，2021年山西省武术套路冠军赛暨第十六届省运会武术套路项目资格赛在长治市举行。全省10个市的214名运动员参加比赛。太原市体育运动学校武术套路队选派25名运动员参加比赛，最终以9金8银4铜的成绩获得金牌总数第一名。

7月27日，山西省羽毛球锦标赛暨第十六届省运会羽毛球资格赛在朔州市山阴县举行。全省10个市的174名运动员参加比赛。比赛设有14个小项，产生14枚金牌。太原市获得8枚金牌、5枚银牌、3个第四、3个第六、1个第八，总分132分的成绩。

7月31日，山西省跳水冠军赛暨第十六届省运会跳水资格赛在晋城跳水馆举行。全省6个市的79名运动员参加。太原市体育运动学校跳水队派出29名运动员参赛，取得10枚金牌和团体总分232分两个第一的成绩。

7月25日至28日，山西省排球锦标赛暨第十六届省运会排球资格赛在太原举行。全省8个市、11支代表队的200余名运动员参加比赛。太原市男子、女子两支队伍均夺得冠军。

7月26日至30日，山西省乒乓球冠军赛暨第十六届省运会乒乓球资格赛在大同举行。全省10个市的340名运动员参加比赛，太原市选派41名运动员参赛，获得7金6银2铜的成绩，实现金牌总分两个第一的目标。

8月5日，山西省国际式摔跤冠军赛暨第十六届省运会国际式摔跤资格赛在朔州市举行，全省11个市的619名运动员参加比赛，太原市取得15金9银19铜、团体总分515分的成绩。

8月6日，山西省蹦床冠军赛暨第十六届省运会蹦床项目资格赛在大同体育馆举行。全省5个市的代表队150余名运动员参加。太原市体育运动学校蹦床队选派42名运动员参加5个年龄组30个项目的全部比赛。最终蹦床队包揽男子、女子7岁至8岁组全部金牌，取得22金12银5铜的成绩。

8月6日，山西省赛艇锦标赛暨第十六届省运会赛艇资格赛在太原水上运动中心举行。全省7个市的30多名运动员参加比赛。太原市体育工作队派出10名运动员教练员参赛。经过8个项目

2021年1月7日，太原市组织球类项目训练备战全运会　（市体育局供图）

的角逐，取得4金4银2铜的成绩。

11月4日，山西省体操冠军赛暨第十六届省运会体操资格赛在长治收官。全省6个市的200余名运动员参加比赛。太原市体育运动学校体操队选派48名运动员参加全部级别比赛，获得14金、14银、18铜，总分497分的成绩。

12月1日，山西省篮球锦标赛暨第十六届省运会篮球资格赛在晋城市落幕。男子组有来自全省的11支代表队参赛，女子组有8支代表队参赛。太原男子篮球队以72∶46的比分战胜晋城代表队夺得金牌，女子篮球队以89∶44的比分战胜忻州代表队夺得金牌。

12月5日，山西省橄榄球锦标赛暨第十六届省运会橄榄球资格赛在阳泉市收官。太原男子代表队以全胜战绩夺得冠军，女队负于吕梁队获得亚军。

12月6日，由山西省体育局主办、省体操管理中心和省全民健身中心承办的山西省青少年蹦床锦标赛在省体育中心蹦床馆闭幕。全省6个市的120余名运动员参加比赛。太原市体育运动学校派出31名运动员参赛，收获18金12银13铜，夺得金牌总数、团体总分两个第一名。

12月7日，2021山西省手球锦标赛暨第十六届省运会手球资格赛在晋中市结束，太原男队负于吕梁队位居第二名。

12月9日，山西省空手道锦标赛暨第十六届省运会空手道资格赛在大同市灵丘县体育发展中心体育馆落幕。全省9支代表队参加比赛。太原代表队获得6金4银5铜的成绩，位居金牌、奖牌排名第一，并以128分的成绩获得团体总分第二名。

12月13日，山西省青少年艺术体操锦标赛暨第十六届省运会艺术体操资格赛在阳泉市体育馆收官。来自全省各市的8支代表队200余名运动员参赛。太原市体育运动学校派出33名运动员参加比赛，获得5金4银3铜的成绩。

12月16日，山西省举重冠军赛暨第十六届省运会举重甲组资格赛在省体育中心举重馆收官。全省各市的9支代表队100余名运动员参赛。太原市体育工作队派出22名运动员参加男、女甲组比赛，取得5金6银5铜、女子男子团体总分第一的成绩。

12月16日，山西省拳击冠军赛暨第十六届省运会拳击资格赛在介休市体育馆落幕。全省11个市的代表队200余名运动员参加比赛。太原市体育工作队派出17名选手参加比赛，获得4金1银4铜、5个第五名的成绩，金牌、奖牌、团体总分均位居全省第一。（刘潇涵）

体育产业

【概况】2021年，太原市体育局制定《太原市体育设施专项规划（2020—2035）》并推动规划纳入太原市国土空间规划。制定《太原市体育局国有资产出租出借管理办法》，盘活国有资产，提升资产利用率。建立体育产业统计长效机制，开展体育产业和体育场地统计调查，掌握体育发展基础数据。开展规模以上体育经营单位营业收入和工资总额统计工作，督促相关企业按时上报相关数据，推动符合条件的企业入统，为全市GDP增长贡献体育力量。加快“体育＋互联网”建设，搭建智慧体育云平台，实时提供场馆资源信息，开放场馆线上预约窗口，提供网络科学健身指导服务。拓展体育彩票便利行业销售渠道，拓宽销售模式，提高网点质量，完成增机数75台，超额完成150%，体彩总销售额11.30亿元，取得历史最好销售业绩。（刘潇涵）

【体彩销售管理】2021年，太原体彩贯彻《彩票管理条例》《彩票管理条例实施细则》，以“建设负责任、可信赖、健康持续发展的国家公益彩票”为目标，夯实基础工作，加强合规管理，增强风险防控能力，完善培训体系，强化公信、公益宣传，坚持多业态协同发展渠道新格局，推进渠道网点转型。从网点销量、形象、服务方面狠抓，针对体彩网点一线业主和销售员进行网点服务、活动营销、投注技巧、店面打造、购彩群体开发等方面培训，使全市网店质量得以全面提升。（刘潇涵）

体育设施

【“百馆兴体”工程】2021年，太原市体育局根据国家、省关于实施全民健身设施补短板工程相关要求，启动“百馆兴体”工程，推进市体校加固改造、太原市体育训练基地、国家篮球（太原）训练基地、国家水上（太原）训练基地等10项工程，补齐全民健身场地设施短板弱项。3月18日，太原市“百馆兴体”工程建设专项技术专家讨论会在市体育局会议室举行。市体育局党组书记、局长梁勇和局领导裴红霞、何文平、毕宗敏出席。来自太原理工大学、省建筑设计研究院、市城乡规划设计院的专家以及市海信资产管理有限公司、山西兴瑞体育文化有限公司、山西丰瑞达文化集团有限公司的企业代表参加会议。会议决定继续在课题研究、项目设计等方面深化同太原理工大学的合作，做好“百馆兴体”工程顶层设计，推进市二体校、市三体校和府东街、和平南路、王村南街、老军营等4个全民健身中心等项目建设，并带动其他项目建设，打好“百馆兴体”工程建设基础。（刘潇涵）

【全民健身日健身场馆免费开放】2021年8月8日是全国第十三个“全民健身日”，太原市滨河体育中心向市民免费开放羽毛球、乒乓球、网球、篮球、游泳等活动场馆。当日乒乓球项目活动人数100余人次，羽毛球500余人次，篮球300余人次，网球110余人次，游泳600余人次。（刘潇涵）

综　述

【概况】 2021年，太原市城镇居民人均可支配收入41377元，增幅8%。城镇新增就业8.53万人，城镇登记失业率2.97%，从业人员持证率48.87%。企业养老保险参保179.20万人，失业保险参保124.32万人，工伤保险参保完成135万人，职业技能提升培训人数8.38万人。劳动人事争议仲裁结案率99%。（张　凯）

【人社便民服务】 2021年，太原市人力资源和社会保障局制订人社系统深入推进行风建设工作实施方案，明确具体任务、完成时限、牵头单位，设置10个一件事窗口，并在为民服务中心进行线下试运行。提出太原市“三险统征”总体思路和实施步骤，养老、失业、工伤保险征缴业务统一并入山西省三险统一征缴系统，机关养老保险、失业保险、工伤保险省级统筹信息系统及财务系统同时上线。将企业养老保险参保缴费类8项、个人账户类8项业务“打包”办理，推行告知承诺制，对11项业务开通网上申报，即时办结。取消12项业务证明材料，全部通过内部信息共享或诚信承诺办理。失业保险缴费稳岗返还服务全程“免申即享”。（张　凯）

【民政信息化建设】 2021年，太原市民政局市级“智慧民政”与省级“金民工程”完成对接。全年提供跨部门信息共享400余万次，民政内部共享300余万次。信息核对提档升级，接入银行金融资产信息，实现20部门38项数据及时共享。（杨永亮）

2021年7月15日，第二届太原市职业技能大赛开幕　（市人社局供图）

劳动就业

【就业创业】 2021年，太原市人力资源和社会保障局线上线下征集发布就业岗位23.50万个，组织直播带岗10场，累计40余万人进场参与互动。吸纳就业见习人员2989人、省外劳务输出10203人。就业困难人员从事灵活就业享受社会保险补贴申报人数2699人，涉及补贴资金1492.27万元，公益性岗位补贴资金达2.61亿元，安置就业困难人员3936人。开展全市超期公益性岗位人员安置，做好重点社区就业帮扶。发放毕业生求职创业补贴资金3358.10万元。参与省星火项目创业大赛，14个项目获奖。出具创业担保贷款资格证明涉及个人2305人，小微企业916家，吸纳就业人数3024人，完成脱贫劳动力职业技能培训7687人。将省政府购买基层服务岗转大学生公益岗在岗期满人员逐渐纳入社区两站，把灵活就业岗位供求信息纳入公共就业服务范围，在中北大学等多所高校为毕业生提供就业指导。（张　凯）

【职业技能提升培训】 2021年，太原市人力资源和社会保障局推行电子培训券全覆盖，举办太原华为软件产业论

2021 年，第二届太原市职业技能大赛现场　（市人社局供图）

坛，与山西开放大学签署战略合作协议，探索校地合作新模式。评出市级技能大师工作室 28 家，评估认定职业技能等级评价机构 25 家，覆盖 37 个职业、82 个工种。对市属技工学校申报中等职业国家奖学金相关资料进行评审，对管理的 55 所民办职业培训学校进行评估。转移农村劳动力 10820 人，脱贫人口务工就业 24179 人。招聘“三支一扶”（支农、支教、支医和扶贫）高校毕业生 108 名。（张　凯）

【人才服务保障】 2021 年，太原市人力资源和社会保障局开展高层次专业人才引进，引进硕士 393 人，博士 15 人。全市享受人才补贴人员 34431 人次，发放各项人才补助（贴）5.40 亿元，为 38 名专家发放政府特殊津贴 25.92 万元。事业单位重塑性改革后教育、卫生等人才密集型单位的岗位设置基本完成。简化选人进人程序，市教育局、市卫健委分别自主招聘 68 人、228 人，太原学院自主引进博士 20 名、硕士 40 名。推荐现有人才参加高级职称评审 654 人次，行业自主组织评审高级职称 448 人。（张　凯）

【劳动者权益保护】 2021 年，太原市人力资源和社会保障局组织开展治理欠薪冬季专项行动，协调解决欠薪问题 3295 件，涉及农民工 2.16 万人，涉及金额 2.71 亿元。加强对新业态企业用工违法行为的联合预警防控。向人社部推荐 5 户“和谐同行”培育企业，1 户金牌劳动关系协调组织，2 名金牌劳动关系协调员。检查用人单位 3289 户，摸排在建工程项目 273 个，涉及农民工 3.76 万人，为 6862 名劳动者补发工资待遇 7327.70 万元，所有项目全部落实治理欠薪“五项制度”，全年全市向社会公布欠薪案件 17 件，列入“黑名单”企业 17 户，向公安机关移送涉嫌拒不支付劳动报酬犯罪案件 14 件。（张　凯）

社会保障

【全民社会保障】 2021 年，太原市为 44.69 万名企业离退休人员发放养老金 1995351 万元，为 6.90 万名机关事业单位离退休人员发放养老金 372312 万元，为 24.17 万名城乡居民发放养老金 56424 万元，出具各类工伤、劳动能力鉴定及确认结论 5453 份，支付工伤保险待遇 47682 万元。实施失业、工伤保险降低费率政策，启动实施城乡居民补充养老保险，实现企业养老保险向全国统筹平稳衔接。扩大失业保险保障范围，为不符合领取失业金条件人员发放失业补助金 28844.72 万元，稳岗补贴实行“免申即享”，全年拨付 13237.81 万元，惠及 10947 户企业、54 万人。开展社保基金管理问题专项整治，组织工伤保险重复领取待遇疑点数据核查，完成“三个全面取消”（全面取消现金业务、手工办理、社银人工报盘）工作。8 月，在全省率先实行“三险统征”（养老保险、工伤保险、失业保险统一征收），与相关部门实现部分数据共享，网上经办系统得到完善，开通网厅经办功能的企业达 44426 户，有 10 余万灵活就业人员通过网上办理参保缴费，经办时限压缩 50% 以上。（张　凯）

【居民收入保障】 2021 年，太原市人力资源和社会保障局连续 17 年为 43.04 万名企业退休人员调整养老保险待遇。上调失业保险金为 1598 元。调整城乡居民养老保险基础养老金，最低标准增至每人每月 118 元，晋源区达到 223 元。调整最低工资标准，六城区和古交市、清徐县调整为 1880 元，阳曲县调整为 1760 元，娄烦县调整为 1630 元。发布工资指导线，企业货币工资增长基准线为 8%，上线为 12%，下线为 4%。为 5 个承担疫情防控任务重的医疗卫生机构核增一次性绩效工资总量 1078.59 万元，涉及疫情防控一线医务人员 5428 人次。加强义务教育教师工资待遇保障工作，确保义务教育教师工资收入水平不低于当地公务员工资收入水平。（张　凯）

民政事务

【行政区划管理】 2021 年，太原市民政局完成小店区学府街道办事处、杏花岭区享堂街道办事处设立工作。推进小店区设立唐槐街道办事处、迎泽区设立双塔街道办事处工作。（杨永亮）

【地名管理】 2021 年，太原市民政局落实省级地名信息库软件系统测试和《山西省地名词典》《山西省地名志》稿件征集等工作。地名普查档案基本完成。对太原古县城和钟楼街改造后街巷进行命名，对部分老地名进行恢复保护。道路命名 108 条，门牌编码

201件，设置地名标志1376块，维护地名标志844次。两批次清理整治不规范地名18个。（杨永亮）

【婚姻登记】2021年，太原市民政局加快婚姻登记信息化建设，完成婚姻系统升级提档，配备智能设备34套，实现登记窗口全覆盖，人脸识别、人证比对全面实现，在城六区启动跨区登记试点工作。新补录婚姻登记数据34.35万条，全市系统内婚姻登记信息128.60万条。调整离婚登记程序，新增离婚冷静期程序，加大冷静期内调解工作。全市办理婚姻登记3.10万对，其中结婚登记2.46万对，离婚登记6168对。

（杨永亮）

【殡葬管理】2021年，太原市民政局出台《太原市殡仪馆建设计划》《太原市公益性安放（葬）设施建设规划（2021—2025年）》，形成全市殡葬基础设施建设推进思路。三县一市殡仪馆项目稳步推进，清徐县殡仪馆项目基本具备使用条件，古交市殡仪馆项目完成选址、立项，并开始公开招标项目承包。市政府规划14个县级骨灰堂（公墓）、22个乡镇级骨灰堂（公墓），农村公益性公墓（骨灰堂）由县区规划。

太原市三大节日接待祭扫群众110万余人次、车辆22.30万车次。免除全市城乡居民基本殡葬服务费，惠及群众1.25万人，支出惠民资金1298.70万元。推进节地生态安葬，在龙山园完成生态安葬60例。全年火化1.48万具，处理长期占柜51具。完成“两高”沿线散埋乱葬坟墓的清理整治工作，摸排治理散埋乱葬坟墓9739个。启动殡葬业价格秩序和安葬（放）设施违规建设经营专项治理工作，处理医院违规使用太平间1起、整治违规殡葬用品销售点16个，清理超标墓5个。（杨永亮）

【移风易俗】2021年，太原市民政局开展街头禁烧活动，设立环保焚烧袋发放点1022个，回收点476个，制作指示牌508个，免费发放环保焚烧袋160万个，出动拉运1010余车，高峰期单日出动人员1.90万人，党员干部下沉一线1.20万人次，劝说群众停止焚烧6000余起。

（杨永亮）

2021年7月1日，太原市小店区人民南路社区组织“光荣在党50年”纪念章发放仪式（市民政局供图）

【社会组织管理】2021年，太原市有社会组织2273个（社团625个，民办非企业机构1648个）。其中市级724个（社团433个，社会服务机构291个）。推进“僵尸型”社会组织专项整治工作，对不按期参加年检的102家社会组织给予警告行政处罚，对55家连续两年未参加年检的社会组织下达撤销登记处罚决定。规范行业协会、商会收费，集中公示211家行业协会商会收费信息，通过规范、减免和降低收费，减轻企业负担371万余元，整治非法社会组织16家。（杨永亮）

【社工和志愿服务】2021年，太原市民政局在迎泽区开展试点工作，迎泽区6街1镇社会工作服务站全部挂牌，实现社工站点全区覆盖。出台《太原市社会工作人才专业能力提升奖励实施细则（试行）》，奖励条件为自取得中级、高级社会工作师职业水平证书之日起，连续工作满3年并继续从事社会工作的社会工作人才，分别一次性给予1万元、

2021年太原市婚姻登记情况表

表20

	结婚登记数（对）	离婚登记数（对）
总　计	24628	6168
市本级	21	2
小店区	4619	1068
迎泽区	3372	1016
杏花岭区	3819	1136
尖草坪区	1898	486
万柏林区	4101	1064
晋源区	1290	301
清徐县	2299	361
阳曲县	1068	235
娄烦县	807	235
古交市	1334	264

1.50 万元的专业能力提升奖励。全年通过全国社会工作者职业水平考试和资格审核的 641 人，其中社会工作师 202 人，高级社会工作师 3 个，注册社会工作机构 18 个，注册志愿者人数 42.90 万人，志愿服务组织 12619 个，志愿服务项目 2880 个，志愿服务时长 259 万小时。

（杨永亮）

优抚安置

【退役军人安置】 2021 年，太原市退役军人事务局推行“阳光安置”和“直通车”安置。军转干部 100% 提供公务员岗位安置；退役士兵事业单位安置计划达到 70.50%，较上年提高 5%；全年接收军休干部 109 名。成立太原市退役军人职业技能培训基地，打通退役军人技能成才、技能就业路径。开展学历提升、适应性培训、技能培训，1032 名退役军人实现线上线下培训全覆盖。完成网络一体化服务下沉工作，建立实名制电子台账，全年举办专场招聘会 6 场，提供就业岗位 5843 个，1559 名退役军人参加应聘，698 人与企业达成就业意向。（张欣伟）

【退役军人服务保障】 2021 年，太原市 114 个退役军人服务中心（站）、300 人以上村级服务站完成示范型创建达标验收任务。提高部分优抚对象生活补助和护理费标准，换发 3158 件残疾证件。部分退役士兵社保补缴工作完成缴费 1.93 亿元，17616 人享受政策红利。落实常态化联系退役军人制度，为 134 名立功受奖军人家庭送立功喜报，为 597 名困难退役军人提供帮扶援助资金 172.56 万元。落实军休干部“两个待遇”（政治待遇和生活待遇），所有军休干部全部纳入市医保体系，为 438 名军休干部发放“光荣在党 50 年”纪念章。

（张欣伟）

【双拥创建工作】 2021 年，太原市退役军人事务局加大双拥创建工作力度，推动解决军地热点难点问题 18 件，安置 14 名随军随调家属，帮助 194 名军人子女入园入学，对 63 名军人子女在中考、高考政策上予以优待。《太原日报》专版报道《创建全国双拥模范城“十连冠”太原在行动》。评选出“最美退役军人”“最美拥军人物”“最美退役军人服务中心（站）主任（站长）”30 人。组织开展太原市“学党史缅怀先烈，守初心砥砺前行”主题党日活动、山西革命英烈展、“9·30”省城各界向烈士敬献花篮仪式。开展“老兵永远跟党走”系列活动，举办纪念《中华人民共和国退役军人保障法》颁布实施一周年普法宣传暨主题签名活动，弘扬广大退役军人传承红色基因、续写军旅荣光的初心使命，在全社会营造尊崇军人、热爱部队、关心国防的浓厚氛围。（张欣伟）

【英烈祭扫活动】 2021 年 9 月 30 日，太原市退役军人事务局承办的省城各界向烈士纪念碑敬献花篮仪式在牛驼寨烈士陵园举行，省、市主要领导和各界群众 500 余人参加仪式。（张欣伟）

【双拥工作领导小组全体会议】 2021 年 7 月 27 日，市委退役军人事务工作领导小组暨市双拥工作领导小组全体会议召开。市委副书记、政法委书记、市委退役军人事务工作领导小组和市双拥工作领导小组组长李新春出席会议并讲话。太原警备区政委、市双拥工作领导小组副组长杨文军，副市长、市委退役军人事务工作领导小组和市双拥工作领导小组副组长程永平参加。

全市各级各部门认真学习贯彻习近平总书记关于退役军人和双拥工作的重要论述，深入贯彻落实中央及省、市关于退役军人和双拥工作决策部署，用心用情用力推进退役军人就业安置、待遇保障、权益维护、服务管理等各项工作，太原市蝉联全国双拥模范城“九连冠”，全市退役军人工作和双拥工作呈现新局面。（张欣伟）

社会救助

【低收入群体帮扶】 2021 年，太原市民政局开展相对贫困群体调研活动，对家庭人均收入超过低保标准但在 1.50 倍以下的家庭开展调研，下发调查问卷 2 万份。在全市范围内开展巩固社会救助兜底保障成果“回头看”行动，将符合条件的困难群众纳入保障范围，实现应保尽保、应救尽救。对全市脱贫人口、脱贫不稳定户、边缘易致贫户以及突发严重困难户人口进行排查，将符合条件的 7796 人纳入低保，400 人纳入特困，对 4624 人给予临时救助。建设太原市低收入人口动态监测信息平台，开展低

2021 年，太原市社区食堂一角（市民政局供图）

2021年太原市社会救济、收养对象情况表

表21

指 标	城市居民最低生活保障人数（人）	农村居民最低生活保障人数（人）	城市发放最低保障资金（万元）	农村发放最低保障资金（万元）	农村集中五保供养人数（人）	农村分散五保供养人数（人）	收养类单位数（个）	收养类单位床位数（张）	收养救助人数（人）
总 计	19011	34852	17986.8	23997.3	2131	1550	20	3594	15943
市本级	0	0	0	0	0	0	3	563	13812
小店区	528	389	687.4	403.4	39	113	1	200	39
迎泽区	1172	286	1362.4	248.2	4	14	0	0	4
杏花岭区	2890	931	2901.4	795.6	19	25	0	0	19
尖草坪区	3881	3378	3716	2739.3	60	230	1	231	60
万柏林区	1888	1702	2167.3	1619.1	15	23	1	50	15
晋源区	792	7993	703.2	5058.3	47	102	1	100	47
清徐县	651	3440	572.2	2779.9	326	151	4	400	326
阳曲县	2935	4068	2541.9	3129.8	429	724	5	590	429
娄烦县	2134	9766	1494.3	5257.7	894	0	3	960	894
古交市	2140	2899	1840.7	1966	298	168	1	500	298

收入人口信息采集工作，入库信息8982户、16341人。从1月1日起，太原市低保对象每人每月提高30元，提标后全市城市低保平均标准730元/月·人，农村低保平均标准682元/月·人。全市有低保对象合计3.60万户5.40万人，其中城市低保1.20万户、1.90万人，农村低保2.40万户、3.50万人。支出低保金合计4.20亿元，其中城市低保支出1.80亿元，农村低保支出2.40亿元。全年发放临时救助金5317万元，救助困难群众8.55万人次。发放供暖补助2200余万元。发放困难群众春节一次性生活补助1879万余元，惠及6.27万人。

（杨永亮）

【受灾群众生活保障】2021年，清徐县等地遭受洪涝灾害后，市、县两级民政部门立即开展走访摸排。组织企业和社会组织向灾民捐赠急需生活用品和物资。筛查核实全市因灾房屋受损家庭中的低保、分散特困和低收入家庭和人员数据。分配省厅划拨的2000万元防汛救灾款，其中受灾严重的清徐县划拨1421万元，占71%。对6332户因灾农房受损户民政服务对象信息进行核实，核实民政服务对象324户，其中：低保户245户、农村分散特困户23户、农村低保边缘户56户。对受灾民政服务对象进行排查，排查核实5144人，其中：城乡低保对象4906人、特困人员229人、孤儿9人。

（杨永亮）

【流浪乞讨人员救助】2021年，太原市民政局完成生活无着的流浪乞讨人员救助管理服务质量大提升专项行动，更换救助专用车4台，累计检查托养机构20余次，安置长期滞站人员68名，成功寻亲16例，流浪救助照料服务、救助寻亲、街面巡查和综合治理、落户安置、源头治理、队伍素质等方面取得进步。开展“寒冬送温暖”专项救助工作，全年累计救助5299人次。启用市救助新站，为全市流浪救助和未成年人保护工作奠定基础。

（杨永亮）

【未成年人保护】2021年，太原市民政局成立太原市未成年人救助保护中心，建立未成年人保护工作委员会。与太原电视台合作，录制留守困境儿童政策宣讲节目10期，在太原广播电视台“醋柳”App开通“保护留守和困难儿童”宣讲专栏。深入学校、社区、单位开展《未成年人保护法》宣传活动100余场，在全社会构建“家庭保护、学校保护、社会保护、政府保护、司法保护、网络保护”的未成年人保护格局。推进市儿童福利院“养、治、教、康+社工”功能完善，提升孤儿保障水平。开展“医疗康复·明天计划”“福彩圆梦·孤儿助学”等活动。实施“明天计划”手术24例，资金169.01万元。为75名孤儿大学生发放助学金35万元。全市有集中供养孤儿662人，发放保障金1191.60元，散居供养孤儿133人，发放保障金159.60万元。全市有事实无人抚养儿童304人，发放保障金364.80万元。与司法、公安、检察等部门合作，将11名符合政策的事实无人抚养儿童纳入保障范围。开展事实无人抚养儿童助学工程，为4名事实无人抚养儿童大学生发放一次性助学金2万元。全市有33名农村留守儿童，做到全员入网、一人一档、动态管理。参照困境儿童分类，落实分类保障制度。发挥儿童保护两支队伍作用，落实发现报告、临时处置、

评估帮扶、监护干预等制度，开展好经常性的关爱保护活动。（杨永亮）

【残疾人救助】太原市康宁医院门诊接诊2734人次，在院患者183人，入院患者313人次，治愈出院200人次，床位使用率121%，完成精神残疾评定37人，检验2220人次。从1月1日起，困难残疾人生活补贴标准从每人每月50元提高至66元，重度残疾人护理补贴标准从每人每月50元提高至89元。开展跨省通办，全市享受困难生活补贴人数19.80万人次，发放补贴资金1281.60万元。享受残疾人重度护理补贴人数46.10万人次，发放补贴资金3956.60万元。（杨永亮）

社会福利

【慈善福利事业】2021年，太原市民政局落实《中华人民共和国慈善法》《山西省慈善事业促进条例》，开展“传递爱心、共沐书香”捐赠活动、首届太原市公益慈善项目云展会、爱心助学等活动，编制《慈善捐赠工作法规文件汇编》等，弘扬慈善文化。配合市人大开展《太原市慈善事业促进条例》立法的调研工作。培育发展慈善组织，动员慈善力量依法参与新冠疫情防控。慈善学校深化产教融合、校企合作，做好学校高水平专业建设。全年福彩销售6.50亿元，筹集公益金2.06亿元，其中本级公益金5964万元。开展社会捐赠款物的接收、管理和发放工作，动员社会力量参与灾后恢复重建，市红十字会、市慈善总会和市救助中心接受接收捐款（物）价值2427.40万元，各县（市、区）接受捐款1347.33万元，社会组织捐款捐物109.47万元，为救灾和灾后恢复重建提供资金和物质保障。（杨永亮）

【社区幸福工程建设】2021年，太原市民政局按照“合理选址、规模适度、功能齐全、方便老人”的原则，确定6个省级城镇社区幸福工程，分别是小店区黄陵街道民航社区养老幸福工程、迎泽区桥东并二社区养老幸福工程、尖草坪区汇丰街道丰颂苑社区养老幸福工程、万柏林区万柏林街道东风社区养老幸福工程、晋源区金胜镇青运社区养老幸福工程和义井街道阳光汾河湾社区养老幸福工程。省财政每平方米补贴700元，市财政每平方米补贴500元，区每平方米配套200元。全市下拨省、市、县（市、区）三级补助资金1477万元。6个幸福工程项目全部完工并投入使用。（杨永亮）

【社区食堂建设】2021年，太原市民政局高质量完成社区食堂项目，新建、整合、改建140个社区食堂，重点解决特困、独居、孤寡、高龄、失独等特殊困难老人做饭难、吃饭难问题，同时辐射辖区居民。（杨永亮）

2021年12月，太原市住房公积金管理中心参加黄河流域住房公积金高质量发展战略合作（市公积金管理中心供图）

【老年人服务】争取中央资金支持3384万元，在六城区完成3076张养老照护床位建设，上门服务6153次。实施养老护理员入职奖励和职业激励补助制度，加强养老护理员队伍建设。开展十期养老护理员培训，提升养老服务质量。北京寸草春晖等养老服务品牌落户太原，助力本土养老事业发展。发放高龄和失能老年人补贴4079.02万元，惠及13452名高龄和失能老年人。支持西山示范区联众锦绣山庄康养项目。该项目建设用地6公顷，建筑总面积87435.28平方米，总投资3亿元。（杨永亮）

【特困人员供养】全市特困人员3860人，其中城市特困172人，农村特困3688人。城市特困供养机构1所（社会福利院），集中供养城市特困老人17人。农村特困供养机构（农村敬老院）17所，集中供养2192人。总床位3121张，其中护理型床位占比达42%。分散供养1708人。全市特困人员供养资金4301万元，全部拨付到位。（杨永亮）

住房公积金

【概况】2021年，太原市住房公积金管理中心归集住房公积金165.63亿元，同比增长9.05%。办理各类住房公积金提取108.47亿元，同比增长14.81%，当期提取率65.49%。发放个人住房公积金贷款23424笔，金额109.14亿元。实现住房公积金增值收益8.66亿元，同比增长13.64%，增值收益率1.69%。

截至年底，太原市住房公积金管理中心实缴单位12729个，实缴职工90.05万人。累计归集住房公积金1357.81亿元，提取818.57亿元，归集

2021年，太原市住房公积金贷款中国银行服务大厅启用

（市公积金管理中心供图）

余额539.24亿元。累计为20.71万户家庭发放个人住房公积金贷款780.55亿元，贷款余额529.78亿元，个贷率98.25%。累计上缴城市廉租住房补充资金38.26亿元。（苏　琦）

【住房公积金年度结息】2021年6月30日，太原市住房公积金管理中心为15991个缴存单位的140.64万名缴存职工结息7.12亿元，人均结息506.59元。结息金额较上年增加0.81亿元，人均较上年增加37.39元，增长率7.96%。本次结息年度自2020年7月1日起至2021年6月30日止，结息利率按一年期定期存款基准利率1.50%执行。利息划入每位住房公积金缴存职工的个人住房公积金账户，个人住房公积金利息收入免缴个人所得税。（苏　琦）

【公积金政策出台及调整】2021年，太原市住房公积金管理中心出台《关于做好2021年度住房公积金缴存基数和比例调整工作的通知》，7月1日起，职工住房公积金缴存基数调整为2020年1月至12月职工本人月平均工资，缴存基数确定后，在本缴存年度内不得变更。

1月1日后新参加工作或者新签订劳动合同的职工，应当从参加工作或新签订劳动合同的第二个月开始缴存住房公积金，以第二个月的当月工资为缴存基数。1月1日以后新调入的职工，应当从调入单位发放工资之日起缴存住房公积金，以调入当月工资为缴存基数。上述两种情况缴存基数在本年度内不再进行调整。

按照太原市统计部门公布的2020年太原市城镇非私营单位就业人员年平均工资86541元计算，本年度缴存基数上限为21636元。最高月缴存额为5192元（其中：单位2596元，个人2596元）。

印发《关于支持缴存职工提取住房公积金支付既有住宅加装电梯个人分摊费用有关事项的通知》，提高老旧小区居民加装电梯的意愿，帮助其改善居住环境，全年有17户家庭提取住房公积金45.06万元用于加装电梯改造自住住房。出台《关于退役军人服役期间住房公积金缴存时间认定问题的通知》，保障退役军人享受住房公积金贷款权益。出台《太原市住房公积金管理中心住房公积金流动性风险管理暂行办法》，防范化解住房公积金流动性风险，强化资金管理。出台《关于完善住房公积金贷款保证的通知》，调整住房公积金贷款保证方式，优化房地产业营商环境，推动房地产业平稳健康发展。（苏　琦）

【公积金业务发展】2021年，太原市住房公积金管理中心向420个单位送达催建通知书，219个单位依法建立住房公积金账户，建缴职工74386人。严格个人贷款审核管理，将个人贷款审核规范为受理收件、审查与批准三个环节，明确权责，并在信息管理系统中进行设定。启动住房公积金流动性风险四级响应，多项个贷政策微调，实行贷款发放轮候制度，实时监测账户资金动态。开展逾期贷款清收专项行动，逾期率从专项行动开始前的2.91‰下降到年末的1.17‰，下降幅度近60%。（苏　琦）

【公积金跨省办理】2021年，太原市住房公积金管理中心贯彻落实部、省要求，把住房公积金8项高频服务事项“跨省通办”作为党史学习教育“我为群众办实事”的重要举措，通过“跨省通办”拓宽缴存单位和缴存职工线上线下办事渠道，解决异地缴存职工多地跑、折返跑等堵点难点问题，群众办事更加省时、省力、省钱。（苏　琦）

【公积金助力营商环境优化】2021年，太原市住房公积金管理中心和市房产局联合印发文件，调整住房公积金贷款保证方式，太原市房地产开发企业为其购房业主办理住房公积金贷款提供阶段性担保的，不再收取担保保证金。完善组合贷大厅业务布局，启用邮储、浦发、中行三个组合贷大厅，覆盖小店区、晋源区和综改区，方便更多办事群众“就近办、一次办”。全面推行住房公积金政务服务“好差评”评价体系应用，在中心各业务大厅实现服务评价、实时上报、差评回访、整改反馈全流程闭环管理。（苏　琦）

医疗保障

【医保基金征缴及待遇保障】2021年，太原市城乡居民基本医保财政补助人均提高30元，由550元提高至580元，政策范围内报销比例保持在75%左右。

出台《关于调整公务员医疗费用补助待遇标准的通知》弥补公务员省、市待遇差。出台《关于进一步规范职工基本医保管理工作的通知》和《关于调整职工大病保险缴费和待遇标准的通知》两项政策，统一省、市职工医保门诊慢特病病种和医用耗材支付范围。提高职工大病救助水平，从40万元/年提升到60万元/年，逐步缩小居民与职工医保待遇、市直与省直职工医保待遇差距。（杨　星）

【"国家医保基金智能监控示范点"建设】 2021年10月，太原市"国家医保基金智能监控示范点"建设通过国家终期评估，信息化建设跻身全国第一方阵，为全国医保部门提供可复制、可推广的方案。基金监管由单一模式升级为全方位监管格局，监管覆盖面和精细度实现数量级提升。（杨　星）

【医保支付方式改革】 2021年，太原市医疗保障局推出实际付费+模拟付费双轨并行太原模式，5家试点医院实现实际付费，46家二甲及以上公立医院实现模拟付费，病案首页上传质量与时效大幅度提升，次均费用明显下降。与上年相比，试点医院次均费用下降748元，降幅4.79%。平均住院日数下降0.84天，降幅8.19%。病例组合指数（CMI）上涨0.06，DRG试点工作成效显著。推行县域医疗集团医保总额预算打包付费、城乡居民医保门诊医疗服务"按人头包干付费"。完善"总额预算、按月结算、年末考核、年终清算"的医保支付管理模式，助力县乡医疗卫生机构一体化改革。探索"中医日间病房"医保结算方式，助推中医药事业发展。试点开展"预住院"费用纳入医保支付范围，提高医疗资源使用效率。（杨　星）

【打击欺诈骗保】 2021年，太原市医疗保障局牢固树立依法治保、部门联动的工作理念，推出的打击欺诈骗保"三机制一通道"（部门联动机制、智能监控机制、第三方服务机制和举报投诉通道）制度日趋完善。贯彻执行"一法一案一细则"（《医疗保障定点医药机构监管考核办法》《太原市医疗保障局医疗保险基金监管工作方案》《太原市欺诈骗取医疗保障基金行为举报奖励实施细则》），制定出台"一清单四办法"[《太原市医疗保障基金监管制度体系建设任务落实清单》《关于向纪检监察机关移送医疗保障基金监管中发现问题线索的工作办法》《太原市医疗保障定点医药机构监管考核信用等级评价办法（试行）》《太原市医疗保障局关于定点医药机构信用评价系统的管理办法（试行）》《太原市医疗保障基金社会监督员管理办法（试行）》]，健全行刑衔接、纪法衔接、信用管理、社会监督联动机制，医保治理效能快速提升。推进稽核监管队伍建设，局层面以基金监管科为主，引入第三方专业团队，市医保中心新组建智能监控科，设置市医疗保障基金监测与反欺诈中心，做强基金监管稽核专业队伍。多方式监管并用，运用"飞检""专项检查""年中、年终"全覆盖监督考核等多种方式，对欺诈骗保行为持续保持高压态势不放松。全年现场检查定点医药机构3810家，覆盖率达100%。按照医保服务协议处理定点医药机构2646家，其中暂停医保服务协议3家，解除医保服务协议22家，累计追回医保基金本金及违约金8766.85万元。（杨　星）

【医药价格和招标采购】 2021年，太原市医疗保障局全面执行国家、省三批次药品耗材集中采购中选结果，年节约费用5835万元。牵头开展山西中部四市联盟四批次低值医用耗材集采，年节约费用6310万元。落实结余留用政策，发挥激励导向作用，向全市91家医疗机构拨付结余留用资金636万元。（杨　星）

【医保服务体系建设】 2021年，太原市医疗保障局出台《太原市医疗保障经办大厅设置与服务规范（试行）》，推动提升服务质效。完善智能公共服务子系统功能，实现38个事项网上办、掌上办，网办率短时间内实现22%到60%再到90%的三级跳。在"太原医保"公众号全面上线网上服务大厅，开设"医保政策云课堂""医保经办服务"板块，关注人数12.30万人，传播次数86.30万人次，经办服务更加阳光便捷。将门诊慢性病和特殊药品的审核权限下放到定点医疗机构，在全省首家实现门诊慢性病和特药的线上线下双轨审核认定，实现申报随来随受理，待遇及时享受。推行"两定机构"省、市互认，取消审核流程，将纳入省医保的"两定机构"直接纳入市医保定点范围。出台《太原市医疗保障经办服务"综合柜员制"实施方案（试行）》，按照"一窗收件、按责转办、一窗出件、评价反馈"闭环流程，减少参保单位和办事群众等待时间和跑腿次数。推进经办职能下放，全面加强市、县、乡、村四级医保经办服务体系建设，集成高效打通服务群众"最后一公里"。（杨　星）

【疫情防控】 2021年，太原市医疗保障局受省局委托组织驻并医疗机构挂网带量采购一次性病毒采样管、鼻（咽）拭子、样本释放剂、全自动核酸提取试剂等4类产品19个品种，使全省新冠病毒核酸检测单人检测费用从省三甲、市三甲医院的每人次270元、256.50元降为每人次40元以内，混合检测费用从每人次30元（5混1）、20元（10混1）降为每人次10元。支持新冠肺炎疫苗免费接种工作，与财政共担疫苗接种费用，足额划拨疫苗接种专项资金3.01亿元。（杨　星）

应急管理

综　述

【概况】 2021年，太原市发生各类生产安全亡人事故38起，死亡45人，与上年同比减少6起16人，分别下降13.64%、26.23%。发生较大及以上生产安全事故1起，死亡3人，同比事故起数和死亡人数均持平。全市安全生产形势持续平稳向好。（王晨杰）

【应急管理体系建设】 2021年，太原市应急管理局制定并印发《太原市应急救援总指挥部办公室关于加强突发事件应急预案管理工作的通知》，起草《太原市突发事件应急预案管理办法》，开展应急预案的编制修订及审查工作。承担的11部专项应急预案全部编制完成。截至年底，全市规划的46部专项应急预案中，发布30部。（王晨杰）

【事故应急处置】 2021年，太原市应急管理局出动应急处置队伍700余人次，制订9份应急保障工作方案，参与完成30余次重大活动的应急保障工作。对北沙河“7·28”洪水自然灾害、阳曲县液化天然气罐车追尾事故、太钢煤气柜燃烧泄漏事故等进行应急救援处置，防止次生事故发生。牵头组织“5·2”高处坠落瞒报事故、红星天悦项目工地“5·19”事故的调查，参与对“7·28”洪水自然灾害、普利华电力工程有限公司“9·11”事故的调查，挂牌督办3起生产安全事故，对全市6起事故进行督导。（王晨杰）

【应急救援队伍建设】 2021年，太原市应急管理局统筹社会应急救援力量，将3支救援队伍纳入全市应急救援力量体系。安排部署应急演练工作，在常态化疫情防控中抓紧抓实自然灾害、安全生产应急预案演练，进行各项突发事件应急处置演练活动258次。开展符合各地实际的地震桌面推演及实战演练130次，9.40万余人参加。（王晨杰）

2021年，太原市应急管理局开展社区应急演练（市应急管理局供图）

防震减灾

【自然灾害防治】 2021年，太原市应急管理局进行水旱灾害风险防控，主动排查汛前隐患，组织各级各部门派出检查组183个，排查整改防汛隐患823处。落实汛前工程措施，汛前清理高秆作物4196平方米、土堤矮围500米、各类垃圾固废4545立方米，拆除违章建筑3885平方米，清除河道行洪障碍。清理城市排涝管涵水渠及泵站，清掏检查井1.40万余座、主管14千米，清掏淤泥1.40万立方米，完成7处积水点排水改造工程。落实汛期防汛气象会商机制，发布会商信息110期，发送防汛预警和工作提醒短信10.70万余条次。

2021年，太原市应急管理局开展防震减灾科普宣传 （市应急管理局供图）

调整市森林防火指挥部成员，重新制定各成员单位工作职责。加强森林防火督查，结合野外火源专项治理和供电线路火灾隐患排查专项行动，在森林防火期间定期不定期开展检查督查，利用人防、物防、技防等手段有效防控森林火灾的发生。全年核查热点信息35起，发生森林火情1起，与上年同期相比火情数量下降75%，无森林火灾发生。

严格震情监视跟踪和应急准备，做好24小时震情值班，确保异常落实不过夜、异常报送不过夜。加强地球物理观测站点建设及前兆观测系统的基础运行维护，协助省地震局部署太原市紧急地震信息发布平台，通过原有地震行业专网实现与省级信息服务中心互联，为部署市级紧急地震信息发布软件系统打好基础。 （王晨杰）

【防灾减灾重点工程】 2021年，太原市应急管理局开展第一次全国自然灾害综合风险普查工作，制订全市工作方案，会同有关部门完成普查技术指导、培训、质量控制、信息汇总和分析等工作，建设自然灾害风险基础数据库。推进应急避难场所建设，编制《太原市中心城区应急避难场所专项规划（2021—2035）》，明确160处新增应急避难场所清单，确保按期完成全市新增应急避难场所面积186万平方米目标。综合减灾示范社区创建，对各县（市、区）已命名的综合减灾示范社区进行整改提升，完善全市防灾减灾基础设施，提升基层社区综合减灾能力。 （王晨杰）

【抢险救灾】 2021年，太原市受灾人口230962人，因灾死亡3人，紧急避险转移20446人，紧急转移安置15808人。向受洪涝灾害较重的6个县（市、区）下达救助资金100万元。制定《太原市救灾物资储备规划计划》《太原市市级救灾物资调拨和回收管理规程》，确保应急物资保障到位。市级储备救灾物资32种73334件，协议储备食品类救灾物资4种1890吨，价值121640.40万元。

组织应急抢险救援队跨省驰援河南郑州进行排洪抢险，排水153650立方米，搜寻一套价值百万元的精密仪器，清理被困汽车及电动自行车109辆。执行排涝抢险救援任务，出动应急抢险队员420余人次、抽水设备15台、救援装备车10辆，转战晋源区小站营小区、清徐县象峪河桥、小武村、孟封村、阎家营村、东罗村、西罗村、尧城村等地，累计排涝约200万立方米。 （王晨杰）

【防灾减灾科普宣传】 2021年，太原市应急管理局开展多层次、多形式的各项安全生产及防灾减灾科普宣传教育活动，普及相关知识技能。开展安全生产月宣传活动，设置宣传咨询点18个，发放宣传资料72万份。组织防震减灾主题宣传周活动，集中宣传活动30余次，主题讲座20余场，发放各类宣传资料20余万册，主题展板1000余张。推出防震减灾科普知识品牌作品，制作并印制《防震减灾科普知识读本》7500本。推出十集动画片《地震科普大闯关》，营造全市安全生产和防灾减灾良好氛围。 （王晨杰）

安全监管

【重点行业领域安全监管】 2021年，太原市应急管理局检查煤矿273矿次，查出问题隐患1664条，行政处罚387万元，对6名矿长考核记24分。市级煤矿五人小组检查694矿（次），查出问题11393条。全年妥善处置煤矿安全

2021年，太原市应急管理局开展煤矿井下检查 （市应急管理局供图）

2021 年，太原市地方煤矿安全监管局开展安全知识宣传（市应急管理局供图）

监控系统异常信息 2594 条，处置煤矿井下作业人员管理系统异常信息 1481 条，处置工业视频异常信息 318 次。检查非煤矿山企业 354 家（次），发现隐患问题 1092 条，下达执法文书 354 份，行政处罚 15 家企业，罚款 57.56 万元。全市 107 家非煤矿山企业实行安全监管专员制度，具备安装条件的 10 座尾矿库全部实现监测预警系统“四级”联网。检查危险化学品企业 146 家，发现问题隐患 526 条，下达执法文书 109 份，行政处罚 1 家，罚款 2 万元，关闭企业 2 家，将 46 个重大危险源安全风险全部纳入监测预警系统，并开展专项检查。检查冶金企业 145 家，发现隐患问题 1088 条，下达执法文书 21 份，行政处罚 4 家企业，罚款 13 万元。联合市商务局、市消防救援支队针对人员密集场所、公共娱乐场所等重点场所开展全方位消防安全专项检查，检查商业综合体 15 家，督促整改隐患 546 处。

（王晨杰）

【安全生产标准化建设】 2021 年，太原市应急管理局推进煤矿安全生产标准化创建达标、动态达标，确保生产煤矿全部达到二级以上标准。全市 32 座生产矿井中，一级标准化煤矿有 10 座，二级标准化煤矿有 20 座。根据全省冶金工贸行业安全生产标准化建设工作要求，推行冶金工贸行业安全生产标准化创建工作，全市公告 30 家安全生产标准化三级达标企业。

（王晨杰）

【安全生产专项整治】 2021 年，太原市安全生产长效机制工作专班与安全生产专项整治三年行动工作专班合署办公，建立“专家查隐患、企业抓整改、部门搞督促”工作机制，排查整改一般隐患 141823 条，重大隐患 7 条，曝光企事业单位 689 家，行政处罚 2621 万元。

（王晨杰）

【智能化安全生产】 2021 年，太原市应急管理局推动各重点领域智能化升级。按照“工业互联网＋安全生产”行动计划，以“智慧应急”为牵引，推动“科技强安”。推进应急管理综合应用平台二期项目建设，完成项目可行性研究报告编制和初步设计，其中包括 9 项内容的建设。风险监测预警系统完成 35 座煤矿和 179 座加油站的联网接入工作。智慧用电信息系统接入企业 472 家，设备总数 3239 个（台），报警 17142 起，处置隐患 10303 起。推动“智慧消防”建设，全市安装智能充电桩 1212 台，充电插口 17590 个，阻挡电动车上楼智能系统 1000 余台。在煤矿方面建成 1 座智能化煤矿，8 个智能化综采工作面，15 个智能化掘进工作面，提升监管效能。

（王晨杰）

消防救援

【概况】 2021 年，太原市各级消防救援机构累计检查社会单位 14468 家，发现火灾隐患或违法行为 10495 处，督促整改火灾隐患 10208 处，临时查封 101 处，责令“三停”（停产停业、停止使用、停止施工）单位 203 家，罚款 1425.50 万元，约谈各级政府及单位 5 次。接警出动 6503 起，出动车辆 21355 辆次，出动警力 114476 人次，抢救被困人员 974 人，疏散被困人员 1588 人，抢救财产价值 432 万元。其中发生火灾 3222 起，死亡 10 人，受伤 11 人，直接财产损失 2097.10 万元，过火面积 232852 平方米，受灾户数 1288 户，受灾人数 600 人。抢险救援 2106 起，公务执勤 256 起，社会救助 839 起，虚假警 80 起。

（孟名彦）

【消防救援训练】 2021 年，太原市消

2021 年，太原市消防救援支队进行洪水排涝（市消防救援支队供图）

2021年，太原市消防救援支队组织夜间排涝　（市消防救援支队供图）

防救援支队组织机关岗位练兵60余次，常态化举行阶段考核、尖兵对抗赛、万米长跑等活动。开展冬训、夏训比武竞赛和消防行业职业技能大赛。落实每战必评，举办战训大讲堂、案例复盘13期，支队主官为指战员开展专项授课。针对队伍短板弱项，连续举办地震救援、水域救援、医疗急救专业技术培训班7期，派员赴省内外参加化工、地震、山岳等培训65人次。调整组建1支100人重型地震救援专业队、1支159人大型商业综合体灭火救援编队和2支266人高层灭火救援编队，成立1支市级、2支县级应急通信轻骑兵和106人灾情速报员队伍，优化抗洪抢险、化工编队、低温雨雪冰冻灾害三支专业救援力量，配备器材装备2.80万件套，完成部局煤化工灭火救援实战演练、总队地震救援大型拉动演练比武、部局抗洪抢险拉动和总队水域救援演练，完成总队地震灾害救援力量体系和能力建设验收。

（孟名彦）

【消防队伍建设】 2021年，太原市消防救援支队坚持与市委党校、太行干部学院联合办教，同中北大学、太原科技大学建立人才培养战略合作关系，为指战员提供学历提升教育及职业技能培训，打造“入队即入学”的培养体系。228名指战员通过本科学历教育入学考试，4名消防员考入中国消防救援学院。支队干部本科率100%，消防员本科率由10%提升至28%。全年开展督导帮扶455次，整改隐患1164处，下发通报8期，督办通知2期，饮酒抽查25525人次，督查覆盖率达100%。研发“政府专职队伍智慧平台”手机App，兼顾“现实问题”和“基层诉求”，融合“人力＋科技”“传统＋现代”优势，集请假审批、日常量化、签到打卡、结构数据分析、风险防控提示、优待政策“一证通”、知心驿站答疑解难、实力状态实时更新“八位一体”，开启智慧化、高效化、专业化管理教育新模式，打造政府专职队伍“指间”管理者和“掌上”服务员。（孟名彦）

【消防安全教育】 2021年，太原市消防救援支队组织成立18个消防安全宣讲团，15支消防宣讲小分队，发动3.70万名消防志愿者开展消防安全宣讲2.30万次，培训人数27.90万余人，发放宣传资料20余万份。建成全省首个开放式消防科普教育点，打造“微博、微信、抖音、快手、今日头条”五位一体的新媒体模式，各平台粉丝数量超过711万人，累计推送内容近6500条，发布作品累计阅读量超过39亿条。开通全省首列消防安全公益宣传专列，张贴消防安全提示、灭火器材操作使用、火场逃生自救、火灾警示案例等内容，安全运营51671千米，受益群众30万人。

（孟名彦）

【消防救援案例】 2021年6月10日，忻州市代县聂营镇大红才铁矿4号井发生透水事故，造成13名人员被困。6月10日晚，太原市消防救援支队在接到山西省消防救援总队跨区域增援命令后，迅速调集支队全勤指挥部相关人员、特勤大队一站水域救援分队，共计2辆执勤车15名指战员，携带水域救援装备259件套，于6月11日凌晨3时集结出发，5时到达事故现场。经过六天七夜的救援，截至6月16日晚，13名被困人员全部升井，事故救援工作结束。

7月17日，河南省遭遇极端强降雨，中西部、西北部地区出现成片大暴雨，部分地区特大暴雨，造成重大人员伤亡和财产损失。7月20日，太原市消防救援支队在部消防救援局和省消防救援总队集结增援命令下，第一时间启动跨区域抗洪抢险增援预案，迅速组建抗洪抢险突击队，共计119名指战员、17辆救援车、7大类1332件套器材装备，紧急驰援河南省。在汝阳、偃师、郑州、鹤壁等地累计参加抗洪抢险行动22次，出动人员512人次，出动车辆60台次，排水排涝95070立方米，搬运沙袋10250袋，清理垃圾淤泥8100平方米，完成前方总指挥部分派各项任务。

（孟名彦）

逝世人物

许一友

许一友（1937—2021），山西省太原市小店区下庄村人，大学专科学历，高级经济师。1937年8月出生，1954年参加工作，1971年加入中国共产党。

1954年8月，许一友分配到太原一中工作。1955年5月至1969年9月，在太原市教育局工作。1969年9月至1970年7月，在石家庄中办学习班当学员。1970年7月至1972年3月，在清徐县孟封公社插队劳动。1972年3月至1987年6月，历任太原市计划委员会干事、秘书、办公室副主任、综合处处长、主任、党组书记。1987年6月，任太原市经济体制改革委员会主任、党组书记。1992年3月，任太原市人大常委会副主任。1997年4月，退休。2021年4月，因病医治无效去世。

许一友是中共太原市第五届委员会委员，太原市第九届人民代表大会代表。

许一友对太原经济发展有一定的研究，主要学术成果有《太原古代经济研究》《太原经济百年史1892年—1992年》《太原经济地理》《老太原》《太原经济研究文选》《龙城太原·神秘的黄土地》等，撰写《关于股份制问题若干思考》等论文30余篇。

张 荣

张荣（1964—2021），浙江省杭州市人，旅日华侨。曾多次促成中国流失文物回归祖国。天龙山第八窟北壁主尊佛首的回归，从发现到追溯回国，仅仅用了3个月时间。在这个过程中，张荣起到了关键作用。2020年11月17日，中国驻日本大使馆举行文物移交仪式，张荣将天龙山石窟佛首无偿赠予中国国家文物局，并移交使馆保管。12月12日，佛首自日本安全抵达北京。12月14日，国家文物局组织专家进行实物鉴定，确认佛首属于隋代真品，为国家一级文物。2021年2月11日，天龙山第八窟北壁主尊佛首亮相春晚。7月24日，佛首由国家文物局划拨给太原市天龙山石窟博物馆收藏，成为第一件回归天龙山原属地的流失海外文物。回归仪式上，太原市市长张新伟向张荣颁发“太原市荣誉市民”证书。张荣将太原市政府奖励的30万元奖金捐出，用于支持文物追索返还工作。

2021年9月21日，张荣因病医治无效去世，终年57岁。

弓 跃

弓跃（1959—2021），山西省寿阳县人，中央党校大学学历。1959年11月出生，1979年加入中国共产党。

1977年1月至1980年1月，在部队服役。1980年1月至1986年7月，历任山西省歌舞剧院演奏员、党总支干事、团委书记。1986年7月至1987年9月，任山西省委打击严重刑事犯罪办公室干事、副主任科员。1987年9月，任山西省纪委办公室副主任科员。1989年6月，任山西省纪委办公室主任科员。1991年2月，任山西省纪委、监委副处级检查员。1995年9月，任山西省纪委、监委正处级检查员。1997年2

月，任山西省纪委、监委干部室副主任（正处级）。1999 年 3 月，任山西省纪委、监委纪检监察二室主任。2001 年 10 月，任山西省纪委常委、省监委委员。2004 年 10 月，任山西省纪委常委。2009 年 10 月，任太原市委常委、市纪委书记。2015 年 4 月，任太原市人大常委会主任、党组书记。2017 年 1 月，任山西省人大常委会委员，太原市人大常委会主任、党组书记。2019 年 12 月退休。2021 年 11 月，因病医治无效去世。

弓跃是第八、九、十届山西省纪委委员，山西省第十三届人大代表。

新任市领导

韦　韬

韦韬，1970 年 4 月出生，广西罗城人，壮族，大学学历，工商管理硕士学位，1992 年 7 月参加工作，1998 年 5 月加入中国共产党。曾任广西柳州钢铁（集团）公司董事、副总经理，广西北部湾国际港务集团有限公司党委副书记、副董事长、总经理，广西壮族自治区玉林市委副书记、市长，广西北部湾国际港务集团有限公司党委书记、董事长，山西省委常委、副省长。2021 年 11 月任山西省委常委、太原市委书记，是第十三届全国人大代表。

张新伟

张新伟，1965 年 5 月出生，山西芮城人，1985 年 7 月参加工作，1984 年 7 月加入中国共产党，在职研究生学历，管理学博士学位。曾任山西财经学院助教、讲师、科研处副处长、学报副主编、副教授，山西财经大学研究生处处长、校学位办主任、教授，太原高新技术产业开发区管委会主任（副厅级），太原高新技术产业开发区管委会主任、晋源区委书记，山西省科学技术厅党组成员、副厅长，山西省科学技术厅党组书记、副厅长，山西省科学技术厅党组书记，山西省科学技术厅党组书记、厅长，山西省科学技术厅厅长、太原市委副书记、代市长、市政府党组书记，太原市委副书记、代市长、市政府党组书记等职务。2021 年 2 月任太原市委副书记、市长、市政府党组书记。

魏　民

魏民，1965 年 4 月出生，山西沁县人，1982 年 11 月参加工作，1986 年 8 月加入中国共产党，省委党校研究生学历，工商管理硕士学位。曾在部队服役，历任战士、班长、排长、副中队长、轮训队长、中队长、副大队长。曾任太原市纪委秘书、副处级秘书，古交市委副书记，古交市委副书记、古交市委党校校长（兼）、行政干部学校校长（兼），太原市晋源区委副书记、区长，娄烦县委书记，太原市杏花岭区委书记，太原市副市长、杏花岭区委书记，太原市政府党组成员、副市长、杏花岭区委书记，太原市政府党组成员、副市长，太原市委常委、市政府党组成员、副市长，太原市委常委、统战部部长、市政府党组成员，太原市委常委、统战部部长，太原市委常委、政法委书记，太原市委政法委书记等职务。2021 年 2 月任太原市人大常委会党组书记、主任。

全国优秀县委书记

刘振华

刘振华，1971 年 5 月出生，山西清徐人，中央党校大学学历，1991 年 8 月参加工作，1994 年 12 月加入中国共产党。曾任太原市房产管理局局长、市纪委副书记、市监委副主任等职务。2017 年 8 月，任太原市小店区委书记。2021 年 1 月，任太原市委常委。2021 年 9 月，任晋城市委常委、市纪委书记。

2021 年 6 月 29 日，被中共中央组织部授予全国优秀县委书记称号。

全国优秀共产党员

王润梅

王润梅，女，1975年2月出生，中共党员，大学本科学历，现任太原市市政公共设施建设管理中心道路排水保障二所党支部副书记、副所长、水道三组组长。

王润梅29年来坚守在下水道疏通工作第一线，在平凡的岗位上做出不平凡的业绩。她带领的水道三组担负着太原市最繁华、最低洼地段的100多条街道、1万多座下水井的清掏任务。倾盆大雨来临，别人都是往家赶，她却第一时间赶往积水最深的地方。2005年，她带领组员率先开展“市政服务进社区惠万家”活动，以诚挚的服务奉献千家万户，已坚持17年。她在完成日常养护清掏工作之余，充分发挥劳动模范的示范带动作用，把党的方针政策和创新理论及时讲给身边的人民群众，主动学习贯彻新发展理念，创新开展“体验式”“榜样式”等多种宣讲方式，把自己多年来在岗位上奋斗的故事讲给大家，感染带动更多的人在岗位上努力奋斗。

她带领的水道三组获得山西省、太原市的三八红旗集体、工人先锋号、太原市五一巾帼标兵岗、全国市政管修行业十佳班组、全国职业道德建设百佳班组、全国妇联巾帼文明岗等称号。在水道清掏这个岗位上，她被授予“全国优秀共产党员”“全国劳动模范”“全国五一劳动奖章”“山西省特级劳动模范”“山西省优秀共产党员”“太原市金牌工人”等称号。2018年在“时代新人说”演讲大赛中获“时代新人优秀宣讲者”并入选2018年度山西省“三晋英才”支持计划拔尖骨干人才。2011年、2016年连续两次当选为省、市党代表。2021年当选为太原市第十二次党代表。2013年、2018年连续两次当选为全国人大代表。2021年6月被授予全国优秀共产党员称号。

全国五一劳动奖章

李国平

李国平，1975年出生，山西省天镇县人，中共党员，教授级高级工程师。现任太钢集团太钢不锈技术中心高级首席双相不锈钢研发师。

李国平为入选国家“万人计划”科技创新领军人才，国家“863”项目首席，享受国务院特殊津贴，是中国青年科技奖、首届国家杰出工程师鼓励奖、“三晋英才”高端领军人才、青年三晋学者、山西省学术技术带头人、十二五国钢铁工业优秀科技工作者、冶金青年科技奖、山西省特级劳动模范、山西省担当作为先进个人等荣誉获得者。长期从事不锈钢研究，开发双相、耐热、高氮等一系列资源节约型高性能不锈钢，填补国内空白，满足石化、造船、核电、海水淡化等行业需求。

双相不锈钢实现多品种、高质量、短流程生产，被评为“冶金市场开拓奖”。稀土耐热不锈钢在东电、上电成功应用，授权专利获得全国发明展览会金奖。6000ppm以上氮含量的高氮不锈钢在世界上首次实现工业化生产，高强、低磁奥氏体不锈钢成为军工指定产品。获得国家科技进步二等奖1项，省部级科技进步一等奖3项、二等奖9项，牵头编制不锈钢国家标准3项，为不锈钢发展做出突出贡献。

2021年，李国平入选中央宣传部、全国总工会发布的“2021最美职工”，并获得全国五一劳动奖章。

张瑜胜

张瑜胜，1970年11月出生，山西平遥人，民盟盟员，现任太原市交通学校数控教研组组长。2009年获得全国模范教师，2012年获得山西省五一劳动奖章、太原市一等功，2019年获得山西“三晋英才”等荣誉。

张瑜胜1994年毕业于太原理工大学，毕业后一直从事职业教育工作，2000年后一直致力于数控技能人才的培养工作，编写出版教材4种，其中《数控加工技术训练》入选国家“十二五”

规划教材。在长期教育教学工作中，张瑜胜和学校数控教学团队培养出1000余名数控技能人才，先后有7名学生获得国家级数控技能大赛的奖项，几十名学生获得省级奖项。个人获得“全国模范教师”“三晋英才”“山西省五一劳动奖章”“全国职业院校技能大赛专家”等称号。他聚焦“六新”，致力于学校专业的转型发展工作。在搞好数控技术专业的前提下，积极开拓工业机器人、3D打印两个新专业，经过5年的发展，新专业取得丰硕成果。2018年，太原市交通学校受山西省总工会委托承担的山西省第六届职工职业技能大赛及国赛集训工作由张瑜胜负责，在全体教练及参赛职工的努力下，山西省参赛职工获得全国第六届职工职业技能大赛数控装调维修项目团体第一、个人第一的成绩，山西省获得全国第六届职工职业技能大赛总分第一，市交通学校获得“山西省工人先锋号”称号。2021年，张瑜胜获得全国五一劳动奖章。

全国脱贫攻坚先进个人

尤变清

尤变清，女，山西省娄烦县人，1972年出生，大学本科学历，中共党员。1990年，参加工作，任太原市交通运输局科员。2015年，担任太原市交通运输局驻阳曲县南留南村扶贫工作队员。2017年7月，任南留南村第一书记。

尤变清任第一书记后，带领工作队员一起理思路、定规划，抓党建、搞建设。争取上级部门的支持，开展老果园全面提升行动，引进樱桃、杏树、玉露香梨、水蜜桃、白水杏等优质品种，将原有的1800余亩老果园进行升级改造，在寺庄村组新栽植葡萄110余亩，林果园经营效率和果品质量显著提高。利用本村紧邻青龙古镇和方特文化园的区位优势，发展以观光采摘为主的乡村旅游，走有南留南特色的“1235”发展道路，即全村行动起来，每户新建1个大棚、种植2亩林果、改造3间客房、贷款5万元，脱贫致富奔小康。帮助有条件的贫困户将闲置的民房改造成客房，发展农家乐。组织“回村过年”“回村采摘”“回村避暑”“回村休闲”等系列宣传造势活动，扩大南留南村影响力。2021年，全村年接待游客8000人、收益40万元。

尤变清与村“两委”制定“宜居宜业宜游”美丽乡村规划，先后投入扶贫资金1100万元，改善“水、电、路、气、网、排、场、家、绿、暖”十大基础设施，完成全村5000米的上下水管网改造。改建乡村公路2000米，硬化村主要街道，铺设巷道户道，修建田间道路8000米，绿化村庄5680平方米。实施气化村庄项目，全村所有贫困户全部安装天然气壁挂炉、灶具，实现无煤化。对村内外墙立面进行装饰粉刷，突出“中国梦”新“二十四孝”“美丽乡村”“农耕文化”等主题，彰显富有时代特色的村庄文化。村中生活垃圾定点存放、专人清运，村容村貌焕然一新。

2017年至2019年，尤变清连续三年被评为“优秀第一书记”。2020年，获得“全省模范第一书记”“太原市巾帼建功标兵”称号。2021年2月25日，获得“全国脱贫攻坚先进个人”称号。

尤同义

尤同义，山西省娄烦县人，1961年出生，中共党员。

1999年，尤同义担任南岔村党支部书记后，带领乡亲们发展养殖业，改良本地牛羊的品种。为了降低农户的风险，尤同义在自家院搞配种试验，成功后再推广给养殖户。同时，为农户配备专业技术员，从饲料加工到统一防疫、回收、销售开展系列服务，让养殖户没有后顾之忧。经过数年发展，“南岔村的牛羊”在七里八乡、近郊邻县远近闻名，让养殖户的钱袋子一天天鼓起来。2009年，尤同义创办娄烦县润和美种植专业合作社，2010年又创办娄烦县同福创养协会。至2020合作社带领1310户农民，种植富硒马铃薯1.8万亩，参与产业人均收入达4800元以上。

2011年，娄烦县被确定为全省“一县一业”示范基地县，马铃薯产业得到了资金扶持。2012年至2013年，尤同义借着脱贫攻坚的春风，在扶贫单位娄烦县国土局、太原市政协帮扶下将南岔村1700余亩二坡地全部改造成梯田地。从此改变了南岔村祖祖辈辈费时耗力的人力生产，实现了全程机械化播种。2014年，尤同义承包60多亩地，开始小规模种植马铃薯，种植品种有晋薯16号、青薯9号等，亩产高达2500～3000千克。2016年，扩大种植规模，承包了800余亩耕地，全部实现了机械化种植。同年，娄烦县农业局决定，由尤同义代表“娄烦山药蛋”申报国家地理标志认证保护。2018年，娄烦山药蛋获得国家地理标志认证保护。同年“娄烦山药蛋”获得全太原市唯一一家“全国绿色农业十佳蔬菜地标品牌”，2019

年获得“全国名特优新农产品”“太原市区域性公用品牌”。

尤同义带领全村老百姓建起了60多个沼气池，沼渣施肥，沼气做饭，沼液喷洒农作物，走绿色环保无公害的良心种植，并推行了节能吊炕。他还建成2760立方米的自然能源运行的恒温窖，冬天保持在4℃，夏天保持在8℃，可以储藏900吨马铃薯。这项创新技术获得2018年太原市“五小”竞赛优秀成果一等奖，并在中国北方地区推广运用。

2008年，龙同义被评为市级农村拔尖实用人才。2011年，获得太原市个人一等功、太原市科技优秀工作者称号。2012年，被太原市委评为创先争优先进个人。2018年，被太原市劳动竞赛委员会授予太原市五一劳动奖章。2019年，被山西省农业科技信息中心评为科普惠农绿色通道工程先进个人。2020年获评太原市劳动模范。2021年2月，获得“全国脱贫攻坚先进个人”称号。

2021年山西省优秀共产党员、优秀党务工作者

优秀共产党员（20名）

侯爱荣（女）　阳曲县扶贫开发办公室党组书记、主任

高红霞（女）　太原市迎泽区老军营街道新建南路第二社区党总支书记、居委会主任

荣　彦（女）　太原市杏花岭区特殊教育中心学校教师

刘　莉（女）　太原市万柏林区小井峪街道党工委书记

张　龚　太原市晋源区义井街道党工委书记，区数字化城市管理指挥中心主任

杨　蓉（女）　太原市杏花岭区三桥派出所副所长兼金刚里社区民警

韩　蕾（女）　太原市妇幼保健院临床第一党支部书记、产科副护士长

牛国栋　太钢不锈冷轧厂连轧作业区班长

徐雪梅（女）　太原市高级技工学校（太原技师学院）党总支书记、副校（院）长

王收秋　中国邮政集团公司太原市万柏林区分公司大虎沟投递部投递员

范彦军　太原锅炉集团有限公司设计二处处长

赵　宏　太原市热力集团有限责任公司太古供热分公司党支部书记、经理

张全营　太原市小店区农业农村局党委委员

贺启华　富士康（太原）科技工业园副总经理

赵梅生　太原学院终身教授，退休教师

许小刚　太原市应急管理综合行政执法队队长

石狗拴　阳曲县侯村乡党委委员、副乡长，店子底村党支部书记

古福明　山西胜创能源有限公司党支部书记，晋能控股煤业集团太原大凯经贸有限公司董事、总经理

米景轩　山西梗阳投资集团有限公司副总裁，山西梗阳新能源有限公司党支部书记、总裁

梁素芳（女）　中国人民解放军第6904工厂信息系统与特种装备研发部部长

优秀党务工作者（19名）

侯丽琳（女）　太原市小店区亲贤长风商圈党委书记

李建明　太原市迎泽区郝庄镇董家庄村党支部书记、村委会主任

孟庆玲（女）　太原市杏花岭区巨轮街道小北关社区党支部书记、居委会主任

任丽霞（女）　太原市尖草坪区委组织部副部长、区委党建办主任、非公经济组织和社会组织工委书记

温庆茹（女）　太原市万柏林区长风西街街道地矿社区党委书记、居委会主任

李永莲（女）　阳曲县委办副主任，社区建设服务中心党委书记、主任

苏建峰　娄烦县娄烦镇党委书记

马　娜（女）　太原市统计局机关党总支专职副书记

张晓红　太原市育蕾幼儿园党支部书记、园长

董钰柱　太原市第二人民医院党委书记

王一丁（女）　太原市晋源区人民法院党组成员、政治部主任

阴剑兵　太原市公安局尖草坪分局汇丰派出所党支部书记、所长

闫文俊　古交市医疗集团党委书记、院长

罗建纯　山西紫林醋业股份有限公司党总支书记、董事长

刘东亮　太原田和食品集团有限公司党委书记、董事长

朱拥民　太钢不锈线材厂党委书记、厂长
郭学英　国网太原供电公司信息通信公司（大数据中心）党支部书记、副主任
许　虹（女）太原市原红十字血液中心党委书记
席林红（女）青岛啤酒（太原）有限公司党委书记、董事长、总经理

山西省脱贫攻坚先进个人

裴耀军　阳曲县委书记
李树忠　娄烦县委书记
郭勇智　太原市农业农村局扶贫开发科科长
苏建峰　娄烦县娄烦镇党委书记
杨登峰　阳曲县大盂镇党委副书记
宋素萍（女）太原市社会救助中心低保科科长
王　浩　娄烦县马家庄乡潘家庄村第一书记，太原市委组织部四级主任科员
张育新　娄烦县天池店乡天池店村第一书记，市人力资源和社会保障局科员
范瑞诚　阳曲县凌井店乡安塘村原驻村工作队队员，太原市小店区农业农村局科员
张秀英（女）娄烦县静游镇峰岭底村驻村工作队队员，太原市退役军人事务局科员
赵慧文　娄烦县米峪镇乡下石村第一书记，太原城区农村信用合作联社客户经理
郭东彬　阳曲县杨兴乡鄗都村党支部书记
高亮国　娄烦县天池店乡孔河沟村党支部书记
吴翠萍（女）阳曲县清风良业种养殖专业合作社理事长

2021年太原市优秀共产党员、优秀党务工作者

优秀共产党员（150名）

小店区

米　璟（女）小店区营盘社区卫生服务中心党支部书记、副主任医师
刘素花（女）小店区老干局党总支小店党支部宣传委员
张宇峰　小店区市场监督管理局科员
康振亚（女）小店区沙河街小学校党建办主任
李　峰　小店区黄陵街道窑子上社区居民
姚　刚　小店区营盘街道并州南路西一社区居民
苏　鑫　太原居然之家家居有限公司党支部书记、招商运营经理
安剑峰　小店区交通运输局法制办主任
郭志强　小店区北格镇南格村党支部书记、村委会主任
赵瑞红（女）小店区住房和城乡建设局重点工程股科员

迎泽区

段荣芳（女）迎泽区柳巷街道起凤街社区党总支书记、居委会主任
黄　梅（女）迎泽区桃园小学校党支部书记、副校长
丁建平　迎泽区老军营社区卫生服务中心党支部书记、主任
张玉秀（女）迎泽区人民检察院第四检察部主任
杨　枫（女）迎泽区郝庄镇朝阳一社区党总支书记、居委会主任
李　军　迎泽区行政审批服务管理局党组书记、局长
郭利燕（女）迎泽区住房和城乡建设局城中村建设中心科员
张遂敏（女）迎泽区迎泽街道青年路一社区党总支书记、居委会主任

杏花岭区

王彩玲（女）杏花岭区疾控中心计划免疫科科长
李笑冰（女）太原市杏花岭少年宫教师
李　隆　杏花岭区人民检察院第四检察部副主任
季丽清（女）杏花岭区人民法院刑事审判庭员额法官
贾　萍（女）杏花岭区敦化坊街道卧虎山社区党支部书记、居委会主任
屈跃丽（女）杏花岭区医疗集团党委委员、副院长，区中心医院内科主任

陈海军　杏花岭区中涧河镇退役军人服务站、武装部、水利站专管员，长沟村党支部第一书记
周　杰　杏花岭区环卫队行政科科长
常志宏　太原棉织厂有限公司党委书记、董事长

尖草坪区

吕　芳（女）尖草坪区汇丰街道槐园社区党支部书记、居委会主任
刘红明　尖草坪区疾控中心党支部书记、主任
韩在萍（女，回族）尖草坪区光社街道南二社区党支部书记、居委会主任
王文忠　尖草坪区直机关工委委员
苗振国　尖草坪区阳曲镇党委副书记、政协联络组组长、统战委员
张爱明　尖草坪区西墕乡陈家窑村党支部书记、村委会主任
何俊峰　尖草坪区农业农村局农技中心农艺师
王建斌　山西星宇荣盛实业有限公司总经理助理

万柏林区

赵　燕（女）万柏林区长风西街街道党工委书记
庞　锋　万柏林区城乡管理局党工委副书记、局长
张月卿（女）万柏林区工业和信息化局党工委书记、局长
赵广平　万柏林区王化街道党工委副书记兼政协联络组组长和政法委员
张俊伟　万柏林区杜儿坪街道办事处退役军人服务保障工作站站长
窦毅民　万柏林区疾病预防控制中心党支部书记、主任
侯力红　万柏林区和平街道南社社区党委书记
韩　晔（女）万柏林区万科紫郡小学党支部书记、校长

晋源区

高　翔　晋源区晋源街道党工委书记
康建生　晋源区晋祠镇南大寺村党支部书记
韩国晓　晋源区姚村镇党委副书记、镇长
李　瑾（女）晋源区综合检验检测中心主任
孟罂霞（女）晋源区义井街道阳光汾河湾社区党支部书记、居委会主任
张来弟（女）晋源区农业技术推广服务中心主任

古交市

阴建梅（女）古交市桃园街道党工委副书记
弓忠义　古交市宣传系统党委副书记，新时代文明实践服务中心副主任
申宇维　古交市常安乡麻家口村村委会主任
褚建梅（女）古交市妇幼保健计划生育服务中心护师
康巨才　古交市供销合作社联合社机关党支部退休干部
闫晓瑛（女）古交市月明希望学校校长，山西一一煤气化集团有限公司工会主席

清徐县

张永恩　清徐县马峪乡龙林新村党支部书记
张启有　清徐县东于镇东高白村党委书记
李刚虎　清徐县孟封镇杨房村党支部书记、村委会主任
武永强　清徐县集义乡党委副书记、乡长
王金秀（女）清徐县东湖街道育青南社区党支部书记
张　君　清徐县市场监督管理局党组书记、局长
龙盛杰　清徐县行政审批服务管理局党组书记、局长
刘晓珍（女）清徐县清源幼儿园集团园长
王守昌　清徐县公安局一级警长
武丕毅　清徐县工业和信息化局经济运行科科长

阳曲县

刘智军　阳曲县黄寨镇录古咀村党支部书记、村委会主任
张　炯　市残疾人综合服务中心科员，阳曲县杨兴乡水头村第一书记
高美林　阳曲县西凌井乡六固村党支部书记
胡恒源　阳曲现代农业产业示范区管委会综合办副主任
薛宇卿　阳曲县教育工委委员，阳曲一中党支部副书记、校长

娄烦县

孙晓东　娄烦县电商协会党支部书记、会长
申蕾蕾（女）娄烦县公安局网络安全保卫大队四级主管
刘国燕　娄烦县杜交曲镇雷家庄村党支部书记
李慧峰　娄烦县静游镇曼咀岩村村委会主任
苏鹏奎　娄烦县教育科技局党工委委员、教育教学发展中心主任
冯旭东　娄烦县旺鑫种植专业合作社负责人
李国成　娄烦县文化旅游局原书记

市直工委

邢莉蓉（女）市纪委监委组织部部长，市委巡察办副主任
李　丽（女）市委组织部人才工作科科长
底强利（回族）市委宣传部干部科一级主任科员
项卫红（女）市文明办二科科长
于　灏　市天龙山石窟博物馆党支部书记、馆长
郝瑞岗　市卫健委疾病预防控制科科长
杨云龙　市委党史研究室主任、一级调研员
雷世昌　市直属机关事务管理局局长
张艳红（女）市财政局二级调研员
倪福田　市发展和改革委员会二级调研员
陈居红　市城乡管理局市政管理科科长

李　杰　市住房和城乡建设局组织部二级主任科员
郭勇智　市农业农村局扶贫开发科科长
黄晋豫（女）市体育运动学校学生科副科长
李国忠　太原技术转移促进中心主任
田　霞（女）太原广播电视台综合广播总监
刘　栋　市中级人民法院行政审判庭原副庭长、四级高级法官
李俊霞（女）市人民检察院法律政策研究室副主任
李美超　市房产租赁管理服务中心办公室科员

市委工信工委

郝　忠　国网太原供电公司上兰供电所所长
郭捍东　山西昆明烟草有限责任公司卷包车间主任
要长维　山西中煤资源综合利用有限公司总经理
孙　键　中车太原机车车辆有限公司转向架车间气焊工、调度组长
郭惠民　国电山西洁能有限公司太岳山风场副场长

市委住建工委

毕晓东　市政工程设计研究院党委副书记、院长
杜建文　市城乡基础设施建设中心主任
高海潮　市城乡规划设计研究院副总工程师，规划三所所长
白　芸　市政公用工程质量安全站干部
郝志远　市建设工程质量安全站干部
郝　鑫　市绿色建筑与海绵城市发展中心干部

市委教育工委

胡建功　太原学院机电与车辆工程系教师
张毅强　市第五中学校工会副主席
赵　虹（女）市进山中学校党委第二支部书记
云彩霞（女）市育英中学校教研组长
高　萍（女）市实验中学校教研组长
李　晶　市聋人学校教务主任
樊丽琴（女）市第二实验小学校教师

市委卫健委工委

周　峰　市中心医院神经中心党支部副书记
李建华　市人民医院内科党支部书记，新院区门急诊负责人
刘梦华（女）市第二人民医院呼吸消化科党支部书记
张　璠（女）市第三人民医院分院（迎泽区产科医院）妇产科护士长、主管护师
王全红　市第四人民医院医务科兼浆膜腔结核科主任
刘　寰（女）市精神病医院心理分院副护士长
谭　皓　市中医医院肾病科主治医师
许鹏飞　市急救中心（市第九人民医院）特勤大队护士长

市公安局党委

李　蓉（女）市公安局迎泽分局法制大队一级警长
李　晖　市公安局公共交通安全保卫分局治安管理大队副大队长
郝飞龙　市公安局特警支队一大队三中队中队长
殷旭忠　市公安局巡警支队巡逻四大队三中队副中队长
郑兵锋　市公安局法制支队案件审核大队刑事案件中队副中队长
马俊芳（女）市公安局出入境管理支队公民出国（境）管理大队二级警长
李　响　市公安局人口管理和派出所指导支队派出所指导大队三级警长

市国资委党委

赵伏虎　太原狮头中联水泥有限公司副总工程师
袁芝琦　太原国有资本投资运营集团有限公司董事长
张跃军　太原酒厂有限责任公司党委副书记、董事长
贾学敏　太原物产集团有限公司党委书记、董事长、总经理，太原龙城电影发展（集团）有限公司党委书记
赵建平　山西联运集团股份有限公司党委委员、总经理
石贵平　太原东山煤电集团有限公司调度主任

市委城管工委

刘建辉　市城乡管理综合行政执法队综合办公室副主任，娄烦县米峪镇乡米峪镇村第一书记

综改示范区党工委

李　健　山西转型综合改革示范区承接产业转移（甩开区）招商服务中心党委副书记、副主任
刘　军　亚宝药业太原制药有限公司总经理

中北高新区党工委

麻　勇　国家税务总局太原中北高新技术产业开发区税务局副局长

市委非公和社会组织工委

王　静（女）太原中保集团实业有限公司行政经理

西山示范区党工委

张俊平　市玉泉山管理有限公司党委书记，山西晋峰供热有限公司总经理

市委离退休干部工委

谷文波　市人大常委会原主任，离休干部
曹贵生　娄烦县静游镇下石家庄村党支部书记、村委会主任，退休干部

太原钢铁（集团）有限公司党委

张　威　山西太钢不锈钢股份有限公司技术中心不锈钢二室主任
孟庆亮　太原钢铁（集团）有限公司矿业分公司尖山铁矿采矿部运输作业区大车司机

段浩杰　山西太钢不锈钢精密带钢有限公司轧制作业区主管
常国栋　山西太钢不锈钢股份有限公司炼钢二厂技术质量科技术员
岳玉瑛（女）　山西太钢医疗有限公司太钢总医院传染科副主任
王银耀　山西太钢不锈钢股份有限公司炼铁厂生产保障作业区党总支书记、主管
韩五卫　太原钢铁（集团）有限公司离退休职工管理部市内外管理所所长

优秀党务工作者（150 名）

小店区

张建红　小店区区直机关工委书记
杨　楠（女）　小店区龙城街道党工委副书记、政协联络组组长
高艳影（女）　小店区小店街道党工委委员、组宣委员
郭　琴（女）　小店区八一小学校党支部书记、校长
吕国莉（女）　小店区平阳路街道党群服务中心主任
王永强　小店区刘家堡乡王吴村党委书记、村委会主任
郭　娟（女）　小店区坞城街道太航社区党支部书记、居委会主任
张　志　小店区西温庄乡东温庄社区党支部书记
张玉凤（女）　小店区卫生健康和体育局党委委员、副局长
王建国　小店区交通运输局机关党支部书记、办公室主任
呼秋宏（女）　小店区北营街道南站东社区党支部书记、居委会主任

迎泽区

武　翠（女）　迎泽区文庙街道文庙社区党委书记
张　靖（女，回族）　迎泽区桥东街道南内环街社区党委书记、居委会主任
王慧娟（女）　迎泽区老军营街道新建南路第三社区党总支书记、居委会主任
张　维（女）　迎泽区三晋小学校党支部书记、校长
张慧林（女）　迎泽区委组织部党员教育中心主任、组织一股股长
郭巍炜　迎泽区庙前街道党工委办公室副主任、非公党建办公室主任
尹秀山　迎泽区园林绿化中心党支部书记、主任
毋清风（女）　迎泽区人民法院机关党委副书记、政治部副主任
薛全胜　太原尚乘市场管理集团有限公司党委书记
乔娅慧（女）　迎泽区郝庄镇太堡二社区党总支书记、居委会主任

杏花岭区

冯志刚　杏花岭区职工新街街道党工委书记
武卫东　杏花岭区工业和信息化局党工委书记、局长
李中华（女）　杏花岭区杏花岭街道党工委副书记、工会主席
边佩鲜（女）　杏花岭区大东关街道党工委副书记，建设北路北社区党支部副书记
薄震霄（女）　杏花岭区三桥街道柳溪街社区党支部书记、居委会主任，桃园区域党群服务中心负责人
郭宏山　杏花岭区住房和城乡建设党工委委员
贾建平（女）　誉海建设工程有限公司党支部书记、财务总顾问
李润仙（女）　杏花岭区饮食公司党委书记
靳丽红（女）　杏花岭区坝陵桥街道新开巷社区党支部书记、居委会主任
陈　莉（女）　杏花岭区实验小学党支部书记

尖草坪区

王为民　尖草坪区教育局党委书记、局长
张建宏　尖草坪区卫生健康和体育局党委书记、局长
孙　艳（女）　尖草坪区南寨街道党工委书记
王　峰　尖草坪区柴村街道党工委副书记、政协联络组组长、统战委员
古瑞麟（女）　尖草坪区汇丰街道党群服务中心主任
刘　燕（女）　尖草坪区迎新街街道党工委委员、组宣委员
续晓军　尖草坪区上兰街道党群服务中心主任

万柏林区

刘　毅　万柏林区东社街道党工委书记
张锐锋　万柏林区南寒街道党工委书记
武中全　万柏林区住房和城乡建设局党工委书记
王惠宏　万柏林区行政审批服务管理局党组书记
白晓宝　万柏林区神堂沟街道党工委副书记兼组织、宣传、统战委员
温晓青（女）　万柏林区人力资源和社会保障局党工委委员、副局长
高彦东　万柏林区机构编制电子政务中心主任，区委组织部组织指导室主任
赵建敏（女）　万柏林区长风西街道长兴北街社区党委书记，华润大厦楼宇党委书记
李有全　万柏林区长风西街道南屯社区党委书记
石旭斌　万柏林区白家庄街道九院村党支部书记、村委会主任

晋源区

王　强　晋源区义井街道党工委委员、组织委员
高中虎　晋源区姚村镇洞儿沟村党支部书记
张　腾　晋源区晋源街道党建站站长
郭变珍（女）晋源区晋祠镇组织办三级主任科员
杜　刚　晋源区委组织部党员教育中心主任

古交市

张慧忠　古交市原相乡党委书记
赵小伍（女）古交市市直机关党工委副书记
谭晶晶（女）古交市马兰镇党委副书记
张　琴（女）古交市园林绿化中心党支部书记、副主任
武桂珍（女）古交市市级机关幼儿园党支部副书记、园长
李喜平　古交市岔口乡岔口村党支部书记

清徐县

贾　隽　清徐县清源镇党委副书记、政协联络组组长、统战委员
王五狗　清徐县西谷乡西谷村党委书记
刘卫明　清徐县孟封镇党委副书记、政协联络组组长、统战委员
卢银洁（女）清徐县王答乡党委委员、组织委员
牛学维　清徐县徐沟镇杜村党支部书记
刘建斌　清徐县融媒体中心党组书记、主任
贾晓彬　太原六味斋实业有限公司党委书记、总经理
乔翀飞（女）清徐县县直机关工委副书记
程琼艳（女）清徐县大学生村官管理中心主任
李绍鸣　清徐县柳杜乡党建办主任

阳曲县

王凯宏　阳曲县高村乡党委书记
金　鑫　阳曲县委组织部组织一股股长
赵　恺　阳曲县泥屯镇党委副书记兼政协联络组组长
马胜利　阳曲县黄寨镇城晋驿社区党支部书记
高永胜　阳曲县东黄水镇洛阴村党支部书记
安保生　阳曲县凌井店乡西郭湫村党支部书记、村委会主任
李旭升　阳曲县大盂镇党委书记

娄烦县

李国强　娄烦县委组织部副部长、党建办主任
李长宏　娄烦县纪委副书记、监委副主任
孙拴存　娄烦县盖家庄乡党委委员、人大主席、工会主席
李艳杰　娄烦县医疗集团党委委员、纪委书记，人民医院党支部书记
钮巨宝　国网娄烦县供电公司党委书记、副经理
崔亮拴　娄烦县政府办公室机关党总支副书记、副主任
蔚晋斌　娄烦县第二中学党支部书记、校长

市直工委

杨天玉　市纪委副书记、市监委副主任、一级调研员
张立军　市直机关纪检监察工作委员会书记
王　洪（女）市委办公室机关党委专职副书记、四级调研员
闫　滨　市市场监督管理局机关第二党支部书记、食品流通监管科科长
米俊峰　市统计局青年党支部书记、高级统计师
孙福贵　市财政局机关党委专职副书记
闫丽丽（女）市司法局党组办（机关党委）专职副书记
篴海涛　市住房公积金管理中心机关党委专职副书记
芦金明　市委党校决策咨询部副主任
陈　琳（女）市民政局机关党委专职副书记
朱征荣　市文化和旅游局机关党委专职副书记
刘　杰　市住房和城乡建设局机关第四党支部书记
史红香（女）市供销合作社联合社机关党委专职副书记、机关党支部书记
米晓飞　共青团太原市委机关党委科员
王欣森　市工业和信息化局机关党委专职副书记
耿　慧（女）市残联机关党总支专职副书记
苗　震　市水务局机关党委专职副书记
刘　凯　市邮政管理局机关党总支副书记

市委工信工委

张艾香（女）太原华润煤业有限公司党群纪检部负责人
焦小亮　山西百一机械设备制造有限公司有色金属分厂党支部书记、厂长
王晋芬（女）山西龙源风力发电有限公司党建工作部主任
崔小芳（女）国电华北电力有限公司太原第一热电厂纪委副书记

市委住建工委

郝东辉　市政建设集团有限公司党委书记、董事长
蒲　净　市建筑设计研究院党总支副书记、院长
胡纯杰　市城乡规划设计研究院党支部副书记、院长
尹　钥　市城市建设管理中心党支部书记、主任
卫长乐　市城乡规划设计研究院党支部组织委员、副院长
王　强　盛玖建设集团有限公司党工部部长

市委教育工委

王永平（女）太原旅游职业学院党建处副处长
冯　凯　市财政金融职业中专学校党办主任
许宏彦（女）市育红幼儿园党办主任
郝　江　市第五实验小学校党支部宣传委员

王　琦 （女） 市第十五中学校行政党支部书记、教研室副主任
辛　明 市招生考试管理中心党支部委员、中考科科长
杨建华 （女） 市第二实验中学校行政支部组织委员、教师

市委卫健委工委

郑红宣 （女） 市中心医院组织部长兼院办负责人
郝俊彪 市人民医院党委书记
刘秀萍 （女） 市妇幼保健院党委书记
刘旭辉 （女） 市疾病预防控制中心第二党支部书记
王　萍 （女） 市卫生健康综合行政执法队行政党支部书记、人事科科长

市公安局党委

赵慧琳 （女） 市公安局万柏林分局长风派出所党支部副书记、教导员
冯俊文 市公安局综改分局政工室副主任
黄金晶 市公安局直属分局政工监督室副主任
郝炎荣 （女） 市公安局西山分局监督室副主任
郭　巍 市公安局警令部秘书处综合协调科副科长
段　玮 （女） 市公安局政治部组织处党员管理科科长
姜晋芳 （女） 市公安局技术侦察支队综合管理大队党支部副书记、教导员

市国资委党委

张文和 山西电机制造有限公司党委书记、董事长
李　杰 太原田和水产有限公司党支部书记、经理
刘春芳 （女） 山西锦地企业管理集团有限公司党委副书记、纪委书记
王　斌 市国经置业集团有限公司党委副书记、副董事长、总经理，太原市百货有限公司党委书记、总经理
高晋喜 市水产有限责任公司党委书记、董事长

市委城管工委

尹爱军 市城市照明管理中心党总支书记、主任
杨开俊 市渣土管理处党支部书记、处长

综改示范区党工委

寇惠青 （女） 山西转型综合改革示范区非公党委书记，党群工作部副部长
李　佳 山西转型综合改革示范区进出口与跨境电商项目招商服务中心党总支书记、主任

中北高新区党工委

郑　佳 （女） 太原中北高新技术产业开发区管委会党群服务部干部

市委非公和社会组织工委

王　静 （女） 市社会组织综合党委副书记，市民政局社会组织管理科科长

西山示范区党工委

赵　雪 （女） 太原西山生态文化旅游示范区管委会机关党支部书记、综合办公室副主任

市委离退休干部工委

刘建华 （女） 市委老干部局政治待遇科科长，市委离退休干部党工委办公室主任

太原钢铁（集团）有限公司党委

杨　毅 山西太钢不锈钢股份有限公司加工厂党委副书记、纪委书记、工会主席
姜　广 太原钢铁（集团）有限公司矿业分公司尖山铁矿党委副书记、纪委书记、工会主席
孔繁荣 山西太钢不锈钢股份有限公司能源动力总厂主机作业区党支部书记、主管
蒋朝晖 山西太钢不锈钢股份有限公司炼钢二厂党群科科长
姚　雷 山西太钢不锈钢股份有限公司热连轧厂纪委副书记、机关第一党支部书记
李淑红 （女） 太原钢铁（集团）有限公司离退休职工管理部党群科科长
王改丽 （女） 山西太钢医疗有限公司党群部部长

区县概览

Brief Introduction to Districts and Counties

小店区

【概况】 区名来历。小店区因小店村而得名。村落形成于北宋初年，宋太平兴国四年（979年）毁晋阳城后，该地成为新建的平晋县城向西通往晋阳故城之汾河渡口要地。初有小片客栈，后商贾汇集成村，因店小且多，故称小店。明嘉靖《太原县志》载："小店堡，本永安堡，乃四达道也。"后设镇。1997年，太原市调整辖区行政区划，新设小店区，区政府驻小店镇。

位置境域。小店区位于太原市东南部，晋中盆地北端。地理坐标为北纬37°36′～37°49′，东经112°24′～112°43′。东与晋中市榆次区接壤，南与清徐县毗邻，西与晋源区、万柏林区隔汾河相望，北至南内环街与迎泽区相连。境域东西最宽15.69千米，南北最长22.53千米，总面积295平方千米，建成区面积50平方千米。

建置沿革。境域春秋属晋，韩、赵、魏三家分晋后属赵，秦属太原郡晋阳县，治所在今晋源区古城营一带。之后分别隶属晋阳县、太原县、平晋县、阳曲县、晋源县。1949年太原解放后，新置内、外各4个区，境域属外一区、外二区和晋源县。1950年2月，太原市8个区并为4个区。之后，境域先后分属第四区、第七区，小店区、南城区，南城区、郊区，南城区，小店农村人民公社和双塔、柳巷城市人民公社，南城区、晋源区，南城区、郊区。1970年3月太原市撤销郊区建置，新置南郊区、北郊区，境域属南郊区，区政府驻小店镇。1997年12月12日，太原市调整辖区行政区划，新设小店区。1998年1月1日，小店区挂牌成立。2021年，区政府驻昌盛西街。

区划与人口。2021年，小店区辖坞城、营盘、北营、平阳路、黄陵、小店、龙城、学府8个街道和西温庄、刘家堡2个乡，北格1个镇，唐槐1个街道筹备组，共29个农村、67个村改居社区、84个城市社区。全区常住人口141.40万人，其中男性72.50万人，女性68.90万人，性别比（女=100）为105.09。城镇人口132.30万人，乡村人口9.10万人，城镇化率93.50%。

地形地貌河流。境域地势东北高，西南低。东北部隆起分布黄土丘陵，向盆地倾斜；中西部为汾河冲积平原。境内平均海拔800米以上，最高峰石嘴山海拔1218.60米，最低处南马村汾河滩海拔763米。境内河流有汾河（境内长31千米）、潇河（境内长18.20千米）。

名胜古迹。境内有郑村烈士陵园、小店区革命烈士纪念馆等革命烈士纪念。可供游览和观赏的风景名胜有华辰农耕园、唐槐公园、学府公园、迎宾公园、圆照寺公园、音乐广场、昌盛游园

2021年7月23日，小店区刘家堡乡刘家堡村在王琼故里文化街举办首届文化艺术节
（小店区档案馆供图）

2021年11月9日，太原武宿国际机场三期改扩建工程武宿社区拆迁现场

（小店区档案馆供图）

等。其中华辰农耕园位于张花村，占地面积66.67公顷，是一个集生态观光、旅游、休闲、娱乐、度假和体验为一体的乐园。唐槐公园位于狄村村北，是为纪念唐代名相狄仁杰而建，园内千年古槐相传为狄仁杰之母手植。

主要经济指标。2021年，小店区域地区生产总值完成1425.15亿元，增长11.60%。服务业增加值完成674.74亿元，增长9.80%。社会消费品零售总额完成707.47亿元，增长17%。固定资产投资完成386.85亿元，增长12.10%。规模以上工业增加值完成256.84亿元，增长26.70%。小店区一般公共预算收入完成27.19亿元，增长14.60%。一般公共预算支出完成50.28亿元，增长6.60%。城镇居民人均可支配收入43496元，增幅8.80%，农村居民人均可支配收入24724元，增幅9.20%。（侯盼洁）

【转型发展】 2021年，小店区承接综改示范区13项社会管理事务，服务保障潇河园区12个项目入园落地、顺利建设。保障武宿国际机场三期改扩建工程建设，南王名、北王名、高中整村拆迁全部清零，武宿、寺庄红线范围内宅基地实现净地交付。服务第一实验室、省疾控中心、地铁1号线、滨河东路南延等42个省、市重点项目，山西大学东山校区如期投入使用，山西师范大学迁入新址。推进205个重点转型项目建设，带动固定资产投资216.95亿元。发展山西电机等高端智能制造，山西信创产业园落地汾东新城。建成中小企业公共服务示范平台14个，省级以上平台占到85.70%。18个工业企业上规升级，新发展省级“专精特新”企业61个，培育国家级“小巨人”企业3个。累计建成5G基站1365个。打造省城现代新型商业商务中心和区域消费中心，推动亲贤长风等传统商圈提质升级，推动华宇百花谷、北美N1等大型商业综合体线上线下融合发展。全区“限上”商贸企业发展到504家，占全市22%。编制《小店区楼宇经济发展规划（2021—2025）》，制定出台《小店区促进楼宇经济高质量发展扶持办法（试行）》，为高质量发展聚势赋能。（侯盼洁）

【深化改革】 2021年，小店区深化省校合作，与山西大学、太原理工大学等26所省内高校达成战略合作意向110项，实现“十二大基地”全覆盖。成立大诚资产运营集团有限公司，启动建设小店区科技创新服务中心，科技型中小企业发展到3494个，高新技术企业发展到1650个，分别占到全市的70.60%、73.60%，成功申报“科创中国”试点城市。深化“放管服”改革，社保“三险”实现“综合受理、一窗通办”，在全市推动政务服务向基层延伸，110项行政审批事项在街道（乡镇）便民服务中心实现“一窗通办、就近可办、同区通办”，审批流程缩减20%，审批效率提升3倍以上，全区市场主体突破17.50万户。加强招商引资，举办小店区城中村改造项目推介会、重点园区招商推介会、楼宇招商推介会。（侯盼洁）

【生态环境建设】 2021年，小店区坚持治山治水治气治城一体推进。实施创建“国家森林城市”三年行动，推进“公园城市”建设，打造平阳路、长治路省级园林绿化特色示范路和昌盛街、真武路、人民路特色花卉街区，人均公园绿地面积9.23平方米。推进太榆渠改扩建二期工程和汾河生态治理景观工程，推动34座农村污水处理站运行，坚决整治黑臭水体。落实“1+30”城市联防联控机制，建立环保效能监察“三室联动”机制，全域实行红绿牌管控制度，全年空气质量优良天数达到224天，比上年增加12天，空气质量指数5.38，同比下降13.78%。探索具有小店特色的城改新模式，与中粮地产（西安）有限公司等3家公司签订合作框架协议。推进殷家堡、北张等12个续建项目及坞城置换用地、小吴地块等6个新建项目。完成棚户区住房改造118套、既有居住建筑节能改造211.87万平方米、既有建筑加装电梯71部。改造老旧小区142个，惠及居民7.90万人。坚持“全国文明城市”创建和城市美化、靓化、城市管理精细化“三化”工程一体推进，开展美化街巷、亮化家园等八大专项整治行动，实施长风大街、学府街等重点街区品质提升工程，整治提升汾东南路等8条背街小巷，打造亲贤北街示范街区。推行垃圾分类，打造精细化运营精品示范小区522个、精品小区68个，覆盖居民22万户，城市品位显著提升。（侯盼洁）

【社会事业】 2021年，小店区民生投入40.57亿元，占全年支出的80.69%。

实施“人人持证、技能社会”工程，新增技能人才4028人。做好农民工、退役军人、高校毕业生等重点群体就业，城镇新增就业1.60万人，城镇登记失业率控制在3.01%以内。城乡居民基本养老保险参保人数达到10.83万，城乡居民养老、医疗、失业等保险基本实现全覆盖。城乡居民基本医疗保险人均财政补助标准提高30元，惠及40.70万人。减轻高血压、糖尿病患者用药负担，2.87万人享受“两病”门诊用药待遇。深化医保支付方式改革，实现职工医保区级办理。新改扩建3所农村普惠性幼儿园和3所公办幼儿园，建成4所配套学校，新增学位7290个。为31所学校1014个教室安装智慧护眼灯。推进城镇学校“放心午餐”工程和“校校有食堂”行动，惠及中小学生6747名。落实“双减”（有效减轻义务教育阶段学生过重作业负担和校外培训负担）政策，促进教育公平。坚持“外防输入、内防反弹”，完善防控策略，强化应急演练，抓好常态化疫情防控，连续699天保持本地病例“零报告”。启动全区智慧医疗信息平台建设，开展家庭医生签约服务，居民健康档案电子建档85.93万人，1.66万名老年人享受免费健康体检。建成10个街道、乡（镇）新时代文明实践所，151个村（社区）新时代文明实践站达到创城测评标准。汾东文体中心小剧场建设基本完工，提档升级10个基层文化服务中心，5个文化馆分馆、5个图书馆分馆挂牌成立。“送戏下乡”等文化惠民演出1900余场。全区非物质文化遗产达到103项。推进养老事业，建设民航社区养老幸福工程，27个社区食堂建成运营。（侯盼洁）

【社会治理】2021年，小店区执行区级层面的国家安全重点领域协调机制，研判落实涉及国家安全重大事项。落实意识形态工作责任制，强化网络监管力量，防范化解意识形态领域风险，建强守稳意识形态斗争的各类阵地。防范打击电信网络诈骗，连续6个月实现电信诈骗立案、财损“双下降”。坚持法治国家、法治社会、法治政府建设一体推进，推进“八五”普法，获得全省法治政府建设示范区称号。强化基层治理，科学划分1414个网格，组建“网格长+专（兼）职网格员+网格员辅助员”网格团队，推行“百通岗受理、全科式服务”模式，处置各类有效事件2.59万件。开展安全生产专项整治三年行动和集中教育整顿，完成小店城镇片区居民用户管道燃气改造近3000户，惠及群众1万余人，保障燃气安全。落实“四个最严”要求，强化食品安全监管。

（侯盼洁）

迎泽区

【概况】区名来历。迎泽区因境内有明太原城“迎泽门”而得名。迎泽门俗称大南门，洪武九年（1376）太原城扩建时所建。太原城有两个南门，分别名为迎泽、承恩，南门是正门，是迎接皇帝的诏书、钦差之类的门。迎泽、承恩之名来源于一首古老的民歌《南风歌》：“南风之熏兮，可以解吾民之愠兮！南风之时兮，可以阜吾民之财兮！”这首相传是舜帝时代歌颂南风造福于运城盐池人民的民歌，大意是说世间万物都承迎南风的恩泽。于是，两座南门分别被命名为迎泽门和承恩门。1997年，太原市调整辖区行政区划，将南城区改为迎泽区。

位置境域。迎泽区位于太原市市区东中部，地理坐标为北纬37°47′56″～37°55′35″、东经112°31′07″～112°46′58″。东接晋中市寿阳县，南与太原市小店区、晋中市榆次区毗邻，西隔汾河与万柏林区相望，北与太原市杏花岭区相邻。

建置沿革。民国十六年（1927）太原设市前，今迎泽区境域分属阳曲县、太原县。建市后分属太原市、阳曲县。1954年设太原市南城区。1996年，南城区辖柳巷、文庙、庙前、迎泽、桥东、双塔、坞城、北营、老军营9个街道，335个居民委员会。1998年以原南城区为主体，调整组建迎泽区。区政府驻云路街。

区划与人口。2021年，迎泽区辖迎泽、柳巷、文庙、桥东、庙前、老军营6个街道和郝庄1个镇，社区居委会102个，村民委员会10个。全区常住人口63万余人。

地形地貌河流。迎泽区位于太原市中南部汾河以东的河谷平原，地面平坦，地势北高南低、东高西低，微向西南倾斜，地形从东到西逐步倾斜。境内平均海拔高度800米以上。东部土石山区，包括郝庄镇孟家井全部、观家峪村以东部分，海拔高度1000～1500米，主峰罕山为1591.40米；中部黄土丘陵地区，包括郝庄镇中部，海拔高度900～1000米；西部冲积平原区，包括郝庄镇西部及市区，海拔800～900米。

名胜古迹。境内全国重点文物保护单位有：王家峰墓群、永祚寺、崇善寺大悲殿、纯阳宫、文庙、大关帝庙、清真寺、山西大学堂旧址、中共太原支部旧址。省级文物保护单位有：孟家井瓷窑遗址、东太堡遗址、太原文瀛湖辛亥革命活动旧址。有双塔公园、汾河公园、文瀛公园、碑林公园等游园。

主要经济指标。2021年，迎泽区生产总值首次突破千亿元大关，完成1052.50亿元，增长7.50%。服务业增加值完成915.40亿元，增长8.20%，规模以上工业增加值完成54.10亿元，增长5.20%。固定资产投资完成121.20亿元，增长4.20%。社会消费品零售总额完成409.70亿元，增长10.40%。一般公共预算收入完成19.10亿元，增长7%。

（杨水云）

【转型发展】2021年，迎泽区完成钟楼步行街一期改造工程，累计接待游客510万人次，带动柳巷商圈铜锣湾等商业综合体销售额同比增长30%。新推荐认定国家级高新技术企业58家，打造省级众创空间、科技孵化器4个。楼宇总部经济成效显著，金融产业园入驻率达100%。文旅产业蓬勃发展，南海街成为最富“烟火气”“市井味”的美食文化一条街。举办首届电商招商大会等活动，签约落地绿城·桃花源等8个重点项目，引进资金163.20亿元。成立区项目指挥部，完善企业全生命周期服务体系，启动森栖谷二期等省、市级重点工程10项，完成投资22.20亿元。培育“小升规”企业5家，新增市场主体9718户，增长17.20%，落实奖补资金3404万元，新增减税降费5.10亿元。

（杨水云）

【基础设施建设】 2021年，迎泽区迎泽大街东延、南内环东延建成通车，松小线至杏花岭界等5条道路改造完工。完成轨道交通1号线等重点工程房屋征收，累计征收15.10万平方米。加快回迁安置及城中村拆迁“清零”，累计拆除5.70万平方米，分配安置房近4000套。提档升级背街小巷54条，新增停车位5106个、充电桩468处、公厕19座，新开工改造老旧小区306个，完成既有住宅加装电梯22部，垃圾分类基本实现城乡全覆盖。启动孟家井等4个村“美丽乡村”建设，开展“六乱”整治。实施“大棚房”清理整治“回头看”，保持打击“两违”（违法占地和违法建筑）高压态势。推进房屋产权登记确权颁证“清零”行动，首登46357套。

（杨水云）

【社会事业】 2021年，迎泽区城镇新增就业18312人，新建小学4所，新开办及认定普惠性民办幼儿园9所。加强卫生服务体系建设，区中心医院（新址）主体完工。建成日检测量达4000管的核酸检测实验室，为疫情防控和诊疗提供技术保障。完善居家养老服务体系，建成社区食堂20个、幸福养老工程2个。建成全国示范型退役军人服务中心（站）6个。完成社区（村）换届工作，“两委”班子换出新面貌新活力。开展群众性文化活动，组织庆祝建党100周年系列活动，免费送戏下乡105场。

（杨水云）

【生态保护】 2021年，迎泽区完成38台燃气锅炉低氮改造。开展“清河行动”，实施10条道路雨污分流改造，分类整治入河排污口，对7个村开展污水治理，从源头上保护河道及周边生态环境。防治面源污染，推进固体废物源头减量和资源化利用，保障土壤安全。推进“国家森林城市”创建，新建游园绿地20个，提档造林233.33公顷，绿化森防通道18.80千米。（杨水云）

【政府效能建设】 2021年，迎泽区从严治党主体责任，推进政府系统党风廉政建设和反腐败斗争。加强法治政府建设，严格规范公正文明执法，依法行政能力全面提高。“八五”普法规划全面启动。接受人大、政协监督，办理人大代表建议162件、政协提案222件，办复率达100%。深化“放管服效”改革，推行7×24小时自助服务，实现114个审批事项“一件事一次办”。国防动员、后备力量和人民防空建设、双拥共建等工作加强，妇女儿童、青少年、老龄、残疾人、慈善事业等实现新发展，统计、外事、台港澳事务等工作取得新成绩。

（杨水云）

杏花岭区

【概况】 区名来历。杏花岭区因境内有“杏花岭”而得名。明代太原城晋王府有一处花园，园内多植杏树，且地势较高，故名“杏花岭”。太原解放后建有杏花岭街，设有杏花岭办事处。1997年，太原市调整行政区划，以“杏花岭”为名，将北城区改为杏花岭区。

位置境域。杏花岭区位于太原市市区东北部，地理坐标为北纬37°30′36″～37°34′48″，东经112°18′36″～112°27′36″。东与晋中市寿阳县交界，东南、南与迎泽区相邻，西南、西隔汾河与万柏林区相望，西北与尖草坪区接壤，北、东北与阳曲县毗连。辖区东西最宽19千米，南北最长13千米，总面积170.20平方千米。

建置沿革。区境在明清及民国初属阳曲县管辖，阳曲县署即设在今境内府西街（旧县前街）。民国十六年（1927）太原设市后，今境域分属太原市、阳曲县。1954年设北城区，1960年撤销北城区分设巨轮、尖草坪和向阳三个人民公社，1961年撤社恢复北城区。1997年太原市调整行政区划时，以北城区为主体改设杏花岭区。区政府驻胜利街。

区划与人口。2021年，杏花岭区辖1个镇，11个街道，126个社区，20个村委会，36个自然村。全区常住人口78.56万人，其中男性39.36万人，女性39.20万人，性别比（女性=100）100.41。城镇人口73.71万人，乡村人口4.85万人，城镇化率93.83%。

地形地貌河流。境域地处太原盆地东北部，地势东北高、西南低，大致可分为山区、丘陵区和平原区。最高峰后李家山位于小返乡，海拔1670米；最低点城西水系处，位于鼓楼街道、三桥街道，海拔800米。境内河流总长58.30千米，多年平均河川径流量0.05亿立方米。汾河为境内最大河流，流长4千米，流域面积170.20平方千米，主要支流有涧河、北沙河、小返河3条。

名胜古迹。境内全国重点文物保护单位有：唱经楼、天主教堂、山西督军府旧址。省级文物保护单位有：山西国民师范革命活动旧址、赵树理旧居、山西省立川至医学专科学校旧址。有国家AAAA级景区2个（太原动物园、东湖醋园），有国家级工农业旅游示范点1个（东湖醋园），有全国百家红色旅游基地2个（太原解放纪念馆、山西国民师范旧址），有太原市农业旅游示范点2个（长沟生态园、采薇庄园），有庙碉城郊森林公园、长沟城郊森林公园、榆林坪城郊森林公园、后沟城郊森林公园4处。

主要经济指标。2021年，杏花岭区地区生产总值完成875.43亿元，同比增长 8.50%。服务业增加值完成 702.40 亿元，同比增长 7.60%。规模以上工业增加值完成 12.36 亿元，同比增长 11.40%。社会消费品零售总额完成 273.44 亿元，同比增长 11%。一般公共预算收入完成 15.81 亿元，同比增长 6.60%。（游　佳）

【深化改革】2021 年，杏花岭区明确 31 项改革全面完成年度目标，制定《太原市杏花岭区事业单位改革实施方案》等 37 个重要文件，推动改革任务落细落实。完成撤乡并镇，街道增设及区划调整依法依规推进，事业单位重塑性改革完成。“一件事”改革向纵深推进，办结行政审批事项 31681 件，按期办结率 100%，梳理编制 123 项事项清单。加快建设人人持证技能社会，完成职业技能培训 9004 人，新增技能人才 3196 人、高技能人才 1822 人，超额完成年度任务。落实省、市国企改革三年行动实施方案，完成框架移交国有企业 733 家，接收退休人员 88618 人，党员 20906 人。深化农业供给侧结构性改革，以山西老陈醋、太原酒厂等骨干企业为龙头，培育壮大酿造农产品精深加工产业集群，促进一、二、三产业融合发展。深化基础教育“大学区制管理、集团化办学”改革，全区教育集团增至 6 个，探索跨区域委托管理办学方式，山西省实验小学与晋源区、万柏林区签署教育发展战略合作协议，推动优质资源向全市辐射扩展。（游　佳）

【项目建设】2021 年，杏花岭区签约项目 8 个，预计总投资 134.14 亿元。开工项目 51 个，总投资 164.40 亿元。竣工项目 21 个，总投资 153.80 亿元。多彩城 10 月开业，填补东部商圈空白。中华老字号酿造小镇酒厂实现部分投产，特色化、集群化园区框架初具雏形。春光锻造扩产项目三块土地完成招拍挂。启动区文化活动中心建设，1898“太原兵工厂”文化产业园“三馆一坊”初步具备接待能力。谋划太忻一体化经济区首批启动建设重点项目 28 个，总投资 347.10 亿元。（游　佳）

【高新技术企业培育】2021 年，杏花岭区培育高新技术企业完成 98 家，301 家企业纳入国家科技型中小企业信息库，新认定 1 家省级科技企业孵化器，完成 379 个 5G 基站建设，技术合同交易额达到 19.36 亿元。新增市场主体 8452 户，培育“小升规”企业 14 家。推进杏花岭区数字经济产业园建设，扶持京东（山西）数字经济产业园发展壮大，入驻企业 156 户，年产值达 107 亿元，实现税收 4450 万元。（游　佳）

【现代服务业发展】2021 年，杏花岭区打造现代服务业产业集群定位，开展招商对接，抢抓第十二届中博会招商机遇，签约 4 个建设项目，投资规模 159.30 亿元。与 9 个项目达成合作，计划投资总额 166.90 亿元。参加兰洽会、投洽会，与京东、宜家、雪松、中投中财、九桓等企业开展专项招商互动，与中北高新区管委会对接谷旦科技产业基地“飞地经济”园区建设。（游　佳）

【城乡建设】2021 年，杏花岭区以太原学院宿舍等 11 个小区为核心，实施文道片区等 9 个片区改造计划，完成 64 个“三供一业”小区水、电、暖改造，整治背街小巷 7 条，新建公厕 16 座。完成建筑节能改造 718 栋楼、面积 254.60 万平方米，开工 22 部既有建筑加装电梯工作。新建成回迁安置房 2302 套、保障性住房 1582 套。开展“九乱”治理，整治线缆 6.50 万米，拆除违规广告 6470 块、违建 2324 平方米，垃圾分类覆盖全区 974 个小区 31.08 万户，回收利用率达 35% 以上。开展农村人居环境“六乱”专项整治，完成 4 个村的饮水安全工程，修复杨家峪—大窑头等三条农村公路路面 3000 平方米。（游　佳）

【社会事业】2021 年，杏花岭区确定“校安护航”工程、免费开展新生儿疾病筛查等 10 件民生实事件件落实。“双减”成效显现，初步构建“1+N”“双减”制度体系，义务教育阶段学科类培训机构压减率达 100%。普惠性幼儿园达 107 所，普惠率 92.80%。创建示范型退役军人服务中心（站）6 个，区中心医院综合楼、区疾控中心改扩建工程完工并投入使用。（游　佳）

【生态保护】2021 年，杏花岭区累计优良天数 225 天，综合指数 5.21，同比下降 11.40%，高标准完成绿化工程提档升级 133.41 公顷，王家山森林运动公园基本完成，建成矿山修复生态园 74.80 公顷，新建 5 个游园、5 块绿地，培养省级、市级园林式居住区 7 个。（游　佳）

【社会治理】2021 年，杏花岭区建成 4 所青少年法治宣传教育基地，打造东沟村、长沟村、桃北东社区为全省标准法治示范点，公共法律服务中心（站）解答群众咨询 8415 人次。结合政法队伍教育整顿“七查”〔举报线索核查，涉黑涉恶案件（线索）倒查，重点案件交叉评查，涉法涉诉信访案件清查，法律监督专项检查，智能化数据排查，队伍建设巡查〕工作，倒查涉黑恶线索 223 条、涉黑恶案件 58 件次、改变定性案件 7 件。开展社会治安、经济民生、农业农村“三大领域”打击整治，各类刑事案件立案同比下降 10.10%。全区划分普通网格 783 个、专属网格 116 个，排查化解矛盾纠纷 2467 件、治安问题 8406 件、风险隐患 3321 件。推进三级联调中心规范化建设，调解矛盾纠纷 4805 件，调解成功 4801 件，成功率 99%。深化安全生产专项整治三年行动，排查出 9884 条隐患全部整改，完成 14.37 万户管道燃气居民用户自有设施升级、158 处建（构）筑物占压燃气管线整治，189 户农村住房完成抗震改造。（游　佳）

尖草坪区

2021 年，汾河生态修复治理四期工程建设现场　（尖草坪区档案馆供图）

【概况】 区名来历。尖草坪区因境内有“尖草坪”而得名。明太原城北有一片荒地，又多生野草，据说这些野草名叫菅草，因“菅”是生僻字，当地人们误传成尖草，所以就称这一带为尖草坪。1998 年设尖草坪区。

位置境域。尖草坪区位于太原市区北部，东、北与阳曲县为邻，东、南与杏花岭区相连，南、西与万柏林区接壤。地理坐标为北纬 37°52′49″～ 38°04′42″，东经 112°20′34″～ 112°38′32″。辖区东西最宽 26 千米，南北最长 22 千米，总面积 295.70 平方千米。区政府驻柴村迎宾路。

建置沿革。区境在太原建市前属阳曲县。民国十六年（1927）太原设市后，分属太原市、阳曲县。1970 年 3 月设立北郊区，1998 年设尖草坪区。

区划与人口。2021 年，尖草坪区辖柏板、西墕 2 个乡，向阳、阳曲 2 个镇，柴村、汇丰、光社、尖草坪、迎新街、古城、南寨、上兰、新城 9 个街道，共 13 个乡级政区，下设 77 个居民委员会、55 个村民委员会。全区户籍人口 33.96 万人。

地形地貌河流。境域地处太原盆地北部，海拔 780 ～ 1865 米。东、西、北三面环山，汾河纵贯南北，地势北高南低，分为山地、丘陵、平原 3 种类型。境内河流属黄河流域，河流总长 54.90 千米。其中，汾河长 16.20 千米，流域面积 539 平方千米；杨兴河长 18.50 千米，流域面积 94 平方千米；泥屯河长 12 千米，流域面积 19 平方千米；凌井河（柏板河）长 8.20 千米，流域面积 21 平方千米。

名胜古迹。境内境内有省级风景名胜区崛𡶶山风景名胜区 1 处，省级以下风景名胜区 5 处。全国重点文物保护单位 3 处：窦大夫祠、净因寺、多福寺。

主要经济指标。2021 年，尖草坪区地区生产总值完成 513.27 亿元，比上年增加 149.28 亿元，总量与增量创历史新高。固定资产投资 176 亿元，增长 11%。规模以上工业增加值 321.13 亿元，增长 16.50%。社会消费品零售总额 114.48 亿元，增长 12.80%。一般公共预算收入 13.24 亿元，增长 26.70%。地区生产总值全市十县区排名第五，规模以上工业增加值排名第二，固定资产投资排名第五，社会消费品零售总额排名第三，一般公共预算收入排名第二。全年二级以上优良天气 236 天，同比增加 4 天，PM2.5 同比下降 18.40%，上兰断面水质全部达到Ⅱ类及以上标准。

（武靖玲）

2021 年 11 月，省人民医院新院区建设现场　（尖草坪区档案馆供图）

【生态保护】 2021 年，尖草坪区坚持农业“特”“优”战略，发挥山水、人文自然和历史资源优势，推进农村人居环境整治工作，9951 座户厕实现提档升级。发展乡村特色产业，完成 3000 多公顷粮食播种任务，扶持九牛、老智、金大豆等农业龙头企业，产业振兴根基稳固。以“人文＋生态＋农游”为特色，探索文旅融合新模式，汾河四期湿地公园的全面完工，巩固“三园共建”发展格局，推进“崛𡶶山大景区”建设，太原北部旅游观光区初具雏形。（武靖玲）

【转型发展】 2021 年，尖草坪区助推太钢、东杰、京丰等传统优势产业率先转型，服务传统工业企业发展，完成

53项18.82亿元工业投资项目。依托中北大学、工业学院、国科大、中北高新区基础区，实施高新技术企业倍增、提质、上规模，长城电源、源瀚科技等项目陆续签约落地。深化“放管服效”改革，推行证明事项告知承诺制和“证照分离”改革全覆盖，实行“流动审批车”“7×24小时不打烊”便民服务，推行“一件事一次办”“一窗通办”“一网通办”，全年办理各类审批事项18317件。借助服务企业指挥部、企业家协会等平台，开展常态化入企服务，帮助企业解决各类问题诉求300余个，助力企业健康发展。（武靖玲）

【城乡建设】2021年，尖草坪区聚焦产城融合，围绕全域构建“15分钟生活圈”，打造科创新城、产业新城、山水新城、康养新城、便利新城。在三给、迎新、上兰3个片区推进产城融合，提升发展生产性服务业和生活性服务业。三给片区5个村完成回迁安置工作，小东流安置房主体封顶，南固碾、光社安置房加快建设。多福西路、泥向线等道路改造完工，新兰路铁路道口、迎宾南路等道路加快建设，城市路网再延伸17.54千米，为拓展城市空间提供更多可能。（武靖玲）

【社会事业】2021年，尖草坪区将民生投入作为财政第一保障对象，把实现好、维护好、发展好人民群众的根本利益作为出发点和落脚点。实施“名师、名校、名校长”三名工程，落实“双减”政策，推进教育均衡发展，实现教育资源配置均等化、教育布点便利化。落实常态化疫情防控举措，累计接种新冠疫苗90.20万剂次。省人民医院、区中心医院等新院建设有序推进，山大一院医养结合等优质项目落地，全区医疗质量和服务水平提升。发放社保金10.83亿元、低保金3632万元、医疗救助金382.58万元，保障群众基本生活。完成大留龙天庙、西关口歇马殿文物修缮，开展“送戏下乡”“百姓大戏台”线下演出80余场、精品线上活动128期次。（武靖玲）

【商业综合体建设】2021年7月17日，旭辉·碧桂园商业综合体项目奠基开工。项目位于三给片区，总投资约17亿元，规划建设20万平方米商业综合体。7月30日，富力天禧商业综合体项目奠基开工。项目占地面积约12公顷，规划总建筑面积约89万平方米，其中包含商业购物中心、写字楼、公寓以及商业步行街等多种业态。12月11日，天美杉杉超级奥特莱斯开工。（武靖玲）

万柏林区

【概况】区名来历。因区境内有较大的居民聚落“万柏林”而得名。民国年间，执政山西的阎锡山将此处选定为自己的墓地，唯感不足的是地表林木稀疏，于是决定在这里广植柏树，以备将来辟建陵园。因种植柏树多达万颗以上，故名“万柏陵”。中华人民共和国成立后，此地建立了晋机、重机、汾机等大型机器厂，逐步发展起来，“万柏林”泛指这一地区。1997年，太原市调整行政区划，以河西区为主体成立万柏林区。

位置境域。万柏林区地处太原市城区西部、太原盆地西沿。东滨汾河与杏花岭区、迎泽区、小店区隔河相望，南与晋源区接壤，西与古交市相连，北与尖草坪区、阳曲县毗邻。地理坐标为北纬37°44′40″～37°55′，东经112°21′53″～112°31′31″。辖区东西最宽24.60千米，南北最长22.40千米，总面积304.80平方千米。

建置沿革。境域在秦、汉时分属晋阳县、狼孟县，后至明、清一直分属阳曲县、太原县。民国初年归冀宁道。民国十六年（1927）太原设市后，又分属阳曲县和太原县。民国三十六年（1947）属太原市外八区。中华人民共和国成立后，先后属太原市第七区、第五区。1954年太原市第五区改为万柏林区。1957年万柏林区撤销，划归太原市郊区。1958年从郊区划出南堰、和平路、万柏林、白家庄4个街道，设立河西区。1960年撤销河西区建置，成立义井、和平、万柏林、西山4个市辖城市人民公社。1963年5月恢复河西区建置。1970年境域分属河西区和北郊区。1997年太原市行政区划调整，在河西区基础上将2个街道划出，划入北郊区5个乡，设立万柏林区，区政府驻西矿街。

区划与人口。2021年，万柏林区王封乡与化客头街道合并为王化街道，全区下辖王化、小井峪、西铭、东社、千峰、下元、和平、兴华、万柏林、南寒、杜儿坪、白家庄、长风西街、神堂沟14个街道，15个行政村、123个社区。全区常住人口95.12万人，年末全区户籍

2021年，万柏林区王化街道小卧龙村全貌（万柏林区档案馆供图）

2021年，中车太原机车车辆有限公司机车车间　（万柏林区档案馆供图）

人口620063人，城镇人口590981人。

地形地貌河流。万柏林区西部为南北走向的太原西山，山峦起伏，沟壑纵横；中部为丘陵，连绵起伏；东部为汾河平川，平坦宽阔。地势西高东低，由西向东逐渐倾斜，地形分为山地、丘陵、平川，依次呈阶梯状分布，海拔高度776～1865.80米。境内最高峰庙前山主峰位于杜儿坪街道，海拔1865.80米。最低点汾河河滩，位于长风西街街道南屯村，海拔776米。汾河蜿蜒流过区境东部，玉门河、虎峪河、九院沙河等支流由西向东汇入汾河。

名胜古迹。2021年，万柏林区境内有不可移动文物101处，包括古遗址4处、古墓葬4处、古建筑51处、近现代重要史迹及代表性建筑42处。其中，大井峪遗址、黄坡遗址、玉门沟调度站旧址、彭城太妃墓等4处为太原市文物保护单位，周家山抗战避难所、圪垛范氏油坊、黄坡碉堡、太原市黄坡革命烈士陵园、王家庄居贤观、白道狼虎寺高僧塔、堡山龙王庙、南寒观音堂、南寒真武庙、西铭广仁寺、西铭任氏宅院、神堂沟龙泉寺等12处为区级文物保护单位。

主要经济指标。2021年，万柏林区完成地区生产总值577.40亿元，规模以上工业增加值134.30亿元，固定资产投资157.60亿元，社会消费品零售总额200.20亿元，一般公共预算收入20.90亿元。（梁文青　赵晓丽）

【营商环境优化】2021年，万柏林区深化省、校合作，举办高层次人才研修班、大讲堂等活动，开发区人才公寓，全方位培养、引进、用好人才，为全区高质量发展提供坚强人才保证和智力支撑。深化“放管服效”改革，推行“一窗通办”“一网通办”，落实“一枚印章管审批”，推进“互联网＋监管”，在全省实现标准化急速现场勘验，在全市开启个体登记与食品小经营店备案“证照同窗联办”新模式，设立全省首家楼宇政企服务中心，让企业足不出“楼宇”就可享受涉企事项的全部办理。

（梁文青　赵晓丽）

【“1+3+3”发展思路】2021年，万柏林区编制“十四五”规划并严格实施，坚持把太忻一体化经济区建设作为重大政治任务和头号工程，成立万柏林区太忻一体化经济区建设领导小组及工作专班，健全工作机制，明确工作职责，压实工作责任，召开启动大会，确立“1+3+3”发展思路，即谋划构建一个高铁西站商务区商圈，打造“高端装备制造、生态文旅休闲、现代服务业”三大产业集群，抓好“东社—西铭、杜儿坪—白家庄、小井峪—神堂沟”三大片区城市更新。（梁文青　赵晓丽）

【项目建设】2021年，万柏林区坚持项目引领，助推太重高端装备制造业准化标试点建设，推进东社新型城镇化项目等总投资2170亿元的121个重点项目。加大招商引资力度，在第十二届中博会上签约7个项目近百亿元。成功引进哈工大机器人集团华北总部、俄直卡莫夫直升机制造、威海广泰（太原）应急救援保障装备生产基地等大型制造业项目，毕马威、安永会计师事务所落户万柏林。（梁文青　赵晓丽）

【创新发展】2021年，万柏林区整合5000平方米以上45家重点商务商业楼宇空间，扩大华润万象城、中海国际中心、信达国际金融中心等高端楼宇的集聚效应，逐步形成中海国际中心“总部经济楼宇”、信达国际金融中心“金融专业楼宇”等一批特色楼宇。推动小微企业创业创新基地建设，建成省级以上科技企业孵化器5家、众创空间34家、省级以上重点实验室20家、省工程技术研究中心22家。支持高新科技创新发展，13家企业通过“专精特新”评审，支点科技有限公司被评为“专精特新”“小巨人”。培育中小企业升规达规，建立年产值在1500万元以上的培育库23户、重点企业培育库14户。深化省、校合作，与太原理工大学、太原科技大学等高校科研院所共建“十二大基地”，加强政产学研协同创新，组织开展科技创新大赛，举办“柏创汇”科技活动周系列活动，为企业和高校科研院所搭建交流合作平台，促进科技成果转化落地。

（梁文青　赵晓丽）

【文化旅游】2021年，万柏林区推动全区文化事业繁荣发展，编撰完成《太原市万柏林区志》并出版发行。加大文物保护力度，实现文物单位监管保护全覆盖。围绕庆祝党的百年华诞这条主线，组织开展“百年风华启新程”文艺会演、“铭记奋斗历程、担当历史使命”图片展、颁发“光荣在党50年”纪念章等系列活动。在全省“永远跟党走”群众文化活动大赛中，万柏林区选送的3个节目分别获得一等奖和二等奖。聚焦打造生态文旅休闲产业集群，立足西山生态旅游文化示范区建设，培育发展“文化＋创意”“旅游＋都市农业”等新业态，举办“锦绣太原·生态西山”樱花文化旅游节活动，提升西山万亩生态园、“网红路”环太原国际公路自行车赛道、玉泉山、桃花沟等省城“西花园”魅力，培塑“康养山西、夏养山西”品牌。（梁文青　赵晓丽）

【生态保护】2021年，万柏林区践行“两山”理论，开展“国家森林城市”创建工作，推进汾河中上游山水林田湖草生态保护修复8个试点工程项目，推进河道“三清”“五治”（“三清”：清垃圾、清广告、清立面；“五治”：严罚随地吐痰、严罚乱扔烟火、严罚乱扔垃圾、严罚违规遛狗、严罚违章停车）常态化管理，深化河长制改革，加强雨天排水管控和入河排口监管，达标率连续保持100%。开展国土空间规划编制工作，加强地质灾害防治，成立地质灾害防治领导机构，发挥三级监测网络作用。（梁文青　赵晓丽）

【园林绿化】2021年，万柏林区开展“国家生态园林城市”创建，新增园林绿地205.53万平方米、公共绿地159.34万平方米，实现17526.67公顷林地绿色全覆盖，人均公共绿地面积12.34平方米。（梁文青　赵晓丽）

【环境治理】2021年，万柏林区强化监测预警和科学调度，推进中央生态环境保护督察反馈问题整改。聚焦夏秋季臭氧污染，严格排污管控，开展“冬病夏治”专项行动，完成28台燃气锅炉低氮改造任务，减少冬季氮氧化物排放，强化扬尘治理，大气污染得到有效治理，劣V类水体和黑臭水体全面消除，环境空气质量综合指数、优良天数均在六城区排名第一。（梁文青　赵晓丽）

【基础设施建设】2021年，万柏林区加大基础设施投入力度，配合开展轨道交通1号线等道路征迁工作，千峰路南延工程竣工通车，虎峪河、九院沙河西延道路建成通车，沿线综合整治基本完工，实施公园路等28个道路雨污分流改造项目和11条“百街小巷”改造项目。高标准推进王封一线天旅游公路和驿站建设，完成9项“四好农村路”建设。（梁文青　赵晓丽）

【城乡融合发展】2021年，万柏林区推进“四个改造、一个治理”，健全城乡融合发展体制机制入选市县转型综改牵引性集成改革试点。巩固城中村改造成果，回迁安置总面积764万平方米、已安置651万平方米，推进小王、大王、寨沟等项目调整规划、收储供地、招商等工作。开展城中村改造“回头看”，新庄等村的历史遗留问题逐步化解。城边村改造政策瓶颈取得突破，圪壕沟村、西铭村、风声河村可享受城改政策，其中圪壕沟村已进入控规编制阶段，西铭村已取得城改用地划定文件和控规批复文件，东社新型城镇化和西铭文旅小镇等项目建设进展顺利。大众棚户区完成整体拆迁，西山千亩保障房、太重兴业西部新城、晋西和平小区等棚户区改造项目有序推进。57个老旧小区完成改造，“三供一业”（企业的供水、供电、供热和物业管理）改造与既有建筑节能改造统筹推进，惠及4.25万户居民，保障性住房累计建成55099套、完成投资186.55亿元。“三河”（虎峪河、玉门河、九院沙河）快速路15分钟通达西山，城区供电、给排水、燃气等配套设施不断完善，健全城乡融合发展体制机制成为省级试点。（梁文青　赵晓丽）

【“全国文明城市”创建】2021年，万柏林区开展创建“全国文明城市”工作，推进“九乱”整治，开展“三清五治”和农村人居环境“六乱”整治百日攻坚专项行动，69个“三供一业”维修改造小区已开工25个。围绕建设新时代文明实践中心“14536”总要求，推动新时代文明实践中心（所、站）三级全覆盖，打造新时代文明实践所14个、新时代文明实践站56个、新时代文明实践点31个。开展“争做创城急先锋”“我是创城主人翁”“时代新人在创城”3项活动，对重点整治完成133条街巷及“门前三包”单位精细化考核，城六区集贸市场检查排名第一，“门前三包”检查排名第二，全区7个小区入选太原市文明小区。深化环卫体制改革，促进环卫工作提档升级，开展道路清扫保洁市场化工作，社会化率达79.44%，较上年增加2.40%。健全完善环卫基础设施，推进东社中转站、西山中转站建设，推进垃圾分类，建成全市第一家可回收物分拣中心并投入使用，完成生活垃圾可回收物收集、中转、回收再利用的“点—站—场”闭环体系，实现全区垃圾减量10%以上。推动“公厕革命”，完成20座新建（改造）公厕的建成投用和10座沿街驻地单位对外开放卫生间的工作。（梁文青　赵晓丽）

【教育教学改革】2021年，万柏林区深化教育教学改革，探索教育联盟、集团化办学、“名校＋普校”办学模式，新建小学校3所、公办幼儿园3所，推进7所学校提质改造，新增优质学位6160个，优质教育资源覆盖面不断扩大。将玉门花园小学纳入公园路小学教育集团、凤凰双语第二实验小学与凤凰双语小学成立凤凰双语小学教育集团，实施集团化管理，中海小学与太原市第二实验小学采用“名校＋新校”教育联盟进行合作办学。落实“双减”政策，促进学生全面发展、健康成长。

（梁文青　赵晓丽）

【医疗卫生事业】2021年，万柏林区深化医疗卫生体制改革，以山医大一院万柏林分院为龙头，总院、分院、社区

2021年7月，万柏林区投入5辆新冠疫苗接种流动服务车

（万柏林区档案馆供图）

卫生服务中心分级诊疗链条日益完善。深化省校合作，引进医疗卫生领域人才，基层服务和应对突发重大公共卫生事件能力提高。落实常态化疫情防控工作，加强境外返抵并人员和中高风险等重点地区返抵并人员管控，服务接待经停太原国际航班7趟次811人。开展全员核酸检测实战演练，提升突发疫情应急处置能力和协同作战水平。推进新冠疫苗全民接种工作，设置新冠疫苗固定接种点23个、方舱4个、公交流动车5辆以及社区临时接种点若干，全年累计接种新冠疫苗170万余剂次，完成省、市下达的疫苗接种任务。

（梁文青　赵晓丽）

【社区养老】 2021年，万柏林区推进社区养老服务工作，建成5个省级社区养老幸福工程，数量位居全省各县（市、区）第一。在全市试行推广社区养老服务机构“公建民营”模式，建立8个社区试点。高标准建设30个社区食堂并投入运营，数量位居全市第一。以长风西街街道丽华社区为试点，打造“智慧居家养老院”，获得全国示范性老年友好型社区称号。推进汾西重工职工医院整体改造，加快老年医养照护中心建设进度，打响“幸福养老”品牌。

（梁文青　赵晓丽）

【城镇就业】 2021年，万柏林区城镇新增就业人员16503人，下岗失业再就业人员6190人，转移农村劳动力436人，城镇登记失业率3.30%，城镇居民人均可支配收入指标增速10.60%。深化产权制度改革，集体经济全部达到20万元以上，白家庄街道九院村全年收入达700万元，被评为全省“乡村振兴示范村”。

（梁文青　赵晓丽）

【社会保障与服务】 2021年，万柏林区城乡低保标准由700元提高至730元，采煤沉陷区农民安置户临时救助延长2年。开展房屋产权登记确权颁证“清零行动”，工作进度在全市领先。建成11个300人以上社区退役军人服务站，区退役军人服务中心被评为全省“标杆型”退役军人服务中心。

（梁文青　赵晓丽）

【安全生产】 2021年，万柏林区结合安全生产专项整治三年行动，开展易燃可燃夹芯彩钢板建筑专项整治，引进第三方机构参与建筑领域安全生产督导检查，推进智慧用电系统、电动自行车集中充电、餐饮业燃气改造专项治理。常态化做好食品安全监管，守护群众“舌尖上的安全”。开展安全生产领域风险隐患大排查大整治“百日攻坚”行动，打击各类私挖盗采和非法生产行为，排查治理建筑工地火灾隐患，将森林防火作为底线任务常抓不懈，严密防范和化解重大安全风险。（梁文青　赵晓丽）

【党史学习教育】 2021年，万柏林区坚持把党史学习教育作为重大政治任务，围绕“学史明理、学史增信、学史崇德、学史力行”“学党史、悟思想、办实事、开新局”目标要求，高标准推进、高质量实施，传承红色基因。组织区委理论学习中心组专题学习16次，开展“学四史、开新局”党史大讲堂等系列活动300余场和“党在我心中”群众性文化活动36项，深入基层开展专题宣讲850场、全覆盖式指导6轮，办结“我为群众办实事”项目5971件。

（梁文青　赵晓丽）

晋源区

【概况】 区名来历。晋源区因晋水而名。1947年，设晋源县。之所以用晋源区作为新成立的区名，一是历史上“晋源”做过区名，知名度高，指位性强；二是该区政府建在“晋源镇”附近，行政区划名称与驻地名称相一致，很好找。也有提议使用“晋阳”“晋祠”，因“晋阳”泛指古太原，属于“大”地名，使用在区名上不妥。用“晋祠”，该区政府又不驻在“晋祠”镇，因而弃用。1998年设立晋源区。

位置境域。晋源区位于太原市西南，东隔汾河与小店区相望，南、西与清徐县、古交市接壤，北与万柏林区相连。地理坐标为北纬37°37′～37°39′，东经112°19′～112°33′。南北长约23.30千米，东西宽约20.30千米，总面积289平方千米。

建置沿革。晋源区为古晋阳城所在地，有2500多年的建城史，是中华王氏、张氏的开姓立祖之地。古晋阳城始建于公元前497年春秋时期，位于今晋源区古城营村一带，因其在晋水之北而名“晋阳”。从战国末至五代的1500年间，曾是太原地区的政治中心。从秦置晋阳县到宋毁晋阳城，多为州郡治所乃至国都。北宋太平兴国四年（979），宋太宗赵光义灭北汉毁晋阳城，废晋阳、太原二县，于汾河东新置平晋县。1949年太原解放后，境域初为晋源县，属汾阳专区，1951年划归太原市。之后区境先后分属太原市六区、七区，晋源区，太原市郊区，南郊区。1998年设立晋源区。

区划与人口。2021年，晋源区辖金胜、晋祠、姚村3个镇，义井、罗城、晋源3个街道，55个行政村、54个社区。全区常住人口32.54万人。

地形地貌河流。境内地势西北高东南低，西部丘陵山区与东南部平川区大体各占一半。丘陵山区海拔1100米～1500米，林草覆盖度高，林地占全区面积的绝大部分。东部平川区海拔760米～790米，地平水浅，土地肥沃，有“北国鱼米乡”之称。晋祠的难老泉、善利泉自古闻名于世，面积5.10平方千米的晋阳湖是华北最大的人工湖。

名胜古迹。境内全国重点文物保护单位有10处：晋祠、龙山石窟、晋阳古城遗址、天龙山石窟、明秀寺、晋源阿育王塔、晋源文庙、太山龙泉寺、童子寺遗址、蒙山开化寺遗址。著名的晋祠古建筑群集中中国古建中的楼、台、殿、阁、亭、榭、轩等建筑，有圣母殿、鱼沼飞梁、献殿等古建国宝，难老泉、宋塑、周柏等“晋祠三绝”。龙山石窟为国内仅存的道教石窟，天龙山森林公园为国家级森林公园。

主要经济指标。2021年，晋源区生产总值完成97.77亿元，同比增长10.50%。固定资产投资完成135.41亿元，同比增长11%。规上工业增加值完成5.26亿元，同比增长10.20%。服务业增加值完成60.03亿元，同比增长9.70%。社会消费品零售总额完成51.13亿元，同比增长10%。一般公共预算收入完成6.96亿元，同比增长7.80%。

（王利明）

【转型发展】 2021年，晋源区实施“三带引领、六园共建，百企示范、千企集聚”产业培育三年计划，1564家企业入驻投产，总产值（营收）149.75亿元，实现利税3.20亿元，经济发展质量和效益稳步提升，产业体系实现优化升级。推动传统优势产业内涵集约发展，先进制造产业园85家制造企业投产达效，实现产值6亿元，税收1000万元。远东构建自主研发生产的地铁方涵，助力“太原地铁太原造”。绿色包装印刷产业园建成标准厂房面积3万平方米，旭恒纸制品等4家企业扩大生产，年实现产值8500万元，同比增长20%。太原药业等8家医药企业发展壮大，国新天江中药饮片及配方颗粒生产加工基地项目投产，中国晋药交易中心建设稳步推进，“北西药、南中药、中研发”产业格局更加定型。推动服务业提质增效，阳光城环球金融中心等6栋楼宇释放强磁力，入驻企业由528家倍增至1236家，属地注册率93%。传化公路港二期、万国仓储一期等项目建成，圆通速递山西总部、丰树山西现代供应链产业园前期手续稳步推进，天和顺物流贸易园建成投用，1825家商户签约入驻，打造全省最大的机电、五金行业物流市场。推动新兴产业集群规模发展，智创基地、阿里云创新中心、云时代信创产业基地“三大平台”高效运营、协同发力，累计吸引腾讯等123家高成长性科创型、数字型企业入驻，数字经济发展速度加快，大地紫晶大数据共享平台建成投用。

（王利明）

【深化改革】 2021年，晋源区完成12类41项标志性牵引性重大改革项目和26类108项重点改革任务。推进“承诺制+标准地+全代办”改革，巩固“一枚印章管审批”成果，深化企业审批事项“全程代办”制度，优化营商环境迈出新步伐。参加中博会、厦洽会等全国大型投资贸易洽谈活动，依托“三带六园”平台，成功签约晋阳湖旅游产业蜂巢（二期）等5个大项目好项目，吸引投资额178.90亿元，非固投到位资金3.30亿元，均超额完成市下达全年目标任务。“三带六园”体制创新、农村集体产权制度改革、行政事业单位改革等纵深推进，转型发展体制机制加快形成。省校合作全面深化，与武汉大学等19所高校建立战略合作关系，“十二大基地”建设成效明显。率先成立人才公寓党支部，523名省、市、区各级人才入住，发放人才补助1200余万元。大地紫晶省级光存储实验室（筹）和大地新亚卫星遥感重点实验室（筹）落户区内，实现省级实验室零突破。立业制药药物制备工艺技术创新中心通过省科技厅认定，为全省首批技术创新中心。

（王利明）

【文化旅游】 2021年，晋源区制定《关于开展国家全域旅游示范区创建工作的实施方案》，编制完成《晋源区“十四五”文化和旅游发展规划》，国家全域旅游示范区创建通过省级验收。打造面积6000余平方米旅游大厦，建成集旅游总部经济、游客综合服务、智慧旅游指挥为一体的旅游监管服务平台，吸引90家关联企业、6家省级协会入驻，推动“晋源旅游”走出山西、走向全国。完成国家文物局天龙山佛首回归保障工作，推进晋祠—天龙山AAAAA级景区和太山AAAA级景区创建，举办“插秧文化节”“花卉艺术节”农文旅系列活动。稻田公园开园，累计接待游客近40万人次，国庆节期间晋级全市景区第4位。太原古县城开城迎客，十字街入选省级旅游休闲街区。北京王府井奥莱以整租形式落户晋阳里。古槐民宿·赤桥村、太原植物园等18个项目入选百项消费新业态打卡地。晋源成为全省最热旅游目的地，全年接待游客1495.83万人次，旅游总收入首次破亿元。

（王利明）

【生态保护】 2021年，晋源区坚持治山治水治气治城一体推进。全面推行林长制，实施国土绿化彩化财化行动，分类分级实施山体破坏面生态修复，完成133.33公顷造林示范工程，提档升级山体绿化200公顷，助力国家森林城市创建。围绕“一泉一河一湖”，启动实施晋阳湖河湖连通工程，推进汾河干流晋源段生态保护与修复、水污染攻坚河道综合整治工程，晋祠泉水位明显回升，入汾水质全面达标，黑臭水体实现“长制久清”。落实中央和省委、省政府环保督察交办问题整改工作。推进大气污染精细化防治，PM2.5 平均浓度明显降低，达到 45 微克每立方米，优良天数达到 212 天。完成阳光西路、晋祠社区等 10 个游园绿地建设和 6 个市级、1 个省级园林式居住小区创建。天龙山路东延、千峰南路南延全线贯通。改造提升背街小巷 14 条，完成 11 个老旧小区改造。（王利明）

【社会事业】 2021 年，晋源区开展“我为群众办实事”实践活动，办结实事 435 项。城镇新增就业 4917 人，城镇登记失业率 2.72%。城乡居保基础养老金标准实现“九连增”，提标次数、领取标准全省“双第一”。组建“1+X”九大教育集团，城乡教育均衡发展。推进山大附中晋源学校、省实验小学晋源校区及城改配建小学建设。完成“双减”压减任务，学科类校外培训机构实现 100% 全压减。完成晋祠泉域水源置换工程，5 镇（街）61 村、21 家驻地单位及居民小区全部接通市政自来水，在全省率先实现农村供水市政化、城乡供水一体化。市区人民医院开诊运营，二期项目加快建设。17 个社区食堂建成投用，8 个社区养老服务中心和 7 个社区日间照料中心平稳运营，养老服务体系不断健全，绿地社区入选“全国示范性老年友好型社区”。开展采煤沉陷区 692 套安置房如期竣工交付。房屋产权登记确权颁证“清零行动”，首次登记比例和转移登记比例均位于全市前列。运行疫情防控多点触发监测预警机制，完成 12 岁以上人群疫苗接种工作，累计接种 58.40 万人次。落实总体国家安全观，抓好人民防线建设，常态化开展扫黑除恶斗争，开展社会稳定风险隐患排查，强化涉恐隐患管控。构建基层社会治理“全科网格”体系，打通服务群众“最后一公里”。（王利明）

古交市

【概况】 市名来历。原称交城，因处汾河、孔河交汇地而名。隋开皇十六年（596）在此置交城县。唐武后天授二年（691），长史王及善移县治于山南却波村，此地遂称故交城，简称故交。故、古词义相通，渐演变为古交。清道光《交城县志》载，古交废县城，“在县东北九十里故交村南水泉寨下（今古交市水泉寨公园），故老相传现在水泉寨关帝庙即县之南关”。清为古交镇，1988 年改名古交市。

位置境域。古交市位于太原市境西部，吕梁山脉关帝山东翼与云中山南端交接处，地理坐标为北纬 37° 40′ ~ 38° 10′，东经 111° 43′ ~ 112° 21′。东与万柏林区、晋源区为邻，东南与清徐县毗连，南、西南和吕梁市交城县接壤，西同娄烦县相依，北与忻州市静乐县衔境，东北与阳曲县交界。全境东西最宽约 49 千米，最窄约 20 千米，南北长约 53 千米，全境总面积 1512.98 平方千米。

2021 年，古交市西曲矿夜景（古交市档案馆供图）

建置沿革。境域春秋属晋，战国属赵，汉、魏、晋及北朝均为晋阳西陲。隋开皇十六年（596）设交城县，县治在今古交镇。唐天授二年（691），县治移于却波村（今交城县城）。先天二年（713）置卢川县（今古交市炉峪口），开元二年（714）省。之后，古交地区一直隶属于交城县和阳曲县。中华人民共和国建立后，为开发古交地区的煤炭资源，于 1958 年划交城县、阳曲县的 17 个乡置太原市古交工矿区。1988 年撤区，改设古交市。

区划与人口。2021 年，古交市下辖 6 乡（邢家社、原相、常安、岔口、嘉乐泉、梭峪），3 镇（马兰、河口、镇城底），4 个街道（西曲、东曲、桃园、屯兰），54 个社区、108 个行政村。常住人口 211309 人。

地形地貌河流。境内山岭连绵，沟壑纵横，地势西高东低。东有石千峰，东南有庙前山、老爷岭，西有铁史沟山岩、黄爷山，西南有狐爷山，北有嘴贝山，东北有福福山。最高为铁史沟山岩，海拔 2324 米；最低为扫石一带的汾河峡谷谷底，海拔 870 米。山地丘陵占全市总面积的 95% 以上，河谷平原仅占 4%。境内有大小河谷 200 余条。汾河由西向东穿越全境，两侧有半沟、大川、原平、屯兰、天池、狮子等河川与之交汇。

名胜古迹。境内有全国重点文物保护单位有 2 处：古交遗址、古交千佛寺。还有河南旧石器遗址、李家社旧石器遗址、石千峰旧石器遗址、晋大夫狐突墓、福祥寺、安家沟观音堂、睦联坡狐爷庙、麻会圣母庙、三家村关帝庙、西仙洞、东仙洞、睦联坡烈士陵园等。境内的汾河段建成全长7.50千米、占地面积122.50万平方米的汾河景区。

主要经济指标。2021年，古交市完成地区生产总值83.08亿元，同比增长7.50%。规模以上工业增加值71.36亿元，同比增长10.50%。服务业增加值24.10亿元，同比增长9%。固定资产投资33.50亿元，同比增长11%。一般公共预算收入18.73亿元，同比增长46%。全年民生支出22.08亿元，占一般公共预算支出的88.93%。城镇居民人均可支配收入38048元，同比增长7.60%。农村居民人均可支配收入20020元，同比增长9.40%。（冯芙蓉）

【项目建设】 2021年，古交市抢抓太忻一体化经济区建设重大战略机遇，瞄准打造绿色能源及新材料集群产业定位，按照太原市“六个一”工作要求，成立工作专班，规划启动区面积16.47平方千米，谋划4方面48个重点项目，总投资795.29亿元，其中确定重点建设项目15个，年度计划投资31.28亿元，确保太忻一体化经济区建设在古交强势起步。（冯芙蓉）

【转型发展】 2021年，古交市加快传统优势产业“三化”（绿色化、信息化、智能化）改造，推动4对煤矿减量重组，加快3座煤矿智能化改造，6座煤矿达到绿色矿山标准。发展新能源和清洁能源，谋划建设晋飚新能源正沟风电等6个项目，推进中联煤层气、国盛恒泰煤层气开发项目增储上产，新能源和清洁能源在能源结构中的占比增加。培育壮大战略性新兴产业，以打造大宗固废综合利用产业园、新能源农业产业园、再生资源交易产业园、生态文旅产业园为抓手，推动省级经济技术开发区申报，“一区多园”发展格局形成。加快发展文化旅游、山地康养、仓储物流等现代服务业，古交被列为山西省第一批、太原市唯一的农村物流创新“快快模式”试点县（市），和谐源林麝农业园、狐爷山岩茶生态文化园被认定为太原市工农业旅游点。（冯芙蓉）

【改革创新】 2021年，古交市推进国资国企改革等40项改革任务。深化“标准地＋承诺制＋全代办”改革，健全完善招商引资项目转办、评估退出，定期督查督办等工作机制，成立项目推进中心，以专班专人全力推动项目建设提速提效，全年项目开复工99个。新引进6个项目，总投资110亿元。落实省、校合作，分别与中国矿业大学、中国科学院山西煤化所等高校、科研院所建立合作关系，打通政产学研用协同创新通道，成立研发中心1个，研发功能性产品9个，申请各项专利36项，注册商标32件。（冯芙蓉）

【营商环境优化】 2021年，古交市坚持把优化营商环境作为强化项目建设和招商引资的前置性条件，深化“一枚印章管审批”和“证照分离”改革，直接取消审批9项，审批改为备案6项，告知承诺18项，优化审批服务38项，企业开办申领营业执照时间压缩至3.6小时内，行政审批事项网办率提高至98%，设立“办不成事”反映窗口，“7×24小时不打烊”政务服务超市建成投用，线上线下服务能力提升。搭建“银企对接、政企对话、榜样宣讲”三大平台，引导支持一批主业突出、带动力强、品牌效应好的民营经济做强做大，3家企业入库国家科技型中小企业。落实财税支持、土地要素保障等措施，激发市场主体活力，全年新增各类市场主体2577户，同比增长30.08%。（冯芙蓉）

【生态保护】 2021年，古交市实施山水林田湖草生态保护修复项目，102处矸石山全部完成治理。高质量开展国土绿化和园林绿化，实施各类营造林4733.33公顷，绿化村庄31个，新建生态文明教育基地1个，建成汾河公园、水泉寨公园、岔口关头晋绥八分区旧址3处绿色驿站，人均公园绿地面积9.97平方米，城市绿化覆盖率提高至44.72%，通过省级园林城市复查验收。坚持“五水同治”（即统筹推进饮用水源、黑臭水体、工业废水、城镇污水、农村排水治理），推进汾河古交段及其支流综合治理，改善生态、涵养水源。实施水土保持重点工程，控制地下水开采。推进中水利用，鼓励工业企业优先使用再生水，提高用水效率。以河长制为抓手，推动入河排污口全面整治由市区向农村延伸，巩固提升城市黑臭水体和农村生活污水“长治久清”治理成果。全年汾河出境断面水质8个月达到Ⅱ类标准。落实碳达峰山西行动，遏制“两

2021年，古交屯兰电厂全貌（古交市档案馆供图）

高”项目发展，强化对36家重点用能单位节能管理，完成“能耗”双控指标任务。推进散煤污染治理和清洁能源替代，巩固“禁煤区”成果，完成“煤改电”2104户，发放清洁兰炭1.40万吨，清洁取暖实现全覆盖。推进煤焦、电力、水泥等重点行业大气污染防治设施提标改造，重点工业企业全部实现超低排放。重点治理工业、机动车、道路扬尘等污染源，改善空气环境质量，全年二级以上优良天数299天，优良率为82.10%，六项污染物浓度有5项同比下降，综合质量指数在全市排名第二。（冯芙蓉）

2021年，古交市榛实种植基地（古交市档案馆供图）

【城乡建设】2021年，古交市完成《古交市国土空间规划（2020—2035年）》初稿编制。深化“两下两进两拆”整治行动（管线下地和广告下墙，停车进库进位，拆除违建和围墙），拆除私搭乱建约4300平方米。垃圾分类试点工作成效明显。推进东部新城火山片区12个PPP项目和棚户区、老旧小区改造，推进“三供一业”分离移交维修改造工程，完成4.30万余户居民的天然气改造任务，改善人居环境。以推进智慧城管信息化平台建设为契机，提升城市管理水平。推进交通路网建设，917路太原—古交城际高速公交开通运行，东部新城火山片区滨河北路与火山二桥工程提前9个月竣工通车，服务保障太原市西北二环高速古交段工程顺利推进，完成屯村—太克线新建二级公路工程，加快古交—岔口公路改建和“四好农村路”建设，汽车客运站完成主体工程并提前满足917路公交车的停车、充电功能，城市发展功能逐步完善，城市品质有效提升。（冯芙蓉）

【社会事业】2021年，古交市多措并举稳就业，深化“人人持证、技能社会”建设，打造古交“汽车线束工、物业、康护”三大劳务品牌，组织开展各类技能培训7479人，新增城镇就业5435人，转移农村劳动力1072人。办群众放心医疗，深化县域医疗卫生一体化改革，基本实现乡、村两级医疗机构标准化建设全覆盖，全省首家县域双肺中心项目落地古交，市中心医院入选全国标准县医院，桃园路社区被国家卫健委命名为“全国示范性老年友好型社区”。完善社会保障体系，扩大养老、医疗等社会保险覆盖面，城镇居民医保参保12.30万人，城乡居民养老保险参保5.70万人。建成10所老年食堂。为各类优抚对象发放抚恤金和生活补助557万元，发放义务兵优抚金867万元。

健全防止返贫动态监测和帮扶机制，针对边缘易致贫户、突发严重困难户等特殊困难群体，开展全覆盖、无遗漏拉网式排查，实施常态化、网格化动态监测，精准落实帮扶措施，各类困难群众的基本生活得到有效保障。推进灾后恢复重建工作，动员各方力量、加大财政投入并积极争取上级有关部门防汛救灾资金、物资用于灾后恢复重建工作，保障受灾群众温暖过冬。做好采煤沉陷区治理工作，3048套统一安置房陆续分配到户，部分群众喜迁新居。为年满60周岁的571名被征地农民全部落实养老保险，提供就业岗位3000余个，土地复垦、村庄产业发展等后续工作稳步推进，确保搬迁安置群众搬得出、稳得住、能发展。推进房屋产权登记确权颁证“清零行动”，完成首次登记23274套、转移登记7660套。（冯芙蓉）

【教育文化事业】2021年，古交市优先发展教育事业，建成中小学校集中配餐中央厨房，完成8所学校消防改造和42套教师周转房改造，推进“双减”工作，引进太原市外国语学校与古交二高、古交二中合作办学，高考二本达线突破千人大关。繁荣文化事业，制作完成《岔口古戏台》等5部文物宣传片，新建2座城市书房，开展送戏下乡108场，农村电影放映1732场，提升群众精神文化生活。挖掘选树各行业时代新人15人，志愿服务实现制度化常态化。（冯芙蓉）

【安全生产】2021年，古交市落实“党政同责、一岗双责、齐抓共管、失职追责”安全生产责任体系，推行市级四大班子领导包矿和市政府领导挂牌检查煤矿指导制度，压紧压实安全责任。狠抓典型案例剖析和警示教育，两次召开“把隐患当事故对待”安全大会暨干部纪律作风教育整顿大会，追责问责党员干部25人，用“身边事”警醒“身边人”。开展安全生产专项整治三年行动集中攻坚，排查化解煤矿、非煤矿山、森林防火、道路交通等领域风险隐患1.60万条。打击私挖盗采，全年累计出动8800余人次，填埋断路35处，重新封堵损毁坑口9处，立案调查涉嫌超层越界开采案件4起，保持依法严打高压

态势，实现全年重特大事故“零”目标，筑牢安全防线。（冯芙蓉）

【政府法治建设】2021年，古交市开展“三转三定”大行动，完善目标责任考核体系。出台《关于进一步用好市政府“13710”督办系统的八条措施》，强化督查督办，完成“13710”督办任务115件，办结率100%。抓好政法队伍教育整顿，聚焦“四项任务”，紧扣“三个环节”，办结上级交办问题线索42条，查摆并整改顽瘴痼疾201条，制定完善正风肃纪、执法司法制约监督等方面制度机制83项，集中推出便民利民措施27项。“八五”普法深入推进。开展“严格行政执法年”行动，组建5支综合行政执法队伍，推动跨领域综合执法和协调联动。政府行政案件出庭应诉率100%。办理人大代表建议127件、政协提案199件，公开政务信息2483条。开展“一乡街一法官”“一村（居）一法律顾问”入村（居）服务活动，夯实法治建设基层基础。把法治建设与做好基层换届等工作紧密结合，制定“村（社区）‘两委’换届法治7条”等制度机制，开展新任村（居）班子成员向宪法宣誓等活动。公布年度重大行政决策事项目录，行政规范性文件合法性审核135件，依法公正审理行政复议案件9件。深化司法体制综合配套改革，实现院庭长、院领导带头办案常态化，强化诉源治理，诉前调解案件138件。

（冯芙蓉）

清徐县

【概况】县名来历。清徐县古称梗阳，始建于春秋，隋开皇十六年（596）置清源县。金大定二十九年（1189）于县之东境置徐沟县。1952年7月，清源、徐沟两县合并，取两县县名首字，称为清徐县。

位置境域。清徐县位于太原市南端。东、南与晋中市榆次区、太谷区、祁县为邻，西与吕梁市文水县、交城县相交，西北与太原市古交市接壤，北与小店区、晋源区毗连。地理坐标为北纬37°28′～37°47′，东经112°10′～112°38′。县境南北长约35.80千米，东西宽约40.50千米，总面积609.13平方千米。县城清源镇距省会太原35千米。

建置沿革。清徐置县，始于春秋后期。《左传》载：鲁昭公二十八年（前514），晋灭祁氏，分其地为七县。其中梗阳县，县邑故址位于今县城南关，涂水县，则为今徐沟一带。隋开皇十六年（596），新置县于梗阳旧城，以城西北有清源水，名清源县。金大定二十九年（1189年，亦说金大定二年，即1162年）。抗日战争期间，清徐境内建有双重政权。民国二十七年（1938），中共领导抗日军民成立清（源）、太（原）、徐（沟）抗日民主县政府，属晋绥边区第八专署。民国三十七年（1948），清源、徐沟两县解放，属晋中行署二专区。1949年1月，清源、徐沟两县划归太原市二专区。1952年7月，清源、徐沟两县合并，取两县县名首字，定名清徐县，仍属榆次专署管辖。1959年1月，清徐县划归太原市。

区划与人口。2021年，清徐县辖1个街道、4个镇、5个乡：东湖街道、清源镇、徐沟镇、东于镇、孟封镇、马峪乡、柳杜乡、西谷乡、王答乡、集义乡。共139个行政村，31个社区。全县常住人口34.59万人。

地形地貌河流。境域呈西北高东南低地势，由西北而东南依次分为山区、洪积扇区和冲积平原区三大地貌单元，其中山区面积占26.20%，洪积扇区占11.70%，冲积平原区占62.10%。最高处为庙前山，主峰海拔1865米；最低处常丰村，海拔约760米。境内地表水资源由大气降水、灌区配水、县外河渠退水和山区小泉小水四部分组成。有汾河等大小河流16条，均属黄河水系。平川地区有湖泊多处，著名的有天然湖东湖和人工湖清泉湖、清泉西湖。

名胜古迹。境内全国重点文物保护单位有3处：西马峪狐突庙、清源文庙、清徐尧庙；省级重点文物保护单位有3处：都沟严香寺、东马峪香岩寺（俗名无梁殿）、小峪沟清泉寺。风景名胜游览区有龙林山、清泉湖旅游区、三国演义城、白石沟生态旅游区等。

主要经济指标。2021年，清徐县地区生产总值完成296.08亿元，同比增长20.50%。服务业增加值完成83.78亿元，同比增长13.60%。规模以上工业增加值完成177.35亿元，同比增长34.30%。固定资产投资完成211.47亿元，同比增长75.20%。社会消费品零售总额完成54.84亿元，同比增长15.60%。一般公共预算收入完成15.60亿元，同比增长17.90%。城镇常住居民人均可支配收入39915元，同比增长8.30%。农村常住居民人均可支配收入24143元，同比增长9.80%。（崔志明）

【深化改革】2021年，清徐县深化行政审批制度改革，推进“证照分离”改革，巩固“一枚印章管审批”成果，推出108项“一件事一次办”服务事项。提升“互联网+政务服务”水平，审批服务事项95%以上实现“全程网办”，优化项目审批流程，提高企业开办便利度，实现企业开办“1天+0成本”。规范政务服务，全县30个部门518项行政权力事项实现“四级四同”（“四级”指国家、省、市、县；“四同”指事项名称、事项编码、事项类型、设定依据相同），入选全省提升政务服务能力试点县。聚焦农村重点改革任务，抓住农村宅基地制度改革试点县机遇，制定《清徐县农村宅基地制度改革试点实施方案》和7项配套制度，在全县范围内开展确权颁证工作，率先选取33处可直接利用宅基地房屋打造试点民宿，为后续推广积累经验。发挥开发区改革成果，推动“承诺制+标准地+全代办”改革，开发区全部承接授权的30项事项，备案类企业投资报建审批办理时间缩短50%，初步实现“办事不出区”。推进开发区“三化三制”改革，充实纪工委专职力量，完善议事规则、应急工作机制等规章制度32项，逐部门细化梳理40项工作职责和9方面工作流程。（崔志明）

【创新发展】2021年，清徐县实施农业“特”“优”战略，完成高标准农田建设1533.33公顷。创建省级农产品质量安全县，新大象生猪屠宰等3个项目主体工程全部竣工。“一核十区”项目建设成效明显，农产品精深加工十大产业集群产值完成25亿元。围绕二产强梁壮柱、延链建群，与北京大学、哈工大、同济大学等高校合作，共同建设“十二大基地”（大学生实习实训基地、大学生就业创业基地、高校科研平台延伸基地、高校科技成果转化基地、智库合作基地、高校优质生源基地、红色教育和国情教育基地、大学生联合培养基地、高校干部人才培养基地、校友招商引才基地、高校农产品供应基地和技能服务人才基地），在化工、食品酿造、环保科技等领域签约24项，迈出从“制造”到“智造”的坚实步伐。围绕三产提质增效、做大总量，擦亮“中国醋都·清徐”金字招牌，深入实施“1816”食醋发展战略（瞄准“醋产能达到100万吨，年产值达到100亿元”1个目标，全面实施产业集聚、品牌宣介等8大工程，深入推进16项重点工作，以“搞好规划、提高能力、提升品质、扩大影响、拓展市场”的有力举措，全面构建食醋发展新格局），特色食品产业集聚区基础设施相继建成，醋及相关配套企业达81家，产能达到70万吨。举办第24届清徐县葡萄文化旅游节暨2021年农民丰收节，提升“中国葡乡”品牌影响力。

制定出台《清徐县国民经济和社会发展第十四个五年规划和二〇三五年远景目标纲要》，收集、谋划、汇总全县“十四五”期间重点项目共197项，总投资3018亿元。牢固树立“抓项目就是抓发展”的理念，以“七场大仗”引领项目开工和建设，全县178项建设库项目开复工141项，开复工率79.21%，完成投资近150亿元。强化项目招引，成功引进民营企业500强——多弗集团，签约奥特莱斯等22个项目，总投资355.67亿元。（崔志明）

【园区建设】2021年，清徐县坚持把开发区作为高质量发展的主战场，聚焦“双碳”目标，加快建设山大科技园、梗阳研发中心等项目，一体推进技术创新、机制创新、模式创新。泓博污水处理厂建成投运，实现全国首家焦化废水零排放。发展园区经济，推动县域经济提质增效，开发区产出强度达599.50万元/亩，是省对开发区考核指标的3倍，在全省56个县管工业类开发区综合考核中排名第一，并成为山西省唯一入选的全国20家“十四五”时期重点支持的县城产业转型升级示范园区。清徐精细化工循环产业园4个主体项目基本建成并投入试生产。（崔志明）

【城乡建设】2021年，清徐县坚持强基固本搞建设、全面提升抓发展，城乡面貌、路网框架、基础设施、服务功能大为改善，建成区面积从2017年的10.40平方千米增加到2021年的49.60平方千米。坚持高起点、高标准规划，召开4次规划委员会会议就175个事项和168个项目进行研究部署推进，文源路汾河大桥、清泉湖西岸改造工程等一批重大项目开工建设。以创建“国家卫生县城”和“省级文明城市”为统领，把“精心规划、精致建设、精细管理、精美呈现”的理念贯穿城市规划建设管理全过程，人民路南延工程、特色食品产业集聚园区道路建设工程等一批关系城乡发展的重点基础设施工程建设完成，全年新增市政道路16.42千米，同步实施县城雨污水管网分流治理工程，城镇防洪排涝能力不断提升，河畅、水清、岸绿、景美的整体风貌逐渐显现，城市品质和群众幸福感显著提升，县域的辐射力、带动力和影响力提高。（崔志明）

【社会事业】2021年，清徐县统筹推进各项社会事业，全面加强普惠性、基础性、兜底性民生建设。深化教育教学改革，清徐高中教育集团托管娄烦中学，完成“县管校聘”和11所中小学校（教学点）撤并任务，教学质量不断提升。完善医疗卫生服务体系，4所PCR核酸检测实验室建成投运，华晋骨科医院、省针灸医院新建等项目加快推进。开展“我为群众办实事”实践活动，城乡居民高血压、糖尿病“两病”门诊报销起付标准降低50%，县域公交实现免费乘坐。常态化开展疫情防控，全县接种新冠疫苗620877剂次，全年未发生疫情输入。提升社会保障水平，落实

2021年10月8日，清徐县孟封乡防汛保电作业　（清徐县档案馆供图）

就业扶持、社保惠民等政策，城镇新增就业3725人，为137户企业发放稳岗等各类补贴414.76万元。城乡低保全面兜底，累计为城乡2937户4111名低保对象发放救助金3156.48万元。关心关注困难群体，对临时救助、农村特困人员、特殊困难群体等100649人发放各类救助金、供养金、助学金1636.20万元。维护社会大局和谐稳定，引深文明创建活动，举办首届“清徐好人”评选、“最美庭院”创评。（崔志明）

【安全生产】2021年，清徐县推进平安清徐、法治清徐建设，开展政法队伍教育整顿，信访机构及时受理率为100%，在全国和省、市重要会议和重大活动期间实现零“非访”。牢把安全生产关，各类生产安全事故起数、死亡人数、直接财产损失分别同比下降40%、20%、27.80%，全年未发生煤矿安全生产事故、重大及以上生产安全事故。开展灾后重建，开展抢险救援、防汛救灾、灾后重建等工作，转移安置1.50万余名受灾群众，保障群众温暖过冬。（崔志明）

【生态保护】2021年，清徐县牢固树立“绿水青山就是金山银山”的理念，统筹山水林田湖草系统治理，一体推进治山、治水、治气、治城。坚持高质量“增绿”，抓好“创森”工程，完成“创森”工作任务1433.33公顷，全县森林覆盖率14.71%，助力太原市创建“国家森林城市”。开展造林绿化，完成14.52千米的绕城307绿化工程，对全县9个乡镇、60个村庄进行高标准绿化，建成区绿化覆盖率达40.80%。坚持高标准“治污”，统筹抓好中央第二轮生态环保督察整改工作，启动实施南白石河流域内9个村庄截污纳管工程，完成九斗退水渠、东湖退水渠、南白石河底泥清淤，东于污水处理厂、开发区污水处理厂加快实施。落实“河长制”，强化入汾排污口监督管理，对171个入河排污口进行整治，全县水环境得到有效改善。坚持高强度“降碳”，落实“双碳”战略，完成燃气锅炉低氮改造25台，铸造行业10吨/小时以下冲天炉改电炉3家，“煤改电”“煤改气”2802户，更换新能源纯电动公交客车117台。全年优良天数238天，同比改善率排名全市第二。（崔志明）

【新型城镇化建设】2021年，清徐县紧抓全国新型城镇化建设示范县发展机遇，市民广场、清源水城、南部新城等重点项目加快推进，育青路、西关大街北延建成通车，县域“四环”路网框架基本形成。推进棚户区改造，确定棚改项目41个，拆迁总面积86.30万平方米。启动实施通湖路老旧片区39个院落48栋居民楼改造工程，城市科学化、精细化、智能化管理水平不断提升。（崔志明）

阳曲县

【概况】县名来历。阳曲之名始于西汉，“河千里一曲，曲当其阳”，故名阳曲，史称“三晋首邑”。

位置境域。阳曲县位于太原市境北部，忻定盆地与晋中盆地之间，地理坐标为北纬37°56′～38°25′，东经112°12′～113°09′。东邻阳泉市盂县，东南与晋中市寿阳县相连，南与尖草坪区、杏花岭区交界，西南与万柏林区接壤，西与古交市相邻，西北与忻州市静乐县相连，北、东北分别与忻州市忻府区、定襄县接壤。辖区东西最宽82千米，南北最长54千米，总面积2084.06平方千米。

建置沿革。县境春秋时属晋之盂地，战国时为赵地，秦时设盂县、狼孟县。东汉建安二十年（215），原阳曲县治由今定襄县滹沱河之阳待阳村一带迁至今太原市尖草坪区阳曲镇一带，新置阳曲县。此后数百年间，阳曲县名时废时复，县治、境域也多次迁徙、变动。隋朝文帝姓杨恶其“曲”，改阳曲县为阳直县，开皇十六年（596）又更名汾阳县，唐武德七年（624）复改阳曲县。其间曾分置盂县、抚城县、乌河县、洛阴县。唐贞观十七年（643），侨置于阳曲境内的燕然县并入阳曲县，自此县境统称阳曲县。明清至抗日战争前，阳曲县是山西首县，全省的政治、经济文化中心。民国年间曾为山西省会，其地域包括现在的阳曲县、尖草坪区、杏花岭区、迎泽区和古交市的大部地区，以及忻府区、定襄县、万柏林区、小店区的一些地方。以后，由于行政建置和区划的多次变更，辖区约三分之一的地域划出。1958年，阳曲县由忻县专区划归太原市。今县政府驻黄寨镇新阳西大街。

区划与人口。2021年，阳曲县下辖黄寨、泥屯、大盂、东黄水4个镇，高村、侯村、凌井店、杨兴、西凌井5个乡，98个行政村，30个居委会。全县户籍人口15.37万人。

地形地貌河流。县境地处忻定盆地与晋中盆地之脊梁地带，山岭起伏，沟壑纵横，东、西、北三面较高，中南面较低。全县山区占54.37%，丘陵占34.96%，平川占10.67%。最高峰柳林尖山海拔2101.90米，最低点杨兴河流域青龙镇出境处海拔830米。

名胜古迹。境内全国重点文物保护单位有6处：不二寺、帖木儿塔、大王庙（无梁殿）、辛庄开化寺、前斧柯悬泉寺、阳曲轩辕庙。

主要经济指标。2021年，阳曲县地区生产总值完成80.52亿元，增速10.80%。服务业增加值完成18.11亿元，增速12.20%。固定资产投资完成107.56亿元，增速21.20%。规模以上工业增加值完成20.85亿元，增速13.50%。社会消费品零售总额完成15.82亿元，增速15.50%。一般公共预算收入完成6.15亿元，增速9.70%。城镇居民人均可支配收入完成30081元，增速7.20%。农村居民人均可支配收入为13030元，增速10%。（崔振刚）

【工业经济发展】 2021年，阳曲县坚持工业强县战略，发挥园区承载功能，投资58亿元高标准打造总部园区、小微企业园、大盂工业园，成立阳曲现代农业产业示范区，县域实体经济达260余家，各类市场主体注册数累计达1.42万家。其中“规上”企业达到52家，占全市8%，高新技术企业25家。淘汰东铝、隆辉、三兴焦化等一批落后产能，形成以钢科碳纤维为主的新材料，以昊瑞机械为重点的装备制造业，以博奥检测、华普检测为重点的生产性服务业，以穗华、大福通为重点的现代物流业，以和仁堂为重点的现代医药业等主导产业体系。三个季度，规模以上工业企业产值完成46.40亿元，同比增长12.80%。（崔振刚）

【产业服务】 2021年，阳曲县坚持把旅游作为农村增收突破口，形成以青龙古镇、华夏文明传承园为旗舰，红崦山、悬泉寺、三郎洞等精品旅游线路为支撑，青草坡、香槟壹号等生态农庄为基础，农家乐为辐射的旅游产业集群。其中，营响未来·千曲国际教育营地占地面积约53公顷，以体育和劳动教育为主，是全国一流青少年营地教育基地。青龙古镇是集军事重镇、商贸集镇、农耕老镇、历史文化名镇于一体的古镇，规划总建筑面积16万平方米，是全国传统古村落、全省十大新锐景区、中国特色创客小镇。华强方特集团东方神画项目，占地面积64.20万平方米，投资32亿元，由11项大型室内主题项目及30余项室外游乐项目组成。7月23日正式开业以来，日均接待5800余人，总接待游客58万人，总营业额1.60亿元，填补周边没有大型游乐景区的空白，东方神画成为网红打卡地，是美团网山西省旅游超高人气景点榜第一名。（崔振刚）

【城乡建设】 2021年，阳曲县推动城乡基础设施均等化，实施新安西街等棚户区改造和老旧小区改造项目，建成1800余套保障性住房，建成41座水冲式公厕、13个精品小游园、5处公共停车场。打造新阳大街、首邑路等50余条精品街道，阳兴大道、108国道快速化改造、太原东二环高速、太原环城旅游公路阳曲段、泥向线建成通车，西北二环高速建设加速推进。大西高铁融入全国高铁网，阳曲进入高铁时代。推进农村人居环境整治，完成农村改厕1.30万余户。探索农村垃圾处理新模式，实施垃圾不落地治理，获全国农村垃圾分类和资源化利用示范县。完成营造林34133.33公顷，林木绿化率44.17%，森林覆盖率达26.20%。完成水土流失综合治理4578公顷，杨兴河出境断面水质退出劣Ⅴ类，建成日处理2万吨的青龙污水厂，实施太原集中供热阳曲热源厂等省、市重点工程，完成天然气置换1.50万余户、“煤改气”28488户、“煤改电”9273户。（崔振刚）

【社会事业】 2021年，阳曲县加强学校基础设施建设，高考大文大理达线率连续九年稳步攀升，中小学、幼儿园“县管校聘”改革、集团化办学改革顺利推进。落实就业政策，实施全民技能提升工程，累计新增城镇就业7960人，对近万名农民工进行免费职业技能培训。城乡居民最低生活保障实现应保尽保，首个县级120急救站在全市建成，12个社区党群服务中心投入使用，服务场所面积均达1000平方米以上。营造平安和谐社会氛围，弘扬新时代“枫桥经验”，开展安全生产大检查和扫黑除恶专项斗争，回应群众诉求、化解矛盾纠纷。（崔振刚）

娄烦县

【概况】 县名来历。娄烦县因境内古代属楼烦国而得名。娄烦古称楼烦，原是一个部落名称，后演变为地域概念，成为郡、县、乡名称。唐龙纪元年（889）置楼烦县。之后，时废时置。1971年，重置娄烦县，属吕梁地区。1972年，划归太原市管辖。县城所在地为娄烦镇。

位置境域。娄烦县位于太原市西北部山区，地理坐标为北纬37°51′～38°13′，东经111°30′～112°02′。东、南邻古交市，西南毗吕梁市交城县，西依吕梁市方山县，北与吕梁市岚县、忻州市静乐县接壤。辖区东西最宽48千米，南北最长44千米，总面积1276平方千米。县城距太原市区中心119千米。

建置沿革。境域西周时属楼烦国，汉属太原郡汾阳县。隋大业四年（608）置楼烦郡，境域属楼烦郡静乐县。唐贞元十五年（799）置楼烦监，龙纪元年（889）置楼烦县，并特置宪州于楼烦监，统楼烦、天池、玄池三县，州治在今娄烦县汾河水库淹没区。宋咸平五年（1002），楼烦县改属岚州，元代废县入管州。明洪武二年（1369）娄烦为镇，设巡检司，属静乐县。清沿明制。中华人民共和国成立后，娄烦地属静乐县。1971年5月建娄烦县，属吕梁地区。1972年改属太原市。今县政府驻县城南大街。

区划与人口。2021年，娄烦县辖3镇4乡、11个居委会、105个行政村。全县常住人口8.12万人。

地形地貌河流。娄烦县地处吕梁山区中部，四面环山，地形复杂，山脊与毗邻县形成天然分界线。境内东西部群山叠嶂，南北部丘陵起伏，整个地势西北高、东南低。山地、丘陵占总面积的90%以上。最高处赫赫岩山海拔2708米，最低处龙尾头山谷峡底海拔1030米，平均海拔1200米。娄烦县境内主要河流有汾河、岚州河、涧河、南川河、西川河、天池河、细米河等，总流域面积922.80平方千米。其中汾河在境内全长42千米，河床宽500米，流域面积47700公顷。汾河水库面积32平方千米，库容量7.20亿立方米。

名胜古迹。境内有全国重点文物保护单位：娄烦古城遗址和高君宇故居。省级文物保护单位：山城峁新石器遗址和罗家曲观音寺。高君宇故居也是全国爱国主义教育基地，米峪镇战斗纪念地、水峪事件殉难烈士纪念地为太原市爱国主义教育基地。境内汾河水库为省级风景名胜区，云顶山为国家级森林公园、省级自然保护区。还有龙和山（花果山）、石峡温泉、石门景观、双井瀑布、圣水柏塔、白岭仙葩、娄烦森林公园、涧河公园等风景名胜。

主要经济指标。2021年，娄烦县地区生产总值完成41.68亿元，增长9%。规模以上工业增加值完成18.95亿元，增长16.10%。服务业增加值完成14.55亿元，增长7%。固定资产投资完成20.83亿元，增长42.60%。社会消费品零售总额完成5.20亿元，增长11.20%。一般公共预算收入完成5.25亿元，增长15%。城镇居民人均可支配收入完成25981元，增长7.60%。农村居民人均可支配收入完成10401元，增长9.60%。（李爱民）

【深化改革】2021年，娄烦县制订全面深化改革工作要点及责任分工，建立4类16方面改革台账。健全完善推进机制，党政主要领导落实“四个亲自”要求，分管领导推动各项改革任务，40项重点改革任务稳步推进，打造特色改革亮点5项。深化“放管服”改革，实行“一窗通办”，推出“一件事一次办”高频事项套餐服务180项，优化服务事项2132项，压缩办理时限72%。399家机构进驻“中介超市”，开展服务418次。深化国企国资改革，19家县属国有企业改制有序推进。深化财政金融体制改革，推进预算管理一体化建设。完成事业单位和乡镇机构重塑性改革、农技农经农机三支队伍市场化改革，落实河长制、路长制、林长制等改革。举办“邀您回家、献计娄烦”系列活动，健全完善招商引资办法和优惠政策，实行“五个一”服务推进机制，提高重点项目签约成功率。利用“中博会”等重大平台引进龙头企业，开展深度合作，全年累计签订框架协议9个、投资协议3个，总投资9.40亿元。（李爱民）

【特色农业发展】2021年，娄烦县打造千亩有机旱作粮食生产基地5个，推广种植有机旱作马铃薯2000公顷，发展道地中药材666.67公顷、优质小杂粮4000公顷，特别是娄烦山药蛋首次出口东南亚2万吨，实现农产品出口创汇零的突破。遏制耕地“非农化”、防止“非粮化”，完成高标准农田建设466.67公顷，农业生产托管服务3133.33公顷。（李爱民）

【新兴产业发展】2021年，娄烦县风电、光伏等新能源产业加快发展，杜交曲、盖家庄2个风电项目开工建设，总装机830兆瓦的8个风电、光伏项目列入全省保障性并网计划。启动实施绿色矿山建设，龙泉矿井、三聚盛煤业等企业技改升级步伐加快，完成陆海工贸等4个洗选煤企业标准化认定，新虎威废弃矿石综合利用项目投产达效。规模以上工业企业净增4户，1月至11月，全县规模以上工业增加值完成17.37亿元，增长15.20%。（李爱民）

【文化旅游】2021年，娄烦县坚持“旅游开发带全局”，成立全域旅游工作领导小组，制订创建国家全域旅游示范区（县）实施方案及行动计划，出台21项全域旅游、民宿建设奖补政策，构建“一带四区”全域旅游发展新格局。建成全国乡村旅游重点村2个、全省AAA级乡村旅游示范村3个、全市工农业旅游示范点3个，汾河水库AAA级景区创建通过市级验收，高君宇故居纪念馆AAAA级景区创建有序推进。全年游客接待量24万人次，旅游总收入首次突破亿元。（李爱民）

【生态保护】2021年，娄烦县实施娄岚、娄古两大生态廊道建设，完成造林10133.33公顷、通道绿化34千米、村庄靓化57个。65家扶贫造林合作社承建造林3466.67公顷，1288名社员人均增收近万元。实施汾河上游山水林田湖草生态修复治理项目，完成水源涵养林3333.33公顷、汾河娄烦段综合治理2333.33公顷、库周塌岸治理16千米，建成水源地核心区隔离网15千米，入库水质达标率100%，两个国考断面水质保持国家Ⅱ类标准。开展“利剑斩污2021”等专项行动，治理工业、燃煤、机动车和扬尘“四类污染源”，完成“煤改电”2076户、清洁煤配送10513户。建成汾河干流、岚河、涧河、石峡沟等4处湿地，新增湿地280公顷。（李爱民）

【社会事业】2021年，娄烦县多措并举稳就业促增收，完成职业技能培训4390人、脱贫劳动力转移就业1.60万人，城镇新增就业1360人，登记失业率3.30%。完善社会福利保障体系和慈善事业工作机制，县、乡、村三级养老服务网络进一步健全。坚持教育优先发展战略，落实“双减”政策，实施“名校+”办学模式，引进市实验小学、清徐高中教育集团两所优质学校合作办学，促进全县教育质量提升，为家长们减少年均近4万元的教育支出。深化医疗卫生机构一体化改革，聘请省人民医院著名肝胆外科专家、娄烦籍教授冯变喜为县人民医院名誉院长，领衔组建18个省级专家团队定期坐诊，填补22项医疗技术空白。开展文化惠民活动2220场次，完成县图书馆总馆及分馆项目建设。（李爱民）

【思想政治建设】2021年，娄烦县推出每月一期的领导干部大讲堂，全方位学习贯彻中共十九届六中全会精神，习近平总书记考察调研山西重要指示精神和省、市第十二次党代会精神等，累计举办10期，受众5100余人次，推动各级领导干部在常学常新中加强理论修养，在真学真信中坚定理想信念，在学思践悟中牢记初心使命。（李爱民）

文 献

太原市国民经济和社会发展第十四个五年规划和 2035 年远景目标纲要

《太原市国民经济和社会发展第十四个五年规划和 2035 年远景目标纲要》根据《中共太原市委关于制定国民经济和社会发展第十四个五年规划和二〇三五年远景目标的建议》编制，主要明确未来五年我市经济社会发展的战略目标、主要任务和重大举措，展望 2035 年“再现‘锦绣太原城’盛景”远景目标，是党委领导经济社会发展、政府履行职责和引导市场主体行为的重要依据，是全市人民共同奋斗的行动纲领。

第一章 坚定不移在转型发展上率先蹚出新路 谱写全面建设社会主义现代化太原新篇章

“十四五”时期，是太原实现转型出雏型、打造具有国际影响力的国家区域中心城市、再现“锦绣太原城”盛景的关键时期。必须深刻把握经济社会发展形势，充分考虑环境变化和趋势要求，立足新发展阶段，贯彻新发展理念，融入新发展格局，牢记习近平总书记嘱托，全面落实省委“四为四高两同步”总体思路和要求，不断开创高质量发展新局面，在率先转型发展蹚新路中彰显省会担当。

第一节 发展基础

“十三五”时期是我市发展极不平凡的五年。习近平总书记先后两次亲临山西视察、深入太原调研，发表重要讲话、作出重要指示，为太原发展指明了前进方向。我们始终把习近平总书记重要讲话重要指示作为根本遵循，坚决贯彻落实党中央和省委决策部署，围绕谱写文明开放富裕美丽太原新篇章，确立并实施工业强市、人才兴市、环境立市、创新驱动、军民融合、城市“双修”、乡村振兴等重大战略，全力推动太原转型发展、振兴崛起，党的建设和各项事业取得重大成就，“十三五”规划目标任务基本完成，全面建成小康社会已成定局。

综合实力全面增强。地区生产总值由 2015 年的 2663.76 亿元增加到 4153.25 亿元，年均增长 6.6%，在全省的首位度由 22.5% 提高到 23.5%。人均地区生产总值由 61821 元增加到 2019 年的 90421 元，四年年均增长 6.8%，在全国省会的排名由第 18 位上升到第 15 位。固定资产投资年均增长 10.6%，增速位于全国省会城市第一方阵。社会消费品零售总额由 1352.30 亿元增加到 1655.11 亿元，年均增长 4.2%。一般公共预算收入由 274.24 亿元增加到 378.44 亿元，年均增长 6.7%。

产业结构持续优化。太钢高端碳纤维、长城智能制造基地、中电科碳化硅、清徐精细化工循环产业园等重大转型项目建成投产，高端装备制造、新材料、信息技术等新兴产业规模不断扩大，信创产业布局进入全国前列，制造业增加值占规模以上工业增加值的比重达到 71.3%，战略性新兴产业增加值占规模以上工业增加值的比重由 2017 年的 14.5% 提高到 22.1%。现代服务业集聚态势加速形成，入选首批国家物流枢纽建设名单，以华润万象城、华宇百花谷等城市综合体为引领的大型商圈格局基本形成，连锁便利化发展指数位居全国前列，晋祠、天龙山、太山等景区全面提档升级，晋商博物院对外开放。农业供给侧结构性改革不断深化，功能多样、产业融合、城乡一体化的城郊农业新格局正在形成。

创新动力更加强劲。深入实施创新驱动战略，从2018年开始每年设立10亿元科技专项资金、10亿元人才发展资金，加速推动创新资源集聚和融通创新，人才引进、与高端智库合作、创新平台建设取得明显成效。中科院山西先进计算中心等一批国字号创新载体落地投运，国科大太原能源材料学院开工建设，山西智创城、太原同创谷等品牌双创载体多点布局，建成院士工作站74个，柔性引进院士81名，迁入各类人才及家属8.9万人，获批全国知识产权运营服务体系建设重点城市。科技型中小企业由2017年的321家增加到2020年的8726家，在全国省会城市居第3位，高新技术企业由2015年的380家增加到2132家，"手撕钢""笔尖钢"等核心技术攻关实现重大突破。

城市品质跨越式提升。太原武宿国际机场年旅客吞吐量突破1000万人次，正式跨入全国大型繁忙机场行列。郑太高铁、太原铁路枢纽西南环线建成投用，太原南站高铁枢纽功能全面提升。地铁2号线开通运营，东二环高速公路建成通车，太长高速公路退城改造完成，通达桥、晋阳桥、摄乐桥等跨河大桥及滨河东西路南延、晋阳大道等快速路系统高效互通，全长229.5公里的环城旅游公路成为城市靓丽名片，太原全面进入地铁时代和全域立体交通时代。晋阳污水处理厂一期、晋源东区地下综合管廊一期、环卫产业基地餐厨垃圾处理等项目建成投运，供水、供热、供气、市容环卫等市政配套设施不断完善。城中村、棚户区、老旧小区改造同步推进，"九乱"整治、"两下两进两拆"整治和美丽乡村建设成效显著，城乡面貌焕然一新。晋阳湖公园、和平公园等一大批公园建成对外开放，汾河治理美化延展至35公里，太原植物园惊艳亮相，建成区绿化覆盖率、人均公园绿地面积分别达到44.0%、12.25平方米，荣获"全国绿化模范城市"和"中国美丽城市"称号。

三大攻坚战成效显著。脱贫攻坚决战完胜，阳曲县、娄烦县高质量摘帽退出，全市160个贫困村55992人全部脱贫，荣获"2019年度中国全面小康特别贡献城市奖"。超常规推进污染防治，公交车、出租车新能源化改造基本完成，关停搬迁淘汰污染企业21家，清洁取暖改造23.79万户，太原彻底告别散煤采暖历史，市区空气综合污染指数由2015年的7.13下降至5.91；"九河"治理全面完成，汾河国考断面全部退出劣Ⅴ类，建成区黑臭水体实现"长制久清"，"一湖点睛、一水中分、九河环绕"的水韵龙城格局加速构建。全力防范化解重大风险，严厉打击非法集资和互联网金融犯罪，稳妥有序化解政府存量债务，各类风险隐患总体稳定可控。

重点领域改革纵深推进。获批建设国家可持续发展议程创新示范区，"太原经验"在哥本哈根首届全球绿色目标伙伴2030峰会等国际平台推介。能源革命综合改革试点取得阶段性成效，累计化解煤炭过剩产能1139万吨，煤炭先进产能占比达到80.9%。国资国企改革不断深化，成功组建国有资本投资运营公司，试点企业混合所有制改革有序推进，中央、省驻并和市属国有企业"三供一业"分离移交工作全面完成。开发区改革创新步伐加快，"三化三制"改革基本完成，阳曲现代农业产业示范区、西山生态文化旅游示范区获批设立，中北高新区与尖草坪区融合发展迈出实质性步伐。"放管服效"改革力度持续加大，企业投资项目承诺制全面推开，"一枚印章管审批"顺利实施，90%以上政务服务事项实现"一窗通办"。出台支持民营经济发展若干举措，累计新增市场主体32.09万户，民营经济增加值占地区生产总值比重由2015年的34.9%提高到2019年的38.5%。"大学区制""集团化办学""局管校聘"等教育改革扎实推进，县乡医疗机构一体化和农村集体产权制度改革经验在全国推广。

高水平开放打开新局面。积极参与"一带一路"建设，主动融入京津冀协同发展、长江经济带发展、粤港澳大湾区建设、黄河流域生态保护和高质量发展等国家区域发展战略，累计开行中欧班列343列，开通国际及地区客运航线24条，太原国际邮件互换局（交换站）建成运营，中国（太原）跨境电子商务综合试验区成功获批。成功举办太原能源低碳发展论坛和国际能源产业博览会、尧城（太原）国际通用航空博览会等论坛和展会，习近平总书记向能源低碳发展论坛亲致贺信，我市荣获2019年度"中国最具竞争力会展城市"。招商引资签约项目500多个，外贸进出口总额由2015年的106.77亿美元增加到176.08亿美元，年均增长10.5%。

民生福祉持续增进。就业形势总体稳定，累计新增城镇就业47.65万人，城镇登记失业率每年均控制在4%以内。城乡居民收入水平稳步提高，城镇居民人均可支配收入由2015年的27727元增加到38329元，年均增长6.7%；农村居民人均可支配收入由13626元增加到19655元，年均增长7.6%。城乡居民养老、医疗、失业等保险基本实现全覆盖，养老和救助服务体系更加完善，累计建成社区养老服务中心222个、城乡老年日间照料中心489个。全面推动教育均衡优质发展，新改扩建学校项目49个，五中、成成中学新校区建成招生，新增优质学位7200个，公办小学、初中就近入学率均达到100%；太原幼儿师范高等专科学校获批设立，太原成为省级产教融合型试点城市。医疗卫生服务能力全面提升，市中心医院、市妇幼保健院新院区投入使用，新冠肺炎疫情防控取得重大战略成果。文化体育事业繁荣发展，市图书馆改扩建竣工对外开放，成功举办二青会、太原国际马拉松赛等重要赛事，"担复兴大任、做时代新人"等主题活动广获好评。平安太原、法治太原建设取得重大成效，“扫黑除恶”专项斗争成果显著，“雪亮工程”建设应用稳居全国第一方阵，重要节点实现进京“零非访、零集访、零滞留、零倒流”，生产安全事故起数和死亡人数“双下降”，社会大局保持和谐稳定。

第二节 发展环境

当今世界正经历百年未有之大变局，新一轮科技革命和产业变革深入发展，国际力量对比深刻调整，和平与发展仍是时代主题，经济全球化仍是历史潮流，人类命运共同体理念深入人心。同时，新冠肺炎疫情全球大流行加速大变局变化，保护主义、单边主义上升，世界经济低迷，全球产业链供应链因非经济因素而面临冲击，外部环境更加逆风逆水。从国内看，我国已进入高质量发展阶段，正处在转变发展方式、优化经济结构、转换增长动力的攻关期，尽管面临着国际环境变化以及国内经济运行结构性、体制性、周期性问题相互交织所带来的困难和挑战，但我国发展仍具有多方面的优势和条件，特别是内需潜力不断释放，国内大循环活力日益强劲，以国内大循环为主体、国内国际双循环相互促进的新发展格局正在加速形成，将成为吸引国际商品和要素资源的巨大引力场。从省内看，全省经济在由“疲”转“兴”基础上连年进位，经济发展韧性显著增强，为高质量转型发展打下了坚实基础。特别是习近平总书记两次视察山西，党中央赋予“国家资源型经济转型综合配套改革试验区”和“能源革命综合改革试点”两块金字招牌，为我省指明了转型发展的金光大道，极大增强了全省上下将转型综改进行到底的信心和决心。

从我市看，习近平总书记再现“锦绣太原城”盛景的殷切嘱托，为我们指明了前进方向和奋斗目标；省委提出“四为四高两同步”总体思路和要求，作出建设“一主三副六市域中心”的重大决策，明确赋予太原都市区打造全省核心引擎的历史使命，为我市建设具有国际影响力的国家区域中心城市、提升城市能级和辐射带动力提供了重大机遇；市委就建设文明开放富裕美丽太原作出一系列战略部署，全市转型发展步伐明显加快，经济社会发展取得巨大成就，为我市率先在转型发展上蹚出新路奠定了坚实基础。同时也要清醒认识到，我市发展不充分不平衡的问题尚未根本解决，经济总量不大、产业结构不优、创新能力不强、综合承载力不高等问题依然突出，生态环境保护、重点领域改革、民生福祉改善等任务仍然艰巨。

综合判断，我市发展仍处于大有可为的战略机遇期，经济持续向好的基本态势没有发生改变，但同时仍面临诸多矛盾和挑战。必须牢记习近平总书记嘱托，切实把思想和行动统一到中央、省委对当前形势的分析判断和决策部署上来，强化底线思维，增强机遇意识，保持战略定力，发扬斗争精神，努力在危机中育先机、于变局中开新局，坚定不移沿着总书记指引的“金光大道”奋勇前进，奋力书写太原践行新时代中国特色社会主义新篇章。

第三节 指导思想

高举习近平新时代中国特色社会主义思想伟大旗帜，深入贯彻党的十九大和十九届二中、三中、四中、五中全会精神，全面贯彻党的基本理论、基本路线、基本方略，统筹推进“五位一体”总体布局，协调推进“四个全面”战略布局，坚持以习近平总书记考察调研山西重要指示为根本遵循，准确把握新发展阶段，深入贯彻新发展理念，积极融入新发展格局，按照省委“四为四高两同步”总体思路和要求，坚持稳中求进工作总基调，以推动高质量发展为主题，以深化供给侧结构性改革为主线，以国家资源型经济转型综合配套改革试验区和国家可持续发展议程创新示范区建设为统领，以改革创新为根本动力，以满足人民日益增长的美好生活需要为根本目的，统筹发展和安全，不断在“六新”上取得突破，着力构建多元支撑的现代产业体系，一体推进治山、治水、治气、治城，加快推进市域治理体系和治理能力现代化，打造具有国际影响力的国家区域中心城市，向着再现“锦绣太原城”盛景目标奋力迈进。

推进“十四五”时期经济社会发展，必须坚持党的全面领导，坚持以人民为中心，坚持新发展理念，坚持深化改革开放，坚持系统观念，突出科技创新核心地位，建设创新太原；发展壮大现代产业体系，构建实力太原；坚持“四治”一体推进，再现锦绣太原；书写乡村振兴时代画卷，塑造美丽太原；全面深化转型综合改革，创造活力太原；积极回应人民群众关切，筑就幸福太原；持续推进治理能力现代化，打造平安太原。

第四节 主要目标

按照省委“2025 年转型出雏型、2030 年基本实现转型、2035 年转型全面实现”的战略部署，“十四五”时期，全市经济社会发展的主要目标是：

——率先实现经济转型出雏型。经济实力和发展质量大幅提升，经济总量奋力向万亿元规模迈进，人均地区生产总值达到 2 万美元以上，在全省的首位度显著提高，在全国省会城市中的排位稳步前移。工业对经济的支撑更加有力，新兴产业竞争力进入全国第一方阵，规模以上工业企业数量向 3000 家目标奋进，工业增加值占地区生产总值的比重达到

“十四五”时期太原市经济社会发展主要指标

序　号	指　标	2020 年	2025 年	“十四五”年均	属　性
一、经济发展（10 项）					
1	地区生产总值增速（%）	2.6	—	8.5 以上	预期性
2	常住人口城镇化率（%）	85.25*	89.5	—	预期性
3	规上工业企业数量（户）	622	3000	—	预期性
4	工业增加值占地区生产总值比重（%）	25.8	>30	—	预期性
5	战略性新兴产业增加值占地区生产总值比重（%）	3.8	4.5	—	预期性
6	全员劳动生产率增长（%）	5.4*	—	9	预期性
7	固定资产投资增速（%）	11.3	—	10 以上	预期性
8	一般公共预算收入增速（%）	-2.1	—	6 以上	预期性
9	社会消费品零售总额增速（%）	-6.4	—	9 以上	预期性
10	外贸进出口总额增速（%）	8.1	—	10 以上	预期性
二、创新驱动（6 项）					
11	研发经费投入增速（%）	—	—	20	预期性
12	大科学装置（个）	0	1	—	预期性
13	国家实验室 / 国家级重点实验室 / 国家级技术创新中心（个）	0/4/0	1/8/1	—	预期性
14	省实验室 / 省级重点实验室 / 省级技术创新中心（个）	0/76/0	8/160/80	—	预期性
15	国家自然科学奖 / 技术发明奖 / 科学技术进步奖（项）	1/0/1	1/2/5	—	预期性
16	高技术制造业增加值增速（%）	15.3	—	15	预期性
三、“六新”突破与产业升级（7 项）					
17	每万人口发明专利拥有量（件）	25.02	29	—	预期性
18	5G 网络用户普及率（%）	21**	80	—	预期性
19	新材料生产企业主营业务收入增速（%）	1.0**	—	13	预期性
20	高端装备制造业增加值增速（%）	9.9	—	15	预期性
21	新产品开发项目数量增速（%）	—	—	12	预期性
22	制造业增加值占规上工业增加值比重（%）	71.3	75	—	预期性
23	数字经济核心产业增加值占地区生产总值比重（%）	—	5.4	—	预期性
四、绿色生态（7 项）					
24	空气质量优良天数比例（%）	61.2	完成省下达目标任务		约束性
25	地表水达到或好于Ⅲ类水体比例（%）	55.56	完成省下达目标任务		约束性
26	森林覆盖率（%）	24.43*	30	—	预期性
27	城镇生活垃圾分类覆盖率（%）	61	80	—	预期性
28	单位地区生产总值二氧化碳排放降低（%）		完成省下达目标任务		约束性
29	单位地区生产总值能源消耗降低（%）	2.85	完成省下达目标任务		约束性
30	单位地区生产总值水耗降低（%）	0.6**	完成省下达目标任务		约束性
五、人的全面发展（13 项）					
31	城镇人均住房面积（平方米）	40**	41.5	—	预期性
32	从业人员持证率（%）	25	>50	—	预期性
33	全社会劳动力持证率（%）	—	>25	—	预期性
34	城镇调查失业率（%）	—	<5.5	—	预期性
35	基本养老保险参保率（%）	93.0	95.0	—	预期性
36	城镇居民人均可支配收入（元）	38329	56318	8	预期性
	农村居民人均可支配收入（元）	19655	>28880	>8	预期性
37	学前教育专任教师接受专业教育比例（%）	65	70	—	约束性
38	每千人口拥有执业（助理）医师数（人）	5.4*	6	—	预期性
39	每千人口医疗卫生机构床位数（张）	8.8*	11	—	预期性
40	每千人口拥有 3 岁以下婴幼儿托位数（个）	1.8**	4.2	—	预期性
41	人均预期寿命（岁）	78.84*	79.15	—	预期性
42	养老机构护理型床位占比（%）	25**	50	—	预期性
43	体育人口占比（%）	36.8**	40	—	预期性
六、安全保障（3 项）					
44	粮食综合生产能力（万吨）	24.5	完成省下达目标任务		约束性
45	能源综合生产能力（亿吨标准煤）	—	完成省下达目标任务		约束性
46	亿元地区生产总值生产安全事故死亡率（人 / 亿元）	0.015	完成省下达目标任务		约束性

注：带 * 为 2019 年数据，带 ** 为 2020 年预计数，部分指标因数据尚未发布或因统计方法、统计数据来源尚未明确，2020 年数据暂时空缺。

30%以上，服务业新业态新模式蓬勃发展，农业现代化水平明显提高，多元支撑的现代产业体系基本形成。

——国家可持续发展议程创新示范区建设取得重大突破。创新要素加速集聚，聚才用才育才环境大为改善，一流创新生态基本形成，“六新”发展实现突破，城市创新活力显著提升。规模以上工业企业研发活动实现全覆盖，国家级创新平台实现倍增，高新技术企业达到4500家，信创、能源装备、特种钢新材料、生物基新材料、碳基新材料等领域关键技术攻关实现突破。

——国家区域中心城市影响力显著增强。城市空间布局更加优化，城市功能更加完备，基础设施不断完善，立体化综合交通体系基本形成，太原都市区一体化发展取得重大突破，太原在世界城市网络体系中的节点地位明显提升。新城建设、老城更新、古城保护协同推进，智能化、网络化、数字化水平不断提高，城市特色风貌全面彰显，城乡一体化发展格局基本形成。

——综改先行区开放新高地建设取得明显成效。开发区改革创新形成制度性成果，国资国企、要素配置、市场监管、产权保护等重点领域改革取得重大突破，公平公正、竞争有序的市场体系基本构建，营商环境主要指标跨入全国前列。对外开放大平台、大通道建设更加完善，自由贸易试验区建设取得重要成果，融入“双循环”格局取得明显效果，开放型经济水平不断提高。

——天蓝地绿水清成为新常态。国土空间开发保护格局不断优化，生态文明制度体系和绿色生产生活方式基本形成，单位地区生产总值能耗和主要污染物排放量持续下降，大气环境质量显著改善，森林覆盖率、建成区绿化率进一步提高，汾河流域治理取得重大进展，城乡生态系统走上良性发展轨道。

——历史文化名城特色充分彰显。社会主义核心价值观深入人心，市民思想道德素质、科学文化素质和身心健康素质明显提高，公共文化服务体系更加健全，文化遗产保护与新型文化产业融合发展，人民群众精神文化生活日益丰富，特色文化名城影响力、吸引力不断增强。

——高品质幸福之城建设实现长足进步。“人人持证、技能社会”建设广泛深入，就业质量持续提高，城镇居民人均可支配收入力争达到6万元，农村居民人均可支配收入力争突破3万元。巩固拓展脱贫攻坚成果同乡村振兴有效衔接，城乡差距进一步缩小。教育、医疗、住房等基本公共服务均等化水平明显提高，多层次社会保障体系更加健全，人民群众获得感幸福感安全感普遍增强。

——市域治理现代化走在全国前列。法治政府和服务型政府建设取得新成效，社会主义法治理念深入人心。市域社会治理特别是基层治理水平明显提高，“三零”单位创建目标任务全面完成。重大风险和矛盾纠纷得到有效化解，突发公共事件应急能力显著增强，安全发展能力大幅提升，人民生命财产安全得到有效保障。

到2035年，按照第二个百年奋斗目标战略部署和省委“三个五年”转型发展战略安排，在实现第一个五年“转型出雏型”重要阶段性目标的基础上，引领全省实现全面转型，基本实现社会主义现代化，再现“锦绣太原城”盛景。经济综合实力再迈上新的大台阶，达到全国省会城市中上游水平；科技创新能力明显增强，优势领域创新水平全国领先，建成特色鲜明的国家创新型城市；现代产业体系全面形成，产业基础能力和产业链现代化水平显著提高，主导产业向价值链中高端迈进；新型城镇化建设取得重大突破，国家综合交通枢纽地位全面提升，太原都市区辐射带动作用凸显，太原成为具有国际影响力的国家区域中心城市；绿色生产生活方式广泛形成，生态环境根本好转，山光凝翠、川容如画的美丽太原基本建成；支撑高质量转型发展的体制机制更加完善，高水平对外开放格局全面形成；文化事业和文化产业繁荣兴盛，国家历史文化名城知名度、影响力显著提升，市民素质和城市文明程度达到新高度；城乡居民人均收入大幅提升，基本公共服务实现更高水平均等化，城乡发展差距和居民生活水平差距显著缩小，共同富裕取得显著进展；法治政府、法治社会基本建成，市域治理体系和治理能力现代化基本实现。

第二章 聚力实现“六新”突破率先打造一流创新生态

坚持创新在现代化建设全局中的核心地位，聚焦“四个面向”，全面实施创新驱动、人才兴市战略，以抢跑速度重塑创新体系，以一流创新生态集聚创新资源，以主动作为催生创新成果，打造特色鲜明的国家创新型城市。（下略）

第三章 坚定不移实施工业强市战略
夯实高质量转型发展基础

坚持把发展经济着力点放在实体经济上，推动基础产业、新兴产业、未来产业“三业”并举，优存量、扩增量、调结构、上水平，提高产业链系统供应能力，全力打造在全国有重要影响力的新型工业城市和区域产业高地，推动工业产值向万亿元规模迈进。

第一节 做优做强新兴产业集群

立足产业基础与比较优势，坚持高端化、智能化、绿色化方向，优化资源配置，强化产业协同，着力打造规模体量大、延伸配套好、支撑带动强的战略性新兴产业集群，以集群集聚发展提升产业整体竞争力。

发展壮大新一代信息技术产业集群。聚焦抢占新一轮工业革命先机，大力发展信息技术产业，培育核心企业和特色产业集群，建设国内一流的智慧产业名城。以富士康、中电科、太航仪表等企业为龙头，大力发展通信设备、手机整机、笔记本电脑、电子仪器仪表等产品，鼓励整机企业与芯片、器件、软件企业协作，打造新型电子信息产品制造产业集群。以中国长城、龙芯中科、山西百信、中标软件、中科曙光等企业为龙头，突破核心芯片制造、安全云计算与信息等关键技术，建设全国重要的“PKS”信创生态创新中心，加快国产自主操作系统研发、软件应用服务迁移适配，打造以安全可控计算机制造为基础的信创产业集群。依托现有软件和信息技术服务产业资源，建设太原软件产业园，打造软件和信息技术服务产业集群。

做强高端装备制造产业集群。聚焦“制造强国”战略，做强成套设备，形成特色产品优势突出、专业化协作分工合理、配套完善的产业发展格局，打响“太原制造”品牌，建设全国装备制造业强市。充分发挥现有技术和产业优势，提升车轴、高速轮对、齿轮箱及转向架等关键零部件研发能力，建设轨道交通产业集群。围绕占领行业高端，重点突破煤矿机械关键零部件设计制造、煤机装备自动化信息化系统等关键技术，做优做精煤机成套装备产品，建设世界一流煤机装备产业集群。大力发展新能源汽车产业，强化招商引资和项目培育，布局建设整车设计、高储能电池、关键零部件智能制造等重大项目，扩大K系列纯电动大巴、燃气重卡、纯电动乘用车产能，发展压缩天然气（CNG）、液化天然气（LNG）牵引车、自卸车系列产品，打造新能源汽车产业集群。提升重型装备制造业发展水平，支持配套产业规模化发展，实现产品全覆盖，建设世界一流的重型装备制造示范基地。以风电装备、光伏发电装备、节能装备为重点，加快新能源装备和节能环保产业集群建设。围绕航空新材料、航空仪器仪表、直升机、飞机拆解等领域，打造通用航空产业发展山西样板。

加快建设新材料合成加工产业集群。聚焦产业前沿和高端需求，以融入产业链高端环节和价值链高附加值环节为突破，实现单一“材料生产”向综合“加工材料”转变，建设全国材料加工之都。以太钢、康镁科技、汇镪磁材、山西金阳等企业为龙头，大力发展以特种钢、镁铝合金、钕铁硼高性能磁性材料为代表的先进金属材料产业。加快发展前沿新材料，建设碳纤维及复合材料产业园，推动形成完整的碳化硅成套装备和产业化生产工艺，推进新一代半导体材料、高端碳纤维、石墨纤维技术突破和产业化。以针状焦、超高功率石墨电极、乙二醇、己内酰胺、尼龙66等为突破，打造世界一流的千万吨级新型煤化工产业基地。依托山西合成生物产业生态园，打造生物基新材料产业集群。

培育发展高品质消费品产业集群。深入实施消费品工业“三品”行动，立足现有产业基础，依托龙头骨干企业，注重消费者个性化、时尚化、功能化、绿色化需求，大力发展生物医药、酿造、食品加工、服装加工等产业，加快开发市场竞争力强、附加值高的拳头产品。以重点企业、技术产品、医药园区为载体，以锦波生物、太原药业、立业制药等企业为支撑，构建发酵基原料—原料药—化学制剂、人源胶原蛋白—胶原蛋白敷料产业链。以紫林、水塔、老陈醋、宁化府等企业为龙头，加强食醋原料基地建设，打造国内最大的食醋生产基地，提升中国醋都影响力。推进中华老字号酿造小镇、清徐葡萄酒原料基地建设，提高白酒生产水平和产品档次，促进高档、中档葡萄酒和佐餐酒同步发展。以山西药茶为突破口，培育饮品产业集群。加快推动蓝顿旭美、六味斋、九牛牧业、蒙牛乳业等企业智能化改造，综合发展肉制品、乳制品、杂粮、保健食品、功能食品等现代食品加工业，推动食品加工向精深加工方向发展。

第二节　培育壮大特色优势产业链

聚焦特色产业发展，强化战略设计，加快建立产业链链长制和产业联盟会长制，补短板、锻长板，建链强链补链延链，发展和培育纵向关联、横向耦合、综合竞争力强的优势产业链，全面提升产业基础能力和产业链现代化水平。

实施产业基础再造工程。针对重大工程和重点装备关键技术和产品急需，支持优势企业开展“政产学研用”联合攻关，突破关键基础材料、核心基础零部件（元器件）、先进基础工艺、产业技术基础的工程化、产业化瓶颈。依托国家级工程技术中心、国家级企业技术中心等创新资源，搭建产业链沟通平台，建立企业配套协作沟通交流机制，确定重点企业配套产品需求，推进重点配套产品研发及产业化。鼓励新装备、新材料、信创等领域重点企业和产业链上下游企业协调合作，提升系统集成应用和关键零部件配套关联水平。支持本地中小配套企业做专做精，提供专业化产品和服务，推动产业链整合延伸、配套分工。开展工业数字化试点示范，鼓励太钢、太重、山西焦煤、省建工、太航仪表等“两化融合”标杆企业开展智能工厂、智能生产线、数字化车间改造。支持制造企业积极申报智能制造、工业互联网等试点，培育国家级、省级试点示范标杆。

全力打造千亿级支柱产业链。加强多元化特殊钢、新型镁合金、高性能磁性材料等技术研发和精深加工，重点构建“特殊钢—冷轧板材—取向硅钢、轮轴钢—高铁轮对、特高压变压器”“镁合金冶炼—高精度加工—高端合金制品”等特色产业链条，打造特种金属材料产业链，推动钢铁行业跻身全球领跑行列。按照“基础—应用—产业链”思路，拓展电子产品、机器人、仪器仪表等产品领域，打造电子信息制造“关键元器件—零组件—应用产品”完整产业链，创建国家级微电子智能制造创新中心。以清徐精细化工循环产业园为龙头，促进焦化、精细化工、化工新材料、碳材料产业链式循环，构建“以化领焦”产业新模式，做强新型化工材料产业链，形成世界一流的千万吨级煤化工产业基地。依托凯赛生物等龙头企业，打造以“戊二胺”与“长链二元酸”单体材料为核心，集“聚酰胺5X”等高分子聚合物制造、生物基纺丝材料加工于一体的生物基新材料产业链，建设全国首个合成生物规模化产业基地。

加快构建百亿级特色产业链。补强轨道交通产业链，围绕高速列车、城轨车辆、电力机车三大领域，以整车为龙头，突破关键环节，构建“轮轴—高速轮对—电传动系统—整车—维修养护”产业链，建设国内先进的轨道交通装备制造产业基地。升级工业机器人产业链，以矿用机器人研发应用为突破口，构建“智能芯片—核心零部件—三机一架—成套产品”产业链，拓展工业机器人应用领域，打造国内领先的矿用机器人产业基地。发展新能源汽车产业链，围绕电动、燃气两大方向，构建“零部件—系统总成—整车”产业链，打造国内新能源汽车产业高地。做强节能环保装备产业链，提升高压变频、无功补偿控制、锅炉自动化控制、主辅机匹配优化等技术，加快构建“铸锭—切片—电池片—电池组件—应用系统”光伏组件产业链，完善再制造等静脉产业链，建成全国重要的节能环保制造业基地。

布局发展战略性未来产业链。坚持把信创产业作为战略工程、一号工程，加快构建“关键元器件—系统软件—整机—应用”全产业链，打造国内领先的安全自主可控产业生态，建设国家级信创产业基地。培育发展物联网产业链，以5G建设和应用为核心，积极创建国家级工业互联网平台应用创新体验中心、工业互联网国家示范区，构建以研发为基础、服务为龙头、配套为支撑的综合性物联网产业链。聚焦新一代半导体核心技术和关键材料，构建砷化镓、碳化硅等第二/三代半导体“衬底材料—外延—芯片设计制造—封装—应用创新”产业链，前瞻谋划第四代半导体材料研发，打造国内规模最大的产业应用高地。积极融入通用航空产业链，以太航仪表、钢科、飞机拆解基地、国产大飞机完工中心为龙头，推进直升机、无人机、飞机重要部件、飞机操控系统、航空器配套产品等设计研发和产业化，加快形成“航空零部件—机载设备与系统—通航培训与服务”产业链，打造在全国具有重要影响力的航空高端产业基地。

第三节　积极发展数字经济核心产业

顺应网络化、智能化、融合化发展趋势，加快发展大数据、人工智能、网络安全等数字经济核心产业，构建特色数字产业集群，以信息化培育新动能，以新动能推动新发展。

做大做强大数据产业。做强做优云计算、区块链、工业软件等行业生态，充分释放大数据商用价值。依托国家级山西软件园、大地紫晶绿色光存储产业园，积极创建“中国软件名园”和省级大数据产业基地，搭建大数据共享开放、流通交易、技术交易、科研、双创等公共平台，创新大数据应用场景。加快推进山西数据流量生态园建设，构建数据智能融合、产业链条完善、人才聚集、业态丰富的数据流量生态。

提升先进计算能力。依托山西先进计算中心、曙光工业互联网中心、太原理工大学、山西大学、中北大学等载体，提升数据获取、数据存储、数据处理与分析、大数据应用服务能力。以先进计算能力推进生命科学、新材料、城市地理空间（BIM/CIM）、煤化工、航空等重点行业融合创新应用，服务太钢、太重、中国网安、山西煤化所等企业开展国家级技术攻关。配套引进一批中小型数据应用商、数据生产者，吸引带动一批大数据关联企业来并投资发展大数据“加工厂”。

大力发展网络安全产业。发挥国家火炬计划太原信息安全特色产业基地技术优势，依托中电科三十三所、百信科技、中天信等重点企业，加强电磁信息安全防护、生物识别、可信密码模块和可信算法等核心技术研发，发展电子政务系统、网络监测预警、工业控制安全产品、信息安全终端及服务器等核心产品，打造全省最大的信息安全产业园。积极布局量子加密、工业互联网安全、可信免疫计算、区块链、安全态势感知、物联网安全等前沿核心技术，实现集群式创新发展。

推进数据标注产业发展。以百度（山西）人工智能数据标注产业基地为依托，发挥山西知网、迪奥普等重点企业优势，在无人驾驶、空间地理、健康医疗、煤矿电力、知识挖掘等重点领域形成一批国家级专业数据资源集。引进培育百家以上数据标注企业，初步形成集数据采集、数据清洗、数据标注、数据交易、数据应用为一体的基础数据服务体系，打造全国领先的基础数据产业聚集地。

培育发展人工智能产业。加大跨媒体感知、跨媒体分析推理、计算机视觉、自然语言处理等领域投入力度，形成一批重大科技成果。依托同昌信息、见声科技、科达自控等骨干企业，开展基于机器学习、深度学习等人工智能关键技术研发，发展智能装备、智能机器人、工程服务机器人、智能硬件等智能产品，打造在全国具有重要影响力的人工智能产业基地。推动人工智能在交通物流、居家养老、健康医疗、工业制造、能源矿山、安防、教育等领域的应用创新，加快推进人工智能与经济社会深度融合。

第四章　深入推进能源革命综合改革试点 强化可持续发展动力支撑

以国家可持续发展议程创新示范区建设为统领，以能源革命综合改革试点为牵引，着力构建多元高端能源供给体系和绿色低碳用能模式，提升全社会资源能源节约集约利用水平，促进经济社会可持续发展。（下略）

第五章　提升服务业发展能级水平 构建高端现代服务经济体系

以建设服务业集聚区为突破口，加快建设高端服务功能集聚、辐射带动作用明显的区域服务中心，增强服务于生产活动的资源配置功能和服务于人的全面发展的消费服务功能。（下略）

第六章　着力实施扩大内需战略深度融入新发展格局

坚持把扩大内需同深化供给侧结构性改革有机结合起来，以需求引领供给、以供给创造需求，推动产业升级和消费升级互促共进，努力在新发展格局中占据有利和主动地位。（下略）

第七章　高品质推进城市建设 展现“锦绣太原城”现代化风貌

坚持人民城市人民建、人民城市为人民，主动对接“一主三副六市域中心”战略布局，统筹规划、建设、管理三大环节，营造山水城和谐共处、历史文化与现代文明相得益彰的都市风貌，增强太原在世界城市网络体系中的节点地位，打造具有国际影响力的国家区域中心城市。

第一节　高标准加强城市规划设计

合理优化生产、生活、生态空间，高水平推进重点片区开发，推动形成集约高效、宜居适度、山清水秀、开敞舒朗的城市发展格局。

加强太原都市区一体化规划。按照“基础设施共联、创新平台共建、产业发展融通、生态环境共治、公共服务共享”要求，完善提升都市区建设和景观规划，加快形成“一主一副多组团”的空间结构，提升在全省的“四个首位度”和辐射带动能力，强力打造全省高质量发展核心引擎。推进太榆道路交通互联互通，重点实施化章街—龙湖大街、迎宾路—环城南路、南中环东延—榆次乌金山、小牛线、文源路、机场周边对外通道等连通工程，强化标准及建设时序对接，实现统筹规划、一体设计、同步建设、同步运营。调整优化太原—晋中区域公交线网、站场和公交换乘枢纽，同步规划小型首末调度站，完善微循环公交网络，扩大“同城化公交”覆盖面。推进太原至忻州等城际快速路建设，打造太忻科技创新走廊。

优化城市空间布局。全面落实主体功能区战略，统筹划定生态保护红线、永久基本农田、城镇开发边界三条控制线，科学划定城市多级通风廊道。高标准编制国土空间规划，东部加快完善东山路网体系和配套设施，积极推进山西大学和山西财经大学东山校区建设，强化东山旅游公路沿线及周边风貌管控，打造集教育、科技、人文、生态于一体的发展活力带；南部推动城市空间集约高效利用，打造高颜值低碳、智慧、商务新区和新兴产业发展高地；西部巩固生态修复改革试验成果，重点发展文化旅游、生态休闲等产业；北部积极打造“四治一体”城市更新试验区，推动军工企业火工区搬迁，加快基础设施和公共服务设施向阳曲延伸，依托中北大学、国科大太原能源材料学院、中北高新区和依山傍水优势，推动产业格局重塑和生态空间拓展，形成全市高质量发展的重要增长极和新的动力源；同步将清徐、阳曲、古交纳入城市规划设计，形成“三山环抱、一水润城、蓝绿交融、组团支撑”的国土空间总体格局。高质量开展汾河两岸、历史风貌、新城建设、产业发展、轨道交通站点、城市双修等六大类重点片区规划建设，完善基础设施和公共服务设施，形成功能合理、生活便捷、生产高效的特色片区。

打造全省产城融合新典范。加快建设汾东创新城，集聚金融商务办公、科学技术研发、商务休闲体验、高端公寓住宅等功能，实现产城一体发展。优化潇河现代产业新城布局，加快建设会展中心、会议中心、文化中心、金融中心、商务中心“五大中心”，形成城市发展新中心、新引擎、新亮点。优化重点园区产业布局，强化园区生产性、生活性配套设施建设，实现产业发展、城市建设与人口集聚相互促进、融合发展。

第二节　全力实施城市更新行动

聚焦城市品质提升，统筹新城建设和老城更新，以工匠精神打造经典建筑、精品街区、精致城市，不断提高城市能级和综合竞争力。

加快城市修补和有机更新。全面完成城中村、棚户区改造，稳步推进城镇老旧小区、背街小巷、建筑节能改造，完善公共停车位、加装电梯等配套服务设施，推进“完整居住社区”建设，全面提升人居环境。提升改造老旧厂区和街区，活化利用工业遗产发展工业旅游，加快建设一批文化休闲街区、艺术街区、特色门店等，发展集合多种业态的消费集聚区。在汾河两岸、汾东创新城、双塔周边、武宿机场周边等城市特色区域，建设精品公共空间，打造精品地段、精品建筑，形成一批高品质城市亮点。

高标准补齐基础设施短板。加强市域综合交通体系建设，重点推进轨道交通1号线、2号线二期、3号线、综改示范区磁浮和迎泽大街东延、滨河东路南延、汾东大街东延等项目建设，调整现有绕城高速为城市快速路，推动城市快速路、主干路、次干路和支路合理级配，提升快速通达水平，到“十四五”末，建成区道路路网密度达到8公里/平方公里，城市人均道路面积达到15平方米，轨道交通运营里程达到50公里。完善电网主干网架结构，增加各电压等级变电站布点和变电容量，持续优化完善220千伏输电网和110千伏及以下配电网网架结构，提高电网受电、输送和供电能力。整合现有大型市政基础设施管线，重点推进晋源东区综合管廊二期、潇河产业园区等地下综合管廊项目建设。完善水、气、热等市政基础设施，加强韧性城市建设，强化地下空间开发力度，增强城市综合承载力。优先发展城市公共交通，实现中心城区公交站点500米全覆盖。

塑造特色城市风貌。加快实施府城历史风貌复兴工程，高标准完成钟楼街片区、拱极门府城文道、东三道巷历史文化街区改造升级，彰显厚重历史文化底蕴。依托文殊寺、普光寺、省咨议局旧址等古建筑、古遗存，建设一批具有太原历史风貌的特色街区和地标建筑景观，打造一批城市文化名片和文化客厅。完成五一广场、南宫广场改造，保留城市记忆，重塑历史空间。实施城市景观美化彩化工程，打造迎泽大街、滨河东路、滨河西路、迎宾路、东山大道等精品街道。实施双塔景区、海洋公园建设，启动园林水系循环工程，均衡配置游园绿地，打造“玫瑰之城、浪漫之都”。“十四五”末，建成区绿化覆盖率、绿地率、人均公园绿地面积分别达到44.38%、39.3%、13.2平方米，努力创建国家生态园林城市。

第三节 提升城市管理水平

树立以人为本的城市管理理念，构建权责明晰、服务为先、管理优化、执法规范、安全有序的城市管理体制，全面提升城市管理科学化、精细化、智慧化水平。

全面推进城市管理科学化。运用法治思维和法治方式，深化城市行政管理体制改革，建立健全市、县（市、区）、街道（乡镇）、社区四级城市管理网络，推动管理重心下移、管理权限下放、管理职责细化，实现人权、事权、财权相匹配。完善城市管理综合执法制度，加强执法机构和队伍建设，实现跨部门高效综合执法。创新城市管理模式，积极引导公众参与城市管理，广泛开展城市管理教育和主题宣传活动，提高市民参与城市管理的现代化意识，形成“城市管理、人人有责”的良好氛围。培育壮大中介组织，推进城市管理社会化。

不断促进城市管理精细化。坚持市场化运作方向，持续治理交通拥堵，引深“九乱”治理，开展“两下两进两拆”专项整治，加强城市常态长效综合管理。合理增建市场化、智能化、立体化停车设施，推进智慧平台建设，统筹各类停车场、泊车位，推动停车设施科学管理和高效利用，“十四五”末全市新增公共停车位50000泊。完善垃圾分类全流程体系，推动环卫基础设施建设，实现投放、收集、运输等全过程覆盖。多渠道增加公厕供给，鼓励城市主次干道周边单位、商业门店、宾馆酒店等自有厕所向社会开放。

加快实现城市管理智慧化。高标准建设“光网城市”，提升窄带物联网、5G、IPv6规划和商用水平。加快建设一批智慧商圈（街区）、数字商场（市场）、智慧校园、智慧公交、智慧景区、数字文化场馆、智慧医院。完善数字化城管平台，加快打造“城市大脑”，积极推动智慧城市代码标识建设，构建市政公用、市容环卫、园林绿化、综合执法、应急指挥等扩展信息化子系统，实现感知、分析、服务、监察一体化。建设城乡综合管理服务平台，搭建城乡管理数据库，绘制全要素图谱，构建适应高质量发展要求的城乡综合管理新体系，实现城乡管理标准化、信息化。

第四节 深入推进新型城镇化

积极推进以县城为重要载体的城镇化建设，促进城乡要素自由流动、平等交换和公共资源合理配置，加快形成工农互促、城乡互补、全面融合、共同繁荣的新型工农城乡关系，实现城乡共同富裕。

健全农业转移人口市民化机制。全面落实户籍改革政策，促进有能力在城镇稳定就业和生活的农业转移人口举家进城落户。建立农业转移人口市民化奖励机制，落实支持农业转移人口市民化的财政政策、城镇建设用地增加规模与吸纳农业转移人口落户数量挂钩政策。加快社区集体户口建设，确保社区户口与其他城镇户籍人口享有同等权益。健全完善居住证制度，建立健全与居住年限等条件相挂钩的基本公共服务提供机制。

积极实施大县城战略。大力提升“三县一市”县城公共设施和服务能力，加快水电气暖等基础设施和教育、医疗等公共服务设施建设，提高县城对人口和产业的承载力，大幅提升就地城镇化水平，强化清徐国家新型城镇化建设示范县带动作用。整合空间和要素资源，推进特色产业园区与县城同步建设，推动乡镇分散工业向开发区、特色产业集聚区集中。大力发展物流、金融等生产性服务业和商贸流通、文化旅游、餐饮住宿等生活性服务业，实现资源共享、设施配套、功能互补、融合发展，显著增强县域经济竞争力。

加强重点镇和特色小镇建设。加快徐沟镇、马兰镇、阳曲镇、马家庄乡等重点镇建设，培育一批文化旅游、商贸物流、加工制造、交通枢纽等专业特色镇，发展一批国家级、省级、市级重点城镇，打造一批经济强镇和县域经济次中心。推行“清单式管理”和“创建制”培育，建设一批先进要素集聚、产业专精特新、产城人文融合、富有发展活力的精品特色小镇，促进产业、社区、文化、旅游等综合功能集聚。加快区域性重要农村集镇建设，实现以镇带村、以村促镇，推动镇村联动发展。

统筹推进城乡融合发展。建立健全城乡基础设施规划、建设、管护一体化机制，推动重要市政公用设施向中心城区外围、县城周边和中心镇延伸，促进“两下两进两拆”向县城和城乡接合部拓展。健全城乡基本公共服务普惠共享机制，促进入城人口在就业、医疗、养老、住房等方面与市民享受同等待遇。加快制定财政、金融、社会保障等激励政策，鼓励高校毕业生、农民工和经商人员回乡创业兴业。引导工商资本下乡，健全涉农技术创新市场导向机制和产学研用合作机制。培育城乡产业协同发展先行区，促进人员、资金、技术、土地等要素在城乡之间双向流动、均衡匹配。

第五节　加快构建内捷外畅的现代综合交通网络

聚焦国家综合交通枢纽建设，全方位推进铁路、公路、航空综合运输体系提级扩容，构筑布局合理、功能完善、无缝衔接的立体化综合运输枢纽体系。

完善铁路客运专线网。规划建设太原—绥德客运专线、太原铁路枢纽东环阳曲西—太原南连接线，谋划太原—石家庄第三高速通道，新建高铁新太原东站、潇河站，扩建阳曲西站，强化与北京、雄安方向的连接通道建设，推动形成“一环五横四纵”铁路路网格局，打造连接京津冀、中原城市群和关中平原城市群3小时高铁交通圈。

优化公路路网体系。积极推进西北二环、盂县（晋冀界）—阳曲大盂、古交—方山马坊、寿阳草山坪—太原南内环街东延等高速公路建设，推进二广高速原平—阳曲大盂段改扩建，加快构建“一环十二射多连”的市域高速公路网络，提升高速公路对外通达水平和通行效率。加快国省干线公路、县乡公路升级改造，重点推进国道108太原过境（石岭关—西家凹）、国道339古交市绕城段（李家社—上雁门）、国道241古交过境改线等项目建设。到“十四五”末，高速公路里程达到400公里，国省干线达到915公里，农村公路达到6940公里。

强化航空运输网络建设。加快推进武宿机场三期改扩建、尧城通用机场改扩建，新建阳曲通用机场，适时开展第二机场选址工作。拓展并加密太原与国内外主要城市间航线网络，积极开辟至东南亚、欧洲、北美等地国际直达航线，推进太原与京、沪、深等国内主要城市航班“公交化”运营，稳步发展支线包机、支线通勤、支线航班等通航业务。强化太原航空口岸建设，将机场周边区域纳入综改示范区，增设临空经济产业区。加快推进尧城通用航空产业园建设，扩展短途运输航线，大力发展低空旅游、飞行运动体验等新兴航空业务。

提高枢纽智能疏运水平。统筹推进客运枢纽互联互通，积极开辟武宿机场至周边邻近城市及市内各县（市、区）的机场大巴快速直达专线和公交线路，实现公路中短途运输与民航长途运输的“公空联运”。建立铁路、公路、民航等各运输方式间常态化联程联运协调管理机制，加快售票系统联网和城市轨道交通线路引入综合客运枢纽进程，加强不同运输方式运行时刻衔接，提高旅客一体化运输水平。搭建综合交通支付结算平台，整合城市综合交通一卡通系统，实现跨交通方式间支付结算。优化运输组织方式，大力发展旅客联程运输、货物多式联运、客运“节点运输＋接驳运输”、甩挂运输等集约高效运输模式。

第八章　全面推进乡村振兴加快推动农业农村现代化

坚持农业农村优先发展，深入实施乡村振兴战略，推动农业高质高效、乡村宜居宜业、农民富裕富足，努力走出一条具有太原特色的农业农村转型发展新路。（下略）

第九章　全面深化转型综合改革
以制度型开放增创发展新优势

坚持把改革开放作为实现高质量转型发展的关键一招，进一步提高改革的战略性、前瞻性、针对性，促进改革和发展深度融合，不断丰富对外开放内涵、提高对外开放水平，加快形成开放型经济新体制新格局。（下略）

第十章　加强生态文明建设打造绿色美丽宜居省城

牢固树立“绿水青山就是金山银山”的理念，坚持治山、治水、治气、治城一体推进，统筹推进山水林田湖草系统治理，切实增强生态系统质量和稳定性，把好山好水好风光融入城市发展，实现人与自然和谐共生。

第一节　多措并举开展全域治山

持续开展国土绿化彩化财化行动，打造“多层次、多树种、多色彩”的森林结构和森林景观，加快形成百万亩森林围城的城市生态屏障，努力创建国家森林城市。

深入开展国土绿化行动。严格落实林长制，积极营造生态林、多树种配置景观林、适宜性发展经济林，拓宽市域生态涵养空间。以东西北山环城旅游公路为轴线，开展宜林荒山荒地造林、低效林改造、高标准造林等工程，提质扩容环城森林公园，构建环城森林景观带。以荒山绿化、生态修复为重点，加快推动阳曲北部生态屏障林、清徐田间生态防护林、娄烦生态涵养功能强化等工程建设。加强森林防火通道建设，实施森林资源视频监控系统全覆盖工程。

加强山体破坏面生态修复。全面实施绿色矿山建设，重点建设太原西山国家矿山公园。持续推进矿山生态修护修复，开展东西山及古交国有大矿、无主矿山采煤沉陷区地质环境综合治理试点，将生态破坏面打造成风景秀丽的观光旅游休闲地。分类分级实施山体破坏面植被修复，重点推进汾河西岸西北山山体破坏面生态修复，恢复山体本色景观。开展山区土地污染治理与修复试点，实施工矿废弃地综合整治和复垦利用，加快完成“三县一市”农村地质灾害治理搬迁。支持古交开展全域生态保护修复，重点实施造林绿化、矿山生态环境与地质灾害综合治理等系统工程项目，率先建立多目标、强功能、高效益的生态修复治理体系。

推进自然保护地体系建设。整合优化全市自然保护地，统筹考虑生态安全、资源保护、旅游休闲以及农业、林业发展，有效保护重要生态系统、自然遗迹、自然景观和生物多样性。创新自然保护地建设发展机制，加快构建以国家公园为主体的自然保护地体系。健全分类分级管理机制，精准管理山区自然保护地，完善保护管理设施，建设健康稳定高效的自然生态系统。

强化土壤环境保护。加强土壤生态环境保护与污染风险管控，加大优先保护类耕地保护力度，推进受污染耕地和污染地块安全利用。严格污染地块准入管理，依法开展土壤状况调查和风险评估。开展再利用地块调查与修复，列入建设用地土壤污染风险管控和修复名录的地块，不得作为住宅、公共管理与公共服务用地。加强白色污染治理和大宗工业固废综合利用，禁止不可降解塑料袋使用，强化危险废物规范化管理。

第二节　全面提升系统治水能力

践行习近平总书记“让汾河水量丰起来、水质好起来、风光美起来”重要指示，严格落实河湖长制，实施“五水共治”，不断深化水生态保护与修复，形成“一湖点睛、一水中分、九河环绕”水韵龙城格局。

加强汾河流域生态保护与修复。强化汾河生态治理，高标准实施汾河中游百公里示范区太原段、汾河上游太原段和汾河治理四期建设，把汾河打造成为岸绿水清、点线辉映、人水相亲的城市生态带、品质带、文化带、形象带，再现古晋阳“汾河晚渡”美景。整体规划晋阳湖生态保护与修复，增强湿地生态功能，打造山湖一体、河湖连通、山水烟云意境。推动娄烦水库扩容，强化水源地生态保护，实施“九河”上游生态治理工程，加强湿地保护，推进“九河”复流。巩固“九河治理”“清四乱”“清河”等专项行动成果，实现治理常态化、规范化、制度化。

提升水资源承载能力。加快推动东西山调水、呼延水厂、西山地表水厂等项目建设，增加地表水供水能力。实施兰村泉域、晋祠泉域保护工程，有效遏制地下水超采，实现晋泉复流。持续推进海绵城市建设，加强人工增雨作业，实现城市雨水自然积存、自然渗透、自然净化，“十四五”末海绵城市面积占全市建成区面积的比例达到50%。加强重大水利工程建设，全面提升水源保护水平和水旱灾害防御能力。实施再生水利用增效工程，推动再生水回供蓄水河道，实现景观补水和重点企业再生水供水，“十四五”末再生水回用率达到25%以上。

加大水污染防治力度。新建龙城污水处理厂，扩容改造北郊、杨家堡、晋阳等污水处理厂，全面提升污水处理能力，实现城镇污水全收集全处理。推进城市雨污分流和污水管网“中梗阻”改造，消除污水管网空白区域，最大限度降低管网积存水位。加强农村污水治理，严禁农村生活污水直排汾河。倡导化肥、农药减量，强化农业面源污染防治。提标改造现有工业企业废水治理设施，确保外排水主要污染物指标达到地表水环境质量V类标准。加强水体水系常态化监管，巩固黑臭水体“长制久清”治理成果。

第三节　保持强力治气高压态势

聚焦影响大气质量改善突出问题，全方位、全链条、全天候、全流程开展大气环境治理，推动污染治理从治标为主向综合治理、标本兼治、重在治本转变，确保细颗粒物和臭氧浓度大幅下降，重污染天气基本消除。

深入开展污染防治。坚持空气质量改善优先原则，保持“治污、控煤、管车、降尘”方向不变、力度不减。全面落实环境总量与排放标准“双控”，优化产业布局调整，持续推进城市建成区及周边重污染企业搬迁退出和“散乱污”企业排查整治，实施水泥行业、焦化行业、独立耐火炉窑、玻璃窑超低排放改造，全面淘汰30万千瓦及以下煤电机组。持续巩固“禁煤区”成果，继续实施清洁供暖改造，建立长效管理工作机制。推动运输结构绿色更替，推进老旧车淘汰更新和新能源车替代，加快大型工矿企业货运铁路专用线建设，“十四五”末大宗货物铁路运输比例达到85%以上。深入开展挥发性有机物综合整治，巩固提升扬尘污染管控水平。

加大科技治气力度。完善污染源在线监测、无组织扬尘监测等系统，建成全市环境数据分析中心，打造环境监控智能化、一体化平台。持续开展绿色创新技术应用行动，积极开展高浓度瓦斯抽采工艺技术、烟气细颗粒物控制技术、现役燃煤机组超低排放技术、工业烟气脱硫脱硝脱汞一体化集成技术攻关，推广汽车尾气净化装置。依托中绿环保、山西中辐、世纪天源、海纳辰科等重点企业，大力发展气体排放监测设备、实时空气环境监测系统、扬尘在线监测系统、环境监察无人机系统等产品。加强3D气溶胶雷达扫描、高架高清视频及红外遥感监控、大数据、物联网等新技术在大气污染防治中的应用。

深化大气污染联防联控。严格落实“1+30”大气污染联防联控机制，强化与周边城市联防联控，实现统一预警调度、统一协同应急减排。加强重污染天气应急联动，完善应急减排清单，强化预测预报能力建设，增强采暖期重污染行业和夏季臭氧污染防控错峰生产调控能力，实行差别化精准管理。规划建设大气综合观测实验室、大气智能大数据监管中心、乡镇环境空气质量监测站，完善统一监管系统，全面提升监测预警执法能力和水平。

第四节　健全完善生态文明体制机制

加快建设现代化生态治理和产业促进体系，构建产权清晰、多元参与、激励约束并重、系统完整的生态文明制度体系，全面强化绿色低碳发展的制度保障。

建立完善生态产品价值实现机制。建立政府主导、企业和社会各界参与、市场化运作、可持续的生态产品价值实现机制，开展生态产品价值实现机制试点。加强自然资源调查评价监测和确权登记，全面开展生态产品价值核算。构建更加完善公平的生态产品市场交易体系，推进排污权、用能权、用水权、碳排放权市场化交易，用市场手段实现节能减排目标。

构建生态保护补偿机制。积极探索在娄烦汾河水库水源保护上下游、自然保护区等良好生态地区开展生态补偿，加快形成生态损害者赔偿、受益者付费、保护者得到合理补偿的运行机制。借鉴生态补偿“新安江模式”，率先与汾河上下游相关市、县开展横向生态保护补偿试点，探索对口协作、产业转移、人才培训、共建园区等新型补偿方式。加大对重要生态功能区的转移支付力度，探索在县域间开展林草生态横向补偿试点。

强化环境监管能力和治理体系建设。加快建立生态环境分区管控体系，对自然保护区、湿地、生态功能保护区等实施分级分区管控。健全环境治理企业责任体系，依法实行排污许可管理制度，加强企业全过程管理。加强生态环境责任追究，健全“污染者付费+第三方治理”、重大决策终身责任追究和责任溯源等机制，扎实推进环境督察和监管执法改革。完善公众监督和举报反馈机制，加强舆论监督，建立重大环境事件舆情快速响应机制，及时有效防范环境风险。

第十一章　奋力建设文化强市
为转型发展凝聚强大精神力量

以争创“东亚文化之都”为抓手，大力保护弘扬传承历史文化，繁荣发展文化事业和文化产业，推动文化旅游、文化遗产保护和新型文化产业融合发展，以文化涵养城市精神，以文化特色提升产业附加值与竞争力。（下略）

第十二章　切实增进民生福祉
推动高质量发展成果全民共享

践行以人民为中心的发展思想，坚持补短板、提质量、促均等，完善基本公共服务体系，提升人民生活品质，扎实推动共同富裕，让全市人民获得感、幸福感、安全感更加充实、更有保障、更可持续。（下略）

第十三章　推进市域治理现代化
建设更高水平的平安太原

坚持彰显中国特色社会主义制度优势，着力固根基、扬优势、防风险、补短板，构建系统融合、开放共治、包容协商、保障有力的高效能治理体系，全面提升安全发展能力，全力打造安全稳定的社会环境。（下略）

第十四章　坚持和加强党的全面领导
筑牢转型崛起的保障根基

坚持党对一切工作的领导，充分发挥党总揽全局、协调各方的领导核心作用，调动一切积极因素，广泛团结一切可以团结的力量，形成推动发展的强大合力。（下略）

太原市第七次全国人口普查公报
（2021 年 5 月 31 日）

太原市统计局　太原市第七次全国人口普查领导小组办公室

根据《中华人民共和国统计法》《全国人口普查条例》规定和《太原市人民政府关于认真做好我市第七次全国人口普查工作的通知》（并政发〔2020〕5 号）要求，我市进行了第七次全国人口普查。在市委、市政府的坚强领导下，在各有关部门的大力支持下，在全市各级普查机构和普查人员的共同努力下，在广大普查对象的积极配合下，圆满完成了人口普查主要任务。现将我市常住人口的基本情况公布如下。

一、常住人口

全市常住人口为 5304061 人，与 2010 年第六次全国人口普查的 4201591 人相比，十年间增加了 1102470 人，增长 26.24%，年平均增长率 2.36%。

二、户别人口

全市共有家庭户 1851328 户，集体户 194878 户，家庭户人口为 4535515 人，集体户人口为 768546 人。平均每个家庭户的人口为 2.45 人，比 2010 年第六次全国人口普查的 2.83 人减少 0.38 人。

三、性别构成

全市常住人口中，男性人口为 2722001 人，占 51.32%；女性人口为 2582060 人，占 48.68%。总人口性别比（以女性为 100，男性对女性的比例）由 2010 年第六次全国人口普查的 104.97 上升为 105.42。

四、年龄构成

全市常住人口中，0—14 岁人口为 824735 人，占 15.55%；15—59 岁人口为 3624825 人，占 68.34%；60 岁及以上人口为 854501 人，占 16.11%，其中 65 岁及以上人口为 564480 人，占 10.64%。与 2010 年第六次全国人口普查相比，0—14 岁人口的比重上升了 2.06 个百分点，15—59 岁人口的比重下降了 7.06 个百分点，60 岁及以上人口的比重上升了 5.00 个百分点,65 岁及以上人口的比重上升了 2.71 个百分点。

五、受教育程度人口

全市常住人口中，拥有大学（指大专及以上）文化程度的人口为 1636900 人；拥有高中（含中专）文化程度的人口为 976922 人；拥有初中文化程度的人口为 1540492 人；拥有小学文化程度的人口为 749112 人（以上各种受教育程度的人包括各类学校的毕业生、肄业生和在校生）。

与 2010 年第六次全国人口普查相比，每 10 万人中拥有大学文化程度的由 23528 人上升为 30861 人；拥有高中文化程度的由 20566 人下降为 18418 人；拥有初中文化程度的由 33839 人下降为 29044 人；拥有小学文化程度的由 15059 人下降为 14123 人。

与 2010 年第六次全国人口普查相比，全市常住人口中，15 岁及以上人口的平均受教育年限由 11.10 年上升至 11.84 年。

六、文盲人口

全市常住人口中，文盲人口（15 岁及以上不识字的人）为 41986 人，与 2010 年第六次全国人口普查相比，文盲人口减少了 25533 人，文盲率由 1.61% 下降为 0.79%，下降了 0.82 个百分点。

七、城乡人口

全市常住人口中，居住在城镇的人口为 4723657 人，占 89.06%；居住在乡村的人口为 580404 人，占 10.94%。与 2010 年第六次全国人口普查相比，城镇人口增加 1255671 人，乡村人口减少 153201 人，城镇人口比重上升了 6.52 个百分点。

八、人口的分布

普查登记全市各县（市、区）人口分布如下：

太原市各县（市、区）常住人口统计表

表 22　　单位：人、%

地　区	人口数	比重
全　市	5304061	100.00
小店区	1357242	25.59
迎泽区	594238	11.20
杏花岭区	779479	14.70
尖草坪区	530499	10.00
万柏林区	951238	17.93
晋源区	316445	5.97
清徐县	344472	6.49
阳曲县	128483	2.42
娄烦县	91208	1.72
古交市	210757	3.97

九、流动人口

全市常住人口中，人户分离人口为 3003980 人，其中，市辖区内人户分离人口为 927452 人，流动人口为 2076528 人。流动人口中，省内流动人口为 1520267 人，其中，省内市外流入 1187642 人；省外流入人口为 556261 人。

法规选登

太原市旅游条例

（2008年10月30日太原市第十二届人民代表大会常务委员会第十一次会议通过

2008年11月28日山西省第十一届人民代表大会常务委员会第七次会议批准

2021年5月13日太原市第十四届人民代表大会常务委员会第四十五次会议修订

2021年9月29日山西省第十三届人民代表大会常务委员会第三十一次会议批准）

目　录

第一章　总　则

第一条　为保障旅游者和旅游经营者的合法权益，规范旅游市场秩序，保护和合理开发利用旅游资源，促进旅游业高质量发展，根据《中华人民共和国旅游法》《山西省旅游条例》等有关法律法规，结合本市实际，制定本条例。

第二条　本市行政区域内旅游规划与建设、旅游资源保护与开发利用、旅游促进与发展、旅游宣传、经营与服务、旅游安全与监督管理以及其他相关活动，适用本条例。

法律、行政法规以及省人民代表大会及其常务委员会制定的地方性法规对旅游相关活动有规定的，从其规定。

第三条　旅游业发展应当贯彻创新、协调、绿色、开放、共享的发展理念，突出地方特色，坚持统一规划、政府引导、市场运作、社会参与、合理开发的原则。

第四条　旅游业发展应当放大国家历史文化名城效应，彰显“锦绣太原城”内涵，发展全域旅游，促进旅游业与其他产业融合发展，实现生态效益、社会效益和经济效益相统一。

第五条　市、县（市、区）人民政府应当加强对旅游工作的组织和领导，将旅游业作为战略性支柱产业纳入国民经济和社会发展规划，建立健全旅游业发展综合协调机制，统筹解决旅游业发展中的重大问题。

乡（镇）人民政府、街道办事处应当协助有关部门做好旅游资源保护利用、产业发展、旅游环境秩序维护和文明旅游宣传等工作。

第六条　市、县（市、区）人民政府文化和旅游主管部门负责本行政区域内旅游业的统筹协调、行业指导、公共服务、产业发展、市场监管、旅游形象推广和旅游安全等工作。

市、县（市、区）人民政府发展和改革、科技、工信、公安、财政、规划和自然资源、生态环境、住建、城乡管理、交通运输、水务、农业农村、商务、卫健、应急、市场监管、体育、统计、文物、园林、大数据等部门按照各自职责，做好旅游业发展的相关工作。

第七条　倡导健康、文明、绿色旅游方式。

第二章　旅游规划与建设

第八条　市、县（市、区）人民政府应当根据国民经济和社会发展规划，按照全域旅游发展要求，组织编制本行政区域旅游发展规划。

旅游发展规划应当包括旅游业发展的总体要求和发展目标，旅游资源保护、利用的要求和措施，以及旅游产业发展和产业融合、产品开发、科技应用、旅游服务质量提升、旅游文化建设、旅游形象推广、旅游基础设施建设、公共服务设施建设的要求和促进措施等内容，将太原全域建设成为完整旅游目的地。

第九条　市人民政府应当对晋祠——天龙山景区、府城历史文化街区、汾河景区、晋阳古城遗址等适宜整体保护和利用的旅游资源，组织编制旅游专项规划。

县（市、区）人民政府应当对本行政区域适宜整体保护和利用的旅游资源，组织编制旅游专项规划。

第十条　旅游发展规划、旅游专项规划应当依法批准。

旅游发展规划、旅游专项规划确需变更的，应当经原批准机关批准。

第十一条　旅游发展规划、旅游专项规划应当与国土空间规划、生态环境保护规划，以及其他自然资源和文物等人文资源的保护和利用规划相衔接。

市、县（市、区）人民政府应当对旅游发展规划、旅游专项规划执行情况进行评估，评估结果及时向社会公布。

第十二条　市、县（市、区）人民政府应当加强景区等旅游项目建设，组织创建晋祠——天龙山、汾河景区、晋商博物院、太山、青龙古镇等一批国家A级旅游景区，推进文旅片区、文旅示范区建设。

市、县（市、区）人民政府文化和旅游主管部门应当根据旅游发展规划、旅游专项规划，组织编制年度旅游建设项目计划，报本级人民政府批准后，组织实施。

新建、改建、扩建旅游项目，应当符合法律法规和标准要求，其建筑规模和风格应当与周围景观相协调，禁止使用不符合安全标准的建筑材料。

第十三条　景区（点）以及具有旅游功能的重点项目的开发、建设应当符合旅游发展规划、旅游专项规划，并按照规定办理有关手续。

第十四条　市、县（市、区）人民政府应当发展智慧旅游，按照全域旅游发展要求，加强旅游基础信息数据库、公共服务平台等基础设施建设，推进无线网络覆盖，利用互联网、大数据等信息技术，提高旅游服务标准化、智能化水平。

第十五条　市、县（市、区）人民政府应当根据旅游业发展需要，合理规划建设游客集散中心、自驾游基地、房车露营地、观景台等设施。

市人民政府公安、城乡管理、交通运输等有关部门应当合理布局旅游公共交通线路和站点，开通城市观光和乡村旅游专线，在机场、火车站、汽车站、商业街区、景区（点）合理设置旅游车辆上下客站点或者临时停车点，实现交通枢纽与主要景区（点）相衔接。

第十六条　市人民政府公安、城乡管理、交通运输等有关部门应当按照国家标准和要求在高速公路、城市道路、公共交通枢纽点、通往景区（点）的道路和景区（点）设置旅游引导标识。

第十七条　景区（点）、交通枢纽和旅游者相对集中的场所，应当根据国家、省有关规定和标准配备停车场、免费公共厕所、无障碍设施、母婴设施、医疗救治设施、无线网络等公共服务设施，并在明显位置公示旅游咨询、投诉和救助电话。

节假日、双休日期间，可以在景区（点）周边增设临时停车场或者临时停车位。

第三章　旅游资源保护与开发利用

第十八条　市、县（市、区）人民政府应当采取有效措施保护自然景观、生态原貌和历史文化遗迹。

开发利用旅游资源和建设旅游项目，应当制定旅游资源保护方案，依法进行环境影响评价。

鼓励旅游经营者使用新能源、新材料、新技术开发旅游产品，实现低碳、环保旅游。

第十九条　市、县（市、区）人民政府应当对本行政区域内的旅游资源进行普查、评估，建立旅游资源数据库，并定期更新。

第二十条　利用山西省汾河上游自然保护区、天龙山自然保护区、森林公园、湿地等自然资源开发旅游项目，应当遵守有关法律法规，落实生态保护责任。

第二十一条　利用历史文化街区、革命遗址（迹）、古城遗址、园林建筑、工业遗产等历史文化遗存资源开发旅游项目，应当保护其特有的传统格局、历史风貌和民族特色不受破坏。

第二十二条　市、县（市、区）人民政府应当根据旅游发展规划的要求，依法保障旅游项目建设用地供给。

鼓励利用工业遗址、废弃矿山、荒山、荒地、荒坡、荒滩等开发旅游项目。

第二十三条　国有旅游资源开发经营可以实行管理权和经营权分离，实现市场化、专业化运营。出让国有旅游资源经营权，应当遵循公开、公平和公正的原则，依法通过招标、拍卖等方式进行。

第二十四条　市、县（市、区）人民政府应当统筹自然资源和历史人文资源，吸引资金投入，鼓励各类市场主体依法多渠道、多形式投资开发利用旅游资源，建设旅游项目，参与旅游经营活动。

第四章　旅游促进与发展

第二十五条　市、县（市、区）人民政府应当设立旅游业发展资金，用于规划编制、公共服务信息化建设、配套设施建设、旅游形象推广和旅游安全等。旅游业发展资金应当逐年增长。

第二十六条　市、县（市、区）人民政府应当设立旅游奖励专项资金，对在旅游事业中做出突出贡献的单位和个人给予表彰和奖励。

第二十七条　市、县（市、区）人民政府应当推动旅游与城镇化、工业化和商贸业融合发展，推动旅游与农业、林业、水利融合发展，推动旅游与交通、环保、国土、气象融合发展，推动旅游与科技、教育、文化、卫生、体育融合发展。

市、县（市、区）人民政府应当统筹协调旅游业发展与文物保护、环境保护、森林防火等工作，解决制约旅游业发展的重要问题。

第二十八条　鼓励和支持提升晋祠——天龙山景区、府城历史文化街区、明太原县城片区、汾河景区、双塔寺等具有太原文化标识意义的景区（点）旅游功能，开发具有太原特色的旅游项目和产品。

第二十九条　鼓励和支持依托青龙古镇、店头村等特色小镇、传统村落开展乡村旅游，开发重点村镇休闲旅游线路。

市人民政府文化和旅游主管部门应当会同有关部门培育新型乡村旅游业态，指导开发建设旅游度假酒店、民宿、房车营地、现代农业主题公园等特色旅游项目。

市、县（市、区）人民政府应当为当地居民提供指导和帮扶，通过发展旅游产业促进乡村振兴。

第三十条　市、县（市、区）人民政府应当以弘扬社会主义核心价值观为主线，鼓励和支持发展红色旅游，挖掘和整合高君宇故居、八路军驻晋办事处旧址、中共太原支部旧址、太原解放纪念馆、赵树理旧居等资源，传播爱国主义和优秀传统文化，培育红色旅游品牌。

第三十一条　鼓励和支持依托太原兵工厂、太原化工厂、西北机械厂等工业遗址发展工业旅游，突出太原工业历史文化底蕴、特色工艺流程。

第三十二条　鼓励和支持博物馆、图书馆、美术馆、科技馆、东湖醋园、宝源老醋坊（水塔）、紫林醋工业园、六味斋云梦坞文化产业园等，建设参与式、互动式、体验式综合性研学旅游项目，开发符合旅游者消费需求的特色文化产品。

第三十三条　鼓励和支持文化资源数字化、网络化研发和应用，建设数字博物馆或者展览馆，开展晋祠博物馆、天龙山石窟数字博物馆、北齐壁画博物馆、山西国民师范旧址革命活动纪念馆、云游太山博物馆等线上精品展览，创新文物传播推广体系。

第三十四条　鼓励和支持通过举办晋祠菊花节、双塔牡丹节、崛嵋山红叶节、中国（太原）国际能源产业博览会、太原能源低碳论坛、太原国际马拉松赛、环太原国际公路自行车赛等活动，培育相关旅游品牌。

第三十五条　鼓励和支持发展夜间旅游经济，合理利用城市夜间景观、商业设施、剧院书场、特色餐饮等优势要素，规划建设夜间旅游消费集聚区。

鼓励和支持景区（点）或者演艺公司开拓晋剧、莲花落、歌舞、杂技等非物质文化遗产项目演出市场，开发体现太原特色的演艺产品，丰富汾河夜游、晋阳湖水上演出、食品街夜市等品牌活动。

鼓励景区（点）开展夜间游览服务，支持公共文化服务设施、餐饮企业、商业综合体延长开放营业时间。

第三十六条　保护和传承太原传统面食、六味斋酱肉、傅山药膳八珍汤、老陈醋、葡萄酒等特色名品制作技艺，鼓励和支持创新、推广太原美食产品。

鼓励和支持各类餐饮业态融合发展，丰富太原美食内涵。

市、县（市、区）人民政府应当建立本地特色餐饮食品推荐目录。

第三十七条　市人民政府应当发挥太原“三面环山、一水中分、九河环绕、一湖点睛”的独特自然地理和气候优势，发展东山、西山、北山生态文化旅游，提升晋阳湖公园、迎泽公园等城市公园的旅游功能，拓展城市休闲空间，促进康养旅游发展。

第三十八条　市、县（市、区）人民政府应当组织发掘旅游资源的文化内涵，鼓励和支持单位和个人创作文学、影视、音乐、戏剧等文化艺术作品，以及微视频、微电影、纪录片等网络传播作品。

鼓励研发设计和生产经营特色旅游商品，对体现太原非物质文化遗产特色和黄土高原风情的产品进行包装和推介，通过“网络体验＋消费”模式，提升旅游商品的品牌效应。

第五章　旅游宣传、经营与服务

第三十九条　市人民政府应当统筹组织本行政区域内的旅游形象推广工作，制订旅游形象宣传计划，建立旅游宣传网络，加强太原城市形象和景区（点）的宣传。

市、县（市、区）人民政府文化和旅游主管部门应当结合本地旅游特色，确定本地旅游宣传形象并对外推广。

第四十条　市、县（市、区）人民政府及其有关部门应当加强对旅游宣传的指导和投入，借助各类媒体和国内外展会，组织旅游整体形象的宣传，突出太原历史文化名城、山水地貌、美食民俗特色。

商业中心、景区（点）、旅游宾馆、车站、机场、高速公路服务区等场所应当在显著位置设置城市形象宣传公益广告。

第四十一条　市、县（市、区）人民政府及其有关部门应当加强保护旅游资源和环境的宣传，增强旅游经营者、旅游者和当地居民保护旅游资源和环境的意识。

旅游经营者在旅游经营活动中应当向旅游者宣传保护旅游资源和环境的知识，劝阻和制止旅游者破坏旅游资源和环境的行为。

第四十二条　市、县（市、区）人民政府及其有关部门应当加强与周边地区以及城市的合作，建立完善旅游合作机制，培育区域旅游市场，实现旅游资源共享。

第四十三条　市、县（市、区）人民政府及其有关部门应当制定旅游惠民便民措施，开展多种形式的旅游惠民便民活动，为旅游者提供服务。

利用公共资源建设的景区（点）应当明示优惠政策，对老年人、残疾人、未成年人、现役军人、全日制在校学生等人员按照规定实行门票减免。减免对象和标准应当公示。

政府投资主办的开放式公园、爱国主义教育基地、博物馆、图书馆、美术馆、科技馆等，除重点文物保护单位和珍贵文物收藏单位外，应当免费向公众开放。

第四十四条　市、县（市、区）人民政府应当推进跨部门旅游信息共享和实时更新，加强旅游信息化建设，建立旅游公共信息和咨询平台，向旅游者提供旅游信息发布查询、线上导览、虚拟体验、消费警示、投诉救援等服务。

鼓励旅游经营者建立和利用电子商务平台开展宣传、查询、预订、支付、评价等在线服务。

第四十五条　景区（点）应当规范讲解内容，丰富讲解的文化内涵，根据旅游者需要提供讲解服务。

鼓励景区（点）聘请专家学者和社会知名人士担任讲解员，开办专题讲座，提升景区（点）文化品质。

鼓励景区（点）利用语音导览设备、电子地图、手机自助导游等现代科技手段，提供游览引导和讲解服务。

第四十六条　市、县（市、区）人民政府及其有关部门应当引导、鼓励社会机构和志愿者开展旅游公益活动。

鼓励和支持旅游志愿者开展旅游信息咨询、翻译接待、文明旅游引导、游览讲解和应急救援等活动，为旅游者提供公益服务。

第四十七条　市、县（市、区）人

民政府应当制定旅游专业人才引进、培养政策措施和旅游人才发展规划。

市、县（市、区）人民政府文化和旅游主管部门应当会同有关部门、旅游行业协会建立旅游从业人员职业技能培训制度，对旅游经营者、导游、领队以及景区（点）工作人员进行太原市情和旅游法律法规、政策等培训。

鼓励和支持高等学校、科研院所、中等职业学校、职业培训机构与旅游经营者合作设立旅游人才培训、创业基地。

第四十八条　旅游经营者应当按照数据安全和个人信息保护相关法律法规，保障旅游数据收集、传输、存储、共享、使用、销毁等全生命周期安全，防止数据丢失、毁损、泄露和篡改。

第四十九条　未取得旅行社业务经营许可的单位或者个人，不得利用导游工作室、网络社交平台、学会、车友会、驴友会、俱乐部、研修培训机构等名义，从事旅行社业务经营活动。

第五十条　通过网络经营旅行社业务的，应当依法取得旅行社业务经营许可，并在其网站主页的显著位置标明其业务经营许可证信息。

通过网络提供服务的旅游经营者，应当为旅游者提供真实、可靠、便捷的旅游服务信息。

第六章　旅游安全与监督管理

第五十一条　市、县（市、区）人民政府负责本行政区域内的旅游安全工作，建立旅游安全综合协调监管机制，制定旅游突发事件应急预案，并纳入应急管理体系。突发事件发生时，市、县（市、区）人民政府及其有关部门应当立即启动应急预案，采取相应措施。

市、县（市、区）人民政府公安、规划和自然资源、生态环境、住建、城乡管理、交通运输、水务、农业农村、应急、市场监管、体育、文物、园林等部门应当依照法律法规的规定，在各自职责范围内履行旅游安全监督管理职责，在重大节庆、假日、赛事、会展等活动期间组织开展重点安全检查，对发现的安全问题和隐患责令改正，依法处理。

第五十二条　旅游经营者应当严格执行安全生产管理和消防安全管理的法律法规以及国家、行业和地方标准，建立安全管理责任制，配备安全管理人员，明确重点岗位安全操作规程，定期培训和教育旅游从业人员，制定应急预案并组织演练。

旅游活动涉及旅游者人身、财产安全的，旅游经营者应当事先向旅游者作出说明和警示，并采取相应的安全保障措施。旅游者应当自觉遵守有关安全管理规定，增强自我保护意识。鼓励旅游者参加人身意外伤害保险。

第五十三条　市、县（市、区）人民政府文化和旅游主管部门应当健全旅游投诉举报制度，指定或者设立统一的旅游投诉举报受理机构，并公布投诉举报电话、通信地址和电子邮箱。

旅游投诉举报受理机构在收到投诉举报后，应当及时开展调查，在三十个工作日内作出处理决定。对不属于本地区、本部门职责范围的，应当在五个工作日内移交有关地区、部门处理并告知旅游者。

第五十四条　市、县（市、区）人民政府应当加强旅游市场诚信体系建设，建立和完善旅游经营者、从业人员的诚信记录以及违法信息共享机制，依法依规对失信主体实施信用惩戒。

市、县（市、区）人民政府文化和旅游主管部门应当对旅游者在旅游过程中发生的因违反法律法规、公序良俗，造成严重社会不良影响的行为，纳入旅游不文明行为记录，并将旅游不文明行为记录信息向社会公布。

第七章　法律责任

第五十五条　违反本条例规定，旅游经营者有下列行为之一的，由市、县（市）人民政府文化和旅游主管部门或者其他有关部门责令限期改正，处十万元以下的罚款；逾期未改正的，责令停业整顿，并处十万元以上二十万元以下的罚款，对其直接负责的主管人员和其他直接责任人员处二万元以上五万元以下的罚款：

（一）未按照规定制定应急预案或者未定期组织演练的；

（二）未配备安全管理人员的；

（三）未按照规定组织安全培训和教育的。

第五十六条　违反本条例规定，未取得旅行社业务经营许可的单位或者个人，从事旅行社业务经营活动的，由市、县（市）人民政府文化和旅游主管部门或者市场监督管理部门责令改正，没收违法所得，并处一万元以上十万元以下的罚款；违法所得十万元以上的，并处违法所得一倍以上五倍以下的罚款；对有关责任人员，处二千元以上二万元以下的罚款。

第五十七条　市、县（市、区）人民政府文化和旅游主管部门或者其他有关部门的工作人员，滥用职权，玩忽职守，徇私舞弊的，依法给予处分；构成犯罪的，依法追究刑事责任。

第八章　附　则

第五十八条　本条例自 2021 年 11 月 1 日起施行。

太原市客运出租汽车服务管理条例

（2013 年 4 月 25 日太原市第十三届人民代表大会常务委员会第十二次会议通过

2013 年 5 月 29 日山西省第十二届人民代表大会常务委员会第三次会议批准）

根据 2017 年 12 月 1 日山西省第

十二届人民代表大会常务委员会第四十二次会议批准的2017年8月30日太原市第十四届人民代表大会常务委员会第五次会议通过的《太原市人民代表大会常务委员会关于修改〈太原市晋祠保护条例〉等五部地方性法规的决定》第一次修正

根据2021年9月29日山西省第十三届人民代表大会常务委员会第三十一次会议批准的2021年5月13日太原市第十四届人民代表大会常务委员会第四十五次会议通过的《太原市人民代表大会常务委员会关于修改〈太原市客运出租汽车服务管理条例〉的决定》第二次修正）

目　录

第一章　总　则

第一条　为了加强客运出租汽车管理，提高客运出租汽车服务水平，维护客运出租汽车市场秩序，保障乘客、经营者和驾驶员的合法权益，促进客运出租汽车行业健康发展，根据有关法律、法规的规定，结合本市实际，制定本条例。

第二条　本条例适用于本市行政区域内客运出租汽车的经营、服务和管理活动。

第三条　本条例所称客运出租汽车，是指依法取得营运资格，按照乘客意愿提供客运服务并按照行驶里程、时间计费的巡游出租汽车。

第四条　客运出租汽车是城市综合交通运输体系的重要组成部分，是城市公共交通的补充，为社会公众提供个性化运输服务。

客运出租汽车管理应当遵循统一规划、公平竞争、安全运营、规范服务、方便乘客的原则。

第五条　市、县（市）人民政府应当组织制定客运出租汽车行业发展规划，加强客运出租汽车管理机构和队伍建设，将客运出租汽车管理经费列入同级财政预算。

客运出租汽车行业发展规划应当纳入城市总体规划、综合交通发展规划和公共交通专项规划。

第六条　市交通运输行政主管部门负责本市行政区域内的客运出租汽车管理工作。

市客运出租汽车管理机构负责本市行政区域内的客运出租汽车具体服务管理工作。

县（市）交通运输行政主管部门负责本行政区域内的客运出租汽车管理工作，其所属客运出租汽车管理机构负责本行政区域内的客运出租汽车具体管理工作。

市、县（市）发展改革、住建、城管、公安、财政、人力资源和社会保障、国土资源、城乡规划、环保、价格、工商、质量技术监督、税务等部门，应当按照各自职责做好客运出租汽车管理的相关工作。

第七条　市、县（市）交通运输行政主管部门应当根据经济社会发展和城乡交通状况确定客运出租汽车运力投放，并按照总量调控、适度发展的原则制订投放计划，报市人民政府批准后实施。

第八条　本市新增客运出租汽车实行公司化经营、员工制管理。

鼓励既有客运出租汽车经营者实行公司化经营。

鼓励对客运出租汽车进行信息化、智能化管理，建立完善预约服务和电子调度系统，使用环保节能车型、清洁能源。

第九条　客运出租汽车行业协会应当遵守国家法律法规，加强行业自律，服务会员，维护行业合法权益。

第十条　客运出租汽车驾驶员在拾金不昧、救死扶伤、见义勇为等方面事迹突出的，市、县（市）交通运输行政主管部门应当给予表彰、奖励。

第二章　经营资质

第十一条　本市客运出租汽车经营权实行以服务质量、安全运营、有期限使用为主要条件的许可制度。

客运出租汽车经营权使用期限不超过八年，经营权使用期限届满由市、县（市）人民政府收回并重新组织许可。

第十二条　客运出租汽车经营者应当具备下列条件：

（一）依法取得客运出租汽车经营权；

（二）能独立承担民事责任；

（三）有符合规定的客运出租汽车和相应的资金；

（四）有相应数量的客运出租汽车驾驶员；

（五）有相应资质的管理人员和健全的管理制度；

（六）接受客运出租汽车管理机构的监督管理；

（七）法律、法规规定的其他条件。

第十三条　符合第十二条规定条件，从事客运出租汽车经营的，应当向市客运出租汽车管理机构或者县（市）交通运输行政主管部门提出申请并提交下列材料：

（一）申请书；

（二）经营者身份证明；

（三）经营场所、设施、资金证明；

（四）客运出租汽车驾驶人员证明；

（五）相应资质的管理人员证明；

（六）经营管理制度；

（七）法律、法规规定的其他材料。

市客运出租汽车管理机构或者县（市）交通运输行政主管部门应当自受

理申请之日起二十日内作出许可或者不予许可的决定。予以许可的，发给客运出租汽车经营许可证；不予许可的，应当书面说明理由。

第十四条　客运出租汽车应当符合下列条件：

（一）符合国家规定的质量技术标准；

（二）安装符合规定的专用牌照；

（三）符合规定的车型和车体颜色；

（四）安装统一规范的顶灯和空车待租标志；

（五）安装经客运出租汽车管理机构认可的车载通信、安全监控和电子调度服务设施；

（六）在规定位置公开经营者名称、租价标准、监督电话和驾驶员从业资格证件等；

（七）安装经质监部门计量检定机构检定合格的计价器；

（八）配置统一规范的客运出租汽车座套；

（九）有专用消防器材和安全防护设施；

（十）符合客运服务规范的其他要求。

第十五条　客运出租汽车经营者应当依法办理工商登记等相关手续后，方可办理客运出租汽车经营许可证。

市客运出租汽车管理机构或者县（市）交通运输行政主管部门应当向取得客运出租汽车经营许可证并符合本条例第十四条规定条件的客运出租汽车配发营运证。

第十六条　客运出租汽车驾驶员应当具备下列条件：

（一）取得符合准驾车型的驾驶证并有三年以上驾龄，且近三年内无重大以上交通事故责任记录；

（二）年龄60周岁以下，身体健康；

（三）具有初中毕业以上文化水平；

（四）具有完全民事行为能力；

（五）经市客运出租汽车管理机构考试合格。

客运出租汽车驾驶员从业资格证被吊销的，自吊销之日起三年内不得在本市从事客运出租汽车营运活动。

第十七条　从事客运出租汽车服务的驾驶员，应当持相关资质证明材料，向市客运出租汽车管理机构提出申请，经审核并经市客运出租汽车管理机构考试合格后，核发客运出租汽车驾驶员从业资格证。不合格的不予核发，并书面通知申请人。

取得从业资格证的客运出租汽车驾驶员，经客运出租汽车管理机构注册后，方可从事出租汽车客运服务。

第十八条　未取得客运出租汽车经营资格的，不得从事客运出租经营。

第十九条　客运出租汽车经营者停业的，应当提前十日报客运出租汽车管理机构批准，并按规定办理相关手续后，方可停业。

第二十条　客运出租汽车经营者应当自办结营运手续之日起十日内到公安机关办理营运车辆和驾驶员治安备案手续。

第三章　营运服务

第二十一条　客运出租汽车应当在批准的范围内营运，不得超范围营运，不得在异地营运，但是根据乘客要求，可以将乘客送达异地或者返回。

第二十二条　客运出租汽车经营者应当遵守下列规定：

（一）建立健全与经营服务方式相配套的管理制度；

（二）受理乘客来信来访和投诉，接受客运出租汽车管理机构的监督检查；

（三）办理投保承运人责任险、机动车交通事故责任强制险；

（四）按照相关部门核准或者合同约定的标准收费；

（五）遇抢险救灾、重大活动、突发公共事件等特殊情况，服从政府或者客运出租汽车管理机构的调度指挥；

（六）定期向客运出租汽车管理机构填报车辆管理档案和营运资料；

（七）与驾驶员签订由客运出租汽车管理机构监制的合同；

（八）法律、法规的其他规定。

客运出租汽车经营者不得利用客运出租汽车经营权以车辆挂靠、托管、一次性买断等方式向客运出租汽车驾驶员收取风险抵押金、运营收入保证金以及高额承包费，转嫁经营和投资风险。

第二十三条　客运出租汽车经营者和驾驶员禁止下列行为：

（一）使用伪造、变造或者失效的客运出租汽车营运证件；

（二）出租、出借客运出租汽车经营许可证件；

（三）将客运出租汽车交给无客运出租汽车驾驶员从业资格证的驾驶员营运；

（四）涂改、倒卖客运出租汽车专用发票；

（五）破坏、损毁、擅自拆卸客运出租汽车专用设施设备；

（六）在客运出租汽车车体规定位置外张贴、喷涂广告或者进行个性化装饰；

（七）在客运出租汽车车窗上张贴太阳膜、悬挂窗帘或者使用有色玻璃。

第二十四条　客运出租汽车驾驶员营运中应当遵守下列规定：

（一）统一着装，举止端庄，使用文明服务用语，不在车内吸烟；

（二）保持车辆卫生、整洁、设施完好，不手持接打电话，不乱扔杂物；

（三）遵守交通法规，按照方便乘客和不妨碍交通的原则，选择路边安全位置或者临时停靠站点上下乘客；

（四）按照规定开启空车待租或者暂停服务标志；

（五）按照计价器显示金额收费，主动出具客运出租汽车专用发票；

（六）进入客运出租汽车停车场、站或者专用候客区，服从管理人员调度指挥；

（七）按照乘客合理要求使用车内空调、音响等设备；

（八）随车携带客运出租汽车营运证、从业资格证；

（九）提醒乘客带好随身物品，发现遗失物品，及时归还失主或者上交有关部门处置；

（十）不得拒载、拼客、强揽、甩客、倒客、故意绕行；

（十一）不得殴打、辱骂或者敲诈、勒索、刁难乘客；

（十二）不得利用客运出租汽车进行违法犯罪活动。

第二十五条　客运出租汽车驾驶员有下列情形之一的，乘客有权拒绝支付乘车费用：

（一）无计价器、使用故障计价器，不使用或者不按照规定使用计价器；

（二）不出具当次有效客运出租汽车专用发票；

（三）起步价里程内车辆发生故障或者交通事故，不能及时将乘客送达目的地；

（四）拼客、甩客、倒客或者故意绕行。

第二十六条　乘客有下列情形之一的，客运出租汽车驾驶员有权拒绝或者终止服务；终止服务前的营运费用，乘客应当按计价器显示金额支付；损坏车内设施的，乘客应当予以赔偿：

（一）在禁止停车的路段内拦车的；

（二）醉酒者、无民事行为能力人乘车无人陪同的；

（三）携带易燃、易爆、有毒等危险品的；

（四）前往异地或者夜间去往偏远地区的乘客拒绝配合驾驶员到客运出租汽车管理机构或者公安机关办理安全登记的；

（五）其他违反法律、法规要求的。

第四章　场站建设

第二十七条　市、县（市）人民政府应当规划建设客运出租汽车综合服务区。

客运出租汽车综合服务区可以采取多渠道、多形式的投资、建设和经营方式。

第二十八条　交通运输行政主管部门应当会同发展改革、住建、城管、公安、城乡规划、价格等部门，在飞机场、火车站、长途汽车站、饭店、宾馆、医院以及旅游、文化体育、购物场所等客流集散地和城市建成区主次干道，合理设置客运出租汽车停车场、站、专用候客区和临时停靠站点，并设置标有“TX”字样的明显标志。

第二十九条　客运出租汽车停车场、站、专用候客区和临时停靠站点禁止其他车辆使用。

第三十条　已建成投入使用的客运出租汽车停车场、站、专用候客区和临时停靠站点，不得擅自撤销或者改变用途。

第五章　监督检查

第三十一条　客运出租汽车管理机构应当遵守下列规定：

（一）建立先进的服务管理系统，完善服务质量综合考核体系，为客运出租汽车经营者、驾驶员提供高效服务；

（二）公开办事制度，简化工作程序，文明执法，秉公办事；

（三）对客运出租汽车经营者和驾驶员进行服务质量信誉考核；

（四）每年对客运出租汽车进行一次审验。

前款第四项规定的审验内容包括：车辆结构、外观颜色变动情况，按照规定安装、使用客运出租汽车标志灯、空车待租标志、计价器、安全防护装置和服务设施以及相关证件等情况。客运出租汽车年度审验不合格的，不得营运。

客运出租汽车经营者、驾驶员应当接受服务质量信誉考核。

第三十二条　客运出租汽车管理机构执法人员应当接受行政执法业务培训、考核。经考核合格的，方可上岗执行公务。

第三十三条　客运出租汽车管理机构执法人员可以在客流集散地、出租汽车停车场及停靠站点实施检查，必要时可以在道路上实施检查。

实施检查时，应当有两名以上执法人员参加，并向当事人出示执法证件，对未出示执法证件的，被检查者有权拒绝检查。

第三十四条　客运出租汽车管理机构执法人员实施监督检查时，可以向有关单位和个人了解情况，查阅、复制有关资料。

客运出租汽车经营者和驾驶员应当接受客运出租汽车管理机构执法人员实施的监督检查，并如实提供有关资料和情况。

第三十五条　客运出租汽车管理机构和客运出租汽车经营者应当建立投诉举报和失物招领受理制度，公开投诉举报电话、电子邮箱，及时受理投诉。

对客运出租汽车驾驶员进行投诉的，投诉人应当提供真实姓名、联系电话、通信地址、乘车票据、车辆牌号等相关信息。必要时，提供书面材料和证据。

客运出租汽车管理机构和客运出租汽车经营者应当对投诉人信息保密。

第三十六条　客运出租汽车管理机构和客运出租汽车经营者受理投诉后，应当自受理之日起七个工作日内调查处理完毕并答复投诉人。情况特殊的，经受理单位负责人批准可以延长至十五日答复投诉人。不属于本单位处理的，应当及时移送有关部门处理。

乘客投诉计价器失准的，由质监部门校验，由此发生的费用由责任方承担。

第六章　法律责任

第三十七条　违反本条例规定，客

运出租汽车经营者有下列情形之一的，由客运出租汽车管理机构吊销其客运出租汽车经营许可证、营运证：

（一）转让、质押、变卖客运出租汽车经营权的；

（二）向客运出租汽车驾驶员转嫁投资和经营风险的；

（三）参与客运出租汽车非法营运或者为其提供便利条件的；

（四）擅自停业的；

（五）服务质量信誉考核连续两年不合格的。

第三十八条　违反本条例规定，客运出租汽车驾驶员有下列情形之一的，由客运出租汽车管理机构吊销其从业资格证：

（一）因交通违章、事故被吊销机动车驾驶证的；

（二）一年内被处罚三次以上的；

（三）利用不正当手段获取从业资格证的；

（四）参与客运出租汽车非法营运或者为其提供便利条件的；

（五）服务质量信誉考核连续两年不合格的；

（六）妨碍、阻挠或者抗拒客运出租汽车管理人员监督检查的。

第三十九条　违反本条例规定，营运中的客运出租汽车有下列情形之一的，由客运出租汽车管理机构对客运出租汽车经营者予以警告，责令限期改正；逾期不改正的，暂扣客运出租汽车营运证：

（一）年度审验不合格的；

（二）擅自更改车体颜色的；

（三）顶灯和空车待租标志不符合规定的；

（四）车载通信、安全监控和电子调度服务设施不规范的；

（五）未在规定位置公开经营者名称、租价标准、监督电话和驾驶员从业资格证件的；

（六）其他不符合客运服务规范要求的。

第四十条　违反本条例第二十二条第一款规定之一的，由客运出租汽车管理机构予以警告，责令限期改正；逾期不改正的，责令停运整顿，并处二千元以上一万元以下罚款。

第四十一条　违反本条例第二十三条第一项至三项规定之一的，由客运出租汽车管理机构责令停运整顿，暂扣客运出租汽车经营许可证或者驾驶员从业资格证，并处五千元以上一万元以下罚款。

违反本条例第二十三条第四项、第五项规定之一的，由客运出租汽车管理机构责令限期改正，并处一千元以上五千元以下罚款。

违反本条例第二十三条第六项、第七项规定之一的，由客运出租汽车管理机构责令限期改正，并处五百元以上二千元以下罚款。

违反本条例第二十三条规定，有违法所得的，没收违法所得。

第四十二条　违反本条例第二十四条第一项至十项规定之一的，由客运出租汽车管理机构责令限期改正，并处五十元以上二百元以下罚款；逾期不改正的，责令停运整顿，并处二百元以上二千元以下罚款。一年内三次以上违反第二十四条第一项至丨项规定之一的，吊销其客运出租汽车驾驶员从业资格证。

违反本条例第二十四条第十一项、第十二项规定之一的，由客运出租汽车管理机构吊销其客运出租汽车驾驶员从业资格证。

第四十三条　违反本条例规定，有下列情形之一的，由市客运出租汽车管理机构或者县（市、区）交通运输行政主管部门及其所属客运出租汽车管理机构按照下列规定处罚：

（一）超越批准范围营运的，处一千元以上五千元以下罚款；

（二）未取得客运出租汽车经营资格从事客运出租经营的，责令停止营运，并处三千元以上三万元以下罚款；有违法所得的，没收违法所得。

第四十四条　客运出租汽车经营者、驾驶员违反治安管理相关规定的，由公安机关依照《中华人民共和国治安管理处罚法》的规定处罚。

第四十五条　违反本条例规定，交通运输行政主管部门及其客运出租汽车管理机构工作人员有下列情形之一的，对直接负责的主管人员和其他直接责任人员，依法给予处分：

（一）不依照本条例规定的条件、程序和期限实施行政许可的；

（二）发现违法行为不及时查处的；

（三）违法扣押客运出租汽车的；

（四）违法扣押、吊销客运出租汽车资格证件的；

（五）索取、收受他人财物或者谋取其他利益的；

（六）未在规定期限内处理乘客、驾驶员投诉的；

（七）其他玩忽职守、滥用职权、徇私舞弊行为。

第四十六条　违反本条例规定，构成犯罪的，依法追究刑事责任。

违反本条例规定，责令停运整顿的车辆按照客运出租汽车管理机构指定的地点集中停放。

第七章　附　则

第四十七条　本条例实施前依法取得客运出租汽车经营权未到期的继续有效。客运出租汽车经营权使用期限届满并依据本条例规定申请继续从事客运出租汽车经营的，可以优先取得客运出租汽车经营权。

第四十八条　本条例自 2013 年 7 月 1 日起施行。2002 年 10 月 31 日太原市第十一届人民代表大会常务委员会第五次会议通过，2002 年 12 月 2 日山西省第九届人民代表大会常务委员会第三十二次会议批准，根据 2010 年 9 月 29 日山西省第十一届人民代表大会常务委员会第十九次会议批准的 2010 年

6月23日太原市第十二届人民代表大会常务委员会第二十四次会议修正的《太原市客运出租汽车管理办法》同时废止。

太原市城乡社区治理促进条例

（2021年2月10日太原市第十四届人民代表大会常务委员会第四十一次会议通过

2021年3月31日山西省第十三届人民代表大会常务委员会第二十五次会议批准）

目　录

第一章　总　则

第一条　为了提高社区治理水平，推进城乡社区治理体系和治理能力现代化，促进社会和谐稳定，全面提升城乡文明程度和市民文明素质，打造治理有序、正气充盈、文明和谐的首善之区，根据有关法律法规，结合本市实际，制定本条例。

第二条　本条例适用于本市行政区域内城乡社区建设、治理、服务等活动。

本条例所称城乡社区治理，是指在党的领导下，以城乡社区为基本单元，政府、居（村）民委员会、社会组织、居民等各类主体广泛参与，共同推进城乡社区高质量发展、高效能治理、高品质生活，建设人人有责、人人尽责、人人享有的社会治理共同体的活动。

第三条　城乡社区治理工作应当遵守下列原则：

（一）坚持党的领导，党建引领；

（二）坚持以人为本，为民服务；

（三）坚持社会主义核心价值观；

（四）坚持自治、法治、德治相结合；

（五）坚持共建、共治、共享；

（六）坚持城乡统筹、因地制宜。

第四条　市、县（市、区）人民政府应当在本级党委的领导下，统筹城乡社区治理工作，将城乡社区治理纳入国民经济和社会发展规划，建立城乡社区治理工作联席会议制度，研究解决城乡社区治理中的重大问题。

街道办事处、乡（镇）人民政府承担城乡社区治理的具体工作，指导、支持和帮助居（村）民委员会开展工作。

第五条　市、县（市、区）民政部门负责对城乡社区治理的组织协调、指导、检查和考核工作，可以委托城乡社区服务机构做好日常工作。

发展和改革、财政、人力资源和社会保障、规划和自然资源、住房和城乡建设、城乡管理、农业农村、卫生健康、房产管理、公安、司法行政、大数据应用以及政府其他部门按照各自职责和本条例规定，做好城乡社区治理相关工作。

第六条　工会、共青团、妇联、文联、科协、工商联、残联、红十字会等组织应当在各自职责范围内协同做好城乡社区治理工作。

第七条　居（村）民委员会应当在基层党组织的领导下，以服务居民为宗旨，发挥基层群众性自治组织作用，履行法定职责，依照法律法规协助人民政府及其派出机关做好与居民利益相关的社区公共服务、公共管理、公共安全等工作。

第八条　鼓励支持公民、法人和其他组织等各类主体参与城乡社区治理工作。

第九条　报刊、广播、电视、网络等媒体应当加强对城乡社区治理工作的宣传，营造全社会关心、支持、参与城乡社区治理的良好氛围。

第十条　市、县（市、区）人民政府及其有关部门应当对在城乡社区治理中做出突出贡献的单位和个人，给予表彰和奖励。

第二章　社区建设

第十一条　市人民政府应当组织编制城乡社区服务体系建设规划，依法制定城乡社区综合服务地方标准。

第十二条　县（市、区）人民政府应当根据公共资源配置、人口数量、治理能力等情况划定社区。城市社区的规模一般与社区居民委员会服务区域相当。

县（市、区）人民政府及其有关部门应当根据有关法律法规规定，按照国家政策要求，依法及时有序设立或者调整居（村）民委员会。

第十三条　市、县（市、区）人民政府编制国土空间规划、控制性详细规划，应当统筹推进养老、托幼、配餐、医疗、购物、文体、警务等生活设施改造，打造功能设施完备、资源配置有效、居民生活便捷的生活服务圈，满足居民生活需求。

第十四条　市、县（市、区）人民政府有关部门、街道办事处、乡（镇）人民政府、居（村）民委员会、驻社区单位以及物业服务企业等应当共建互补，加强城乡社区环境综合治理，做好社区环境绿化、垃圾分类、水资源再生利用等工作，美化社区人居环境。

第十五条　市、县（市、区）人民政府及其有关部门应当加强农村社区交通运输、卫生医疗、环境整治、邮政快递等基础设施建设，建立运行、维护机制。

第十六条　市、县（市、区）人民政府应当采取新建、改（扩）建、购买、租赁、项目配套和整合共享等方式，统筹推进城乡社区综合服务设施建设。城乡社区综合服务设施建设用地应当纳入本级国土空间规划予以保障。

城乡社区综合服务设施主要包括：居（村）民委员会办公用房、活动场所以及党群（社区）服务中心、卫生服务中心（站）、养老服务中心以及其他面向居民提供文化、教育、科技、体育、卫生、环境、法律、安全等公共服务的综合性、多功能设施。

第十七条　新建、改（扩）建城乡社区综合服务设施建设用地面积不得少于一千平方米。

新建住宅小区、旧城连片改造居民区的社区综合服务设施建设，应当按照每百户居民不低于建筑面积三十平方米的标准纳入建设工程规划，与建设项目同步设计、同步施工、同步验收、同步交付政府使用。建设项目验收应当邀请民政部门参加。

老城区和已建成居住区没有社区办公用房等社区综合服务设施或者社区办公用房不能满足需要的，由县（市、区）人民政府按照不少于五百平方米的标准建设，也可以采取置换、购买、租赁、借用等方式解决。

第十八条　市、县（市、区）人民政府应当整合本行政区域内闲置资源，优先作为城乡社区综合服务设施。

鼓励驻社区单位为社区提供综合服务设施。

第十九条　鼓励支持社会资本投资建设城乡社区综合服务设施。

鼓励支持农村集体经济组织利用集体财产建设农村社区综合服务设施。

第三章　社区治理

第二十条　市、县（市、区）社区治理工作应当在本级党委的领导下，坚持政府治理为主导、居民需求为导向、改革创新为动力，构建党委领导、政府负责、民主协商、社会协同、公众参与、法治保障、科技支撑的城乡社区治理体系，建设人人有责、人人尽责、人人享有的社会治理共同体。

第二十一条　市、县（市、区）人民代表大会常务委员会可以依托街道办事处、乡（镇）人民政府、居（村）民委员会建立代表联络站（点）、基层立法联系点，加强与居民联系。

第二十二条　市、县（市、区）人民政府应当依法制定县（市、区）政府部门、街道办事处、乡（镇）人民政府权责清单。

县（市、区）人民政府应当组织制定居（村）民委员会承担社区工作事项清单、协助政府的社区工作事项清单以及社区工作事项负面清单，切实减轻居（村）民委员会工作负担。

本条规定的清单实行动态调整机制。

第二十三条　市、县（市、区）人民政府及其部门应当严格落实清单事项，对属于社区协助事项的，应当通过书面委托并提供相应的经费和必要的工作条件。

市、县（市、区）人民政府及其部门不得将各自职责范围内的事项转交给居（村）民委员会承担，不得直接给居（村）民委员会安排工作任务。

第二十四条　市、县（市、区）人民政府及其部门应当采取措施减轻居（村）民委员会工作负担，严格落实不应由基层群众性自治组织出具证明事项清单，对居（村）民委员会提出的本社区的意见建议，应当及时办理，不得转交居（村）民委员会办理。

第二十五条　县（市、区）人民政府及其有关部门应当指导建立由城乡社区党组织、居（村）民委员会牵头，居民参与的议事协商机制，引导居（村）民委员会开展灵活多样的协商活动。对涉及城乡社区公共利益的重大决策事项、关乎居民群众切身利益的实际困难问题以及矛盾纠纷等，一般由城乡社区协商解决。

鼓励城乡社区居民积极参与需求表达、协商议事、问题解决，集聚群众力量化解矛盾纠纷。

第二十六条　居（村）民委员会应当推进社区自治工作制度化、规范化，培育居民自治意识，组织居民依法规范和完善居民公约、村规民约，发挥居民公约、村规民约在城乡社区治理中的作用。

居（村）民委员会应当建立健全居（村）务公开和民主监督制度，完善社区事务公示制度，公开办事制度和程序，保障居民的知情权、参与权、选择权、监督权。

居（村）民委员会应当及时公开社区惠民项目、民生实事项目等事关居民切身利益的重要事项，定期公布收支情况，接受居民监督。

第二十七条　本市建立覆盖城乡社区的法治宣传教育制度，开展法律服务进社区活动，提高居民法治意识，引导和支持居民理性表达诉求、依法开展活动和维护权益。

司法行政等有关部门应当指导居（村）民委员会建立社区人民调解组织网络、社区法律顾问和社区工作者学法等制度，指导居（村）民委员会建立社区专业人员数据资料库，引导人民调解员、法律专业工作者、社会工作者、心理咨询师等专业人员在物业纠纷、家庭纠纷、邻里纠纷、信访投诉等领域开展形式多样的矛盾纠纷排查和化解活动。

第二十八条　本市建立并实行城乡社区网格化管理制度，完善网格化服务管理体系，加强村（社区）、企业和单位网格化服务管理，推进以红色、雪亮、法治、智慧为特征的“全科”网格建设。

公安机关等有关部门应当推进平安社区建设，健全网格化服务管理机制，加强社区治安防控网建设，解决社区安全稳定问题。

第二十九条　本市建立培育和践行社会主义核心价值观制度，开展创建全国文明城市和新时代文明实践活动，开展文明社区、文明乡村、文明家庭创建和道德模范评比活动，引导居民崇德向善、助人为乐、诚实守信、孝老爱亲，倡导家庭家教家风建设，促进城乡社区德治建设。

市、县（市、区）精神文明建设工作机构应当对文明社区、文明乡村、文明家庭、道德模范予以表彰奖励。

第三十条　居（村）民委员会应当通过设立宣传栏、电子屏等社区公共文化设施，宣传社会主义核心价值观，弘扬优秀中华传统文化、革命文化和社会主义文化，传播身边好人好事，提升公共文化服务水平。

第三十一条　县（市、区）人民政府及其有关部门应当加强住宅小区物业管理，建立住宅小区物业管理领导协同机制，及时研究解决住宅小区物业管理的重大问题，对违法物业服务企业及时依法查处。

对委托物业服务企业或者其他管理人管理的物业，居（村）民委员会、业主委员会、物业服务企业或者其他管理人应当在基层党组织的领导下建立物业管理协调联动机制，及时解决物业服务中的问题。

对没有物业服务企业或者其他管理人管理的物业，可以由街道办事处、乡（镇）人民政府或者居（村）民委员会建立综合物业服务组织，对物业进行统一管理；也可以由业主或者居民成立业主自治组织，对物业进行管理。

物业服务企业或者其他管理人应当执行人民政府依法实施的应急处置措施和其他管理措施，依照法律法规规章规定和物业服务合同约定履行义务，不得推给居民委员会、业主委员会等。

第三十二条　发生突发事件时，居（村）民委员会应当按照人民政府的决定、命令，进行宣传动员，组织居民开展防治、救助活动，协助维护社会秩序。出现重大传染病疫情时，居（村）民委员会应当启动社区应急救助志愿服务机制，发动应急救助志愿者团队等，协助做好社区疫情防控，及时收集、登记、核实、报送相关信息。

因发生突发事件等特殊情况，监护人无法履行监护职责，被监护人的生活处于无人照料状态的，被监护人住所地的居（村）民委员会应当为被监护人安排必要的临时生活照料措施。

第三十三条　市、县（市、区）人民政府应当运用互联网、物联网、大数据、云平台、人工智能等现代信息技术，整合既有城乡社区信息资源，建立全市统一的城乡社区公共服务信息平台，实现互联互通，信息共享，促进智慧社区建设。

第四章　社区服务

第三十四条　社区服务应当坚持政府主导、鼓励社会参与、加强市场运作，采取公建民营、民办公助、政府购买服务、政府和社会资本合作、居民志愿服务、社会捐赠捐助等多种方式。

鼓励支持各类公益组织为社区居民提供服务。

第三十五条　市、县（市、区）人民政府应当促进政府有关部门、街道办事处、乡（镇）人民政府工作与社区工作的有效衔接，推进社区就业服务、社会保障服务、救助服务、公共卫生和计划生育服务、文化教育体育服务、公益法律服务、流动人口管理服务、治安服务以及环境绿化美化服务等基本公共服务体系建设。

县（市、区）人民政府应当在社区设立公共服务窗口，为居民提供服务。

第三十六条　市、县（市、区）人民政府应当支持居（村）民委员会、物业服务企业、社区社会组织等开展社区养老、护理、家政、休闲、健身、文化、培训、再生资源回收等社区服务。

第三十七条　市、县（市、区）人民政府应当结合实际完善社区养老服务设施建设，实施政府购买居家养老服务，引导社区养老组织（机构）参与养老服务，开展社区养老服务合作。

鼓励物业服务企业以及其他企业发展居家和社区养老服务。

鼓励居民组建法律维权类、社区服务类、文化体育类、教育培训类等社区社会组织，推动居民参与社区服务。

鼓励社区居民根据兴趣爱好、职业经历等，自主开展学习、健身、厨艺、园艺、公益集市等社区活动。

第三十八条　居（村）民委员会可以依托社区综合服务设施建立志愿者服务站点，搭建志愿者、服务对象和服务项目对接平台，开展以家政服务、文体活动、心理疏导、医疗保健、法律服务、交通安全宣传教育等为主要服务内容的社区志愿服务。

第三十九条　市、县（市、区）人民政府及其有关部门应当支持发展在城乡社区开展纠纷调解、健康养老、教育培训、志愿服务、公益慈善、防灾减灾、文体娱乐、移风易俗、邻里互助、居民融入以及农村生产技术服务等活动的社区社会组织，组织制定支持社区社会组织发展的政策措施。

市、县（市、区）人民政府及其有关部门对申请设立社区社会组织的单位和个人应当简化审批程序，给予承接服务事项、活动场地、土地等支持。

居（村）民委员会可以无偿提供社区综合服务设施给社区社会组织，支持其为居民服务。

第四十条　机关、团体、企业事业单位等驻社区单位应当利用自身条件，发挥各自优势，主动配合、支持所在居（村）民委员会开展工作，教育、引导和支持本单位职工积极参与社区治理。

第五章　保障措施

第四十一条　市、县（市、区）人民政府应当将城乡社区治理所需经费纳入本级财政预算并及时拨付，保障城乡社区治理工作正常开展。

第四十二条　市、县（市、区）人民政府应当按照政府购买服务指导性目录，研究制定配套政策，将政府购买服务所需经费纳入同级财政预算。

第四十三条　市、县（市、区）人民政府应当组织落实民法典等法律法规中有关特别法人制度，探索建立城乡社区治理财政预算直接拨付居（村）民委员会管理使用的具体制度。

鼓励支持居（村）民委员会以自己的名义依法开展民事活动。

第四十四条　鼓励支持社会组织和个人通过慈善捐赠、设立社区基金会等方式，引导社会资金投向城乡社区治理领域。

第四十五条　市、县（市、区）人民政府应当加强对城乡社区治理经费使用的管理和监督，对专项资金依法审计。

第四十六条　市、县（市、区）应当按照社区规模、人口密度、服务半径、居民结构、辖区单位数量等因素，合理确定社区工作者数量。

市、县（市、区）应当加强社区工作者职业体系建设，建立社区工作者岗位开发、统一管理、薪酬待遇、培训培养、考核评价、晋升辞退等制度，建设高素质社区工作者队伍。

第四十七条　县（市、区）人民政府在公开招聘街道办事处、乡（镇）人民政府事业单位工作人员时，可以按照国家、省、市相关规定设置一定数量的村（社区）工作者专门岗位，用于定向招聘。

第四十八条　街道办事处、乡（镇）人民政府评议有关部门服务社区工作，应当由居（村）民委员会组织集中评议，评议结果作为部门绩效考核的内容。

社区居民委员会可以组织社区居民对供水、供电、供气、环境卫生、园林绿化等公共服务单位的服务情况进行评议，并反馈评议意见。相关公共服务单位对评议意见应当及时回应。

第四十九条　城乡社区综合服务设施的供暖、水电、燃气等费用按照当地居民使用价格标准收取。

第六章　法律责任

第五十条　违反本条例规定，法律、行政法规以及省人民代表大会及其常务委员会制定的地方性法规已有法律责任规定的，从其规定。

第五十一条　违反本条例规定，有下列情形之一的，由相关部门予以纠正、通报批评，并对负有直接责任的主管人员和其他直接责任人员依法予以处理：

（一）将职责范围内的事项转交给居（村）民委员会承担或者直接给居（村）民委员会安排工作任务的；

（二）将依法需要居（村）民委员会协助的工作事项转交居（村）民委员会但未提供相应的经费和必要工作条件的。

第五十二条　违反本条例规定，在城乡社区治理工作中玩忽职守、滥用职权、徇私舞弊的，依法给予处分；构成犯罪的，依法追究刑事责任。

第七章　附　则

第五十三条　本条例自 2021 年 7 月 1 日起施行。

太原市晋阳湖生态保护与修复条例

（2021 年 8 月 27 日太原市第十四届人民代表大会常务委员会第四十七次会议通过

2021 年 9 月 29 日山西省第十三届人民代表大会常务委员会第三十一次会议批准）

目　录

第一章　总　则

第一条　为了加强晋阳湖生态保护与修复，维护晋阳湖生态功能，推进生态文明建设，促进经济社会高质量发展，根据有关法律法规，结合本市实际，制定本条例。

第二条　晋阳湖保护区内规划建设、生态保护与修复及其监督管理等适用本条例。

第三条　晋阳湖生态保护与修复工作应当坚持治山、治水、治气、治城一体推进，遵循统一规划、生态为本、保护优先、科学修复、合理利用的原则。

第四条　市人民政府应当加强对晋阳湖生态保护与修复工作的领导，建立联席会议制度，统筹协调晋阳湖生态保护与修复工作中的重大事项。

市人民政府应当把晋阳湖生态保护与修复工作纳入国民经济和社会发展规划，将晋阳湖生态保护、修复以及信息化建设等经费列入本级财政预算。

市人民政府应当构建多元化投资机制，鼓励引导社会资本参与晋阳湖生态保护与修复的建设和运营。

第五条　市人民政府水务、园林、规划和自然资源、生态环境、农业农村、文旅等部门应当按照下列规定，做好晋阳湖生态保护与修复工作：

（一）市水务部门负责水资源保护、水量保障、水利设施、水利工程、水土保持和节约用水等工作；

（二）市园林部门负责管理范围内湖泊治理、城市绿化、公园建设等工作；

（三）市规划和自然资源部门负责国土资源、森林资源、草原资源、陆生野生动植物资源、湿地资源的保护、利用和监督管理，组织开展植树造林、退耕还林还草等工作；

（四）市生态环境部门负责环境影响评价、环境质量监测、环境污染防治和水质监测等工作；

（五）市农业农村部门负责农业生物物种资源、水生野生动植物资源的保护，组织开展村居环境整治，控制农业面源污染，指导发展生态农业等工作；

（六）市文旅部门负责统筹文化和旅游产业等工作。

市人民政府发展改革、财政、住建、城乡管理、交通运输、应急、文物等部门应当按照各自职责，做好晋阳湖生态保护与修复工作。

西山生态文化旅游示范区管理委员会应当按照市人民政府的授权，做好晋阳湖生态保护与修复的有关工作。

第六条　晋阳湖保护区所在地的区人民政府（以下简称区人民政府）及其有关部门应当按照下列规定，做好晋阳湖生态保护与修复工作：

（一）宣传贯彻生态保护与修复有关法律法规和政策；

（二）依照职责实施晋阳湖生态保护与修复规划；

（三）组织落实晋阳湖生态保护与修复的重大决策事项；

（四）依法开展晋阳湖生态保护与修复行政执法工作，查处有关违法行为；

（五）市人民政府交办的其他工作。

晋阳湖保护区所在地的镇人民政府、街道办事处应当在上级人民政府的领导下，做好晋阳湖生态保护与修复的有关工作。

第七条　市、区人民政府应当组织研究西山自然生态与晋阳湖生态保护与修复的关系，协调处理好人工湖保护与水、湿地等生态修复工程建设，有效发挥晋阳湖的自然生态功能。

市、区人民政府及其有关部门应当加强晋阳湖生态保护与修复的宣传教育，对在晋阳湖生态保护与修复工作中作出显著成绩的单位和个人给予表彰、奖励。

第八条　任何单位和个人有权对破坏晋阳湖生态环境的行为进行劝阻或者举报。

市、区人民政府有关部门应当及时受理举报，依法予以处理。

第二章　规划建设

第九条　市人民政府应当组织水务、园林、规划和自然资源以及其他有关部门编制晋阳湖生态保护与修复规划，并按照规定程序报批后实施。

经批准的晋阳湖生态保护与修复规划，不得擅自变更；确需变更的，应当按照原审批程序报批。

晋阳湖生态保护与修复规划应当纳入市国土空间规划。

第十条　晋阳湖保护区天际线管控范围内建筑高度按照晋阳湖生态保护与修复规划的有关规定执行。

第十一条　在晋阳湖保护区内新建、改建、扩建工程，应当符合下列要求：

（一）符合国土空间规划、晋阳湖生态保护与修复规划、水资源保护、海绵城市建设等有关规定，并依法办理环境影响评价和行政许可等手续；

（二）建设项目的选址、布局、高度、体量、造型和色彩等应当与周围景观和环境相协调；

（三）按照环境和文物保护有关规定，采取有效措施保护周围自然生态环境和文物古迹；

（四）法律法规规定的其他要求。

在晋阳湖保护区内新建、改建、扩建工程，不得影响水工程安全和运行管理，不得损害河流、湖泊及湿地的生态环境。

第十二条　在晋阳湖保护区内从事建设活动，造成生态破坏的，建设单位应当依法承担生态恢复治理责任。

第十三条　晋阳湖的开发利用应当以不影响湖区功能和不超过生态环境承载力为前提，开发利用项目应当以生态、文化、旅游、康养、休闲为主。

第三章　生态保护

第十四条　晋阳湖水质标准，应当达到国家地表水环境质量四类标准，并逐步达到三类及以上水质标准。

第十五条　市、区人民政府有关部门应当按照职责分工定期开展疏浚、监测水体，防治水体污染，科学调度水资源，维持合理水位，保护水体生态功能。

第十六条　晋阳湖保护区按照功能和保护要求，划分为三级保护区。

一级、二级、三级保护区的具体范围，由市人民政府按照有关规划划定，并向社会公布。

第十七条　在三级保护区内，控制下列行为：

（一）开山采石、采矿、挖砂取土；

（二）建设人造景点、滑雪场、索道等大型项目；

（三）法律法规规定的其他行为。

属于事关经济社会发展的重大建设项目，经有关部门论证，依法办理有关审批手续后方可实施。

第十八条　在二级保护区内，禁止下列行为：

（一）损毁树木、绿地；

（二）种植不符合生态要求的植物；

（三）规模化畜禽养殖；

（四）三级保护区内控制的行为；

（五）法律法规禁止的其他行为。

第十九条　在一级保护区内，禁止下列行为：

（一）擅自填埋、占用水域；

（二）擅自取水或者无序抽排水；

（三）影响水体安全的爆破、采石、取土等行为；

（四）建设妨碍行洪的建筑物、构筑物以及种植妨碍行洪、输水的林木；

（五）向水体排放、倾倒工业废渣、城镇垃圾和其他废弃物；

（六）在水体清洗装贮过油类或者有毒污染物的车辆和容器；

（七）向晋阳湖内排放污水；

（八）电鱼、毒鱼、炸鱼；

（九）不符合环保要求的机动船舶进入晋阳湖水面；

（十）二、三级保护区内禁止、控制的行为；

（十一）法律法规禁止的其他行为。

第二十条　市、区人民政府应当根据城镇排水与污水处理规划的要求，加大对晋阳湖保护区内的城镇排水与污水处理设施建设和维护的投入，加强排水与污水处理设施建设，实行雨水、污水分流。

排水单位和个人应当按照国家有关规定将污水排入城镇排水设施。

第二十一条　任何单位和个人未经批准不得擅自在晋阳湖保护区引入外来物种。

拟新引入物种，应当进行调研、鉴定，评估其有害性和对本地原生物种的影响；未经鉴定和评估的，不得引入。

第二十二条　市人民政府园林部门应当根据本条例确定的晋阳湖保护区范围和界线，设置一、二级保护区界标。

任何单位和个人不得破坏、涂改或者擅自移动晋阳湖保护区的界标以及防汛、水文、水利、气象、环境监测等有关设施。

第四章　生态修复

第二十三条　市、区人民政府应当坚持自然修复与人工修复相结合，实行山水林田湖草综合治理，提高晋阳湖生态环境承载力，建立健全生态保护与修复的长效机制。

第二十四条　市、区人民政府应当组织在晋阳湖保护区内科学造林种草，提高植被覆盖率。

第二十五条　市、区人民政府应当建立水环境保护长效机制，实施水生生物生态修复工程，改善晋阳湖水质，提高晋阳湖水体的自净能力。

第二十六条　市、区人民政府有关部门应当按照各自职责对晋阳湖保护区内湖、河、渠道的水面漂浮物、有害水生植物、动物尸体等进行清理，定期组织清淤，进行无害化处置。

第二十七条　市人民政府水务部门应当采取措施优化晋阳湖水资源配置，实现多源互补。

市、区人民政府水务部门应当推进河湖水系连通工程建设，提高晋阳湖自然修复能力。

第二十八条　市人民政府规划和自然资源、水务、农业农村等部门应当采取措施改善晋阳湖保护区内野生动植物生存环境，科学开展增殖放流，保护水生生物，营造人、水、野生动植物和谐共生的生态环境，提高晋阳湖保护区内生物多样性。

第二十九条　市、区人民政府应当依法开展退耕退塘、恢复湿地等工作。

禁止侵占自然湿地等水源涵养空间，已侵占的湿地应当限期退出，并予以恢复。

第五章　监督管理

第三十条　晋阳湖保护区内的河湖实行河湖长制。

河湖长的设立、职责确定和工作机制，按照河湖长制的有关规定执行。

第三十一条　市人民政府应当组织有关部门对晋阳湖生态保护与修复情况进行监督检查。

被检查单位和个人应当如实提供有关情况和资料，不得隐瞒拒绝。

第三十二条　市、区人民政府应当建立健全联合执法机制。

市、区人民政府有关部门对联合执法检查中发现的问题，应当依法处理。

第三十三条　市人民政府应当组织水务、园林、规划和自然资源、生态环境、农业农村、文旅等部门，按照国家统一规划布局、统一标准方法、统一信息发布的要求，建立晋阳湖保护与修复监测体系和信息共享平台，实施数据共享。

市人民政府园林部门应当组织建设晋阳湖信息化管理平台，实现智慧化管理。

第六章　法律责任

第三十四条　违反本条例规定，法律、行政法规以及省人民代表大会及其常务委员会制定的地方性法规已有法律责任规定的，从其规定。

第三十五条　违反本条例规定，破坏、涂改或者擅自移动保护区界标的，由市人民政府城乡管理部门责令改正，并处二百元以上五百元以下罚款；造成损失的，赔偿损失。

第三十六条　违反本条例规定，有关部门工作人员在晋阳湖生态保护与修复工作中玩忽职守、滥用职权、徇私舞弊的，对直接负责的主管人员和其他直接责任人员依法给予处分；构成犯罪的，依法追究刑事责任。

第七章　附　则

第三十七条　本条例自 2021 年 11 月 1 日起施行。

调研报告

关于全面深化改革省考任务指标推进落实情况的督查调研报告

为推动 2021 年全面深化改革省考任务指标落实落细，确保高质量完成考核任务，根据市委领导指示，市委改革办会同市委督查室组成联合督查调研组，采取实地督查调研与书面督查调研相结合的形式，深入市国资委、市行政审批服务管理局等相关部门，对实施市县转型综合配套改革、深化国资国企改革、推进太原都市区一体化发展改革、深化“放管服效”改革 4 项省考任务指标开展了督查调研。现将有关情况报告如下。

一、关于实施市县转型综合配套改革

（一）目标任务

编制转型综改试验重大改革专项规划，建立市县转型综改体制机制和制度体系。积极推进县域经济高质量高速度发展。加快资本市场县域工程试点建设。

（二）主要措施和进展成效

一是坚持规划引领，全面开展规划编制。紧扣全方位推动高质量发展目标任务，对照《山西省“十四五”转型综改试验重大改革规划》，结合我市实际，编制印发了《太原市“十四五”转型综改试验重大改革规划》，对山西中部城市群发展、太忻经济区建设、能源革命综合改革等重大任务进行前瞻性谋划布局，完善市县转型综改体制机制，为高质量发展提供硬核支撑。

二是做好试点申报，全力推动县域转型综改。围绕健全城乡融合发展体制机制、构建现代乡村产业体系、创新开发区运营管理体制、促进生态产业化和产业生态化、创新基层社会治理体系5项重点任务，认真做好市县转型综改牵引性集成改革试点申报和推荐工作，选取推荐了迎泽区（创新基层社会治理体系）、万柏林区（健全城乡融合发展体制机制）作为试点上报省委改革办，带动县域高质量发展高效能治理。

三是落实指标分解，精准把脉县域经济发展。将主要经济指标任务分别落实到各县（市、区）和市直相关部门，每月组织市直相关部门对主要经济指标和GDP核算指标完成情况进行分析研判，汇总形成季度经济运行分析报告，为政府宏观调控提供参考。前三季度，各县（市、区）GDP增速均在7.5%以上，各项指标均回归正常增长区间，经济发展呈现稳中有进态势。

四是加强政府引导，实施资本市场县域工程。出台了《太原市资本市场县域工程试点实施方案》，引导资本市场服务和金融资源向县域下沉。截至9月底，为符合资本市场直接融资奖励政策的31户企业落实奖励资金545万元。截至10月底，资本市场县域工程试点已扩展到十县（市、区），新增晋兴板企业20户、省入库企业68户，超额完成年度任务指标。

（三）存在的主要问题

一是省委尚未批复市县转型综改牵引性集成改革试点名单，目标和标准体系、任务和举措体系、政策和制度体系还不明确，工作尚需进一步展开。

二是企业对资本市场的作用、调整治理结构的意义等认识不深，上市意愿不强，股份制改造的积极性不高。

（四）调研对策建议

一是加强与省委改革办沟通对接，尽快确定试点名单，督促试点县（市、区）及时制订具体工作方案，明确工作目标和工作举措，确保县域转型综改工作有章可循、有序推进。（责任部门：市委改革办、市发改委）

二是加大宣传培训力度，组织县域优质企业参加各类培训活动，提升县域企业家的资本市场意识和资本运作水平。（责任部门：市金融办）

三是深入走访重点上市后备企业，了解企业需求，依托深交所、上交所山西基地等，帮助企业对接金融服务资源及政策扶持资源，一对一解决问题。（责任部门：市金融办）

二、关于深化国资国企改革

（一）目标任务

落实国企改革三年行动实施方案，深化国有企业布局优化、结构性调整和战略性重组。加快市属国有企业脱钩改革及整合重组。稳妥推进市属国企混改。完善管资本为主的国资监管体制。持续推进“僵尸企业”出清。深化企业内部“三项制度”改革。

（二）主要措施和进展成效

一是深化国有企业布局优化、结构性调整和战略性重组。出台了《太原市深化国企国资改革三年行动方案（2020—2022年）》，召开了全市国企国资改革三年行动推进会等，按月协调处理改革难题。截至10月底，38项重点任务平均完成进度为79%，提前完成国家、省确定的完成70%的目标任务。其中，建立健全企业内部监督体系和责任追究工作体系、国资监管大数据一期平台建设等8项任务已全部完成。

二是加快市属国有企业脱钩改革及整合重组。下发了《太原市人民政府关于太原市党政机关与所办企业脱钩改革工作的通知》，明确130户市属国有企业脱钩改革名单。截至10月底，已完成114户企业出资人变更，剩余16户因法律诉讼、企业资质等原因正在加快办理，市属经营性国有资产已实现集中统一监管。目前，已确定脱钩企业整合重组名单，正在起草相关文件，加快监管企业分类改革步伐。

三是稳妥推进市属国企混改。推动太原锅炉集团有限公司收购甘肃科林电力环保设备有限公司52.7%的股权，5月份，科林电力已完成工商变更登记。推进太原物产集团所属太原物资再生公司和太原狮头集团所属山西创一混凝土公司混合所有制改革，2户企业混改立项已批复，编制了《山西创一混凝土有限公司混合所有制改革方案》，按程序报市政府批准后实施。

四是完善管资本为主的国资监管体制。组建了太原市国有资本投资、运营两大平台公司，出台了《市国资委出资人权力清单和责任清单》《市国有资本投资、运营平台公司、企业集团授权经营管理暂行办法》等文件，按照一企一策、动态管理的原则，分类开展授权放权，构建“1+2+N”（1：国资委，2：国有资本投资公司和运营公司，N：若干专业集团公司）的国资监管新模式。

五是持续推进“僵尸企业”出清。在全面摸清资产状况、财务状况和经营成果的基础上，133户市国资委所属企业的清产核资工作已基本完成。根据清产核资情况，第一批已确认脱钩企业中

6户“僵尸企业”名单，正在按照市属国有“僵尸企业”处置政策文件，依法依规推进市场化出清工作。

六是深化企业内部“三项制度”改革。加快修订《关于深化太原市国有企业内部劳动人事分配制度改革的意见》，根据市属国有企业集中监管和集团整合实际情况，出台考核细则，督促新监管企业深化“三项制度”改革，加快形成企业管理人员能上能下、员工能进能出、收入能增能减的合理流动机制。

（三）存在的主要问题

一是市属国企偏重于传统产业，新兴产业和高新技术产业占比较少，国有资本布局结构不合理，新成立的国有资本投资、运营公司尚未充分发挥作用，企业整合和布局调整任务繁重。

二是大多数市属国企规模小、市场竞争力低，且缺乏好项目支撑，在混合所有制改革过程中难以吸引战略投资者，社会资本参与市属国企混改的热情不高。

（四）调研对策建议

一是加快国有资本投资、运营公司建设，按照“同业务同板块”的分类原则，研究制定切实管用的工作举措，加快推进国有企业布局优化、结构性调整和战略性重组。（责任部门：市国资委）

二是加大混改推进力度，结合市属国企实际，及时研究发布混改项目，开展招商推介活动，以优质资产、优质项目吸引战略投资者，加快推进国有资产向战略性新兴产业流动。（责任部门：市国资委）

三、关于推进太原都市区一体化发展改革

（一）目标任务

推进国家可持续发展议程创新示范区建设。编制太原市国土空间规划，开展六大类重点片区规划建设。实施城市更新九大工程。服务太原都市区“五大中心”建设。落实“1+30”区域大气污染联防联控机制，持续推进强力治气。

（二）主要措施和进展成效

一是推进国家可持续发展议程创新示范区建设。创新平台加快建设，山西省黄河实验室挂牌成立，3个国家重点实验室、9个山西省实验室、32个省级重点实验室获批建设，打破我市连续6年国家重点实验室零增长局面。“三项”科技管理体制改革（普惠性后补助项目立项机制、前引导项目立项评估机制、科技立项攻关机制）深入推进，首批发布了“揭榜挂帅”项目8个，清华大学等13家知名高校、科研院所和企业成功揭榜；全市科技型中小企业8726户、增长26倍，在全国省会城市中列第3位、中部省会城市中列第1位。市场化矿山生态修复“西山模式”编入《中国落实2030年可持续发展议程进程报告（2021）》，并在国家“十三五”科技创新成就展上展出，10月26日，习近平总书记参观了展览。

二是编制太原市国土空间规划，开展六大类片区规划建设。认真落实省第十二次党代会精神，进一步修改完善太原市国土空间总体规划，生态保护红线已报自然资源部等待批复，城镇开发边界成果汇交数据已通过质检并报省自然资源厅备案。持续完善府城片区、北部军民融合产业区等6大类22个重点片区规划设计，编制了局部地块控规修改项目8项，其中，已完成6项，正在公示2项。

三是实施城市更新九大工程。老旧小区改造已开工713个、完工106个，累计完成投资8.43亿元；既有住宅加装电梯已开工162部、完工14部；完成既有居住建筑节能改造1001万平方米。深化“两下两进两拆”专项整治，拆除违法广告2.3万块，完成道路供电、通信线缆下地120条。实施路网畅通工程，太太路、泥向线、千峰路南延、龙城大街东延、天龙山路等工程竣工通车，迎泽大街东延、滨河东路南延等工程有序推进。加快海绵城市建设，7个易积水点、7条道路雨污分流项目改造完工。推进智慧城市建设，全市基本实现县级数据城管平台全覆盖。印发了《太原历史文化名城保护工作行动方案（2021—2023年）》等，加强城市文脉保护。规范城市管理执法，明确城管执法权责清单，人员转隶工作已完成。

四是服务太原“五大中心”建设。强化基础设施保障，太太路大修工程5月份已完工，化章街西延工程热力、雨污管线铺设全部完成，自来水、电力管线铺设完成90%，预计年底完工。

五是落实“1+30”区域大气污染联防联控机制，持续推进强力治气。全面完成了2020—2021年“秋冬防”第二阶段大气攻坚任务，正在推进2021—2022年秋冬季大气污染综合治理攻坚行动，实施了环境污染防治暨高铁高速沿线环境综合整治和夏季臭氧削峰攻坚行动，组织开展工地扬尘污染整治等5大系列专项整治行动，1—9月份，全市环境空气质量改善幅度在168个重点城市中列第15位，在“2+26”城市中列第10位，在全省11个地市中列第5位。1—10月份，市区综合污染指数为5.00，同比下降13.3%；优良天数177天，优良率为58.2%；重污染天数11天，比去年同期减少3天；SO_2、NO_2、CO等污染物浓度达到国家一级标准，环境空气质量持续改善。

（三）存在的主要问题

一是上位国土空间规划及相关政策规则尚不明晰，国家、省约束性指标尚未下达，耕地保护、重点片区规划编制等工作缺乏上级指导，具体工作任务还不明确。

二是老旧小区改造过程中，存在资金筹措压力大、施工统筹难、群众意愿统一难的问题，部分老旧小区改造较为缓慢。

三是“两下两进两拆”专项整治中，各县（市、区）之间推进不平衡，个别县（市、区）存在反弹现象。

四是空气污染形势依然严峻，空气质量综合指数排名依然靠后，受北方整

体不利气象条件和特殊地形影响，污染扩散条件差，重污染天气时有发生。

（四）调研对策建议

一是按照自然资源部及省自然资源厅的要求，进一步夯实现状底数、专题研究等基础工作，细化完善市级国土空间规划。同时，加快推进县级国土空间规划工作，力争在省下达约束性指标2个月内完成市级规划编制工作。（责任部门：市规划和自然资源局）

二是及时总结推广老旧小区改造过程中示范片区在工作组织、改造实施、后续管理等方面的先进经验，加大宣传力度，发挥示范作用，加快改造进度。（责任部门：市住建局）

三是加强对“两下两进两拆”专项整治成果的督导检查，强化街面巡查管控，加快重点县（市、区）专项整治步伐，坚决抑增量、去存量，不断提升城市管理水平。（责任部门：市城乡管理局）

四是全面落实冬奥会、冬残奥会空气质量保障减排措施，通过强化“两高”行业管理、清洁能源替代、运输结构调整、建筑工地管控等，坚决打好秋冬季大气污染防治攻坚战，力争环境空气综合指数退出“2+26”城市后三名。（责任部门：市生态环境局）

四、关于深化“放管服效”改革

（一）目标任务

出台核准类项目承诺制改革方案。实施工程建设项目审批“2430”改革。推进“证照分离”改革全覆盖。建立高频服务事项“同城通办”太原模式。建设市县一体全程“不见面”电子化公共资源交易平台。

（二）主要措施和进展成效

一是推进核准类项目承诺制改革试点。已印发《太原市核准类企业投资项目承诺制改革试点方案》，明确清徐经济开发区作为改革试点，在扩大政府统一服务事项范围和承诺制服务范围、细化“标准地”出让标准、推行项目审批服务“一单清”告知等7方面先行先试，努力形成试点经验。

二是实施工程建设项目审批“2430”改革。出台了《太原市深化工程建设项目审批制度改革工作方案》等文件，试行投资项目“并联审批”“容缺后补”“模拟审批”工作机制，着力激发市场主体活力。目前，社会投资简易低风险工程项目主流程审批时限由45个工作日压缩至9个工作日，政府投资房建类项目开工前主流程审批时限由90个工作日压缩至24个工作日，工程建设项目从立项到竣工验收行政审批总耗时由70个工作日压缩至50个工作日内，高标准完成“2430”改革任务，打造了工程建设项目审批“太原速度”。

三是推进证照分离改革全覆盖。已印发《关于调整“证照分离”改革全覆盖事项清单的通知》，及时调整部分事项改革方式及审批层级，同步健全完善清单管理制度，并按照取消审批、审批改备案、实行告知承诺、优化审批服务“四扇门”要求实施改革。目前，市县两级已公布涉企经营许可事项清单105项，其中，审批改为备案2项，实行告知承诺22项，优化审批服务81项。

四是建立高频服务事项“同城通办”太原模式。已印发《太原市推进政务服务事项“同城通办”实施方案》等文件，确定“同城通办”政务服务事项目录清单，优化导办帮办、邮政快递送达等服务，努力实现“同城同质”。7月份以来，小店区、迎泽区两个试点的“同城通办”窗口共开设基本业务39项，办理不动产登记业务103件、房产交易业务32件、社保卡业务3182件、企业养老保险相关业务6931件。

五是建设市县一体全程“不见面”电子化公共资源交易平台。制定了《太原市人民政府办公室关于太原市公共资源交易平台整合共享的实施意见》，召开了全市公共资源交易平台整合共享工作推进会，6月份，公共资源交易平台市县一体化建设已完成，实现了县（市、区）公共资源交易活动在市级公共资源交易平台一体化运行。

（三）存在的主要问题

一是数据信息壁垒仍然存在，工程建设项目审批要经过一体化政务服务平台、规划管理、消防审验等40多个独立系统，缺乏有效整合，数据不能共享，导致建设单位报建繁、工作人员审批录入繁，且各系统流程配置权限不一致，难以将我市简化优化审批流程、创新审批运行机制的改革成果固化到电子审批平台。

二是3月份，省政府印发《关于调整“证照分离”改革全覆盖事项清单的通知》；6月份，国务院印发《关于深化“证照分离”改革进一步激发市场主体发展活力的通知》，确定了全国实施涉企经营许可事项全覆盖清单，但部分事项与省级改革要求不一致，导致基层改革任务不明确。

（四）调研对策建议

一是通过消减、归并、联通等方式，高效整合各个市级建设系统，简化工程报建和审批录入程序，加快实现单点登录、信息共享、网络核验，优化固化改革成果，切实提高工作效率。（责任部门：市行政审批服务管理局）

二是加强与省级部门沟通对接，待省调整“证照分离”改革目录清单后，结合我市实际，推进各项改革任务落实落细。（责任部门：市行政审批服务管理局）

经过认真梳理和分析研判，总的来看，2021年4项省考指标任务推进有力有序，但距离完成年度考核任务还有一定差距，需持续用力、加快推进。其中，“实施市县转型综合配套改革”“深化国资国企改革”“深化‘放管服效’改革”3项任务进展顺利，已取得阶段性成效；“推进太原都市区一体化发展改革”中，大气污染防治形势依然严峻，需聚焦污染减排，强化工作举措，持续改善省城环境空气质量。下一步，市委改革办将紧扣年度目标任务，加大督查指导力度，明确各责任部门整改任务和完成时限，健全跟踪问效机制，切实推动省考任务指标圆满完成。

（中共太原市委改革办公室）

关于推动我市餐饮国资国企做优做强的调研报告

餐饮住宿行业是改革开放最早放开、参与市场竞争最彻底的领域。近年来，随着我市经济社会的快速发展，人均收入的逐步增长，生活条件的改善提升，人们的饮食结构、消费选择发生了巨大变化，现有的餐饮国资国企面临着体制机制束缚和市场高度竞争的双重压力，需要进一步深化餐饮行业国资国企改革，从“根上改、制上破、治上立”，加大整合重组力度，激发企业内生活力，提高经济发展效益，保护传承历史文化，推动我市餐饮国资国企做优做强，为太原转型综改和高质量发展提供有力支撑。

一、我市餐饮行业发展及整体形势

（一）行业发展情况

改革开放以来，我国餐饮行业伴随着经济社会进步与发展发生了翻天覆地的变化，从“国营饭店一统天下、招待所仅此一家”到民营、外资、合资、国营多种所有制共同发展，再到形成以多样化经营业态和特色化品牌建设为主的发展新格局，餐饮行业正在从传统产业向现代产业转变。（附件1：全国饮食行业40年发展历程）

根据统计局《2020年太原统计年鉴》，2019年我市社会消费品零售额实现1769亿元，同比增长7.8%，其中餐饮收入实现105.6亿元，同比增长4.6%。根据商务局数据，全市各类餐饮门店共计2万余家，涉及从业人员30余万。根据市场监管局情况报送，我市餐饮行业整体发展水平较低，总体呈现金字塔型，经营面积在3000平方米以上12家，1000平方米以上366家，500平方米～1000平方米1270家，500平方米以下占到近80%左右，特别以100平方米以下小餐饮居多。

（二）面临的形势

2020年，突如其来的新冠肺炎疫情对餐饮行业造成巨大冲击和影响，但也加快了餐饮行业绿色化、线上化、多业态化的速度，餐饮业迎来健康消费、全渠道运营、供应链升级、品牌优化等新的结构性变革，居民消费结构的量变正在带来消费升级的质变，进而对餐饮业发展提出了新的要求。餐饮业想要实现高质量发展，必须要坚持以人为本的发展理念，把满足人们日益增长的餐饮消费需求作为餐饮产业发展的首要目标，不断丰富餐饮新业态、新模式，把追求规模化、以量取胜的发展方式逐步向高品质、高质量方向转变，把满足单一物质体验逐步向满足消费者更高层次精神文化享受转变。

二、我市餐饮国资国企基本情况

我市现有餐饮国企2家，分别为市饮食服务集团有限公司、并州饭店（正在改制）。

（一）太原市饮食服务集团有限公司（以下简称饮食公司）

该公司成立于2009年，是市国资委监管的国有独资企业，主要以老字号品牌合作及租赁经营为主。

1. 历史沿革

企业前身为太原市服务局（设立于1957年）。1983年，实行行政事业单位机构改革后，变更为太原市饮食服务总公司，涵盖餐饮、住宿、美容美发、照相、干湿洗、浴池六大行业；1997年，实施股份合作制试点，湖滨饭店、实习饭店、开明照相馆等企业脱离；2001年，太原面食店进行了产权交易，太原美容厅、商业机械局改为股份制企业；2007年，所属10家企业进行了“人资分离”；2009年，在14家企业基础上组建市饮食服务集团有限公司；2014年，公司内部管控结构调整；2020年，完成企业内厂办大集体改革收尾工作。

2. 基本情况

（1）组织结构：集团公司内设综合办公室、财务审计部、组织人事部、资产管理部、监察室、安全保卫部6个职能部室。下属独立法人企业12户，党支部7个。

（2）人员结构：领导班子职数7人，现有班子成员4人，短缺3人。中层干部28人（含正职15人，副职13人），其中集团部门领导（含正、副职）10人。集团公司在册职工741人，在职职工250人（其中在岗职工87人，不在岗人数27人，内退136人），离退休职工491人（正在进行社会化移交）。

（3）经营状况：公司净资产5994万元（资产总额1.44亿元，负债8430万元），2020年截至目前实现营业收入1955万元，利润112万元。

3. 下属企业：拥有国有及国有控股企业12家，集体企业2家。其中，拥有一大批餐饮老字号品牌，清和元（3家门店）、林香斋（5家门店）、认一力（4家门店）、鸿宾楼（1家门店）、上海饭店（重建中）、晋阳饭店（已拆待重建）、文瀛酒楼（我市第一家川菜馆）、太原烤鸭店、晋阳红火锅城、桃园饭店（已拆除）、金佳民族饭店（已拆除）；国有控股公司一家，为深圳杏花村投资发展有限公司；2家集体企业为劳动服务公司、工程队，已完成厂办大集体改制工作。

（二）并州饭店

并州饭店始建于1957年，隶属于太原市政府办公室，是企业化运营的自收自支事业单位。2019年12月12日，经市委市政府批准，改组转制为有限责任公司（国有独资），已完成清产核资工作，待市财政局审批后即可进入资产评估阶段。

1. 企业规模

该企业资产规模6.2亿元，现有建筑面积4万平方米，对标国际知名酒店万豪管理集团，按五星级酒店标准进行设计、建设，拥有各类客房300间套，配备各种规格会议室、宴会厅、西餐厅、特色餐厅、康体、SPA等服务设施，具备同时接待500人住宿，2000人餐饮、会议服务能力。2018年、2019年连续两年营业额突破亿元大关。

2. 组织结构

并州饭店为正县级建制，核定的领导职数为1正3副和1名工会主席，目前实配领导1正2副。下设综合办公室、市场营销部、餐饮部、前厅部、客务部、计划财务部、人力资源部、质检培训部、采购供应部、经营保障部、安全保卫部等21个中层部室；含2个投资子公司，分别为太原天颐旅行社、太原并州饭店智慧央厨配送中心。现有干部职工780人。

3. 业务拓展

在饭店本部经营基础上，进一步拓展酒店管理输出、食堂运营服务等多项业务，先后承接了省物产大厦、市政府机关、市为民服务中心等单位食堂经营管理，该项业务已占到并州饭店本部业绩一半以上。2019年，与市文化旅游有限公司合作拓展文化客房项目;2020年，合作投资“智慧央厨配送中心项目”。

4. 所获荣誉

先后荣获“全国服务贡献奖”“山西省名牌产品”“山西省服务业百强企业”“山西十大百姓放心酒店品牌”“山西旅游品质榜酒店十强”“太原市文明单位标兵”“太原市诚信企业”“全国十佳公务接待酒店”“山西省质量奖提名奖”等称号，成为省城酒店行业高质量发展的代表企业，称誉为“城市会客厅”。

三、存在的问题

我市现有的餐饮国资国企同全国各地餐饮国企一样，均脱胎起源于1956年社会主义公私合营改造，可以说，基础相同，起点和起步一致。但在1978年改革开放后，由于历史、政策、监管以及自身发展等诸多因素，与先进地区餐饮国资国企发展差距逐渐拉大。对标北京华天、广州酒家、杭州饮食、西安饮食等先进国企，我们无论在企业规模、经营发展、资本运作、标准质量等“硬指标”方面，还是在理念思路、管理机制、品牌建设、文化传承、创新创造等“软实力”方面，都存在诸多短板和不足。

（一）领导班子不健全，专业管理和技术人才缺乏。这是企业面临最直接的问题，也是企业反映较多的一个方面。从领导职数看，饮食公司领导班子职数7人，现有班子成员4人，短缺3人；并州饭店领导班子职数5人，现有班子成员3人，短缺2人。据企业反映，这两家企业自2013年起班子就未健全过，空缺时间达六七年之久。班子长期不健全，不仅妨碍企业党委换届，而且制约企业改革推进、整体管理能效、综合运营水平，已经对企业发展造成一定不良影响。从企业法人看，饮食公司、并州饭店、文旅公司企业法人均同为一人。从年龄层次看，并州饭店班子成员平均年龄52岁；饮食公司班子平均年龄56岁，2名班子成员今年2月面临到龄，届时班子将仅剩余2名成员。企业班子成员年龄结构偏大，老化严重。从专业程度看，仅有两名班子成员为管理专业，食品、餐饮类专业化人才少，技术人才储备不够，且近年来参与专业化培训少、对外交流学习少，与现代化餐饮、连锁管理、线上发展等业态新趋势新要求存在脱节现象。（附件2：领导班子成员基本情况）

（二）企业规模不大，老字号品牌等无形资产流失。在规模发展上，虽然近年来，我市餐饮国资国企取得了长足的发展和进步，但从规模效益看，与全省、全国先进企业还存在较大差距。并州饭店发展几十年来，仍然是单体酒店，没有形成集团化、规模化发展；餐饮公司所含企业均未进入限额以上餐饮企业统计范围。在品牌保护上，饮食公司下属原湖滨饭店、实习饭店、开明照相馆、雪山冷饮厅、太原面食店、太原美容厅、双塔锅炉、商业机械厂等企业陆续脱离集团转为民营企业；“鸿宾楼”老字号被北京注册，“清和元”食品加工类别商标被广州抢注，导致发展“清和元”清真外卖涉嫌产权纠纷；一批老字号或流失或遭抢注，面临消亡的危险。在传承创新上，企业的传统技艺和经营模式传承与创新不足，老字号保护传承不力，“认一力”“林香斋”老字号认定程序还未启动，老字号人才匮乏，行业发展后劲受到严重制约；新企业、新业态带来较大冲击，老字号市场份额萎缩，部分企业改制后经营停滞，有的只能以租赁的形式经营维持，有的企业职工权益都不能保障，引发上访矛盾，目前一起信访案件在国家信访网站挂号。

老字号品牌具有浓郁的传统文化特色，包含了独特的生产技术、经营理念、民俗风情、地理条件乃至文化内涵、价值观念、人生哲学，这些文化特色是现代品牌要素构成，为品牌开发、品牌延伸创造了得天独厚的优势和条件。老字号品牌遗失的不仅是企业优质的无形资产，也是城市历史记忆、文脉传承的遗失，在经济发展、精神文化层面都是重大损失，对老字号的保护刻不容缓。

（三）国资国企改革滞后，现代企业制度还未形成。深化国资国企改革是解决山西经济结构性体制性素质性矛盾问题、深化转型综改的“关键一招”，是事关山西转型综改全局，事关山西国企长远健康发展的重大战略问题。省委、省政府高度重视国资国企改革，在2017年8月、2020年4月专题召开国资国企改革推进会进行部署，并实施了一系列重大举措，成立国有资本运营公司形成以管资本为主的资产监管体制，组建文旅、大地、航产、交控集团，山煤并入焦煤，整合晋能集团等，打出一套强劲的国企改革“组合拳”。我市国资国企改革步伐不快，深层次、整体性推进不够，存在浅表性、零碎性的倾向，改革相对滞后。

对标省委“根上改、制上破、治上立”国资国企改革要求，我市餐饮国资国企仍然存在“一股独大”的体制性问题、创新不足的素质性问题，还存在很浓的行政化色彩，两家企业均没有成立董事会，还是原来的全民所有制企业，没有实行公司制，没有形成以公司法人治理结构为核心的现代企业制度，更不用说形成党组织领导、董事会决策、监事会监督、经理层管理各司其职、各负其责、协调运转、有效制衡的公司治理机制。此外，过多的行政事务对企业以效益为中心的经营管理产生干扰，企业的束缚较多。比如，参照五星级酒店打造的并州饭店，2019 年其管理层外出开展国际“金钥匙”联盟同行间学习交流，却要执行市党政机关出差住宿标准。又比如，节假日是餐饮企业工作高峰期，使用公车开展商务活动、宾客接送频繁，而这又与公务用车“封车”要求相违背，等等。

四、工作建议

（一）加快健全和优化餐饮国企领导班子。坚持党对国有企业的领导是重大政治原则，必须一以贯之。党委的领导和地位、党委领导的体制机制，必须要落实到位。鉴于我市餐饮国资国企班子不健全、人员老化、专业化不强的实际情况，建议市委组织部会同市政府办公室、市国资委等有关部门，尽快甄选合适人选，补全两家企业党委班子，并在年龄层次、专业程度方面优化班子结构，确保企业各项工作正常运转。

（二）推进我市餐饮国资国企战略性重组。按照省委国企改革“传统产业要做强”的要求，把分散的优势形成拳头，对餐饮行业国资国企进行深度重组，提高产业的集中度，增强市场的话语权和竞争力。

1. 重组方案一（二合一）：鉴于并州饭店、餐饮公司目前主要领导为同一人，业务相近、管理相通，且在人力资源共享、平台支撑合作、技术创新交流等方面具有很强的互补性，建议将饮食公司与并州饭店进行整合重组，组建并州饮食集团，整合后将形成总资产达 10 亿元，包含酒店管理、商务接待、特色美食、食品加工零售等多业务、大规模的饮食商贸企业。

方案优点：这本身就是两家企业的诉求之一。两家企业对合并重组具有内生动力，不存在阻力和障碍。

不足之处：与先进地区同类企业相比，规模相对较小，竞争优势不大。

2. 重组方案二（五合一）：对标北京华天、杭州饮食等行业标杆，参照省文旅集团、市农商行改制举措，将并州饭店、饮食公司、文旅公司、田和食品集团、恒义诚甜食店整体打包重组，并积极引入战略投资者，打造我市餐饮行业“旗舰”。届时将形成规模 16 亿，年营业额超 60 亿，涵盖酒店管理、商务接待、冷库储藏、连锁超市、市场物业、食品加工等多行业的特大市场主体，无论是合作还是开发，都可以同国内同类先进企业站在同一起跑线、坐在同一条板凳上来谈，具有相当分量的话语权。通过优优组合、强强联合，培育新的竞争优势，用 3 到 5 年时间实现整体上市，运用股权融资、股权投资、资本市场做优做强，成为省内旗舰、国内劲旅，在全国形成影响力。

方案优点：将形成特大体量市场主体，整合形成系统完备的产业链条，带动全市餐饮产业提档升级，增强市场话语权和竞争力，对全市乃至全省国资国企改革具有示范引领作用。

不足之处：涉及多产业、多层级企业整合，在战略重组上存在较大阻力。同时，对如此体量的企业，对我市政策保障、人才储备、管理管控等方面提出较大挑战。

（三）加强国资监管推动构建现代企业制度。要创新国资监管体制，认真学习贯彻中央《国企改革三年行动方案（2020—2022 年）》，积极对接省级层面，加快制订我市行动方案。进一步完善我市国有资产管理体制，以管资本为主加强国有资产监管，推行“国资委—国有资本投资运营集团（企业集团）—出资企业”“二级管理、三级架构”的品字型国资监管新模式。要健全公司法人治理，推动我市餐饮国资国企去行政化，加快建立健全以完善公司法人治理结构为核心的现代企业制度，坚持政企分开、政资分开、监管与运营分开、所有权与经营权分开，充分发挥党组织的领导作用、董事会的决策作用、监事会的监督作用、经理层的经营管理作用，提高国有资本效率，增强国有企业活力。要加大政策扶持力度，系统梳理餐饮国企重组面临的困难和问题，借鉴兄弟省市经验做法，组织发改、财政、税收、商务等部门制定具有针对性、实效性的扶持发展政策。

（四）加大老字号历史传承和知识产权保护力度。老字号品牌是企业的宝贵财富，也是城市和全体市民的宝贵财富。保护和传承老字号品牌，是所属企业以及各级党委政府的使命和责任。要守住传统品牌的文化内核和精神内涵，挖掘整理老字号的传统产品和技艺，支持一批老字号企业进行改造提升，推动文、商、旅融合发展，传承“老字号”，发展新业态，让“老字号”丰富“新内涵”、展现“新亮点”、焕发“新优势”。积极推动老字号“融电上网”，加快线上线下融合发展，助力企业转型升级。要加大知识产权保护力度，研究制定我市“十四五”知识产权保护和运用规划，从文化弘扬、品牌保护、鼓励创新等方面加强顶层设计，既严格保护知识产权，又确保公共利益和激励创新所得，进一步完善老字号保护和促进体系。要以打造钟楼街等老字号特色商业片区为示范，把老字号发展纳入城市规划及商业网点布局规划，加大对老字号原址原貌的保护力度，立足整体风貌保护，优化完善设计细节，精益求精高标准建设，推进大宁堂药店、“百年邮局”、开明照相馆等“老字号”历史建筑拆迁复建、保留修缮工作，切实留住城市特有的文化特色和建筑风格，彰显历史文化名城独特魅力。

（中共太原市委政策研究室）

国民经济和社会发展统计资料

太原市主要年份国民经济主要指标

表 23

指　标	1985	1990	1995	2000	2005	2010	2015	2020	2021
年末户籍常住人口（人）	2344452	2612087	2827710	3087491	3403874	3654990	3673857	3887949	3951105
按性别分									
男性	1258322	1384876	1490281	1607655	1766902	1867963	1858619	1942918	1970683
女性	1086130	1227211	1337429	1479836	1636972	1787027	1815238	1945031	1980422
按城镇、乡村分									
城镇人口	1425235	1636344	1832597	2039240	2389268	2630159	2919276	3094732	3162366
乡村人口	919217	975743	995113	1048251	1014606	1024831	754581	793217	788739
社会从业人员（人）	1377500	1592200	1773000	1611200	1616195	1915100	2241600	2612300	2622100
按三次产业分									
第一产业	235500	248400	258000	276800	271587	263900	253200	256800	246100
第二产业	770000	853400	872000	611500	530983	619300	653300	623400	635300
第三产业	372000	490400	643000	722900	813625	1031900	1335100	1732100	1740700
按职工、非职工分									
城镇居民人均可支配收入（元）	646	1573	3939	6019	10476	17258	27727	38329	41377
城镇居民人均消费性支出（元）	585	1357	3409	5341	7806	12106	15455	20559	23748
# 食品	308	653	1588	1750	2412	3710	3585	4819	5582
农村常住居民人均可支配收入（元）	526	763	1444	2643	4402	7611	13626	19655	21551
衣着				204	350	493	893	1098	1255
居住				225	334	642	2787	3406	3964
地区生产总值（万元）	442126	899479	2224624	3791880	8688745	17863125	26637573	41556639	51216058
第一产业	28885	58755	118405	154936	201903	275372	295133	398947	447988
第二产业	295782	508609	1073679	1616655	4148132	7978454	9955897	14961101	21130915
工业	239985	452736	921038	1316136	3292470	6148833	7181041	10715305	16332476
建筑业	55797	55873	152641	300519	855662	1829621	2774856	4245796	4798439
第三产业	117459	332115	1032540	2020289	4338710	9609299	16386543	26196591	29637155
人均生产总值（元 / 人）	1905	3494	7954	12460	25396	46359	57080	78778	95646
地区生产总值指数（%）	105.4	109.1	113.4	109.1	115.8	108.0	109.1	102.6	109.2
第一产业	91.7	126.8	102.6	106.8	101.1	104.0	101.4	106.7	107.7
第二产业	105.5	107.9	113.9	108.3	116.5	107.8	106.2	103.0	110.2
工业	106.4	102.0	116.2	108.9	117.8	107.5	105.9	103.3	112.5
建筑业	99.5	150.1	99.9	105.1	112.2	108.7	106.9	102.3	104.4
第三产业	108.2	109.3	113.5	111.0	116.1	108.4	111.6	102.2	108.6
全社会固定资产投资额（万元）	194510	262924	701894	1047702	4385077	9164811	20256080	14934531	16112146
全社会新增固定资产（万元）	126292	212335	517719	876782	1193234	4114718	9597538	2994536	8685270
商品零售价格总指数（以上年价格为 100）	112.0	100.7	114.5	96.0	100.2	102.6	98.6	100.5	102.8
食品类		99.7	124.2	93.8	103.7	108.2	100.3	108.2	100.6
服装鞋帽类		106.9	119.1	100.6	96.3	96.9	103.3	101.0	100.2

续表

指　标	1985	1990	1995	2000	2005	2010	2015	2020	2021
纺织品类		106.9	120.1	94.9	98.0	109.6	98.4	99.4	100.2
中西药品及医疗保健用品类		99.1	114.3	101.3	98.7	105.8	101.0	98.4	98.1
文化和体育用品类		93.3	104.0	99.3					
文化办公用品类					99.4	97.6	97.4	102.9	103.0
体育娱乐用品类					99.1	97.9	99.1	101.0	100.6
日用品类		99.8	109.0	98.0	100.7	99.0	99.4	100.2	99.9
家用电器及音像器材类		93.1	102.2	95.6	97.3	92.6	97.6	98.2	100.0
燃料类		119.9	105.9	107.6	112.8	117.0	88.1	90.3	119.7
建筑材料及五金电料类	112.0	100.4	102.8	99.4	102.1	97.7	98.0	100.6	101.2
居民消费品价格总指数（以上年价格为 100）		101.7	116.8	103.6	101.1	103.0	100.4	102.6	101.0
食品类		99.7	123.4	93.2	103.8	108.4	100.3		
衣着类		106.9	116.8	99.6	96.2	97.2	103.4		
家庭设备用品及维修服务类		99.8	106.5	98.6	100.0	100.8	100.0		
医疗保健和个人用品类		99.1	113.7	101.1	101.6	102.6	100.3		
交通和通讯类		147.7	94.9	97.8	96.3	97.7	98.7		
娱乐教育文化用品及服务类		93.3	112.3	96.4	101.9	101.8	100.4		
居住类		105.9	111.9	107.0	102.4	101.2	99.8		
食品烟酒								107.6	100.7
服务项目类价格总指数（以上年价格为 100）		110.2	107.3	162.1	102.9	102.4	100.6	102.1	100.5
农林牧渔业总产值（万元，按当年价格计算）	38744	73925	193432	246156	344060	495464	535860	672356	754579
农业产值	28489	47608	120504	163107	199305	285840	296341	345695	396706
林业产值	2266	1877	4382	4020	12088	48553	66397	111988	133416
牧业产值	7942	22069	66859	77344	114172	137081	135255	168746	174728
渔业产值	47	662	1687	1685	2689	3212	3179	3927	5159
农林牧渔服务业产值					15806	20778	34688	42000	44570
农林牧渔业总产值指数（以上年价格为 100）	100.6	108.3	102.2	106.9	101.3	108.3	101.6	105.6	109.4
农业产值		107.9	95.9	110.1	99.6	108.6	100.2	105.6	104.6
林业产值		93.0	106.8	102.4	74.7	111.1	103.4	99.2	111.3
牧业产值		110.8	112.8	102.8	104.9	106.6	103.3	110.1	118.9
渔业产值		116.5	103.6	103.7	107.6	111.0	94.8	104.2	115.0
农林牧渔服务业产值					100.8	109.1	104.6	104.6	104.7
主要农作物播种面积（千公顷）	145.34	145.72	139.23	136.82	118.56	102.16	90.35	82.26	80.44
粮食	107.61	116.25	107.93	100.35	83.48	81.42	75.39	63.50	63.80
棉花	0.23	0.12	0.86	0.83	0.22	0.06	0.004	0.0003	
油料	22.70	13.52	13.90	11.05	5.05	2.58	1.50	0.87	0.33
主要农产品产量									
粮食（吨）	304534	387806	334171	294557	291865	279264	275393	245320	250600
棉花（吨）	133	96	849	998	276	80	8	1	

续表

指　标	1985	1990	1995	2000	2005	2010	2015	2020	2021
油料（吨）	16756	13882	6636	10557	3845	2840	2381	1506	604
肉类（吨）	12001	17109	33603	47606	65135	49961	37711	24922	32695
禽蛋（吨）	7428	20003	35272	44361	43165	36412	30869	30933	30752
工业企业单位数（个）	1560	1981	2033	383	489	480	408	622	807
按经济类型分									
国有经济	289	331	335	178	95	37	19	7	4
集体经济	1270	1638	1601	89	60	40	16	7	7
其他	1	12	97	116	334	403	373	608	796
按轻重工业分									
轻工业	713	877	727	128	111	107	81	94	112
重工业	847	1104	1306	255	378	373	327	528	695
工业企业总产值（万元，按 1990 不变价格计算）	620037	1276457	2588265	3105189	9213954	20003397	21592702	34166940	46541213
按经济类型分									
国有经济	536776	1063635	2008511	697609	715540	662004	1215862	1530791	2142688
集体经济	81674	204830	443982	197970	164977	147631	60132	28902	40707
其他	1587	7992	135772	2209610	8333437	19193762	20316708	32607247	44357818
按轻重工业分									
轻工业	150649	334579	449580	528811	703205	1400948	1470754	1769032	1994727
重工业	469388	941878	2138685	2576378	8510749	18602449	20121948	32397907	44546487
主要工业产品产量									
原煤（万吨）	2140	2840	3133	2544	4482	3775	3988.88	4133.44	4750.58
发电量（万千瓦时）	347800	367800	873200	1135500	1594000	2038000	2574800	3240629	3327200
粗钢（万吨）	152.73	190.24	238.82	249.90	353.34	850.00	1078.60	1285.77	1466.20
生铁（万吨）	110.97	160.00	241.00	292.00	394.22	696.90	777.37	963.64	1107.10
焦炭（万吨）	152.56	386.33	893.24	836.00	1201.00	1268.00	1029.40	1039.35	1251.96
水泥（万吨）	76.20	73.94	148.70	170.00	272.65	582.50	478.07	744.79	748.90
太原地区铁路货运量（万吨）	2398	3295	3735	4278	6113	5064	4414	4126	4390
太原地区铁路客运量（万人次）	814	878	992	864	1074	2210	2598	1822	2242
邮电业务总量（万元）	1470	3890	36723	238105	540873	1452903	1072137	1060855	1280561
社会消费品零售总额（万元）	229781	456637	1116123	1894200	3840302	8258458	15407962	16551131	18739018
实际利用外商直接投资（万美元）	43	141	4500	7280	16490	58501	85049	10199	17260
接待海外旅游人数（人次）	9695	13519	23594	47886	100859	283194	210065	5434	
接待国内旅游人数（万人次）	173	277	462	860	1408	1995	4892	3594	
重点监测景区接待旅游人数（万人次）									533
一般公共预算收入（万元）	50872	92130	134263	214828	569525	1384809	2742403	3784351	4234439
一般公共预算支出（万元）	32519	61055	146653	245873	718390	1896358	4199913	6473448	6289857
# 基本建设支出	4657	4674	11529	5392	25197				
文教科卫支出	7645	15259	35510	53994	141640	532802	1086343	1785097	1866116
# 教育事业费支出				35688	92774	359491	620878	915507	980932
学校数（所）	2057	2009	1967	1890	1400	1003	792	807	773

续表

指 标	1985	1990	1995	2000	2005	2010	2015	2020	2021
# 普通高等教育	9	12	13	12	32	42	43	45	40
中等技术教育	41	46	48	47	28	30	32	32	30
普通中学	278	223	235	237	251	230	224	221	222
小学	1664	1646	1575	1503	1003	607	416	445	417
在校学生数（人）	451732	442897	518546	649236	980584	1154723	1158152	1254738	1290480
# 普通高等教育	26976	32463	44480	72689	265535	329712	546581	482167	460107
中等技术教育	17711	29323	43323	83107	53475	76540	56392	38748	37360
普通中学	151704	126591	131401	173635	222462	239953	206557	205979	213975
小学	241219	232653	269039	295062	317752	267325	275621	340782	346882
专任教师数（人）	31419	36427	39028	43109	55733	63377	65596	72225	72494
# 普通高等教育	4910	6031	6056	6669	16223	20912	23771	25337	23064
中等技术教育	2369	3221	3543	3373	1623	2266	2689	2463	2346
普通中学	10159	11203	11663	13775	16005	17134	18792	19865	19950
小学	12526	13415	14747	16637	17388	17079	16379	20243	22135
毕业生数（人）	96239	102370	111805	131606	223103	323154	313479	298478	291174
# 普通高等教育	4997	8088	12421	12572	53735	97398	151583	149952	113438
中等技术教育	4956	10037	11635	15027	16252	26875	24587	14112	10873
普通中学	36732	40519	32638	44537	64141	71310	73908	66571	65538
小学	45648	37058	45576	48260	49201	52792	36073	48213	50035
卫生机构数（个）	932	998	972	1002	1954	2527	2791	4025	4089
# 医院	194	220	221	131	194	191	185	164	165
卫生机构床位数（张）	18332	22944	24082	24817	23652	27771	36760	43166	45589
# 医院	16721	21248	22174	19317	21736	24703	34828	41821	43777
卫生技术人员（人）	24328	27780	30101	28418	29549	39930	52662	66540	69847
# 医院	15732	19429	21594	21855	22728	28529	39463	47725	49899

注：1. 2015 年以前城镇、乡村人口数分别为农业、非农业人口数。

2. 本表地区生产总值、社会消费品零售总额 2005 年至 2008 年为第二次经济普查调整后口径。

3. 2014 年以前农村常住居民人均可支配收入为农民人均纯收入。

4. 2016 年国家对城镇居民消费品价格指数八类指标进行调整。

5. 工业企业单位数、工业企业总产值 2000 年以前为乡及乡以上口径，以后为规模以上工业口径，2005 年起为当年价。

6. 2011 年起固定资产投资起点由计划总投资 50 万元以上的项目提高到 500 万元以上，且没有全社会固定资产统计指标；2017 年国家统计局确定山西为投资改革试点省份，固定资产投资额的统计方法由原来的以形象进度法为主改为以财务支出法为主。

7. 因调整不变单价，故对表中 2020 年邮电业务总量数据进行修订。

8. 2005 年起社会消费品总额不含未通过市场直接向消费者出售的产品。

9. 2005 年以前外商直接投资包括间接投资。

10. 教育指标中不包括幼儿园。

11. 卫生指标中不含村卫生室数。

12. 原煤、洗煤、焦炭、发电量产量为规模以上工业企业数据。

13. 因太原市文化和旅游局统计口径的变化，故 2021 年旅游人数不再区分海外和国内旅游人数。

太原市主要年份地区生产总值（按当年价格计算）统计表

表 24

年份	地区生产总值（万元）	第一产业	第二产业	#工业	第三产业	人均 GDP（元/人）
1952	23254	5462	8478	6693	9314	281
1957	56180	6503	31848	22952	17829	418
1962	57561	5693	32500	30383	19368	389
1965	90129	9243	63524	59517	17362	573
1970	112489	10879	83496	80874	18114	654
1975	143898	15360	102906	99874	25632	752
1978	186758	11036	140152	123482	35570	937
1980	222998	13961	156965	138361	52072	1075
1985	442126	28885	295782	239985	117459	1905
1990	899479	58755	508609	452736	332115	3494
1995	2224624	118405	1073679	921038	1032540	7954
1997	3109548	155584	1418799	1133271	1535165	10710
1998	3339078	162090	1494830	1197383	1682158	11339
1999	3474002	145302	1518154	1232320	1810546	11666
2000	3791880	154936	1616655	1316136	2020289	12460
2001	4322231	143440	1872487	1508556	2306304	12886
2002	4816953	175155	2026922	1605436	2614876	14280
2003	5862436	179952	2612951	2077981	3069533	17290
2004	7311548	209264	3454979	2750001	3647305	21466
2005	8688745	201903	4148132	3292470	4338710	25396
2006	10053796	195406	4678854	3787308	5179536	29263
2007	12823898	198578	6447711	5441087	6177609	37172
2008	14773818	220763	7298986	6096955	7254069	42646
2009	14883130	265360	6564449	5066154	8053321	42686
2010	17863125	275372	7978454	6148833	9609299	46359
2011	20588146	295946	9262084	7073148	11030116	48247
2012	22650706	307458	9875906	7595557	12467342	51640
2013	23685445	306541	9914094	7361012	13464810	52713
2014	24662542	313190	9897081	7280527	14452271	53862
2015	26637573	295133	9955897	7181041	16386543	57080
2016	27445085	299564	10100470	7039321	17045051	57349
2017	32873376	302490	12690838	9276135	19880048	66847
2018	37452336	292756	14013700	10183000	23145880	74173
2019	40028348	301348	14888281	10725221	24838719	77373
2020	41556639	398947	14961101	10715305	26196591	78778
2021	51216058	447988	21130915	16332476	29637155	95646

注：1. 2001 年起人均 GDP 为按抽样调查总人口计算，其余年份为按公安户籍人口计算。

2. 1990 年至 2018 年为第四次经普调整后数据。

3. 根据第七次全国人口普查要求，重新修订了全市 2011 年至 2019 年人口历史数据，因此，表中对 2011 年至 2019 年人均 GDP 的历史数据同时进行了修订。

太原市全社会用电量统计表

表 25　　　　单位：万千瓦时

指　标	2021	2020
全社会用电量总计（包含省返线损、省调厂用电）	3190877.49	2940204.75
省返线损	105343.79	123052.98
省调厂用电	239974.59	241320.17
全社会实用电总计	2885302.84	2641683.76
A. 全行业用电合计	2382385.45	2177750.62
第一产业	9539.75	8791.36
第二产业	1694215.47	1596383.54
第三产业	678630.23	572575.72
B. 城乡居民用电合计	502917.39	463933.14
城镇居民	426365.56	395574.76
乡村居民	76551.83	68358.38
全行业用电分类	2382385.45	2177750.62
一、农、林、牧、渔业	21597.79	20558.95
1. 农业	6618.60	5895.17
2. 林业	746.46	876.83
3. 畜牧业	2127.48	1951.05
4. 渔业	47.20	68.31
5. 农、林、牧、渔专业及辅助性活动	12058.04	11767.59
其中：排灌	11841.85	11521.12
二、工业	1624649.38	1537826.49
（一）采矿业	236638.50	233986.48
1. 煤炭开采和洗选业	183913.14	183769.76
2. 石油和天然气开采业	40.52	34.28
3. 黑色金属矿采选业	50187.71	47865.17
4. 有色金属矿采选业	199.23	316.20
5. 非金属矿采选业	567.26	647.41
6. 其他采矿业	1730.64	1353.67
（二）制造业	1251980.86	1152884.17
1. 农副食品加工业	5022.19	4105.99
2. 食品制造业	11582.68	8782.19
3. 酒、饮料及精制茶制造业	4791.14	4654.18
4. 烟草制品业	1834.19	1872.73
5. 纺织业	1510.05	606.48
6. 纺织服装、服饰业	185.89	167.89
7. 皮革、毛皮、羽毛及其制品和制鞋业	18.07	19.61
8. 木材加工和木、竹、藤、棕、草制品业	857.34	693.85
9. 家具制造业	1340.17	1406.29
10. 造纸和纸制品业	1652.57	1592.46
11. 印刷和记录媒介复制业	1591.04	1622.55
12. 文教、工美、体育和娱乐用品制造业	301.64	244.68
其中：体育用品制造	82.11	55.66
13. 石油、煤炭及其他燃料加工业	135572.48	84989.45
其中：煤化工	29845.07	68225.90

续表

指　标	2021	2020
14. 化学原料和化学制品制造业	64503.62	77006.05
其中：氯碱	0.00	
肥料制造	15.81	17.13
15. 医药制造业	3282.85	3134.88
其中：中成药生产	281.54	209.22
生物药品制品制造	217.24	197.11
16. 化学纤维制造业	7315.56	5391.47
17. 橡胶和塑料制品业	9013.43	8581.82
其中：橡胶制品业	5722.32	5502.25
塑料制品业	3291.11	3079.57
18. 非金属矿物制品业	73132.21	71971.29
其中：水泥制造	46641.82	52660.99
玻璃制造	1041.19	852.60
陶瓷制品制造	601.06	753.59
碳化硅	29.56	10.41
19. 黑色金属冶炼和压延加工业	713233.48	697796.90
其中：钢铁	713230.59	697793.40
铁合金冶炼	2.88	3.50
20. 有色金属冶炼和压延加工业	7433.60	6493.34
其中：铝冶炼	0.00	
稀有稀土金属冶炼	562.92	666.81
21. 金属制品业	39018.41	37641.81
其中：结构性金属制品制造	11566.10	9760.01
22. 通用设备制造业	34479.08	27359.90
23. 专用设备制造业	18306.14	16819.86
其中：医疗仪器设备及器械制造	61.07	74.47
24. 汽车制造业	2050.19	1524.04
其中：新能源车整车制造	0.00	
25. 铁路．船舶．航空航天和其他运输设备制造业	10650.57	10803.30
其中：铁路运输设备制造	9726.21	9874.40
城市轨道交通设备制造	116.45	9.13
航空、航天器及设备制造	8.96	2.41
26. 电气机械和器材制造业	4639.85	3943.87
27. 计算机、通信和其他电子设备制造业	71823.96	60210.39
其中：计算机制造	154.48	18.53
通信设备制造	657.60	192.24
28. 仪器仪表制造业	262.83	229.70
29. 其他制造业	19342.57	6385.22
30. 废弃资源综合利用业	5466.03	5334.52
31. 金属制品、机械和设备修理业	1767.02	1497.46
（三）电力、热力、燃气及水生产和供应业	136030.02	150955.85
1. 电力、热力生产和供应业	97557.64	112630.28
其中：电厂生产全部耗用电量	19410.83	19088.15
线路损失电量	40568.92	64486.65

续表

指 标	2021	2020
2. 燃气生产和供应业	4200.86	5395.48
3. 水的生产和供应业	34271.52	32930.08
三、建筑业	71333.12	60054.50
1. 房屋建筑业	44208.17	40165.23
2. 土木工程建筑业	12242.09	7899.20
3. 建筑安装业	6312.19	4244.03
4. 建筑装饰、装修和其他建筑业	8570.67	7746.04
四、交通运输、仓储和邮政业	110588.61	96660.76
1. 铁路运输业	37261.91	34935.46
其中：电气化铁路	18663.79	16837.01
2. 道路运输业	13611.62	5712.06
其中：城市公共交通运输	9191.69	2426.23
3. 水上运输业	0.00	
4. 航空运输业	3639.62	3358.54
5. 管道运输业	32220.52	32192.77
6. 多式联运和运输代理业	263.98	312.84
7. 装卸搬运和仓储业	21770.02	18343.56
8. 邮政业	1820.93	1805.53
五、信息传输、软件和信息技术服务业	50702.73	40431.29
1. 电信、广播电视和卫星传输服务	26952.27	23606.55
2. 互联网和相关服务	19030.83	13717.28
其中：互联网数据服务	4052.11	3216.06
3. 软件和信息技术服务业	4719.63	3107.46
六、批发和零售业	181518.38	142990.71
其中：充换电服务业	53765.17	34789.92
七、住宿和餐饮业	40131.89	33782.52
八、金融业	6846.20	6617.07
九、房地产业	40048.03	34363.39
十、租赁和商务服务业	44419.02	37690.06
其中：租赁业	445.64	419.39
十一、公共服务及管理组织	190550.30	166774.88
1. 科学研究和技术服务业	12771.37	11735.50
其中：地质勘查	389.55	375.54
其中：科技推广和应用服务业	2467.15	2043.07
2. 水利、环境和公共设施管理业	33722.46	31514.85
其中：水利管理业	3343.97	3699.95
其中：公共照明	22215.80	19118.25
3. 居民服务、修理和其他服务业	16524.89	15241.03
4. 教育、文化、体育和娱乐业	59350.05	48034.14
其中：教育	44422.19	35139.47
5. 卫生和社会工作	30737.66	26950.87
6. 公共管理和社会组织、国际组织	37443.87	33298.50
补充指标		
开采专业及辅助性活动	1730.64	1353.67

太原市部分年份人民物质文化生活情况统计表

表 26

指 标	单位	1985	1990	1995	2000	2005	2010	2015	2020	2021
一、城乡居民收入										
农民人均纯收入	元	526	763	1444	2643	4402	7611	13626	19655	21551
城镇居民人均可支配收入	元	646	1573	3939	6019	10476	17258	27727	38329	41377
城镇非私营单位在岗职工平均工资（含铁路驻并单位）	元	1199	2351	5538	8394	18547	38838	60515	88650	98099
二、每百户居民拥有耐用消费品（抽样）										
电冰箱										
城镇居民	台	2	52	68	90	96	98	93	98	96
农民	台		2	12	27	34	53	68	87	91
彩色电视机										
城镇居民	台	17	84	98	115	119	110	104	99	97
农民	台	3	9	36	65	85	105	105	101	98
洗衣机										
城镇居民	台	64	95	88	94	99	97	97	99	98
农民	台	12	33	50	59	64	89	91	96	95
三、每千人拥有卫生技术人员和医疗卫生床位数										
每千人拥有卫生技术人员	人	10.4	10.6	10.6	9.6	9	10.9	11.3	12.6	13.0
每千人拥有医疗卫生床位数	张	7.8	8.8	8.5	8	7	7.6	7.9	8.2	8.5
四、储蓄										
城乡居民储蓄存款年末余额	亿元	11.29	48.76	197.54	419.63	1183.95	2386.79	3432.12	4581.44	5212.65
平均每人储蓄存款余额	元	486	1894	7064	13788	30110	61943	73544	86850	97346

注：1.2014 年农民人均纯收入为农村居民人均可支配收入。

2.2013 年起城镇居民每人居住面积为建筑面积。

3. 城镇非私营单位在岗职工平均工资 2020 年、2021 年数据不再包含铁路驻并单位。

4. 根据第七次全国人口普查要求，重新修订了全市 2011 年至 2019 年人口历史数据，因此，表中对 2015 年每千人拥有卫生技术人员和医疗卫生床位数、平均每人储蓄存款余额的历史数据同时进行了修订。

2021 年太原市居民人均消费性支出统计表

表 27　　单位：元

项 目	城镇居民	农村居民
合 计	23748	16295
食品烟酒	5582	4498
衣着	1810	1255
生活用品及服务	1601	3964
医疗保健	2663	826
交通通信	2843	2109
教育文化娱乐	2898	1646
居住	5783	1751
其他用品和服务	568	246

2021 年太原市规模以上工业企业主要产品产量统计表

表 28

指　标	单位	2021	2020
原煤	万吨	4750.58	4133.44
洗煤	万吨	3453.10	2934.50
#洗精煤（用于炼焦）	万吨	2231.61	1879.43
发电量	亿千瓦小时	332.72	324.06
白酒（折 65 度，商品量）	千升	18422.34	16153.00
啤酒	千升	135630.70	134944.00
饮料	万吨	33.91	27.16
卷烟	亿支	152.50	151.00
家具	万件	3.54	0.56
焦炭	万吨	1251.96	1039.35
饮料酒	千升	154053.04	151097.00
单色印刷品	令	674173.00	686951.00
多色印刷品	对开色令	3504346.52	2967278.20
涂料（油漆）	万吨	2.14	2.32
橡胶轮胎外胎	万条	80.96	77.83
水泥	万吨	748.90	712.79
商品混凝土	万立方米	1716.93	1637.17
镁合金	吨	3342.68	6016.00
生铁	万吨	1107.10	963.64
粗钢	万吨	1466.20	1285.77
钢材	万吨	1429.39	1234.09
铁合金	万吨	0.53	0.12
金属镁	万吨	0.71	0.83
钕铁硼	吨	1788.62	1440.00
电站锅炉	蒸发量吨	9730	15324
金属切削机床	台	30	89
起重机	吨	63510.00	43854.00
采矿专用设备	吨	127082	111379
交流电动机	万千瓦	376	246
乳制品	万吨	18.44	19.87
食醋	万吨	36.69	37.49
粗苯	万吨	3.91	5.11
车轮	万吨	13.95	17.48
车轴	万吨	6.95	6.64
智能手机	万台	2732.88	2261.35
自来水生产量	亿立方米	4.38	4.00

2021 年太原市公路通车里程统计表

表 29

指　标	单位	2021	比 2020 年增长 %
公路通车里程	千米	6865.79	-5.2
按隶属关系分			
国道	千米	624.72	0.0
省道	千米	258.73	0.0
县公路	千米	1138.33	14.8
乡公路	千米	1625.24	-4.3
村道	千米	3188.06	-10.9
专用公路	千米	30.70	-67.4
按等级分			
等级里程	千米	6842.77	-5.2
高速	千米	292.75	0.0
一级	千米	233.06	-5.2
二级	千米	897.45	-4.6
三级	千米	1177.30	-10.0
四级	千米	4242.21	-4.2
等外里程	千米	23.02	-11.1
等级公路占总里程比重	%	99.66	0.0
按铺装质量分			
有铺装路面里程	千米	6394.88	-4.9
占总里程比重	%	93.14	0.4
简易铺装路面里程	千米	289.75	-9.7
占总里程比重	%	4.22	-4.8
未铺装路面里程	千米	181.16	-9.9
占总里程比重	%	2.64	-5.0
百平方公里公路网密度	千米	99.37	-5.2

2021 年太原市邮电业务量统计表

表 30

指　标	单位	2021	2020	比 2020 年增长 %
邮电业务总量	万元	1280561	1060855	20.71
邮政业务总量	万元	442300	331700	33.34
电信业务总量	万元	838261.40	729154.5181	14.96
全市电话用户	户	8438398	9794343	-13.84
固定电话用户	户	696449	677201	2.84
# 公用电话	户	72322	10367	597.62
移动电话用户	户	7741949	9117142	-15.08
#3G 用户	户	271591	104927	158.84
4G 用户	户	4820307	6181148	-22.02
互联网用户	户	6235289	5886415	5.93
# 宽带用户	户	2756408	2418251	13.98

2021年太原市文化事业情况一览表

表31

指　标	单位	2021
影剧院数	个	53
影厅数	座	53
专业、民营艺术表演团体	个	25
#演职人员	人	1914
博物馆	个	21
图书馆	个	12
图书馆藏书量	万册	679.36
文化宫	个	4
文化馆（包括群众艺术馆）	个	11
少年宫	个	3

2021年太原市各类学校及各级教育基本情况表

表32　　单位：人

指　标	学校（所）	在校生数	招生数	毕业生数	教职工数	
						#专任教师数
高等教育	50	619623	200323	143885	37472	23270
研究生教育	4	45636	17252	10906	0	0
普通高等教育	40	460107	135313	113438	37067	23064
成人高等教育	6	113880	47758	19541	405	206
中等职业教育	46	60946	21547	18460	5423	4347
中等技术教育	30	37360	11252	10873	3357	2346
成人中等专业教育	2	9923	4252	4638	1020	914
职业高中教育	14	13663	6043	2949	1046	1087
技工学校	28	47026	17437	12910	3138	2466
普通中学	222	213975	72679	65538	28535	19950
高中	92	78220	26168	23353	28535	7486
初中	130	135755	46511	42185		12464
小学	417	346882	56490	50035	21570	22135
幼儿园	799	125993	37304	35334	20387	10867
特殊教育	9	1439	305	222	458	255
工读学校	1	589	204	124	80	71

2021 年太原市中学基本情况表（一）

表 33　　单位：人

指　标	学校（所）	班数（个）			在校生数			招生数		
		合计	高中	初中	合计	高中	初中	合计	高中	初中
总　计	222	4972	1735	3237	213975	78220	135755	72679	26168	46511
1. 教育部门办	174	3772	1372	2400	168160	64578	103582	59027	21796	37231
民办	46	1183	363	820	45249	13642	31607	13472	4372	9100
其他部门办	2	17	0	17	566	0	566	180	0	180
2. 城区	156	3822	1427	2395	167919	65249	102670	57731	21792	35939
镇区	37	845	234	611	34885	10072	24813	11272	3354	7918
乡村	29	305	74	231	11171	2899	8272	3676	1022	2654
3. 小店区	43	1079	358	721	47096	15671	31425	15926	4967	10959
迎泽区	19	726	279	447	33742	13063	20679	11952	4391	7561
杏花岭区	36	786	295	491	32454	12650	19804	10917	4307	6610
尖草坪区	22	340	134	206	14135	6329	7806	4810	2111	2699
万柏林区	27	664	236	428	29646	10973	18673	10424	3751	6673
晋源区	15	317	93	224	13625	4323	9302	4642	1411	3231
清徐县	23	403	146	257	17493	6473	11020	5669	2184	3485
阳曲县	13	280	75	205	10016	2977	7039	2956	1032	1924
娄烦县	5	94	31	63	4299	1424	2875	1534	516	1018
古交市	19	283	88	195	11469	4337	7132	3849	1498	2351

2021 年太原市中学基本情况表（二）

表 33-1　　单位：人

指　标	毕业生数			教职工数	专任教师		
	合计	高中	初中		合计	高中	初中
总　计	65538	23353	42185	28535	19950	7486	12464
1. 教育部门办	48552	18791	29761	18835	15628	5974	9654
民办	16732	4562	12170	9611	4277	1512	2765
其他部门办	254	4562	254	89	45	0	45
2. 城区	49796	19274	30522	21733	15366	6150	9216
镇区	12075	3241	8834	4928	3360	1057	2303
乡村	3667	838	2829	1874	1224	279	945
3. 小店区	14711	4978	9733	7431	4144	1510	2634
迎泽区	9075	3693	5382	3159	2581	1108	1473
杏花岭区	9569	3782	5787	4300	3215	1370	1845
尖草坪区	4311	1643	2668	2089	1526	570	956
万柏林区	8607	3272	5335	3465	2819	1042	1777
晋源区	4192	1316	2876	1989	1385	435	950
清徐县	6089	2024	4065	2113	1728	633	1095
阳曲县	3632	930	2702	1909	1030	319	711
娄烦县	2926	447	2479	611	395	124	271
古交市	2426	1268	1158	1469	1127	375	752

2021 年太原市小学基本情况表

表 34　　　　单位：人

指　标	学校（所）	班数（个）	在校生数	招生数	毕业生数	教职工数	专任教师	代课教师
总　计	417	9167	346882	56490	50035	21570	22135	
1. 教育部门办	382	7829	301210	49055	43941	18335	18172	
民办	28	1226	41145	6551	5499	2975	3680	
其他部门办	7	112	4527	884	595	260	283	
2. 城区	278	6910	283209	46599	39792	16634	17145	
镇区	54	1216	44393	7314	6526	2814	2880	
乡村	85	1041	19280	2577	3717	2122	2110	
3. 小店区	75	2345	97330	16494	12236	3457	4342	
迎泽区	38	903	36882	6265	5435	2381	2305	
杏花岭区	58	1277	53145	8452	7867	3165	3236	
尖草坪区	43	771	26090	4201	3917	1934	1953	
万柏林区	66	1464	59910	9810	8308	4789	4219	
晋源区	42	624	22031	3623	3080	1758	1887	
清徐县	46	748	22021	3377	3539	1655	1705	
阳曲县	13	334	9466	1556	1718	511	752	
娄烦县	10	221	5875	834	1129	599	614	
古交市	26	480	14132	1878	2806	1321	1122	

2021 年太原市幼儿园基本情况表

表 35　　　　单位：人

	幼儿园（所）	班数（个）	在园幼儿	教职工数		
					# 专任教师	保育员
总　计	799	5242	125993	20387	10867	3857
1. 教育部门办	74	772	19407	2345	1656	271
集体办	287	1046	23018	2984	1772	445
地方办	63	524	15329	2359	1247	460
事业单位办	17	155	5100	835	407	138
部队办	3	18	491	112	48	17
民办	347	2634	59390	11324	5530	2457
其他部门办	8	93	3258	428	207	69
2. 城区	535	3957	98558	16883	8674	3263
镇区	113	714	17744	2467	1407	450
乡村	151	571	9691	1037	786	144
3. 小店区	159	1125	27661	4474	2284	906
迎泽区	91	616	14937	2709	1446	469
杏花岭区	114	776	18903	3424	1699	655
尖草坪区	73	548	13065	2065	1076	403
万柏林区	86	694	17985	3113	1626	610
晋源区	90	396	8300	1447	808	254
清徐县	94	532	12677	1452	954	236
阳曲县	43	149	3259	551	277	116
娄烦县	14	107	2368	304	193	57
古交市	35	299	6838	848	504	151

2021年太原市卫生机构、床位和人员情况一览表

表36

指标	机构数（个）	床位数（张）	卫生人员（人）												
			合计	卫生技术人员（人）									其他技术人员	管理人员	工勤技能人员
				小计	执业医师	执业助理医师	注册护士	药师（士）	技师（士）	检验师	其他	见习医师			
总　计	4089	45589	81631	69847	24422	1906	34250	2674	4321	2507	2055	356	3278	4991	4883
一、医院	165	43777	59005	49899	16259	325	25871	2258	3455	1801	1731	316	2679	4213	3877
综合医院	72	25536	35738	30636	10059	132	16009	1252	1996	1169	1188	264	1336	2447	2238
中医医院	19	3644	4693	4041	1369	57	1770	424	218	135	203	22	229	195	264
中西医结合医院	4	1659	2010	1789	647	21	867	78	124	73	52	10	48	65	116
专科医院	67	12738	16446	13348	4162	115	7170	499	1115	423	287	20	1039	1488	1257
护理院	3	200	118	85	22		55	5	2	1	1		27	18	2
二、基层医疗卫生机构	3876	1234	18406	16804	7135	1541	7284	360	274	160	210	30	260	428	496
社区卫生服务中心（站）	338	273	4760	4317	1652	189	2123	148	118	81	87	7	152	175	215
社区卫生服务中心	58	210	2001	1730	562	72	828	108	99	66	61	7	90	82	152
社区卫生服务站	280	63	2759	2587	1090	117	1295	40	19	15	26	0	62	93	63
卫生院	53	672	851	771	302	132	190	44	30	15	73	9	19	29	42
街道卫生院															
乡镇卫生院	53	672	851	771	302	132	190	44	30	15	73	9	19	29	42
中心卫生院	18	234	287	263	110	56	58	13	7	4	19	0	5	9	14
乡卫生院	35	438	564	508	192	76	132	31	23	11	54	9	14	20	28
村卫生室	871	0	1355	717	183	513	20	1	0	0	0	0	0	0	0
门诊部	366	281	4190	3892	1598	265	1850	47	107	60	25	4	63	189	143
综合门诊部	32	148	792	703	321	12	294	13	54	31	9	0	21	50	45
中医门诊部	33	24	331	279	153	13	87	16	6	1	4	2	11	29	27
中西医结合门诊部	6	6	81	81	35	7	38	1	0	0	0	0	0	1	0
专科门诊部	295	103	2986	2829	1089	233	1431	17	47	28	12	2	31	109	71
诊所、卫生所、医务室	2248	8	7250	7107	3400	442	3101	120	19	4	25	10	26	35	96
诊所	2109	8	6615	6497	3110	427	2819	105	12	1	24	10	25	33	74
卫生所、医务室	139	0	635	610	290	15	282	15	7	3	1	0	1	2	22
三、专业公共卫生机构	39	578	3208	2552	888	31	890	55	373	348	96	10	300	267	160
疾病预防控制中心	14	0	886	675	377	19	27	6	206	200	40	5	91	98	39
专科疾病防治院（所、站）	2	30	168	70	23	0	39	2	6	4	0	0	65	23	13
健康教育所（站、中心）															
妇幼保健院（所、站）	10	548	1500	1275	386	8	695	45	113	100	28	5	93	78	58
妇幼保健院	6	548	1381	1184	331	4	676	44	101	88	28	5	90	65	46
妇幼保健所	3		85	73	46	3	14	1	9	9			3	8	1
妇幼保健站	1		34	18	9	1	5		3	3			0	5	11
急救中心（站）	1		146	111	57	2	31	0	3	0	18	0	0	9	26
采供血机构	1		266	201	45	2	98	2	45	44	9	0	45	4	16
卫生监督所（中心）	11		242	220	0		0	0	0	0	1	0	6	55	8
计划生育技术服务机构															
四、其他卫生机构	9		1012	592	140	9	205	1	219	198	18		39	83	350
疗养院															
卫生监督检验（监测、检测）所（站）	1		72	72	1	4	0	0	67	67	0		0	0	0
医学科学研究机构															
医学在职培训机构															
临床检验中心（所、站）	4		563	197	34	1	31	0	113	111	18		38	68	312
统计信息中心															
其他	4		377	323	105	4	174	1	39	20	0		1	15	38

2021年小店区国民经济主要指标

表37

指标名称	计量单位	2021
一、基本情况		
行政区域面积	平方千米	290
乡	个	2
镇	个	1
街道办事处	个	8
二、人口与就业		
户籍户数	户	224557
户籍人口	人	747941
三、综合经济		
（一）地区生产总值	万元	14251524
第一产业增加值	万元	51966
第二产业增加值	万元	7452140
第三产业增加值	万元	6747418
其中：农、林、牧、渔专业及辅助性活动增加值	万元	3169
（二）财政、金融	—	
地方一般公共预算收入	万元	271933
地方一般公共预算支出	万元	502793
其中：教育支出	万元	116731
科学技术支出	万元	5214
文化旅游体育与传媒支出	万元	3111
社会保障和就业支出	万元	76191
卫生健康支出	万元	33338
农林水支出	万元	53588
四、农业		
（一）生产条件	—	
耕地面积	公顷	8967.7
（二）农作物播种面积	公顷	5813.7
粮食作物播种面积	公顷	2448.6
其中：小麦	公顷	47.7
玉米	公顷	1949.5
大豆	公顷	14.9
油料播种面积	公顷	3.0
蔬菜播种面积	公顷	2027.9
（三）农产品产量	—	
粮食总产量	吨	10088.6
其中：小麦	吨	254.3
玉米	吨	8070.0
大豆	吨	42.6
油料产量	吨	4.8
园林水果产量	吨	1864.1
肉类总产量	吨	3329.5
其中：猪肉	吨	2080.0
牛肉	吨	155.0
羊肉	吨	146.0
禽肉	吨	948.6

续表

指标名称	计量单位	2021
禽蛋产量	吨	5846.7
奶类产量	吨	35873.4
蔬菜产量	吨	97713.0
水产品产量	吨	26.0
（四）农产品质量	—	
“两品一标”农产品	个	15.0
“两品一标”农产品基地面积	公顷	95.1
五、工业		
规模以上工业企业	个	68.0
规模以上工业总产值	万元	1037181.8
其中：农产品加工业产值	万元	54846.0
六、交通、通讯		
公路里程	千米	652.3
七、贸易、外经		
社会消费品零售总额	万元	5438993.2
其中：限额以上消费品零售额	万元	3653874.6
亿元及以上商品交易市场	个	2.0
出口总额	万元	146939.0
八、固定资产投资		
固定资产投资	万元	2169502.0
房地产开发投资	万元	1529494.0
九、教育、科技、文化、卫生		
普通中学	所	43.0
小学校	所	75.0
普通中学专任教师	人	4144.0
小学专任教师	人	4342.0
普通中学在校学生	人	47096.0
小学在校学生	人	97330.0
公共图书馆图书藏量	千册	200.0
医疗卫生机构床位	张	7930.0
卫生技术人员	人	13563.0
其中：执业（助理）医师	人	5461.0
十、居民生活		
居民人均可支配收入	元	40072.0
城镇居民人均可支配收入	元	43496
农村居民人均可支配收入	元	24724
十一、社会保障		
提供住宿的民政服务机构	个	3.0
提供住宿的民政服务机构床位数	张	781.0
城镇职工基本养老保险参保人数	人	202126.0
城乡居民基本养老保险参保人数	人	108186.0
基本医疗保险参保人数	人	530323.0
其中：城乡居民基本医疗保险参保人数	人	407223.0
失业保险参保人数	人	123484.0
城市居民最低生活保障人数	人	528.0
农村居民最低生活保障人数	人	389.0

2021年迎泽区国民经济主要指标

表38

指标名称	计量单位	2021
一、基本情况		
行政区域面积	平方千米	105
街道办事处	个	6
二、人口与就业		
户籍户数	户	165510
户籍人口	人	553916
三、综合经济		
（一）地区生产总值	万元	10525190
第一产业增加值	万元	4973
第二产业增加值	万元	1365864
第三产业增加值	万元	9154353
其中：农、林、牧、渔专业及辅助性活动增加值	万元	317
（二）财政、金融	—	
地方一般公共预算收入	万元	190491
地方一般公共预算支出	万元	283162
其中：教育支出	万元	61378
科学技术支出	万元	1688
文化旅游体育与传媒支出	万元	1413
社会保障和就业支出	万元	53857
卫生健康支出	万元	21974
农林水支出	万元	2973
四、农业		
（一）生产条件	—	
耕地面积	公顷	479.4
（二）农作物播种面积	公顷	113.8
粮食作物播种面积	公顷	102.3
其中：玉米	公顷	52.7
大豆	公顷	2.9
蔬菜播种面积	公顷	11.5
（三）农产品产量	—	
粮食总产量	吨	162.0
其中：玉米	吨	109.4
大豆	吨	2.1
园林水果产量	吨	84.6
肉类总产量	吨	117.5
其中：猪肉	吨	23.0
牛肉	吨	21.2
羊肉	吨	25.9
禽肉	吨	47.4
禽蛋产量	吨	441.6
蔬菜产量	吨	274.0
水产品产量	吨	55.0

续表

指标名称	计量单位	2021
（四）农产品质量	—	
“两品一标”农产品	个	1.0
“两品一标”农产品基地面积	公顷	13.3
五、工业		
规模以上工业企业	个	18.0
规模以上工业总产值	万元	901854.2
其中：农产品加工业产值	万元	509036.2
六、交通、通讯		
公路里程	千米	161.7
七、贸易、外经		
社会消费品零售总额	万元	4051368.6
其中：限额以上消费品零售额	万元	1967948.0
亿元及以上商品交易市场	个	4.0
出口总额	万元	340831.0
当年实际使用外资额	万美元	7.7
八、固定资产投资		
固定资产投资	万元	1204624.0
房地产开发投资	万元	721872.0
九、教育、科技、文化、卫生		
普通中学	所	19.0
小学校	所	38.0
普通中学专任教师	人	2581.0
小学专任教师	人	2305.0
普通中学在校学生	人	33742.0
小学在校学生	人	36882.0
公共图书馆图书藏量	千册	125.0
医疗卫生机构床位	张	10336.0
卫生技术人员	人	16204.0
其中：执业（助理）医师	人	5722.0
十、居民生活		
居民人均可支配收入	元	40152.0
城镇居民人均可支配收入	元	43096
农村居民人均可支配收入	元	24724
十一、社会保障		
提供住宿的民政服务机构	个	
提供住宿的民政服务机构床位数	张	
城镇职工基本养老保险参保人数	人	101424.0
城乡居民基本养老保险参保人数	人	29164.0
城乡居民基本医疗保险参保人数	人	182926.0
失业保险参保人数	人	59285.0
城市居民最低生活保障人数	人	1172.0
农村居民最低生活保障人数	人	286.0

2021年杏花岭区国民经济主要指标

表39

指标名称	计量单位	2021
一、基本情况		
行政区域面积	平方千米	146
镇	个	1
街道办事处	个	11
二、人口与就业		
户籍户数	户	197873
户籍人口	人	631496
三、综合经济		
（一）地区生产总值	万元	8754295
第一产业增加值	万元	10694
第二产业增加值	万元	1719649
第三产业增加值	万元	7023952
其中：农、林、牧、渔专业及辅助性活动增加值	万元	599
（二）财政、金融	—	
地方一般公共预算收入	万元	158090
地方一般公共预算支出	万元	343477
其中：教育支出	万元	92045
科学技术支出	万元	2782
文化旅游体育与传媒支出	万元	1109
社会保障和就业支出	万元	68734
卫生健康支出	万元	32275
农林水支出	万元	6656
四、农业		
（一）生产条件	—	
耕地面积	公顷	768.6
（二）农作物播种面积	公顷	546.8
粮食作物播种面积	公顷	492.7
其中：玉米	公顷	139.8
大豆	公顷	92.4
油料播种面积	公顷	2.6
蔬菜播种面积	公顷	51.6
（三）农产品产量	—	
粮食总产量	吨	1015.0
其中：玉米	吨	465.8
大豆	吨	115.6
油料产量	吨	2.6
园林水果产量	吨	1206.6
肉类总产量	吨	762.0
其中：猪肉	吨	338.0
牛肉	吨	4.9

续表

指标名称	计量单位	2021
羊肉	吨	36.4
禽肉	吨	380.9
禽蛋产量	吨	1637.8
蔬菜产量	吨	1921.2
水产品产量	吨	
五、工业	—	
规模以上工业企业	个	44.0
规模以上工业总产值	万元	622543.3
其中：农产品加工业产值	万元	64133.1
六、交通、通讯		
公路里程	千米	256.9
七、贸易、外经		
社会消费品零售总额	万元	2308469.2
其中：限额以上消费品零售额	万元	1328929.1
出口总额	万元	239570.0
八、固定资产投资		
固定资产投资	万元	996361.0
房地产开发投资	万元	515375.0
九、教育、科技、文化、卫生		
普通中学	所	36.0
小学校	所	58.0
普通中学专任教师	人	3215.0
小学专任教师	人	3236.0
普通中学在校学生	人	32454.0
小学在校学生	人	53145.0
医疗卫生机构床位	张	13489.0
卫生技术人员	人	18355.0
其中：执业（助理）医师	人	6508.0
十、居民生活		
居民人均可支配收入	元	39870.0
城镇居民人均可支配收入	元	42795
农村居民人均可支配收入	元	24724
十一、社会保障		
提供住宿的民政服务机构	个	
提供住宿的民政服务机构床位数	张	
城镇职工基本养老保险参保人数	人	105666.0
城乡居民基本养老保险参保人数	人	39771.0
城乡居民基本医疗保险参保人数	人	189565.0
失业保险参保人数	人	57391.0
城市居民最低生活保障人数	人	2890.0
农村居民最低生活保障人数	人	931.0

2021 年尖草坪区国民经济主要指标

表 40

指标名称	计量单位	2021
一、基本情况		
行政区域面积	平方千米	296
乡	个	2
镇	个	2
街道办事处	个	9
二、人口与就业		
户籍户数	户	117399
户籍人口	人	339571
三、综合经济		
（一）地区生产总值	万元	5132684
第一产业增加值	万元	27938
第二产业增加值	万元	3780447
第三产业增加值	万元	1324299
其中：农、林、牧、渔专业及辅助性活动增加值	万元	1950
（二）财政、金融	—	
地方一般公共预算收入	万元	132434
地方一般公共预算支出	万元	270919
其中：教育支出	万元	42936
科学技术支出	万元	1640
文化旅游体育与传媒支出	万元	1214
社会保障和就业支出	万元	60387
卫生健康支出	万元	18212
农林水支出	万元	21805
四、农业		
（一）生产条件	—	
耕地面积	公顷	4355.1
（二）农作物播种面积	公顷	4233.5
粮食作物播种面积	公顷	3363.3
其中：稻谷	公顷	18.0
小麦	公顷	6.7
玉米	公顷	2152.5
大豆	公顷	352.4
油料播种面积	公顷	51.0
蔬菜播种面积	公顷	670.3
（三）农产品产量	—	
粮食总产量	吨	12815.7
其中：稻谷	吨	108.8
小麦	吨	26.5
玉米	吨	10361.7
大豆	吨	600.7
油料产量	吨	55.9
园林水果产量	吨	19842.3
肉类总产量	吨	832.3
其中：猪肉	吨	490.1

续表

指标名称	计量单位	2021
牛肉	吨	47.7
羊肉	吨	142.5
禽肉	吨	150.0
禽蛋产量	吨	867.1
奶类产量	吨	13825.8
蔬菜产量	吨	34606.3
水产品产量	吨	158.0
五、工业		
规模以上工业企业	个	121.0
规模以上工业总产值	万元	13714576.4
其中：农产品加工业产值	万元	20131.9
六、交通、通讯		
公路里程	千米	397.9
七、贸易、外经		
社会消费品零售总额	万元	1144797.1
其中：限额以上消费品零售额	万元	132879.5
出口总额	万元	584695.0
八、固定资产投资		
固定资产投资	万元	1760073.0
房地产开发投资	万元	786281.0
九、教育、科技、文化、卫生		
普通中学	所	22.0
小学校	所	43.0
普通中学专任教师	人	1526.0
小学专任教师	人	1953.0
普通中学在校学生	人	14135.0
小学在校学生	人	26090.0
公共图书馆图书藏量	千册	179.0
医疗卫生机构床位	张	2804.0
卫生技术人员	人	4309.0
其中：执业（助理）医师	人	1657.0
十、居民生活		
居民人均可支配收入	元	39228.0
城镇居民人均可支配收入	元	40604
农村居民人均可支配收入	元	24724
十一、社会保障		
提供住宿的民政服务机构	个	1.0
提供住宿的民政服务机构床位数	张	231.0
城镇职工基本养老保险参保人数	人	65703.0
城乡居民基本养老保险参保人数	人	81020.0
城乡居民基本医疗保险参保人数	人	207256.0
失业保险参保人数	人	27625.0
城市居民最低生活保障人数	人	3881.0
农村居民最低生活保障人数	人	3378.0

2021 年万柏林区国民经济主要指标

表 41

指标名称	计量单位	2021
一、基本情况		
行政区域面积	平方千米	289
街道办事处	个	14
二、人口与就业		
户籍户数	户	190522
户籍人口	人	620063
三、综合经济		
（一）地区生产总值	万元	5774223
第一产业增加值	万元	4692
第二产业增加值	万元	2854876
第三产业增加值	万元	2914655
其中：农、林、牧、渔专业及辅助性活动增加值	万元	293
（二）财政、金融	—	
地方一般公共预算收入	万元	209050
地方一般公共预算支出	万元	416910
其中：教育支出	万元	107943
科学技术支出	万元	4489
文化旅游体育与传媒支出	万元	1239
社会保障和就业支出	万元	42800
卫生健康支出	万元	16344
农林水支出	万元	6055
四、农业		
（一）生产条件	—	
耕地面积	公顷	879.5
（二）农作物播种面积	公顷	295.6
粮食作物播种面积	公顷	273.7
其中：小麦	公顷	7.7
玉米	公顷	112.4
大豆	公顷	10.3
蔬菜播种面积	公顷	21.6
（三）农产品产量	—	
粮食总产量	吨	678.7
其中：小麦	吨	23.7
玉米	吨	284.3
大豆	吨	21.1
园林水果产量	吨	83.2
肉类总产量	吨	36.4
其中：猪肉	吨	4.7
牛肉	吨	9.5
羊肉	吨	8.1
禽肉	吨	14.1
禽蛋产量	吨	140.6

续表

指标名称	计量单位	2021
奶类产量	吨	129.4
蔬菜产量	吨	314.0
五、工业		
规模以上工业企业	个	39.0
规模以上工业总产值	万元	3363035.6
其中：农产品加工业产值	万元	2638.1
六、交通、通讯		
公路里程	千米	445.4
七、贸易、外经		
社会消费品零售总额	万元	2001638.0
其中：限额以上消费品零售额	万元	913664.6
亿元及以上商品交易市场	个	3.0
出口总额	万元	37820.0
当年实际使用外资额	万美元	1.6
八、固定资产投资		
固定资产投资	万元	1576337.0
房地产开发投资	万元	1428674.0
九、教育、科技、文化、卫生		
普通中学	所	27.0
小学校	所	66.0
普通中学专任教师	人	2819.0
小学专任教师	人	4219.0
普通中学在校学生	人	29646.0
小学在校学生	人	59910.0
公共图书馆图书藏量	千册	36.8
医疗卫生机构床位	张	5990.0
卫生技术人员	人	10912.0
其中：执业（助理）医师	人	4111.0
十、居民生活		
居民人均可支配收入	元	39783.0
城镇居民人均可支配收入	元	41170
农村居民人均可支配收入	元	24724
十一、社会保障		
提供住宿的民政服务机构	个	3.0
提供住宿的民政服务机构床位数	张	408.0
城镇职工基本养老保险参保人数	人	101886.0
城乡居民基本养老保险参保人数	人	65876.0
城乡居民基本医疗保险参保人数	人	291203.0
失业保险参保人数	人	57194.0
城市居民最低生活保障人数	人	1888.0
农村居民最低生活保障人数	人	1702.0

2021 年晋源区国民经济主要指标

表 42

指标名称	计量单位	2021
一、基本情况		
行政区域面积	平方千米	290
镇	个	3
街道办事处	个	3
二、人口与就业		
户籍户数	户	71031
户籍人口	人	225057
三、综合经济		
（一）地区生产总值	万元	977671
第一产业增加值	万元	37668
第二产业增加值	万元	339679
第三产业增加值	万元	600324
其中：农、林、牧、渔专业及辅助性活动增加值	万元	2283
（二）财政、金融	—	
地方一般公共预算收入	万元	69575
地方一般公共预算支出	万元	198215
其中：教育支出	万元	41488
科学技术支出	万元	392
文化旅游体育与传媒支出	万元	2192
社会保障和就业支出	万元	38713
卫生健康支出	万元	16415
农林水支出	万元	19329
四、农业		
（一）生产条件	—	
耕地面积	公顷	2908.4
（二）农作物播种面积	公顷	2081.5
粮食作物播种面积	公顷	1037.6
其中：稻谷	公顷	221.5
玉米	公顷	645.9
大豆	公顷	34.0
油料播种面积	公顷	19.1
蔬菜播种面积	公顷	997.5
（三）农产品产量	—	
粮食总产量	吨	4800.0
其中：稻谷	吨	1341.8
玉米	吨	2739.2
大豆	吨	85.2
油料产量	吨	27.9
园林水果产量	吨	2097.9
肉类总产量	吨	1300.2
其中：猪肉	吨	645.1
牛肉	吨	40.1
羊肉	吨	95.9
禽肉	吨	519.1

续表

指标名称	计量单位	2021
禽蛋产量	吨	3086.6
奶类产量	吨	6088.0
蔬菜产量	吨	59679.9
水产品产量	吨	388.3
（四）农产品质量	—	
“两品一标”农产品	个	1.0
“两品一标”农产品基地面积	公顷	2000.0
五、工业		
规模以上工业企业	个	25.0
规模以上工业总产值	万元	220023.2
其中：农产品加工业产值	万元	9794.2
六、交通、通讯		
公路里程	千米	555.5
七、贸易、外经		
社会消费品零售总额	万元	511250.4
其中：限额以上消费品零售额	万元	335904.3
出口总额	万元	2879.0
八、固定资产投资		
固定资产投资	万元	1354129.0
房地产开发投资	万元	831646.0
九、教育、科技、文化、卫生		
普通中学	所	15.0
小学校	所	42.0
普通中学专任教师	人	1385.0
小学专任教师	人	1887.0
普通中学在校学生	人	13625.0
小学在校学生	人	22031.0
公共图书馆图书藏量	千册	61.8
医疗卫生机构床位	张	771.0
卫生技术人员	人	1920.0
其中：执业（助理）医师	人	800.0
十、居民生活		
居民人均可支配收入	元	39313.0
城镇居民人均可支配收入	元	41469
农村居民人均可支配收入	元	24724
十一、社会保障		
提供住宿的民政服务机构	个	1.0
提供住宿的民政服务机构床位数	张	108.0
城镇职工基本养老保险参保人数	人	36757.0
城乡居民基本养老保险参保人数	人	92123.0
其中：城乡居民基本医疗保险参保人数	人	155886.0
失业保险参保人数	人	22320.0
城市居民最低生活保障人数	人	792.0
农村居民最低生活保障人数	人	7993.0

2021 年古交市国民经济主要指标

表 43

指标名称	计量单位	2021
一、基本情况		
行政区域面积	平方千米	1512
乡	个	6
镇	个	3
街道办事处	个	4
二、人口与就业		
户籍户数	户	77110
户籍人口	人	211309
三、综合经济		
（一）地区生产总值	万元	830753
第一产业增加值	万元	36063
第二产业增加值	万元	553808
第三产业增加值	万元	240882
其中：农、林、牧、渔专业及辅助性活动增加值	万元	1760
（二）财政、金融	—	
地方一般公共预算收入	万元	187291
地方一般公共预算支出	万元	248334
其中：教育支出	万元	48050
科学技术支出	万元	205
文化旅游体育与传媒支出	万元	1800
社会保障和就业支出	万元	47054
卫生健康支出	万元	17336
农林水支出	万元	17938
年末金融机构各项存款余额	万元	2352466
其中：住户存款余额	万元	1943030
年末金融机构各项贷款余额	万元	1133427
四、农业		
（一）生产条件	—	
耕地面积	公顷	16057.6
（二）农作物播种面积	公顷	7748.5
粮食作物播种面积	公顷	7048.9
其中：玉米	公顷	1205.6
大豆	公顷	1205.1
油料播种面积	公顷	118.0
蔬菜播种面积	公顷	579.6
（三）农产品产量	—	
粮食总产量	吨	14740.5
其中：玉米	吨	2495.3
大豆	吨	965.1
油料产量	吨	266.2
园林水果产量	吨	1478.6
肉类总产量	吨	3873.7
其中：猪肉	吨	2266.2
牛肉	吨	439.5
羊肉	吨	514.9
禽肉	吨	650.9

续表

指标名称	计量单位	2021
禽蛋产量	吨	1805.7
奶类产量	吨	240.9
蔬菜产量	吨	35561.7
水产品产量	吨	198.0
（四）农产品质量	—	
“两品一标”农产品	个	6.0
“两品一标”农产品基地面积	公顷	66.7
五、工业		
规模以上工业企业	个	56.0
规模以上工业总产值	万元	1868971.8
六、交通、通讯		
公路里程	千米	1023.5
固定电话用户	户	8730.0
移动电话用户	户	202536.0
互联网宽带接入用户	户	56388.0
七、贸易、外经		
社会消费品零售总额	万元	417001.7
其中：限额以上消费品零售额	万元	25753.4
出口总额	万元	24.0
八、固定资产投资		
固定资产投资	万元	334944.0
房地产开发投资	万元	4147.0
九、教育、科技、文化、卫生		
普通中学	所	19.0
小学校	所	26.0
普通中学专任教师	人	1127.0
小学专任教师	人	1122.0
普通中学在校学生	人	11469.0
小学在校学生	人	14132.0
公共图书馆图书藏量	千册	67.8
医疗卫生机构床位	张	1418.0
卫生技术人员	人	1908.0
其中：执业（助理）医师	人	770.0
十、居民生活		
居民人均可支配收入	元	33387.0
城镇居民人均可支配收入	元	38048
农村居民人均可支配收入	元	20020
十一、社会保障		
提供住宿的民政服务机构	个	1.0
提供住宿的民政服务机构床位数	张	504.0
城镇职工基本养老保险参保人数	人	36522.0
城乡居民基本养老保险参保人数	人	57304.0
基本医疗保险参保人数	人	151001.0
其中：城乡居民基本医疗保险参保人数	人	123734.0
失业保险参保人数	人	32005.0
城市居民最低生活保障人数	人	2140.0
农村居民最低生活保障人数	人	2899.0

2021 年清徐县国民经济主要指标

表 44

指标名称	计量单位	2021
一、基本情况		
行政区域面积	平方千米	608
乡	个	5
镇	个	4
二、人口与就业		
户籍户数	户	125347
户籍人口	人	342525
三、综合经济		
（一）地区生产总值	万元	2960757
第一产业增加值	万元	146153
第二产业增加值	万元	1976822
第三产业增加值	万元	837782
其中：农、林、牧、渔专业及辅助性活动增加值	万元	8481
（二）财政、金融	—	
地方一般公共预算收入	万元	155998
地方一般公共预算支出	万元	354131
其中：教育支出	万元	53583
科学技术支出	万元	1124
文化旅游体育与传媒支出	万元	2839
社会保障和就业支出	万元	50057
卫生健康支出	万元	22021
农林水支出	万元	57290
年末金融机构各项存款余额	万元	3439699
其中：住户存款余额	万元	2495542
年末金融机构各项贷款余额	万元	2455423
四、农业		
（一）生产条件	—	
耕地面积	公顷	24686.5
（二）农作物播种面积	公顷	23955.9
粮食作物播种面积	公顷	17110.5
小麦	公顷	59.3
玉米	公顷	12742.3
大豆	公顷	51.5
油料播种面积	公顷	61.9
蔬菜播种面积	公顷	6594.4
（三）农产品产量	—	
粮食总产量	吨	80945.5
小麦	吨	345.0
玉米	吨	60560.3
大豆	吨	150.4
油料产量	吨	143.1
园林水果产量	吨	60277.2
肉类总产量	吨	14366.0
其中：猪肉	吨	9443.1
牛肉	吨	839.0
羊肉	吨	1190.5
禽肉	吨	2878.4

续表

指标名称	计量单位	2021
禽蛋产量	吨	5549.9
奶类产量	吨	8464.4
蔬菜产量	吨	376709.0
水产品产量	吨	1662.0
（四）农产品质量	—	
“两品一标”农产品	个	32.0
“两品一标”农产品基地面积	公顷	4003.0
五、工业		
规模以上工业企业	个	104.0
规模以上工业总产值	万元	5888484.4
其中：农产品加工业产值	万元	180770.3
六、交通、通讯		
公路里程	千米	1275.7
固定电话用户	户	21551.0
移动电话用户	户	430000.0
互联网宽带接入用户	户	134400.0
七、贸易、外经		
社会消费品零售总额	万元	548358.0
其中：限额以上消费品零售额	万元	74000.3
出口总额	万元	13745.0
八、固定资产投资		
固定资产投资	万元	1799917.0
房地产开发投资	万元	314215.0
九、教育、科技、文化、卫生		
普通中学	所	23.0
小学校	所	46.0
普通中学专任教师	人	1728.0
小学专任教师	人	1705.0
普通中学在校学生	人	17493.0
小学在校学生	人	22021.0
全年专利授权	件	229.0
公共图书馆图书藏量	千册	120.0
医疗卫生机构床位	张	881.0
卫生技术人员	人	1247.0
其中：执业（助理）医师	人	709.0
十、居民生活		
居民人均可支配收入	元	27731.0
城镇居民人均可支配收入	元	39915
农村居民人均可支配收入	元	24143
十一、社会保障		
提供住宿的民政服务机构	个	4.0
提供住宿的民政服务机构床位数	张	490.0
城镇职工基本养老保险参保人数	人	48082.0
城乡居民基本养老保险参保人数	人	174881.0
基本医疗保险参保人数	人	297232.0
其中：城乡居民基本医疗保险参保人数	人	262549.0
失业保险参保人数	人	23128.0
城市居民最低生活保障人数	人	651.0
农村居民最低生活保障人数	人	3440.0

2021年阳曲县国民经济主要指标

表45

指标名称	计量单位	2021
一、基本情况		
行政区域面积	平方千米	2084
乡	个	5
镇	个	4
二、人口与就业		
户籍户数	户	63,718
户籍人口	人	153,738
三、综合经济		
（一）地区生产总值	万元	805186
第一产业增加值	万元	85247
第二产业增加值	万元	538875
第三产业增加值	万元	181064
其中：农、林、牧、渔专业及辅助性活动增加值	万元	4950
（二）财政、金融	—	
地方一般公共预算收入	万元	61495
地方一般公共预算支出	万元	199983
其中：教育支出	万元	22645
科学技术支出	万元	746
文化旅游体育与传媒支出	万元	1662
社会保障和就业支出	万元	31940
卫生健康支出	万元	12050
农林水支出	万元	44845
年末金融机构各项存款余额	万元	1108217
其中：住户存款余额	万元	823525
年末金融机构各项贷款余额	万元	728372
四、农业		
（一）生产条件	—	
耕地面积	公顷	30756.8
（二）农作物播种面积	公顷	24140.0
粮食作物播种面积	公顷	22191.3
其中：玉米	公顷	13025.7
大豆	公顷	839.6
油料播种面积	公顷	16.7
蔬菜播种面积	公顷	1871.5
（三）农产品产量	—	
粮食总产量	吨	102310.1
其中：玉米	吨	73519.8
大豆	吨	2490.6
油料产量	吨	11.6
园林水果产量	吨	5977.3
肉类总产量	吨	5808.3
其中：猪肉	吨	4052.0
牛肉	吨	424.5
羊肉	吨	798.9
禽肉	吨	518.3
禽蛋产量	吨	9838.3
奶类产量	吨	6464.4

续表

指标名称	计量单位	2021
蔬菜产量	吨	80977.0
水产品产量	吨	46.0
（四）农产品质量	—	
“两品一标”农产品	个	7.0
“两品一标”农产品基地面积	公顷	5380.0
五、工业		
规模以上工业企业	个	66.0
规模以上工业总产值	万元	691726.3
其中：农产品加工业产值	万元	286969.3
六、交通、通讯		
公路里程	千米	1287.1
固定电话用户	户	9360.0
移动电话用户	户	162623.0
互联网宽带接入用户	户	34136.0
七、贸易、外经		
社会消费品零售总额	万元	158236.5
其中：限额以上消费品零售额	万元	58126.3
出口总额	万元	14341.0
当年实际使用外资额	万美元	1606.4
八、固定资产投资		
固定资产投资	万元	432043.0
房地产开发投资	万元	46541.0
九、教育、科技、文化、卫生		
普通中学	所	13.0
小学校	所	13.0
普通中学专任教师	人	1030.0
小学专任教师	人	752.0
普通中学在校学生	人	10016.0
小学在校学生	人	9466.0
公共图书馆图书藏量	千册	68.0
医疗卫生机构床位	张	1575.0
卫生技术人员	人	962.0
其中：执业（助理）医师	人	340.0
十、居民生活		
居民人均可支配收入	元	19048.0
城镇居民人均可支配收入	元	30081
农村居民人均可支配收入	元	13030
十一、社会保障		
提供住宿的民政服务机构	个	5.0
提供住宿的民政服务机构床位数	张	628.0
城镇职工基本养老保险参保人数	人	21894.0
城乡居民基本养老保险参保人数	人	81977.0
基本医疗保险参保人数	人	131368.0
其中：城乡居民基本医疗保险参保人数	人	116587.0
失业保险参保人数	人	9796.0
城市居民最低生活保障人数	人	2935.0
农村居民最低生活保障人数	人	4068.0

2021 年娄烦县国民经济主要指标

表 46

指标名称	计量单位	2021
一、基本情况		
行政区域面积	平方千米	1289
乡	个	4
镇	个	3
二、人口与就业		
户籍户数	户	52677
户籍人口	人	125489
三、综合经济		
（一）地区生产总值	万元	416846
第一产业增加值	万元	41514
第二产业增加值	万元	229791
第三产业增加值	万元	145541
其中：农、林、牧、渔专业及辅助性活动增加值	万元	2215
（二）财政、金融	—	
地方一般公共预算收入	万元	52516
地方一般公共预算支出	万元	223853
其中：教育支出	万元	25751
科学技术支出	万元	95
文化旅游体育与传媒支出	万元	2801
社会保障和就业支出	万元	33961
卫生健康支出	万元	12226
农林水支出	万元	56769
年末金融机构各项存款余额	万元	673217
其中：住户存款余额	万元	474449
年末金融机构各项贷款余额	万元	451371
四、农业		
（一）生产条件	—	
耕地面积	公顷	17336.0
（二）农作物播种面积	公顷	10272.7
粮食作物播种面积	公顷	9726.5
其中：玉米	公顷	1241.7
大豆	公顷	687.1
油料播种面积	公顷	55.0
蔬菜播种面积	公顷	255.4
（三）农产品产量	—	
粮食总产量	吨	23044.0
其中：玉米	吨	2507.2
大豆	吨	1647.6
油料产量	吨	91.6
园林水果产量	吨	1287.8
肉类总产量	吨	2269.4
其中：猪肉	吨	1508.8
牛肉	吨	285.1
羊肉	吨	310.9
禽肉	吨	153.2

续表

指标名称	计量单位	2021
禽蛋产量	吨	1537.6
蔬菜产量	吨	12771.4
水产品产量	吨	581.0
（四）农产品质量	—	
“两品一标”农产品	个	2.0
“两品一标”农产品基地面积	公顷	6680.0
五、工业		
规模以上工业企业	个	19.0
规模以上工业总产值	万元	484398.5
六、交通、通讯		
公路里程	千米	809.8
固定电话用户	户	6861.0
移动电话用户	户	110972.0
互联网宽带接入用户	户	38500.0
七、贸易、外经		
社会消费品零售总额	万元	52020.6
其中：限额以上消费品零售额	万元	9928.3
出口总额	万元	72.0
八、固定资产投资		
固定资产投资	万元	208251.0
九、教育、科技、文化、卫生		
普通中学	所	5.0
小学校	所	10.0
普通中学专任教师	人	395.0
小学专任教师	人	614.0
普通中学在校学生	人	4299.0
小学在校学生	人	5875.0
公共图书馆图书藏量	千册	59.9
医疗卫生机构床位	张	395.0
卫生技术人员	人	467.0
其中：执业（助理）医师	人	250.0
十、居民生活		
居民人均可支配收入	元	17125.0
城镇居民人均可支配收入	元	25981
农村居民人均可支配收入	元	10401
十一、社会保障		
提供住宿的民政服务机构	个	3.0
提供住宿的民政服务机构床位数	张	1047.0
城镇职工基本养老保险参保人数	人	15108.0
城乡居民基本养老保险参保人数	人	65660.0
基本医疗保险参保人数	人	111675.0
其中：城乡居民基本医疗保险参保人数	人	100542.0
失业保险参保人数	人	7495.0
城市居民最低生活保障人数	人	2134.0
农村居民最低生活保障人数	人	9766.0

2021 年全国省会城市主要经济社会指标统计表

表 47

城 市	地区生产总值			
	绝对量（亿元）	排位	增长率（%）	排位
太 原	5121.61	18	9.2	3
合 肥	11412.80	9	9.2	3
南 昌	6650.53	15	8.7	5
郑 州	12691.02	7	4.7	25
武 汉	17716.76	4	12.2	1
长 沙	13270.70	6	7.5	11
呼和浩特	3121.43	23	6.5	18
成 都	19916.98	2	8.6	6
贵 阳	4711.04	20	6.6	16
昆 明	7222.50	13	3.7	27
西 安	10688.28	11	4.1	26
兰 州	3231.29	22	6.1	21
西 宁	1548.79	26	8.1	9
银 川	2262.95	24	6.3	19
南 宁	5120.90	19	6.1	21
乌鲁木齐	3691.57	21	6.1	21
拉 萨	741.80	27	6.7	15
石家庄	6490.30	16	6.6	16
南 京	16355.32	5	7.5	11
杭 州	18109.00	3	8.5	7
福 州	11324.48	10	8.4	8
济 南	11432.20	8	7.2	13
广 州	28231.97	1	8.1	9
海 口	2057.06	25	11.3	2
沈 阳	7249.68	12	7.0	14
长 春	7103.12	14	6.2	20
哈尔滨	5351.70	17	5.5	24

说　明　（1）本索引以人名、地名、机构名称、活动名称、事件（事物）名称等为主题词进行检索。（2）本索引按主题词首字汉语拼音字母顺序排列（数字开头主题词另排序），主题词后面的数字和字母分别表示所在页码和分栏位置（abc 表示本页码左中右三栏）。（3）本索引主题词主要选自本年鉴正文部分，特载、专文、大事记、附录以及图表、照片不在索引范围内。

D

E

F

G

K

L

M

N

T

W

X

Y

撰稿人员名单

（以姓氏笔画为序）

马　卓　马　楠　马旭坤　马彦博　马晓芳　王　飞　王　玫　王　珑　王　峰　王　浩
王　婷　王　楠　王元亮　王艾连　王仙平　王亚君　王旭东　王志刚　王志伟　王利明
王羿舒　王晨杰　王景峰　王瑞杰　毛晓敏　文　凯　文雪皓　艾　洁　卢　彬　田　宁
田永芳　史新燕　白　宇　白　雪　冯　玲　冯　曦　冯尔姝　冯芙蓉　成　赟　师彦晋
吕　亮　任志鹏　任宝成　任铁强　刘　玮　刘　婷　刘　蓉　刘　静　刘卫萍　刘宏伟
刘林贵　刘建程　刘春生　刘春丽　刘彦凯　刘晓云　刘锦原　刘潇涵　闫　慧　安　峰
祁　静　许亚飞　许梨花　孙　帆　孙李苗　贡嘉君　苏　琦　杜　杰　杜新娟　李　丹
李　璟　李　燕　李方圆　李向高　李兴胜　李宏冰　李彦昭　李闻娟　李晓阳　李爱民
李晨瑞　李维秀　李新未　李翠香　李慧慧　李增明　李鑫蕊　杨　肖　杨　凯　杨　星
杨　莹　杨水云　杨永亮　杨苏钰　杨晓兰　杨彩霞　连　越　连嘉琪　吴　鹏　何　洁
何晨光　侣　敏　张　凯　张　洋　张　梦　张　渊　张　媛　张　静　张小宇　张永立
张伟宏　张秀慧　张宏伟　张林琪　张欣伟　张建月　张建荣　张素红　张晓华　张晓明
张爱生　张颐纯　陈　龙　陈　惠　陈　颖　陈永维　陈张娅　陈美琴　陈雪姣　陈雅彬
陈腾远　邵　捷　邵　琼　武　芳　武　勇　武佳玲　武美伽　武靖玲　林　谦　岳　佳
金　强　周天宇　孟　飞　孟名彦　孟秀君　赵　江　赵　苡　赵　亮　赵　猛　赵柏雯
赵振盛　赵晋春　赵晓丽　郝乐乐　郝亚婷　郝佳佳　郝嘉艳　荆　伊　胡明强　南海英
段宁莎　侯盼洁　饶文波　姜倩倩　姚伶伶　贺建荣　秦学敏　袁宇辉　耿剑锋　顾洁程
徐　凯　高旭刚　高志强　高杨平　高丽珍　郭　微　郭　潮　郭丰远　郭天文　郭亚轩
郭志栋　郭勇智　涂志康　黄　敏　黄步选　黄卓君　黄胜勇　常　洁　常永波　崔　佳
崔志明　崔建高　崔振刚　梁文青　梁玉梅　梁树春　扈照轼　董　莉　董　健　董　慧
董日辉　董雪轩　董朝慧　韩妍妍　景春勇　傅永东　温永刚　游　佳　雷亚明　雷宏伟
路　晶　樊宁娇　樊晓兵　潘　晓　薄　菲　霍永刚